Preisgekrönt vom Verein Deutscher Eisenbahn-Verwaltungen.

Das Gesetz
über
Kleinbahnen und Privatanschlußbahnen.

Vom 28. Juli 1892.

Kommentar

von

Dr. Georg Eger,
Regierungsrat.

Nebst einem chronologischen Verzeichnisse aller bezüglichen Gesetze, Ausführungsanweisungen, Betriebsvorschriften, Verordnungen und Erlasse.

Zweite Auflage.

Berlin 1904.
J. Guttentag, Verlagsbuchhandlung,
G. m. b. H.

Vorwort zur ersten Auflage.

Das am 1. Oktober 1892 in Kraft getretene Gesetz über Kleinbahnen und Privatanschlußbahnen vom 28. Juli 1892 hat auf den Bau und Betrieb dieser Bahnen den günstigsten Einfluß ausgeübt und dieselben in hohem Grade gefördert. Es liegt in der Natur der Sache, daß die Neuheit der Materie bei der Handhabung und Anwendung des Gesetzes und seiner Ausführungsbestimmungen zu zahlreichen und wichtigen Streitfragen geführt hat. Der Verfasser hat sich daher der Aufgabe unterzogen, in dem vorliegenden Kommentare zur Erleichterung des Verständnisses des Gesetzes die Grundsätze und Normen desselben eingehend zu erläutern, um auf diesem Wege Einiges zur Klarstellung und Lösung der streitigen Fragen und bestehenden Zweifel beizutragen.

Bei der großen Bedeutung der Klein- und Privatanschlußbahnen für den Verkehr und bei dem außerordentlichen Aufschwung, welchen dieselben genommen haben, dürfte eine derartige Erläuterung für alle Interessenten aus den Kreisen des Verkehrs, des Handels und der Industrie, der Verwaltung und Justiz, insbesondere aber für die Eisenbahn-Verwaltungen, -Unternehmer, -Behörden und -Beamten von Bedeutung sein und einem Bedürfnisse entsprechen. Die Ergebnisse, zu welchen der Verfasser gelangt ist, sind auf Grund sorgfältiger und gewissenhafter Benutzung der gesamten zur Verfügung stehenden Interpretationsmittel, der Materialien und Motive des Gesetzes, Kommissionsberichte, Landtagsverhandlungen, sowie der umfassenden Heranziehung und Verwertung der Literatur und

Rechtsprechung gewonnen worden. Jedem Gesetzesparagraphen ist eine ausführliche Darstellung der zu Grunde liegenden Prinzipien und der Entstehungsgeschichte vorangeschickt und daran die Erläuterung der einzelnen Bestimmungen geknüpft. Es sind ferner die bisher veröffentlichten Ausführungs-Anweisungen, Verordnungen und Ministerial-Erlasse im Zusammenhange mit den bezüglichen Bestimmungen des Gesetzes eingehend behandelt und erklärt worden.

Vorwort zur zweiten Auflage.

Die außerordentlich wohlwollende Aufnahme, welche der ersten Auflage zu teil geworden ist, hat schon seit längerer Zeit das Bedürfnis zur Herausgabe einer zweiten Auflage hervortreten lassen. Es kam hinzu, daß seit Erscheinen der ersten Auflage zur Ausführung des Kleinbahngesetzes eine sehr große Anzahl von Verordnungen und Erlassen ergangen und an die Stelle der Ausführungsanweisung vom 22. August 1892 eine neue Ausführungsanweisung vom 13. August 1898 getreten ist. Zwar haben sich die Vorschriften des Kleinbahngesetzes aufs beste bewährt und durch die maßvolle und richtige Abgrenzung der Befugnisse und Obliegenheiten der Behörden und der Unternehmer den großen Aufschwung und die schnelle Entwicklung der Kleinbahnen in hohem Grade gefördert. Aber es lag in der Natur der Dinge, daß sich auf diesem neuen und noch wenig erprobten Verkehrsgebiete allmählich im Einzelnen das Bedürfnis nach Abänderungen und Verbesserungen geltend machte, welchem im Rahmen des Gesetzes durch Verwaltungsverfügungen Rechnung getragen werden mußte. Sowohl der gegenwärtige Minister der öffentlichen Arbeiten, Exzellenz Budde, wie dessen Amtsvorgänger, Exzellenz v. Thielen, haben auf diesem Wege in besonderer Würdigung der außerordentlichen wirtschaftlichen Bedeutung der Kleinbahnen dem weiteren Ausbau des Kleinbahngesetzes und der Förderung und Entwicklung des Kleinbahnwesens die höchste Sorgfalt und Aufmerksamkeit in überaus erfolgreicher und verdienstvoller Weise gewidmet.

Auch in der neuen Auflage des Kommentars, welcher die ehrenvolle Anerkennung des Vereins Deutscher Eisenbahn-Verwaltungen gefunden hat, ist der Verfasser bemüht gewesen, dem bisherigen Ziele treu zu bleiben. Die gesamte Rechtsprechung, insbesondere die Entscheidungen des Reichsgerichts und Oberverwaltungsgerichts haben ebenso, wie die Literatur des Kleinbahnrechts und die Entscheidungen, Verordnungen und Erlasse der Verwaltungs-Instanzen bis zur neuesten Zeit die eingehendste und vollste Berücksichtigung gefunden. Dasselbe ist in Betreff der Bestimmungen des Bürgerlichen Gesetzbuches und aller zugehörigen Gesetze, vornehmlich der Grundbuchordnung, des neuen Handelsgesetzbuches und des Gesetzes über die Bahneinheiten der Fall.

Dem Kommentar ist ein genaues Inhaltsverzeichnis, ein sehr ausführliches und sorgfältig bearbeitetes Sachregister sowie ein vollständiges und übersichtliches chronologisches Verzeichnis*) aller bezüglichen Gesetze, Ausführungs-Anweisungen, Betriebsvorschriften, Verordnungen und Erlasse beigefügt.

Berlin, im Oktober 1903.

Dr. Eger.

*) Ein chronologisch geordneter wörtlicher Abdruck aller bezüglichen Gesetze, Ausführungs-Anweisungen, Betriebsvorschriften, Verordnungen und Erlasse erscheint zugleich als Anlageband zu dem vorliegenden Kommentare in einer besonderen Textausgabe in demselben Verlage.

Inhaltsverzeichnis.

*) Der wörtliche Abdruck aller Gesetze, Ausführungsanweisungen zc. befindet sich in der gleichzeitig als Anlageband zum vorliegenden Kommentar in demselben Verlage erscheinenden Textausgabe.

Abkürzungen und Zitate der Literatur.*)

Abs. = Absatz.
Abschn. = Abschnitt.
Anw. = Anweisung.
Ausf.-Anw. = Ausführungs-Anweisung.
Bahn-Ord. = Bahnordnung für die Nebenbahnen Deutschlands.
Beschl. = Beschluß.
Best. = Bestimmung.
Betr.-Ord. = Betriebsordnung für die Haupteisenbahnen Deutschlands.
Betr.-Regl. = Betriebs-Reglement.
Betr.-Vorschr. = Betriebsvorschriften.
Cirk.-Erl. = Cirkular-Erlaß.
Civ.-Proz.-Ord. = Civil-Prozeß-Ordnung.
Eger, Eisenb. R. = Eger, G., Handbuch des Preußischen Eisenbahnrechts. I. Bd. Breslau 1890. II. Bd. Breslau 1896.
Eger, Ent.-Ges. = Eger, G., Kommentar zum Gesetz über die Enteignung von Grundeigentum vom 11. Juni 1874. 2. Auflage. 1902.
Eger, Verk.-Ord. = Eger, G., Kommentar zur Eisenbahn-Verkehrsordnung vom 26. Oktober 1899. 2. Auflage. 1901.
E.-V.-Bl. = Eisenbahn-Verordnungs-Blatt.
Eisenb. Arch. = Archiv für Eisenbahnwesen.
Eisenb. Entsch. = Eger, Eisenbahnrechtliche Entscheidungen und Abhandlungen.
Enteig.-Ges. = Enteignungs-Gesetz.
Entsch. = Entscheidung.
Entsch. d. Reichsger. = Entscheidungen des Reichsgerichts in Civilsachen.
Entsch. d. O.-V.-G. = Entscheidung des Kgl. Preuß. Oberverwaltungsgerichts.
Entw. = Entwurf.
Erl. = Erlaß.
Ges. = Gesetz.
Gleim = Gleim, W., Das Gesetz über Kleinbahnen und Privatanschlußbahnen vom 28. Juli 1892. 3. Aufl. Berlin 1899.
Gleim, R. d. Eisenb. = Gleim, W., Das Recht der Eisenbahnen in Preußen I. Berlin 1893.
G.-S. = Gesetz-Sammlung.
H.-G.-B. = Handels-Gesetz-Buch.
Haarmann = Haarmann, A., Die Kleinbahnen. Ihre geschichtliche Entwicklung, technische Ausgestaltung und wirtschaftliche Bedeutung. Berlin 1896.

*) Ein erschöpfendes Verzeichnis der Literatur des preußischen Kleinbahnrechts würde mit Rücksicht auf die überaus große Zahl von Abhandlungen, Aufsätzen und Monographien einen unverhältnismäßigen Raum in Anspruch nehmen. Der Verfasser hat es daher vorgezogen, die benutzten Werke, Abhandlungen, Zeitschriften u. s. w. an Ort und Stelle vollständig zu citieren, und sich nur bezüglich der vorstehend angeführten auf die dabei vermerkten Abkürzungen beschränkt.

Hahn = Hahn, M., Kompendium der Bahnen niederer Ordnung I. Berlin 1895. II. Berlin 1896.

Hilse = Hilse, K., Handbuch der Straßenbahnkunde. 2 Bde. München, Leipzig 1892. 1893.

Hilscher = Hilscher, F., Der Begriff Lokalbahn, staatswirtschaftlich entwickelt. Wien 1895.

Jerusalem = Jerusalem, H., Das Gesetz über Kleinbahnen und Privatanschlußbahnen vom 28. Juli 1892. Berlin 1892.

J.=M.=Bl. = Justiz=Ministerial=Blatt.

Kleinb. = Kleinbahnen.

Köhne = Köhne, K., Das Gesetz über Kleinbahnen und Privatanschlußbahnen in Preußen, vom 28. Juli 1892. Berlin 1898.

Lochte = Lochte, D., Das Gesetz über Kleinbahnen und Privatanschlußbahnen vom 28. Juli 1892. Berlin 1908.

Min. = Minister.

Min.=Bl. d. i. V. = Ministerialblatt der inneren Verwaltung.

Mitt. = Mitteilungen des Vereins deutscher Straßenbahn= u. Kleinbahn=Verwaltungen.

Mot. = Motive.

Müller = Müller, F., Grundzüge des Kleinbahnwesens. Berlin 1895.

O.=V.=G. = Ober=Verwaltungs=Gericht.

Pr.=A.=B. = Privatanschlußbahnen.

R.=Anz. = Reichs=Anzeiger.

Reg.=Präs. = Regierungs=Präsident.

Reichsger. = Reichsgericht.

Reichs=Ges. = Reichsgesetz.

Reichs=Verf. = Reichsverfassung.

R.=G.=Bl. = Reichs=Gesetz=Blatt.

Schelcher = Schelcher, W., Die rechtliche Natur und die Wirkungen der Eisenbahnkonzessionen in Sachsen mit besonderer Berücksichtigung der elektrischen Straßenbahnen. Freiberg i. S. 1899.

Seydel = Seydel, Kommentar zum Gesetz über die Enteignung von Grundeigentum vom 11. Juni 1874. 2. Auflage. 1903.

St.=G.=B. = Straf=Gesetz=Buch.

v. Unruh = Unruh, L. M. v., Die Kleinbahnen. Ihre Entwicklung, Aufgabe, Organisation, Finanzierung und Tarifbildung. Bromberg 1893.

Verf. = Verfügung.

Verord. = Verordnung.

Wächter = Wächter, M., Die Kleinbahnen in Preußen. Berlin 1903.

Weiß = Weiß, M., Die Pferdebahnen im öffentlichen Recht. Wien 1897.

Zeitg. d. Ver. D. E.=V. = Zeitung des Vereins Deutscher Eisenbahn=Verwaltungen.

Zeitschr. f. Kleinb. = Zeitschrift für Kleinbahnen.

Verzeichnis*)

der auf das Kleinbahngesetz vom 28. Juli 1892 bezüglichen Gesetze, Ausführungsanweisungen, Betriebsvorschriften, Verordnungen und Erlasse in chronologischer Ordnung.

1. Erlaß des Ministers der öffentlichen Arbeiten, betreffend Bestimmung der zur Mitwirkung bei der Erteilung der Genehmigung von Privatanschlußbahnen zuständigen Eisenbahnbehörden. Vom 5. Novbr. 1892 (E.=V.=Bl. 1892 Nr. 29 S. 449).
2. Erlaß des Ministers der öffentlichen Arbeiten, betreffend Auslegung des § 50 des Gesetzes über Kleinbahnen und Privatanschlußbahnen. Vom 1. März 1893 (E.=V.=Bl. 1893 Nr. 7 S. 147).
3. Erlaß des Ministers der öffentlichen Arbeiten, betreffend die Deckung der Kosten für die Veröffentlichung der Genehmigung von Kleinbahnen. Vom 30. September 1893 (Min.=Bl. d. inn. Verw. 1893 Nr. 10 S. 254).
4. Erlaß des Ministers der öffentlichen Arbeiten, betreffend die neue Zeitschrift für Kleinbahnen. Vom 14. Oktober 1893 (Min.=Bl. d. inn. Verw. 1893 Nr. 10 S. 254).
5. Erlaß des Ministers der öffentlichen Arbeiten, betreffend eisenbahntechnische Beaufsichtigung von Kleinbahnen und Privatanschlußbahnen. Vom 23. Oktober 1893 (E.=V.=Bl. 1893 Nr. 3 S. 334).
6. Erlaß des Ministers der öffentlichen Arbeiten, betreffend Tarifermäßigungen der Kleinbahnen. Vom 7. Dezember 1893 (Zeitschr. f. Kleinb. I 1894 S. 49).
7. Erlaß des Ministers der öffentlichen Arbeiten, betreffend die Errichtung von Schutzstreifen. Vom 13. Dezember 1893 (Min.=Bl. d. inn. Verw. 1893 Nr. 11 S. 268. E.=V.=Bl. 1894 Nr. 6 S. 51).
8. Erlaß des Finanzministers, betreffend die Anfertigung von Kopien und Handzeichnungen von Katasterkarten für Kleinbahnen. Vom 15. Jan. 1894 (Zeitschr. f. Kleinb. I 1894 S. 145).

---

*) Ein chronologisch geordneter wörtlicher Abdruck aller bezüglichen Gesetze, Ausführungsanweisungen, Betriebsvorschriften, Verordnungen und Erlasse erscheint zugleich als Anlageband zu dem vorliegenden Kommentare in einer besonderen Textausgabe in demselben Verlage.

9. Erlaß der Minister der öffentlichen Arbeiten und des Innern, betreffend Mitteilung der Berichte über Kleinbahnunternehmungen an die beteiligte Eisenbahndirektion. Vom 9. April 1894 (Zeitschr. f. Kleinb. I 1894 S. 242).

10. Erlaß des Ministers der öffentlichen Arbeiten betreffend Prüfung der Entwürfe zu den im Zuge von Kleinbahnen vorkommenden Brücken und ähnlichen Bauwerken. Vom 17. April 1894 (Zeitschr. f. Kleinb. I 1894 S. 307).

11. Erlaß des Ministers der öffentlichen Arbeiten, betreffend Vergütung für die Untersuchung der Betriebsmaschinen der Kleinbahnen und Privatanschlußbahnen. Vom 9. Mai 1894 (Zeitschr. f. Kleinb. I 1894 S. 422).

12. Erlaß des Ministers der öffentlichen Arbeiten, betreffend Tragung der Kosten des Genehmigungs- und Planfeststellungsverfahrens für Kleinbahnen. Vom 17. Mai 1894 (Min.-Bl. d. inn. Verw. 1894 Nr. 5 S. 90).

13. Erlaß des Ministers der öffentlichen Arbeiten, betreffend Regelung der Beziehungen der Kleinbahnen zu den Eisenbahnen. Vom 9. Juni 1894 (E.-V.-Bl. 1894 Nr. 17 S. 146).

14. Erlaß des Ministers der öffentlichen Arbeiten, betreffend Hafenbahnen. Vom 26. Juni 1894 (Zeitschr. f. Keinb. I 1894 S. 427).

15. Erlaß des Ministers der öffentlichen Arbeiten, betreffend Berechtigung der Eisenbahnbehörden zur zwangsweisen Durchführung der bei der eisenbahntechnischen Beaufsichtigung von Klein- und Privatanschlußbahnen getroffenen Anordnungen. Vom 8. August 1894 (E.-V.-Bl. 1894 Nr. 20 S. 205).

16. Gesetz, betreffend die Erweiterung und Vervollständigung des Staatseisenbahnnetzes und die Beteiligung des Staates an dem Bau von Kleinbahnen. Vom 8. April 1895 (G.-S. 1895 Nr. 12 S. 91).

17. Zirkular-Erlaß der Minister für Handel ꝛc. und des Innern, betreffend den Erlaß von Polizeiverordnungen für Grubenbahnen. Vom 18. April 1895 (Min.-Bl. d. inn. Verw. 1895 Nr. 5 S. 131).

18. Erlaß des Ministers der öffentlichen Arbeiten, betreffend Überführungsgebühr für Stückgut im Verkehr mit Kleinbahnen. Vom 22. April 1895 (E.-V.-Bl. 1895 Nr. 20 S. 369).

19. Zirkular-Erlaß des Ministers der öffentlichen Arbeiten, betreffend die Gewährung von Staatsbeihilfen aus dem Fonds zur Beförderung des Kleinbahnwesens. Vom 25. April 1895 (Min.-Bl. d. inn. Verw. 1895 Nr. 5 S. 128).

20. Erlaß des Ministers der öffentlichen Arbeiten, betreffend den Anschluß von Eisenbahnen an Kleinbahnen. Vom 7. Juni 1895 (Zeitschr. f. Kleinb. II 1895 S. 339).

21. Zirkular-Erlaß des Ministers der öffentlichen Arbeiten, be-

treffend den Baubeginn von Kleinbahnen, sowie den Beginn der gemäß § 11 des Kleinbahn-Gesetzes festgesetzten Frist zur Herstellung und Betriebseröffnung. Vom 29. Juni 1895 (Min.-Bl. d. inn. Verw. 1895 Nr. 7 S. 176).

22. Stempelsteuergesetz. §§ 1—3 und Stempeltarif Nr. 22 l, m und n. Vom 31. Juli 1895 (G.-S. 1895 Nr. 33 S. 413).

23. Erlaß des Ministers der öffentlichen Arbeiten, betreffend die technische Leitung und die Prüfung der Kleinbahnen. Vom 31. Juli 1895 (Zeitschr. f. Kleinb. 1895 S. 438).

24. Erlaß des Ministers der öffentlichen Arbeiten, betreffend den Schutz von Fernsprechanlagen gegen Störungen durch elektrische Bahnen. Vom 4. November 1895 (Zeitschr. f. Kleinb. II 1895 S. 587).

25. Erlaß des Ministers der öffentlichen Arbeiten, betreffend eisenbahntechnische Beaufsichtigung von Kleinbahnen und Privatanschlußbahnen. Vom 17. Dezember 1895 (E.-V.-Bl. 1895 Nr. 62 S. 755).

26. Erlaß des Ministers der öffentlichen Arbeiten, betreffend Vorarbeiten für Kleinbahnen. Vom 13. Januar 1896 (E.-V.-Bl. 1896 Nr. 4 S. 43).

27. Gewerbeordnung für das Deutsche Reich in der Fassung des Gesetzes vom 6. August 1896. §§ 24—26, 49—52 (R.-G.-Bl. 1896 Nr. 27 S. 685).

28. Erlaß des Ministers der öffentlichen Arbeiten, betreffend die Einführung elektrischer Straßenbahnbetriebe mit oberirdischer Stromzuführung. Vom 17. April 1896 (Min.-Bl. d. inn. Verw. 1896 Nr. 5 S. 83).

29. Gesetz, betreffend die Erweiterung des Staatseisenbahnnetzes und die Beteiligung des Staates an dem Bau von Privateisenbahnen und Kleinbahnen, sowie an der Errichtung von landwirtschaftl. Getreidelagerhäusern. Vom 8. Juni 1896 (G.-S. 1896 Nr. 13 S. 100).

30. Erlaß des Ministers der öffentlichen Arbeiten, betreffend die Mitwirkung der Eisenbahnaufsichtsbehörden bei der Feststellung des Plans und der Abnahme von Kleinbahnen und Privatanschlußbahnen. Vom 28. August 1896 (E.-V.-Bl. 1896 Nr. 26 S. 259. Zeitschr. f. Kleinb. III 1896 S. 518).

31. Erlaß des Ministers der öffentlichen Arbeiten, betreffend den Wagenübergang im Verkehr mit Kleinbahnen, die eigene normalspurige Wagen nicht besitzen. Vom 14. September 1896 (E.-V.-Bl. 1896 Nr. 29 S. 273).

32. Vorschriften der Preußischen Staatseisenbahnverwaltung für die Einrichtung elektrischer Starkstromleitungen auf eisenbahnfiskalischem Gelände, Straßen und Plätzen und an Einmündungsstellen elektrischer Bahnen in die Anlagen der Staatseisenbahnen.

33. Erlaß des Ministers der öffentlichen Arbeiten, betreffend die

Berücksichtigung der Meliorationsinteressen beim Bau von Kleinbahnen. Vom 22. September 1896 (Zeitschr. f. Kleinb. III 1896 S. 561).

34. Erlaß des Ministers der öffentlichen Arbeiten, betreffend die Sicherung der Kreuzungen von Kleinbahnen mit Staatsbahnen in Schienenhöhe. Von 24. Oktober 1896 (Zeitschr. f. Kleinb. III 1896 S. 630).

35. Erlaß des Ministers der öffentlichen Arbeiten, betreffend den Übergang der Kleinbahnwagen auf die Staatsbahn rc. Vom 20. Dezember 1896 (E.=V.=Bl. 1896 S. 860).

36. Erlaß des Ministers der öffentlichen Arbeiten, betreffend Sicherung der Anlagen und des Personals der Reichstelegraphenverwaltung beim Bau und Betriebe von Kleinbahnen und Privatanschlußbahnen. Vom 31. Dezember 1896 (Zeitschr. f. Kleinb. IV 1897 S. 143).

37. Allgemeine Vorschriften zum Schutze der Reichstelegraphen= und Fernsprechanlagen, welche beim Bau und Betrieb elektrischer und „mit Gleichstrom betriebener" Straßen= und Kleinbahnen zu beachten sind. Vom 31. Dezember 1896 (Zeitschr. f. Kleinb. IV 1897 S. 144).

38. Erlaß des Ministers der öffentlichen Arbeiten, betreffend Anschlüsse von Kleinbahnen an Eisenbahnen. Vom 16. Jan. 1897 (Zeitschr. f. Kleinb. 1897 IV S. 197. E.=V.=Bl. 1897 S. 28).

39. Erlaß des Ministers der öffentlichen Arbeiten, betreffend Meldung und Untersuchung von Unfällen auf Kleinbahnen. Vom 29. Januar 1897 (Zeitschr. f. Kleinb. IV 1897 S. 198. E.=V.=Bl 1897 S. 81).

40. Erlaß des Ministers der öffentlichen Arbeiten, betreffend die Sicherung der Kreuzungen von Kleinbahnen mit Staatsbahnen in Schienenhöhe. Vom 29. Januar 1897 (Zeitschr. f. Kleinb. IV 1897 S. 198. E.=V.=Bl. 1897 S. 81).

41. Erlaß des Ministers der öffentlichen Arbeiten, betreffend Ausstellung der Frachtbriefe über Sendungen nach Kleinbahnstationen und Bekanntmachung der Eröffnung von Kleinbahnstrecken. Vom 4. Februar 1897 (Zeitschr. f. Kleinb. IV 1897 S. 199).

42. Erlaß des Ministers der öffentlichen Arbeiten, betreffend höchste Fahrgeschwindigkeit von Kleinbahnzügen. Vom 9. Februar 1897 (Zeitschr. f. Kleinb. IV 1897 S. 199).

43. Erlaß des Ministers der öffentlichen Arbeiten, betreffend Genehmigung von Kleinbahnen. Vom 2. Mai 1897 (Zeitschr. f. Kleinb. IV 1897 S. 348. E.=V.=Bl. 1897 S. 90).

44. Erlaß des Ministers der öffentlichen Arbeiten, betreffend Genehmigung von Privatanschlußgleisen. Vom 13. Mai 1897 (Zeitschr. f. Kleinb. IV 1897 S. 399. E.=V.=Bl. 1897 S. 188).

45. Erlaß des Ministers der öffentlichen Arbeiten, betreffend Untersuchung der Betriebsmaschinen bei Kleinbahnen. Vom

28. Mai 1897 (Zeitschr. f. Kleinb. IV 1897 S. 400. E.=V.=Bl. 1897 S. 158).

46. Erlaß des Ministers der öffentlichen Arbeiten und des Ministers für Landwirtschaft, Domänen und Forsten, betreffend die Mitwirkung der Generalkommission bei der Genehmigung von Kleinbahnen. Vom 31. Mai 1897 (Zeitschr. f. Kleinb. IV 1897 S. 400).

47. Erlaß des Ministers der öffentlichen Arbeiten, betreffend Genehmigung von Kleinbahnen. Vom 3. Juni 1897 (Zeitschr. f. Kleinb. IV 1897 S. 401. E.=V.=Bl. 1897 Nr. 20 S. 164).

48. Gesetz, betreffend die Erweiterung des Staatseisenbahnnetzes und die Beteiligung des Staates an dem Bau von Privateisenbahnen und von Kleinbahnen, sowie an der Errichtung von landwirtschaftlichen Getreidelagerhäusern. Vom 8. Juni 1897 (G.=S. 1897 Nr. 24 S. 171).

49. Erlaß des Ministers der öffentlichen Arbeiten, betreffend Genehmigung von Kleinbahnen, die sich dem Bereiche einer Festung nähern. Vom 25. Juni 1897 (Zeitschr. f. Kleinb. IV 1897 S. 400. Min.=Bl. d. inn. Verw. S. 186).

50. Erlaß des Ministers der öffentlichen Arbeiten, betreffend Gebühren und Reiseentschädigungen für technische Untersuchungen der Betriebsmaschinen der Kleinbahnen und Privatanschlußbahnen, sowie für Untersuchungen der Dampfkessel und Betriebsmaschinen von Privateisenbahnen. Vom 8. Juli 1897 (E.=V.=Bl. 1897 S. 213. Zeitschr. f. Kleinb. IV 1897 S. 449).

51. Erlaß des Ministers der öffentlichen Arbeiten, betreffend Prüfung der Betriebsmaschinen von Kleinbahnen. Vom 23. Oktober 1897 (E.=V.=Bl. 1897 S. 370. Zeitschr. f. Kleinb. IV 1897 S. 671).

52. Erlaß des Ministers der öffentlichen Arbeiten, betreffend Termine zur Feststellung des Bauplanes und Abnahme von Kleinbahnen und Privatanschlußbahnen. Vom 29. Oktober 1897 (E.=V.=Bl. 1897 S. 371. Zeitschr. f. Kleinb. IV 1897 S. 671).

53. Erlaß des Ministers der öffentlichen Arbeiten betreffend Genehmigung wesentlicher Änderungen von Kleinbahnunternehmungen und Einholung der ministeriellen Entscheidung vor Erteilung solcher Genehmigungen. Vom 20. Februar 1898 (Zeitschr. f. Kleinb. V 1898 S. 243).

54. Erlaß des Ministers der öffentlichen Arbeiten, betreffend unentgeltliche Beförderung des Dienstschriftwechsels der Kleinbahnen auf Eisenbahnen. Vom 26. Februar 1898 (Zeitschr. f. Kleinb. V 1898 S. 276).

55. Erlaß des Ministers der öffentlichen Arbeiten, betreffend Benutzung von ganz oder teilweise in fiskalischer Unterhaltung stehenden Wegen oder Brücken für Kleinbahnen. Vom 24. März 1898 (Zeitschr. f. Kleinb. V 1898 S. 276).

56. Erlaß des Ministers der öffentlichen Arbeiten, betreffend Planfeststellung rc. Vom 28. März 1898 (E.-V.-Bl. 1898 S. 91).

57. Erlaß des Ministers der öffentlichen Arbeiten und des Ministers des Innern, betreffend die Bezeichnung der zur Mitwirkung bei der Genehmigung von Kleinbahnen berufenen Eisenbahnbehörden in den Genehmigungsurkunden und Nachträgen dazu. Vom 24. April 1898 (E.-V.-Bl. 1898 S. 107. Zeitschr. f. Kleinb. V 1898 S. 328).

58. Erlaß des Ministers der öffentlichen Arbeiten, betreffend Grundsätze für die amtliche Behandlung einiger Kleinbahnfragen. Vom 9. Mai 1898 (Zeitschr. f. Kleinb. V 1898 S. 815—822).

59. Gesetz, betreffend die Erweiterung und Vervollständigung des Staatseisenbahnnetzes und die Beteiligung des Staates an dem Bau von Kleinbahnen. Vom 20. Mai 1898 (Zeitschr. f. Kleinb. V 1898 S. 244—245).

60. Erlaß des Ministers des Innern rc., betreffend Prüfung der Betriebsmaschinen von Kleinbahnen und Privatbahnen. Vom 23. Mai 1898 (Min.-Bl. d. inn. Verw. 1898 S. 126).

61. Erlaß des Ministers der öffentlichen Arbeiten, betreffend Staatsbeihilfen für Kleinbahnen. Vom 14. Juli 1898 (Zeitschr. f. Kleinb. V 1898 S. 407).

62. Ausführungsanweisung zu dem Gesetze über Kleinbahnen und Privatanschlußbahnen. Vom 13. August 1898 (E.-V.-Bl. 1898 S. 245. Zeitschr. f. Kleinb. 1898 V S. 435)

Mit 3 Anlagen:

1. Muster eines Berechtigungsscheines für Militärtransporte.
2. Muster eines Fahrausweises für gestundete Fahr- und Frachtgelder bei Militärtransporten.
3. Betriebsvorschriften für Kleinbahnen mit Maschinenbetrieb. (Mit einer Tafel). Vom 13. August 1898.

63. Erlaß des Ministers der öffentlichen Arbeiten, betreffend Abfertigungsgebühren im Verkehr zwischen Privateisenbahnen und Kleinbahnen. Vom 18. September 1898 (Zeitschr. f. Kleinb. V 1898 S. 545).

64. Erlaß des Ministers der öffentlichen Arbeiten, betreffend Zusammenwirken der Eisenbahn- und Bergbehörden bei der Beaufsichtigung der Grubenanschlußbahnen. Nebst Grundzügen für die Ausübung der Aufsicht über diejenigen Privatanschlußbahnen im Sinne des Gesetzes über Kleinbahnen und Privatanschlußbahnen vom 28. Juli 1892 (G.-S. S. 225), welche zugleich Zubehör eines Bergwerks bilden. Vom 17. Oktober 1898 (E.-V.-Bl. 1898 S. 303. Zeitschr. f. Kleinb. V 1898 S. 545).

65. Erlaß des Ministers der öffentlichen Arbeiten, des Finanzministers und des Ministers des Innern, betreffend Reisekosten der Beamten bei der landespolizeilichen Abnahme von Klein-

bahnen. Vom 19. Oktober 1898 (E.=V.=Bl. 1898 S. 306. Zeitschr. f. Kleinb. V 1898 S. 547).

66. Beschluß des Staatsministeriums, betreffend die Benutzung von Kleinbahnen bei Dienstreisen der Staatsbeamten. Vom 25. Oktober 1898 (Zeitschr. f. Kleinb. VI 1899 S. 218).

67. Erlaß des Ministers der öffentlichen Arbeiten, betreffend Sicherheitsvorschriften für elektrische Hochspannungs= und Starkstromanlagen. Vom 18. November 1898 (Zeitschr. f. Kleinb. VI 1899 S. 104).

68. Erlaß des Ministers der öffentlichen Arbeiten, betreffend die Genehmigung von Kleinbahnen. Vom 2. Dezember 1898 (E.=V.=Bl. 1898 S. 107. Zeitschr. f. Kleinb. VI 1899 S. 105).

69. Erlaß des Ministers der öffentlichen Arbeiten, betreffend Veröffentlichung von Nachträgen zu Kleinbahngenehmigungen. Vom 31. Dezember 1898 (Zeitschr. f. Kleinb. VI 1899 S. 160).

70. Erlaß des Ministers der öffentlichen Arbeiten, betreffend Spurweite geplanter Kleinbahnen. Vom 10. Januar 1899 (E.=V.=Bl. 1899 S. 11. Zeitschr. f. Kleinb. VI 1899 S. 220).

71. Ausführungsbestimmung des Ministers der öffentlichen Arbeiten zu dem Staatsministerial=Beschluß vom 25. Oktober 1898, betreffend die Benutzung von Kleinbahnen bei Dienstreisen der Staatsbeamten. Vom 7. Februar 1899 (Zeitschr. f. Kleinb. VI 1899 S. 218).

72. Erlaß des Ministers der öffentlichen Arbeiten, betreffend Frankierung der Kleinbahnfrachten. Vom 22. Februar 1899 (E.=V.=Bl. 1899 S. 52. Zeitschr. f. Kleinb. VI 1899 S. 256).

73. Erlaß des Ministers der öffentlichen Arbeiten, betreffend die Sicherstellung bei Genehmigung von Kleinbahnen und Privatanschlußbahnen. Vom 5. April 1899 (Zeitschr. f. Kleinb. VI 1899 S. 301).

74. Erlaß des Ministers der öffentlichen Arbeiten, betreffend Prüfung der Rechnungsabschlüsse von Kleinbahnen. Vom 8. Mai 1899 (E.=V.=Bl. 1899 S. 157. Zeitschr. f. Kleinb. VI 1899 S. 338).

75. Erlaß des Ministers der öffentlichen Arbeiten, betreffend Beschleunigung des Enteignungsverfahrens. Vom 20. Mai 1899 (Zeitschr. f. Kleinb. VI 1899 S. 378).

76. Erlaß des Ministers der öffentlichen Arbeiten und des Finanzministers, betreffend die Stempelpflichtigkeit von Kleinbahn=Genehmigungsurkunden. Vom 21. Juli 1899 (Zeitschr. f. Kleinb. VI 1899 S. 459).

77. Erlaß des Ministers der öffentlichen Arbeiten, betreffend Einreichung der Grunderwerbskosten und des Anlagekapitals. Vom 22. August 1899 (Zeitschr. f. Kleinb. IX 1902 S. 381).

78. Erlaß des Ministers der öffentlichen Arbeiten, betreffend Reisekosten in dem Genehmigungs= wie dem Planfeststellungsverfahren für Privatanschlußbahnen. Vom 11. Dezember 1899 (Zeitschr. f. Kleinb. VII 1900 S. 115).

79. Telegraphenwege-Gesetz. Vom 18. Dezember 1899 (R.-G.-Bl. 1899 Nr. 51 S. 705, Zeitschr. f. Kleinb. VII 1900 S. 166).
80. Ausführungs-Bestimmungen zum Telegraphenwege-Gesetz. Vom 26. Januar 1900 (Zeitschr. f. Kleinb. VII 1900 S. 214).
81. Erlaß des Ministers der öffentlichen Arbeiten, betreffend Nachweis der eisenbahntechnischen Mitwirkung bei der Planfeststellung von Kleinbahnen und Privatanschlußbahnen sowie der ministeriellen Genehmigung durch Kleinbahnen und Privatanschlußbahnen bedingter Änderungen von Eisenbahnanlagen. Vom 25. Januar 1900 (Zeitschr. f. Kleinb. VII 1900 S. 216).
82. Erlaß des Ministers der öffentlichen Arbeiten, betreffend Prüfung der Rechnungsabschlüsse von Kleinbahnen. Vom 28. Januar 1900 (E.-V.Bl. 1900 S. 66. Zeitschr. f. Kleinb. VII 1900 S. 217).
83. Erlaß des Ministers der öffentlichen Arbeiten, betreffend allgemeine Bedingungen für die Einführung von Kleinbahnen in Staatsbahnstationen. Vom 31. Januar 1900 (Zeitschr. f. Kleinb. VII 1900 S. 218).
84. Erlaß des Ministers der öffentlichen Arbeiten, betreffend Veröffentlichung der Erlaubnis zur Betriebseröffnung von Kleinbahnen und Privatanschlußbahnen. Vom 10. März 1900 (Zeitschr. f. Kleinb. VII 1900 S. 252).
85. Erlaß des Ministers der öffentlichen Arbeiten, betreffend Kreuzungen von Eisenbahnen durch Kleinbahnen. Vom 18. März 1900 (Zeitschr. f. Kleinb. VII 1900 S. 253).
86. Erlaß des Ministers der Finanzen, des Innern und der öffentlichen Arbeiten, betreffend die Gewährung von Tagegeldern und Reisekosten bei landespolizeilicher Prüfung von Projekten und fertiggestellten Strecken. Vom 21. März 1900 (Zeitschr. f. Kleinb. VII 1900 S. 304).
87. Erlaß des Ministers der öffentlichen Arbeiten, betreffend allgemeine Bedingungen für den Wagenübergang von Kleinbahnen. Vom 7. Mai 1900 (E.-V.-Bl. 1900 S. 171. Zeitschr. f. Kleinb. VII 1900 S. 345).
88. Erlaß des Ministers der öffentlichen Arbeiten, betreffend die Firmierung von Eisenbahn- und Kleinbahn-Aktien-Gesellschaften. Vom 21. Mai 1900 (E.-V.-Bl. 1900 S. 189. Zeitschr. f. Kleinb. VII 1900 S. 351).
89. Erlaß des Ministers der öffentlichen Arbeiten, betreffend allgemeine Bedingungen für die Zulassung von Privatanschlüssen. Vom 21. Mai 1900 (Zeitschr. f. Kleinb. VII 1900 S. 378).
90. Gesetz, betreffend die Erweiterung des Staatseisenbahnnetzes und die Beteiligung des Staates an dem Bau von Kleinbahnen. Vom 25. Mai 1900 (G.-S. 1900 Nr. 19 S. 129. E.-V.-Bl. 1900 S. 191. Zeitschr. f. Kleinb. VII 1900 S. 169).
91. Erlaß des Ministers der öffentlichen Arbeiten, betreffend die Kleinbahnnachweisung. Vom 27. Mai 1900 (Zeitschr. f. Kleinb. VII 1900 S. 386).

92. Zirkular-Erlaß des Ministers der öffentlichen Arbeiten, betreffend Mitwirkung der Eisenbahndirektionen und Beschleunigung in Kleinbahnangelegenheiten. Vom 28. Mai 1900 (Zeitschr. f. Kleinb. VII 1900 S. 391).

93. Zirkular-Erlaß des Ministers der öffentlichen Arbeiten, betreffend Verpflichtung zur Bildung eines Spezial-Reservefonds. Vom 1. Juni 1900 (Zeitschr. f. Kleinb. VII 1900 S. 391).

94. Zirkular-Erlaß des Ministers der öffentlichen Arbeiten, betreffend Frist für Beschwerden gegen Beschlüsse und Verfügungen in Kleinbahnsachen, für welche die Landespolizeibehörden in Verbindung mit den Eisenbahnbehörden zuständig sind. Vom 1. Juni 1900 (Zeitschr. f. Kleinb. VII 1900 S. 392).

95. Erlaß des Ministers der öffentlichen Arbeiten, betreffend Einstellung von Kleinbahnwagen in den Staatsbahnwagenpark. Vom 27. Juli 1900 (E.-V.-Bl. 1900 S. 350. Zeitschr. f. Kleinb. VII 1900 S. 464).

96. Erlaß des Ministers der öffentlichen Arbeiten, betreffend Unzulässigkeit der Gewährung von Sonderbegünstigungen an einzelne Personen bei Benutzung von Kleinbahnen. Vom 28. Juli 1900 (Zeitschr. f. Kleinb. VII 1900 S. 464).

97. Erlaß des Ministers der öffentlichen Arbeiten, betreffend Aufstellung der Kleinbahnnachweisung. Vom 28. August 1900 (Zeitschr. f. Kleinb. VII 1900 S. 629).

98. Erlaß des Ministers der öffentlichen Arbeiten, betreffend Erwirkung des Enteignungsrechts für Kleinbahnen. Vom 24. August 1900 (Zeitschr. f. Kleinb. VII 1900 S. 630).

99. Erlaß des Ministers der öffentlichen Arbeiten, betreffend Gütertarife im Übergangsverkehre von und nach Kleinbahnen vom 12. Oktober 1900 (Zeitschr. f. Kleinb. VII 1900 S. 560).

100. Erlaß des Ministers der öffentlichen Arbeiten, betreffend Mitwirkung der Kgl. Eisenbahndirektionen bei der Planfeststellung von Kleinbahnen im Enteignungsverfahren. Vom 21. November 1900 (Zeitschr. f. Kleinb. VII 1901 S. 188).

101. Erlaß des Ministers der öffentlichen Arbeiten, betreffend Stempelpflichtigkeit von Privatanschlußverträgen. Vom 28. November 1900. (Mitteilung eines Erlasses des Finanzministers vom 6. August 1898) (Zeitschr. f. Kleinb. VIII 1901 S. 188).

102. Erlaß des Ministers der öffentlichen Arbeiten und des Innern, betreffend Änderung der Ausführungsanweisung vom 13. August 1898 zu § 8 Abs. 1 und § 9 des Gesetzes über Kleinbahnen und Privatanschlußbahnen. Vom 29. November 1900 (Zeitschr. f. Kleinb. VIII 1901 S. 189).

103. Erlaß des Ministers der öffentlichen Arbeiten, betreffend die Übertragung der Rechte und Pflichten von Polizeiexekutionsbeamten auf die Angestellten von Kleinbahnen. Vom 27. Dezember 1900 (Zeitschr. f. Kleinb. VIII 1901 S. 216).

104. Erlaß des Ministers der Finanzen, Innern und öffentlichen

Arbeiten, betreffend Gewährung freier Fahrt auf Kleinbahnen an Staatsbeamte. Vom 9. Januar 1901 (Zeitschr. f. Kleinb. VIII 1901 S. 218).

105. Erlaß des Ministers der öffentlichen Arbeiten, betreffend Einrechnung von Grunderwerbskosten in das Anlagekapital. Vom 2. Februar 1901 (Zeitschr. f. Kleinb. VIII 1902 S. 381).

106. Erlaß des Ministers der öffentlichen Arbeiten betr. Sicherstellung für die von den Kleinbahnunternehmern auszuführenden Wegebauleistungen. Vom 19. Februar 1901 (Zeitschr. f. Kleinb. VIII 1901 S. 307).

107. Erlaß des Ministers der öffentlichen Arbeiten, betreffend Gebührenordnung für die von Staatseisenbahnbeamten auszuführenden Kesseluntersuchungen für Privateisenbahnen, Kleinbahnen und Privatanschlußbahnen. Vom 4. März 1901 (Zeitschr. f. Kleinb. VIII 1901 S. 807).

108. Erlaß des Ministers der öffentlichen Arbeiten, betreffend Begünstigungen bei Transporten auf Kleinbahnen. Vom 14. März 1901 (Zeitschr. f. Kleinb. VIII 1901 S. 309).

109. Erlaß des Ministers der öffentlichen Arbeiten, betreffend die Zuständigkeit der Behörden für die sich aus der Berührung von Kleinbahnen mit Eisenbahnen oder mit anderen Kleinbahnen ergebenden Beziehungen. Vom 4. April 1901 (Zeitschr. f. Kleinb. VIII 1901 S. 844. E.=V.=Bl. S. 147).

110. Erlaß der Minister der öffentlichen Arbeiten, der Finanzen und des Innern, betreffend Tagegelder, Reisekosten und sonstige Vergütungen für die als Mitglieder von Aufsichtsräten oder Vorständen der Aktien=Gesellschaften und Gesellschaften m. b. H. bestellten Staatsbeamten. Vom 10. April 1901 (Zeitschr. f. Kleinb. VIII 1901 S. 878).

111. Erlaß des Ministers der öffentlichen Arbeiten, betreffend Nachnahmeprovision. Vom 22. Mai 1901 (Zeitschr. f. Kleinb. VIII 1901 S. 412).

112. Erlaß des Finanzministers, betreffend Stempel zu Genehmigungs=Urkunden für Straßenbahnen. Vom 28. Mai 1901 (Mitt. d. Ver. d. Kleinb. u. Straßenb.=Verw. VIII 1901 S. 274).

113. Erlaß des Ministers der öffentlichen Arbeiten, für Landwirtschaft 2c. und des Innern, betreffend Viehwagendesinfektion bei Kleinbahnen. Vom 29. Mai 1901 (Zeitschr. f. Kleinb. VIII 1901 S. 450).

114. Erlaß des Ministers der öffentlichen Arbeiten, betreffend allgemeine Bedingungen für den Wagenübergang auf Kleinbahnen. Vom 11. Juni 1901 (E.=V.=Bl. 1901 S. 196).

115. Erlaß des Ministers der öffentlichen Arbeiten, betreffend Einsendung der Rechnungsabschlüsse von Kleinbahnen. Vom 29. September 1901 (Zeitschr. f. Kleinb. VIII 1901 S. 728. E.=V.=Bl. 1901 S. 15).

116. Erlaß des Ministers der öffentlichen Arbeiten, betreffend Ge=

währung von Zu- und Abgangsentschädigungen für Dienstreisen auf Kleinbahnen. Vom 3. Oktober 1901 (E.-V.-Bl. 1901 S. 319).

117. Erlaß des Ministers der öffentlichen Arbeiten, betreffend Stempelpflichtigkeit der Verträge mit Gemeinden über Anlage von Haltestellen. Vom 14. Oktober 1901 (E.-V.-Bl. 1901, S. 323).

118. Erlaß des Ministers der öffentlichen Arbeiten, betreffend Genehmigung von Verträgen zur Herstellung und Ausrüstung vom Staate unterstützter Kleinbahnen. Vom 9. November 1901 (Zeitschr. f. Kleinb. IX 1902 S. 184).

119. Erlaß des Ministers der öffentlichen Arbeiten, betreffend Kreuzungen zwischen Eisenbahnen und Kleinbahnen. Vom 16. November 1901 (Zeitschr. f. Kleinb. VIII 1901 S. 798).

120. Erlaß des Ministers der öffentlichen Arbeiten, betreffend Führung getrennter Betriebsrechnungen für jede besonders genehmigte Kleinbahn. Vom 29. Dezember 1901 (Zeitschr. f. Kleinb. IX 1902 S. 184. E.-V.-Bl. 1902 S. 15).

121. Erlaß des Ministers der öffentlichen Arbeiten, betreffend freie Fahrt auf Kleinbahnen und Privateisenbahnen zur Abnahme von Privatanschlußbahnen. Vom 9. März 1902 (E.-V.-Bl. 1902 S. 103).

122. Erlaß des Ministers der öffentlichen Arbeiten, betreffend eisenbahnseitige Prüfung der Entwürfe von Kleinbahnen, für welche Staatsunterstützung beantragt ist. Vom 24. März 1902 (Zeitschr. f. Kleinb. IX 1902 S. 342. E.-V.-Bl. 1902 S. 166).

123. Erlaß des Ministers der öffentlichen Arbeiten, betreffend Anträge auf Gewährung von Staatsbeihilfen für Kleinbahnen. Vom 19. April 1902 (Zeitschr. f. Kleinb. IX 1902 S. 379).

124. Bekanntmachung des Ministers der öffentlichen Arbeiten, betreffend Genehmigung und Aufsichtsführung bezüglich der Kleinbahnen und Privatanschlußbahnen in den Kreisen Teltow und Niederbarnim, bei denen der Landespolizeibezirk Berlin beteiligt ist. Vom 28. April 1902 (Zeitschr. f. Kleinb. IX 1902 S. 381. E.-V.-Bl. 1902 S. 203).

125. Erlaß des Ministers der öffentlichen Arbeiten, sowie Erlaß desselben und des Ministers des Innern, betreffend Polizeiverordnung und Betriebsvorschrift für Privatanschlußbahnen. Vom 30. April 1902 (Zeitschr. f. Kleinb. IX 1902 S. 382. E.-V.-Bl. 1902 S. 209).

126. Gesetz, betreffend die Erweiterung und Vervollständigung des Staatseisenbahnnetzes und die Beteiligung des Staates an dem Bau von Kleinbahnen. Vom 20. Mai 1902 (Zeitschr. f. Kleinb. IX 1902 S. 586 [S. 280]. G.-S. 1902 S. 175).

127. Gesetz über die Bahneinheiten (bisher: Gesetz, betreffend Pfandrecht an Privateisenbahnen und Kleinbahnen und die Zwangsvollstreckung in dieselben), vom 19. August 1895 in

der Fassung des Gesetzes vom 11. Juni 1902 (G.=S. 1902 S. 215) und der Bekanntm. des Ministers der öffentl. Arb. und des Justizministers vom 8. Juli 1902 (Zeitschr. f. Kleinb. IX 1902 S. 539, 586. G.=S. 1902 S. 237).

128. Erlaß des Ministers der öffentlichen Arbeiten, betreffend Verrechnung der Schreibgebühren und Portokosten im Prüfungsverfahren für Kleinbahnen. Vom 6. September 1902 (Zeitschr. f. Kleinb. IX 1902 S. 652).

129. Erlaß der Minister der öffentlichen Arbeiten und des Innern, betreffend weitere Ausführungsbestimmungen zum Kleinbahngesetz über die Handhabung der Bahnpolizei. Vom 17. September 1902 (Zeitschr. f. Kleinb. IX 1902 S. 756. E.=V.=Bl. S. 501).

130. Erlaß der Minister der öffentlichen Arbeiten und des Innern, betreffend Änderung und Ergänzung der Ausführungsanweisung zum Kleinbahngesetz. Vom 17. November 1902 (Zeitschr. f. Kleinb. IX 1902 S. 826. E.=V.=Bl. 1902 S. 587).

131. Erlaß des Ministers der öffentlichen Arbeiten, betreffend die Widerruflichkeit von Kreuzungen. Vom 15. Dezember 1902 (E.=V.=Bl. 1902 S. 553).

132. Erlaß des Ministers der öffentlichen Arbeiten, betreffend allgemeine Verfügung des Justizministers vom 11. November 1902 hinsichtlich der Bahngrundbücher. Vom 27. Dezember 1902 (Zeitschr. f. Kleinb. X 1903 S. 115).

133. Erlaß des Ministers der öffentlichen Arbeiten, betreffend Weiterbeförderung von Gütern auf Kleinbahnen. Vom 3. Januar 1903 (Zeitschr. f. Kleinb. X 1903 S. 120).

134. Erlaß des Ministers der öffentlichen Arbeiten, betreffend Übertragung des Betriebs einer Kleinbahn vom Konzessionär auf einen Dritten. Vom 15. Januar 1903 (Zeitschr. f. Kleinb. X 1903 S. 120. E.=V.=Bl. S. 89).

135. Erlaß des Ministers der öffentlichen Arbeiten, betreffend Transportvergünstigungen auf Kleinbahnen. Vom 7. März 1903 (Zeitschr. f. Kleinb. X 1903 S. 215).

136. Erlaß der Minister der öffentlichen Arbeiten, der Finanzen und des Innern, betreffend die Gewährung von Tagegeldern und Reisekosten für die als Mitglieder von Aufsichtsräten oder Vorständen der Aktiengesellschaften 2c. bestellten Staatsbeamten. Vom 16. März 1903 (Zeitschr. f. Kleinb. X 1903 S. 256).

137. Erlaß des Ministers der öffentlichen Arbeiten, betreffend den Ausschluß gewisser Gegenstände von der Beförderung oder die nur bedingte Zulassung gewisser Gegenstände zur Beförderung auf Kleinbahnen. Vom 14. Mai 1903 (Zeitschr. f. Kleinb. X 1903 S. 317).

138. Erlaß des Ministers der öffentlichen Arbeiten, betreffend Bau und Ausrüstung von Straßenbahnwagen. Vom 6. Juni 1903 (Zeitschr. f. Kleinb. X 1903 S. 367).

139. Erlaß des Ministers der öffentlichen Arbeiten, betreffend Militärtransporte zwischen Eisenbahnen und Kleinbahnen. Vom 12. Juni 1903. (E.=V.=Bl. 1903 S. 192.)

140. Erlaß des Ministers der öffentlichen Arbeiten, betreffend Beschleunigung in der Bearbeitung der Kleinbahnangelegenheiten. Vom 9. Juli 1903 (Zeitschr. f. Kleinb. X 1903 S. 400).

141. Erlaß des Ministers der öffentlichen Arbeiten, betreffend Förderung des Kleinbahnwesens. Vom 18. Juli 1903 (Zeitschr. f. Kleinb. X 1903 S. 401).

142. Erlaß der Minister der Finanzen, des Innern und der öffentlichen Arbeiten, betreffend Wahrnehmung der finanziellen Interessen des Staats an Kleinbahnunternehmungen durch die in den Aufsichts= oder Verwaltungsrat entsandten unmittelbaren Staatsbeamten. Vom 31. Juli 1903 (Zeitschr. f. Kleinb. X 1903 S. 454).

Gesetz
über Kleinbahnen und Privatanschlußbahnen.

Vom 28. Juli 1892.

(G.-S. 1892 Nr. 25 S. 225—238.)

Wir Wilhelm, von Gottes Gnaden König von Preußen rc. verordnen, unter Zustimmung beider Häuser des Landtages der Monarchie, was folgt:

(s. Ausführungsanweisung vom 13. August 1898 Eingangsworte.)

I. Kleinbahnen.

§ 1.

Kleinbahnen sind die dem öffentlichen Verkehre dienenden Eisenbahnen, welche wegen ihrer geringen Bedeutung für den allgemeinen Eisenbahnverkehr dem Gesetze über die Eisenbahnunternehmungen vom 3. November 1838 (Gesetz-Samml. S. 505) nicht unterliegen.

Insbesondere sind Kleinbahnen der Regel nach solche Bahnen, welche hauptsächlich den örtlichen Verkehr innerhalb eines Gemeindebezirks oder benachbarter Gemeindebezirke vermitteln, sowie Bahnen, welche nicht mit Lokomotiven betrieben werden.

Ob die Voraussetzung für die Anwendbarkeit des Gesetzes vom 3. November 1838 vorliegt, entscheidet auf Anrufen der Beteiligten das Staatsministerium.

(s. Ausführungsanweisung vom 13. August 1898 zu § 1.)

§ 2.

Zur Herstellung und zum Betriebe einer Kleinbahn bedarf es der Genehmigung der zuständigen Behörde. Dasselbe gilt für wesentliche Erweiterungen oder sonstige wesentliche Änderungen des Unternehmens, der Anlage oder des Betriebes. Diese Genehmigung ist zu versagen, wenn die Erweiterung oder Änderung die Unterordnung des Unternehmens unter das Gesetz vom 3. November 1838 bedingt.

(s. Ausführungsanweisung vom 13. August 1898 zu § 2.)

§ 3.

Zur Erteilung der Genehmigung ist zuständig:

1. wenn der Betrieb ganz oder teilweise mit Maschinenkraft beabsichtigt wird: der Regierungspräsident, für den Stadtkreis Berlin der Polizeipräsident, im Einvernehmen mit der von dem Minister der öffentlichen Arbeiten bezeichneten Eisenbahnbehörde;

2. in allen übrigen Fällen, und zwar:

a) sofern Kunststraßen, welche nicht als städtische Straßen in der Unterhaltung und Verwaltung von Stadtkreisen stehen, benutzt oder von der Bahn mehrere Kreise oder nichtpreußische Landesteile berührt werden sollen: der Regierungspräsident, im ersten Falle für den Stadtkreis Berlin der Polizeipräsident,

b) sofern mehrere Polizeibezirke desselben Landkreises berührt werden: der Landrat,

c) sofern das Unternehmen innerhalb eines Polizeibezirks verbleibt: die Ortspolizeibehörde.

Wenn die zum Betriebe mit Maschinenkraft einzurichtende Bahn die Bezirke mehrerer Landespolizeibehörden berührt, oder in dem Falle der Nr. 2a die betreffenden Kreise in demselben Regierungsbezirk liegen, bezeichnet der Oberpräsident, falls jedoch die Landespolizeibezirke bezw. Kreise verschiedenen Provinzen angehören, oder Berlin beteiligt ist, der Minister der öffentlichen Arbeiten im Einvernehmen mit dem Minister des Innern die zuständige Behörde.

Die Zuständigkeit zur Genehmigung von wesentlichen Erweiterungen oder sonstigen wesentlichen Änderungen des Unternehmens, der Anlage und des Betriebes regelt sich so, als ob das Unternehmen in der nunmehr geplanten Art neu zu genehmigen wäre. Jedoch bleibt zur Genehmigung von Änderungen des Betriebes der in Absatz 1 Nr. 1 erwähnten Unternehmungen diejenige Behörde zuständig, welche die Genehmigung zum Bau und Betriebe erteilt hat.

(s. Ausführungsanweisung vom 13. August 1898 zu § 3.)

§ 4.

Die Genehmigung wird auf Grund vorgängiger polizeilicher Prüfung erteilt. Diese Prüfung beschränkt sich auf:

1. die betriebssichere Beschaffenheit der Bahn und der Betriebsmittel,

2. den Schutz gegen schädliche Einwirkungen der Anlage und des Betriebes,

3. die technische Befähigung und Zuverlässigkeit der in dem äußeren Betriebsdienste anzustellenden Bediensteten,

4. die Wahrung der Interessen des öffentlichen Verkehrs.

(s. Ausführungsanweisung vom 13. August 1898 zu § 4.)

§ 5.

Dem Antrage auf Erteilung der Genehmigung sind die zur Beurteilung des Unternehmens in technischer und finanzieller Hinsicht erforderlichen Unterlagen, insbesondere ein Bauplan beizufügen.

(s. Ausführungsanweisung vom 13. August 1898 zu § 5.)

§ 6.

Soweit ein öffentlicher Weg benutzt werden soll, hat der Unternehmer die Zustimmung der aus Gründen des öffentlichen Rechtes zur Unterhaltung des Weges Verpflichteten beizubringen.

Der Unternehmer ist mangels anderweitiger Vereinbarung zur Unterhaltung und Wiederherstellung des benutzten Wegeteiles verpflichtet und hat für diese Verpflichtung Sicherheit zu bestellen.

Die Unterhaltungspflichtigen (Absatz 1) können für die Benutzung des Weges ein angemessenes Entgelt beanspruchen, ingleichen sich den Erwerb der Bahn im ganzen nach Ablauf einer bestimmten Frist gegen angemessene Schadloshaltung des Unternehmers vorbehalten.

§ 7.

Die Zustimmung der Unterhaltungspflichtigen kann ergänzt werden:

soweit eine Provinz oder ein den Provinzen gleichstehender Kommunalverband beteiligt ist, durch Beschluß des Provinzialrates, wogegen die Beschwerde an den Minister der öffentlichen Arbeiten zulässig ist;

soweit eine Stadtgemeinde oder ein Kreis beteiligt ist oder es sich um einen mehrere Kreise berührenden Weg handelt, durch Beschluß des Bezirksausschusses, im übrigen durch Beschluß des Kreisausschusses.

Durch den Ergänzungsbeschluß wird unter Ausschluß des Rechtsweges zugleich über die nach § 6 an den Unternehmer gestellten Ansprüche entschieden.

(s. Ausführungsanweisung vom 13. August 1898 zu § 7.)

§ 8.

Vor Erteilung der Genehmigung ist die zuständige Wegepolizeibehörde und, wenn die Eisenbahnanlage sich dem Bereiche einer Festung nähert, die zuständige Festungsbehörde zu hören. In diesem Falle darf die Genehmigung nur im Einverständnis mit der Festungsbehörde erteilt werden.

Wenn die Bahn sich dem Betriebe einer Reichstelegraphenanlage nähert, so ist die zuständige Telegraphenbehörde vor der Genehmigung zu hören.

Soll das Geleis einer dem Gesetze über die Eisenbahnunternehmungen vom 3. November 1838 unterworfenen Eisenbahn gekreuzt werden, so darf auch in den Fällen, in denen die Eisenbahnbehörde im übrigen nicht mitwirkt (§ 3), die Genehmigung nur im Einverständnis mit der letzteren erteilt werden.

(s. Ausführungsanweisung vom 13. August 1898 und 29. November 1900 zu § 8.)

§ 9.

Außer den durch die polizeilichen Rücksichten (§ 4) gebotenen Verpflichtungen sind in der Genehmigung zugleich diejenigen zu bestimmen, welchen der Unternehmer im Interesse der Landesverteidigung und der Reichs-Postverwaltung in Gemäßheit des § 42 zu genügen hat.

(s. Ausführungsanweisung vom 13. August 1898, 29. November 1900 und 17. November 1902 zu § 9.)

§ 10.

Bei der Genehmigung von Bahnen, auf welchen die Beförderung von Gütern stattfinden soll, kann vorbehalten werden, den Unternehmer jederzeit zur Gestattung der Einführung von Anschlußgleisen für den Privatverkehr anzuhalten. Art und Ort der Einführung unterliegt der Genehmigung der eisenbahntechnischen Aufsichtsbehörde.

Die Behörde (§ 3) hat mangels gütlicher Vereinbarung der Interessenten auch die Verhältnisse des Bahnunternehmens und des den Anschluß Beantragenden zu einander zu regeln, insbesondere die dem Ersteren für die Benutzung oder Veränderung seiner Anlagen zu leistende Vergütung vorbehaltlich des Rechtsweges festzusetzen.

(s. Ausführungsanweisung vom 13. August 1898 zu § 10.)

§ 11.

Bei der Genehmigung ist die Art und Höhe der Sicherstellung für die Unterhaltung und Wiederherstellung öffentlicher Wege, soweit diese nicht bereits erfolgt ist, vorzuschreiben.

Für die Ausführung der Bahn und für die Eröffnung des Betriebes kann eine Frist festgesetzt und die Erlegung von Geldstrafen für den Fall der Nichteinhaltung derselben sowie Sicherheitsstellung hierfür gefordert werden.

Auch können Geldstrafen und Sicherheitsstellung zur Sicherung der Aufrechterhaltung des ordnungsmäßigen Betriebes während der Dauer der Genehmigung vorgesehen werden.

(s. Ausführungsanweisung vom 13. August 1898 zu § 11.)

§ 12.

Der nach den Bestimmungen dieses Gesetzes erforderlichen Sicherstellung bedarf es nicht, wenn das Reich, der Staat oder ein Kommunalverband Unternehmer ist.

§ 13.

Die Genehmigung kann dauernd oder auf Zeit erteilt werden. Sie erfolgt unter dem Vorbehalte der Rechte Dritter, der Ergänzung und Abänderung durch Feststellung des Bauplanes (§§ 17 und 18).

(s. Ausführungsanweisung vom 13. August 1898 zu § 13.)

§ 14.

Im Interesse des öffentlichen Verkehrs ist bei der Genehmigung (§ 2) durch die zuständige Behörde über den Fahrplan und die Beförderungspreise das Erforderliche festzustellen; zugleich sind die Zeiträume zu bezeichnen, nach deren Ablauf diese Feststellungen geprüft und wiederholt werden müssen.

Von der Feststellung über den Fahrplan kann für einen bei der Genehmigung festzusetzenden Zeitraum abgesehen werden. Dieser Zeitraum kann verlängert werden.

Die Feststellung der Beförderungspreise steht innerhalb eines bei der Genehmigung festzusetzenden Zeitraums von mindestens fünf Jahren nach der Eröffnung des Bahnbetriebes dem Unternehmer frei. Das alsdann der Behörde zustehende Recht der Genehmigung der Beförderungspreise erstreckt sich lediglich auf den Höchstbetrag derselben. Hierbei ist auf die finanzielle Lage des Unternehmens und auf eine angemessene Verzinsung und Tilgung des Anlagekapitals Rücksicht zu nehmen.

(s. Ausführungsanweisung vom 13. August 1898 zu § 14.)

§ 15.

Der Aushändigung der Genehmigungsurkunde müssen die nach § 11 geforderten Sicherstellungen vorausgehen.

§ 16.

Die Genehmigung, welche für eine Aktiengesellschaft, eine Kommanditgesellschaft auf Aktien oder eine Gesellschaft mit beschränkter Haftung behufs Eintragung in das Handelsregister (Art. 210 Abs. 2 Nr. 4, Art. 176 Abs. 2 Nr. 4 des Deutschen Handelsgesetzbuchs, § 8 Nr. 4 des Reichsgesetzes vom 20. April 1892 — Reichs-Gesetzblatt S. 477 —) ausgehändigt worden ist, tritt erst in Wirksamkeit, wenn der Nachweis der Eintragung in das Handelsregister geführt ist.

(s. Ausführungsanweisung vom 13. August 1898 zu § 16.)

§ 17.

Mit dem Bau von Bahnen, welche für den Betrieb mit Maschinenkraft bestimmt sind, darf erst begonnen werden, nachdem der Bauplan durch die genehmigende Behörde in folgender Weise festgestellt worden ist:

1. Der Planfeststellung werden die bei der Genehmigung vorläufig getroffenen Festsetzungen zu Grunde gelegt.

2. Plan nebst Beilagen sind in dem betreffenden Gemeinde- oder Gutsbezirke während vierzehn Tagen zu Jedermanns Einsicht offenzulegen. Zeit und Ort der Offenlegung ist ortsüblich bekannt zu machen.

Während dieser Zeit kann jeder Beteiligte im Umfange seines Interesses Einwendungen gegen den Plan erheben. Auch der Vorstand des Gemeinde- oder Gutsbezirkes hat das Recht, Einwendungen zu erheben, welche sich auf die Richtung des Unternehmens oder auf Anlagen der im § 18 dieses Gesetzes gedachten Art beziehen.

Diejenige Stelle, bei welcher solche Einwendungen schriftlich einzureichen oder mündlich zu Protokoll zu geben sind, ist zu bezeichnen.

3. Nach Ablauf der Frist (Nr. 2 Absatz 1) sind die gegen den Plan erhobenen Einwendungen in einem nötigenfalls an Ort und Stelle durch einen Beauftragten abzuhaltenden Termine, zu dem der Unternehmer und die Beteiligten (Nr. 2 Absatz 2) vorgeladen werden müssen und Sachverständige zugezogen werden können, zu erörtern.

4. Nach Beendigung der Verhandlungen wird über die erhobenen Einwendungen beschlossen und erfolgt darnach die Feststellung des Planes sowie der Anlagen, zu deren Errichtung und Unterhaltung der Unternehmer verpflichtet ist (§ 18).

Der Beschluß wird dem Unternehmer und den Beteiligten zugestellt.

Der Feststellung (Absatz 1) bedarf es nicht, wenn eine Planfestsetzung zum Zwecke der Enteignung stattfindet.

Wenn aus der beabsichtigten Bahnanlage Nachteile oder erhebliche Belästigungen der benachbarten Grundbesitzer und des öffentlichen Verkehrs nicht zu erwarten sind, kann, sofern es sich nicht um die Benutzung öffentlicher Wege, mit Ausnahme städtischer Straßen, handelt, der Minister der öffentlichen Arbeiten den Beginn des Baues ohne vorgängige Planfestsetzung gestatten.

(s. Ausführungsanweisung vom 13. August 1898 zu § 17.)

§ 18.

Dem Unternehmer ist bei der Planfeststellung (§ 17) die Herstellung derjenigen Anlagen aufzuerlegen, welche die den Bauplan festsetzende Behörde zur Sicherung der benachbarten Grundstücke gegen Gefahren und Nachteile oder im öffentlichen Interesse für erforderlich erachtet, desgleichen die Unterhaltung dieser Anlagen, soweit dieselbe über den Umfang der bestehenden Verpflichtungen zur Unterhaltung vorhandener, demselben Zwecke dienender Anlagen hinausgeht.

§ 19.

Zur Eröffnung des Betriebes bedarf es der Erlaubnis der zur Erteilung der Genehmigung zuständigen Behörde. Die Erlaubnis ist zu versagen, sofern wesentliche in der Bau- und Betriebsgenehmigung gestellte Bedingungen nicht erfüllt sind.

(s. Ausführungsanweisung vom 13. August 1898 zu § 19.)

§ 20.

Die Betriebsmaschinen sind vor ihrer Einstellung in den Betrieb und nach Vornahme erheblicher Änderungen, außerdem aber zeitweilig der Prüfung durch die zur eisenbahntechnischen Aufsicht über die Bahn zuständige Behörde (§ 22) zu unterwerfen.

(s. Ausführungsanweisung vom 13. August 1898 zu § 20.)

§ 21.

Der Fahrplan und die Beförderungspreise sowie die Änderungen derselben sind vor ihrer Einführung öffentlich bekannt zu machen.

Die angesetzten Beförderungspreise haben gleichmäßig für alle Personen oder Güter Anwendung zu finden.

Ermäßigungen der Beförderungspreise, welche nicht unter Erfüllung der gleichen Bedingungen Jedermann zu Gute kommen, sind unzulässig.

(s. Ausführungsanweisung vom 13. August 1898 zu § 21.)

§ 22.

Rücksichtlich der Erfüllung der Genehmigungsbedingungen und der Vorschriften dieses Gesetzes ist jede Kleinbahn der Aufsicht der für ihre Genehmigung jeweilig zuständigen Behörde unterworfen. Bei den für den Betrieb mit Maschinenkraft eingerichteten Bahnen steht die eisenbahntechnische Aufsicht der zur Mitwirkung bei der Genehmigung berufenen Eisenbahnbehörde zu, sofern nicht der Minister der öffentlichen Arbeiten die Aufsicht einer anderen Eisenbahnbehörde überträgt.

(s. Ausführungsanweisung vom 13. August 1898 zu § 22.)

§ 23.

Die Genehmigung kann durch Beschluß der Aufsichtsbehörde für erloschen erklärt werden, wenn die Ausführung der Bahn oder die Eröffnung des Betriebes nicht innerhalb der in der Genehmigung bestimmten oder der verlängerten Frist erfolgt.

(s. Ausführungsanweisung vom 13. August 1898 zu § 23.)

§ 24.

Die Genehmigung kann zurückgenommen werden, wenn der Bau oder Betrieb ohne genügenden Grund unterbrochen oder wiederholt gegen die Bedingungen der Genehmigung oder die dem Unternehmer nach diesem Gesetze obliegenden Verpflichtungen in wesentlicher Beziehung verstoßen wird.

(s. Ausführungsanweisung vom 13. August 1898 zu § 24.)

§ 25.

Über die Zurücknahme entscheidet auf Klage der zur Erteilung der Genehmigung zuständigen Behörde das Oberverwaltungsgericht.

§ 26.

Bei Erlöschen oder Zurücknahme der Genehmigung wird die für die Unterhaltung und Wiederherstellung öffentlicher Wege bestellte Sicherheit, soweit sie für den bezeichneten Zweck nicht in Anspruch zu nehmen ist, herausgegeben. Mangels anderweitiger Vereinbarung hat der Wegeunterhaltungspflichtige die Wahl, die Wiederherstellung des früheren Zustandes, nötigenfalls unter Beseitigung in den Weg eingebauter Teile der Bahnanlage, oder gegen angemessene Entschädigung den Übergang der letzteren in sein Eigentum zu verlangen.

Macht der Unterhaltungspflichtige von dem ersteren Rechte Gebrauch, so geht das Eigentum der zurückgelassenen Teile der Bahnanlage auf den Unterhaltungspflichtigen unentgeltlich über.

Im öffentlichen Interesse kann die Aufsichtsbehörde eine Frist festsetzen, vor deren Ablauf der Unterhaltungspflichtige nicht berechtigt ist, die Wiederherstellung des früheren Zustandes zu verlangen.

(s. Ausführungsanweisung vom 18. August 1898 zu § 26 letzter Absatz.)

§ 27.

Ob und inwieweit bei Erlöschen (§ 23) oder Zurücknahme der Genehmigung wegen Unterbrechung des Baues oder Betriebes (§ 24) die für die Ausführung der Bahn oder die fristgemäße Eröffnung oder die Aufrechterhaltung des Betriebes bestimmten Geldstrafen verfallen, entscheidet unter Ausschluß des Rechtsweges der Minister der öffentlichen Arbeiten. Dieser beschließt über die Verwendung solcher Geldstrafen. Letztere sind zu Gunsten des früheren Unternehmens, anderenfalls ähnlicher Unternehmungen in dem betreffenden Landesteile zu verwenden.

(s. Ausführungsanweisung vom 18. August 1898 zu § 27.)

§ 28.

Unternehmer von Kleinbahnen sind verpflichtet, sich den Anschluß anderer Bahnen gefallen zu lassen, sofern die Behörde, welche die Genehmigung für die Bahn, an welche der Anschluß erfolgen soll, erteilt hat, mit Rücksicht auf die Konstruktion und den Betrieb der Bahn den Anschluß für zulässig erachtet. Dieselbe Behörde entscheidet auch darüber, wo und in welcher Weise der Anschluß erfolgen soll, regelt in Ermangelung einer gütlichen Vereinbarung die Verhältnisse beider Unternehmer zu einander und setzt, vorbehaltlich des Rechtsweges, die dem erstgedachten Bahnunternehmer für die Benutzung oder Veränderung seiner Anlagen zu leistende Vergütung fest.

§ 29.

Unternehmer von Kleinbahnen können die Gestattung des Anschlusses ihrer Bahnen an Eisenbahnen verlangen, welche dem Gesetze über die Eisenbahnunternehmungen vom 3. November 1838 unterliegen, sofern der Minister der öffentlichen Arbeiten mit Rücksicht auf die Konstruktion und den Betrieb der letzteren den Anschluß für zulässig erachtet. Darüber, wo und in welcher Weise der Anschluß herzustellen ist, und über die Verhältnisse beider Unternehmer zu einander, insbesondere über die dem Eisenbahnunternehmer für die Benutzung oder Veränderung seiner Anlagen zu leistende Vergütung entscheidet, in letzterer Beziehung unter Vorbehalt des Rechtsweges, der Minister der öffentlichen Arbeiten.

§ 30.

Haben Kleinbahnen nach Entscheidung des Staatsministeriums eine solche Bedeutung für den öffentlichen Verkehr gewonnen, daß sie als Teil des allgemeinen Eisenbahnnetzes zu behandeln sind, so kann der Staat den eigentümlichen Erwerb solcher Bahnen gegen Entschädigung des vollen Wertes nach einer mit einjähriger Frist vorangegangenen Ankündigung beanspruchen.

(f. Ausführungsanweisung vom 13. August 1898 zu § 30.)

§ 31.

Der Erwerb (§ 30) erfolgt unter sinngemäßer Anwendung der Bestimmungen des § 42 Nr. 4a bis d des Gesetzes über die Eisenbahnunternehmungen vom 3. November 1838, mit der Maßgabe, daß der Berechnung des 25fachen Betrages nach § 42 Nr. 4a des vorerwähnten Gesetzes das steuerpflichtige Einkommen nach den Bestimmungen des Einkommensteuergesetzes vom 24. Juni 1891 (Gesetz-Samml. S. 175) zu Grunde zu legen ist, jedoch bei den Aktiengesellschaften und Kommanditgesellschaften auf Aktien der Abzug von 3 1/2 Pronzent des eingezahlten Aktienkapitals (§ 16 Einkommensteuergesetz) fortfällt. Erstreckt sich die Kleinbahn über das Gebiet des Preußischen Staates hinaus in andere Deutsche Bundesstaaten, so ist gleichwohl das Einkommen aus dem gesammten Betriebe der Berechnung der Entschädigung zu Grunde zu legen. War das zu erwerbende Unternehmen noch nicht fünf Jahre im Betriebe, so ist für die Berechnung der Entschädigung der Jahresdurchschnitt des bisher erzielten Reingewinnes maßgebend. — Ist eine Aktiengesellschaft Unternehmer der zu erwerbenden Bahn, so bedarf es nicht der Einlösung der Aktien von den einzelnen Aktionären, sondern nur der Zahlung der Gesammtentschädigung an die Gesellschaft.

§ 32.

Der Unternehmer kann verpflichtet werden, über jede Bahn, für welche ihm eine besondere Genehmigung erteilt worden ist, dergestalt Rechnung zu führen, daß der Reinertrag derselben, und wenn der Unternehmer eine Aktiengesellschaft ist, die von derselben gezahlte Dividende daraus mit Sicherheit entnommen werden kann.

Die Vernachlässigung dieser Verpflichtung begründet für den Staat das Recht, die Berechnung der Entschädigung nach dem Sachwerte (§§ 33 bis 35) zu verlangen.

(s. Ausführungsanweisung vom 13. August 1898 zu § 32.)

§ 33.

Der Unternehmer kann Entschädigung nach dem Sachwerte verlangen, wenn das Unternehmen noch nicht länger als fünfzehn Jahre im Betriebe ist. Erfolgt die Erwerbung durch den Staat in den ersten fünf Jahren des Betriebes, so werden dem Sachwert 20 Prozent, erfolgt sie in den nachfolgenden zehn Jahren, so werden demselben 10 Prozent zugeschlagen.

§ 34.

Im Falle der Entschädigung nach dem Sachwerte bilden den Gegenstand des Erwerbes alle dem Unternehmen unmittelbar oder mittelbar gewidmeten Sachen und Rechte des Unternehmers, die Forderungen und Schulden jedoch nur insoweit, als dieselben nach beiderseitigem Einverständnisse auf den Staat übergehen sollen. In die mit den Beamten und Arbeitern bestehenden Verträge tritt der Staat ein, ebenso in solche Verträge, welche zur Beschaffung des für das Unternehmen erforderlichen Materials abgeschlossen sind.

Für alle Bestandteile ist der volle Wert zu vergüten.

§ 35.

Die Abschätzung und die Festsetzung der Entschädigung für die Bestandteile des Unternehmens (§ 34) erfolgt nach einem von dem Unternehmer aufzustellenden Inventar, über dessen Richtigkeit und Vollständigkeit erforderlichenfalls zu verhandeln und von dem Bezirksausschusse zu entscheiden ist.

§ 36.

Die Festsetzung der Entschädigung (§§ 31 und 33 bis 35) erfolgt, vorbehaltlich des beiden Teilen zustehenden, innerhalb sechs Monaten nach Zustellung des Festsetzungsbeschlusses zu beschreitenden Rechtsweges, durch den Bezirksausschuß unter sinngemäßer Anwendung der §§ 24 bis 29 des Enteignungsgesetzes vom 11. Juni 1874.

Der Bezirksausschuß ist auch für das Vollziehungsverfahren zuständig.

§ 37.

Auf die Ermittelung der Entschädigung finden die §§ 24 bis 28, auf die Vollziehung der Enteignung die §§ 32 bis 37, auf das Verfahren vor dem Bezirksausschusse und auf die Wirkungen der Enteignung die §§ 39 bis 46 des Enteignungsgesetzes vom 11. Juni 1874 sinngemäße Anwendung.

Die Entschädigung für Bestandteile des Unternehmens, welche im Inventar verzeichnet und bei Feststellung der Gesamtentschädigung berücksichtigt, bei der Vollziehung der Enteignung aber nicht mehr vorhanden sind, ist von dem Unternehmer zurückzuerstatten. Für Bestandteile, welche bei Vollziehung der Enteignung über das Inventar hinaus vorhanden sind, ist auf Antrag des Unternehmers von dem Bezirksausschusse nachträglich die vom Staat zu gewährende Entschädigung festzusetzen.

§ 38.

Erwerbsberechtigten (§ 6) gegenüber greift das Erwerbungsrecht des Staates gleichfalls Platz. Ihnen ist der volle Wert des Erwerbsrechtes zu erstatten.

§ 39.

Zur Anlegung von Bahnen in den Straßen Berlins und Potsdams bedarf es Königlicher Genehmigung.

§ 40.

Die Kleinbahnen werden der Gewerbesteuer auf Grund des Gewerbesteuergesetzes vom 24. Juni 1891 (Gesetz-Samml. S. 205) unterworfen.

Bezüglich der Kommunalbesteuerung sind Kleinbahnen als Privateisenbahnunternehmungen im Sinne des § 4 des Gesetzes vom 27. Juli 1885, betreffend Ergänzung und Abänderung einiger Bestimmungen über Erhebung der auf das Einkommen gelegten direkten Kommunalabgaben (Gesetz-Samml. S. 327), nicht zu erachten.

§ 41.

Die auf Grund des Allerhöchsten Erlasses vom 16. September 1867 (Gesetz-Samml. S. 1528), des Gesetzes vom 7. März 1868 (Gesetz-Samml. S. 223), des Gesetzes vom 11. März 1872 (Gesetz-Samml. S. 257) und der §§ 2 und 3 des Gesetzes vom 8. Juli 1875 (Gesetz-Samml. S. 497) den dort genannten Provinzial- und Kommunalverbänden überwiesenen Kapitalien und Summen können auch zur Förderung des Baues von Kleinbahnen verwendet werden.

§ 42.

Die Kleinbahnen unterliegen nachfolgenden Verpflichtungen gegenüber der Postverwaltung:

1) Die Unternehmer haben auf Verlangen der Postverwaltung mit jeder für den regelmäßigen Beförderungsdienst bestimmten Fahrt einen Post-Unterbeamten mit einem Briefsack und, soweit der Platz reicht, auch andere zur Mitfahrt erscheinende Unterbeamte im Dienst gegen Zahlung der Abonnementsgebühr oder, falls solche nicht besteht, der Hälfte des tarifmäßigen Personengeldes zu befördern.

2) Die Unternehmer solcher Bahnen, welche sich nicht ausschließlich mit Personenbeförderung befassen, sind außerdem verpflichtet, auf Verlangen der Postverwaltung mit jeder für den regelmäßigen Beförderungsdienst bestimmten Fahrt:

a) Postsendungen jeder Art durch Vermittelung des Zugpersonals zu befördern, und zwar Briefbeutel, Brief- und Zeitungspackete gegen eine Vergütung von 50 Pfennig für jede Fahrt, die anderen Sendungen gegen Zahlung des Stückguttarifsatzes der betreffenden Bahn oder, sofern dieser Betrag höher ist, gegen eine Vergütung von 2 Pfennig für je 50 Kilogramm und das Kilometer der Beförderungsstrecke nach dem monatlichen Gesamtgewicht der von Station zu Station beförderten Poststücke;

b) in Zügen, mit welchen in der Regel mehr als ein Wagen befördert wird, eine Abteilung eines Wagens für die Postsendungen, das Begleitpersonal und die erforderlichen Postdienstgeräte, gegen Zahlung der in den Artikeln 3 und 6 des Reichsgesetzes vom 20. Dezember 1875 (Reichs-Gesetzbl. S. 318) und den dazu gehörigen Vollzugsbestimmungen festgesetzten Vergütung, sowie gegen Entrichtung des halben Stückguttarifsatzes der betreffenden Bahn einzuräumen.

3) Die Postverwaltung ist berechtigt, auf ihre Kosten an den Bahnwagen einen Briefkasten anbringen und dessen Auswechselung oder Leerung an bestimmten Haltestellen bewirken zu lassen.

II. Privatanschlußbahnen.

§ 43.

Bahnen, welche dem öffentlichen Verkehr nicht dienen, aber mit Eisenbahnen, welche den Bestimmungen des Gesetzes über die Eisenbahnunternehmungen vom 3. November 1838 unterliegen, oder mit Kleinbahnen derart in unmittelbarer Geleisverbindung stehen, daß ein Übergang der Betriebsmittel stattfinden kann, bedürfen, wenn sie für den Betrieb mit Maschinen eingerichtet werden sollen, zur baulichen Herstellung und zum Betriebe polizeilicher Genehmigung.

§ 44.

Zur Erteilung der Genehmigung (§ 43) ist der Regierungspräsident, für den Stadtkreis Berlin der Polizeipräsident, im Einvernehmen mit der von dem Minister der öffentlichen Arbeiten bezeichneten Eisenbahnbehörde zuständig.

Berührt die Bahn mehrere Landespolizeibezirke, so bestimmt, wenn sie derselben Provinz angehören, der Oberpräsident, falls sie verschiedenen Provinzen angehören oder Berlin dabei beteiligt ist, der Minister der öffentlichen Arbeiten im Einvernehmen mit dem Minister des Innern die zuständige Landespolizeibehörde.

§ 45.

Die polizeiliche Prüfung beschränkt sich

1. auf die betriebssichere Beschaffenheit der Bahn und der Betriebsmittel,

2. auf die technische Befähigung und Zuverlässigkeit der in dem äußeren Betriebsdienste anzustellenden Bediensteten,

3. auf den Schutz gegen schädliche Einwirkungen der Anlage und des Betriebes.

Soll eine Bahn, welche an eine dem Gesetze über die Eisenbahnunternehmungen vom 3. November 1838 unterliegende Eisenbahn Anschluß hat, von dem Unternehmer der letzteren angelegt und betrieben werden, so beschränkt sich die Prüfung auf den Schutz gegen schädliche Einwirkungen der Anlage und des Betriebes.

(s. Ausführungsanweisung vom 13. August 1898 zu § 45.)

§ 46.

Zur Benutzung öffentlicher Wege bedarf es der Zustimmung der Unterhaltungspflichtigen und der Genehmigung der Wegepolizeibehörde.

§ 47.

Die Bestimmungen der §§ 8, 17 bis 20 und 22 Satz 1 finden auf diese Bahnen gleichmäßige Anwendung.

(s. Ausführungsanweisung vom 13. August 1898 zu § 47.)

§ 48.

Polizeiliche Bestimmungen über den Betrieb auf solchen Bahnen können nur im Einverständnis mit der Eisenbahnbehörde (§ 44) erlassen werden.

§ 49.

Die Genehmigung kann zurückgenommen werden, wenn wiederholt gegen die Bedingungen derselben in wesentlicher Beziehung verstoßen wird.

Über die Zurücknahme der Genehmigung entscheidet auf Klage der Behörde (§ 44) das Oberverwaltungsgericht.

§ 50.

Die eisenbahntechnische Aufsicht und Überwachung der Privatanschlußbahnen erfolgt durch diejenige Behörde, welcher diese Aufgaben bezüglich der dem öffentlichen Verkehre dienenden Bahn, an welche sie anschließen, obliegen.

§ 51.

Die Bestimmungen der §§ 43 bis 49 finden auf diejenigen Bahnen, welche Zubehör eines Bergwerks im Sinne des Allgemeinen Berggesetzes vom 24. Juni 1865 (Gesetz-Samml. S. 705) bilden, keine Anwendung.

Durch die Bestimmung in § 50 wird das auf dem Allgemeinen Berggesetze vom 24. Juni 1865 (Gesetz-Samml. S. 705) beruhende Aufsichtsrecht der Bergbehörden gegenüber diesen Bahnen nicht berührt.

Gemeinsame und Übergangs-Bestimmungen.

§ 52.

Gegen die Beschlüsse und Verfügungen, für welche die Landes-Polizeibehörden in Verbindung mit den Eisenbahnbehörden zuständig sind, und gegen die Beschlüsse und Verfügungen der eisenbahntechnischen Aufsichtsbehörden findet die Beschwerde an den Minister der öffentlichen Arbeiten statt. Im übrigen greifen die nach den Bestimmungen der §§ 127 bis 130 des Gesetzes über die allgemeine Landesverwaltung vom 30. Juli 1883 (Gesetz-Samml. S. 195) zulässigen Rechtsmittel Platz.

§ 53.

Für die bereits vor Inkrafttreten dieses Gesetzes genehmigten Kleinbahnen und Privatanschlußbahnen ist diejenige Behörde zuständig, welcher die Genehmigung nach Inkrafttreten dieses Gesetzes gemäß §§ 3 und 44 obgelegen hätte.

Auf diese Bahnen finden die §§ 2, 20 bis 22, 24, 25, 40, 42 und 52, beziehungsweise 48 bis 50 des gegenwärtigen Gesetzes, sowie die Bedingungen und Vorbehalte, welche bei ihrer Genehmigung vorgesehen sind, Anwendung.

Die Unternehmer sind jedoch berechtigt, sich durch eine an die zuständige Aufsichtsbehörde zu richtende Erklärung den sämtlichen Bestimmungen dieses Gesetzes zu unterwerfen.

Die Genehmigung von wesentlichen Erweiterungen oder wesentlichen Änderungen des Unternehmens, der Anlage oder des Betriebes kann von der Unterwerfung des Unternehmens unter sämtliche Bestimmungen dieses Gesetzes abhängig gemacht werden.

Der Zeitpunkt der Unterstellung unter dieses Gesetz ist öffentlich bekannt zu machen.

Wohlerworbene Rechte Dritter werden durch die Unterwerfung nicht berührt.

(s. Ausführungsanweisung vom 13. August 1898 zu § 53 Absatz 3.)

§ 54.

Dieses Gesetz tritt bezüglich des § 40 am 1. April 1893, bezüglich aller anderen Bestimmungen am 1. Oktober 1892 in Kraft.

§ 55.

Mit der Ausführung dieses Gesetzes werden der Minister der öffentlichen Arbeiten und der Minister des Innern betraut.

Urkundlich unter Unserer Höchsteigenhändigen Unterschrift und beigedrucktem Königlichen Insiegel.

Gegeben Marmor-Palais, den 28. Juli 1892.

(L. S.) Wilhelm.

Graf zu Eulenburg. von Boetticher. Herrfurth. von Schelling. Freiherr von Berlepsch. Miquel. von Kaltenborn. von Heyden. Thielen. Bosse.

(s. Ausführungsanweisung vom 13. August 1898 zu § 55.)

Gesetz
über Kleinbahnen und Privatanschlußbahnen.

Vom 28. Juli 1892.

(G.=S. 1892 Nr. 25 S. 225—238.)

Wir Wilhelm, von Gottes Gnaden König von Preußen 2c., verordnen, unter Zustimmung beider Häuser des Landtages der Monarchie, was folgt:*)

1. Ausführungsweisung vom 18. August 1898.*)

Das Gesetz über Kleinbahnen und Privatanschlussbahnen bezweckt, durch feste und zweckmässige Ordnung der Rechtsverhältnisse der bezeichneten Bahnen die Entwickelung dieser wichtigen Verkehrsmittel zu fördern. Es beschränkt demzufolge die Einwirkung der Organe des Staates bei der Genehmigung von Unternehmungen der bezeichneten Art sowie bei der Aufsicht über dieselben auf das geringste Mass dessen, was für die Sicherung der von ihnen wahrzunehmenden öffentlichen Interessen notwendig ist, und gewährt den Unternehmungen innerhalb der hiernach gezogenen Grenzen volle Bewegungsfreiheit.

Die mit der Ausführung des Gesetzes betrauten Behörden (§ 3) werden sich bei der Wahrnehmung ihrer Obliegenheiten diese Absicht des Gesetzgebers gegenwärtig zu halten und demzufolge in der Einwirkung auf den Bau und den Betrieb der bezeichneten Bahnen nicht über das Mass dessen hinauszugehen haben, was zur Wahrung der ihnen anvertrauten öffentlichen Interessen, namentlich der in den §§ 4 und 45 aufgeführten polizeilichen Interessen, notwendig ist. Neben der Vermeidung unnötiger und lästiger Eingriffe in die Bewegungsfreiheit des Verkehrszweiges werden sich die mit der Staatsaufsicht betrauten Behörden die Förderung desselben aber auch durch entgegenkommende

---

*) Die Abweichungen gegen die Ausführungsanweisungen vom 22. August 1892 und 19. November 1892 sind durch *Kursiv*-Druck hervorgehoben.

und insbesondere rasche Erledigung der ihnen obliegenden Geschäfte angelegen sein zu lassen haben.

Unter den zum Betriebe mit Maschinenkraft eingerichteten Kleinbahnen sind nach ihrer Zweckbestimmung und Ausdehnung zwei Klassen zu unterscheiden. Die eine umfasst die städtischen Strassenbahnen und solche Unternehmungen, welche trotz der Verbindung von Nachbarorten infolge ihrer hauptsächlichen Bestimmung für den Personenverkehr und ihrer baulichen und Betriebseinrichtungen einen den städtischen Strassenbahnen ähnlichen Charakter haben. Der zweiten Klasse sind diejenigen Kleinbahnen zuzurechnen, welche darüber hinaus den Personen- und Güterverkehr von Ort zu Ort vermitteln und sich nach ihrer Ausdehnung, Anlage und Einrichtung der Bedeutung der nach dem Gesetze über die Eisenbahnunternehmungen vom 3. November 1838 konzessionierten Nebeneisenbahnen nähern (nebenbahnähnliche Kleinbahnen). Über die Durchführung der Trennung und die verschiedene Behandlung dieser beiden Gruppen von Kleinbahnen wird in den nachfolgenden Ausführungen zu §§ 3, 5, 11, 22 und 32 das Nähere bestimmt.

Indem zur Vermeidung von Wiederholungen im übrigen auf das Gesetz, seine Begründung und die Verhandlungen in den beiden Häusern des Landtages *sowie darauf* hingewiesen wird, *dass die ausserhalb der bisherigen allgemeinen Ausführungsanweisung vom 22. August 1892 getroffenen Bestimmungen in Geltung bleiben, soweit sie nicht in nachstehendem abgeändert werden*, sei im einzelnen folgendes bemerkt:

*) Vorbemerkung.

I. Die Entstehung des Gesetzes nahm folgenden Verlauf: Von der Staatsregierung wurde der Entwurf eines Gesetzes über die Bahnen unterster Ordnung, welcher in zwei Abschnitte (I. Eisenbahnen, welche dem öffentlichen Verkehre dienen, §§ 1—38, II. Sonstige Eisenbahnen §§ 39—47) zerfiel und am Schlusse Gemeinsame und Übergangsbestimmungen (§§ 48—52) enthielt, dem Herrenhause unterm 11. März 1892 zur verfassungsmäßigen Beschlußfassung vorgelegt (Drucks. des Herrenh. 17. Legisl.-Per. 1892 Nr. 84 S. 58—70). In der I. Lesung des Herrenhauses vom 28. März 1892 wurde der Gesetzentwurf an die um 5 Mitglieder verstärkte Eisenbahnkommission verwiesen (Verhandl. d. Herrenh. 1892 S. 25—31). Diese Kommission befürwortete mittelst schriftlichen Berichts vom 1. April 1892 die Annahme des von ihr mehrfach amendierten Gesetzentwurfs nebst zwei die Subventionierung von Eisenbahnen unterster Ordnung betreffenden Resolutionen (Drucks. des Herrenh. 1892 Nr. 69 S. 338—354). In der II. Lesung des Herrenhauses wurde der amendierte Gesetzentwurf unter Ablehnung der Resolutionen unverändert angenommen (Verhandl. des Herrenh. 1892 S. 190—207). Der hierauf an das Abgeordnetenhaus gelangte Entwurf (Drucks. d. Abg.-H. 1892 Nr. 188 S. 1878—1878) wurde in der I. Lesung vom 26. April 1892 einer besonderen Kommission von 21 Mitgliedern überwiesen (Verhandl. des Abg.-H. 1892 S. 1318 bis 1888), von dieser durchberaten, und durch zahlreiche Amendements abgeändert mit schriftlichem Berichte vom 25. Mai 1892 dem Plenum nebst zwei die Subventionierung der Bahnen unterster Ordnung betreffenden Resolutionen zur Annahme empfohlen (Drucks. des Abg.-H. 1892 Nr. 206 S. 2271—2298). Die Beratungen des Abg.-H. nahmen in der II. Lesung 8 Sitzungen (13., 14. und 15. Juni 1892

Verhandl. des Abg.-H. S. 1963—2052) und in der III. Lesung eine Sitzung (17. Juni 1892 Verhandl. des Abg.-H. S. 2062—2082) in Anspruch. Der an vielen Stellen, zumeist nach den Kommissionsvorschlägen abgeänderte Entwurf ging sodann zur nochmaligen Beratung an das Herrenhaus zurück, und wurde von diesem mit zwei, die §§ 21 und 30 betreffenden Änderungen in der Sitzung vom 22. Juni 1892 angenommen (Verhandl. des Herrenh. 1892 S. 865—878). Der solchergestalt amendierte Entwurf fand in der Schlußberatung vom 23. Juni 1892 die Zustimmung des Abgeordnetenhauses (Verhandl. des Abg.-H. 1892 S. 2160 bis 2167) und wurde als Gesetz über Kleinbahnen und Privatanschlußbahnen vom 28. Juli 1892 in der Gesetz-Sammlung 1892 Nr. 25 S. 225 veröffentlicht. Das Gesetz ist dem § 54 gemäß am 1. Oktober 1892 in Kraft getreten bis auf den die Besteuerung der Kleinbahnen regelnden § 40, welcher erst am 1. April 1893 zur gesetzlichen Geltung gelangte.

II. Die Einteilung des Gesetzes ist folgende: Dasselbe zerfällt in drei Abschnitte, von denen der erste (§§ 1—42) die Bestimmungen über die Kleinbahnen, der zweite (§§ 43—51) die Bestimmungen über die Privatanschlußbahnen, der dritte (§§ 52—55) die beiden Kategorien gemeinsamen und die Übergangsbestimmungen enthält.

III. Mit der Ausführung des Gesetzes sind durch § 55 desselben die Minister der öffentlichen Arbeiten und des Innern betraut. Dieselben haben auf Grund dieser Ermächtigung die Ausführungsanweisung vom 22. August 1892 erlassen (E.-V.-Bl. 1892 S. 265), welche durch die Ausführungsanweisung vom 13. August 1898 (eod. 1898 S. 245. Zeitschr. f. Kleinb. V. S. 485) mit den Änderungen vom 29. November 1900 und 17. November 1902 (Zeitschr. f. Kleinb. VIII. S. 139, X. S. 537) ersetzt worden ist. Die Ausführungsanweisung hat nicht Gesetzeskraft, sie hat lediglich den Zweck, zu den einzelnen Paragraphen des Gesetzes, soweit dies erforderlich, erläuternde und die Handhabung des Gesetzes ermöglichende und fördernde Bestimmungen hinzuzufügen; dieselben dürfen aber nur im Rahmen des Gesetzes deklaratorischer Natur sein oder das Gesetz in betreff derjenigen Punkte ergänzen, welche der Regelung im Wege der Ausführungsanweisung ausdrücklich überwiesen sind, sie dürfen aber den gesetzlichen Bestimmungen weder widersprechen, noch darüber hinaus selbständig neue, die Unternehmer belastende Vorschriften enthalten. Die Ausführungsanweisung kann von den gemäß § 55 beauftragten Ministern jederzeit abgeändert und ergänzt werden.

IV. Der Zweck des Gesetzes über Kleinbahnen und Privatanschlußbahnen besteht nach den Eingangsbestimmungen der Ausführungsanweisung Abs. 1 darin: „durch feste und zweckmäßige Ordnung der Rechtsverhältnisse der bezeichneten Bahnen die Entwickelung dieser wichtigen Verkehrsmittel zu fördern". An die Stelle wenig bestimmter, von den Behörden sehr verschiedenartig gehandhabter, zumeist nur auf administrativem Wege vorgeschriebener Normen ist dem Bedürfnisse entsprechend und nach Analogie des für die dem allgemeinen Verkehre angehörigen Eisenbahnen geltenden Gesetzes über die Eisenbahnunternehmungen vom 3. November 1838 nunmehr auch für diese neueren Gebilde des Eisenbahnverkehrs — die Klein- und Privatanschlußbahnen, deren begriffliche Abgrenzung in der Einleitung erfolgt ist — ein Gesetz getreten, welches ihr Verhältnis zum Staate, sowie die einzelnen

Stadien ihrer Entwickelung durch positive Bestimmungen eingehend und einheitlich regelt.

Die Ausführungsanweisung weist in ihren Eingangsworten ferner darauf hin, daß dem Zwecke der Förderung der Klein- und Privatanschlußbahnen gemäß das Gesetz die Einwirkung der Organe des Staates sowohl bei der Genehmigung wie bei der Aufsicht auf das geringste Maß dessen beschränkt, was für die Sicherung der von ihnen wahrzunehmenden Interessen notwendig ist, und den Unternehmungen innerhalb der hiernach gezogenen Grenzen volle Bewegungsfreiheit gewährt. Bei der Neuheit der Materie lag es freilich in der Natur der Sache, daß sich in der fraglichen Hinsicht einzelne Mängel herausgestellt und die gewonnenen Erfahrungen zu Vereinfachungs- und Verbesserungsvorschlägen geführt haben. Im Prinzipe aber ist die Zuständigkeit und der Wirkungskreis der staatlichen Organe innerhalb derjenigen Grenzen gehalten, welche durch die Rücksicht auf die öffentlichen Interessen notwendig gezogen werden mußten. Und auch in diesen Grenzen beschränkt sich das Gesetz auf die Aufstellung allgemeiner Grundsätze. Es überläßt es den bei der Genehmigung und Aufsicht beteiligten Behörden, innerhalb dieser Grenzen im konkreten Falle nach Lage der individuellen Verhältnisse die zweckmäßigste Regelung zu bewirken. Freilich werden sich, wie dies auf Grund des Eisenbahngesetzes vom 8. November 1888 für die diesem unterworfenen Bahnen geschehen ist, allmählich auch hier für einzelne Zweige und Beziehungen auf der Basis der allgemeinen Grundsätze des Gesetzes besondere Normen und Ordnungen bilden und ein Spezialrecht für Kleinbahnen entstehen lassen. Indes wird dies bei der Verschiedenartigkeit der Kleinbahnunternehmungen immer nur für einzelne verwandte Kategorien derselben möglich sein und auch dann nur einen beschränkten Kreis einheitlicher Vorschriften und Normen zum Gegenstande haben. (Gleim, Preuß. Eisenb.-Arch. 1890 S. 1129, 1130).

In diesem Sinne hat die neue Ausführungsanweisung vom 18. August 1898 den seit Inkrafttreten des Kleinbahngesetzes vom 28. Juli 1892 gewonnenen Erfahrungen Rechnung getragen. Vornehmlich zeigte sich — abgesehen von einigen weniger wesentlichen, alle Kleinbahnen insgesamt berührenden Fragen — in einer Hinsicht die Notwendigkeit einer wirklich grundlegenden und einschneidenden Änderung der bisherigen Ausführungsbestimmungen. Diese ist durch das Bedürfnis hervorgerufen, unter den mit Maschinenkraft betriebenen Kleinbahnen eine durch ihre örtliche Ausdehnung sowie den Umfang ihres Verkehrs und insbesondere die vorzugsweise Aufnahme des Güterverkehrs hervortretende, sich den Nebenbahnen in der Art des Betriebes und Transportes nähernde Klasse besonderen Bestimmungen zu unterwerfen, durch welche für diese Klasse von Kleinbahnen eine weit strengere Kontrolle für die Sicherheit des Betriebes (durch gleichartige Betriebsvorschriften), sowie mit Rücksicht auf das an ihrem ordnungsmäßigen Funktionieren beteiligte öffentliche Interesse eine größere Garantie in finanzieller Hinsicht (durch Bildung spezieller Rücklagefonds) eingeführt wird. (Vgl. Zeitschr. f. Kleinb. V. 1898 S. 525.)

Darnach sind, um diesem Bedürfnisse zu genügen, die Kleinbahnen mit Maschinenbetrieb in zwei Klassen geteilt.[1] Die eine umfaßt diejenigen Kleinbahnen, welche über den Straßenverkehr eines Stadtgebietes hinaus den

---

[1] Ausf.-Anw. Abs. 3 zur Einleitung.

Personen- und Güterverkehr von Ort zu Ort vermitteln und sich nach ihrer Ausdehnung, Anlage und Einrichtung der Bedeutung der nach dem Eisenbahngesetze vom 8. November 1838 konzessionierten Nebeneisenbahnen nähern (nebenbahnähnliche Kleinbahnen). Die zweite Klasse sind die städtischen Straßenbahnen und solche Unternehmungen, welche trotz der Verbindung von Nachbarorten infolge ihrer hauptsächlichen Bestimmung für den Personenverkehr und ihrer baulichen und Betriebseinrichtungen einen den städtischen Straßenbahnen ähnlichen Charakter haben.

Demgemäß zerfällt nunmehr nach der neuen Ausführungsanweisung die Gesamtheit der Kleinbahnen in drei Klassen: I. Nebenbahnähnliche Kleinbahnen, II. städtische Straßenbahnen und solche von ähnlichem Charakter, III. sonstige Kleinbahnen (ohne Maschinen- bezw. mechanischen Betrieb), welchen das Gesetz noch IV. die Privatanschlußbahnen in einem besonderen Abschnitt anreiht.

Was nun die nebenbahnähnlichen Kleinbahnen anlangt, so sind die Anforderungen an die dem Antrage auf Genehmigung beizufügenden technischen Unterlagen wesentlich verschärft und erweitert worden.[1]) Sodann haben die Anforderungen im Interesse der Landesverteidigung (Militärverwaltung) eine erhebliche Steigerung erfahren.[2]) Es ist ferner vorgeschrieben, daß diesen Bahnen durch die Genehmigung im Interesse eines regelmäßigen und sicheren Betriebes die Bildung eines Erneuerungsfonds sowie — neben dem für Aktiengesellschaften 2c. erforderlichen Bilanz-Reservefonds — ein Spezialreservefonds nach bestimmten Normen aufzugeben ist.[3]) Endlich sind für die nebenbahnähnlichen Kleinbahnen Betriebsvorschriften unterm 13. August 1898 als Anlage zur neuen Ausführungsanweisung erlassen,[4]) welche in 6 Abschnitten über den Zustand der Bahn, den Zustand, die Unterhaltung und Untersuchung der Betriebsmittel, die Einrichtungen und Maßregeln für die Handhabung des Betriebes, das Signalwesen und die Betriebsführung, sowie die Art der Veröffentlichung, ihre Anwendung auf bereits genehmigte Bahnen und die Zulässigkeit von Abweichungen eingehende Bestimmungen treffen. Für die übrigen Kleinbahnen soll dagegen der Betrieb nach wie vor gegebenenfalls durch Polizeiverordnungen und sonstige polizeiliche Bestimmungen seitens der zuständigen Polizeibehörden geregelt werden.[5]) Unverkennbar war für die neuen Vorschriften die Erwägung maßgebend, daß diese Kleinbahnen nach Ausdehnung und Verkehrsumfang leicht zu Gliedern des allgemeinen Bahnnetzes sich gestalten können und demgemäß zur Erleichterung einer Einreihung in dasselbe eine entsprechende Einrichtung und Organisation vorgesehen werden müsse. Darauf beruht auch der neue Zusatz zu § 32, wonach bei nebenbahnähnlichen Kleinbahnen stets — also obligatorisch — die Führung getrennter Betriebsrechnungen vorzuschreiben ist,[6]) um dem Staate jederzeit die Grundlage für die Berechnung des Erwerbspreises in Gemäßheit der §§ 30 und 31 des Kleinbahngesetzes zu sichern.

Abgesehen von dieser wichtigen Trennung der Kleinbahnen mit Maschinenkraft in zwei Klassen und den einschneidenden Vorschriften in betreff der Klasse der nebenbahnähnlichen Kleinbahnen sind noch eine Reihe anderer Vorschriften ergangen,

---

[1]) Ausf.-Anw. Ziff. 1 zu § 5. [2]) Ausf.-Anw. B zu § 9. [3]) Ausf.-Anw. Abs. 3 zu § 11.
[4]) Ausf.-Anw. Abs. 4 Satz 1 zu § 22. [5]) Ausf.-Anw. Abs. 4 Satz 2 u. Abs. 5 zu § 22.
[6]) Ausf.-Anw. Abs. 2 zu § 32.

welche bei den betreffenden Stellen des Gesetzes Erwähnung und Erörterung finden werden.

Die Ausführungsanweisung gibt ferner in ihren Eingangsbestimmungen Abs. 2 den beteiligten Behörden zwei wichtige Direktiven:

1. Die mit der Ausführung des Gesetzes betrauten Behörden sollen die vorerörterte Absicht desselben sich bei der Wahrnehmung ihrer Obliegenheiten gegenwärtig halten und demzufolge in der Einwirkung auf den Bau und Betrieb nicht über das Maß dessen hinausgehen, was zur Wahrung der ihnen anvertrauten öffentlichen Interessen, namentlich der in den §§ 4 und 45 aufgeführten polizeilichen Interessen, notwendig ist. Aus dieser Direktive ergibt sich einerseits, daß die Tätigkeit der Ausführungsbehörden zwar vornehmlich, wenn auch nicht ausschließlich auf die in den §§ 4 und 45 bezeichneten polizeilichen Interessen beschränkt sein soll, sich vielmehr auch auf andere öffentliche Interessen zu erstrecken hat. Aber sie darf nicht öffentliche Interessen aller Art ergreifen, sondern lediglich die ihnen durch das vorliegende Gesetz anvertrauten.

2. Die Ausführungsbehörden sollen sich, abgesehen von der Vermeidung unnötiger und lästiger Eingriffe in die Bewegungsfreiheit des Verkehrszweiges, die Förderung desselben aber auch durch entgegenkommende und insbesondere rasche Erledigung der ihnen obliegenden Geschäfte angelegen sein lassen. Dies bezieht sich auf alle den Bau und Betrieb betreffenden Maßnahmen, nicht nur auf die mit der ursprünglichen Prüfung und Genehmigung zusammenhängenden Funktionen. Vgl. Erl. des Min. d. öffentl. Arb. und d. Innern v. 9. 4. 1894, betr. Mitteilung der Berichte über Kleinbahnunternehmungen an die beteiligte Eisenbahndirektion (Zeitschr. f. Kleinb. I 1894 S. 242). Vgl. auch Erl. v. 9. 5. 1898, betr. die Beschleunigung in der behördlichen Bearbeitung der Kleinbahnangelegenheiten (Zeitschr. f. Kleinb. V 1898 S. 316, 320). Verzeichnis Nr. 9 u. 57.

Abs. 3 der Eingangsbestimmungen der Ausführungsanweisung enthält eine Sonderbestimmung bezüglich der mit Maschinenkraft eingerichteten Kleinbahnen, nach welcher unter diesen Bahnen den vorstehenden Erwägungen gemäß nach ihrer Zweckbestimmung und Ausdehnung zwei Klassen zu unterscheiden sind: 1. die städtischen Straßenbahnen und diesen ähnliche Unternehmungen; 2. die nebenbahnähnlichen Kleinbahnen (s. oben S. 2).

Die Gründe für diese Unterscheidung und die charakteristischen Merkmale beider Klassen von Kleinbahnen mit Maschinenbetrieb sind bereits S. 5 Gegenstand der Erörterung gewesen. Weil diese Unterscheidung wesentliche Verschiedenheiten in der wirtschaftlichen und technischen Behandlung zur Folge hat, so ist dieselbe nicht eine fakultative, sondern eine obligatorische. Es darf daher bei keiner Bahn mit Maschinenkraft zweifelhaft oder unbestimmt gelassen werden, zu welcher von beiden Klassen sie gehört (s. zu § 3 Abs. 2). Freilich ist die Grenze keine ganz scharfe, zumal in Rücksicht auf die allmähliche Entwickelung der Bahnen, die sich häufig nach und nach vollziehende Ausdehnung von ursprünglich nur für den reinen Personenverkehr innerhalb eines Stadtgebietes bestimmten Unternehmungen über andere Gemeindegebiete unter streckenweiser oder voller Einführung und Aufnahme des Güterverkehrs und Anschluß an andere Bahnen. Demungeachtet wird die Zuweisung zu einer von beiden Klassen unter Beobachtung der oben erörterten Grundsätze und Direktiven besondere Schwierigkeiten nicht bieten.

Bezüglich der Hoch- und Tiefbahnen kann es nicht zweifelhaft sein, daß sie zur Klasse der städtischen Straßenbahnen gehören. Die Annahme, daß sie auch den Charakter nebenbahnähnlicher Kleinbahnen erlangen können und daher ihre Zuteilung zu einer oder der anderen Klasse von Fall zu Fall beurteilt werden müsse (Zeitung d. Ver. deutsch. Eisenb.-Verw. 1898, Nr. 72, S. 1098), ist nach Lage der Sache unzutreffend.

Abs. 4 der Eing.-Best. der Ausführungsanweisung weist zur Vermeidung von Wiederholungen im allgemeinen auf das Gesetz, sowie seine Begründung und die Landtagsverhandlungen hin, und ist noch durch den Zusatz ergänzt, daß die außerhalb der bisherigen allgemeinen Ausführungsanweisung vom 22. August 1892 getroffenen Bestimmungen in Geltung bleiben, soweit sie nicht im nachstehenden d. h. durch die Einzelvorschriften der neuen Anweisung vom 13. August 1898 zu den bezüglichen Paragraphen abgeändert werden. Mit dem Inkrafttreten der neuen Ausführungsanweisung vom 13. August 1898 ist in Gemäßheit der Bestimmungen zu § 55 die alte vom 22. August 1892 und — wie noch hinzugefügt werden muß — die Anweisung vom 19. November 1892 außer Kraft getreten. Dagegen blieben die in Erläuterung und Ergänzung der einzelnen Paragraphen ergangenen Sonder-Erlasse und Verfügungen, soweit sie nicht durch die Vorschriften der neuen Ausführungsanweisung abgeändert wurden, unberührt. Ob und inwieweit eine Abänderung stattgefunden hat, muß im einzelnen von Fall zu Fall geprüft werden.

I. Kleinbahnen.

§ 1.[1])

Kleinbahnen sind die dem öffentlichen Verkehre dienenden Eisenbahnen, welche wegen ihrer geringen Bedeutung für den allgemeinen Eisenbahnverkehr dem Gesetze über die Eisenbahnunternehmungen vom 3. November 1838 (Gesetz-Samml. S. 505) nicht unterliegen.[2])

Insbesondere sind Kleinbahnen der Regel nach solche Bahnen, welche hauptsächlich den örtlichen Verkehr innerhalb eines Gemeindebezirks oder benachbarter Gemeindebezirke vermitteln, sowie Bahnen, welche nicht mit Lokomotiven betrieben werden.[3])

Ob die Voraussetzung für die Anwendbarkeit des Gesetzes vom 3. November 1838 vorliegt, entscheidet auf Anrufen der Beteiligten das Staatsministerium.[4])

1. Ausführungsanweisung vom 13. August 1898.

Zu § 1.

Behufs Bezeichnung derjenigen Eisenbahnbehörde, welche bei der Genehmigung mitzuwirken hat, ist von *allen zunächst bei dem örtlich zuständigen Regierungspräsidenten bezw. dem Polizei-Präsidenten in Berlin anzubringenden Anträgen auf Genehmigung*, wesentliche Änderung oder Erweiterung einer zum Betriebe mit Maschinenkraft bestimmten Bahn (§ 3 Nr. 1) sowie auf Einführung des Maschinenbetriebes auf einer anderen Bahn (§ 3 Nr. 2) dem Minister der öffentlichen Arbeiten Anzeige zu erstatten. Behufs Prüfung der Frage, ob eine solche Bahn dem Gesetze über die Eisenbahnunternehmungen vom 8. November 1888 zu unterstellen ist, ist bei der Erstattung der Anzeige auch hierüber unter Beibringung der zur Beurteilung dienlichen Unterlagen zu berichten.

Ebenso ist von anderen Anträgen auf Genehmigung einer Kleinbahn, soweit es sich nicht um Pferdebahnen innerhalb städtischer Strassen handelt, dem Minister der öffentlichen Arbeiten Anzeige zu erstatten. Während jedoch bei einer für den Betrieb mit Maschinenkraft bestimmten Bahn dem Genehmigungsverfahren nicht Fortgang zu geben ist, bevor nicht die Entschliessung des Ministers der öffentlichen Arbeiten vorliegt, ist in dem letztgedachten Falle dem Verfahren Fortgang zu geben, sofern nicht ausnahmsweise die zur Genehmigung zuständige Behörde die Anwendung des Gesetzes über die Eisenbahnunternehmungen vom 8. November 1888 für angezeigt oder doch wenigstens für fraglich erachtet und hierüber die Entschliessung des Ministers der öffentlichen Arbeiten einholt.

Die Anzeige von Anträgen wegen wesentlicher Änderungen oder Erweiterungen der den sämtlichen Bestimmungen des Kleinbahngesetzes unterworfenen Bahnen mit Maschinenbetrieb hat zu unterbleiben, wenn die Bahn über das Weichbild eines Gemeindebezirks nicht hinausgeht und eine Verbindung mit anderen Bahnen nicht stattfinden soll, die bei der Genehmigung mitwirkende Eisenbahnbehörde auch bereits bestimmt ist.

Von den hiernach vorgeschriebenen Anzeigen ist seitens der Regierungs-Präsidenten bezw. des Polizei-Präsidenten in Berlin zugleich eine Abschrift dem Kriegs-Minister vorzulegen, wenn es sich um Kleinbahnen mit Maschinenbetrieb handelt, die über das Weichbild eines Gemeindebezirks hinaus hergestellt werden sollen:

a) östlich der Linie Danzig — Dirschau — Schneidemühl — Posen — Breslau — Oderberg,
b) westlich des linken Rheinufers,
c) in einem Küstenkreise,
d) in den sonstigen Grenzkreisen und denselben gleichgestellten Gebieten,
e) auch ausserhalb dieser Grenzen, sofern sie zwei oder mehrere Haupt- oder Nebenbahnen unmittelbar oder im Zusammenhange mit anderen Kleinbahnen verbinden.

Sofern der Antrag auf Genehmigung, Erweiterung oder Veränderung einer Kleinbahn aus dem Grunde abgelehnt wird, weil die Bahn dem Gesetze vom 8. November 1888 zu unterstellen sein würde, ist in der Verfügung der Grund hierfür anzugeben und zugleich zu bemerken, dass ein etwaiger Antrag auf Entscheidung des Staatsministeriums bei dem verfügenden Regierungs-Präsidenten binnen einer angemessen festzusetzenden Frist einzureichen sei. Geht ein solcher Antrag ein, so ist von dem Regierungs-Präsidenten Bericht an den Minister der öffentlichen Arbeiten zu erstatten.

§ 1 [1]) Prinzip und Entstehungsgeschichte des § 1.

Prinzip. I. Prinzip. Schon vor Erlaß des Gesetzes vom 28. Juli 1892 wurden in Preußen im rechtlichen Sinne zwei Kategorien von Eisenbahnen unterschieden, welche dem öffentlichen Verkehre dienten. Für diejenigen Eisenbahnen, welche durch ihre Bedeutung für den allgemeinen Verkehr des Landes einer in bestimmte gesetzliche Formen gekleideten Prüfung, Genehmigung und Aufsicht in Bezug auf Gründung, technische und finanzielle Vorbereitung, Betriebsführung und Verwaltung bedurften, war von Anfang an eine gesetzliche Regelung durch das Gesetz über die Eisenbahn-Unternehmungen vom 3. Novbr. 1838 — das sog. Eisenbahngesetz — geschaffen worden. Für diejenigen Eisenbahnen dagegen, welche von geringer Bedeutung für den allgemeinen Verkehr des Landes und nur von lokalem Interesse waren, wurde anfänglich eine gesetzliche Regelung nicht für notwendig erachtet, sondern eine Prüfung und Aufsicht in den angegebenen Beziehungen lediglich in administrativem Wege als ausreichend angesehen. (Gleim, Eisenb. Arch. 1892 S. 1111, 1112.)

Als sich die Nachteile dieser verschiedenartigen polizeilich-administrativen Regelung der Lokalbahnen geltend machten, trat das Bedürfnis hervor, auch diese Bahnen einer besonderen gesetzlichen Regelung, wenngleich in wesentlich einfacheren Formen, als in denen des Eisenbahngesetzes von 1838, zu unterwerfen. (D. Straß.- u. Kleinb.-Z. 1896 Nr. 2 S. 17, 18.) Zwar ließ sich nach wie vor ein anderes materielles Merkmal zwischen beiden Kategorien, als die größere und geringere Bedeutung für den allgemeinen Verkehr nicht aufstellen. Es wurde daher in § 1 der Begriff der neu zu ordnenden Bahnen im wesentlichen nur formell und in negativer Weise dahin bestimmt, daß darunter alle die dem öffentlichen Verkehre dienenden Eisenbahnen zu verstehen sind, welche wegen ihrer geringen Bedeutung für den allgemeinen Eisenbahnverkehr dem Gesetze über die Eisenbahn-Unternehmungen vom 3. Novbr. 1838 nicht unterliegen. (Abs. 1.) Mit Rücksicht darauf aber, daß das materielle Merkmal ein dehnbares und schwankendes, von den Verhältnissen des einzelnen Falles abhängiges ist und der festen begrifflichen Abgrenzung entbehrt, suchte man die begriffliche Unterscheidung durch zwei Zusätze tunlichst zu sichern. Einerseits wurden den Genehmigungsbehörden in Form einer Direktive diejenigen beiden Arten von Eisenbahnen im Gesetze selbst bezeichnet, welche mit Rücksicht auf ihre hauptsächliche Bestimmung für den lokalen Verkehr und die Art ihrer Betriebskraft in der Regel nicht dem Eisenbahngesetz zu unterstellen, d. h. den Eisenbahnen von allgemeiner Verkehrsbedeutung nicht beizuzählen sind. (Abs. 2.) Andererseits wurde für den Zweifelsfall durch positive Gesetzesnorm als Instanz zur Entscheidung der Frage, ob für eine Eisenbahn, für welche die Genehmigung als Kleinbahn beantragt ist, die Voraussetzung für die Anwendbarkeit des Gesetzes vom 3. Novbr. 1838 vorliegt, auf Anrufen der Beteiligten das Staatsministerium bestimmt (Abs. 3).

Reichsger. 6. Ziv.-Sen. 3. Jan. 1901, Eisenb. Entsch. XVIII S. 41.

Daß durch diese landesgesetzliche Regelung das Recht des Reiches, die nach ihrer Bedeutung für den allgemeinen Verkehr gemäß Art. 4 Ziff. 8, Art. 41, 42 der Reichs-Verfassung der Kompetenz des Reiches zu unterstellenden Bahnen auf verfassungsmäßigem Wege für diese in Anspruch zu nehmen, nicht beeinträchtigt worden ist, ist in der Anm. 2 des Näheren erörtert. (Vgl. auch Arndt, Arch. f. öff. Recht Bd. XI S. 379, 380, 384.)

II. Aus der Entstehungsgeschichte des § 1 ist für das Verständnis der in demselben ausgesprochenen Grundsätze folgendes hervorzuheben. § 1. Entstehung.

Der Reg.-Entwurf (Akt.-Stücke d. Herrenh. 1892 Nr. 34 S. 58) lautete:

§ 1.

„Eisenbahnen, welche dem öffentlichen Verkehre dienen, jedoch weder auf Grund des Art. 41 Abs. 1 der Verfassung des Deutschen Reiches angelegt und betrieben werden, noch auch dem Gesetze über die Eisenbahnunternehmungen vom 3. November 1838 (G.-S. S. 505) unterworfen oder zu unterwerfen sind, bedürfen zur baulichen Herstellung und zum Betriebe polizeilicher Genehmigung.

Bahnen, welche 1. hauptsächlich den öffentlichen Verkehr innerhalb einer Gemeinde oder zwischen benachbarten Gemeinden vermitteln oder 2. nicht mit Lokomotiven betrieben werden, sind dem Gesetze über die Eisenbahnunternehmungen vom 3. Novbr. 1838 nur dann zu unterwerfen, wenn nach Entscheidung des Staatsministeriums ihnen eine solche Bedeutung für den öffentlichen Verkehr beizumessen ist, daß sie als Teil des allgemeinen Eisenbahnnetzes zu behandeln sind.

Zweifel darüber, ob für eine Bahn die Voraussetzungen zu 1 und 2 vorliegen, entscheidet auf Anrufen Beteiligter das Staatsministerium."

Die Motive (Akt.-Stücke des Herrenh. 1892 Nr. 34 S. 64) bemerken hierzu: „Obwohl diejenigen Bahnen, welche dem Gesetze über die Eisenbahnunternehmungen vom 3. Novbr. 1838 unterstellt sind, regelmäßig mit denjenigen Bahnen sich decken, welche auf Grund des Art 41 Abs. 1 der Verfassung des Deutschen Reiches angelegt sind, so bedarf es doch einer besonderen Bezugnahme auf die letztgedachte Bestimmung, weil die Entscheidung darüber, welche Bahnen unter dieselben fallen, nicht den preußischen Behörden, sondern den zuständigen Organen des Reiches zusteht. Eine feste, für alle Fälle treffende begriffliche Abgrenzung zwischen den vorbezeichneten Bahnen und den Bahnen unterster Ordnung im Sinne dieses Gesetzes läßt sich nicht geben. Die Entscheidung wird vielmehr immer nach den besonderen Verhältnissen des Einzelfalles zu treffen sein. Es erscheint jedoch zweckmäßig, in dem Gesetze selbst diejenigen Klassen von Bahnen besonders zu bezeichnen, bei denen in der Regel eine Unterstellung unter das Gesetz vom 3. Novbr. 1838 oder die Anwendung des Art. 41 der Reichsverfassung nicht angezeigt sein wird. Im übrigen kommt es darauf an, die Entscheidung auf Anrufen Beteiligter darüber, ob ein Bahnunternehmen der einen oder anderen Klasse zuzuzählen ist, in eine Stelle zu legen, welche die Gewähr für eine alle Seiten der Sache voll und gleichmäßig berücksichtigende Behandlung der Frage bietet. Als eine solche Stelle erscheint vornehmlich das Königliche Staatsministerium.

Aus der I. Beratung des Herrenhauses (Sten. Ber. S. 36) ist nur die Erklärung hervorzuheben, welche der Minister der öff. Arb. über den Unterschied der beiden in Betracht kommenden Kategorien von Eisenbahnen im allgemeinen dahin gab, daß die einen dazu bestimmt seien, ein weitergehendes Bedürfnis zu befriedigen, und sich als Ergänzungen des großen Netzes oder Verbindungen zwischen Hauptlinien darstellen, während die anderen rein lokaler Natur und nur dazu bestimmt seien, den Naheverkehr zwischen zwei Punkten zu vermitteln.

In der Kommission des Herrenhauses (Akt.-Stück Nr. 69 S. 339 bis 340) wurde zunächst ein Antrag gestellt, für die Kleinbahnen eine positive Definition unter Angabe der größten Spurweite und Fahrgeschwindigkeit zu geben. Jedoch wurde eine solche Definition für unausführbar erklärt, vielmehr als ein Vorzug der Vorlage anerkannt, daß der Spielraum, welcher für die Beurteilung der Bahnen unterster Ordnung gelassen ist, daß die Proportionen, die Maße, der Betrieb, die Betriebsmittel zwar dem Bedürfnis beim Bau einer Bahn entsprechen, die Bedeutung für die Öffentlichkeit aber erst die Zugehörigkeit zu einer bestimmten Klasse des Bahnwesens entscheidet.

Sodann fand über die Frage, ob die Entscheidung einer Bahn für den öffentlichen Verkehr, welche die Unterwerfung der Bahn unter das Gesetz über die Eisenbahnen vom 3. Novbr. 1838 rechtfertigt, dem Staatsministerium allein oder dem Eisenbahnminister in Gemeinschaft mit dem Minister des Innern als Polizeiminister zustehen soll, eine Diskussion statt, in welcher von dem Antragsteller das letztere empfohlen wurde. Dem gegenüber äußerte der Regierungs-Vertreter: Die Fälle, welche in dem zweiten Absatz getroffen würden, unterschieden sich darin, daß in dem einen Falle von vornherein kein Zweifel darüber bestehe, ob die Voraussetzungen der Nr. 1 und 2 vorliegen, sondern daß zur Entscheidung nur die Frage stehe, ob eine unzweifelhaft zu den Kategorien ad 1 und 2 gehörige Bahn eine solche Bedeutung habe, daß sie aus diesem Grunde als Glied des allgemeinen Eisenbahnnetzes anzusehen sei. In dem zweiten Falle handle es sich um die Entscheidung der Vorfrage, ob ein Bahnunternehmen zu den unter Nr. 1 und 2 bezeichneten gehöre. In beiden Fällen sei die Entscheidung in die Hand des Staatsministeriums gelegt, um den Unternehmern die Gewähr dafür zu geben, daß bei der Entschließung nicht etwa einseitig die Interessen der Eisenbahnverwaltung zur Geltung gebracht würde , sondern alle beteiligten Gesichtspunkte volle Würdigung fänden.

In der II. Beratung des Herrenhauses (Sten. Ber. S. 190) hob der Berichterstatter hervor, daß eine Definition über den Begriff „Bahnen unterster Ordnung" in den verschiedenen Körperschaften mit gleichem Unglück versucht ist. Das hat seinen Grund darin, daß eine solche Definition in der Tat nach bestimmten äußeren Merkmalen kaum sich wird feststellen lassen.

Während der Finanzminister (Sten. Ber. S. 198) bemerkte, es unterschieden sich die Sekundärbahnen, wenn man sie richtig klassifiziere, von diesen Tertiärbahnen, die eine rein lokale Bedeutung hätten, die nicht Anschlußlinien an die großen durchgehenden Staatslinien seien, die überhaupt gar keinen Anschluß zu haben brauchten, die kein allgemeines öffentliches Interesse hätten, grundsätzlich, betonte der Abg. Becker das Bedenken, welches darin liege, daß es nicht gelungen sei, den Begriff der Kleinbahn darzustellen.

Dem entgegnete der Minister der öff. Arb.: „Es sei zuzugeben, daß es an einer präzisen Definition fehle; die Staatsregierung habe dies anfänglich bedauert, sich aber über diesen Mangel beruhigt und geglaubt, daß man auch ohne die Begriffsdefinition zu einem zweckmäßigen Gesetzentwurf kommen könne. (Sten. Ber. S. 199.) § 1 des Reg.-Entw. wurde hierauf vom Herrenhause unverändert angenommen. (Sten. Ber. S. 202.)

In der I. Beratung des Abg.-Hauses brachten die Abg. Rickert und Friedberg (Sten. Ber. S. 1323, 1327, 1332) die Aufstellung einer Definition mit bestimmten Kriterien in Anregung.

Die Frage in betreff der über die Klassifizierung der Bahnen entscheidenden Instanz wurde von dem Abg. v. Strombeck (S. 1335) berührt, indem er darauf hinwies, daß nach § 1 Abs. 2 und 3 des Reg.-Entw. nur über die Frage, ob die in Abs. 2 Nr. 1 und 2 bezeichneten, in der Regel als Kleinbahnen zu behandelnden

Bahnen wegen ihrer besonderen Bedeutung für den öffentlichen Verkehr dem Eisenb.-Ges. v. 1888 zu unterstellen seien, das Staatsministerium entscheiden, während in betreff aller übrigen zum Teil wichtigeren Bahnen dem Minister der öffentl. Arb. allein die Entscheidung obliegen solle. Es sei erwünscht, daß auch in den letzteren Fällen die Mitwirkung des gesamten Staatsministeriums eintrete.

In der Kommission des Abg.-Hauses (Aktst. Nr. 206 S. 2273) wurde in der ersten Lesung die nur negative und wenig bestimmte Fassung der Definition der Kleinbahnen bemängelt und eine etwas positiver gestaltete beantragt.

Nachdem jedoch regierungsseitig gegen diesen Antrag geltend gemacht worden war, daß die Bezeichnung der beiden Kategorien von Bahnen, welche in der Regel dem Eisenb.-Ges. v. 1838 zu unterstellen seien, fehle, eine solche aber als Anleitung für die Behandlung der Angelegenheiten namentlich auch im Interesse der Sicherheit der Unternehmungslustigen vor höheren Belastungen unentbehrlich sei, und ferner darauf hingewiesen war, daß zwar in der Regel die auf Grund des Art. 41 Reichs-Verf. gebauten Bahnen unter das Eisenb.-Ges. v. 1838 fielen, aber nicht umgekehrt, wurde der in Rede stehende Antrag abgelehnt, ebenso ein Antrag, zur näheren Bezeichnung der hier in Betracht kommenden Bahnen hinzuzufügen: „insbesondere schmalspurige und nicht mit Maschinenkraft betriebene", weil regierungsseitig betont wurde, daß die Schmalspur kein Kriterium für Kleinbahnen sei und es außerdem nicht ratsam sei, Pferdebahnen von der Anwendung des Eisenb.-Ges. v. 1838 gänzlich auszuschließen.

In der zweiten Lesung der Kommission wurde hierauf die in den Tenor des Gesetzes übergegangene Fassung des § 1 beantragt (Sten. Ber. S. 2275), nur mit der Abweichung, daß „Lokalbahnen" statt „Kleinbahnen" gesetzt war.

Dieser Antrag wurde damit begründet, daß es redaktionell richtiger erscheine, den allerdings nur negativ gefaßten Begriff der Lokalbahnen, daß sie keinen Teil des allgemeinen Eisenbahnnetzes bildeten, voranzustellen, und daß im übrigen die von dem Minister in erster Lesung gerügten Mißstände in der jetzigen Fassung durch die ausdrückliche Erwähnung der beiden Hauptkategorien dieser Art vermieden worden seien. Außerdem enthalte die jetzige Fassung materiell den Vorzug vor der Regierungsvorlage, daß das Staatsministerium nicht allein für die Entscheidung über diese beiden Kategorien, sondern in jedem Falle für die Entscheidung über die Anwendbarkeit des Gesetzes vom 3. November 1838 zuständig sein solle.

Die Königliche Staatsregierung erklärte sich mit der Fassung dieses Antrages einverstanden, indem dabei von ihrem Vertreter ausdrücklich betont wurde, daß der Begriff des allgemeinen Eisenbahnnetzes nicht notwendig eine unmittelbare Schienenverbindung jeder einzelnen Bahn mit dem Gesamtnetze voraussetze, sondern daß auch z. B. Bahnen auf Inseln, welche nur durch Trajekt oder Fähre mit anderen Schienen verbunden wären, als Teile des allgemeinen Eisenbahnnetzes angesehen werden könnten. — Von seiten der Kommission wurde der gestellte Antrag allgemein als eine Verbesserung angesehen und darauf einstimmig angenommen.

Dadurch, daß sich die neue Fassung des § 1 nur auf die Definition des Begriffes der Lokalbahnen beschränkte, wurde es notwendig, die in der früheren Fassung des § 1 mitenthaltene Bedingung der behördlichen Genehmigung in einem besonderen Paragraphen auszusprechen, der späterhin als § 2 (Anm. 5) in das Gesetz eingereiht wurde.

In der II. Beratung des Abg.-Hauses (Sten. Ber. S. 1968—1971) wurde § 1 in der von der Kommission vorgeschlagenen Fassung mit der alleinigen Änderung angenommen, daß an Stelle des Wortes „Lokalbahnen" das Wort „Kleinbahnen" gesetzt wurde.

In den Schlußberatungen des Herren- und Abgeordnetenhauses wurde § 1 ohne weitere Diskussion unverändert angenommen. § 1. Abs. 1.

2) Absatz 1 des § 1 stellt an die Spitze des Gesetzes als Begriffsbestimmung der Kleinbahnen: „die dem öffentlichen Verkehre dienenden Eisenbahnen, welche wegen ihrer geringen Bedeutung für den allgemeinen Verkehr dem Gesetze über die Eisenbahnunternehmungen vom 3. November 1838 nicht unterliegen", während Absatz 2 zur Erläuterung dieser Definition und gewissermaßen als Direktive zwei Hauptkategorien bezeichnet, welche darnach in der Regel als Kleinbahnen anzusehen sind, und Absatz 3 diejenige Instanz bestimmt, welche im Streitfalle über die Qualifikation einer zur Genehmigung als Kleinbahn beantragten Bahn auf Anrufen der Beteiligten zu entscheiden hat, ob die Voraussetzung für die Anwendbarkeit des Ges. v. 3. November 1838 vorliegt.

Reichs-Ger. 6. Ziv.-Sen. 3. Januar 1901, Eisenb. Entsch. XVIII S. 41.

Die Begriffsbestimmung der Kleinbahnen gemäß Abs. 1 enthält drei Merkmale, von denen für die beiden ersten eine positive, für das dritte eine negative Fassung gewählt ist. Kleinbahnen sind I. Eisenbahnen, II. welche dem öffentlichen Verkehre dienen und III. wegen ihrer geringen Bedeutung für den allgemeinen Verkehr dem Eisenbahngesetze v. 1838 nicht unterliegen.

I. Kleinbahnen sind „Eisenbahnen"; das sind Anlagen oder Wege, auf welchen die Beförderung von Personen und Gütern mittelst Fahrzeugen bewirkt wird, die sich auf eisernen Geleisen oder Schienen bewegen: Eisenschienenstraßen. Die bei einigen Autoren und auch in mehreren Minist.-Erlassen hervortretende Annahme, daß den Kleinbahnen der Charakter von Eisenbahnen nicht innewohne und sie als bloße gewerbliche Anlagen zu betrachten seien, ist unzutreffend und mit Wortlaut und Absicht des Gesetzes nicht vereinbar. Dahin gehört z. B. auch der Erlaß, wonach die Genehmigungsbehörden darauf hinwirken sollen, daß Kleinbahnaktiengesellschaften mit Rücksicht auf §§ 20 u. 18 Abs. 2 H.G.B. nicht als Eisenbahngesellschaften firmieren (Erl. v. 21. Mai 1900, Zeitschr. f. Kleinb. S. 351). Denn sie sind in der Tat nach dem Gesetz Eisenbahngesellschaften. Daß sie Eisenbahnen sind und daher wie diese unter § 6 der Gew.-Ord. fallen, ist übereinstimmend angenommen worden (Landmann, Gew.-Ord. § 6 Anm. 10; Engelmann, Gew.-Ord. § 6 Anm. 12; Wilhelmi und Fürst, Gew.-Ger. § 2 Anm. 1, § 76 Anm. 1). Daher sind auch die Gewerbegerichte zur Entscheidung von Streitigkeiten zwischen Kleinbahngesellschaften und ihren Angestellten nicht zuständig.

Gew.-Ger. Berlin 12. Dezember 1893 Eisenb. Entsch. XI S. 77 und Land-Ger. Stuttgart 7. Januar 1898 XVI S. 201. Kielmeyer, Mitt. d. Ver. deutsch. Straßenb.- und Kleinb.-Verw. 1898 S. 91 ff.

a) Das Gesetz findet — abgesehen von besonderen Vereinbarungen durch Staatsverträge — nur auf Preußische Eisenbahnen Anwendung und nur auf die innerhalb Preußens belegenen Strecken derselben, gleichviel ob die preußischen und außerpreußischen Linien ein Unternehmen bilden bezw. unter demselben Eigentümer, Pächter, Betriebsführer stehen.

b) Auf die Person des Eigentümers, sowie die Art und Form der Verwaltung und des Betriebes kommt es nicht an. Dem Kleinbahngesetze unterliegen diese Eisenbahnen, gleichviel ob sie im Eigentume oder in der Verwaltung des Reiches, des Staates, von Provinzen, Gemeinden, Korporationen, Gesellschaften, einzelnen physischen oder juristischen Personen stehen, soweit nicht im Gesetze selbst, wie z. B. durch § 12, Ausnahmen vorgesehen sind. Gleichgültig ist ferner, ob sie dem Güter- oder Personentransporte oder beiden dienen, als Normal- oder Schmalspurbahnen, mit größerer oder geringerer Fahrgeschwindigkeit betrieben werden.

c) Auch die Betriebskraft kommt nicht in Betracht, das Kleinbahngesetz findet daher Anwendung nicht nur auf mit Dampfkraft betriebene (Lokomotiv-) Eisenbahnen, sondern auch auf Pferdeeisenbahnen, sowie auf Bahnen, bei welchen Elektrizität, Luftdruck, Wasserkraft, Schwerkraft die betreibende Kraft ist, ebenso auf Drahtseil-, Zahnrad- rc. Bahnen, und zwar gleichviel, ob die Maschine mit der Triebkraft sich mit den Transportmitteln selbst fortbewegt oder feststeht, oder einen integrierenden Bestandteil eines der Transportmittel bildet (s. Eger Komm. z. Haftpfl.-Ges. 5. Aufl. S. 87 ff.; Dalcke, Eisenb. Entsch. XI S. 168 ff.).

d) Wohl aber ist für den Begriff „Eisenbahnen" die Beförderung auf „Eisenschienen" wesentlich. Daraus folgt, daß der Transport auf Schienen aus anderem Material als Eisen, z. B. aus einem anderen Metalle, aus Holz, Stein, Papierstoff rc. ausgeschlossen ist (Mot. S. 63: „auf metallener Grundlage"). Das entspricht nicht nur dem Sprachgebrauche, sondern auch dem gegenwärtigen Stande der Technik, welche für öffentliche Verkehrszwecke bislang andere als Eisenschienen nicht in Anwendung gebracht hat.

Vgl. Eger a. a. O. S. 39 und die dort angef. Autoren und Entsch. A. M. Dalcke Eisenb. Entsch. XI S. 167.

e) Muß aber an dem Erfordernis der Eisenschienen festgehalten werden, so erscheint es doch andererseits nicht geboten, daß diese auf einem ganz selbständigen, abgeschlossenen Bahnkörper (Bahndamm) liegen. (Dalcke S. 166; a. M. Schaper in v. Holtzendorffs Handb. d. Strafr. III S. 895.) Auch dann ist der Begriff der Kleinbahn gegeben, wenn die Kleinbahnen in Straßen, Wege, Chausseen eingefügt sind. Gerade bei den Kleinbahnen ist diese Art der Anlage — wegen der geringeren Kosten — eine häufige und daher auch in mehreren Bestimmungen des Gesetzes besonders berücksichtigt (s. §§ 6, 7).

f) Wie bereits in der Vorbemerkung hervorgehoben (S. 4 ff.), teilt die Ausf.-Anw. v. 13. August 1898 um dem Bedürfnisse einerseits einer strengeren Kontrolle für die Sicherheit des Betriebs (durch gleichartige Betriebsvorschriften), andererseits einer größeren Garantie in finanzieller Hinsicht zu genügen, die Kleinbahnen mit Maschinenbetrieb in zwei Klassen. Die eine umfaßt die nebenbahnähnlichen Kleinbahnen, die andere die städtischen Straßenbahnen und solche Unternehmungen, welche ähnlichen Charakter haben. Demgemäß zerfällt nach der Ausf.-Anw. v. 13. Aug. 1898 die Gesamtheit der Kleinbahnen in drei Klassen: I. nebenbahnähnliche Kleinbahnen, II. städtische Straßenbahnen und solche von ähnlichem Charakter, III. sonstige Kleinbahnen (ohne Maschinen- bezw. mechanischen Betrieb), welchen das Gesetz noch IV. die Privatanschlußbahnen in einem besonderen Abschnitt anreiht.

II. Kleinbahnen sind Eisenbahnen, welche dem öffentlichen Verkehre dienen, d. h. solche, welche nach Maßgabe des Gesetzes (mit Genehmigung und nach Bestimmung der zuständigen Behörde) das Transportgewerbe als Selbstzweck und öffentlich gegen Entgeld ausüben und hierzu unter gleichen Bedingungen jedermann gegenüber berechtigt und verpflichtet sind (vergl. §§ 1, 11, 14, 19, 21, 23, 24). Zutreffend bemerkt Gleim (S. 44), es sei nicht erforderlich, daß die Bestimmung für den öffentlichen Verkehr eine unbeschränkte sei. Vielmehr sei öffentlicher Verkehr auch dann vorhanden, wenn eine Bahn nur für die Beförderung von Personen oder Gütern oder auch nur für bestimmte Güter, z. B. Wagenladungsgüter, nicht für Stückgüter bestimmt sei oder nur den Zweck habe, einen beschränkten Verkehr, z. B. nach einer Kirche, Schule, einem öffentlichen Vergnügungsorte zu vermitteln. Auch die Beschränkung der Beförderung auf bestimmte Zeiten, z. B. Sommer- oder Erntezeit, schließe den Charakter des Verkehrs als eines öffentlichen nicht aus. Eine nur zu zeitweisem öffentlichen Betriebe bestimmte Bahn habe daher die rechtliche Natur einer Kleinbahn. Ob die Genehmigung eines nur zeitweisen Betriebes angängig sei, unterliege der Prüfung der genehmigenden Behörde. Entscheidend ist nur die Zugänglichkeit der Benutzung der Bahn unter gleichen Voraussetzungen für jedermann, also nicht für eine einzelne Person oder einen beschränkten Kreis von Transport-Interessenten bezw. Berechtigten, z. B. Fabrikanten, Landwirte, Holz-, Getreide-, Kohlenhändler ꝛc., denn dies widerspricht dem Begriffe der Öffentlichkeit bezw. der Eröffnung der Bahn für den öffentlichen Verkehr.

a. Darnach gehören zu den Kleinbahnen solche Schienenwege nicht, welche nicht selbständige, für den öffentlichen Verkehr bestimmte Eisenschienen-Transportstraßen, sondern nur akzessorische Bestandteile des privaten Betriebes eines gewerblichen, landwirtschaftlichen ꝛc. Etablissements (einer Fabrik, eines Bergwerks, einer Hütte ꝛc.) sind (§ 10: Anschlußgeleise für den Privatverkehr), oder zwar für sich bestehen, aber ausschließlich dem Privatverkehre einzelner Etablissements ꝛc. gewidmet sind. Geleise bezw. Bahnen, welche dem öffentlichen Verkehre nicht dienen, aber mit öffentlichen Eisenbahnen derart in unmittelbarer Geleisverbindung stehen, daß ein Übergang der Betriebsmittel stattfinden kann, und für den Maschinenbetrieb bestimmt sind, sind im II. Abschnitt des vorliegenden Gesetzes (§§ 43—51) als Privatanschlußbahnen besonderen Vorschriften unterworfen.

b. Von der Widmung für den öffentlichen Verkehr in Gemäßheit des § 1 Kleinb.-Ges. ist wohl zu unterscheiden die Zugehörigkeit zum allgemeinen Verkehr (dem einheitlichen Eisenbahnnetze) im Sinne des Art. 4 Ziff. 8, Art. 41, 42 der Reichsverfassung. Kleinbahnen sind Bahnen, welche zwar dem öffentlichen Verkehre dienen, aber nicht dem allgemeinen (gemeinsamen) Verkehre angehören. Erlangen sie die Bedeutung für den öffentlichen Verkehr, daß sie als Teile des allgemeinen Eisenbahnnetzes zu behandeln sind, bezw. wird ihnen diese Bedeutung von zuständiger Stelle zuerkannt, dann hören sie auf Kleinbahnen zu sein und fallen unter den Begriff der Eisenbahnen im Sinne der allegierten Bestimmungen der Reichsverfassung (s. Arndt, Arch. f. öffentl. Recht XI S. 361. — arg. § 1 Abs. 3, § 30).

In Fällen, in welchen das Verkehrsbedürfnis einer Bahn anerkannt, dieselbe aber als dem allgemeinen Verkehr angehörig bezeichnet wird, soll, wenn der Staat nicht alsbald selbst die Bahn baut, dieselbe vorläufig als Privatnebenbahn konzessioniert, aber in der Konzession, abgesehen von dem gesetzlichen Erwerbsrechte, dem Staate das jederzeitige oder nach Ablauf einer bestimmten Frist zufallende Erwerbsrecht gegen angemessene Entschädigung des Unternehmers vorbehalten werden.

Erl. v. 9. Mai 1898, Zeitschr. f. Kleinb. V S. 321, 322. Verzeichnis Nr. 57.

III. Zu den beiden unter I (S. 13) und II (S. 14 ff.) erörterten positiven Merkmalen der Kleinbahnen tritt als drittes negatives die Nichtunterstellung unter das Eisenbahngesetz von 1838. Kleinbahnen sind dem öffentlichen Verkehre dienende Eisenbahnen, welche wegen ihrer geringen Bedeutung für den allgemeinen Eisenbahnverkehr dem Gesetze über die Eisenbahnunternehmungen vom 3. November 1838 nicht unterliegen.

Dieses negative Merkmal ist — da die beiden positiven auch den anderen Eisenbahnen eigen sind — das eigentlich charakteristische der Kleinbahnen. Es ist ein rein formales Merkmal. Eine dem öffentlichen Verkehre dienende Eisenbahn ist eine Kleinbahn, wenn sie dem Eisenbahngesetze von 1838 nicht unterliegt; sie ist keine Kleinbahn, wenn sie diesem Gesetze unterstellt ist. Lediglich die Unterstellung oder Nichtunterstellung unter das Eisenb.-Ges. v. 1838 nach der Entschließung der zuständigen Instanz ist entscheidend. Das markanteste Merkmal für die unter das Eisenbahngesetz v. 1838 fallenden Eisenbahnen ist aber die landesherrliche Konzessionierung (§ 1 des Eisenb.-Ges.). Dem öffentlichen Verkehre dienende Eisenbahnen ohne landesherrliche Konzession sind Kleinbahnen.

A. Diesem durchgreifenden formalen Merkmale gegenüber hat der Zusatz „wegen ihrer geringen Bedeutung für den allgemeinen Verkehr" lediglich instruktive Bedeutung, ebenso wie die Bestimmung des Abs. 2, — und auch dies nur für die in Zukunft anzulegenden, nicht für die bereits angelegten Eisenbahnen. Denn eine Eisenbahn, welche landesherrlich konzessioniert und dem Eisenbahngesetz v. 1838 unterstellt ist, ist auch dann keine Kleinbahn, wenn sie nur geringe Bedeutung für den allgemeinen Verkehr besitzt und darnach oder weil die Voraussetzungen des Abs. 2 zutreffen, tatsächlich den Erfordernissen des § 1 Abs. 1 und 2 an eine Kleinbahn entspricht und sich als solche charakterisiert. Weil eine feste Begriffsbestimmung und Abgrenzung der Kleinbahnen gegen andere Bahnen nach materiell rechtlichen Merkmalen nicht gegeben werden kann, liegt der Schwerpunkt der Begriffsbestimmung in der Entscheidung der zuständigen Behörde über den Charakter der Eisenbahn nach Maßgabe der in Abs. 1 und 2 enthaltenen Direktiven.

Reichs-Ger. 6. Ziv.-Sen. 3. Januar 1901, Eisenb. Entsch. XVIII S. 41.

Darauf beruht die Hinzufügung des Abs. 3 — die Kreierung einer Behörde, welche im Streitfalle hierüber zu entscheiden hat — und der enge Zusammenhang des Abs. 3 mit dem Abs. 1 und 2.

Abs. 3 des § 1 weist die Entscheidung der Frage, welche Bahnen begrifflich als Kleinbahnen anzusehen oder dem allgemeinen Verkehr angehören und der Reichsgesetzgebung zu unterstellen sind, dem Staatsministerium als höchster Landesinstanz zu. Indes kann nicht angenommen werden, daß durch diese landesgesetzliche Bestimmung das Recht des Reiches, eine nach ihrer Bedeutung für den allgemeinen Verkehr gemäß Art. 4 Ziff. 8, Art. 41, 42 der Reichsverfassung der Kompetenz des Reiches zu unterstellende Bahn für diese in Anspruch zu nehmen, hat beeinträchtigt werden sollen. Vielmehr ist die Annahme begründet, daß das bezügliche Recht des Reiches durch die Bestimmung des Abs. 3 § 1 des Kleinbahngesetzes nicht alteriert wird, das Reich vielmehr befugt ist, Bahnen, auf welche die Voraussetzungen der Art. 4, Ziff. 8, Art. 41, 42 der Reichsverfassung, zutreffen, — auch wider einen entgegenstehenden Beschluß der Landesinstanz — für seine Zuständigkeit in Anspruch zu nehmen und etwaige Meinungsverschiedenheiten mit der Landesinstanz auf verfassungsmäßigem Wege (Art. 7 Nr. 8, Art. 17, 19 Reichsverfassung, § 5 Ziff. 2 Reichsges. v. 27. Juni 1873) zum Austrage zu bringen (Arndt, Arch. f. öffentl. Recht XI S. 879, 880, 884). Zutreffend nimmt aber Gleim (S. 51) an, daß, wenngleich die Möglichkeit einer derartigen Meinungsverschiedenheit an sich nicht ausgeschlossen sei, doch die Gefahr derartiger widersprechender Entscheidungen eine sehr geringe sei.

Unbeschadet dieses Rechtes des Reichs ist dem Staatsministerium durch Abs. 3 des § 1 die Aufgabe zugewiesen, darüber Entscheidung zu treffen, ob eine Eisenbahn wegen ihrer größeren oder geringeren Bedeutung für den allgemeinen Verkehr der Reichs-Aufsicht und -Gesetzgebung oder als Kleinbahn ausschließlich der Landesgesetzgebung angehört. Hierbei ist nun zu unterscheiden zwischen den vor Inkrafttreten des Kleinbahngesetzes konzessionierten Eisenbahnen und den nach Inkrafttreten zu konzessionierenden.

1. Für die nach dem Inkrafttreten zu konzessionierenden Eisenbahnen bildet hinfort die in letzter Instanz dem Staatsministerium (Abs. 3) zur Entscheidung obliegende Frage, ob sie wegen ihrer großen Bedeutung für den allgemeinen Verkehr dem Eisenb.-Ges. von 1838 oder wegen ihrer geringen Bedeutung für den allgemeinen Verkehr dem Kleinbahngesetz zu unterstellen sind, in Verbindung mit den Bestimmungen des Abs. 2 (Anm. 8), die gesetzliche Direktive. Der Begriff der großen bezw. geringen Bedeutung für den allgemeinen Verkehr ist ein dehnbarer, von den tatsächlichen Verhältnissen abhängiger, er gehört zu denjenigen Begriffen, welche ihren wahren Inhalt nur im einzelnen Falle empfangen können und sich abstrakt nicht definieren lassen. (D. Straß. u. Kleinb. Zeitg. 1895 Nr. 56 S. 662). Dies ist in den legislativen Verhandlungen allseitig anerkannt und eben deshalb die Bestimmung in die Hand einer hierzu besonders qualifizierten Behörde gelegt worden. Eine große Bedeutung für den allgemeinen Verkehr wohnt denjenigen Eisenbahnen inne, welche die Haupt- und Durchgangslinien für den Weltverkehr, für den Verkehr des ganzen Landes oder größerer Landesteile, Provinzen ꝛc. bilden oder Ergänzungen und Anschlußlinien des großen Netzes oder Verbindungen zwischen Hauptlinien darstellen. Dagegen haben diejenigen Eisenbahnen eine nur geringe Bedeutung für den allgemeinen Verkehr, welche nur kleine Teile des Landes durchschneiden, nur den Naheverkehr zwischen zwei Punkten innerhalb eines räumlich beschränkten Bezirks vermitteln, entweder ganz isoliert und ohne Verbindung und Anschluß mit dem Hauptnetze sind oder für dieses nur als untergeordnete Zufahrtstraßen dienen, mithin kein allgemeines öffentliches Interesse haben. Rein technische Momente, wie die größere oder geringere Spurweite, Betriebskraft (Dampf-, Elektrizität-, Tierkraft), Fahrgeschwindigkeit sind ebensowenig ausschlaggebend, wie der Umfang des Verkehrs (Masse der beförderten Güter, Zahl der Personen, Höhe der Einnahmen ꝛc.), wenngleich derartige Faktoren im Einzelfalle die Entscheidung unterstützen können; vielmehr ist der gesamte ökonomische Wert der Eisenbahn für den Verkehr im Großen und Ganzen entscheidend.

Deshalb wurden Anträge, eine bestimmte Beschränkung der Fahrgeschwindigkeit oder eine unter der Normalspur stehende Spurweite zum äußerlichen Merkmale der Unterscheidung zu machen, schon in der ersten Beratung der Kommission des Herrenhauses abgelehnt. (Komm.-Ber. d. Herr.-H. S. 889.) Aus gleichem Grunde wurde einer Anregung in der I. Beratung des Abg.-H., Eisenbahnen von unter 20 Kilometer Fahrgeschwindigkeit in der Stunde als Kleinbahnen zu bezeichnen, als ungeeignet nicht stattgegeben (I. Lesg. d. Abg.-H. S. 1822), ebenso einem in der Kommission des Abg.-H. gestellten Antrage, schmalspurige und nicht mit Maschinenkraft betriebene Eisenbahnen (also insbesondere auch Pferdebahnen) unbedingt zu den Kleinbahnen zu rechnen. (Komm.-Ber. d. Abg.-H. S. 2274.)

Von denselben Gesichtspunkten aus wurde regierungsseitig bei der Beratung der Kommission des Abgeordneten-Hauses ausdrücklich betont, daß auch die Isolierung einer Eisenbahn kein durchgreifendes Merkmal sei, denn der Begriff des allgemeinen Eisenbahnnetzes setze nicht notwendig eine unmittelbare Schienenverbindung jeder einzelnen Bahn mit dem Gesamtnetze voraus, es könnten z. B. auch Bahnen auf Inseln ohne Brückenverbindung, welche nur durch Trajekt oder Fähre mit anderen Schienen verbunden wären, als Teile des allgemeinen Eisenbahnnetzes angesehen werden. (Komm.-Ber. d. Abg.-H. S. 2275.) „Für die Entscheidung der Frage, ob eine Schienenverbindung als Kleinbahn nach Maßgabe des Gesetzes vom 28. Juli 1892 zugelassen werden kann, lassen sich allgemeine Regeln nicht aufstellen. Es ist vielmehr nach Lage des Einzelfalles gemäß § 1 a. a. O. zu untersuchen, ob die geplante Bahn vorwiegend den Interessen des allgemeinen Verkehrs oder denjenigen des örtlichen Verkehrs dienen würde. Hierbei sind die räumliche Ausdehnung, Linienführung, Spurweite und Betriebskraft, sowie der Betriebszweck und die Betriebsart mit in Berücksichtigung zu ziehen."

Erl. d. Min. d. öff. Arb. v. 3. Juni 1897. E.-V.-Bl. S. 164. Zeitschr. f. Kleinb. IV S. 401 und 9. Mai 1898 V S. 320, 321. (Verzeichnis Nr. 46 u. 57.)

2. Für die vor dem Inkrafttreten des Kleinbahngesetzes bereits konzessionierten Eisenbahnen ist die Frage der begrifflichen Unterscheidung nach der größeren oder geringeren Bedeutung für den allgemeinen Verkehr hier insoweit irrelevant, als die Qualifikation dieser Bahnen, ob Kleinbahn oder nicht, lediglich von dem formalen Merkmale der Unterstellung unter das Eisenbahngesetz v. 1838 abhängt. Lediglich die Tatsache der erfolgten Unterstellung oder Nichtunterstellung unter das Eisenb.-Ges. v. 1838 ist für diese Bahnen entscheidend.

3. Hierbei entsteht die Frage, ob und event. auf welche Weise die Qualifikation von Bahnen, welche nach ihrer Bedeutung für den allgemeinen Verkehr unrichtig klassifiziert sind, umgewandelt werden, und zwar ob und wie die Herabsetzung (Deklassierung) einer dem Eisenb.-Ges. v. 1838 unterliegenden (Haupt- oder Neben-) Bahn zu einer Kleinbahn oder die Erhebung einer Kleinbahn zu einer Haupt- oder Nebenbahn erfolgen kann. Da es nach Inkrafttreten des Kleinbahngesetzes nur zwei scharf von einander getrennte Kategorien von Eisenbahnen gibt, von denen die eine ausschließlich dem Eisenbahngesetz, die andere ausschließlich dem Kleinbahngesetz unterliegt, so ist — wie auch regierungsseitig auf eine Anfrage hervorgehoben wurde (Komm.-Ber. d. Abg.-H. S. 2274) — eine teilweise Anwendung des einen und des anderen Gesetzes auf dieselbe Bahn nicht möglich. Wenn also eine dem einen Gesetze unterstellte Bahn nach ihrer Bedeutung und Bestimmung zweckmäßig dem anderen Gesetze zu unterstellen ist, so kann dies

nur **ganz**, nicht teilweise geschehen. (Eine Ausnahme bilden nur die unter § 58 Abs. 2 des Kleinb.-Ges. fallenden Bahnen.)

a) Was nun die **Herabsetzung** (**Deklassierung**) einer dem Eisenbahngesetz unterliegenden Bahn zu einer Kleinbahn anlangt, so ist davon auszugehen, daß eine solche Bahn auf einer landesherrlichen, gemäß § 1 des Eisenb.-Ges. erteilten Konzession, also einem Privileg, beruht, welches Mangels gesetzlicher Bestimmung — außer in den Fällen der §§ 21, 47 Eisenb.-Ges. — dem Unternehmer an sich nicht entzogen werden darf.

Schon in der I. Lesung des Abg.-H. äußerte der Abg. v. Strombeck (S. 1886): „Ich will noch ausdrücklich hervorheben: die jetzt bestehenden Bahnen, welche den Bestimmungen des Eisenbahngesetzes von 1888 unterliegen, haben **kraft Gesetzes** diese ihre Rechtsstellung, und keine Behörde ist ohne weiteres befugt, eine **gesetzliche** Rechtsstellung umzuändern, die Anwendbarkeit eines Gesetzes auf gewisse Fälle aufzuheben; selbst das Gesamtministerium kann das ohne besondere gesetzliche Ermächtigung nicht."

Unter Bezugnahme hierauf bemerkte der Minister der öffentl. Arbeiten in der Beratung der Abg.-H.-Komm. (Ber. S. 2274/5): „Unter den z. B. dem Eisenbahngesetz unterstehenden Bahnen befänden sich auch einzelne, welche nach ihrer Bedeutung und Bestimmung zweckmäßiger dem Kleinbahngesetze zu unterwerfen sein würden. Die Möglichkeit einer derartigen Deklassierung **unter Zustimmung** des Konzessionars ist **im Verwaltungswege auch ohne eine diesbezügliche gesetzliche Bestimmung** gegeben. Durch eine gesetzliche Bestimmung, welche die Deklassierung nur in ganz allgemeiner Weise ordnen könnte und die Prüfung im einzelnen Falle, sowie den Verzicht auf die Konzession nicht erübrigen würde, würde eine Erleichterung nicht zu erzielen sein."

Indeß sprechen gegen diese Annahme wesentliche Bedenken, welche de lege ferenda eine gesetzliche Regelung notwendig erscheinen lassen. Zunächst ist es unzutreffend, daß sich durch eine gesetzliche Bestimmung der Verzicht auf die Konzession nicht erübrigen würde. Ist die Deklassierung im öffentlichen Interesse geboten, so würde die Entziehung der Konzession bezw. der darin berührenden Vermögensrechte durch eine dem Enteignungsgesetze analoge Gesetzesvorschrift geregelt werden können. Eine gewissermaßen vertragsmäßige d. h. im Verwaltungswege unter Zustimmung des Konzessionars erfolgende Deklassierung erscheint aus zweifachem Grunde unzulässig. Einerseits ist keine Verwaltungsbehörde befugt, die gesetzliche Rechtsstellung dieser Bahnen durch einen bloßen Verwaltungsakt zu ändern. Auch werden durch die Deklassierung die Interessen dritter, z. B. der Obligationen- bezw. Eisenbahnschuld-Gläubiger, derjenigen, welche Subventionen zum Baue und Betriebe einer dem Eisenbahn-Gesetz unterliegenden Eisenbahn gewährt haben, der Anschlußgeleisbesitzer, Anschlußbahnen, Gemeinden, Adjazenten rc. wesentlich berührt und erfordern eine gesetzlich geregelte Prüfung bezw. Entschädigung. Es würde nicht nur der Zustimmung sämtlicher Gläubiger — da die §§ 27—30 des Ges. v. 19. Aug. 1895 hier nicht anwendbar sind (**Gleim** S. 53, 54) — sondern auch der anderen vorbezeichneten Interessenten und des Reiches bedürfen. Verweigert der Konzessionar bei einer beabsichtigten Deklassierung im Verwaltungswege die Zustimmung, so würde, wenn die Deklassierung im öffentlichen Interesse notwendig ist, nur erübrigen, da die Enteignung der Konzession nach dem bestehenden Rechte nicht angängig ist, die Bahn freiwillig oder nach Maßgabe des § 42 des Eisenbahn-Gesetzes (30 Jahre) zwangsweise zu erwerben und alsdann zu deklassieren. Aber auch in diesem Falle, wie im Falle des Vorbehalts der Deklassierung in den Konzessionsbedingungen würden die aus der Berührung der Anwendbarkeit anderer Gesetze und der Verletzung der Interessen Dritter entnommenen Bedenken nicht beseitigt sein. Daher empfiehlt sich de lege ferenda dringend die gesetzliche Regelung der Deklassierung.

b) Auch bezüglich der Erhebung einer Kleinbahn zu einer dem Eisenbahngesetz unterliegenden Eisenbahn sprechen die vorstehenden Gründe de lege ferenda für eine gesetzliche Regelung. (Hiernach erscheint z. B. die Legalität der Aufhebung der Konzession der Eisenbahn von Schleswig nach Süderbrarup durch Allerh. Erl. v. 14. September 1898 (Zeitschr. f. Kleinb. S. 595), sowie von Flensburg nach Kappeln (Allerh. Erl. v. 29. Mai 1901, eod. S. 412) sehr zweifelhaft.) Zwar ist dem Staate, wenn er die betreffende Bahn selbst erwerben will, durch § 30 eine gesetzliche Handhabe zum Erwerb und zur demnächstigen Umwandlung in eine dem Eisenbahngesetz unterliegende Bahn gegeben. Will aber der Staat die betreffende Bahn nicht selbst erwerben, so würde er den Unternehmer veranlassen und event. zwingen müssen, die landesherrliche Konzessionierung nachzusuchen. Ist dieser hierzu nicht willens oder widersprechen andere Interessenten in begründeter Weise, so bleibt dem Staate, falls er sich nicht das Umwandlungsrecht in den Genehmigungsbedingungen vorbehalten hat, nur übrig, die Bahn freiwillig oder gemäß § 30 unfreiwillig zu erwerben. Demgemäß ist auch hier eine gesetzliche Regelung empfehlenswert und wichtig.

c) Die Rechtsfolgen der Umwandlung bestehen darin, daß im Falle der Deklassierung (a) die deklassierte Bahn vollständig die gesetzliche Qualifikation einer Kleinbahn erhält und in allen Punkten dem Kleinbahngesetze unterworfen ist. (Komm.-Ber. d. Abg.-H. S. 2275). Dagegen erhält im Falle der Erhebung (b) die betr. Bahn vollständig die Qualifikation einer dem Eisenbahngesetz von 1838 unterliegenden Bahn und ist fortan den Normen des Kleinbahngesetzes nicht mehr unterworfen.

B. Durch die Definition der Kleinbahnen im Abs. 1 des § 1 als solcher Bahnen, welche dem Eisenbahngesetze von 1838 nicht unterliegen, werden die preußischen, dem öffentlichen Verkehre dienenden Eisenbahnen in zwei scharf von einander getrennte Kategorien geteilt: in solche, welche dem Eisenbahngesetze von 1838 unterliegen, und welche demselben nicht unterliegen. Unter eine dieser beiden Kategorien muß fortan in Preußen jede dem öffentlichen Verkehre dienende Bahn fallen; eine dritte Kategorie gibt es nicht. Denn auch diejenigen älteren Bahnen, welche dem Eisenbahngesetz von 1838 nicht unterliegen, und sich nicht gemäß § 53 Abs. 3 sämtlichen Bestimmungen des Kleinbahngesetzes unterwerfen, sind Kleinbahnen, auf welche eine Reihe der wesentlichsten Bestimmungen gemäß § 53 Abs. 2 ipsa lege Anwendung findet. (Komm.-Ber. d. Abg.-H. S. 2275.) Daraus folgt, daß eine teilweise Anwendung des einen oder anderen Gesetzes auf eine Bahn ausgeschlossen und unzulässig ist. Die dem Eisenbahngesetze unterliegenden Bahnen zerfallen in Haupt- und Nebenbahnen, je nachdem die Betriebsordnung für die Haupteisenbahnen oder die Bahnordnung für die Nebeneisenbahnen Deutschlands vom 5. Juli 1892 auf dieselben zur Anwendung kommen. Die preußischen Eisenbahnen sind daher entweder dem Eisenbahngesetze unterliegende (Haupt- und Nebenbahnen) oder dem Kleinbahngesetze unterliegende (Kleinbahnen). Es folgt ferner daraus, daß auf Kleinbahnen — mangels ausdrücklicher Bestimmung — auch alle die in Ergänzung des Eisenbahngesetzes von 1838 erlassenen preußischen Gesetze und Verordnungen keine Anwendung finden. Insbesondere sind daher z. B. die Bestimmungen des § 25 des Eisenb.-Ges. vom 3. November 1838 bezüglich der Sachbeschädigung bei der Beförderung auf der Bahn auf Kleinbahnen nicht anwendbar,

O.L.G. Hamm 20. April 1899 Eisenb.-Entsch. XVI S. 310 u. Reichsger. 6. Juli 1899 XVI S. 257,

vielmehr lediglich die allgemein zivilrechtlichen Normen maßgebend. Endlich folgt daraus, daß auf die Kleinbahnen diejenigen Bestimmungen der Reichsverfassung und deren Ausführungs-Gesetze und Verordnungen, welche die nach Art. 42 im Interesse des allgemeinen Verkehrs wie ein einheitliches Netz zu verwaltenden, demgemäß auch dem Eisenbahngesetz unterliegenden Bahnen betreffen, nicht Anwendung finden. Dahin gehören die in Ausführung der Art. 42 ff. erlassene Betriebsordnung für die Haupteisenbahnen und Bahnordnung für die Nebeneisenbahnen Deutschlands vom 5. Juli 1892, die Eisenbahn-Verkehrsordnung vom 26. Oktober 1899, die Normen für den Bau und die Ausrüstung der Haupteisenbahnen Deutschlands, die Bestimmungen über die Befähigung von Eisenbahnbetriebsbeamten, die Signalordnung für die Eisenbahnen Deutschlands vom 5. Juli 1892, 4. März 1897 u. 12. Mai 1898, das Gesetz vom 27. Juni 1873, betr. die Errichtung eines Reichseisenbahnamts (R.-G.-Bl. S. 164). Vgl. Eger, Eisenb.-Verk.-Ord. 2. Aufl. S. 6—8.

Dagegen finden in Gemäßheit des Art. 4 Ziff. 8 in Verbindung mit Ziff. 2, 10, 13, 14, 15 der Reichsverfassung diejenigen Gesetze und Verordnungen des Reiches, welche für alle dem öffentlichen Verkehre dienenden Bahnen — gleichviel von welcher Bedeutung für den allgemeinen Verkehr — ergangen sind, auch auf die Kleinbahnen Anwendung, falls nicht etwa andere Gründe, als die auf der Bedeutung für den allgemeinen Verkehr beruhenden, die Nichtanwendung bedingen. Dahin gehören die §§ 453—471 des neuen deutschen H.G.B. v. 10. Mai 1897 mit der im § 483 eod. vorgesehenen Modifikation (s. Eger, Eisenb.-Verk.-Ord. 2. Aufl. S. 8,) die §§ 315—320, 325, 243 Nr. 4, 305, 306 Nr. 3, 327, 328 R.-Strf.-Ges.-Buch (nach der herrschenden Meinung jedoch mit Ausnahme der Pferdebahnen: Dalcke in d. Eisenb.-Entsch. Bd. XI S. 169, Eger, Hdbch. d. Eisenb. II S. 155, Hilse, Straßenbahnkunde I S. 312 u. Zeitschr. f. Transport- u. Straßenb. 1895 Nr. 8) das Haftpflichtgesetz (einschließlich der Pferdebahnen), das Unfallversicherungsgesetz (Ausf.-Ges. § 1 Ziff. 1), Invalidenversicherungsgesetz, das Vereinszollgesetz vom 1. Juli 1869 §§ 17a, 21d, 59—78 (R.-G.-Bl. S. 317), das Reichsgesetz vom 25. Februar 1876, betr. die Beseitigung von Ansteckungsstoffen bei Viehbeförderungen auf Eisenbahnen (R.-G.-Bl. S. 163), die Reichs-Gew.-Ord. § 6. In den Verhandlungen des Herrenhauses und Abgeordnetenhauses wurde die früher auch von der preußischen Regierung vertretene Meinung, daß die Kleinbahnen, insbesondere die Pferdebahnen, nicht zu den im § 6 l. c. bezeichneten Eisenbahnunternehmungen gehören und daher den Bestimmungen der Reichs-Gew.-Ord. unterworfen seien, von der Mehrheit nicht geteilt. Auf den Betrieb der Kleinbahnen findet hiernach ebenso wie auf denjenigen der Haupt- und Nebenbahnen die R.-Gew.-Ord. keine Anwendung; denn die Kleinbahnen sind wie diese wirkliche dem öffentlichen Verkehre dienende Eisenbahnunternehmungen, wenn gleich sie nicht Teile des allgemeinen Eisenbahnnetzes sind und dem Art. 4 Ziff. 8, Art. 41 ff. der Reichsverfassung nicht unterliegen. Daher sind auch für Streitigkeiten zwischen Kleinbahnverwaltungen und Kleinbahnbediensteten die Gewerbegerichte nicht zuständig,

Gewerbeger. Berlin, 12. Dezember 1903, Eisenb. Entsch. XI S. 77 und Landgericht Stuttgart 7. Januar 1898 XVI S. 201.

vielmehr ausschließlich die ordentlichen Gerichte.

Demgemäß kann es nicht zweifelhaft sein, daß das Reich nicht kompetent ist, inbetreff der Leistungen der Kleinbahnen im Interesse der Post-, Telegraphen- und Militärverwaltung, die Aufsichts- und Gesetzgebungsgewalt auf Grund der Art. 4 Ziff. 8, Art. 41 ff. R.-Verfass. auszuüben. Die bisherigen bezüglichen Gesetze und Verordnungen des Reiches sind nur für die Haupt- und Nebeneisenbahnen ergangen. und folgerichtig stets nur auf diese in Anwendung gebracht worden. (Erkl. des Kommissars der Post-Verw., in der Kommiss.-Ber. d. Abg.-H. S. 2282.) Wenn daher das Kleinbahngesetz in den §§ 9 und 42 Bestimmungen im Interesse der Reichspostverwaltung und der Landesverteidigung aufgenommen hat, so geschah dies, weil das Bedürfnis anerkannt wurde, auch die öffentlichen Verkehrsanstalten den Zwecken der Post und der Landesverteidigung dienstbar zu machen und weil dem Reiche hierzu die Kompetenz fehlt. Es mußte also im Wege der Landesgesetzgebung geschehen. (Vgl, hierzu Coermann, die Straßenbahnen u. die deutsche Reichsgesetzgebung. Eisenb. Entsch. XI S. 278 ff.)

§ 1 Abs. 2 3) Absatz 2 des § 1 bezeichnet zur Erläuterung der im Abs. 1 gegebenen Definition und gewissermaßen als Direktive sowohl für die Behörden, wie das Publikum die beiden Hauptkategorien der Kleinbahnen, welche — wenn auch nicht unbedingt und ausnahmslos — der Regel nach als solche anzusehen sind: „Insbesondere sind Kleinbahnen der Regel nach solche Bahnen, welche hauptsächlich den örtlichen Verkehr innerhalb eines Gemeindebezirks oder benachbarter Gemeindebezirke vermitteln, sowie Bahnen, welche nicht mit Lokomotiven betrieben werden."

Wie das Wort „insbesondere" erkennen läßt, sind aber damit nur zwei besonders in Betracht kommende Kategorien herausgegriffen, die Ausführung derselben ist nur beispielsweise, nicht erschöpfend. (Motive S. 64). Die Kategorisierung nach anderen Merkmalen, wie z. B. nach geringerer Spurweite oder Fahrgeschwindigkeit, nach dem Mangel unmittelbarer Schienenverbindnng mit dem allgemeinen Bahnnetze wurde als unzutreffend abgelehnt, andererseits aber auch der Antrag, daß der Ausschluß des Übergangs der Betriebsmittel der Hauptbahnen ein maßgebendes Kriterium sein solle. (Komm.-Ber. d. Herr.-H. S. 840.) Es wurde aber auch ein Antrag, den Abs. 2 des § 1 gänzlich zu streichen, verworfen, nachdem regierunngsseitig dagegen geltend gemacht worden war, daß dieser Absatz als Anleitung für die Behandlung der Angelegenheiten, namentlich auch im Interesse der Sicherstellung der Unternehmungslustigen vor höheren Belastungen unentbehrlich sei. (Komm.-Ber. des Abg.-H. S. 2274.)

I. Die erste Kategorie sind „der Regel nach solche Bahnen, welche hauptsächlich den örtlichen Verkehr innerhalb eines Gemeindebezirks oder benachbarter Gemeindebezirke vermitteln."

Entscheidend ist, daß die Bahn hauptsächlich der Vermittlung des örtlichen Verkehrs gewidmet ist. Das Wort hauptsächlich deutet darauf hin, daß diese Vermittlung des örtlichen Verkehrs keine ausschließliche zu sein braucht. Derartige Bahnen können und werden auch mehr oder weniger dem allgemeinen Verkehre dienen. Aber ihr Hauptzweck und ihre Hauptfunktion liegt in der Vermittlung des örtlichen Verkehrs; sie sind von lokaler, auf das Verkehrsbedürfnis einer oder mehrerer Gemeindebezirke beschränkten Bedeutung, und sollen ihrem Zwecke und Wesen nach den Naheverkehr innerhalb dieser Grenzen vornehmlich vermitteln. Um diese lokale Bedeutung noch strikter hervorzuheben, sind die Worte „innerhalb eines Gemeindebezirks oder benachbarter Gemeindebezirke" hinzufügt.

Unter Gemeindebezirk ist der Flächenraum, welchen die politische Gemeinde bestimmungsmäßig umfaßt, zu begreifen. In der Beratung der Kommission des Abg.-Hauses (S. 2275) wurde regierungsseitig festgestellt, daß unter dem Wort „Gemeinde" der Gemeindebezirk zu verstehen sei, und demgemäß auf Vorschlag der Kommission an die Stelle des Wortes „Gemeinde" das Wort „Gemeindebezirk" gesetzt, um klarzustellen, daß unter Verkehr innerhalb eines Gemeindebezirks der Verkehr innerhalb des ganzen territorialen Umfangs der betr. Gemeinde bezw. Gemeinden zu verstehen sei, also nicht bloß in der Verbindung zwischen den einzelnen Ortschaften einer Gemeinde, sondern auch zwischen beliebigen anderen Punkten innerhalb des Gemeindebezirkes zu finden sei (vergl. Jerusalem S. 15 Anm. 6).

Andererseits wurde in der Kommissions-Beratung des Herrenhauses S. 889 ein Antrag, Ziff. 1 des Abs. 2 so zu gestalten: „den örtlichen Verkehr benachbarter Gemeinden unter einander oder mit einer Eisenbahnstation, einem Hafen oder einer Fabrik vermitteln" abgelehnt. Vonseiten mehrerer Kommissionsmitglieder wurde davor gewarnt, in allzu besondere Bestimmungen sich einzulassen. Die Regierungsvertreter schlossen sich diesen Bedenken an.

Das wesentliche Kriterium soll also der Verkehr innerhalb des territorialen Umfanges eines Gemeindebezirks oder benachbarter Gemeindebezirke bleiben. Es liegt hierbei nahe, „benachbart" mit „angrenzend" zu identifizieren. Indeß führt gerade der Umstand, daß der Gesetzgeber nicht das präzisere Wort „angrenzend", sondern das dehnbare „benachbart" gewählt hat, zu der Folgerung, daß nicht bloß zwei unmittelbar aneinander angrenzende, sondern auch mehrere, in der Nähe, in einem nahen Umkreise belegene Gemeindebezirke gemeint sind. Für den lokalen Verkehrszweck sind nicht die zu verbindenden Orte, sondern die Anlagen der Bahn, die Einrichtung von Haltestellen für die berührten Orte entscheidend. (Erl. d. Min. d. öff. Arb. v. 28. Juli 1893 IV 8913 III 16187.)

Indeß die solchergestalt gekennzeichneten Bahnen sollen nicht unbedingt und in allen Fällen zu den Kleinbahnen, gerechnet werden, sondern nur „der Regel nach". Diese Worte deuten darauf hin, daß auch Ausnahmen zulässig sind, und zwar der Natur der Sache nach in zwiefacher Beziehung. Einerseits können Eisenbahnen, obwohl sie im wesentlichen nur den örtlichen Verkehr innerhalb eines Gemeindebezirks oder benachbarter Gemeindebezirke vermitteln, doch mit Rücksicht auf ihre Lage, die Art und den Umfang ihres Verkehrs, die Verbindungen, welche sie herstellen, die Interessen der Landesverteidigung, der Post, Schiffahrt, Industrie, des Bergbaues 2c., doch zugleich eine höhere Bedeutung für den allgemeinen Verkehr haben und die Subsummierung unter die Haupt- und Nebenbahnen erfordern. „Die Vorschrift des § 1 Abs. 2 des Gesetzes gibt der Behörde wohl eine gewisse

Direktive. Sie ist aber **nicht unbedingt maßgebend**, da selbst die dort bezeichneten Bahnen, nur „**in der Regel**" als Kleinbahnen gelten sollen, die entscheidende Behörde mithin immer noch zu prüfen hat, ob die betr. Bahn von geringer Bedeutung für den allgemeinen Verkehr ist und deshalb den Vorschriften des Ges. v. 3. November 1898 nicht unterliegt."

Reichsger. 6. Ziv.-Sen. 3. Januar 1901 Eisenb.-Entsch. XVIII S. 41.

Es können aber andererseits auch Bahnen, welche eine über die Vermittlung des örtlichen Verkehrs eines oder benachbarter Gemeindebezirke hinausgehende räumliche nnd wirtschaftliche Bedeutung besitzen, doch zu Gliedern des allgemeinen Bahnnetzes unter besonderen Umständen z. B. durch ihre isolierte Lage, die Eigenartigkeit, Schwierigkeit ihres Betriebes (Bergbahn rc.), nicht geeignet sein und die Behandlung als Kleinbahn bedingen. In beiden Fällen darf von der im Abs. 2 gegebenen Regel abgewichen und ausnahmsweise trotz des Vorhandenseins der bezüglichen Merkmale eine andere Qualifikation der betreffenden Bahn von der zuständigen Stelle erfolgen.

Um jedoch insbesondere im **ersteren** Falle auch für derartige Bahnen **die Zulassung als Kleinbahnen zu ermöglichen**, sind in mehreren Erlassen Anweisungen erteilt, wie einer an sich zur Teilnahme im allgemeinen Verkehr qualifizierten Bahn durch **geeignete Beschränkungen** bei der Genehmigung sei es in dem Verkehrsumfange oder der Wahl der Spur, der Betriebskraft u. s. w. diese Möglichkeit gegeben werden kann. Weit entfernt davon, hierdurch eine Beeinträchtigung der Kleinbahnentwicklung herbeizuführen, soll dieses Verfahren im Gegenteil das Zustandekommen gerade derjenige zahlreichen und umfangreichen Kleinbahnen bezwecken, welche sich von den eigentlichen Eisenbahnen (Voll- und Nebenbahnen) kaum noch unterscheiden und ohne solche Beschränkungen als Kleinbahnen überhaupt nicht zugelassen werden könnten.

Vornehmlich wird darauf hingewiesen, „daß die Beteiligung der Kleinbahn am **Durchgangsverkehr** bei diesen Erwägungen mit ganz besonderer Sorgfalt behandelt werden muß. In der Regel wird die Beteiligung hieran dem wirtschaftlichen und rechtlichen Charakter einer Kleinbahn nicht entsprechen. Unter Durchgangsverkehr ist hierbei jedenfalls derjenige Verkehr zu verstehen, der sich von einer vor der Kleinbahn gelegenen Eisenbahnstation unter Benutzung der Kleinbahn als Mittelglied nach einer hinter der letzteren gelegenen Eisenbahnstation bewegt."

Erl. d. Min. d. öffentl. Arb. vom 3. Juni 1897 (25. Jan. 1897). E.-V.-Bl. 1897 Nr. 20 S. 164. Zeitschr. f. Kleinb. IV 1897 S. 401 u. 9. Mai 1898 V S. 320, 321. (**Verzeichnis** Nr. 46 u. 57).

Im Anschluß hieran wird darauf hingewiesen, daß nach der Ausf.-Anw. z. § 4 des Kleinb.-Ges. Bedingungen und Vorbehalte, an welche die Genehmigung von Kleinbahnen geknüpft wird, stets in die Genehmigungsurkunde selbst aufzunehmen sind. (s. Anm. 16). Diese Vorschrift bezieht sich nach Hinweis des Ministers auch auf diejenigen Beschränkungen hinsichtlich der Spurweite, der Betriebskraft, des Betriebszweckes, insbesondere der Beteiligung am Durchgangsgüterverkehr rc., unter denen er sich mit der Genehmigung einzelner Kleinbahnen einverstanden erklärt hat. Das Gleiche gil für den Fall, daß solche Beschränkungen schon in dem der minister. Entscheidung über die Zulassung der Kleinbahn zu Grunde liegenden Antragsmaterial des Unternehmers selbst vorgesehen waren, und die Zulassung seitens des Ministers lediglich antragmäßig erfolgt ist. Für die genaue Durchführnng dieser Bestimmungen sind die Genehmigungsbehörden und ebenso die zur Mitwirkung bei der Genehmigung berufenen Eisenbahnbehörden in vollem Umfange verantwortlich.

Erl. d. Min. d. öffentl. Arb. v. 2. Mai 1897 E.-V.-Bl. 1897 Nr. 14 S. 90. Zeitschr. f. Kleinb. IV. 1897. S. 343. (Verzeichnis Nr. 42.)

II. Die zweite Kategorie sind „der Regel nach solche Bahnen, welche nicht mit Lokomotiven betrieben werden". „Nicht mit der Lokomotive betrieben" und daher in der Regel als Kleinbahnen zu betrachten sind einerseits diejenigen Bahnen, bei welchen nicht eine Dampfmaschine, sondern Elektrizität, Wasserkraft, Luftdruck, Schwergewicht, Tierkraft (Pferde ꝛc.) die bewegende Kraft bilden, andererseits aber auch diejenigen Bahnen, bei welchen der Motor zwar eine Dampfmaschine ist, aber nicht ein selbstständiges, sich mitbewegendes Fahrzeug darstellt, sondern entweder mit einem für den Transport benutzten Wagen (Dampfwagen) verbunden ist oder an einem Orte feststeht (stabil) und von dort aus die Triebkraft liefert. Gleim (§ 1 Anm. 4) ist insofern anderer Ansicht, als er es für irrelevant bezeichnet, ob die im Zuge befindliche Dampfmaschine, welche die Bewegung unmittelbar hervorruft, vom Wagen getrennt ein besonderes Fahrzeug bildet oder sich in einem Wagen des Zuges befindet. Indeß kann diese Annahme nicht für zutreffend erachtet werden. Sie steht mit dem technischen Begriffe der Eisenbahnlokomotive als eines selbständigen, getrennt von den eigentlichen Transportfahrzeugen (Eisenbahnwagen) sich bewegenden Fahrzeugs im Widerspruch (Lochte, S. 7. Jerusalem, S. 15).

„Mit Lokomotiven betrieben" ist im übrigen nicht identisch „mit Maschinenkraft betrieben" (§ 8), der letztere Begriff ist der umfassendere und schließt nicht nur den Betrieb mit sich im Zuge bewegenden Dampfmaschinen (Lokomotiven), sondern mit Maschinen aller Art (elektrischen, pneumatischen, hydrodynamischen, atmosphärischen ꝛc.) in sich, überhaupt den Betrieb mit irgend einer mechanischen Kraft, z. B. auch wenn das Gewicht der bergabfahrenden Wagen für die gleichzeitig bergauffahrenden Wagen die bewegende Kraft bildet (Erl. des Min. d. öff. Arb. v. 28. März 1893. III. 5444).

Auch die nicht mit Lokomotiven betriebenen Bahnen sind aber ebenso wie die vorher bezeichnete Kategorie nicht unbedingt, sondern nur in der Regel zu den Kleinbahnen zu rechnen. Regelmäßig sind Bahnen ohne Lokomotivbetrieb dem Kleinbahngesetz zu unterstellen, weil nach den tatsächlichen Verkehrsverhältnissen und dem Stande der Technik fast nur Bahnen mit Lokomotivbetrieb den allgemeinen Verkehr vermitteln und für denselben von wesentlicher Bedeutung sind. Indeß ist einerseits nicht ausgeschlossen, daß auch eine Bahn mit Nichtlokomotivbetrieb, z. B. eine elektrische, eine Pferdebahn für den allgemeinen Verkehr von solcher Bedeutung ist, daß sie den Haupt- bezw. Nebeneisenbahnen zugerechnet werden muß, wie es auch andererseits offen steht, Bahnen mit Lokomotivbetrieb in Rücksicht auf ihre nur geringe Bedeutung für den allgemeinen Verkehr den Kleinbahnen beizuzählen. (Komm.-Ber. d. Abg.-H. S. 2274.)

Immerhin kann angenommen werden, daß Pferdebahnen innerhalb einer Stadt, aber auch die über städtisches Gebiet hinausgehenden, sowie die für den Betrieb mit Maschinenkraft bestimmten Bahnen — mit Ausnahme der Lokomotivbahnen — also alle sonstigen Dampfbahnen, elektrischen, pneumatischen ꝛc. der Regel nach sich als Kleinbahnen charakterisieren (D. Straß. u. Kleinb.-Z. 1895 Nr. 56 S. 662), vornehmlich auch Nichtlokomotivbahnen, welche lediglich für den Personenverkehr bestimmt sind (a. a. O. S. 663); ferner aber auch Lokomotivbahnen, die lediglich innerhalb einer Gemeinde oder zur Verbindung mehrerer Gemeindebezirke dienen, ohne mit dem allgemeinem Eisenbahnnetze in Berührung zu stehen, wenn sie auch von größerer räumlicher Ausdehnung sind (a. a. O. 1896 Nr. 1 S. 1), oder die von Eisenbahnstationen abgehend sich in Seitentäler abzweigen und zur Herbeiführung von Produkten aus diesen (häufig mit Schmalspur) bestimmt sind, auch ihrer Lage nach eine Forsetzung oder Verbindung mit anderen Eisenbahnen nicht finden können (a. a. O. S. 1).

§ 1 Abs. 3 [4]) Absatz 3 des § 1 gibt dem Staatsministerium die Befugnis, auf Anrufen der Beteiligten, darüber zu entscheiden, ob die Voraussetzung für die Anwendbarkeit des Gesetzes vom 3. November 1838 vorliegt. Daß dies nur unbeschadet der aus Art. 4 Ziff. 8, Art. 41 ff. Reichs-Verf. folgenden Rechte des Reiches geschehen kann, eine Bahn für den allgemeinen Verkehr in Anspruch zu nehmen, ist an früherer Stelle (Anm. 2 S. 16, 17) eingehend erörtert worden. Indeß der Zweck dieser Bestimmung, mangels einer strikten begrifflichen Abgrenzung der Haupt- und Nebenbahnen von den Kleinbahnen gewissermaßen eine Zentralstelle zu schaffen, die einheitlich und in allen Fällen darüber entscheidet, welcher Klasse eine projektierte Bahn angehören soll, ist durch die Bestimmung des Abs. 2 nicht voll erreicht. Abs. 3 trifft nach seiner Stellung im Kleinb.-Ges. nur und ausschließlich den Fall, daß die Genehmigung einer Kleinbahn beantragt ist und seitens eines der Beteiligten — sei es des Antragstellers oder der zur Genehmigung zuständigen Behörde — Zweifel darüber bestehen, ob es sich um eine Kleinbahn oder eine Haupt- bezw. Nebenbahn handle. Alsdann kann von den Beteiligten die Entscheidung des Staatsministeriums angerufen werden, und dieses ist berechtigt und verpflichtet, dieselbe endgültig zu treffen.

Reichsger. 6. Ziv.-Sen. 3. Jan. 1901. Eisenb.-Entsch. XVIII S. 41.

In allen anderen Fällen ist nach den bestehenden Bestimmungen das Staatsministerium nicht die endgültig entscheidende Instanz.

1. Geht der Antrag des Unternehmers auf Konzessionierung einer Haupt- oder Nebenbahn, so muß demselben bestimmungsmäßig ein Antrag auf Gestattung der Vorarbeiten vorausgehen, welcher an den Minister der öffentlichen Arbeiten zu richten ist (Eisenb.-Ges. v. 1838 § 1. Instruktion vom 30. Novbr. 1838). Lehnt dieser den Antrag ab, so ist die Einbringung des Konzessionsantrages nicht möglich und gelangt überhaupt nicht an das Staatsministerium. Aber auch wenn dem Antrage auf Gestattung der Vorarbeiten stattgegeben worden und auf Grund derselben der Konzessionsantrag bei dem Minister der öffentl. Arb. eingebracht ist, hat sich zwar das Staatsministerium darüber schlüssig zu machen, ob der Antrag beim Könige zu befürworten oder abzulehnen ist. Aber die endgültige Entscheidung liegt nicht bei dem Staatsministerium, sondern beim Landesherrn.

2. Geht der Antrag des Unternehmers auf Genehmigung einer Kleinbahn und wird diesem Antrage von der zuständigen Behörde (§ 3) stattgegeben, bestehen also unter den Beteiligten über den Charakter der Bahn als Kleinbahn keine Zweifel, obwohl dieselbe sich ihrer Bedeutung nach als Haupt- rc. Bahn qualifiziert, so gelangt die Beurteilung der Qualifikation überhaupt nicht zur Entscheidung des Staatsministeriums und die betreffende Bahn wird zum Nachteile des allgemeinen Verkehrs als Kleinbahn angelegt und betrieben.

Nun schreibt zwar die Ausführungsanweisung zu § 1 (S. 8) vor, daß von jedem Antrage auf Genehmigung rc. einer Kleinbahn — soweit es sich nicht um Pferdebahnen innerhalb städtischer Straßen handelt — dem Minister der öffentl.

Arb. Anzeige zu erstatten ist, bei mit Maschinenkraft zu betreibenden Bahnen zugleich behufs Prüfung der Frage, ob eine solche Bahn dem Eisenbahn-Gesetze v. 1838 zu unterstellen, unter Beibringung der zur Beurteilung dienlichen Unterlagen. Aber — abgesehen davon, daß diese Bestimmung nur in einer jederzeit abänderbaren Ministerialinstruktion enthalten ist — wird darnach nur dem Minister der öffentl. Arb. allein, nicht dem Staatsministerium, eine Kenntnisnahme bezw. ein Eingreifen ermöglicht, und es ist überdies zweifelhaft, ob eine solche in die durch § 3 des Gesetzes geregelte Zuständigkeit der Behörden eingreifende Bestimmung rechtlich zulässig ist. Soll daher der Zweck der einheitlichen Klassifizierung der Eisenbahnen durch eine Zentralstelle ganz erreicht werden, so bedarf es de lege ferenda einer allgemeinen gesetzlichen Bestimmung, welche dem Staatsministerium die Entscheidung über die Klassifizierung in Betreff aller in Preußen zu erbauenden Eisenbahnen — auch ohne Anrufen der Parteien — endgültig und ausnahmslos überträgt.

Was nun den in Abs. 3 geregelten Fall anlangt, so ist dem Staatsministerium die Befugnis und Obliegenheit übertragen, wenn der Antrag auf Genehmigung einer Kleinbahn gestellt ist (§ 5) oder wenn es sich um Umwandlung einer Kleinbahn in eine dem Eisenbahnges. v. 1838 zu unterstellende Bahn handelt (§ 30), und in diesen Fällen Zweifel darüber entstanden sind, ob für die betr. Bahn die Voraussetzung für die Anwendbarkeit des Ges. v. 1838 vorliegt, hierüber auf Anrufen der Beteiligten zu entscheiden. Unter den „Beteiligten" ist einerseits die zur Genehmigung zuständige Behörde (§ 3), andererseits diejenige Person zu verstehen, welche den Antrag auf Genehmigung einer Kleinbahn bei der Behörde gestellt hat und von derselben abgewiesen worden ist — im Falle des § 30 einerseits die Staatsregierung, welche den Erwerb beansprucht, andererseits der Unternehmer, welcher demselben widerspricht —. (II. Lesg. des Abg.-Hauses. Sten. Ber. S. 1969—1970).

Es sind zwei Fälle denkbar, in welchen von den Beteiligten die Entscheidung des Staatsministeriums angerufen werden kann. Entweder der Unternehmer wird mit seinem Antrage auf Genehmigung einer Kleinbahn von der zuständigen Behörde (§ 3) abgewiesen, weil diese die Bahn für eine dem Gesetz von 1838 zu unterstellende erachtet. Alsdann kann der Unternehmer auf die Entscheidung des Staatsministeriums gemäß Abs. 3 provozieren. Oder die um Genehmigung einer Kleinbahn angegangene Behörde ist zweifelhaft, ob die projektierte Bahn eine Kleinbahn oder eine dem Gesetz von 1838 zu unterstellende Bahn sei; alsdann kann sie, ohne den Antrag anzulehnen, vorerst auf Entscheidung des Staatsministeriums provozieren. Sie kann es, aber sie braucht es nicht, sie kann auch im Zweifel den Antrag ablehnen und auf diese Weise es dem Antragsteller überlassen, die Entscheidung des Staatsministeriums einzuholen. Gleim (S. 50, 51) hat seine frühere Annahme, daß die Beteiligten nur die abgewiesenen Unternehmer, nicht auch die Behörden seien, modifiziert, erklärt aber die Eigenschaft der Behörden als Beteiligte für zweifelhaft. Indeß nicht mit Recht; auch die Behörden gehören zu den Beteiligten und können auf die Entscheidung provozieren.

Gleim (S. 51) meint ferner, die Frage sei nach den Anordnungen der Ausführungsanweisung nicht mehr von praktischer Bedeutung, da es der Stellung der genehmigenden Behörde zu dem ihr vorgesetzten Minister der öff. Arb. nicht entsprechen würde, dessen Entscheidung über die Frage der Anwendbarkeit des Eisenbahngesetzes auf eine Bahn durch Anrufung des Staatsministeriums anzufechten. Indes kann dieser Annahme nicht beigepflichtet werden. Hat das Gesetz der betr. Behörde die Kompetenz verliehen, so muß sie pflichtgemäß ausgeübt und darf nicht auf administrativem Wege illusorisch gemacht werden. Dies würde der Absicht des Gesetzes widersprechen. Auch sind die Fälle nicht selten — wie z. B. die Entscheidung des Regierungspräsidenten als Vorsitzenden des Bezirksausschusses d. h. eines Verwaltungsgerichts — in welchen die untere Instanz an Weisungen der oberen administrativen Instanz nicht gebunden werden darf.

Über die Form und Frist, in welcher das Staatsministerium von den Beteiligten anzurufen ist, bestimmt das Gesetz nichts. Die Ausf.=Anw. Abs. 5 (früher 8) zu § 1 trifft nur für den Fall Bestimmung, daß der Antrag auf Genehmigung, Erweiterung oder Veränderung einer Kleinbahn aus dem Grunde abgelehnt wird, weil die Bahn dem Ges. v. 1888 zu unterstellen sein würde. In diesem Falle soll in der Verfügung (der zur Genehmigung zuständigen Behörde: § 8) der Grund hierfür angegeben und zugleich bemerkt werden, daß ein etwaiger Antrag auf Entscheidung des Staatsministeriums bei dem verfügenden Regierungspräsidenten binnen einer angemessen festzusetzenden Frist einzureichen sei. Geht ein solcher Antrag ein, so ist von dem Regierungspräsidenten Bericht an den Minister der öffentl. Arb. zu erstatten. Diese Ausf.=Vorschrift ist insofern unvollständig, als sie Bestimmungen für den Fall, daß die zuständige Behörde auf Entscheidung des Staatsministeriums provoziert, nicht enthält. Aber auch für den abgewiesenen Unternehmer ist sie nicht ausreichend, weil die Ablehnung — arg. § 8 — nicht in allen Fällen vom Regierungspräsidenten ausgeht. Mangels einer gesetzlichen Vorschrift kann die Frist jedenfalls keine präklusivische sein. Auch bedarf es mit Rücksicht auf die Fristfestsetzung einer Zustellung der ablehnenden Verfügung. Der Antrag auf Entscheidung des Staatsministeriums muß im Originale dem Staatsministerium vorgelegt werden. Welche Form derselbe haben, ob und mit welchen Anlagen er versehen und wie er substantiiert sein muß, ist nicht bestimmt. Nach allen diesen Richtungen erscheint die Ergänzung der Ausf.=Anw. angezeigt.

Auch über die Form, in welcher die Entscheidung des Staatsministeriums zu erfolgen hat, ob ein kontradiktorisches Verfahren u. s. w. voranzugehen hat und wem die Kosten zur Last fallen, trifft das Gesetz keine Bestimmung. Jedenfalls ist mangels einer gesetzlichen Vorschrift, die Entscheidung des Staatsministeriums eine endgültige, gegen welche es kein Rechtsmittel gibt. Freilich bleibt es aber dem Bewerber unbenommen, jederzeit seine Bewerbung und im Falle der Ablehnung den Antrag an das Staatsministerium zu erneuern. Gegen eine ungerechtfertigte oder überhastete Wiederholung der Anträge kann nur die Pflicht zur Kostentragung Remedur gewähren.

Die Entscheidung des Staatsministeriums muß sich nach Abs. 3 darauf erstrecken, ob die Voraussetzung für die Anwendbarkeit des Ges. v. 1888 vorliegt, d. h. ob nach Maßgabe der bereits an früherer Stelle erörterten Kriterien und unter Berücksichtigung der im Abs. 2 gegebenen Direktiven die beantragte Bahn von so großer Bedeutung für den allgemeinen Verkehr ist, daß sie dem Ges. v. 1888 zu unterstellen ist. Verneint das Staatsministerium diese Frage, so ist die Qualifikation der projektierten Bahn als Kleinbahn festgestellt und unstreitig. Die nach § 8 zuständige Behörde hat nunmehr das Projekt in Gemäßheit des § 4 der polizeilichen Prüfung zu unterziehen und darnach die Genehmigung zu erteilen oder zu verweigern. Bejaht aber das Staatsministerium die in Abs. 3 gestellte Frage, so ist die Genehmigung zu versagen (s. auch § 2 Satz 3), und es bleibt dem Unternehmer überlassen, nunmehr nach Maßgabe des § 1 des Eisenb.-Ges. v. 1838 und der dazu ergangenen Ausf.-Vorschriften die landesherrliche Konzessionierung nachzusuchen.

Die Ausführungs-Anweisung zum § 1 enthält in dem Abs. 1 u. 2 Vorschriften über die dem Minister der öffentl. Arb. aus Anlaß von Genehmigungs-anträgen zu erstattenden Anzeigen und Berichte. (Über die möglichste Beschleunigung derselben: vgl. Erl. v. 28. Mai 1900 Zeitschr. f. Kleinb. S. 391.) Verzeichnis Nr. 91. § 1 Ausf.Anw.

Absatz 1 Satz 1 schreibt in Ausführung des § 3 Nr. 1 u. 2 vor, daß behufs Bezeichnung derjenigen Eisenbahnbehörde, welche bei der Genehmigung von ganz oder teilweise mit Maschinenkraft betriebenen Bahnen mitzuwirken hat, bei jedem Antrage auf Genehmigung, wesentliche Änderung oder Erweiterung einer solchen Bahn, sowie auf Einführung des Maschinenbetriebs auf einer anderen Bahn dem Minister der öffentl. Arb. Anzeige zu erstatten ist. Aus diesem Grunde, und um zu vermeiden, daß die bezüglichen Anträge an andere Behörden oder direkt an den Minister gerichtet werden und dadurch Verzögerungen erfahren, ist aus Zweckmäßigkeitsrücksichten und im Interesse der Beschleunigung im Absatz 1 zum Zwecke der Belehrung der Antragsteller durch die Worte „von allen zunächst bei dem örtlich zuständigen Regierungspräsidenten, bezw. dem Polizei-Präsidenten in Berlin anzubringenden Anträgen . . .“ der Hinweis auf die zuständige Instanz gegeben.

Unter welchen Voraussetzungen die Anzeige ausnahmsweise unterbleiben darf, bestimmt Abs. 3 (s. unten S. 30). Abgesehen von diesen Ausnahmefällen ist die Anzeige obligatorisch, ohne dieselbe kann der Minister die betr. Behörde nicht bezeichnen, mithin auch die Genehmigung gemäß § 3 Nr. 1 u. 2 nicht in zuständiger Weise legal erteilt werden. Die Anzeige muß von der zur Genehmignng gemäß § 3 zuständigen Behörde ausgehen und zwar im gewöhnlichen Instanzengange. Sie hat ausnahmslos bei jedem Antrage der erwähnten Art zu erfolgen, es müßte denn sein, daß der Minister generell für einzelne Bezirke die mitwirkende Eisenbahnbehörde ein für allemal bestimmt hat.

Nach Absatz 1 Satz 2 soll die Anzeige an den Minister nicht allein dem Zwecke der Bezeichnung der gemäß § 5 bei der Genehmigung mitwirkenden Eisenbahnbehörde dienen, sondern auch der Prüfung der Frage, ob eine solche Bahn dem Ges. v. 1838 zu unterstellen ist. Zu diesem Behuf soll auch hierüber unter Beibringung der Unterlagen berichtet werden. Kommt der Minister bei der Prüfung zu der Entscheidung (s. Abs. 2), daß die Bahn dem Ges. v. 1838 zu unterstellen sei, so wird er die zur Genehmigung zuständige Behörde (§ 3) anweisen, die Genehmigung als Kleinbahn zu versagen (§ 2). Aber — abgesehen davon, daß damit die gesetzliche Zuständigkeit der in § 3 bezeichneten Behörden im administrativen Wege illusorisch gemacht und in allen Fällen auf den Minister der öffentl. Arb. übertragen wird, — ist damit auch die Frage nicht endgültig entschieden. Denn nunmehr ist der Bewerber berechtigt, gemäß § 1 Abs. 3 das Staatsministerium anzurufen. Entscheidet dieses dahin, daß die Bahn nicht dem Ges. v. 1838 unterliegt, so muß alsdann die zuständige Behörde — entgegen der Entschließung bezw. Weisung des Ministers — die Genehmigung erteilen (s. oben S. 27). Hierbei entsteht auch das Mißliche, daß der Minister der öffentl. Arb., wenn die Sache zur Entscheidung an das Staatsministerium gebracht wird, als Mitglied desselben schon durch seine frühere Entscheidung des Falles präjudiziert ist. Es erscheint daher angezeigt, Abs. 1 Satz 2 der Ausf.-Anw. zu beseitigen und — wie bereits oben (§ 1 Abs. 3 Anm. 4 S. 27) vorgeschlagen — alle Anträge ausnahmslos der Entscheidung des Staatsministeriums von vornherein zu unterbreiten. Der im Satz 2 vorgeschriebene Bericht und die Beibringung der zur Beurteilung dienenden Unterlagen wird sich auf die technische Ausführbarkeit und die wirtschaftliche Bedeutung der Bahn bezw. im Wesentlichen auf diejenigen Punkte zu erstrecken haben, welche in der Allerhöchst genehmigten Ministerial-Instruktion v. 30. Novbr. 1838 bezeichnet sind (Eger, Handb. des Preuß. Eisenbahnr. I, S. 105, 114). Vgl. hierzu d. Erl. d. Min. d. öff. Arb. u. d. Inn. v. 9. April 1894, betr. Mitteilung der Berichte über Kleinb.-Unternehm. an die betr. Eisenb.-Direkt. (Zeitschr. f. Kleinb. 1894 S. 242.) Verzeichnis Nr. 9.

Abs. 2 Satz 1 erweitert noch die im Abs. 1 vorgeschriebene Anzeigepflicht, indem dieselbe für alle Anträge auf Genehmigung einer Kleinbahn — soweit es sich nicht um Pferdebahnen innerhalb städtischer Straßen handelt — vorgeschrieben wird.

Im weiteren Genehmigungsverfahren soll jedoch im Interesse der Beschleunigung ein Unterschied gemacht werden, je nachdem die Anzeige eine für Maschinenkraft bestimmte Bahn betrifft oder nicht. Im ersteren Falle darf das Genehmigungsverfahren — wohl mit Rücksicht auf die größere Bedeutung und die Möglichkeit einer Unterstellung unter das Ges. v. 1838 — nicht eher fortgesetzt werden, bis nicht die Entscheidung des Ministers vorliegt. Im letzteren Falle soll das Genehmigungsverfahren fortgesetzt werden, mit der alleinigen Ausnahme, daß etwa die zuständige Behörde die Unterstellung unter das Ges. v. 1838 für erforderlich oder doch fraglich erachtet und hierüber die Entschließung des Ministers der öffentl. Arb. einholt.

Der Erlaß des Ministers der öffentl. Arb. vom 13. Januar 1896 (E.-V.-Bl. Nr. 4 S. 43) Verzeichnis Nr. 26, betreffend Vorarbeiten für Kleinbahnen (vgl. auch Erl. v. 26. Oktober 1900 betr. Vorarbeiten E.-V.-Bl. 1900 S. 521) bestimmt, daß der Entschließung über die Erlaubnis zur Vornahme von Vorarbeiten die Feststellung der Qualifikation der projektierten Bahn als Kleinbahn vorangehen und zur Vermeidung von Zeitverlust die Berichterstattung über beide Fragen an den Minister vereinigt werden soll. Indes ist dieser Erlaß mit § 5 des Kleinb.-Ges. und der Ausf.-Anw. Abs. 1 zum § 1 l. c. sowie mit § 5 Abs. 1 Enteign.-Ges. nicht vereinbar. Denn nach Abs. 1 z. § 1 der Ausf.-Anw. ist dem Minister von jedem Antrage auf Genehmigung Anzeige zu erstatten und hierbei zugleich über die Qualifikation der projektierten Bahn zu berichten. Nach § 5 Kleinb.-Ges. müssen aber dem Antrage auf Genehmigung die zur Beurteilung des Unternehmens in technischer und finanzieller Hinsicht erforderlichen Unterlagen, insbesondere ein Bauplan, beigefügt sein. Zu den technischen Unterlagen gehören in erster Reihe die Vorarbeiten. Den Erfordernissen des Erlasses vom 13. Januar 1896 kann hiernach nicht entsprochen werden.

Sodann ist durch Abs. 3 eine Beschränkung der Anzeigepflicht ebenfalls im Interesse der Beschleunigung und zugleich zur Entlastung der Kontrollinstanz angeordnet (Zeitschr. f. Kleinb. 1898 S. 525). Während bisher ausnahmslos von allen im Abs. 1 bezeichneten Anträgen dem Minister der öffentlichen Arbeiten Anzeige erstattet werden mußte, soll unter bestimmten im Abs. 8 (S. 8) aufgeführten Voraussetzungen in einfacheren Fällen die Anzeige in Wegfall kommen.

Diese Voraussetzungen müssen sämtlich vorhanden sein und zusammentreffen, um den Fortfall der Anzeige an den Minister zu begründen. Fehlt auch nur eine oder die andere dieser Voraussetzungen, so darf die Anzeige nicht unterbleiben.

Dagegen hat andererseits durch Abs. 4 in den dort (S. 8) vorgesehenen Fällen die Anzeigepflicht im Interesse der Landesverteidigung eine Ausdehnung erfahren, weil sich die Mitwirkung und Beteiligung des Kriegsministers vor der Genehmigung bei militärisch wichtigen Bahnen als notwendig herausgestellt hat (Zeitschr. f. Kleinb. 1898 S. 525).

Darnach sind von der Anzeigepflicht an den Kriegsminister gänzlich ausgeschlossen die über das Weichbild eines Gemeindebezirks nicht hinausgehenden Kleinbahnen mit Maschinenbetrieb. Bei Bahnen, welche das Weichbild eines Gemeindebezirks überschreiten, ist die Anzeigepflicht an den Kriegsminister vorgeschrieben, wenn eine der beiden oben S. 8 unter Ziff. 1 und 2 bezeichneten Voraussetzungen vorliegt. Ist keine dieser beiden Voraussetzungen vorhanden, so bedarf es der Anzeige an den Kriegsminister auch dann nicht, wenn die betreffende Kleinbahn über das Weichbild eines Gemeindebezirks hinausgeht. Es fehlt jedoch eine Bestimmung darüber, welche Wirkung mit dieser Anzeige verbunden sein soll. Ist beabsichtigt, daß durch die Anzeige der Kriegsminister in die Lage versetzt werden soll, sich über die projektierte Grenzbahn zu informieren und erforderlichenfalls die Anlage zu inhibieren oder von besonderen Bedingungen und Forderungen abhängig zu machen, so hätte dies ausdrücklich ausgesprochen werden müssen. Nach der vorliegenden Bestimmung ist nicht ersichtlich, ob die Genehmigungsbehörde eine Erklärung des Kriegsministers auf die Anzeige vor Erteilung der Genehmigung abzuwarten hat, eventuell, in welcher Frist und ob und welche Bedingungen und Forderungen dieser zu stellen befugt ist.

Abs. 5 ist bereits oben (S. 28) Gegenstand der Erörterung gewesen.

§ 2.[5])

Zur Herstellung und zum Betriebe einer Kleinbahn bedarf es der Genehmigung der zuständigen Behörde.[6]) Dasselbe gilt für wesentliche Erweiterungen oder sonstige wesentliche Änderungen des Unternehmens, der Anlage oder des Betriebes.[7]) Diese Genehmigung ist zu versagen, wenn die Erweiterung oder Änderung die Unterordnung des Unternehmens unter das Gesetz vom 3. November 1838 bedingt.[8])

1) Ausführungsanweisung vom 13. August 1898.

Zu § 2.

Die Genehmigung für das Unternehmen ist dem Antragsteller für seine Person zu erteilen. Ist der Antragsteller eine physische Person, so wird indess in der Regel nichts entgegenstehen, die Genehmigung auch auf die Erben und sonstigen Rechtsnachfolger unter der Voraussetzung zu erstrecken, dass gegen die Person der letzteren als Betriebsunternehmer sich nicht etwa Bedenken ergeben sollten (Ausländer, Staatsbeamte u. s. w.). Ist der Unternehmer ein Ausländer, so ist bei der Genehmigung vorzuschreiben, dass er im Inlande Domizil mit der Wirkung zu nehmen hat, dass er von demselben aus regelmässig die Verträge mit den dem Reiche Angehörigen abzuschliessen und wegen aller aus seinen Geschäften mit solchen entstehenden Verbindlichkeiten bei den Gerichten des betreffenden Orts Recht zu nehmen hat.

§ 2 Prinzip

5) Prinzip und Entstehungsgeschichte des § 2.

I. Prinzip. Die §§ 2—14 treffen über die Genehmigung zur Anlage und zum Betriebe der Kleinbahnen Bestimmung. Während § 2 den Umfang der Genehmigung normiert, regeln § 3 die Zuständigkeit, §§ 4—8 die Voraussetzungen, §§ 9—14 den Inhalt der Genehmigung.

§ 2 stellt im Satz 1 das Prinzip an die Spitze, daß es zur Herstellung und zum Betriebe einer Kleinbahn der Genehmigung der zuständigen Behörde — welche im § 3 bestimmt ist — bedarf. „Die Kleinbahnen unterliegen dem Konzessionszwange."

Reichs-Ger. 26. Januar 1899 Entsch. i. Civ. Bd. 43 S. 252.

Satz 2 dehnt dieses Erfordernis auch auf wesentliche Erweiterungen oder sonstige wesentliche Änderungen des Unternehmens, der Anlage oder des Betriebes aus, und Satz 3 schreibt vor, daß diese Genehmigung zu versagen ist, wenn die Erweiterung oder Änderung die Unterordnung des Unternehmens unter das Gesetz von 1838 bedingt. Satz 3 bezieht sich nur auf Satz 2 — was nach Beschluß des Abg.-Hauses auch äußerlich durch Bildung eines Absatzes nach Satz 1 zum Ausdruck gelangen sollte, aber versehentlich unterblieben ist. Für Satz 1 war eine gleiche bezügliche Bestimmung nicht erforderlich, weil sie implizite bereits in den Vorschriften des § 1 liegt.

Mit Rücksicht auf die Wahrnehmung der öffentlichen Interessen sowohl bei der Gründung, wie beim Bau, Betrieb und der Verwaltung dieser dem öffentlichen Verkehre dienenden Bahnen, war es ein unabweisbares Erfordernis, ihre Anlage und ihre Betriebsführung in analoger Weise, wie bei Haupt- und Nebenbahnen, von behördlicher Genehmigung abhängig zu machen.

Die in § 2 für Kleinbahnen vorgesehene staatliche Genehmigung hat daher eine der im § 1 des Ges. v. 1838 bestimmten Konzessionierung im Wesentlichen gleiche Rechtsnatur. Sie ist nicht lediglich polizeilicher Natur (Jerusalem S. 16 Anm. 2, Arndt, Grundl. des Eisenbahnr. im Arch. f. öff. Recht Bd. XI S. 358 ff. S. 381—382 Stölzel, Rechtsweg ꝛc. in Preußen § 47 S. 278, Eger, der Rechtscharakter der Straßen- u. Kleinb.-Konzess. Eisenb. Entsch. XV S. 182 ff., auch Stöerk, Zustimmungsergänzung ꝛc.: Zeitschr. f. Kleinb. V S. 262. — Reichsger. 26. Jan. 1899 Entsch. i. Civils. Bd. 43 S. 256 und O.-V.-G. 25. Oktober 1900 Eisenb. Entsch. XVII S. 334 ff. Erklärung der Kgl. Sächs. Staatsregierung im sächs. Landtage vom 29. April 1898, Drucks. der 2. Ständekammer Nr. 280 und Zeitschr. f. Kleinb. 1898 S. 478), sondern hat, — wenngleich die Verschiedenheit des Umfangs, der Art und Bedeutung der Anlage und des Betriebs Unterschiede bedungen hat, — den im wesentlichen analogen Charakter eines Privilegs. Der gegenteiligen Annahme Gleims (S. 35—38, 54—57), welcher der Genehmigung ausschließlich polizeilichen Charakter beilegt, kann nicht beigepflichtet werden. Diese Annahme erscheint weder nach dem Wortlaute und der Fassung, noch auch nach der Tendenz ausreichend begründet.

Was zunächst den Wortlaut und die Fassung des Gesetzes anlangt, so ist nirgends in demselben von einer bloß polizeilichen Genehmigung die Rede. Der Umstand allein, daß im § 4 bestimmt ist, daß die Genehmigung auf Grund vorgängiger polizeilicher Prüfung erteilt wird, stempelt — wie noch des näheren gezeigt werden wird, — die Genehmigung keinesfalls zu einer rein polizeilichen. Wenn im § 4 über die polizeiliche Prüfung besondere Bestimmung getroffen ist, so geschah es lediglich, um zur Förderung der Kleinbahnen das Gebiet der polizeilichen Prüfung genau zu begrenzen, keineswegs aber, um die Prüfung nach den nicht polizeilichen, im Gesetze bezeichneten Richtungen auszuschließen. Dies geht aus § 9 evident hervor, welcher die polizeilichen Verpflichtungen getrennt von den übrigen ausdrücklich hervorhebt. (§ 9 Anm. 14).

Hätte es in der Absicht gelegen, die Genehmigung lediglich zu einer polizeilichen zu gestalten, so wäre die Genehmigung selbst als eine polizeiliche bezeichnet worden; wie dies — arg. e contr. — in betreff der Genehmigung der Privatanschlußbahnen im § 43 ausdrücklich geschehen ist. Aber die im folgenden ausführlicher zu berührende Entstehung der §§ 2 ff. spricht grade für das Gegenteil. Der Regierungsentwurf und die Motive derselben bezeichneten zwar die Genehmigung als eine polizeiliche und daran wurde auch in einer Erklärung der Reg.-Kommissare in der Kommiss. des Herrenh. festgehalten. Jedoch wird im § 5 des Entwurfs verlangt, daß dem Antrage auf Genehmigung nicht nur die zur Beurteilung des Unternehmens in technischer, sondern auch in finanzieller Hinsicht erforderlichen Unterlagen beizufügen sind (s. Arndt a. a. O. S. 381 Stölzel, Rechtsweg § 47 S. 278), und in den Motiven auf den mehr oder minder monopolartigen Charakter dieser Unternehmungen hingewiesen. Als sodann in der Kommiss.-Berat. des Abg.-H. § 1 des Reg.-Entw., welcher zugleich die Begriffsbestimmung und das Erfordernis der polizeilichen Genehmigung für Kleinbahnen aussprach, in zwei Paragraphen geteilt und es für notwendig erachtet wurde, die in dem Reg.-Entw. mitenthaltene Bedingung der behördlichen Genehmigung in einem besonderen Paragraphen auszusprechen, wurde hierbei „ausdrücklich vermieden, die Genehmigung lediglich als eine polizeiliche zu bezeichnen, da bei dem Antrage auf Genehmigung nicht allein die nach § 3 (sc. § 4) erforderliche polizeiliche Prüfung, sondern auch die Prüfung der nach § 4 (sc. § 5) hierbei einzureichenden Unterlagen erforderlich sei". (Abg.-H.-Komm.-Ber. S. 2275, 2276; auch III. Lesg. des Abg.-H.-Verhandl. S. 2064.) Gegenüber dieser in der Kommission wie im Plenum ohne Widerspruch gebliebenen Motivierung und Beschlußfassung erscheint die Annahme eines rein polizeilichen Charakters der Genehmigung nicht gerechtfertigt.

Aber auch die Tendenz des Gesetzes führt zu dem gleichen Ergebnisse. Würde die Genehmigung einer Kleinbahn eine bloß polizeiliche sein, so würde sie jederzeit wegen nachträglich hervorgetretener Gesichtspunkte widerrufen werden können. Durch die Genehmigung erlangt aber der Unternehmer dem Charakter des Privilegs entsprechend ein wohlerworbenes Recht, welches nur aus bestimmten, im Gesetze aufgeführten Gründen (Zeitablauf § 13, Erlöschen § 23, Rücknahme § 24, Erwerb durch den Staat § 30) aufhören, nicht aber polizeilich widerrufen werden kann. Bei lediglich polizeilicher Natur würde ferner eine vorgängige Prüfung in finanzieller Hinsicht nicht Erfordernis und nicht vorgeschrieben sein. (Reichsger. 6. Ziv.=Sen. 3. Januar 1901 Eisenb. Entsch. XVIII S. 42.) Aus diesem Grunde ist auch nach dem Komm.=Ber. die Streichung des Wortes polizeilich erfolgt. Gleim (S. 55) macht zwar dagegen geltend, auch die Prüfung der finanziellen Unterlagen beruhe nur auf Gründen polizeilicher Natur. Es solle dadurch verhütet werden, daß polizeiliche Interessen, welche in der Regel schon durch den Bau einer Kleinbahn in Mitleidenschaft gezogen würden, nicht ohne die Gewißheit der Möglichkeit seiner Vollendung dieser Gefahr ausgesetzt würden. Indes dieser Einwand ist deshalb unbegründet, weil das Erfordernis polizeilicher Genehmigung stets implizite die Berührung polizeilicher Interessen voraussetzt, mithin überhaupt alle Unternehmungen, für welche polizeiliche Genehmigung vorgeschrieben ist (s. Gew.=Ord. § 16), aus gleichem Grunde der finanziellen Prüfung der Polizei unterliegen müßten. Aber grade darin liegt einer der wesentlichsten Unterschiede zwischen der bloß polizeilichen Prüfung und der zum Zwecke der Erteilung eines Privilegs erfolgenden, daß erstere auf die wirtschaftliche Fundierung des Unternehmens sich nicht zu erstrecken hat, die Polizei vielmehr nur die Interessen des Schutzes gegen Gefahr, der Aufrechthaltung der öffentlichen Ordnung rc. zu wahren hat (Arndt, Arch. f. öffentl. Recht XI S. 381). Auch handelt es sich nicht allein um die Sicherung der Vollendung des Bahnbaus, sondern, wie die Ausdehnung der Vorschriften auf die Anlegung von Spezial=Reserve= und Erneuerungsfonds nebenbahnähnlicher Kleinbahnen zeigt, auch um den Betrieb und die Verwaltung der Kleinbahnunternehmungen.

Ausschlaggebend aber ist aus der Entstehung des Kleinbahngesetzes, daß in den legislat. Verhandlungen über dasselbe ausdrücklich regierungsseitig konstatiert wurde, daß die Straßen= und Pferdebahnen wirkliche Eisenbahnunternehmungen seien und die Auffassung, daß dieselben unter die Gewerbeordnung fallen und nicht Eisenbahnen seien, von jeher eine rechtsirrtümliche gewesen und der richtigen Annahme gewichen sei, daß diese Bahnen der Gewerbeordnung gemäß § 6 derselben ebensowenig unterworfen seien, wie Haupt- und Nebenbahnen.

Drucksachen des Preuß. Hauses der Abgeordneten 1892. Aktenstück Nr. 206 S. 3—5. Arndt, Archiv f. öffentl. Recht XI. S. 380. Eger, der Rechtscharakter rc. Eisenb. Entsch. XV S. 185 ff. Stoerk, Zeitschr. f. Kleinb. V. S. 262. Entsch. des Gewerbegerichts Berlin v. 12. Dezember 1893. Eisenb. Entsch. XI S. 77, 78. — Landger. Stuttgart 7. Januar 1898 XVI S. 201. — Kielmeyer, Mitt. d. Ver. deutsch. Straßen=. und Kleinb.=Verw. 1898 S. 91 ff.

Es erscheine hiernach gerechtfertigt, die Straßenbahn=(Kleinbahn=) Unternehmungen, gleichviel ob der Betrieb mit Pferde= oder Maschinenkraft stattfinde, als Eisenbahnunternehmungen im Sinne des § 6 der Gewerbe=Ordnung anzusehen, wenn sie als öffentliche Verkehrsanstalten dienen. Dieser Auffassung haben sich beide Häuser des Landtages ohne Widerspruch angeschlossen. Hätten sie dies nicht getan, so hätte das Kleinbahngesetz nicht als Landesgesetz erlassen werden dürfen, weil alsdann nicht die Landesgesetzgebung, sondern nur die Reichsgesetzgebung zuständig gewesen wäre. Erkannte aber die Staatsregierung im Einvernehmen mit dem Landtage die Straßen= und Pferdebahnen als wirkliche Eisenbahnunternehmungen an, so mußten folgerichtig auch die ihnen erteilten Bau= und Betriebskonzessionen als wirkliche

Eisenbahnkonzessionen anerkannt werden. Und um dem auch rückbezüglich für alle bereits vor Inkrafttreten des Kleinbahngesetzes — irrtümlich auf Grund des § 87 der Gewerbeordnung — erteilten Genehmigungen gesetzlichen Ausdruck zu geben, ist durch § 53 Abs. 2 des Kleinbahngesetzes besonders bestimmt worden, daß die wesentlichsten Bestimmungen des Kleinbahngesetzes, namentlich über die Genehmigung (§§ 2, 20—22, 24, 25), auch auf die älteren Kleinbahnen Anwendung finden. Hiernach haben auch diese älteren, vor Inkrafttreten des Kleinbahngesetzes erteilten Genehmigungen, auch wenn sie der früheren — irrigen — Anschauung gemäß auf Grund der Gewerbeordnung erteilt worden sind, nicht den Charakter bloßer gewerbepolizeilicher Gestattungen. Vielmehr ist den Genehmigungen der vor Inkrafttreten des Kleinbahngesetzes konzessionierten Kleinbahnen der gleiche Rechtscharakter beigelegt worden, wie den später erteilten, die Natur von wirklichen Eisenbahnkonzessionen, d. h. von Privilegien und wohlerworbenen Rechten.

Auch das Reichsgericht spricht nicht von einer bloßen, gewerbepolizeilichen Erlaubnis, sondern führt aus, daß die Kleinbahnen dem im Gesetze v. 28. Juli 1892 bestimmten und geordneten Konzessionszwange (§ 2) unterliegen und die unter die Überwachung der Staatsbehörden gestellten Genehmigungsbedingungen (§ 22) eine Zwangspflicht im Sinne des § 9 I 6 A.L.R. (B.G.B. § 528 Abs. 2) begründen.

Reichs-Ger. 26. Januar 1899, Entsch. i. Zivils. Bd. 43 S. 252, Eisenb. Entsch. XV S. 350.

Ist hiernach die Genehmigung einer Kleinbahn ebenso wie die Konzessionierung einer dem Ges. v. 1888 unterworfenen Bahn grundsätzlich als Erteilung eines Privilegs anzusehen, so folgt daraus, daß auch die Rechtswirkungen, die Rechte und Pflichten des Inhabers eines Privilegs für den Kleinbahnunternehmer im wesentlichen und mit unerheblichen Unterschieden in gleicher Weise, wie für den Unternehmer einer Haupt- und Nebenbahn, bestehen und im Kleinbahn-Gesetze zum Ausdruck gelangt sind.

Bei beiden Kategorien wird das Recht zum Bau und Betrieb durch staatliche Genehmigung (Konzession) erworben. Daß bei der einen der Landesherr, bei der anderen gesetzlich bestimmte Staatsbehörden die Konzession zu erteilen haben, ist nicht wesentlich und lediglich der größeren bezw. geringeren Verkehrsbedeutung entsprechend. Die Verleihung der Konzession ist für beide Kategorien ein Akt der Staatsgewalt, die Konzession ist auch für Kleinbahnen ein persönliches Privileg, sie ist an die Person des Unternehmers gebunden und bedingt ein rein persönliches Recht, für dessen Verleihung die persönlichen und geschäftlichen Eigenschaften des Bewerbers maßgebend und entscheidend sind. Daher kann dieses Recht ohne Genehmigung der zuständigen Behörde weder zum Gegenstande eines Vertrages mit dritten, noch der Abtretung, Veräußerung, Verzichtleistung gemacht, noch übertragen werden (Zeller, Eisenb. Entsch. XI S. 360. Ausf.-Anw. zu § 2). Es beruht auf freiwilliger Verleihung, nicht auf einem Vertrage. Auch wenn, wie in der Regel, über die Kozessionsbedingungen — soweit sie nicht bereits gesetzlich feststehen — vorher verhandelt ist und dieselben normiert worden sind, kann der Bewerber daraus ein Recht der Verleihung nicht herleiten. Ist aber die Konzession unter den gebotenen Bedingungen erteilt, so erlangt der Bewerber ebenso, wie bei den Bahnen des Ges. v. 1838, ein Privileg, ein Recht auf den Bau und Betrieb, welches ihn nur unter den im Gesetz oder in der Konzession vorgesehenen Voraussetzungen ohne Schadloshaltung wieder entzogen werden darf. Anderenfalls ist die Entziehung nur aus den Gründen und unter Gewährung der Entschädigung zulässig, welche das Gesetz für die Entziehung des Privateigentums bezw. für den Erwerb der Bahn durch den Staat (§ 30 ff.) oder Dritte (§ 6 Abs. 3) vorsieht.

Die preußische Gesetzgebung enthält an keiner Stelle den Grundsatz, daß Privilegien nur durch besondere Gesetze oder durch Allerhöchste Verordnung begründet werden können. Maßgebend ist vielmehr die staatliche Verleihung eines Ausnahmerechts, gleichviel ob diese durch Gesetz, durch den Landesherrn oder einen anderen, von der Gesetzgebung für zuständig erklärten Faktor der Staatsgewalt (Behörde) erfolgt. Die Befugnis des Staates, Eisenbahnen zu bauen und zu betreiben, erstreckt sich ganz ausnahmslos auf alle dem öffentlichen Verkehre dienenden Eisenbahnen und gehört zu den Hoheitsrechten des Staats. (Eger Handbuch des Preuß. Eisenb.-Rechts I S. 26 ff. Gleim, Eisenbahnbaurecht § 15, S. 74.) Indem der Staat auf Grund seines Hoheitsrechts dem Unternehmer das Recht zum Bau und Betriebe einer Bahn verleiht bezw. auf ihn delegiert, wird ihm ein Recht gewährt, welches die Natur eines Privilegs im Sinne eines Ausnahmerechts hat.

Im wesentlichen übereinstimmend damit nimmt auch Arndt a. a. O. an, daß in Preußen ein Eisenbahnmonopol des Staates bestehe, welches aus dem Postmonopol entsprungen sei, und folgert daraus mit Recht, daß die Genehmigung einer jeden Bahn die Entäußerung eines jeden staatlichen Rechts an den Unternehmer enthalte. (S. auch Störk a. a. O. S. 262 und Note 10.) Diese Annahme findet in der Entstehungsgeschichte des Eisenbahngesetzes v. 3. Nov. 1838, insbesondere der §§ 36—42 desselben ihre volle Bestätigung und kann keineswegs mit Gleim (S. 55) als eine willkürliche bezeichnet werden. Gänzlich unbegründet ist dagegen die Behauptung Gleims a. a. O. daß „der Staat zu gunsten der Eisenbahnen auf sein Monopol verzichtet habe, daß diesen kein Recht zustehe, einer Konkurrenz anderer Transportunternehmer entgegenzutreten und das Monopol demnächst in der Hauptsache (?) überhaupt gesetzlich beseitigt worden sei." Die Gesetzgebung bietet hierfür nicht den geringsten Anhalt. (Vgl. §§ 26, 37, 41, 44 Eisenb.-Ges. v. 3. November 1838.)

Mit den Rechten übernimmt der Bewerber hier wie dort auch die im Gesetze und in der Konzession begründeten Pflichten, insbesondere die dem Betriebsrechte entspreche Betriebspflicht (A. M. freilich Gleim Komment. z. § 11 Anm. 2, 3 u. Eisenb.-Arch. 1892, S. 1124) und ist dem Staate und dem Publikum gegenüber zu deren Erfüllung verbunden, die nach Maßgabe des Gesetzes öffentlichrechtlich (§§ 23—27), aber auch — soweit angängig — privatrechtlich verfolgt werden darf. Daraus folgt, daß der Kleinbahnunternehmer, wie jeder andere Eisenbahnunternehmer nicht einseitig ohne staatliche Genehmigung auf seine Konzession bezw. deren Ausübung verzichten, (A. M. ohne genügende Begründung K. Hilse, Straßen- und Kleinb.-Zeitg. 1898 Nr. 5), dieselbe an Dritte veräußern, übertragen oder zur Benutzung überlassen darf (Erl. d. Min. d. öff. Arb. 15. Jan. 1903 Zeitschr. f. Kleinb. X S. 120). Die Annahme Gleim's (S. 37), daß der Unternehmer nicht ex lege mit dem Betriebsrechte auch die Betriebspflicht hat, sondern letztere ihm nur durch die Konzession auferlegt werden kann (Eisenb.-Arch. 1892 S. 1121), ist unbegründet. Im Gegensatze zu bloß polizeilich genehmigten Gewerbebetrieben

(Privatanschlußbahnen, Fabriken, Omnibusunternehmungen, Gasanstalten, Metallhütten, Gerbereien ꝛc.) sind dem Kleinbahnunternehmer, wie jedem anderen Eisenbahnunternehmer, mit der Betriebspflicht eine Reihe öffentlich rechtlicher Pflichten gegenüber der Post-, Telegraphen-, Militär-Verwaltung auferlegt (§§ 8, 9, 42), ferner die dem Anschlußrecht (§ 29) entsprechende Anschlußpflicht (§§ 10, 28), die Pflicht zur plan- und fristmäßigen Ausführung der Bahn und Eröffnung des Betriebs (§ 11), zur Innehaltung der behördlich genehmigten Beförderungspreise und Fahrpläne (§ 14) sowie ihrer gleichmäßigen Anwendung (§ 21), zur Herstellung und Unterhaltung von Schutzanlagen im Interesse der benachbarten Grundstücke und im öffentlichen Interesse (§ 18), zur Unterwerfung unter die fortdauernde Aufsicht staatlicher Behörden (§ 22) und durch die Ausführungsanweisung — nicht durch das Gesetz selbst — noch eine Reihe anderer nicht polizeilicher Pflichten, wie z. B. die Einrichtung von Spezial-Reserve- und Erneuerungsfonds für nebenbahnähnliche Kleinbahnen, so daß die Annahme Gleims (S. 55), es handle sich nur um gesetzliche Pflichten, nicht zutreffend ist u. s. w. Alle diese Pflichten, welche im öffentlichen Interesse nicht beliebig und einseitig abgeändert oder aufgehoben werden dürfen, charakterisieren die Genehmigung einer Kleinbahn zu einer über die bloß polizeiliche Genehmigung hinausgehenden Konzession (s. Arndt, Arch. f. öffentl. Recht XI, S. 381/82). Mit Recht folgert daher das O.-V.-G. aus der Natur des Gegenstandes, daß Normen aufzustellen sind, nicht nur für eine einzelne Handlung, wie der Bau der Bahn, sondern für deren langjährigen Betrieb unter tatsächlich wechselnden Verhältnissen, und daß somit den Konzessionsbedingungen im Gegensatz zu polizeilichen Anordnungen ein anderer Inhalt und eine andere Fassung zu geben sind.

O.-V.-G. 4. Sen. 12. Dezember 1896, Entsch. Bd. XXXI S. 374 (381).

Auch darin ferner gleicht die Genehmigung der Kleinbahn der Konzession der Bahnen des Ges. v. 1838, daß mit dem im öffentlichen Interesse genehmigten Bau und Betrieb andere öffentlichen Interessen in Einklang gebracht und den Umständen nach denselben weichen müssen, und daß das Unternehmen wegen etwaiger dadurch bewirkter Eingriffe in das Privateigentum Dritter mittelst der actio negatoria weder beeinträchtigt noch inhibiert werden darf. Führt der Unternehmer nach Maßgabe der ihm erteilten Konzession den Bau und Betrieb aus, so können — insoweit damit der gewöhnliche Gebrauch des Eigentumsrechts überschritten ist — die in ihren Rechten verletzten Adjazenten ꝛc. zwar im Rechtswege Schadloshaltung, nicht aber Herstellung von Schutzeinrichtungen oder Einstellung oder Änderung des Baues und Betriebs fordern, dies würde mit den an den Bau und Betrieb der Kleinbahn geknüpften öffentlichen Interessen nicht vereinbar sein. Wenn Gleim (S. 57) darauf hinweist, daß § 26 der Reichs-Gew.-Ord. „dieselbe“ Rechtswirkung auch mit der obrigkeitlichen Genehmigung der im § 16 dess. Ges. bezeichneten gewerblichen Anlagen verbinde, so ist dies unrichtig, denn die durch diese Anlagen Benachteiligten können prinzipaliter lediglich auf Herstellung von Schutzeinrichtungen und nur, wo solche untunlich oder mit dem Betriebe unvereinbar, auf Schadloshaltung klagen, während den Eisenbahnen gegenüber ausschließlich die Entschädigungsklage gestattet ist, also weder die Herstellung von Schutzeinrichtungen noch die Einstellung oder Änderung des Betriebs, im Rechtswege gefordert werden darf.

Allerdings besteht insofern ein Unterschied zwischen den Bahnen des Ges. v.

8. November 1838 und den Kleinbahnen, als erstere ipsa lege mit dem Enteignungsrechte ausgerüstet (§ 8 Ges. v. 1838) sind, während die letzteren der Verleihung desselben von Fall zu Fall bedürfen. Aber der Grund für diese Unterscheidung ist nicht sowohl darin zu finden, daß die Kleinbahnen nicht für Unternehmungen im öffentlichen Wohle erachtet werden, als vielmehr darin, daß sie in der Regel wegen ihres geringeren Umfanges und der Zulassung der Benutzung öffentlicher Straßen des Enteignungsrechts inbetreff privater Grundstücke nicht bedürfen. Soweit öffentliche Straßen aber in Betracht kommen, ist den Kleinbahnen durch den Ergänzungszwang (§ 7) ein dem Enteignungsrechte analoges Recht ex lege verliehen.

Allen diesen Momenten gegenüber ist es irrig, wenn Gleim (S. 35 ff. 52) an der rein polizeilichen Natur der Genehmigung von Kleinbahnen festhält. Er macht (S. 37) für die polizeiliche Natur der Kleinbahn-Genehmigung auch geltend, daß diese Genehmigung lediglich auf die Ausführung und den Betrieb einer konkreten, durch einen ausführlichen Bauplan in ihrer Linie und Konstruktion genau gekennzeichneten Bahn gerichtet ist, während die Genehmigung einer Bahn nach dem Ges. v. 1838 sich auf das Recht der Bahnverbindung verschiedener Orte im allgemeinen ohne ausführlichen Bauplan erstreckt. Aber dieser Unterschied ist weder zutreffend noch für die behauptete polizeiliche Natur der Kleinbahn-Genehmigung irgendwie wesentlich. Auch die Konzessionierung nach dem Ges. v. 1838 erfolgt für bestimmt bezeichnete Anfangs-, End- und Schnittpunkte und — wie Gleim S. 38 zugeben muß — nach einem Bauplane und technischen Unterlagen. Daß hier dieser Bauplan in der Regel nur allgemein ist und erst nach erfolgter Konzessionierung eine speziellere Aufstellung der Genehmigung erfolgt, während bei Kleinbahnen die spezielle Aufstellung der Genehmigung vorangeht, hat lediglich darin seinen Grund, daß bei den ersteren Unternehmungen die zwiefache Prüfung bezw. Genehmigung (allgemeine und spezielle Vorarbeiten) dem Umfange und der Bedeutung derselben zweckmäßig entspricht, während bei den letzteren die einfacheren, leichter übersehbaren Verhältnisse des Baues und Betriebes die alsbaldige Vorlegung, Prüfung und Genehmigung des definitiven und speziellen Bauplanes gestatten und genügend erscheinen lassen.

Endlich sieht Gleim (S. 38) den wichtigsten Unterschied darin, daß das Vorhandensein eines bezüglichen Bedürfnisses nicht Voraussetzung für die Kleinbahn-Genehmigung sei und diese für Bahnen, welche nicht dem Eisenbahngesetze zu unterstellen sind, nicht verweigert werden dürfe, sofern der darum Nachsuchende bereit ist, sich den nach Maßgabe des Gesetzes an ihn zu stellenden Bedingungen zu unterwerfen. Aber abgesehen davon, daß die Anerkennung des Bedürfnisses auch bei zahlreichen anderen Gewerbebetrieben wie z. B. Schankgewerben, Konsumvereinen, Pfandleihgewerbe 2c. Voraussetzung der Genehmigung ist, erscheint auch die Annahme Gleims nicht zutreffend. Es ist zwar in den Motiven des Reg.-Entwurfs (S. 68) bemerkt, daß, „obwohl die Kleinbahnunternehmungen einen mehr oder weniger monopolartigen Charakter gewinnen, doch zur Vermeidung nicht unbedingt notwendiger Einwirkung der Staatsbahnbehörden sowohl von einer staatlichen Prüfung der Bedürfnisfrage als von einer solchen der finanziellen Sicherheit des Unternehmens im einzelnen abzusehen sein werde". Aber abgesehen davon, daß eine bezügliche Norm weder in das Gesetz aufgenommen, noch weiterhin in den Verhandlungen irgendwie berührt worden ist, deutet schon die allgemeine und fakultative Fassung dieser Bemerkung der Motive darauf hin, daß ein Verbot an die Behörden, die Bedürfnisfrage in Betracht zu ziehen, bezw. ein Recht des Bewerbers auf Genehmigung, unabhängig vom Bedürfnisse, hierin keineswegs ausgesprochen ist. Das Gegenteil erhellt schon daraus, daß nur der Wunsch Ausdruck gefunden hat, „im einzelnen" — also nicht absolut und in allen Fällen — davon abzusehen daß ferner in gleicher Weise auch von der Prüfung der finanziellen Sicherheit gesprochen ist und diese demungeachtet in dem Kommiss.-Ber. des Abg.-H. (S. 2275, 2276) als absolut notwendig bezeichnet und dieses Erfordernis in den § 5 und Ausf.-Anw. Abs. 4 aufgenommen worden ist. Gleim hat es unterlassen, zu erklären, wie anders die Worte der Motive: „im einzelnen" aufgefaßt werden sollen. Sie deuten lediglich darauf hin, daß zur Förderung und Beschleunigung der Kleinbahnunternehmungen bei der Prüfung der Bedürfnis- und der Finanzfrage nicht zu tief in die Details hineingestiegen und dadurch die Genehmigung verweigert werden solle.

Die Prüfung der Bedürfnisfrage ist bei Kleinbahnen ebenso wie bei Bahnen des Ges. v. 1888 der Entschließung der genehmigenden Instanz anheimgegeben (so auch Stölzel, der Rechtsweg ꝛc. S. 278), hier wie dort kann auf Grund der Nichtanerkennung des Bedürfnisses die Genehmigung verweigert werden, auch wenn der Bewerber bereit ist, sich im übrigen den Bedingungen nach Maßgabe des Gesetzes zu unterwerfen. Weder aus der Begründung noch dem Inhalte des Gesetzes darf eine gegenteilige Annahme gefolgert werden. Mit Unrecht und aus gänzlich unzulänglichen Gründen wird dieselbe gleichwohl von Gleim (S. 56) vertreten. Sein Einwand, daß das Kleinbahngesetz selbst dies nicht ausdrücklich ausspreche, ist hinfällig, da auch im Gesetz vom 8. November 1888 die Prüfung des Bedürfnisses nirgends ausdrücklich vorgeschrieben ist und dennoch niemals ein Zweifel darüber gewaltet hat, daß bei Anträgen auf Genehmigung der jenem Gesetze unterworfenen Bahnen die Bedürfnisfrage einen wesentlichen Gegenstand der Prüfung zu bilden habe. Dies erfordert unbedingt bei Kleinbahnen ebenso wie bei Haupt- und Nebenbahnen die außerordentliche Inanspruchnahme des Nationalkapitals, die tiefen Eingriffe in die Rechte und Interessen Dritter sowie die große Bedeutung der öffentlichen Verkehrsinteressen, welche mit der Anlage und dem Betriebe aller dieser Unternehmungen verbunden sind. Auch ist eine andere Auffassung mit der Absicht des Gesetzes, das Kleinbahnwesen zu fördern, nicht zu vereinen und unhaltbar. Gleim (S. 88) weist selbst auf die Gefahr für die öffentlichen Interessen hin, indem alsdann Kleinbahnen genehmigt werden müßten, welche dem öffentlichen Interesse an sich oder wenigstens insofern widersprechen, als die Herstellung anderer, demselben in weit höherem Maße förderlicher Bahnen dadurch verhindert oder doch in die Ferne gerückt werde. Wäre die Gleimsche Annahme richtig, dann würde ein einzelner Interessent, indem er sich für eine nur kurze Strecke die Genehmigung der technisch allein möglichen Linie im voraus sichert, den Bau und Betrieb großer, im öffentlichen Interesse liegender derartiger Unternehmungen für immer oder doch lange Zeit verhindern, die Industrie oder ganze Zweige derselben in der betreffenden Gegend zu seinem Vorteile brach legen, das Interesse der Post, Telegraphie, Landesverteidigung, der beteiligten Kommunal- und Staatsverwaltungen wesentlich beeinträchtigen können. Andererseits würde die Behörde nicht in der Lage sein, eine Linie, welche wesentliche Interessen der Landesverteidigung (z. B. in Grenz- oder Festungs-Bezirken), der heimischen Industrie, Landwirtschaft, Gewerbe ꝛc. beeinträchtigt, zu versagen, wenn nur der Bewerber sich den gesetzlichen Bedingungen unterwirft. Es liegt auf der Hand, daß damit ein unhaltbarer, der Absicht des Gesetzes direkt zuwiderlaufender Zustand geschaffen worden wäre. Grade § 4 Nr. 4 gibt der Genehmigungsbehörde die Befugnis, auch die Bedürfnisfrage zu prüfen, da dieselbe recht eigentlich die öffentlichen Verkehrsinteressen berührt und die Nichtberücksichtigung dieser wichtigen Frage dieselben auf das schwerste zu schädigen geeignet ist.

Hierzu tritt endlich noch, daß bei der gegenteiligen Annahme der Zweck des Ges. v. 19. August 1895 bezw. 11. Juni 1902, welches die dinglichen Kreditverhältnisse der Privat- und Kleinbahnen zu heben bestimmt ist, für letztere im wesentlichen vereitelt sein würde. Denn der Wert und damit die Kreditwürdigkeit und Beleihungsfähigkeit einer jeden Kleinbahn würde höchst prekär sein, wenn die zuständigen Behörden gesetzlich verpflichtet wären, ohne Prüfung der Bedürfnisfrage, der Verkehrs- und Rentabilitätsverhältnisse ꝛc. neue Konkurrenz- und Parallelbahnen zuzulassen und damit unter Umständen den Ruin sämtlicher beteiligter Bahnen herbeizuführen. Wenn Hilse (Preuß. Verw.-Bl. 1896 Nr. 81) meint, der Bewerber habe in allen Fällen auf die Genehmigung ein Recht, in welchen nicht etwa verkehrs- oder sicherheitspolizeiliche Rücksichten den Betrieb unstatthaft oder den Antragsteller unzuverlässig erscheinen lassen, und dafür spreche die Zulässigkeit der Beschwerde und Klage gegen Versagung der Genehmigung, so ist darauf hinzuweisen, daß das Gesetz nirgends die Ablehnung des Antrags auf Gründe verkehrs- und sicherheitspolizeilicher Natur beschränkt und daß die Gründe für das Fehlen oder Vorhandensein eines Bedürfnisses ganz ebenso im Verwaltungs-, Beschwerde- oder Streitverfahren geprüft werden können, wie die Gründe für die technische Ausführbarkeit des Unternehmens und die Zuverlässigkeit des Bewerbers.

§ 2. Entstehung. II. Aus der Entstehung des § 2 ergibt sich die Richtigkeit der vorerörterten Grundsätze.

In dem oben (Anm. 1 S. 10) mitgeteilten § 1 des Reg.-Entw. (Akt.-Stücke des Herrenh. 1892 Nr. 34 S. 58) war die Begriffsbestimmung und die Vorschrift der polizeilichen Genehmigung zur baulichen Herstellung und zum Betriebe der Kleinbahnen vereinigt.

Das Erfordernis der polizeilichen Genehmigung war, wie folgt, motiviert (Akt.-Stücke des Herrenh. 1892 Nr. 34 S. 68): „Mit dem Betriebe auf einer bestimmten Bahn, bei welchem die Transportmittel auf anderen Wegen nicht frei verkehren können und auf metallener Unterlage laufen, wodurch die Beförderung von größeren Lasten zum Teil mit größerer Geschwindigkeit ermöglicht wird, ist Gefahr für Leben und Gesundheit des Personals, der Passagiere und des Publikums, zum Teil auch eine Schädigung benachbarter Grundstücke verbunden. In dem Gebrauch von Maschinenkraft tritt ein weiteres Moment der Gefahr hinzu, während die häufig vorkommende Benutzung der öffentlichen Wege auch wichtige Interessen der Verkehrspolizei berührt. Es ist daher unerläßlich, den Bau und den Betrieb von Bahnen dieser Art von einer polizeilichen Genehmigung abhängig zu machen und in den wichtigsten Punkten einer laufenden Aufsicht zu unterstellen. Obwohl Bahnunternehmungen dieser Art namentlich dann, wenn sie öffentliche Straßen benutzen, einen mehr oder minder monopolartigen Charakter gewinnen, so wird doch zur Vermeidung nicht unbedingt notwendiger Einwirkung der Staatsbehörden sowohl von einer staatlichen Prüfung der Bedürfnisfrage als von einer solchen der finanziellen Sicherheit des Unternehmens im Einzelnen abzusehen sein."

In den Berat. der Herrenh.-Kommiss. (Akt.-Stücke d. Herrenh. 1892 Nr. 69 S. 840) wurde ein Antrag gestellt, in dem ersten Absatz des § 1 die Worte zwischen „bedürfen" bis „Genehmigung" zu streichen und „der" dazwischen zu setzen. Seitens der Königlichen Kommissare wurde aber dagegen angeführt: „Die angefochtenen Worte seien nicht entbehrlich, sondern hätten im Interesse der hier vorliegenden Unternehmungen erhebliche Bedeutung. Insbesondere mache das Wort „polizeilich" erkenntlich, daß bei der Erteilung der Genehmigung lediglich polizeiliche Rücksichten zu verfolgen seien, und daß andere Rücksichten, insbesondere die Prüfung der Bedürfnisfrage, ausgeschlossen seien." Der bezügliche Antrag wurde hierauf abgelehnt und der Reg.-Entw. in der II. Lesung des Herrenh. unverändert angenommen.

Nachdem jedoch in den Komm.-Berat. des Abg.-Hauses (Abg.-Haus Aktenst. Nr. 206 S. 2278/6) beschlossen worden war, den § 1 nur auf die Definition des Begriffes der Kleinbahnen zu beschränken und das Erfordernis der staatlichen Genehmigung in einem besonderen Paragraphen auszusprechen, wurde dieser unter Fortlassung des im § 1 des Reg.-Entw. enthaltenden Beiwortes „polizeilichen" in nachstehender Fassung angenommen:

§ 1a.

Die Befugnis zur Herstellung und zum Betriebe einer Lokalbahn wird durch die Genehmigung der zuständigen Behörde erteilt. Wesentliche Erweiterungen oder sonstige wesentliche Änderungen des Unternehmens, der Anlage oder des Betriebes bedürfen der gleichen Genehmigung. Diese ist nicht zu erteilen, wenn die Änderung die Unterordnung des Unternehmens unter das Gesetz vom 3. November 1838 bedingt.

und diese Fassung folgendermaßen begründet: „Es wurde vermieden, die Genehmigung lediglich als eine polizeiliche zu bezeichnen, da bei dem Antrage auf Genehmigung nicht allein die nach § 8 erforderliche polizeiliche Prüfung, sondern auch die Prüfung der nach § 4 hierbei einzureichenden Unterlagen erforderlich ist.

Der zweite Satz des § 1a war von der Kommission in erster Lesung dem § 11 unter Streichung der drei letzten Zeilen desselben hinzugefügt worden. Bei der Erörterung über diesen Zusatz wurde innerhalb der Kommission hervorgehoben und seitens der Königlichen Staatsregierung zugegeben, daß es zweckmäßiger sei, auch für wesentliche Veränderungen den Schwerpunkt in die vorgängige Genehmigung der zuständigen Behörde zu legen, und es angemessen erscheine, dies hier zum Ausdruck zu bringen.

Dabei war seitens eines Mitgliedes hervorgehoben worden, daß aus der Fassung nicht hervorgehe, ob der Fall des Wechsels des Unternehmers eine wesentliche Änderung des Unternehmens darstelle. Der Minister erwiderte hierauf, daß, wenn die Genehmigung nicht einer Gesellschaft erteilt werde, dieselbe stets einer Person erteilt werde; sobald diese nicht von der Genehmigung Gebrauch mache, müsse dieselbe eigentlich neu erteilt werden, jedenfalls stelle ein Wechsel des Unternehmers eine wesentliche Änderung des Unternehmens dar.

Von demselben Mitglied wurde dabei die Frage aufgeworfen, ob die Fusion eines Unternehmens mit einem anderen jedesmal als eine wesentliche Veränderung desselben aufzufassen sei. Der Regierungskommissar erwiderte darauf, daß dies jedenfalls der Fall sei, daß sogar in einem solchen Falle die Möglichkeit nicht ausgeschlossen sei, daß die betreffenden Bahnstrecken durch diese Fusion ihren Charakter als Lokalbahnen verlören.

In der II. Lesung des Abg.-H. (Sten. Ber. S. 1972) stellte der Abg. Jansen den Antrag, den § 1a (jetzt § 2) so zu fassen, wie er in das Gesetz endgültig aufgenommen worden ist.

Der erste Satz bezwecke, das Erfordernis der Genehmigung einfach und klar auszudrücken. Dem füge sich dann der zweite Satz besser an. Durch den dritten Satz solle festgestellt werden, daß nicht bloß bei Änderungen, sondern auch Erweiterungen die Genehmigung zu versagen sei, wenn das Ges. v. 1838 zur Anwendung kommen müsse.

Hierauf wurde § 2 in der Jansenschen Fassung angenommen (Sten. Ber. S. 1972).

In der III. Lesung (Sten. Ber. d. Abg.-H. 1892 S. 2064/7) beantragte der Abg. v. Tiedemann, nach dem ersten Satze des § 2 einen Absatz zu machen, damit klargestellt werde, daß der letzte Satz sich lediglich auf den zweiten beziehe. In betreff des ersten Satzes sei die Bestimmung des letzten Satzes bereits im § 1 enthalten. Diese Änderung wurde zwar angenommen (Sten. Ber. S. 2067), hat aber versehentlich Aufnahme in den Tenor des Gesetzes nicht gefunden.

§ 2. Satz 1. 6) Satz 1 des § 2 gibt dem Grundsatze Ausdruck, daß es zur Herstellung und zum Betriebe einer Kleinbahn der Genehmignng der zuständigen Behörde bedarf.

I. Für das Recht des Kleinbahngewerbes ist die Genehmigung der zuständigen Behörde die alleinige Erwerbsart (Gleim, Eisenb.-Arch. 1892 S. 1114/5). Da auf die Kleinbahnen als Eisenbahnunternehmungen gemäß § 6 der Gewerbeordnung diese keine Anwendung findet, mithin die Kleinbahnen nicht zu denjenigen Gewerben gehören, deren Betrieb nach § 1 l. c. jedermann gestattet ist, so bedürfen sie einer besonderen Genehmigung. Die Kleinbahnen unterliegen dem Konzessionszwange.

Reichs-Ges. 26. Februar 1899, Entsch. i. Zivils. Bd. 43 S. 252 (256), Eisenb. Entsch. XV S. 350.

II. Die Genehmigung ist erforderlich zur Herstellung und zum Betriebe; für die dem Eisenb.-Ges. v. 1838 unterliegenden Eisenbahnen bedarf es einer zweifachen Genehmigung: der allgemeinen landesherrlichen Genehmigung auf Grund der allgemeinen Vorarbeiten (§ 1) und der speziellen ministeriellen Genehmigung der Bahnlinie auf Grund der speziellen Vorarbeiten (§ 4) — wozu nach Fertigstellung noch die Genehmigung der Bezirksregierung zur Verkehrseröffnung (§ 22) tritt; — dagegen ist für Kleinbahnen die Genehmigung nur eine einfache: zur Herstellung und zum Betriebe (§ 2) — welcher nach Vollendung noch die Erlaubnis zur Eröffnung des Betriebs folgt (§ 19). Nur insoweit Kleinbahnen für den Betrieb mit Maschinenkraft bestimmt sind, hat noch eine spezielle Feststellung des Bauplans vor Beginn des Baues stattzufinden (§ 17). Die Genehmigung erfolgt also — abgesehen hiervon — für Herstellung und Betrieb definitiv und gleichzeitig, uno actu, in ein und derselben Genehmigungsurkunde (§§ 15, 16). Doch kann ausnahmsweise auch eine Trennung eintreten z. B. wenn eine bereits vorhandene und fertiggestellte Bahn eine zeitlang außer Betrieb gesetzt war und brach gelegen hat; alsdann wird es — sei es für den bisherigen oder einen neuen Unternehmer — einer Genehmigung nur zum Betriebe bedürfen. Dasselbe ist der Fall, wenn die schon hergestellte Bahn von einem durch die erste Genehmigung nicht berechtigten Unternehmer betrieben bezw. Erbauer (Eigentümer) und Betriebsunternehmer verschiedene Personen sind (K. Hilse, Straßen- und Kleinb.-Zeitg. 1898, Nr. 4 S. 57 ff.) oder eine Privatanschlußbahn (§§ 43 ff.) zu einer Kleinbahn erhoben oder eine als Haupt- oder Nebenbahn betriebene Bahn von dem bisherigen oder einem anderen Unternehmer als Kleinbahn betrieben (deklassiert) oder von der ersteren ein Teil zum Kleinbahnbetriebe abgezweigt werden soll. In allen diesen Fällen genügt die Genehmigung zum Betriebe. (Herrenh.-Komm.-Ber. S. 340).

Voraussetzung für die Erhebung einer Privatanschlußbahn zu einer Kleinbahn ist die Beantragung und die Zustimmung des Unternehmers. Diese müssen der Betriebsgenehmigung vorausgehen. Auch ist vorher zu prüfen, ob die technischen Bedingungen für den Betrieb als Kleinbahn erfüllt sind, sowie ob etwa der Bahn der Charakter einer als Haupt- oder Nebenbahn nach Maßgabe des Ges. v. 8. November 1838 zu betreibenden Bahn beizulegen ist. Die Voraussetzungen für die Verwandlung einer Haupt- und Nebenbahn in eine Kleinbahn (Deklassierung) bezw. für die bezügliche Betriebsgenehmigung sind bereits oben § 1 Anm. 2 S. 18—20 erörtert.

Den einfacheren Bau- und Betriebsverhältnissen der Kleinbahnen entspricht die einfachere Form der Genehmigung. Während bei den Eisenbahnen des Ges. v. 1838 die bedeutenderen Verhältnisse der Anlage und des Betriebs zuerst eine allgemeine und sodann eine spezielle Prüfung und Genehmigung erfordern, ist hier beides in ein Verfahren zusammengezogen. Freilich hat diese Zusammenziehung und Vereinfachung zur Folge, daß die allgemeinen Verhältnisse des Unternehmens in wirtschaftlicher, finanzieller Beziehung wie überhaupt vom Standpunkte des öffentlichen Interesses zugleich geprüft werden müssen mit den speziellen, ins Detail gehenden Verhältnissen des Baues und Betriebs. Aber der Gesetzgeber wollte demungeachtet im Interesse der Beschleunigung und Vereinfachung eine Vereinigung der generellen und speziellen Prüfung und Genehmigung. Die vorgängige Prüfung aller in Betracht kommenden Verhältnisse, insbesondere der im § 4 und § 5 bezeichneten Punkte ist daher obligatorisch, nicht fakultativ. Aber insoweit die Prüfung im einzelnen der Genehmigung nicht vorangehen kann, ist die genehmigende Behörde durch entsprechende allgemeine Vorbehalte und Aufstellung von Bedingungen, deren Erfüllung vor der Erlaubnis zur Verkehrseröffnung geprüft wird (§ 19 Satz 2, § 20), und durch die fortdauernde Aufsichtsbefugnis (§ 22) ausreichend in der Lage, die Prüfung der etwa noch fehlenden Punkte zu ergänzen (s. Ausf.-Anw. z. § 4 Abs. 3, 6, 7 und 8).

Das Prüfungs- und Genehmigungs-Verfahren ist nicht, wie das der Konzessionierung der dem Ges. v. 1838 unterliegenden Bahnen, durch eine spezielle Instruktion (Minist.-Instrukt. v. 30. November 1838) geregelt. Zwar sind sowohl im Gesetze, wie in der Ausf.-Anw. eine Reihe auf das Verfahren bezüglicher Vorschriften enthalten. Zunächst sind im § 3 die für die Prüfung und Genehmigung zuständigen Behörden bezeichnet, im § 4 die Punkte, auf welche sich die polizeiliche Prüfung beschränkt, im § 5 in Verbindung mit der Ausf.-Anw. die in technischer und finanzieller Hinsicht erforderlichen Unterlagen; die §§ 6, 7 betreffen das Verfahren zur Erlangung der Zustimmung der Wegeunterhaltungspflichtigen für die Benutzung öffentlicher Wege, § 8 die Zuziehung der interessierten

Behörden, §§ 9—14 den Inhalt der Genehmigungsurkunde, §§ 15, 16 die Modalitäten und Wirkungen der Aushändigung derselben. Es fehlt jedoch an einer vollständigen Regelung des Verfahrens.

III. Das Erfordernis der behördlichen Genehmigung bezieht sich nur auf die Herstellung und den Betrieb einer Kleinbahn. Dies soll auch in der Firmierung von Kleinbahngesellschaften hervortreten (B.G.B. §§ 18, 20).

Erl. des Min. der öffentl. Arb. 21. Mai 1900, Zeitschr. für Kleinb. 1900 S. 351. Verzeichnis Nr. 88.

Indeß erscheint dieser Erlaß mit der Begriffsbestimmung des § 1, welcher die Kleinbahnen ausdrücklich als Eisenbahnen bezeichnet, nicht vereinbar (s. § 1 Anm. 2 S. 13). Handelt es sich um eine dem Ges. v. 1838 unterliegende Bahn, so genügt die behördliche Genehmigung nicht, sondern bedarf es der landesherrlichen Konzession gemäß § 1 l. c. Daher muß in allen Fällen dem Genehmigungsverfahren die Prüfung der Vorfrage vorangehen, ob auf die beantragte Bahn die Voraussetzung für die Anwendbarkeit des Ges. v. 1838 zutrifft. Ist dies der Fall, so muß die Genehmigung für die Herstellung und den Betrieb einer Kleinbahn seitens der zuständigen Behörde versagt und der Antrag auf den Weg des landesherrlichen Konzessionsverfahrens verwiesen werden. Im Zweifel erfolgt die Entscheidung auf Anrufen der Beteiligten durch das Staatsministerium nach Maßgabe des § 1 Abs. 8 in der in Anm 4 S. 26 ff. eingehend erörterten Weise.

IV. Die behördliche Genehmigung der Kleinbahn hat ebenso, wie die landesherrliche der dem Ges. v. 1838 unterliegenden Bahnen den Charakter einer Konzession und gewährt dem Unternehmer ein Privileg, d. h. ein mit besonderen Vorrechten ausgestattetes, an die Person des Unternehmers geknüpftes Recht. Daß die behördliche Genehmigung einer Kleinbahn nicht ausschließlich polizeilichen Charakter hat, ist bereits an früherer Stelle (Anm. 5 S. 32 ff.) begründet worden. Daß gemäß § 4 der Genehmigung eine auf bestimmte Richtungen beschränkte polizeiliche Prüfung voranzugehen hat, schließt die Prüfung nach Maßgabe der in Betracht kommenden öffentlichen und privaten Interessen, der wirtschaftlichen und finanziellen Grundlagen, des Verhältnisses zu den verschiedenen Zweigen der Verwaltung (Post-, Telegraphen-, Militär- &c.) und daher auch die Bedürfnisfrage nicht aus. Aus dem Charakter des Privilegs folgt:

1. Die Genehmigung beruht auf freiwilliger Verleihung seitens der zuständigen Behörde. Der Bewerber hat kein Recht darauf. Die Genehmigung kann ihm verweigert werden, auch wenn er sich zur Erfüllung der nach Maßgabe des Gesetzes zu stellenden Bedingungen bereit erklärt. Die Ablehnung kann nach freiem Ermessen der Behörde aus Gründen des öffentlichen Wohles, sowie wegen mangelndem Bedürfnisses, ungenügender finanzieller Grundlage, unzureichender Rentabilität &c. erfolgen. Durch Erl. v. 2. Dezember 1898 (Zeitschr. f. Kleinb. S. 105) wird darauf hingewiesen, daß es zur Vermeidung nachträglicher Beschwerden sich empfiehlt, vor Ausfertigung der Genehmigungsurkunden die Entwürfe zunächst den Unternehmern zur Äußerung mitzuteilen. (Verzeichnis Nr. 68.)

2. Ist die Genehmigung erteilt, so bildet das dadurch begründete Bau- und Betriebsrecht ein wohlerworbenes Recht des Unternehmers, welches nicht einem einseitigen polizeilichen Widerrufe der genehmigenden Behörde unterliegt, sondern nur aus den in den Gesetzen oder in der Konzession vorgesehenen Gründen (Erlöschen: §§ 23, 26, 27, Rücknahme: §§ 24—27, Ablauf der Zeit § 18) ohne

Schadloshaltung entzogen werden darf. Andernfalls ist die Entziehung nur aus den Gründen und unter Gewähr der Entschädigung zulässig, welche das Gesetz für die Entziehung des Privateigentums, bezw. für den Erwerb der Bahn durch den Staat (§§ 30 ff.) oder den Wegeunterhaltungspflichtigen (§ 6 Abs. 3) vorsieht.

3. Die Genehmigung gewährt dem Unternehmer in öffentlicher und privatrechtlicher Beziehung das Recht zur Ausführung und zum Betriebe der Bahn. Nicht nur die Zulässigkeit ist anerkannt, sondern auch, daß sie dem öffentlichen Verkehre dient und mithin als ein im öffentlichen Wohle liegendes Unternehmen in ihrem Bau und Betriebe durch das Recht der Mitbenutzung öffentlicher Wege (§ 6, 7), die Unstatthaftigkeit der auf Betriebsunterlassung gerichteten actio negatoria und — erforderlichenfalls — die Verleihung des Enteignungsrechtes zu fördern und ihr Interesse mit den anderen öffentlichen Interessen tunlichst in Einklang zu bringen ist.

4. Das Recht des Unternehmers ist ein persönliches Privileg. Es darf daher grundsätzlich ohne Genehmigung der zuständigen Behörde auf Dritte nicht übertragen werden. Dies schließt jedoch die Vergebung des Baues in Generalentreprise oder einzelnen Teilen (Lose) unter Verantwortlichkeit des Unternehmers nicht aus, ebensowenig die Bestellung qualifizierter (§ 4 Ziff. 3) Bevollmächtigter für den ganzen Betrieb oder einzelne Teile desselben. Dagegen würde Verpachtung, Betriebsüberlassung, Fusion eine Rechtsübertragung bedeuten und daher nach § 2 Satz 1 — aber auch als wesentliche Änderung des Betriebes nach Satz 2 — ohne behördliche Genehmigung unzulässig sein. Für juristische Personen als Unternehmer ist es Grundsatz, daß die Genehmigung dem Antragsteller für seine Person zu erteilen ist (Satz 1 Ausf.-Anw. z. § 2). Dagegen soll, wenn der Antragsteller eine physische Person ist, nach Satz 2 a. a. O. in der Regel nichts entgegenstehen, die Genehmigung auch auf die Erben und sonstigen Rechtsnachfolger unter der Voraussetzung zu erstrecken, daß gegen die Person der letzteren als Betriebsunternehmer sich nicht etwa Bedenken ergeben sollten (Ausländer, Staatsbeamte ꝛc.). (Hilse, Die Straßenb. und Kleinb.-Zeitg. XII S. 681).

Die Ermächtigung, die aus der Genehmigung sich ergebenden Rechte und Pflichten auf eine bestimmte andere Person, Gesellschaft u. s. w. zu übertragen, kann zwar gegebenenfalls ausnahmsweise in der Genehmigungsurkunde ausgesprochen werden, ist aber nur dann unbedenklich, wenn die Übertragung innerhalb kurzer Frist gewährleistet und zugleich die finanzielle Sicherheit des neu eintretenden Unternehmer nachgewiesen ist. Wo diese Voraussetzungen nicht zutreffen, soll die Ausstellung einer neuen Genehmigungsurkunde vorbehalten werden, in welcher etwa erforderliche Änderungen und Ergänzungen Aufnahme zu finden haben (Erl. des Min. der öffentl. Arb. v. 20. Februar 1898, Zeitschr. für Kleinb. 1898 S. 242. Verzeichnis Nr. 53.) In alle Genehmigungsurkunden soll daher in Zukunft die Bestimmung aufgenommen werden, daß die Übertragung der aus der Genehmigung sich ergebenden Rechte und Pflichten einem anderen Unternehmer nur mit Genehmigung der Aufsichtsbehörden zulässig ist. Der Berücksichtigung durch diese bedarf aber ein Vertrag über Betriebsleistungen nicht, der die konzessionsmäßigen Rechte und Pflichten des Konzessionars unberührt läßt und sich nur privatrechtlich auf die finanzielle Seite der Betriebsverwaltung erstreckt; — außer wenn es sich um eine dem Eisenb.-Ges. v. 3. November 1838 unterworfene Bahn oder einen Unternehmer handelt, der bereits benachbarte

Kleinbahnen besitzt oder betreibt und eine Verschmelzung derselben beabsichtigt ist (Erl. des Min. der öffentl. Arb. v. 15. Januar 1903, Zeitschr. für Kleinb. X S. 120. Verzeichnis Nr 134.)

Mit der persönlichen Natur des Rechts hängen auch die weiteren Bestimmungen der Ausf.=Anw. Satz 3 zu § 2 zusammen, wonach, wenn der Unternehmer ein Ausländer ist, bei der Genehmigung vorgeschrieben werden muß, daß er im Inlande Domizil mit der Wirkung zu nehmen hat, daß er von demselben aus regelmäßig die Verträge mit den dem Reiche Angehörigen abzuschließen und wegen aller aus seinen Geschäften mit solchen entstehenden Verbindlichkeiten bei den Gerichten des betr. Ortes Recht zu nehmen hat. Dies gilt auch für die Erben und sonstigen Rechtsnachfolger, sobald das Unternehmungsrecht auf dieselben übergeht.

5. Mit den aus der Genehmigung folgenden Rechten übernimmt der Unternehmer auch die gesetzlich, konzessions= und bestimmungsmäßigen Pflichten im Interesse der Post= und Telegraphen=Verwaltung, der Landesverteidigung, die Anschlußpflicht u. s. w., insbesondere aber mit dem Betriebsrechte auch die Betriebspflicht zur sicheren, regelmäßigen Beförderung der Personen und Güter und zu gleichen, öffentlich bekannt gemachten Preisen und Zeiten. Der Unternehmer ist dem Staate, wie dem Publikum gegenüber zur Erfüllung dieser Pflicht verbunden, die nach Maßgabe des Gesetzes öffentlich rechtlich (§§ 23—27), aber auch — soweit angängig — privatrechtlich verfolgt werden darf. Die Genehmigungsbedingungen begründen Zwangspflichten, deren Verletzung schadensersatzpflichtig macht.

Reichs=Ger. v. 26. Januar 1899, Entsch. in Zivils. Bd. 43 S. 252 (256), Eisenb. Entsch. XV S. 351.

(Vgl. hierzu K. Hilse, Die Straßenb.= und Kleinb.=Zeitg. 1898 Nr. 5 S. 57).

V. Die Genehmigung erfordert einen auf dieselbe gerichteten Antrag des Bewerbers an die zuständige Behörde (s. § 5). Dieser Antrag muß schriftlich oder zu Protokoll gestellt und gemäß § 5 mit den in technischer und finanzieller Hinsicht erforderlichen Unterlagen versehen sein. Scharmer (Zeitschr. f. Kleinb. 1896 S. 209) empfiehlt der Beschleunigung wegen, dem Antrage auch das Material für die Beurteilung der Frage, ob die projektierte Bahn den Charakter einer Kleinbahn oder einer Bahn nach d. Ges. v. 3. November 1838 habe, beizufügen (Ausf.=Anw. Abs. 1 zu § 1), sowie den Antrag auf Gestattung der Vorarbeiten (Ent.=Ges. Erl. v. 13. Januar 1896) damit zu verbinden. Auch gehört der Antrag auf Gewährung von Anschlüssen (§ 29) hierher, weil dies in technischer, wie in finanzieller Hinsicht für die Beurteilung des Unternehmens wichtig ist. Vgl. d. Erl. d. Min. d. öff. Arb. v. 28. Mai 1900, betr. möglichste Beschleunigung bei der Berichterstattung zu Anträgen auf Zulassung von Kleinbahnen sowie bei der Genehmigung und staatlichen Unterstützung von Kleinbahnen (Zeitschr. f. Kleinb. 1900 S. 391) — Verzeichnis Nr. 92.

VI. Die Genehmigung muß durch Beschluß (arg. § 23) der zuständigen Behörde erfolgen. Welche Behörden zur Genehmigung zuständig sind, ist im § 3 bestimmt. Falls die Genehmigung der zuständigen Behörde nicht nachgeholt wird, ist der Bau und Betrieb mithin nicht statthaft und das Kleinbahngesetz nicht anwendbar. Der Beginn bezw. die Fortsetzung des Baues und Betriebes ist alsdann polizeilich zu verhindern. Vgl. hierzu d. Erl. d. Min. d. öffentl. Arb. v.

25. Januar 1900, betr. Nachweis der eisenbahntechnischen Mitwirkung ꝛc. (Zeitschr. 1900 S. 216. Verzeichnis Nr. 80). Die Eisenbahnbehörde ist auch zur Mitwirkung bei der vorläufigen und definitiven Planfeststellung im Falle des Enteignungsverfahrens berufen (§ 17 Abs. 2 s. Anm. 67). (Erl. 21. November 1900, Zeitschr. f. Kleinb. 1901 S. 188. Verzeichnis Nr. 100.)

VII. Der Genehmigung muß vorangehen 1. eine Prüfung, welche sich nicht allein auf die im § 4 bezeichneten Gesichtspunkte, sondern auf die Beurteilung des Unternehmens in technischer und finanzieller Hinsicht erstreckt (§ 5). 2. Die Beibringung der Zustimmung des Wegeunterhaltungspflichtigen im Falle der beabsichtigten Benutzung öffentlicher Wege oder — bei Versagung — des behördlichen Ergänzungsbeschlusses (§§ 6, 7). 3. Die Zuziehnng der im § 8 bezeichneten Wegepolizei-, Festungs-, Telegraphen- und Eisenbahnbehörden, sowie der Post- und Militärverwaltung (§§ 9, 42).

VIII. Der Inhalt der Genehmigung hat nach Maßgabe des Gesetzes und der Ausführ.-Anw. zu umfassen: 1. Die bestimmte Bezeichnung des Unternehmers und des Unternehmens, der Verkehrsart (Personen-, Güter-Transport) und Betriebskraft (Pferde-, Lokomotiv- ꝛc. Bahn [§§ 1, 2], sowie der Zeit der Genehmigung (13). Hierzu gehören auch die beschränkenden Bedingungen in betreff des Ausschlusses des Durchgangsverkehrs (Erl. d. Min. d. öff. Arb. v. 2. Mai und 3. Juni 1897 Anl. XLVII. u. LI § 1 Manuskr. S. 34—37. 2. Die Festsetzung des Bauplanes und Kostenanschlags, nach welchen die Herstellung und Inbetriebnahme der Bahn zu erfolgen hat, sowie der aus der polizeilichen, technischen und finanziellen Prüfung (§§ 4 und 5) und den Anforderungen der zuzuziehenden Behörden (§§ 8, 9) sich ergebenden Bedingungen. 3. Die Fristen für die Ausführung der Bahn und die Eröffnung des Betriebs sowie die im Falle der Nichtinnehaltung zu zahlenden Geldstrafen und die Sicherheitsstellung hierfür (§ 11 Abs. 2). (Vgl. hierzu den Erl. v. 29. Juni 1895 betr. den Baubeginn von Kleinbahnen, sowie den Beginn der gemäß § 11 des Kleinb.-Ges. festgesetzten Frist zur Herstellung und Betriebseröffnung Min. Bl. d. i. V. S. 176. Verzeichnis Nr. 21.) 4. Die Festsetzung des Anlagekapitals (§ 5). 5. Die Bestimmung der Art und des Umfanges der Benutzung öffentlicher Wege und der Art und Höhe der Sicherstellung dafür (§§ 6, 7, § 11 Abs. 1). 6. Der Vorbehalt zur Gestattung der Einführung von Privatanschlußgleisen (§ 10). 7. Die Bestimmung von Geldstrafen und Sicherheitsstellung zur Sicherung der Aufrechthaltung des ordnungsmäßigen Betriebs während der Dauer der Genehmigung (§ 11 Abs. 3). 8. Bestimmungen in betreff des Beamten- und Arbeiter-Personals (§ 4 Nr. 3). 9. Die Festsetzungen in betreff der Fahrgeschwindigkeit, der Fahrpläne und Beförderungspreise, sowie der Mitteilung der Tarife, Fahrpläne und Betriebs-Reglements an die Aufsichtsbehörde (§ 14 u. Ausf.-Anw.) 10. Die Bezeichnung der zur Veröffentlichung der Fahrpläne und Beförderungspreise bestimmten Blätter (§ 21 u. Ausf.-Anw.) 11. Die Verpflichtung zu besonderer Rechnungsführung und im Zusammenhang damit die Erklärung, ob die Genehmigung der Bahn als eine besondere oder nur als Ergänzung einer Stammbahn erteilt wird (§ 32 Kleinb.-Ges., § 2 Ges. 19. August 1895). 12. Festsetzungen im Interesse der Postverwaltung und Landesverteidigung (§§ 9, 42). 13. Die Pflicht zur Bildung eines Erneuerungs- und Reservefonds nach bestimmten Normen. 14. Die Pflicht, durch den Bau und Betrieb die Benützung der öffentlichen Wege nicht zu verhindern oder zu erschweren, die Anlagen an denselben nicht zu beschädigen und für

Beschädigung öffentlichen und privaten Eigentums durch den Bau und Betrieb aufzukommen. Hierzu tritt noch 15., wenn der Unternehmer eine der in § 16 bezw. Gesellschaften ist, die Angabe der Zeit der Eintragung derselben im Handelsregister (Ausf.-Anw. Abs. 2 zum § 16., ferner 16), wenn der Unternehmer ein Ausländer ist, die Vorschrift der Domizilnahme im Inlande (Ausf.-Anw. zum § 2), endlich 17., wenn die Bahn für den Betrieb mit Maschinenkraft bestimmt ist, die Angabe der Prüfungsperioden der Betriebsmaschinen (§ 20).

Die Pflicht zum Bau und Betriebe der Bahn an sich braucht dagegen in der Genehmigung nicht ausgesprochen zu werden; weil diese Pflicht eine gesetzliche ist (arg. §§ 23, 24 f. G.), und ebensowenig der Vorbehalt der Rechte Dritter, sowie der Ergänzung und Abänderung des Bauplanes (§§ 17 u. 18), weil dieser Vorbehalt aus dem Gesetze ohne weiteres folgt (arg. § 14). Wohl aber können aus Zweckmäßigkeitsrücksichten noch andere Bedingungen hinzutreten, z. B. die Pflicht zur Einreichung statistischer Materialien an die Aufsichtsbehörde, Anzeige der jeweiligen Leiter der Bau- und Betriebsverwaltung (des Vorstandes) an die Aufsichtsbehörde ꝛc.

IX. Die Genehmigung erfolgt in Form einer Urkunde, deren Aushändigung die nach § 11 geforderten Sicherstellungen vorangehen müssen (§ 15), und deren Wirksamkeit, wenn eine Aktiengesellschaft, Kommanditgesellschaft auf Aktien oder eine Gesellschaft mit beschränkter Haftung Unternehmer ist, erst nach geführtem Nachweise der Eintragung beginnt (§ 16). Den Genehmigungsbehörden wird empfohlen, zur Vermeidung nachträglicher Beschwerden die Genehmigungsurkunden vor der Ausfertigung zunächst den Unternehmern zur Äußerung mitzuteilen.

Erl. d. Min. der öffentl. Arb. v. 2. Dezember 1898. Zeitschr. f. Kleinb. 1899, S. 105. Verzeichnis Nr. 68.

X. Mit der Aushändigung der Genehmigung muß auch die Veröffentlichung derselben in dem Amtsblatte derjenigen Regierung, in deren Bezirk die Bahn belegen ist, nach Maßgabe der Vorschriften der Ausführ.-Anw. v. 13. August 1898 zum § 16 des Gesetzes stattfinden. Vgl. auch Erl. d. Min. d. öff. Arb. v. 31. Dezember 1898, betr. die kostenfreie Veröffentlichung v. Nachträgen z. Kleinb.-Genehmigungen anlangend die Verpflichtungen aus § 9 unter B (Zeitschr. 1899 S. 160. Verzeichnis Nr. 69 f. Anm. 39.

XI. Die Kosten der Genehmigung sind dem Unternehmer nicht aufzuerlegen. Nur die im Genehmigungsverfahren erwachsenden baren Auslagen fallen ihm zur Last. Vgl. Ausf.-Anw. z. § 3 in Ziff. 2b u. c, Abs. 2 (Anm. 11) und die dort alleg. Erlasse des Min. d. Innern v. 30. Sept. 1893, betr. die Kosten der Veröffentlichung der Genehmigung, des Min. d. öffentl. Arb. v. 17. Mai 1894, betr. die Kosten des Genehmigungs- und Planfeststellungsverfahrens, v. 17. Oktober 1900 (E.-V.-Bl. S. 509), wonach die Kosten der Vorarbeiten und der Bekanntmachung der Konzession dem Unternehmer, die Kosten der landespolizeilichen Prüfung des Projekts, sowie der fertigen Bahnstrecke dem Staate obliegen. Verzeichnis Nr. 3 u. 12.

XII. Die Stempelpflichtigkeit der Genehmigung bestimmt sich nach dem Stempelsteuergesetz vom 31. Juli 1895 (G.-S. S. 413) Tarif Nr. 22m (a. a. O. S. 442), wonach Genehmigungen zum Betriebe eines Kleinbahnunternehmens, wenn der Gewerbebetrieb wegen geringen Ertrages und Kapitals von der Gewerbesteuer frei ist: 3 Mk., wenn der Gewerbebetrieb in die vierte Gewerbesteuerklasse gehört; 10 Mk., in die dritte: 25 Mk., in die zweite 60 Mk., in die erste: 100 Mk. beträgt, doch ist die Ausstellung neuer Genehmigungsurkunden für ältere Bahnen, welche sich freiwillig dem Kleinb.-Gesetze unterwerfen (§ 58 Abs. 3) als im öffentlichen Interesse liegend stempelfrei.

Erl. d. Min. d. öff. Arb. u. des Fin. Min. v. 21. Juli 1899 Zeitschr. f. Kleinb. 1899 S. 459. Verzeichnis Nr. 76.

Nur für die Genehmigung zum Betriebe ist die Stempelpflicht vorgeschrieben, nicht für die Genehmigung zur Herstellung. Letztere ist also stempelfrei und zwar auch dann, wenn sie in besonderer Urkunde erfolgt (Tarif Nr. 10b). Die Genehmigung zu einzelnen Betriebshandlungen z. B. zur Feststellung der Fahrpläne oder Beförderungspreise (§ 14), Einführung von Anschlüssen (§§ 10, 28, 29), Betriebseröffnung (§ 19), Ingebrauchnahme von Betriebsmaschinen (§ 20) ꝛc. ist nicht stempelpflichtig. Für Genehmigungen zu Veränderungen in dem Betriebe (§ 2) gilt die Hälfte, für Bewilligungen von Fristverlängerungen und Fristungen ein Viertel obiger Sätze. Letztere sind stempelfrei, wenn sie durch Naturereignisse oder andere unabwendbare Zufälle verursacht sind. Auch sind unter Veränderungen nur wesentliche (§ 2), nicht unerhebliche, kleinere Arbeiten gemeint, wie z. B. Änderungen oder unwesentliche Ergänzungen vorhandener Gleise, Verlegung von Gleisanlagen (Erl. d. Fin. Min. v. 28. Mai 1901 III 4028 Mitt. d. Ver. D.-Straßenb.- u. Kleinb.-Verw. 1901 S. 274) ebenso unter Fristverlängerungen nur die in den §§ 11, 18, 23 bezeichneten, nicht geringfügige Nachfristen. Vgl. hierzu K. Hilse, Zeitschr. f. Kleinb. 1896 [III] S. 203 ff. und B. Hilse, Zeitschr. f. d. ges. Lok.- und Straßenb.-Wes. 1896 S. 30.) Bekanntm. v. 13. Februar 1896 bezw. 28. August 1900 Nr. 40 (Zentrbl. S. 53).

XIII. Die Rechtsmittel des § 52 — und zwar bei der Mitwirkung von Eisenbahnbehörden das Rechtsmittel des § 52 Satz 1, in allen andern Fällen die Rechtsmittel des § 52 Satz 2 (s. Anm. 173, 174)

Vgl. O.-V.-G. v. 14. Februar 1898 Eisenb. Entsch. XV S. 53, 58, 59 — 25. Oktober 1900, XVII, S. 334.

sind dem Bewerber bezw. Unternehmer sowohl gegen Beschlüsse gegeben, welche die beantragte Genehmigung versagen, wie auch gegen solche, welche dieselbe unter dem Unternehmer zu lästig oder ungerechtfertigt erscheinenden Bedingungen erteilen, endlich auch gegen Verfügungen der Aufsichtsbehörden, welche aus der Genehmigung bezw. ihren Bedingungen im einzelnen hergeleitet sind. Nur gegen die Versagung der Genehmigung im Falle des § 2 Satz 3 stehen nicht die Rechtsmittel des § 52, sondern die Berufung an das Staatsministerium (§ 1 Abs. 3) zu.

XIV. Zur Aufsicht über die Erfüllung der Genehmigungsbedingungen seitens der Kleinbahnen ist die für ihre Genehmigung jeweilig zuständige Behörde kompetent, mithin z. B. in betreff der auferlegten erstmaligen Herstellung von Wegen, nur die Genehmigungs- nicht die Wegepolizeibehörde.

O.-V.-G. 4. Sen. 15. Oktober 1900 Entsch. Bd. 38 S. 360, Eisenb. Entsch. XVIII S. 16.

Nur bei den für den Betrieb mit Maschinenkraft eingerichteten Bahnen steht die eisenbahntechnische Aufsicht der zur Mitwirkung bei der Genehmigung berufenen Eisenbahnbehörde zu, sofern nicht der Minister der öffentl. Arb. die Aufsicht einer anderen Eisenbahnbehörde überträgt (§ 22).

XV. Das Erlöschen der Genehmigung erfolgt in den im § 23 bezeichneten Fällen durch Beschluß der Aufsichtsbehörde, gegen welche die Rechtsmittel des § 52 gegeben sind, ferner durch Zeitablauf d. h. Ablauf der Genehmigungsfrist (§ 18) nicht der Erwerbsfrist (§ 6 Abs. 3), die Zurücknahme der Genehmigung in den im § 24 bezeichneten Fällen auf Klage der Aufsichtsbehörde durch endgültige Entscheidung des Oberverwaltungsgerichts (§ 25). (Vgl. K. Hilse, Straßenb.- u. Kleinb.-Zeitg. 1898 Nr. 5 S. 75).

§ 2 Satz 2 7) Satz 2 des § 2 spricht das Erfordernis der Genehmignng der zuständigen Behörde auch für wesentliche Erweiterungen oder sonstige wesentliche Änderungen des Unternehmens, der Anlage oder des Betriebs aus, und zwar wird unterschieden, ob dieselben derartig sind, daß sie den Charakter der Kleinbahn an sich nicht berühren (Satz 2), oder so, daß die Kleinbahn dadurch die Bedeutung einer unter das Ges. v. 1888 gehörigen Bahn erlangen würde. Für den ersten Fall erfordert Satz 2 die gleiche Genehmigung, wie für den erstmaligen Bau und Betrieb (Anm. 6), während für den letzteren Fall Satz 3 die Versagung der Genehmigung vorschreibt. Die Fassung des Satzes 2 und sein Zusammenhang mit Satz 1 lassen klar erkennen, daß Satz 2 sich nur auf Änderungen bezieht, die das Unternehmen als Kleinbahn nicht berühren. Es werden also durch Satz 2 Veränderungen nicht betroffen, welche in einer Umwandlung (Deklassierung) der Kleinbahn in eine Privatanschlußbahn oder in ein Privatgeleise bestehen. Für Fälle dieser Art läßt § 2 hier ebenso eine Lücke, wie sie in § 1 für den Fall der Deklassierung einer Haupt- oder Nebenbahn in eine Kleinbahn besteht (§ 1 Anm. 2 S. 18 ff.). Man wird aus den oben S. 19, 20 angegebenen Gründen auch hier nicht annehmen können, daß die Deklassierung einer Kleinbahn mit Rücksicht auf die dadurch wesentlich berührten öffentlichen und privaten Interessen lediglich auf Antrag des Unternehmers durch Verfügung der Genehmigungsbehörde herbeigeführt werden darf. Vielmehr wird es, wenn eine solche Deklassierung vor Ablauf der Konzessionsdauer erfolgen soll, eines mit Rücksicht auf die beteiligten öffentlichen und privaten Interessen gesetzlich geregelten Verfahrens bedürfen. Die Voraussetzungen und die Zuständigkeit für die Erklärung des Erlöschens der Genehmigung und für die Rücknahme der Genehmigung sind in den §§ 23—25 besonders geregelt. Über Kleinbahnen, welche bereits vor Inkrafttreten des Kleinbahngesetzes genehmigt waren, s. § 53 Abs. 4 (Anm. 179).

Was Satz 2 anlangt, so ist der legislative Zweck dieser Bestimmung klar ersichtlich. Der Staat kann mit Rücksicht auf die beteiligten öffentlichen und privaten Interessen nicht zugeben, daß die Grundlagen, auf welchen er die erstmalige Genehmigung erteilt hat, vom Unternehmer späterhin einseitig und willkürlich geändert werden, er muß sich das Recht vorbehalten, in solchen Fällen in eine erneute Prüfung einzutreten und von derselben — eventuell unter entsprechender Änderung der Konzessionsbedingungen — die Genehmigung abhängig zu machen. (Vgl. auch Störk Zeitschr. f. Kleinb. 1898 S. 264.)

Freilich bot die gesetzliche Feststellung der in Betracht kommenden Fälle Schwierigkeiten. Man wählte die allgemeine Fassung „wesentliche Erweiterungen und Änderungen" ohne jedoch den Begriff „wesentlich" des näheren zu erörtern. Zwar wies in der II. Lesg. des Abg.-Hauf. (Sten. Ber. S. 1972) der Abg. v. Strombeck darauf hin, daß er darunter solche meine, durch welche die öffentlichen Interessen berührt werden (s. auch Jerusalem S. 16, 17). Indes geht aus dieser Erklärung nicht hervor, daß andere Interessen gänzlich ausgeschlossen sein sollten. Auch ist die Definition unzutreffend, denn die erste Genehmigung erfolgt auch auf

Grund vorgängiger Prüfung wichtiger privater Interessen z. B. der aus der beabsichtigten Bahnanlage den benachbarten Grundbesitzern erwachsenden Nachteile und erheblichen Belästigungen (§ 17), und es ist nicht anzunehmen, daß Änderungen, welche derartige Interessen berühren, ausnahmslos ohne behördliche Genehmigung sollen vorgenommen werden dürfen.

Da die Genehmigung keine rein polizeiliche ist (S. 32), sondern die Rechtsnatur eines Privilegs besitzt, so genügt es ohne Zweifel auch nicht, als wesentlich nur diejenigen Erweiterungen und Änderungen zu bezeichnen, die es vom bau- und gewerbepolizeilichen Standpunkte sind (Gleim S. 33). Entscheidend ist vielmehr, daß die Grundlagen, auf welchen das Unternehmen und die erstmalige Genehmigung beruht, eine Änderung erfahren sollen, sei es in Bezug auf die Ausdehnung des Unternehmens in räumlicher, finanzieller, wirtschaftlicher Beziehung, sei es auf die Art und den Umfang der Anlage oder des Betriebs. Nur Erweiterungen und Änderungen von erheblicher Bedeutung im Vergleich mit den bisherigen Grundlagen des Unternehmens und den für die erstmalige Genehmigung maßgebenden Verhältnissen sind zu verstehen. Die beabsichtigten Erweiterungen und Änderungen müssen derartig eingreifend sein, daß sie nachhaltig auf das Unternehmen in den vom Gesetze angegebenen Richtungen einwirken. Unbedeutende oder nur schnell vorübergehende Maßnahmen gehören nicht hierher. Die Entscheidung liegt der für die erstmalige Genehmigung zuständigen Behörde und gegen diese den im § 52 bezeichneten Instanzen ob. In allen irgend zweifelhaften Fällen ist es für den Unternehmer im eigenen Interesse dringend geraten, sich die Genehmigung der zuständigen Behörde zu sichern, um nicht der Gefahr ausgesetzt zu sein, die betreffende Maßnahme wieder rückgängig machen zu müssen. (Gleim S. 34.)

Satz 2 verlangt für „wesentliche Erweiterungen" und sodann für „sonstige wesentliche Änderungen" des Unternehmens, der Anlage oder des Betriebs die behördliche Genehmigung. Über die Stempelpflichtigkeit s. Anm. 6 unter XII S. 48, 49. Für alle wesentlichen Änderungen in den drei bezeichneten Richtungen besteht hiernach das Erfordernis der Genehmigung, doch sind die Erweiterungen besonders hervorgehoben.

Wesentliche Erweiterungen sind zunächst alle im Vergleiche mit dem ursprünglichen Plane (§§ 5, 17) erheblicheren Ausdehnungen in räumlicher Beziehung, sei es daß sie die Verlängerung der Strecken, die Vergrößerung der baulichen Anlagen, die Vermehrung der Betriebsmittel, die Neu-Anlage zweiter und dritter Geleise oder bedeutender Bauwerke, wie Werkstätten, Stationsgebäude, Brücken rc. betreffen. Ferner in finanzieller Hinsicht die Vermehrung des Anlagekapitals durch Ausgabe von Aktien, Obligationen, in materieller Beziehung die Fusionierung mit anderen Eisenbahnunternehmungen (s. Anm. 5 S. 41), insbesondere auch, weil in einem solchen Falle die Möglichkeit nicht ausgeschlossen sei, daß die betreffenden Bahnstrecken durch die Fusion den Charakter als Kleinbahnen verlieren (Satz 3). Indes ist hierbei lediglich die Fusionierung mehrerer Unternehmungen, d. h. die Vereinigung zweier oder mehrerer Bahnen in ein Unternehmen zu verstehen. Betrifft die Fusion nur die Person der Unternehmer, so bedarf es an sich der Genehmigung nicht; diese ist nur dann erforderlich, wenn damit für das eine oder andere Unternehmen ein Wechsel in der Person des Unternehmers verbunden ist. Vorausgesetzt sind mehrere bereits bestehende Bahnen. Denn handelt es sich um eine von demselben Unternehmer neu zu erbauende Bahn, welche von der bisherigen örtlich getrennt ist, so liegt nicht eine Erweiterung des älteren Unternehmens, sondern die Errichtung eines besonderen neuen Unternehmens vor, welches gemäß Satz 1 der Genehmigung bedarf. (Sten. Ber. Abg.=H. S. 2278.)

O.=V.=G. 4. Sen. 14. Februar 1898 Eisenb. Entsch. XV S. 56.

„Sonstige wesentliche Änderungen" sind zunächst grundsätzlich jeder Wechsel in der Person des Unternehmers. (Anm. 5 S. 41). Der Genehmigung bedarf es jedoch dann nicht, wenn die erstmalige Genehmigung sich von vornherein auf die Erben und sonstigen Rechtsnachfolger erstreckte, vorausgesetzt, daß sich gegen diese als Betriebsunternehmer bei Antritt der Nachfolge nicht etwa Bedenken ergeben sollten. Dahin gehört auch die Umwandlung in eine andere Gesellschaftsform, Änderung der Firma, erheblichere Umgestaltungen der Organisation, z. B. der Zusammensetzung des Vorstandes, jede Änderung der ursprünglichen Konzessionsbedingungen 2c.

Vgl. über die Übertragung der aus der Konzession sich ergebenden Rechte und Pflichten die oben Ziff. IV 4 S. 45 mitgeteilten Erl. d. Min. d. öff. Arb. v. 20. Februar 1898, Verzeichnis Nr. 53 und 15. Januar 1903 Zeitschr. f. Kleinb. X S. 120, Verzeichnis Nr. 134.

Eine wesentliche Änderung der Anlage liegt in jeder erheblichen Abweichung von dem ursprünglichen Bauplane (§§ 5, 17). Endlich ist als wesentliche Änderung des Betriebs vornehmlich die Verwendung einer anderen Betriebskraft anzusehen, und zwar sowohl wenn die Maschinenkraft durch eine andere Betriebskraft ersetzt wird, als auch wenn innerhalb der einzelnen Kategorien ein Wechsel eintritt, z. B. an Stelle der Pferdekraft oder Dampfmaschinen, elektrische Maschinen, an Stelle der Wasser=, die Schwer= oder pneumatische Kraft 2c.

O.=V.=G. 14. Februar 1898 Eisenb. Entsch. XV S. 55.

Ferner gehört hierher die Änderung des Weichen=, Signal=, Beleuchtungssystems, der Fahrgeschwindigkeit, des ein= in zweigleisigen Betrieb, der ein= in zweispännige Bedienung der Pferdebahnwagen, des Personen= in Güter= oder gemischten Verkehr, des Stückgut= in Massengüterverkehr 2c. und umgekehrt. Über die Stempelpflichtigkeit der Genehmigung zu wesentlichen Änderungen des Betriebs s. Anm. 6 Ziff. XII S. 48, 49.

Aber auch wesentliche Einschränkungen des Unternehmens, der Anlage oder des Betriebs gehören hierher, z. B. die Außerbetriebsetzung einer Strecke, die Umwandlung des zweigleisigen Betriebs in eingleisigen. Immerhin aber dürfen derartige Einschränkungen den Charakter der Kleinbahn als solcher nicht berühren. Bezweckt die Einschränkung die Umwandlung der Kleinbahn in eine Privatanschlußbahn oder in ein Privatgeleise (Deklassierung), so kann Satz 2 des § 2 nicht zur Anwendung kommen (Anm. 7 S. 50). Über das Erlöschen und die Rücknahme der Genehmigung ist in den §§ 23—27 besondere Bestimmung getroffen.

§ 2 Satz 3 8) Satz 3 des § 2 enthält die obligatorische Vorschrift für die zuständigen Behörden, daß die Genehmigung, welche Satz 2 für eine wesentliche Erweiterung oder sonstige wesentliche Änderung verlangt, zu versagen ist, wenn dieselbe die Unterordnung des Unternehmens unter das Gesetz v. 3. November 1838 bedingt. Auf Satz 1 bezieht sich diese Vorschrift nicht, weil für die erstmalige Genehmigung die entsprechende Bestimmung des § 1 Abs. 3 gegeben ist (s. S. 42). Da im vor=

liegenden Falle die nur für Genehmigung von Kleinbahnen zuständige Behörde (§ 3) die Genehmigung nicht erteilen kann, so bestimmt Satz 3, daß sie von dieser versagt werden muß. Damit ist jedoch die beantragte Änderung nicht definitiv abgelehnt. Vielmehr bleibt es dem Unternehmer nunmehr überlassen, auf Grund des § 1 Abs. 3 die Entscheidung des Staatsministeriums anzurufen. Ein gleiches kann auch die Behörde tun, bevor sie zur Versagung schreitet. Erachtet das Staatsministerium die Unterordnung der bisherigen Kleinbahn unter das Ges. v. 1838 aus Anlaß der geplanten Änderung nicht für bedingt, so muß die zuständige Behörde die auf § 2 Satz 3 gestützte Ablehnung zurücknehmen. Schließt sich aber das Staatsministerium der Annahme der zuständigen Behörde (§ 3) an, so bleibt es dem Unternehmer überlassen, die landesherrliche Konzessionierung nach Maßgabe des Ges. v. 3. November 1838 nachzusuchen und auf diesem Wege die geplante Änderung durchzuführen.

Aus der Vorschrift des Satzes 3, wonach in dem dort angeführten Falle die behördliche Genehmigung (Satz 2) zu versagen ist, ist nicht etwa e. contr. zu folgern, daß sie in allen anderen Fällen erteilt werden müsse. Vielmehr ist dies von dem Vorhandensein der sonstigen Voraussetzungen (§§ 4 ff.) und der Beurteilung der Bedürfnisfrage nach dem Ermessen der Genehmigungsbehörde abhängig, kann auch bei den bereits vor Inkrafttreten des Kleinb.-Gesetzes genehmigten Kleinbahnen und Privatanschlußbahnen von der Unterwerfung des Unternehmens unter sämtliche Bestimmungen dieses Gesetzes abhängig gemacht werden (§ 58 Abs. 4).

Die Fälle, in welchen dem Minister der öffentl. Arb. sowie dem Kriegsminister zum Zwecke der Prüfung vor Erteilung der Genehmigung wesentlicher Änderungen oder Erweiterungen Anzeige erstattet werden soll, sind oben § 1 Anm. 4 S. 29—31 bezeichnet. Durch einen besonderen Erlaß des Min. d. öffentl. Arb. ist noch für diejenigen Fälle Bestimmung getroffen, in welchen die wesentliche Änderung den Übergang der Bahn auf einen neuen Unternehmer zum Gegenstande hat, gleichviel ob die Übertragung des Unternehmens auf diesen in der Genehmigungsurkunde bereits vorgesehen ist oder nicht (Erl. d. Min. d. öffentl. Arb. v. 20. Februar 1898 Zeitschr. f. Kleinb. 1898 S. 243, s. auch Erl. v. 15. Januar 1903 cod. 1903 S. 120). Verzeichnis Nr. 53 u. Nr. 134.

§ 3.[9])

Zur Erteilung der Genehmigung ist zuständig:

1. wenn der Betrieb ganz oder teilweise mit Maschinenkraft beabsichtigt wird: der Regierungspräsident, für den Stadtkreis Berlin der Polizeipräsident, im Einvernehmen mit der von dem Minister der öffentlichen Arbeiten bezeichneten Eisenbahnbehörde;[10])

2. in allen übrigen Fällen, und zwar:

a) sofern Kunststraßen, welche nicht als städtische Straßen in der Unterhaltung und Verwaltung von Stadtkreisen stehen, benutzt oder von der Bahn mehrere Kreise oder nichtpreußische Landesteile berührt werden sollen: der Regierungspräsident, im ersten Falle für den Stadtkreis Berlin der Polizeipräsident,

b) sofern mehrere Polizeibezirke desselben Landkreises berührt werden: der Landrat,

c) sofern das Unternehmen innerhalb eines Polizeibezirks verbleibt: die Ortspolizeibehörde.[11])

Wenn die zum Betriebe mit Maschinenkraft einzurichtende Bahn die Bezirke mehrerer Landespolizeibehörden berührt, oder in dem Falle der Nr. 2a die betreffenden Kreise in demselben Regierungsbezirk liegen, bezeichnet der Oberpräsident, falls jedoch die Landespolizeibezirke bezw. Kreise verschiedenen Provinzen angehören, oder Berlin beteiligt ist, der Minister der öffentlichen Arbeiten im Einvernehmen mit dem Minister des Innern die zuständige Behörde.[12])

Die Zuständigkeit zur Genehmigung von wesentlichen Erweiterungen oder sonstigen wesentlichen Änderungen des Unternehmens, der Anlage und des Betriebes regelt sich so, als ob das Unternehmen in der nunmehr geplanten Art neu zu genehmigen wäre. Jedoch bleibt zur Genehmigung von Änderungen des Betriebes der in Absatz 1 Nr. 1 erwähnten Unternehmungen diejenige Behörde zuständig, welche die Genehmigung zum Bau und Betriebe erteilt hat.[13])

Ausführungsanweisung vom 13. August 1898.

Zu § 8.

Wenn auch der Regierungspräsident nach Aussen für die Erteilung der Genehmigung allein zuständig ist, so *ist doch* in der Genehmigungs-Urkunde *und deren Nachträgen* diejenige Eisenbahnbehörde zu bezeichnen, mit deren Einvernehmen die Genehmigung erteilt wird, damit der Unternehmer weiſs, welche Eisenbahnbehörde für das Unternehmen bestellt ist.

Vor Erteilung der Genehmigung ist seitens der Genehmigungsbehörden, in Zweifelsfällen nach Anrufung des Ministers der öffentlichen Arbeiten, darüber Entscheidung zu treffen und in der Genehmigungs-Urkunde zum Ausdrucke zu bringen, in welche der beiden Klassen von Kleinbahnen — Straßenbahnen oder nebenbahnähnliche Kleinbahnen — das betreffende Unternehmen einzureihen ist (vgl. Einleitung Abs. 3 und zu §§ 5, 11, 22 und 32).

Als Kunststraſsen sind anzusehen:

a) für den Geltungsbereich des Gesetzes vom 20. Juni 1887 (G.-S. S. 301) die im § 12 daselbst näher bezeichneten Kunststraſsen;

b) für die Provinz Hannover: die Chausseen und Landstraſsen;

c) für Schleswig-Holstein mit Ausnahme des Kreises Herzogtum Lauenburg: die in der Unterhaltung der Provinz befindlichen Haupt- und Neben-Landstraſsen und die in der Unterhaltung der Kreise befindlichen ausgebauten Neben-Landstraſsen;

d) für die Provinz Hessen-Nassau: die vormaligen Staatsstraſsen, die Provinzial-Distrikts- und chausseirten Verbindungsstrafsen, sowie die Landwege;

e) für die Hohenzollernschen Lande: die Landstrafsen;

f) für den Kreis Herzogtum Lauenburg: die Landstrafsen.

Welche Kunststrafsen als städtische Strafsen in der Unterhaltung und Verwaltung von Stadtkreisen stehen, ist eine Tatfrage, welche für jeden Fall besonders zu entscheiden ist. Es empfiehlt sich indessen, mit den städtischen Behörden der einen Stadtkreis bildenden Städte alsbald in Verhandlung zu treten und eine Verständigung darüber herbeizuführen, betreffs welcher Teile von Kunststrafsen die Zuständigkeit der Regierungspräsidenten auszuschliefsen sein wird. Für den Fall von Meinungsverschiedenheiten ist unsere Entscheidung einzuholen.

Es wird sich empfehlen, in denjenigen Fällen, in denen eine Bahn öffentliche Wege berührt, Flüsse überschreiten mufs oder sonst nicht ganz einfache Bauverhältnisse vorliegen, bei der Prüfung des Genehmigungsgesuches sich technischen Beirates zu bedienen (Königliche, Provinzial-, Kreis- oder städtische Baubeamte u. s. w.).

Die hierdurch erwachsenden baren Auslagen fallen, wie alle baren Auslagen in dem Genehmigungsverfahren, dem Unternehmer zur Last; andere Kosten sind demselben dagegen nicht aufzuerlegen.

Zu dem Schlufssatz im dritten Absatz ist zu bemerken, dafs bei dem Übergang vom Betrieb mit Maschinenkraft zu einem anderen Betriebe zwar zur Genehmigung der Regierungspräsident im Einvernehmen mit der Eisenbahnbehörde zuständig bleibt, dafs aber von der Rechtskraft der Genehmigung ab die Aufsicht auf diejenige Behörde übergeht, welche zur Erteilung der Genehmigung zuständig gewesen wäre, wenn die Bahn von vornherein nicht für den Betrieb mit Maschinenkraft bestimmt gewesen wäre.

[9]) Prinzip und Entstehungsgeschichte des § 3. § 3

I. Prinzip. § 3 regelt die Zuständigkeit zur Erteilung der Genehmigung. Prinzip. Wenngleich die Genehmigung keineswegs ausschließlich polizeilichen Charakter trägt, so ist doch bei Regelung der Zuständigkeit in Rücksicht auf die vorwiegende Bedeutung der polizeilichen Interessen grundsätzlich an die allgemeine Ordnung der Zuständigkeit in Polizeiangelegenheiten angeknüpft worden. Demgemäß ist also prinzipiell — abgesehen von der Anlegung von Bahnen in Berlin und Potsdam, welche königlicher Genehmigung bedürfen (§ 39) — im Abs. 1 des § 3 bei der geplanten Ausdehnung der Bahn über mehrere Kreise oder nicht preußische Landesteile der Regierungspräsident, — über mehrere Polizeibezirke desselben Landkreises der Landrat, — und innerhalb eines Polizeibezirks die Ortspolizeibehörde für zuständig erklärt und dadurch je nach der räumlichen Ausdehnung des Unternehmens eine Dreiteilung der Zuständigkeit und des Instanzenzuges geschaffen.

O.-V.-G. 4. Sen. 11. Juli 1896, Entsch. Bd 31 S. 370 (374).

Indeß bestehen von dieser grundsätzlichen Regelung zwei wesentliche Ausnahmen: Erstens ist, wenn der Betrieb ganz oder teilweise mit Maschinenkraft beabsichtigt wird, nicht die der beabsichtigten Ausdehnung entsprechende Polizeibehörde, sondern in allen Fällen ausnahmslos der Regierungspräsident, — für den Stadtkreis Berlin der Polizeipräsident —, im Einvernehmen mit der vom Minister der öffentl. Arb. bezeichneten Eisenbahnbehörde zuständig. Die Mitwirkung einer vom Ressortchef zu bestimmenden Eisenbahnbehörde rechtfertigt sich aus der Notwendigkeit der Prüfung durch eine mit besonderer Sachkunde für diese Betriebsart ausgerüsteten Instanz. Zweitens ist, sofern Kunststraßen, welche nicht als städtische Straßen in der Unterhaltung und Verwaltung von Stadtkreisen stehen, benutzt werden sollen, nicht die betreffende Orts- oder Kreispolizeibehörde, sondern in allen Fällen der Regierungspräsident — für den Stadtkreis Berlin der Polizeipräsident — zuständig. (§ 56 Zuständ.-Ges.)

Um die Einheitlichkeit der Genehmigung zu sichern, bedurften ferner noch diejenigen Fälle einer besonderen Regelung, in welchen die zum Betriebe mit Maschinenkraft einzurichtende Bahn die Bezirke mehrerer Landespolizeibehörden berührt oder die anzulegende Bahn sich auf die Kreise verschiedener Regierungsbezirke erstreckt oder den Landespolizeibezirken bezw. Kreisen verschiedener Provinzen angehört oder Berlin beteiligt ist. Gemäß Abs. 2 hat in den ersten beiden Fällen zu diesem Behufe der Oberpräsident, in den letzten beiden Fällen der Minister der öffentlichen Arbeiten im Einvernehmen mit dem Minister des Innern die zuständige Behörde zu bestimmen. Mit dieser Regelung hat jedoch der Gesetzgeber keineswegs für den Fall, daß die beteiligten Kreise verschiedenen Provinzen oder Regierungsbezirken angehören, im Widerspruch mit der vorherigen grundsätzlichen Regelung noch einen vierten, eigenartigen, mit dem gesetzlichen Aufbau der sonstigen Bestimmungen des § 3 nicht zu vereinbarenden Instanzenweg herstellen wollen. Vielmehr handelt es sich nur um eine Ergänzung des durch Ziff. 2a bestimmten Instanzenweges.

O.-V.-G. 4. Sen. 11. Juli 1896, Entsch. Bd. 31 S. 370 (374).

Endlich war noch die Regelung der Zuständigkeit zur Genehmigung für die Fälle wesentlicher Erweiterungen oder sonstiger wesentlicher Änderungen des Unternehmens, der Anlage und des Betriebs erforderlich (§ 2 Satz 2). Auch hierbei ging man von der Absicht aus, eine einheitliche Behandlung des gesamten Unternehmens zu sichern, und dies ließ sich am zweckmäßigsten durch die im Abs. 3 Satz 1 enthaltene Bestimmung verwirklichen, daß die Genehmigung in den gedachten Fällen von derjenigen Behörde zu erteilen ist, welche nach den vorerörterten Normen der Abs. 1 u. 2 dazu berufen sein würde, wenn das Unternehmen in der Form, Ausdehnung und Verfassung, welche ihm durch die geplante Erweiterung oder Änderung zuteil werden soll, neu zu genehmigen wäre.

Nur eine Ausnahme ist von dieser Regel gemacht, und zwar in betreff der Zuständigkeit der Genehmigung zu Betriebsänderungen der ganz oder teilweise mit Maschinenkraft betriebenen Kleinbahnen (Abs. 1 Nr. 1). Hierfür soll nach Abs. 3 Satz 2 diejenige Behörde zuständig bleiben, welche die Genehmigung zum Bau und Betriebe erteilt hat. Es war die Erwägung leitend, daß es in Fällen dieser Art nicht zweckmäßig und angemessen sei, unter Umständen an die Stelle der Zuständigkeit des Regierungspräsidenten diejenige einer nachgeordneten Behörde treten zu lassen. Ist aber die Genehmigung erteilt, so fällt die Zuständigkeit weiterhin derjenigen Behörde zu, welche die Genehmigung zu erteilen gehabt hätte, wenn das Unternehmen von vornherein in seiner nunmehrigen Betriebsart genehmigt worden wäre.

Die in betreff der Genehmigung ergehenden Verfügungen und Beschlüsse der nach § 3 zuständigen Behörden sind nicht endgültig, vielmehr sind dagegen im allgemeinen die im § 52 Satz 2 bezeichneten Rechtsmittel gegeben. Nur in Bezug auf die Bahnen mit Maschinenkraft ist im § 52 Satz 1 lediglich die Beschwerde an den Minister der öffentl. Arbeiten vorgesehen. Wird die Genehmigung aus dem Grunde versagt, weil die Voraussetzungen für die Anwendung des Ges. v. 8. November 1838 vorliegen, so entscheidet endgültig das Staatsministerium.

II. Die vorstehend erörterte Tendenz des § 3 findet in der Entstehungsgeschichte desselben ihre nähere Erklärung. § 3 Entstehung.

Der Regierungsentwurf (§ 2) lautete:

„Zur Erteilung der Genehmigung ist zuständig:

1. sofern der Betrieb mit Maschinenkraft beabsichtigt wird: der Regierungspräsident, für den Stadtkreis Berlin der Polizeipräsident, in Verbindung mit der von dem Minister der öffentlichen Arbeiten bezeichneten Eisenbahnbehörde;
2. soweit nicht Betrieb mit Maschinenkraft beabsichtigt ist, und zwar
   a) sofern Kunststraßen benutzt oder von der Bahn mehrere Kreise oder nicht preußische Landesteile berührt werden sollen: der Regierungspräsident, für den Stadtkreis Berlin der Polizeipräsident,
   b) sofern mehrere Polizeibezirke desselben Landkreises berührt werden: der Landrat,
   c) sofern das Unternehmen innerhalb eines Polizeibezirks verbleibt: die Ortspolizeibehörde.

Wenn die zum Betriebe mit Maschinenkraft eingerichtete Bahn die Bezirke mehrerer Landespolizeibehörden berührt, oder in dem Falle der Nr. 2a die betreffenden Kreise nicht in demselben Regierungsbezirke liegen, bezeichnet der Oberpräsident — falls jedoch die Landespolizeibezirke bezw. Kreise verschiedenen Provinzen angehören oder Berlin dabei beteiligt ist — der Minister der öffentlichen Arbeiten im Einvernehmen mit dem Minister des Innern die zuständige Behörde."

In den Motiven wird ausgeführt: „Die Zuständigkeit zur Erteilung der Genehmigung für den Bau und Betrieb kann in Preußen nicht, wie dies in anderen Ländern geschieht, an das Eigentum der von der Bahn benutzten Straße geknüpft werden, weil in Preußen der Staat Kunststraßen nicht mehr besitzt, die vormaligen staatlichen Straßen vielmehr infolge des Gesetzes vom 8. Juli 1875 auf die Provinzen übergegangen sind. Auch würde bei einer Verbindung der Zuständigkeit für die Genehmigung mit dem Straßeneigentum eine Lücke für diejenigen Bahnen entstehen, welche, wie z. B. die Zahnradbahnen, manche Hoch- und Seilbahnen, einen Straßenkörper überhaupt nicht benutzen. Bei dem vorzugsweise polizeilichen Charakter der Genehmigung war vielmehr an die allgemeine Ordnung der Zuständigkeit in Polizeiangelegenheiten anzuknüpfen. Bahnen, welche mit Maschinenkraft betrieben werden oder wenigstens für den Betrieb mit Maschinenkraft eingerichtet sind, werden in der Regel für weitere Kreise eine größere Bedeutung haben und daher den Landespolizeibehörden zu unterstellen sein. Eine Mitwirkung der Eisenbahnbehörden ist geboten, damit die Prüfung sowohl in Bezug auf den Bau und Betrieb, als in Bezug auf die Verwendung der Maschinen mit der nötigen Sachkunde erfolgt. Auch empfiehlt sich diese Mitwirkung aus dem weiteren Grunde, weil bei diesen Bahnen vornehmlich die Frage sich aufwerfen wird, ob sie dem Ges. v. 8. November 1838 bezw. dem Artikel 41 der Verfassung des Deutschen Reiches zu unterstellen sind. Weil die Organisation der Staatseisenbahnverwaltung sich räumlich mit den Regierungsbezirken nicht deckt, empfiehlt es sich, dem Minister der öffentlichen Arbeiten in Bezug auf die Bestimmung der zuständigen Eisenbahnbehörden freie Hand zu lassen. Die Bestimmung, inhalts deren die Landespolizeibehörden für die Erteilung der Genehmigung für Bahnen unterster Ordnung, welche eine Kunststraße benutzen, zuständig sind, entspricht der Ordnung der wegepolizeilichen Zuständigkeit für Kunststraßen (§ 56 des Zuständigkeitsgesetzes). Im übrigen folgt die Ordnung der Zuständigkeit derjenigen Regel, welche in dem Landesverwaltungsgesetze für die Ordnung der Zuständigkeit bei Polizeiverordnungen niedergelegt ist. Um die Einheitlichkeit der Genehmigung in allen Fällen und insbesondere in denjenigen Fällen sicher zu stellen, in denen die Stadt Berlin beteiligt ist, bedurfte es darüber, welche Behörde in demjenigen Falle zuständig ist, in welchem eine Bahn den Bereich mehrerer zur Konzessionierung berechtigter Behörden berührt, speziellerer Bestimmungen, als sie für gleichartige Fälle in dem Landesverwaltungsgesetze gegeben sind. Daß bei der Entscheidung hierüber der Minister des Innern neben dem in erster Reihe zuständigen Minister der öffentlichen Arbeiten mitwirkt, entspricht den bestehenden Ressortverhältnissen. Der Natur der Genehmigung als polizeilicher Verfügung entsprechend, sind auch im § 49 (sc. 52) für dieselbe im allgemeinen diejenigen Rechtsmittel gegeben, welche für polizeiliche Verfügungen im übrigen gelten. Nur in Bezug auf Bahnen mit Maschinenkraft ist nach dem Vorgange bei gewerbepolizeilichen Konzessionen auf Grund der §§ 16 ff. der Gewerbeordnung und aus ähnlichen Gründen lediglich die Beschwerde an die Ministerialinstanz vorgesehen."

Sowohl in der I. Lesg. des Herrenhauses (Sten. Ber. S. 27—30), wie in der Kommission derselben (Aktenst. Nr. 60 S. 340 ff.) wurden Anregungen und Anträge, an die Stelle der Staatsbehörden die Behörden der Selbstverwaltung zu setzen, als ungeeignet abgelehnt.

In der I. Lesg. des Abg.=H. machte Abg. Friedberg Bedenken gegen die bei der Genehmigung mitwirkenden Eisenbahnbehörden geltend, welche — wenn nur aus der Staatseisenbahnverwaltung gewählt — mehr in deren Interesse, als in dem des betr. Landesteils entscheiden könnten (Sten. Ber. S. 1329). Im Anschluß daran bemängelte Abg. Brömel, daß überhaupt die endgültige Genehmigung in die Hand der Verwaltungsbehörden bezw. der Ministerialinstanz gelegt und nicht der verwaltungsgerichtliche Weg vorbehalten werde, zumal die beteiligten Eisenbahnbehörden nicht als unparteiisch anzusehen seien. Demgegenüber wies der Reg.=Kommiss. Frhr. v. Zedlitz auf § 52 hin, welcher den Rechtsschutz des Verwaltungsgerichtsverfahrens gewähre, mit Ausnahme derjenigen Fälle, in welchen die Genehmigung vom Reg.=Präsidenten im Verein mit der Eisenbahnbehörde erteilt werde. In diesem Falle sei freilich nach Analogie des § 16 Gew.=Ord. nur die Beschwerde an d. Minist. d. öffentl. Arb. gegeben. Hierauf wurde der Entwurf an die Kommission verwiesen.

In der Kommiss. des Abg.=H. erwiderte zunächst auf eine Anfrage der Reg.=Kommissar, daß unter „Kunststraßen" die gepflasterten städtischen Straßen nicht zu verstehen seien. Anträgen, welche dahin zielten, die Zuständigkeit so zu gestalten, daß nicht der Vorstand der Gemeinde und die kompetente Polizeibehörde zusammenfielen, wurde nicht stattgegeben, nachdem regierungsseitig hervorgehoben worden war, daß aus dieser Doppelstellung bisher, auch in anderen Beziehungen, keine Unzuträglichkeiten erwachsen seien. Dagegen wurde allgemein anerkannt und hervorgehoben, daß es notwendig sei, darüber Bestimmungen zu treffen, welche Behörde zur Genehmigung zuständig sein solle, wenn sich ein bereits bestehendes Unternehmen erheblich erweitere. Man war darüber einig, daß in einem solchen Falle die Genehmigung nur von derjenigen Behörde erteilt werden könne, welche bei einer neuen Konzessionierung des veränderten Unternehmens zur Genehmigung zuständig gewesen wäre. Wenn auch im allgemeinen bei Einschränkungen des Unternehmens eine entsprechende Änderung der Zuständigkeit der Behörden einzutreten haben würde, so wurde doch zugleich anerkannt, daß, wenn im Fall der Nr. 1 des Paragraphen nach diesem Grundsatz eine niedere Polizeibehörde als diejenige, welche die Genehmigung erteilt hatte, zuständig werden würde, die zunächst zu erteilende Genehmigung der geplanten Veränderung des Unternehmens noch von derjenigen Behörde zu erteilen sei, von welcher die ursprüngliche Genehmigung gegeben worden sei. Es bestand innerhalb der Kommission auch darüber Übereinstimmung, daß, nachdem diese Genehmigung erteilt sei, für das Unternehmen weiterhin diejenige Behörde zuständig sein müsse, welche die Genehmigung desselben zu erteilen gehabt haben würde, wenn dieses von vornherein in seiner nunmehrigen Betriebsart genehmigt worden wäre. Dementsprechend wurde dem Paragraphen der dritte Absatz hinzugefügt (Abg.-H.-Kommiss. Akt.-St. Nr. 206 S. 2277/8).

Ferner wurde auf die Anfrage, ob in betreff der mit Maschinenkraft zu betreibenden Bahnen die mitwirkende Eisenbahnbehörde nur gutachtlich zu hören oder die Genehmigung auch von ihrer Zustimmung abhängig sei, regierungsseitig erwidert, daß nach außen hin nur der Regierungspräsident die Genehmigung zu erteilen habe, es sei aber beabsichtigt, denselben dahin anzuweisen, daß er sich vorher der Genehmigung der bezeichneten Eisenbahnbehörde zu versichern habe und mangels einer Einigung die Entscheidung durch die Ministerialinstanz zu treffen sei. Indessen stelle die Regelung einer solchen Differenz ja lediglich ein Internum der Verwaltung dar. Der Minister der öffentlichen Arbeiten erklärte sich mit dem hiernach gestellten Antrage, die Worte unter Nr. 1: „in Verbindung" durch die Worte „im Einvernehmen" zu ersetzen, einverstanden, und wurde der hierhin gestellte Antrag von der Kommission angenommen.

Sodann wurde, nachdem regierungsseitig auf eine Anfrage erklärt worden war, daß beabsichtigt sei, in jedem Falle, wo überhaupt Maschinenkraft zur Anwendung käme, die Genehmigung dem Regierungspräsidenten in Verbindung mit der betreffenden Eisenbahnbehörde zu übertragen; von einem Mitgliede der Antrag gestellt, hinter dem Worte „Betrieb" die Worte „ganz oder teilweise" einzufügen, sowie das Wort „sofern" unter Nr. 1 durch das keinem Mißverständnisse ausgesetzte Wort „wenn" zu ersetzen, und wurde dieser Antrag von der Kommission angenommen.

Aus dem gleichen Grunde wurden nach Annahme dieser Anträge auf Antrag eines Mitgliedes die Worte sub 2 „soweit nicht Betrieb mit Maschinenkraft beabsichtigt ist", durch die Worte ersetzt: „in allen übrigen Fällen", sowie ferner das Wort „eingerichtete" durch das Wort „einzurichtende" ersetzt, da die Kommission sich der Begründung des Mitgliedes, welches diesen Antrag gestellt hatte, anschloß, daß vor der Genehmigung noch nicht von einer eingerichteten Bahn gesprochen werden könne (Akt.-St. Nr. 206 S. 2277/8).

In der II. Lesg. des Abg.-H. (Sten. Ber. II S. 1963 ff.) stellte der Abg. Hansen den Antrag, im § 2 Nr. 2a nach den Worten „der Regierungspräsident" einzuschalten „im ersten Falle" (Akt.-St. Nr. 280 zu B1), indem er dies damit begründete, das von den drei in dieser Nummer bezeichneten Fällen nur der erste auf den Polizeipräsidenten in Berlin Bezug habe, und dies zur Vermeidung von Zweifeln im Gesetze zum Ausdruck zu bringen sei. Dieser Antrag fand keine Billigung, nachdem dagegen geltend gemacht worden war, daß er nicht geeignet sei, die Zweifel zu beseitigen (Sten. Ber. S. 1975/77).

Sodann wies der Abg. Jerusalem in Rücksicht auf die bestehende Wegegesetzgebung darauf hin, daß unter Kunststraßen (§ 2 Nr. 2a) auch die als städtische Straßen in Unterhaltung und Verwaltung von Stadtkreisen stehenden begriffen werden können und alsdann für die Anlage von Kleinbahnen ohne Maschinenkraft auch in betreff dieser städtischen Straßen der Regierungspräsident zuständig sein würde, was die Kommission nicht gewollt habe. Nachdem jedoch der Reg.-Kommissar dieses Bedenken als durch die Gesetzgebung nicht gerechtfertigt bezeichnet hatte, wurde der bezüglichen Anregung keine weitere Folge gegeben und § 3 unter Ablehnung sämtlicher Amendements unverändert angenommen (Sten. Ber. S. 1974—1977).

In der III. Lesg. des Abg.-H. wiederholte zunächst der Abg. Hansen den bereits in der II. Lesg. gestellten Antrag betreffs der Einfügung der Worte „im ersten Falle" (Akt.-St. Nr. 250 A IIa). Sodann beantragte der Abg. Jerusalem: in Nr. 2a hinter „Kunststraßen" einzufügen „welche nicht als städtische Straßen in der Unterhaltung und Verwaltung von Stadtkreisen stehen", unter Bezugnahme auf seine hierfür in der II. Lesg. bereits geltend gemachten Gründe. Diese Anträge fanden Annahme und damit § 3 in der Fassung des Gesetzes (Sten. Ber. S. 2067/8).

§ 3 Abs. 1 10) Abs. 1 des § 3 unterscheidet in betreff der Zuständigkeit der Behörden zur Erteilung der Genehmigung Kleinbahnen mit und ohne Maschinenkraft. Über die ersteren trifft Nr. 1, über die letzteren Nr. 2 des Abs. 1 Bestimmung.

§ 3 Abs. 1 Nr. 1 Was nun zunächst Nr. 1 Abs. 1 anlangt, so geht die Genehmigung von Bahnen, deren Betrieb ganz oder teilweise mit Maschinenkraft beabsichtigt wird, von zwei Behörden aus, nämlich dem Regierungspräsidenten, bezw. für den Stadtkreis Berlin dem Polizeipräsidenten, im Einvernehmen mit der vom Minister der öffentlichen Arbeiten bezeichneten Eisenbahnbehörde. Es ist derjenige Regierungspräsident zuständig, in dessen Bezirk die Bahn angelegt werden soll. Geht sie über einen Regierungsbezirk hinaus, d. h. berührt sie die Bezirke mehrerer Landespolizeibehörden, so finden die Bestimmungen des Abs. 2 dieses Paragraphen Anwendung; ebenso, wenn sie den Stadtkreis Berlin berührt. Die Erlasse d. Min. d. öffentl. Arb. v. 2. Oktober 1892 und 2. März 1893, betr. die Zuständigkeit des Polizeipräsidenten in Berlin bezüglich derjenigen Kleinbahnen und Privatanschlußbahnen in den Kreisen Teltow und Nieder-Barnim, bei denen Berlin beteiligt ist, oder durch welche der Stadtkreis Charlottenburg berührt wird, sind aufgehoben und durch den Erlaß vom 28. April 1902 (Zeitschr. f. Kleinb. S. 384. Verzeichnis Nr. 124) ist bestimmt, daß in Zukunft, sofern der Landespolizeibezirk Berlin beteiligt ist, in jedem Einzelfalle die Entscheidung der Minister der öffentl. Arb. und des Innern über die zuständige Behörde nachzusuchen ist.

Der Regierungspräsident ist also nicht allein zuständig, er ist es nur im Einvernehmen mit der vom Minister der öffentl. Arbeiten bezeichneten Eisenbahnbehörde. Eisenbahnbehörden sind die Königl. Eisenbahndirektionen und die Königl. Eisenbahnbaukommissionen. Die letzteren werden für besonders umfangreiche Bauausführungen durch landesherrlichen Erlaß gebildet (§ 1 Abs. 1 und 2, Verwalt.-Ord. f. d. Staatseisenbahnen). Aus der Zahl dieser Behörden hat der Minister die ihm geeignet erscheinende behufs Mitwirkung bei der Genehmigung zu bestimmen. Die Bestimmung liegt ihm gesetzlich ob, doch ist ihm in der Wahl der betr. Eisenbahnbehörde freie Hand gelassen, vornehmlich mit Rücksicht darauf, daß sich die Organisation der Staatseisenbahnverwaltung bezw. die Abgrenzung der Direktionsbezirke mit der Einteilung der Regierungsbezirke nicht deckt. Während also der zuständige Regierungspräsident sich aus dem Bezirke, in welchem die Bahnanlage erfolgen soll, von selbst ergibt, ist dies bezüglich der mitwirkenden Eisenbahnbehörde nicht der Fall. Auf eine Anregung, dem Minister hierfür eine Direktive als Regel zu geben (Akt.-St. Nr. 206 S. 2277), erwiderte dieser: „Bei einer Kleinbahn würden die lokalen Verhältnisse immer sehr mitsprechen, eine solche Bahn würde immer am besten fahren unter Zuhilfenahme des Rats und Gutachtens der nächstbeteiligten Eisenbahndirektion. Diese müsse nicht als Konkurrentin, sondern als wohlwollende Beraterin gelten. Er sei überzeugt, daß alle Eisenbahnbehörden es für ihre Pflicht halten würden, den Bau der Kleinbahnen nach Möglichkeit zu fördern."

Die Ausf.-Anw. Abs. 1 zum § 1 bestimmt, daß behufs Bezeichnung derjenigen Eisenbahnbehörde, welche bei der Genehmigung mitzuwirken hat, von jedem Antrage auf Genehmigung, wesentliche Änderung oder Erweiterung einer zum Betriebe mit Maschinenkraft bestimmten Bahn (§ 3 Nr. 1) sowie auf Einführung des Maschinenbetriebs auf einer anderen Bahn (§ 8 Nr. 2) dem Minister der öffentlichen Arbeiten Anzeige zu erstatten ist. Indes erscheint eine derartige Anzeige insoweit überflüssig, als der Minister die zur Mitwirkung berufene Eisenbahnbehörde etwa generell bestimmt und dem Regierungspräsidenten bezeichnet hat. Eine andere als eine Eisenbahnbehörde darf nicht bestimmt werden.

Formell erfolgt die Erteilung der Genehmigung nur von dem Regierungspräsidenten bezw. für den Stadtkreis Berlin von dem Polizeipräsidenten. Dieser hat sich zwar der ausdrücklichen Zustimmung der Eisenbahnbehörde zu versichern und ihr zu diesem Behufe die gesamten für die Prüfung und Genehmigung erforderlichen Unterlagen zugängig zu machen. Sie ist nicht bloß gutachtlich zu hören, sondern ein dem Regierungspräsidenten gleichberechtigter Faktor derartig, daß, wenn sich eine Einigung beider Behörden nicht erzielen läßt, weder der Regierungspräsident noch die Eisenbehörde etwa einseitig die Genehmigung erteilen darf, vielmehr alsdann die Entscheidung der Ministerialinstanz eingeholt werden muß. Die Regelung einer solchen Differenz ist aber lediglich ein Internum der Verwaltung. Formell und nach außen hin wird die Genehmigung nur vom Regierungs- bezw. Polizeipräsidenten erteilt bezw. versagt und vollzogen. Die ursprüngliche Fassung des Regierungsentwurfs (S. 66) „in Verbindung mit der . . . Eisenbahnbehörde" ließ hierüber Zweifel, und es wurde daher, um diesen Zweifel zu beseitigen, die Abänderung „im Einvernehmen mit der . . . Eisenbahnbehörde" beschlossen. Einen Unterschied im Sinne bedeutet dies nicht. Vielmehr sind beide Fassungen gleichbedeutend (s. §§ 44 und 52).

O.-V.-G. 14. Februar 1898, Eisenb. Entsch. XV S. 58.

Damit ist zugleich ausgesprochen, daß dem Unternehmer gegenüber die vom Regierungspräsidenten erteilte und vollzogene Genehmigung rechtsgültig ist, auch wenn dieser unterlassen hat, sich des Einverständnisses der Eisenbahnbehörde zu versichern, und daß nicht etwa aus diesem Grunde dem Unternehmer die erteilte Genehmigung als ungültig wieder entzogen oder von anderen Bedingungen abhängig gemacht werden darf. Die bezügliche Unterlassung kann nur als Internum der Verwaltung für die bestimmungswidrig handelnde Behörde disziplinare Folgen nach sich ziehen. Die Genehmigung an sich bleibt in Kraft. Denn das Kleinbahngesetz hat überhaupt keine besonderen Formen für die von den Landespolizeibehörden im Einvernehmen mit den Eisenbahnbehörden zu erlassenden Verfügungen — mithin auch der Genehmigungen — vorgeschrieben. Es kommt daher auch für die Gültigkeit der Genehmigung nicht darauf an, ob sich die Eisenbahnbehörde tatsächlich damit einverstanden erklärt hat, sondern nur darauf, daß beide Behörden vereint zuständig waren. Und daraus folgt, daß gleichviel, in welcher Form die Genehmigung erfolgt, dieselbe nur mit dem Rechtsmittel des § 52 Satz 1, nicht mit den gewöhnlichen Rechtsmitteln des § 127 Land.-Verw.-Ges. angegriffen werden kann.

O.-V.-G. 14. Februar 1898, Eisenb. Entsch. XV S. 53 (59).

Die Ausführungsanweisung vom 22. August 1892 hatte jedoch bereits im Absatz 1 zu § 8, den für die Genehmigung von Kleinbahnen mit Maschinenbetrieb zuständigen Regierungspräsidenten anempfohlen, in der Genehmigungsurkunde diejenige Eisenbahnbehörde zu bezeichnen, mit deren Einvernehmen die Genehmigung erteilt wird, damit der Unternehmer weiß, welche Eisenbahnbehörde für das Unternehmen bestellt ist. Diese nur fakultativ den Regierungspräsidenten anheimgegebene Maßnahme ist in Übereinstimmung mit dem Erlaß d. Min. d. öffentl. Arb. u. d. Innern v. 24. April 1898 (Zeitschr. f. Kleinb. S. 328) im Absatz 1 der Ausführungsanweisung vom 13. August 1898 in eine obligatorische umgewandelt und bestimmt worden, daß sowohl in der Genehmigungsurkunde wie auch in deren Nachträgen die zuständige Eisenbahnbehörde zu bezeichnen ist. (Zeitschr. f. Kleinb. 1898 S. 525).

Der Absatz 2 verordnet, daß vor Erteilung der Genehmigung seitens der Genehmigungsbehörden — und zwar in Zweifelsfällen nach Anrufung des Minister der öffentlichen Arbeiten — darüber Entscheidung zu treffen und in der Genehmigungs-Urkunde zum Ausdrucke zu bringen ist, in welche der beiden Klassen von Kleinbahnen — Straßenbahnen oder nebenbahnähnliche Kleinbahnen — das betreffende Unternehmen einzureihen ist. Zugleich ist in der Parenthese auf die Eingangsworte Absatz 8, sowie auf die Zusätze zu den §§ 5, 11, 22 und 32 hingewiesen, welche entsprechend der dort verfügten verschiedenen Behandlung beider Klassen die Entscheidung über die Zuteilung, sowie die ausdrückliche Festsetzung in der Genehmigungsurkunde erforderlich machen. Auch für die bereits vor dem Erlasse der Ausführungsanweisung vom 13. August 1898 genehmigten Kleinbahnen mit Maschinenbetrieb bedarf es der Feststellung, welcher dieser Klassen dieselben zuzurechnen sind. Auch hierüber ist in Zweifelsfällen ministerielle Entscheidung einzuholen.

Zirk.-Erl. d. Min d. öffentl. Arb. v. 5. November 1898, IV. 7115 III. 17 723.

Die Entscheidung in betreff der Zuteilung muß von beiden Behörden — Regierungspräsidenten und Eisenbahnbehörde — gemeinsam getroffen werden. Sind sie zweifelhaft oder nicht einig, so muß die Entscheidung des Ministers der öffentlichen Arbeiten angerufen werden. Ist der Unternehmer mit der Entscheidung der beiden Behörden nicht einverstanden, so steht ihm, wie in betreff aller Genehmigungsbedingungen, das Rechtsmittel der Beschwerde an den Minister der öffentlichen Arbeiten gemäß § 52 Satz 1 des Kleinbahngesetzes zu. Dies kann ihm auch dann nicht versagt werden, wenn der Minister bereits über die Zweifel der beiden Genehmigungsbehörden Entscheidung getroffen hat. Denn diese Entscheidung ist ein Internum der Verwaltung und kann dem Unternehmer sein selbständiges Beschwerderecht nicht entziehen.

Das Einvernehmen beider Behörden hat sich auf dem Gesamtinhalt der Genehmigung bezw. der Bedingungen derselben zu erstrecken. Beide Behörden sind hierin gleichberechtigt. Wenn auch der Natur der Sache nach die landespolizeilichen Angelegenheiten vornehmlich dem Regierungspräsidenten, die eisenbahntechnischen der Eisenbahnbehörde zufallen, so ist doch die Annahme, daß für erstere ausschließlich der Regierungspräsident, für letztere lediglich die Eisenbahnbehörde zuständig sei, nicht gerechtfertigt (Deutsch. Straßen- und Kleinb.-Ztg. 1896 Nr. 21), zumal die von beiden Behörden wahrzunehmenden Interessen häufig ineinanderlaufen und eben deshalb ein Einvernehmen erfordern. Auch kennt das Gesetz eine derartige Scheidung nicht. Vielmehr ist in allen Fragen Zusammenwirken und Einverständnis beider Behörden geboten und vom Gesetze beabsichtigt. Die Bezugnahme auf die den eisenbahntechnischen Aufsichtsbehörden in den §§ 10, 20 und 22 Satz 2 besonders zugewiesenen Rechte und Obliegenheiten spricht nicht für die gegenteilige Annahme, sondern arg. e. contr. wider dieselbe. Auch ist die zur Mitwirkung bei der Genehmigung berufene Eisenbahnbehörde (§ 3 Abs. 1 Nr. 1) nicht immer identisch mit der eisenbahntechnischen Aufsichtsbehörde (§ 22 Satz 2).

Zu denjenigen Gegenständen, deren Prüfung in erster Reihe den Eisenbahnbehörden zufällt, gehören die gesamten Baulichkeiten und Anlagen der Bahn in technischer und betriebstechnischer Hinsicht. Auch die Prüfung der Entwürfe zu den im Zuge der Kleinbahnen etwa vorkommenden Brücken und ähnlichen Bauwerken sowohl in eisenbahntechnischer, als in statischer Beziehung ist durch die zur Mitwirkung bei der Genehmigung berufene Eisenbahnbehörde zu bewirken.

Zirk.-Erl. d. Min. d. öffentl. Arb. v. 17. April 1894, Zeitschr. f. Kleinb. I 1894 S. 307. Verzeichnis Nr. 10.

Das Genehmigungsverfahren ist also bei Bahnen mit Maschinenkraft dahin geregelt, daß zunächst der Bewerber den Antrag mit den erforderlichen Unterlagen an den Regierungs- bezw. Polizeipräsidenten richtet; dieser macht hiervon dem Minister der öffentl. Arb. Anzeige mit dem Antrage auf Bestimmung der mitwirkenden Eisenbahnbehörde (falls diese nicht generell bestimmt ist). (Über die möglichste Beschleunigung der bezüglichen Anzeigen und Berichte Erl. v. 28. Mai 1900, Zeitschr. f. Kleinb. 1900 S. 391). Nach erfolgter Bestimmug der letzteren setzt sich der Regierungspräsident mit ihr ins Einvernehmen. Sind die beiden Behörden über Genehmigung oder Ablehnung einverstanden, so erfolgt die Genehmigung durch den Regierungspräsidenten, der in derselben auf das Einvernehmen der zuständigen Eisenbahnbehörde Bezug nimmt, oder die Ablehnung. Die Zustimmung zu den Kleinbahnplänen ist formell durch den auf dieselben zu setzenden Prüfungsvermerk der Eisenbahnbehörde auszusprechen.

Erl. v. 25. Januar 1900, Zeitschr. f. Kleinb. 1900 S. 216. Verzeichnis Nr. 81.

Die Eisenbahnbehörde ist auch zur Mitwirkung bei der vorläufigen und definitiven Planfeststellung im Falle des Enteignungsverfahrens berufen (§ 17 Absatz 2 f. Anm. 67).

Erl. v. 21. November 1900, Zeitschr. f. Kleinb. 1901 S. 138. Verzeichnis Nr. 100.

Sind die beiden Behörden nicht einverstanden, so ist die Ministerialinstanz anzurufen, nach deren Entscheidung sodann die Genehmigung vom Regierungspräsidenten in gleicher Weise zu erteilen bezw. abzulehnen ist. Der Unternehmer hat, wenn ihm wegen des Nichteinvernehmens beider Behörden die Genehmigung versagt ist oder unter zu schweren Bedingungen erteilt ist oder wenn nicht formell nach den Vorschriften des § 8 Abs. 1 die Zuziehung der Eisenbahnbehörde erfolgt ist, jedenfalls die Rechtsmittel des § 52.

Die Zuständigkeit der im Abs. 1 Nr. 1 bezeichneten Behörden erstreckt sich auf die Genehmigung von Bahnen, deren Betrieb ganz oder teilweise mit Maschinenkraft beabsichtigt wird. Mit „Maschinenkraft betrieben" sind sowohl die mit Lokomotiven, d. h. sich im Zuge bewegenden, ein selbständiges Fahrzeug bildenden Dampfmaschinen betriebenen Bahnen, wie auch die mit Maschinen irgend welcher Art (elektrischen, pneumatischen, hydrodynamischen, atmosphärischen, stabilen oder sich im Zuge bewegenden) betriebenen zu verstehen (s. § 1 Abs. 2 Anm. 3 S. 29)

O.-V.-G. 4. Sen. 14. Februar 1898, Eisenb. Entsch. XV S. 53.

überhaupt mit irgend einer mechanischen (nicht tierischen) Kraft, also z. B. auch wenn das Gewicht der bergabfahrenden Wagen die bewegende Kraft für die gleichzeitig bergauffahrenden Wagen bildet (Erl. des Min. der öffentl. Arb. v. 28. März 1893. III 5444 IV (I) 1608). Der Regierungsentwurf sprach ohne Unterscheidung allgemein von Maschinenkraft. Auf Anfrage eines Mitgliedes der Abg.-H.-Kommission (Akt.-St. Nr. 206 S. 2278) wurde aber regierungsseitig erklärt, daß es beabsichtigt sei, in jedem Falle, wo überhaupt Maschinenkraft zur Anwendung käme, die Genehmigung dem Regierungspräsidenten in Verbindung mit der betr. Eisenbahnbehörde zu übertragen. Mit Rücksicht auf diese Erklärung wurden die Worte „ganz oder teilweise" eingefügt (S. 69, 70). Ein teilweiser Betrieb mit Maschinenkraft findet nicht nur dann statt, wenn auf einer oder einzelnen Strecken Maschinenkraft, auf den übrigen eine andere Betriebskraft den Motor bildet, sondern auch wenn auf denselben Strecken alternierend Maschinen- und andere Kräfte Verwendung finden, oder wenn dies nur zu einzelnen Zeiten (periodisch), bei starkem Verkehr, Markt- und Messezeiten, oder für besondere Gattungen von Gütern geschieht. Und dies trifft auch dann zu, wenn ein bereits bestehendes Kleinbahnunternehmen seinen Betrieb insofern ändert, als auf einzelnen Strecken an Stelle des Betriebs mit Pferden, ein Betrieb mit Maschinenkraft (Elektrizität, Dampf ꝛc.) eingeführt wird.

O.-V.-G, 4. Sen. 14. Februar 1898, Eisenb. Entsch. XV S. 53.

In der Abg.-H.-Kommission (Akt.-St. Nr. 206 S. 2278) wurde auch der Antrag gestellt, hinter dem Worte „Betrieb" das Wort „dauernd" einzusetzen, mit Rücksicht auf eine etwaige nur versuchsweise Einführung des Maschinenbetriebs. Dem widersprach jedoch der Regierungskommissar. Denn, wenn ein Unternehmer den Übergang zum Maschinenbetrieb beabsichtige, entsprechende Einrichtungen treffe, vorläufig aber noch Versuche über die zweckmäßigste Art dieses Betriebes anstelle, so würde schon aus Rücksichten technischer Sachkunde die Genehmigung nach Nr. 1 unter Mitwirkung der Eisenbahnbehörde zu erteilen sein. Wenn es sich aber lediglich um Versuche mit Maschinenbetrieb handle, welche ohne Änderungen der Einrichtungen zu dem Zwecke stattfänden, um die Beschlußfassung darüber vorzubereiten, ob der Betrieb mit Maschinenkraft in Aussicht zu nehmen sei, so liege die Voraussetzung der Nr. 1 nicht vor und es bleibe daher die Zuständigkeit nach Nr. 2 bestehen. Nach dieser Erklärung wurde der qu. Antrag abgelehnt.

Ohne Zweifel muß aber die sofortige Verwendung der Maschinenkraft von vornherein in Aussicht genommen sein. Es genügt nicht, daß vorläufig Betrieb mit einer anderen Zugkraft und erst späterhin mit Maschinenkraft beabsichtigt ist, auch wenn die bezüglichen Einrichtungen für letztere planmäßig vorgesehen sind, so daß der Übergang zum Maschinenbetrieb später ohne weiteres zu bewerkstelligen sein würde. Sobald Betrieb mit Maschinenkraft eintreten soll, bedarf es der Genehmigung gemäß Nr. 1 (s. Abs. 3 Anm. 13).

Sollen mit dem Eisenbahnunternehmen ohne Maschinenkraft akzessorische Betriebe, wie z. B. Gasanstalten, Reparaturwerkstätten, Wasserstationen und Pumpwerke verbunden werden, bei welchen Maschinenkraft zur Anwendung gelangt, so ist die Zuständigkeit aus Nr. 1 nicht begründet, denn es liegt dann nicht Eisenbahnbetrieb mit Maschinenkraft vor, sondern der Betrieb anderer gewerblicher Anlagen mit Maschinenkraft.

[11]) Abs. 1 Nr. 2 normiert die Zuständigkeit der nicht mit Maschinenkraft betriebenen Kleinbahnen. Für letztere wurde die Prüfung und Genehmigung seitens der Polizeibehörde, in deren Bezirk sich die geplante Bahn bewegen soll, für ausreichend und die Zuziehung einer besonderen sachkundigen Behörde in der Regel nicht für erforderlich erachtet. § 3 Abs. 1 Nr. 2.

Die Ausf.-Anw. zum § 3 Nr. 2b u. c legt jedoch im Abs. 1 u. 2 den betr. Behörden in schwierigeren Fällen die Zuziehung eines technischen Beirats durch folgende Bestimmung nahe: „Es wird sich empfehlen, in denjenigen Fällen, in denen eine Bahn öffentliche Wege berührt, Flüsse überschreiten muß oder sonst nicht ganz einfache Bauverhältnisse vorliegen, bei der Prüfung des Genehmigungsgesuches sich technischen Beirats zu bedienen (Königliche, Provinzial-, Kreis- oder städtische Baubeamte 2c.). Die hierdurch erwachsenden baren Auslagen fallen, wie alle baren Auslagen in dem Genehmigungsverfahren, dem Unternehmer zur Last, andere Kosten sind demselben dagegen nicht aufzuerlegen."

Die Ausf.-Anw. spricht bei dieser Gelegenheit den wichtigen, bereits bei § 2 Anm. 6 S. 56 erwähnten Grundsatz aus, daß der Unternehmer nur die baaren, im Genehmigungsverfahren erwachsenden Auslagen zu tragen hat, alle übrigen Kosten des Verfahrens ihm dagegen nicht zur Last fallen. Als bare Auslagen sind die durch die Bekanntmachung der Genehmigung von Kleinbahnen im Amtsblatt 2c. erwachsenden Kosten anzusehen und dem Unternehmer zur Last zu legen (Erl. d. Min. d. öffentl. Arb. v. 30. September 1893, Min.-Bl. d. i. V. 1893 Nr. 10 S. 254) Verzeichnis Nr. 3. Dagegen sind die Kosten, welche im Genehmigungs- und Planfeststellungsverfahren für Kleinbahnen durch Reisen der Regierungs-Kommissarien entstehen, zu den dem Unternehmer zur Last fallenden baren Auslagen nicht zu rechnen, sofern die qu. Reisekosten nicht etwa durch die Schuld des Unternehmers z. B. durch Vereitelung von Terminen, Stellung von Verlegungsanträgen in den Terminen 2c. verursacht sind (Erl. d. Min. der öffentl. Arb. v. 17. Mai 1894, Min.-Bl. d. i. V. 1894 Nr. 5 S. 90) s. Verzeichnis Nr. 12.

Die Regelung der Zuständigkeit zur Erteilung der Genehmigung schließt sich grundsätzlich an die Organisation der Polizeibehörden an, zumal diese — abgesehen von den Ortspolizeibehörden — zugleich Organe der allgemeinen Staatsverwaltung und als solche besonders qualifiziert sind, auch über die in Betracht kommenden Verhältnisse nicht polizeilicher Natur Entscheidung zu treffen. Je nach der räumlichen Ausdehnung der geplanten Bahn über mehrere Kreise oder nicht preußische Landesteile ist demgemäß der Regierungspräsident (Nr. 2a), über mehrere Polizeibezirke desselben Landkreises der Landrat (Nr. 2b), und innerhalb eines Polizeibezirks die Ortspolizeibehörde (Nr. 2c) für zuständig erklärt. Es ist hiernach grundsätzlich eine Dreiteilung der Zuständigkeit und des Instanzenzuges geschaffen.

O.-V.-G. 4. Sen. 11. Juli 1896 Entsch. Bd. 31 S. 370 (374).

Nur in Nr. 2a ist von dieser systematischen Abstufung eine Ausnahme gemacht durch die Bestimmung, daß, sofern Kunststraßen benutzt werden, in allen Fällen, also gleichviel, ob mehrere Kreise oder nur ein Kreis oder Polizeibezirk berührt werden, der Regierungspräsident, für den Stadtkreis Berlin der Polizeipräsident zuständig ist. Diese Ausnahme beruht nach den Motiven darauf, daß die Unterstellung der Kunststraßen unter die Landespolizeibehörde der Ordnung der wegepolizeilichen Zuständigkeit für dieselben (§ 56 des Zuständigkeitsgesetzes) entspricht.

Für den Begriff der Kunststraßen muß unterschieden werden zwischen den vor dem 17. März 1889 zur Monarchie gehörigen und den nach diesem Zeitpunkte neu erworbenen Landesteilen.

Für die vor dem 17. März 1889 zur Monarchie gehörigen Landesteile definiert das Gesetz vom 20. Juni 1887, betreffend den Verkehr auf den Kunststraßen (G.-S. S. 301) § 12, auf welchen die Ausf.-Anw. zu Nr. 2a, lit. a verweist, den Begriff dahin: „Als Kunststraßen, (Chausseen) im gesetzlichen Sinne gelten in dem Geltungsbereiche dieses Gesetzes: 1. alle Kunststraßen, auf welche die Verordnung vom 17. März 1839, betreffend den Verkehr auf den Kunststraßen (G.-S. 1839 S. 80) Anwendung findet; 2. alle Kunststraßen, für welche das Recht zur Erhebung von Chausseegeld verliehen ist oder die zusätzlichen Bestimmungen zu dem Chausseegeldtarif vom 29. Februar 1840 (G.-S. 1840 S. 97) für anwendbar erklärt sind; 3. diejenigen Kunststraßen, welche auf Antrag des Unterhaltungspflichtigen als solche staatlich vom Oberpräsidenten anerkannt werden."

Für die nach dem 17. März 1839 neu erworbenen Landesteile sind nach der Ausf.-Anw. zum § 8 Nr. 2a lit. b—f anzusehen: b) für die Provinz Hannover: die Chausseen und Landstraßen; c) für Schleswig-Holstein mit Ausnahme des Kreises Herzogtum Lauenburg: die in der Unterhaltung der Provinz befindlichen Haupt- und Neben-Landstraßen und die in der Unterhaltung der Kreise befindlichen ausgebauten Neben-Landstraßen; d) für die Provinz Hessen-Nassau: die vormaligen Staatsstraßen, die Provinzial-, Distrikts- und chaussierten Verbindungsstraßen sowie die Landwege; e) für die Hohenzollernschen Lande: die Landstraßen; f) für den Kreis Herzogtum Lauenburg: die Landstraßen.

Die Unterstellung der Kunststraßen unter die Zuständigkeit des Regierungspräsidenten (bezw. für den Stadtkreis Berlin des Polizeipräsidenten) hat jedoch eine Einschränkung erfahren in betreff derjenigen Kunststraßen, welche als städtische Straßen in der Unterhaltung und Verwaltung von Stadtkreisen stehen. Da es zweifelhaft sein konnte, ob nicht die städtischen Straßen überhaupt als Kunststraßen begrifflich zu betrachten sind, jedenfalls aber nach der im Plenum geäußerten, regierungsseitig bestätigten Annahme diejenigen Teile früherer Provinzialchausseen, welche als städtische Straßen auf Grund des § 18 des Dotationsgesetzes

v. 8. Juli 1875 (G.-S. S. 497) in städtische Verwaltung übergegangen sind, nach wie vor als Kunststraßen anzusehen sind, welche der Kompetenz des Regierungspräsidenten unterstehen (Sten. Ber. S. 1975), so wurde eine positive Gesetzesbestimmung für notwendig erachtet und in der III. Lesg. des Abg.-H. eingefügt, wonach die als städtische Straßen in der Unterhaltung und Verwaltung von Stadtkreisen stehenden Kunststraßen von der in Nr. 2a bestimmten Zuständigkeit des Regierungspräsidenten, bezw. für den Stadtkreis Berlin des Polizeipräsidenten, ausgenommen sind (Sten. Ber. S. 2067). Für die städtischen Straßen ist also gemäß Nr. 2c die Ortspolizeibehörde zuständig. Es sind — wie ausdrücklich hervorgehoben und durch die Fassung zum Ausdruck gebracht wurde — nicht bloß die in die Verwaltung der Stadtkreise übergegangenen, sondern auch die von den Städten selbst erbauten Straßen gemeint; deshalb wurde die ursprünglich vorgeschlagene Fassung „welche . . . übergegangen sind" in: „welche . . . stehen" abgeändert (Sten. Ber. S. 2067).

Zur Beseitigung von Zweifeln bestimmt die Ausf.-Anw. zu § 3 bei Nr. 2a Abs. 2: „Welche Kunststraßen als städtische Straßen in der Unterhaltung und Verwaltung von Stadtkreisen stehen, ist eine Tatfrage, welche für jeden Fall besonders zu entscheiden ist. Es empfiehlt sich indessen, mit den städtischen Behörden der einen Stadtkreis bildenden Städte alsbald in Verhandlung zu treten und eine Verständigung darüber herbeizuführen, betreffs welcher Teile von Kunststraßen die Zuständigkeit der Regierungspräsidenten auszuschließen sein wird. Für den Fall von Meinungsverschiedenheiten ist die Entscheidung der Minister des Innern und der öffentl. Arb. einzuholen."

Abgesehen von der Benutzung der Kunststraßen — mit der vorstehend erörteten Einschränkung — ist der Regierungs-Präsident überall da kompetent, wo von der Bahn mehrere Kreise oder nichtpreußische Landesteile berührt werden sollen. Es sind — was wohl versehentlich nicht ausgedrückt ist (s. Nr. 2b) — mehrere Kreise desselben Regierungs- bezw. Landespolizeibezirks gemeint. Denn, wenn die Kreise verschiedenen Regierungsbezirken angehören, so greift § 3 Abs. 2 (Anm. 12 S. 68) Platz. Werden nichtpreußische — deutsche oder außerdeutsche — Landesteile berührt, so ist der Regierungs-Präsident zuständig, gleichviel ob mehrere Kreise oder nur ein Kreis oder Polizeibezirk seines Regierungsbezirks beteiligt ist. Gehören aber die Kreise ꝛc. verschiedenen Regierungsbezirken an und sollen durch die geplante Bahn mit außerpreußischen Landesteilen in Berührung treten, so findet § 3 Abs. 2 (Anm. 12) Anwendung. Die Anträge auf Genehmigung sind in allen in Nr. 2a bezeichneten Fällen an den zuständigen Regierungspräsidenten zu richten. Er ist allein zuständig, eine Übertragung seiner Genehmigungsbefugnis auf eine höhere (Minister, Oberpräsidenten) oder niedere Behörde (Landrat, Ortspolizeibehörde) ist gesetzlich nicht statthaft.

Die Erlasse des Min. d. öffentl. Arb. v. 2. Oktober 1892 und 2. März 1893 betr. die Zuständigkeit des Polizeipräsidenten in Berlin bezüglich derjenigen Kleinbahnen und Privatanschlußbahnen in den Kreisen Teltow und Niederbarnim, bei welchen Berlin beteiligt ist oder durch welche der Stadtkreis Charlottenburg berührt wird, sind aufgehoben und durch den Erlaß v. 28. April 1902 (Zeitschr. f. Kleinb. S. 881. Verzeichnis Nr. 124) ist bestimmt, daß in Zukunft, sofern der Landespolizeibezirk Berlin beteiligt ist, in jedem Einzelfall die Entscheidung der Minister der öffentlichen Arbeiten und des Innern über die zuständige Behörde nachzusuchen ist.

In den vorbezeichneten Fällen fungiert der Regierungspräsident als Landespolizeibehörde. Daher ist gegen seine Verfügung gemäß § 130 der Land.-Verw.-Ges. v. 30. Juli 1888 nicht die Klage beim Bezirksausschusse, sondern nur die Beschwerde an den Oberpräsidenten gegeben. Für den im Erlasse vom 2. Oktober 1892 geregelten Fall ist dies in einer Entscheidung des O.-V.-G. eingehend ausgeführt.

O.-V.-G. 4. Sen. v. 11. Juli 1896 Entsch. Bd. 31 S. 370. Eisenb. Entsch. XIV S. 211.

§ 3 Abs. 1 Nr. 2b. Nr. 2. b) Berührt die Bahn **mehrere Polizeibezirke desselben Landkreises**, so ist der **Landrat** ꝛc. dieses Kreises zuständig. Gehören die Polizeibezirke verschiedenen Kreisen an oder werden zugleich auch außerpreußische Landesteile berührt, so sind die unter Nr. 2a bezeichneten Behörden zuständig. Auch die Befugnis des Landrats kann nicht an eine andere Behörde, weder an eine höhere, noch eine untere delegiert werden.

§ 3 Abs. 1 Nr 2c. Nr. 2. c) Verbleibt die Bahn innerhalb der Grenzen **eines Polizeibezirks**, so ist die **Ortspolizeibehörde** ꝛc. dieses Bezirks zuständig. Auch hier ist Delegation an eine andere Behörde ausgeschlossen. In der Abg.-H.-Kommission (Sten. Ber. S. 2279) wurde hierbei die Frage aufgeworfen, welche Behörde zur Genehmigung einer Kleinbahn in Städten mit Königlicher Polizeiverwaltung zuständig sein würde, wenn auf Grund des § 6 des Gesetzes, betreffend die Kosten Königlicher Polizeiverwaltungen in Stadtgemeinden, vom 20. April 1892 (G.-S. S. 87) einzelne Zweige der Ortspolizeiverwaltung den Stadtgemeinden zur eigenen Verwaltung überwiesen sind oder werden. Regierungsseitig wurde hierauf erwidert, daß die Regierung in jedem Einzelfalle bei den Verhandlungen mit den in Betracht kommenden Gemeinden wegen Übertragung einzelner Zweige der Polizeiverwaltung Stellung zu dieser Frage zu nehmen haben werde. Indes darf nicht außer Betracht bleiben, daß die Zuständigkeit eine gesetzlich bestimmte ist; sie gehört nach Nr. 2c der Ortspolizeibehörde. Daher kann nicht im Vertragswege, bezw. durch Verhandlungen hierüber verfügt werden. Wenn auch einzelne Zweige der Ortspolizeiverwaltung den Stadtgemeinden zur eigenen Verwaltung überwiesen sind, so bleibt die **Königliche Behörde doch die eigentliche Ortspolizeibehörde**, welche **allein zuständig** ist. Aber auch vom rein polizeilichen Standpunkte aus ist nicht zu übersehen, daß bei der Prüfung und Genehmigung eines Kleinbahnunternehmens die verschiedensten Zweige der Polizei: Gewerbe-, Bau-, Verkehrs-, Straßen-, Veterinär- ꝛc. Polizei zusammentreffen. Sind diese nicht in einer Hand vereinigt, so würde man mit **Gleim** (Anm. 7 S. 65) zu der Annahme gelangen müssen, daß mehrere Behörden, königliche und städtische zusammen, zuständig sind. Daß dies zu den größten Unzuträglichkeiten führen würde, liegt auf der Hand. Dagegen erscheint es selbstverständlich, daß die Königliche Behörde mit Rücksicht auf die Bedeutung der qu. Unternehmungen für die Gemeinde sich mit dieser vor der Genehmigung ins Einvernehmen setzen wird. Eventuell ist letztere jederzeit in der Lage, durch Anrufung der der Königl. Behörde vorgesetzten Instanz ihre Interessen wahrzunehmen.

§ 3 Abs. 2. **12**) **Abs.** 2 regelt die Zuständigkeit für die im Abs. 1 nicht vorgesehenen Fälle, in welchen die projektierte Bahn 1. **mehrere Regierungsbezirke derselben Provinz** oder 2. **mehrere Provinzen** berührt.

Im **ersteren Falle**, welcher Platz greift, wenn die zum Betriebe mit Maschinenkraft einzurichtende Bahn die Bezirke mehrerer Landespolizeibehörden derselben Provinz berührt (Abs. 1 Nr. 1) oder bei Bahnen ohne Maschinenkraft oder unter Benutzung von Kunststraßen die betreffenden Kreise nicht in demselben Regierungsbezirke der Provinz liegen, bezeichnet der Oberpräsident die zuständige Behörde.

Im zweiten Falle, welcher eintritt, wenn die Landespolizeibezirke bezw. Kreise verschiedenen Provinzen angehören oder Berlin beteiligt ist, wird die zuständige Behörde vom Minister der öffentlichen Arbeiten im Einvernehmen mit dem Minister des Innern bezeichnet.

Aus den Worten „im Einvernehmen" mit dem Minister des Innern geht hervor, daß die Bezeichnung der zuständigen Behörde im zweiten Falle durch den Minister der öffentlichen Arbeiten formell erfolgt, die Mitwirkung des Ministers des Innern ein Internum der Verwaltung bildet. In dem Falle, wo die zum Betriebe mit Maschinenkraft einzurichtende Bahn die Bezirke mehrerer Landespolizeibehörden berührt, geschieht die Bezeichnung der zuständigen Behörde durch den Oberpräsidenten unbeschadet des dem Minister der öffentlichen Arbeiten gemäß Abs. 1 Nr. 1 zustehenden Rechtes, eine bei der Genehmigung mitwirkende Eisenbahnbehörde zu bezeichnen. Die vom Oberpräsidenten bestellte Behörde hat sich also mit der betr. Eisenbahnbehörde gemäß Abs. 1 Nr. 1 in Einvernehmen zu setzen. Die Genehmigungsbefugnis steht der ersteren nicht allein zu. Ebenso hat bei der Berührung mehrerer Provinzen durch die Bahn oder bei der Beteiligung von Berlin der Minister der öffentlichen Arbeiten nicht nur im Einvernehmen mit dem Minister des Innern die zuständige Landespolizeibehörde zu bestimmen, sondern auch außerdem allein gemäß Abs. 1 Nr. 1 die bei der Genehmigung mitwirkende Eisenbahnbehörde zu bezeichnen.

Im Übrigen ist die Wahl der zuständigen Behörde dem Oberpräsidenten bezw. dem Minister zwar ganz freigestellt. Doch liegt es im Sinne des Gesetzes und in den Ressortverhältnissen begründet, daß in den Fällen des Abs. 2 zum mindesten eine dem Regierungspräsidenten koordinierte Behörde zu wählen ist. Es würde füglich nicht angängig erscheinen, in betreff einer mehrere Regierungsbezirke oder Provinzen berührenden Bahn eine Ortspolizeibehörde oder einen Landrat als zuständige Behörde zu bestellen. Dies geht auch aus der analogen Vorschrift des § 44 Abs. 2 hervor, welche ausdrücklich die Bestimmung einer Landespolizeibehörde erfordert.

Durch die Vorschrift des Abs. 2 soll keineswegs noch ein vierter Instanzenweg zu den unter Abs. 1 Nr. 2a, b und c gebildeten hinzutreten, sondern lediglich der erste, unter Nr. 2a vorgesehene für einige Spezialfälle ergänzt werden. „Ausgeschlossen erscheint es, — führt das O.-V.-G. zutreffend aus — daß der Gesetzgeber, nachdem er im § 8 Nr. 2 des Kleinb.-Ges. grundsätzlich je nach der räumlichen Ausdehnung des Unternehmens eine Dreiteilung der Zuständigkeit und des Instanzenzuges geschaffen und im § 8 Nr. 2a des betr. Gesetzes für den Fall der Beteiligung von mehreren Kreisen den Regierungspräsidenten als zuständig bezeichnet hat, in dem 2. Abs. desselben Paragraphen für den Fall, daß mehrere Kreise verschiedenen Provinzen oder Regierungsbezirken angehören, im Widerspruch mit der vorherigen grundsätzlichen Regelung noch einen vierten eigenartigen, mit dem gesamten Aufbau der sonstigen Bestimmungen des § 3 nicht zu vereinbarenden Instanzenweg habe herstellen wollen."

O.-V.-G. 4. Sen. 11. Juli 1898 Entsch. Bd. 31 S. 370 (374).

13) Abs. 3 regelt im Anschluß an Satz 2 des § 2 die Zuständigkeit für den § 3 Abs. 3.

Fall, daß für eine Kleinbahn wesentliche Erweiterungen oder sonstige wesentliche Änderungen des Unternehmens, der Anlage oder des Betriebs geplant sind (Anm. 7 S. 50). Verleihen diese Erweiterungen oder Änderungen dem Unternehmen einen Umfang bezw. eine Beschaffenheit, welche — wenn von Anfang an vorhanden — dasselbe der Zuständigkeit einer anderen Behörde unterstellt haben würden, so erscheint es nicht angezeigt, die Zuständigkeit zur Genehmigung derartiger Erweiterungen oder Änderungen der bisher zuständigen Behörde zu belassen, oder auf mehrere Behörden zu verteilen. Vielmehr wurde es für diese Fälle für notwendig erachtet, um eine einheitliche Behandlung des gesamten Unternehmens zu sichern und Differenzen unter den beteiligten Behörden zu verhüten, die Zuständigkeit zur Genehmigung grundsätzlich derjenigen Behörde zuzuweisen, welche dazu berufen sein würde, wenn das Unternehmen in der Gestalt, in welcher es durch die Erweiterung oder Änderung projektiert ist, neu zu genehmigen wäre. Wird also z. B. für eine Pferdebahn, welche innerhalb eines Polizeibezirks belegen und daher der Zuständigkeit der Ortspolizeibehörde unterworfen ist (Abs. 1 Nr. 2c), eine Ausdehnung in einen benachbarten Polizeibezirk desselben Landkreises geplant, so soll zur Genehmigung dieser Erweiterung der Landrat dieses Kreises zuständig sein (Abs. 1 Nr. 2b), weil die Pferdebahn, wenn von Anfang an in dieser Ausdehnung geplant, der Zuständigkeit des Landrats unterworfen gewesen wäre.

Der vorerörterte Grundsatz gilt, da Abs. 3 nicht nur von wesentlichen Erweiterungen, sondern überhaupt von allen wesentlichen Änderungen des Unternehmens, der Anlage und des Betriebes spricht (s. § 2 Anm. 7 S. 50 ff., 52), sowohl von Ausdehnungen, wie auch von Einschränkungen der ursprünglichen (bisherigen) Unternehmungen. Indes wurde durch Satz 2 des Abs. 3 hiervon eine Ausnahme für den Fall des Abs. 1 Nr. 1 geschaffen. Nach Abs. 1 Nr. 1 ist in allen Fällen, in welchen der Betrieb ganz oder teilweise mit Maschinenkraft betrieben wird, der Regierungspräsident (für den Stadtkreis Berlin der Polizeipräsident) im Einvernehmen mit der vom Minister der öffentl. Arb. bezeichneten Eisenbahnbehörde zuständig. Wird der Übergang einer Kleinbahn ohne Maschinenbetrieb zu einer solchen mit Maschinenbetrieb — ganz oder teilweise — geplant, so ist nach Abs. 3 Satz 1 der Regierungspräsident rc. zur Genehmigung zuständig.

O.-V.-G. 4. Sen. 14. Februar 1898 Eisenb. Entsch. XV S. 53, 55.

Wird aber umgekehrt der Übergang vom Maschinenbetrieb zum Betriebe ohne Maschinenbetrieb projektiert, so würde folgeweise die Zuständigkeit zur Genehmigung vom Regierungspräsidenten auf diejenige Behörde übergehen müssen, welche für die Genehmigung des Unternehmens zuständig gewesen wäre, wenn es von Anfang an ohne Maschinenbetrieb angelegt worden wäre. Diese Konsequenz des allgemeinen Grundsatzes des Satzes 1 durchzuführen, erschien jedoch nicht angezeigt. Man zog in Erwägung, daß das sachgemäße Urteil hierüber nur derjenigen Behörde zustehen könne, welche bisher die Aufsicht über dasselbe geführt habe. Aus diesem Grunde wurde in Abweichung von der Regel des Satzes 1, durch Satz 2 als Ausnahme bestimmt, daß zur Genehmigung von Änderungen des Betriebs der in Absatz 1 Nr. 1 erwähnten Unternehmungen diejenige Behörde zuständig bleibt, welche die Genehmigung zum Bau und Betriebe erteilt hat. Diese Ausnahme gilt aber nur für die Genehmigung. Ist diese gemäß Satz 2 erteilt, so greift für die Zuständigkeit in Betreff der Aufsicht ꝛc. weiterhin die allgemeine Regel Platz, d. h. es ist nunmehr — nach erteilter Genehmigung — diejenige Behörde zuständig, welche die Genehmigung zu erteilen gehabt haben würde, wenn die Bahn von vornherein in ihrer neuen Betriebsart genehmigt worden wäre. (S. 70). Es erscheint jedoch de leg. fer. fraglich, ob es nicht zweckmäßig gewesen wäre, diese Ausnahme auf alle Fälle wesentlicher Einschränkungen auszudehnen.

Durch Abs. 3 wird selbstredend die Vorschrift des § 2 Satz 3 nicht berührt, wonach die Genehmigung zu versagen ist, wenn die Erweiterung oder Änderung die Unterordnung des Unternehmens unter das Gesetz v. 3. November 1838 bedingt (Anm. 8 S. 52). In diesem Falle sind die im § 3 bezeichneten Behörden zur Erteilung der Genehmigung nicht zuständig, sondern der Landesherr gemäß § 1 des Ges. v. 1838. Ebenso sind, wenn durch die beantragte Änderung eine Kleinbahn in eine Privatanschlußbahn (§§ 43 ff.) verwandelt werden soll, die im § 3 bezeichneten Behörden zur Genehmigung nicht zuständig. Dieselben können zwar die Rücknahme der Genehmigung der Kleinbahn als solcher bewirken. Zur Erteilung der Genehmigung derselben als Privatanschlußbahn sind aber die im § 44 bezeichneten Behörden zuständig.

Auf Anfrage eines Mitgliedes stellte übrigens in der Kommission des Abg.-H. der Regierungs-Kommissar fest, daß als Zeitpunkt des Überganges der Kompetenz zur Aufsicht von der einen auf die andere Behörde die Übergabe der diese Kompetenzveränderung zur Folge habenden Genehmigungsverfügung anzunehmen sei, welcher Ausführung die Kommission zustimmte (Akt.-St. Nr. 206 S. 2278).

§ 4.[14])

Die Genehmigung wird auf Grund vorgängiger polizeilicher Prüfung erteilt.[15]) Diese Prüfung beschränkt sich auf:[16])

1. die betriebssichere Beschaffenheit der Bahn und der Betriebsmittel,[17])
2. den Schutz gegen schädliche Einwirkungen der Anlage und des Betriebes,[18])
3. die technische Befähigung und Zuverlässigkeit der in dem äußeren Betriebsdienste anzustellenden Bediensteten,[19])
4. die Wahrung der Interessen des öffentlichen Verkehrs.[20])

1. Ausführungsanweisung vom 13. August 1898.

Zu § 4.

Die Nummern 1 bis 4 bezeichnen diejenigen Punkte, auf welche sich die polizeiliche Prüfung überhaupt nur erstrecken darf; es ist aber nicht notwendig, dass alle dort aufgeführten Punkte zum Gegenstande polizeilicher Festsetzung gemacht werden; insbesondere ist es durch die Bestimmungen des § 4 der genehmigenden Behörde keineswegs zur Pflicht gemacht, bezüglich aller dortselbst erwähnten Punkte in den Genehmigungen Vorschriften oder Auflagen oder Vorbehalte zu machen, vielmehr wird in jedem einzelnen Falle zu prüfen sein, ob und wie weit zur Wahrung der beteiligten öffentlichen Interessen Vorschriften zu machen oder Bedingungen zu stellen sein werden.

Über das, was nach Lage des einzelnen Falles nach dem pflichtmässigen Ermessen der Behörde zur Sicherung der beteiligten öffentlichen Interessen notwendig ist, darf in keinem Falle hinausgegangen werden. *Insbesondere hat die Prüfung der Baupläne lediglich nach dem Gesichtspunkte dieser Sicherung zu erfolgen; abgesehen hiervon sind technische Verbesserungen nicht zu fordern.*

Sofern die von dem Unternehmer beigebrachten Unterlagen seines Gesuches (Pläne vom Bau und Betriebe u. s. w.) die erforderliche Prüfung im einzelnen noch nicht gestatten, kann dieselbe und dementsprechend die Stellung von Bedingungen und Auflagen bis zur Ausführung des Baues und des Betriebes vorbehalten werden.

Was die Bedeutung der No. 3 anlangt, so ist zunächst die Bezeichnung „im äusseren Betriebsdienste" enger als das, was in der Eisenbahn-Verwaltung unter „äusserem Dienste" verstanden wird. Während die letztgedachte Bezeichnung das gesamte mit dem Publikum in Berührung kommende Personal zum Unterschiede von dem Bureaupersonal umfasst, wird als im äusseren Betriebsdienst stehend nur das Personal zu verstehen sein, welches mit der Beförderung oder Bahnunterhaltung unmittelbar zu tun hat (Lokomotivführer, Heizer, Zugführer, Schaffner, Kutscher, Bahnmeister, das mit der Abfertigung der Züge betraute Personal u. s. w.).

Der Ausdruck „technische" Zuverlässigkeit ist gleichbedeutend mit Zuverlässigkeit in Bezug auf die Berufspflicht.

Endlich wird bei der Genehmigung selbstverständlich nur zu bestimmen sein, ob, inwiefern und in welcher Weise eine vorgängige Prüfung der technischen Befähigung vorzunehmen ist, oder ob, wie dies bei Pferdebahnen angängig sein wird, lediglich die Entfernung technisch nicht befähigter oder nicht zuverlässiger Bediensteten vorzusehen ist.

Die bei der Genehmigung allgemein vorgeschriebene Prüfung wird bezüglich der einzelnen Bediensteten in jedem Falle besonders zu erfolgen haben.

Den Kleinbahnunternehmern kann es überlassen werden, Prüfungsvorschriften ausschliesslich für das Personal des äusseren Betriebsdienstes zu entwerfen und der Aufsichtsbehörde zur Genehmigung vorzulegen. Die auf Grund solcher genehmigten Vorschriften unter geeigneter Kontrolle der Aufsichtsbehörden geprüften Bediensteten sind alsdann auch in anderen Aufsichtsbezirken und bei anderen Kleinbahnen bis zu ihrer Beanstandung aus bestimmten Anlässen als technisch befähigt und zuverlässig für dieselbe Dienstverrichtung im Sinne des § 4 Nr. 3 des Gesetzes zu erachten.

Bedingungen und Vorbehalte, an welche die Genehmigung geknüpft wird, sind stets in die Genehmigungsurkunde selbst aufzunehmen, so dass aus derselben in Verbindung mit dem Gesetz Mass und Art der dem Unternehmer obliegenden Verpflichtungen mit Sicherheit erhellt.

Von Vorbehalten, wonach der Unternehmer sich von vornherein etwaigen

Anforderungen hinsichtlich der Erweiterung oder Änderung des Unternehmens infolge der späteren Verkehrsentwickelung zu unterwerfen hat, ist abzusehen.

Vgl. Ausführungsanweisung vom 13. August 1898. Verzeichnis Nr. 62.

Anlage 3: Betriebsvorschriften für Kleinbahnen mit Maschinenbetrieb vom 13. August 1898.

14) Prinzip und Entstehungsgeschichte des § 4. § 4

I. Prinzip. Mit § 4 beginnen die Vorschriften über die Voraussetzungen der Genehmigung. § 4 bestimmt als erste Voraussetzung die vorgängige polizeiliche Prüfung des Unternehmens. Prinzip.

Bereits an früherer Stelle ist erörtert worden, daß die Genehmigung einer Kleinbahn dem öffentlichen Verkehrszwecke entsprechend nicht eine rein polizeiliche ist, sondern ebenso, wie die der Haupt= und Nebenbahnen, den Charakter eines Privilegs, einer Eisenbahnkonzession hat, dessen Verleihung nicht allein an die Beobachtung polizeilicher Ge= und Verbote geknüpft ist. Vielmehr steht der mit bestimmten Vorrechten ausgestatteten Befugnis zum Bau nnd Betriebe die korrelate Pflicht hierzu notwendig gegenüber und mit dieser sind eine Reihe Obliegenheiten zur Wahrung öffentlicher wie auch privater und fiskalischer Interessen verbunden. (§ 2 Anm. 5 S. 86). Wenn sonach § 4 die Genehmigung von einer vorgängigen polizeilichen Prüfung abhängig macht, so darf daraus keineswegs gefolgert werden, daß die Genehmigung eine ausschließlich polizeiliche sei und sich die genehmigende Behörde nur auf eine polizeiliche Prüfung zu beschränken habe. Auch andere von der projektirten Eisenbahn berührte öffentliche und private Interessen sind der Prüfung unterworfen. Dahin gehört, abgesehen von der Prüfung der Bedürfnisfrage, die der finanziellen Unterlagen (§ 5), s. auch Ausf.=Anw. Abs. 8 zu § 11 des Kleinb.=Ges., der Obliegenheiten im Interesse der Wegeunterhaltungspflichtigen (§§ 6, 7), der Post=, Telegraphen=, Militärverwaltung (§§ 8, 9, 42) u. s. w.

Es erschien angezeigt, zur Förderung des Kleinbahnwesens das Gebiet der polizeilichen Prüfung bei der Genehmigung von Kleinbahnen auf das durchaus Notwendige in den im § 4 bezeichneten Richtungen zu begrenzen, — unbeschadet jedoch der Pflicht und Befugnis der zuständigen Behörden, die Prüfung auch nach den im Gesetze bezeichneten, nicht polizeilichen Richtungen vorzunehmen und daran entsprechende Bedingungen und Vorbehalte zu knüpfen. Daraus ergibt sich: Die der Genehmigung voranzuschickende Prüfung der zuständigen Behörde zerfällt gewissermaßen in zwei Teile, erstens in eine polizeiliche Prüfung, welche sich auf die in § 4 bestimmten Richtungen zu beschränken hat, und zweitens in eine nicht polizeiliche, welche die übrigen, der Regelung der genehmigenden Behörde unterworfenen, bei der Genehmigung zu berücksichtigenden, außerhalb des polizeilichen Gebietes liegenden Gegenstände umfaßt. (Dies geht z. B. aus § 9 evident hervor, welcher die polizeilichen Verpflichtungen getrennt von den übrigen besonders hervorhebt.)

Aus der Natur der Genehmigung als eines Privilegs bezw. wohlerworbenen Rechtes folgt, daß der Staat — abgesehen von dem allgemeinen polizeilichen Aufsichtsrechte, welches er über jedermann, also auch über die Kleinbahnunternehmer besitzt und jederzeit ausüben darf, Pr. A.=L.=R. II Tit. 17 § 10, — in polizeilicher Hinsicht nur befugt ist, den Kleinbahnunternehmern in den im § 4 bezeichneten Richtungen bei der Genehmigung entsprechende Auflagen und Vorbehalte zu machen, (§ 9). und daß er nach erfolgter Genehmigung nur unter den im §§ 74, 75 Einleit. z. Pr. A.=L.=R. gegebenen Voraussetzungen weitergehende Auflagen zu machen berechtigt sein würde. Von dieser Regel bestehen nur zwei Ausnahmen Die zuständige Behörde ist berechtigt, 1. bei der Genehmigung späterer wesentlicher Erweiterungen oder sonstiger wesentlicher Änderungen des Unternehmens, der Anlage oder des Betriebs (§ 2 Satz 2) neue Bedingungen im Sinne des § 4 zu stellen, 2. den Unternehmer gemäß §§ 13 und 18 bei für den Betrieb mit Maschinenkraft bestimmten Bahnen auch noch nach der Genehmigung bei der Planfeststellung (§ 17) zur Herstellung und Unterhaltung derjenigen Anlagen zu verpflichten, welche zur Sicherung der benachbarten Grundstücke gegen Gefahren oder Nachteile oder im öffentlichen Interesse für erforderlich erachtet werden. Nach erfolgter Planfeststellung können dem Unternehmer derartige Verpflichtungen nur nach Maßgabe der §§ 74, 75, Einl. z. A.=L.=R. auferlegt werden. (Der Fall des § 58 Abs. 4 gehört nicht hierher, da er vor Inkrafttreten des Kleinb.=Ges. genehmigte Bahnen betrifft).

§ 4 Entstehung. II. Durch die Entstehungsgeschichte des § 4 werden die vorerörterten Grundsätze desselben bestätigt.

Der Regierungsentwurf hatte folgende Fassung: „Die polizeiliche Prüfung erstreckt sich auf: 1. die betriebssichere Beschaffenheit der Bahn und der Betriebsmittel, 2. den Schutz gegen schädliche Einwirkungen der Anlage und des Betriebes, 3. die technische Befähigung und die Zuverlässigkeit der Bediensteten, 4. die Wahrung der Interessen des öffentlichen Verkehrs." und war, wie folgt, begründet: „Die polizeiliche Prüfung für den Bau wird sich insbesondere auf folgende Punkte zu erstrecken haben: 1. Die Bahnlinie mit den Anschlußbahnen im allgemeinen, 2. die spezielle Anordnung der Bahn nach der Situation (Kurven, Ausweichungen u. s. w.) und dem Längenprofil; 3. die Anordnung und Konstruktion der Spur, auf welcher sich die Transportmittel bewegen sollen (Schienen, Seile, Weichen u. s. w.), 4. die Anordnung und Konstruktion der Unterstützungen (Hochbahnen, Brücken u. s. w.) und von Überbrückungen (Wegeüberführungen, Tunnel); 5. die zur Sicherung der angrenzenden Grundbesitzer und öffentlichen Einrichtungen erforderlichen Nebenanlagen, insbesondere auch derjenigen Einrichtungen, welche im Interesse der Vorflut und zur Sicherung des Telegraphenverkehrs zu treffen sind; 6. soweit öffentliche Wege u. s. w. berührt werden, a) die Konstruktion der in Mitleidenschaft gezogenen Teile der Straßen, b) die Sicherstellung der Unterhaltung und Wiederherstellung des öffentlichen Weges. Was den Betrieb betrifft, so werden insbesondere zu prüfen sein: 7. die eigentlichen Transportmittel, 8. alle Maschinen, sowohl die beweglichen als auch die stationären; diese einschließlich der Einrichtungen zur Erzeugung der Kraft und Übertragung derselben auf die Transportmittel, 9. die Bestimmungen über die Zuverlässigkeit und technische Befähigung des Personals, 10. der Fahrplan, 11. der Tarif. In der Ausführungsanweisung werden Anordnungen darüber zu treffen sein, daß die Prüfung sich nicht weiter erstreckt, als dies zur Wahrung der beteiligten öffentlichen Interessen notwendig ist, und alles vermieden wird, was darüber hinaus zu einer Erschwerung der Bahnunternehmungen der hier beregten Art dienen könnte."

In der Kommission wie auch in der II. Lesg. des Herrenh. wurde der Reg.=Entw. unverändert angenommen, nachdem in Bezug auf Nr. 3 auf eine Anfrage der Regierungskommissar die Erklärung abgegeben hatte, daß es sich ganz von selbst verstehe, daß für die technische Befähigung der Bediensteten nicht die für die Beamten der Staatsbahn zu stellenden Anforderungen zu grunde gelegt, vielmehr die Anforderung an die technische Befähigung der Art der Bahn und ihres Betriebes angepaßt werden würde. (Drucks. Nr. 69 S. 341, 346 Sten. Ber. S. 208.)

In der Kommission des Abg.-H. wurde auf Antrag eines Mitgliedes die Hinzufügung der Eingangsworte: „die Genehmigung wird auf Grund vorgängiger Prüfung erteilt", ohne Widerspruch seitens der Kommission angenommen. Von einem Mitgliede der Kommission wurde hervorgehoben, daß das Wort „erstreckt" nicht klar ausdrücke, daß weitere Gegenstände der polizeilichen Prüfung nicht unterliegen sollten. Dasselbe Mitglied beantragte daher, statt des Wortes „erstreckt" das Wort „beschränkt" einzustellen, und wurde dieser Antrag von der Kommission mit großer Majorität angenommen. Ein anderes Mitglied gab der Ansicht Ausdruck, daß die Bestimmungen des § 3 auf Pferdebahnen überhaupt nicht anwendbar seien. Dem wurde von seiten des Regierungskommissars erwidert, daß auch bei Pferdebahnen, in erhöhtem Maße aber bei den mit Maschinenkraft betriebenen Bahnen eine Prüfung der Betriebsmittel und ebenso der Zuverlässigkeit der Bediensteten nicht zu entbehren sei. Von einem andern Mitgliede wurde hierzu bemerkt, daß, wenn auch die Prüfung der Zuverlässigkeit der Bediensteten im öffentlichen Interesse, speziell in dem der Sicherheit des Publikums notwendig sei, sich diese Prüfung doch dann nur auf die im äußern Betriebsdienst anzustellenden Bediensteten zu erstrecken brauche und der Antrag gestellt, vor dem Worte „Bediensteten" die Worte „in dem äußern Betriebsdienste anzustellenden" einzufügen. — Die Regierung erklärte sich mit diesem Antrage einverstanden, welcher angenommen wurde.

Ein Mitglied führte aus, daß die Fassung der Nr. 4 allen möglichen Auslegungen Raum biete, was unter „Wahrung der Interessen des öffentlichen Verkehrs" zu verstehen sei. Dieses Mitglied beantragte, um die Befugnisse der Behörde wenigstens etwas näher zu präzisieren, der Nr. 4 hinzuzufügen: „ohne jedoch den Unternehmer zur Ausdehnung der Anlage und des Betriebes über den von ihm geplanten Umfang zwingen zu dürfen." — Ein anderes Mitglied beantragte, zuzufügen: „Die polizeiliche Prüfung darf sich nicht weiter erstrecken, als dies zur Wahrung der beteiligten öffentlichen Interessen notwendig ist." — Hierauf erwiderte der Regierungskommissar, daß in der Tat mit der Nr. 4 des § 8 nicht mehr gemeint sei, als wie in dem letzten Antrage ausdrücklich ausgesprochen worden sei. Es sei daran festzuhalten, daß die Prüfung eben nur eine polizeiliche sei. Eine solche könne naturgemäß nur solche Anforderungen stellen, welche aus der Pflicht der Polizei, die öffentlichen Interessen zu wahren, hervorgingen. Allerdings könne das, was unter Wahrung der Interessen des öffentlichen Verkehrs gefordert werden müsse, nicht näher präzisiert werden, da das Bedürfnis dieser Interessen in jedem einzelnen Falle besonders geprüft werden müsse. Über diese polizeilichen Interessen könne indessen die Behörde aus dem eben angeführten Grunde nicht hinausgehen. Er erachte hiernach die Anträge für überflüssig und bitte um deren Ablehnung, die auch beschlossen wurde.

Der Regierungskommissar erwiderte ferner auf eine Anfrage: „Die Frage, ob besondere Züge für Kinder, Arbeiter rc. vorgeschrieben werden könnten, lasse sich in dieser Allgemeinheit nicht beantworten. Es werde im Einzelfalle zu prüfen sein, ob verkehrspolizeiliche oder sonstige polizeiliche Gründe die Einlegung derartiger Sonderzüge bedingen oder nicht. Jedenfalls erstrecke sich die Befugnis aus Nr. 4 aber nicht auf die Einführung von solchen Sonderzügen zu ermäßigten Beförderungspreisen."

Schließlich wurde der so veränderte § 3 von der Kommission angenommen.

In der II. Lesg. des Abg.=H. wurden zu Nr. 3 und 4 folgende Anträge gestellt:

1. Von dem Abg. Im Walle: Die Nr. 4 an die Stelle von Nr. 3 als Nr. 3 zu setzen und dann fortzufahren: „und — sofern es sich um mit Maschinenkraft betriebene Bahnen handelt — 4. auf die technische Befähigung und die Zuverlässigkeit der in dem äußeren Betriebsdienste anzustellenden Bediensteten.

2. Von den Abg. Simon und Krause: In § 3 Nr. 3 die Worte „und die Zuverlässigkeit zu streichen.

3. Von dem Abg. Rickert: Im § 3 die Nr. 3 wie folgt zu fassen: „die technische Befähigung der im äußeren Betriebsdienste anzustellenden Bediensteten, soweit der Betrieb mit Maschinenkraft erfolgt."

Die Abg. Rickert und Simon sprechen betreffs der Nr. 1 dafür, die Pferde nicht als Betriebsmittel anzusehen, er hält ferner bei Nr. 3 die Prüfung der Zuverlässigkeit der Bediensteten nicht für angängig und ersucht seinem Antrage gemäß die bezüglichen Worte zu streichen, auch überhaupt diese Prüfung auf Bedienstete der Betriebe mit Maschinenkraft zu beschränken, und endlich Nr. 4 zu streichen mit Rücksicht auf den vagen Begriff der „Wahrung der Interessen des öffentlichen Verkehrs" (Sten. Ber. S. 1977/78).

Dagegen wendet sich der Minister der öffentlichen Arbeiten (Sten. Ber. S. 1978/9), indem er darauf hinweist, daß die Prüfung der Pferde den Umständen nach, geboten sei, ferner auch die Prüfung der Zuverlässigkeit (Trunk, Epilepsie 2c.) im Sicherheitsinteresse, endlich die Wahrung der Interessen des öffentlichen Verkehrs, zumal diese Befugnis dem Gesetz von 1838 entnommen worden sei und dort nicht zu Unzuträglichkeiten geführt habe.

Der Abg. Simon will genau die technische Zuverlässigkeit geprüft wissen, meint aber, daß dies in der Prüfung der technischen Befähigung implicite enthalten event. durch eine entsprechende Fassung deutlich hervorzuheben sei. Diesen Gedanken unterstützt der Abg. Hammacher, der gleichfalls lediglich die technische bezw. dienstliche Zuverlässigkeit, nicht die Zuverlässigkeit im allgemeinen, insbesondere in sozialer, religiöser, politischer Hinsicht geprüft wissen will, durch den Antrag, das Wort „die" vor Zuverlässigkeit zu streichen (Sten. Ber. S. 1985).

Nachdem noch der Berichterstatter v. Bismarck ausdrücklich zu Nr. 4 hervorgehoben hatte, daß die Prüfung zur Wahrung der Interessen des öffentlichen Verkehrs nur eine polizeiliche sein solle und naturgemäß nur solche Anforderungen stellen könne, welche aus der Pflicht der Polizei, die öffentlichen Interessen zu wahren, hervorginge, wurde der Antrag Hammacher unter Ablehnung der übrigen angenommen (Sten. Ber. S. 1986/7).

In der III. Lesg. des Abg.=H. bemängelte der Abg. Bödiker (Sten. Ber. S. 2064/5) die Konstruktion der Genehmigung. Während im Eisenbahnges. v. 1838 die Genehmigung zur Anlage und zum Betriebe genau auseinander gehalten sei, sei im Kleinbahngesetze nur von einer einzigen Genehmigung — der Bau= und Betriebs=Genehmigung — die Rede. Dieser solle die polizeiliche Prüfung des § 4 vorangehen, welche sich auf vier Punkte zu beschränken habe, obwohl es zumeist angängig sei, alle diese Punkte schon bei der Genehmigung zur Herstellung zu prüfen, und außerdem, wie § 5 zeige, noch andere Punkte zu berücksichtigen seien. Es müsse daher konstatiert werden, daß § 4 der genehmigenden Behörde nur die Fakultät gebe, die Prüfung der 4 Punkte schon vor der Genehmigung zur Herstellung eintreten zu lassen, daß die Vorprüfung zur Genehmigung sich auf diese Punkte zwar beschränken soll, aber sich auf diese Punkte nicht ausdehnen muß, wenn es sich handelt um die Genehmigung zur Herstellung der Bahn.

Der Minister der öffentlichen Arbeiten bestätigte die Auffassung. Er erachte durch die Bestimmungen des vorliegenden Gesetzentwurfs nicht für geboten, daß in jedem einzelnen Falle alle diese vier Punkte der Prüfung unterzogen oder daß sie etwa gleichzeitig der Prüfung unterzogen würden. Es würde vielmehr je nach der Individualität des Falles der eine Punkt oder der andere Punkt vielleicht ausscheiden können. (Sten. Ber. S. 2068).

[15]) Satz 1 des § 4, wonach die Genehmigung auf Grund vorgängiger polizeilicher Prüfung erteilt wird, fehlte der Regierungsvorlage. § 4 Satz 1.
Es konnte zweifelhaft sein, ob die Beschränkung der Prüfung nur für die Genehmigung, oder auch späterhin für die Aufsicht gelten solle. Um jeden Zweifel hierüber zu beseitigen, wurde Satz 1 hinzugefügt und damit ausgedrückt, daß die polizeiliche Prüfung nur zum Zwecke der Genehmigung stattzufinden habe. Daraus folgt einerseits, daß die polizeiliche Prüfung in der im § 4 normierten Weise der Genehmigung vorangehen muß, die genehmigende Behörde (§ 3) ist hierzu verpflichtet und berechtigt.

Vgl. hierzu Erl. v. 23. August 1896 E.-V.-Bl. S. 252 Zeitschr. f. Kleinb. S. 518 — 25. Januar 1900 cod. S. 216, 28. Mai 1900 cod. S. 391. Verzeichnis Nr. 30, 81, 92.

Eine Genehmignng ohne vorgängige polizeiliche Prüfung ist gesetzwidrig und macht die genehmigende Behörde verantwortlich, wenngleich sie dem Unternehmer gegenüber rechtsgültig ist. Andererseits ergibt sich aus Satz 1, daß späterhin nach erteilter Genehmigung eine polizeiliche Prüfung im Sinne des § 4 nicht mehr stattzufinden hat bezw. die genehmigende Behörde zu bezügl. Auflagen, Vorbehalten und Bedingungen nicht mehr berechtigt ist. Doch schließt dies nicht aus, daß die Aufsichtsbehörde die allgemeinen polizeilichen Aufsichtsrechte, sowie die ihr durch das vorliegende Gesetz speziell zugewiesenen Aufsichtsrechte auszuüben befugt und verpflichtet ist.

[16]) Satz 2 bestimmt, daß diese sc. polizeiliche Prüfung sich auf die vier im folgenden bezeichneten Richtungen beschränkt. Der ursprüngliche § 4 Satz 2.
Ausdruck „erstreckt" ist in „beschränkt" verwandelt worden, um auszudrücken, daß weitere Gegenstände der polizeilichen Prüfung nicht unterliegen sollen. Es muß nach Fassung und Absicht des Gesetzes, insbesondere der §§ 2—19, daran festgehalten werden, daß die in den §§ 2, 4 ff. bezeichnete Genehmigung eine einheitliche, uno actu erfolgende Bau- und Betriebs-Genehmigung ist. Nur für Bahnen mit Maschinenkraft findet noch nach der Genehmigung eine spezielle Feststellung des Bauplanes unter Auflage der erforderlichen Sicherheitseinrichtungen statt (§§ 17, 18), ferner eine Prüfung der Betriebsmaschinen vor deren Einstellung (§ 20) und für alle Bahnen eine besondere Erlaubnis zur Betriebseröffnung (§ 19). Die der Bau- und Betriebs-Genehmigung vorangehende Prüfung zerfällt in zwei Teile, sie ist einerseits eine polizeiliche, welche sich auf die vier im § 4 bezeichneten Punkte zu beschränken hat, und andererseits eine nicht polizeiliche, welche sich auf die anderen im Gesetze bezeichneten, bei der Genehmigung zu be-

rücksichtigenden Verhältnisse: finanzielle Lage, Verbindlichkeiten gegen einzelne Zweige der Reichsverwaltung, Anschlußverhältnisse ꝛc. erstreckt (arg. § 9 f. oben S. 87—88). Nach jeder — der polizeilichen wie der nichtpolizeilichen — Richtung muß die Prüfung der Bau- und Betriebs-Genehmigung vorangehen, d. h. die sich daraus ergebenden Auflagen und Bedingungen müssen in der Genehmigung enthalten bezw. mit ihr verknüpft sein. Insoweit dies jedoch nicht von vornherein bis ins Einzelne gehend geschehen kann, müssen jedenfalls die bezüglichen Vorbehalte generell gemacht und so gefaßt sein, daß sich Inhalt und Umfang der bezeichneten Verpflichtungen des Unternehmers übersehen und in concreto genau bestimmen läßt. „Der Willensmeinung des Gesetzes — wird zutreffend in einem Erl. des Min. d. öffentl. Arb. v. 29. Juni 1893 III 13263 IV 3506 hervorgehoben — entspricht es nicht, die Geltendmachung polizeilicher Anforderungen an den Unternehmer in umfassender Weise vorzubehalten und von besonderen Vorschriften im Sinne des § 4 bei Erteilung der Genehmigung abzusehen." Der Vorbehalt späterer polizeilicher Anforderungen erscheint daher nur dann gerechtfertigt, wenn alsbaldige Entschließung der genehmigenden Behörde aus sachlichen Gründen nicht möglich ist (Gleim 2. A. § 4 Anm. 1). Der Erlaß d. Min. d. öffentl. Arb. v. 2. Dezember 1898 (Zeitschr. f. Kleinb. S. 105) weist daher darauf hin, daß es zur Vermeidung nachträglicher Beschwerden sich empfiehlt, vor Ausfertigung der Genehmigungsurkunden die Entwürfe zunächst den Unternehmern zur Äußerung mitzuteilen. Verzeichnis Nr. 68.

Was nun zunächst die im § 4 vorgesehene polizeiliche Prüfung anlangt, so ist diese auf die im § 4 bezeichneten Punkte beschränkt. Vom polizeilichen Standpunkte aus dürfen nur diese 4 Punkte einer Prüfung und event. entsprechenden Auflagen und Bedingungen unterworfen werden. Recht und Pflicht der genehmigenden Behörde ist damit rücksichtlich der polizeilichen Prüfung genau normiert. Weder darf die genehmigende Behörde eine polizeiliche Prüfung noch nach anderen Richtungen bewirken, noch darf sie dieselbe in einer der genannten Richtungen unterlassen.

Unabhängig davon ist aber die Frage, ob die solchergestalt zu bewirkende polizeiliche Prüfung in allen vier Richtungen zu besonderen Auflagen und Verbindlichkeiten für den Unternehmer führen muß. Diese Frage ist zu verneinen. Nur insoweit sind an die Prüfung der qu. 4 Punkte besondere Auflagen und Bedingungen für den Unternehmer zu knüpfen, als das Bedürfnis des einzelnen Falles nach Lage desselben und nach dem pflichtgemäßen Ermessen der genehmigenden Behörde zur Sicherung der beteiligten öffentlichen Interessen dies notwendig erfordert. „Die Nummern 1—4, bemerkt die Ausf.-Anw. zu § 4 Abs. 1, bezeichnen diejenigen Punkte, auf welche sich die polizeiliche Prüfung überhaupt nur erstrecken darf; es ist aber nicht notwendig, daß alle dort aufgeführten Punkte zum Gegenstande polizeilicher Festsetzung gemacht werden; insbesondere ist es durch die Bestimmungen des § 4 der genehmigenden Behörde keineswegs zur Pflicht gemacht, bezüglich aller dortselbst erwähnten Punkte in den Genehmigungen Vorschriften oder Auflagen oder Vorbehalte zu machen, sondern es wird in jedem einzelnen Falle zu prüfen sein, ob und wie weit zur Wahrung der beteiligten öffentlichen Interessen Vorschriften zu machen oder Bedingungen zu stellen sein werden, und ferner zu § 4 Abs. 2: daß über das, was nach Lage des einzelnen Falles nach dem pflichtmäßigen Ermessen der Behörde zur Sicherung der beteiligten öffentlichen Interessen notwendig ist, in keinem Falle hinausgegangen werden darf. Demungeachtet hat die Erfahrung gelehrt, daß diese Grenzen von den Behörden nicht immer innegehalten werden. Und aus diesem Grunde ist den Genehmigungsbehörden vorgeschrieben, daß insbesondere die Prüfung der Baupläne lediglich nach dem Gesichtspunkte der Sicherung zu erfolgen hat und abgesehen hiervon technische Verbesserungen nicht zu fordern sind. Diese Vorschrift bezieht sich ausnahmslos auf alle Bahnen. Bei einem Verstoße gegen dieselbe sind Kleinbahnen mit Maschinenbetrieb gemäß § 52 Satz 1, ohne Maschinenbetrieb gemäß § 52 Satz 2 zum Gebrauche der dort vorgesehenen Rechtsmittel berechtigt.

Aber auch da, wo das Erfordernis vorliegt, ist es zwar nach der Absicht des Gesetzes Regel, jedoch nicht unbedingt geboten, bestimmte Vorschriften oder Bedingungen alsbald mit der Genehmigung dem Unternehmer aufzuerlegen. Ergibt die Prüfung, daß dies zweckmäßig erst später geschehen kann, so genügt es, wenn in die Genehmigung ein bezüglicher Vorbehalt aufgenommen wird, nur muß derselbe so gehalten sein, daß der Inhalt und Umfang der daraus sich ergebenden Verpflichtung des Unternehmers zu übersehen ist, weil anderenfalls die Absicht des § 4 und das Privileg des Unternehmers illusorisch werden würde. Auch müssen — wie sich aus § 19 ergibt — die solchergestalt gemachten Vorbehalte jedenfalls noch vor Ausführung des Baues und Eröffnung des Betriebes durch konkrete Auflagen und Bedingungen ersetzt, bezw. erledigt sein. In diesem Sinne bestimmt die Ausf.-Anw. Abs. 3 zum § 4: „Sofern die von dem Unternehmer beigebrachten Unterlagen seines Gesuches (Pläne vom Bau und Betriebe 2c.) die erforderliche Prüfung im einzelnen noch nicht gestatten, kann dieselbe und dementsprechend die Stellung von Bedingungen und Auflagen bis zur Ausführung des Baues und des Betriebes vorbehalten werden."

Von diesem Zeitpunkte ab beschränkt sich die Kompetenz der Genehmigungs-, bezw. Aufsichtsbehörde auf die Aufsicht rücksichtlich der Erfüllung der Genehmigungsbedingungen und der Vorschriften des vorliegenden Gesetzes (§ 22), während die Zuständigkeit der Ortspolizeibehörden in der Wahrnehmung der allgemein jedermann gegenüber auszuübenden Sicherheitspolizei im Rahmen des § 10 Teil II Tit. 17 Allg. L.-R. ihre Grenze findet (Gleim § 4 Anm. 1) und ortspolizeiliche Vorschriften nur im Umfange des § 6 des Gesetzes vom 10. März 1850 über die Polizeiverwaltung (G.-S. 1850 S. 265) erlassen werden dürfen (Hilse, Zeitschr. f. Transportw. und Straßenb. 1895 S. 58). Von diesen Gesichtspunkten aus können daher auch unter Umständen Änderungen des Betriebssystems z. B. Ersetzungs des Akkumulatoren- durch Oberleitungsbetrieb 2c. angeordnet werden (s. auch Mitt. 1901 S. 464). Weitergehende Anordnungen im öffentlichen Interesse stehen ihr nur nach Maßgabe der §§ 74, 75 Einl. z. Allg. L.-R. zu. Das Bau und Betriebsrecht des Unternehmers würde illusorisch, das Bestehen, die Rentabilität und Kreditfähigkeit in Frage gestellt werden, wenn es der Genehmigungs-, bezw. Aufsichtsbehörde zustände, auch noch weiterhin denselben auf seine Kosten mit neuen polizeilichen Auflagen, wie z. B. Vermehrung des Personals oder der Betriebsmittel über das Verkehrsbedürfnis hinaus oder mit der Herstellung neuer Linien, Erweiterung des Bahnnetzes, Änderung der Konstruktion der Betriebsmittel der Betriebsart zu belasten. Daher bestimmt die Ausf.-Anw. (Abs. 8) z. § 4 zutreffend: „Bedingungen und Vorbehalte, an welche die Genehmigung geknüpft wird, sind stets in die Genehmigungsurkunde selbst aufzunehmen, sodaß aus derselben in Verbindung mit dem Gesetz Maß und Art der dem Unternehmer obliegenden Verpflichtungen mit Sicherheit erhellt." (Zeitschr. f. Kleinb. 1898 S. 526). Dies gilt insbesondere auch für alle diejenigen Beschränkungen hinsichtlich der Spurweite, der Betriebskraft, des Betriebszwecks, der Beteiligung am Durchgangsverkehr 2c., unter denen sich die Ministerialinstanz mit der Genehmigung einzelner Kleinbahnen einverstanden erklärt hat.

Erl. 2. Mai 1897 E.=V.=Bl. S. 90 Zeitschr. f. Kleinb. S. 343, — 3. Juni 1897 E.=V.=Bl. S. 164 Zeitschr. f. Kleinb. S. 401. Verzeichnis Nr. 43 u. 47.

Wenngleich hiernach diese Vorbehalte so klar bestimmt und vollständig, wie möglich, zu fassen sind, so zwingt doch freilich — wie das O.=V.=G. zutreffend ausführt — die Natur des Gegenstandes, der durch den polizeilichen Akt der Genehmigung gemäß § 4 a. a. O. geregelt werden soll, mit Notwendigkeit dazu, den einzelnen Konzessionsbedingungen durch ihre Fassung einen weniger bestimmten Inhalt zu geben, als dies für einzelne polizeiliche Verfügungen, Gebote und Verbote, zulässig erscheint. Das ergibt sich daraus, daß Normen aufzustellen sind nicht nur für eine einzelne Handlung, wie der Bau der Bahn, sondern für deren langjährigen Betrieb unter tatsächlich wechselnden Verhältnissen, die von vornherein gar nicht mit einiger Sicherheit übersehen werden können. Dies schließt jedoch keineswegs die Prüfung ihrer Gesetzmäßigkeit durch den Verwaltungsrichter aus. — Die Prüfung hat sich vor allem darauf zu richten, ob die einzelnen Bedingungen sich innerhalb der Schranken halten, die der Handhabung der Polizeigewalt durch allgemeine Rechtsnormen sowie durch das Gesetz vom 28. Juli 1892 insbesondere gezogen sind. Davon durchaus verschieden ist aber die Möglichkeit eines Mißbrauchs der Konzessionsbedingungen durch deren unsachliche oder rechtswidrige Handhabung seitens der Polizeibehörde. Auch dem gegenüber ist der Unternehmer nicht ohne Rechtsschutz, ihm stehen gegen die in Zukunft im Einzelfalle ergehenden polizeilichen Anordnungen und Androhungen von Zwangsmitteln regelmäßig die Rechtsmittel aus den §§ 127 ff. des Landesverwaltungsgesetzes zu, wie auch über die etwaige Zurücknahme der Genehmigung gemäß §§ 24 und 25 des Gesetzes von dem Verwaltungsrichter zu entscheiden ist. Dagegen erscheint es nicht angängig, die Normen der Konzessionsurkunde lediglich um der Möglichkeit ihrer rechtsverletzenden Handhabung willen anzufechten. Daher ist es auch unbedenklich, polizeiliche, in einer Verordnung zusammengestellte Bestimmungen in die Genehmigungsurkunde aufzunehmen, selbstverständlich unter der Voraussetzung, daß nur diejenigen Bestimmungen der Polizeiverordnung als Teil der Genehmigungsurkunde zu beachten sind, die rechtsgültig erlassen sind, und nur solange, als sie zu Recht bestehen. Es ist mithin die Annahme völlig ausgeschlossen, als ob durch Aufnahme rechtsungültiger Bestimmungen in die Genehmigungsurkunde einer Polizeiverordnung Rechtsgültigkeit oder irgendwelche tatsächliche Wirksamkeit verschafft werden dürfe.

O.=V.=G. 12. Dezember 1896 Entsch. Bd. 31 S. 374. Eisenb. Entsch. XIV S. 222 und 14. Februar 1898 XV S. 57.

Ferner kann es nicht zweifelhaft sein, daß Genehmigungsbedingungen zulässig sind, deren Zweck es ist, die Aufsicht über Erfüllung der dem Unternehmer auf Grund des § 4 auferlegten Verpflichtungen wirksam auszuüben. Dahin gehört z. B. die Auflage, Unfallanzeigen zu erstatten, das statistische Material zur Feststellung der Zahl, Ausdehnung und Beschaffenheit der baulichen Anlagen, Betriebsmittel, Verkehrsverhältnisse, Beamten 2c. einzureichen u. s. w. Bezüglich der

Unfallsanzeigen ist bestimmt, daß, soweit nicht schon in den Genehmigungsurkunden ausreichende Anordnungen hinsichtlich der Meldung und Untersuchung der Unfälle und sonstigen Betriebsstörungen durch die Betriebsunternehmer getroffen sind, darüber von Aufsichtswegen durch Polizeiverordnungen oder von den im § 8 des Kleinbahngesetzes bezeichneten Behörden durch Betriebsordnungen das Erforderliche vorzuschreiben ist.

Erl. d. Min. d. öffentl. Arb. v. 29. Januar 1897 Zeitschr. f. Kleinb. IV 1897 S. 197, 198. Verzeichnis Nr. 39.

Für die Zulässigkeit und Gültigkeit nachträglicher polizeilicher Auflagen ist entscheidend, daß Verpflichtungen, welche — weil voraussehbar — dem Unternehmer bei der Genehmigung auferlegt werden konnten, ihm nach erteilter Genehmigung nicht mehr im Wege einer nachträglich erlassenen Polizei-Verordnung auferlegt werden dürfen. Nur dann darf dies geschehen, wenn ihre Auferlegung erst nachher auf Grund der im Betriebe gemachten Erfahrungen erfolgen kann. Einen Teil dieser Verpflichtungen, welche im Fall der Vorhersehbarkeit dem Unternehmer in der Genehmigungsurkunde aufzuerlegen sind, bilden nach § 4 Nr. 2 des Gesetzes die Schutzmaßregeln gegen schädliche Einwirkung des Betriebes.

Kammergericht Berlin 20. Januar 1902 Eisenb. Entsch. XVIII S. 357.

Grundsätzlich soll hiernach die Regelung in der Genehmigungsurkunde selbst erfolgen; sofern dies aber nicht geschehen sein sollte, für Straßenbahnen im Wege der Polizeiverordnung, für nebenbahnähnliche Kleinbahnen durch eine zusätzliche Betriebsvorschrift der Aufsichtsbehörde im Sinne des Abs. 4 und 5 der Ausführungsanweisung zu § 22 des Kleinb.-Ges.

Erl. d. Min. d. öffentl. Arb. v. 5. November 1898 IVa 7117, III. 17723.

Es bedarf nicht für alle Genehmigungsbedingungen eines ausdrücklichen Vorbehalts in der Genehmigungsurkunde. Ein solcher kann z. B. unterbleiben bezüglich des Bauplanes, weil die Genehmigung nur auf Grund eines bestimmten Bauplanes erteilt wird und dieser daher ohne weiteres einen integrierenden Teil der Genehmigung bildet. Nur dann ist ein ausdrücklicher Vorbehalt notwendig, wenn die Konstruktionsverhältnisse des Planes auch bei allen künftigen Ergänzungen der Bahnanlage oder der Betriebsmittel als Grundlage und Norm dienen soll. Sind allgemeine Bestimmungen für den Bau und Betrieb einzelner Kategorien von Kleinbahnen ergangen, so genügt der allgemeine Hinweis darauf (s. Gleim § 4 Anm. 2 S. 70).

17) Nr. 1 bezeichnet als den ersten Gegenstand der der Genehmigung voranzuschickenden polizeilichen Prüfung: „die betriebssichere Beschaffenheit der Bahn und der Betriebsmittel." Für die Prüfung sind die bezüglichen technischen Unterlagen in Gestalt von Zeichnungen und Plänen aller wichtigeren Anlagen und der Konstruktionen ꝛc. der Betriebsmittel erforderlich. Die Beifügung derartiger Unterlagen ist daher im § 5 ausdrücklich vorgeschrieben und in den Ausf.-Anw. (Abs. 1—8) zu § 5 näher erörtert (s. Anm. 22 S. 96, 97). Vgl auch die oben S. 74 mitgeteilten Motive zum Reg.-Entw.). Insoweit zur Beschaffung der technischen Unterlagen Handlungen auf fremdem Grund und Boden notwendig sind, kann § 5 des Ent.-Ges. vom 11. Juni 1874 zur Anwendung kommen, da es sich um dem öffentlichen Verkehre dienende Unternehmungen handelt (s. Anm. 22 S. 97 und Eger, Enteign.-Ges. 2. Aufl. Bd. I S. 81 ff., Erl. d. Min. d.

öff. Arb. v. 13. Januar 1896, betr. Vorarbeiten für Kleinbahnen. [E.-V.-Bl. 1896 S. 48]), s. Verzeichnis Nr. 26 und Erl. d. Min. d. öff. Arb. v. 17. April 1894, betr. Prüfung der Entwürfe zu den im Zuge von Kleinbahnen vorkommenden Brücken und ähnlichen Bauwerken. (Zeitschr. f. Kleinb. 1894 S. 307), Verzeichnis Nr. 10.

Zu den Betriebsmitteln sind nicht nur die Wagen, sondern auch die Motoren, welche die Betriebskraft erzeugen, zu rechnen, und zwar gleichviel, ob sie sich mit in Bewegung befinden, wie die Lokomotiven und Tender, elektrische Akkumulatoren oder bei Pferdebahnen die Pferde, oder stationär sind, wie stabile Dampfmaschinen, elektrische Zentralanlagen. Denn es heißt ganz allgemein „Betriebsmittel", also nicht nur „rollendes Betriebsmaterial" (§ 4 Ziff. 8, Ges. v. 19. August 1895). Es gehören hierher aber auch der sonstige Betriebsapparat, die Signal- und Telegraphen-Einrichtungen, Heiz-, Kuppel- und Brems- rc. Vorrichtungen der Wagen rc. Daß auch die Pferde zu den der Prüfung unterliegenden Betriebsmitteln gehören, ist in den Landtagsverhandlungen angenommen worden (Anm. 14 S. 75 ff.). Doch kann sich die Prüfung hier der Natur der Sache nach nur auf Bedingungen und Vorbehalte über Art und Beschaffenheit beschränken, deren Erfüllung der Nachprüfung gemäß §§ 19, 22 unterliegt. Für die Betriebsmaschinen ist überdies noch eine besondere eisenbahntechnische Prüfung sowohl bei ihrer Einstellung in den Betrieb, wie auch nach Vornahme erheblicher Änderungen und späterhin periodisch vorgeschrieben (§ 20). Insbesondere sind auch bei Anschlüssen (§§ 10, 28, 29), und zwar gleichviel, ob ein unmittelbarer Übergang der Betriebsmittel stattfindet oder Einrichtungen zur Überladung getroffen werden, die Rücksichten auf die Betriebssicherheit zu beachten (Erl. d. Min. d. öff. Arb. v. 9. Juni 1894 E.-V.-Bl. Nr. 17 S. 146), Verzeichnis Nr. 18.

Für die polizeiliche Prüfung der technischen Unterlagen der Kleinbahnen bestehen im allgemeinen nicht, wie für die Haupt- und Nebenbahnen in der Betriebs- und Nebenbahnordnung, sowie in den Normativbestimmungen für die Konstruktion und Ausrüstung der Eisenbahnen Deutschlands, allgemeine Vorschriften, vielmehr ist es der genehmigenden Behörde überlassen, in jedem Einzelfalle event. unter Zuziehung geeigneter Sachverständigen die Prüfung vorzunehmen und die Sicherheitsmaßnahmen je nach der Art und Beschaffenheit des Unternehmens und der konkreten Sachlage zu bestimmen. Doch sind im Interesse der Betriebssicherheit unterm 18. August 1898 als Anlage 8 zur Ausführungsanweisung vom selben Tage „Betriebsvorschriften für Kleinbahnen mit Maschinenbetrieb" ergangen, welche aber nach Abs. 4 Satz 1 der Ausf.-Anw. z. § 22 des Kleinb.-Ges. nur auf nebenbahnähnliche Kleinbahnen, nicht auch auf Straßenbahnen anzuwenden sind (s. § 22 Anm. 80). Die in den 6 Abschnitten dieser Betriebsvorschriften enthaltenen Bestimmungen über die baulichen und Betriebseinrichtungen der Bahn und der Betriebsmittel hat die Genehmigungsbehörde bei der Prüfung der Baupläne wie auch bei späteren Ergänzungen derselben zu beachten (Gleim S. 70, 71). Freilich gelten diese Betriebsvorschriften nicht als polizeiliche Vorschriften im Sinne des § 186 des Allg.Land.-Verw.-Ges. v. 30. Juli 1883, weil die gesetzlichen Erfordernisse hierzu fehlen, wohl aber als an die Aufsichtsbehörden gemäß § 55 des Kleinbahn-Gesetzes gerichtete generelle Ausführungsvorschriften, welche diese bei Führung der Betriebsaufsicht (§ 22) zu beachten haben. Die Betriebsvorschriften sind also nicht, wie die Betriebsordnung und die Nebenbahnordnung, direkt an die Unternehmer, sondern an die Aufsichtsbehörden gerichtet. Und Sache dieser ist es, den Unternehmern bekannt zu geben, daß die Aufsicht nach diesen Vorschriften erfolgen werde, sowie in der Eigenschaft von Genehmigungsbehörden die Beobachtung dieser Vorschriften zum Gegenstande der Genehmigungsbedingungen zu machen. Entsprechend müssen sich aber die Vorschriften im Rahmen des Gesetzes halten. Und von diesem Gesichtspunkte aus werden z. B. durch die Betriebsvorschriften gebotene neue bauliche Anlagen oder Konstruktionen von Betriebsmitteln von den bereits bestehenden Bahnen nicht gefordert werden dürfen, und von den neu zu genehmigenden Bahnen nur soweit, als sie nach § 4 des Gesetzes im Interesse der Betriebssicherheit begründet sind. Andernfalls würde dem Unternehmer gegen die bezüglichen Einzelverfügungen der Aufsichtsbehörden das Rechtsmittel der Beschwerde gemäß § 52 Satz 1 l. c. zustehen (s. des Näheren über Form, Inhalt 2c. der Betriebsvorschriften § 22 Anm. 80).

Da die betriebssichere Beschaffenheit und Konstruktion der Bahnanlagen und der Betriebsmittel auf Grund der technischen Unterlagen (Pläne und Zeichnungen) geprüft wird, so sind in der Regel bei der Genehmigung bezügliche Bedingungen und Vorbehalte nicht erforderlich. Genügen die Unterlagen zu dieser Prüfung nicht, so kann die Stellung von Bedingungen und Auflagen bis zur Ausführung des Baues und Betriebes vorbehalten werden. Ausf.-Anw. (Abs. 8) zu § 4 (Gleim a. a. O. S. 1120). Auch der Vorbehalt der künftigen, betriebsicheren Unterhaltung und Ausrüstung der Bahn mit den dem jeweiligen Verkehrsbedürfnisse entsprechenden Betriebsmitteln gehört hierher. Mit Recht bemerkt Gleim (2 A. § 4 Anm. 4), daß, um der Aufsichtsbehörde die rechtliche Grundlage für die erforderliche stete Einwirkung auf das Unternehmen im Interesse der Betriebssicherheit zu verschaffen, dem Unternehmer in der Genehmigung diese Verpflichtung auferlegt werden müsse. Demgemäß enthält das von Gleim entworfene Muster der Genehmigungsurkunde einer Kleinbahn unter Nr. 5 (2. Aufl. S. 163) die Bestimmung, daß die Bahn nebst den Betriebsmitteln fortwährend dem jeweiligen Verkehrsbedürfnisse entsprechend auszurüsten und in einem solchen Zustande zu erhalten ist, daß dieselben mit der in der Genehmigung festgesetzten größten Geschwindigkeit befahren werden kann. Hilse (Preuß. Verw.-Bl. 1896 Nr. 81) bestreitet die Legalität dieser Bedingung. Wie die dem Eisenb.-Ges. von 1838 unterworfenen Bahnen gemäß § 24 l. c., so könnten auch die Kleinbahnen auf Grund des § 4 des Kleinb.-Ges. zur Vermehrung ihrer Betriebsmittel über das ursprünglich gezogene Maß nicht gezwungen werden. Indes Hilse übersieht hierbei, daß die Kleinbahnen nach § 1 dem öffentlichen Verkehre dienende Eisenbahnen sind, daß ihnen die Betriebspflicht gesetzlich obliegt und daß sie demgemäß stets mit Betriebsmitteln so ausgerüstet sein müssen, um ihrer Pflicht, dem öffentlichen Verkehre zu dienen, genügen zu können. Er übersieht ferner, daß hier Betriebssicherheit und Verkehrsbedürfnis in engem Zusammenhange stehen. Der dem gesteigerten Verkehre nicht entsprechende Stand ihrer Betriebsmittel würde zu einer Überlastung derselben und damit zur Betriebsunsicherheit führen. Mit Recht begründet daher Gleim die Verpflichtung zu der dem jeweiligen Verkehrsbedürfnisse entsprechenden Ausrüstung der Bahn mit der Rücksichtnahme auf die Betriebssicherheit.

Dazu tritt aber noch, daß die Kleinbahnen für den Güterverkehr gemäß § 473 Abs. 2 H.-G.-B. dem § 453 l. c. mit der Maßgabe unterliegen, daß sie die Übernahme von Gütern zur Beförderung auf ihrer Bahnstrecke nicht verweigern dürfen, soweit die Beförderung mit den regelmäßigen Beförderungsmitteln möglich ist. Unter regelmäßigen Beförderungsmitteln im Sinne des § 453 sind aber nicht diejenigen zu verstehen, welche eine Bahn faktisch beschafft und verwendet oder ursprünglich bei ihrer Anlage und Eröffnung besaß, sondern diejenigen, welche sie nach den bestehenden Vorschriften der Aufsichtsbehörden und nach vernünftigen Verkehrs- und Verwaltungsanschauungen besitzen muß, um dem auf ihren Strecken in der Regel herrschenden Verkehrsbedürfnisse zu genügen (Eger, Eisenb.-Verk.-Ord. 2 A. S. 24).

Von dem gleichen Gesichtspunkte der gesetzlichen Pflicht der Kleinbahnen zum ordnungsmäßigen, ununterbrochenen und den Anforderungen der Sicherheit entsprechenden Betriebe können auch einige andere, von Hilse a. a. O. bemängelte Auflagen, z. B. daß die Bahn von allen, den sichern und regelmäßigen Gang der einzelnen Züge hindernden Gegenständen frei zu halten oder die Verunreinigung der Zugänge an den einzelnen Haltestellen zu verhüten, ferner, daß bei außergewöhnlichen Zufällen, z. B. Naturereignissen, welche die Fortsetzung des Betriebs unmöglich oder seine Beschränkung notwendig erscheinen lassen, die behördlich zur Beseitigung der Hindernisse ergehenden Anordnungen ungesäumt auszuführen sind, sowie, daß zur Sicherung des durch ihren eigenen Betrieb beeinträchtigten oder erschwerten allgemeinen Verkehrs an näher zu bestimmenden Stellen Wärter aufzustellen und zu besolden sind, daß den durch das Verkehrsinteresse gegebenen Anordnungen hinsichtlich der Größe und Bespannung der einzustellenden Wagen zu genügen, daß an und in den Wagen sowie der Bespannung diejenigen Einrichtungen zu treffen, die im Interesse der Betriebssicherheit, Bequemlichkeit (sc. in sanitärer Hinsicht) und Gesundheit der Fahrgäste von der Aufsichtsbehörde gefordert werden, u. s. w., grundsätzlich nicht für unhaltbar erachtet werden. Dahin gehört auch die Desinfektion der Vieheisenbahnwagen bezw. die dazu erforderliche Einrichtung (s. § 22 Anm. 80).

Erl. v. 29. Mai 1901 Zeitschr. f. Kleinb. S. 450, Verzeichnis Nr. 113.

Voraussetzung ist aber bei allen derartigen Sicherheitsauflagen, daß die einzelnen Auflagen und Anordnungen sich innerhalb der Schranken halten, die der Handhabung der Polizeigewalt durch allgemeine Rechtsnormen sowie das Gesetz v. 28. Juli 1892 insbesondere gezogen sind und in diesen Schranken vernünftigen Verkehrs- und Verwaltungsanschauungen entsprechen, und zu diesem Behufe stehen den Unternehmern gegen zu weitgehende Anforderungen die Rechtsmittel des § 52 zu Gebote.

O.-V.-G. 4. Sen. v. 12. Dezember 1896 Entsch. Bd. 31 S. 374. Eisenb. Entsch. XIV S. 222 und 14. Februar 1898 XV S. 57.

Die bei Auflagen dieser Art auftauchenden Zweifel und Bedenken weisen im übrigen darauf hin, daß es ihm hohem Grade wünschenswert erscheint, auch für Kleinbahnen bezw. die einzelnen Kategorien derselben, soweit irgend tunlich, einheitliche Bau- und Betriebsordnungen nach Maßgabe der Erfahrung zu schaffen. (S. Hilse a. a. O. und Gleim, Preuß. Eisenb.-Arch. 1892 S. 1180.) Einzelne generelle Bestimmungen bezw. Bedingungen dieser Art haben sich inzwischen bereits gebildet. Dahin gehören z. B. die Vorschriften der Preußischen Staatsbahnverwaltung für die Einrichtung elektrischer Starkstromleitungen auf eisenbahnfiskal.

Gelände, Straßen und Plätzen und an den Einmündungsstellen elektrischer Bahnen in die Anlagen der Staatseisenbahnen (Zeitschr. f. Kleinb. III. 1896 S. 246, 247.)

18) Nr. 2 führt als zweiten Gegenstand der polizeilichen Prüfung „den Schutz gegen schädliche Einwirkungen der Anlage und des Betriebes" auf. Es sind damit mangels jeder Einschränkung sowohl Schutzvorrichtungen, Anlagen und Maßnahmen im Interesse der Passagiere, Bahnbediensteten und Güter, wie auch dritter Personen, benachbarter Grundstücke gegen Gefahren und Nachteile und im öffentlichen Interesse gemeint. (K. Hilse, Der polizeiliche Sicherheitsschutz beim Kleinbahnbetriebe: D. Straßenb. und Kleinb.-Zeitg. XIV Nr. 9—11.) Der Schutz kann, soweit er nicht in allgemeinen Polizeiverordnungen besteht, z. B. Einhaltung einer Feuerlinie, Schutzstreifen in Waldungen, durch spezielle Vorschriften z. B. über die Maximalgeschwindigkeit der Züge, Tragfähigkeit der Wagen Signale, Langsamfahren, Halten bei den Übergängen ꝛc. oder Auflagen (Funkenfänger der Lokomotiven, Schutzwehren, Wasserdurchlässe, Gräben, Übergänge, Parallelwege ꝛc.) gewährt werden. Insofern dies nicht bei der Genehmigung möglich und geschehen ist, bietet bei Bahnen mit Maschinenbetrieb noch die Planfeststellung (§ 17) die Gelegenheit, dem Unternehmer die bezüglichen Anlagen aufzulegen. (§ 18). Auch die dem Unternehmer zur Sicherung des Telegraphen-Betriebs und der Telegraphenanlagen, sowie zum Schutze von Fernsprechanlagen (Erl. v. 4. November 1895, Zeitschr. f. Kleinb. II 1895 S. 587), wie überhaupt der Interessen der im §§ 8 und 9 bezeichneten Verwaltungen aufzuerlegenden Bedingungen gehören hierher. (Vgl. § 8 Anm. 34ff., § 17 Anm. 64, 65 und § 18 Anm. 70).

Reichsger. 26. Januar 1899 XV S. 350, — 11. Februar 1901 XVIII S. 54, — 9. Januar 1903 XIX S. 18.

Zu den technischen Unterlagen, welche nach § 5 der Unternehmer dem Genehmigungsantrag beizufügen hat, gehört jedenfalls auch die Angabe der erforderlichen Schutz- und Sicherungsanlagen.

Die Anlage von Schutzstreifen ist der Natur der Sache nach nur bei Bahnen mit Maschinenbetrieb erforderlich. Doch kann auch bei diesen so lange davon abgesehen werden, bis Erfahrungen die Notwendigkeit derselben an bestimmten Stellen ergeben haben, vorausgesetzt, daß durch entsprechende Einrichtungen dem Auswurfe aus dem Aschenkasten der Lokomotive vorgebeugt wird. Die Erfüllung dieser Voraussetzung wird bei der Genehmigung sicher zu stellen sein (§ 4 Nr. 1). Nur an ganz besonders gefährdeten Stellen wird es gerechtfertigt sein, alsbald Schutzmaßregeln, aber nur in sehr engen Grenzen anzuordnen. Ein Vorbehalt in den Genehmigungsurkunden, daß im Falle des Bedürfnisses die Bahnanlagen entsprechend zu ändern sind, wird daher einstweilen genügen. (Erl. d. Min. d. öffentl. Arb. v. 18. Dezbr. 1893. Min. Bl. d. i. V. 1893 Nr. 11 S. 268. Eisenb.-Verordn. Bl. 1894, Nr. 6 S. 51.) Verzeichnis Nr. 7. Als Schutz gegen schädliche Einwirkungen des Betriebs werden auch Einrichtungen zur Desinfektion der Viehteisenbahnwagen anzusehen sein.

Erl. 29. Mai 1901 Zeitschr. f Kleinb. VIII 1901 S. 450. Verzeichnis Nr. 113.

Doch darf der Begriff der „schädlichen Einwirkung" nicht zu weit gefaßt und in der Regel nicht über wirkliche Nachteile für das Eigentum und Vermögen oder Gefahren für Leben und Gesundheit ausgedehnt werden. Daher wird in einem Erlasse des Min. d. öffentl. Arb. v. 17. April 1896 mit Recht die Auffassung, daß die Verunzierung einer Straße durch die oberirdische Stromleitung einer elektrischen Straßenbahn als „schädliche Einwirkung" im Sinne des § 4 Ziff. 2 anzusehen, als in dieser Allgemeinheit nicht zutreffend bezeichnet. Eine solche „schädliche Einwirkung" würde vielmehr nur dann anzunehmen sein, wenn die ästhetischen Nachteile jener Betriebsweise zugleich Schäden anderer Art im Gefolge hätten. Eine selbstständige Bedeutung ist dem schönheitlichen Gesichtspunkte bei der auf Grund des § 4 vorzunehmenden Prüfung nicht beizumessen (Min.-Bl. d. i. V. 1896 Nr. 5 S. 88) Verzeichnis Nr. 28.

[19]) Nr. 8 betrifft den dritten Punkt der polizeilichen Prüfung: „die technische Befähigung und Zuverlässigkeit der in dem äußeren Betriebsdienste anzustellenden Bediensteten." Die Regierungsvorlage ging weit umfassender auf die technische Befähigung und die Zuverlässigkeit der Bediensteten überhaupt. In den Verhandlungen sind jedoch nach zwei Richtungen hin Einschränkungen beschlossen worden.

1. Zunächst soll sich die Prüfung nicht unterschiedslos auf alle Bediensteten der Kleinbahnen, sondern nur auf die in dem äußeren Betriebsdienste anzustellenden erstrecken. Die Ausf.-Anw. (Abs. 4) zu § 4 bemerkt hierzu: „Die Bezeichnung im ‚äußeren Betriebsdienste' ist enger als das, was in der Eisenbahnverwaltung unter „äußerem Dienste" verstanden wird. Während die letztgedachte Bezeichnung das gesamte mit dem Publikum in Berührung kommende Personal zum Unterschiede von dem Bureaupersonal umfaßt, wird als im äußeren Betriebsdienste stehend nur das Personal zu verstehen sein, welches mit der Beförderung oder Bahnunterhaltung unmittelbar zu tun hat (Lokomotivführer, Heizer, Zugführer, Schaffner, Kutscher, Bahnmeister, das mit der Abfertigung der Züge betraute Personal u. s. w.)." Indes erscheint diese Unterscheidung zwischen „äußerem Dienst" und „äußerem Betriebsdienst" nicht gerechtfertigt, umsomehr, als bei den Kleinbahnen diese Funktionen zumeist untereinander laufen. Es ist vielmehr unter „äußerem Betriebsdienst" der gesamte äußere Dienst im Gegensatz zum inneren Verwaltungsdienst (Bureau-, Kassen-, Materialienverwaltungsdienst ꝛc.) zu verstehen, als auch das bei der Bahn-Bewachung (Bahnwärter, Aufseher, Barrierenwärter), Beleuchtung, (Lampenanzünder ꝛc.), Heizung, im Telegraphen-, Signal-, Weichensteller-Dienst, als Portiers, Gepäckträger, Zugrevisoren, Kontroleure ꝛc. angestellte Personal, ferner sind unter Bedienstete nicht nur Beamte (gegen Gehalt, Tantième ꝛc. Angestellte), sondern auch im Arbeiterverhältnisse stehende, gegen Lohn ꝛc. beschäftigte Personen gemeint.

2. Sodann ist die Prüfung auf die technische Befähigung und die technische Zuverlässigkeit der im äußeren Betriebsdienste anzustellenden Personen beschränkt. Diese Prüfung ist um so wichtiger wegen der Zulässigkeit der Übertragung der Rechte und Pflichten von Polizeiexekutivbeamten auf die Angestellten von Kleinbahnen.

(S. § 22 Anm. 80 und Erl. v. 27. Dezember 1900 Zeitschr. f. Kleinb. S. 216.)

Das im Regierungsentwurfe enthaltene Wort „die" vor Zuverlässigkeit wurde im Abg.-Hause gestrichen, um kenntlich zu machen, daß nicht die Zuverlässigkeit im allgemeinen, sondern nur die technische Zuverlässigkeit der Prüfung unterliegen solle. Unter der „technischen Befähigung" sind die für die betreffende Stellung erforderlichen Kenntnisse und Geschicklichkeiten, z. B. als Lokomotivführer, Maschinist die Kenntnis der Maschine, ihrer Behandlung und Führung, als Kutscher die

Kenntnis des Fahrdienstes, der Behandlung der Pferde ꝛc. zu verstehen, unter der „technischen Zuverlässigkeit" die für die betreffende Stellung erforderlichen körperlichen und geistigen Eigenschaften, Gesundheit, angemessenes Lebensalter und genügende Sehkraft, Freisein von denjenigen Gebrechen und Fehlern, welche die regelmäßige und prompte Erfüllung der Berufspflicht zu stören geeignet sind, z. B. Trunksucht, Epilepsie, Farbenblindheit, Taubheit, Schlafsucht, krankhafte Vergeßlichkeit, erweislicher Hang zur Dienstvernachlässigung ꝛc. Der Ausdruck „technische" Zuverlässigkeit ist gleichbedeutend mit Zuverlässigkeit in Bezug auf die Berufspflicht (Ausf.-Anw. Abs. 5 zum § 4 des Ges.). Dagegen kommt die Zuverlässigkeit in anderen Richtungen, z. B. in politischer, sozialer, religiöser ꝛc. Hinsicht, in Bezug auf Charakter, Herkunft ꝛc. nicht in Betracht, ebensowenig Umstände, welche mit der Erfüllung der Berufspflicht an sich nichts zu tun haben, z. B. Bestrafung eines Maschinisten wegen Meineids, Diebstahls, wohl aber wegen Gefährdung von Eisenbahntransporten ꝛc. Es soll und darf nur geprüft werden, ob die Bediensteten mit Rücksicht auf ihren Dienst den Anforderungen der Zuverlässigkeit entsprechen.

In welcher Weise und in welchem Umfange die Prüfung der technischen Befähigung und Zuverlässigkeit zu bewirken ist, ist dem Ermessen der genehmigenden Behörden anheim gegeben. Der Natur der Sache nach sind zur Zeit der Einholung und Erteilung der Genehmigung die für den äußeren Betriebsdienst erforderlichen Personen in der Regel noch nicht einmal designiert, geschweige denn angestellt. Es kann daher nur im Wege bezüglicher allgemeiner Vorbehalte und Bedingungen der Vorschrift des Gesetzes genügt werden. Dies geschieht zweckmäßig in der Weise, daß die für jede Kategorie notwendigen Anforderungen an die technische Befähigung und Zuverlässigkeit in der Genehmigung bezeichnet werden und die spätere behördliche Prüfung und Kontrolle zur Bedingung gemacht wird, unter dem Vorbehalt, daß diejenigen, welche jenen Anforderungen nicht entsprechen, nicht angestellt werden dürfen bezw. die demungeachtet Angestellten auf Verlangen der Behörde wieder entlassen werden müssen.

Die Prüfung seitens der Behörde kann entweder durch ein Examen oder Einsichtnahme von Zeugnissen, Dienstbüchern, Führungsattesten oder Einführung eines Probedienstes, welcher in geeigneter Weise kontrolliert wird, erfolgen. Daß für die technische Befähigung der Bediensteten nicht die für die Beamten der Staatsbahnen bestimmten Anforderungen bezw. Prüfungen maßgebend sein können, wurde als selbstverständlich vom Regierungskommissar bezeichnet. Ohne Zweifel liegt die allgemeine Einführung von Prüfungsvorschriften nicht in der Absicht des Gesetzes; bei der großen Verschiedenartigkeit der zu den Kleinbahnen gehörigen Unternehmungen und den zum größten Teil sehr einfachen Verhältnissen würde dies eine nicht beabsichtigte Erschwerung bilden. In der Regel wird, wie dies der Minister der öffentl. Arbeiten speziell für die Pferdebahnen aussprach, in betreff der Frage der technischen Befähigung und Zuverlässigkeit nur erübrigen, in der Genehmigungsurkunde zu bestimmen, daß diese beiden Erfordernisse bei den anzustellenden Bediensteten vorhanden sein müssen, und der Aufsichtsbehörde die Prüfung sowie die Befugnis vorzubehalten, event. beim Mangel dieser Erfordernisse auf der Entlassung der betr. Angestellten zu bestehen.

In diesem Sinne bemerkt die Ausf.-Anw. (Abs. 6, 7) z. § 4: „Endlich wird bei der Genehmigung selbstverständlich nur zu bestimmen sein, ob, inwiefern und in welcher Weise eine vorgängige Prüfung der technischen Befähigung vorzunehmen ist, oder ob, wie dies bei Pferdebahnen angängig sein wird, lediglich die Entfernung technisch nicht befähigter oder nicht zuverlässiger Bediensteten vorzusehen ist. Die bei der Genehmigung allgemein vorgeschriebene Prüfung wird bezüglich der einzelnen Bediensteten in jedem Falle besonders zu erfolgen haben. Die Ausführung dieser Vorschrift, insbesondere die Prüfung durch die Genehmigungs- bezw. Aufsichtsbehörde in jedem einzelnen Falle, hat in der Praxis zu Schwierigkeiten und Weiterungen geführt. Den Unternehmern selbst konnte aber die Prüfung ihrer Bediensteten nur unter geeigneten Garantien überlassen werden. Zur Erleichterung dieser Auflage, bestimmt daher Absatz 8 im Satze 1, daß es den Kleinbahnunternehmern überlassen werden kann, Prüfungsvorschriften ausschließlich für das Personal des äußeren Betriebsdienstes zu entwerfen und der Aufsichtsbehörde zur Genehmigung vorzulegen, und im Satze 2, daß die die auf Grund solcher genehmigten Vorschriften unter geeigneter Kontrolle der Aufsichtsbehörde geprüften Bediensteten alsdann auch in anderen Aufsichtsbezirken und bei anderen Kleinbahnen bis zu ihrer Beanstandung aus bestimmten Anlässen als technisch befähigt und zuverlässig für dieselbe Dienstverrichtung im Sinne des § 4 Nr. 3 des Gesetzes zu erachten sind (Zeitschr. f. Kleinb. 1898 S. 526). Die Bestimmung des Satzes 1 ist eine fakultative, in das Ermessen der Genehmigungsbehörde gestellte. Dagegen ist die Vorschrift des Satzes 2 eine obligatorische. Die Prüfungen können zwar auf Grund solcher allgemeinen, von Aufsichtswegen genehmigten Prüfungsvorschriften seitens der Kleinbahnverwaltungen vorgenommen werden, aber es muß dies unter geeigneter Kontrolle der Aufsichtsbehörde geschehen (Beteiligung durch einen Prüfungskommissar 2c.) und, wenn dies der Fall war, so besitzen die hiernach Geprüften die bezügliche Qualifikation für alle Kleinbahnen, solange dieselbe nicht aus bestimmten Anlässen (Bestrafungen 2c.) beanstandet wird. Die Einziehung oder Beschränkung der Qualifikation kann aber ebenso wie die Erteilung derselben nur unter Mitwirkung der Aufsichtsbehörde eintreten. (Den sog. Fahrscheinzwang hält K. Hilse mit Rücksicht auf § 37 Gew.-Ord. und §§ 815, 816 St.-G.-B. für unzulässig. D. Straßen- u. Kleinb.-Zeitg. Nr. 84 S. 568.)

Nur für die Maschinenführer der nebenbahnähnlichen Kleinbahnen ist durch § 83 der Betriebsvorschriften die Vornahme von Prüfungen unbedingt angeordnet und ferner ist bei den Bediensteten des äußeren Betriebsdienstes der nebenähnlichen Kleinbahnen die eisenbahntechnische Aufsichtsbehörde gemäß § 41 Abs. 1 der Betriebsvorschriften generell befugt, eine Prüfung zu fordern, sowie die Entlassung derjenigen, welche nach ihrem Ermessen nicht als technisch fähig und zuverlässig anzusehen sind. Auch sind die mit der Leitung der Bahnunterhaltung und des Betriebes betrauten Personen sowohl der eisenbahntechnischen Aufsichtsbehörde, als dem zuständigen Regierungs- (Polizei-) Präsidenten nahmhaft zu machen, und diesen Behörden alle hierbei eintretenden Änderungen anzuzeigen (§ 40 l. c.). Endlich sind den im äußeren Betriebsdienst angestellten Bediensteten über ihre Dienstverrichtungen und ihr gegenseitiges Dienstverhältnis schriftliche oder gedruckte Anweisungen zu geben. Die eisenbahntechnische Aufsichtsbehörde: welcher diese Anweisungen vorgelegt werden müssen, kann sie beanstanden, wenn sie die Betriebssicherheit der Kleinbahn dadurch nicht für gewahrt erachtet (§ 41 l. c.). Da die Betriebsvorschriften lediglich an die Aufsichtsbehörden gerichtet sind (s. Anm. 18 S. 82), so bedarf es freilich entweder eines bezüglichen Vorbehaltes in der Genehmigung oder besonderer Verfügungen der Aufsichtsbehörden, um vorstehende Bestimmungen den Unternehmern gegenüber in Geltung zu setzen. (Gleim § 4 Anm. 6 S. 74.)

Weitergehende Verpflichtungen, als die durch den Gesichtspunkt der technischen Befähigung und Zuverlässigkeit der im äußeren Betriebsdienst anzustellenden Bediensteten gebotenen, dürfen den Unternehmern in Bezug auf das Dienstpersonal nicht auferlegt werden. Insbesondere hat sich auf die Qualifikation der im inneren Dienste (Abfertignngs- Kassendienst, Buchhaltung rc.) Angestellten die Prüfung aus § 4 Ziff. 3 des Ges. nicht zu erstrecken. Aber auch im äußeren Dienste würde z. B. die Verpflichtung des Unternehmers zur Uniformierung nur im Interesse der Erkennbarkeit derselben begründet sein und darf sich daher nur auf diejenigen Bediensteten erstrecken, welche zum Verkehr mit dem Publikum berufen sind. Ebensowenig ist es zulässig, Strafen gegen das Dienstpersonal wegen verbotswidrigen Verhaltens in der Genehmigung vorzubehalten. Eine derartige Strafbefugnis kann nur auf Gesetz oder Polizeiverordnungen beruhen.

Erl. d. Min. d. öffentl. Arb. v. 25. Juli 1893 III. 12197, VI. 4220.

Vgl. über die zivilrechtlichen Folgen bei verbotswidrigem Verhalten der Straßenbahnangestellten, insbesondere bei Streik und Kontraktbruch:

Die Entsch. des Amtsgerichts Ruhrort v. 15. Februar 1899 (Eisenb. Entsch. XVII S. 103) und des Reichsgerichts v. 16. November 1900 (Eisenb. Entsch. XVIII S. 19).

Streitigkeiten zwischen Kleinbahnunternehmern und ihren Angestellten fallen nicht unter die Zuständigkeit der Gewerbegerichte, sondern gehören zur Kompetenz der ordentlichen Gerichte.

Gewerbeger. Berlin, 12. Dezember 1893 Eisenb. Entsch. XI S. 77 und Landger. Stuttgart, 7. Januar 1898 XVI S. 201.

und zwar auch, soweit es sich um Arbeiter der Reparaturwerkstätten handelt.

(Kielmeyer, Mitt. d. Deutsch. Straßenb.- und Kleinb.-Verw. 1898 S. 91 ff., 93 ff.)

20) Nr. 4 stellt als den vierten Gegenstand der polizeilichen Prüfung „die Wahrung der Interessen des öffentlichen Verkehrs“ hin. Schon in der Kommission des Abg.-H. wurde die Dehnbarkeit dieser Bestimmung bemängelt. Ein Mitglied beantragte daher, einen zweiten Absatz: „Die polizeiliche Prüfung darf sich nicht weiter erstrecken, als dies zur Wahrung der beteiligten öffentlichen Interessen notwendig ist.“ Der Regierungsvertreter erwiderte hierauf, „daß in der Tat mit der Nr. 4 des § 4 nicht mehr gemeint sei, als wie in diesem Antrage ausgesprochen sei. Es sei daran festzuhalten, daß die Prüfung eben nur eine polizeiliche sei. Eine solche könne naturgemäß nur solche Anforderungen stellen, welche aus der Pflicht der Polizei, die öffentlichen Interessen zu wahren, hervorgingen. Es werde durch die Vorlage nichts anderes gefordert, als was heute schon bestehe.“

Indes läßt sich demungeachtet nicht leugnen, daß die Fassung der Nr. 4 eine äußerst dehnbare ist und es de lege ferenda richtiger gewesen wäre, diese Nummer zu streichen. Wenn sie, wie der Berichterstatter meint, nur fordert, was schon an sich Rechtens sei, so bedurfte es keiner besonderen Bestimmung im Gesetze. Die ausdrückliche Aufnahme in dasselbe legt aber die Annahme nahe, daß eine Änderung beabsichtigt sei. Jedenfalls ist daran festzuhalten, daß es sich für die Genehmigung nur um die Prüfung vom rein polizeilichen Standpunkte aus handelt und daß — unbeschadet der allgemeinen polizeilichen Befugnisse — hier nicht die öffentlichen

Interessen überhaupt, sondern nur die Interessen des öffentlichen Verkehrs in Betracht kommen. Von diesen Gesichtspunkten aus ist zuvörderst die Bedürfnisfrage zu prüfen, wie bereits an früherer Stelle (S. 38) eingehend erörtert worden ist. Sodann erfordert vom polizeilichen Standpunkte aus das Interesse des öffentlichen Verkehrs, daß der Verkehr auf der geplanten Bahn sich mit Ruhe, Ordnung, Regelmäßigkeit und Sicherheit bewegt, ohne Gefahr für den Einzelnen, wie für die Allgemeinheit, daß der Verkehr nicht durch lästige Bedingungen für das Publikum erschwert oder willkürlich verzögert oder unterbrochen wird. Daraus folgt, daß bei der Genehmigung dem Unternehmer entsprechende Auflagen gemacht werden können. Zum Teil sind dieselben durch das Gesetz selbst des näheren geregelt, so daß insoweit Nr. 4 nur die allgemeine Grundlage für die bezügliche Kompetenz der Behörde bildet. Dahin gehören die Feststellungen in betreff der betriebssicheren Beschaffenheit der Bahn und der Betriebsmittel (§ 4 Nr. 1) sowie der technischen Befähigung und Zuverlässigkeit der im äußeren Betriebsdienst anzustellenden Bediensteten (§ 4 Nr. 8), ferner in betreff der Gestattung der Einführung von Anschlußgeleisen für den Privatverkehr (§ 10), in betreff des Fahrplans, der Beförderungspreise, deren öffentliche Bekanntmachung und gleichmäßige Anwendung (§ 14, 21), sodann die Bestimmung der Art und Höhe der Sicherstellung für die Unterhaltung und Wiederherstellung öffentlicher Wege (§ 11), der Zeit für die Ausführung der Bahn und die Betriebseröffnung, sowie der Geldstrafen und Sicherheitsbestellung im Falle der Nichteinhaltung dieser Zeiten, auch für die Aufrechthaltung des ordnungsmäßigen Betriebes während der Konzessionsdauer (§ 11). Zum Teil folgen diese Auflagen unmittelbar aus Nr. 4, z. B. in betreff der Beleuchtung, Reinhaltung, Heizung 2c. der Wagen und der dem Publikum geöffneten Räume, sanitärer und veterinärer Einrichtungen wie z. B. Desinfektion der Klosets, der Viehwagen, Anlage gedeckter Warteräume, Vorschriften wegen der Beförderung explosiver 2c. Stoffe, Abfertigungs- und Beförderungszeiten, Maximalfahrgeschwindigkeit 2c. Die Eigenschaft der Betriebsmittel der Kleinbahnen als Gegenstände des öffentlichen Nutzens hat auch das Reichsgericht anerkannt und daher angenommen, daß vorsätzliche und rechtswidrige Zerstörung der Klein- und Straßenbahnwagen unter § 304 St.-G.-B. falle.

Reichsger. 12. November 1900 Eisenb. Entsch. XVIII S. 20.

Dieselben sind aber nicht Geschäftsräume im Sinne des § 128 St.-G.-B. und die Weigerung des Passagiers auf Aufforderung des Schaffners, sich daraus zu entfernen, ist kein Hausfriedensbruch.

Reichsger. 16. November 1899 Eisenb. Entsch. XVII S. 36.

Dagegen gehören Einrichtungen zur bloßen Bequemlichkeit des Publikums (Polstersitze, Fenstergardinen, Jalousien, Restaurationswagen 2c.) oder zur Verschönerung der Anlagen und Betriebsmittel (Gartenanlagen, Mobiliar der Warteräume, Anstrich der Wagen, Uniform des Personals 2c.) in der Regel an sich und im allgemeinen nicht zu den im Interesse des öffentlichen Verkehrs zu bewirkenden Einrichtungen; ebensowenig die Einrichtung verschiedener Wagenklassen, besonderer Rauch- und Frauen-Abteile, besonderer Züge z. B. für Arbeiter, Schulkinder 2c. Die Bequemlichkeit der Beförderung kann bei der Genehmigung nur insofern den Gegenstand der Berücksichtigung bilden, als dies vom Standpunkte der Gesundheits-, Sittlichkeits- und Sicherheitspolizei aus geboten ist. Hiervon ausgehend können z. B. Bedingungen über die Zahl, Breite und Tiefe der

Sitzplätze in den Wagen, die Einrichtung gedeckter, gegen die Unbill der Witterung geschützter Warteräume, die Affichierung von Annoncen in den Wagen ꝛc. gerechtfertigt erscheinen (Gleim § 4 Anm. 8). Übereinstimmend damit führt auch das O.-V.-G. aus: „Es lassen der Wortlaut und der Zusammenhang der einzelnen Vorschriften (des § 4) erkennen, daß es sich in ihnen, und zwar auch in den allgemein gefaßten Eingangsworten um eine solche Erhaltung der Bahnanlage und ihrer Betriebsmittel handelt, die erforderlich ist, um die Beförderung mit Sicherheit und auf die der Bestimmung des Unternehmens entsprechende Weise (§ 24 Ges. v. 3. November 1888) zu ermöglichen. Ein Kleinbahnunternehmen hat die Bestimmung, dem Verkehre des Publikums durch Personenbeförderung ꝛc. auf einer bestimmten Straßenstrecke nach bestimmten Fahrplänen, die der Prüfung der Behörde unterliegen, zu dienen. Der sich aus dieser Bestimmung ergebenden Verpflichtung kann sich der Unternehmer nicht dadurch entziehen, daß er im Gegensatze zu dem Verkehrsbedürfnisse des Publikums die Bahn oder die Betriebsmittel vernachlässigt oder den Betrieb in einseitiger Verfolgung seiner finanziellen Interessen beschränkt. Dem stehen die allgemeinen Verkehrsinteressen gegenüber, deren Wahrung der Polizei obliegt und zu deren Berücksichtigung sie die Fahrpläne genehmigt und bei der Feststellung der Beförderungspreise mitwirkt (§§ 4 u. 14 des Ges.). Von diesen Gesichtspunkten aus sind in der Genehmigungsurkunde gestellte Anforderungen, wie: a) die Bahn von allen, den sichern und regelmäßigen Gang der einzelnen Züge hindernden Gegenständen freizuhalten, b) für ausreichende Reinhaltung der Zugänge an den einzelnen Haltestellen zu sorgen, c) den durch das Verkehrsinteresse gegebenen Anordnungen hinsichtlich der Größe und Bespannung der einzustellenden Wagen zu genügen; d) an und in den Wagen, sowie der Bespannung diejenigen Einrichtungen zu treffen, die im Interesse der Betriebssicherheit, Bequemlichkeit und Gesundheit der Fahrgäste polizeilich gefordert werden, für zulässig zu erachten; was die Einrichtungen im Interesse der Bequemlichkeit anlangt, freilich mit der Einschränkung, daß es nicht nur vom Standpunkte der Gesundheitspolizei, sondern auch von dem der Sicherheits- und Sittenpolizei aus durchaus gerechtfertigt ist, für die Fahrgäste ein gewisses, nicht zu beschränkendes Maß des Raumes und der Ordnung bei der Benutzung der Transportmittel und so in diesem Sinne ein gewisses Maß der Bequemlichkeit zu fordern.

O.-V.-G. 4. Sen. 12. Dezember 1896 Entsch. Bd. 31 S. 382 ff.

Bezüglich der Frage der Einrichtung besonderer Züge z. B. für Arbeiter, Schulkinder ꝛc. wurde zwar auf die Frage eines Kommissionsmitgliedes, ob auf Grund der Nr. 4 des § 4 besondere Züge für Kinder und Arbeiter vorgeschrieben werden könnten, regierungsseitig erwidert, „daß sich in dieser Allgemeinheit die Frage nicht beantworten lasse; es werde im Einzelfalle zu prüfen sein, ob verkehrspolizeiliche oder sonstige polizeiliche Gründe die Einlegung derartiger Sonderzüge bedingen oder nicht; jedenfalls erstrecke sich die Befugnis aus Nr. 4 aber nicht auf die Einführung von Sonderzügen zu ermäßigten Beförderungspreisen." Indes kann dieser Annahme nicht beigepflichtet werden. Eine derartige Ausdehnung der Befugnisse der Genehmigungsbehörde liegt nicht in der Absicht des Gesetzes. Es darf nicht außer acht gelassen werden, daß es sich um die Wahrung der Interessen des öffentlichen Verkehrs vom rein polizeilichen Standpunkte aus handelt und daß, wenn man auch diesen noch so weit faßt, die Einrichtung von Sonderzügen für die verschiedenen Gruppen der Bevölkerung nicht darunter fällt.

Anderenfalls würde es wohl überhaupt keine, wenn auch den Unternehmer noch so sehr belastende Auflage geben, die man nicht unter den Gesichtspunkt des polizeilichen Interesses im weitesten Sinne bringen könnte. Es liegt hier eine Frage der Zweckmäßigkeit, nicht aber eine verkehrspolizeiliche vor. Auch aus der Beschränkung des § 14 auf die Feststellung des Fahrplans und der Beförderungspreise und aus der im letzten Satze des § 14 gegebenen Direktive, daß hierbei auf die finanzielle Lage des Unternehmens und auf eine angemessene Verzinsung und Tilgung des Anlagekapitals Rücksicht zu nehmen sei, dürfte e. contr. zur Genüge hervorgehen, daß bloße Zweckmäßigkeitseinrichtungen, ebenso wie Fragen der Verschönerung und bloßer Bequemlichkeit nicht unter die polizeiliche Prüfung des § 4 fallen. (Vgl. auch Hilse, Pr. Verw.-Bl. 1896 Nr. 31 i. f. A. M. Gleim § 4 Anm. 8.)

Aus gleichem Grunde darf den Unternehmern die Errichtung von Arbeiterwohnungen nicht auferlegt werden, weil dieselbe zur Wahrung der Interessen des öffentlichen Verkehrs nicht erforderlich ist. (K. Hilse, die Selbstverwaltung Jahrg. 28 Nr. 24 S. 369.)

Wohl aber erscheint die Bestimmung des einheitlichen Betriebs einer neu zu konzessionierenden Strecke mit einer bereits bestehenden Linie nicht als eine unzulässige Genehmigungsbedingung, weil der einheitliche Betrieb im Interesse des öffentlichen Verkehrs geboten sein kann. Es muß der genehmigenden Behörde das Bestimmungsrecht bleiben, ob die Erweiterung einer bestehenden oder ob ein neues (selbständiges) Unternehmen geschaffen werden soll (Hilse, d. Straßenb.- u. Kleinb.-Zeitg. Nr. 34 S. 627). Freilich ist dies aber nur dann angängig, wenn der Unternehmer der alten Bahn zum Bau und Betriebe der neu projektierten Linie bereit ist. Ist dies nicht der Fall und muß dieselbe einem anderen Unternehmer konzessioniert werden, so kann wohl der Anschluß, nicht aber der einheitliche Betrieb zur Bedingung gemacht werden.

§ 5.[21])

Dem Antrage auf Erteilung der Genehmigung sind die zur Beurteilung des Unternehmens in technischer[22]) und finanzieller Hinsicht[23]) erforderlichen Unterlagen, insbesondere ein Bauplan[24]) beizufügen.

1) Ausführungsanweisung vom 13. August 1898.

Zu § 5.

Die in technischer Hinsicht beizufügenden Unterlagen haben lediglich den Zweck, die nach § 4 Nr. 1 erforderliche Prüfung zu ermöglichen. Sie sind deshalb nur so weit zu erfordern, als es für diese Prüfung geboten ist.

Welcher Unterlagen es bedarf, muss für jeden Fall ermessen werden. In der Regel werden nicht entbehrt werden können:

1. für Bahnen, welche zum Betriebe mit Maschinenkraft eingerichtet und welche als nebenbahnähnliche Kleinbahnen (vgl. Einleitung und zu §§ 3 und 22) nach den Betriebsvorschriften vom 13. August 1898 betrieben werden sollen:

a. eine Übersichtskarte, in welcher der Bahnzug mit kräftiger roter Linie unter Kenntlichmachung der Halteplätze und der kilometrischen

Längen-Einteilung einzutragen ist. Zu den Übersichtskarten können Generalstabskarten, Kreiskarten, Messtischblätter, Bergwerkskarten sowie andere geeignete, im Buchhandel erhältliche Karten verwendet werden.

b. Lage- und Höhenpläne, aus welchen die Längen der geraden und gekrümmten Strecken, die Krümmungshalbmesser, die Halteplätze, die Höhen- und Neigungsverhältnisse, sowie alle diejenigen Anlagen ersehen werden können, welche für die Festsetzung der Lage der Bahn, ihren Bau und zukünftigen Betrieb im öffentlichen Interesse oder dem des benachbarten Eigentums in Frage kommen können oder welche für das Unternehmen selbst von Bedeutung sind.

Für den Lage- und Höhenplan ist ein Massstab von mindestens 1 : 10 000 für die Längen, der 10- bis 20fache Massstab für die Höhen zu wählen. Führt die Bahn durch schwieriges Gelände, durch Dörfer, Städte, an Bächen und Flüssen entlang oder über diese hinweg, sowie auf eigenem Bahnkörper, so ist der grössere Massstab 1 : 2500 oder 1 : 2000, unter Umständen auch 1 : 1000 in Anwendung zu bringen.

c. Eine für den Unterbau der Bahn in den Auf- und Abtragsstrecken massgebende Querschnittszeichnung und eine gleiche Zeichnung für die Umgrenzung des lichten Raumes, sowie der grössten zulässigen Breiten und Höhenmasse der Betriebsmittel, sofern die vorbezeichneten Betriebsvorschriften darüber keine Bestimmung enthalten.

d. Eine Zeichnung des Oberbaues mit Darstellung des Schienen-Querschnittes und des Kleineisenzeuges in natürlicher Grösse, der Stossverbindung (Ansicht und Grundriss) im Massstabe 1 : 50. Auf der Zeichnung sind zu vermerken: der grösste zulässige Raddruck, die grösste zulässige Fahrgeschwindigkeit der Züge, die Länge und das Gewicht der Schienen für das laufende Meter, das Material und das Gewicht der Schwellen, ihre Abmessungen und bei Querschwellen ihre Entfernungen voneinander.

e. Zeichnungen der Betriebsmittel, insbesondere auch der Bremsvorrichtungen, nebst den zur Erläuterung erforderlichen Beschreibungen, jedoch nur in solchen Fällen, in welchen Betriebsmittel verwendet werden sollen, die von den vorbezeichneten Betriebs-Vorschriften abweichen oder für welche nicht entweder bereits anderweitig genehmigte Zeichnungen vorliegen oder vorhandene Muster als massgebend in allen ihren Einzelheiten bezeichnet werden können.

f. Zeichnungen von Kreuzungen mit Eisenbahnen, die dem Gesetze vom 3. November 1838 unterstehen, sowie von Anschlüssen an solche Eisenbahnen, und zwar in einer Ausführung, dass die hierzu erforderliche Genehmigung des Ministers der öffentlichen Arbeiten eingeholt werden kann.

Die Beibringung von Bauzeichnungen für Brücken, Über- und Unterführungen, Durchlässe, Drehscheiben, Weichen u. s. w. darf bis zum Beginn der Bauausführung ausgesetzt werden.

Ob einzelne Zeichnungen durch Beschreibungen ersetzt werden können, bleibt dem Ermessen der Genehmigungsbehörden überlassen. Es darf hierbei jedoch die Rücksicht auf das Vorhandensein beweiskräftigen Materials für die Gestalt und Beschaffenheit der genehmigten Anlagen nicht aus dem Auge gelassen werden.

2. Für Bahnen, welche zum Betriebe mit Maschinenkraft eingerichtet, aber als Strassenbahnen im Sinne der Einleitung und der Ausführungsanweisung zu §§ 3 und 22 auf Grund besonderer Polizeivorschriften betrieben werden sollen:

a. ein Lage- und Höhenplan;

b. Zeichnungen der Schienen und Weichen;

c. Umgrenzung des lichten Raumes, sowie der grössten zulässigen Breiten- und Höhenmasse der Betriebsmittel;

d. Zeichnungen der Betriebsmittel u. s. w., sofern nicht der Fall vorliegt, wie er in 1 unter e vorstehend bezeichnet ist.

Hinsichtlich der Bauzeichnungen gilt das am Schluss für 1 Vermerkte.

3. Für andere Bahnen:

a. ein Lageplan;

b. Zeichnungen der Schienen und Weichen;

c. }
d. } *die vorstehend unter 2c und d aufgeführten Vorlagen.*

In finanzieller Beziehung gilt es, zu prüfen, ob der Unternehmer die Mittel zur Herstellung der Bahn besitzt oder in zuverlässiger und gesetzlich zulässiger Weise beschaffen werde, und ob dieselben zur plan- und anschlagmässigen Vollendung und Ausrüstung der Bahn genügen. Das letztere kann nur auf Grund eines Kostenanschlags geprüft werden, welcher daher in der Regel zu erfordern ist. In welcher Weise die genehmigende Behörde sich die Überzeugung von dem Vorhandensein oder der Möglichkeit der Beschaffung des Anlagekapitals verschaffen will, bleibt ihrem pflichtmässigen Ermessen überlassen.

21) Prinzip und Entstehungsgeschichte des § 5.

1. Prinzip. § 5 bestimmt als zweite Voraussetzung der Genehmigung die mit dem Genehmigungsantrage zu bewirkende Beifügung der zur Beurteilung des Unternehmens in technischer und finanzieller Hinsicht erforderlichen Unterlagen. § 5 legt dem Konzessionsbewerber (§ 2) die Pflicht hierzu auf. Würde die Genehmigung der Bahn eine rein polizeiliche sein (§ 4), so würde die Beibringung der technischen Unterlagen genügen. Wie aber bereits an früherer Stelle (S. 82 ff.) erörtert, ist die Genehmigung nicht eine bloß polizeiliche, sondern trägt den Charakter eines Privilegs, dessen Verleihung mit dem Betriebsrecht auch die Betriebspflicht verbindet (Arndt, Arch. f. öffentl. Recht XI S. 381 ff.) Weil die Kleinbahnen dem öffentlichen Verkehre dienende Unternehmungen und als solche konzessioniert sind, so sind deren Unternehmer nicht nur zum Bau und Betriebe berechtigt, sondern auch im Interesse des öffentlichen Verkehrs hierzu verpflichtet. Für die Verpflichtung zum Bau und Betriebe ist aber das Vorhandensein der erforderlichen Bau- und Betriebs-Kapitalien von wesentlicher Bedeutung. Daher schreibt § 5 die Befügung nicht nur der technischen, sondern auch der finanziellen Unterlagen vor, und erfordert die

Ausf.-Anw. zum § 11 überdies für nebenbahnähnliche Kleinbahnen die Bildung eines Erneuerungsfonds und eines Spezialreservefonds (s. § 11 Anm. 48).

Was die Unterlagen in technischer Hinsicht anlangt, so müssen dieselben, da sie — abgesehen von den mit Maschinenkraft betriebenen Bahnen (§ 17) — die spezielle Grundlage der Bauausführung bilden, so beschaffen sein, daß sie eine genaue Prüfung des Unternehmens in technischer Hinsicht, also sowohl der Bau- und Betriebs-Anlagen, wie der Betriebsmittel ermöglichen. Worin dieselben zu bestehen haben, wird in der Ausf.-Anw. (Abs. 1—8) zu § 5 des Näheren bestimmt (s. S. 92 ff. und Anm. 22). Ebenso sind die finanzellen Unterlagen nach Maßgabe der Ausf.-Anw. (Abs. 8) so vollständig zu erbringen, daß sie eine genaue Prüfung ermöglichen, ob der Unternehmer mit den zur Herstellung und zum Betriebe der projektierten Bahn erforderlichen Mittel ausreichend versehen ist.

Über die hierbei in Betracht kommenden technischen, finanziellen und wirtschaftlichen Fragen hat sich eine sehr umfangreiche Literatur entwickelt. Dieselbe betrifft vornehmlich die Gründung der Kleinbahnen (durch Gründungskomité, Baufirma, Einzelunternehmer, Gesellschaften, Gemeinde-, Kreis-, Provinzial-Verwaltungen ꝛc.) sowie ihre Organisation, die finanzielle Fundierung (Aufbringung des Anlagekapitals durch Aktien, unentgeltliche Zuschüsse der Interessenten, Gemeinden, Kreise, Provinzen, Zinsbürgschaften, Aktienbeteiligungen), den Grunderwerb (freihändig oder im Wege der Enteignung), das Bausystem (Eigenbau, Entreprise), die Arten des Baues mit ihren Eigentümlichkeiten in Hinsicht auf Vorarbeiten und Ausführung, Spurweite, Trassierung, Unter- und Oberbau), den Betrieb (Tier- und Maschinenkraft, Motoren, Wagen und sonstige Betriebsmittel), und Transport (Einrichtungen, Tarifbildung, Rentabilität). Vgl. das Literaturverzeichnis.

II. Aus der Entstehungsgeschichte des § 5 ergibt sich, daß schon die Regierungsvorlage die gleichlautende Bestimmung enthielt. In den Motiven (Herrenh. Akten-St. Nr. 84 S. 68) war das Erfordernis der technischen Unterlagen als selbstverständlich nicht weiter berührt, und in betreff der finanziellen Unterlagen nur angedeutet, daß von einer Prüfung der finanziellen Sicherheit des Unternehmens im einzelnen abzusehen sein wird.

In der Abg.-Haus-Kommission (Akt.-St. Nr. 206 S. 2279/80 wurde mit Bezug hierauf beantragt, dem § 4 den Schlußsatz hinzuzufügen: „Von der Prüfung der finanziellen Sicherheit des Unternehmens im einzelnen ist abzusehen.“ — Von anderer Seite wurde dem in der Kommission widersprochen mit dem Hinweis darauf, daß es zur Vermeidung aller schwindelhaften Unternehmungen durchaus erforderlich sei, die Prüfung der finanziellen Seite des Unternehmens möglichst eingehend stattfinden lassen. — Von seiten der Regierung wurde darauf erwidert, daß durch die in Bezug genommene Stelle in der Begründung des Gesetzentwurfs nur habe ausgedrückt werden sollen, es solle sich die Prüfung der finanziellen Unterlagen des Unternehmens auf die Sicherstellung der vollständigen und gesetzmäßigen Aufbringung der zur anschlagmäßigen Ausführung erforderlichen Geldmittel beschränken. Eine solche Sicherstellung erscheine notwendig, um dem dabei vorhandenen öffentlichen Interesse Genüge zu tun, daß ein Unternehmen, an dessen Durchführung dieses Interesse in lebhaftem Maße beteiligt sei, nicht vor Fertigstellung aus Mangel an Mitteln unvollendet stehen bleibe. Es solle indessen die Finanziierung im übrigen, soweit die Erreichung dieser Sicherstellung zweifellos sei, dem Ermessen des Unternehmers überlassen bleiben. — Nach dieser Erklärung wurde der Paragraph unverändert angenommen.

22) § 5 erfordert in erster Reihe die zur Beurteilung des Unternehmens in technischer Hinsicht erforderlichen Unterlagen, insbesondere einen Bauplan, — der zugleich auch für die Beurteilung in finanzieller Hinsicht (Anm. 23) dient. Die Ausf.=Anw. Abs. 1, Satz 1 und 2 zum § 5 bemerkt hierzu, daß die in technischer Hinsicht beizufügenden Unterlagen lediglich den Zweck haben, die nach § 4 Nr. 1 erforderliche Prüfung zu ermöglichen, und deshalb auch nur insoweit zu erfordern sind, als es durch diese Prüfung für jeden Fall geboten ist. Diese Direktive kann jedoch nicht für zutreffend erachtet werden. Die Prüfung gemäß § 4 Nr. 1 ist lediglich die polizeiliche Prüfung der betriebssicheren Beschaffenheit der Bahn und ihrer Betriebsmittel. § 5 erfordert aber die technischen Unterlagen zur Beurteilung des Unternehmens überhaupt. Diese allgemeine Fassung läßt darauf schließen, das nicht bloß die zur polizeilichen Prüfung nach § 4 Nr. 1, sondern die zur Beurteilung des Unternehmens überhaupt in allen vom Gesetze bezeichneten Richtungen erforderlichen technischen Unterlagen beizufügen sind, also z. B. die in betreff der Benutzung öffentlicher Wege (§ 6), der Berührung von Festungen, Telegraphenanlagen (§ 8), Anschlußverhältnisse (§§ 10, 28, 29) u. s. w., der Schutzanlagen gemäß § 4 Nr. 2 und § 18, der Anlage der Dienstgebäude, Abfertigungslokale, Güterschuppen, Werkstätten notwendigen Unterlagen (v. Cleef, das Entwerfen von Kleinbahnen: Zeitschr. f. Kleinb. I 1894 S. 471). Es ist um so weniger begründet, die Beifügung der technischen Unterlagen auf das in der Ausf.=Anw. bezeichnete Maß zu beschränken, als dieselben auch für die finanzielle Prüfung wesentlich sind und ferner — abgesehen von den mit Maschinenkraft betriebenen Bahnen (§§ 17, 18) — zur definitiven Feststellung des Unternehmens dienen müssen, da eine speziellere Planfeststellung, als die in der Genehmigung zur Herstellung und zum Betriebe der Bahn (§ 2) liegende, im allmeinen nicht stattfindet und auch die spezielle Planfeststellung für Bahnen mit Maschinenbetrieb lediglich auf der vorläufigen, mit der Genehmigung verbundenen Planfeststellung der §§ 4, 5 basiert (s. § 17 Nr. 1).

Welcher Unterlagen es hiernach bedarf, wird je nach Lage und Beschaffenschaffenheit des Unternehmens verschieden sein und nur im Einzelfalle ermessen werden können. Die Ausf.=Anw. (Abs. 1 und 2) zu § 5 (s. oben S. 92—94) bezeichnet diejenigen Unterlagen, welche in der Regel nicht entbehrt werden können (Zeitschr. f. Kleinb. 1898 S. 526) und zwar werden drei Kategorien unterschieden: I. Kleinbahnen, mit Maschinenkraft, welche als nebenbahnähnliche Kleinbahnen nach den Betriebsvorschriften vom 18. August 1898 (vgl. Einleitung und zu §§ 8 und 22); II. Kleinbahnen mit Maschinenkraft, welche als Straßenbahnen und diesen ähnliche im Sinne der Einleitung und der Ausführungsanweisung zu §§ 3 und 22 auf Grund besonderer Polizeivorschriften betrieben werden sollen. III. Kleinbahnen ohne Betrieb mit Maschinenkraft. Für die Kategorien I gelten die Vorschriften Ziff. 1a—f, für die Kategorie II Ziff. 2a—d und für die Kategorie III Ziff. 3a—d der Ausführungsanweisung Abs. 2 zu § 5 des Gesetzes.

Es erscheint selbstverständlich, daß hierbei auch die nach § 4 Nr. 2 erforderlichen Schutzvorrichtungen, bezw. für Bahnen mit Maschinenbetrieb die Sicherungs=

anlagen gemäß § 18 anzugeben und zu verzeichnen sind. Wenngleich für die Aufstellung der technischen Unterlagen für Kleinbahnen wegen der großen Verschiedenheit derselben allgemeine, für alle geltende Normen nach Art der für Haupt- und Nebenbahnen bestehenden nicht angängig sind, so werden sich doch allmählich für einzelne, gleiche oder verwandte Kategorien der Kleinbahnen, wie bereits bei § 4 Anm. 17 S. 84 angedeutet, solche Normen nach Maßgabe der Erfahrungen bilden und fortentwickeln (s. auch Gleim, Eisenb.-Arch. 1892 S. 1130). Ein Anfang hierzu ist in den Bestimmungen der Ausf.-Anw. zum § 5 und in den Betriebsvorschriften vom 13. August 1898 bereits gemacht. Auch haben gewisse, dieses Gebiet betreffende Fragen durch Ministerialerlasse eine generelle Regelung gefunden. Dahin gehören z. B. der Erlaß des Minist. der öffentl. Arb. v. 13. Dezember 1893, betr. die Errichtung von Schutzstreifen bei der Anlage von Kleinbahnen (E.-V.-Bl. 1894 Nr. 6 S. 51, Min.-Bl. d. i. V. 1893 Nr. 11 S. 268 Verzeichnis Nr. 7), ferner der auf die Prüfung der Entwürfe zu den im Zuge von Kleinbahnen vorkommenden Brücken und ähnlichen Bauwerken bezügl. Erlaß v. 17. April 1894 (Zeitschr. f. Kleinb. I S. 307, Verzeichnis Nr. 10), ferner der die Herstellung von Anschlüssen betr. Erlaß v. 9. Juni 1894 (E.-V.-Bl. 1894 Nr. 17 S. 146 Verzeichnis Nr. 13), die Vorschriften der Preuß. Staatsbahnverwaltung für die Errichtung elektrischer Starkstromleitungen auf eisenbahnfiskalischem Gelände &c. (Verzeichnis Nr. 32.)

Reichen die vom Unternehmer beigefügten Unterlagen nicht aus, um die Beurteilung des Unternehmens zu ermöglichen, so ist die Behörde befugt, Vervollständigung zu verlangen. Gegen zu weitgehende und das Maß des Notwendigen überschreitende Anforderungen der Behörde stehen dem Unternehmer die Rechtsmittel des § 52 zu.

Sind zur Beschaffung der technischen Unterlagen Handlungen auf fremdem Grund und Boden oder Eingriffe in denselben erforderlich, so finden die Bestimmungen des § 5 des Enteign.-Ges. v. 11. Juni 1874 Anwendung (Eger, Enteign.-Ges. 2. Aufl. I S. 81 ff.).

Vgl. über das hierbei vom Unternehmer zu beobachtende Verfahren: Erl. 26. Oktober 1900 E.-V.-Bl. S. 321.

Denn wenn auch nicht, wie in betreff der Eisenbahnen nach dem Ges. v. 8. November 1838 § 8, mit der Konzession einer Kleinbahn das Enteignungsrecht eo ipso verbunden ist, so handelt es sich doch um dem öffentlichen Verkehr dienende Unternehmungen (§ 1 Kleinb.-Ges.), welche das Enteignungsrecht rechtfertigen können (§ 1 Ent.-Ges.) und bei denen auch erst auf Grund der technischen Vorarbeiten festgestellt werden kann, ob sie nicht dem Ges. v. 3. November 1838 zu unterstellen sind (§ 1 Abs. 3, § 2 Kleinb.-Ges.). Zuständig ist der Bezirksausschuß im Beschlußverfahren, im Stadtkreise Berlin die erste Abteilung des Polizei-Präsidiums, doch steht die generelle Erlaubnis zur Anfertigung von Vorarbeiten dem Minister der öffentl. Arb. zu (Erl. d. H.-M. v. 22. Oktober 1874, Min.-Bl. d. i. V. S. 241). Dieser hat bestimmt, daß die Gestattung vom Bezirksausschuß angeordnet werden kann, wenn nach der Erklärung des Regierungspräsidenten ein die Enteignung rechtfertigendes Unternehmen vorliegt. Nur in Zweifelsfällen ist von dem letzteren die Entscheidung des Ministers der öffentl. Arb. hierüber einzuholen.

Erl. Min. d. öffentl. Arb. 22. Februar 1893 III 3856, IV 462 u. 4. August 1893 III 15 562, IV 4294.

Die Entscheidung derselben ist in allen Fällen einzuholen, in welchen es sich um ganz oder teilweise mit Maschinenkraft zu betreibende Bahnen handelt.

Über das Verfahren bei Einholung der Erlaubnis zur Vornahme von Vorarbeiten für Kleinbahnen trifft der Erlaß des Ministers der öffentl. Arb. v. 18. Januar 1896 (E.-V.-Bl. S. 43) Bestimmung, s. Verzeichnis Nr. 26. Dieser Erlaß geht davon aus, daß der Erteilung der Erlaubnis zur Vornahme der Vorarbeiten die Feststellung der Eigenschaft der Bahn als Kleinbahn vorangehen muß. Daß dies jedoch nach den bestehenden Bestimmungen nicht angängig ist, ist bereits an früherer Stelle (§ 1 Anm. 4 S. 80) erörtert worden.

Die Erlaubnis der generellen Vorarbeiten ist aber weder für die Verleihung der Konzession noch des Enteignungsrechts irgendwie präjudizierlich (Erl. des Hand.-Min. v. 24. März 1878 V 1261, II 4570). Die Erlaubnis gewährt also weder ein Recht auf Konzessionserteilung, noch ein Vorzugsrecht vor etwaigen späteren Bewerbern; sie pflegt nur für eine bestimmte Zeit und Richtung erteilt zu werden (Eger, Ent.-Ges. 2. Aufl. Bd. I S. 27, Handb. d. Eisenb.-R. Bd. I S. 110—112). Zu den Maßnahmen behufs Förderung des Baues von Kleinbahnen seitens der Provinzial-(Kommunal)-Verbände gehört vornehmlich auch die gänzliche oder teilweise unentgeltliche Bereitstellung technischer Kräfte zur Anfertigung der Vorarbeiten (Zeitschr. f. Kleinb. I S. 808, 561, II S. 208, 361).

Die Baupläne sind gemeinde- und gutsbezirksweise aufzustellen und vorzulegen, was insbesondere für Bahnen mit Maschinenbetrieb in Bezug auf die durch § 17 gebotene Offenlegung in den einzelnen Gemeinde- oder Gutsbezirken notwendig ist (§ 17, Scharmer, Zeitschr. f. Kleinb. 1896 S. 210). Zu den technischen Unterlagen gehört auch die Zustimmung des Wegeunterhaltungspflichtigen, falls öffentliche Wege benutzt werden sollen (§§ 6, 7), weil ohne diese Zustimmung das ganze Prüfungsverfahren in der Luft schwebt (Scharmer, Zeitschr. f. Kleinb. 1896 S. 211).

23) § 5 erfordert sodann die zur Beurteilung des Unternehmens in finanzieller Hinsicht erforderlichen Unterlagen. Dieses Erfordernis beweist, wie an früherer Stelle (S. 32—40) bereits erörtert, daß die Genehmigung bezw. Prüfung des Unternehmens keineswegs eine rein polizeiliche ist, sondern den Charakter einer Konzession besitzt und sich auch auf die nicht polizeilichen Verhältnisse des Unternehmens auszudehnen hat. In den allgemeinen Motiven war zwar bemerkt, daß von einer staatlichen Prüfung der finanziellen Sicherheit des Unternehmens im einzelnen abzusehen sein wird. Nachdem jedoch betont worden war, daß zur Vermeidung aller schwindelhaften Unternehmungen eine möglichst eingehende Prüfung der finanziellen Seite des Unternehmens durchaus erforderlich und deshalb die Einreichung eines Kostenanschlages absolut notwendig sei, wurden die allgemeinen Motive regierungsseitig dahin erläutert, daß sich die Prüfung der finanziellen Unterlagen des Unternehmens auf die Sicherstellung der vollständigen und gesetzmäßigen Aufbringung der zur vorschlagmäßigen Ausführung erforderlichen Geldmittel beschränken solle. Dies sei im öffentlichen Interesse erforderlich, damit nicht das Unternehmen aus Mangel an Mitteln unvollendet stehen bleibe. Soweit diese Sicherstellung zweifellos sei, solle die Finanzierung im übrigen dem Ermessen des Unternehmers überlassen bleiben.

Im Anschluß daran bemerkt die Ausf.-Anw. (Abs. 4) zum § 5: „In finanzieller Beziehung gilt es zu prüfen, ob der Unternehmer die Mittel zur Herstellung der Bahn besitzt oder in zuverlässiger und gesetzlich zulässiger Weise beschaffen werde, und ob dieselben zur plan- und anschlagsmäßigen Vollendung und Ausrüstung der Bahn genügen. Das letztere kann nur auf Grund eines Kostenanschlags geprüft werden, welcher daher in der Regel zu erfordern ist. In welcher Weise die genehmigende Behörde sich die Überzeugung von dem Vorhandensein oder der Möglichkeit der Beschaffung des Anlagekapitals verschaffen will, bleibt ihrem pflichtmäßigen Ermessen überlassen.“ Der Kostenanschlag bedarf der Prüfung der bei der Genehmigung mitwirkenden Eisenbahnbehörde (Gleim § 5 Anm. 2). Über die möglichste Beschleunigung der betreffs einer Staatsunterstützung erforderlichen Schritte der Behörden: s. Erl. v. 28. Mai 1900, Zeitschr. f. Kleinb. 1900 S. 891. Insoweit sich der Staat bei subventionierten Kleinbahnen die Genehmigung der Herstellungs- rc. Verträge vorbehalten hat, wird dieselbe so lange nicht beansprucht, als nicht eine Überschreitung des betr. Teils des Kostenanschlags stattfindet (Erl. v. 9. November 1901, Zeitschr. f. Kleinb. S. 184). Verzeichnis Nr. 92 u. 188.

Indes geht der hier vorgezeichnete Umfang der finanziellen Prüfung nicht weit genug. Die Genehmigung der zuständigen Behörde ist nach § 2 nicht nur zur Herstellung, sondern auch zum Betriebe der Kleinbahn erforderlich. Es genügt also nicht, daß nur diejenigen finanziellen Unterlagen beigefügt werden, welche erweisen, daß die zur Herstellung, d. h. der Bahn erforderlichen Mittel gesichert sind. Vielmehr muß auch zugleich der Nachweis geführt werden, daß die zum Betriebe nötigen Mittel, die Betriebskapitalien, vorhanden sind. Denn nicht sowohl die Herstellung, als vielmehr der Betrieb der vollendeten Bahn liegt im öffentlichen Interesse. Die Direktive der Ausf.-Anw. (Abs. 4) zu § 5, welche die finanzielle Prüfung nur auf die Mittel zur Herstellung (Anlagekapital), nicht auch zum Betriebe (Betriebskapital) beschränkt, kann daher nicht für zutreffend und dem Sinne der §§ 2, 5 des Ges. entsprechend erachtet werden. Auch ist nicht berücksichtigt, daß die Ausf.-Anw. zum § 11 des Ges. die Bildung eines Erneuerungs- und Spezialreservefonds vorschreibt. Auch die hierauf bezüglichen Unterlagen bedürfen der Prüfung.

Vgl. Erl. v. 1. Juni 1900 betr. die Verpflichtung zur Bildung eines Spezialreservefonds (Zeitschr. f. Kleinb. 1900 S. 391). Verzeichnis Nr. 93.

S. auch § 11 Anm. 48 und über die Legalität dieser Anordnung s. K. Hilse, D. Straßen- und Kleinb.-Zeitg. 1897 Nr. 34 S. 563.

In betreff der eisenbahnseitigen Prüfung von Kleinbahnen, für welche Staatsunterstützung beantragt wird, wird auf die Erl. v. 26. Mai 1900 und 24. März und 19. April 1902, Zeitschr. f. Kleinb. 1900 S. 391 und 1902 S. 342, 378 Bezug genommen (s. Art. 41 Anm. 138).

Ist der Unternehmer eine Aktiengesellschaft, Kommanditgesellschaft auf Aktien rc., so werden durch die finanzielle Prüfung seitens der zuständigen Behörde gemäß § 5 diejenigen Prüfungen nicht ausgeschlossen, welche das Handelsgesetzbuch für die Gründung solcher Gesellschaften vorschreibt.

Die Prüfung der finanziellen Unterlagen umfaßt vornehmlich zwei Hauptfragen, 1. die Frage, ob das veranschlagte Bau- und Betriebskapital zur Herstellung und zum Betriebe der projektierten Bahn ausreichend ist und 2. ob

7*

das solchergestalt für ausreichend befundene Kapital durch Baareinzahlungen, Beteiligung solider und solventer Personen (in Gestalt der Zeichnung von Obligationen, Aktien, Zuschüssen à fonds perdu, Hergabe von Grund und Boden Zinsgarantie 2c.) gedeckt ist. Hierzu gehört auch eventuell der Nachweis derjenigen Beträge, durch welche das Unternehmen durch einen Provinzial- oder Kommunal-Verband (§ 41) oder durch den Staat (Ges. v. 8. April 1895, G.-S. S. 91 Verzeichnis Nr. 16) unterstützt werden soll sowie der Hergabe fiskalischer Wege und Brücken zur Benutzung für Kleinbahnen (Erl. 24. März 1898, Zeitschr. f. Kleinb. S. 276). Die Zusage einer solcher Unterstützung kann freilich nur in bedingter Form, d. h. unter der Bedingung geschehen, daß das Unternehmen nach Einreichung des Antrages als eine Kleinbahn anerkannt wird (Ausf.-Anw. Abs. 1 zu § 1 S. 6). Denn ist dies nicht der Fall, so können die lediglich zur Förderung von Kleinbahnen bestimmten Fonds des Staates, der Provinzial- und Kommunal-Verbände für die betr. Bahn nicht verwendet werden. Wenn der Zirk.-Erl. v. 25. April 1895 (Min.-Bl. d. i. V. S. 128 Verzeichnis Nr. 19) die Bewilligung einer staatlichen Beihilfe von der vorgängigen Anerkennung der projektierten Bahn als Kleinbahn abhängig machen will, so ist hierbei außer Betracht gelassen, daß die finanziellen Unterlagen gemäß § 5 bereits dem Genehmigungsantrage beigefügt werden müssen, und die Frage, ob die Bahn den Charakter einer Kleinbahn hat, erst nach Eingang des Antrages auf Genehmigung geprüft und entschieden wird (Ausf.-Anw. Abs. 1 zum § 1).

Vergleiche hierzu noch die oben angeführte Literatur insbesondere „Über die Förderung des Baues von Kleinbahnen seitens der Provinzial-(Kommunal)-Verbände in der Zeitschr. f. Kleinb. I (1894) S. 308 und 561) II (1895) S. 203, 361, ferner § 41 Anm. 138 und die dort mitget. Beschlüsse der Provinzialverwaltungen. Auch Behrnauer, der Ausbau von Kleinbahnen und dessen finanzielle Unterstützung aus Provinzialmitteln (Zeitschr. f. Kleinb. II 1895 S. 386); — Staatliche Beihilfen f. Kleinb. (eod. S. 507).

Nach § 215 Abs. 2 H.G.B. können den Aktionären Zinsen von bestimmter Höhe (sog. Bauzinsen) für den Zeitraum, welchen die Vorbereitung des Unternehmens bis zum Anfange des vollen Betriebes erfordert, bedungen werden. (Vgl. hierzu Behrens, Mitt. d. Ver. deutsch. Straßen- und Kleinb.-Verw. 1901 S. 282). § 215 Abs. 2 erfordert zur Gültigkeit des Ausbedingens von Zinsen, das der Zeitraum der Vorbereitung des Unternehmens in dem ursprünglichen Gesellschaftsvertrage kalendermäßig fest bestimmt ist, nicht in späteren Ergänzungen oder Nachträgen derselben. Die in dem Gesellschaftsvertrage fehlende kalendermäßige Abgrenzung der Bauzeit wird durch eine Bestimmung in der von der Verwaltungsbehörde ertheilten Konzessionsurkunde nicht ersetzt. Wird die in dem Gesellschaftsvertrage festgesetzte Frist überschritten, so dürfen für die Mehrzeit bis zum Betriebsanfange Zinsen nicht gefordert werden. Erl. R.-O.-H.-G. v. 6. und 17. April 1877. Entsch. XXII S. 12 und 19. Der Aktionär ist bezüglich der während der Vorbereitungszeit zu zahlenden Zinsen Gläubiger der Gesellschaft. Ein Beschluß der Gesellschaft, daß diese Zinsen nicht oder zur Zeit nicht gezahlt werden sollen, steht dem Aktionär nicht entgegen, jedenfalls nicht für die Zeit bis zum Beschlusse. Erl. R.-O.-H.-G. v. 6. April 1877. Entsch. XXII S. 19.

Da Bauzinsen nur zugelassen sind, um die Entstehung des Unternehmens zu ermöglichen und demgemäß nur bis zur betriebsfähigen Herstellung derselben, so kann bei einer späteren Erweiterung und Ergänzung des Unternehmens und entsprechender Erhöhung des ursprünglichen Grundkapitals die Zubilligung von Bauzinsen nicht erfolgen.

Kammerger. 19. Februar 1900 Eisenb. Entsch. XVII S. 156.

24) Sowohl für die technische, wie für die finanzielle Prüfung des Unternehmens erfordert § 5 die Beifügung eines Bauplanes (nebst zugehörigem Kostenanschlage), welcher nach Maßgabe der Ausf.-Anw. z. § 5 zu fertigen ist.

(Vgl. Erl. des Fin.-Min., betr. die Anfertigungen von Kopien- und Handzeichnungen von Katasterkarten v. 15. Jan. 1894 s. Kleinb. Zeitschr. f. Kleinb. I 1894 S. 145.)

Über die Mitwirkung der Eisenbahnbehörden bei der Prüfung des Bauplans s. § 4 Anm. 17.

Für die nach dem fertiggestellten Bauplane projektmäßig erforderlichen Grundstücke steht aber nicht — wie bei Haupt- und Nebenbahnen gemäß § 8 des Ges. v. 3. November 1888 — ipsa lege dem Unternehmer das Enteignungsrecht zu. Vielmehr ist dasselbe in jedem einzelnen Falle besonders nachzusuchen und bedarf von Fall zu Fall der ausdrücklichen Verleihung gemäß § 1 des Enteig.-Ges. v. 11. Juni 1874. Die Gründe dafür sind oben S. 88 angeführt worden. Anträge auf Erwirkung des Enteignungsrechts sollen frühestens unmittelbar nach Erteilung der Genehmigungsurkunde bezw. nach Gründung einer etwa in Frage kommenden Aktien- &c. Gesellschaft und spätestens vor Vollendung der Bauausführung, jedenfalls aber nicht nach der Betriebseröffnung vorgelegt werden. (Erl. v. 24. August 1900 Zeitschr. f. Kleinb. S. 680, Verzeichnis Nr. 94.)

Im Zusammenhange damit steht die Frage, ob die für die projektmäßige, dem genehmigten Bauplane entsprechende Herstellung einer Kleinbahn verwendeten Grundstücke und dinglichen Rechte als dem Privatverkehr entzogene Objekte (res extra commercium), während des Bestehens der Genehmigung unveräußerlich sind. Diese Frage ist, soweit es sich um Objekte handelt, die im Wege der Enteignung erworben sind, unzweifelhaft zu bejahen, sie wird aber auch bezüglich der freihändig erworbenen bejaht werden müssen. (S. den Antrag in der Abg.-H.-Kommiss. Drucks. Nr. 206 S. 2280 wegen Einschiebung des § 4a.) Denn diese Objekte bilden das Substrat des Eisenbahnbaues und Betriebes. Der Unternehmer bedarf ihrer zur Ausübung des ihm durch die staatliche Genehmigung verliehenen Rechts und der Pflicht zum Betriebe der dem öffentlichen Verkehre dienenden Bahn. Mit der konzessionsmäßigen Bestimmung für den öffentlichen Verkehrszweck ist sowohl eine private Veräußerung wie auch eine Belastung, welche diesen Zweck und das Verfügungsrecht des Unternehmers mehr oder weniger zu beschränken vermag, nicht vereinbar. (§§ 5—7 Ges. v. 19. August 1895 bezw. 11. Juni 1902.) Die betr. Grundstücke und dinglichen Rechte können daher den dinglich Berechtigten während der Dauer der Konzession nicht weiter zum Gegenstande der Ausübung privater Rechte belassen werden. Die generelle Belastung der Bahneinheit durch Eintragung in das Bahngrundbuch in Gemäßheit des Gesetzes über Bahneinheiten bezw. das Pfandrecht an Privateisenbahnen und Kleinbahnen, vom 19. Aug. 1895 bezw. 11. Juni 1902 (§§ 17 ff.) steht diesem Grundsatze nicht entgegen, denn diese Belastung ruht nicht sowohl auf dem einzelnen Grundstücke als auf dem gesamten Komplexe, kann also den Zusammenhang und die Existenz des letzteren nicht gefährden.

§ 6.[25])

Soweit ein öffentlicher Weg benutzt werden soll, hat der Unternehmer die Zustimmung der aus Gründen des öffentlichen Rechtes zur Unterhaltung des Weges Verpflichteten beizubringen.[26])

Der Unternehmer ist mangels anderweitiger Vereinbarung zur Unterhaltung und Wiederherstellung des benutzten Wegeteiles verpflichtet und hat für diese Verpflichtung Sicherheit zu bestellen.[27])

Die Unterhaltungspflichtigen (Absatz 1) können für die Benutzung des Weges ein angemessenes Entgelt beanspruchen, ingleichen sich den Erwerb der Bahn im ganzen nach Ablauf einer bestimmten Frist gegen angemessene Schadloshaltung des Unternehmers vorbehalten.[28])

[25]) Prinzip und Entstehungsgeschichte des § 6.

I. Prinzip. § 6 bezeichnet als dritte Voraussetzung der Genehmigung — soweit zur Herstellung der Bahn ein öffentlicher Weg benutzt werden soll — die dem Unternehmer obliegende Beibringung der Zustimmung der aus Gründen des öffentlichen Rechts zur Unterhaltung des Weges Verpflichteten (Abs. 1) und regelt zugleich die sich für den Unternehmer — mangels besonderer Abrede — daraus ergebenden Pflichten, sowie die dem Unterhaltungspflichtigen zustehenden Rechte (Abs. 2 u. 3). § 6 steht in engem Zusammenhange mit § 7, welcher die zwangsweise Ergänzung der Zustimmung des Unterhaltungspflichtigen, durch behördlichen Beschluß vorsieht.

Daß das Gesetz die Zustimmung des Wegeunterhaltungspflichtigen erfordert und die sich daraus ergebenden Rechte und Pflichten regelt, soweit der Bau und Betrieb der Bahn die Benutzung eines öffentlichen Weges bedingt, rechtfertigt sich dadurch, daß der Bau und Betrieb einer Bahn auf einem öffentlichen Wege die Unterhaltungspflicht in der Regel alteriert, — erschwert und vergrößert, — mithin die Lasten des Unterhaltungspflichtigen vermehrt, sowie daß in der Regel mit der Unterhaltungspflicht — unbeschadet des gemeinen Gebrauchs — das Verfügungs- und Nutzungsrecht an dem Wege verknüpft ist, und dieses durch die ausschließliche Inanspruchnahme und Benutzung von Wegeteilen für ein besonderes Transportgewerbe beschränkt wird. (Eger, Mitt. 1899 S. 107.) Es entspricht daher der Billigkeit, daß das Gesetz für die Benutzung die Zustimmung des Unterhaltungspflichtigen (Abs. 1), sowie eine entsprechende Verteilung der künftigen Unterhaltungslast erfordert (Abs. 2). Aber auch für die in der Regel erheblichen Aufwendungen, die vom Unterhaltungspflichtigen bereits in der Vergangenheit auf den Bau und die Unterhaltung des Weges verwendet worden sind, sowie für die Einschränkung seiner Nutzungs- und Verfügungsrechte erscheint die Gewähr einer Entschädigung gerechtfertigt (Abs. 3).

Die Frage, ob der Unterhaltungspflichtige zugleich Eigentümer des Weges ist, kommt hier nicht in Betracht. Werden für den Bau und Betrieb der Bahn nicht bloß die Benutzung eines öffentlichen Weges, sondern das Grundeigentum desselben oder die Rechte am Grundeigentum in Anspruch genommen, so bedarf es der Vereinbarung des Unternehmers mit dem Eigentümer oder dinglich Berechtigten und mangels einer gütlichen Einigung der Zwangsenteignung (§§ 1, 6

Enteign.-Ges. v. 11. Juni 1874, Erk. d. O.-V.-G. v. 29. Dezember 1883, Entsch. Bd. X S. 198—202). Wird aber nur die Benutzung des Weges — unbeschadet seiner Substanz und der sonstigen dinglichen Rechte daran — für die Anlage und den Betrieb der Bahn vom Unternehmer beansprucht und damit lediglich in die Pflichten und damit verbundenen Rechte des Unterhaltungspflichtigen eingegriffen — gleichviel ob derselbe zugleich Eigentümer des Weges ist oder nicht — so bedarf es lediglich der Zustimmung des Unterhaltungspflichtigen bezw. der Auseinandersetzung mit demselben. Sollte die Zustimmung versagt werden, so tritt nach § 7 die behördliche Ergänzung der Zustimmung unter gleichzeitiger Feststellung der streitigen Ansprüche ein. Da es sich hierbei nicht um die Entziehung ꝛc. des Grundeigentums am Wege oder der privaten (dinglichen) Rechte daran handelt, sondern um die Alterierung der aus Gründen des öffentlichen Rechtes bestehenden Unterhaltungspflicht, so kann die Zwangsenteignung nicht Platz greifen. Man hat sich vielmehr durch Einführung einer besonderen administrativen Regelung des zwischen dem Unternehmer und Unterhaltungspflichtigen entstehenden Verhältnisses mittelst behördlicher Ergänzung der Zustimmung und Feststellung der Ansprüche des Unterhaltungspflichtigen nach dem Vorgange der Wegeordnung für die Provinz Sachsen v. 11. Juli 1891 § 10 geholfen. Ein Verstoß gegen Art. 9 der Verfassung liegt darin nicht. Denn Art. 9 bezieht sich nur auf die Entziehung und Beschränkung des Eigentums, und ebenso hat das Enteignungsgesetz nur die Entziehung oder Beschränkung des Grundeigentums und der Rechte am Grundeigentum zum Gegenstande. Hier aber handelt es sich um einen Eingriff in die dem Unterhaltungspflichtigen aus Gründen des öffentlichen Rechts zustehende Unterhaltungslast und das damit verknüpfte Verfügungsrecht.

II. Die vorstehend erörterte Tendenz der §§ 6 und 7 wird auch durch die Entstehungsgeschichte derselben bestätigt.

Die Regierungsvorlage (§§ 5 u. 6) lautete (Drucks. d. Herrenh. Nr. 83 S. 59):

§ 5 (jetzt 6).

Sofern ein öffentlicher Weg benutzt werden soll, ist die Zustimmung des Unterhaltungspflichtigen beizubringen. Der Unterhaltungspflichtige ist berechtigt, für die Hergabe des Weges ein angemessenes Entgelt zu beanspruchen, ingleichen sich den Heimfall der Bahn nach Ablauf einer bestimmten Frist gegen angemessene Schadloshaltung des Unternehmers vorzubehalten.

§ 6 (jetzt 7).

Die Zustimmung des Unterhaltungspflichtigen kann ergänzt werden:

soweit es sich um Landgemeinden und Gutsbezirke sowie um Private handelt, durch Beschluß des Kreisausschusses —, soweit eine Stadtgemeinde oder ein Kreis beteiligt ist, oder es sich um einen von Privaten zu unterhaltenden, mehrere Kreise berührenden Weg handelt, durch Beschluß des Bezirksausschusses —,

soweit eine Provinz oder ein den Provinzen gleichstehender Kommunalverband beteiligt ist, durch Beschluß des Provinzialrates.

Gegen den Beschluß des letzteren ergeht die Beschwerde an den Minister der öffentlichen Arbeiten.

> Durch den Ergänzungsbeschluß wird unter Ausschluß des Rechtsweges zugleich über die Angemessenheit etwa nach § 5 an den Unternehmer gestellter Ansprüche entschieden.
>
> Bei dem Antrage auf Ergänzung der Zustimmung ist der Nachweis der erfolgten Sicherstellung der Unterhaltung und Wiederherstellung des Weges beizubringen.

und war, wie folgt, motiviert (Drucks. d. Herrenh. Nr. 34 S. 65): „Daß die Zustimmung der Eigentümer einer Straße zur Benutzung derselben für Bahnen der bezeichneten Art notwendig ist, entspricht dem geltenden Recht und der Natur der Sache. Angesichts der erheblichen Aufwendungen, welche die Unterhaltungspflichtigen häufig für die Herstellung der Straßenkörper aufzuwenden haben, und des erheblichen materiellen Vorteils, welcher den Unternehmern aus der Möglichkeit erwächst, sich der Straßen für ihr Unternehmen zu bedienen, erscheint es nicht mehr als billig, daß den Unterhaltungspflichtigen das Recht gewährt wird, sich durch Ausbedingung eines Entgelts für die Benutzung der Straßen oder eines Heimfallrechtes nach Ablauf einer bestimmten Zeit einen Ausgleich für die gemachten Aufwendungen zu sichern. Da indessen nach den gemachten Erfahrungen nicht ausgeschlossen ist, daß Wegeunterhaltungspflichtige mit ihrem Zustimmungsrechte dahin Mißbrauch treiben, das Zustandekommen und die Entwickelung von Bahnen der hier in Rede stehenden Art durch die Auferlegung zu schwerer materieller Lasten zu beeinträchtigen oder zu gefährden, so empfiehlt es sich, nach dem Vorgange der Wegeordnung für die Provinz Sachsen vom 11. Juli 1891 § 10 die Ergänzung der Zustimmung durch die Aufsichtsbehörde unter solchen Vorbehalten zuzulassen, durch welche die Interessen der Wegeunterhaltung in jedem Falle gesichert werden. Da die im § 5 vorgesehenen Abmachungen zwischen dem Unterhaltungspflichtigen und dem Bauunternehmer nicht kraft Privatrechts erfolgen, sondern auf dem Boden des öffentlichen Rechtes stehen, wird über dieselben der Rechtsweg nicht zuzulassen und dies ausdrücklich in dem Gesetze auszusprechen sein."

In der Kommission des Abg.-H. (Drucks. d. Abg.-H. Nr. 206 S. 2280 bis 2282) wurde zunächst im § 5 (6) das Eingangswort „sofern" auf Antrag eines Mitgliedes durch das Wort „soweit" ersetzt, um die hierdurch ausgesprochene räumliche Beschränkung auszudrücken, und aus gleichem Grunde statt des Wortes „Weges" im zweiten Satze daß Wort „Wegeteiles" gesetzt.

Der von einem Mitgliede gestellte Antrag, statt „Unterhaltungspflichtigen" die Worte „aus Gründen des öffentlichen Rechts zur Unterhaltung des Weges Verpflichteten" einzufügen, wurde, nachdem von seiten der Regierung die Erklärung abgegeben war, daß der Annahme dieses Antrages seitens derselben nichts entgegenstehe, angenommen. Es erschien ferner der Kommission angemessen, schon hier die in der Regierungsvorlage in § 6 erwähnte Sicherstellung der Unterhaltung und Wiederherstellung des Weges zum Ausdruck zu bringen. Es wurde indessen anerkannt, daß diese Verpflichtung nur mangels anderweitiger Vereinbarung einzutreten habe, daß aber, wenn sie eintrete, die Verpflichtung zur Bestellung der Sicherheit hierfür von der Behörde auszusprechen sei, um die Interessen des öffentlichen Verkehrs bezüglich der Unterhaltung des Weges sicher zu stellen. Infolge dieser Erwägungen wurde ein Antrag angenommen:

§ 5 (6).

„Soweit ein öffentlicher Weg benutzt werden soll, ist der Unternehmer zur Unterhaltung und Wiederherstellung des benutzten Wegeteiles verpflichtet und hat er für diese Verpflichtung Sicherheit zu bestellen.

Der Unternehmer hat ferner die Zustimmung des aus Gründen des öffentlichen Rechtes zur Unterhaltung des Weges Verpflichteten beizubringen. Letzterer ist berechtigt, für die Benutzung des Weges ein angemessenes Entgelt zu beanspruchen, ingleichen sich den Erwerb der Bahn nach Ablauf einer bestimmten Frist gegen angemessene Schadloshaltung des Unternehmers vorzubehalten."

Ein Mitglied stellte den Antrag, den Schluß des § 5 (6) folgendermaßen zu fassen: „Ingleichen sich den Heimfall einer auf Zeit genehmigten Bahn (§ 11 jetzt § 13) nach Ablauf dieser Zeit gegen angemessene Schadloshaltung des Unternehmers vorzubehalten." Zur Begründung wurde von dem Antragsteller ausgeführt, daß in den Fällen, wo Konzessionen auf unbeschränkte Zeitdauer erteilt würden, nach der Fassung des Entwurfs im § 5 (6) der Heimfallsberechtigte die Konzession für immerwährende Zeit verhindern oder illusorisch machen könne, denn er habe nach § 5 (6) ein gesetzliches Recht, den Heimfall nach Ablauf irgend einer bestimmten Frist zu fordern. — Von dem Regierungskommissar wurde darauf erwidert, daß der Vertrag mit dem Unterhaltungspflichtigen der auf beschränkte oder unbeschränkte Zeit zu erteilenden Genehmigung vorausgehen müsse und der vorliegende Antrag daher zeitlich nicht in den Rahmen des Gesetzes passe. Die Ausbedingung eines Heimfallsrechts würde auch keineswegs mit der Erteilung der Genehmigung ohne Zeitbeschränkung unvereinbar sein. Im übrigen werde über alle von dem Unterhaltungspflichtigen zu stellenden Bedingungen, also auch über die Frist nach § 6 (7) entschieden. — Der Antrag wurde darauf vom Antragsteller zurückgezogen. Das Wort „Hergabe" wurde hierauf unter Zustimmung der Kommission auf Antrag eines Mitgliedes durch das Wort „Benutzung" und ebenso das Wort „Heimfall" durch „Erwerb" ersetzt.

Auf eine Anfrage eines Mitgliedes, wie es zu halten sei, wenn die hergestellte Bahn die Wegeteile verschiedener Unterhaltungspflichtigen berühre, erwiderte der Regierungskommissar: Indem § 5 (6) das Heimfallsrecht an die Unterhaltungspflicht knüpft und es für die Bahn, nicht für Teile derselben gibt, beschränkt er einerseits das Recht des Unterhaltungspflichtigen auf die räumlichen Grenzen seiner Unterhaltungspflicht und gewährt andererseits ein solches Recht nur bezüglich eines Bahnunternehmens im ganzen. Eine einzelne Gemeinde oder ein höherer Kommunalverband kann daher nur den Heimfall eines solchen Unternehmens beanspruchen, welches andere als die von der Gemeinde oder dem Kommunalverband zu unterhaltenden Straßen und öffentlichen Wege nicht benutzt. Sind mehrere Gemeinden rc. an der Unterhaltung beteiligt, so steht daher keiner derselben für sich ein Heimfallsrecht zu, wohl aber ihrer Gesamtheit gegenüber dem ganzen Unternehmen. Ein Mitglied stellte dabei fest, daß es dem Wegeunterhaltungspflichtigen freistehen müsse, sich den Erwerb einer Bahn, welche auf dem von ihm zu unterhaltenden Wege laufe, auch dann zu sichern, wenn die Bahn nicht auf dem Wege allein, sondern auch auf dem dem Unterhaltungspflichtigen gehörigen anderweiten Territorium sich befinde, sofern nur das ganze Unternehmen innerhalb dieses Weges bezw. des Territoriums sich bewege.

Ein Mitglied regte die Frage an, ob in dem Falle, in welchem der Unterhaltungspflichtige eines Weges nicht Eigentümer desselben sei, das Gesetz sich nicht in Widerspruch mit Art. IX der Verfassung setze. Der Regierungskommissar erwiderte hierauf:

Die Ausnahmefälle, in welchen Eigentums- oder sonstige Privatrechte an dem öffentlichen Wege einem anderen als dem Unterhaltungspflichtigen zustehen, berühre die Vorlage nicht. Bezüglich dieser greife § 6 (7) nicht Platz, der Unternehmer bleibe auf gütliche Vereinbarung angewiesen. Anders liege die Sache bezüglich der Wege, welche im Eigentume des Unterhaltungspflichtigen stehen. Hier trete angesichts der Natur des öffentlichen Weges als eines dem öffentlichen Dienste gewidmeten Grundstückes die privatrechtliche Seite des Eigentums an dem Wege ganz zurück, und es sei daher zulässig, die Zustimmung zu einer Beschränkung dieses Eigentums im öffentlichen Interesse ergänzen zu lassen.

Ein anderes Mitglied fragte an, ob es beabsichtigt sei, dem Wegeunterhaltungspflichtigen das Recht zur Stellung von Bedingungen über den Fahrplan und die Beförderungspreise zu entziehen, indem der § 11 (§ 14) das Recht zur Festsetzung des Fahrplans der Behörde zuerkenne. — Der Regierungskommissar erwiderte hierauf: Durch die Bestimmungen des § 11a seien Vereinbarungen der Wegeunterhaltungspflichtigen mit dem Unternehmer über Fahrplan und Beförderungspreise nicht ausgeschlossen. Vereinbarungen dieser Art könnten nur nicht den nach § 11a im öffentlichen Interesse von der Behörde zu treffenden Festsetzungen derogieren, vielmehr nur innerhalb der durch diese gezogenen Schranken Platz greifen. Bezüglich der Beförderungspreise, für welche nur Maximalsätze festzustellen sind, werde daher insbesondere für eine vertragliche Einwirkung der Straßenbesitzer ein weiter Spielraum gegeben sein.

Nach dem Kommissionsbeschluß erhielten die §§ 6 und 7 die in den Tenor des Gesetzes aufgenommene Fassung. Doch war dem § 7 noch der — später gestrichene — Abs. 3 beigefügt: „Bei dem Antrage auf Ergänzung der Zustimmung ist der Nachweis der erfolgten Sicherstellung der Unterhaltung und Wiederherstellung des Weges beizubringen" (Drucks. d. Abg.-H. Nr. 206 S. 2301).

In der II. Lesg. des Abg.-H. beantragte der Abg. Im Walle (Sten. Ber. des Abg.-H. S. 1987) die Streichung des im § 6 Abs. 3 enthaltenen, den Vorbehalt des Erwerbes der Bahn bestimmenden Passus (Drucks. d. Abg.-H. Nr. 228 zu B 4 S. 2341), indem er darauf hinwies, daß dem Unterhaltungspflichtigen durch § 6 ein doppeltes Recht gegeben sei: Schadloshaltung und Vorbehalt des Erwerbs der Bahn. Zur Gewährung des letzteren sei kein Grund vorhanden, auch kein Zusammenhang mit der Gegenleistung sc. der Übernahme der Bahn auf den öffentlichen Weg. Auch entstehe eine Kollision, wenn dem Unternehmer die Konzession dauernd (ohne Frist) erteilt werde, während sich der Wegeunterhaltungspflichtige den Erwerb nach Ablauf einer bestimmten Frist vorbehalten habe. Es sei daher gerechtfertigt, dem letzteren nur das Recht auf Entschädigung zu geben.

Demgegenüber betonte der Reg.-Kommissar und der Abg. Dr. Hammacher, daß der Vorbehalt des Erwerbes seitens der Gemeinden zc. dem bestehenden Rechte entspreche. Es sei erwünscht, ihnen dieses Recht als Garantie für die Fortführung des Unternehmens zu sichern. Eine Kollision, wenn die Konzesion dauernd verliehen sei, könne nicht entstehen, weil das Unternehmen alsdann nach Ablauf der bestimmten Frist unverändert und ohne Schwierigkeit vom Unternehmer auf den Unterhaltungspflichtigen übergehen werde. Da das Recht, sich im Vertragswege den Erwerb der Bahn vorzubehalten, schon jetzt bestehe, so habe die fragliche Bestimmung nur den Sinn, daß, wenn dieser Vorbehalt gemacht, im übrigen aber eine Einigung nicht zu erzielen ist, bei Anwendung des § 7 (Ergänzungsbeschluß) die beschließende Behörde dem Unterhaltungspflichtigen jedenfalls den Erwerb vorbehalten müsse.

Hierauf wurde der Antrag des Abg. Im Walle abgelehnt (Sten. Ber. Abg.-H. S. 1988). Ferner beantragte der Abg. v. Strombeck, dem oben aufgeführten Abs. 8 des § 7 folgende Fassung zu geben: „Der Aushändigung des Ergänzungsbeschlusses muß die auf Grund des § 6 Abs. 2 angeordnete Sicherheitsstellung vorausgehen," indem er zur Motivierung hervorhob, daß zu der Zeit, wo die Ergänzungsbehörde mit dem Antrage auf Ergänzung der Zustimmung befaßt werde, die Höhe und Art der Sicherheitsbestellung noch gar nicht feststehe, die Ergänzungsbehörde solle erst in Ermangelung einer Einigung zwischen dem Unternehmer und dem Unternehmungspflichtigen über die Höhe der Kaution feststellen, in welcher Art und Höhe die Sicherheitsstellung geleistet werden soll. Dies sei zweckmäßig nur durch die vorgeschlagene Bestimmung zu erreichen. (Sten. Ber. S. 1989.)

Nachdem jedoch regierungsseitig hervorgehoben worden war, daß der Ergänzungsbeschluß (§ 7) sich seiner ganzen Natur nach nur auf diejenigen Fragen beziehen könne, welche Gegenstand der Zustimmung des Unterhaltungspflichtigen bilden können, hierzu aber die Sicherheitsbestellung gemäß § 6 Absatz 2 nicht gehöre, wurde der Antrag von Strombeck abgelehnt und sodann ohne weitere Begründung die Streichung des Abs. 8 des § 7 überhaupt beschlossen. (Sten. Ber. S. 1990.)

26) Abs. 1 des § 6 verpflichtet den Unternehmer, soweit ein öffentlicher Weg benutzt werden soll, die Zustimmung der aus Gründen des öffentlichen Rechtes zur Unterhaltung des Weges Verpflichteten beizubringen.

A. Die Beibringung dieser Zustimmung des Wegeunterhaltungspflichtigen ist für den Fall, daß ein öffentlicher Weg benutzt werden soll, eine notwendige Voraussetzung der gemäß § 2 zu erteilenden Genehmigung und muß daher ebenso wie die event. Ergänzung der Zustimmung (§ 7) der Genehmigung vorausgehen. (Abg.-H. III. Lesg., Sten. Ber. S. 2069). Dafür spricht, daß die Prüfung des Unternehmens, welche der Genehmigung voranzugehen hat, gemäß § 5 sowohl in technischer wie finanzieller Hinsicht zu bewirken ist, nach beiden Richtungen aber die Frage der Benutzung eines öffentlichen Weges von wesentlicher Bedeutung ist. Dazu tritt, daß die Stellung der §§ 6 und 7 in dem im wesentlichen chronologisch geordneten Gesetze auf die Absicht des Gesetzgebers schließen läßt, die Zustimmung des Wegeunterhaltungspflichtigen der Genehmigung voran zu stellen. (Gleim, § 7 Anm. 4, Scharmer, Zeitschr. f. Kleinb. 1896 S. 211, Eger Mitt. zc. 1899 S. 108.) Die Annahme Scharmers a. a. O., daß bei mehreren Bewerbern die Befugnis zur Genehmigung der Bahn de facto auf den Wegeunterhaltungspflichtigen übergehe, indem es darauf ankomme, welchen der Bewerber er die Zustimmung zur Benutzung des Weges erteile, ist unrichtig. Denn abgesehen davon, daß der Wegeunterhaltungspflichtige gemäß § 7 gezwungen werden kann, demjenigen der Bewerber die Zustimmung zu erteilen, welchen die Genehmigungsbehörde als den geeignetsten in Aussicht genommen hat, würde auch eine derartige Delegation des Genehmigungsrechts von der Genehmigungsbehörde auf den Wegeunterhaltungspflichtigen gesetzwidrig sein. Letzterer ist weder de facto noch de jure in der Lage, an Stelle der Genehmigungsbehörde über die Genehmigung zu entscheiden. (Hilse, Zeitschr. f. Kleinb. 1896 S. 806.) Die Genehmigungsbehörde ist keineswegs gehalten, gerade demjenigen Bewerber die Genehmigung zu erteilen, welcher die Zustimmung zur Wegebenutzung erlangt hat. Es ist daran festzuhalten, daß die staatliche Genehmigung ein selbständiges Privileg, eine wirkliche Eisenbahnkonzession ist und daß daher nicht die Konzession ein Accessorium des Straßenbenutzungsrechts bildet, sondern gerade umgekehrt letzteres ein Accessorium der Konzession ist. Auch die älteren, vor Inkrafttreten des Kleinbahngesetzes gewährten Straßen- und Kleinb.-Genehmigungen haben den gleichen Rechtscharakter wirklicher Eisenbahnkonzessionen. Daraus folgt, daß diese Konzessionen, wenn sie ohne Zeitbegrenzung verliehen sind — gleichviel ob vor oder nach Inkrafttreten des Kleinbahngesetzes erteilt — mit Ablauf der vertraglichen Straßenbenutzungsrechte nicht erlöschen und daß für das Betriebsrecht der Unternehmer nur die Dauer ihrer Konzession, nicht die Dauer der Straßenbenutzungsrechte entscheidend ist.

Vgl. des Näheren Eger, Eisenb. Entsch. XV S. 182—187.

B. Die Zustimmung ist erforderlich, „soweit ein öffentlicher Weg benutzt werden soll," d. h. ein öffentlicher Weg vom Unternehmer ganz oder teilweise zur Herstellung und zum Betriebe der Kleinbahn planmäßig (§§ 5, 17) in Anspruch genommen wird.

a) Das Wort „soweit" an Stelle des ursprünglich vorgeschlagenen „sofern" ist gewählt worden, um die räumliche Beschränkung auszudrücken, wie auch aus gleichem Grunde im Abs. 2 an Stelle des Wortes „Weges" das Wort „Wegeteiles" gesetzt wurde (Abg.-H.-Kommiss. Nr. 206 S. 2280).

b) Nur die Benutzung eines „öffentlichen Weges" kommt hier in Betracht. Für Privatwege gelten die besonderen Bestimmungen der §§ 6 und 7 nicht (Germershausen, Wege R. und Verw. § 8 S. 121, — Hilse, Zeitschr. f. Transp.-Wes. 1895 Nr. 29 S. 488), ihre Benutzung bezw. Verwendung kann der Unternehmer mangels gütiger Vereinbarung, nur im Enteignungswege erlangen. Der Begriff „öffentlicher Weg" ist zwar kein ganz feststehender. Doch können im allgemeinen nach dem Vorgange des Hannoverschen Wegegesetzes vom 28. Juli 1851 und § 1 der Wegeordnung f. d. Provinz Sachsen v. 11. Juli 1891 (G.-S. S. 316) als öffentliche Wege diejenigen bezeichnet werden, welche einerseits zum allgemeinen Gebrauche dienen und andererseits demselben nicht kraft Privatrechts entzogen werden können: H. Meyer, D. Verw.-R. I § 160, v. Stengel, D. Verw.-R. § 94, Germershausen (§ 1 S. 3ff.). Das erste — positive — Kriterium — der allgemeine Gebrauch — faßt die Befugnis jedes Einzelnen zum Gebrauche des Weges in sich, beschränkt durch die gleiche Berechtigung aller übrigen Mitglieder des Publikums (O.-V.-G. 22. Dezbr. und 29. Dezbr. 1883 Entsch. X S. 192, 198). Ob ein Weg dem allgemeinen Gebrauch gewidmet ist, mithin als öffentlicher Weg anzusehen ist, liegt auf tatsächlichem Gebiete und ist nach Lage des konkreten Falles zu entscheiden. (Germershausen S. 5.) In der Regel ist derjenige Weg als öffentlicher zu betrachten, dessen dauernde und ungestörte Benutzung seitens des Publikums darauf schließen läßt (O.-V.-G. 14. Oktober 1885 Pr. Verw.-Bl. VII S. 74), der in der Dorfkarte ꝛc. als öffentlich verzeichnet ist (O.-V.-G. VIII S. 213), der von den nach öffentlichem Recht zur Wegeunterhaltung verpflichteten Verbänden bisher unterhalten worden ist (O.=V.=G. IX S. 218, XII S. 291), der von der zuständigen Behörde als solcher bestimmt ist (O.=V.=G. V S. 286), der durch Erkenntnis als öffentlich erklärt ist (O.=V.=G. V S. 245) oder mit Zustimmung der Wegepolizeibehörde für den öffentlichen Verkehr ausdrücklich überlassen wird (O.=V.=G. 8. April 1886, Pr. Verw.=Bl. VII S. 322) in der Regel auf Wege im Eigentume des Staats (Fiskus). Vgl. über die Benutzung von ganz oder teilweise in fiskalischer Unterhaltung stehenden Wegen oder Brücken für Kleinbahnen: Erl. d. Min. d. öff. Arb. v. 24. März 1898 Zeitschr. f. Kleinb. S. 276. Die Öffentlichkeit eines Weges wird nicht dadurch aufgehoben, daß der Grund und Boden, über welchen der Weg führt, sich in Privateigentum befindet (O.=V.=G. V S. 286, IX S. 189, 211, 251), oder daß die Benutzung vorübergehend, z. B. durch Umpflügen erschwert oder durch Reparaturen zeitweise ganz unterbrochen ist (O.=V.=G. VIII S. 213, XII S. 291). Das zweite — negative — Kriterium schließt alle diejenigen Wege aus, welche dem allgemeinen Gebrauche kraft Privatrechts entzogen werden können, auf deren Gebrauch also das Publikum keinen rechtlichen Anspruch hat, d. h. die Privatwege. Auf das Eigentum am Wege kommt es hierbei nicht an. Auch Wege, welche im Privateigentum stehen oder an welchen Einzelnen private Rechte zustehen, sind öffentliche, wenn die vorstehenden Kriterien zutreffen. Nach ihrem Zwecke sowie nach dem Träger der Unterhaltungspflicht und der Benutzungsart zerfallen die öffentlichen Wege im allgemeinen in Provinzialstraßen, Kreisstraßen und Gemeindewege, — eine Unterscheidung, die im wesentlichen allen Provinzen gemeinsam ist.

c) Unter „Benutzung" ist mangels irgend einer Einschränkung jeder Art der Inanspruchnahme des Weges für die Zwecke der Herstellung und des Betriebes der Bahn und ihrer planmäßigen Anlagen zu verstehen, sei es, daß es sich um die Einfügung der Schienenstraße und den Betrieb auf derselben in der Längsrichtung des Weges handelt, oder um die Kreuzung im Niveau, Unter= oder Überführung in der Querrichtung, Anschlußanlagen und gleichviel, ob der Wegekörper ganz oder nur teilweise, ob in seiner vollen Länge oder nur in einem Abschnitte, ob für die Hauptanlagen — die Schienenstraße — oder nur für Nebenanlagen, z. B. Telegraphen=, Signal=Anlagen, Aufstellung und Anbringung der überirdischen oder unterirdischen elektrischen Leitungen ꝛc. benutzt werden soll. Der Annahme, daß hier unter Benutzung nur die Einlegung der Schienen in der Längsrichtung des Weges gemeint sei, alle anderen Fälle der Benutzung, insbesondere für die Kreuzung im Niveau, Unter= und Überführung nicht unter § 6 gehören (Gleim § 6 Anm. 1), kann nicht beigepflichtet werden. Weder gestattet der Wortlaut eine derartige Beschränkung, noch ist dieselbe in den legislatorischen Verhandlungen irgendwie konstatiert worden. Wenn auf die Verwaltungspraxis Bezug genommen wird, welche für die dem Ges. v. 1838 unterworfenen Bahnen — Haupt= und Nebenbahnen — besteht und für Kreuzungen öffentlicher Wege nicht die Zustimmung des Unterhaltungspflichtigen, sondern nur die Erlaubnis der Wegepolizeibehörde erfordert, so darf nicht übersehen werden, daß das Eisenbahngesetz von 1838 nirgends ausdrücklich eine Zustimmung des Unternehmers erfordert, während diese im § 6 des Kleinbahngesetzes besonders vorgeschrieben ist, und daß einerseits das neue, keinerlei Unterscheidnngen zulassende Gesetz dieser Verwaltungspraxis vorangeht, wie auch andererseits, daß sich diese und die sich daran anschließende Rechtsprechung des O.=V.=G. ausschließlich auf die dem Ges. v. 1838 unterworfenen Bahnen bezieht, welchen die Kleinbahnen mit Rücksicht auf ihre grundsätzliche Verschiedenheit nicht gleich zu stellen sind (Germershausen I S. 123 Anm. 9). Es können daher auch die über die Unterhaltung des durch die Kreuzung berührten Wegeteils vom O.=V.=G. (Erk. v. 18. November 1882 Entsch. d. O.=V.=G. IX S. 186 und 28. Februar 1883 Eisenb.=Arch. 1883 S. 388) aufgestellten Rechtsgrundsätze keineswegs ohne weiteres oder analog auf Kleinbahnen übertragen und angewendet werden.

In der Tat ist daher auch bisher bei Niveaukreuzungen von Kleinbahnen, insbesondere Pferdebahnen, nicht nach diesem Grundsatze verfahren und dem Unternehmer keineswegs in allen Fällen die Unterhaltung der ganzen Wegefläche auferlegt worden. Hiernach muß also daran festgehalten werden, daß in allen Fällen der Benutzung öffentlicher Wege die Bestimmungen der §§ 6 und 7 ausnahmslos Platz greifen. (Eger, Mitt. rc. 1899 S. 167). Wenn Gleim a. a. O. darauf hinweist, daß die Motive zum § 6 das dem Wegebaupflichtigen gewährte Recht auf ein Entgelt und das Heimfallsrecht mit dem erheblichen materiellen Vorteil, welcher dem Unternehmer durch die Straßenbenutzung erwächst, begründen und diese Begründung sich nicht auf bloße Wegekreuzungen beziehen könne, weil es sich hierbei nicht um die Gewinnung eines Vorteils, sondern um die notwendige Beseitigung eines Hindernisses handle, so kann dem nicht beigepflichtet werden. Auch die Überlassung eines Kreuzungswegestücks stellt für den Wegebaupflichtigen ganz wie die eines entsprechenden Privatgrundstücks in der Regel einen erheblichen materiellen Vorteil dar und es liegt kein Grund vor, den Wegebaupflichtigen in dieser Beziehung schlechter zu stellen, als jeden Privateigentümer und Dinglichberechtigten. Auch kann mit ganz gleichem Rechte die Überlassung des Weges in der Längsrichtung als die „notwendige Beseitigung eines Hindernisses" bezeichnet werden, falls kein anderer Raum — z. B. an einem Flußbette — verfügbar ist. Ebensowenig ist die Annahme, daß auch die Überlassung eines Kreuzungsstücks das Heimfallsrecht begründe, eine „unmögliche". Denn das Gesetz macht die Rechte der Wegebaupflichtigen nicht von der Größe des dem Unternehmer zu überlassenden Wegestücks abhängig und, wenn hiernach selbst das kleinste Wegestück in der Längsrichtung jene Rechte begründet, so ist nicht einzusehen, weshalb dies nicht auch in der Querrichtung der Fall sein solle.

Auch die Praxis teilt diese Annahme und hat insbesondere darauf hingewiesen, daß es der inneren Begründung entbehren würde, dem Wegeunterhaltungspflichtigen gegenüber dem Kleinbahnunternehmer eine verschiedenartige rechtliche Stellung zu geben, je nachdem es sich um die Benutzung des Weges in der Längs- oder Querrichtung handelt.

Kreis-Ausschuß Beuthen 13. Oktober 1899, Eisenb. Entsch. XVI S. 326.

Für die Richtigkeit dieser Annahme spricht auch der Erlaß des Min. d. öff. Arb. v. $\frac{\text{18. Oktober}}{\text{17. Dezember}}$ 1900 $\frac{\text{IV A 8982}}{\text{IV A 21052}}$ in welchem ausdrücklich hervorgehoben wird, daß die Rechtsgültigkeit der Entziehung des Grundeigentums an Straßenflächen behufs Herstellung von Eisenbahnanlagen auf Grund des § 21 Nr. 1 und § 23 Nr. 1 des Ent.=Ges. nicht in Zweifel gezogen werden könne, der Eigentumserwerb an solchen Flächen durch den Eisenbahnunternehmer unbeschadet ihrer Benutzung für den Straßenverkehr entspreche lediglich ihrer Zweckbestimmung (Erk. d.

O.-V.-G. v. 18. November 1882 Bd. 9 S. 200, 211). Für die Belassung des Eigentums von den dem Eisenbahnbetriebe gewidmeten Kreuzungsflächen in der Hand des Wegeeigentümers könnten auch Gründe der Zweckmäßigkeit nicht anerkannt werden.

Wird hiernach in Fällen dieser Art Enteignung zu Gunsten des Eisenbahnunternehmers für geboten und zweckmäßig erachtet, so ist damit implizite ausgesprochen, daß die — event. im Enteignungswege — zu erzwingende Zustimmung der Wegebaupflichtigen bezw. Eigentümers erforderlich ist folgerichtig auch Entschädigung für die Überlassung des Wegestücks.

Der Annahme Germershausens (I S. 122), daß mangels einer Bestimmung des Gesetzes zur Benutzung des Weges außer der Zustimmung des Wegeunterhaltungspflichtigen auch noch die Zustimmung der Wegebaupolizeibehörde und des Straßeneigentümers erforderlich sei, kann nicht beigetreten werden. Für die Beteiligung der Wegepolizeibehörde gilt die Vorschrift der § 8 Abs. 1 (s. Anm. 88) für die des Eigentümers das oben Anm. 25 S. 102 Gesagte.

Bezüglich des Umfangs der Benutzung hat das Reichsgericht mit Recht angenommen, daß der Wegeunterhaltungspflichtige (eine Gemeinde), wenn er dem Bahnunternehmer die Benutzung öffentlicher Wege zum Bahn-Bau und -Betriebe überlassen hat, nicht selbst auf diesen oder parallelen Wegen Konkurrenzlinien anlegen und betreiben oder dies dritten Unternehmern gestatten dürfe, weil dies gegen den guten Glauben verstoßen würde.

Reichsger. 2. Ziv.-Sen. 29. März 1898, Eisenb. Entsch. XV S. 70.

d. Soll später eine wesentliche Erweiterung oder sonstige wesentliche Änderung oder Umwandlung des Unternehmens, der Anlage oder des Betriebs (§ 2 Satz 2) stattfinden, so bedarf es — auch noch während der Dauer des Straßenbenutzungsvertrages — insofern einer erneuten Zustimmung des Unterhaltungspflichtigen, als dadurch zugleich eine wesentliche Mehrbelastung, Verbreiterung ꝛc. des Weges herbeigeführt wird. Denn diese kann nicht nur eine erhebliche Beeinträchtigung in der bisherigen Benutzung des Weges für Dritte (das Publikum), sondern auch der bisherigen Unterhaltungslast zur Folge haben. Daher kann sowohl für eine ausgedehntere Inanspruchnahme des Weges in der Länge und Breite, wie auch für die Änderung der Betriebskraft (elektrische oder Dampf-Kraft statt Pferdekraft) oder Betriebsanlage (Drahtseil- oder Zahnrad-Anlage statt einfacher Schienen) ꝛc. die Zustimmung des Unterhaltungspflichtigen erforderich werden; ebenso für die Anbringung von Masten, Bogen für Hochbahnen, Stützpfeilern, Traversen, Herstellung von Tiefleitungen ꝛc. Es ist dies eine eventuell von der Ergänzungsbeschlußbehörde (§ 7) zu entscheidende Tatfrage (zustimmend Störck, Zeitschr. f. Kleinb. 1898 S. 257 ff., 801). In dieser Hinsicht ist z. B. angenommen worden, daß der elektrische Betrieb einer Straßenbahn, soweit die Gleisanlage in Betracht kommt, eine Straße an sich nicht in anderer bezw. lästigerer Weise in Anspruch nehme, als der Dampfbetrieb, und daher bei der Umwandlung das Recht zur Auflage schwererer Bedingungen, als bisher, nicht anerkannt werden könne.

Provinzialrat v. Schlesien 5. Dezember 1898 Eisenb. Entsch. XVII S. 305.

Jedenfalls darf aber die Zustimmung — wie bei der ursprünglichen Genehmigung, so auch bei späteren Ergänzungen — nur von den im Abs. 8 des § 6 bezeichneten Ansprüchen, nicht von beliebigen anderen Bedingungen abhängig gemacht werden (Anm. 28 S. 128). Insbesondere haben die Genehmigungsbehörden Bedingungen und Vorbehalte, welche darüber hinausgehen und in die gesetzlichen und konzessionsmäßigen Befugnisse der Aufsichts- und Genehmigungsbehörden eingreifen oder gesetzliche Vorschriften und Verbote zu umgehen geeignet sind, unberücksichtigt zu lassen (Störk a. a. O. S. 805, Hilse, Arch. f. öffentl. Recht 1900 S. 277 ff.), (daher ist z. B. die Ausbedingung freier Fahrt für die Gemeindebeamten mit Rücksicht auf § 21 Kleinb.-Ges. unstatthaft)

A. M. Reichsger. 6. Februar 1902 Eisenb. Entsch. XIX S. 37.

und sind ferner berechtigt, die Genehmigung zur Ausführung und zum Betriebe von Anlagen und Einrichtungen, welche im öffentlichen Verkehrs- und Sicherheitsinteresse polizeilich notwendig erscheinen, auch vorbehaltlich der nachfolgenden eventuell im Ergänzungsverfahren herbeizuführenden Zustimmung der Unterhaltungspflichtigen, zu erteilen.

Wäre die gegenteilige Annahme Gleims (S. 83), daß die Genehmigung nur im Einklange mit den Bedingungen der Zustimmung oder ihrer Ergänzung in Gemäßheit des § 7 des Gesetzes erteilt werden dürfe, richtig, dann wären nicht die Genehmigungsbehörden, sondern die Unterhaltungspflichtigen oder die Ergänzungsbeschlußbehörden die eigentlich Genehmigenden und in der Lage, durch beliebige, gesetzwidrige Bedingungen und Vorbehalte die Genehmigung zu verhindern oder von ihrem alleinigen Ermessen abhängig zu machen. Auch solche Auflagen und Vorbehalte des Unterhaltungspflichtigen sind unzulässig, welche — wie z. B. künftige Betriebsverbesserungen — in ihrer Tragweite sich nicht übersehen lassen und die technische und finanzielle Leistungsfähigkeit des Unternehmens in Frage stellen können.

Prov.-Rat v. Schlesien 5. Dezember 1898 Eisenb. Entsch. XVII S. 306.

Ist hiernach die Genehmigung erteilt, ohne daß von der Genehmigungsbehörde für unzulässig erachtete Bedingungen oder Vorbehalte des Wegeunterhaltungspflichtigen Berücksichtigung gefunden haben, so muß derselbe jedenfalls den Inhalt der Genehmigungsurkunde so lange als für sich verbindlich gelten lassen, bis er nicht mittelst der ihm nach § 52 zustehenden Beschwerde eine Änderung der Genehmigung herbeigeführt hat. Auch durch eine Kündigung oder Aufhebung des Straßenbenutzungsvertrages oder einen Rücktritt von demselben seitens des Unterhaltungspflichtigen tritt hierin eine Änderung nicht ein. Solange die Genehmigung nicht wiederaufgehoben oder abgeändert ist, bleibt sie demungeachtet in Kraft und ist als gültig und daher auch für das Verhalten der örtlichen Polizeibehörden maßgebend zu erachten.

O.-V.-G. 4. Sen. 25. Oktober 1900 Eisenb. Entsch. XVII S. 334.

Daraus erhellt auch die Richtigkeit des oben S. 108 erörterten Grundsatzes, daß die Genehmigung ein selbständiger Akt und keineswegs ein Accessorium der Zustimmung der Wegeunterhaltungspflichtigen ist. Denn andernfalls müßte die Genehmigung mit Aufhebung der Zustimmung der Unterhaltungspflichtigen erlöschen.

e) Das Abkommen über die Zustimmung zur Benutzung öffentlicher Wege und Straßen (Straßenbenutzungsvertrag) gemäß § 6 des Kleinbahngesetzes zwischen dem Unternehmer und Wegeunterhaltungspflichtigen ist nach der Annahme des Reichsgerichts privatrechtlicher Natur und, wenn für die Benutzung eine bestimmte Geldentschädigung vereinbart ist, als Mietsvertrag anzusehen und demgemäß stempelpflichtig.

Reichsger. 4. Ziv.-Sen. 13. Dezember 1897 Entsch. i. Zivils. Bd. 40 S. 280. Eisenb. Entsch. XIV S. 353. Zeitschr. f. Kleinb. 1898 S. 548. Vgl. auch 5. Ziv.-Sen. 7. Juni 1884 Gruchots Beitr. Bd. 29 S. 689, 27. März 1898 J.M.Bl. S. 283, Gruchots Beitr. Bd. 41 S. 44, 21. September 1898 Entsch. i. Zivils. Bd. 42 S. 205. Eisenb. Entsch. XV S. 255 und 24. April 1902 XIX S. 231.

Zur Begründung dieser Annahme wird auf die damit übereinstimmende bisherige Rechtsprechung des Reichsgerichts, insbesondere das Erk. v. 16. September 1897 IV 12/97, Bezug genommen (s. a. a. O. S. 284): Weder stehe entgegen, daß es sich um die Begründung eines Rechts an einem öffentlichen Wege handle, da auch an öffentlichen Sachen dingliche Privatrechte begründet werden können, soweit damit der öffentliche Zweck vereinbar ist, noch die gesetzliche Ergänzung der versagten Zustimmung (§ 7), weil diese zur Wahrung des öffentlichen Interesses vorbehalten und fakultativ sei, auch jedenfalls die private Natur des Abkommens nicht beeinflusse, wenn eine Ergänzung nicht erforderlich sei. Es handle sich auch nicht um die Begründung einer Grundgerechtigkeit in der Form einer Bahnduldungspflicht, weil es an der Dinglichkeit des Rechts auch in subjektiver Beziehung fehle. Endlich sei es belanglos, daß die Entschädigung als „Gebühr" bezeichnet sei und allein entscheidend, daß ein bestimmter Preis für die Benutzung einer Straße ausbedungen sei.

Diese Gründe, welchen sich im wesentlichen auch Heinitz (Eisenb. Entsch. XVIII S. 72, vgl. auch Germershausen I S. 90, 133, a. M. Hilse, deutsch. Straßenb.- und Kleinb.-Zeitg. 1897 Nr. 12, 19) anschließt, sind jedoch nicht stichhaltig. Die Annahme des Reichsgerichts steht in schroffem Widerspruch mit dem Willen des Gesetzgebers, welcher sich in den Motiven zum § 6 dahin äußert (Drucks. d. Herrenh. Nr. 34 S. 65):

> „Da die im § 6 vorgesehenen Abmachungen zwischen dem Unterhaltungspflichtigen und dem Bauunternehmer nicht kraft Privatrechts erfolgen, sondern auf dem Boden des öffentlichen Rechts stehen, wird über dieselben der Rechtsweg nicht zuzulassen und dies ausdrücklich im Gesetze auszusprechen sein."

In der Tat ergeht auch der im Falle versagter Zustimmung eintretende Ergänzungsbeschluß (§ 7 Abs. 2) mit Ausschluß des Rechtsweges. Abgesehen aber von dieser ausdrücklichen Erklärung der Motive erscheint es für die Rechtsnatur des Vertrages keineswegs bedeutungslos, daß er nach erfolgtem Abschluß noch der staatlichen Genehmigung bedarf. Denn diese übt tiefgehende öffentlich-rechtliche Wirkungen auf den Vertrag aus. Die auf Grund desselben erteilte Genehmigung zum Bau und Betriebe hat zur Folge, daß daraus die öffentlich-rechtliche Befugnis und Pflicht zum Bau und Betriebe der Bahn entsteht und daher die vertragliche Zustimmung des Unterhaltungspflichtigen nicht mehr durch Rücktritt, Kündigung rc. zurückgenommen werden kann (so auch Gleim S. 83), selbst nicht im Einvernehmen mit dem Unternehmer, daß ferner sich die Dauer des Vertrages nicht durch die Kontrahenten, sondern durch die behördlich erteilte Konzession bestimmt, und der Unterhaltungspflichtige sich zwar eine Erwerbsfrist ausbedingen, nicht aber eine bestimmte Mietszeit (abweichend von der Konzessionsdauer) nebst Vorbehalt des Rücktritts oder der vorzeitigen Kündigung vereinbaren darf. Die Zeit des Vertrages ist vielmehr lediglich von der behördlich bestimmten Konzessionsdauer abhängig und das von Heinitz a. a. O. vorgeschlagene Aushilfsmittel, bei kürzerer Vertragszeit den Ergänzungsbeschluß eintreten zu lassen, nicht angängig, da dieser Beschluß sich nicht mit der Zeitdauer des Vertrages, sondern lediglich mit der Erwerbsfrist zu befassen hat, auch nicht ersichtlich ist, was geschehen soll, wenn die von der Genehmigungsbehörde ganz unabhängige Ergänzungsspruchbehörde die Verlängerung der Frist nicht aussprechen will. Auch ist es ferner rechtlich ohne Zweifel ein wesentlicher Unterschied, ob das Entgelt — im Ergänzungsverfahren — eine behördlich unter Ausschluß des Rechtweges festgesetzte Gebühr oder ein freiwillig vereinbarter Mietszins ist. Daher ist auch die Berufung von Heinitz (a. a. O. S. 72) auf § 16 des Enteig.-Ges. verfehlt, weil bei derartigen Veräußerungen für die Entschädigungsfrage der Rechtsweg vorbehalten, die Festsetzung der Verwaltungsbehörde also nur eine vorläufige ist. Die Zustimmung zur Benutzung eines öffentlichen Weges, welche gegen eine eventuell behördlich festgesetzte Gebühr und sonstige in die gesetzlich geregelten Befugnisse der Aufsichts- und Genehmigungsbehörden nicht eingreifende Bedingungen für eine an sich unbestimmte, von der behördlich bestimmten Konzessionsfrist abhängige Dauer und ohne Zulassung des Rücktritts oder der Kündigung erteilt wird, kann als ein privatrechtlicher Mietsvertrag nicht angesehen werden, ist vielmehr als Verleihuug einer besonderen Nutzung an einem Gegenstande des öffentlichen Eigentums öffentlich-rechtlicher Natur. Der Herr der öffentlichen Sache übt hiermit nicht das Privateigentumsrecht aus, sondern er handhabt eine ihm in Bezug auf die Sache zustehende öffentliche Gewalt, einen Verwaltungsakt, so daß auch die daran geknüpften Bedingungen lediglich Bestandteil dieses Aktes und ebenso wie dieser im Verwaltungswege durchzuführen sind. Dies gilt sowohl von fiskalischen, wie Gemeindestraßen.

Vgl. Entsch. des Kgl. sächs. Minist. d. Inn. 20. Juli 1899. Eisenb. Entsch. XVI S. 69. — Schelcher, die rechtl. Natur und die Wirkungen der Eisenbahnkonzession &c. S. 67. — K. Hilse, Deutsche Straßenb.- und Kleinb.-Zeitg. 1897 Nr. 12, 19; Eisenb. Entsch. XVII S. 174, XVIII S. 188.

Wollte man aber auch den Straßenbenutzungsvertrag zur Feststellung des Vertragsstempels nicht als einen Innominatvertrag, sondern nach Analogie eines Mietsvertrages beurteilen, so kann doch keineswegs dem Straßenbenutzungsvertrage in seinen sonstigen Rechtsbeziehungen der Charakter eines Mietsvertrages beigelegt werden. Denn wenn auch die Anlage und der Betrieb von Klein- und Straßenbahnen über den Gemeingebrauch der öffentlichen Wege und Straßen hinausgeht,

Reichsger. und Ziv.-Sen. 21. September 1898 Entsch. Bd. 42 S. 205, Eisenb. Entsch. XV S. 253

so beweist doch grade der Umstand, daß der Straßeneigentümer sich kraft des Gesetzes (§§ 6, 7) — ohne Enteignung — diesen Eingriff gefallen lassen muß, klar, daß es sich hier um ein auf öffentlich-rechtlicher, nicht privatrechtlicher Grundlage beruhendes Recht und Verhältnis handelt. Gegen ein Mietsverhältnis spricht auch insbesondere § 13 des Kleinb.-Ges. Denn darnach kann die Konzession dauernd d. h. also für immerwährende Zeit erteilt werden, während Mietsverträge gemäß § 567 B.G.B. nach 30jähriger Frist jederzeit kündbar sind (s. Eger, Mitt. d. Ver. deutsch. Straß.- und Kleinb.-Verw. 1901 S. 84, 87. K. Hilse, Eisenb. Entsch. XVII S. 174). Mit Recht ist auch gegen die Mietsvertragstheorie auf den nicht seltenen Fall hingewiesen worden, daß der Wegeeigentümer und der Wegeunterhaltungspflichtige verschiedene Personen sind und daher ersterer, wenn er eine Kleinbahn auf dem betr. Wege anlegte und hierzu die Zustimmung des letzteren vereinbart, Mieter seiner eigenen Sache werden würde! (Hilse,

Eisenb. Entsch. XVIII S. 188 ff. und d. Straßenb.- und Kleinb.-Zeitg. 1901 S. 1007.) Ist der Zustimmungsvertrag hiernach kein Mietsvertrag, so ist er als Innominatvertrag nur mit 1,50 Mk. stempelpflichtig, dagegen gelten nach Analogie eines Mietsvertrages für die Verstemplung des Straßenbenutzungsvertrages — wie Heinitz a. a. O. S. 72 ff. ausführt — folgende Normen.

I. Die Stempelabgabe beträgt nach Tarifstelle 48a des Stempelsteuergesetzes $^1/_{10}$ % des Mietzinses. Insoweit die Benutzungsgebühr in einem Anteil an dem jährlichen Ertrage des Bahnunternehmens besteht, ist somit die Berechnung und Entrichtung des Stempels erst nach der jedesmaligen Feststellung dieses Anteils möglich. Hat der Unternehmer die Pflicht zur Erhaltung des Straßenkörpers und des Straßenpflasters mitübernommen, so sind diese Nebenleistungen bei Berechnung des Stempels nicht zu berücksichtigen. (Heinitz, Komm. 1, A. S. 326. A. M. Erl. d. Fin.-Min. v. 29. Juni 1891 auf Grund des § 291 I 21 A.L.R. und § 536 B.G.B.)

II. Die Versteuerung des Mietvertrags liegt der wegeunterhaltungspflichtigen Gemeinde als Vermieterin ob. Ist aber im Vertrage bestimmt, daß die Kosten für die Beurkundung dem Unternehmer zur Last fallen, so gehört zu diesen Kosten auch die zu entrichtende Stempelabgabe.

III. Weitere Vereinbarungen unterliegen, soweit sie nicht bloße Bestandteile des Mietvertrags im Sinne des § 10 Abs. 3 des Stempelsteuergesetzes sind, selbständiger Besteuerung.

1. Eine Sonderstellung nimmt die Kautionsleistung ein; denn im Sinne der Tarifstelle 59 des Stempelsteuergesetzes gilt die in einem Vertrag enthaltene Sicherstellung niemals als Bestandteil des Hauptgeschäfts, sondern stets als ein besonderes steuerpflichtiges Geschäft. Der sogenannte Kautionsstempel, welcher bei einem 10000 Mk. übersteigenden Werte der sichergestellten Rechte 5 Mk. beträgt, ist aber nur zu entrichten, wenn der Vertrag die bereits erfolgte oder gleichzeitig erfolgende Sicherstellung beurkundet. Enthält der Vertrag nur die Verpflichtung zukünftiger Sicherheitsbestellung, so ist die hierauf gerichtete Vereinbarung einer besonderen Stempelabgabe neben dem auf dem Mietvertrage ruhenden Stempel nicht unterworfen.

2. Über die Grenzen des vom bürgerlichen Rechte als Miete bezeichneten Schuldverhältnisses gehen diejenigen Vereinbarungen nicht hinaus, welche das Betriebssystem, die Herstellung des Bahnkörpers, die Pflasterung der Straßen, die Unterhaltung des Bahnkörpers und der Straßen sowie die Mitbenutzung der Linien anderer Straßenbahnunternehmer oder die Gestattung der Mitbenutzung der eigenen Geleise betreffen.

3. Wenn dagegen dem Unternehmer die Verpflichtung auferlegt wird, die zum Bahnbetrieb und zur Beleuchtung der Wagen erforderliche elektrische Energie gegen eine bestimmte Vergütung von der Gemeinde zu beziehen, so liegt hierin ein von dem Mietvertrage rechtsbegrifflich zu sonderndes Geschäft. Das Reichsgericht hat angenommen, daß der elektrische Strom Gegenstand eines Lieferungsvertrags im Sinne des Stempeltarifs sein könne; wird diese Auffassung zu Grunde gelegt, so ist der über die Stromlieferung geschlossene Vertrag stempelfrei. (Tarifstelle 32, Ermäßigungen und Befreiungen Ziff. 3.)

4. Enthält der Straßenbenutzungsvertrag einen Schiedsvertrag, so liegt

ein Nebenvertrag vor, welcher nach Tarifstelle 71 ² (unbenannte Verträge) mit 1,50 Mk. zu versteuern ist.

5. Wird der Gemeinde das Recht eingeräumt, während der Dauer oder bei Ablauf des Vertrags das Bahnunternehmen nebst Zubehör zum Buchwert oder zu einem anderen Preise, dessen Unterlagen im Vertrage festgestellt sind, zu übernehmen, so stellt diese Vereinbarung ein rechtsbegrifflich vom Mietvertrage gesondertes Geschäft dar. Als einseitig verpflichtender Vertrag ist aber die bloße Einräumung des Kaufrechts von einem bedingten Kaufe zu unterscheiden; sie unterliegt nur dem allgemeinen Vertragsstempel der Tarifstelle 71 ² von 1,50 Mk.

6. Für die über den Rahmen des Mietvertrags hinausgehenden Vereinbarungen, für welche eine besondere Stempelabgabe zu entrichten ist, gilt noch folgendes:

a) Die Versteuerung erfolgt durch Entwertung der Stempelmarken auf der Vertragsurkunde. Hinsichtlich der Frist zur Entwertung, kommen demzufolge nicht die besonderen Vorschriften über Versteuerung der Mietverträge, sondern die allgemeinen gesetzlichen Bestimmungen zur Anwendung. Soweit es sich um Verträge handelt, welche mit Behörden abgeschlossen werden, ist die Verwendung des von dem Verpflichteten beizubringenden Stempels nach § 15 des Stempelsteuergesetzes durch die Behörde zu bewirken.

b) Enthält die Urkunde mehrere Vereinbarungen, deren jede dem Stempel der Tarifstelle 71 ² (unbenannte Verträge) von 1,50 Mk. unterliegen würde, so ist dieser Stempel nur einmal zu entrichten.

Insoweit die vorstehend unter 1—5 erwähnten Vereinbarungen in einem Straßenbenutzungsvertrag enthalten sind, ist hiernach außer dem Mietstempel, dessen Entrichtung alljährlich unter Aufstellung eines Mietsverzeichnisses erfolgt, der in der Regel 5 Mk. betragende Kautionsstempel (Tarifstelle 59) und der Stempel der Tarifstelle 71 ² von 1,50 Mk. — auch der letztere nur einmal — zu verwenden.

C. Wenn nach dem der genehmigenden Behörde (§ 3) vorzulegenden Projekte (§ 5) die Benutzung eines öffentlichen Weges in Aussicht genommen ist, „hat der Unternehmer die Zustimmung des Unterhaltungspflichtigen beizubringen."

a) Da diese Zustimmung der Genehmigung vorangehen muß, so ist hier unter „Unternehmer" derjenige zu verstehen, der sich um die Genehmigung der zuständigen Behörde (§ 2) bewirbt. Sind mehrere Bewerber vorhanden, so liegt jedem derselben — gleichviel ob ihm die Erlaubnis zu den Vorarbeiten erteilt ist oder nicht — die Beibringung der qu. Zustimmung ob, so daß — mangels freiwilliger Zustimmung — für jeden derselben ein Ergänzungsbeschluß (§ 7) gefaßt werden muß. Der Genehmigungsbehörde steht sodann das Recht zu, den ihr geeignet erscheinenden zu wählen. Der Annahme Gleims (S. 84, 85), daß sie unbedingt demjenigen, der zuerst den vollständig begründeten Antrag unter Beifügung der Zustimmung beigebracht habe, die Genehmigung erteilen müsse, kann aus den oben (S. 107, 108) des näheren erörterten Gründen nicht beigepflichtet werden. Diese Annahme beruht auf dem Grundirrtum Gleims, daß die Genehmigung nicht den Charakter einer Eisenbahnkonzession habe, sondern lediglich eine gewerbepolizeiliche Erlaubnis sei.

b) Die Zustimmung ist in urkundlicher Form beizubringen, entweder durch Vorlage des rechtskräftigen Ergänzungsbeschlusses (§ 7 Abs. 2) oder der zustimmenden Willenserklärung des Unterhaltungspflichtigen, sei es einseitig oder in Vertragsform.

Wird die Genehmigung nicht erteilt, so ist die Zustimmung des Unterhaltungspflichtigen zur Wegebenutzung bezw. der Ergänzungsbeschluß hinfällig; ebenso, wenn die genehmigende Behörde das Projekt ändert und darnach ein anderer Wegeteil oder Weg erforderlich ist, als derjenige, für welchen die Zustimmung erteilt ist. Das Verfahren muß alsdann wiederholt werden.

Wird die Genehmigung erteilt, so hat der Unternehmer, soweit dies vertragsmäßig ausbedungen (§ 6 Abs. 3) oder im Ergänzungsbeschlusse festgesetzt (§ 7 Abs. 2), die Gegenleistungen zu erfüllen. Hiervon bezw. von entsprechender Hinterlegung oder sonstiger Sicherheitsbestellung kann die Erlaubnis zur Inangriffnahme des Weges für den Bahnbau (Bauerlaubnis) abhängig gemacht sein. Die einmal rite erteilte Zustimmung bleibt auch rechtsgültig bestehen, wenn ein Wechsel in der Person des Wegeunterhaltungspflichtigen oder des Unternehmers eintritt, folgeweise auch die sich gemäß Abs. 2 und 3 daraus ergebenden Rechte und Pflichten. (Eger, Mitt. rc. 1899 S. 197.) Dies liegt in der öffentlich-rechtlichen Natur des Rechtsverhältnisses begründet. (A. M. Gleim S. 84, der jedoch nur den Wechsel in der Person des Unternehmers, nicht auch den in der Person des Wegeunterhaltungspflichtigen berührt.)

c. Das Gesetz erfordert die Zustimmung „des aus Gründen des öffentlichen Rechtes zur Unterhaltung des Weges Verpflichteten.“ Dieses öffentliche Recht ergibt sich aus allgemeinen Gesetzen, aus Provinzial- oder Lokalrechten, welche die Wegebaulast regeln. Sache der die Bahn genehmigenden Behörde (§ 3) ist es, hiernach die Legitimation des Zustimmenden zu prüfen. Ist diese Frage zweifelhaft, so bedarf es vorab der Entscheidung hierüber im Instanzenwege. Wegen der Alterierung seiner Rechte am Wege und wegen der bisherigen Aufwendungen (s. Anm. 25 S. 104) ist die Benutzung von der Zustimmung des Wegeunterhaltungspflichtigen abhängig gemacht, an welche er, abgesehen von der Übertragung eines entsprechenden Teils der Unterhaltungslast auf den Unternehmer (Abs. 2), den Anspruch auf eine angemessene Entschädigung (Abs. 3) knüpfen kann.

d. Das Gesetz erfordert für die Benutzung des Weges nur die Zustimmung des aus Gründen des öffentlichen Rechts Unterhaltungspflichtigen. Die Zustimmung des Eigentümers ist, soweit nur die Benutzung des Weges in Betracht kommt, nicht erforderlich. Denn diese alteriert lediglich die Verhältnisse der Unterhaltungspflichtigen, weil „bei der rechtlichen Regelung der öffentlichen, dem Gemeingebrauche dienenden Wege nur das Interesse der Wegeunterhaltungspflichtigen bei Kleinbahnanlagen der besonderen Regelung bedurfte.“

Reichsger. 4. Ziv.-Sen. 13. Dezember 1897, Entsch. i. Zivils. B. 40 S. 280 (283), Eisenb. Entsch. XVI S. 353.

Nur wenn für die Bahn nicht bloß die Benutzung des Weges, sondern die Substanz des Grundeigentums oder die Rechte am Grundeigentum in Anspruch genommen werden, genügt die Zustimmung des Unterhaltungspflichtigen nicht, sondern bedarf es der Vereinbarung des Unternehmers hierüber mit dem Eigentümer und den dinglich Berechtigten und mangels einer Einigung der

Zwangsenteignung. Dies gilt auch für den Unterhaltungspflichtigen, insofern er zugleich Eigentümer des Weges ist. Die Annahme, daß auch im Falle der Inanspruchnahme der bloßen Benutzung des Weges seitens des Unternehmers nicht nur die Zustimmung des Wegeunterhaltungspflichtigen, sondern auch des Eigentümers des Weges erforderlich sei (Jerusalem § 6 Anm. 2 S. 27, Gleim § 6 Anm. 2 S. 82 und Eisenbahnbaurecht S. 247, Bering, Rechte an öffentl. Wegen S. 38. Germershausen S. 122, Erklärung des Reg.-Kommiss. in der Abg.-H.-Kommiss. Druckf. Nr. 206 S. 2281) ist rechtsirrtümlich. (Eger, Mitt. 1899 S. 198). Das Gesetz verlangt nur die Zustimmung des Unterhaltungspflichtigen. Dies hat darin seinen Grund, daß durch die Benutzung des Weges nur in die Rechte des Unterhaltungspflichtigen eingegriffen wird.

Reichsger. 4. Ziv.-Sen. 13. Dezember 1897 Entsch. i. Zivils. Bd. 40 S. 283, Eisenb. Entsch. XIV S. 353.

Auf die Entscheidungen des O.-V.-G. vom 22. und 29. Dezember 1882 (Entsch. d. O.-V.-G. Bd. X S. 192 und 198) kann man sich nicht berufen. Denn in den diesen Entscheidungen zu Grunde liegenden Fällen ist der Wegeunterhaltungspflichtige und der Eigentümer des öffentlichen Weges ein und dieselbe Person und es ist überdies ausdrücklich hervorgehoben, daß es für die Benutzung des Straßenkörpers zu Bahnanlagen nur auf die Zustimmung der Straßenherrn ankommt, d. h. dessen, dem privatrechtlich die Verfügung über den Straßenkörper und dessen Nutzung zusteht, „regelmäßig des Eigentümers". Gerade aus den letzteren Worten geht aber klar hervor, daß es der Zustimmung des Eigentümers an sich nicht bedarf, sondern nur dann, wenn derselbe zugleich — was regelmäßig der Fall sein wird, — der Verfügungs- und Nutzungsberechtigte ist, also gleichzeitig die Eigenschaft des Wegeunterhaltungspflichtigen und des Eigentümers des Wegekörpers in sich vereinigt.

Reichsger. 13. Dezember 1897 Entsch. i. K. Bd. 40 S. 282, 283, Eisenb. Entsch. XIV S. 353.

Der Eigentümer hat, so lange der Weg dem öffentlichen Verkehre gewidmet ist, weder das jus alienandi, noch das jus disponendi, er besitzt nur das nackte Eigentumsrecht und diejenigen Nutzungsrechte, welche nicht durch die Eigenschaft des Weges als eines öffentlichen und die Benutzung als solchen in Anspruch genommen werden. Germershausen S. 86 und Bering S. 38 nehmen zwar an, daß der Eigentümer befugt ist, diejenigen Arten des Verkehrs, für welche der Weg nicht bestimmt ist, fernzuhalten, also zu neuen Arten stets seine Zustimmung erforderlich ist. Selbst wenn dies richtig wäre, würde die Benutzung durch Wagen der Bahn doch nur eine Art des Wagenverkehrs bilden. Der Unternehmer greift nur in die öffentlich rechtlichen Rechte und Pflichten des Unterhaltungspflichtigen, nicht in die privatrechtlichen des Eigentümers ein. Für diesen vergrößert sich die auf dem Wegeeigentum ruhende öffentlich rechtliche Last dadurch nicht, daß neben allen anderen Verkehrsinteressenten auch der Bahnunternehmer an der Wegebenutzung Teil nimmt. Nur wenn der Unternehmer das Wegeeigentum in Anspruch nimmt, greift er in das Recht des Eigentümers ein und ist dessen Genehmigung bezw. die Enteignung geboten. (Seydel Ent.-Ges. 2. Aufl. S. 20, Hilse, Handb. der Straßenbahnkunde I S. 39, 51, v. Reitzenstein, Straßenbahn in v. Stengels Wörterb. II S. 577).

In der Kommission des Abg.-H. berührte ein Mitglied diese Frage nur von dem Standpunkte aus, daß der Unterhaltungspflichtige eines Weges nicht Eigentümer desselben sei und daß alsdann das in den §§ 6 und 7 vorgesehene Verfahren gegen Art. IX der Verfassung zu verstoßen scheine. Darauf erwiderte der Reg.-Kommissar, indem er zwischen dem Falle, daß Eigentümer und Unterhaltungspflichtiger verschiedene Personen oder dieselben seien, unterschied, der erstere Fall berühre die Vorlage nicht, bezüglich dieser greife § 6 nicht Platz und bleibe der Unternehmer auf gütliche Vereinbarung angewiesen; im zweiten Falle dagegen trete angesichts der Natur des öffentlichen Weges als eines dem öffentlichen Dienste gewidmeten Grundstückes die privatrechtliche Seite des Eigentums an dem Wege ganz zurück und sei es daher zulässig, die Zustimmung zu einer Beschränkung dieses Eigentums im öffentlichen Interesse ergänzen zu lassen.

Indes dieser Auffassung kann nicht beigepflichtet werden. Es liegt kein Grund für eine derartige Unterscheidung vor, je nachdem Eigentum und Unterhaltungspflicht in einer Hand oder in verschiedenen Händen sind. Eine solche Unterscheidung hat im Gesetze keinen Ausdruck gefunden. Das Enteignungsgesetz (§ 4) erfordert in allen Fällen auf Grund des Art. IX der Verfassung für Beschränkungen des Eigentums, welche die Dauer von 3 Jahren überschreiten, die Durchführung des Enteignungsverfahrens. Man kann sich darüber nicht durch die unbestimmte und dehnbare Erklärung hinweghelfen, daß bei öffentlichen Wegen, welche im Eigentume des Unterhaltungspflichtigen stehen, „die privatrechtliche Seite des Eigentums ganz zurücktrete" und daher von der Enteignung abgesehen werden könne. (Eger, Mitt. ꝛc. 1899 S. 199.) Für ein solches „Zurücktreten" der privatrechtlichen Seite des Eigentums fehlt jede gesetzliche Basis. (Art. IX der Verfassung.) Das Richtige liegt darin, daß durch die Mitbenutzung des Unternehmers der dem öffentlichen Verkehre dienenden Bahn das Privateigentum des Wegeeigentümers an sich überhaupt nicht berührt wird, sondern nur das Verhältnis zu den aus Gründen des öffentlichen Rechts Unterhaltungspflichtigen und daß es daher — weil es sich nur um ein öffentlich-rechtliches Verhältnis handelt, — einer Enteignung, gleichviel in welcher Hand das Eigentum des Weges ist, überhaupt nicht bedarf, sondern das in den §§ 6 und 7 gesetzlich geregelte Verfahren genügt.

e. Der Zustimmung des nach öffentlichem Rechte Wegeunterhaltungspflichtigen bezw. der Ergänzung dieser Zustimmung bedarf es dagegen ausnahmslos in allen Fällen. Die Zustimmung ist aber nur für Benutzung des öffentlichen Weges erteilt, d. h. also nur solange, wie der Weg den Charakter eines öffentlichen besitzt. Sobald er diese Eigenschaft verliert, zessiert auch Pflicht und Recht des Unterhaltungspflichtigen und damit auch die Zustimmung desselben. Es ist alsdann, wenn es nicht bereits geschehen, eine entsprechende Regelung des Verhältnisses zum Wegeeigentümer event. im Wege der Enteignung erforderlich.

f. Ein Antrag, daß in allen Fällen auch die Zustimmnng derjenigen Gemeinden (Stadt- und Landgemeinde, Gutsbezirk), welche von dem öffentlichen Wege berührt werden, beizubringen sei, wurde als überflüssig und die Förderung der Kleinbahnen erschwerend abgelehnt.

27) Abs. 2 des § 6 verpflichtet den Unternehmer — mangels anderweitiger Vereinbarung —: 1) zur Unterhaltung und Wiederherstellung des benutzten Wegeteiles und 2) zur Sicherheits-Bestellung für diese Verpflichtungen. § 6 Abs. 2.

1. Wie nach den Erörterungen in Anm. 26 das im Abs. 1 gedachte Recht

des Unternehmers zur Benutzung eines öffentlichen Weges öffentlich rechtlichen Charakter hat, so sind auch die im Abs. 2 vorgesehenen Verpflichtungen des Unternehmers zur Unterhaltung und Wiederherstellung des benutzten Wegeteils sowie zur Sicherheitsbestellung dafür öffentlich rechtlicher Natur. Sie treffen den Unternehmer auch dann, wenn die Ergänzung der Zustimmung des Unterhaltungspflichtigen auf Grund des § 7 erfolgt und in dem Ergänzungsbeschlusse eine anderweite Regelung der Unterhaltungs-, Wiederherstellungs- und Sicherheitsbestellungspflicht nicht stattgefunden hat. Sie bestehen daher nicht als privatrechtliche Verbindlichkeiten dem Unterhaltuugspflichtigen gegenüber, sondern als öffentlich rechtliche Obliegenheiten der Wegepolizeibehörde gegenüber als derjenigen, welcher die Fürsorge für den ordnungsmäßigen Zustand der öffentlichen Wege obliegt. (So auch Germershausen S. 123, 130 in betreff der Unterhaltung und Wiederherstellung, nicht aber der Sicherheitsbestellung.) Mit dem Rechte auf Benutzung des Weges sollen auch ex lege die korrespondierenden Pflichten zur Unterhaltung, Wiederherstellung und bezw. Sicherheitsbestellung auf den Unternehmer übergehen, welcher insoweit von der Wegepolizeibehörde zu den erforderlichen Unterhaltungs- und Wiederherstellungs-Arbeiten heranzuziehen ist, während die Heranziehung zur konzessionsmäßigen erstmaligen Herstellung eines Weges nicht der Wegepolizei-, sondern der Genehmigungsbehörde zusteht.

O.-V.-G. 15. Oktober 1900 Entsch. Bd. 38 S. 360. Eisenb. Entsch. XVIII S. 16.

Der bisher allein aus Gründen des öffentlichen Rechts Unterhaltungspflichtige wird insoweit entlastet, die Pflicht wird zwischen ihm und dem Unternehmer verhältnismäßig geteilt. Unter „Unternehmer" ist der Konzessionar zu verstehen und gegebenenfalls sein Rechtsnachfolger. (S. 45.)

2. Indes haben diese Verpflichtungen nach Existenz wie nach Umfang nur subsidiäre Natur. Sie bestehen kraft des Gesetzes nur „mangels anderweitiger Vereinbarung" des Wegeunterhaltungspflichtigen und Unternehmers. Es kann verabredet werden, sowohl daß — ungeachtet des Rechtes der Benutzung durch den Unternehmer — für diesen die Pflicht zur Unterhaltung und Wiederherstellung des Weges gänzlich fortfällt, d. h. in vollem Umfange dem bisherigen Unterhaltungspflichtigen verbleibt, wie auch, daß die gesetzliche Pflicht des Unternehmers zur Unterhaltung ꝛc. des benutzten Wegeteils vermehrt oder vermindert wird. (Eger, Mitt. ꝛc. 1899 S. 281.) Wird eine solche Vereinbarung getroffen, so gehen die dadurch begründeten Pflichten als primäre den ex lege subsidiär bestimmten des Abs. 2 vor, d. h. die Wegepolizeibehörde hat dieser Vereinbarung gemäß die Unterhaltung und Wiederherstellung des Weges von den Beteiligten zu erfordern. Auf die Verpflichtung zur Sicherheitsbestellung beziehen sich die Worte „mangels anderweitiger Vereinbarung" nicht. Denn diese Verpflichtung ist ihrem Rechtscharakter nach eine accessorische; sie tritt stets ex lege ein, wenn und insoweit der Unternehmer zur Unterhaltung und Wiederherstellung durch Gesetz oder Vertrag verpflichtet ist. (A. M. Germershausen S. 128.)

3. Wie die Pflicht zur Unterhaltung und Wiederherstellung, so liegt daher auch die damit accessorisch verbundene zur Sicherheitsbestellung dem Unternehmer nicht gegenüber dem Unterhaltungspflichtigen, sondern gegenüber der Wegepolizeibehörde ob. Diese Verpflichtung ist öffentlich rechtlicher Natur und besteht nur der letzteren gegenüber. (v. Rohr S. 8, 43.)

Erl. 19. Februar 1901 Zeitschr. f. Kleinb. S. 307. Verzeichnis Nr. 106.

(A. M. Germershausen I S. 130.) Nach § 11 des Kleinb.-Ges. ist bei der Genehmigung die Art und Höhe dieser Sicherstellung, soweit sie nicht bereits erfolgt ist, vorzuschreiben. Dies geschieht somit seitens der genehmigenden Behörde ex officio — außer wenn das Reich, der Staat oder ein Kommunalverband der Unternehmer ist (§ 12) — und der Aushändigung der Genehmigungsurkunde muß die in Rede stehende Sicherstellung vorangehen (§ 15). Da die genehmigende Behörde (§ 8) von Amtswegen die Festsetzung und Stellung der Sicherheit zu bewirken hat (§§ 12, 15), so bedarf es an sich keines Antrages der Wegepolizeibehörde, welche lediglich darauf zu achten hat, daß die genehmigende Behörde nach Maßgabe der §§ 11, 15 verfährt. Nur die Worte im § 11 „soweit sie (sc. die Sicherstellung) nicht bereits erfolgt ist“, bieten Schwierigkeiten. Diese Worte lassen darauf schließen, daß die Feststellung der Sicherheit auch schon zu einem früheren Zeitpunkte, als z. Zt. der Genehmigung (§ 11) erfolgen kann. Nach den Materialien können diese Worte nur dahin verstanden werden, daß bereits eine vorgängige Feststellung durch die Ergänzungsbeschlußbehörden gemäß § 7 Abs. 2 erfolgt sei. Denn § 7 Abs. 2 gibt diesen Behörden die Befugnis, unbeschränkt über die nach § 6 an den Unternehmer gestellten Ansprüche zu entscheiden, d. h. mangels jeder Einschränkung ausnahmslos über alle Ansprüche an denselben aus Anlaß der Benutzung öffentlicher Wege, also nicht bloß seitens des Unterhaltungspflichtigen, sondern auch der Wegepolizeibehörde. (Zustimmend Stölzel, Rechtsweg ꝛc. S. 276 Anm. 30, Störk, Zustimmungsergänzung Zeitschr. f. Kleinb. 1898 S. 300, 304. — A. M. Gleim § 6 Anm. 4 und v. Rohr, die Beschlußwidrigkeit des § 11 Abs. 1 des Kleinb.-Ges., Germershausen S. 129). Diese Annahme ist auch in der II. Lesg. des Abg.-H. von dem Abg. v. Strombeck bei Gelegenheit eines von ihm beantragten Zusatzes zum § 7 vertreten und zutreffend motiviert worden. (Sten.-Ber. 1990).

Die Ansicht, daß die Worte des § 11 „soweit sie nicht bereits erfolgt ist“ überhaupt überflüssig seien, wird von Rohr (in seiner Schrift „Beschlußwidrigkeit des Abs. 1 des § 11 des Kleinbahngesetzes und die Wegeunterhaltungskaution“, s. auch Gleim S. 110) vertreten. v. Rohr (S. 41) sucht aus den Materialien den Nachweis zu führen, daß diese Worte versehentlich in die definitive Fassung des Gesetzes aufgenommen worden sind. Es folgert daraus, daß nur die genehmigende Behörde — nicht auch die Ergänzungsbeschlußbehörde — zur Bestimmung der Art und Höhe der Kaution kompetent sei. Diese Ausführungen finden Anm. 81 S. 148 ff. ihre Widerlegung (s. auch Germershausen S. 128). Es erscheint de lege lata nicht angängig, eine legal beschlossene Gesetzesbestimmung einfach für nicht vorhanden zu erklären, wenn die Möglichkeit einer rationellen Auslegung gegeben ist. Es ist kein genügender Grund, eine dahin gehende Auslegung des qu. Satzes abzulehnen, daß die Genehmigungsbehörde die Kaution nur dann zu bestimmen hat, wenn dieselbe weder auf dem Wege der Vereinbarung (Germershausen S. 128), noch im Ergänzungsverfahren festgesetzt worden ist.

4. Die Pflicht des Unternehmers zur Unterhaltung und Wiederherstellung des Weges sowie zur Sicherstellung ist eine gesetzliche, sie wird als solche, wenn der Unterhaltungspflichtige seine Zustimmung zur Benutzung des Weges gegeben hat an sich präsumiert und braucht daher, auch wenn die Zustimmung gemäß § 7 ergänzt wird, im Ergänzungsbeschlusse nicht besonders ausgesprochen zu sein. Wird aber eine Vereinbarung getroffen, durch welche die Unterhaltungs- ꝛc. Pflicht in anderer

Weise geregelt wird, so muß diese Vereinbarung als eine Ausnahme von der gesetzlichen Regel, vom Unternehmer als ihn entlastend, besonders nachgewiesen werden. Die Vereinbarung muß daher, — ebenso wie die Zustimmung selbst — der genehmigenden Behörde in urkundlicher Form vorgelegt werden, sie wird der gemäß § 8 zuzuziehenden Wegepolizeibehörde bekannt gemacht und darnach verfahren. Im Falle der Ergänzung der Zustimmung hat der Unternehmer auch die etwaige Vereinbarung der Ergänzungsbehörde vorzulegen, damit diese über Höhe und Art der Sicherstellung gemäß § 7 Abs. 2, § 12 beschließt. Bei freiwilliger Zustimmung erfolgt die Vorlage an die genehmigende Behörde, welche gemäß §§ 11 und 12 verfährt.

5. Die gesetzliche Verpflichtung des Unternehmers aus Abs. 2 zur Unterhaltung und Wiederherstellung wie zur Sicherheitsbestellung erstreckt sich nur auf den benutzten Wegeteil, d. h. den projektmäßig für die Herstellung und den Betrieb der Bahn in Anspruch genommenen Teil des Weges sowohl in der Längs- wie in der Quer-Richtung. Es ist nicht bloß diejenige Fläche gemeint, auf welcher die Schienen ruhen, sondern auch die zwischen den Schienen liegenden und bei Doppel- ꝛc. Geleisen auch die zwischen den Doppelgeleisen befindlichen Flächen — abgesehen von dem Falle, daß das eine Geleis auf der rechten, das andere auf der linken Seite des Weges angelegt ist derartig, daß der zwischen beiden Gleisen liegende Teil des Weges für den allgemeinen Verkehr frei bleibt; — ferner der Raum für Wartehallen, Signalapparate, Wärterhäuser, Einrichtungen zum Zu- und Abgange ꝛc., soweit diese auf dem Wegeterrain liegen. Scharmer (Zeitschr. f. Kleinb. 1896 S. 213) will hierzu auch die Flächen auf $1/4$ bis $1/2$ m seitlich der Schienen gerechnet wissen; wohl mit Recht, da die Benutzung des Wegeteils nicht gerade mit der Schienenkante abschneidet.

6. Mangels anderweitiger Vereinbarung erstreckt sich die gesetzliche Pflicht des Unternehmers sowohl auf die Unterhaltung, wie auf die Wiederherstellung des benutzten Wegeteils, wie auf die Sicherheitsbestellung für beides.

a) Die Unterhaltung muß zum mindesten in demselben Maße geleistet werden, wie sie bisher dem Unterhaltungspflichtigen oblag. Wird aber durch das Unternehmen der benutzte Wegeteil in höherem Maße in Anspruch genommen, als durch den bisherigen Verkehr, so liegen auch die hierdurch erforderlichen Mehrleistungen dem Unternehmer nach Bestimmung der Wegepolizeibehörde ob. Zur Unterhaltung kann daher unter Umständen auch die Anlegung von Ausweichegeleisen und Weichen, sowie die Verbreiterung der Straße gehören, wenn diese Maßnahmen zur Erhaltung und bestimmungsmäßigen Benutzung der bestehenden Straße erforderlich sind.

Provinzialrath von Schlesien 5. Dezember 1898 Eisenb. Entsch. XVII S. 305, 306.

Gehört zur Unterhaltung des Weges auch die der Böschungen und Gräben, so liegt auch die Unterhaltung dieser dem Unternehmer entsprechend ob, und jedenfalls soweit, als sie sich zugleich als Bahnböschungen und Bahngräben darstellen (Scharmer, S. 213).

b) Dasselbe gilt von der Wiederherstellung. Diese umfaßt ein doppeltes, nämlich zunächst die Instandsetzung des betr. Wegeteils nach Fertigstellung des Bahnbaues derartig, daß der Weg wieder, wie vorher, vom Publikum benutzt werden kann, außer insoweit die projektmäßig genehmigten Anlagen (Schienen, Weichen ꝛc.) notwendig eine Abweichung oder Beeinträchtigung in der Benutzung bedingen; sodann aber nach Ablauf der Konzessionsdauer bezw. Beendigung, Einstellung des Betriebes, die Versetzung des benutzten Wegeteils in den alten, vor Anlage des Unternehmens gewesenen Zustand. (Eger, Mitt. rc. 1899 S. 4 und 1900 S. 95.) Auch während des Baues der Bahn hat der Unternehmer die Pflichten der Unterhaltung und Wiederherstellung, soweit dies mit den Bauarbeiten vereinbar, bereits nach Maßgabe der Weisungen der Wegepolizeibehörde wahrzunehmen.

c) Die Art und Höhe der Sicherheitsbestellung für Erfüllung der Unterhaltungs- und Wiederherstellungspflicht hat — soweit dies nicht im Ergänzungsverfahren bereits geschehen (§ 7 Abs. 2) — die genehmigende Behörde bei der Genehmigung, d. h. in der Genehmigungsurkunde vorzuschreiben (§ 11), d. h. eine der gesetzlich zulässigen Kautionsarten und den Umfang der Kaution zu bestimmen. Die Bestellung ist aber, wenn das Reich, der Staat oder ein Kommunalverband Unternehmer ist, nicht erforderlich (§ 12). Die Bestellung muß der Aushändigung der Genehmigungsurkunde vorausgehen (§ 15). Die Form der Sicherheitsbestellung richtet sich nach den allgemeinen Bestimmungen.

28) Abs. 3 des § 6 gewährt dem Unterhaltungspflichtigen als Äquivalent für die Benutzung des Weges durch den Unternehmer des weiteren noch zwei Rechte: ein Entschädigungs- und ein Erwerbsrecht; er kann: 1. für die Benutzung des Weges ein angemessenes Entgelt beanspruchen, 2. sich den Erwerb der Bahn im ganzen nach Ablauf einer bestimmten Frist gegen angemessene Schadloshaltung des Unternehmers vorbehalten. § 6 Abs. 3.

1. Während die Unterhaltungs- und Wiederherstellungspflicht des Unternehmers aus Abs. 2 — mangels besonderer Vereinbarung — ex lege von selbst eintritt und demgemäß auch die bezügliche Entlastung für den Unterhaltungspflichtigen, sind letzterem die Rechte aus Abs. 3 fakultativ gegeben, ihre Geltendmachung ist ihm zwar gesetzlich gestattet, aber sie treten nicht ex lege ein, sondern es ist in sein Belieben gestellt, ob er von denselben Gebrauch machen will. (Germershausen I S. 138.) Auch wenn im Ergänzungsverfahren vom Unternehmer die Zustimmung zur Wegebenutzung gefordert wird (§ 7), haben daher die Beschlußbehörden nicht von Amtswegen diese Ansprüche zu berücksichtigen, sondern nur, wenn sie vom Unterhaltungspflichtigen geltend gemacht werden. Werden sie aber von ihm erhoben, so darf die Berechtigung zur Erhebung derselben an sich nicht bestritten werden, denn diese ist ihm durch das Gesetz gewährt. Gegenstand des Streites können alsdann nur die Modalitäten der Ausübung sein, also z. B. die Angemessenheit des Entgelts für die Wegebenutzung, der Schadloshaltung des Unternehmers für die Überlassung der Bahn, die Dauer der Erwerbsfrist rc.

2. Die Gründe, weshalb dem Unterhaltungspflichtigen — abgesehen von der dem Unternehmer aus Abs. 2 zugewiesenen gesetzlichen Pflicht — noch die im Abs. 3 vorgesehenen Ansprüche gewährt sind, sind aus den oben S. 104 ff. mitgeteilten Motiven ersichtlich.

3. Zur Erhebung der im Abs. 3 aufgeführten Ansprüche sind nur die im Abs. 1 bezeichneten Unterhaltungspflichtigen berechtigt, wie das Gesetz durch Beifügung der Parenthese (Abs. 1) nach den Worten „die Unterhaltungspflichtigen" andeutet (s. Anm. 26 S. 117 ff.). Dem Eigentümer des Weges oder den sonst aus privaten Titeln daran Berechtigten stehen die Rechte aus Abs. 3 nicht zu, falls

sie nicht auch zugleich die aus Gründen des öffentlichen Rechts zur Unterhaltung des Weges Verpflichteten sind.

4. In erster Reihe verleiht Abs. 3 den Unterhaltungspflichtigen die Befugnis, ein angemessenes Entgelt für die Benutzung des Weges zu beanspruchen. Es ist hier nicht — wie im Abs. 2 — gesagt „des benutzten Wegeteils“, sondern „für Benutzung des Weges“ und damit wie auch in den Motiven darauf hingewiesen, daß für die Bestimmung des Entgelts nicht allein der benutzte Wegeteil, sondern der ganze Weg zu berücksichtigen ist. Der Wegeteil, welcher für die Bahn erforderlich, ist ein integrierender Bestandteil des ganzen Weges und nur durch die Herstellung und Instandhaltung des Ganzen ist daher für den Unternehmer der Teil benutzbar. Ferner dienen in der Regel auch die nicht unmittelbar durch den Bau und Betrieb der Bahn in Anspruch genommenen Wegeteile, dem Unternehmen durch die Ermöglichung des Zugangs des die Bahn benutzenden Publikums, die Heranschaffung der Güter, der Transportmittel 2c. Diese Umstände sind bei Bemessung des vom Unterhaltungspflichtigen zu beanspruchenden Entgelts in Betracht zu ziehen. Es sind die Kosten der Herstellung des Weges und die Aufwendungen für die laufende Unterhaltung in Ansatz zu bringen; in diesem Sinne bemerkt auch der Erl. v. 24. März 1898 (Zeitschr. f. Kleinb. S. 276 Verz. Nr. 55): „Zu berechnen ist der Kapitalwert der fiskalischen Baulast der ganz oder teilweise in fiskalischer Unterhaltung stehenden Wege und Brücken.“ Kosten für Grund und Boden aber nur insoweit, als derselbe im Eigentume des Unterhaltungspflichtigen steht oder von diesem dem Eigentümer für die Benutzung eine Vergütung gewährt wird; also z. B. nicht, wenn es sich um die Benutzung von Provinzialchausseen handelt, welche den Provinzen ohne eigene Aufwendungen vom Staate überwiesen worden sind (vgl. Zirk.-Erl. d. Min. d. öff. Arb. 18. Januar 1894 III 466). Das Entgelt für die Aufwendungen der Herstellung des Weges, einschließlich der etwa für den Grund und Boden geleisteten, kann in einem dem Maße der Benutzung entsprechenden laufenden Zinsbetrage oder auch in einer einmaligen Kapitalsabfindung bestehen. Ebenso kann das Entgelt für die laufende Unterhaltung in einem verhältnismäßigen Beitrage oder in einer einmaligen Kapitalszahlung geleistet werden; doch kommen hiervon diejenigen Beträge in Abzug, um welche der Unternehmer durch die ihm gemäß Abs. 2 für den benutzten Wegeteil obliegende Unterhaltungspflicht den Unterhaltungspflichtigen entlastet. Über die Frage, ob der Unterhaltungspflichtige für die Zustimmung zur Wegebenutzung noch andere Bedingungen bezw. Vorbehalte, als die im § 6 Abs. 3 bezeichneten, stellen könne, s. unten Ziff. 6 S. 129 ff. Daß das „Entgelt“ nicht — wie das Reichsger. 6. Februar 1902 Eisenb. Entsch. XIX S. 37 irrig annimmt — in der Ausbedingung besonderer durch das Kleinbahngesetz verbotener Transportvergünstigungen für den Unterhaltungspflichtigen oder seine Organe z. B. in der Erteilung von Freifahrtscheinen für die Gemeindebeamten bestehen darf, ist unter bei § 21 Anm. 78 des Näheren erörtert.

5. Sodann gewährt Abs. 3 dem Unterhaltungspflichtigen das Recht, sich den Erwerb der Bahn im ganzen nach Ablauf einer bestimmten Frist gegen angemessene Schadloshaltung des Unternehmers vorzubehalten.

a) Die Gewährung dieses Erwerbsrechtes wurde neben dem Rechte auf ein angemessenes Entgelt für die Benutzung des Weges als billig erachtet. Nach dem Wortlaute des Abs. 3 und der Beibehaltung des Wortes „ingleichen“ kann kein

Zweifel bestehen, daß beide Rechte kopulativ dem Unterhaltungspflichtigen gewährt sind.

b) Der Vorbehalt kann sich aber nur auf den Erwerb der Bahn im ganzen erstrecken (Hilse, Zeitschr. f. Kleinb. 1898 S. 490 und Eisenb. Entsch. XIV S. 367 — O.=V.=G. 4. Sen. 14. Februar 1898 XV S. 53, Germershausen I S. 134, Eger, Mitt. 1899 S. 5, 1901 S. 35.) Es darf auch nicht jedem beteiligten Unterhaltungspflichtigen ein Erwerbsrecht auf den in seinen Wegeteil fallenden Bahnnetz= oder Betriebsteil zugestanden werden (Hilse, Zeitschr. f. Kleinb. 1898 S. 269), sondern des ganzen Bahnunternehmens, sämtlicher Strecken Anlagen, Baulichkeiten, Betriebsmittel, Forderungen und Schulden (Aktiven und Passiven). Gleim a. a. O. S. 89 will unter dem „Erwerbe der Bahn im ganzen“ nur den Erwerb der Bahnanlage ohne den Übergang der Forderungen und Schulden verstanden wissen. Indes die gesamte bisherige Eisenbahngesetzgebung, sowohl § 42 Eisenb. Ges. v. 3. November 1834, wie die §§ 30, 31 u. 34 Kleinb. Ges. v. 28. Juli 1892 und §§ 1ff. des Ges. üb. Bahneinheiten v. 19. August 1895, 11. Juni 1902, Art. 422 des alten und § 453 des neuen H.G.B. sowie der Sprachgebrauch des gewöhnlichen Lebens (vgl. v. Hahn, Komm. z. H.G.B. Art. 422 § 1) stehen dieser Einschränkung entgegen. Daß die Bahnpfandschulden sich vom Bahnunternehmen nicht trennen lassen, bedarf keiner Begründung. Aber auch die anderen Passiven, sowie die Aktiven, die Fonds und Kassenbestände, die aus dem Betriebe des Bahnunternehmens unmittelbar erwachsenen Forderungen, die Betriebsmittel und das Betriebsmaterial (§ 4 Ges. v. 19. August 1895), die laufenden Verträge mit dem Betriebspersonal, den Lieferanten rc. können vom Erwerbe nicht wohl ausgeschlossen werden, ohne den Zweck der vorliegenden Bestimmung — den ungestörten Fortbestand und Fortbetrieb des Unternehmens als Ganzes — zu vereiteln. Gleim meint, der Unternehmer könne und müsse alle diese Verträge so vereinbaren, daß sie genau mit Ablauf der Frist zum Erwerbe ihr Ende erreichen. Indes ist hierbei übersehen, daß sich der Übergang durch Umstände verschiedener Art über jenen Zeitpunkt hinaus verlängern kann oder das Personal rc. mit derartigen, unter Umständen nur kurzen Fristen nicht einverstanden ist. Es kann daher unter „Bahn im Ganzen“ nur das ganze Bahnunternehmen mit Aktiven und Passiven verstanden werden rc.

Der Erwerb eines Teiles, z. B. einer einzelnen Strecke, Anlage rc. darf nicht vorbehalten werden — außer mit freiem Einverständnisse des Unternehmers und Zustimmung der Genehmigungsbehörde. Die Worte „Erwerb der Bahn im ganzen“ haben darnach eine mehrfache Bedeutung. Da der Unterhaltungspflichtige die Bahn im ganzen zu erwerben berechtigt ist, so erstreckt sich sein Recht auch auf diejenigen Teile der Bahn, welche sich nicht auf öffentlichen Wegen befinden, also auf privatem Grund und Boden. Benutzt der Unternehmer nur den öffentlichen Weg bezw. die öffentlichen Wege eines Unterhaltungspflichtigen, so kann letzterer allein das Erwerbsrecht ausüben. Benutzt der Unternehmer aber die öffentlichen Wege mehrerer Unterhaltungspflichtigen, so können diese nur gemeinsam das Erwerbsrecht sich vorbehalten und geltend machen; der einzelne Unterhaltungspflichtige darf dies nicht. Es liegt auf der Hand, daß in diesem Falle die Ausübung des Erwerbsrechts sehr erschwert ist, weil sie die einheitliche Wahrnehmung sämtlicher Unterhaltungspflichtigen voraussetzt und die Übertragung des Vorbehalts mehrerer auf einen nicht statthaft erscheint. Wohl aber steht, wenn der Erwerbsfall eingetreten ist, nichts entgegen, daß die beteiligten Unterhaltungspflichtigen ihre Anteile einem derselben oder einem Dritten — mit Genehmigung der zuständigen Behörde — veräußern bezw. auf denselben übertragen (K. Hilse, Eisenb. Entsch. XIV S. 368). Das Vorstehende wird durch die Verhandlungen des Abg.-H. (§ 6 Anm. 25 S. 103 ff.) im wesentlichen bestätigt. Auf die Anfrage eines Mitgliedes nämlich, wie es für den Fall zu halten sei, daß die hergestellte Bahn die Wegeteile verschiedener Unterhaltungspflichtigen berühre, erwiderte der Reg.-Kommissar: „§ 6 gewährt das Erwerbsrecht nur bezüglich eines Bahnunternehmens im ganzen. Eine einzelne Gemeinde oder ein höherer Kommunalverband kann daher nur den Heimfall eines solchen Unternehmens beanspruchen, welches andere als die von der Gemeinde oder dem Kommunalverband zu unterhaltenden Straßen und öffentlichen Wege nicht benutzt. Sind mehrere Gemeinden ꝛc. an der Unterhaltung der von einem Bahnunternehmen benutzten Wege beteiligt, so steht daher keiner derselben für sich ein Heimfallsrecht zu, wohl aber ihrer Gesamtheit gegenüber dem ganzen Unternehmen." (Vgl. auch Hilse, Zeitschr. f. Kleinb. 1898 S. 269, Gleim S. 180, Germershausen S. 184.)

Gegen diese Auffassung wurde in der Kommission kein Widerspruch erhoben. Sodann konstantierte ein Mitglied, daß es dem Unterhaltungspflichtigen freistehen müsse, sich den Erwerb einer Bahn, welche auf dem von ihm zu unterhaltenden Wege laufe, auch dann zu sichern, wenn die Bahn nicht auf dem Wege allein, sondern auch auf dem dem Unterhaltungspflichtigen gehörigen anderweitigen Territorium sich befinde, sofern nur das ganze Unternehmen innerhalb dieses Weges bezw. des Territoriums sich bewege. Indes diese Auffassung erscheint zu eng. Das Erwerbsrecht des Unterhaltungspflichtigen würde in den meisten Fällen illusorisch sein, wenn vorausgesetzt wäre, daß das anderweit, d. h. außer dem öffentlichen Wege benutzte Territorium dem Unterhaltungspflichtigen gehören müsse. Es ist vielmehr nach der Tendenz der vorliegenden Bestimmung und wenn dieselbe nicht zwecklos sein soll, anzunehmen, daß das Erwerbsrecht dem Unterhaltungspflichtigen auch dann zusteht, wenn der Unternehmer noch anderes dem dem Unternehmungspflichtigen nicht gehörige Terrain benutzt oder verwendet, vorausgesetzt nur, daß dieses Terrain nicht in öffentlichen Wegen anderer Unterhaltungspflichtiger besteht. (Vgl. Germershausen I S. 134, Gleim S. 92.)

c) Der Erwerb der Bahn darf ferner nur nach Ablauf einer bestimmten Frist vorbehalten werden. Über die Dauer dieser Frist haben sich beide Teile zu verständigen, anderenfalls entscheidet hierüber die Ergänzungsbeschlußbehörde gemäß § 7 Abs. 2. Die Frist wird billigerweise so bemessen werden müssen, daß sie nicht nur die ersten, in der Regel unrentablen Entwicklungsjahre des Unternehmens umfaßt, sondern einen Zeitraum, in welchem es dem Unternehmer möglich wird, ein Äquivalent für die auf das Unternehmen verwendeten Mühewaltungen und Kosten zu erlangen (zustimmend Germershausen S. 135, Hilse, Zeitschr. f. Lok.- und Straßenb.-Wes. 1896 S. 78 u. d. Straßenb.- und Kleinb.-Zeitg. 1902 Nr. 7) (arg. § 33). In den Berat. der Abg.-H.-Kommission wurde darauf hingewiesen, daß in den Fällen, wo Konzessionen auf unbeschränkte Zeitdauer erteilt würden (§ 13), der Erwerbsberechtigte die Konzession für immerwährende Zeit verhindern oder illusorisch machen könne, weil er ein gesetzliches Recht habe, den Erwerb nach Ablauf irgend einer bestimmten Frist zu fordern, und deshalb beantragt, das Erwerbsrecht nur auf eine auf Zeit genehmigte Bahn zu beschränken. Regierungsseitig wurde aber dagegen geltend gemacht, daß der Vertrag des Unternehmers mit dem Unterhaltungspflichtigen in betreff der Zustimmung zur Wegebenutzung der — auf beschränkte oder unbeschränkte Zeit — zu erteilenden Konzession vorausgehen müsse, mithin der Antrag schon zeitlich nicht in den Rahmen des Gesetzes passe. Auch würde die Ausbedingung eines Erwerbsrechtes keineswegs mit der Erteilung der Genehmigung ohne Zeitbeschränkung unvereinbar sein (Germershausen, S. 135). In gleichem Sinne wurde in der II. Lesg. des Abg.-H. dem Bedenken, es entstehe eine Kollision zwischen dauernder Konzession und dem Vorbehalt des Erwerbsrechts auf bestimmte Zeit, vom Reg.-Vertreter mit dem Hinweis begegnet, daß dies nicht zutreffe, weil das Unternehmen alsdann nach Ablauf der bestimmten Frist unverändert und ohne Schwierigkeit vom Unternehmer auf den Unterhaltungspflichtigen übergehen werde.

Indes sind doch die erhobenen Bedenken nicht unberechtigt. Zunächst wird die Kompetenz der Konzessionsbehörde, dem von ihr gewählten Unternehmer die Konzession dauernd zu verleihen (§ 13), sowie das Recht des letzteren, von dieser Konzession Gebrauch zu machen, dadurch wesentlich beeinträchtigt, daß der Unterhaltungspflichtige den Erwerb der Bahn binnen einer bestimmten Frist für sich fordern kann. Sodann läßt das Gesetz die Frage ganz offen, ob damit auch das weitere Recht implicite verknüpft ist, den Betrieb der Bahn fortzusetzen. Der Regierungsvertreter hat sich über diese wichtige Frage mit der ganz allgemein gehaltenen Äußerung hinweggeholfen: „Das Unternehmen werde alsdann nach Ablauf der Frist „unverändert" und „ohne Schwierigkeit" vom Unternehmer auf den Unterhaltungspflichtigen übergehen." Ist damit nur der Übergang des Eigentums oder auch der des Betriebes gemeint? Nimmt man an, es solle ex lege auch der Betrieb übergehen, — und nur dann hat der Erwerb für den Unterhaltungspflichtigen einen eigentlichen Wert — so würde die Konzessionsbehörde die wichtige und ganz unentbehrliche Befugnis verlieren, die Qualifikation des neuen Erwerbers, d. h. des Unterhaltungspflichtigen zum Betriebe der Bahn zu prüfen. (Germershausen I S. 135, Eger, Mitt. 1901 S. 34.) Der Betrieb würde ex lege zugleich mit dem Eigentume je nach den Umständen auch auf einen in Hinsicht auf Solidität, Leistungsfähigkeit, Zuverlässigkeit ꝛc. durchaus ungeeigneten Unternehmer übergehen müssen, und zwar lediglich aus dem Grunde, weil dieser der Wegeunterhaltungspflichtige ist und sich das Erwerbsrecht vorbehalten hat. Dies kann nach Absicht und Wortlaut des § 13 nicht gemeint sein. Der Unterhaltungspflichtige ist nicht berechtigt, durch die Ausbedingung einer Erwerbsfrist dem Rechte der Konzessionsbehörde, die Konzession zu verleihen, die Dauer derselben zu bestimmen, vorzugreifen oder dieselbe zu tangieren, d. h. auf diesem Wege mittelbar selbst die Konzession und die Frist zu bestimmen (Eger, Mitt. 1901 S. 33 ff. Störk a. a. O. S. 805, Hilse, Zeitschr. f. Kleinb. 1898 S. 492 und d. Straßenb. und Kleinb.-Zeitg. 1901 S. 717 — 1902 S. 127, Selbstverw. Jahrg. 28 S. 610 gegen Ähnelt d. Gemeinde-Zeitg. XI S. 171 und Germershausen I S. 134). Nimmt man aber an, daß nur das Eigentum, nicht auch das Betriebsrecht nach Ablauf der Frist auf den Unterhaltungspflichtigen übergeht, dann würde das diesem durch § 6 Abs. 3 gegebene Recht ein höchst prekäres, d. h. von der Bedingung abhängiges sein, daß er die Genehmigung der Konzessionsbehörde zum Betriebe der Bahn erlangt. (Hilse Eisenb. Entsch. XIV S. 368). Erlangt er dies nicht, so würde das Betriebsrecht (die Konzession) weiter in der Hand des bisherigen Unternehmers verbleiben, mit welchem sich alsdann der Unterhaltungspflichtige — event. im Wege des Vertrages oder Ergänzungsverfahrens — auseinandersetzen müßte (s. auch d. Straßenb.- und Kleinb.-Zeitg. 1898 S. 75 ff.). Damit würde aber die Absicht des Gesetzes, ihm für die Gewähr der Benutzung des Weges durch das Recht zum späteren Erwerbe der Bahn ein Äquivalent zu geben, wesentlich beeinträchtigt sein. Nun hat zwar bei mangelnder Einigung zwischen dem Unternehmer und Unterhaltungspflichtigen über alle Ansprüche aus § 6, also auch über den in Rede stehenden, die Ergänzungsbeschlußbehörde gemäß § 7 Abs. 2 zu entscheiden. Aber ihre Kompetenz ist, wie der Reg.-Vertreter in der II. Lesg. des Abg.-H. zutreffend ausführte, wenn der Unterhaltungspflichtige den ihm gesetzlich zustehenden Erwerbsvorbehalt erhebt, lediglich darauf beschränkt, diesen Vorbehalt festzustellen und bezw. die Erwerbsfrist zu normieren. Sie kann dem Unterhaltungspflichtigen weder das ihm ex lege zustehende Erwerbsrecht gänzlich absprechen, noch unbefristet lassen. Auch ist die Ergänzungsbeschlußbehörde nicht identisch mit der Konzessionsbehörde und der Beschluß der ersteren (§ 7) geht demjenigen der letzteren (§ 13) voraus. Man ersieht hieraus, daß der Erwerbsvorbehalt des § 6 Abs. 3 nach Ablauf einer bestimmten Frist in der Tat zu bedenklichen Kollisionen und Schwierigkeiten führt und deshalb in der Regel illusorisch bleiben wird.

Schließlich darf nicht unbeachtet bleiben, daß das gesetzliche Erwerbungsrecht des Staates unter den Voraussetzungen des § 30 dem Erwerbsrechte des Wegeunterhaltungspflichtigen vorgeht und letzterer in diesem Falle dem Staate gegenüber ein Nebenberechtigter — etwa nach Art eines Vorkaufsberechtigten — wird (s. § 88 Anm. 129 ff., K. Hilse, Zeitschr. f. Kleinb. 1898 S. 489 u. Eisenb. Entsch. XIV S. 367).

d) Der Erwerb der Bahn im ganzen (S. 124 ff.) darf nur „gegen eine angemessene Schadloshaltung des Unternehmers" vorbehalten werden. Diese Schadloshaltung kann entweder alsbald bei der Übereinkunft über die Wegebenutzung unter den Parteien vereinbart, bezw. auf deren Antrag von der Ergänzungsbeschlußbehörde festgesetzt oder der späteren Vereinbarung bei Eintritt des Erwerbes durch den Unterhaltspflichtigen überlassen werden. Da die Vereinbarung eine freie ist, so kann auch gänzlich auf eine Schadloshaltung verzichtet werden. (K. Hilse, Eisenb. Entsch. XIV S. 367.) Mangels einer Einigung wird im Prozeßwege hierüber entschieden werden müssen. Über die Feststellung der Schadloshaltung, das Verfahren und die Grundsätze ist weder in den Motiven, noch in den Verhandlungen nähere Bestimmung getroffen. Als Direktive dient nur, daß die Schadloshaltung eine angemessene, d. h. so bemessen sein soll, daß der Unternehmer durch den Erwerb des Wegeunterhaltungspflichtigen eine Vermögensschädigung nicht erleidet (Gleim, S. 92). Hierbei werden die Bestimmungen der §§ 31—37 des Kleinb.-Ges., betreffend den Erwerb durch den Staat, sinngemäße Anwendung finden können. Zwar soll nach § 30 die Entschädigung in dem „vollen Werte", nach § 6 in einer „angemessenen Schadloshaltung" bestehen. Indes liegt darin materiell kein Unterschied, da ohne Zweifel auch der Unterhaltungspflichtige den vollen Wert der Bahn nebst Zubehör z. Z. des Erwerbs als angemessene Schadloshaltung zu erstatten hat.

Gleichviel aber, ob hiernach die Entschädigung nach dem Ertragswert oder dem Sachwert festgestellt wird, in jedem Falle kann sie nur für den Erwerb des Eigentums der Bahn (S. 125) bei Ablauf der vereinbarten Erwerbsfrist gelten.

Das von der Genehmigungsbehörde dem Unternehmer verliehene Betriebsrecht (§§ 2, 8, 24, 25) kann als ein öffentliches Recht ebensowenig, wie die ihm inhärierende Betriebspflicht (§ 11 Anm. 44 u. 47) Gegenstand des Erwerbs sein, weil es unübertragbar und unveräußerlich ist. Die Annahme Gleims (S. 92 i. f. s. auch S. 178), daß das Wegebenutzungsrecht zugleich „das Recht, die Bahn zu betreiben, in sich schließt" ist irrig und mit dem Gesetze unvereinbar. Dies widerspricht den Bestimmungen über die Kompetenz der Genehmigungsbehörde, da alsdann nicht diese (§§ 2, 18), sondern der Wegeunterhaltungspflichtige die Konzession zu verleihen und die Konzessionsdauer zu bestimmen haben würde. Ungeachtet des Überganges des Eigentums der Bahn mit Ablauf der Erwerbsfrist verbleibt vielmehr das Betriebsrecht und die Betriebspflicht in der Hand des Unternehmers bis zum Ablaufe der Konzessionsfrist. Mit diesem muß sich daher der Wegeunterhaltungspflichtige bezw. der nunmehrige Eigentümer in betreff des Fortbetriebs — eventuell im Ergänzungsverfahren — auseinandersetzen. Aber auch nach Beendigung der Konzessionsfrist ist es lediglich in das Ermessen der Konzessionsbehörde gestellt, ob sie dem Wegeunterhaltungspflichtigen oder dem bisherigen oder einem dritten Unternehmer die weitere Konzession erteilen will. Durch den Erwerb des Eigentums der Bahn (§ 6 Abs. 3) erlangt der Wegeunterhaltungspflichtige keinerlei Recht oder Vorrecht auf Verleihung der Konzession.

6. Es entsteht die Frage, ob der Unterhaltungspflichtige für die Zustimmung zur Benutzung des öffentlichen Weges noch andere Bedingungen bezw. Vorbehalte, als die im § 6 Abs. 8 bezeichneten, stellen könne. In den Verhandlungen der Kommission des Abg.-H. kam dies durch die Anfrage eines Mitgliedes zur Sprache, ob beabsichtigt sei, den Unterhaltungspflichtigen das Recht zur Stellung von Bedingungen über den Fahrplan und die Beförderungspreise zu entziehen, indem § 14 das Recht zur Festsetzung des Fahrplans der Behörde zuerkenne — oder im bisherigen Umfange zu belassen. Der Regier.-Kommissar erklärte hierauf durch § 14 derartige Vereinbarungen über Fahrplan und Beförderungspreise nicht ausgeschlossen; doch müßten sie sich in den durch die Behörde gezogenen Schranken — bei den Preisen innerhalb der Maximalsätze — halten.

Indes erscheint diese Annahme — wenngleich sie in der Kommission ohne Widerspruch geblieben — doch unrichtig. (Vgl. auch Hilse, Preuß.-Verw.-Bl. XVII 1895/6 S. 865 u. 877 ff., deutsch. Straßenb.- und Kleinb.-Zeitung 1902 S. 945, Störk, Zeitschrift für Kleinb. 1898 S. 305. — A. M. Gleim S. 87, Germershausen I S. 133, 134.) § 6 setzt im Abs. 2 die gesetzliche Pflicht des Unternehmers zur Unterhaltung und Wiederherstellung des benutzten Weges fest und gibt im Abs. 3 dem Unterhaltungspflichtigen noch zwei weitere Rechte, — Ausbedingung eines Entgelts für die Benutzung des Weges und Vorbehalt des Erwerbs der Bahn, — welche die Motive als einen Ausgleich für die gemachten Aufwendungen bezeichnen. Auch wird nach den Motiven durch § 7 der Ergänzungsbeschluß eingeführt, um den Unternehmer gegen den Mißbrauch des Unterhaltungspflichtigen in betreff des Zustimmungsrechts durch Auferlegung zu schwerer Lasten, welche das Zustandekommen der qu. Bahnen gefährden, zu schützen. Darnach liegt es unverkennbar in der Absicht des Gesetzes, daß der Unterhaltungspflichtige auf die im Abs. 2 und 3 des § 6 bezeichneten Ansprüche beschränkt und damit abgegolten sein soll. Darin, daß Abs. 8 noch neben der gesetzlichen Pflicht des Unternehmers aus Abs. 2 zwei Rechte des Unterhaltungspflichtigen ausdrücklich hervorhebt, folgt gerade e contr., daß dieser weitere Rechte gegen den Unternehmer, von welchem die Zustimmung zur Wegebenutzung abhängen soll, nicht geltend machen darf. Dies geht auch schon daraus hervor, daß, — wie in den Beratungen der Kommission des Abg.-Hauses (Nr. 206 S. 2280ff.) ausdrücklich regierungsseitig hervorgehoben wurde — im Streitfalle die Ergänzungsbehörde gemäß § 7 über alle von dem Unterhaltungspflichtigen zu stellenden Bedingungen zu entscheiden hat, auf Grund des § 7 Abs. 2 aber nur über die nach § 6 an den Unternehmer gestellten Ansprüche zu entscheiden ist, nicht über anderweite. Sollen also derartige anderweite Ansprüche und Bedingungen beliebig — ohne Kognition der Ergänzungsbehörde — auferlegt und geltend gemacht werden können, so würde die Absicht des Gesetzes gänzlich vereitelt werden. (Störk a. a. O. S. 805, 806.) Nimmt man aber an, daß die Ergänzungsbehörde auch über solche weitergehende Ansprüche zu entscheiden habe, so würden, wenn dem die Genehmigungsbehörde nicht zustimmen will, unlösbare Konflikte zwischen beiden Behörden entstehen. Oder geht man davon aus, daß die Genehmigungsbehörde die bezüglichen Beschlüsse der Ergänzungsbehörde ohne weiteres respektieren müsse, so würde die Kompetenz der ersteren zur Festsetzung der Konzessionsbedingungen im wesentlichen illusorisch bezw. von den Beschlüssen der letzteren abhängig sein. Es läßt sich daher, mangels einer positiven Gesetzesbestimmung, nicht annehmen, daß es den Unterhaltungspflichtigen gestattet ist, noch andere, als die im § 6 Abs. 3 vorgesehene Vorbehalte oder Bedingungen zu machen. (A. M. Gleim § 6 Anm. 8, Jerusalem Anm. 5.) Insbesondere dürfen Vorbehalte und Bedingungen nicht gemacht werden, welche in die gesetzlichen und konzessionsmäßigen Befugnisse der Aufsichts- und Genehmigungsbehörden eingreifen oder gesetzliche Vorschriften und Verbote umgehen oder verfolgen (Störk a. a. O. S. 805, 806). Daher ist z. B. die Ausbedingung freier Fahrt für die Gemeindebeamten mit Rücksicht auf § 21 ungültig (so auch K. Hilse d. Strßb. u. Kleinb.-Z. XIII S. 801, A. M. Reichsger. 6. Februar 1902 Eisenb. Entsch. XIX S. 37, s. § 21 Anm. 78), ebenso die Ausbedingung des unentgeltlichen Heimfalls der Bahn 2c. an den Wegeunterhaltungspflichtigen bei Verstößen des Unternehmers gegen die Bedingungen des Straßenbenutzungsvertrages, z. B. bei schuldhaften Betriebsunterbrechungen 2c. (Hilse, Arch. f. öffentl. Recht 1900 S. 279ff.), die Stipulation der Errichtung von Arbeiterwohnungen (Hilse, d. Selbstverwaltung Jahrg. 28 Nr. 24 S. 870, vgl. hierzu nach Kolle, Auflagen seitens der Kommunen bei Konzessionserteilungen, Mitt. 1898 S. 126ff. und deutsch. Straßb. u. Kleinb.-Zeitg. 1898 S. 647ff.). Und jedenfalls ist die Ergänzungsbeschlußbehörde nicht befugt, darüber hinauszugehen und dem Wegeunterhaltungspflichtigen behördliche Genehmigungs- und Aufsichtsbefugnisse zuzugestehen (Hilse, Zeitschr. f. Lok.- u. Straßenb.-Wes. 1900 S. 94ff. — Eger, Mitt. 1899 S. 8).

Wenn Gleim (S. 86ff.) sich für seine gegenteilige Annahme darauf beruft, daß auch vor dem Erlasse des Kleinbahngesetzes der Unterhaltungspflichtige in der Art und dem Maße seiner Bedingungen nicht beschränkt gewesen sei, so folgt gerade aus der Stellung, welche das Gesetz gegen diese frühere Schrankenlosigkeit genommen hat, das Gegenteil. Vor Erlaß des Kleinbahngesetzes gab freilich die sehr verschiedenartige und zum Teil höchst unbestimmte polizeilich-administrative Regelung der Verhältnisse der Kleinbahnen den Wegeeigentümern bei Vereinbarung der Straßenbenutzungsverträge vielfach Gelegenheit, sich Genehmigungs-, Aufsichts- und andere Rechte in betreff der Anlage und des Betriebes der Kleinbahnen auszubedingen, welche ihrem Wesen nach rein öffentlich-rechtlicher und polizeilicher Natur sind und daher grundsätzlich zur Zuständigkeit der Genehmigungs- und Aufsichtsbehörden gehören. Als sich aber die Nachteile dieser Regelung der Verhältnisse der Kleinbahnen allmählich in immer höherem Grade zeigten, machte sich das Bedürfnis geltend, auch diese Bahnen — ebenso wie die Haupt- und Nebenbahnen — einer besonderen gesetzlichen Regelung zu unterwerfen, wie solche durch das Kleinbahngesetz vom 28. Juli 1892 herbeigeführt worden ist.. Es sind nicht nur die Genehmigungs- und Aufsichtsbehörden genau bestimmt, sondern es ist zugleich ihr Wirkungskreis, der Umfang ihrer Zuständigkeit und Befugnisse im Gesetze fest abgegrenzt und auf ein bestimmtes Maß beschränkt, welches weder herabgesetzt, noch überschritten werden darf. Diese Genehmigungs- und Aufsichtsbefugnisse sind aber auch ihrem Zwecke und ihrer öffentlich-rechtlichen Natur nach ausschließliche, d. h. sie stehen lediglich und allein den hierzu vom Gesetze für zuständig erklärten Behörden zu, und es können nicht neben denselben oder statt derselben noch Genehmigungs- und Aufsichtsbefugnisse Dritter — physischer oder juristischer Personen, insbesondere der Wegeeigentümer und Wegeunterhaltungspflichtigen, — bestehen oder auf privatrechtlichem Wege erworben werden, welche in die gesetzlich geregelte Kompetenz der Staatsbehörden eingreifen und mit deren Ausübung nicht vereinbar sind.

Bei ihren Anforderungen in betreff der Genehmigung sowie der Aufsicht der Kleinbahnen sollen sich nach der Tendenz des Gesetzes die Behörden auf das geringste Maß dessen beschränken, was für die Sicherung der von ihnen wahrzunehmenden öffentlichen Interessen notwendig ist, und den Unternehmungen innerhalb der hiernach gezogenen Grenzen volle Bewegungsfreiheit gewähren.

Es liegt auf der Hand, daß dasjenige, was für die staatlichen Genehmigungs- und Aufsichtsbehörden gilt, nach der Absicht des Gesetzes auch für die Wegeeigentümer, insbesondere also auch für die Kommunen und Kommunalbehörden maßgebend sein muß, und daß es den letzteren nicht gestattet sein kann, im Vertragswege sich Vorbehalte in bezug auf die Genehmigung und Aufsicht der Klein- und Straßenbahnen auszubedingen, welche den Staatsbehörden untersagt oder doch nur in beschränktem Maße gestattet sind. Und ebensowenig sind aus gleichem Grunde die Wegeeigentümer nach Inkrafttreten des Kleinbahngesetzes berechtigt, derartige, in älteren Verträgen ausbedungene Befugnisse, vornehmlich insoweit sie die Feststellung und Genehmigung der Projekte, der Trace, Stationen, Haltestellen, die Baufristen, besondere Sicherheitseinrichtungen, das Betriebssystem, die Spurweite, die Art der Befestigung des Bahnkörpers, die Konstruktion und Beschaffenheit der Betriebsmittel und Schienen, die Aufsicht über Bau und Betrieb, die Genehmigung der Fahrpläne und Beförderungspreise, Abänderungen und Unterbrechungen des Bahnbetriebs, Fristen für die Dauer der Benutzung der Straßen, Rücktritt von der Erlaubnis zur Straßenbenutzung betreffen, noch weiter auszuüben. (Eger, die Verpflichtungen der Straßenbahngesellschaften Eisenb. Entsch. XV S. 90 u. Mitt. 1899 S. 3, Störk a. a. O. S. 305, 306, Hilse, Arch. f. öffentl. Recht 1900 S. 277 ff. u. Zeitschr. f. Lok.- u. Straßenb.-Wes. 1900 S. 94 ff., deutsch. Strßb.- u. Kleinb.-Z. XIII Nr. 31 Kolle, Auflagen seitens der Kommunen bei Konzessionserteilungen Mitt. 1896 S. 126 ff. d. Strßb.- u. Kleinb.-Zeitung 1898 S. 647 ff.). Denn Bedingungen, Vorbehalte und Befugnisse solcher Art greifen in die durch das Kleinbahngesetz im öffentlichen Interesse und öffentlichrechtlich neu und vollständig geordnete Kompetenz der Genehmigungs- und Aufsichtsbehörden, welchen gemäß §§ 2, 3, 4, 5, 8—11, 13, 14, 17—22, 28, 29, 24, 25, 40, 42, 58 l. c. die alleinige und ausschließliche Regelung aller dieser Verhältnisse zusteht, ein und können daher den von diesen staatlichen Behörden gestellten Bedingungen und Weisungen gegenüber irgend welche Geltung nicht beanspruchen. (Eger, Mitt. 1899 S. 3.) Derartige vertraglich vorbehaltene Befugnisse der Wegeunterhaltungspflichtigen dürfen in Zukunft auch nicht neben den bezüglichen behördlichen Befugnissen oder an Stelle oder in Ergänzung derselben ausbedungen und ausgeübt werden, weil dies notwendig zu unlösbaren Kollisionen führen würde, welche im Interesse der Sicherheit des Betriebes und des allgemeinen Verkehrs nicht zulässig sind. Mit gutem Grunde ist daher in wiederholten Ministerial-Erlassen den Genehmigungs- und Aufsichtsbehörden aufgegeben worden, bei der Genehmigung und Aufsichtsführung auf solche vertragliche Vorbehalte und Rechte des Wegeunterhaltungspflichtigen nicht Rücksicht zu nehmen. Sie sind, weil gesetzwidrig, als non scripta zu erachten und ihre Nichtbeachtung verpflichtet daher auch den Unternehmer nicht zu einer anderweitigen Entschädigung.

Erl. d. Min. d. öff. Arb. v. 7. März 1903, Zeitschr. f. Kleinb. X 1903 S. 215, Verzeichnis Nr. 135, Erl. d. Sächs. Minister. v. 25. Oktober 1902 Eisenb. Entsch. XIX S. 158.

Und übereinstimmend damit weist das O.-V.-G. darauf hin, daß, wenn der Unterhaltungspflichtige kraft der Genehmigung der Kleinbahn den Bau derselben auf seinen Straßen dulden muß, er auch kein Widerspruchsrecht gegen die projektmäßigen Bauten besitzt.

O.-V.-G. 4. Sen. 25. Oktober 1900 Bd. 38 S. 369.

In gleichem Sinne wird in einem neuerlich ergangenen Ergänzungsbeschlusse ausgeführt, daß das Recht der Gemeinde aus älteren Verträgen, die Betriebsart, also z. B. den Übergang vom Pferdebetriebe zum elektrischen zu genehmigen, der Ergänzungs-Befugnis des Bezirksausschusses gemäß § 7 des Kleinbahngesetzes aus Gründen des öffentlichen Wohles nicht entgegensteht. Denn darin, daß vertraglich der Stadtgemeinde die Disposition nach eigenem Ermessen über den Straßenkörper gegenüber einer Benutzung vorbehalten ist, die vom Gemeingebrauche abweicht, wird nur etwas anerkannt, was nach dem damaligen Rechtszustande von der freien Entschließung des Magistrats abhing; durch ein solches Zugeständnis ist mithin keine Schranke gegen die Anwendung der neuen Rechtsordnung gezogen. Nun hat aber gerade das erst nach dem Vertrage in Kraft getretene Gesetz vom 28. Juli 1892 in der Möglichkeit eines Ergänzungs-Beschlusses dem Bahnunternehmer die Hilfe bieten wollen, sein Unternehmen, soweit es sich dabei um die Verwendung von Straßenkörpern handelt, gegen den Willen des Wegeunterhaltungspflichtigen zu verwirklichen, bezw. in seiner Entwickelung zu sichern, wenn und soweit es sich um die Neuordnung von Verkehrseinrichtungen und die Einstellung neuer Kräfte und Bewegungsmittel in den Transport handelt. Es würde also mit dem Geiste der fortschreitenden Gesetzgebung völlig unvereinbar sein, wollte man die Benutzung der Straßenkörper auch ferner von der Einwilligung des Magistrats nach freier Entschließung abhängig sein lassen.

Bez.-Ausschuß Hannover 21. März 1902 Eisenb. Entsch. XVIII S. 360.

Wenn Gleim (§ 87) endlich darauf hinweist, daß der Ausdruck „Entgelt" im § 6 Abs. 3 eine Beschränkung auf Geldforderungen nicht enthalte und nur die allgemeine Bedeutung habe, daß für die Wegebenutzung eine Vergeltung verlangt werden könne, ohne einen Anhalt für die Form, in welcher dieselbe zu gewähren ist, zu geben, so ist auch dies nicht zutreffend. In den Worten „ein angemessenes Entgelt für die Benutzung des Weges" liegt klar genug ausgesprochen — und dies wird auch durch den ganzen Inhalt der Verhandlungen bestätigt, — daß nur ein der Wegebenutzung entsprechendes, diese ausgleichendes finanzielles Aequivalent, also eine den Aufwendungen für die Anlage (Grunderwerb und Bau) und laufende Unterhaltung der Wegeteile konforme Gegenleistung zu gewähren ist. Diese kann aber füglich nur in einem dem Maße der Benutzung entsprechenden laufenden Zinsbetrage oder in einer einmaligen Kapitalsabfindung bestehen oder in einer entsprechenden geldwerten Leistung. An eine andere Art der Schadloshaltung ist nicht gedacht worden (s. oben Ziff. 4 S. 124). Denn der Wegeunterhaltungspflichtige soll sich mit Rücksicht auf das bei dem Unternehmen vorliegende öffentliche Verkehrsinteresse nicht bereichern oder durch lästige Bedingungen seine Machtstellung dem Unternehmer gegenüber ausbeuten, sondern lediglich ein angemessenes, d. h. dem Werte der Leistung entsprechendes Entgelt beanspruchen dürfen. Von diesem Gesichtspunkte aus kann aber z. B. die Ausbedingung von Genehmigungs- und Aufsichtsbefugnissen, welche den Bau, Betrieb oder den Verkehr des Unternehmens betreffen und beeinflussen, nicht als dem Gesetze gemäß bezeichnet werden. Ebensowenig kann der Umstand, daß das Gesetz dem Unterhaltungspflichtigen den Vorbehalt des Erwerbs der Bahn gestattet, als Gegenargument dienen. Denn gerade die ausdrückliche — ausnahmsweise — Hervorhebung dieses Vorbehalts bestätigt die Regel, daß andere Vorbehalte nicht zulässig sind.

Auch Dritten kann vertragsmäßig vom Unternehmer ein Erwerbsrecht an dem Bahnunternehmen eingeräumt werden (Hilse, Eisenb. Entsch. XIV S. 368), aber gleichfalls nur unter Bedingungen, die im Rahmen des Gesetzes liegen und unter der Voraussetzung, daß die Genehmigungsbehörde dem Erwerber das Betriebsrecht (die Konzession) verleiht. Auch dieses Recht bedarf der Eintragung (§ 16 Ges. v. 19. Aug. 1895, 11. Juni 1902). Wird dem Erwerber die Konzession nicht verliehen, so hat der Unternehmer dieselbe bis zum Ablauf der Konzessionsdauer auszuüben.

7. Es fragt sich ferner, ob die stipulierte oder beschlossene (§ 7) Erwerbsfrist bei ihrem Ablauf durch Vereinbarung der Beteiligten verlängert werden kann? Mit Rücksicht auf den Sinn und Wortlaut des § 6 Abs. 3: „nach Ablauf einer bestimmten Frist" und weil das Gesetz da, wo Fristenverlängerungen gestattet sind, dies ausdrücklich ausspricht (§ 14 Abs. 2, § 23), es sich auch nicht um einen privatrechtlichen Mietsvertrag, sondern um ein öffentlich-rechtliches Verhältnis handelt, ist diese Frage zu verneinen. (Unrichtig Gleim S. 91, Germershausen S. 135.) Nimmt man aber auch an, daß die Verlängerung zulässig sei, so wird sie sich füglich nur innerhalb der Konzessionsdauer bewegen können und der Unterhaltungspflichtige dieselbe lediglich von den im § 6 Abs. 3 bezeichneten Ansprüchen, nicht etwa von beliebigen anderen Bedingungen, z. B. über Erstellung der Fahrpläne, Beförderungspreise, Anschlüsse, Gewinnbeteiligung u. s. w., abhängig machen dürfen (S. 129). Die Verlängerung der Erwerbsfrist über die Konzessionsdauer hinaus hat für den Unternehmer nur einen prekären Wert, falls ihm nicht auch zugleich von der Konzessionsbehörde die Konzession entsprechend verlängert wird. Und ebenso hat der Erwerb der Bahn für den Unterhaltungspflichtigen nur dann einen den Materialwert des Bahninventars übersteigenden Wert, wenn ihm

für den Fall des Erwerbs der Bahn die Konzession zum Fortbetriebe derselben behördlich gesichert ist. Denn das Erwerbsrecht schließt das Betriebsrecht nicht implicite in sich (S. 127, 129). Das Betriebs(Konzessions)recht ist unveräußerlich und unübertragbar. (Unrichtig Gleim S. 92.) Dies gilt auch für die vor Inkrafttreten des Kleinb.-Ges. stipulierten älteren Erwerbsrechte. Wird von der Genehmigungsbehörde nach Ablauf der Konzessionsdauer (§ 13) dem bisherigen Unternehmer die Konzession weiter verliehen bezw. erneuert, so kann derselbe trotz des Erwerbsrechtes des Unterhaltungspflichtigen von diesem die weitere Benutzung der öffentlichen Wege auf Grund der §§ 6, 7 verlangen (s. S. 128).

8. Für die Form des Erwerbs ist folgendes anzunehmen:

a) Die freiwillige Veräußerung einer Bahn im ganzen, d. h. einer Bahneinheit erfordert zu ihrer Rechtsgültigkeit bezw. zum Erwerbe des Eigentums die Eintragung des Eigentumsüberganges im Bahngrundbuch auf Grund einer Auflassung. Dies kann nach den §§ 873 und 925 B.G.B. in Verbindung mit § 8 Satz 4 und § 16 des Ges. üb. die Bahneinheiten (Eisenb.-Pfandrechts-Ges.) v. 19. Aug. 1895 bezw. 11. Juni 1902 nicht zweifelhaft sein. (Hilse, Zeitschr. f. Kleinb. 1897 S. 549 u. 1898 S. 268, 490ff., Eger, Eisenb. Entsch. XIV S. 289).

b) Soll eine im Bahngrundbuche noch nicht eingetragene Bahneinheit freiwillig veräußert werden, so ist hiernach zum Zwecke der rechtsgültigen Veräußerung und des Eigentumserwerbs die vorgängige Eintragung der Bahneinheit im Bahngrundbuche geboten (Hilse a. a. O. S. 549, Eger a. a. O. S. 289).

c) Die Veräußerung des ganzen Bahnkörpers für sich allein ohne Veräußerung der Bahneinheit — ein Fall, welchen Gleim, Zeitschr. f. Kleinb. IV S. 551, annimmt — d. h. eine Beschränkung des Verkaufs auf die immobile Bahnanlage ist bestimmungsmäßig ausgeschlossen. (Übereinstimmend Hilse, Zeitschr. f. Kleinb. 1898 S. 270 u. 491.) Denn der Bahnkörper bildet begrifflich nicht, wie die Bahneinheit gemäß § 1 des Gesetzes üb. d. Bahneinheiten, mit den dem Bahnunternehmen gewidmeten Vermögenswerten eine Einheit, sondern ist lediglich ein Komplex einzelner Grundstücke und Rechte an fremden Grundstücken ꝛc. Ohne das Band der Bahneinheit zerfällt daher der Bahnkörper in eine Anzahl einzelner Grundstücke und Parzellen, deren Veräußerung und Belastung gemäß §§ 5 und 7 von den Unschädlichkeitsattesten der Bahnbeaufsichtigungsbehörde abhängig ist. Insoweit diese erteilt sind, richtet sich die Veräußerung nach den allgemeinen Bestimmungen über die Übertragung von Grundeigentum oder Rechten am Grundeigentum. Vgl. noch über die Form der Veräußerung von Teilstrecken (Hilse a. a. O. 1897 S. 547ff. u. 1898 S. 266ff., Gleim S. 550ff., Eger S. 290ff.).

9. Die beiden im Abs. 3 bezeichneten Rechte treten nicht ex lege ein, sondern der Unterhaltungspflichtige kann, d. h. er ist befugt, sie geltend zu machen und zwar im Wege gütlicher Vereinbarung oder mangels einer solchen durch Beschluß der im § 7 bezeichneten Behörde, welche über die Ergänzung der Zustimmung zur Wegebenutzung und dabei zugleich auch über die an den Unternehmer nach § 6 erhobenen Ansprüche zu entscheiden hat (K. Hilse, Eisenb. Entsch. XIV S. 367 u. Zeitschr. f. Kleinb. 1898 S. 489ff.). Abs. 3 unterscheidet insofern formell zwischen den beiden dort vorgesehenen Rechten, als er einerseits von dem Anspruch auf ein angemessenes Entgelt und andererseits von dem Vorbehalt des Erwerbes der Bahn spricht. Darin liegt aber auch ein materieller Unterschied. Der „Anspruch" bedeutet unmittelbar die Forderung. Der „Vorbehalt" dagegen ist nur

die Erklärung des Berechtigten, das Erwerbsrecht nach seiner Wahl seiner Zeit geltend machen zu wollen. Die Geltendmachung eines Anspruchs ist eine definitive, der Vorbehalt dagegen schiebt die Entscheidung der Geltendmachung noch hinaus, er wahrt dem Berechtigten nur die Entschließung, seiner Zeit das Recht auszuüben, ist also auch nicht etwa eine gesetzliche Erwerbsart und ersetzt nicht die Auflassung rc. (Hilse, Zeitschr. f. Kleinb. 1898 S. 269). Der Unterhaltungspflichtige ist auf Grund des Vorbehalts befugt, sich erst bei Ablauf der Frist darüber zu erklären, ob er das Erwerbsrecht ausüben will. Er besitzt noch kein definitives Erwerbsrecht und der Unternehmer noch keine definitive Überlassungspflicht, sondern beides hängt erst von der s. Z. vom Unterhaltungspflichtigen abzugebenden Erklärung ab. Der Vorbehalt des Erwerbs begründet für denselben nur das Recht, aber nicht die Pflicht, die Bahn zu erwerben (Gleim S. 91). Bis dieser sich zur Übernahme bereit erklärt hat, hat daher auch der Unternehmer seinerseits nicht das Recht, die Übernahme gegen Schadloshaltung zu fordern. Der Vorbehalt involviert nur einen präparatorischen Vertrag. Um aber bei Ablauf der Frist rechtzeitig die Übernahme bewirken zu können, ist es Sache des Unterhaltungspflichtigen, den Unternehmer so rechtzeitig von der Ausübung des Erwerbsrechts in Kenntnis zu setzen, daß die erforderlichen Vorbereitungen getroffen werden können, (insbesondere auch die Feststellung des Erwerbspreises). Denn die Abtretung hat nur gegen Schadloshaltung, also Zug um Zug zu erfolgen. Das Erwerbsrecht bedarf seit 1. Oktober 1895 nach dem Eisenb.-Pfandr.-R.-Ges. v. 19. Aug. 1895 sc. Ges. üb. d. Bahneinheiten v. 11. Juni 1902 § 16 der Eintragung in Abt. II des Bahngrundbuchs. Ein vor Anlegung des Bahngrundbuchs und Eintragung der Bahneinheit begründetes Erwerbsrecht bleibt nur so lange rechtswirksam, bis die Eintragungsmöglichkeit geschaffen ist. Daher liegt es im Interesse der Wegeunterhaltungspflichtigen, auf tunlichst baldige Eintragung der Bahneinheit hinzuwirken (Hilse Eisenb. Entsch. XIV S. 367).

Eine Frist (Kündigungsfrist) hat das Gesetz nicht bestimmt. (Anders im § 42 Ziff. 3 des Eisenb.-Ges. v. 1838 und im § 30 des Kleinbahngesetzes, welche eine einjährige Kündigungsfrist vorschreiben.) Doch wäre eine Fristbestimmung de lege ferenda angezeigt gewesen. Verweigert der Unternehmer die Abtretung, so wird sowohl die rechtzeitige Feststellung der Entschädigung, wie auch der Pflicht zur Überlassung des Eigentums der Bahn mittelst einer Klage auf Anerkennung (§ 256 Z.-P.-O.) herbeigeführt werden können.

10. Was endlich den Zeitpunkt der Erhebung des im Abs. 3 vorgesehenen Anspruchs und Vorbehalts anlangt, so sind diese bei Erteilung der Zustimmung zur Benutzung des öffentlichen Weges (§ 6 Abs. 1) oder den Verhandlungen über die Ergänzung dieser Zustimmung bis zum Ergänzungsbeschlusse (§ 7) geltend zu machen. Spätere bezügliche Ansprüche und Vorbehalte sind wirkungslos und können nicht berücksichtigt werden.

§ 7.[29])

Die Zustimmung der Unterhaltungspflichtigen kann ergänzt werden:

soweit eine Provinz oder ein den Provinzen gleichstehender Kommunalverband beteiligt ist, durch Beschluß des Provinzialrates, wogegen die Beschwerde an den Minister der öffentlichen Arbeiten zulässig ist;

soweit eine Stadtgemeinde oder ein Kreis beteiligt ist oder es sich um einen mehrere Kreise berührenden Weg handelt, durch Beschluß des Bezirksausschusses, im übrigen durch Beschluß des Kreisausschusses.[30])

Durch den Ergänzungsbeschluß wird unter Ausschluß des Rechtsweges zugleich über die nach § 6 an den Unternehmer gestellten Ansprüche entschieden.[31])

Ausführungsanweisung vom 13. August 1898.

Zu § 7.

Die Ergänzung der Zustimmung des Unterhaltungspflichtigen ist ganz in das pflichtmässige Ermessen der zuständigen Behörde gestellt. Die Prüfung der letzteren ist daher keineswegs auf die Angemessenheit der von dem ersteren erhobenen Forderungen beschränkt, hat sich vielmehr auch darauf zu erstrecken, ob nach Lage des Falls ausreichender Anlass vorliegt, zwangsweise in das Verfügungsrecht des Unterhaltungspflichtigen einzugreifen. Dass dabei auch die Leistungsfähigkeit und Zuverlässigkeit des Unternehmers in Betracht kommen muss, bedarf der Erwähnung nicht.

§ 7 Prinzip 29) Prinzip und Entstehungsgeschichte des § 7.

I. Prinzip. Soll für den Bau und Betrieb der Bahn ein öffentlicher Weg benutzt werden, so ist gemäß § 6 die Zustimmung des Unterhaltungspflichtigen aus den S. 102ff. erörterten Gründen erforderlich. Damit aber der Unterhaltungspflichtige mit diesem Zustimmungsrechte nicht Mißbrauch treibt, indem er entweder die Zustimmung gänzlich verweigert oder an so schwere und lästige Bedingungen knüpft, daß dadurch das Zustandekommen oder die Entwicklung der Bahn beeinträchtigt oder gefährdet wird, ist nach den Motiven die zwangsweise Ergänzung der Zustimmung durch behördlichen Beschluß im § 7 zugelassen. Die Inanspruchnahme der Mitbenutzung eines öffentlichen Weges für den Bahnunternehmer ist an sich kein Eingriff in das Grundeigentum oder die Rechte daran und wird daher auch nicht auf privatrechtlicher Grundlage begehrt, sondern stellt sich als Beschränkung eines öffentlichen Rechtes dar und steht auf dem Boden des öffentlichen Rechtes (Anm. 25 S. 108). Daher kann auch hier mangels gütlicher Einigung oder Zustimmung nicht das lediglich für die Entziehung oder Beschränkung des Grundeigentums oder der Rechte daran gegebene Enteignungsrecht Anwendung finden, sondern es ist ein besonderes öffentlich-rechtliches Verfahren durch § 7 des Kleinb.-Ges. geschaffen worden, inhaltlich dessen sowohl über die Ergänzung der Zustimmung wie über die Gegenleistungen des Unternehmers abweichend vom Enteignungsverfahren und unter Ausschluß des Rechtsweges entschieden wird. Nur in denjenigen Fällen, in welchen nicht das bloße Mitbenutzungsrecht des öffentlichen Weges, sondern das Eigentum oder die Rechte daran in Anspruch genommen wird, muß die Enteignung Platz greifen (S. 117ff.), und zwar gleichviel, ob der Weg im Eigentume des Unterhaltungspflichtigen oder eines Dritten steht.

§ 7 Entstehung II. Diese Tendenz des § 7 wird durch die bereits im Vereine mit § 6 dargestellte Entstehungsgeschichte beider Gesetzesbestimmungen (Anm. 25 S. 102ff.) bestätigt.

30) Abs. 1 des § 7 bestimmt, daß die Zustimmung des Unterhaltungspflichtigen ergänzt werden kann, und bezeichnet zugleich die Behörden, welche die Ergänzungsbeschlüsse zu fassen haben. § 7 Abs. 1.

1. Unter „Zustimmung" ist das Einverständnis des Unterhaltungspflichtigen zur Benutzung eines öffentlichen Weges in dem erforderlichen projektmäßigen Umfange zu verstehen (Anm. 26 S. 107ff., s. Störk, Zeitschr. f. Kleinb. 1898 S. 300, Eger Mitt. ꝛc. 1900 S. 277) und zwar des aus Gründen des öffentlichen Rechtes zur Unterhaltung des Weges Verpflichteten (Germershausen I S. 186). Die Zustimmung des Eigentümers oder des am Eigentume des Weges dinglich Berechtigten ist zur Benutzung desselben im Sinne des § 6 Abs. 1 nicht erforderlich (s. Hilse, Zeitschr. f. Transportwesen 1895 Nr. 29 S. 488). Steht aber nicht diese Benutzung, sondern die Inanspruchnahme des Eigentums am Wege oder der dinglichen Rechte daran in Frage, dann ist, mangels gütlicher Einigung, die Enteignung notwendig. Auf die Anschlußpflicht ist aber weder gegenüber der Gemeinde als Eigentümerin von Schienenwegen, noch gegenüber dritten Eigentümern das Ergänzungsverfahren anwendbar (s. § 28 Anm. 98. A. M. Hilse deutsch. Strßb.- u. Kleinb.-Z. 1898 Nr. 25).

2. Die Zustimmung kann ergänzt werden, aber der Unternehmer hat kein Recht auf Ergänzung; er ist nur befugt, den Antrag auf Ergänzung zu stellen, und die Behörden sind verpflichtet, über diesen Antrag Entscheidung zu treffen, aber sie sind nicht verpflichtet, die Ergänzung zu beschließen. Vielmehr ist dies ihrem freien Ermessen anheimgegeben. Es sind hierbei nicht nur die Einwendungen des Unterhaltungspflichtigen, sondern auch der Wegepolizeibehörde wie überhaupt die Gesamtheit der dabei berührten öffentlichen Interessen in Erwägung zu ziehen und zwar sowohl die auf den Bahn-, wie die auf den Wegeverkehr bezüglichen und die Interessen der beteiligten staatlichen und kommunalen Verwaltungen. Die Zustimmung kann vom Unterhaltungspflichtigen absolut und unbedingt verweigert oder von übertriebenen, lästigen, das Zustandekommen und die Entwicklung des Unternehmens störenden bezw. gefährdenden Bedingungen und Ansprüchen in betreff der Schadloshaltung oder des Erwerbsvorbehaltes (§ 6 Abs. 3) abhängig gemacht werden. Nach beiden Richtungen ist die Ergänzung der Zustimmung in das Ermessen der Behörden gestellt, sie können die verweigerte Zustimmung beschließen oder, wenn diese erteilt ist, die Ansprüche auf das angemessene Maß fest- bezw. herabsetzen. Zutreffend bemerkt daher die Ausf.-Anw. zu § 7: „Die Ergänzung der Zustimmung des Unterhaltungspflichtigen ist ganz in das pflichtmäßige Ermessen der zuständigen Behörde gestellt. Die Prüfung der letzteren ist daher keineswegs auf die Angemessenheit der von dem ersteren erhobenen Forderungen beschränkt, hat sich vielmehr auch darauf zu erstrecken, ob nach Lage des Falls ausreichender Anlaß vorliegt, zwangsweise in das Verfügungsrecht des Unterhaltungspflichtigen einzugreifen. Daß dabei auch die Leistungsfähigkeit und Zuverlässigkeit des Unternehmers in Betracht kommen muß, bedarf der Erwähnung nicht." (Hilse, Pr. Verw.-Bl. XVII S. 867, Germershausen I S. 186.) Mit Recht hebt Gleim S. 95 hervor, daß ein zwangsweises Eingreifen dann nicht geboten sein wird, wenn die Bahn nur den privaten Erwerbszwecken des Unternehmers ohne wesentlichen Nutzen für den öffent-

lichen Verkehr dienen oder andere Bahnunternehmungen von höherem öffentlichen Interesse vereiteln würde. Von diesem Gesichtspunkte aus ist z. B. angenommen worden, daß öffentliche Verkehrsinteressen, insbesondere wesentliche Erleichterungen des Verkehrs zwischen den Vororten und dem Innern einer Stadt ausreichenden Anlaß bieten, die Zustimmung der Stadtgemeinde zur Benutzung ihrer Straßen durch ein von den Vororten ausgehendes Kleinbahnunternehmen zwangsweise zu ergänzen.

Ergänz.-Beschl. d. Bez.-Ausschusses Düsseldorf 21. Juli 1898 Eisenb. Entsch. XVI S. 261.

Die Behörden haben also sowohl darüber zu beschließen, ob überhaupt eine Ergänzung der Zustimmung stattfinden soll, wie auch gegebenenfalls, welche Ansprüche an den Unternehmer zu stellen sind. Ist die Zustimmung freiwillig erteilt und nur über die Ansprüche Streit, so ist nur über letztere zu beschließen.

Es entsteht hierbei die Frage, wie sich das Verhältnis zwischen Unternehmer und Wegeunterhaltungspflichtigen regelt, wenn die Konzession für eine längere Zeit erteilt ist (§ 18), als die von letzterem ausbedungene Erwerbsfrist beträgt (§ 6 Abs. 8). In diesem Falle bleibt das Betriebsrecht und die Betriebspflicht bis zum Ende der Konzessionsdauer — welche auch noch weiter verlängert werden kann — dem Unternehmer (a. M. Germershausen S. 135). Denn die Genehmigung wird durch den Eintritt der Erwerbsfrist bezw. die Beendigung oder Aufhebung des Wegebenutzungsvertrags in ihrem rechtlichen Bestande nicht berührt. Der Wegeunterhaltungspflichtige darf daher, solange dem Unternehmer das Betriebsrecht zusteht und die Genehmigung nicht beseitigt ist, diesem die Wegebenutzung nicht entziehen (s. auch Anm. 28 S. 129).

O.-V.-G. 4. Sen. 25. Oktober 1900 Entsch. Bd. 38 S. 369, Pr. Verw.-Bl. XXII S. 253 Eisenb. Entsch. XVII S. 336, 337.

3. Die Genehmigung kann aber allein in den im § 24 vorgesehenen Fällen und in der im § 25 vorgeschriebenen Form beseitigt bezw. zurückgenommen werden. Nur das Eigentum, nicht das Betriebsrecht, an der Bahn geht also, wenn der Unterhaltungspflichtige von seinem Erwerbsvorbehalte Gebrauch macht, mit Eintritt der Erwerbsfrist auf denselben über (Anm. 28 S. 127). Wenn sich daher beide für die weitere Konzessionsdauer über die Wegebenutzung und die Gegenleistungen (§ 6) nicht gütlich einigen, so erübrigt nur, im Wege des Ergänzungsverfahrens (§ 7) Entscheidung zu treffen, oder durch Gewährung des Enteignungsrechts (§§ 1, 6 Ges. v. 11. Juni 74) dem Unternehmer die weitere Wegebenutzung zu sichern.

4. Damit im Zusammenhange steht noch die Frage, ob, wenn von den im § 7 bez. Behörden die Ergänzung der Zustimmung abgelehnt wird, noch die Enteignung des Weges im Enteignungsverfahren möglich und zulässig ist, falls dem Unternehmer das Enteignungsrecht erteilt ist. Diese Frage ist zu bejahen. Nur kann sich die Enteignung nicht auf die bloße Gestattung der Mitbenutzung des Weges nach Maßgabe des öffentlichen Rechtes beziehen, sondern es muß das Eigentum am Wege oder eine Beschränkung desselben bezw. der Rechte daran in Anspruch genommen werden. (Eger, Mitt. ꝛc. 1900 S. 275.) Über die rechtzeitige Vorlegung von Enteignungsanträgen trifft der Erl. d. M. d. öffentl. Arb. v. 24. August 1900 (Zeitschr. f. Kleinb. S. 630 Verzeichnis Nr. 98) Bestimmung (s. ausführlich § 11 Anm. 46).

5. Der Ergänzungsbeschluß aus § 7 setzt einen bezüglichen Antrag des Konzessionsbewerbers an die Beschlußbehörde voraus. Der Antrag ist an

eine Frist nicht gebunden (Hilse, Zeitschr. f. Transportw. 1895 Nr. 29 S. 488). Auch eine bestimmte Form ist für den Antrag nicht vorgeschrieben; aber er ist, da im Beschlußverfahren verhandelt wird, entweder schriftlich oder zu Protokoll bei der Beschlußbehörde anzubringen. Bei mehreren Bewerbern gibt die größere Zuverlässigkeit und Leistungsfähigkeit den Ausschlag; nur wenn diese gleich, kann die Priorität der Bewerbung entscheidend werden (Germershausen S. 136). Der Antrag muß von dem Bewerber ausgehen. Denn dieser hat nach § 6 Abs. 1 die Zustimmung der Wegeunterhaltungspflichtigen beizubringen. Der Wegeunterhaltungspflichtige ist hierzu der Natur der Sache nach weder berechtigt, noch verpflichtet; er kann nicht Antragsteller sein (Hilse, Zeitschr. f. Lok.- u. Straßenb.-Wesen 1896 S. 77). Ebensowenig ist die Genehmigungsbehörde berechtigt oder verpflichtet, von Amtswegen einen Antrag auf Ergänzung an die Beschlußbehörde zu stellen. Die Annahme, daß der Unternehmer zur Substantiierung des Antrages auf Ergänzung gemäß § 7 den Nachweis führen müsse, daß die Zustimmung von Wegeunterhaltungspflichtigen versagt oder an zu lästige Bedingungen geknüpft worden sei, mithin daß er den Versuch zur Herbeiführung einer freiwilligen Zustimmung erfolglos gemacht habe (s. Hilse, Zeitschr. f. Transportw. und Straßenbau 1896 Nr. 4 S. 68, 69) ist nicht zutreffend. Weder der Sinn noch der Wortlaut des Gesetzes erfordern einen solchen Nachweis. Die Bezugnahme Hilses (S. 68) auf das Enteignungsverfahren ist verfehlt, denn auch dieses ist von dem vorgängigen erfolglosen Versuche einer gütlichen Einigung nicht abhängig (s. Seydel, Ent.-Ges. 2. A. S. 103. Eger, Ent.-Ges. II S. 78, 79. Erl. d. Min. d. öff. Arb. vom 27. Juli 1882). Ebenso die Bezugnahme auf § 143 A. L.-V.-G., welcher Fälle ganz anderer Art betrifft.

6. Auf den Antrag ist der Antragsteller durch einen Beschluß der zuständigen Behörde zu bescheiden. Die Entscheidung erfolgt im Beschlußverfahren nach Maßgabe der §§ 115—121, §§ 71 ff. 76 A.-L.-V.-G.

7. Abs. 1 bezeichnet die Behörden, welchen die Beschlußfassung über die Ergänzung der Zustimmung obliegt, und regelt den Instanzenzug für Beschwerden gegen die Ergänzungsbeschlüsse.

a) Entsprechend der Stellung der aus Gründen des öffentlichen Rechts zur Unterhaltung des Weges Verpflichteten in der Verwaltungsorganisation sind die Beschlußbehörden vom Gesetze in drei Kategorien geteilt. Zuständig zur Beschlußfassung ist: I. der Provinzialrat, soweit eine Provinz oder ein den Provinzen gleichstehender Kommunalverband beteiligt ist; II. der Bezirksausschuß, soweit eine Stadtgemeinde oder ein Kreis beteiligt ist oder es sich um einen mehrere Kreise berührenden Weg handelt; III. der Kreisausschuß in allen übrigen Fällen.

„Beteiligt“ heißt in Gemäßheit des § 6 Abs. 1 „aus Gründen des öffentlichen Rechts zur Unterhaltung des Weges verpflichtet“, und zwar gleichviel ob des ganzen Weges oder auch nur eines Wegeteils, ob allein oder in Gemeinschaft mit anderen Unterhaltungspflichtigen. (Eger Mitt. ꝛc. 1900 S. 276.) Wenn also z. B. die Unterhaltungspflicht an einem Wege der Provinz gemeinsam mit einem Kreise, einer Stadtgemeinde ꝛc. obliegt, so ist der Provinzialrat zuständig, weil die Provinz an der Unterhaltung beteiligt ist.

I. Der Provinzialrat ist kompetent, wo immer eine Provinz oder ein den Provinzen gleichstehender Kommunalverband, z. B. die Stadt Berlin, zur Wegeunterhaltung verpflichtet oder mitverpflichtet ist, gleichviel ob auch zugleich noch geringere Verbände 2c. z. B. Städte oder Kreise, die sonst der Kompetenz des Bezirksausschusses unterliegen, mitbeteiligt sind. II. Der Bezirksausschuß ist zuständig, wenn nur eine oder mehrere Stadtgemeinden oder Kreise bezw. Stadtgemeinden und Kreise beteiligt sind oder es sich um einen mehrere Kreise berührenden Weg handelt, in letzterem Falle also auch dann, wenn der Weg weder von den betreffenden Kreisen, noch Stadtgemeinden, sondern von einem dritten Unterhaltungspflichtigen z. B. einer Dorfgemeinde unterhalten wird. Der Bezirksausschuß ist im Falle der Beteiligung von Stadtgemeinden oder Kreisen kompetent, gleichviel ob auch andere geringere Verbände z. B. Dorfgemeinden, Wegegenossenschaften 2c. mitbeteiligt sind. III. Der Kreisausschuß ist „im übrigen", d. h. in allen übrigen, im vorstehenden nicht berührten Fällen zuständig; insbesondere also, wenn eine oder mehrere Landgemeinden, Gutsbezirke, Wegeverbände, Deichverbände, Private 2c. an der Unterhaltungspflicht beteiligt sind. IV. § 7 läßt die Frage der Zuständigkeit offen, wenn der betreffende Weg in die Bezirke mehrerer Provinzialräte, Bezirks- oder Kreisausschüsse fällt oder wenn es zweifelhaft ist, welchem Bezirke derselbe angehört. Alsdann wird nach Analogie der §§ 58, 59 A. L.-V.-G. die zuständige Beschlußbehörde durch den Regierungspräsidenten, den Oberpräsidenten oder den Minister des Innern endgültig bestimmt.

8. Was die Rechtsmittel gegen die im Abs. 1 bezeichneten Beschlußbehörden anlangt, so ist ein solches positiv im Abs. 1 nur gegen den Beschluß des Provinzialrats aufgeführt. Gegen den Beschluß desselben ist die Beschwerde an den Minister der öffentlichen Arbeiten für zulässig erklärt. Eine Beschwerdefrist ist nicht gegeben. (Hilse, Preuß. Verw.-Bl. 1895 XVII Nr. 2 S. 13, Eger, Mitt. 1900 S. 277, Germershausen I S. 187.) Es muß dies als eine wesentliche Lücke des § 7 bezeichnet werden. Denn es ist notwendig, daß die Beschwerde gegen den Beschluß des Provinzialrats an die Ministerialinstanz den Beteiligten nicht unbefristet zusteht, sondern eventuell durch Ablauf der Beschwerdefrist rechtskräftig wird, da es sich nicht allein um das Recht des Unternehmers auf Ergänzung der Zustimmung, sondern auch um die Ansprüche des Unterhaltungspflichtigen auf Entschädigung und Erwerb der Bahn handelt.

Gegen den Beschluß des Bezirksausschusses und des Kreisausschusses sind im § 7 Rechtsmittel nicht ausdrücklich bestimmt. Daß die Beschlüsse dieser Behörden endgültig sein sollen, ist nicht anzunehmen. Dies hätte ausdrücklich im Gesetze ausgesprochen sein müssen (A. L.-V.-G. § 121 Nr. 1). Daraus, daß gegen den Beschluß des Provinzialrats das Rechtsmittel der Beschwerde an die Ministerialinstanz gegeben ist, folgt, daß auch gegen die Beschlüsse der Bezirks- und Kreisausschüsse Rechtsmittel den Beteiligten zustehen sollen. Jerusalem (§ 7 Anm. 2) verweist auf den § 52 des Gesetzes, welcher — abgesehen von den im Satz 1 enthaltenen Ausnahmen — im Satz 2 bestimmt, daß „im übrigen" die nach den Bestimmungen der §§ 127—130 des Gesetzes über die Allg. Landes-Verw. vom 30. Juli 1883 zulässigen Rechtsmittel Platz greifen. Dasselbe nimmt Hilse (Preuß. Verw.-Bl. XVII Nr. 2 und Arch. für öff. Recht XI S. 355) an, jedoch mit unzureichender Begründung.

Vielmehr ist anzunehmen, daß § 52 sich auf die Ergänzungsbeschlüsse des § 7 nicht bezieht und daß in betreff der Rechtsmittel gegen diese nicht die §§ 127 bis 130, sondern die §§ 121—126 des Ges. vom 30. Juli 1883 zur Anwendung zu bringen sind. (So auch jetzt Gleim, 8. Aufl. § 7 Anm. 2 S. 94.) Darnach findet gegen die Beschlüsse des Kreisausschusses innerhalb zwei Wochen die Beschwerde an den Bezirksausschuß, gegen die in erster Instanz ergehenden Beschlüsse des Bezirksausschusses innerhalb gleicher Frist die Beschwerde an den Provinzialrat statt. Daß § 7 gegen die Beschlüsse des Provinzialrats ausdrücklich die Beschwerde an den Minister der öffentlichen Arbeiten gewährt, stimmt mit dieser Annahme vollständig überein, weil anderenfalls gemäß § 121 Abs. 2 die Beschlüsse des Provinzialrats endgültige sein würden, der Gesetzgeber aber, wie gegen die Beschlüsse der Kreis- und Bezirksausschüsse, so auch gegen die des Provinzialrats eine Beschwerdeinstanz gewähren wollte.

Die Auffassung, daß für die Rechtsmittel gegen die Ergänzungsbeschlüsse des § 7 die §§ 121ff., nicht die §§ 127—130 des A. L.-V.-G. maßgebend sind, wird auch von v. Zedlitz u. Neukirch mit guten Gründen verteidigt. (Zeitschr. f. Kleinb. 1896 Jahrg. III Heft 3 S. 184, ebenso Eger Mitt. 1900 S. 278, Bochmann Mitt. Bd. 3 S. 57, Anschütz im Verw.-Arch. V 435.)

Dieser Ansicht hat sich auch das O.-V.-G. angeschlossen und angenommen, daß die Ergänzung der Zustimmung ein Akt der Verwaltung ist, bei welchem öffentliche Interessen mit den finanziellen Interessen der Unterhaltungspflichtigen und des Unternehmers abzuwägen und nach beiden Seiten hin wahrzunehmen sind. Der Umstand, daß nicht die Organe der exekutiven Polizei mit der Wahrnehmung dieser Funktion betraut worden sind und die maßgebenden Direktiven für die sachliche Erledigung der aus § 7 des Ges. gestellten Anträge nicht auf polizeilichem Gebiete liegen, ist entscheidend dafür, daß man es hier nicht mit einer polizeilichen Verfügung zu tun hat. Wird hiervon ausgegangen, so ist der Schluß begründet, daß sich der zweite Satz des § 52 auf Ergänzungsbeschlüsse nicht bezieht, mithin auf diese nicht die Rechtsmittel der §§ 127—130, sondern der §§ 121ff. A. L.-V.-G. Anwendung finden.

O.-V.-G. 4. Sen. 7. März 1896 Entsch. Bd. 29 S. 401 (405ff.), Eisenb. Entsch. XIII S. 213.

31) Abs. 2 des § 7 gibt der wichtigen Bestimmung Ausdruck, daß durch den Ergänzungsbeschluß nicht nur über die Zustimmung des Unterhaltungspflichtigen zur Wegebenutzung, sondern zugleich auch über die nach § 6 an den Unternehmer gestellten Ansprüche, und zwar unter Ausschluß des Rechtsweges, entschieden wird. § 7 Abs. 2.

1. Der Ausschluß des Rechtsweges ist in den Motiven zutreffend damit motiviert, daß die im § 6 vorgesehenen Abmachungen zwischen dem Unterhaltungspflichtigen und dem Bauunternehmer nicht kraft Privatrechts erfolgen, sondern auf dem Boden des öffentlichen Rechts stehen. Es liegt nicht ein Eingriff in eine Privatrechtssphäre, sondern ein behördlicher Verwaltungsakt behufs Beseitigung eines Hindernisses in der Verwendung eines öffentlichen Weges vor (Störck Zeitschr. f. Kleinb. 1898 S. 298 gegen Hilse Preuß.-Verw.-Bl. 1896 Nr. 36 und 37.) Handelt es sich aber nicht um die Entziehung und Beschränkung des Grundeigentums oder der Rechte daran, sondern um die Ausübung eines öffentlichen Rechts und der damit verknüpften Lasten, so konnte das Enteignungsverfahren hier keine Anwendung finden. Vielmehr ist durch § 7 Abs. 1 ein besonderes Beschlußverfahren über die zwangsweise Zustimmung des Unterhaltungspflichtigen zur Wegebenutzung geschaffen worden. Mit diesem konnte, da es sich um Ansprüche auf öffentlich-rechtlicher Basis handelte, die Entscheidung über dieselben unter Aus-

schluß des zivilen Rechtsweges vereinigt werden. Nur in denjenigen Fällen, in welchen nicht allein die Benutzung des öffentlichen Weges, sondern darüber hinaus die Entziehung und Beschränkung des Eigentums desselben oder der Rechte daran vom Unternehmer gefordert wird, genügt das Verfahren des § 7 nicht, sondern ist das Enteignungsverfahren erforderlich und damit auch der Rechtsweg gemäß § 80 l. c. gegeben. Der Charakter des Ergänzungsbeschlusses ist nicht der einer polizeilichen Verfügung, sondern eines Aktes der Kommunalaufsicht, also eines Verwaltungsaktes.

O.=V.=G. 4. Sen. 7. März 1896 Entsch. Bd. 29 S. 401 (405 ff.), Eisenb. Entsch. XIII S. 213.

2. Durch den Ergänzungsbeschluß wird zugleich über die nach § 6 an den Unternehmer gestellten Ansprüche entschieden. Das Wort „zugleich" bedeutet, daß sowohl über die Ergänzung der Zustimmung (§ 6 Abs. 1, § 7 Abs. 1), wie auch über die Ansprüche, die als Gegenleistung oder Entgelt dafür an den Unternehmer gestellt werden, in demselben Verfahren Entscheidung zu treffen ist. Das Verfahren und die Beschlußfassung darf nicht geteilt werden. Die Entscheidung hat vielmehr in demselben Beschlusse zu erfolgen, ebenso wie auch die Rechtsmittel sich auf beide Punkte vereint zu erstrecken haben und nicht für jeden Punkt getrennt geltend gemacht werden dürfen.

3. In der Entscheidung über die Ergänzung der Zustimmung des Unterhaltungspflichtigen ist nicht nur die Zustimmung generell auszusprechen, sondern im einzelnen genau zu bestimmen, worauf sich die Zustimmung erstreckt bezw. welchen Umfang dieselbe haben soll; insbesondere ist also der Weg bezw. Wegeteil nach Länge und Breite, sowie die Art der Benutzung (ob nur für die Schienenlage oder auch für andere Anlagen, Wartehallen, Wärterhäuser rc.) speziell zu bezeichnen. (Störk, Zeitschr. f. Kleinb. 1898 S. 300.) Die Zustimmung ist auch nicht nur zulässig, wenn es sich um Anlegung einer neuen Bahn, sondern auch um wesentliche Ergänzungen oder Erweiterungen der Anlage und des Betriebes, z. B. Umwandlung für eine andere Betriebsweise handelt, und zwar auch während der Dauer eines noch laufenden Straßenbenutzungsvertrages (Störk, Zeitschr. f. Kleinb. 1898 S. 257—266) s. § 6 S. 111. Auch ist hierbei — wie oben § 6 Anm. 26 S. 111 bereits bemerkt und von Störk, a. a. O. S. 301 zutreffend ausgeführt — die Beschlußbehörde an das bisherige Maß der Benutzung des Straßenkörpers nicht gebunden, sondern kann je nach dem Bedürfnis der geplanten neuen Anlagen, Änderungen, Erweiterungen oder Ergänzungen der bisherigen Anlagen oder des Betriebes über das bisherige Maß hinausgehen oder dasselbe beschränken. Dagegen hat die Beschlußbehörde über die Zeit der Benutzung nicht — wie Hilse (Zeitschr. f. Lok.= u. Straßenbahnwes. 1896 S. 78) und Gleim S. 95 irrig meinen — Bestimmung zu treffen; denn sie würde damit der Genehmigungsbehörde in betreff der Bestimmung der Konzessionsdauer präjudizieren (s. oben § 2 Anm. 6 u. § 6 Anm. 28, ferner § 18 Anm. 52 u. Störk, a. a. O. S. 304, 305, Eger, Eisenb. Entsch. XV S. 97). Vielmehr ist die Benutzung ohne weitere Zeitbestimmung für die Dauer der Konzessionszeit gewährt (arg. §§ 24—26). Nur über die Dauer der Erwerbsfrist steht der Beschlußbehörde die Entscheidung zu, falls darüber Streit besteht. Gleim verwechselt hier wie an anderen Stellen begrifflich die Konzessions= mit der Erwerbsfrist. Dem Wegeunterhaltungspflichtigen steht zwar ein Anspruch auf Befristung seines Erwerbsrechts

zu, nicht aber das Recht, die Zeit der Wegebenutzung und damit implizite der Konzession (des Anlage- und Betriebsrechts) zu bestimmen. Die Annahme Gleims a. a. O., daß letzteres die Absicht des Gesetzes sei, steht mit § 13 im Widerspruch.

4. Die Entscheidung über die an den Unternehmer gestellten Ansprüche betrifft die auf Grund des § 6 vom Unterhaltungspflichtigen erhobenen, d. h. einerseits alle in § 6 bezeichneten Ansprüche, aber andererseits auch nur diese, mithin die Ansprüche 1) in betreff der Unterhaltung und Wiederherstellung des benützten Wegeteils, 2) auf ein angemessenes Entgelt für die Benutzung des Weges, 3) auf den Erwerb der Bahn im ganzen nach Ablauf einer bestimmten Frist. Damit ist der Kreis der vom Unterhaltungspflichtigen an den Unternehmer zu stellenden Ansprüche erschöpft. Demgemäß unterliegen auch andere Ansprüche nicht der Kognition der Ergänzungsbehörde (Störk, a. a. O. S. 304ff., Eger, Eisenb. Entsch. XV S. 96, Hilse, Selbstverw. Jahrg. 28 S. 370). Daher sind Ansprüche, welche die Mitwirkung bei der Feststellung des Fahrplans und der Beförderungspreise oder der Anstellung der Bediensteten, die Anlage von Haltestellen und Stationen, die Anwendung einer bestimmten Betriebskraft, die Planfeststellung 2c., die Errichtung von Arbeiterwohnungen (Hilsé, D. Selbstverw. Jahrg. 28 S. 370) zum Gegenstande haben, überhaupt alle Ansprüche, welche in die Kompetenz der Aufsichts- und Genehmigungsbehörden eingreifen oder die Vorschriften und Verbote des Kleinbahnwes. umgehen oder verletzen (zustimmend Störk, Zeitschr. f. Kleinb. 1898 S. 800, Stölzel, Rechtsweg in Preußen § 276 Anm. 80, Jerusalem, § 7 Anm. 3) unstatthaft und nicht zu berücksichtigen (Zeitschr. f. Lok.- u. Straßenbahnwes. 1896 S. 78 u. 1900 S. 94ff.) (s. oben § 6 Anm. 28 S. 129ff. u. Hilse, a. a. O. S. 78, Störk a. a. O. S. 805, 806). Die Annahme Gleims (S. 95), die Behörde habe darüber zu befinden, ob der Vorbehalt des Erwerbsrechts nach Ablauf der betr. Frist gerechtfertigt erscheine, ist unzutreffend. Denn der Erwerbsvorbehalt an sich steht nach § 6 Alin. 3 dem Unterhaltungspflichtigen gesetzlich zu, kann also nicht Gegenstand der Entscheidung sein. Diese ist nur über die Angemessenheit der Erwerbsbedingungen und der Erwerbsfrist nach Maßgabe des Gesetzes zulässig (s. Gleim S. 96).

Die Entscheidung hat sich aber auf alle an den Unternehmer gestellten Ansprüche zu erstrecken. Nun zerfallen die Ansprüche an den Unternehmer in solche, welche der Wegepolizei an ihn zustehen (§ 6 Abs. 2), und in solche, welche der Unterhaltungspflichtige gegen ihn zu erheben befugt ist (§ 6 Abs. 3). Es ist bereits an früherer Stelle (§ 6 Abs. 2 Anm. 27 S. 120ff.) erörtert worden, daß die Entscheidung nicht nur die Ansprüche des Unterhaltungspflichtigen aus § 6 Abs. 3, sondern auch die der Wegepolizeibehörde aus § 6 Abs. 2, insbesondere auch den Anspruch auf Sicherheitsbestellung umfaßt, insofern sich die Wegepolizeibehörde an dem Verfahren gemäß § 7 beteiligt. Geschieht letzteres nicht, so wird nach erfolgter Zuziehung der Wegepolizeibehörde (§ 8) durch die Genehmigungsbehörde gemäß § 11 bei der Genehmigung die Art und Höhe der Sicherstellung für die Unterhaltung und Wiederherstellung der öffentlichen Wege vorgeschrieben. Darauf beziehen sich die Worte des § 11 „soweit diese nicht bereits erfolgt ist". Der gegenteiligen Annahme des Regierungs-Kommissars (Sten. Ber. S. 1989), welcher auch Gleim (§ 7 Anm. 3), wenngleich nicht ohne Bedenken, und v. Rohr (in seiner Schrift die Beschlußwidrigkeit des Abs. 1 des § 11 2c.), zustimmen, ist bereits im Abg.-Hause (Sten. Ber. S. 1990) entgegengetreten worden und kann nicht beigepflichtet werden. Abs. 2 des § 7 spricht ausnahmslos und uneingeschränkt von den „an den Unternehmer gestellten Ansprüchen", gleichviel also, ob sie vom Unterhaltungspflichtigen oder von der Wegepolizeibehörde oder von dritter Seite gestellt werden (s. auch Stölzel, a. a. O. S. 276 u. Störk, Zeitschr. f. Kleinb. 1898 S. 800, 804 gegen Gleim § 7 Nr. 3 u. Germershausen S. 129). Abgesehen von den weiteren für die bisherige Ansicht bereits oben Anm. 27 S. 121 angeführten Gründen wird noch darauf hingewiesen, daß auch die Verhandlungen über den — später gestrichenen — Abs. 3 des § 7 (Anm. 25 S. 106, 107) klar ergeben, daß man den Ergänzungsbeschlußbehörden die Kognition auch über den Anspruch auf Sicherheitsbestellung hat einräumen wollen. Die auf eine Reihe höchst schwankender Hypothesen und die unstreitig sehr unklare Entstehungsgeschichte der betr. Bestimmungen gestützten Ausführungen v. Rohrs (insbes. S. 20ff. a. a. O.) vermögen vom Gegenteil nicht zu überzeugen.

Aus gleichen Gründen kann auch der Annahme Germershausens (S. 129, 130), nicht beigetreten werden, daß § 7 Abs. 2 sich nur auf die seitens des Wegebaupflichtigen an den Unternehmer gerichteten Ansprüche, nicht aber auf die Kautionspflicht beziehe und über letztere allein die Genehmigungsbehörden des § 3, nicht auch die Wegepolizeibehörde zu beschließen haben.

Bereits bei § 6 Anm. 26 S. 111 lit. B. d. ist hervorgehoben, daß auch wesentliche Erweiterungen oder sonstige wesentliche Änderungen der Unternehmens, der Anlage oder des Betriebs (§ 2 Satz 2) die Zustimmung des Unterhaltungspflichtigen insoweit erfordern, als dadurch zugleich eine wesentliche und nicht von vornherein vorgesehene und berücksichtigte Mehrbelastung des Weges herbeigeführt wird. Daher ist in diesem Falle auch die Ergänzung der Zustimmung zulässig. (Störk, Zeitschr. f. Kleinb. 1898 S. 257, 263—265, 301 ff. Eger, Eisenb. Entsch. XV S. 97. Germershausen, S. 136, 137.) Gleim, S. 96, 97 meint, daß alsdann die Spruchbehörde unter die bereits für das ursprüngliche Unternehmen festgesetzten Ansprüche nicht herabgehen dürfe, sondern nur darüber hinaus dem Unternehmer Verpflichtungen auferlegen könne und, wenn durch die Veränderung zugleich Erleichterungen für den Unterhaltspflichtigen eintreten, wie z. B. bei Veränderung der Betriebskraft, nur dadurch auf einen Ausgleich hinzuwirken vermöge, daß sie dem Unternehmer neue Verpflichtungen nur gegen Verzicht des Unterhaltungspflichtigen auf adäquate bisherige, infolge der Änderung nicht mehr gerechtfertigte Ansprüche auferlegt. Indeß erscheint diese Annahme unzutreffend. Abgesehen davon, daß sie zu einer höchst komplizierten und undurchführbaren Abwägung der bisherigen Ansprüche des Unterhaltungspflichtigen mit den dem Unternehmer neu aufzuerlegenden Verpflichtungen führen würde, ist diese auch dann unmöglich, falls die neuen Verpflichtungen aus öffentlichen und polizeilichen Interessen dem Unternehmer unbedingt und auch dann auferlegt werden müssen, wenn der Unterhaltungspflichtige auf bezügliche, infolge der Änderung des Unternehmens nicht mehr begründete Ansprüche nicht verzichten will. Es ist vielmehr — worauf auch bereits § 3 Abs. 3 ausdrücklich hinweist (s. Anm. 13 S. 69ff.) — wie für die Genehmigungsbehörde, so auch für die Ergänzungsbehörde das Verhältnis aus Anlaß der wesentlichen Erweiterungen 2c. so anzusehen, als ob das Unternehmen in der nunmehr geplanten Art ein neues wäre (s. auch Störk a. a. O. S. 301), und daher auch von diesem Gesichtspunkte aus über die Gesamtheit der Ansprüche an den Unternehmer aus § 6 durch die Ergänzungsbehörde von neuem zu entscheiden. Die bisherigen Festsetzungen können und werden zwar als geeignete Grundlage dienen, stellen aber nicht die Minimalgrenze dar, unter welche im einzelnen nicht herabgegangen werden darf. Je nach dem die Erweiterungen oder Änderungen des Unternehmens größere oder geringere Ansprüche an den Unternehmer bedingen, als die bisherigen, ist darüber in ihrer Gesamtheit Entscheidung zu treffen. Es wäre ungerecht und unverständlich, Rechte z. B. an Gewinnbeteiligung, Tariffestsetzungen, Fahrpreisnormierungen, Kautionsleistungen unverändert bestehen zu lassen, welche auf die veränderte Anlage bezw. den veränderten Betrieb absolut nicht mehr passen. (A. M. Störk a. a. O. S. 808.) Insoweit hiernach in einigen Ergänzungsbeschlüssen der Ergänzungsantrag bei wesentlichen Änderungen deshalb abgelehnt worden ist, weil er zugleich die Abänderung der Verpflichtungen des Unternehmers aus dem bisherigen Vertrage zum Gegenstande und zur Folge hat, ist die Ablehnung für unbegründet zu erachten.

Ergänz.-Beschl. des Bez.-Ausschusses Wiesbaden 23. November 1896 u. 24. Mai 1897.

Mitt. d. Ver. D. Straßenb.- u. Kleinb.-Verw. 1897 S. 159 u. 464. Anlage der Zeitschr. f. Kleinb. Jahrg. 1897.

Wird weder die Unterhaltungslast des Wegeunterhaltungspflichtigen, noch seine sonstige Lage verändert, wie z. B. in der Regel bei Umwandlung des Dampfbetriebs in elektrischen, so liegt jedenfalls kein Grund vor, dem Unternehmer schwerere Bedingungen aufzuerlegen.

Ergänz.-Beschl. des Provinzialrats v. Schlesien 5. Dezember 1896. Eisenb. Entsch. XVII, S. 305.

5. Die Zuständigkeit der Ergänzungsbehörde erstreckt sich auf alle Ansprüche an den Unternehmer. Aber auch nur auf die Ansprüche an diesen, nicht auch an den Unterhaltungspflichtigen oder Dritte. Nun gehört aber zu den Ansprüchen an den Unternehmer der Vorbehalt auf den Erwerb der Bahn nach Ablauf einer bestimmten Frist und gegen angemessene Schadloshaltung des Unternehmers. Es handelt sich hierbei also nicht allein um einen Anspruch an den Unternehmer — auf Erwerb der Bahn —, sondern implicite auch um einen Anspruch des Unternehmers an den Unterhaltungspflichtigen auf die Gegenleistung d. i. die Schadloshaltung. (Eger, Mitt. 1900 S. 282.) Wenngleich aber § 7 Abs. 2 nur von den Ansprüchen an den Unternehmer spricht, so kann doch nach der Tendenz des Gesetzes kein Zweifel darüber sein, daß die Ergänzungsbehörde kompetent sein soll, auch über den implicite damit zusammenhängenden Gegenanspruch des Unternehmers an den Unterhaltungspflichtigen zu entscheiden. Freilich wird sich, wie bereits Anm. 28 S. 128 ausgeführt ist, diese Entscheidung wohl nur auf die generelle Erklärung erstrecken können, daß seiner Zeit (nach Ablauf der Frist) eine angemessene Schadloshaltung zu erfolgen habe, da für einen bestimmten Entschädigungsbetrag z. Z. des Beschlusses die Grundlagen fehlen.

Auch hier sind Konzessionsdauer und Erwerbsfrist streng auseinander zu halten. Über erstere steht der Ergänzungsbeschlußbehörde eine Entscheidung nicht zu,

Vgl. § 6 Anm. S. 126 ff. u. Störk a. a. O. S. 300, 305.

wohl aber über letztere im Zusammenhang mit dem Erwerbsvorbehalt. Die Ergänzungsbehörde ist nicht befugt, über andere als die vom Gesetz zugelassenen Ansprüche zu beschließen, insbesondere nicht Rechtsverhältnisse zu regeln, welche der Zuständigkeit der Genehmigungsbehörden unterliegen (Störk S. 806), also auch nicht über eine andere Trace, Abänderungen des Projekts ꝛc. Vgl. Ergänz.-Entsch. über den Anspruch an den Unternehmer auf Mitbenutzung der anzulegenden Geleise für andere Unternehmer, Anlage neuer Weichen, Erweiterung der Straße, Betriebsverbesserungen.

Prov.-Rat v. Schlesien 5. Dezember 1898. Eisenb. Entsch. XVII S. 305.

6. Daß die Zustimmung des Unterhaltungspflichtigen zur Wegebenutzung (§ 6) und eventuell der Ergänzungsbeschluß (§ 7) der Erteilung der Genehmigung (§§ 2, 15) vorangehen muß, ist bereits an früherer Stelle (§ 6 Anm. 26 S. 107) erörtert. Ebenso muß die eventuell durch den Ergänzungsbeschluß bestimmte oder späterhin bei der Genehmigung festgesetzte Sicherheitsbestellung der Aushändigung der Genehmigungsurkunde vorangehen (§ 7 Abs. 2 § 11, § 15).

7. Die Vollstreckung des Ergänzungsbeschlusses erfolgt im Verwaltungszwangsverfahren. Dieselbe wird namens der Behörde, welche in der ersten Instanz beschlossen hatte, von deren Vorsitzendem verfügt. Über Beschwerden gegen diese Verfügungen entscheidet die Behörde. Gegen die Entscheidung der Behörde findet innerhalb zwei Wochen die Beschwerde an die im Instanzenzuge zunächst höhere Behörde statt. Die Entscheidung der letzteren ist endgültig. (§ 60 A. L.-V.-G.)

§ 8.[32])

Vor Erteilung der Genehmigung ist die zuständige Wegepolizeibehörde[33]) und, wenn die Eisenbahnanlage sich dem Bereiche einer Festung nähert, die zuständige Festungsbehörde zu hören.[34]) In diesem Falle darf die Genehmigung nur im Einverständniß mit der Festungsbehörde erteilt werden.[35])

Wenn die Bahn sich dem Betriebe einer Reichstelegraphenanlage nähert, so ist die zuständige Telegraphenbehörde vor der Genehmigung zu hören.[36])

Soll das Geleis einer dem Gesetze über die Eisenbahnunternehmungen vom 3. November 1838 unterworfenen Eisenbahn gekreuzt werden, so darf auch in den Fällen, in denen die Eisenbahnbehörde im Übrigen nicht mitwirkt (§ 3), die Genehmigung nur im Einverständniß mit der letzteren erteilt werden.[37])

1) Ausführungsanweisung vom 13. August 1898.

Zu § 8 und § 9.

(in der geänderten Fassung vom 29. November 1900, Zeitschr. f. Kleinb. 1901 S. 189.)

Behufs Sicherung der Interessen der Reichs-Post- und Telegraphenverwaltung (§ 8 Abs. 2 und § 9) ist mit der zuständigen Kaiserlichen Ober-Postdirektiou in Verbindung zu treten.

Im Interesse der Landesverteidigung (§ 8 Abs. 1 und § 9) ist folgendes zu beachten:

Zu § 8 Abs. 1.

1. Unter Eisenbahnanlagen, die sich dem Bereiche einer Festung nähern, sind alle Kleinbahnen zu verstehen, die im ganzen oder auch nur mit Teilen sich den äussersten Werken von Festungen bis auf 15 km oder weniger nähern oder in dem Raum zwischen den äussersten Werken und der Stadtumwallung liegen.

2. Kleinbahnen oder Teile von solchen, welche, ohne die Stadtumwallung zu überschreiten, im Innern von Festungen erbaut werden, gehören nicht dazu.

3. Bei Festungen ohne Stadtumwallung tritt an deren Stelle eine zwischen dem Kriegsministerium und dem Ministerium der öffentlichen Arbeiten besonders zu vereinbarende Linie (s. Ausführungsanweisung zu § 9 C).

32) Prinzip und Entstehung des § 8. § 8 Prinzip.

I. Prinzip. § 8 bezeichnet als vierte Voraussetzung der Genehmigung, daß die Genehmigungsbehörde vor der Erteilung der Genehmigung mit vier Kategorien von Behörden, deren Interessen durch den Bau und Betrieb der geplanten Bahn besonders berührt werden, in Benehmen zu treten hat. Es sind dies die zuständigen Wegepolizeibehörden, Festungsbehörden — wenn die Eisenbahnanlage sich dem Bereiche einer Festung nähert —, die zuständigen Telegraphenbehörden und die Eisenbahnbehörden, falls das Geleis einer dem Eisenb.-Ges. von 1888 unterworfenen Eisenbahn gekreuzt werden soll.

Unter den 4 Kategorien von Behörden, welche im § 8 aufgeführt sind, werden nach der Bedeutung der in Betracht kommenden Interessen solche unterschieden, welche — wie die Wegepolizei- und Telegraphenbehörden (Abs. 1) — von der Konzessionsbehörde vor der Genehmigung zu „hören", sind und solche, welche — wie die Festungs- und Eisenbahnbehörden (Abs. 2 und 3) — ihr Einverständnis mit der Genehmigung zu erklären haben. Wo nur die Anhörung vorgeschrieben ist, kann die Genehmigungsbehörde nach erfolgter Anhörung über die Genehmigung nach freiem Ermessen entscheiden. Wohl aber ist die angehörte Behörde ebenso wie der Unternehmer als Interessenten und Beteiligte zur Einlegung der im § 52 gewährten Rechtsmittel gegen den Genehmigungsbeschluß legitimiert. Sie kann denselben in formeller Hinsicht (weil sie nicht gehört worden ist) oder in materieller Hinsicht (weil ihre Einwendungen und Bedingungen keine oder nicht vollständige Berücksichtigung gefunden haben) angreifen. Wo hingegen die Genehmigung nur im Einverständnis mit der betreffenden Behörde erteilt werden darf, ist die Zustimmung dieser Behörde hierzu erforderlich, welcher eine entscheidende Mitwirkung bei der Genehmigung zusteht. Erteilt sie ihr Einverständnis nicht, so muß unter Bezugnahme auf diesen Einspruch der Versagung der Genehmigung von der zuständigen Genehmigungsbehörde beschlossen werden. Erteilt sie ihr Einverständnis nur unter bestimmten Bedingungen, so muß die Genehmigungsbehörde dieselben in ihren Genehmigungsbeschluß aufnehmen bezw. die Genehmigung von der Erfüllung dieser Bedingungen abhängig machen, ohne daß ihr über deren Inhalt ein Urteil zusteht oder ihr Änderungen gestattet sind. Auch hier können die Rechtsmittel des § 52 gegen den die Erteilung oder Versagung der Genehmigung aussprechenden Beschluß der Genehmigungsbehörde zwar geltend gemacht werden. Aber sie dürfen sich nur in formeller Hinsicht auf die tatsächliche Frage beziehen, ob die Zustimmung der Behörde, deren Einverständnis gesetzlich erforderlich ist, eingeholt und der Beschluß der Erklärung dieser Behörde gemäß gefaßt worden ist. In materieller Hinsicht dürfen gegen die Versagung des Einverständnisses oder gegen die Bedingungen, unter welchen dasselbe erfolgt, die Rechtsmittel aus

§ 52 nicht erhoben werden. Gegen die Verweigerung der Zustimmung oder die Bedingungen in materieller Hinsicht ist vielmehr nur der Weg der Beschwerde bei den der betreffenden Behörde (Festungs-, Eisenbahn-Behörde) vorgesetzten Instanzen zulässig.

Indem § 8 obligatorisch die Anhörung bezw. Zustimmung der vier vorbezeichneten Behörden erfordert, schließt er damit keineswegs die Zuziehung anderer an dem Bahnbau interessierter Behörden, z. B. der Berg- und Forstbehörden, der Gemeindebehörden ꝛc., aus. Nur ist die Zuziehung dieser Behörden nicht durch das Kleinbahngesetz vorgeschrieben, daher, soweit nicht sonstige Landesgesetze oder besondere administrative Verordnungen dies vorschreiben, wie z. B. für die Auseinandersetzungsbehörden, Meliorationsbehörden (s. unten S. 157 die Erl. v. 22. September 1896 und 31. Mai 1897, vgl. auch Eger, Handbuch des preuß. Eisenbahnrechts Bd. I S. 109), in das freie Ermessen der genehmigenden Behörde gestellt, und dient lediglich zur Information derselben. Denn es kann nach der Entstehungsgeschichte und dem Wortlaut des Kleinbahngesetzes kein Zweifel darüber sein, daß dieses Gesetz die Frage der Zuständigkeit für die Genehmigung von Kleinbahnen erschöpfend regelt; es sind daher ausschließlich die in § 8 bezeichneten Behörden zur Erteilung solcher Genehmigungen berufen. Auch die bloße Anhörung im Genehmigungsverfahren kann nach § 8 a. a. O. nur von den Wegepolizei-, Festungs-, Telegraphen- und Eisenbahnbehörden als ein Recht beansprucht werden, und nur in den dort bezeichneten Fällen kommt es auf die Einverständniserklärung dieser Behörden an.

Handelt es sich um den Bau von Bahnen, welche für den Betrieb mit Maschinenkraft — gleichviel welcher Art — bestimmt sind, so haben bei der Planoffenlegung alle Behörden, welche an der Anlage interessiert sind, Gelegenheit, im Umfange ihres Interesses Einwendungen gegen den Plan zu erheben (§ 17 Nr. 2).

§ 8 Entstehung. II. Was die Entstehungsgeschichte anlangt, so lautete der Regierungsentwurf § 7 (Herrenh. Akt.-Stück Nr. 34 S. 59) wie der jetzige Tenor des Gesetzes. Nur hatte Abs. 2 noch einen die Kompetenz zur Festsetzung der für die Sicherung des Telegraphenbetriebs erforderlichen Auflagen betreffenden Zusatz. § 7 war, wie folgt, motiviert (Herrenh. Akt.-Stücke Nr. 34 S. 65): „Der Bedeutung der beteiligten Interessen der Wegeunterhaltung entspricht es, daß vor Erteilung der Genehmigung regelmäßig der Wegepolizeibehörde Gelegenheit gegeben wird, sich über die Benutzung der Straße und die dafür zu stellenden Bedingungen zu äußern. Die Interessen der Landesverteidigung werden unter anderem auch dann von der Anlegung von Bahnen unterster Ordnung berührt, wenn diese sich dem Bereiche einer Festung nähern. Es ist daher notwendig, in solchen Fällen der Festungsbehörde insoweit eine entscheidende Mitwirkung bei der Erteilung der Genehmigung einzuräumen, daß eine solche nur im Einverständnis mit ihr erfolgen kann. Dasselbe gilt von den Interessen der Reichstelegraphenverwaltung in denjenigen Fällen, in welchen eine Bahnanlage sich deren Leitungen oder sonstigen Anlagen nähert. Die Bedeutung der hier in Rede stehenden Interessen des öffentlichen Verkehrs entspricht es, daß nicht nur eine vorgängige Anhörung der Reichstelegraphenbehörde, sondern auch eine Mitwirkung bei Festsetzung der zur Sicherung des Telegraphenverkehrs erforderlichen Maßnahmen vorgesehen ist. Geleiskreuzungen mit dem allgemeinen Eisenbahnnetz angehörenden Bahnen sind nur mit Genehmigung des Ministers der öffentlichen Arbeiten zulässig, welcher nach § 4 des

Gesetzes über die Eisenbahnunternehmungen vom 3. November 1838 allein über die Lage und Beschaffenheit der gesammten Eisenbahnanlage zu befinden hat. Es empfiehlt sich jedoch, in allen Fällen, in welchen durch eine Bahn unterster Ordnung das Geleis einer Eisenbahn gekreuzt werden soll, von vornherein die Eisenbahnbehörde zu beteiligen, damit die Frage, ob und eventuell unter welchen Bedingungen die Kreuzung gestattet werden kann, von deren Entscheidung zuweilen das ganze Unternehmen abhängig sein wird, vor allem, mindestens aber vor Erteilung der Genehmigung zu dem Unternehmen überhaupt erledigt werden kann.

Die Kommission des Herrenhauses (Akt.-Stück Nr. 69 S. 341) hat bei § 7 eine Änderung eintreten lassen, indem sie die zur Sicherung des Telegraphenbetriebes erforderlichen Auflagen im Einverständnis mit der Telegraphenverwaltung festzusetzen für unnötig hielt und die Streichung dieses Passus beschloß.

In der Kommission des Abgeordnetenhauses (Akt.-Stück Nr. 206 S. 2282) war von einem Mitgliede beantragt worden, in dem zweiten Absatze hinter dem Wort „Reichstelegraphenanlage" die Fassung so zu nehmen, daß sie lauten würde: „derart nähert, daß dieselbe dadurch gefährdet wird." — Der Regierungskommissar erwiderte darauf, die Bestimmung, daß die Telegraphenverwaltung in dem Falle des Abs. 2 des § 7 vor der Genehmigung gehört werden solle, sei getroffen worden, um dem Unternehmer nicht nachträglich noch Schwierigkeiten zu bereiten, da die schädliche Einwirkung auf eine Telegraphenanlage, besonders, wo es sich um unterirdische Leitungen handle, häufig von dem Unternehmer nicht im voraus übersehen werden und nur von den technischen Kräften der Telegraphenbehörde richtig erwogen werden könnte. — Nach diesen Erklärungen des Regierungsvertreters zog das betr. Mitglied seinen Antrag zurück. Auf die Frage eines Mitgliedes, ob unter dem Worte „Kreuzung" in Absatz 3 des Paragraphen nur die Niveaukreuzungen oder auch andere zu verstehen seien, erwiderte der Minister der öffentlichen Arbeiten: „Die Kreuzung im Sinne dieser Bestimmung umfaßt sowohl den Fall der Kreuzung einer bestehenden Eisenbahn durch eine Bahn unterster Ordnung in ihrem Niveau, wie auch die Fälle der Überführung oder Unterführung der letzteren mittelst einer Brücke oder eines Tunnels."

Der § 7 wurde hierauf unverändert angenommen.

In der II. Lesung des Abgeordneten-Hauses wurde das Wort „Zustimmung" im Abs. 1 Satz 2 durch das Wort „Genehmigung" ersetzt. (Sten. Ber. S. 1990.)

Unterm 18. August 1898 erging die oben S. 146 bezeichnete Ausführungsanweisung zum § 8 Absatz 1 in betreff der den Festungsbehörden vorzulegenden technischen Unterlagen (§ 5 Kleinb.-Ges., E.-V.-Bl. 1898 S. 245 f. Verzeichnis Nr. 62), welche durch den Erl. v. 29. November 1900 (S. 146) Abänderungen erfahren hat.

33) Abs. 1 Satz 1 schreibt vor, daß vor der Erteilung der Genehmigung die zuständige Wegepolizeibehörde zu hören ist. Die Zuständigkeit bestimmt sich nach der bestehenden Wegegesetzgebung. Je nach der Art des Weges — Gemeinde-, Kreis-, Provinzial-Straße — ist in der Regel die betreffende allgemeine Polizeibehörde (Orts-, Kreis-, Landes-Polizeibehörde) zuständig. Die Wegepolizei über die Kunststraßen steht jedoch in allen Fällen dem Regierungs-Präsidenten bezw. den Landräten als ständigen Vertretern derselben, nicht den Ortspolizeibehörden (Amtsvorstehern) zu. (Brauchitsch, Verw.-Ges. Anm. 162 zu § 55 des Zuständ.-Ges. u. O.-V.-G. 3. September 1884 XI S. 205.) Es entspricht nach den

§ 8 Abs. 1 Satz 1.

Motiven der Bedeutung der beteiligten Interessen der Wegeunterhaltung, daß vor der Erteilung der Genehmigung regelmäßig der Wegepolizeibehörde Gelegenheit gegeben wird, sich über die Benutzung der Straße und die dafür zu stellenden Bedingungen zn äußern. Gleim § 8 Anm. 1 folgert hieraus, daß, wo eine Benutzung öffentlicher Wege — als Bahnkörper oder behufs Kreuzung — nicht stattfindet, die vorliegende Bestimmung gegenstandslos sei, weil eine anzuhörende Wegepolizeibehörde nicht vorhanden sei. Indes ist zu erwägen, daß Abs. 1 Satz 1 die Anhörung der zuständigen Wegepolizeibehörde über den beschränkenden Inhalt der Motive hinaus in allen Fällen ausnahmslos vorschreibt und sich Fälle denken lassen, in welchen die wegepolizeilichen Interessen durch den Bau und Betrieb der Kleinbahn auch dann berührt werden, wenn der Weg nicht als Wegekörper oder zur Kreuzung benutzt wird, z. B. wenn die unmittelbare Nähe der Kleinbahn die Verkehrs-, Inundations-, Durchlaß-, Vorflut-Verhältnisse des betr. öffentlichen Weges verändert und dadurch die Unterhaltungslast oder die Benutzung desselben alteriert oder durch Funken, Aschewerfen, Geräusch 2c. der Maschine, Erschütterung des Bodens 2c. eine Beeinträchtigung der Benutzung zu befürchten ist. Mangels jeglicher Einschränkung des Wortlauts wird man die Vorschrift des Abs. 1 auch auf Fälle dieser Art beziehen müssen. Es ist daher für die Genehmigungsbehörde geboten, diejenigen Wegepolizeibehörden, deren Wege unmittelbar oder mittelbar durch den Bahnbau und Betrieb berührt werden, zu hören. Die Wegepolizeibehörden können alsdann Einwendungen erheben, welche gegen den Bahnbau überhaupt in der Nähe oder unter Benutzung des öffentlichen Weges gerichtet sind, oder Ansprüche und Bedingungen in betreff der Schutzmaßregeln gegen Bau- und Betrieb, der Unterhaltungspflicht und der Pflicht der Sicherheitsbestellung für letztere (§ 6 Abs. 2, § 11) stellen. Gleim a. a. O. nimmt zwar an, daß die bezüglichen Auflagen 2c. im Planfeststellungsverfahren (§§ 17, 18) zu erörtern seien. Dem steht jedoch entgegen, daß die §§ 17, 18 eine obligatorische Zuziehung der Wegepolizeibehörden zum Planfeststellungsverfahren nicht anordnen.

Die Bestimmung, daß die Wegepolizeibehörde zu hören ist, ist für die Genehmigungsbehörde obligatorisch. Eine besondere Form ist nicht vorgeschrieben. Doch hat die Anhörung vor Erteilung der Genehmigung, d. h. jedenfalls vor Aushändigung der Genehmigungsurkunde, zu erfolgen. Es bedarf nur der Anhörung, nicht der Zustimmung der Wegepolizeibehörde. Die Genehmigungsbehörde kann daher nach eigenem freien Ermessen auch gegen die betr. Einwendungen 2c. der Wegepolizeibehörde die Genehmigung erteilen. Wohl aber stehen der letzteren gegen den Genehmigungsbeschluß die Rechtsmittel des § 52 in formeller und materieller Hinsicht zu (Anm. 32 S. 147).

§ 8 Abs. 1 Satz 1. 34) Abs. 1 Satz 1 schreibt ferner vor, daß vor Erteilung der Genehmigung auch die zuständige Festungsbehörde zu hören ist, wenn die Eisenbahnanlage sich dem Bereiche einer Festung nähert. Die Mitwirkung der zuständigen Festungsbehörde ist also von der Voraussetzung der Annäherung der Eisenbahnanlage an den Bereich der betr. Festung abhängig gemacht, sie beschränkt sich aber ferner auch nicht, wie die der Wegepolizeibehörde, auf die bloße Anhörung, sondern erfordert nach Satz 2 dieses Absatzes das Einverständnis der Festungsbehörde zur Erteilung der Genehmigung.

Die Anhörung bezw. das Einverständnis ist nur dann erforderlich, wenn sich die Eisenbahnanlage dem Bereiche einer Festung nähert. Aus der dehnbaren und allgemeinen Fassung dieser Voraussetzung ergibt sich, daß die Befugnis der Festungsbehörde aus § 8 des Kleinb.-Ges. wesentlich verschieden ist von den Befugnissen, welche den Festungs- und Militärbehörden auf Grund des Reichsgesetzes betr. die Beschränkungen des Grundeigentums in der Umgebung von Festungen (Reichs-Rayon-Gesetz) vom 21. Dezember 1871 (R.-G.-Bl. S. 459) zustehen. Denn diese Befugnisse beschränken sich auf die Rayons, d. i. den Bereich der Festung (§ 13 Nr. 2, § 30 l. c.), während die Befugnis aus § 8 Kleinb.-Ges. schon dann Platz greift, wenn die Eisenbahnanlage sich dem Bereiche einer Festung nähert. Auch sind die Befugnisse aus dem Rayongesetz gesetzlich begrenzt, während das Kleinb.-Ges. Grenzen nicht festsetzt.

Die Befugnis der Festungsbehörde aus § 8 Kleinb.-Ges. betrifft die Landesverteidigungsinteressen im allgemeinen, soweit sie überhaupt durch den Bau und Betrieb der Kleinbahn in der Nähe der Festung berührt werden, beschränkt sich also weder auf die Festungsrayons, noch auf die im Rayongesetz § 13 angegebenen Momente. Wo auch immer das Landesverteidigungsinteresse durch Bau und Betrieb der der Festung sich nähernden Kleinbahn berührt bezw. beeinträchtigt erscheint, z. B. durch Umgehung der Festung, durch Aufführung von Bauwerken, Dämmen, Gräben 2c. ist die Festungsbehörde zur Versagung ihres Einverständnisses befugt. Daher sind die Worte: „wenn sich die Eisenbahnanlage dem Bereiche der Festung nähert" von dem Gesetzgeber allgemein gehalten und vermieden, zahlenmäßig eine bestimmte lokale Grenze aufzustellen. Die Annäherung liegt stets vor, wenn nach militärisch technischen Grundsätzen die Bahn ihrer Lage nach in die Verteidigungssphäre der Festung eingreift oder dieselbe berührt, gleichviel ob sich die Bahnanlagen in unmittelbarer Nähe der Festungsrayons oder in verhältnismäßig weiterem Umkreise derselben befinden.

Die Ausführungsanweisung vom 13. Aug. 1898 in der abgeänderten Fassung vom 29. Novbr. 1900 (Zeitschr. f. Kleinb. 1901 S. 189) — s. oben S. 146 u. Verzeichnis Nr. 102 — hat zu 8 Abs. 1 den Begriff der Eisenbahnanlagen näher definiert, welche als „sich dem Bereiche einer Festung nähernd" anzusehen sind. Damit ist bis auf weiteres eine festere Grundlage für das Erfordernis der Zuziehung der Festungsbehörden geschaffen. Indes weist schon die nicht ganz genau bestimmte Grenze „bis auf 15 Kilometer oder weniger", wie die Natur der Ausführungsanweisung darauf hin, daß je nach den geltenden Grundsätzen diese Annäherungsgrenze im Rahmen des Gesetzes geändert bezw. durch spätere Ausführungsbestimmungen anderweit festgesetzt werden kann.

Nach der Ausführungsanweisung zu § 9 C. sind die dem Antrage auf Erteilung der Genehmigung in technischer Hinsicht beizufügenden Unterlagen (Ausf.-Anw. zu § 5) bei den vorbezeichneten Kleinbahnen der Festungsbehörde vor Erteilung der Genehmigung vorzulegen. Dies gilt auch für Kleinbahnen oder Teile von solchen, welche im Innern einer Festung angelegt werden sollen, ohne die Stadtumwallung oder die beim Fehlen einer solchen vereinbarte Linie zu überschreiten. Bei diesen Bahnen sind — wenn die Unternehmer weitergehenden Anforderungen nicht zustimmen — im Interesse der Landesverteidigung nur solche Anforderungen zu berücksichtigen, welche zur Verhütung einer Beeinträchtigung des Verteidigungsinteresses dienen. Auch ist die Erfüllung der an die Kleinbahnen vorstehend im Interesse der Landesverteidigung zu stellenden Anforderungen in der Genehmigungsurkunde — erforderlichenfalls durch einen geeigneten Vorbehalt — sicher zu stellen.

In dem Erlasse vom 25. Juni 1897 (Zeitschr. f. Kleinb. 1897 S. 449) — s. Verzeichnis Nr. 49 — wird in betreff des bei Erteilung solcher Genehmigungen einzuschlagenden Verfahren vom Min. d. öff. Arb. im Einverständnis mit dem Kriegsminister darauf hingewiesen, daß — wenn auch die Leitung dieses Verfahrens an und für sich der Genehmigungsbehörde zusteht, welche dem Unternehmer die von der Festungsbehörde gestellten Bedingungen auferlegt — doch überwiegende praktische Gründe dagegen sprechen, die Verhandlungen behufs Erlangung des Einverständnisses der Festungsbehörde zwischen ihr und dem Unternehmer lediglich durch Vermittelung der Genehmigungsbehörde stattfinden zu lassen. Es erscheint ferner zulässig und unter Umständen auch zweckmäßig, daß die Genehmigungsbehörde dem Unternehmer die Bestellung einer besonderen Kaution bei einer der Festungsbehörde unterstehenden Kasse — wegen Erfüllung der dieser Behörde gegenüber eingegangenen Verbindlichkeiten — auferlegt, indem sie entweder eine dahingehende Bedingung in die Genehmigungsurkunde aufnimmt oder eine entsprechende Vereinbarung durch diese Urkunde gutheißt.

Der Inhalt dieses Erlasses erscheint jedoch insofern mit dem Gesetze nicht vereinbar, als es nicht zulässig ist, daß die Genehmigungsbehörde dem Unternehmer die Bestellung einer besonderen Kaution bei einer der Festungsbehörde unterstehenden Kasse auferlegt und dieser die Entscheidung über den Verfall und die Verwendung der Kaution überträgt. Das Kleinbahngesetz bezeichnet im § 11 bestimmt die Sicherheitsstellungen, welche dem Unternehmer auferlegt werden dürfen und von denen die Aushändigung der Genehmigungsurkunde abhängig zu machen ist (§ 15). Weitere Sicherheitsstellungen aufzuerlegen, ist weder die Genehmigungsbehörde noch eine andere Behörde berechtigt.

Die Genehmigung der Kommandantur bezw. der Reichsrayon-Kommission gemäß §§ 13, 30 des Rayongesetzes ist nicht geeignet, die Zustimmung der Festungsbehörde zu ersetzen. Denn die erstere betrifft nur Anlagen ꝛc. innerhalb der Rayons, während die letztere an die Rayonsgrenzen nicht gebunden ist. Dagegen ist als zuständige Festungsbehörde mangels besonderer Bestimmung nach Maßgabe des § 18 Rayon-Ges. die Kommandantur der Festung zu betrachten. Für die „Anhörung" derselben gilt das oben S. 149ff. in betreff der Wegepolizeibehörde Gesagte, doch mit dem wesentlichen Unterschiede, daß es nach Satz 2 des Abs. 1 auch des Einverständnisses der Festungsbehörde zur Genehmigung bedarf (Anm. 35). Findet die Festungsbehörde, daß es sich um eine im Interesse der Landesverteidigung erforderliche Bahn handelt, so kann sie die Versagung der Genehmigung als Kleinbahn veranlassen, weil alsdann eine nach Art. 4 Nr. 8 Art. 41 Reichs-Verf. zu konzessionierende Bahn in Frage steht.

§ 8 [35]) Abs. 1 Satz 2 bestimmt, daß die Genehmigung nur im Ein-
Abs. 1 verständnis mit der Festungsbehörde erteilt werden darf. Es genügt
Satz 2. also nicht die bloße Anhörung. Die Interessen der Landesverteidigung sind hier für schwerwiegender erachtet worden, als die wegepolizeilichen. Mithin ist es nach den Motiven notwendig, der Festungsbehörde insoweit eine entscheidende Mitwirkung bei der Erteilung der Genehmigung einzuräumen, als eine solche nur im Einverständnis mit ihr erfolgen kann. Wenn sie ihre Zustimmung nicht erteilt oder nur unter Bedingungen erteilt, so muß der Beschluß der Genehmigungsbehörde dementsprechend gefaßt werden. Geschieht dies nicht, so können wegen der Formverletzung die Rechtsmittel des § 52 geltend gemacht werden. Auch macht sich die

Genehmigungsbehörde disziplinarisch und zivilrechtlich verantwortlich. In materieller Hinsicht, d. h. über die Gründe der Versagung der Zustimmung oder über die Bedingungen können dagegen jene Rechtsmittel — wie bereits Anm. 32 S. 147 ff. hervorgehoben — keine Anwendung finden, ist vielmehr nur der Beschwerdeweg bei den vorgesetzten Instanzen statthaft.

36) Abs. 2 des § 8 verpflichtet die genehmigende Behörde, wenn die Bahn sich dem Bereiche einer Reichs-Telegraphen-Anlage nähert, die zuständige Telegraphenbehörde vor der Genehmigung zu hören. § 8 Abs. 2.

1. Wie die Wegepolizeibehörden (§ 8 Abs. 1) sind auch die Telegraphenbehörden — im Gegensatz zu den Festungs- und Eisenbahn-Behörden — nur zu hören, ihr Einverständnis bezw. ihre entscheidende Mitwirkung ist nicht vorgeschrieben (s. die oben S. 148 ff. mitget. Verhandlungen). Bezügliche generelle Vorschriften der Reichspostverwaltung können daher nur instruktiven Charakter für die beteiligten Telegraphenbehörden haben, in welchem Umfange und in welchen Richtungen sie Einwendungen erheben sollen. Für die Genehmigungsbehörde sind derartige Vorschriften nicht bindend, wenngleich sie denselben sorgfältige Berücksichtigung nicht wird versagen dürfen. Es gilt in dieser Hinsicht das oben Anm. 33 S. 149 ff. in betreff der Anhörung der Wegepolizeibehörde Gesagte, auch in betreff der Anwendung der Rechtsmittel.

2. Voraussetzung ist auch hier — analog der für die Festungsbehörden vorgeschriebenen —, daß die Bahn sich dem Bereiche einer Reichs-Telegraphenanlage nähert. Auch hier ist der Begriff der Annäherung nicht zu eng zu fassen (Anm. 34 S. 150). Der Begriff umfaßt jede Annäherung, welche so weit geht, daß erfahrungsmäßig die Telegraphenanlage dadurch alteriert und beeinflußt wird, welche also in die Wirkungssphäre derselben fällt. Es kommen aber nach der zweifellosen Fassung des Gesetzes nur Reichs-Telegraphenanlagen in Betracht, wozu nach § 1 des Gesetzes über das Telegraphenwesen des Deutschen Reiches vom 6. April 1892 (R.-G.-Bl. S. 467) auch die Reichs-Fernsprechanlagen gehören. Andere Telegraphen- und Fernsprechanlagen (§§ 2, 3 l. c.), auch wenn sie für den öffentlichen Verkehr bestimmt sind, gehören nicht unter Abs. 2, selbst dann nicht, wenn die betreffenden Anlagen, wie z. B. die der Eisenbahnen, dem Reichs-Telegraphenverkehre dienen. In derartigen Fällen können die Genehmigungsbehörden nur auf Grund des § 4 Ziff. 2 Schutz gewähren. Soweit es sich um Bahnen mit Maschinenkraft handelt, sind die betr. Interessenten in der Lage, ihre Einwendungen gemäß § 17 Nr. 2 geltend zu machen.

3. Zuständige Telegraphenbehörde ist nach der Ausf.-Anw. Abs. 1 zu den §§ 8 u. 9 des Ges. die zuständige Kaiserliche Ober-Postdirektion, d. h. diejenige, in deren Verwaltungsbezirk das geplante Kleinbahn-Unternehmen fällt. Mit dieser muß die Genehmigungsbehörde vor der Genehmigung in Verbindung treten. Sind die Bereiche mehrerer Ober-Postdirektionen beteiligt, so müssen sämtliche gehört werden.

4. Es ist bereits bei den Verhandlungen über die Mitwirkung der Telegraphenbehörde (S. 149), hervorgehoben worden, daß die Anhörung bezw. die Anforderungen derselben nur auf die Sicherung des Reichstelegraphenbetriebs und der Anlagen gegen die Einwirkungen des Bahn-Baues und Betriebes sich erstrecken, z. B. durch Isolierung der Leitungen, weitergehende Ansprüche, wie z. B. auf Mitbenutzung der Eisenbahntelegraphenleitung oder des Eisenbahnterrains für den Reichstelegraphen-

verkehr u. s. w. dagegen ausgeschlossen sein sollen. Der Regierungskommissar erklärte: „Die vorherige Anhörung bezwecke nur, dem Unternehmen nicht nachträglich noch Schwierigkeiten zu bereiten, da die schädliche Einwirkung auf eine Telegraphenanlage, besonders wo es sich um unterirdische Leitungen handle, häufig vom Unternehmer nicht im voraus übersehen werden und nur von den technischen Kräften der Telegraphenbehörde richtig erwogen werden könnte. Es ergibt sich daraus, daß es sich nach der Absicht des Gesetzes im Abs. 2 nur um polizeiliche Maßnahmen zur Sicherung der Reichstelegraphenanlagen handelt, nicht um weitergehende materielle Anforderungen an die Unternehmer. Diesen polizeilichen Schutz hat zwar die Genehmigungsbehörde den Reichstelegraphenanlagen als öffentlichen Anstalten und mit Rücksicht auf § 4 Ziff. 2 des Gesetzes schon an sich zu gewähren; doch wird durch die im § 8 Abs. 2 angeordnete Zuziehung der Telegraphenbehörde dieser die Möglichkeit gegeben, ihre bezüglichen Erfordernisse rc. in ausreichendem Maße und in sachkundiger Weise rechtzeitig zur Erörterung und Berücksichtigung zu bringen. Auch in der II. Lesung des Abg.-H. (Sten. Ber. S. 1991) konstatierte der Abg. Hammacher, daß sich die Ansprüche der Telegraphenverwaltung nur auf den polizeilichen Gesichtspunkt beziehen, daß letztere auch selbst nur den polizeilichen Schutz (§ 4 Nr. 2) für sich beansprucht und sich nicht für legitimiert erachten darf, die Anlage einer Bahn von weitergehenden Anforderungen abhängig zu machen.

Vgl. hierzu vornehmlich auch § 12 des Reichs-Telegraphen-Gesetzes vom 6. April 1892 (R.-G.-Bl. S. 467) und Zeitschr. f. Kleinb. III (1896) Heft 6 S. 342 ff.: Vorschriften für die elektrischen Anlagen und den elektrischen Betrieb von Straßenbahnen. Über die Verpflichtungen neu anzulegender elektrischer Bahnen oder deren Änderungen gegenüber den bestehenden Reichstelegraphenanlagen aus § 12 l. c. s. Reichsger. 6. Ziv.-Sen. 26. Januar 1899. Entsch. i. C. Bd. 48 S. 252 Eisenb. Entsch. XV S. 350, 11. Februar 1901 XVIII S. 54 und 9. Januar 1902. Entsch. i. C. Bd. 50 S. 83. Eisenb. Entsch. XIX S. 18.

Soweit aber die Sicherheit des Telegraphen-Betriebes oder der Telegraphen-Anlagen in Frage steht, liegt es der genehmigenden Behörde ob, den dem öffentlichen Interesse entsprechenden Anforderungen der Telegraphenbehörde Gehör zu geben und dem Unternehmer bei der Genehmigung diejenigen Maßregeln als Bedingung aufzuerlegen, welche geeignet sind, die Sicherheit des Telegraphenverkehrs herbeizuführen. Die Genehmigung der Telegraphenbehörde ist auch dann notwendig, wenn eine Kleinbahn an einer oberirdischen Telegraphenanlage lediglich vorübergeführt wird. (A. M. Jerusalem S. 81.)

Singuläre Anweisungen über die bezüglichen Schutzmaßnahmen sind zunächst enthalten in dem Erl. des Min. d. öff. Arb. vom 4. November 1895, betr. den Schutz von Fernansprechanlagen gegen Störungen durch elektrische Bahnen (Zeitschr. f. Kleinb. II 1895 S. 587 Verzeichnis Nr. 24) und in den Vorschriften der preuß. Staatsbahnverwaltung für die Einrichtung elektrischer Starkstromleitungen auf eisenbahnfiskalischem Gelände, Straßen und Plätzen und an den Einmündungsstellen elektrischer Bahnen in die Anlagen der Staatseisenbahnen (a. a. O. III 1896 S. 246 Verzeichnis Nr. 32). Sodann in eingehender und umfassender Weise in dem Erlaß des Ministers der öffentlichen Arbeiten vom 31. Dezember 1896, betr. Sicherung der Anlagen und des Personals der Reichstelegraphenverwaltung beim Bau und Betrieb von Kleinbahnen und Privatanschlußbahnen (a. a. O. IV 1897

S. 148, Verzeichnis Nr. 86), dem gemäß Nr. 6 zugleich „Allgemeine Vorschriften des Ministers der öffentlichen Arbeiten vom 31. Dezember 1896, zum Schutze der Reichstelegraphen- und Fernsprechanlagen, welche beim Bau und Betrieb elektrischer und mit Gleichstrom betriebener Straßen- und Kleinbahnen zu beachten sind," (a. a. O. IV 1897 S. 144, Verzeichnis Nr. 87) beigefügt sind.

Außerdem sind durch Erlaß des Ministers der öffentlichen Arbeiten vom 18. November 1898, betr. Sicherheitsvorschriften für elektrische Hochspannungs- und Starkstromanlagen (a. a. O. VI 1899 S. 104, Verzeichnis Nr. 67), die vom Verbande deutscher Elektrotechniker neu herausgegebenen Sicherheitsvorschriften für elektrische Hochspannungsanlagen und die für elektrische Starkstromanlagen den Eisenbahndirektionen mit der Vorschrift mitgeteilt worden, sie bei Errichtung staatlicher elektrischer Anlagen und bei der Handhabung staatlicher Aufsichtsrechte zur technischen Richtschnur zu nehmen.

Hierzu treten endlich die sich aus dem Telegraphenwege-Gesetze vom 18. Dezember 1899 (R.-G.-Bl. S. 705 Zeitschr. f. Kleinb. 1900 S. 166, Verzeichnis Nr. 79), nebst den Ausführungsbestimmungen v. 26. Januar 1900 (R.-G.-Bl. S. 7 u. Zeitschr. f. Kleinb. 1900 S. 217, Verzeichnis Nr. 80) ergebenden Rechte und Pflichten der Telegraphenverwaltung.

Vgl. noch Oudendijk, Anforderungen der Post- und Telegraphen-Verwaltungen (Mitteil. rc. 1898 S. 146—155).

Entspricht die Genehmigungsbehörde den Sicherheitsanforderungen der Telegraphenbehörde in dem Genehmigungsbeschluß nicht, bezw. macht sie dem Unternehmer keine entsprechenden Auflagen, so ist die Telegraphenbehörde als beteiligter Interessent berechtigt, gegen den Beschluß die Rechtsmittel des § 52 in Anwendung zu bringen (Anm. 32 S. 147). Auch macht sich die Genehmigungsbehörde wegen der Unterlassung disziplinarisch und zivilrechtlich verantwortlich.

37) Abs. 3 des § 8 schreibt für die Genehmigung das Einverständnis der Eisenbahnbehörde vor, falls das Geleis einer dem Eisenbahngesetz vom 3. November 1838 unterworfenen Eisenbahn gekreuzt werden soll, und zwar auch wenn die Eisenbahnbehörde im übrigen gemäß § 8 nicht mitwirkt. Nach § 3 Abs. 1 wirkt eine vom Minister der öffentl. Arbeiten bezeichnete Eisenbahnbehörde bei der Genehmigung einer Kleinbahn schon an sich in allen Fällen mit, in welchen der Betrieb ganz oder teilweise mit Maschinenkraft betrieben wird. Indes auch wo der Betrieb ohne Maschinenkraft erfolgt, also an sich die Mitwirkung einer Eisenbahnbehörde bei der Genehmigung aus diesem Grunde nicht geboten sein würde, soll diese Mitwirkung doch erfolgen, wenn das Geleis einer dem Gesetze über die Eisenbahnunternehmungen vom 3. November 1838 unterworfenen Eisenbahn gekreuzt wird. Diese Bestimmung des § 8 Abs. 3 ist eigentlich mit Rücksicht auf § 4 des Eisenb.-Ges. v. 1838 selbstverständlich. Wenn demungeachtet diese Vorschrift hier noch besonders zum Ausdruck gebracht ist, so ist es nach dem Motiven in der Absicht geschehen, die Beteiligung der Eisenbahnbehörde von vornherein herbeizuführen und zu sichern, damit diese wichtige Frage, von deren Entscheidung unter Umständen das ganze Unternehmen abhängt, vorzugsweise und jedenfalls vor Erteilung der Genehmigung erledigt werden kann. § 8 Abs. 3.

1. Voraussetzung ist, daß durch die Anlage der Kleinbahn das Geleis einer dem Gesetze über die Eisenbahnunternehmungen vom 3. November 1838 unterworfenen Eisenbahn gekreuzt werden soll; d. h. gemäß § 1 dieses

Gesetzes einer landesherrlich konzessionierten (s. § 1 Anm. 2 S. 16 ff.). Daraus folgt, daß, wenn sich zwei oder mehrere Kleinbahnen oder diese und Privatanschlußbahnen kreuzen sollen, eine dem Gesetz von 1838 unterworfene Bahn mithin nicht beteiligt ist, Abs. 3 des § 8 keine Anwendung findet. Die ratio legis hätte freilich dafür gesprochen, die vorliegende Bestimmung auch auf die Kreuzung des Geleises einer mit Maschinenkraft betriebenen Kleinbahn auszudehnen, da in diesem Falle der gleiche Grund für die Mitwirkung einer Eisenbahnbehörde spricht. Auch die Fälle, in welchen das Geleis einer Kleinbahn — mit oder ohne Maschinenbetrieb — von einer neu anzulegenden, dem Eisenbahngesetze vom 3. November 1838 unterworfenen Eisenbahn oder von einem öffentlichen Wege gekreuzt werden soll, haben im Gesetze gleichfalls keine Berücksichtigung gefunden. Es kann aber keinem Zweifel unterliegen, daß es in diesen Fällen der Beteiligung der Kleinbahngenehmigungsbehörden bedarf. Im übrigen ist der Begriff „Kreuzung" mangels jeder Einschränkung im weitesten Sinne zu nehmen, er umfaßt nicht nur Niveau-Kreuzungen, sondern auch Unter- und Überführungen.

2. Liegt die gedachte Voraussetzung vor, so darf in allen Fällen — auch wenn eine Eisenbahnbehörde im übrigen nicht mitwirkt (§ 8) — die Genehmigung nur im Einverständnis mit der betr. Eisenbahnbehörde erteilt werden. Die Mitwirkung einer Eisenbahnbehörde sieht das Gesetz sonst nur im Falle des § 3 Abs. 1: „Betrieb der Kleinbahn mit Maschinenkraft" vor. Wenn also auch „im übrigen" ein Anlaß zur Mitwirkung einer Eisenbahnbehörde nicht vorliegt, d. h. — wie der Hinweis auf § 3 besagt — ein Betrieb mit Maschinenkraft nicht geplant ist, so soll dennoch die Mitwirkung einer Eisenbahnbehörde erfolgen, wenn eine Geleiskreuzung der bez. Art erfolgen soll; also auch bei Bahnen ohne Maschinenbetrieb. Die Fassung ist jedoch unklar. Es heißt nur im Einverständnis mit der „letzteren". Durch den vorangehenden Hinweis auf § 8 könnte man zu der Annahme geführt werden, es sei damit eine vom Minister der öffentl. Arbeiten besonders bezeichnete Eisenbahnbehörde gemeint. Dies ist aber unverkennbar nicht die Absicht des Gesetzes. Vielmehr ist das Einverständnis derjenigen Eisenbahnbehörde erforderlich, zu deren Aufsichtsbezirk die von der Kleinbahn zu kreuzende Eisenbahnstrecke ressort- und organisationsmäßig gehört. (Erl. v. 4. April 1901. Zeitschr. f. Kleinb. S. 344. Verzeichnis Nr. 109.)

Abs. 3 bestimmt, daß die Genehmigung nur im Einverständnis mit der Eisenbahnbehörde erteilt werden darf. Dies stimmt wörtlich überein mit Abs. 1 Satz 2 in betreff des Einverständnisses der Festungsbehörde. Daher gilt für das Verfahren und die Rechtsmittel das oben bezüglich des Einverständnisses der Festungsbehörde Erörtete (Anm. 85 S. 152). Auch hier macht sich die Genehmigungsbehörde durch Nichtbeachtung der Vorschrift disziplinarisch und zivilrechtlich verantwortlich. Das Verhalten der Eisenbahnbehörden bei Anträgen von Kleinbahnunternehmern auf Gestattung von Geleiskreuzungen und die Bedingungen der Gestattung werden durch einen Zirk.-Erl. d. Min. d. öffentl. Arb. vom 10. April 1898 IV 1082/I III 6994 dahin geregelt: Die Geleiskreuzung wird nur widerruflich gestattet und auf dem Eisenbahnkörper von der Eisenbahnverwaltung selbst ausgeführt und unterhalten. Die dadurch und durch etwa deshalb gebotene Änderungen der Eisenbahnanlage, einschließlich des für ihre Bedienung und Bewachung erforderlichen Mehraufwands entstehenden Kosten sind vom Kleinbahnunternehmer zu tragen. Wegen Unterbrechung oder Störung des Betriebs auf der Kreuzungsfläche infolge von Hinderungsgründen, welche durch den Eisenbahnbetrieb bedingt sind, hat derselbe keinen Entschädigungsanspruch. Geleiskreuzungen von Eisenbahnen und Kleinbahnen in Schienenhöhe, bei denen die Schienen der Eisenbahnen eingeschnitten werden, sind für die Zukunft untersagt. Die bereits vorhandenen sollen bei Gelegenheit des Auswechselns schadhafter beseitigt werden.

Erl. 16. November 1901. Zeitschr. f. Kleinb. S. 793 u. 15. Dezbr. 1902 E.-V.Bl. S. 553. Verzeichnis Nr. 119 u. 131.

In betreff der bei der Kreuzung mit elektrischen Bahnen bezw. ihrer Einmündung in Eisenbahnanlagen zu beobachtenden Bedingungen sind für den Bereich der Staatseisenbahnverwaltung allgemeine Vorschriften ergangen (Zeitschr. f. Kleinb. 1896 S. 246. Verzeichnis Nr. 82); ebenso für die Sicherung der Kreuzungen von Kleinbahnen mit Staatsbahnen in Schienenhöhe (Erl. v. 24. Oktober 1896 eod. S. 680. Verzeichnis Nr. 84). Dieser Erlaß hat durch den Erlaß vom 29. Januar 1897 (Zeitschr. f. Kleinb. 1897 S. 198, Verzeichnis Nr. 40) einige Ergänzungen und Modifikationen erfahren.

Vgl. auch Erl. v. 18. März 1900, betr. Kreuzungen von Eisenbahnen durch Kleinbahnen (a. a. O. 1900 S. 253). Ausfüllung der Spurrinne zur Fahr- u. Zwangsschiene mit einer festen Masse. Verzeichnis Nr. 85.

Im Übrigen ist in allen Fällen der Berührung von Kleinbahnen mit Eisenbahnen, also auch im Falle der Geleiskreuzung in Gemäßheit des § 4 Eisenb.-Ges. v. 3. November 1838 die ministerielle Entscheidung unter Vorlage der Entwurfsstücke vor Erteilung der kleinbahngesetzlichen Genehmigung einzuholen.

Das Kleinbahngesetz gewährt nur den im § 8 bezeichneten Behörden das Recht, vor der Erteilung der Genehmigung gehört bezw. um ihr Einverständnis angegangen zu werden. Doch hat sich das Bedürfnis vorgängiger Anhörung auch noch bei mehreren anderen Behörden herausgestellt. Den Interessen derselben ist im Wege administrativer Anweisungen Rechnung getragen worden.

Erl. v. 1. März 1893 E.-V.-Bl. S. 147, 16. Januar 1897 S. 23, 7. Juni 1895, Zeitschr. f. Kleinb. S. 339, 4. April 1901 S. 344. Verzeichnis Nr. 2, 20, 38, 109.

Dahin gehören zunächst die mit der Wahrnehmung der Meliorationen betrauten Behörden. Die für die Genehmigung von Kleinbahnen zuständigen Behörden sind durch den Erl. d. Min. d. öff. Arb. v. 22. September 1896 (Zeitschr. f. Kleinb. 1896 S. 561 Verzeichnis Nr. 38), darauf hingewiesen worden, daß es, um die Berücksichtigung der Meliorationsinteressen bei dem Bau von Kleinbahnen zu sichern, zweckmäßig erscheint, den Landräten eine allgemeine Anweisung dahin zu erteilen, daß sie bei den örtlichen Verhandlungen, über die Genehmigung einer Kleinbahn, über die in ihren Kreisen vorhandenen oder geplanten Meliorationen, soweit diese durch das Kleinbahnprojekt berührt werden können, jedesmal eine besondere Mitteilung machen und den mit der Prüfung der Kleinbahnprojekte beschäftigten Regierungs- und Bauräten die Einsichtnahme der in Betracht kommenden Meliorationsprojekte ermöglichen. Bezüglich der Benachrichtigung der Meliorationsinteressenten von den für die Planfeststellung bestimmten Terminen s. § 17 Anm. 65.

Sodann sind die Genehmigungsbehörden durch den Erlaß des Min. d. öffentl. Arb. v. 31. Mai 1897 (Zeitschr. f. Kleinb. S. 400, Verzeichnis Nr. 46), davon verständigt worden, daß, wenn auch ein gesetzliches Recht nicht bestehe, doch der Wunsch der Generalkommissionen nach rechtzeitiger Benachrichtigung über solche Kleinbahnpläne, welche eine in der Zusammenlegung oder Separation begriffene Feldmark berühren, als berechtigt anzuerkennen sei; den Auseinandersetzungsbehörden ist daher Gelegenheit zu geben, die ihrer Obhut anvertrauten Interessen im Stadium der vorbereitenden Verhandlungen für die Genehmigung einer Kleinbahn und im Planfeststellungsverfahren geltend zu machen. Auf die bei derartigen Anlässen geäußerten Wünsche jener Behörden ist soviel als möglich Rücksicht zu nehmen. Hiernach bedarf es also einer Benachrichtigung dieser Behörden schon vor Erteilung der Genehmigung. Vgl. noch § 17 Anm. 64, 65.

§ 9.[38])

Außer den durch die polizeilichen Rücksichten (§ 4) gebotenen Verpflichtungen sind in der Genehmigung zugleich diejenigen zu bestimmen, welchen der Unternehmer im Interesse der Landesverteidigung und der Reichs-Postverwaltung in Gemäßheit des § 42 zu genügen hat.[39])

1) Ausführungsanweisung vom 13. August 1898.
Zu § 8 und § 9.
(in der geänderten Fassung vom 29. November 1900 und 17. November 1902, Zeitschr. f. Kleinb. 1901, S. 189 und E.-V.-Bl. 1902 S. 587.)

Behufs Sicherung der Interessen der Reichs-Post- und Telegraphenverwaltung (§ 8 Abs. 2 und § 9) ist mit der zuständigen Kaiserlichen Ober-Postdirektion in Verbindung zu treten.

Im Interesse der Landesverteidigung (§ 8 Abs. 1 und § 9) ist Folgendes zu beachten:

Zu § 9.

A. *Die **Einrichtung** der Bahnanlagen und der Betriebsmittel ist bei **allen** für den Betrieb mit mechanischen Motoren eingerichteten Kleinbahnen durch die Genehmigungs-Urkunde an folgende Bedingungen zu knüpfen:*

1) Geleise.

a. Es sind ausser der Normalspur nur Spurweiten von 0,600, 0,750 und 1,000 m zuzulassen.

*b. Sofern Querschwellenoberbau angewendet wird, soll das **Mindestgewicht** der Schienen 9,5 kg auf das Meter betragen.*

c. Bei einer Spurweite von 0,600 m soll der kleinste Krümmungshalbmesser 30 m betragen.

d. Die lichte Spurweite der Spurrinnen bei Weichen, Kreuzungen, Überwegen u. s. w. soll nicht unter 0,035 m betragen.

Die Bestimmungen unter c. und d. gelten nicht für Strassenbahnen.

2) Rollendes Material.

a. Für Bahnen mit einer Spurweite von 0,600 m sollen Lokomotiven und Wagen derartig gebaut sein, dass sie Krümmungen von 30 m Halbmesser anstandslos durchfahren können.

b. Es sind nur einflanschige Räder zu verwenden.

c. Die Betriebsmittel der Bahnen mit 0,600 m Spurweite sollen zentrale Buffer in einer Höhe von 0,300 bis 0,340 m über Schienenoberkante erhalten.

d. Das Ladegewicht der Wagen, in Kilogrammen ausgedrückt, soll durch 500 teilbar sein.

3) Bahnhofseinrichtungen.

Sofern die Kleinbahnen an andere Bahnen anschliessen und ein Übergang der Wagen nicht angängig ist, sind zweckentsprechende Vorrichtungen zum Umladen herzustellen.

4) Sofern es sich lediglich um die Erweiterung eines bestehenden Bahnunternehmens handelt, kann die Beibehaltung der bisherigen Spurweite und des bisherigen Schienengewichts für die Erweiterungsstrecke auch dann genehmigt werden, wenn beides den Bestimmungen zu 1a. und b. nicht entspricht.

5) Falls im übrigen ausnahmsweise aus besonderen Gründen eine Abweichung von den vorstehenden Bestimmungen für notwendig erachtet werden sollte, ist an den Minister der öffentlichen Arbeiten behufs der im Einverständnis mit dem Herrn Kriegs-Minister zu treffenden Entscheidung Bericht zu erstatten.

6) Ob ausserdem ausnahmsweise für einzelne Kleinbahnen besondere — und dann ebenfalls in die Genehmigungs-Urkunde aufzunehmende — Anforderungen an die Leistungsfähigkeit der Anlagen zu stellen sind, wird im Einverständnis mit dem Herrn Kriegs-Minister bestimmt.

B. *Bezüglich des* **Betriebes** *sind die aus den nachfolgenden Bestimmungen sich ergebenden Verpflichtungen durch die Genehmigungs-Urkunde allen für den Betrieb mit mechanischen Motoren eingerichteten Kleinbahnen aufzuerlegen, mit Ausnahme derjenigen, welche lediglich städtische Strassenbahnen sind oder nicht mehr als 3 Gemeindebezirke berühren und der Regel nach nur der Personenbeförderung in einzelnen Wagen dienen.*

1) Die Kleinbahnen sind nach Massgabe ihrer Leistungsfähigkeit im Frieden und im Kriege verpflichtet, Militärtransporte aller Art — während des Kriegsverhältnisses auch Privatgut für die Militärverwaltung — zu befördern.

2) Werden Abweichungen von den für die Annahme, Abfertigung, Ver- und Entladung sowie für die Beförderung geltenden Einrichtungen und Bestimmungen des öffentlichen Verkehrs im Interesse der Ausführung von Militärtransporten erforderlich, so unterliegen dieselben im Einzelfalle der Vereinbarung zwischen der absendenden Militärbehörde und Bahnverwaltung. Die für die Betriebssicherheit getroffenen allgemeinen Bestimmungen dürfen hierdurch nicht berührt werden.

3) Lassen sich im Mobilmachungs- und Kriegsfalle die Militärtransporte nicht mit den Zügen des öffentlichen Verkehrs bewältigen, so ist die Militärverwaltung berechtigt, in den Fahrplan des öffentlichen Verkehrs Militär-, Bedarfs- und Sonderzüge einzuschalten, auch zeitweise die Beschränkung, Vereinfachung und vollständige Aussetzung der Züge des öffentlichen Verkehrs anzuordnen und einen besonderen Militärfahrplan einzuführen.

4) Die Kleinbahn-Verwaltungen sind im Mobilmachungs- und Kriegsfalle verpflichtet, ihr Personal und ihr zur Herstellung und zum Betriebe von Kleinbahnen dienliches Material herzugeben. Die demnächstige Ent-

schädigung regelt sich sinngemäss nach den entsprechenden Bestimmungen der Militär-Eisenbahn-Ordnung, Teil II D. und des Gesetzes über die Kriegsleistungen vom 13. Juni 1873 (R.-G.-Bl. S. 137) unter Berücksichtigung des geringeren Kapitalwertes nach Massgabe sachverständiger Schätzung.

5) Die Militärverwaltung ist im Mobilmachungs- und Kriegsfalle berechtigt, den Betrieb einer auf dem Kriegsschauplatz oder in dessen Nähe gelegenen Kleinbahn selbst zu übernehmen. Das bei der Übernahme und Betriebsführung sowie bei der Rückgabe massgebende Verfahren richtet sich nach der Instruktion, betreffend Kriegsbetrieb und Militärbetrieb der Eisenbahnen (Militär-Eisenbahn-Ordnung, Teil II E.).

6) Auf Anfordern der Eisenbahn-Aufsichtsbehörde hat die Kleinbahn zwecks Ermittelung ihrer militärischen Leistungsfähigkeit im Frieden und im Kriege über ihre Anlagen, Einrichtungen und Betriebsmittel Auskunft zu geben.

Die Militärverwaltung ist ausserdem berechtigt, zur Vervollständigung dieser Auskunft sowie zu sonstigen militärischen Zwecken auch unmittelbar Erkundigungen anzuordnen. Den entsandten Offizieren und Beamten ist dabei jede wünschenswerte Unterstützung zu gewähren.

7) Jeder Militärtransport wird mit einem von der zuständigen Dienststelle ausgefertigten Ausweis versehen.

Als Ausweise gelten:

a. Berechtigungsscheine nach dem in der Anlage beigefügten Muster 1 (Anl. 1),

b. Einberufungs-, Entlassungspapiere, sowie Urlaubspässe (letztere auch, wenn sie von Zivilbehörden für die bei ihnen zur Probedienstleistung kommandierten oder beurlaubten Militärpersonen ausgefertigt sind),

c. Frachtbriefe.

Auf Grund derartiger Ausweise erfolgt die Beförderung zu den Sätzen des Militärtarifs, im Frieden gegen sofortige Barbezahlung, im Kriege auch unter Stundung der Fahrgelder.

Bei Vorzeigung der oben unter a und b bezeichneten Ausweise sind Militärfahrkarten zu verabfolgen, die den Transportführern für die Rechnungslegung zu belassen sind. Werden von der Militärbehörde statt der Berechtigungsscheine Fahrtausweise nach anliegendem Muster 2 (Anl. 2) ausgefertigt, so dienen diese gleichzeitig als Fahrkarten und sind von den zuständigen Bahnbediensteten hinsichtlich des gezahlten Fahrpreises auszufüllen und mit dem Dienststempel oder mit Namensunterschrift zu versehen.

Soll die Vergütung gestundet werden, so geschieht die Beförderung gleichfalls auf Grund der Fahrtausweise nach Muster 2, indes unter Berücksichtigung der daselbst für diesen Fall angegebenen Änderungen, oder auf Grund von Frachtbriefen, welche letztere mit dem Vermerk „Fracht ist zu stunden" versehen werden.

Gestundete Fahr- und Frachtgelder sind bei der Intendantur des stellvertretenden Generalstabes der Armee zur Liquidation zu bringen, und bleiben zu diesem Zwecke die Fahrtausweise (Muster 2) bezw. Frachtbriefe in den Händen der Kleinbahn.

7a) I. Während des mobilen Verhältnisses sind die Einberufenen der bewaffneten Macht (Heer und Marine) und des Landsturms behufs Erreichung des Gestellungsorts mit allen fahrplanmässigen Zügen in jeder Wagenklasse, nötigenfalls unter Zurückstellung alles anderen Personen- und Güterverkehrs, ohne Fahrkarte zu kostenfreier Benutzung der Bahn zuzulassen, und zwar:

α) die Mannschaften des Beurlaubtenstandes gegen Vorzeigung des Gestellungsbefehls oder anderer Militärpapiere,

β) die Mannschaften des Landsturms innerhalb des betreffenden Korpsbezirks auf Grund ihrer mündlichen Erklärung, dass sie dem Landsturm angehören und eingezogen sind,

γ) Kriegsfreiwillige und Freiwillige des Landsturms auf Vorzeigung einer Bescheinigung der Ortsbehörde über Zweck und Ziel der Reise.

Der Ausweis oder die mündliche Erklärung erfolgt dem Kontrollbeamten gegenüber.

Von Beibringung der unter α bezeichneten Ausweise kann abgesehen werden, wenn gegen die mündlichen Angaben über Zweck und Ziel der Reise Bedenken nicht bestehen.

II. Die Kleinbahnverwaltungen haben die auf die Festsetzungen unter I. bezüglichen, von der Zivil- oder Militärverwaltung für erforderlich erachteten Bekanntmachungen auf ihren Bahnhöfen anschlagen zu lassen.

III. Um den in Betracht kommenden Kleinbahnen schon im Frieden einen ungefähren Anhalt für die von ihnen im Mobilmachungsfalle zu beanspruchenden Leistungen zu geben, erhalten sie von den Bezirkskommandos von drei zu drei Jahren Angaben über die voraussichtliche Zahl der im Mobilmachungsfalle auf ihren Bahnstrecken zu befördernden Einberufenen sowie über die von diesen zu benutzenden Züge.

Bei wesentlichen Abweichungen werden diese Angaben auch in der Zwischenzeit gemacht.

IV. Anträge der Kleinbahnen auf Zurückstellung von Betriebsbediensteten vom Waffendienst im Mobilmachungsfalle, soweit das Personal dienstpflichtig ist oder als ausgebildet dem Landsturm II. Aufgebots angehört, sind — getrennt nach Bezirkskommandos — an den für die Kleinbahn zuständigen Regierungspräsidenten in Form von Listen und vierteljährlichen Nachtragslisten nach dem Muster 20 der Wehrordnung zu richten. Der Regierungspräsident prüft diese Listen u. s. w., stellt für diejenigen Personen, deren Zurückstellung er im Einvernehmen mit der zuständigen Königlichen Eisenbahndirektion für dringend notwendig erachtet, Unabkömmlichkeitsbescheinigungen nach dem Muster 23 der Wehrordnung aus und übersendet Listen nebst Bescheinigungen dem zuständigen Bezirkskommando.

Diese Festsetzungen gelten nicht für Kleinbahnen, die den Verpflichtungen unter B. der Ausführungsanweisung zu § 9 nicht unterliegen.

V. Die nachträgliche Entschädigung wird der Bahnverwaltung für die wirklich zur Beförderung gelangten Mannschaften nach den Sätzen des

Militärtarifs gewährt. Die erforderlichen Angaben sind von den Kontrollbeamten auf Grund ihrer Feststellungen zu machen. Die Liquidation ist zur Prüfung an das Bezirkskommando zu senden, in dessen Bezirk der Einberufene die Reise angetreten hat. Das Bezirkskommando sendet demnächst die Liquidation an die Intendantur des stellvertretenden Generalstabs der Armee.

8) Die Telegraphen- und Fernsprecheinrichtungen der Kleinbahnen dürfen zu dringlichen militärischen Mitteilungen benutzt werden, soweit die Erfordernisse des Eisenbahndienstes dies zulassen. Jm Mobilmachungs- und Kriegsfalle erfolgen diese Mitteilungen kostenfrei.

9) Die Bezeichnungen: Militärverwaltung, Militärbehörde, Militärtransport, Truppenteil gelten sinngemäss auch für die Marine und die Schutztruppen.

Vorstehende Bestimmungen zu § 9 gelten auch für die Genehmigung von wesentlichen Erweiterungen oder Änderungen des Unternehmens, der Anlage oder des Betriebes der vorgedachten Bahnen.

C. 1. Die dem Antrage auf Erteilung der Genehmigung in technischer Hinsicht beizufügenden Unterlagen (Ausführungsanweisung zu § 5) sind bei den unter die Ausführungsanweisung zu § 8 Abs. 1. fallenden Kleinbahnen der Festungsbehörde vor Erteilung der Genehmigung vorzulegen.

2. Dies gilt auch für Kleinbahnen oder Teile von solchen, welche im Innern einer Festung angelegt werden sollen, ohne die Stadtumwallung oder die beim Fehlen einer solchen vereinbarte Linie zu überschreiten. Bei diesen Bahnen sind — wenn die Unternehmer weitergehenden Anforderungen nicht zustimmen — im Interesse der Landesverteidigung nur solche Anforderungen zu berücksichtigen, welche zur Verhütung einer Beeinträchtigung der Verteidigungsinteressen dienen.

3. Die Erfüllung der an die Kleinbahnen — Ziffer 1 und 2 — im Interesse der Landesverteidigung zu stellenden Anforderungen ist in der Genehmigungsurkunde — erforderlichenfalls durch einen geeigneten Vorbehalt — sicher zu stellen.

2) Vgl. die Anlagen 1 und 2 zur Ausführungsanweisung vom 13. August 1898. Verzeichnis Nr. 62.

Anlage 1: Muster eines Berechtigungsscheines für Militärtransporte.

Anlage 2: Muster eines Fahrtausweises für gestundete Fahr- und Frachtgelder bei Militärtransporten.

§ 9 38) Prinzip und Entstehungsgeschichte des § 9.

Prinzip. Mit § 9 beginnen die in den §§ 9—14 des Kleinbahngesetzes enthaltenen Bestimmungen über den Inhalt der Genehmigung. § 9 schreibt zunächst vor, über welche im öffentlichen Interesse liegenden Verpflichtungen des Unternehmers bezw. ihm aufzulegenden Bedingungen vornehmlich in der Genehmigung Bestimmung zu treffen ist. Außer den durch die polizeilichen Rücksichten (§ 4) gebotenen Verpflichtungen sollen in der Genehmigung zugleich diejenigen im Interesse der Landesverteidigung und der Reichspostverwaltung (§ 42) bestimmt werden. Es sind also drei Kategorien von Verpflichtungen bezeichnet. Diese

Aufführung ist jedoch nicht erschöpfend. Denn auch das im § 8 vorgeschriebene Benehmen der Konzessionsbehörde mit den dort bezeichneten Behörden bezweckt, diejenigen Verpflichtungen festzustellen, welche dem Unternehmer zum Schutze der von diesen Behörden vertretenen öffentlichen Interessen gegebenen Falles bei der Genehmigung aufzuerlegen sind. Auch diese durch die öffentlichen Interessen gebotenen Verpflichtungen bedürfen der Aufnahme in die Genehmigung, und es ist als eine Lücke im § 9 zu betrachten, daß die Erwähnung derselben unterblieben ist. (Zustimmend Gleim 8. Aufl. § 9 Anm. 1.)

Wenn im § 9 — außer den durch die polizeilichen Rücksichten (§ 4) gebotenen Verpflichtungen — die im Interesse der Landesverteidigung und der Reichspostverwaltung zu erfüllenden hervorgehoben sind, so liegt der Grund darin, daß nach der das Kleinbahngesetz beherrschenden Tendenz die Kleinbahnen nicht als Eisenbahnen im Sinne des Abschn. VII der Reichsverfassung und der diesen Abschnitt ergänzenden Gesetze betreffs der Leistungen der Eisenbahnen im Interesse der Landesverteidigung und Reichspostverwaltung betrachtet werden, mithin den dort aufgestellten Verpflichtungen der Eisenbahnen nicht unterworfen sind. Wenn daher das Kleinbahngesetz die Aufnahme von Verpflichtungen zu Gunsten dieser Verwaltungen (§§ 9, 42, s. auch § 8 Abs. 1 u. 2: Festungs- und Telegraphen-Behörden) vorsieht, so wird damit nach der Annahme des Gesetzgebers nicht etwa eine nach der Reichsverfassung bezw. Reichsgesetzgebung den Kleinbahnen obliegende Verpflichtung aufgestellt, sondern es werden diesen Reichsverwaltungen in Rücksicht auf die von ihnen vertretenen öffentlichen Interessen durch die Landesgesetzgebung Befugnisse den Kleinbahnunternehmern gegenüber konzediert, auf welche die genannten Verwaltungen reichsrechtlich einen Anspruch nicht haben würden.

Sowohl die Verpflichtungen im Interesse der Landesverteidigung wie diejenigen im Interesse der Reichspostverwaltung sind nach § 9 in jeder Kleinbahngenehmigung bestimmt und dem einzelnen Falle gemäß zu normieren. § 9 macht zwischen beiden Kategorien jedoch den Unterschied, daß in betreff der Reichspostverwaltung auf die Normen des § 42 verwiesen wird, welche die Anforderungen der Post in ihrem Maximalbetrage festsetzen und in deren Grenzen sich die dem Unternehmer zu stellenden Bedingungen halten müssen, während in betreff der Landesverteidigung, weil besondere Vorschriften über die dem Unternehmer zu stellenden Maximalanforderungen in das Gesetz nicht aufgenommen worden sind, nur generell die Verpflichtungen der Unternehmer im Interesse der Landesverteidigung erwähnt sind. Die für diese maßgebenden Grundsätze festzustellen, soll nach den Motiven aus Zweckmäßigkeitsgründen der Ausführungsanweisung vorbehalten bleiben. Diese Feststellung ist durch die Ausführ.-Anw. v. 18. Aug. 1898 in der durch die Verf. vom 29. November 1900 u. d. Erl. v. 17. November 1902 (Zeitschr. f. Kleinb. 1901 S. 189 u. E.-V.-Bl. 1902 S. 537) geänderten Fassung erfolgt (S. 158 ff.) und unten S. 165 ff. des näheren erörtert.

II. Aus der Entstehungsgeschichte des § 9 ist folgendes hervorzuheben: § 9 Entstehung.
Die Regierungsvorlage lautete (Herrenh.-Aktst. Nr. 34, S. 59): „Außer den durch die polizeilichen Rücksichten (§ 8) gebotenen Verpflichtungen sind in der Genehmigung zugleich diejenigen zu bestimmen, welchen der Unternehmer im Interesse der Landesverteidigung und der Reichs-Post- und Telegraphenverwaltung zu genügen hat" und war, wie folgt, motiviert (Herrenh.-Aktst. Nr. 34, S. 65):

„Die Interessen der Landesverteidigung werden, abgesehen von den im § 7 (8) berührten Fällen, durch die Anlegung und den Betrieb von Bahnen der hier in Rede stehenden Art hauptsächlich berührt, sobald sie: a) dem öffentlichen Verkehre dienen und mit Maschinenkraft betrieben werden, b) in den Grenzdistrikten liegen, sobald sie mit Maschinenkraft oder mit Pferden betrieben werden und mit Eisenbahnen, schiffbaren Wasserstraßen oder Kanälen in Verbindung treten oder leicht in Verbindung gebracht werden können. Es empfiehlt sich indes aus praktischen Gründen nicht, die Grundsätze, nach welchen die genehmigende Behörde behufs Wahrung der Interessen der Landesverteidigung verfahren soll, in dem Gesetze selbst anzugeben. Diese Grundsätze werden vielmehr zweckmäßig in einer Ausführungsanweisung festzustellen und dabei zugleich nähere Anordnungen darüber zu treffen sein, inwieweit zur Sicherstellung derselben vor Erteilung der Genehmigung eine Mitwirkung der Militärbehörde stattzufinden haben wird. In der Ausführungsanweisung werden endlich auch die Grenzdistrikte, auf welche die Bestimmungen Anwendung finden sollen, fest zu beschränken sein. Die Normen, nach welchen die hier in Rede stehenden Bahnen den Anforderungen des Postdienstes zu unterwerfen sein werden, sind im § 38 (42) zusammengefaßt."

In der *Abgeordneten-Haus-Kommission* (Abg.-H. Akt.-St. Nr. 206 S. 2282) wurde, um klarzustellen, daß für die Reichspost- und Telegraphenverwaltung weitergehende Rechte, als die im § 4 Nr. 2 und § 42 bestimmten, nicht in Anspruch genommen werden, auf Antrag eines Mitgliedes beschlossen, in der letzten Zeile des § 9 die Worte „und Telegraphen" zu streichen und hinter dem Worte „Verwaltung" die Worte „in Gemäßheit des § 42" einzuschalten, nachdem sich die Regierungsvertreter damit einverstanden erklärt hatten.

§ 9 Einziger Absatz.

39) § 9 schreibt die Aufnahme von Bestimmungen über 3 *Kategorien* von Verpflichtungen in die Genehmigung *obligatorisch* vor, wie die Fassung „sind . . . zu bestimmen" deutlich erkennen läßt. Ist also seitens der genehmigenden Behörde die Aufnahme derartiger Bestimmungen nach einer oder der anderen Richtung hin unterlassen worden, so darf späterhin der Unternehmer nicht mehr damit belastet werden, außer wenn eine wesentliche Änderung des Unternehmens (§ 2) hierzu Anlaß bietet.

1. Zunächst sind nach den Eingangsworten des § 9 Bestimmungen über die durch die *polizeilichen Rücksichten gebotenen Verpflichtungen* in die Genehmigung aufzunehmen. Im § 4, auf welchen in Parenthese Bezug genommen ist, ist die Genehmigung von der vorgängigen polizeilichen Prüfung des Unternehmens nach vier verschiedenen Richtungen hin abhängig gemacht. Doch braucht — wie bei § 4 Anm. 16 S. 78 ff. erörtert — die Prüfung der dort angegebenen Punkte nicht überall zu besonderen Auflagen an den Unternehmer zu führen. Nur soweit dies geboten, sind bezügliche Bestimmungen in die Genehmigung aufzunehmen. In der Regel sind dieselben für jeden konkreten Fall besonders aufzustellen, jedoch ist — wie auch bei den Konzessionen der Haupt- und Nebenbahnen — die Aufnahme polizeilicher Normen, welche allgemein in betreff des Baues und Betriebes der Bahn Anwendung zu finden haben, nicht ausgeschlossen.

2. Hierzu treten die Bestimmungen in betreff der Verpflichtungen der Unternehmer im *Interesse der Landesverteidigung*. Diese Verpflichtungen sind — abgesehen von den im § 8 Abs. 1 berührten Fällen — weder überhaupt, noch wie die der Reichspostverwaltung (§ 42) in ihrem Höchstbetrage im Gesetze normiert.

Es ist nach den Motiven aus praktischen Gründen unterblieben, die bezüglichen Grundsätze im Gesetze selbst anzugeben, vielmehr die Feststellung derselben sowie die Art der Mitwirkung der Militärbehörde der Ausführungsanweisung überlassen worden. Hierbei ist, da reichsgesetzliche Anforderungen ausgeschlossen und landesgesetzliche nicht festgestellt sind, der Militärbehörde ein entscheidender Einfluß nicht eingeräumt, zum Unterschiede von den Anforderungen der Festungsbehörden (§ 8 Abs. 1 Satz 2). Die Motive heben diejenigen Fälle besonders hervor, in welchen die Interessen der Landesverteidigung durch Kleinbahnen hauptsächlich berührt werden, nämlich sobald sie a) dem öffentlichen Verkehre dienen und mit Maschinenkraft betrieben werden, b) in den Grenzdistrikten liegen, mit Maschinen oder Pferden betrieben werden und mit Eisenbahnen, schiffbaren Wasserstraßen und Kanälen in Verbindung treten oder leicht gebracht werden können. Diese Fälle sind jedoch nicht erschöpfend. Auch in anderen Fällen können die Interessen der Landesverteidigung berührt werden.

Die im Interesse der Landesverteidigung den Unternehmern aufzuerlegenden Verpflichtungen müssen sämtlich — einschließlich der für Kleinbahnen, die sich Festungen nähern oder innerhalb derselben angelegt werden — in der Genehmigungsurkunde zum Ausdruck gebracht werden.

Die Ausführungsanweisung vom 19. November 1892 beschränkte sich auf Bestimmungen über I. die Spurweite, das Gewicht und die Anlage der Geleise II. den Bau und die Beschaffenheit des rollenden Materials (Lokomotiven und Wagen) und III. die Bahnhofseinrichtungen aller für den Maschinenbetrieb eingerichteten Kleinbahnen. Nur wenn ausnahmsweise aus besonderen Gründen eine Abweichung von diesen Bestimmungen für notwendig erachtet werden sollte, ist Bericht an den Minister der öffentlichen Arbeiten, und bezüglich aller in Grenzkreisen und Kreisen von gleicher militärischer Bedeutung liegenden Bahnen Anzeige an den Kriegsminister vorgesehen. Durch die Ausführungsanweisung vom 13. Aug. 1898 (Verzeichnis Nr. 62) in der durch die Verfüg. v. 29. November 1900 u. d. Erl. v. 17. Novbr. 1902 geänderten Fassung (Verzeichnis Nr. 102 u. 130) zu § 9 sind die vorstehenden Bestimmungen wesentlich geändert und erweitert.

Zunächst ist hier (bei § 9) die Bestimmung über die Anzeige an den Kriegsminister bei Kleinbahnen in den Grenzdistrikten fortgefallen, da für die in den Grenzdistrikten liegenden Bahnen bereits in § 1 Abs. 4 bestimmt ist, welche Landesteile als Grenzdistrikte anzusehen sind und inwieweit innerhalb derselben von Genehmigungsanträgen dem Kriegsminister Anzeige zu erstatten ist. Auch außerhalb dieser Grenzdistrikte soll ihm nach dieser Bestimmung lit. e die Anzeige von Genehmigungsanträgen für alle Bahnen erstattet werden, welche mehrere Haupt- und Nebenbahnen unmittelbar oder im Zusammenhange mit anderen Kleinbahnen verbinden (§ 1 S. 8 und Anm. 4 S. 81). Sodann umfaßt die Ausf.-Anw. vom $\frac{\text{13. Aug. 1898}}{\text{29. Novbr. 1900}}$ und d. Erl. v. 17. November 1902 sowohl die Genehmigung von neuen Bahnunternehmungen, wie auch von wesentlichen Erweiterungen oder Änderungen bestehender Unternehmungen, ihrer Anlage oder ihres Betriebs und unterscheidet A Bestimmungen über die Einrichtung der Bahnanlagen und Betriebsmittel; B. über den Betrieb; C. über die sich dem Bereiche einer Festung nähernden oder im Innern einer Festung anzulegenden Kleinbahnen (s. Verzeichnis Nr. 62, 102 u. 130).

Bezüglich des **Betriebs** (B) sind durch den Erlaß vom 17. Novbr. 1902 (E.-V.-Bl. S. 537. Verzeichnis Nr. 130) ausführlichere Bestimmungen über die Beförderung der im **Mobilmachungsfalle** behufs Erreichung des Gestellungsortes die Kleinbahn benutzenden Einberufenen &c. sowie über die **Zurückstellung** von Kleinbahnpersonal vom Waffendienste im Mobilmachungsfalle aufgenommen worden. Und zwar ist über letztere im Einzelnen folgendes bemerkt: Eine grundsätzliche und allgemeine Zurückstellung des Personals der Kleinbahnen vom Waffendienste im Mobilmachungsfalle stößt nach Benehmen mit dem Herrn Kriegsminister auf rechtliche Bedenken und würde ohne Schädigung wichtiger militärischer Interessen auch nicht durchführbar sein. Es ist indessen der bisherige Vorbehalt, die Zurückstellung von Kleinbahnpersonal nur in denjenigen einzelnen Fällen zu gewähren, in welchen durch die unbedingte Aufrechterhaltung des Betriebs ein tatsächlicher Vorteil für die Mobilmachung zu erwarten ist, fallen gelassen und nunmehr die Möglichkeit eröffnet worden, daß in dringlichen Ausnahmefällen auch besonders wichtige Interessen des öffentlichen Verkehrs berücksichtigt werden können. In Würdigung der volkswirtschaftlichen Bedeutung der Kleinbahnen ist ferner den Aufsichtsbehörden der Kleinbahnen eine Mitwirkung bei der Behandlung der Anträge der Kleinbahnverwaltungen auf Zurückstellung ihrer Bediensteten eingeräumt worden. Die Befürwortung solcher Anträge durch die Kleinbahn-Aufsichtsbehörden ist jedoch auf die dringendsten Fälle einzuschränken. Für die Entscheidung über die Anträge muß im Hinblick auf die in den einzelnen Korpsbezirken verschieden gearteten Mobilmachungsbedürfnisse in erster Linie das militärische Interesse bestimmend bleiben. Kleinbahnen, die den militärischen Verpflichtungen nach § 9 B der Ausführungsanweisung nicht unterliegen, kann auch eine Zurückstellung von Personal nicht zugestanden werden.

Alle diese Pflichten (sub A—C) können aber **den bereits genehmigten Bahnen**, falls ihnen dieselben nicht bei der Genehmigung wesentlicher Änderungen oder Erweiterungen (§ 2) zur Bedingung gemacht werden, **nicht** ohne weiteres und **nicht** wider ihren Willen auferlegt werden. Jedoch ist den Genehmigungsbehörden aufgegeben, die Herbeiführung der freiwilligen Übernahme der betr. Verpflichtungen zu **versuchen** und, soweit sich die Unternehmer hierzu bereit erklären, die Erfüllung durch **Nachträge** zu den Genehmigungsurkunden sicher zu stellen.

Erl. d. Min. d. öff. Arb. 5. November 1898. Gleim 3. A. S. 107.

Die Veröffentlichung dieser Nachträge soll für die Unternehmer kostenfrei im Reg.-Amtsbl. erfolgen.

Zirk.-Erl. d. Min. d. öff. Arb. u. d. Inn. 31. Dezember 1898 (Zeitschr. f. Kleinb. 1899 S 160). Verzeichnis Nr. 69.

Im übrigen sind die Unternehmer nur den allgemein bestehenden Verpflichtungen im Landesverteidigungsinteresse unterworfen. Diese ergeben sich aus der Pflicht der Gemeinden, im **Mobilmachungsfalle** der Militärverwaltung die im Gemeindebezirk vorhandenen Transportmittel und Gespanne für militärische Zwecke zu überlassen, sowie die dort vorhandenen Materialien zur Anlegung von Wegen, Eisenbahnen, Brücken zu überweisen (Gesetz vom 13. Juni 1873, R.-G.-Bl. S. 129, § 3 Nr. 3 u. 4, §§ 12, 13). Dahin gehören auch die Transportmittel, Gespanne und Materialien der Kleinbahnen. Dagegen ist nicht anzunehmen, daß auf dieselben die Bestimmungen der Abs. 1 u. 2 § 3 des Ges. vom 13. Febr. 1878 über die Naturalleistungen für die bewaffnete Macht im Frieden (R.-G.-Bl. S. 52) Anwendung finden. Vielmehr erscheint die Annahme begründet, daß die Kleinbahnen als dem öffentlichen Verkehre dienende und zu Leistungen gegenüber der Post verpflichtete Bahnen nach Analogie der Posthalter (§ 3 Abs. 3 Nr. 5 l. c.) von der Stellung von Vorspann im Frieden befreit sind.

3. Weiter bedürfen der Aufnahme die Bestimmungen über die Verpflichtungen des Unternehmers im Interesse der Reichspostverwaltung. Daß die Kleinbahnen den Verpflichtungen aus dem Eisenbahnpostgesetz v. 20. Dezbr. 1875 (R.-G.-Bl. S. 318) und dessen Vollzugsbestimmungen nicht unterliegen, ist oben Anm. 38 S. 163ff. bereits ausgeführt. In betreff ihrer Obliegenheiten gegenüber der Reichspostverwaltung weist § 9 durch die Worte: „in Gemäßheit des § 42" auf die dort aufgeführten Verpflichtungen der Kleinbahnen gegenüber der Postverwaltung hin. Durch diesen Hinweis soll, wie sich aus den Verhandlungen der Abg.-H.-Kommission und der II. Lesung des Abg.-H. ergibt, ausgesprochen werden, daß bei der Feststellung der Verpflichtungen des Unternehmers gegenüber der Postverwaltung einerseits nicht über das Maß der in § 42 aufgeführten Verpflichtungen hinausgegangen, andererseits aber wohl unter das Maß dieser Verpflichtungen heruntergegangen werden darf. Daraus ergibt sich, daß die im § 42 bezeichneten Verpflichtungen nicht unbedingt und absolut maßgebend sind. Sie bezeichnen nur den Höchstbetrag der Leistungen, welche die Postverwaltung gesetzlich beanspruchen darf. Daher müssen in jedem einzelnen Falle in der Genehmigung Bestimmungen darüber getroffen sein, ob der Unternehmer alle im § 42 aufgeführten Verpflichtungen zu leisten hat oder welchen Teil derselben. Die Entscheidung hierüber steht aber — insoweit sie die Grenze des § 42 einhält — der Postverwaltung allein zu. Die genehmigende Behörde hat nicht darüber zu befinden, ob alle oder welche der Verpflichtungen aus § 42 aufzunehmen sind. Ihre Kognition beschränkt sich darauf, daß das Maß des § 42 nicht überschritten ist. Ist dies nicht der Fall, so hat sie den Anforderungen der Post zu entsprechen. Nach der Ausf.-Anw. zu § 8 u. 9 soll sich die genehmigende Behörde dieserhalb und auch zur Sicherung der Interessen der Telegraphenverwaltung (§ 8 Abs. 2 s. Anm. 36 S. 153) mit der zuständigen Kais. Oberpostdirektion in Verbindung setzen.

4. Es ist bereits in der Anm. 38 S. 163 hervorgehoben worden, daß die Aufführung der im § 9 angeführten Kategorien von Verpflichtungen nicht erschöpfend ist. Vielmehr hätten auch die Bestimmungen über die Verpflichtungen des Unternehmers, welche sich aus den Anforderungen der im § 8 bez. Behörden (Wegepolizei-, Festungs-, Telegraphen-, Eisenbahn-Behörden) ergeben, hier aufgeführt werden müssen. (Zustimmend Gleim S. 105.) Man kann diese Verpflichtungen nicht lediglich unter die durch polizeiliche Rücksichten gebotenen subsummieren, denn einerseits sind sie nicht sämtlich polizeilicher Natur, — wie z. B. die den Festungsbehörden gegenüber aufzulegenden, — und andererseits schließt der ausdrückliche Hinweis des § 9 auf den § 4 gewissermaßen die Verpflichtungen aus § 8 e contr. aus. Indes kann es keinem Zweifel unterliegen, daß auch die gegenüber den im § 8 bezeichneten Behörden auferlegten Verpflichtungen in die Genehmigung aufzunehmen sind und ebenso auch die gegenüber anderen, im Gesetze nicht benannten Behörden, soweit polizeiliche Rücksichten dies erforderlich machen, z. B. gegenüber den Forstbehörden (Schutzstreifen), Bergbehörden, Kommunalbehörden rc. Vgl. hierzu § 8 Anm. 37 und § 17 Anm. 64 und die dort aufgeführten Erlasse und Vorschriften.

§ 10.[40])

Bei der Genehmigung von Bahnen, auf welchen die Beförderung von Gütern stattfinden soll, kann vorbehalten werden, den Unternehmer jederzeit zur Gestattung der Einführung von Anschlußgleisen für den Privatverkehr anzuhalten.[41]) Art und Ort der Einführung unterliegt der Genehmigung der eisenbahntechnischen Aufsichtsbehörde.[42])

Die Behörde (§ 3) hat mangels gütlicher Vereinbarung der Interessenten auch die Verhältnisse des Bahnunternehmens und des den Anschluß Beantragenden zu einander zu regeln, insbesondere die dem Ersteren für die Benutzung oder Veränderung seiner Anlagen zu leistende Vergütung vorbehaltlich des Rechtsweges festzusetzen.[43])

1) Ausführungsanweisung vom 18. August 1898.

Zu § 10.

Der Bestimmungszweck der dem Güterverkehr dienenden Kleinbahnen und das hierbei beteiligte öffentliche Interesse werden nur dann in vollem Umfange gewahrt, wenn den Absendern und Empfängern erheblicher Gütermengen die Möglichkeit der Anlage von Anschlussgeleisen zur erleichterten Anbringung und Abholung ihrer Frachtgüter gegeben ist

Der Vorbehalt der Verpflichtung der Unternehmer von Kleinbahnen, auf welchen Güterverkehr stattfinden soll, zur Gestattung von Privatanschlussbahnen bei der Genehmigung muss daher die Regel bilden. Nur aus ganz besonderen Gründen erscheint es gerechtfertigt, davon Abstand zu nehmen, wie z. B. für solche Bahnen, welche, ohne mit dem Enteignungsrechte oder dem Rechte zur Benutzung öffentlicher Wege ausgestattet zu sein, vornehmlich Privatzwecken des Unternehmers, zugleich aber auch nebenbei dem öffentlichen Verkehr zu dienen bestimmt sind.

§ 10 Prinzip. 40) Prinzip und Entstehungsgeschichte des § 10.

I. Prinzip. Will die genehmigende Behörde sich das Recht vorbehalten, den Unternehmer einer Kleinbahn zur Gestattung der Einführung von Anschlußgeleisen für den Privatverkehr anzuhalten, so muß sie diesen Vorbehalt in die Genehmigung aufnehmen. Im Gegensatz zu den im § 9 bezeichneten Verpflichtungen, deren Aufnahme eine obligatorische ist, ist die Aufnahme des im § 10 vorgesehenen Anschlußvorbehaltes nur eine fakultative, vom Ermessen der Genehmigungsbehörde abhängige. Soweit es sich um Bahnen für den öffentlichen Verkehr handelt, ist der Kleinbahnunternehmer unter den gesetzlichen Voraussetzungen ex lege verpflichtet, sich deren Anschluß gefallen zu lassen (§ 28), ebenso wie es diesen gesetzlich obliegt, ihm den Anschluß zu gewähren (§ 29). Bei Anschlußgeleisen für den Privatverkehr aber besteht eine derartige aus dem Gesetze folgende Anschlußpflicht nicht. Vielmehr bedarf es hierzu eines bei der Genehmigung von der Genehmigungsbehörde auszusprechenden Vorbehalts. Und auch ein solcher ist nur bei Bahnen, auf welchen die Beförderung von Gütern stattfinden soll, erlaubt.

Der Grund für diesen nur der Behörde fakultativ eingeräumten Vorbehalt liegt darin, daß man einer illegalen Konkurrenz gegen den Unternehmer entgegentreten wollte. Es ist Sache der Genehmigungsbehörde, im einzelnen Falle von dem vorbehaltenen Rechte Gebrauch zu machen; der Anschlußsucher selbst hat kein Recht darauf.

Über die Art des Anschlusses und den Ort derselben bestimmt sodann die eisenbahntechnische Aufsichtsbehörde. Dies ist bei Kleinbahnen mit Maschinenbetrieb die vom Minister bestimmte Eisenbahnbehörde, in allen anderen Fällen die allgemeine Aufsichtsbehörde (§ 22, § 8 Abs. 1). Abgesehen von diesen technischen Fragen können die Parteien prinzipaliter über die Anschlußverhältnisse, insbesondere über die dem Unternehmer für die Benutzung oder Veränderung seiner Anlagen zu bestimmende Vergütung gütliche Vereinbarung treffen. Mangels einer solchen hat hierüber subsidiär die Genehmigungsbehörde (§ 3) zu entscheiden, jedoch nur vorbehaltlich des Rechtsweges, welcher beiden Teilen — dem Unternehmer und dem Anschlußsucher — zusteht.

Die Pflicht des Unternehmers, Anschluß überhaupt zu gewähren, gänzlich von einem in das Ermessen der Behörde gestellten Vorbehalte bei der Genehmigung und von der gleichfalls in ihr Ermessen gestellten Geltendmachung dieses Vorbehalts im Einzelfalle abhängig zu machen, dagegen den Interessenten jedes gesetzliche Anrecht auf Anschluß zu entziehen, steht mit dem Zwecke der Kleinbahnen, dem öffentlichen Verkehr zu dienen, nicht im Einklange.

II. Aus der Entstehungsgeschichte ist folgendes hervorzuheben. § 10

Die Regierungsvorlage (§ 9) schlug folgende Fassung vor (Herrenh.-Aktst. Nr. 84 S. 59): Entstehung.

> „In der Genehmigung von Bahnen, auf welchen die Beförderung von Gütern stattfinden soll, kann vorbehalten werden, den Unternehmer jederzeit zur Gestattung der Einführung von Anschlußgeleisen für den Privatverkehr anzuhalten. Darüber, ob, wo und in welcher Weise der Anschluß zu gestatten sei, entscheidet diejenige Behörde, welche die Genehmigung erteilt hat. Dieselbe hat auch die Verhältnisse des Bahnunternehmers und des den Anschluß Beantragenden zu einander zu regeln, insbesondere die dem Ersteren für die Benutzung oder Veränderung seiner Anlagen zu leistende Vergütung vorbehaltlich des Rechtsweges festzusetzen."

Dieser Vorschlag ist, wie folgt, begründet: „Die Landwirtschaft, die Industrie und der Bergbau werden den vollen Nutzen von den dem Güterverkehr dienenden Bahnen nur dann ziehen, wenn die betreffenden Betriebsstätten unmittelbar in die Wagen derselben verladen und aus denselben entladen, und zu diesem Zwecke Anschlußgeleise an die Bahn herstellen können. Eines Zwanges gegen den Bahnunternehmer, die Einmündung dieser Geleise in seine Bahn zu gestatten, wird es in der Regel nicht bedürfen, weil sein eigenes Interesse ihn darauf hinweist. Da jedoch die Möglichkeit nicht ausgeschlossen ist, daß in einzelnen Fällen dies Interesse von anderweiten Interessen desselben überwogen wird, so empfiehlt es sich, der die Genehmigung erteilenden Behörde die Befugnis vorzubehalten, geeignetenfalls in der Genehmigung dem Bahnunternehmer die Verpflichtung zur Gestattung derartiger Anschlüsse aufzuerlegen. Eine allgemeine gesetzliche Verpflichtung erscheint schon deshalb nicht zweckmäßig, weil nicht alle Bahnen zufolge ihrer Beschaffenheit zur Aufnahme von Anschlüssen geeignet sein werden. Ob und eventuell in welcher Weise ein beantragter Anschluß herzustellen sei, hängt von den Konstruktions- und Betriebsverhältnissen der betreffenden Bahn ab. Die in jedem einzelnen Falle erforderliche Entscheidung wird zweckmäßig der Behörde, welche die Genehmigung erteilt hat, übertragen. Da dem Bahnunternehmer nur die Verpflichtung zur Duldung des Anschlusses auferlegt wird, ist er nicht gehalten, seinerseits Aufwendungen zu diesem Zwecke zu machen. Die Herstellung des Anschlusses ist aber nicht möglich ohne eine Benutzung seines Grundeigentums durch den Unternehmer des Anschlußgeleises und eine Änderung seiner Bahnanlage. Selbstredend gebührt ihm in ersterer Beziehung eine entsprechende Vergütung, in letzterer eine angemessene Entschädigung. Es würde unbillig sein, ihn in Ermangelung einer gütlichen Vereinbarung ohne weiteres auf den Rechtsweg zu verweisen, und sieht der § 9 deshalb die Ermächtigung der vorbezeichneten Behörde vor, auch hierüber, jedoch vorbehaltlich des Rechtswegs, Entscheidung zu treffen".

In der Kommission des Herrenh. (Aktst. Nr. 69 S. 341) wurde beantragt, den zweiten Satz des § 9 zu ersetzen durch die Worte: „Ort und Art der Einführung unterliegen der Genehmigung der eisenbahntechnischen Aufsichtsbehörden." Derselbe Antragsteller beantragte, den Schlußsatz in der Weise zu fassen, daß hier die Genehmigung mangels gütlicher Vereinigung der Interessenten zu erfolgen habe. § 9 wurde hierauf unter Annahme beider Anträge in II. Lesung entsprechend geändert (Aktst. Nr. 69 S. 347. Sten. Ber. S. 203/4).

In der Kommiss. des Abg.-H. (Aktst. Nr. 206 S. 2282/3) — bemerkte der Minister der öffentl. Arb. daß zwar die Anträge im wesentlichen beide sich nicht erheblich von der Regierungsvorlage entfernten; indessen halte er diese doch für besser, da es im Interesse eines genehmigten Unternehmens entschieden wünschenswert sei, dasselbe gegen unbefugte Konkurrenz zu schützen, was bei den eingebrachten anderen Anträgen nicht möglich sei. Hierauf nahm die Kommission die Regierungsvorlage nach Einfügung zweier redaktionellen Änderungen, indem sie das Eingangswort „in" durch „bei" ersetzte und in der ersten Zeile des zweiten Absatzes hinter dem Worte „Behörde" das Zitat: „(§ 2)" einfügte, in unveränderter Fassung an.

Nachdem auch in der II. Lesg. des Abg.-H. die Annahme ohne Diskussion erfolgt war, wies zwar in der III. Lesg. der Abg. Jerusalem darauf hin, daß es dem Interesse des öffentlichen Verkehrs entspreche, den Unternehmern die allgemein gesetzliche Pflicht zur Gestattung des Anschlusses von Privatgeleisen aufzuerlegen, zumal ja auch ihnen das Anschlußrecht größeren Bahnen gegenüber durch § 29 gewährt sei.

Doch wurde, nachdem sowohl von dem Abg. Hammacher, wie vom Minister dieser Auffassung widersprochen worden war, der § 10 ohne weitere Diskussion angenommen.

§ 10 Abs. 1 Satz 1. **41)** Abs. 1. Satz 1 des § 10 gewährt der genehmigenden Behörde die Befugnis, in die Genehmigung von Kleinbahnen, welche dem Güterverkehr dienen sollen, einen Vorbehalt aufzunehmen, kraft dessen sie jederzeit den Unternehmer zur Gestattung der Einführung von Anschlußgeleisen für den Privatverkehr anhalten kann. Während den dem öffentlichen Verkehr dienenden Bahnen — Haupt-, Neben- und Kleinbahnen — gegenüber der Kleinbahnunternehmer gesetzlich zur Gestattung des Anschlusses verpflichtet ist, wenn hierzu technisch die Möglichkeit vorliegt (§ 28), folgt seine Pflicht zur Gestattung des Anschlusses von Privatanschlußgeleisen nicht unmittelbar aus dem Gesetze, sondern ist davon abhängig, daß die genehmigende Behörde zunächst generell den bezüglichen Vorbehalt in die Genehmigung aufnimmt und sodann speziell im konkreten Falle bei Begehr eines Privatanschlusses ausübt. Daraus ergibt sich folgendes:

1. Die genehmigende Behörde (§ 3) kann den Vorbehalt machen, sie ist dazu befugt. Tut sie es nicht, so kann der Unternehmer nachträglich zur Gestattung von Privatanschlußgeleisen nicht mehr gezwungen werden. Es bleibt alsdann nur, falls dies behördlich genehmigt wird, der Weg übrig, dem Anschlußgeleise den Charakter einer Kleinbahn zu verleihen und sodann auf Grund des § 28 den Anschluß zu verlangen. Um im Interesse des öffentlichen Verkehrs die Möglichkeit zu wahren, den Unternehmer zur Anschlußgewähr zu nötigen, bestimmt die Ausf.-Anw. zu § 10, daß der Vorbehalt die Regel bilden solle. Nur aus ganz besonderen Gründen erscheint es gerechtfertigt, davon Abstand zu nehmen, wie z. B. für solche Bahnen, welche, ohne mit dem Enteignungsrechte oder dem Rechte zur Benutzung öffentlicher Wege ausgestattet zu sein, vornehmlich Privatzwecken des Unternehmers, zugleich aber auch nebenbei dem öffentlichen Verkehr zu dienen bestimmt sind.

Auch diese Ausnahmen erscheinen jedoch nicht gerechtfertigt, weil die betr. Bahn doch in allen Fällen für den öffentlichen Verkehr bestimmt ist (§ 1) und daher im Interesse des öffentlichen Verkehrs der Verbindung mit den benachbarten Etablissements nicht endgültig und gänzlich entzogen werden darf. Auch läßt sich die zukünftige Entwickelung einer Bahn und ihre Verkehrsbedeutung von vornherein nie so vollständig übersehen, daß es angezeigt erscheinen könnte, von dem Rechte der Herstellung von Privatanschlüssen dem Unternehmer gegenüber definitiv Abstand zu nehmen.

2. Der Vorbehalt kann nur bei der Genehmigung gemacht werden, mithin weder vorher, noch nachher. Er ist, wenn er überhaupt gemacht werden soll, ausdrücklich auszusprechen, als ein integrierender Teil der Genehmigung und gehört in die Genehmigungsurkunde.

3. Der Vorbehalt kann nur bei der Genehmigung von Bahnen gemacht werden, auf welchen die Beförderung von Gütern stattfinden soll. Bei Bahnen, die ausschließlich dem Personenverkehr gewidmet sind, darf der Vorbehalt nicht erfolgen; wohl aber bei Bahnen mit gemischtem, Güter- und Personenverkehr. Auch kann, wenn eine ursprünglich nur für den Personenverkehr bestimmte Bahn späterhin auf den Güterverkehr ausgedehnt werden soll, in die nachträgliche Genehmigung dieser Ausdehnung (§ 2) der Vorbehalt aufgenommen werden. Dient die Kleinbahn dem Güter- und Personenverkehr, so können die Privatanschlußgeleise auch für beide Arten des Verkehrs benutzt werden. Insoweit auf derartige Privatanschlußgeleise die begrifflichen Voraussetzungen des § 43 des Kleinb.-Ges. zutreffen, sind sie Privatanschlußbahnen und den Bestimmungen der §§ 43ff. unterworfen (s. § 43 Anm. 148 Ziff. I).

4. Den Inhalt des Vorbehalts bildet die Befugnis, den Unternehmer jederzeit zur Gestattung der Einführung von Anschlußgeleisen für den Privatverkehr anzuhalten.

a) Der Vorbehalt ist generell auf die Gestattung von Anschlüssen überhaupt zu richten, nicht auf einzelne bestimmte Anschlüsse von vornherein zu beschränken. Er ist ein Recht der genehmigenden Behörde; nur ihr, nicht dem Anschlußsucher steht das Recht zu, den Unternehmer zur Gestattung des Anschlusses anzuhalten. Die Privatanschlußsucher haben weder das Recht, die Aufnahme des generellen Vorbehalts in die Genehmigung zu fordern, noch im Einzelfalle zu verlangen, daß die Behörde von dem Vorbehalt Gebrauch macht. Wohl aber können sie in beiden Fällen gegen ablehnende Verfügungen der genehmigenden Behörde die im § 52 vorgesehenen Rechtsmittel geltend machen.

b) Die Befugnis der Behörde erstreckt sich auf den jederzeitigen Zwang zur Anschlußgestattung. Irgend eine Frist zur Entwickelung der Bahn braucht nicht abgewartet zu werden. Es kann bereits bei Fertigstellung und Eröffnung der Bahn, wie auch jederzeit später die Gestattung von Anschlußgeleisen verfügt werden. Die Weigerung des Unternehmers ist als ein Verstoß gegen die Bedingungen der Genehmigung anzusehen und zieht die Folgen des § 24 nach sich.

c) Es handelt sich nur um den Anschluß für den Privatverkehr; für den öffentlichen Verkehr findet, soweit Eisenbahnen in Betracht kommen, nicht § 10, sondern § 28 Anwendung. Da § 10 nur Anschlußgeleise für den Privatverkehr betrifft, und eine Bestimmung des Regier.-Entw. z. § 42, welche den Unternehmer verpflichten sollte, auf Verlangen die Herstellung von Anschlußgeleisen an Postanstalten zu gestatten, gestrichen worden ist (s. § 42 Anm. 189, 140), so kann der Vorbehalt aus § 10 zugunsten von Postanstalten als Anstalten des öffentlichen Verkehrs nicht geltend gemacht werden und sind diese überhaupt nicht anschlußberechtigt. Mit Unrecht bestreitet dies Gleim (S. 109). Daß die Post lediglich dem öffentlichen, nicht dem Privatverkehre dient, wird füglich nicht in Abrede gestellt werden können; ebensowenig, daß sie eine öffentliche Verkehrsanstalt ist und ihre Verkehrszwecke öffentliche sind. Nicht verständlich ist daher die Unterscheidung Gleims zwischen öffentlichen und privaten Verkehrszwecken der Post. Auch ist es unrichtig, daß die Ablehnung eines Zusatzes zu § 42, welcher der Post das Recht auf Anschlußgeleise an Kleinbahnen gewähren sollte, lediglich wegen anderer weitergehender Ansprüche der Post abgelehnt worden ist. Davon ist in den Landtagsverhandlungen nichts enthalten. Die Ablehnung erfolgte ganz allgemein, um nicht den Bahnbetrieb fortgesetzt durch Vorrechte der Post zu verteuern (s. § 42 Anm. 189).

Geleise die innerhalb des Bahnhofes einer dem Ges. v. 8. Novbr. 1838 unterworfenen Eisenbahn auf Antrag von Privaten — und event. auch für deren Rechnung — zur Verbindung von vermieteten Lager- und Ladeplätzen, Schuppen 2c. mit bestehenden Bahnhofsgeleisen hergestellt und von der betr. Eisenbahnverwaltung bedient werden, sind weder als Privatanschluß-Geleise, noch -Bahnen im Sinne der §§ 10, 43—45 des Kleinb.-Ges. anzusehen und bedürfen ministerieller Genehmigung, gemäß § 4 Ges. v. 3. Novbr. 1838.

Erl. 13. Mai 1897 E.-V.-Bl. S. 139. Zeitschr. f. Kleinb. S. 399. Verzeichnis Nr. 44.

d) Freiwillige Vereinbarungen über den Anschluß sind — ungeachtet des Vorbehaltes — zulässig und haben vor der zwangsweisen Regelung den Vorzug. Doch können dieselben sich nicht auf die eisenbahntechnischen Fragen, namentlich über Art und Ort des Anschlusses erstrecken. Hierüber steht gemäß Abs. 1 Satz 2 der eisenbahntechnischen Aufsichtsbehörde die Entscheidung zu (Anm. 42 S. 178).

e) Unter „Gestattung der Einführung von Anschlußgeleisen" ist nur die Gestattung der für die Geleisverbindung der Privat-Etablissements 2c. mit der Kleinbahn erforderlichen Arbeiten und Einrichtungen zu verstehen; die Zulassung derselben darf weder abgelehnt, noch erschwert werden. Nicht aber ist die Verbindlichkeit inbegriffen, die Mitbenutzung einzelner Geleise, Strecken, Bahnhöfe, Betriebsanlagen 2c. der Kleinbahn zu gestatten (Komm.-Ber. d. Abg.-H. Aktst. Nr. 206 S. 86; Hilse, Preuß. Verw.-Bl. 1896 Nr. 81). Unter „Einführung von Anschlußgeleisen" ist hiernach nur zu verstehen: die Verbindung der

Bahn mit den Anschlußgeleisen durch eine Weiche, welche die Möglichkeit gewährt, daß die Betriebsmittel der ersteren ohne weiteres auf die letzteren übergehen und auf derselben weiter befördert werden können wie auch umgekehrt. Die Möglichkeit der direkten Weiterbeförderung ist daher ein wesentliches Erfordernis für den Begriff des Anschlusses. Daraus folgt, daß von einem „Anschlusse" in diesem Sinne nur die Rede sein kann, wo gleiche Geleisspurweiten vorliegen. Ein Anschluß liegt daher nicht vor, wenn Wagen eines Schmalspurgeleises in den Bahnhof einer Normalspurbahn mittelst Einlegung einer dritten Schiene in das Geleise der letzteren eingeführt werden, und ebensowenig wenn Einrichtungen für die Überladung der Güter aus den Wagen eines Schmalspurgeleises in die einer Normalspurbahn angebracht sind. Die Pflicht zur Gestattung derselben beschränkt sich vielmehr auf die Gestattung der Einlegung der Anschlußweiche und der hierzu gehörigen Arbeiten und Vorrichtungen. Die Benutzung ihrer Geleise rc. braucht sich die Bahn, an welche der Anschluß erfolgt, nicht gefallen zu lassen. Auch darf die Duldung der Benutzung nicht etwa auf dem Umwege des Genehmigungsvorbehalts erzwungen werden. (Hilse, a. a. O.) Ebensowenig kann die Kleinbahn zu entsprechenden Handlungen, z. B. zur Errichtung von Baulichkeiten rc. genötigt werden. Die Pflicht zur Gestattung der Einführung von Anschlußgeleisen involviert nur ein „Geschehenlassen", nicht ein „Handeln", die bloße Zulassung einer unmittelbaren Schienenverbindung. Es ist lediglich Sache des Anschlußsuchers, den Anschluß auszuführen und alle dazu erforderlichen Baulichkeiten und Einrichtungen herzustellen. Auch zur Hergabe des hierzu nötigen Terrains ist der Kleinbahnunternehmer nicht verpflichtet. Gegenüber dem klaren Wortlaute des Gesetzes darf auch nicht durch die Genehmigungsbedingungen eine weitergehende Pflicht, insbesondere zur Benutzung der Geleise der anschließenden Bahn, wenngleich gegen Entschädigung, eingeführt werden. Es würde dies nur im Wege der Enteignung zu ermöglichen sein, die aber für Privatanschlußgeleise nur ausnahmsweise zu erlangen sein wird.

42) Abs. 1 Satz 2 des § 10 bestimmt, daß Art und Ort der Einführung der Anschlußgeleise der Genehmigung der eisenbahntechnischen Aufsichtsbehörde unterliegt. In der Regierungsvorlage (Satz 2) war die Entscheidung darüber, ob, wo und in welcher Weise der Anschluß zu gestatten sei, derjenigen Behörde übertragen, welche die Genehmigung erteilt hat. Weshalb an Stelle der genehmigenden Behörde die eisenbahntechnische Aufsichtsbehörde gesetzt ist, ist weder aus den Verhandlungen der Kommission, noch aus den späteren Verhandlungen ersichtlich. Insoweit es sich um Bahnen ohne Maschinenbetrieb handelt, ist freilich die genehmigende Behörde mit der eisenbahntechnischen Aufsichtsbehörde identisch (§ 22 Satz 1). Kommen aber Bahnen mit Maschinenbetrieb in Betracht, so ist die genehmigende Behörde (§ 8 Ziff. 1) eine andere, als die eisenbahntechnische Aufsichtsbehörde (§ 22 Satz 2). Nun hat die genehmigende Behörde nach Satz 1 darüber zu entscheiden, ob überhaupt ein Anschluß zu bewirken ist, während die eisenbahntechnische Aufsichtsbehörde nur über die Art und den Ort der Einführung zu entscheiden hat. Es ist also bei Eisenbahnen mit Maschinenbetrieb eine Kollision insofern möglich, als die genehmigende Behörde zwar den Anschluß beschließt, dagegen die eisenbahntechnische Aufsichtsbehörde denselben im Sicherheitsinteresse für unzulässig erachtet. In einem solchen Falle würde die Differenz durch Benehmen der vorgesetzten Behörden beseitigt oder seitens des Anschlußsuchers im Wege der

§ 10 Abs. 1 Satz 2.

Beschwerde (§ 52) zum Austrage gebracht werden müssen. Unter „Art der Einführung“ ist die Gesamtheit der erforderlichen baulichen Einrichtungen zu verstehen, die Frage, ob die Einführung im Niveau, durch Unter- oder Überführung erfolgen soll 2c.; unter „Ort der Einführung“ der Schnittpunkt, wo sich die Anschlußgeleise mit den Geleisen der Kleinbahn treffen und in letztere übergehen.

§ 10 Abs. 2. 43) Die Einführung von Anschlußgeleisen in die Kleinbahn bringt den Kleinbahnunternehmer mit dem Anschlußsucher in mannigfache privatrechtliche Beziehungen, deren Regelung notwendig ist. Es würde der Billigkeit nicht entsprechen, dieserhalb den Unternehmer ohne weiteres auf den Rechtsweg zu verweisen und den Kosten und Schwierigkeiten desselben zu überlassen. Abs. 2 des § 10 sieht daher mangels einer gütlichen Vereinbarung über die qu. Verhältnisse eine Regelung derselben durch die genehmigende Behörde (§ 8) vorbehaltlich des Rechtsweges vor. Die Motive weisen mit Recht darauf hin, daß der Bahnunternehmer, da ihm nur die Verpflichtung zur Duldung des Anschlusses auferlegt wird, nicht gehalten ist, seinerseits Aufwendungen zu diesem Zwecke zu machen. Die Herstellung des Anschlusses ist aber nicht möglich ohne Benutzung seines Grundeigentums durch den Unternehmer des Anschlußgeleises und seiner Bahnanlage. Selbstredend gebührt ihm in ersterer Beziehung eine entsprechende Vergütung, in letzterer eine angemessene Entschädigung.

1. Gegenstand der Regelung sind die Verhältnisse des Bahnunternehmers und des den Anschluß Beantragenden zu einander. Es sind mangels einer Einschränkung alle in Betracht kommenden Verhältnisse der Interessenten gemeint, die Überlassung des zur Herstellung der Einführung vorübergehend oder dauernd erforderlichen Terrains, die Überführung bezw. Abholung der Betriebsmittel nach Zeit, Zahl und Entfernung, die Haftpflicht für Schäden 2c. und aller sich daran knüpfenden privatrechtlichen Ansprüche. Das Gesetz hebt insbesondere hervor die dem Unternehmer für die Benutzung oder Veränderung seiner Anlagen zu leistende Vergütung. Zwar ist der Unternehmer, wie bereits oben S. 173 bemerkt, zu bezüglichen Handlungen und Arbeiten nicht verpflichtet, aber er muß, soweit solche zur Herbeiführung des Anschlusses notwendig und seinem eigenen Betriebe nicht störend oder nachteilig sind, geschehen lassen und demgemäß auch eine entsprechende Benutzung und Veränderung seiner Anlagen gestatten. Auch die hierfür ihm vom Anschlußsucher zu gewährende Vergütung gehört zum Gegenstande der behördlichen Regelung. Festzuhalten ist aber, daß es sich nur um die Regelung der Verhältnisse der Interessenten zu einander, d. h. um ihre privatrechtlichen handelt. (Übereinstimmend Gleim, Anm. 5 zu § 10.) Kommen Verhältnisse in Betracht, welche Dritte bezw. das Publikum betreffen, insbesondere öffentlichrechtliche, z. B. die Pflicht zur Signalisierung, zu Sicherungsmaßregeln, Schutzwehren, Wegeanlagen 2c., so greift Abs. 2 nicht Platz. Darauf weisen auch die Worte „vorbehaltlich des Rechtsweges“ hin. Ausgeschlossen ist daher insbesondere die Bestimmung über Art und Ort der Einführung. Die Entscheidung hierüber liegt nach Abs. 1 Satz 2 (Anm. 42 S. 173) der eisenbahntechnischen Aufsichtsbehörde ob, ist mithin der Regelung gemäß Abs. 2 entzogen. Die Annahme Küntzels (Rechtsweg 2c. S. 277 Note 84), daß nach den vorstehenden Ausführungen der Vorbehalt des Rechtsweges im § 10 auf jede Regelung der „Verhältnisse“ zwischen beiden Unternehmern bezogen werde, beruht auf einem Mißverständnisse.

2. Die Regelung ist der genehmigenden Behörde übertragen. Soweit

es sich um die zugleich mit der Anlage der Bahn herzustellenden Anschlüsse handelt, kann darüber kein Zweifel sein, welche Behörde gemeint ist. Es ist eben die die projektierte Kleinbahn gemäß § 3 genehmigende Behörde. Kommen aber spätere Anschlüsse in Betracht, so könnte es fraglich sein, ob diejenige Behörde, welche das ursprüngliche Unternehmen genehmigt hat, oder diejenige, welche nach erfolgter wesentlicher Erweiterung oder Veränderung (§ 3 Abs. 8) gegenwärtig zuständig ist, die Regelung zu bewirken hat. Nach der Tendenz des Gesetzes und insbesondere des § 6 Abs. 8 ist aber mit Gleim (§ 10 Anm. 4) anzunehmen, daß diejenige Behörde die kompetente ist, welche für das Unternehmen, wenn es in seinem gegenwärtigen Bestande und in seiner jetzigen Art neu zu genehmigen wäre, die Genehmigung zu erteilen haben würde. Die Behörde ist auf Anrufen der Parteien nicht nur befugt, sondern auch verpflichtet, die Regelung der Verhältnisse gemäß Abs. 2 zu bewirken. Die Interessenten — Unternehmer und Anschlußsucher — können dies von ihr verlangen und haben, wenn sie die Regelung ablehnt, — abgesehen von der instanzmäßigen Beschwerde über die Weigerung, — die Rechtsmittel des § 52 und eventuell den Rechtsweg.

3. Der Behörde liegt die Regelung der bezeichneten Verhältnisse ob mangels gütlicher Vereinbarung und vorbehaltlich des Rechtsweges. Die behördliche Regelung tritt also nur subsidiär ein, wenn eine gütliche Vereinbarung nicht erfolgt, und ist ferner nicht definitiv, sondern nur provisorisch. In erster Linie steht die gütliche Vereinbarung, in zweiter — auf Anrufen der Parteien — die behördliche Regelung, und in dritter, wenn sich die Parteien mit dieser nicht zufrieden geben, der Rechtsweg. Gegen den bezüglichen Beschluß der Behörde stehen also nicht die Rechtsmittel des § 52, sondern nur der Rechtsweg offen. Eine Lücke des Gesetzes ist es, daß eine Frist für die Beschreitung des Rechtsweges nicht bestimmt ist. Die Festsetzungen der Behörde bleiben also provisorische, bis für die Rechtsansprüche die gewöhnliche Verjährung eingetreten ist oder die Parteien durch konkludente Handlungen zu erkennen gegeben haben, daß sie sich der behördlichen Regelung unterwerfen.

Vgl. hierzu die allgemeinen Bedingungen der Staatseisenbahnverwaltung für die Zulassung von Privatanschlüssen: Erl. d. Min. d. öffent. Arb. vom 6. Dezember 1899 II C. 7637 u. 21. Mai 1900, Zeitschr. f. Kleinb. 1900 S. 378. Verzeichnis Nr. 89. Ferner den Erl. v. 28. Novbr. 1900 betr. die Stempelpflichtigkeit von Privatanschlußverträgen (Zeitschr. f. Kleinb. 1900 S. 138, Verzeichnis Nr. 101), durch welchen ein bezüglicher Erl. d. Finanz-Ministers v. 6. August 1899 III 7465 über den Umfang der Stempelpflicht mitgeteilt wird. Vgl. noch Löwe, die privatrechtliche und wirtschaftliche Natur des Privatanschlußgeleises (Eisenb.-Arch. 1898 S. 1–32 S. 246–267).

§ 11.[44 u. 45]

Bei der Genehmigung ist die Art und Höhe der Sicherstellung für die Unterhaltung und Wiederherstellung öffentlicher Wege, soweit diese nicht bereits erfolgt ist, vorzuschreiben.[46]

Für die Ausführung der Bahn und für die Eröffnung des Betriebes kann eine Frist festgesetzt und die Erlegung von Geldstrafen für den Fall der Nichteinhaltung derselben sowie Sicherheitsstellung hierfür gefordert werden.[47]

Auch können Geldstrafen und Sicherheitsstellung zur Sicherung der Aufrechterhaltung des ordnungsmäßigen Betriebes während der Dauer der Genehmigung vorgesehen werden.[48])

1) Ausführungsanweisung vom 13. August 1898.

Zu § 11.

Ebenso wird bei der Genehmigung von Kleinbahnen jeglicher Art dem Unternehmer die Verpflichtung zur Ausführung der Bahn nnd zur Aufrechterhaltung des ordnungsmässigen Betriebes während der Dauer der Genehmigung auferlegt werden müssen, sofern nach der Ansicht der genehmigenden Behörde nicht etwa die Bahn für das öffentliche Verkehrsinteresse ohne Wert sein sollte. Diese Annahme wird namentlich in den am Schlusse der Anweisung zu § 10 bezeichneten Fällen Platz greifen können. Zweifel in dieser Richtung können aber auch in betreff solcher Bahnen entstehen, welche, wie z. B. Drahtseilbahnen nach Aussichtspunkten, lediglich Vergnügungszwecken dienen und ohne Hilfe des Enteignungsrechtes und ohne Benutzung öffentlicher Wege hergestellt werden sollen. In derartigen Fällen ist daher sorgfältig zu erwägen, ob die öffentlichen Interessen den Vorbehalt der Bau- und Betriebspflicht erheischen.

Die Höhe der in dem Abs. 2 und 3 erwähnten Geldstrafen ist nach dem Grade, in welchem das öffentliche Interesse an dem Bestande und Betriebe der Bahn beteiligt ist, zu bemessen. Die Bemessung erfolgt zweckmässig nach bestimmten Prozenten des Anlagekapitals. Eine Geldstrafe im Betrage von 10 % des Anlagekapitals ist als die äusserste Grenze anzusehen, deren Überschreitung selbst durch erhebliche öffentliche Interessen nicht gerechtfertigt wird.

Den Unternehmern ***nebenbahnähnlicher*** *Kleinbahnen (vgl. Einleitung und zu § 3) ist durch die Genehmigungs-Urkunde aufzugeben, im Interesse der Aufrechterhaltung eines regelmässigen und sicheren Betriebes einen Erneuerungsfonds, sowie — neben dem nach den jeweiligen handelsrechtlichen Vorschriften für Aktiengesellschaften und Kommanditgesellschaften auf Aktien erforderlichen Bilanz-Reservefonds — einen Spezial-Reservefonds nach Massgabe der folgenden Bestimmungen zu bilden:*

I. Der ***Erneuerungsfonds*** *dient zur Bestreitung der Kosten der regelmässig wiederkehrenden Erneuerung des Oberbaues und der Betriebsmittel. Es sind jedoch hieraus von den* ***Betriebsmitteln*** *nur die Kosten ganzer Lokomotiven und Wagen, von den* ***Oberbaumaterialien*** *dagegen auch die Kosten einzelner Stücke zu bestreiten. Der Ersatz einzelner Teile von Betriebsmitteln (Siederohre u. s. w.) muss auf Rechnung des Betriebsfonds erfolgen.*

In den Erneuerungsfonds fliessen:

1) der Erlös aus den entsprechenden abgängigen Materialien,

2) die Zinsen des Fonds selbst,

3) eine aus den Brutto-Betriebseinnahmen zu entnehmende jährliche Rücklage.

Die Höhe dieser Jahresrücklagen ist unter Berücksichtigung der besonderen Verhältnisse und Bedürfnisse des einzelnen Unternehmens auf:

a. 1—2 % von dem zusammengerechneten Beschaffungswerte der Schienen, der Weichen und des Kleineisenzeuges,

b. 2,5 bis 5 % vom Beschaffungswerte der Schwellen,

c. 1,25 bis 2,5 % von dem der Lokomotiven,

d. 0,75 bis 1,5 % von dem der Wagen zu bemessen.

Wird das Unternehmen nicht mit Dampfmaschinen, sondern in anderer Weise (z. B. elektrisch) betrieben, so haben die Genehmigungsbehörden den Rücklagesatz c. von Fall zu Fall selbst zu bestimmen.

Die Genehmigungsbehörden sind ermächtigt, auf Antrag des Unternehmers von der Zuführung weiterer Rücklagen zum Erneuerungsfonds dann zeitweilig abzusehen, wenn derselbe eine nach ihrem Ermessen ausreichende Höhe erlangt hat.

II. Der ***Spezial-Reservefonds*** *dient zur Bestreitung von Ausgaben, die durch aussergewöhnliche Elementarereignisse und grössere Unfälle hervorgerufen werden.*

Diesem Fonds sind zuzuführen:

1) der Betrag der verfallenen, nicht abgehobenen Dividenden und Zinsen,

2) die Zinsen des Fonds selbst,

3) eine aus dem Reinertrage zu entnehmende jährliche Rücklage.

Die Höhe der jährlichen Rücklagen zum Spezial-Reservefonds ist auf ½ bis 3 % des Reinertrages zu bemessen. Erreicht der Spezial-Reservefonds den Betrag von 5 % des Anlagekapitals, so können für die Dauer dieses Bestandes weitere Rücklagen unterbleiben.

Die Genehmigungsbehörden sind ermächtigt, von der Pflicht zur Ansammlung eines Spezial-Reservefonds ganz zu befreien, wenn und so lange die Erreichnng seines Zwecks durch die Zuhörigkeit zu einem für zuverlässig erachteten Versicherungsunternehmen gewährleistet ist.

III. Die Anordnungen über die ***Höhe*** *der Rücklagen zum Erneuerungs- und zum Spezial-Reservefonds (No I und II) sind einem besonderen Regulative vorzubehalten, welches in Zeiträumen von fünf Jahren einer Nachprüfung hinsichtlich der Zweckmässigkeit der bisherigen Sätze, beim Erneuerungsfonds auch hinsichtlich der Beschaffungswerte zu unterziehen ist. Hierbei kommen Beschaffungen, Aenderungen der Betreibsweise u. s. w., welche innerhalb einer fünfjährigen Periode vorgenommen sind, erst für die nächstfolgende Periode in Betracht.*

IV. Der Erneuerungsfonds und der Spezial-Reservefonds sind sowohl von einander, als auch von anderen Fonds des Unternehmens getrennt zu verwalten.

Die zu jenen Fonds zu vereinnahmenden Beträge sind, sofern sie nicht sofort zur Verwendung gelangen, in Wertpapieren, welche bei der Reichsbank beleihbar sind, zinstragend anzulegen.

V. Ist der Unternehmer bereits durch das Gesellschaftsstatut oder sonst privatrechtlich (z. B. durch Verträge mit dem Staate, der Provinz oder dem Kreise über die Gewährung von Beihilfen oder die Gestellung von Grund und Boden) zur Ansammlung zweckdienlicher und ausreichender Rücklagefonds verflichtet, so genügt es, durch die Genehmigungs-Urkunde die Aufrecht-

erhaltung dieser Verpflichtung für die Dauer der Genehmigung sicher zu stellen und ihre Befolgung zu überwachen.

VI. Kommunalverbände sind als Unternehmer von Kleinbahnen von den vorstehenden Verpflichtungen zur Bildung von Rücklagefonds befreit (§ 12 des Gesetzes), unbeschadet jedoch der von Kommunalaufsichtswegen oder bei Gewährung von Unterstützungen seitens des Staats oder der Provinzen etwa getroffenen Anordnungen bezw. Vereinbarungen.

§ 11 Prinzip. 44) Prinzip und Entstehungsgeschichte des § 11.

I. Prinzip. Im Anschluß an die §§ 9 u. 10 enthält auch § 11 eine Reihe von Bestimmungen, welche sich auf den Inhalt der Genehmigung beziehen und die Bedingungen, unter welchen dieselbe zu erteilen ist, regeln. Während Abs. 1 des § 11 Bestimmungen vorschreibt, deren Aufnahme in die Genehmigung obligatorisch ist, sind die in den Abs. 2 u. 3 aufgeführten Bestimmungen fakultativ, d. h. von dem Ermessen der genehmigenden Behörde nach Lage der Sache abhängig. Die Vorschriften des § 11 über Sicherheitsstellungen, Fristen und Geldstrafen sind Sondervorschriften und daher strikte zu interpretieren; sie beziehen sich nur auf Kleinbahnen, nicht auch auf Privatanschlußbahnen, wie auch § 47 den § 11 nicht erwähnt.

Erl. d. Min. d. öff. Arb. 5. April 1899. Zeitschr. für Kleinb. VI 1899 S. 301. Verzeichnis Nr. 73.

Abs. 1 bezieht sich auf § 6 Abs. 2 und § 7 Abs. 3 des Ges. Im § 6 Abs. 2 ist bestimmt, daß bei Benutzung eines öffentlichen Weges der Unternehmer — mangels anderweitiger Vereinbarung — zur Unterhaltung und Wiederherstellung des benutzten Wegeteiles verpflichtet ist und für diese Verpflichtung Sicherheit zu bestellen hat. Diese Verpflichtung besteht nur der Wegepolizeibehörde, nicht dem Wegeunterhaltungspflichtigen gegenüber.

Erl. d. Min. d. öff. Arb. 19. Februar 1901. Zeitschr. f. Kleinb. VIII. 1901. S. 307. Verzeichnis Nr. 107.

Bereits an früherer Stelle (§ 7 Anm. 31 S. 148 ff.) ist erörtert worden, daß nicht der Wegepolizeibehörde die Feststellung der Art und Höhe der Sicherstellung zusteht, sondern daß darüber, falls nicht im Ergänzungsbeschlusse gemäß § 7 Abs. 3 von der Beschlußbehörde über diesen Anspruch an den Unternehmer mitentschieden wird, die genehmigende Behörde in der Genehmigung auf Grund des § 11 Abs. 1 die bezüglichen Festsetzungen zu treffen hat. Die Regierungsvorlage sprach nur von der Sicherstellung. Indes diese Fassung war unzutreffend, da die Pflicht zur Sicherstellung durch § 6 Abs. 2 an sich bereits gesetzlich feststeht, und nur die Art und Höhe derselben der behördlichen Feststellung bedarf. Daher wurde die Regierungsvorlage durch Einfügung der Worte „Art und Höhe" entsprechend geändert.

Die Abs. 2 u. 3 geben — fakultativ — der genehmigenden Behörde die Befugnis, Fristen für die Ausführung der Bahn und die Betriebseröffnung festzusetzen, sowie Geldstrafen für den Fall der Nichtinnehaltung derselben und für die Sicherung des ordnungsmäßigen Betriebs während der Dauer der Genehmigung, sowie Sicherheitsstellungen für diese Geldstrafen. (Bau- und Betriebs-Kaution). Der Annahme Scharmers (Zeitschr. f. Kleinb. 1896 S. 212), daß diese Kautionen nicht kumulativ geleistet zu werden brauchen, sondern auch nacheinander erlegt werden können, kann nicht beigepflichtet werden. Denn nach § 15 müssen alle im § 11 geforderten Sicherstellungen der Aushändigung der Genehmigungsurkunde vorausgehen. Die Behörde kann den Abs. 2 u. 3 entsprechende Bestimmungen in die Genehmigung aufnehmen, aber sie muß es nicht; die Aufnahme ist von ihrem Ermessen abhängig. Es darf aber aus dieser fakultativen Vorschrift keineswegs gefolgert werden, daß, weil es der genehmigenden Behörde überlassen ist, derartige Fristen und Geldstrafen zu bestimmen, der Unternehmer, wenn dies in der Genehmigung nicht geschehen ist, nicht verpflichtet sei, die ihm konzessionierte Bahn herzustellen, den Betrieb zu eröffnen und ordnungsmäßig zu führen, dies vielmehr in sein Belieben gestellt sei. Eine derartige Folgerung ist bisher für Haupt- und Nebenbahnen niemals aus der analogen Bestimmung des § 21 des Eisenb.-Ges. von 1838 gezogen worden, sie würde auch mit dem Zwecke der Kleinbahnen und der Tendenz des Kleinbahngesetzes im strikten Widerspruch stehen und findet weder in dem Wortlaute des Gesetzes noch in den Verhandlungen den geringsten Anhalt. Kleinbahnen sind nach § 1 Eisenbahnen, welche dem öffentlichen Verkehre dienen und zu diesem Behufe staatlich konzessioniert und mit Privilegien, z. B. der Benutzung öffentlicher Wege, eventuell auch dem Enteignungsrecht ꝛc. ausgerüstet werden. Diesen Rechten gegenüber liegt ihnen als Korrelat die Herstellungs- und die Betriebspflicht ob. (Abg. v. Tiedemann 1. Lesg. des Abg.-H. Sten. Ber. S. 1825.) Würde dies nicht der Fall sein, so würden die Interessen der Adjazenten, der Privatanschlußinhaber (§ 10) der anschließenden Haupt-, Neben- und Kleinbahnen (§§ 28, 29), der Gemeinden, auch des Staats und Reichs betreffs der dabei beteiligten Verwaltungen (Landesverteidigung, Post- und Telegraphenverwaltung, §§ 8, 9, 42), welche auf diese dem öffentlichen Verkehre dienenden Verkehrsanstalten angewiesen sind und darnach ihre Einrichtungen getroffen haben, in hohem Grade benachteiligt und gefährdet sein. Alle diese Interessenten haben einen Anspruch auf die ordnungsmäßige Herstellung und Betriebsführung der Bahn. Würde ohne besondere Auflage seitens der genehmigenden Behörde der Kleinbahnunternehmer gesetzlich weder zur Herstellung der ihm konzessionierten Bahn, noch zur Eröffnung und regelmäßigen Führung des Betriebes verpflichtet sein, so würden auch die Anordnungen des Gesetzes über die Feststellung des Fahrplanes, der Beförderungspreise ꝛc. (§ 14) bedeutungslos werden. Denn, wäre der Unternehmer berechtigt, jederzeit nach Belieben den Betrieb einzustellen oder zu unterbrechen, so wäre er auch an den festgestellten Fahrplan und die Beförderungspreise nicht gebunden und in der Lage, dem Publikum, den Gemeinden, selbst dem Fiskus, indem er mit der Unterbrechung oder Einstellung des Betriebes droht, die lästigsten Transportbedingungen vorzuschreiben. Dazu tritt, daß, wo die Terrain- ꝛc. Verhältnisse eine zweite (Parallel-)Bahn nicht gestatten und, wie die Motive hervorheben, in der Regel andere Unternehmungen ausschließen, der Unternehmer durch die Unterlassung des Baues und Betriebes der ihm konzessionierten Bahn den Verkehr der betreffenden Gegend aufs äußerste zu schädigen vermag, ohne daß die Möglichkeit vorliegt, durch eine Konkurrenz- oder Parallelbahn dem Übelstande abzuhelfen. Aus alledem ergibt sich, daß nach Absicht und Inhalt des Gesetzes dem Konzessionar einer jeden Kleinbahn die Pflicht zur ordnungsmäßigen Herstellung und Betriebsführung der Bahn gesetzlich obliegt, ohne daß es einer besonderen Auferlegung dieser Pflicht seitens der genehmigenden Behörde bedarf.

Die gegenteilige Annahme Gleims a. a. O. S. 111 beruht auf seiner bereits oben (§ 2 Anm. 5 S. 82 ff.) eingehend widerlegten, irrigen Auffassung vom Rechtscharakter der Genehmigung, die nicht — wie er meint — eine polizeiliche Erlaubnis, sondern eine Eisenbahnkonzession ist (s. gegen Gleim, insbesondere Arndt, Arch. f. öffentl. Recht Bd. 11 S. 381, Stölzel, Rechtsweg rc. S. 278). Werden bezüglich der Erfüllung der Bau- und Betriebspflicht gemäß § 11 Abs. 2 und 3 von der genehmigenden Behörde bestimmte Fristen und Geldstrafen festgesetzt, so soll dies für den Unternehmer einen besonderen Ansporn, für die Aufsichtsbehörde eine besondere Handhabe bilden, im öffentlichen Interesse den Bau und die Betriebseröffnung fristmäßig zu beschleunigen und den Betrieb ordnungsmäßig zu führen. Auch ist in diesem Falle der Unternehmer noch den besonderen Folgen des § 23 ausgesetzt (Erlöschungserklärung). Aber auch wenn derartige Fristen und Strafen nicht bestimmt sind, ist der Unternehmer keineswegs von den gesetzlichen Pflichten zum Bau, zur Eröffnung und Führung des Betriebes frei, sondern hat diesen Pflichten zu genügen. Dafür spricht evident die Vorschrift des § 24, welche der Aufsichtsbehörde die Befugnis zur Rücknahme der Genehmigung gibt, wenn der Bau oder Betrieb ohne genügenden Grund unterbrochen wird, gleichviel ob Fristen oder Geldstrafen festgesetzt oder ob dem Unternehmer die Bau- und Betriebspflicht ausdrücklich auferlegt ist (vgl. auch arg. §§ 13, 14, 19). Daher ist die Ausf.-Anw. Abs. 1 zu § 11, welche davon ausgeht, daß dem Kleinbahnunternehmer die Bau- und Betriebspflicht gesetzlich nicht obliege, sondern von der genehmigenden Behörde da, wo es im öffentlichen Verkehrsinteresse notwendig erscheine, in jedem einzelnen Falle besonders auferlegt und vorbehalten werden müsse, unzutreffend, im Widerspruche mit dem Gesetze und somit ungültig. Es ist nicht verständlich und nicht folgerichtig, wenn die Ausf.-Anw. a. a. O. von Kleinbahnen spricht, welche für das öffentliche Verkehrsinteresse ohne Wert sind, während § 1 des Gesetzes Kleinbahnen ausdrücklich, ohne Einschränkung und ausnahmslos als Eisenbahnen definiert, welche dem öffentlichen Verkehre dienen! Auch auf § 1 des Ges. vom 19. August 1895, betr. das Pfandrecht an Privateisenbahnen und Kleinbahnen, kann die gegenteilige Annahme nicht gestützt werden. Denn abgesehen davon, daß das ältere Gesetz nicht durch das jüngere, ohne daß letzterem ausdrücklich deklaratorischer oder interpretativer Charakter beigelegt ist, interpretiert werden darf, enthält der zitierte § 1, indem er von einer Kleinbahn spricht, deren Unternehmer verpflichtet ist, für die Dauer deri hm erteilten Genehmigung das Unternehmen zu betreiben, nach Vorstehendem unverkennbar lediglich einen selstverständlichen und daher überflüssigen Satz. (Vgl. hierüber ausführlich Eger, Komm. zum Ges. v. 19. Aug. 1895, betr. das Pfandrecht an Privateisenbahnen u. Kleinbahnen, bezw. v. 11. Juni 1892 über die Bahneinheiten Anm. 1.)

45) II. Aus der Entstehungsgeschichte ist folgendes hervorzuheben:

Die Regierungsvorlage (§ 10) hatte bereits eine im wesentlichen dem § 11 des Gesetzes entsprechende Fassung (Herren.-Aktst. Nr. 34, S. 53) und war, wie nachstehend, begründet:

„Dem öffentlichen Verkehrsinteresse entspricht es, in dem Gesetze selbst dafür Sorge zu tragen, daß bei etwaigem Aufhören des Bahnunternehmens die Wiederherstellung und während der Dauer desselben die Unterhaltung der von demselben benutzten öffentlichen Wege sichergestellt werden. Der in der Regel andere Unternehmungen ähnlicher Art ausschließende Charakter der Bahnunternehmungen unterster Art, insbesondere der Straßenbahnen, erheischt es im Interesse des öffentlichen Verkehrs, daß mit der Inangriffnahme genehmigter Anlagen nicht über die Gebühr gezögert, und daß der Betrieb derselben nicht ohne ausreichenden Grund unterbrochen wird. Beide Rücksichten werden in den vorgeschlagenen Bestimmungen in zweckmäßiger Weise gesichert.

In der Kommission wie im Plenum des Herrenh. wurde der Reg.-Entwurf unverändert angenommen (Aktst. Nr. 69 S. 341, 847, Sten. Ber. S. 204).

In der Kommiss. des Abg.-Hauses (Aktst. Nr. 206 S. 2283/2302) wurden zunächst einige geringfügige redaktionelle Änderungen beschlossen.

Sodann wurde von einem Mitgliede der Antrag gestellt, dem § 10 folgenden vierten Absatz zuzufügen:

> Die Geldstrafen können nur gefordert werden, wenn den Unternehmer ein Verschulden trifft.

Derselbe wurde von dem Antragsteller damit begründet, daß ein gewisser Rechtsschutz den Unternehmern gewährt werden müsse; es verstoße aber gegen das Rechtsgefühl, Geldstrafen aufzuerlegen in Fällen, wo ein Verschulden seitens des dadurch Betroffenen nicht vorliege. Demgegenüber führte der Regierungskommissar aus, daß die Geldstrafen nicht Strafen rechtlicher Natur seien, sondern nur ein Korrelat der Betriebspflicht, also nur da vorzubehalten seien, wo ein erheblicheres Verkehrsinteresse den rechtzeitigen Beginn des Betriebes und dessen ununterbrochene Fortsetzung bedinge. Für den öffentlichen Verkehr sei es gleichgültig, ob im Falle der Nichtinnehaltung der in Beziehung hierauf an den Unternehmer zu stellenden Forderung ein Verschulden desselben vorliege oder nicht.

Nach diesen Erklärungen wurde der Antrag abgelehnt. Es wurden dann noch ferner in dem Paragraphen seitens der Kommission zwei unerhebliche redaktionelle Änderungen angenommen.

In der II. Lesung des Abg.-H. schlug der Abg. Jansen (Aktst. Abg.-H. Nr. 228 S. 2841) außer der Frist für die Vollendung noch eine für den Beginn des Baues vor. Ferner sei die Feststellung einer Frist für den Beginn des Betriebes nicht angängig, denn der Betriebsbeginn sei nicht vom Unternehmer abhängig, sondern von der Genehmigung der Behörde (§ 19) Aus diesem Grunde schlage er vor, die Frist auf dasjenige zu beschränken, was der Unternehmer zu tun habe, d. h. auf die vollendete Einrichtung des Betriebes und die Nachsuchung der Betriebserlaubnis (Sten. Ber. S. 1991).

Demgegenüber bezeichnete der Regierungsvertreter die Festsetzung von Fristen für den Beginn des Baues und von Zwischenfristen während der Ausführung desselben nicht für erforderlich. Der Unternehmer reiche einen Baudispositionsplan auf Grund der speziellen Vorarbeiten ein. Erst dann sei die Behörde in der Lage, den Zeitpunkt des Beginnes und die planmäßige Fortführung des Baues übersehen zu können. Sie könne dann Zwischenfristen bestimmen, brauche es aber nicht; besondere Geldstrafen seien nicht erforderlich. Ebenso entspreche die Festsetzung der Frist für den Betriebsbeginn den bestehenden Verhältnissen. (Sten. Ber. S. 1992.)

Hierauf wurde der Antrag Jansen abgelehnt und § 11 in der Kommissionsfassung angenommen.

Dagegen wurde in der III. Lesung ein Amendement desselben Antragstellers, im Abs. 2 statt „Beginn des Betriebes" zu setzen „Eröffnung des Betriebes" angenommen (Sten. Ber. S. 2071).

46) Abs. 1 des § 11 enthält die obligatorische Bestimmung, daß bei der Genehmigung die Art und Höhe der Sicherstellung für die Unterhaltung und § 11 Abs. 1.

Wiederherstellung öffentlicher Wege, soweit diese nicht bereits erfolgt ist, vorzuschreiben ist.

Soll für die zu errichtende Kleinbahn ein öffentlicher Weg benutzt werden — sei es mit der freiwilligen Zustimmung der Unterhaltspflichtigen (§ 6 Abs. 1) oder mit der im Ergänzungsverfahren erzwungenen (§ 7) — so ist gemäß § 6 Abs. 2 der Unternehmer mangels anderweitiger Vereinbarung zur Unterhaltung und Wiederherstellung des benutzten Wegeteils verpflichtet und hat für diese Verpflichtung Sicherheit zu bestellen, und zwar liegen ihm diese Verpflichtungen gegenüber der Wegepolizeibehörde, nicht gegenüber dem Wegeunterhaltspflichtigen ob (Anm. 27 S. 119 ff.). Die Auffassung, daß außerdem noch die beteiligten Wegeunterhaltungspflichtigen vom Unternehmer eine Sicherstellung zu verlangen berechtigt seien, ist unrichtig.

Erl. d. Min. d. öff. Arb. 19. Februar 1901 Zeitschr. f. Kleinb. VIII. 1901. S. 307. Verzeichnis Nr. 107.

Die Sicherheitsbestellung kann ihrer Art und Höhe nach auf Grund einer Vereinbarung der Wegepolizeibehörde mit dem Unternehmer erfolgen oder auf Betreiben der ersteren durch den Ergänzungsbeschluß auf Grund des § 7 Abs. 2 festgesetzt werden. Die Annahme, daß § 7 Abs. 2 diesen Anspruch an den Unternehmer nicht mit umfasse (Gleim a. a. O. S. 110, 111, v. Rohr, Beschlußwidrigkeit des Abs. 1 des § 11 Kleinb.-Ges.), ist bereits an früherer Stelle (§ 7 Anm. 31 S. 143—144, vgl. auch Stölzel, Rechtsweg 2c. S. 276 Anm. 80 und Störk, Zeitschr. f. Kleinb. 1898 S. 800) eingehend widerlegt worden; ebenso die Auffassung, daß der Wegepolizeibehörde die Festsetzung der Sicherheitsbestellung zustehe (Anm. 31 S. 144).

Ist die Feststellung weder auf dem Wege der Vereinbarung, noch im Ergänzungsverfahren bereits erfolgt, so muß dies nach § 11 Abs. 1 bei der Genehmigung geschehen. Die Motive weisen darauf hin, daß es dem öffentlichen Verkehrsinteresse entspreche, in dem Gesetze selbst dafür Sorge zu tragen, daß bei etwaigem Aufhören des Bahnunternehmens die Wiederherstellung und während der Dauer desselben die Unterhaltung der von demselben benutzten öffentlichen Wege sichergestellt werden. Nun setzt zwar § 6 Abs. 2 die Pflicht des Unternehmers zur Sicherheitsstellung gesetzlich fest und § 15 bestimmt, daß der Aushändigung der Genehmigungsurkunde diese Sicherstellungen vorausgehen müssen. Indes wird dadurch die Vorschrift des § 11 Abs. 1 nicht erübrigt, weil es einer Stelle bedarf, welche, wenn die Sicherstellung nach ihrer Art und Höhe nicht im Wege der Vereinbarung (§ 6 Abs. 2) oder des Ergänzungsverfahrens (§ 7 Abs. 2) festgesetzt worden ist, die Festsetzung bewirkt. Die Vorschrift des § 15 würde illusorisch sein, wenn nicht vorher über die Art und Höhe der der Aushändigung der Genehmigungsurkunde vorauszuschickenden Sicherheitsstellung Bestimmung getroffen, d. h. festgestellt wäre, worin diese Sicherheitsstellung in quali und quanto zu bestehen hat. Daher wurde in den Verhandlungen der Kommission des Abg.-H. ein Antrag, den Abs. 1 des § 11 zu streichen, weil derselbe mit Rücksicht auf § 6 Abs. 2 und § 15 unnötig erscheine, abgelehnt, nachdem regierungsseitig hervorgehoben worden war, daß alsdann die Bezeichnung einer Behörde fehlen würde, welche — mangels einer Vereinbarung oder der Feststellung im Ergänzungsverfahren — die Höhe der Summe zu bestimmen habe.

Bei der Genehmigung, d. h. in der Genehmigungsurkunde und als integrierender Teil derselben ist — sc. von der Genehmigungsbehörde — sowohl die Art wie die Höhe der Sicherstellung vorzuschreiben. Hierbei ist unter Art die Beschaffenheit der Mittel zu verstehen, mit welcher die Kaution zu bestellen ist. Mangels einer Einschränkung hat die genehmigende Behörde in der Wahl der Kaution freie Hand, jedoch selbstredend nur unter den dem bürgerlichen Rechte eigenen Arten nnd in den von diesem vorgeschriebenen Formen (Geld, Wertpapiere, Pfandbestellung, Bürgschaft). Auch Wechsel können bei kurzen Bau- und Eröffnungsfristen zugelassen werden. Dagegen spricht gegen die Eintragung einer Kaution im Grundbuche, daß die Sicherstellung möglichst liquide zu halten ist.

Erl. d. Min. d. öff. Arb. 5. April 1899 Zeitschr. f. Kleinb. VI 1899 S. 301. Verzeichnis Nr. 73.

Die Höhe der Sicherstellung begreift den zahlenmäßigen Umfang derselben, welcher der Natur der Sache nach mit dem Umfange der Unterhaltungs- und Wiederherstellungspflicht in billigem Verhältnisse stehen muß. Gegen die Feststellung einer nicht gesetzlichen Kautionsart oder einer übermäßigen Kautionshöhe stehen dem Unternehmer die Rechtsmittel des § 52 zu. Die Sicherstellung kann in einer Art und Höhe für die Unterhaltung und Wiederherstellung der öffentlichen Wege erfolgen, aber auch getrennt für jede von beiden Verpflichtungen. Das Reich, der Staat und die Kommunalverbände sind zur Sicherstellung gemäß § 6 Abs. 2 nicht verpflichtet.

47) Abs. 2 gibt der genehmigenden Behörde die Befugnis, bei der Genehmigung festzusetzen 1) eine Frist für die Ausführung der Bahn und die Eröffnung des Betriebes, 2) die Forderung der Erlegung von Geldstrafen für den Fall der Nichteinhaltung dieser Fristen, 3) die Sicherheitsstellung hierfür. § 11 Abs. 2.

Diese Festsetzungen sind nicht, wie die des Abs. 1, obligatorisch, sondern fakultativ, in das Ermessen der genehmigenden Behörde gestellt; sie kann diese Festsetzungen treffen, aber sie muß es nicht. Bereits oben ist erörtert (Anm. 44 S. 178 ff.), daß daraus nicht geschlossen werden darf, dem Unternehmer liege an sich die Bau- und Betriebspflicht gesetzlich nicht ob und diese werde erst durch die Festsetzung bezüglicher Fristen seitens der genehmigenden Behörde geschaffen. Der Unternehmer einer jeden Kleinbahn wird vielmehr durch die Erteilung der Konzession — ganz ebenso wie der Unternehmer einer Haupt- und Nebeneisenbahn — zum Bau und zur Betriebseröffnung in der ordnungsmäßig dafür erforderlichen Zeit gesetzlich verpflichtet (arg. § 24). Die durch § 11 Abs. 2 in das Ermessen der genehmigenden Behörde gestellten besonderen Ausführungs- und Eröffnungsfristen haben — wie die des § 21 des Eisenb.-Ges. von 1838 — lediglich die Bedeutung, nach Maßgabe des einzelnen Falles die ordnungsmäßig erforderliche Zeit von vornherein zu präzisieren und Zweifel und Differenzen hierüber zu beseitigen. Die Kleinbahnen sind begrifflich dem öffentlichen Verkehre dienende und mit entsprechenden Privilegien und dem Schutze des Gesetzes ausgerüstete Bahnen; als Korrelat liegt ihnen die Bau- und Betriebspflicht ob. Die gegenteilige Annahme, welche diese ohne besonderen Vorbehalt in das Ermessen der Unternehmer stellt, ist eine vom Grund aus irrtümliche, sie beruht auf einer vollständigen Verkennung des Geistes und der Tendenz des Kleinbahngesetzes und der öffentlichen Verkehrsbedeutung der Kleinbahnen und drückt dieselben zu Privatgeleisen herab; sie würde die Interessen der Adjazenten, wie auch der Gemeinden, der beteiligten Staats- und Reichsverwaltungen, wie des gesamten Publikums aufs Schwerste schädigen. Daher ist die Ausf.-Anw. Abs. 1 zum § 11, welche diesen Standpunkt vertritt, unzutreffend und illegal (s. Anm. 44 S. 180).

1. Es kann eine Frist für die Ausführung der Bahn und für die Eröffnung des Betriebes festgesetzt werden. Der Wortlaut darf nicht zu der Annahme führen, daß hier nur eine gemeinsame Frist für beides — Ausführung und Eröffnung — gemeint sei. Vielmehr sind darunter, wie die Verhandlungen und auch die Analogie der §§ 21, 22 des Eisenb.-Ges. von 1838 ergeben, zwei besondere Fristen zu verstehen. Das erhellt auch aus § 23, welcher die Frist für die Ausführung der Bahn und für die Eröffnung des Betriebes streng von einander trennt.

a. Die „Ausführung der Bahn" bedeutet die vollständige projektmäßige Herstellung derselben in allen ihren Teilen, also des Unterbaues, d. h. der Herstellung des eigentlichen Bahnkörpers, des Oberbaues, d. i. der Herstellung des Schienenweges in allen seinen Teilen, sowie des Hochbaus, d. i. der Herstellung aller übrigen Baulichkeiten, der Stationen, Dienstgebäude, Güterschuppen, Lagerhäuser, Werkstätten 2c. Dagegen ist in der Ausführung der Bahn die Betriebseinrichtung, die Beschaffung der Betriebsmittel und der Betriebsmaterialien, die Organisierung der Betriebsdienststellen, die Feststellung und Publikation der Fahrpläne und Tarife, sowie die Anstellung des Dienstpersonals nicht inbegriffen.

b) Die „Eröffnung des Betriebs" ist die Bereitstellung der Bahn für den öffentlichen Verkehr. Dieser muß die vollständige Betriebseinrichtung vorangehen, sowie die Erlaubnis der zur Erteilung der Genehmigung zuständigen Behörde (§ 19). Da nur die Fertigstellung der Betriebseinrichtung und die Nachsuchung der Erlaubnis in der Hand des Unternehmers liegt, dagegen die Erlaubnis selbst zur Betriebseröffnung von der zuständigen Behörde abhängt, so wurde, mit Rücksicht darauf, daß es nicht billig erscheine, dem Unternehmer eine Frist für eine Handlung (Betriebseröffnung) zu setzen, die nicht seiner, sondern der behördlichen Bestimmung unterliegt, vorgeschlagen, an Stelle der Frist zur Betriebseröffnung eine solche zur vollständigen Betriebseinrichtung und Nachsuchung der Betriebserlaubnis zu setzen. Dieser Vorschlag wurde jedoch abgelehnt, nachdem regierungsseitig dagegen geltend gemacht worden war, daß nach der bestehenden Praxis auf die Nachsuchung der Betriebserlaubnis in der Regel sofort der Prüfungstermin und die Erlaubnis zur Betriebseröffnung folge. Indes bleibt es doch eine Anomalie, dem Unternehmer eine Frist, und zwar unter Strafandrohung, für eine Handlung zu setzen, deren Vornahme von der Erlaubnis der Behörde, nicht von seinem Willen allein abhängt. Wie die Sache nunmehr liegt, wird der Unternehmer, um sich vor Fristversäumnis und Strafe zu schützen, gut tun, die Erlaubnis zur Betriebseröffnung so zeitig vor Ablauf der Frist nachzusuchen, daß die Behörde zur Prüfung und Abnahme der Bahn und Erteilung der Erlaubnis die erforderliche Frist behält, auch etwaige Bemängelungen, von deren Beseitigung die Erlaubnis abhängig gemacht ist, noch rechtzeitig abgeholfen werden kann.

Ebensowenig wie der Vorschlag einer Frist zur vollständigen Betriebseinrichtung und Nachsuchung der Betriebserlaubnis fand der Vorschlag der Bestimmung einer Frist für den Beginn des Baues Anklang (S. 181); vielmehr wurden die beiden Fristen zur Ausführung der Bahn und Betriebseröffnung für ausreichend erachtet. Andere Fristen, als diese beiden, dürfen daher nicht in die Genehmigung aufgenommen werden. Wohl aber bleibt es der Bauaufsichtsbehörde (§ 22) unbenommen, zur Kontrolle und Herbeiführung eines ordnungsmäßigen und regelmäßigen Fortschreitens des Baues (§ 24) im Verfügungswege einen Baudispositionsplan festzustellen und darnach innerhalb der Gesammtfrist Zwischenfristen zu bestimmen.

Die beiden im Abs. 2 bezeichneten Fristen können **nur bei der Genehmigung** angeordnet werden, **weder vorher, noch nachher**. Insbesondere ist eine nachträgliche Aufnahme derartiger Fristen ausgeschlossen. Auch dürfen die in die Genehmigung aufgenommenen Fristen nicht ohne Zustimmung des Unternehmers verkürzt werden. Wohl aber ist eine Verlängerung derselben (arg. § 28) zulässig. Die Frist für die Ausführung einer Bahn mit Maschinenbetrieb ist nach dem Erl. v. 29. Juni 1895 nicht von der Veröffentlichung der Genehmigung, sondern von der Feststellung des Bauplanes (§ 17) an zu rechnen, weil erst von diesem Zeitpunkte an der Bau beginnen kann (Min.-Bl. d. i. V. 1895 S. 176, **Verzeichnis** Nr. 21). Dasselbe gilt folgeweise auch von der Frist für die Betriebs-Eröffnung. Die von der Bauaufsichtsbehörde (§ 22) in Ausführung des § 24 etwa bestimmten Zwischenfristen haben nicht den Charakter der konzessionsmäßigen Fristen des § 11 Abs. 2, ihre Überschreitung zieht daher auch nicht die dort und im § 23 bezeichneten Folgen nach sich, wohl aber können die Bestimmungen des § 24 Platz greifen. Auch dem Reiche, dem Staate, den Kommunalverbänden können, wenn sie Unternehmer von Kleinbahnen sind — mangels einer entgegenstehenden Vorschrift — Fristen für die Ausführung und Eröffnung gesetzt werden, dagegen ist die Vorschrift einer Sicherheitsstellung nicht zulässig (§ 12).

Die Pflicht, die Fristen des Abs. 2 innezuhalten, bedingt, daß dem Unternehmer gegebenfalls das **Enteignungsrecht** nicht vorenthalten werden kann, weil er anderenfalls häufig nicht in der Lage sein würde, die bezeichneten Fristen innezuhalten. Es ist vorgeschrieben, daß Anträge auf Erwirkung des Enteignungsrechts für Kleinbahnen **frühestens** unmittelbar nach Erteilung der Genehmigungsurkunde bezw. nach Gründung einer etwa in Frage kommenden Aktien- 2c. Gesellschaft und **spätestens** vor Vollendung der Bauausführung, jedenfalls aber nicht nach der Betriebseröffnung vorgelegt werden sollen.

Erl. d. Min. d. öff. Arb. v. 24. Aug. 1900. Zeitschr. f. Kleinb. 1900 S. 630. **Verzeichnis** Nr. 98.

2. Für den Fall der **Nichteinhaltung** der für die Ausführung der Bahn und die Betriebseröffnung festgesetzten Fristen kann die **Erlegung von Geldstrafen** gefordert werden. Nur dann kann eine Geldstrafe für die Nichtinnehaltung der Fristen gefordert werden, **wenn die Strafe ausdrücklich und zahlengemäß in der Genehmigung vorgesehen ist**. Dafür spricht, daß in deu Verhandlungen wiederholt regierungsseitig von dem Vorbehalt der Geldstrafe die Rede ist, und daß ferner eine Sicherheitsstellung nicht würde gefordert werden können, wenn die Geldstrafe in der Genehmigung nicht speziell bestimmt sein würde. Doch erscheint es zulässig, bei Gewährung einer Fristverlängerung (§ 28), welche als eine Ergänzung der ursprünglichen Konzession anzusehen ist, die Festsetzung von Geldstrafen in dieselbe neu aufzunehmen (s. **Jerusalem** § 11 Anm. 7).

Der in der Genehmigung festgesetzte Betrag der Geldstrafe ist als **Maximalbetrag** anzusehen, unter welchen je nach der Größe der Verfehlung heruntergegangen, über welchen aber **nicht hinausgegangen** werden darf (s. § 27). Die Strafe kann entweder für beide Fristen oder nur für eine der Fristen festgesetzt sein. Ist letzteres der Fall, so ist die Nichteinhaltung der nicht mit Strafe bedrohten straffrei; ebenso kann eine Geldstrafe nicht erhoben werden, wenn eine solche in der Genehmigung nicht vorbehalten ist. Es können dann nur die in den §§ 23 und 24 vorgesehenen Strafen eintreten. Die Strafe ist eine Geldstrafe, sie darf also nur in einem Geldbetrage festgesetzt werden, ferner lediglich für die Nichtinnehaltung

(Überschreitung) der vorbezeichneten Fristen, nicht für andere Fälle der Nichteinhaltung der Genehmigungsbedingungen.

Die Höhe der Geldstrafe ist — wie die Ausf.-Anw. Abs. 2 zum § 11 ausführt — nach dem Grade, in welchem das öffentliche Interesse an dem Bestande und Betriebe der Bahn beteiligt ist, zu bemessen. Die Bemessung erfolgt zweckmäßig nach bestimmten Prozenten des Anlagekapitals. Eine Geldstrafe im Betrage von 10 % des Anlagekapitals ist als äußerste Grenze anzusehen, deren Überschreitung selbst durch erhebliche Interessen nicht gerechtfertigt wird.

Innerhalb der in der Genehmigung vorgesehenen Maximalgrenze kann gegebenenfalls die Aufsichtsbehörde nach freiem Ermessen den Betrag der Geldstrafe bestimmen und die Einziehung — event. durch Inanspruchnahme der Sicherheitsstellung — bewirken; sie kann auch nach der Lage der Sache eine Ermäßigung oder gänzlichen Erlaß eintreten lassen, z. B. wenn die Nichtinnehaltung der Fristen durch höhere Gewalt, Elementarereignisse, Krieg, Strike 2c. herbeigeführt worden ist. Dagegen ist eine Erhöhung der Strafe über den Maximalbetrag nicht zulässig. Wohl aber kann bei Wiederholung der Überschreitung die Strafe von Neuem auferlegt werden. (A. M. Jerusalem Anm. 7).

Die Auferlegung der Strafen hat jedoch ein Verschulden des Unternehmers nicht zur Voraussetzung. Es genügt lediglich die bloße Tatsache der Nichtinnehaltung der Frist, gleichviel ob die Überschreitung durch ein Verschulden herbeigeführt worden ist oder nicht (s. oben S. 181).

Sowohl gegen die Normierung der Fristen und Geldstrafen in der Genehmigung überhaupt, wie gegen die Festsetzung und Bemessung derselben im einzelnen Falle und über die Tatsache und Dauer der Überschreitung sind die Rechtsmittel des § 52 zulässig.

8. Für die Erlegung der Geldstrafen kann endlich auch Sicherheitsstellung gefordert werden. Auch hier bedarf es der zahlenmäßigen und genauen Bestimmung der Sicherstellung nach Art und Höhe in der Genehmigung, weder genügt ein allgemeiner Vorbehalt in derselben, noch kann späterhin eine Sicherheitsstellung gefordert werden, wenn sie in der Genehmigung nicht ausdrücklich vorbehalten ist. Dies ergibt sich evident aus § 15, welcher die nach § 11 geforderten Sicherheitsstellungen fordert, bevor die Aushändigung der Genehmigungsurkunden erfolgen darf. Die Art und Form der Sicherheitsstellung kann in den zivilrechtlichen Kautionsarten nach dem Ermessen der Behörde bestimmt werden (s. S. 188), die Höhe wird nach dem Maximalbetrage der vorbehaltenen Geldstrafen zu bemessen sein. Scharmer a. a. O. erachtet 5 % des Baukapitals in der Regel für ausreichend, ebenso Gleim (Zeitschr. f. Kleinb. I S. 66). Für Reich, Staat und Kommunalverbände bedarf es dieses Vorbehaltes nicht (§ 12).

§ 11 Abs. 3. 48) Abs. 3 gestattet der genehmigenden Behörde, daß bei Genehmigung auch Geldstrafen und Sicherheitsstellung zur Sicherung der Aufrechterhaltung des ordnungsmäßigen Betriebs während der Dauer der Genehmigung vorzusehen. Wie die Pflicht zum Bau, so liegt auch die Pflicht zum ordnungsmäßigen Betriebe dem Unternehmer einer Kleinbahn gesetzlich ob. Bereits an früherer Stelle (Anm. 44 S. 179) ist erörtert, daß diese Betriebspflicht keineswegs erst durch die Festsetzung von Geldstrafen für den Fall der Verletzung in der Genehmigung geschaffen wird, sie besteht vielmehr — arg. § 24 — auch ohne die Festsetzung von Geldstrafen ex lege als Korrelat für die durch die Genehmigung dem Unternehmer gewährten Konzessionsrechte. Die fakultative, in das Ermessen der Genehmigungsbehörde gestellte Festsetzung von Geldstrafen dient dazu, vornehmlich in leichteren Fällen von Unregelmäßigkeiten im Betriebe, der Behörde die Befugnis zu leichteren Strafen zu geben, so daß sie nicht genötigt ist, zu den schweren Strafen des § 24 zu schreiten. Sind in der Genehmigung Geldstrafen nicht vorgesehen, so würde nur die häufig nicht im Verhältnis zu der Verfehlung stehende Strafe der Zurücknahme der Genehmigung erübrigen.

Wie nach Abs. 2, so ist auch nach Abs. 3 die Aufnahme der bezüglichen Befugnis in der Genehmigung ganz in das Ermessen der genehmigenden Behörde gestellt. Sie kann Geldstrafen und Sicherheitsstellung vorsehen, aber sie muß es nicht. Unterläßt sie es, so können im Kontraventionsfalle nicht Geldstrafen, sondern nur die Strafen des § 24 verhängt werden. Die Befugnis der Behörde beschränkt sich auf die Normierung von Geldstrafen und Kautionen „zur Sicherung der Aufrechthaltung des ordnungsmäßigen Betriebes während der Dauer der Genehmigung", erstreckt sich also nicht auf irgendwelche andere Fälle. Andererseits werden aber — mangels einer Einschränkung — sämtliche Fälle umfaßt, in welchen die Aufrechthaltung des ordnungsmäßigen Betriebs gefährdet ist. „Betrieb" ist hier unverkennbar im weiteren Sinne zu verstehen, begreift also nicht bloß die Bewegung und Leitung der Betriebsmittel, sondern den gesamten Transportverkehr der Bahn. Es gehört mithin hierher nicht nur die Unterbrechung des fahrplanmäßigen Betriebs der Züge, sondern auch die Abfertigung der Güter, Personen, Gepäckstücke. Im übrigen gilt in betreff der Festsetzung der Geldstrafen und Sicherheitsstellung das in Anm. 47 S. 183 bis S. 187 Erörterte. Was die Höhe der letzteren anlangt, so erachtet Scharmer (Zeitschr. f. Kleinb. 1896 S. 112) in der Regel 2% des Anlagekapitals für ausreichend.

Aus der Betriebspflicht der Kleinbahnen folgt und ist auch auf Grund des § 4 Ziff. 4 des Kleinb.-Ges. bereits an früherer Stelle (Anm. 20 S. 89 ff.) erörtert worden, daß die Bahnanlagen, das Betriebspersonal und die Betriebsmittel sich stets in solchem Zustande befinden und erhalten werden müssen, daß die Beförderung mit Sicherheit und auf die der Bestimmung des Unternehmens entsprechende Weise erfolgen kann (arg. § 24 Eisenb.-Ges. v. 3. November 1838). Auch die Unterhaltungspflicht liegt den Kleinbahnen in gleicher Weise gesetzlich ob, wie den Haupt- und Nebenbahnen. Da die Kleinbahnen sämtlich Eisenbahnen sind, welche dem öffentlichen Verkehre dienen (§ 1 Abs. 1), so können ihnen sowohl in den Genehmigungsbedingungen, wie auch durch allgemeine Verordnungen und Betriebsvorschriften sowie einzelne Verfügungen diejenigen Maßnahmen auferlegt werden, welche erforderlich sind, um von den im § 4 des Ges. angeführten polizeilichen Gesichtspunkten aus das öffentliche Verkehrsbedürfnis zu befriedigen. Dahin kann auch eine Vervollständigung, Verbesserung und Vermehrung der Betriebsanlagen und Betriebsmittel gehören, wenn anderenfalls die Aufgabe der Bahn, dem Verkehre des Publikums auf bestimmten Linien und nach bestimmten Fahrplänen zu dienen, nicht erfüllt werden kann. Freilich finden aber die bezüglichen Anforderungen der Genehmigungs- und Aufsichtsbehörde ihre Grenze darin, daß sich dieselben lediglich auf die regelmäßigen, dem öffentlichen Verkehrsbedürfnisse nach vernünftiger Verkehrsanschauung entsprechender Betriebs-Anlagen und -Mittel zu beschränken haben und gegen weitergehende Bedingungen und Auflagen dem Unternehmer die Rechtsmittel des § 52 des Ges. zustehen. Daß aber die

Auflage einer Vermehrung 2c. der vorhandenen Betriebs-Anlagen und -Mittel 2c. den bez. Behörden überhaupt und grundsätzlich nicht zustehe (vgl. Hilse, Preuß. Verw.-Bl. XVIII Nr. 37), kann, wie Gleim a. a. O. S. 113 zutreffend ausführt, in dieser Allgemeinheit mit Rücksicht auf den öffentlichen Verkehrszweck der Kleinbahnen nicht angenommen werden.

Vgl. auch das oben Anm. 20 S. 90, 91 mitgeteilte Erk. d. O.-V.-G. 4. Sen. 12. Dez. 1896 Entsch. d. O.-V.-G. Bd. 31 S. 382 ff.

Dem Zwecke, die Aufrechthaltnng eines ordnungsmäßigen Betriebes der Kleinbahnen zu sichern, hatte bis zum Erlaß der Ausf.-Anw. v. 18. Aug. 1898 gemäß § 11 Abs. 3 des Kleinbahngesetzes nur der Vorbehalt der Festsetzung von Geldstrafen in der Genehmigungsurkunde gedient. Für nebenbahnähnliche Kleinbahnen (Einleitung Abs. 8) erschien aber erfahrungsmäßig in Rücksicht auf die an die Ständigkeit und Regelmäßigkeit ihres Betriebs geknüpften öffentlichen Verkehrsinteressen die Sicherung durch die Vorsehung von Geldstrafen nicht ausreichend. Es hat demgemäß zur Sicherung einer dauernden soliden Finanzgebahrung der nebenbahnähnlichen Kleinbahnen die Ausführungsanweisung vom 13. August 1898 unter Absatz 8 Vorschriften hinzugefügt, inhaltlich deren nach Analogie der für Privateisenbahnen bestehenden Bestimmungen den Unternehmern nebenbahnähnlicher Kleinbahnen durch die Genehmigungsurkunde die Bildung zweier besonderer Rücklagefonds aufzugeben ist; eines Erneuerungsfonds und eines Spezialreservefonds (Zeitschr. f. Kleinb. 1898 S. 526) s. des Näheren oben S. 176, 177. Bei Aktiengesellschaften und Kommanditgesellschaften auf Aktien tritt zu diesen Fonds noch der nach den jeweiligen handelsrechtlichen Vorschriften (H.-G.-B. Art. 185 b, 239 b, Neues H.-G.-B. §§ 262, 320) erforderliche Bilanz-Reservefonds hinzu, so daß diese Gesellschaften drei Fonds zu bilden haben. Der letztere wird durch die beiden ersteren nicht ersetzt, ebensowenig diese durch jenen.

Die Frage, ob im Wege der Ausführungsanweisung die Bildung derartiger Erneuerungs- und Spezialreservefonds als Bedingung der Genehmigung angeordnet werden durfte, ist jedoch rechtlich höchst zweifelhaft. Denn in den Rahmen der nach § 4 zu prüfenden Punkte gehört dieser Gegenstand nicht, und ebensowenig unter den Begriff der Sicherheitsstellung im Sinne des § 11 Abs. 2 und 3 des Kleinbahngesetzes. Nach dem Wortlaute und Zusammenhange dieser Bestimmungen, wie auch nach den Motiven und Verhandlungen sind darunter nur Kautionen (Bau- und Betriebs-Kautionen) verstanden worden. Daß Rücklagefonds nicht gemeint sind, ergibt sich auch evident aus § 15 des Gesetzes, welcher bestimmt, daß die nach § 11 geforderten Sicherstellungen der Aushändigung der Genehmigungsurkunde vorausgehen müssen — was bei der Bildung von Rücklagefonds nicht möglich ist. (Vgl. über die Illegalität dieser Auflage: K. Hilse, d. Straßen- u. Kleinb.-Ztg. 1897 Nr. 34 S. 563 ff.)

Jedenfalls sind hiernach die bezüglichen Vorschriften strikte auszulegen und nicht weiter, als dem Wortlaute nach beabsichtigt, in Anwendung zu bringen. Daraus folgt, daß sie auf, z. Z. des Inkrafttretens der Ausf.-Anw. v. 13. August 1898 bereits bestehende oder konzessionierte nebenähnliche Kleinbahnen nicht anzuwenden sind, auch nicht bei der Genehmigung wesentlicher Änderungen oder Erweiterungen 2c. derselben, sondern sich lediglich auf neu zu konzessionierende Unternehmungen zu beschränken haben (Zeitschr. f. Kleinb. 1898 S. 526). Sind die Unternehmer Aktiengesellschaften oder Kommanditgesellschaften auf Aktien, so ist die Anwendung auf bestehende Bahnen schon deshalb ausgeschlossen, weil andere, als die gesetzlichen Reservekonten, nur durch das Statut angeordnet werden können (Staub, H.-G.-B. 3. u. 4. Aufl. S. 588). Wäre es beabsichtigt, die Einführung der Spezialrücklagefonds als Bedingung der Genehmigung wesentlicher Änderungen oder Erweiterungen vorzuschreiben, so wäre es — wie im Schlußsatze zu § 9 — ohne Zweifel ausdrücklich ausgesprochen worden. Aus gleichem Grunde beziehen sich die vorliegenden Bestimmungen nicht auf Straßenbahnen, und es ist den Genehmigungsbehörden nach Sinn und Wortlaut der vorliegenden Bestimmung auch nicht fakultativ überlassen, Rücklagefonds den Straßenbahnunternehmern zur Bedingung zu machen. (A. M. ohne genügende Begründung Gleim, Zeitschr. f. Kleinb. 1898 S. 528 u. Kommentar S. 118.)

Dieser weitgehende Eingriff in die finanziellen Verhältnisse der Kleinbahnen stellt übrigens ganz außer Zweifel, daß regierungsseitig die Konzessionen der Kleinbahnen nicht als bloße gewerbepolizeiliche Gestattungen, sondern als wirkliche Eisenbahnkonzessionen betrachtet werden, wie dies bereits oben (S. 37 ff.) eingehend begründet worden ist.

§ 12.[49])

Der nach den Bestimmungen dieses Gesetzes erforderlichen Sicherstellung bedarf es nicht, wenn das Reich, der Staat oder ein Kommunalverband Unternehmer ist.[50])

[49]) Prinzip und Entstehungsgeschichte des § 12.

I. Prinzip. § 12 befreit das Reich, den Staat und die Kommunalverbände, wenn sie Unternehmer von Kleinbahnen sind, in allen Fällen von der Sicherstellung, in welchen sonst nach den Bestimmungen dieses Gesetzes Sicherstellung erforderlich ist. Diese Vorschrift gibt einem auch sonst in der Preuß. Gesetzgebung festgehaltenen Grundsatze Ausdruck, daß der Staat, d. h. der Preuß. Staatsfiskus von Kautionsleistungen frei sein soll, dehnt aber dieses Prinzip auch auf das Reich und die Kommunalverbände aus. Aber nur dann steht ihnen dieses Privilegium zu, wenn sie Unternehmer, d. h. die Konzessionare des betreffenden Kleinbahnunternehmens sind. Die bloße finanzielle 2c. Beteiligung des Reiches, des Staates, oder eines Kommunalverbandes an einem Kleinbahnunternehmen befreit den Unternehmer ebensowenig von der Kautionspflicht, wie der Umstand, daß das Reich, der Staat 2c. die Verwaltung oder Betriebsführung 2c. der Bahn vom Unternehmer übernommen haben. § 12 Prinzip.

II. Diese Tendenz des § 12 wird durch die Entstehungsgeschichte desselben bestätigt. § 12 Entstehung.

Die mit dem § 12 des Gesetzes gleichlautende Regierungsvorlage (§ 48 Satz 1,) (Akt.-St. Herrenh. Nr. 84 S. 62) war, wie folgt, begründet (Akt.-St. Herrenh. Nr. 84 S. 70): „Das Reich, der Staat und die Kommunalverbände gewähren sowohl in Bezug auf die Sicherung gegen Zahlungsunfähigkeit des Unternehmers, als in Bezug auf die Sicherstellung der beteiligten öffentlichen Interessen eine ungleich bessere Gewähr, als Unternehmer, welche wesentlich Zwecke des Erwerbes verfolgen. Es ist aus diesem Grunde gerechtfertigt, ihnen gegenüber von der vorgängigen Forderung der Sicherheitsbestellung ganz abzusehen und weiterhin die Möglichkeit zu gewähren, je nach Lage des Falles von den übrigen im § 11 vorgesehenen Sicherungsmaßregeln ganz oder teilweise abzusehen."

In der Abg.-H.-Kommission wurde § 48 Satz 1 als § 10a (12) zum § 10 (11) gesetzt (Aktst. Abg.-H. Nr. 206 S. 2283/7) und zur Begründung bemerkt: „Da in diesem Paragraphen über die erforderliche Sicherheitsstellung Bestimmungen getroffen werden, so erschien es sinngemäßer, den § 48 der Regierungsvorlage, welcher Staat und Kommunalverbände von dem Erfordernis derselben ausschließt, hier als § 10a anzufügen. Es wurde dabei von einem Mitgliede angeregt, wenn eine einzelne Kommune Unternehmer sei, auch von dieser eine Sicherstellung zu erfordern. Der Minister erklärte dies für unnötig, da die vorgesetzte Behörde das Aufsichtsrecht über die Finanzverwaltung der Kommune habe und daher etwaige über ihre Kräfte aufgenommene finanzielle Verpflichtungen nicht zu genehmigen brauche. Ein anderes Mitglied fragte an, wie es gehalten werden solle, wenn eine Kommune bei einer Bahn beteiligt sei. Der Minister erwiderte hierauf, daß dies davon abhänge, ob sie Trägerin der Verpflichtung nach außen sei oder nicht. Im ersteren Falle fände die Bestimmung des § 10a auf sie Anwendung, während im letzteren Falle nur ein von der Behörde nicht weiter zu beachtendes privatrechtliches Verhältnis vorliege." (S. 2802.) Mit dieser Umstellung ging § 10a als § 12 in das Gesetz über. (Sten. Ber. Abg.-H. S. 1994.)

§ 12 Einziger Absatz. **50**) Die im § 12 für das Reich, den Staat und die Kommunalverbände ausnahmsweise und als besonderes Privilegium ausgesprochene Befreiung von der nach den Bestimmungen dieses Gesetzes erforderlichen Sicherstellung ist von der Voraussetzung abhängig, daß das Reich, der Staat oder ein Kommunalverband Unternehmer ist.

Die Befreiung von der gesetzlichen Kautionspflicht beschränkt sich hiernach auf drei Kategorien juristischer Personen: das Reich, den Staat, die Kommunalverbände. Alle anderen Kategorien juristischer Personen: Korporationen, Aktiengesellschaften, Genossenschaften 2c. und ferner alle physischen Personen sind der Kautionspflicht unterworfen, und zwar im Falle des § 11 Abs. 1 obligatorisch, in den Fällen des § 11 Abs. 2 und 3 fakultativ nach dem Ermessen der zuständigen Behörden. Unter „Reich" ist der deutsche Reichsfiskus, unter „Staat" der preußische Staatsfiskus zu verstehen, diese aber auch in allen ihren Teilen (stationes fisci) und gleichviel ob das Reich oder der Staat als solche oder ein einzelner Verwaltungszweig oder Gewerbebetrieb des Reiches oder Staates in Frage steht (Militär-, Post-, Eisenbahn-, Forst-, Domänen- 2c. Verwaltung). Dasselbe gilt für alle Kommunalverbände, Provinzen, Kreise, politische Gemeinden — städtische und ländliche — nicht aber für Kirchen-, Armen- 2c. Gemeinden, Deichverbände, Wassergenossenschaften 2c. Ausgeschlossen sind außerpreußische Staaten und Gemeinden.

Aber auch das Reich, der preußische Staat und die preußischen Gemeinden genießen dies Privilegium nur, wenn sie Unternehmer derjenigen Kleinbahn sind, für deren Bau und Betrieb Sicherheitsstellungen erforderlich sind. Unternehmer sind sie aber nur dann, wenn ihnen für die betreffende Kleinbahn die Genehmigung (Konzession) formell nach den Vorschriften dieses Gesetzes (§§ 2, 15) erteilt worden ist, d. h. wenn sie — wie regierungsseitig zutreffend ausgeführt wurde — Träger der Bau- und Betriebspflicht nach außen sind, für eigene Rechnung und Gefahr und in eigenem Namen. Sind sie nur in irgend welcher Form finanziell rc. durch Subventionen von Geld und Land, Übernahme von Aktien, Zinsgarantien rc. beteiligt, welche eine Verpflichtung nach außen nicht begründet, so sind sie von der Kautionspflicht nicht befreit; ebensowenig, wenn das Reich, der Staat oder ein Kommunalverband nur die Verwaltung oder den Betrieb einer einem Dritten konzessionierten Kleinbahn für dessen Rechnung und in dessen Namen führt. Würde die Bahn dem Reiche, Staate oder einem Kommunalverbande gemeinsam mit anderen Unternehmern konzessioniert sein, so würden nur die ersteren, nicht die letzteren von der Sicherstellung befreit sein.

Ist aber die Voraussetzung des § 12 gegeben, d. h. das Reich, der Staat oder ein Kommunalverband wirklicher Unternehmer, so bedarf es der nach den Bestimmungen dieses Gesetzes erforderlichen Sicherstellung nicht. Der Wortlaut könnte zu der Annahme führen, als kenne das Gesetz nur *eine* Sicherstellung. Es sind aber *sämtliche* im Gesetze vorgesehenen Sicherstellungen gemeint. Die Anordnung einer solchen ist aber vom Gesetze *vorgeschrieben* im Falle des § 6 Abs. 2, § 11 Abs. 1 und *zugelassen* in den Fällen des § 11 Abs. 2 u. 3.

§ 13.[51])

Die Genehmigung kann dauernd oder auf Zeit erteilt werden.[52]) Sie erfolgt unter dem Vorbehalte der Rechte Dritter, der Ergänzung und Abänderung durch Feststellung des Bauplanes (§§ 17 und 18).[53])

1) *Ausführungsanweisung vom 18. August 1898.*

Zu § 13.

Ob eine Genehmigung dauernd oder auf Zeit zu erteilen ist, bleibt dem pflichtmässigen Ermessen der zur Genehmigung zuständigen Behörde freigestellt. Im allgemeinen wird dabei davon auszugehen sein, dass eine Genehmigung ohne zeitliche Begrenzung nicht zu erteilen ist, wenn öffentliche Wege benutzt werden. Auch bei Anlegung eines eigenen Bahnkörpers ist eine Genehmigung ohne zeitliche Begrenzung in der Regel nicht, vielmehr nur dann zu erteilen, wenn die wirtschaftlichen Verhältnisse des Unternehmens es erforderlich erscheinen lassen und öffentliche Interessen nicht entgegenstehen.

Bei Bemessung der Dauer einer zeitlich begrenzten Genehmigung ist ausser auf den Zeitpunkt etwaiger Erwerbsrechte (§ 6) darauf zu sehen, dass die Dauer der Genehmigung ausreichend genug bemessen wird, um dem Unternehmen die Möglichkeit der Amortisation des Anlagekapitals zu gewähren.

51) *Prinzip und Entstehungsgeschichte des § 13.* § 13

1. *Prinzip.* Die Bestimmung der *Zeitdauer* der Genehmigung ist in das Prinzip. Ermessen der genehmigenden Behörde gestellt. Die Bestimmung kann auf eine *bestimmte* Zeit oder *ohne bestimmte* zeitliche Genehmigung erteilt werden. Letzteres bezeichnet der erste Satz des § 13 als *dauernd* erteilte Genehmigung. Indes ist dabei in Betracht zu ziehen, daß die Genehmigung, gleichviel ob sie auf Zeit oder dauernd erteilt ist, in der Regel nur dem Unternehmer *für seine Person* erteilt ist und daher, falls sie nicht gemäß Ausf.-Anw. z. § 2 auch auf die Erben und sonstigen Rechtsnachfolger einer physischen Person sich erstreckt, mit dem Auf-

hören der juristischen oder physischen Rechtspersönlichkeit des Unternehmers fortfällt. Hierzu treten ferner die Fälle des Erlöschens und der Rücknahme der Genehmigung gemäß §§ 23 u. 24. Die Ausf.-Anw. z. § 13 gibt der genehmigenden Behörde die Direktive, daß in der Regel die Genehmigung auf bestimmte Zeit zu erteilen ist, vornehmlich, wenn zur Anlage der Bahn öffentliche Wege benutzt werden Aber auch bei Anlegung eines eigenen Bahnkörpers soll die Genehmigung auf bestimmte Zeit die Regel bilden und eine Ausnahme nur stattfinden, wenn die wirtschaftlichen Interessen des Unternehmers dies ohne Benachteiligung der öffentlichen Interessen erfordern. Bei zeitlicher Begrenzung soll der Zeitpunkt der vom Wegeunterhaltungspflichtigen vorbehaltenen Erwerbsrechte (§ 6 Abs. 2), sowie die Möglichkeit der Amortisation des Anlagekapitals in Betracht gezogen werden.

§ 13 bestimmt ferner im zweiten Satze, daß die Genehmigung unter dem Vorbehalte der Rechte Dritter, der Ergänzung und Abänderung durch Feststellung des Bauplanes (§§ 17 u. 18) erfolgt. Diese Bestimmung ist, streng genommen, selbstverständlich. Denn daß durch die Genehmigung die Rechte Dritter nicht verletzt werden dürfen, beruht nicht, wie die Motive unzutreffend anführen, auf dem im wesentlichen polizeilichen Charakter der Genehmigung, sondern auf allgemeinen Rechtsregeln in Verbindung mit Art. 9 der Verfassung und § 1 des Enteig.-Ges. vom 11. Juni 1874. Auch wenn, wie es richtig ist, die Genehmigung als Konzession bezw. Privileg angesehen wird, ergibt sich daraus ebenso wie bei der Konzessionierung von Haupt- und Nebenbahnen nach Maßgabe des Ges. von 1838 der Vorbehalt der Rechte Dritter. Soweit diese durch den Bau oder Betrieb der Bahn verletzt oder beeinträchtigt werden, muß der Berechtigte dafür vom Unternehmer voll entschädigt werden. Zwar hat der Berechtigte nicht, wie Privatunternehmern gegenüber, zum Schutze seines Rechtes und zur Abwehr nachteiliger Einwirkungen die actio negatoria auf Einstellung des Betriebs bezw. der sein Recht gefährdenden Bau- oder Betriebshandlung. Denn sonst würde der Bau und Betrieb dieser dem öffentlichen Verkehre dienenden Unternehmungen häufig überhaupt unmöglich und die Genehmigung illusorisch sein. Wohl aber steht dem Berechtigten der Anspruch auf Herstellung von Schutzeinrichtungen (§ 18) oder, wo solche nicht tunlich oder mit dem Eisenbahnbetriebe nicht vereinbar, der Anspruch auf volle Schadloshaltung nach den Normen des bürgerlichen Rechtes zu. Der Vorbehalt ferner der Ergänzung und Abänderung durch Feststellung des Bauplanes ergibt sich daraus von selbst, daß die Genehmigung (§§ 2, 4, 5) auf Grund des Gesetzes erteilt wird, mithin für die zum Betrieb mit Maschinenkraft bestimmten Bahnen nur unter den Voraussetzungen der §§ 17 u. 18; derartig, daß die Genehmigung für diese Bahnen zunächst auf Grund einer vorläufigen Planfeststellung geschieht, welcher die endgültige in Gemäßheit der §§ 17 und 18 noch nachzufolgen hat.

§ 13 Entstehung.

II. Aus der Entstehungsgeschichte des § 13 ist folgendes hervorzuheben: Die Regierungsvorlage (§ 11 Abs. 1 u. 2) schlug folgende Fassung vor (Akst. Herrenh. Nr. 84 S. 59):

„Die Genehmigung ist auf Zeit, und zwar längstens auf fünfzig Jahre, zu erteilen. Sie erfolgt unter dem Vorbehalte der Rechte Dritter, der Ergänzung und Abänderung durch Feststellung des Bauplanes (§§ 13 und 14) sowie des Widerrufs für den Fall wesentlicher Änderung des Unternehmens, der Anlage oder des Betriebes.

> Aus den im § 3 Nr. 1 und 2 erwähnten Rücksichten können von der nach § 2 zuständigen Behörde auch nachträglich bezüglich des Baues und Betriebes Bedingungen auferlegt werden."

und war, wie folgt, begründet (a. a. O. S. 66): „Daß die Genehmigung zeitlich begrenzt wird, entspricht den zur Zeit bestehenden Verhältnissen und empfiehlt sich, damit einer etwaigen späteren anderweitigen Entwickelung des Verkehrs Rechnung getragen werden kann. Daß die Genehmigung die Rechte Dritter nicht berühren kann, ist bei dem im wesentlichen polizeilichen Charakter derselben selbstverständlich. Bei denjenigen Unternehmungen, bei denen der Plan in Gemäßheit der §§ 18 und 14 in einem besonderen Verfahren endgültig festzustellen ist, haben die bezüglichen Bestimmungen der Genehmigung nur den Charakter der vorläufigen Planfeststellung; die endgültige Entscheidung erfolgt erst durch die Planfestsetzung auf Grund des vorgeschriebenen förmlichen Verfahrens. Bei der Bedeutung der hier in Rede stehenden Unternehmungen für den öffentlichen Verkehr und ihrem zum Teil monopolartigen Charakter wird unter die wesentlichen Änderungen des Unternehmens, auf Grund deren ein Widerruf erfolgen kann, auch eine Änderung in der Person des Unternehmers zu zählen sein."

In der Kommission des Herr.-Hauses (Aktst. Nr. 69 S. 341) erstreckte sich auf Anregung verschiedener Antragsteller sowie auf Grund der Wünsche der mehrgenannten Petition ein Vorschlag zunächst darauf, die Genehmigung nicht notwendig auf Zeit und nicht längstens auf 50 Jahre, sondern fakultativ auf Zeit zu erteilen. Von seiten des Vertreters der Königlichen Staatsregierung wurde dagegen geltend gemacht, daß die Bestimmung des Regierungsentwurfs sich dem bestehenden Rechte anschließe.

Hierauf wurde § 11 Abs. 1 (§ 18) in folgender Fassung angenommen (Aktst. Herrenh. Nr. 69 S. 847):

> Die Genehmigung kann auf Zeit erteilt werden. Sie erfolgt unter dem Vorbehalte der Rechte Dritter, der Ergänzung und Abänderung durch Feststellung des Bauplanes (§§ 13 und 14) sowie des Widerrufs für den Fall wesentlicher Änderungen des Unternehmens, der Anlage oder des Betriebes.

In der II. Lesung des Herrenhauses (Sten. Ber. S. 204/5) wies der Berichterstatter darauf hin, daß, wenn die Beschränkung auf Zeit fakultativ durch das Gesetz vorgesehen wäre, allen bezüglichen Wünschen nachgekommen würde, und daß Abs. 2 des Regier.-Entwurfs gestrichen worden sei, weil es eine Erschwerung des Baues von Kleinbahnen bilden würde, wenn die Behörde nachträglich im Laufe der Jahre Bedingungen auferlegen könne, die in die Art des Baues und Betriebes eingreifen und die finanziellen Ergebnisse schwächen würden. Zwar machte der Min. d. öff. Arb. darauf aufmerksam, daß Abs. 2 gerade bezwecke, im Interesse der Kleinbahnen die allgemeinen polizeilichen Befugnisse der Behörden auf die in Nr. 1 und 2 des § 4 bezeichneten Punkte zu beschränken und weitergehende Befugnisse auszuschließen. Demungeachtet wurde § 11 (18) in der Kommissionsfassung — also unter Fortfall des Abs. 2 des Reg.-Entw. angenommenen (Aktst. Herrenh. Nr. 188 S. 1874).

In der Kommission des Abg.-Hauses wurde § 11 Abs. 1 (§ 13) mit Rücksicht auf § 2 Satz 2 unter Streichung der Worte: „sowie des Widerrufs für den Fall wesentlicher Änderungen des Unternehmens, der Anlage oder des Betriebes", sowie unter Einfügung der Worte „dauernd oder“ vor „auf Zeit“ angenommen (Akt. St. Abg.-H. Nr. 206 S. 2284, 2287, 2802).

In der II. Lesung des Abg.-Hauses fand § 13 in der Fassung der Kommission unveränderte Annahme (Sten. Ber. S. 1994).

§ 13 Satz 1. 52) Satz 1 des § 13 gibt in betreff der Zeitdauer der Genehmigung dem Grundsatze Ausdruck, daß die Genehmigung entweder dauernd oder auf Zeit erteilt werden kann. Es ist gesetzlich dem Ermessen der genehmigenden Behörde anheimgegeben, nach Lage der tatsächlichen Verhältnisse eine begrenzte oder eine unbegrenzte Zeitdauer zu bestimmen. Der Behörde soll hierin gänzlich freie Hand gelassen werden.

Indes ist dieses freie Ermessen doch nach zwei Richtungen hin modifiziert. Zunächst ist, gleichviel ob die Genehmigung auf Zeit oder dauernd erteilt ist, insofern eine Grenze gegeben, als die Genehmigung in der Regel und falls sie nicht gemäß Ausf.-Anw. zum § 2 auch auf die Erben und sonstigen Rechtsnachfolger einer physischen Person erstreckt ist, nur der Person des Unternehmers als jus personalissimum erteilt ist und daher mit dem Aufhören der Persönlichkeit — physischen oder juristischen — ihr zeitliches Ende erreicht. Sodann hat die Ausf.-Anw. zum § 13 die zeitliche Begrenzung als Regel vorgeschrieben. Im allgemeinen soll davon ausgegangen werden, daß eine Genehmigung ohne zeitliche Begrenzung nicht zu erteilen ist, wenn öffentliche Wege benutzt werden. Aber auch bei Anlegung eines eigenen Bahnkörpers ist eine Genehmigung ohne zeitliche Begrenzung in der Regel nicht, vielmehr nur dann zu erteilen, wenn die wirtschaftlichen Verhältnisse des Unternehmens es erforderlich erscheinen lassen und öffentliche Interessen nicht entgegenstehen. Wirtschaftliche Verhältnisse dieser Art werden wesentlich dann vorliegen, wenn die Mittel für den Bau einer der betreffenden Gegend sehr nützlichen oder notwendigen Bahn nur bei dauernder Genehmigung zu beschaffen sind, wenn die Bahn dem Betriebe zeitlich unbegrenzter Unternehmungen z. B. Bergwerken vornehmlich dient &c. Dagegen sind öffentliche, einer dauernden Genehmigung entgegenstehende Interessen vornehmlich die der Landesverteidigung, der Landesmelioration &c.

In formeller Hinsicht bedarf es nur dann einer ausdrücklichen Bestimmung, wenn die Genehmigung auf Zeit, d. h. auf eine bestimmte Reihe von Jahren erteilt wird. Wird die Genehmigung dauernd, d. h. ohne jede zeitliche Begrenzung erteilt, so braucht dies in der Genehmigung nicht ausdrücklich ausgesprochen zu werden. Die Genehmigung ohne Zeitbestimmung ist also eo ipso eine dauernde, für unbegrenzte Zeit erteilte und darf nicht etwa — weil auf unbestimmte Zeit gegeben — beliebig widerrufen oder zurückgenommen werden. Vielmehr kann die dauernd erteilte Genehmigung nur ihr Ende erreichen durch Fortfall der Persönlichkeit des Konzessionars (Ausf.-Anw. zum § 2), durch Erlöschungserklärung oder Rücknahme in den Fällen der §§ 23, 24 und durch staatlichen Erwerb (§§ 30 ff.) sowie, wenn in einer Zwangsversteigerung ein wiederholter Versteigerungstermin nicht zur Erteilung eines Zuschlags geführt hat und die zur Einleitung der Zwangsverwaltung erforderliche Erklärung der Bahnaufsichtsbehörde versagt worden ist (§§ 3, 32 Abs. 1 u. § 33 des Ges. über die Bahneinheiten v. 11. Juni 1902). Dagegen wird weder die dauernd, noch die auf Zeit erteilte Genehmigung durch einseitigen Verzicht des Unternehmers beendet. Denn dieser hat nicht nur das Betriebsrecht, sondern auch die öffentlichrechtliche Betriebs pflicht und kann sich dieser nicht etwa durch den Verzicht auf die Konzession entziehen.

Für den regelmäßigen Fall, daß die Genehmigung zeitlich begrenzt wird, erteilt die Ausf.=Anw. Abs. 2 zum § 13 behufs Bemessung der Zeitdauer den Konzessionsbehörden die Direktive, daß, außer auf den Zeitpunkt etwaiger Erwerbsrechte (§ 6), darauf zu sehen ist, daß die Dauer der Genehmigung ausreichend genug bemessen wird, um dem Unternehmen die Möglichkeit der Amortisation des Anlagekapitals zu gewähren. Es handelt sich hierbei aber nur um Direktiven, nicht um obligatorische Vorschriften. Letztere würden einen unzulässigen Eingriff in die Zuständigkeit der Genehmigungsbehörden enthalten, aber auch nicht angängig sein, weil sich häufig die Berücksichtigung beider Direktiven nicht wird vereinigen lassen; z. B. wenn die Erwerbsfrist sehr kurz bemessen ist, während die Amortisation einen langen Zeitraum erfordert.

In erster Reihe soll also die Konzessionsbehörde bei Bemessung der Zeit den Zeitpunkt etwaiger Erwerbsrechte in Berücksichtigung ziehen, d. h., wie der Hinweis auf § 6 erkennen läßt, die Frist, nach deren Ablauf sich der Wegeunterhaltungspflichtige als Entgelt für die dem Unternehmer gestattete Benutzung öffentlicher Wege den Erwerb der Bahn vorbehalten kann. Diese Bestimmung der Ausf.=Anw. ist zwar wenig klar. Man geht aber wohl in der Annahme nicht fehl, es solle die Genehmigungsbehörde bei Festsetzung der Konzessionsdauer sich nach derjenigen Frist richten, nach deren Ablauf sich der Unterhaltspflichtige den Erwerb der Bahn gemäß § 6 Abs. 3 vorbehalten hat oder welche eventuell durch die Ergänzungsbeschlußbehörde nach § 7 Abs. 3 festgesetzt worden ist. Damit würde aber die bezügliche Entschließung der Genehmigungsbehörde über die Konzessionszeit lediglich von dem Vorbehalt des Wegeunterhaltungspflichtigen bezw. dem Beschlusse der Ergänzungsbehörde (§ 7) abhängig sein, mithin nicht mehr auf freiem Ermessen beruhen. (Dies nimmt in der Tat mit Unrecht Gleim S. 95, 115 an. Nach ihm entscheidet der Wegeunterhaltungspflichtige durch Bestimmung der Benutzungszeit de facto zugleich auch über die Konzessionsdauer und schließt das Benutzungsrecht das Betriebsrecht in sich.) Auch ist nicht ersichtlich, wie sich das Verhältnis gestalten soll, wenn die Genehmigungsbehörde konform mit der vom Unterhaltungspflichtigen gemäß § 6 Abs. 3 vorbehaltenen Erwerbsfrist dem Unternehmer die Konzession auf die gleiche Dauer erteilt. Alsdann würde mit Ablauf dieser Frist die Konzession für den Unternehmer aufhören, der Unterhaltungspflichtige würde zwar das Eigentum der Bahn auf Grund seines Vorbehalts erwerben, aber ohne Konzession, falls diese ihm nicht, sei es in der ursprünglichen Genehmigung, sei es nunmehr beim Anheimfall der Bahn neu verliehen wird. Schon an früherer Stelle (Anm. 28 S. 127 ff.) ist daher auf das Mißliche dieses Erwerbsvorbehalts des Unterhaltungspflichtigen hingewiesen worden. Die Genehmigungsbehörde soll nach obiger Direktive der Ausf.=Anw. bei der Bestimmung der Konzessionsdauer von dem privaten Erwerbsrechte des Unterhaltungspflichtigen abhängig gemacht werden. Sie soll, wenn derselbe nach einer bestimmten Frist sich den Erwerb vorbehalten hat, genötigt sein, dem Unternehmer nicht dauernd, sondern nur gerade für diese Frist die Genehmigung zu erteilen und sich entweder alsbald oder nach Ablauf der Frist darüber schlüssig zu machen, ob sie für die Folgezeit dem Unterhaltspflichtigen die Genehmigung, sei es für einen weiteren Zeitabschnitt oder dauernd erteilen oder wegen mangelnder Qualifikation ꝛc. versagen wolle.

Es ist oben (§ 2 Anm. 6 S. 47, § 6 Anm. 28 S. 126 ff.) ausführlich erörtert worden, daß die Genehmigungsbehörde ganz frei und nach eigenem Ermessen die Konzessionsdauer zu bestimmen hat und weder von der zwischen dem Wegeunterhaltungspflichtigen und dem Unternehmer stipulierten Erwerbsfrist (§ 6 Abs. 3), noch von der Dauer des diesem gewährten Benutzungsrechts, noch von der Weisung dritter Behörden, noch von irgend welchen anderen Momenten abhängig ist. Die Genehmigungsbehörde kann zwar diese Momente, insbesondere die Dauer des Benutzungsrechts oder der Erwerbsfrist bei Bemessung der Konzessionsdauer in Berücksichtigung ziehen, aber sie ist hierzu nicht verpflichtet. Daher läuft und endet die Konzessionsfrist ganz unabhängig von der Benutzungs- oder Erwerbszeit. (K. Hilse, d. Straßenb.- u. Kleinb.-Ztg. 1898 S. 75.) Dies gründet sich sowohl auf den Begriff und das Wesen der Eisenbahnkonzession, deren Verleihung den Genehmigungsbehörden unbeschränkt übertragen ist (§§ 2, 8), sowie auf den Inhalt und die Absicht des § 18, welcher eine Begrenzung bei Bestimmung der Konzessionsdauer den Genehmigungsbehörden in keiner Hinsicht auferlegt.

Vgl. Erk. d. Ob.-Verw. 25. Oktober 1900. Eisenb. Entsch. XVII S. 334. Arndt, Arch. f. öff. Recht Bd. 11 S. 358 ff. Stölzel, Rechtsweg S. 278. Störk, a. a. O. S. 305. Hilse, Zeitschr. f. Kleinb. 1898 S. 492 u. d. Straßenb.- u. Kleinb.-Ztg. 1898 S. 75, 1901 S. 717 (gegen Aehnelt, d. Gemeinde-Ztg. XI S. 171). Eger, Mitt. 1901 S. 33. K. Hilse, d. Selbstverwaltung 1901 Jahrg. 28 Nr. 39 S. 610.

Der Grundirrtum Gleims bezüglich des Wesens der Kleinbahnkonzession führt diesen dahin, die Genehmigung selbst sowie die Genehmigungsdauer vollständig von der Gewährung des Straßenbenutzungsrechts seitens des Wegeunterhaltungspflichtigen abhängig zu machen, d. h. die Genehmigungsbehörde zu einem im wesentlichen willenlosen Organ desselben zu degradieren, wie ja auch Gleim S. 95 ausführt, daß dieses Ergebnis der Absicht des Gesetzes entspreche!

In zweiter Reihe soll die Dauer der Genehmigung ausreichend genug bemessen werden, um dem Unternehmer die Möglichkeit der Amortisation des Anlagekapitals zu gewähren. Geschieht dies nicht, so würde bei zu kurzer Frist mit Beendigung der Genehmigungsdauer der bis dahin nicht amortisierte Teil des Anlagekapitals verloren gehen. Freilich ist die darnach zu bewirkende Berechnung der Frist eine sehr prekäre. Denn es muß noch vor dem Bau der Bahn nach Maßgabe der wahrscheinlichen Rentabilität derselben — neben der angemessenen Verzinsung — die Möglichkeit der Amortisation des Anlagekapitals festgestellt und diese nach Zeit und Umfang berechnet werden. Mit Recht bemerkt Gleim (S. 115) daß es sich hierbei nicht um umfangreiche Ertragsberechnungen, — für welche jede zuverlässige Grundlage fehlt —, sondern nur um eine allgemeine Veranschlagung der Rentabilität handeln könne.

Es dient zur Vermeidung nachträglicher Beschwerden, wenn die Entwürfe der Genehmigungsurkunden vor der Ausfertigung zunächst den Unternehmern zur Äußerung mitgeteilt werden.

Erl. v. 2. Dezember 1898 Zeitschr. f. Kleinb. 1899 S. 105. Verzeichnis Nr. 68.

Gegen den Beschluß der genehmigenden Behörde in betreff der Zeitdauer der Genehmigung, ob dauernd, oder auf Zeit und im letzteren Falle über die Länge derselben stehen dem Unternehmer die im § 52 bezeichneten Rechtsmittel wie gegen alle anderen Festsetzungen der Genehmigung zu.

§ 13 53) Satz 2 des § 13 bestimmt, daß die Genehmigung unter mehreren
Satz 2. Vorbehalten erfolgt. Diese Vorbehalte bedürfen, weil sie gesetzliche sind bezw.

aus dem Gesetze selbst sich ergeben, einer ausdrücklichen Aufnahme in die Genehmigung nicht. Sie sind aber, wie bereits Anm. 51 S. 192 bemerkt, überhaupt selbstverständlich, so daß sich Satz 2 eigentlich ganz erübrigt.

1. Zunächst erfolgt die Genehmigung unter dem Vorbehalte der Rechte Dritter. Die Motive führen dies mit Unrecht auf den „im wesentlichen polizeilichen Charakter der Genehmigung" zurück (s. Anm. 51 S. 193). Auch wenn nach richtiger Annahme die Genehmigung rechtlich als eine Konzession bezw. ein Privilegium betrachtet wird, dürfen die Rechte Dritter nicht berührt werden. Denn der Rechtscharakter des Privilegiums legitimiert den Unternehmer keineswegs zur Verletzung bestehender Rechte. Eine Entziehung oder Beschränkung des Eigentums ist gemäß Art 9 der Verfass. nur im Wege der Enteignung zulässig. Aber auch andere Rechte dürfen durch den Bau und Betrieb der Kleinbahn nicht beeinträchtigt werden. Sie erfahren lediglich in der Art ihrer Geltendmachung eine im Wesen der Sache liegende Modifikation. Die wirtschaftliche Bedeutung der Kleinbahnen als öffentlicher Straßen- und Verkehrsanstalten (§ 1) erfordert, wie die der anderen dem öffentlichen Verkehre dienenden Bahnen, daß der Unternehmer zivilrechtlich durch die Genehmigung unbedingt befugt wird, nach Maßgabe des durch Gesetz und Konzession gestatteten Bau- und Betriebsplanes (§§ 2, 4, 5, 10, 14, 17—19, 21) die Bahn zu bauen und zu betreiben. Wie beim Bau und Betrieb von Haupt- und Nebenbahnen kann auch beim Bau und Betrieb von Kleinbahnen der Unternehmer in der Ausübung dieses Rechtes nicht beschränkt werden. Der Geschädigte kann zwar im Genehmigungs- bezw. Planfeststellungsverfahren die Forderung von Schutz- ꝛc. Einrichtungen geltend machen. Soweit diese aber nicht tunlich oder mit dem Eisenbahnbetriebe nicht vereinbar, hat er einen im Klagewege geltend zu machenden Rechtsanspruch auf Herstellung nicht, vielmehr ist der Rechtsweg ausschließlich auf Schadloshaltung beschränkt. Es ist unzulässig und verstößt gegen die Tendenz des Kleinbahngesetzes, die Genehmigung einer Kleinbahn lediglich auf das Niveau der polizeilichen Genehmigung einer privatgewerblichen Anlage herabzusetzen und darnach die Rechte Dritter zu bemessen. Die Genehmigung einer Kleinbahn hat vielmehr den Charakter einer Eisenbahnkonzession und schränkt die Rechte Dritter auf dasselbe Maß ein, wie die Genehmigung einer Haupt- und Nebenbahn. Daraus ergibt sich: daß, wenn durch die projektmäßige Ausführung des Kleinbahn-Baues und den vorschriftsmäßigen Betrieb Eingriffe in die Rechte Dritter notwendig werden, die auf allgemeinen Rechtsnormen beruhenden zivilrechtlichen Ansprüche der in ihren Rechten durch den Bahn-Bau und -Betrieb Beeinträchtigten nur auf Geldentschädigung, nicht auf Beseitigung oder Abänderung der Eisenbahnanlagen oder Betriebseinrichtungen oder Herstellung von Schutzanlagen gerichtet sein können. Letzteres kann nur im Verwaltungswege seitens der genehmigenden Behörde nach Maßgabe der §§ 4, 14, 17 und 18 angeordnet werden.

Festzuhalten ist in jedem Falle, daß der Vorbehalt des § 13 Abs. 2 — ebenso wie der des § 53 Abs. 6 — sich nur auf private Rechte beziehen kann. Denn öffentliche Rechte und Befugnisse, d. h. solche, welche der Staat bezw. seine Behörden und Organe in Erfüllung ihrer Aufgaben im öffentlichen Interesse — also zur Aufrechthaltung der Sicherheit der Bahnanlagen und des Betriebs, zum Schutz der Personen und des Eigentums und zur Wahrung der Interessen des öffentlichen Verkehrs — auszuüben befugt und verpflichtet sind, können nicht durch Dritte erworben werden und überhaupt nicht Gegenstand eines privaten Erwerbs bezw. Vorbehalts sein. Daher sind die Wegeunterhaltungspflichtigen (Gemeinden, Städte ꝛc.) nicht berechtigt, in den Straßenbenutzungsverträgen sich Genehmigungs- und Aufsichtsrechte bezüglich des Baus, Betriebs und der Verwaltung der von Privatunternehmern betriebenen Straßen- und Kleinbahnen neben oder im Widerspruch mit den staatlichen Genehmigungs- und Aufsichtsrechten vorzubehalten. Derartige Vorbehalte — gleichviel ob vor oder nach Inkrafttreten des Kleinbahngesetzes ausbedungen — sind nicht rechtsgültig.

Vgl. oben § 6 Anm. 28 S. 131 ff. und Eger, Eisenb.-Entsch. XV. S. 90 und Mitt. d. Ver. deutsch. Straßenb.- u. Kleinb.-Verw. 1902 Nr. 3 S. 110 ff.

2. Sodann erfolgt die Genehmigung unter dem Vorbehalt der Ergänzung und Abänderung durch Feststellung des Bauplanes. Dieser Vorbehalt bezieht sich aber, wie der Hinweis auf die §§ 17 u. 18 andeutet, nur auf Bahnen, welche für den Betrieb mit Maschinenkraft bestimmt sind. Während für alle anderen Kleinbahnen die nach §§ 4, 5 ausgesprochene Genehmigung eine definitive ist, derartig, daß auf Grund derselben ohne weitergehende Planfeststellung der Bau begonnen und ausgeführt werden darf, hat diese Genehmigung für Bahnen, welche für den Betrieb mit Maschinenkraft bestimmt sind, nur provisorischen Charakter. Es bedarf, bevor mit dem Bau derselben begonnen werden kann, noch einer definitiven Planfeststellung in Gemäßheit der §§ 17 u. 18. Gegen spätere durch die genehmigende Behörde auf Grund der §§ 17 u. 18 beschlossene Änderungen oder Ergänzungen des vorläufig genehmigten Bauplanes kann sich also der Unternehmer bei Bahnen mit Maschinenbetrieb auf die vorangegangene (vorläufige) Genehmigung nicht berufen.

3. Ist für Bahnen ohne Maschinenbetrieb die Genehmigung gemäß §§ 4, 5, für Bahnen mit Maschinenbetrieb auf Grund der §§ 17, 18 definitiv erfolgt, so können an sich nachträgliche Bedingungen in betreff des Baues und Betriebes dem Unternehmer nicht mehr auferlegt werden. Doch schließt dies die allgemeinen polizeilichen Befugnisse der Aufsichtsbehörde nicht aus, den Kleinbahnen, wie allen anderen gewerblichen Unternehmungen, diejenigen Auflagen auch jederzeit nachträglich zu machen, welche zur Sicherung gegen Gefahr des Lebens und der Gesundheit Dritter notwendig sind. Aber nur auf solche aus den allgemeinen polizeilichen Befugnissen sich rechtfertigende Auflagen beschränkt sich die Kompetenz der Aufsichtsbehörden zu nachträglichen Maßnahmen. (Vgl. Anm. 16 S. 79 ff.)

§ 14.[54])

Im Interesse des öffentlichen Verkehrs ist bei der Genehmigung (§ 2) durch die zuständige Behörde über den Fahrplan und die Beförderungspreise das Erforderliche festzustellen; zugleich sind die Zeiträume zu bezeichnen, nach deren Ablauf diese Feststellungen geprüft und wiederholt werden müssen.[55])

Von der Feststellung über den Fahrplan kann für einen bei der Genehmigung festzusetzenden Zeitraum abgesehen werden. Dieser Zeitraum kann verlängert werden.[56])

Die Feststellung der Beförderungspreise steht innerhalb eines bei der Genehmigung festzusetzenden Zeitraums von mindestens fünf Jahren nach der Eröffnung des Bahnbetriebes dem Unternehmer frei.[57a]) Das alsdann der Behörde zustehende Recht der Genehmigung der Beförderungspreise erstreckt sich lediglich auf den Höchstbetrag derselben.[57b]) Hierbei ist auf die finanzielle Lage des Unternehmens und auf eine angemessene Verzinsung und Tilgung des Anlagekapitals Rücksicht zu nehmen.[57c])

1) Ausführungsanweisung vom 22. August 1892.

Zu § 14.

Auch für die Vorbehalte und Anforderungen hinsichtlich des Fahrplans und der Beförderungspreise kann im Wesentlichen nur der Grad des an dem Betriebe der Bahn bestehenden öffentlichen Verkehrsinteresses den Masstab abgeben.

Was den Fahrplan betrifft, so erfordert das öffentliche Sicherheitsinteresse in jedem Falle die Festsetzung der höchsten zulässigen Geschwindigkeit der Züge, welche die für Nebeneisenbahnen statthafte Maximalgrenze nicht überschreiten darf. Im Übrigen ist nach den besonderen Verhältnissen eines jeden einzelnen Falles zu ermessen, ob hinsichtlich der Zahl und der Zeit sämtlicher oder einzelner Züge weitere Anordnungen bei der Genehmigung zu treffen sind. Wird zunächst hiervon abgesehen, so ist der Zeitraum, nach dessen Ablauf wiederholte Prüfung einzutreten hat, in der Regel auf etwa drei Jahre zu bemessen.

Die Mitteilung aller Tarife, Fahrpläne und aller etwa zu erlassenden Betriebsreglements an die Aufsichtsbehörde wird bei jeder Genehmigung vorzubehalten sein, um diese Behörde zur Erledigung ihrer Aufgabe in den Stand zu setzen.

54) Prinzip und Entstehungsgeschichte des § 14. § 14

I. Prinzip. Zum Inhalte der Genehmigung gehören ferner nach Abs. 1 Prinzip.
des § 14 obligatorisch Feststellungen über den Fahrplan und die Beförderungspreise, sowie die Bezeichnung der Zeiträume, nach deren Ablauf diese Feststellungen geprüft und wiederholt werden müssen. Derartige Feststellungen sind im Interesse des öffentlichen Verkehrs notwendig, damit nicht der Unternehmer, begünstigt durch die monopolartige und zumeist konkurrenzlose Natur des Eisenbahnunternehmens, bei der Aufstellung des Fahrplanes und der Beförderungspreise einseitig nur sein Interesse wahrnehme und den öffentlichen Verkehr, welcher an dem Bedürfnisse entsprechenden Fahrplänen und tunlichst mäßigen Beförderungspreisen wesentlich interessiert ist, nicht schädige. Insoweit bilden die Bestimmungen des § 14 nur eine weitere Ergänzung und Ausführung der Vorschrift des § 4 Nr. 4. Einmalige behördliche Feststellungen über den Fahrplan und die Beförderungspreise in der Genehmigung würden im Hinblick auf die häufig wechselnden Bedürfnisse des Verkehrs und der tatsächlichen Verhältnisse nicht genügen. Daher bedarf es periodischer Prüfungen und Wiederholungen der vorangehenden Feststellungen (s. § 31 Eisenb.-Ges. vom 3. November 1838), deren Zeiträume gleichfalls in der Genehmigung zu bestimmen sind. Andererseits dürfen aber die Grenzen für diese Feststellungen nicht zu eng gezogen, die Unternehmer nicht zu sehr eingeschränkt

werden, damit nicht durch zu weitgehende Eingriffe die Lebensfähigkeit der Kleinbahnunternehmungen gefährdet und unterbunden wird. Dies ist durch die Vorschriften der Abs. 2 u. 3 des § 14 geschehen.

In betreff des Fahrplanes wird der im Abs. 1 ausgesprochene Grundsatz im Abs. 2 dahin modifiziert, daß von der Feststellung über den Fahrplan für einen bei der Genehmigung festzusetzenden Zeitraum abgesehen und dieser Zeitraum noch verlängert werden kann. Dadurch ist es fakultativ in das Ermessen der genehmigenden Behörde gestellt, dem Unternehmer eine Zeit lang die Feststellung des Fahrplanes zu überlassen. Doch ist die Festsetzung des betreffenden Zeitraumes in der Genehmigung obligatorisch. Freilich ist diese obligatorische Vorschrift wesentlich dadurch abgeschwächt, daß der in der Genehmigung festgesetzte Zeitraum nachträglich noch beliebig verlängert werden kann.

Noch weiter als Abs. 2 in betreff der Feststellung des Fahrplanes geht Abs. 3 hinsichtlich der Feststellung der Beförderungspreise zu Gunsten der finanziellen Sicherung des Unternehmens. Die Befugnis zu einer speziellen Feststellung der Beförderungspreise ist der genehmigenden Behörde überhaupt nicht gewährt. Sie kann grundsätzlich nur den Höchstbetrag festsetzen und soll hierbei nach ausdrücklicher Direktive des Gesetzes auf die finanzielle Lage des Unternehmens und auf eine angemessene Verzinsung und Tilgung des Anlagekapitals Rücksicht nehmen. Aber auch diese Befugnis zur Feststellung des Höchstbetrages steht ihr nicht von vornherein und bei der Genehmigung zu. Vielmehr ist die Feststellung der Beförderungspreise während eines in der Genehmigung festzusetzenden Zeitraumes ganz dem Ermessen des Unternehmers überlassen (s. § 26 Eisenb.-Ges. vom 3. November 1838). Und nicht allein die Festsetzung eines solchen Zeitraumes ist für die genehmigende Behörde obligatorisch, sondern auch eine Minimalgrenze von 5 Jahren, unter welche sie bei Festsetzung des Zeitraumes nicht herabgehen, den sie aber beliebig überschreiten darf.

§ 14 Entstehung. II. Aus der Entstehungsgeschichte des § 14 ist für das Verständnis desselben folgendes zu entnehmen:

Die Regierungsvorlage enthielt als Abs. 3 des § 11 folgende kurze Bestimmung (Herrenh. Drucks. Nr. 34 S. 59): „Fahrplan und Beförderungspreise unterliegen in Zeiträumen, welche bei der Genehmigung festzusetzen sind, erneuter Prüfung durch dieselbe Behörde." Die Motivierung lautete (a. a. O. S. 66): „Sollen Fahrplan und Fahrpreise den Bedürfnissen des Verkehrs entsprechend sich entwickeln, so wird zur Wahrung dieser Interessen gegenüber dem einseitigen Interesse der möglichst hohen Verwertung der anlegten Kapitalien eine zeitweilige Prüfung beider durch die Aufsichtsbehörde für unerläßlich zu erachten sein."

Die Kommission des Herrenhauses (Drucks. Nr. 69 S. 342, 347) beschloß eine durch den Wegfall des Abs. 2 des § 11 bedingte, unwesentliche redaktionelle Änderung, indem das vorletzte Wort „dieselbe" durch die Worte: „die nach § 2 zuständige" ersetzt wurde. Mit dieser Änderung wurde Abs. 3 des § 11 (13) in der II. Lesung des Herrenhauses angenommen (Sten. Ber. S. 204/5, Aktst. Nr. 138 S. 1874).

In der Kommission des Abg.-H. wurden an Stelle des Abs. 2 des § 11 zwei neue §§ 11a und 11b (14) beantragt (Aktst. Nr. 206 S. 2284):

§ 11a.

Von der Feststellung eines Fahrplanes kann für einen bei Erteilung der Genehmigung festzusetzenden Zeitraum abgesehen werden. Der Zeitraum kann erstreckt werden. Im übrigen unterliegt der Fahrplan erneuter Prüfung in Zeiträumen, welche bei der Genehmigung festzusetzen sind, durch die Behörde. (§ 2.)

§ 11b.

Dem Unternehmer steht innerhalb eines bei der Genehmigung festzusetzenden Zeitraumes von mindestens 5 Jahren nach der Eröffnung der Bahn die Feststellung der Beförderungspreise zu.

Nach Ablauf dieses Zeitraumes unterliegen die Beförderungspreise in bei der Genehmigung zu bestimmenden Zeiträumen der Prüfung und Festsetzung durch die Behörde. (§ 2.)

Die Beförderungspreise sind nur dem Höchstbetrage nach festzustellen. Bei Feststellung derselben ist die finanzielle Lage des Unternehmens zu berücksichtigen und auf eine angemessene Verzinsung und Tilgung des Anlagekapitals Bedacht zu nehmen.

Der Antrag wurde von dem Antragsteller damit begründet, daß für die Lebensfähigkeit der Bahnen die Gestaltung des Fahrplanes und Festsetzung der Höhe der Beförderungspreise von besonderer Wichtigkeit sei, und daß, um dem Unternehmer die Sicherheit zu geben, daß nicht durch zu starke Eingriffe in dieselben seitens der Behörde die Möglichkeit der Fortführung des Unternehmens in finanzieller Hinsicht gefährdet werde, es einer positiven gesetzlichen Bestimmung bedürfe, welche die einem Unternehmen solcher Art zu gewährenden Erleichterungen spezieller feststelle. Bezüglich der Feststellung eines Fahrplanes könne natürlich die Verzichtleistung einer Einwirkung auf denselben seitens der Behörde nur fakultativ ausgesprochen werden, da es nicht in allen Fällen möglich sein werde, auf die Feststellung eines solchen zu verzichten. In Bezug auf die Höhe der Beförderungspreise erschiene es angemessen, dem Unternehmer behufs Feststellung der Frage, mit welcher Höhe derselben das Unternehmen finanziell gesichert sei, eine bestimmte und so weit zu bemessende Frist zu gewähren, daß aus derselben mit einiger Sicherheit gefolgert werden könne, wie hohe Beförderungspreise das Unternehmen zwecks Sicherstellung seiner finanziellen Existenz bedürfe. Als ein solcher Zeitraum erschiene 5 Jahre angemessen. Im übrigen liege ein öffentliches Interesse nicht vor, die Befugnis der Behörde zur Feststellung der Beförderungspreise über die Feststellung des Maximalbetrages derselben auszudehnen. Der Herr Minister gab die Erklärung ab, daß die Staatsregierung, um ihr Interesse an der möglichsten Förderung des Baues von Lokalbahnen zu beweisen, gegen den gestellten Antrag keinen Widerspruch erheben werde.

Der Antrag wurde in der ersten Lesung in unveränderter Form angenommen.

In der zweiten Lesung stellte ein Mitglied der Kommission den Antrag, dem Paragraphen aus redaktionellen Gründen eine andere Fassung in der Form zu geben, wie er in der jetzigen Kommissionsvorlage vorliegt. Dieselbe wurde von der Kommission als eine Verbesserung anerkannt und angenommen. Es wurde darauf von der Kommission die im Abs. 2 des § 12 getroffene Bestimmung, als § 11b, weil materiell nicht zu dem § 12 gehörig, hier eingefügt; es war indessen für richtiger befunden worden, diese Bestimmung redaktionell so zu ändern, wie dieselbe in der Fassung der Kommissionsbeschlüsse vorliegt. (Abg.-H. Aktst. Nr. 206 S. 2308.)

In dieser Fassung ging der Paragraph unverändert in das Gesetz über. (Sten. Ber. Abg.=H. S. 1194, 2072.)

§ 14 Abs. 1. 55) Abs. 1 stellt in betreff des Fahrplanes und der Beförderungspreise der Kleinbahnen zwei wichtige Grundsätze obligatorisch auf. Es muß im Interesse des öffentlichen Verkehrs bei der Genehmigung durch die genehmigenden Behörde 1) über den Fahrplan und die Beförderungspreise das erforderliche festgestellt und 2) es müssen zugleich die Zeiträume bezeichnet werden, nach deren Ablauf diese Feststellungen (ad 1) zu prüfen und zu wiederholen sind. Doch haben diese Grundsätze behufs Förderung der Kleinbahnunternehmungen und zu Gunsten der Unternehmer in den Abs. 2 u. 3 gewisse Modifikationen erfahren.

Die Feststellung der Fahrpläne und Beförderungspreise sind für die Unternehmer, wie für die die Bahn Benutzenden von besonderer Bedeutung. Würde die Feststellung gänzlich der Willkür der Unternehmers überlassen, so liegt bei der monopolartigen Natur der Bahn die Gefahr nahe, daß der Unternehmer lediglich im eigenen Nutzen und ohne Berücksichtigung des öffentlichen Interesses verfährt und das Publikum zur Annahme lästiger Bedingungen zwingt. Andererseits muß aber auch hierbei auf die Rentabilität und Lebensfähigkeit der Bahn Rücksicht genommen und die Feststellung der Fahrpläne und Beförderungspreise daher so bewirkt werden, daß eine angemessene Verzinsung und Amortisation möglich ist. Beides liegt gleichermaßen im Interesse des öffentlichen Verkehrs. Und mit Recht stellt daher in Bezug auf die Feststellung der Fahrpläne und Beförderungspreise Abs. 1 § 14 sowie die Ausf.=Anw. zu demselben das Interesse des öffentlichen Verkehrs als maßgebend hin. Nur darf das öffentliche Verkehrsinteresse nicht in einer das Publikum bevorzugenden, den Unternehmer über Gebühr belastenden Feststellung gesucht werden. Denn jede zu weitgehende Inanspruchnahme des Unternehmers, sei es durch die Zahl und Schnelligkeit der Züge, sei es durch die Billigkeit der Beförderungspreise, dient nur scheinbar dem Interesse des öffentlichen Verkehrs; sobald sie dem Unternehmen die Rentabilität und Lebensfähigkeit nimmt, schädigt sie durch das Eingehen desselben das Verkehrsinteresse. Sache der genehmigenden Behörde ist es also, zur Wahrung des Interesses des öffentlichen Verkehrs die richtige Mitte, die gleichmäßige und angemessene Verteilung von Leistungen und Gegenleistungen zu finden. Die Feststellung soll bei der Genehmigung, d. h., wie auch der ausdrückliche Hinweis auf § 2 erkennen läßt, in der Genehmigungsurkunde erfolgen, und zwar durch die zuständige Behörde, d. i. die genehmigende Behörde gemäß § 8.

Abs. 1 sagt ganz allgemein, daß „über den Fahrplan und die Beförderungspreise das Erforderliche festzustellen" ist. Es können damit sowohl generell gehaltene Normen (Direktiven, Instruktionen), wie auch spezielle und ins einzelne gehende Bestimmungen gemeint sein. Erwägt man aber, daß es sich hier um Verhältnisse handelt, die begreiflicherweise bei der Genehmigung und vor Beginn des Unternehmens zumeist noch nicht vollständig übersehen werden können, so liegt der Schluß nahe, daß die Absicht des Gesetzes nur auf eine Feststellung allgemeiner Normen gegangen ist, wie dies auch in der Fassung, „das Erforderliche festzustellen", zum Ausdrucke gebracht ist. Auch erklärte in der Kommission des Abg.=H. der Regier.=Kommissar ausdrücklich, daß mit der Feststellung der Fahrpläne nicht die Feststellung eines genauen Fahrplantableaus gemeint sei, sondern nur die Grundzüge desselben. Dafür sprechen auch die Bestimmungen der Abs.

2 und 3. Geht man nun davon aus, daß es sich nur um allgemeine Normen handelt, so wird sich die Feststellung über den Fahrplan vornehmlich auf die Gesamtzahl der täglich abzulassenden Güter-, Personen- und gemischten Züge, Fahrgeschwindigkeit, Aufeinanderfolge, Anschlüsse, Ort und Zeitdauer des Haltens 2c. beziehen, während die Feststellung über die Beförderungspreise insbesondere das System der Tarifierung in Bezug auf Güter, Personen, Gepäck, Vieh 2c., die Zulässigkeit der Erhebung von Nebengebühren, baren Auslagen, die Art der Erhebung und Berechnung 2c. und — nach Ablauf des im Abs. 8 Satz 1 vorgesehenen Zeitraumes — die Maximalsätze umfaßt.

Gleim a. a. O. S. 117 will Abs. 1 nur auf die Fahrpläne der Personen-, nicht auch der Güterzüge beziehen, weil vom wirtschaftlichen Standpunkte auch das Publikum nur an den Festsetzungen der Personenzüge beteiligt sei, während die Fahrpläne für die Güterzüge nur eine interne Bedeutung für die Verwaltungen der einzelnen Bahnen hätten. Indes weder der Wortlaut, noch die Absicht des Gesetzes gestatten diese Einschränkung. Vom wirtschaftlichen Standpunkte aus hat das Publikum an den Fahrplänen der Güterzüge ein ebenso erhebliches Interesse, wie an denen der Personenzüge. Auch kann nicht anerkannt werden, daß durch die Festsetzung der Fahrpläne nur das wirtschaftliche, nicht auch das sicherheitspolizeiliche 2c. Interesse zu wahren sei und die Wahrung des letzteren nur der Aufsichtsbehörde nicht auch der Genehmigungsbehörde obliege.

In dem Erlasse des Ministers der öff. Arb. vom 9. Juni 1894 (E.-V.-Bl. 1894 Nr. 17 S. 146 Verzeichnis Nr. 18), betreffend Regelung der Beziehungen der Kleinbahnen zu den Eisenbahnen, ist, vorbehaltlich weiterer Erfahrungen, darauf hingewiesen, daß in den rechtlichen Beziehungen der Eisenbahn zum Versender und Empfänger durch die Einrichtung direkter Tarife mit Kleinbahnen eine Änderung nicht eintritt; es sei rechtlich unerheblich, ob die Eisenbahnfracht einschließlich oder ausschließlich der für die nachfolgende oder vorausgehende Beförderung auf andere, als Eisenbahnstrecken, zu erhebenden Beträge im Tarife aufgeführt sei. Dagegen empfehle es sich schon aus Zweckmäßigkeitsgründen, um die Kleinbahnen nicht mit dem für ihre Verhältnisse ungeeigneten und kostspieligen Abfertigungs- und Rechnungswesen der Hauptbahnen zu belasten, von der Einrichtung direkter Tarife bis auf weiteres abzusehen. Aus dem gleichen Grunde seien auch die Kleinbahnen nicht zu veranlassen, sich den Einrichtungen des Vereins deutscher Eisenbahnverwaltungen anzuschließen. Was die Frage betreffe, ob für die auf Kleinbahnen übergehenden oder von denselben übergebenen Güter die vollen Frachtsätze der Eisenbahnanschlußstation zu berechnen oder ob dieselben um einen Teil der Abfertigungsgebühr zu kürzen seien, so seien bis auf weiteres die vollen Frachtsätze zu erheben; ein Abzug von der Abfertigungsgebühr würde nur insoweit in Frage kommen können, als etwa für einzelne Güter die Bewilligung ermäßigter Ausnahmetarife im öffentlichen Verkehrsinteresse erforderlich sein sollte. Vgl. noch die Erlasse vom 22. April 1895, 14. September 1896 und die weiteren bezüglichen bei § 29 Anm. 102 aufgeführten Erlasse. (Verzeichnis Nr. 18, 81).

Was insbesondere den Fahrplan betrifft, so weist die Ausf.-Anw. Abs. 2 zum § 14 darauf hin, daß das öffentliche Sicherheitsinteresse in jedem Falle die Festsetzung der höchsten zulässigen Geschwindigkeit der Züge erfordere, welche die für Nebeneisenbahnen statthafte Maximalgrenze (§ 27 Bahnordnung f. d. Nebeneisenb. Deutschlands v. 5. Juli 1892) nicht überschreiten dürfe. Die hierauf bezüglichen

Bestimmungen befinden sich in den §§ 22, 27 und 28 der Bahnordnung für die Nebeneisenbahnen Deutschlands vom 5. Juli 1892 (R.=G.=Bl. S. 764), nach welchen größere Geschwindigkeiten als 30 km bis zu der größten zulässigen Geschwindigkeit von 40 km in der Stunde nur auf vollspurigen Bahnstrecken mit eigenem Bahnkörper und nur für Personenzüge mit nicht mehr als 26 Achsen und mit durchgehender Bremse unter Erfüllung einiger weiterer Anforderungen gestattet werden dürfen. Die zulässige Höchstgeschwindigkeit ist daher in der Genehmigung auf nicht mehr als 30 km in der Stunde festzusetzen. Soll eine größere Geschwindigkeit gestattet werden, so ist nach einem Zirk.=Erl. des Ministers der öff. Arb. vom 9. Februar 1897 (Min.=Bl. d. inn. Verw. S. 34, E.=V.=Bl. S. 87, Zeitschr. f. Kleinb. S. 199) zuvor hierzu und zu den dafür erforderlich erachteten Bedingungen, welche in die Genehmigung aufgenommen werden müssen, dessen Zustimmung einzuholen. Für nebenbahnähnliche Kleinbahnen ist die in der Regel zuzulassende Geschwindigkeit nach § 24 der Betriebsvorschriften für Kleinbahnen mit Maschinenbetrieb vom 13. August 1898 bei einer Spurweite von 750 mm auf höchstens 25 km, bei einer Spurweite von 600 mm auf höchstens 20 km und für Zahnradbahnen auf höchstens 15 km in der Stunde festzusetzen und dürfen diese Grenzen nur mit Genehmigung des Ministers der öff. Arb. überschritten werden. (Vgl. § 22 Anm. 80 lit. c. u. Gleim a. a. O. S. 118, 119.)

Im übrigen ist nach § 14 Ausf.=Anw. nach den besonderen Verhältnissen eines jeden einzelnen Falles zu ermessen, ob hinsichtlich der Zahl und der Zeit sämtlicher oder einzelner Züge weitere Anordnungen bei der Genehmigung zu treffen seien. Werde zunächst hiervon abgesehen (§ 14 Abs. 2), so sei der Zeitraum, nach dessen Ablauf wiederholte Prüfung einzutreten habe, in der Regel auf etwa 3 Jahre zu bemessen. Nach diesen Weisungen geht die Ausf.=Anw. davon aus, daß die Maximalfahrgeschwindigkeit der Züge unbedingt bereits bei der Genehmigung festgesetzt werden muß. Dies steht aber freilich nicht im Einklange mit Abs. 2, welcher die genehmigende Behörde befugt, von der Feststellung über den Fahrplan, also auch der Maximalgeschwindigkeit der Züge für einen bei der Genehmiguug festzusetzenden Zeitraum abzusehen. Auch ist es ohne Zweifel eine Anomalie, daß, während die Maximalgeschwindigkeit der Haupt= und Nebenbahnen reichsrechtlich festgesetzt und der Bestimmung der Landesbehörden entzogen sind, die Maximalgeschwindigkeit der Kleinbahnen durch die Genehmigungs= bezw. Aufsichtsbehörden des Landes bestimmt, mithin nach deren Ermessen unter Umständen auch über die Maximalgeschwindigkeit der Haupt= und Nebenbahnen ausgedehnt werden kann.

Unter „Beförderungspreisen“ — bemerkt Gleim S. 118 zutreffend — sind alle Vergütungeu zu verstehen, welche dem Bahnunternehmer für seine durch die Beförderung bedingten Leistungen zu gewähren sind. Dazu gehören nicht allein die Vergütungen für die Überführung der Personen und Güter nach ihrem Bestimmungsorte, sondern auch die sogen. Nebengebühren, wie Wägegeld, Auf= und Abladegebühren, Krahngeld, Wagenstandgeld, Gebühren für Signieren der Frachtstücke, für die von der Bahn übernommene Zollabfertigung, Desinfektionsgebühren 2c. Alle diese Vergütungen unterstehen daher den Bestimmungen des § 18.

Die Befugnis der genehmigenden Behörde ist aber auf die Feststellungen über den Fahrplan und die Beförderungspreise beschränkt. Weder liegt es in ihrer Kompetenz, vollständige, ins einzelne gehende Betriebsordnungen, noch die Gesamtheit der Transportbedingungen in Gestalt von Transportreglements den

Kleinbahnen vorzuschreiben. Es würde dies eine weitgehende, nicht in der Tendenz des Kleinbahngesetzes liegende Belastung der Unternehmer involvieren. Dieselben sind als Unternehmer von Bahnen, welche dem öffentlichen Verkehre dienen, soweit es sich um den Gütertransport handelt, lediglich den Bestimmungen des H.-G.-B. über das Frachtgeschäft (§§ 425—452) und über die Beförderung von Gütern und Personen auf den Eisenbahnen (§§ 453—473) unterworfen. Im Rahmen dieser Bestimmungen und des § 21 des Kleinbahngesetzes sind sie aber befugt, nach eigenem Ermessen Transportbedingungen für ihre Bahnen aufzustellen und weder bezüglichen Vorschriften der Konzessions- und Aufsichtsbehörden, noch der Verkehrs-Ordnung des Reiches unterworfen (s. auch § 446 des Entwurfs eines H.-G.-B. nebst Denkschrift). Die Verkehrsordnung erstreckt sich auf Kleinbahnen nicht. Daher gelten für dieselben auch nicht die Hinweise des H.-G.-B. auf die ergänzenden Vorschriften der Verkehrsordnung. Vielmehr treten nach § 473 H.-G.-B. wo auf diese in den §§ 453, 459, 460, 462—466 verwiesen ist, an ihre Stelle die Beförderungsbedingungen der betreffenden Kleinbahn. Dadurch ist in den beregten Beziehungen den Kleinbahnverwaltungen bezw. ihren Aufsichtsbehörden die Befugnis zum Erlaß privatrechtlicher Normen mit Gesetzeskraft in derselben Weise beigelegt worden, wie dem Bundesrat in betreff des Erlasses der Verkehrsordnung.

Bei stärkerem Verkehre wird auch bei Kleinbahnen die Aufstellung und Veröffentlichung allgemeiner Transportbedingungen (lokaler Transportreglements), unter welchen die betreffende Bahn Transportverträge einzugehen sich erbietet, nicht vermeidlich sein. Sind diese Bedingungen bezw. Reglements gehörig veröffentlicht und wird auf dieselben bei Abschluß der Frachtverträge Bezug genommen, so sind sie lex contractus und bilden den Inhalt des Frachtvertrages, welchem beide Teile unterworfen sind. Ist in den Frachtverträgen der Kleinbahnen auf die Verkehrsordnung Bezug genommen bezw. diese zu grunde gelegt, so ist sie lex contractus, wenngleich nicht als Rechtsverordnung, wie bei Haupt- und Nebenbahnen, sondern auf Grund freiwilliger Vereinbarung und Anerkennung. Die Kleinbahnen können ihre Frachtverträge auf Grund besonderer, für ihren Verkehr geeigneter Frachtbriefe (Kleinbahnfrachtbriefe) abschließen, aber auch das Formular der Verkehrsordnung (§ 52) analog zur Anwendung bringen. Ferner ist, während die Transportpflicht der Haupt- und Nebenbahnen auf die Übernahme der Güter zur Beförderung nach allen Stationen innerhalb des Deutschen Reichs ausgedehnt ist (N. H.-G.-B. § 453, Verk.-Ord. § 49), die Verpflichtung der Kleinbahnen ihrer Natur und ihrem Verkehrszweck nach auf die Übernahme von Gütertransporten innerhalb der eigenen Bahnstrecke beschränkt (H.-G.-B. § 478 Abs. 2).

In dem Erlasse des Min. d. öff. Arb. v. 9. Juni 1894, betr. die Regelung der Beziehungen der Kleinbahnen zu den Eisenbahnen (E.-V.-Bl. S. 146), Verzeichnis Nr. 18, wird darauf hingewiesen, daß die Kleinbahnen weder im Sinne der Ges. v. 3. November 1838, noch nach der Reichsverfassung Eisenbahnen sind und daß die Verkehrsordnung auf Kleinbahnen keine Anwendung findet. Wenn demnach von den Eisenbahnen Güter zur Beförderung übernommen werden, deren Bestimmungsort nicht an der Eisenbahn, sondern an einer Kleinbahn gelegen ist, so sind für die Beförderung über die letzte Eisenbahnstation hinaus, an welche die Kleinbahn anschließt, die Bestimmungen maßgebend, welche auf Grund der Art. 430, 431 (jetzt § 464) H.-G.-B. und § 68 Abs. 3, 4 sowie § 76 Abs. 1—3 der Verk.-Ord. für Güter, deren Bestimmungsort nicht an der Eisenbahn liegt, getroffen sind (vgl. des Näheren Anm. 102 Ziff. 2).

Die Kontrolle darüber, daß sich die Betriebs- und Transport-Vorschriften der Kleinbahnen in den gesetzlichen Grenzen halten, steht nach §§ 14, 19, 21, 22 des Kleinb.-Ges. den Genehmigungs- bezw. Aufsichtsbehörden zu. Und in diesem Sinne bestimmt Abs. 8 der Ausf.-Anw. z. § 14, daß die Mitteilung aller Tarife, Fahrpläne und aller etwa zu erlassenden Betriebsreglements (d. h. Ordnungen des Transportgeschäfts, nicht des Betriebes) an die Aufsichtsbehörde bei jeder Genehmigung vorzubehalten sein wird, um die Behörde zur Erledigung ihrer Aufgabe in den Stand zu setzen.

2. Wie bereits hervorgehoben, sind Feststellungen über den Fahrplan und die Beförderungspreise bei der Genehmigung und vor der Verkehrseröffnung deshalb ungemein schwierig, weil die zu grunde zu legende Entwicklung des Verkehrs sich selbst bei genauester Kenntnis der einschlägigen Verhältnisse nicht von vornherein vollständig übersehen läßt. Um daher eine Remedur gegen etwaige Irrtümer zu gewähren, aber auch der Verkehrsentwicklung, gleichviel ob dieselbe den Berechnungen entspricht oder nicht, in jedem Falle folgen zu können, bestimmt Abs. 1 des weiteren, daß zugleich die Zeiträume zu bezeichnen sind, nach deren Ablauf die Feststellungen über Fahrplan und Beförderungspreise geprüft und wiederholt werden müssen. Wie das Wort „Zeiträume“ erkennen läßt, ist hier nicht an eine einmalige Nachprüfung und Wiederholung gedacht, sondern sind vielmehr periodisch wiederkehrende Prüfungen und Wiederholungen gemeint. Diese Perioden sind in der Genehmigung zu bezeichnen, sie können für die Feststellung der Fahrpläne und für die Feststellung der Beförderungspreise verschieden sein; das Gesetz überläßt die Bestimmung der Dauer dem Ermessen der zuständigen Behörde; die Ausf.-Anw. Abs. 2 z. § 14 gibt hierüber nur für den einen Fall eine Direktive: „wenn zunächst bei der Genehmigung hinsichtlich der Zahl und der Zeit sämtlicher oder einzelner Züge weitere Anordnungen, als in betreff der Maximalgeschwindigkeit, nicht getroffen sind.“ Alsdann soll der Zeitraum, nach dessen Ablauf wiederholte Prüfung einzutreten hat, in der Regel auf etwa 3 Jahre bemessen werden. Abgesehen von diesem Falle enthält auch die Ausf.-Anw. keine Direktiven über die Dauer der festzusetzenden Fristen. Die genehmigende Behörde hat also freie Hand, die Fristen nach Maßgabe der in Betracht kommenden konkreten Verhältnisse angemessen zu bestimmen. Die Zeiträume müssen unbedingt und von vornherein in der Genehmigung festgestellt werden, ohne Rücksicht darauf, daß nach Abs. 2 für den Fahrplan noch ein freier Zeitraum vorausgehen kann, nach Abs. 3 für die Beförderungspreise vorausgehen muß. Die Fristen beginnen mit Ablauf der nach Abs. 2 und 3 festgestellten Zeiträume.

Die Prüfung allein genügt jedoch nicht, das Gesetz verlangt ausdrücklich die Wiederholung der Feststellung auf Grund der vorangegangenen Prüfung, also auch dann, wenn die Prüfung zu einer Änderung der bisherigen Feststellung nicht geführt hat. Die Festsetzung der Zeiträume ist als integrierender Teil der Konzessionsbedingungen für beide Teile bindend, so daß weder die Behörde, noch der Unternehmer innerhalb der Frist eine neue Feststellung vornehmen bezw. beanspruchen darf. Doch kann, wie in der Kommission des Abg.-H. festgestellt wurde, dem Unternehmer auf Antrag von der Behörde auch innerhalb der zur Prüfung festgesetzten Zeiträume die Änderung des Fahrplanes gestattet werden.

Die Prüfungen und Feststellungen stehen als zur Genehmigung gehörig derjenigen Behörde zu, welche für die Genehmigung des Unternehmens in der z. Z. der erneuten Prüfung und Feststellung bestehenden Art und Ausdehnung zuständig sein würde (§ 3 Abs. 3, § 22).

56) Von der Erwägung aus, daß es nicht opportun sei, den Fahrplan und § 14
die Beförderungspreise von vornherein ohne ausreichende Erfahrungen festzulegen, Abs. 2.
sind in den Abs. 2 u. 3 gewisse Modifikationen der im Abs. 1 ausgesprochenen Grundsätze zugelassen worden. Nach Abs. 2 Satz 1 ist die genehmigende Behörde befugt, für einen bei der Genehmigung festzusetzenden Zeitraum von der Feststellung über den Fahrplan abzusehen; nach Satz 2 kann sie — nachträglich — diesen in der Genehmigung festgesetzten Zeitraum noch verlängern.

Die Behörde kann von der Feststellung über den Fahrplan absehen, es ist in ihr Ermessen gestellt. Dies steht im Gegensatz zu Abs. 3 in betreff der Feststellung der Beförderungspreise, für welche während eines bestimmten Zeitraums von der Feststellung abgesehen werden muß. (Anm. 57). Es kann, wie in den Verhandlungen der Abg.-H.-Kommission ausgeführt wurde, bezüglich der Feststellung eines Fahrplanes natürlich die Verzichtleistung einer Einwirkung auf denselben seitens der Behörde nur fakultativ ausgesprochen werden, da es nicht in allen Fällen möglich sein werde, auf die Feststellung eines solchen zu verzichten. Hat aber die Behörde von der Befugnis Gebrauch gemacht, d. h. zu Gunsten des Unternehmers von der alsbaldigen Feststellung über den Fahrplan abgesehen, so muß sie doch sofort in der Genehmigung den Zeitraum festsetzen, für welchen von der Feststellung abgesehen wird. Letzteres ist obligatorisch. Freilich ist diese Verpflichtung insofern von wenig Belang, als eine Maximalgrenze für diesen Zeitraum im Gesetze nicht bezeichnet ist, derselbe mithin beliebig weit bemessen und unter Umständen — bei Konzessionen auf Zeit — sogar ganz mit der Zeitdauer der Genehmigung zusammenfallen kann. Noch bedeutungsloser aber wird die der Behörde auferlegte Pflicht zur Feststellung des Zeitraumes durch den zweiten Satz des Abs. 2, welcher ganz allgemein bestimmt, daß dieser Zeitraum — unbeschränkt — verlängert werden kann. Damit ist der Behörde volle Freiheit gegeben. Denn weder bestimmt das Gesetz, wie oft die Verlängerung nachträglich eintreten kann, noch begrenzt es den Zeitraum der zugelassenen Verlängerung. Diese Fristverlängerungen gehören nicht zu denjenigen, welche nach dem Stempelsteuergesetz vom 31. Juli 1895 (G.-S. S. 413), Tarif Nr. 22m Abs. 4, stempelpflichtig sind.

57a) In gleicher Absicht, wie im Abs. 2 betreffs Feststellung des Fahrplanes, § 14
enthält Abs. 3 in Bezug auf die Feststellung der Beförderungspreise Be- Abs. 3.
stimmungen, welche unter Modifikation der Grundsätze des Abs. 1 den Zweck verfolgen, das Unternehmen gegen behördliche Eingriffe zu schützen und seine finanzielle Lage tunlichst sicher zu stellen. Abs. 3 geht hierin noch wesentlich weiter als Abs. 2.

1. Zunächst gewährt Satz 1 dem Unternehmer einen bei der Genehmigung § 14
festzusetzenden Zeitraum von mindestens 5 Jahren nach der Betriebser- Abs. 3
öffnung, während dessen ihm die Feststellung der Beförderungspreise gänzlich frei Satz 1.
steht. Während in betreff der Feststellung des Fahrplanes es in das Ermessen der Behörde gestellt ist, dem Unternehmer innerhalb eines in der Genehmigung festzusetzenden Zeitraumes freie Hand zu lassen, so daß ihm ein Recht darauf an sich nicht zusteht (Anm. 56 s. oben), ist die Behörde hinsichtlich der Feststellung der Beförderungspreise verpflichtet, einen Zeitraum in der Genehmigung zu

bestimmen, innerhalb dessen der Unternehmer uneingeschränkt diese Preise selbständig festsetzen kann, und es muß der zu bestimmende Zeitraum mindestens 5 Jahre betragen. Die Behörde muß einen derartig bemessenen Zeitraum festsetzen, der Unternehmer ist berechtigt, die Festsetzung zu verlangen. Würde sie in der Genehmigung fehlen oder die Frist unter 5 Jahren bemessen sein, so würde er die bezügliche Ergänzung — event. mit den Rechtsmitteln des § 52 — fordern können, jedenfalls aber während der gesetzlichen Minimalfrist von 5 Jahren in der freien Feststellung der Preise nicht behindert werden dürfen. Die festgesetzte Frist beginnt mit dem Zeitpunkt der Eröffnung des Bahnbetriebs, womit der im § 19 bezeichnete Zeitpunkt gemeint ist.

§ 14 Abs. 3 Satz 2. 57b) 2. Sodann ist die Behörde auch nach Ablauf des in der Genehmigung festgesetzten Zeitraumes nicht befugt, die Beförderungspreise im einzelnen festzusetzen, sondern es steht ihr alsdann nach Satz 2 nur das Recht — nicht die Pflicht — zu, den Höchstbetrag der Beförderungspreise zu bestimmen. Innerhalb dieser behördlich festgesetzten Maximalsätze kann der Unternehmer sich frei bewegen, d. h. nach eigenem Ermessen die Preise bestimmen. Freilich kann, wenn die Festsetzung des Höchstbetrages für jede einzelne Güter- rc. Kategorie erfolgen soll, dies zu sehr schwierigen und weitläufigen Bestimmungen führen. Indes ist die Festsetzung eines Höchstbetrages wohl nur so gedacht, daß für die einzelnen Klassen des bestehenden Gütertarifschemas Normal-(Maximal-)Transportgebühren festgesetzt werden, und ebenso für die einzelnen Kategorien der Züge und Personenklassen. (I. Lesg. d. Abg.-H. Sten. Ber. S. 1825.) Diese Festsetzungen werden sodann in den gemäß Abs. 4 in der Genehmigung zu bezeichnenden Perioden erneuter Prüfung und Feststellung unterzogen.

Immerhin ist damit eine sehr erhebliche Machtbefugnis in die Hand der Behörde gelegt. Denn nach Ablauf der ersten 5 Jahre kann sie nach ihrem Ermessen den Höchstbetrag, d. h. die nicht zu überschreitende Maximalgrenze, bestimmen und nur innerhalb dieser dürfen sich die Preise bewegen, welche der Unternehmer zu fordern befugt ist. Daß sie hiernach z. B. in der Lage ist, für Straßenbahnen den 10-Pfennig-Tarif einzuführen, indem sie einem höheren Satze ihre Genehmigung versagt, kann einem begründeten Bedenken nicht unterliegen. (A. M. Hilse, Zeitschr. f. Transportw. und Straßenb. 1895 Nr. 38 S. 551.) Denn daß die Verbilligung der Beförderungspreise in eminentem Grade „im Interesse des öffentlichen Verkehrs“ (Abs. 1) liegt, wird wohl nicht bestritten werden können. Wohl aber stehen dem Unternehmer, falls er sich dadurch beschwert fühlt, gegen diese Festsetzung des Höchstbetrages die Rechtsmittel des § 52 zu, die er insbesondere auf die etwaige Verletzung der Bestimmungen des Satzes 3 zu stützen haben wird.

§ 14 Abs. 3 Satz 3. 57c) Satz 3 enthält im Interesse der Kleinbahnunternehmungen die gesetzliche Direktive, daß hierbei — d. h. sowohl bei Feststellung des freien Zeitraumes (Satz 1), wie des Höchstbetrages (Satz 2) — auf die finanzielle Lage des Unternehmens und auf eine angemessene Verzinsung und Tilgung des Anlagekapitals Rücksicht zu nehmen ist. (K. Hilse, d. Selbstverw. 1901 Jahrg. 28 Nr. 39 S. 610.) Die Ausführung dieser Direktive wird in der Regel nicht ohne Schwierigkeit sein und komplizierte Berechnungen erfordern. Mit Rücksicht darauf erscheint die Annahme berechtigt, daß dem Unternehmer auf Antrag von der Behörde auch innerhalb der zur Prüfung und erneuten Feststellung festgesetzten Zeiträume eine Erhöhung der Maximalsätze gestattet werden kann.

§ 15.

Der Aushändigung der Genehmigungsurkunde müssen die nach § 11 geforderten Sicherstellungen vorausgehen.

58) Prinzip und Entstehungsgeschichte des § 15. § 15 Prinzip.

I. Prinzip. § 15 enthält im Anschluß an § 6 Abs. 2 und 11 die Bestimmung, daß die nach § 11 geforderten Sicherstellungen der Aushändigung der Genehmigungsurkunde vorausgehen müssen. Da mit der Aushändigung der Genehmigungsurkunde die Genehmigung erst formell perfekt und der Unternehmer zum Bau und Betriebe rechtlich legitimiert wird, so bildet die Bestimmung des § 15 ein geeignetes Sicherungsmittel für die von den Sicherstellungen aus § 11 Interessierten — Wegeunterhaltungspflichtigen und Behörden —, daß der Unternehmer von seinen Rechten aus der Genehmigung nicht eher Gebrauch machen kann, bis er der Pflicht zur Sicherstellung genügt hat. Freilich würde, da die Auflage der Sicherstellungen zu den Konzessionsbedingungen gehört, die Behörde auch nachträglich noch durch die ihr gemäß §§ 19, 22, 24 gewährten Zwangsmittel in der Lage sein, die Erlegung der Sicherstellungen vom Unternehmer zu erlangen. Indes erschien es doch angezeigt, den Interessenten diese Sicherstellungen schon von vornherein durch die Vorschrift des § 15 zu sichern. In betreff der Form und des Inhalts der Genehmigungsurkunde wird auf § 2 Anm. 6 S. 47, 48 verwiesen.

Diese Tendenz des § 15 ergibt sich auch aus der Entstehungsgeschichte desselben. § 15 Entstehung.

Die Regierungs-Vorlage (§ 12 Abs. 2) lautete (Herrenh. Aktst. Nr. 34 S. 59): „Ist dem Unternehmer Sicherstellung für die Wegeunterhaltung und Wiederherstellung, für Ausführung der Bahn, für den Beginn oder die Aufrechterhaltung des Betriebes zur Pflicht gemacht (§§ 6 und 10), so muß diese der Aushändigung der Genehmigung ebenfalls vorausgehen" und war wie folgt motiviert (Herrenh. Aktst. Nr. 34 S. 66): „Die vorgängige Sicherstellung in denjenigen Fällen, in denen solche im Interesse der Wegebaupflichtigen oder im Interesse des öffentlichen Verkehrs für notwendig erachtet ist, erscheint zur Sicherstellung der beteiligten Interessen aus dem Grunde unerläßlich, weil mit der Aushändigung der Genehmigung die Inangriffnahme des Baues erfolgen kann."

In der Kommission des Abg.-H. (Abg.-H. Aktst. Nr. 206 S. 2284 und S. 2303) wurde zunächst dieser Absatz — weil materiell nicht zu § 12 gehörig — von diesem getrennt und als besonderer Paragraph 11 b (später § 15) dem § 12 (16) vorangestellt. Zugleich wurde die Bestimmung redaktionell in die abgekürzte Fassung gebracht, in der sie definitiv angenommen worden und in den Tenor des Gesetzes übergegangen ist (Sten. Ber. S. 1994).

59) 1. Die Bestimmung des § 15, daß die nach § 11 geforderten Sicherstellungen der Aushändigung der Genehmigungsurkunde vorausgehen müssen, ist für beide Teile — die genehmigende Behörde und die Unternehmer — nach der absoluten Fassung des § 11 obligatorisch. Einerseits ist die genehmigende Behörde verpflichtet, die Sicherstellungen, wenn und soweit sie gemäß §§ 6 und 11 dem Unternehmer auferlegt sind, vor der Aushändigung der Genehmigungsurkunde zu fordern, und andererseits ist der Unternehmer verpflichtet, dieselben vorher zu leisten. „Die Sicherstellungen müssen vorausgehen." Unterläßt die Behörde die vorgängige Einforderung, so kann sie von den Interessenten im Beschwerdewege, § 15 Einziger Abs.

von den vorgesetzten Instanzen im Aufsichtswege dazu angehalten werden. Unterläßt der Unternehmer die Leistung, so wird ihm, bis diese in vollem Umfange geschehen, die Aushändigung der Genehmigungsurkunde vorenthalten. Er hat auf diese nicht eher einen Anspruch, als er die Sicherstellungen bewirkt hat. Voraussetzung ist, daß überhaupt Sicherstellungen der im § 11 bezeichneten Art gefordert sind. Diese Forderungen sind im Falle des § 6 Abs. 2, § 11 Abs. 1 davon abhängig, daß ein öffentlicher Weg für den Bau und Betrieb der Bahn benutzt wird, und in den Fällen des § 11 Abs. 2 u. 3 von dem Ermessen der genehmigenden Behörde. Daher hatte § 15 nach der Reg.-Vorlage eine nur konditionelle Fassung und kann auch die jetzige Fassung „geforderten" nur so verstanden werden: „wenn und soweit sie gefordert werden." In formeller Hinsicht tritt die Schwierigkeit hervor, daß diese Sicherstellungsforderungen an sich zu den Genehmigungsbedingungen gehören, d. h. integrierende Teile der Genehmigung bilden und daß somit infolge der Vorschrift des § 15 die Erfüllung von Genehmigungsbedingungen vom Unternehmer gefordert und geleistet werden muß, bevor noch die Genehmigung durch Aushändigung der Genehmigungsurkunde rechtlich perfekt geworden ist. Es muß zum Zwecke der vorgängigen Erfüllung dem Unternehmer ein Teil der Bedingungen schon vor der Aushändigung der Genehmigungsurkunde mitgeteilt und gewissermaßen eine Vorleistuug derselben von ihm gefordert werden. Die Sicherstellungsauflagen stellen sich daher eigentlich nicht sowohl als Konzessionsbedingungen wie vielmehr als Bedingungen dar, von deren Erfüllung die Erteilung der Genehmigung abhängig gemacht ist, als Voraussetzungen der Genehmigung.

2. Die Bestimmung des § 15 umfaßt sämtliche nach § 11 geforderten Sicherstellungen. Dies sind I. für die Unterhaltung und Wiederherstellung der durch die Bahnanlage benutzten öffentlichen Wege II. für die Erlegung von Geldstrafen: a) im Falle nicht rechtzeitiger Ausführung der Bahn (Anm. 47 S. 188ff.), b) im Falle nicht rechtzeitiger Eröffnung des Betriebs (Anm. 47 S. 184ff.), c) im Falle der Nicht-Aufrechterhaltung des ordnungsmäßigen Betriebes während der Dauer der Genehmigung (Anm. 48 S. 186ff). Der Annahme Scharmers (Zeitschr. f. Kleinb. 1896 S. 212), daß diese Sicherstellungen nicht kumulativ geleistet zu werden brauchen, sondern auch nacheinander geleistet werden können, kann nicht beigetreten werden; denn nach § 15 müssen alle nach § 11 geforderten Sicherstellungen der Aushändigung der Genehmigungsurkunde vorausgehen. (A. M. Gleim S. 120.)

3. Jede Sicherstellung (Ziff. 2) ist selbständig und für sich bestehend. Sie muß daher besonders erlegt und die Erlegung einer jeden der genehmigenden Behörde vor der Aushändigung der Genehmigungsurkunde vollständig und glaubhaft nachgewiesen werden. Es kann nicht etwa die Erlegung einer Sicherstellung (z. B. für Wegeunterhaltung) zugleich auch für eine andere Sicherstellung (für Zahlung der Geldstrafen im Falle nicht fristgemäßer Bauausführung 2c.) gelten.

4. Die Entscheidung über die Arten der Sicherheitsstellung ist — mangels einer Bestimmung des Gesetzes — der genehmigenden Behörde nach Maßgabe der Kautionsarten des bürgerlichen Rechts überlassen.

§ 16.[60])

Die Genehmigung, welche für eine Aktiengesellschaft, eine Kommanditgesellschaft auf Aktien oder eine Gesellschaft mit beschränkter

Haftung behufs Eintragung in das Handelsregister (Art. 210 Abs. 2 Nr. 4, Art. 176 Abs. 2 Nr. 4 des Deutschen Handelsgesetzbuchs, § 8 Nr. 4 des Reichsgesetzes vom 20. April 1892 — Reichs-Gesetzblatt S. 477 —) ausgehändigt worden ist, tritt erst in Wirksamkeit, wenn der Nachweis der Eintragung in das Handelsregister geführt ist.[60])

Ausführungsanweisung vom 13. August 1898.

Zu § 16.

Mit der Aushändigung der Genehmigungsurkunde an einen Unternehmer, welcher nicht eine der in § 16 bezeichneten Gesellschaften ist, muss auch die Veröffentlichung der Genehmigung in dem Amtsblatt derjenigen Regierung, in deren Bezirk die Bahn belegen ist, veranlasst werden. Von jeder erteilten Genehmigung ist Abschrift dem Minister der öffentlichen Arbeiten durch die Genehmigungsbehörde einzureichen.

Die Veröffentlichung einer Genehmigung, welche einer der in § 16 bezeichneten Gesellschaften erteilt ist, darf erst erfolgen, nachdem der genehmigenden Behörde der Eintrag im Handelsregister nachgewiesen ist. Die Zeit des Eintrags ist von der letzteren in der Genehmigungsurkunde zu vermerken und in der öffentlichen Bekanntmachung anzugeben.

Sollte die Genehmigung für eine Kleinbahn einer Genossenschaft erteilt werden, so ist die Genehmigungsurkunde vor ihrer Aushändigung an den Unternehmer dem zur Führung des Genossenschaftsregisters zuständigen Gerichte mit dem Ersuchen um Eintrag in dieses Register und demnächstige Rückgabe der Urkunde mitzuteilen. Erst nach deren Wiedereingang und nach Vermerk des Eintrags auf derselben darf die Aushändigung an den Unternehmer und die Veröffentlichung in dem Amtsblatte stattfinden.

60) Prinzip und Entstehungsgeschichte des § 16. § 16 Prinzip.

I. Prinzip. Die Bestimmung des § 16, wonach die für Aktiengesellschaften, Kommanditgesellschaften auf Aktien und Gesellschaften mit beschränkter Haftung ausgehändigten Genehmigungen erst mit dem Nachweis der Eintragung in das Handelsregister in Wirksamkeit treten, hat ihren Grund in den Art. 210, 211 bezw. Art. 176, 178 des alten H.-G.-B. bezw. seit 1. Januar 1900 in den §§ 195, 200 und §§ 320, 328 des neuen H.-G.-B. und §§ 8 und 11 des Reichs-Ges. vom 20. April 1892, wonach diese Gesellschaften als solche erst mit der Eintragung in das Handelsregister rechtlich existent werden und behufs ihrer Eintragung in das Handelsregister dem Handelsgerichte die staatliche Genehmigungsurkunde vorgelegt werden muß. Einerseits war es durch diese reichsgesetzlichen Vorschriften geboten, den Gründern (Gründungskomitees) der genannten Gesellschaften die Genehmigungsurkunden zum Zwecke der Eintragung in das Handelsregister auszuhändigen, weil nur auf diese Weise die Rechtsexistenz der Gesellschaft herbeigeführt werden konnte, d. h. die Aushändigung der Genehmigungs-Urkunde noch vor der rechtlichen Entstehung der Persönlichkeit zu bewirken, für welche dieselbe gelten sollte, Andererseits erschien es den Interessen des Staates widersprechend, die Genehmigung für eine Person (Gesellschaft) auszuhändigen, welche z. Z. der Aushändigung überhaupt noch gar nicht rechtlich existent war und möglicherweise es auch nicht wurde, weil die Gefahr des Mißbrauchs derartiger Genehmigungen nahe liegt.

Um diesem Übelstande zu entgehen, hatte der Reg.-Entw. vorgeschlagen, daß die Genehmigung für ein Kleinbahnunternehmen, welches von einer Aktiengesellschaft ꝛc. ausgeführt werden soll, erst ausgehändigt werden darf, wenn der Nachweis der Eintragung in das Handelsregister geführt ist. Ohne nähere Erläuterung erschien jedoch hierdurch die bestehende Kollision nicht gehoben. Denn danach soll die genehmigende Behörde die Genehmigungsurkunde erst aushändigen, nachdem der Nachweis der Eintragung in das Handelsregister geführt ist. Andererseits darf das Handelsgericht die Eintragung in das Register erst bewirken, nachdem ihm die Genehmigungsurkunde vorgelegt ist. Nun hat zwar der Regierungskommissar der vorgeschlagenen Bestimmung in den Beratungen der Abg.-H.-Kommission eine Deutung gegeben, welche den Widerspruch beseitigt, indem er die Bestimmung dahin verstanden wissen will, daß die Genehmigungsurkunde seitens der genehmigenden Behörde dem Registerrichter direkt mit dem Ersuchen mitzuteilen sei, daß nach Eintragung der Gesellschaft in das Handelsregister die Aushändigung der Genehmigungsurkunde an diese erfolgen könne. Der Reg.-Entw. will also nur besagen, daß die Genehmigung nicht an die Gründer (Gründungskomitee) ausgehändigt werden dürfe, wohl aber an den Registerrichter, der nach erfolgter Eintragung die Aushändigung an die hierdurch nunmehr rechtsbeständig gewordene Gesellschaft zu bewirken habe. Indes fand der Reg.-Entw. nicht die Billigung der Kommission. Vielmehr hielt es diese für besser, zur Lösung der Kollision den Regierungs-Entwurf dahin abzuändern, daß die erforderliche Genehmigung für die genannten Gesellschaften zwar schon vor der Eintragung in das Handelsregister auszuhändigen sei, daß diese Genehmigung aber erst in Wirksamkeit trete, wenn der Nachweis der Eintragung der Gesellschaft in das Handelsregister geführt sei.

Es wäre jedoch de lege ferenda richtiger gewesen, den Regierungsvorschlag in einer der Deklaration des Regierungskommissars entsprechenden Fassung anzunehmen. Denn es erscheint sehr zweifelhaft, ob die Vorlegung einer Genehmigungsurkunde, welche nach landesgesetzlicher Bestimmung noch nicht in Wirksamkeit getreten und deren künftige Wirksamkeit von dem Eintritt einer nicht im Willen der genehmigenden Behörde liegenden Tatsache abhängig gemacht ist, den obigen reichsgesetzlichen Vorschriften des H.-G.-B. und des Ges. v. 20. April 1892 entspricht. Diese Vorschriften erfordern schlechthin und unbeschränkt, daß der Anmeldung behufs Eintragung in das Handelsregister die Genehmigungsurkunde beigefügt sein muß. Es ist damit ohne Zweifel eine rechtswirksame Genehmigungsurkunde gemeint, nicht eine solche, welche rechtlich noch nicht wirksam und deren Rechtswirksamkeit bedingt ist.

§ 16 Entstehung. II. Der Entstehungsgeschichte ist für das Verständnis des § 16 folgendes zu entnehmen.

Der Reg.-Entwurf § 12 Abs. 1 lautete (Herrenh. Aktst. Nr. 84 S. 59):

„Die Genehmigung für ein Unternehmen, welches von einer Aktiengesellschaft oder von einer Kommanditgesellschaft auf Aktien ausgeführt werden soll, darf erst ausgehändigt werden, wenn der Nachweis der Eintragung in das Handelsregister geführt ist."

und war, wie folgt, motiviert (Herrenh.-Aktst. Nr. 84 S. 66): „Daß, sofern eine Aktien- oder Kommanditgesellschaft auf Aktien als Unternehmer auftritt, den Bestimmungen der Artikel 176 u. 210 des Reichsgesetzes v. 18. Juli 1884 (Reichs=Gesetzbl. S. 123) von deren Erfüllung die Rechtsbeständigkeit der Gesellschaft abhängt, genügt sein muß, bevor die Genehmigung erteilt wird, bedarf der näheren Begründung nicht."

In der Kommiss. des Abg.=Haus. (Abg.=H. Aktst. Nr. 206 S. 2284/85, 2303) wurde hervorgehoben, daß nach der Fassuug dieses Paragraphen in der Regierungsvorlage die Genehmigung für ein Unternehmen, welches von einer Aktiengesellschaft oder von einer Kommanditgesellschaft auf Aktien geführt werden solle, erst ausgehändigt werden dürfe, wenn der Nachweis der Eintragung in das Handelsregister geführt sei. Andererseits fordere aber das Handelsgesetzbuch, daß vor der Eintragung in das Handelsregister dem Handelsrichter der Nachweis der behördlichen Genehmigung beigebracht werde. Hierdurch käme der Unternehmer in eine schwierige Lage, da von beiden Behörden gefordert werde, daß der von der anderen Behörde zu bescheinigende Nachweis ihr vorher erbracht werden müsse.

Der Regierungskommissar erwiderte darauf: Ein Widerspruch mit dem Art. 210 des Handelsgesetzbuchs in der Fassung des Reichsgesetzes vom 18. Juli 1884 sei in der Bestimmung des Entwurfs in dem Sinne, in welchem sie von der Staatsregierung aufgefaßt werde, nicht enthalten. Jede Gefahr werde vermieden, wenn auf Antrag des Unternehmers die Genehmigungsbehörde dem Handelsregisterrichter die Genehmigungsurkunde mit dem Bemerken mitteilte, daß nach dem Eintrage der Gesellschaft in das Handelsregister der Aushändigung derselben an den Unternehmer nichts im Wege stehe. Der Handelsregisterrichter würde der Genehmigungsbehörde von der erfolgten Aushändigung Nachricht zu geben haben. Um ein derartiges Verfahren zu ermöglichen, bedürfe es nur der Aufnahme des allgemeinen Satzes in das Gesetz, daß die Aushändigung der Genehmigung an den Unternehmer erst nach dem Eintragen der Aktiengesellschaft in das Handelsregister geschehen dürfe, wie dieser im Art. 12 Abs. 1 Ausdruck gefunden habe. Von einem Mitgliede der Kommission wurde der Antrag gestellt, dem Paragraphen die Fassung zu geben, wie derselbe jetzt in der Kommissionsvorlage vorliegt. Der Regierungskommissar erklärte sich damit einverstanden, damit auch der Schein eines Widerspruchs mit dem Handelsgesetzbuch vermieden werde, wenngleich ein solcher nach seinen Ausführungen nicht bestehe. Die Kommission nahm darauf den § 12 in folgender Fassung an:

> „Die Genehmigung, welche einer Aktiengesellschaft oder Kommanditgesellschaft auf Aktien behufs Eintragung in das Handelsregister (Art. 210 Abs. 2 Nr. 4 und Art. 176 Abs. 2 Nr. 4 Deutsches Handelsgesetzbuch) ausgehändigt worden ist, tritt erst in Wirksamkeit, wenn der Nachweis der Eintragung in das Handelsregister geführt ist".

In dieser Fassung wurde der Paragraph als § 16 auch in der II. Lesung des Abg.=H. unverändert angenommen (Abg.=H. Sten. Ber. S. 1994).

In der III. Lesung des Abg.=H. beantragte der Abg. Bödiker die in den Tenor des Gesetzes übergegangene erweiterte Fassung (Drucks. Abg.=H. Nr. 246 A und B S. 2365).

Die Bödikersche Fassung wurde mit einem Amendement des Abg. Krause, welcher statt „einer Aktiengesellschaft" 2c. die Worte: „für eine Aktiengesellschaft 2c. . . . ausgehändigt worden ist" vorschlug, weil es nicht korrekt sei, von der Aushändigung an eine Aktiengesellschaft 2c. zu sprechen, während diese als solche noch nicht rechtlich existent sei, sondern es erst durch die Eintragung werden solle, angenommen. (Sten. Ber. S. 2073, 2074.)

§ 16 Einziger Abs. 61) Grundsätzlich wird mit der Aushändigung der Genehmigung an den Unternehmer die Genehmigung perfekt und rechtswirksam, derartig, daß mit diesem Akt und Zeitpunkt dem Unternehmer die Ausübung der mit der Genehmigung verbundenen Rechte zusteht, wie ihm auch die Erfüllung der bezüglichen Pflichten obliegt. Von diesem Grundsatze bildet § 16 eine Ausnahme für drei Kategorien von Gesellschaften: Aktiengesellschaften, Kommanditgesellschaften auf Aktien und Gesellschaften mit beschränkter Haftung. Sind diese Gesellschaften Unternehmer, so tritt die Genehmigung nicht mit dem Zeitpunkte der Aushändigung der Genehmigungsurkunde in Kraft, sondern erst zu einem späteren Zeitpunkte, nämlich: wenn der Nachweis der Eintragung in das Handelsregister geführt ist.

1. Der Grund für diese Ausnahmebestimmung liegt darin, daß nach reichsgesetzlicher Vorschrift diese drei Gesellschaften: Aktiengesellschaften (Art. 211 [§ 200] Abs. 1 H.-G.-B.), Kommanditgesellschaften auf Aktien (Art. 178 Abs. 1 [§ 320 Abs. 3] H.-G.-B.), Gesellschaften mit beschränkter Haftung (§ 11 Abs. 1 Ges. v. 20. April 1892) als solche erst mit der Eintragung in das Handelsregister rechtsbestehend werden und daß Voraussetzung für diese Eintragung die Vorlegung der staatlichen Genehmigungsurkunde bei dem Handelsgerichte ist (H.-G.-B. Art. 210 Abs. 2 Nr. 4 [§ 195 Abs. 2 Nr. 6] — H.-G.-B. Art. 176 Abs. 2 Nr. 4 [§ 320 Abs. 3] — R.-G. v. 20. April 1892, § 8 Nr. 4). Wird die Genehmigungsurkunde behufs Herbeiführung der Eintragung in das Handelsregister ausgehändigt, so wird sie hiernach für eine als solche noch nicht rechtsbeständige Gesellschaft ausgehändigt. Mit einer derartigen Genehmigungsurkunde kann Mißbrauch getrieben werden. Um dies zu verhüten und das öffentliche Interesse zu wahren, ist daher bestimmt, daß die Aushändigung der Genehmigung nicht ohne weiteres, wie bei anderen Unternehmern, die Rechtswirksamkeit zur Folge hat, diese vielmehr erst eintritt, wenn der Nachweis der Eintragung in das Handelsregister und damit der Rechtsbeständigkeit der Gesellschaft geführt ist. Es ist bei Darlegung des Prinzips dieses Paragraphen (Anm. 60 S. 212) bereits darauf hingewiesen worden, daß vom Standpunkte des Reichsrechts die landesgesetzliche Vorschrift des § 16 nicht unbedenklich erscheint. Denn die Reichsgesetzgebung erfordert zum Zwecke der Eintragung die Vorlegung der staatlichen Genehmigungsurkunde schlechthin, d. h. einer unbedingten und rechtlich wirksamen, nicht einer solchen, deren Rechtswirksamkeit von noch zu erfüllenden Bedingungen — in casu: dem der Genehmigungsbehörde zu erbringenden Nachweise der Eintragung in das Handelsregister — abhängig gemacht ist, also eine bedingte ist. Es wird daher Sache des Registerrichters sein, zu prüfen, ob durch die Vorlegung einer derartig bedingten Genehmigungsurkunde den reichsgesetzlichen Erfordernissen entsprochen ist (Staub H.-G.-B. Art. 210 (§ 195) § 9. Behrend Lehrb. des Hand.-Rechts I, § 103 S. 730).

2. Die Ausnahmebestimmung des § 16 beschränkt sich auf die im § 16 ausdrücklich bezeichneten drei Kategorien von Gesellschaften — Aktiengesellschaften, Kommanditgesellschaften auf Aktien und Gesellschaften mit beschränkter Haftung — als diejenigen, welche zur Zeit allein, um als solche rechtsbeständig zu werden, der Eintragung in das Handelsregister bedürfen. Daraus folgt zunächst, daß, wenn für künftige Gesellschaftsformen gesetzlich zur Rechtsbeständigkeit die Eintragung in das Handelsregister vorgeschrieben sein sollte, nicht

ohne weiteres die Bestimmung des § 16 für dieselben gilt, vielmehr eine bezügliche Zusatzbestimmung zum § 16 erforderlich ist. Sodann ergibt sich aus § 16, daß alle anderen dort nicht bezeichneten Kategorien von Unternehmern der Beschränkung des § 16 nicht unterliegen, für dieselben die Wirksamkeit der Genehmigung also mit dem Momente der Aushändigung eintritt. Anscheinend sind aber bei der Fassung des § 16 die eingetragenen Genossenschaften übersehen worden, welche nach § 13 des Genossenschaftsgesetzes v. 1. Mai 1889 ebenfalls vor erfolgter Eintragung in das Genossenschaftsregister die Rechte einer solchen nicht erlangen. Um diese Omission zu beseitigen, ist in der Ausf.-Anw. Abs. 3 zum § 16 bestimmt, daß wenn die Genehmigung für eine Kleinbahn einer Genossenschaft erteilt werden sollte, die Genehmigungsurkunde vor ihrer Aushändigung an den Unternehmer dem zur Führung des Genossenschaftsregisters zuständigen Gerichte mit dem Ersuchen um Eintrag in dieses Register und demnächstige Rückgabe der Urkunde mitzuteilen ist. Erst nach deren Wiedereingang und nach Vermerk des Eintrags auf derselben darf die Aushändigung an den Unternehmer und die Veröffentlichung in dem Amtsblatte stattfinden.

3. § 16 spricht ausdrücklich von der Genehmigung, welche für eine Aktiengesellschaft rc. . . . ausgehändigt worden ist. Es ist damit in korrekter Weise dem Umstande Rechnung getragen, daß die Aktiengesellschaft rc. zur Zeit der Aushändigung als solche rechtlich noch nicht besteht. Die ursprüngliche inkorrekte Fassung: „der Aktiengesellschaft rc.", ist aus diesem Grunde abgeändert worden.

4. Durch die Worte: „tritt erst in Wirksamkeit", sind alle Rechtswirkungen der Genehmigung suspendiert, bezw. hinausgeschoben bis zu dem Zeitpunkte des erbrachten Nachweises der Eintragung der Gesellschaft in das Handelsregister. Freilich leidet diese Bestimmung an dem Fehler, daß eine Zeitdauer für die Erfüllung der Bedingung im Gesetze nicht angegeben ist; mithin die Wirksamkeit für eine unbegrenzte Zeit, wenn sich irgend welche Anstände der Eintragung ergeben, in suspenso bleiben kann. In der Ausf.-Anw. ist diese Lücke nicht ergänzt. Will man aber für den Nachweis der Eintragung eine unbegrenzte Zeit lassen, so tritt im öffentlichen Interesse der Nachteil hervor, daß, wenn sich für die Eintragung dieser Gesellschaft Anstände ergeben, deren Beseitigung jahrelange Zeit erfordert, dadurch anderen Unternehmern die Möglichkeit, die betr. Bahn anzulegen, genommen ist. De lege ferenda erscheint hier eine Fristbestimmung erforderlich. Die Unwirksamkeit der Genehmigung bis zum Nachweise der Eintragung hat zur Folge, daß bis dahin irgendwelche Rechte aus der Genehmigung nicht ausgeübt werden dürfen.

5. Der Zeitpunkt, mit welchem die Genehmigung für die im § 16 bezeichneten Gesellschaften in Wirksamkeit tritt, ist durch den Schlußsatz bestimmt: „wenn der Nachweis der Eintragung in das Handelsregister geführt ist." Die in Rede stehenden Gesellschaften werden mit dem Zeitpunkte der Eintragung in das Handelsregister als solche rechtsbeständig. Man hätte hiernach und nach der Motivierung des § 16 folgerichtig erwarten sollen, daß der Zeitpunkt der Eintragung zugleich als Zeitpunkt des Inkrafttretens der Genehmigung gesetzlich bestimmt werden würde. Die aus dem Regier.-Entwurfe übernommene Bestimmung, daß an Stelle dessen der Zeitpunkt des über die Eintragung geführten Nachweises entscheidend sein soll, erscheint weder korrekt, noch zweckmäßig. Nicht korrekt, weil mit der Eintragung die Gesellschaft rechtsbeständig wird und kein Grund vorliegt, die Wirksamkeit der Genehmigung noch weiter hinauszuschieben und von noch anderen

Momenten abhängig zu machen. Nicht zweckmäßig, weil an die Stelle eines gerichtskundigen, notorischen Faktums — desjenigen der Eintragung — eine schwer zu bestimmende Tatsache gesetzt ist, durch welche der Beginn der Wirksamkeit der Genehmigung ins Ungewisse gerückt ist. Die Wirksamkeit ist davon abhängig gemacht, daß der Nachweis der Eintragung in das Handelsregister geführt ist. Es ist nicht einmal gesagt, wem dieser Nachweis zu führen und wer darüber zu entscheiden hat. Aber angenommen, daß dies die genehmigende Behörde sei, so ist des weiteren nicht ersichtlich, wie dieser Nachweis der genehmigenden Behörde zu führen und an welche Beweisregeln sie dabei gebunden ist. Nach der vorliegenden Fassung des § 16 muß angenommen werden, daß die Wirksamkeit der Genehmigung erst mit dem Zeitpunkte eintritt, in welchem von der genehmigenden Behörde oder ev. im Instanzenwege (§ 52) der Nachweis der Eintragung ausdrücklich für geführt erklärt worden ist.

6. In betreff der Bekanntmachung der Genehmigung enthält die Ausf.=Anw. z. § 16 mehrere Bestimmungen, welche im öffentlichen Interesse die Veröffentlichung sowie die Mitteilung an den Minister der öffentlichen Arbeiten obligatorisch machen. (Vgl. oben S. 211.)

§ 17.[62])

Mit dem Bau von Bahnen, welche für den Betrieb mit Maschinenkraft bestimmt sind, darf erst begonnen werden, nachdem der Bauplan durch die genehmigende Behörde in folgender Weise festgestellt worden ist:[63])

1.[63a]) Der Planfeststellung werden die bei der Genehmigung vorläufig getroffenen Festsetzungen zu Grunde gelegt.

2.[64]) Plan nebst Beilagen sind in dem betreffenden Gemeinde- oder Gutsbezirke während vierzehn Tagen zu Jedermanns Einsicht offenzulegen. Zeit und Ort der Offenlegung ist ortsüblich bekannt zu machen.

Während dieser Zeit kann jeder Beteiligte im Umfange seines Interesses Einwendungen gegen den Plan erheben. Auch der Vorstand des Gemeinde- oder Gutsbezirkes hat das Recht, Einwendungen zu erheben, welche sich auf die Richtung des Unternehmens oder auf Anlagen der im § 18 dieses Gesetzes gedachten Art beziehen.

Diejenige Stelle, bei welcher solche Einwendungen schriftlich einzureichen oder mündlich zu Protokoll zu geben sind, ist zu bezeichnen.

3.[65]) Nach Ablauf der Frist (Nr. 2 Absatz 1) sind die gegen den Plan erhobenen Einwendungen in einem nötigenfalls an Ort und Stelle durch einen Beauftragten abzuhaltenden Termine, zu dem der Unternehmer und die Beteiligten (Nr. 2 Absatz 2) vorgeladen werden müssen und Sachverständige zugezogen werden können, zu erörtern.

4.[66]) Nach Beendigung der Verhandlungen wird über die erhobenen Einwendungen beschlossen und erfolgt darnach die Feststellung des Planes sowie der Anlagen, zu deren Errichtung und Unterhaltung der Unternehmer verpflichtet ist (§ 18).

Der Beschluß wird dem Unternehmer und den Beteiligten zugestellt.

Der Feststellung (Absatz 1) bedarf es nicht, wenn eine Planfestsetzung zum Zwecke der Enteignung stattfindet.[67])

Wenn aus der beabsichtigten Bahnanlage Nachteile oder erhebliche Belästigungen der benachbarten Grundbesitzer und des öffentlichen Verkehrs nicht zu erwarten sind, kann, sofern es sich nicht um die Benutzung öffentlicher Wege, mit Ausnahme städtischer Straßen, handelt, der Minister der öffentlichen Arbeiten den Beginn des Baues ohne vorgängige Planfestsetzung gestatten.[68])

1) Ausführungsanweisung vom 13. August 1898.

Zu § 17.

Die Planfeststellung durch den Regierungspräsidenten erfolgt im Einvernehmen mit der zuständigen Eisenbahnbehörde.

Im allgemeinen hat die Planfeststellung erst nach der Genehmigung zu erfolgen. Sofern indessen in einzelnen Fällen Zweckmässigkeitsgründe gegen dies Verfahren sprechen, die Erteilung der Genehmigung nicht von vornherein bedenklich erscheint und der Unternehmer nicht widerspricht, können die Genehmigungsbehörden die Planfeststellung der Genehmigung vorangehen lassen oder die erstere gleichzeitig mit der Vorbereitung der Genehmigung vornehmen. Der Baubeginn darf erst gestattet werden, wenn Genehmigung und Planfeststellung, gleichgültig in welcher Reihenfolge, stattgefunden haben.

Anträge auf Entbindung von der vorgängigen Planfestsetzung sind dem Minister der öffentlichen Arbeiten so vorbereitet vorzulegen, dass alsbald Entscheidung getroffen werden kann.

62) Prinzip und Entstehungsgeschichte des § 17. § 17

I. Prinzip. § 17 ordnet für Bahnen, welche für den Betrieb mit Maschinenkraft bestimmt sind (§ 1 Abs. 2, § 8 Abs. 1 Ziff. 1), vor Beginn des Baues regelmäßig noch eine spezielle Feststellung des Bauplanes durch die genehmigende Behörde an (Abs. 1). Diese Bauplanfeststellung ist obligatorisch, sie darf nur in zwei Ausnahmefällen unterbleiben, nämlich 1. wenn eine Planfestsetzung zum Zwecke der Enteignung stattfindet (Abs. 2) und 2. wenn, weil aus der beabsichtigten Bahnanlage Nachteile oder erhebliche Belästigungen der benachbarten Grundbesitzer und des öffentlichen Verkehres nicht zu erwarten sind, der Minister der öffentlichen Arbeiten den Beginn des Baues ohne vorgängige Planfestsetzung gestattet (Abs. 3). § 17 unterscheidet also — wie dies auch an anderen Stellen des Gesetzes geschieht (z. B. inbetreff der Kompetenz zur Genehmigung: § 8, und zur Aufsicht: § 22, Rechtsmittel: § 52) — zwischen Bahnen ohne und mit Maschinenbetrieb. Während für den Bau der ersteren die allgemeine Planfeststellung genügt, welche auf Grund der vorgelegten technischen Prinzip.

Unterlagen und der vorgängigen polizeilichen Prüfung mit der Genehmigung eo ipso verbunden ist (§§ 4, 5 u. Ausf.-Anw. z. § 5), ist für die letzteren noch auf Grund jener allgemeinen Planfeststellung eine spezielle vorgeschrieben, welche dem Beginn des Baues vorangehen muß.

Nach Analogie des für die Haupt- und Nebenbahnen gemäß § 4 in Verbindung mit § 14 des Eisenb.-Ges. v. 1838 bestehenden speziellen Planfeststellungsverfahrens ist auch für die Kleinbahnen mit Maschinenbetrieb durch §§ 17 und 18 des Kleinbahngesetzes ein spezielles Feststellungsverfahren zum Schutze der durch die Anlage und den Betrieb dieser Bahnen gefährdeten öffentlichen und der Interessen des benachbarten Grundeigentums vorgeschrieben, welches dem Bau vorangehen muß. Nur insofern ist eine wesentliche Änderung getroffen, als, während für die Bahnen des Ges. v. 1838 das Verfahren nicht speziell gesetzlich geregelt ist, sondern sich nur usancemäßig entwickelt hat, das Verfahren für Kleinbahnen durch § 17 des Kleinb.-Ges. eine besondere Regelung erfahren hat, und zwar im Wesentlichen ganz nach Maßgabe der §§ 19—21 des Enteign.-Ges. vom 11. Juni 1874. Nur, wenn eine Planfestsetzung zum Zwecke der Enteignung stattfindet, soll sich — abgesehen von den Ausnahmefällen des Abs. 3 — das im § 17 Abs. 1 vorgeschriebene Verfahren erübrigen, weil der Zweck desselben alsdann im Enteignungsverfahren mit zur Erfüllung gebracht wird.

Das spezielle Bauplan- Feststellungsverfahren gemäß § 17 Abs. 1 soll jedoch nicht nur dann fortfallen, wenn eine Planfestsetzung zum Zwecke der Enteignung stattfindet (§ 17 Abs. 2), sondern auch zur Erleichterung und Förderung der Kleinbahnunternehmungen in allen Fällen, wo nach dem Ermessen des Ministers der öffentlichen Arbeiten aus der beabsichtigten Bahnanlage Nachteile oder erhebliche Belästigungen der benachbarten Grundbesitzer und des öffentlichen Verkehrs nicht zu erwarten sind. Indes ist diese Ausnahme von der Regel der Planfeststellung hinwiederum inbetreff derjenigen Fälle eingeschränkt worden, in welchen die Benutzung öffentlicher Wege in Betracht kommt. Mit Rücksicht auf die Wichtigkeit der alsdann in Frage stehenden Interessen, welche durch den Bahnbau berührt und verletzt werden können, erschien es nicht angezeigt, die Frage, ob eine spezielle Planfeststellung vorangehen und hierbei diese Interessen geprüft werden sollen, lediglich von dem individuellen Ermessen des Ministers abhängig zu machen. Man stellte daher für Fälle dieser Art die Regel des Abs. 1 wieder her bezw. machte dieselbe obligatorisch, jedoch mit Ausnahme derjenigen, in welchen es sich um die Benutzung städtischer Straßen handelt, weil bei diesen die Hauptbeteiligten, die Gemeinden, als Unterhaltungspflichtige schon an sich gemäß §§ 6 u. 7 gehört werden müssen und daher ihre Interessen zu wahren in den Stand gesetzt sind.

§ 17 Entstehung. II. Aus der Entstehungsgeschichte ist folgendes bemerkenswert:

Die Regier.-Vorlage schlug als § 18 eine Bestimmung (Herrenhaus Aktst. Nr. 34 S. 59) vor, wonach mit dem Bau von Bahnen, welche für den Betrieb mit Maschinenkraft bestimmt sind, erst begonnen werden darf, nach vorgängiger Planfeststellung unter sinngemäßer Anwendung der §§ 19—21 des Enteign.-Ges. v. 11. Juni 1874 und, wenn aus der beabsichtigten Bahnanlage Nachteile oder erhebliche Belästigungen der benachbarten Grundbesitzer und des öffentlichen Verkehrs nicht zu erwarten sind, der Minister der öffentlichen Arbeiten den Beginn des Baues ohne vorgängige Planfestsetzung gestatten darf.

Die Begründung (a. a. O. S. 66), welche sich zugleich auf den folgenden

§ 14 (§ 18 des Gesetzes) erstreckte, lautete: „Bahnen, welche mit Maschinenkraft betrieben oder wenigstens für den Betrieb mit Maschinenkraft eingerichtet werden sollen, nähern sich den Nebenbahnen auf Grund des Gesetzes vom 3. Novbr. 1838 auch darin, daß, namentlich wenn sie einen Straßenkörper nicht benutzen, eine ähnliche Rückwirkung auf das umgebende Gelände, wie seitens jener, eintreten kann. Es erscheint daher notwendig, den beteiligten öffentlichen und Privatinteressen gegenüber solchen Bahnen denselben Schutz zu gewähren, welcher ihnen durch § 14 des Gesetzes über die Eisenbahnunternehmungen vom 3 Novbr. 1838 und § 14 des Enteign.-Ges. v. 11. Juni 1874 bei den Eisenbahnen im engeren Sinne des Wortes gewährt ist. Wenn auch in erster Linie die Sicherstellung dieser Interessen von Amts wegen zu erfolgen haben wird, so empfiehlt sich doch, in allen Fällen, und zwar auch in denjenigen, in denen eine Enteignung von Grundeigentum nicht in Frage kommt, durch ein förmliches Verfahren mit öffentlicher Auslegung des Planes den Beteiligten die Gelegenheit zu bieten, ihre Interessen gegenüber der Festsetzung des Planes selbst wahrzunehmen. Um indes zu vermeiden, daß durch das umständliche und kostspielige förmliche Planfeststellungsverfahren nützliche Unternehmungen der bezeichneten Art auch da verzögert und erschwert werden, wo nach der Natur des Unternehmens eine Gefährdung öffentlicher oder privater Interessen nicht anzunehmen ist, war dem Ressortminister die Befugnis beizulegen, in den hierzu geeigneten Fällen die Abstandnahme von dem förmlichen Planfeststellungsverfahren zu genehmigen. Der Ausdruck „öffentlicher Verkehr" im Sinne dieses Paragraphen schließt auch den Telegraphenverkehr in sich."

In der Kommission des Abg.-H. (Abg.-H. Aktst. Nr. 206 S. 2285) war von mehreren Mitgliedern der Antrag gestellt worden, statt eines allgemeinen Hinweises auf die sinngemäße Anwendung der §§ 19—21 des Enteign.-Ges. die dem Inhalt derselben entsprechenden Bestimmungen in den vorliegenden Paragraphen aufzunehmen.

Der Antrag wurde damit begründet, daß die Art und Weise, in welcher die sinngemäße Anwendung der §§ 19—21 des Gesetzes vom 11. Juni 1874 zu erfolgen habe, nach der Fassung der Regierungsvorlage Zweifeln unterworfen sein könne. Es habe daher in dem vorliegenden Antrage das stattzufindende Verfahren seinen besonderen Ausdruck gefunden. Der Regierungskommissar erwiderte hierauf, daß die Regierungsvorlage sich zur Vermeidung von Weitläufigkeiten auf die Zitierung der Paragraphen beschränkt habe, weil eine solche üblich sei.

Der Antrag wurde hierauf in der vorgeschlagenen Fassung mit unwesentlichen Änderungen von der Kommission angenommen (Abg.-H. Aktst. Nr. 206 S. 2303/4).

In der II. Lesg. des Abg.-Hauses stellte der Abg. Hansen den Antrag (Abg.-H. Aktst. Nr. 282), im dritten Absatz des § 13 (17) die in der Kommissionsfassung fehlenden Worte einzuschalten: „sofern es sich nicht um Benutzung öffentlicher Wege handelt". Er machte zur Begründung geltend (Abg.-H. Sten. Ber. S. 1995/8), daß die durch Abs. 3 in seiner bisherigen Fassung dem Minister der öffentlichen Arbeiten erteilte Ermächtigung, nach freiem Ermessen von dem speziellen Feststellungsverfahren (Abs. 1) abzusehen, wenn aus der Bahnanlage Nachteile oder erhebliche Belästigungen der benachbarten Grundbesitzer und des öffentlichen Verkehrs nicht zu erwarten sind, für diejenigen Fälle zu weit gehe, in welchen es sich um die Benutzung öffentlicher Wege handle.

Obwohl der Minister diesem Antrage widersprach, weil der durch Abs. 3

gewährte Schutz ausreichend sei, wurde derselbe doch angenommen (Abg.=H. Sten. Ber. S. 1998).

In der III. Lesg. des Abg.=Hauses stellte der Abg. Hansen den Antrag (Abg.=H. Aktst. Nr. 250 S. 2879), im § 17 Abs. 3 nach den Worten „öffentlicher Wege" einzuschalten die in der bisherigen Fassung fehlenden Worte: „mit Ausnahme städtischer Straßen", während die Abg. Hammacher und Simon beantragten, die in der II. Lesung in den Abs. 3 eingefügten Worte: „sofern es sich nicht um die Benutzung öffentlicher Wege handelt" wieder zu streichen (Abg.=H. Sten. Ber. S. 2074/89).

Der Abg. Hammacher begründete den Antrag auf Streichung mit Hinweis darauf, daß die Eisenbahnanlagen wesentlich verzögert und verteuert werden würden, wenn in allen Fällen der Benutzung öffentlicher Wege das Planfeststellungsverfahren des Abs. 1 obligatorisch gemacht werden würde, und daß man es der Ministerialinstanz wohl überlassen könne, über die Notwendigkeit des Verfahrens im Einzelfalle Entscheidung zu treffen.

Demgegenüber blieb der Abg. Hansen bei seiner schon in der II. Lesung begründeten Auffassung stehen, wollte aber insofern eine Modifikation eintreten lassen, als die Benutzung städtischer Straßen in Betracht komme, weil bei diesen die beteiligten Gemeinden zugleich die Unterhaltungspflichtigen sind und als solche gemäß § 6 Gelegenheit haben, ihre Interessen wahrzunehmen. Hierauf wurde der Streichungsantrag Hammacher=Simon abgelehnt und der Antrag Hansen, mithin Abs. 3 in der Fassung des Gesetzes angenommen. (Sten. Ber. Abg.=H. S. 2080.)

§ 17 Abs. 1. 63) Abs. 1 des § 17 schreibt für Bahnen, welche für den Betrieb mit Maschinenkraft bestimmt sind, ein spezielles Planfeststellungsverfahren vor, derartig, daß mit dem Bau solcher Bahnen, abgesehen von den in den Abs. 2 und 3 vorgesehenen Ausnahmen — nicht eher begonnen werden darf, bis der Bauplan durch die genehmigende Behörde in der im Abs. 1 Ziff. 1—4 bestimmten Weise festgestellt worden ist. Während für den Bau der Bahnen — ohne Maschinenbetrieb die allgemeine der Genehmigung vorhergehende Prüfung und Feststellung des Planes gemäß §§ 4, 5 genügt, muß grundsätzlich bei Bahnen mit Maschinenbetrieb noch die spezielle Feststellung des Bauplanes gemäß § 17 Abs. 1 hinzutreten, sofern nicht die Ausnahmefälle der Abs. 2 u. 3 vorliegen.

1. Die Vorschrift des § 17 bezieht sich ausschließlich auf Bahnen, welche für den Betrieb mit Maschinenkraft bestimmt sind. Welche Bahnen hierunter zu verstehen sind, ist bereits bei § 1 Anm. 8 S. 25ff. und § 3 Anm. 10 S. 64ff. eingehend erörtert.

2. Mit dem Bau von Bahnen mit Maschinenbetrieb darf erst nach erfolgter spezieller Planfeststellung seitens der genehmigenden Behörde begonnen werden. Diese Vorschrift enthält, abgesehen von den Ausnahmen des Abs. 2 u. 3, ein absolutes Verbot, sie ist obligatorisch und jede Zuwiderhandlung macht den Unternehmer nicht nur im Aufsichtswege strafbar (§§ 22, 24), sondern auch privatrechtlich dem dadurch Geschädigten verantwortlich. Auch kann polizeilich der Bau inhibiert werden. Der Unternehmer muß sich also den Polizeibehörden gegenüber durch den ihm gemäß Ziff. 4 zugestellten Planfeststellungsbeschluß als zum Bau legitimiert erweisen.

Vgl. hierzu den bei § 11 Anm. 47 S. 185 mitget. Erl. v. 29. Juni 1895, betr. den Baubeginn v. Kleinbahnen sowie den Beginn der gemäß § 11 des Kleinb.=Ges.

festgesetzten Frist zur Herstellung und Betriebseröffnung (Min.-Bl. d. i. V. S. 176) Verzeichnis Nr. 21.

3. Die Feststellung erfolgt durch die genehmigende Behörde, d. h. durch die gemäß § 3 zur Erteilung der Genehmigung der Bahn zuständige Behörde. An die Stelle des Bezirksausschusses, nach dem ursprünglich in der Kommission des Abg.-H. gestellten Antrage, wurde nach den Beschlüssen der Kommission die genehmigende Behörde gesetzt. Da es sich um Bahnen mit Maschinenbetrieb handelt, so ist gemäß § 3 Abs. 1 Nr. 1, wenn die Bahn innerhalb der Grenzen eines Regierungsbezirks liegt, der Regierungspräsident, für den Stadtkreis Berlin der Polizeipräsident, im Einvernehmen mit der vom Minister der öffentl. Arbeiten bezeichneten Eisenbahnbehörde als genehmigende Behörde zuständig (Anm. 10 S. 60ff.). Die Verhandlungen über die Feststellung des Planes bezw. die Prüfungs- u. Abnahmeprotokolle sind von den beiderseitigen Kommissarien zu vollziehen.

Erl. v. 28. August 1896 Zeitsch. f. Kleinb. III S. 518. Verzeichnis Nr. 30.

Die Eisenbahnbehörde hat zum Nachweis ihrer Mitwirkung bei Prüfung und Feststellung der Pläne einen Prüfungsvermerk auf dieselben zu setzen.

Erl. v. 25. Januar 1900 Zeitschr. S. 216. Verzeichnis Nr. 81.

Die Eisenbahnbehörde ist auch zur Mitwirkung bei der vorläufigen und definitiven Planfeststellung im Falle des Enteignungsverfahrens berufen. (§ 17 Abs. 2 f. Anm. 67.)

Erl. v. 21. November 1900 Zeitschr. f Kleinb. S. 138. Vgl. nch den Erl. d. Min der öffentl. Arb. v. 17. April 1894 betr. Prüfung der Entwürfe zu den im Zuge von Kleinbahnen vorkommenden Brücken und ähnlichen Bauwerken (Zeitschr. f. Kleinb. I S. 307). Verzeichnis Nr. 10 und 100.

In den Fällen des § 3 Abs. 2 hat der Ober-Präsident bezw. der Minister der öffentlichen Arbeiten im Einvernehmen mit dem Minister des Innern die zuständige Behörde zu bezeichnen (Anm. 12 S. 68ff.). Hiermit steht die Ausf.-Anw. Abs. 1 zum § 17, wonach die Planfeststellung in allen Fällen durch den Regierungs-Präsidenten im Einvernehmen mit der zuständigen Eisenbahnbehörde zu erfolgen hat, nicht im Einklange. Es sind die Fälle des § 3 Abs. 2 nicht berücksichtigt.

4. Der genehmigenden Behörde liegt die Feststellung des Bauplanes ob; sie hat sowohl für die vorbereitenden Handlungen (Ziff. 1 u. 2) und die Prüfung (Ziff. 3) Sorge zu tragen, wie auch den Feststellungsbeschluß zu fassen und die Zustellung desselben zu bewirken (Ziff. 4). Das Feststellungsverfahren des § 17 Abs. 1 ist — bis auf die Abweichung in der Kompetenz der Behörden —, wie in den Motiven der Regierungsvorlage hervorgehoben ist, den Bestimmungen der §§ 19—21 des Enteignungsgesetzes v. 11. Juni 1874 über das definitive Planfeststellungsverfahren nachgebildet. Es liegt daher nahe, auch die hierzu ergangenen Erlasse (s. Eger, Komm. z. Enteign.-Ges. 2. Aufl. Bd. II Anm. 174ff. S. 97ff.) insbesondere insoweit sie die Beschleunigung des Verfahrens betreffen (Erl. v. 4. Juni 1894 E.-V.-Bl. S. 133 — v. 20. Mai 1899 E.-V.-Bl. S. 162 Zeitschr. f. Kleinb. S. 378 — v. 12. Juni 1901 E.-V.-Bl. S. 217) sinngemäß zur Anwendung zu bringen. Auch der Zweck ist im Wesentlichen übereinstimmend. Hier wie dort ist eine vorläufige Prüfung und Feststellung von allgemeinen polizeilichen Gesichtspunkten aus bereits vorausgegangen. Das nunmehr folgende spezielle Feststellungsverfahren verfolgt den Zweck, auf der Grundlage dieser vorläufigen Feststellung die ins Einzelne gehenden, individuellen Interessen der Be-

teiligten zu prüfen, über ihre Anforderungen und Einwendungen hinsichtlich des Planes und über die erforderlichen Sicherungsanlagen zu verhandeln und zu entscheiden und solchergestalt den Plan in seinen einzelnen Teilen endgültig zur Feststellung zu bringen.

5. Was die Zeit der Planfeststellung gemäß § 17 anlangt, so ergibt schon die Stellung dieses Paragraphen im Gesetze die Absicht, daß die Genehmigung (§ 2) der Planfeststellung vorangehen soll. Zuerst ist die Genehmigung zu erteilen, und sodann die Planfeststellung zu bewirken. Auch in der Ausf.-Anw. v. 13. August 1898 wird daher als Regel vorgeschrieben, daß im allgemeinen die Planfeststellung erst nach der Genehmigung zu erfolgen hat. Doch soll von dieser Regel eine Ausnahme gemacht, d. h. die Planfeststellung der Genehmigung vorangestellt oder gleichzeitig mit der Vorbereitung für diese vorgenommen werden, wenn 1. in einzelnen Fällen Zweckmäßigkeitsgründe gegen das regelmäßige Verfahren sprechen, 2. die Erteilung der Genehmigung nicht von vornherein bedenklich erscheint und 3. der Unternehmer nicht widerspricht. Der Baubeginn darf aber in allen Fällen erst gestattet werden, wenn beides, Genehmigung und Planfeststellung, gleichgültig in welcher Reihenfolge, stattgefunden hat. (Zeitschr. f. Kleinb. 1898 S. 526.)

Der Grundsatz, daß die Genehmigung der Planfeststellung voranzugehen hat, entspricht dem Gesetze. Dagegen ist die zugelassene Ausnahme, in einzelnen Fällen umgekehrt zu verfahren, mit dem Gesetze nicht vereinbar. Dawider spricht zunächst die Tendenz des Gesetzes, welche auf die tunlichste Erleichterung der Kleinbahnanlagen gerichtet ist. Es würde diese Unternehmungen aber unverkennbar wesentlich erschweren, wenn der Unternehmer den Schwierigkeiten und Kosten der speziellen Planfeststellung unterworfen würde, ohne die Gewißheit der Genehmigung zu haben. Sodann bestimmt aber § 4 ausnahmslos für alle Kleinbahnunternehmungen, daß die Genehmigung auf Grund vorgängiger polizeilicher Prüfung, d. h. der im § 4 Ziff. 1—4 geordneten, zu erteilen ist. Eine Ausnahme in betreff der für Maschinenbetrieb bestimmten Bahnen ist nicht vorgeschrieben. Endlich ordnet § 17 Abs. 1 Ziff. 1 ausdrücklich an, daß der Planfeststellung die bei der Genehmigung vorläufig getroffenen Festsetzungen zu Grunde zu legen sind. Dies würde aber nicht geschehen können, wenn nicht die Gehmigung der Planfeststellung voranginge. Nach alledem erscheint es zweifellos, daß die Genehmigung der Planfeststellung vorangehen muß. Wenn daher auch Scharmer (Zeitschr. f. Kleinb. 1896 S. 218) und Gleim S. 128 aus Zweckmäßigkeitsgründen und insbesondere zur Vermeidung von Verzögerungen für die vorgängige oder gleichzeitige Vornahme des Planfeststellungsverfahrens plaidieren, so kann dies doch mit der Gesetzesbestimmung nicht für vereinbar erachtet werden.

6. Die Planfeststellung erfolgt auf Antrag des Unternehmers; seine Sache ist es, die für den Bau erforderlichen Voraussetzungen zu erfüllen. Er hat auch die baren Auslagen des Verfahrens zu tragen (§ 3 Ziff. 2b u. c), aber die Kosten durch Reisen der Regier.-Kommissarien sind hierzu nicht zu rechnen (Erl. v. 17. Mai 1894, Min.-Bl. d. i. V. S. 90). Die Behörde ist weder befugt, noch verpflichtet, die Planfeststellung von Amtswegen einzuleiten; schon deshalb nicht, weil sie nicht in allen Fällen stattfindet, vielmehr in den Fällen des Abs. 2 u. 3 unterbleibt. Wohl aber kann die Behörde den Unternehmer aus den bei § 11 Anm. 44 S.

179 ff. angeführten Gründen und mit Rücksicht auf § 24 im Aufsichtswege dazu anhalten, den Antrag auf Planfeststellung zu stellen, falls nicht einer der Fälle des Abs. 2 oder 8 nachweislich vorliegt. (Ent.=Ges. § 18 Abs. 1.) Der Antrag ist in schriftlicher Form, von dem hierzu legitimierten Unternehmer an die genehmigende Behörde zu richten. Gegen die Ablehnung des Antrags stehen ihm die Rechtsmittel des § 52 zu.

7. Dem Antrage hat der Unternehmer die mit der Genehmigung vorläufig getroffenen Festsetzungen, insbesondere den vorläufig festgestellten Bauplan nebst zugehörigen Beilagen beizufügen. (Vgl. hierzu Erl. d. Fin.=Min. betr. die Anfertigung v. Kopien u. Handzeichnungen von Katasterkarten f. Kleinbahnen v. 15. Januar 1894, Zeitschr. f. Kleinb. I 1894 S. 145). Zwar ist dies im § 17 nicht ausdrücklich ausgesprochen, aber es erhellt aus Abs. 1 Nr. 1 und 2, wonach die behördliche Prüfung und Feststellung auf Grund der bei der Genehmigung vorläufig getroffenen Festsetzungen (Nr. 1) bezw. auf Grund des Planes nebst Beilagen (Nr. 2) zu erfolgen hat. § 17 Nr. 1 erfordert nur die Zugrundelegung der bei der Genehmigung vorläufig getroffenen Festsetzungen. Zu diesen gehört vornehmlich der Bauplan nebst seinen Beilagen, Zeichnungen 2c. gemäß Ausf.=Anw. Abs. 1 Ziff. 1 zum § 5 (Anm. 22 S. 96 ff.) einschließlich der Angabe und Bezeichnung der nach § 4 Nr. 2 und § 18 erforderlichen Schutz= und Sicherungsanlagen, Parallelwege, Übergangs= und Zufahrtsrampen, deren Breite, Steigung und etwaige Befestigung, Durchlässe, Drainageanlagen 2c. (f. Anm. 18 S. 85 ff. u. Anm. 22 S. 96, Scharmer, Zeitschr. f. Kleinb. 1896 S. 214 u. Gleim S. 123.) Aus der Vorschrift im § 17 Nr. 2 Abs. 1 in betreff der Offenlegung des Planes nebst Beilagen in den einzelnen Gemeinde= und Gutsbezirken ergibt sich ferner, daß der vorzulegende Bauplan 2c. nicht als Ganzes, sondern in bezirksweisen Abschnitten beizufügen ist (Anm. 64 S. 224, Scharmer a. a. O. S. 214), und sodann aus der Vorschrift des § 17 Nr. 2 Abs. 2 in Verbindung mit § 18, daß in dem Bauplane die von der Bahn berührten Grundstücke angegeben sein müssen. Weiteres ist vom Gesetze nicht erfordert. Sollte im Einzelfalle die prüfende Behörde noch andere Stücke zum Zwecke der Feststellung des Bauplanes für notwendig erachten, so wird sich zwar der Unternehmer den bezüglichen Anforderungen nicht entziehen können. Gegen zu weit gehende und ihn unnötig beschwerende Auflagen kann er sich aber durch die Rechtsmittel des § 52 schützen. Die Angabe der Eigentümer der Grundstücke und Wege, sowie der Wegeunterhaltungspflichtigen und die Angabe der Art und des Umfanges der Belastung der qu. Grundstücke, sowie der etwa dritten Personen an den benutzten Wegen zustehenden Rechte ist nicht erforderlich. (Unrichtig Jerusalem § 17 Anm. 8.)

63a) Nach Abs. 1 Nr. 1 werden der Planfeststellung die bei der Genehmigung vorläufig festgestellten Festsetzungen zu Grunde gelegt. Aus dieser Bestimmung erhellt, daß die Genehmigung mit den vorläufigen Festsetzungen (§§ 2—5) der definitiven Planfeststellung (§ 17) vorausgehen muß (f. S. 222). Die vorläufigen Festsetzungen bestehen in der mit der Genehmigung verbundenen Festsetzung der technischen Unterlagen, insbesondere des Bauplanes gemäß §§ 4 u. 5 und Ausf.=Anw. v. 22. Aug. 1892, Ziff. 1 zum § 5 (f. Anm. 22 S. 96 ff., Anm. 24 S. 101), ferner in der Bestimmung der für die Anlage zu benutzenden Wege bezw. Wegeteile (§§ 6 u. 7), sowie in den Festsetzungen, welche nach Benehmen bezw. im Einverständnis mit den in den §§ 8 u. 9 bezeichneten Behörden (Wegepolizei-

§ 17 Abs. 1 Nr. 1.

Festungs-, Telegraphen-, Eisenbahn-, Militär-, Post-Behörden) getroffen werden (Ausf.-Anw. v. 18. August 1898.) **Verzeichnis Nr. 62.**

§ 17 Abs. 1 Nr. 2. 64) Abs. 1 Nr. 2 ordnet die **Offenlegung** des **Planes** und die **Zulässigkeit von Einwendungen gegen denselben an**, damit sämtlichen Beteiligten in geeigneter Weise Gelegenheit gegeben wird, von den Einwirkungen des Bahnbaues auf ihr Eigentum, den projektierten Sicherungsanlagen u. s. w. Kenntnis zu erhalten und ihre Interessen wahrzunehmen.

I. Was zunächst die **Offenlegung** anlangt, so hat sich dieselbe auf den **Plan nebst Beilagen** zu erstrecken (§ 4 Nr. 1 § 5 und Ausf.-Anw. Ziff. 1 z. § 5), und zwar muß die Offenlegung in vollständigen, gemeinde- oder gutsbezirksweise getrennten Abschnitten des Gesamtplanes erfolgen. Nicht der Gesamtplan des ganzen Unternehmens ist in jedem Bezirke offenzulegen, sondern der den **einzelnen** Bezirk betreffende **Abschnitt** des Gesamtplanes, dieser Abschnitt aber vollständig mit allen zugehörigen Beilagen. (A. M. **Gleim** S. 124.)

Die Offenlegung muß **in dem betreffenden Gemeinde- oder Gutsbezirke** erfolgen, d. h. in demjenigen Bezirke, welchen der Planabschnitt mit zugehörigen Beilagen betrifft bezw. den er umfaßt und darstellt. Die Bestimmung des Ortes ist obligatorisch, die Offenlegung **muß** in dem betreffenden Bezirke erfolgen, sie darf nicht in einem anderen geschehen, wenn selbst Zweckmäßigkeitsgründe dafür sprechen würden. Die Zeit der Offenlegung beträgt **vierzehn Tage**; sie ist präklusivisch, darf weder verlängert noch abgekürzt werden, und ist nach Maßgabe der Prozeßfristen zu berechnen.

Durch die Worte „**zu Jedermanns Einsicht**" ist die Berechtigung zur Einsichtnahme des Planes nebst Beilagen ganz unbeschränkt jeder rechtsfähigen Person gegeben und an irgend welche besondere Voraussetzung oder Legitimation nicht geknüpft.

Sowohl **Zeit** wie **Ort** der Offenlegung ist **ortsüblich bekannt zu machen**. Unter „**Zeit**" der Offenlegung ist die ganze Dauer derselben zu verstehen, da nicht „Beginn" oder „Anfang", sondern Zeit gesagt ist. Es muß also in Kalendertagen der ganze 14tägige Zeitraum der Offenbarung vom Anfangs- bis zum Endtage angekündigt werden. Die Bekanntmachung hat „**ortsüblich**" zu erfolgen, d. h. nach Maßgabe der für öffentliche behördliche Bekanntmachungen in dem betreffenden Gemeinde- oder Gutsbezirke bestehenden Bräuche und Vorschriften.

Besondere Benachrichtigungen an einzelne Interessenten, Behörden rc. sind nicht vorgeschrieben. Nur bezüglich der Vorsteher der auf Grund des Gesetzes vom 1. April 1879 und der älteren Meliorationsgesetzgebung gebildeten Genossenschaften, ferner der öffentlichen Wassergenossenschaften (§ 94 Zuständ.-Ges.), der Deichhauptleute und Meliorationsbeamten ist bestimmt, daß sie bei Einleitung des Planfeststellungsverfahrens für eine Kleinbahn unter allgemeiner Angabe der Linienführung zu benachrichtigen sind.

Erl. d. Min. d. öffentl. Arb. v. 22. September 1896 (Zeitschr. f. Kleinb. III 1896 S. 561). **Verzeichnis Nr. 33.**

Endlich ist den **Auseinandersetzungsbehörden** (Generalkommissionen) durch entsprechende Mitteilungen Gelegenheit zu geben, die ihrer Obhut anvertrauten Interessen sowohl im Stadium der vorbereitenden Verhandlungen (§§ 4, 5 s. Anm. 17 S. 81), für die Genehmigung einer Kleinbahn wie auch im Planfeststellungsverfahren geltend zu machen, und auf die Wünsche dieser Behörden möglichst Rücksicht zu nehmen.

Erl. v. 31. Mai 1897 Zeitschr. f. Kleinb. S. 400. Verzeichnis Nr. 46.

II. Was sodann die Zulässigkeit der Einwendungen gegen den Plan betrifft, so ist bestimmt, daß 1. jeder Beteiligte während des 14tägigen Zeitraums der Offenlegung befugt ist, im Umfange seines Interesses Einwendungen gegen den Plan zu erheben, und auch der Vorstand des Gemeinde- oder Gutsbezirks das Recht hat, Einwendungen zu erheben, die sich auf die Richtung des Unternehmens oder auf Anlagen der im § 18 gedachten Art beziehen und 2. die genehmigende Behörde diejenige Stelle zu bezeichnen hat, bei welcher solche Einwendungen schriftlich einzureichen oder mündlich zu Protokoll zu geben sind. Wie aus diesen Bestimmungen erhellt, geht die Absicht dahin, das Recht der Interessenten, Einwendungen zu erheben, sowohl hinsichtlich des Kreises der hierzu Berechtigten, wie in betreff des Umfangs der zu erhebenden Einwendungen tunlichst unbeschränkt zu gestalten und zugleich auch die Gelegenheit, derartige Einwendungen zu erheben, in betreff der Form und des Ortes möglichst zu erleichtern.

1. In dieser Absicht ist der Kreis der Interessenten nicht auf die zunächst in Frage kommenden Grundeigentümer beschränkt, sondern auf „jeden Beteiligten im Umfange seines Interesses“, also auf alle Realberechtigten, Nachbarbesitzer, wie überhaupt auf jeden irgendwie durch die Bahnanlage Berührten ausgedehnt. Der Beteiligte muß ein Interesse zur Sache haben, denn nur „im Umfange seines Interesses“ kann er Einwendungen erheben. Das Interesse, wenngleich in der Regel, braucht aber nicht notwendig ein vermögensrechtliches zu sein; auch Einwendungen, welche den Schutz der persönlichen Sicherheit (gegen Feuers-, Wassers- rc. Gefahr) durch Beantragung von Schutzanlagen oder Ergänzung und Verbesserung der projektierten betreffen, kann der Einzelne erheben. Aber es müssen Einwendungen sein, die sich — wie die Worte „im Umfang seines Interesses“ vorschreiben — auf sein eigenes Interesse, d. h. seine und der Seinigen Person oder Vermögen oder der von ihm gesetzlich oder vertragsmäßig Vertretenen beziehen. Es ist nicht Erfordernis, daß die Beteiligten persönlich oder mit ihrem Grundeigentum, zu dessen Gunsten sie Einwendungen erheben wollen, in demjenigen Gemeinde- oder Gutsbezirke ihr Domizil haben, in welchem die Offenlegung des Plans erfolgt.

2. Die Einwendungen der Beteiligten sind nicht nur auf den Umfang des eigenen Interesses beschränkt, sondern sie sind auch zugleich nur in einer bestimmten Art und Richtung für zulässig erklärt, sie dürfen nur „gegen den Plan“ gerichtet sein, gegen diesen aber unbeschränkt, d. h. gegen alle Bestandteile desselben, also auch gegen die Beilagen. Die Einwendungen können sich entweder auf das Planfeststellungsverfahren beziehen, die Planvorlegung (Nr. 1) und Planoffenlegung (Nr. 2) in formeller und materieller Hinsicht, oder auf die Art der Ausführung des Unternehmens in ihren Details, die einzelnen Anlagen und Bauwerke, ihren Umfang, ihre Notwendigkeit, die Herstellung und Mangelhaftigkeit der projektierten Schutzanlagen (§ 18) rc. Dagegen dürfen sich die Einwendungen gegen die Existenz des Unternehmens selbst und als solches nicht richten, denn die Genehmigung hierzu ist bereits gemäß §§ 2—5 erteilt, diese ist nicht mehr Gegenstand des Verfahrens und kann nicht angefochten werden.

3. Zu den Beteiligten, welche Einwendungen erheben können, rechnet Nr. 2

auch die Gemeinde- und Gutsbezirks-Vorstände. Diesen ist — abgesehen von dem ihnen selbstverständlich zustehenden Einwendungsrechte als Grundeigentümer 2c. — noch die besondere Befugnis gewährt, mit Rücksicht auf ihr Interesse an der Herstellung und Unterhaltung der nach § 18 zu errichtenden Sicherungsanlagen, sowie an der Richtung des Unternehmens Einwendungen zu erheben. Es handelt sich hier nicht um allgemeine landespolizeiliche Interessen, deren Berücksichtigung unter Zuziehung der Staats- und Kommunalbehörden, insbesondere der in den §§ 8 und 9 bezeichneten, bereits bei der der Genehmigung vorangehenden polizeilichen Prüfung und vorläufigen Planfestsetzung (§§ 4, 5) zu erfolgen hat. Vielmehr kommen hier die lokalen und individuellen Interessen der einzelnen Gemeinde- und Gutsbezirke in Betracht. Es folgt daraus: a) daß anderen Behörden, als den Vorständen der Gemeinde- und Gutsbezirke, das Recht zur Geltendmachung öffentlicher, allgemeiner Interessen Einwendungen der beregten Art zu erheben, nicht zusteht, b) daß auch den Vorständen der Gemeinde- und Gutsbezirke — soweit sie nicht als privatrechtlich Beteiligte etwa in Betracht kommen, wo sie im ganzen Umfange ihres Interesses Einwendungen erheben können — das Einwendungsrecht nur in den beiden gesetzlich angegebenen Beziehungen verliehen ist und in anderen Richtungen nicht ausgeübt werden darf. Wenn Gleim (S. 125) auch anderen Behörden, überhaupt „jeder Behörde", welcher die Obhut öffentlicher Interessen obliegt, das Recht einräumen will, noch in diesem Stadium des Verfahrens Einwendungen zum Schutze derselben zu erheben, so verkennt er vollständig das Wesen der durch § 17 angeordneten speziellen Prüfung und Feststellung sowie des zu Grunde liegenden § 19 des Enteign.-Ges. Die Einwendungen der beteiligten Behörden in Wahrnehmung öffentlicher (landespolizeilicher, Verkehrs-, Kultur-) Interessen sind vor und bei der Genehmigung gemäß § 8 des Kleinb.-Ges. zu erledigen. Hier (§ 17) handelt es sich nur noch um die Wahrnehmung der individuellen Interessen (die der Privatinteressenten: vgl. Grünhut Ent.-Recht S. 212, 218), welche bisher nicht geltend gemacht werden konnten, und nur ausnahmsweise ist den Vorständen der Gemeinde- und Gutsbezirke in den beiden oben berührten Richtungen hin und aus den dort mitgeteilten besonderen Gründen ein Einspruchsrecht gewährt.

4. Die Bezeichnung der Stelle, bei welcher die Einwendungen zu erheben sind, ist der leitenden Behörde überlassen. Daß die Annahmestellen in dem betreffenden Gemeinde- oder Gutsbezirke liegen müssen, auf welchen sich die Einwendungen beziehen, resp. daß für jeden derartigen Bezirk eine innerhalb der Grenzen desselben liegende Stelle bezeichnet werden muß, ist zwar nicht vorgeschrieben, es ist aber aus der bezüglichen ausdrücklichen Vorschrift über die Planoffenlegung zu folgern, daß dies im Sinne des Gesetzes liegt. Es ist daher nicht zulässig, daß die Behörde für mehrere oder gar für alle Gemeinde- oder Gutsbezirke eine Annahmestelle bezeichnet. Vielmehr muß innerhalb eines jeden Bezirks eine Stelle bezeichnet werden. Diese braucht mit der Planoffenlegungsstelle nicht identisch zu sein. Es ist nicht ausgeschlossen, daß innerhalb eines sehr großen oder volkreichen Gemeinde- oder Gutsbezirks mehrere Annahmestellen bezeichnet werden. Von gleichem Gesichtspunkte aus ist es erforderlich, daß die Räume der Annahmestelle jedermann leicht zugänglich, in den ortsüblichen 2c. Geschäftsstunden geöffnet und mit Organen zur Protokollierung versehen sind. In welcher Weise die Bezeichnung der Annahmestelle zu erfolgen hat, bestimmt das

Gesetz nicht. Nach dem Wortlaute ist dies also dem Ermessen der Behörde überlassen. Aus dem Zusammenhange mit Abs. 1 der Ziff. 1 und nach Analogie dieser Vorschrift rechtfertigt sich aber die Annahme, daß die Bezeichnung in gleicher Weise zu bewirken ist, wie die Bekanntmachung der Planoffenlegung, d. h. „ortsüblich". Die Bezeichnung ist von der Behörde selbst vorzunehmen und hat sich nur auf die Bekanntmachung der Annahmestelle ohne jedes Präjudiz ꝛc. zu erstrecken. Sie muß spätestens gleichzeitig mit der Bekanntmachung der Zeit der Planoffenlegung (S. 224) erfolgen.

5. Das Gesetz sieht eine zwiefache Form der Erhebung von Einwendungen vor. Sie sind entweder schriftlich einzureichen oder mündlich zu Protokoll zu geben. Daraus folgt zunächst, daß nur solche Annahmestellen gewählt werden dürfen, bei welchen entweder die schriftliche Einreichung und im Zusammenhange damit die geordnete Präsentation der Schriftstücke, sowie die mündliche Protokollgabe und die geeignete Sammlung und Aufbewahrung ꝛc. angängig ist. Es ergibt sich ferner aus dieser Gesetzesvorschrift, daß die Erhebung von Einwendungen in anderer Form unzulässig ist. Die bezeichnete Annahmestelle hat nur die Funktion der Entgegennahme der Einwendungen, sie darf weder selbst in die Erörterung oder Entscheidung derselben eintreten, noch ist sie befugt, sie offenzulegen und den Beteiligten bekannt zu machen.

65) Nach Abs. 1 Nr. 3 schließt sich an die Offenlegung des Planes und die Entgegennahme der Einwendungen gegen denselben, die Erörterung der Einwendungen gegen den Plan. Diese Erörterung ist durch folgende Bestimmungen geregelt:

1. Die Erörterung der gegen den Plan erhobenen Einwendungen hat nach Ablauf der Einwendungsfrist in einem nötigenfalls an Ort und Stelle durch einen Beauftragten abzuhaltenden Termine zu erfolgen.

a) Die Erörterung soll „nach Ablauf der Frist" stattfinden. Durch die Bezugnahme auf Nr. 2 Abs. 1 ist damit die vierzehntägige Zeit für die Planoffenlegung und Erhebung von Einwendungen gemeint. Diese Frist ist eine Ausschlußfrist derartig, daß andere Einwendungen, als diejenigen, welche gemäß Nr. 2 zur rechten Zeit und an der rechten Stelle erhoben sind, in den Verhandlungen nach Nr. 3 nicht zur Erörterung gelangen dürfen.

b) Zur Erörterung gelangen nur die Einwendungen gegen den Plan, wie solche auch nur gemäß Nr. 2 erhoben werden dürfen (s. die Ausführungen S. 225 f.) Auf andere Verhältnisse, z. B. auf Entschädigungsansprüche, Subventionen, Fahrplan- und Tariffragen ꝛc. dürfen sich die Verhandlungen über die Einwendungen nicht beziehen. Im übrigen liegt es aber nicht in der Zuständigkeit des Beauftragten, Einwendungen, welche nach seiner Ansicht unstatthaft scheinen, a limine von der Erörterung zurückzuweisen. Die Kompetenz, hierüber zu entscheiden, besitzt nur die entscheidende, d. i. die genehmigende Behörde.

c) Die Erörterung ist durch einen Beauftragten zu bewirken. Es ist ein Beauftragter (Kommissar) der genehmigenden Behörde gemeint, wie sich aus der Analogie des § 20 Abs. 1 Ent.-Ges. ergibt. Die genehmigende Behörde hat denselben zu ernennen. Die Wahl ist dem freien Ermessen der Behörde überlassen. Die Behörde kann für jeden Gemeinde- oder Gutsbezirk oder auch für mehrere zusammen einen Beauftragten ernennen, aber es ist nicht statthaft, daß sie zur Wahrnehmung der Verhandlungen innerhalb eines Bezirks bezw. zur Abhaltung des

Termins mehr als einen Beauftragten ernennt. Dieser hat — wenngleich der Wortlaut die Deutung zuläßt, daß der Beauftragte nur dann funktionieren solle, wenn ein Erörterungs-Termin an Ort und Stelle stattfindet, bei sinngemäßer Anwendung des § 20 Enteig.-Ges. nicht nur im Falle eines Lokaltermins, sondern überhaupt die ganze Erörterung zu führen.

Daß die genehmigende Behörde (Regierungspräsident rc.) sich behufs Ernennung des Beauftragten des vorherigen Einverständnisses der mitwirkenden Eisenbahnbehörde versichern muß, ist zwar nicht ausdrücklich vorgeschrieben, wohl aber durch die Stellung beider Behörden zu einander geboten. Daß die Eisenbahnbehörde bei dem Planfeststellungsverfahren wie bei dem Planfeststellungsbeschluß mitzuwirken hat, ist bereits an früherer Stelle (Abs. 1 Anm. 63 S. 221) hervorgehoben. Auch haben die Kommissare beider Behörden die hierbei aufgenommenen Prüfungs- rc. Protokolle zu vollziehen, da sie durch das Kleinb.-Gesetz zu gleichberechtigter Mitwirkung berufen sind.

Erl. d. Min. d. öffentl. Arb. v. 23. August 1896 (Verzeichnis Nr. 30).

Und ferner ist vorgeschrieben, daß von den Regierungspräsidenten rc. vor der Anberaumung von Terminen, welche zum Zwecke der Feststellung des Bauplanes — auch im Falle des § 17 Ziff. 3 — erforderlich werden, das Einverständnis der zur Mitwirkung berufenen Eisenbahnbehörde mit dem in Aussicht genommenen Termine stets auf dem kürzesten Wege einzuholen ist, damit diese Mitwirkung sichergestellt und nachträglichen Terminsverlegungen möglichst vorgebeugt werde.

Erl. v. 29. Oktober 1897 E.-V.-Bl. S. 371, Zeitschr. f. Kleinb. S. 671. Verzeichnis Nr. 52.

Tagegelder und Reisekosten sind an Landräte, die als Kommissare des Regierungspräsidenten innerhalb ihres Amtsbezirks Termine zur landespolizeilichen Prüfung von Projekten zu Eisenbahnen, Kleinbahnen und Privatanschlußbahnen sowie von fertiggestellten Bahnstrecken wahrnehmen, — ebenso wie an Beamte der allgemeinen Bauverwaltung, welche einen Reisekostenpauschbetrag beziehen — nicht zu gewähren.

Erl. v. 21. März 1900 Zeitschr. f. Kleinb. S. 304 (unter Bezugnahme auf die Erl. v. 14. September 1872, 21. August 1873 u. 20. April 1893.) Verzeichnis Nr. 86.

d) Das Gesetz verfügt über die Verhandlungsweise und Form nur insoweit als es bestimmt, daß die Erörterung in einem „nötigenfalls an Ort und Stelle abzuhaltenden Termine" stattzufinden hat, d. h. wenn nach dem Ermessen des Beauftragten die Umstände dies erfordern, an Ort und Stelle anzuberaumen ist. Wo aber der Termin abgehalten werden soll, wenn eine Verhandlung an Ort und Stelle nicht für nötig erachtet wird, und welche Formalitäten bei der Terminierung zu beachten sind, sagt das Gesetz nicht. Bezüglich des ersten Punktes erscheint es nicht zweifelhaft, daß der Termin in jedem einzelnen Gemeinde- oder Gutsbezirke an einer von dem Beauftragten innerhalb der Grenzen derselben zu bestimmenden, hierzu geeigneten Stelle abgehalten werden muß. Der Natur der Sache nach ist aber die Anberaumung von Terminen nur in denjenigen Bezirken erforderlich, in welchen Einwendungen überhaupt erhoben sind. Was die bei Abhaltung der Termine zu beobachtenden Förmlichkeiten anlangt, so ist mangels jeder Vorschrift des Gesetzes, und da es sich hier um ein dem Verwaltungsstreitverfahren analoges Verfahren handelt, anzunehmen, daß im allgemeinen die für das Verwaltungsstreitverfahren geltenden bezüglichen Vorschriften anzuwenden sind.

2. Zu dem Termine müssen der Unternehmer und die Beteiligten (Nr. 2 Abs. 2) und können Sachverständige zugezogen werden.

a) Obligatorisch ist die Vorladung des Unternehmers und der Beteiligten zu dem Erörterungstermine. Es ist damit der Kreis der zur Erörterung zuzuziehenden Interessenten sowie die Form der Zuziehung bestimmt. Was nun den Kreis der vorzuladenden Interessenten anlangt, so hat man eine kürzere Bezeichnung gewählt, als in dem zu Grunde liegenden § 20 Abs. 2 des Ent.-Ges. Während in diesem die vier zu zitierenden Kategorien von Interessenten ausdrücklich aufgezählt sind, sind hier nur zwei Kategorien bezeichnet: 1. der Unternehmer und 2. die Beteiligten und durch den Hinweis auf Nr. 2 Abs. 2 ist angedeutet, daß darunter die dort erwähnten Beteiligten, d. h. die im Umfange ihres Interesses zu Einwendungen gegen den Plan Berechtigten gemeint sind. Mit Recht hebt Jerusalem (§ 17 Anm. 14 S. 46) die Inkorrektheit dieser Bezeichnung hervor. (Ebenso Gleim S. 126.) Denn eine spezielle Vorladung aller Beteiligten, welche im Umfange ihres Interesses zu Einwendungen gegen den Plan legitimiert erscheinen, ist unausführbar, da der Beauftragte nicht im stande ist, sämtliche Interessenten festzustellen. Es ist daher anzunehmen, daß mit der abgekürzten Bezeichnung nach Analogie des § 20 Abs. 2 des Enteig.-Ges. die dort angeführten 4 Kategorien von Interessenten gemeint sein sollen. Andere Personen sind weder vorzuladen noch mit ihren Erklärungen zu hören. War aber der Kreis der zur Teilnahme Verstatteten ein individuell beschränkter und bestimmter, so erschien es folgerichtig auch genügend, die betreffenden Persönlichkeiten speziell vorzuladen und von einer generellen Ladung oder Bekanntmachung zu abstrahieren. Die Annahme Gleims S. 126, es sei dem Ermessen der Behörde überlassen, auch die Vertreter öffentlicher Interessen zuzuziehen, ist unrichtig und eine Konsequenz seiner bereits oben S. 226 als irrig widerlegten Anschauung von der Teilnahme anderer Behörden an dem vorliegenden Verfahren.

b) Eine besondere Vorschrift über die Art und Form der Vorladung enthält das Gesetz nicht. Man wird daher auch hierbei auf die analoge Anwendung der Vorschriften des Enteig.-Ges. (§ 39) zurückgehen können, wonach alle Vorladungen und Zustellungen gültig sind, wenn sie nach den für gerichtliche Behändigungen bestehenden Vorschriften erfolgt sind und die vereideten Verwaltungsbeamten hierbei den Glauben der zur Zustellung gerichtlicher Verfügungen bestellten Beamten haben.

c) Das Enteig.-Gesetz fügt an entsprechender Stelle (§ 20 Abs. 2) hinzu, daß die Vorgeladenen mit ihrer Erklärung gehört werden. Dies ist hier als selbstverständlich fortgelassen. Die Erklärungen dürfen sich nur auf den Kreis der gemäß Nr. 2 gemachten Einwendungen beziehen und müssen mit diesen zusammenhängen. Die Erhebung neuer Einwendungen im Termine ist nicht zulässig. Nur insoweit es sich um das Vorbringen solcher Personen handelt, die erst durch die Einwendungen der Reklamanten betroffen und in den Kreis der Interessenten hereingezogen werden, sind von dieser Seite der Natur der Sache nach im Termine Nova entgegenzunehmen.

Andererseits ist aber an das Nichterscheinen der Vorgeladenen vom Gesetze kein Präjudiz geknüpft. Auch bei ihrer Abwesenheit wird über ihre Einwendungen — mangels einer entgegenstehenden Vorschrift — verhandelt und sodann gemäß Nr. 4 entschieden. Der einzige Nachteil, der die Nichterschienenen trifft, ist, daß sie der ihnen durch den Termin gegebenen Möglichkeit zur näheren mündlichen Erklärung und Erläuterung ihrer Einwendungen verlustig gehen und gegen die sie etwa berührenden Erklärungen Dritter ohne Schutz und Replik bleiben.

d. Fakultativ ist die Zuziehung von Sachverständigen. Es ist dem Beauftragten überlassen, sowohl über die Notwendigkeit, wie über die Zahl, Art und Beschaffenheit der zuziehenden Sachverständigen Bestimmung zu treffen. Nach Lage des Einzelfalles sollen die zur Begutachtung qualifizierten Sachverständigen vom Beauftragten gewählt werden. Eine etwaige Vereinbarung der Beteiligten hierüber ist unstatthaft.

66) Nach Abs. 1 Nr. 4 endet das Planfeststellungsverfahren mit einem Beschlusse — der genehmigenden Behörde, — welcher über die gegen den Plan erhobenen Einwendungen, die Planfeststellung und die gemäß § 18 herzustellenden und zu unterhaltenden Sicherungsanlagen entscheidet, sowie mit der Zustellung dieses Beschlusses an den Unternehmer und die Beteiligten.

a. Zu diesem Behufe hat (§ 21 Enteig.-Ges.) der Beauftragte, welcher die Erörterung der Verhandlungen geleitet hat, nach Beendigung der Verhandlungen diese der genehmigenden Behörde vorzulegen, welche die Beobachtung der vorgeschriebenen Förmlichkeiten (Nr. 1—3) prüft. Die Verhandlungen bestehen in dem gesamten schriftlichen Material.

b. Als Form der Entscheidung ist sodann ein Beschluß vorgeschrieben Dieser Beschluß ist, wie aus dem Eingange des § 17 sich ergibt, durch die genehmigende Behörde zu fassen. Nr. 4 bestimmt, daß über die erhobenen Einwendungen beschlossen wird und darnach die Feststellung des Planes sowie der Anlagen (§ 18) erfolgt. Der Beschluß hat sich auf die Einwendungen in Verbindung mit der Planfeststellung uno actu zu erstrecken, auch sind dadurch sämtliche Einwendungen zu erledigen, nicht etwa jede einzelne durch besonderen Beschluß. Der Beschluß muß der Natur der Sache nach auch dann erfolgen, wenn Einwendungen nicht erhoben oder die erhobenen zurückgenommen sind, da die Feststellung des Planes und der Anlagen, ohne welche mit dem Bau nicht begonnen werden darf, in jedem Falle erforderlich ist. Der Beschluß muß ferner nach Analogie des § 21 Enteig.-Ges. — ein motivierter sein, d. h. es müssen für die einzelnen Dezisionen Gründe angegeben sein. Dies ist schon deshalb notwendig, weil den Beteiligten gegen den Beschluß das Rechtsmittel des § 52 Satz 1 (Beschwerde an den Minister der öffentlichen Arbeiten) zusteht. (Gleim, § 17 Anm. 2.) Nachträgliche Abänderungen des Beschlusses sind nicht angängig, vielmehr nur die Rechtsmittel zulässig, wohl aber Korrektur faktischer Irrtümer durch Deklaration.

c. Der Inhalt des Beschlusses umfaßt außer der Entscheidung über die erhobenen Einwendungen 1. die Feststellung des Planes, 2. die Anlagen, zu deren Errichtung und Unterhaltung der Unternehmer verpflichtet ist (§ 18). Die Feststellung des Planes und der Anlagen ist keine von Grund aus neue, sondern es ist die definitive Feststellung des bei der Genehmigung bereits vorläufig festgestellten Planes und der Anlagen (§§ 4, 5), mit denjenigen Abänderungen und Ergänzungen, welche von der genehmigenden Behörde auf Grund der gemäß § 17 Nr. 1—3 stattgehabten Prüfung der erhobenen Einwendungen und ihrer Erörterung für notwendig oder zweckmäßig erachtet worden sind.

Was die Feststellung der Anlagen betrifft, zu deren Errichtung und Unterhaltung der Unternehmer verpflichtet ist, so ist durch den Hinweis auf § 18 ausgedrückt, daß die dort bezeichneten Sicherungsanlagen gemeint sind. Bezüglich der

Art und des Umfangs dieser Verpflichtung wird auf die Erläuterungen zum § 18 (Anm. 69 u. Anm. 70 S. 235 ff.) Bezug genommen. Die aus § 21 des Enteig.-Ges. entnommene Fassung ist übrigens nicht ganz korrekt, denn nicht allein über die Feststellung der Anlagen, zu deren Errichtung und Unterhaltung der Unternehmer gemäß § 18 verpflichtet ist, hat die Spruchbehörde zu beschließen, sondern vielmehr zugleich auch über die Verpflichtung zur Errichtung und zur Unterhaltung dieser Anlagen im Umfange des § 18, insbesondere auch das Anteilsverhältnis in betreff der Unterhaltungspflicht nach Maßgabe des § 18. Auch genügt es nicht, daß § 17 in Verbindung mit § 18 der genehmigenden Behörde nur die Entscheidung über die Verpflichtungen des Unternehmers zuweist. Denn die Unterhaltung der Anlagen soll dem Unternehmer nur insoweit obliegen, als sie über den Umfang der bestehenden Verpflichtungen zur Unterhaltung vorhandener, demselben Zwecke dienender Anlagen hinausgeht. Indem die genehmigende Behörde über das Maß der Unterhaltungspflicht des Unternehmers entscheidet, muß sie implicite auch über die Unterhaltungspflicht der anderen Beteiligten entscheiden, d. h. über das beiderseitige Beitragsverhältnis.

Gleim (S. 126 Anm. 7) empfiehlt, damit aus dem Bauplane die Gesamtheit der von dem Unternehmer auszuführenden Anlagen ersichtlich ist, die für die Haupt- und Nebenbahnen bestehenden Vorschriften, nach welchen die bei der Planfeststellung angeordneten Änderungen und Ergänzungen des Planes in einer dieselben kennzeichnenden anderen Farbe in den Plan einzutragen sind, auch auf die Baupläne der Kleinbahnen zur Anwendung zu bringen. Die Ausführung der dem Unternehmer auferlegten Verpflichtungen zu ergänzen, steht nur der Genehmigungsbehörde zu, also z. B. bei der auferlegten erstmaligen Herstellung eines Weges nicht der Wegepolizeibehörde.

O.-V.-G. 15. Oktober 1900, Entsch. Bd. 38 S. 360. Eisenb. Entsch. XVIII S. 16.

d. Die Zustellung des Beschlusses erfolgt sowohl an den Unternehmer, wie an die Beteiligten. Diese Bestimmung ist obligatorisch. Die Zustellung ist mit Rücksicht auf das gegen den Beschluß gegebene Rechtsmittel (§ 52 Satz 1) notwendig. Die Zustellung erfolgt nach Analogie der Vorschrift des § 39 des Enteig.-Ges., d. h. nach den für gerichtliche Behändigungen bestehenden Vorschriften, wobei die vereideten Verwaltungsbeamten den Glauben der zur Zustellung gerichtlicher Verfügungen bestellten Beamten haben. Das Gesetz bestimmt nicht allein obligatorisch, daß die Zustellung des Beschlusses erfolgen soll, sondern auch die Personen, an welche die Zustellung zu geschehen hat, nämlich: den Unternehmer und die Beteiligten. Unter letzteren sind, wie in Nr. 8 (Anm. 65 S. 229), 1. diejenigen, welche Einwendungen gegen den Plan rechtzeitig erhoben haben und 2. die davon betroffenen Grundbesitzer und 3. die Gemeinde- und Gutsvorstände zu verstehen, d. h. alle, welche nach Nr. 8 speziell zu dem Erörterungstermine vorgeladen worden sind. Gleims Annahme (S. 127), daß diejenigen, welchen als Beteiligten der Beschluß zuzustellen sei, nicht völlig identisch seien mit den zum Termin zu Ladenden ist unrichtig. § 21 Abs. 2 Enteig.-Ges. kann hier nicht einfach analog zur Anwendung kommen, weil der Begriff „Beteiligte“ im § 17 Nr. 4 Abs. 2 weitgehender ist. Zu den Beteiligten gehören auch die von den Reklamationen betroffenen Grundbesitzer, selbst wenn sie an der Streiterörterung nicht teil genommen haben. Personen, welche „ohne Ladung zum Termine“ zu der Streiterörterung zugelassen worden sind, gibt es aber nicht, da alle, welche Einwendungen erhoben haben (Nr. 2

Abs. 2) zum Termine vorgeladen werden müssen (Nr. 3) und nur die hiernach Vorgeladenen an den Streiterörterungen teilnehmen dürfen.

e) Gegen den Beschluß steht als Rechtsmittel den Beteiligten gemäß § 52 Satz 1 nur die Beschwerde an den Minister der öffentlichen Arbeiten offen (s. auch Gleim § 17 Anm. 2). Der Rechtsweg ist ausgeschlossen, ebenso die Verwaltungsbeschwerde oder Verwaltungsklage (§§ 127 ff. Land.-Verw.-Ges., § 52 Satz 2 Kleinb.-Ges.), da es sich um Bahnen mit Maschinenbetrieb, mithin um Beschlüsse handelt, welche von den Landespolizeibehörden in Verbindung mit den Eisenbahnbehörden als genehmigenden Behörden zu fassen sind (§ 52 Satz 1, § 3 Nr. 1, § 17 Abs. 1 Kleinb.-Ges. und Ausf.-Anw. Abs. 1 z. § 17), die §§ 127 ff. l. c. sich aber nach der konstanten Auslegung des O.-V.-G. nur auf den Kreis der dort bezeichneten Behörden beziehen. Geht man hiervon aus, so fehlt es aber an Bestimmungen über die Frist zur Einlegung der Beschwerde (s. § 52 Anm. 178 II Ziff. 3, s. Jerusalem, S. 84 Anm. 2, Hilse, Preuß.-Verw.-Bl. XVII Nr. 2 S. 13 und Arch. f. öff. Recht XI S. 354, A. M. Gleim S. 208 u. Erl. d. Min. d. öff. Arb. 1. Juni 1900 Zeitschr. f. Kleinb. S. 392), über die Behörde, bei welcher die Einlegung und Rechtfertigung zu erfolgen hat, sowie über die Frist zur Beantwortung durch die Gegenpartei. Insbesondere bildet alsdann der Mangel einer Fristbestimmung für die Einlegung der Beschwerde eine sehr empfindliche Lücke, da ohne diese Frist der Planfeststellungsbeschluß Rechtskraft nicht erlangen kann und jederzeit durch Beschwerde bei der Ministerialinstanz angreifbar bleibt. Will man nicht annehmen, daß der Gesetzgeber dies gewollt hat oder eine bloße Omission vorliegt, so bleibt nur übrig, den Planfeststellungsbeschluß — ungeachtet der Mitwirkung der Eisenbahnbehörde — als eine formell (s. § 3 Anm. 10 S. 61) nur vom Regierungspräsidenten ausgehende polizeiliche Verfügung gemäß § 130 L.-V.-G. zu betrachten, mit der an sich zulässigen Modifikation (Entsch. d. O.-V.-G. Bd. 9 S. 393), daß an die Stelle der im § 130 bezeichneten Rechtsmittel die Beschwerde an den Minister der öffentlichen Arbeiten gesetzt ist. Bei dieser Annahme würde gegen den Planfeststellungsbeschluß innerhalb 2 Wochen die Beschwerde an den Minister zulässig sein. Die Erhebung der Beschwerde hat jedenfalls Suspensiveffekt, d. h. es ist bis zur Erledigung derselben der Bauplan nicht definitiv festgestellt und es kann daher nicht eher mit dem Bau begonnen werden.

[67]) Durch die Abs. 2 u. 3 sind zwei Ausnahmen von der durch Abs. 1 gegebenen obligatorischen Vorschrift der speziellen Feststellung des Bauplanes für Bahnen mit Maschinenbetrieb geschaffen worden.

Abs. 2 des § 17 bestimmt, daß es einer Planfeststellung gemäß Abs. 1 nicht bedarf, wenn eine Planfestsetzung zum Zwecke der Enteignung stattfindet. Unter letzterer ist das Verfahren behufs Feststellung des Planes gemäß §§ 18—22 des Enteig.-Ges. v. 11. Juni 1874 gemeint. Diese Bestimmung bietet zu wesentlichen Bedenken Anlaß; sie ist unverkennbar aus der Erwägung hervorgegangen, daß sich im Falle des Enteignungsverfahrens die Feststellung des Bauplanes gemäß § 17 Abs. 1 erübrigt. Indes ist hierbei außer acht gelassen, daß der Zweck des einen und des anderen Verfahrens keineswegs der gleiche ist. (A. M. mit Unrecht und ohne genügende Begründung: Gleim S. 127.) Die Planfeststellung im Enteignungsverfahren (§§ 18—22) hat hauptsächlich den Zweck, das Entschädigungsfeststellungsverfahren vorzubereiten und muß deshalb diesem vorangehen, es sind von diesem Gesichtspunkte aus die Einwendungen gegen den Plan zu erörtern und die Gegenstände der Enteignung sowie die Sicherungsanlagen festzustellen. Dagegen hat das Verfahren nach § 17 Abs. 1 des Kleinb.-Ges. die eingehende polizeiliche Prüfung des Bauplanes zum Gegenstande ohne den Zweck, als Grundlage für eine folgende Entschädigungsfeststellung zu dienen, und entspricht lediglich der speziellen Feststellung des Bauplanes, welche für Haupt- und Nebenbahnen gemäß § 4 des Eisenb.-Ges. v. 1838 dem Minister obliegt. Aus dieser Verschiedenheit des Zweckes ergibt sich auch, daß die Bauplanfeststellung des § 17 Abs. 1 Kleinb.-Ges. durch ganz andere Behörden zu erfolgen hat, als die Planfeststellung gemäß §§ 18—22 des Enteig.-Ges., nämlich die eine unter Mitwirkung von Eisenbahnbehörden, die andere ohne Mitwirkung von Eisenbahnbehörden, und daß es demgemäß schon an sich eine mißliche Ungleichheit des Verfahrens bedingt, daß — lediglich nach dem zufälligen und rein äußerlichen Umstande, ob ein Enteignungsverfahren stattfindet oder nicht — die Planfeststellung durch verschiedene, in ihrer Qualifikation nicht gleichstehende Behörden zu erfolgen hat. Nun soll freilich nach einer neuerlich getroffenen Verfügung die Eisenbahnbehörde sowohl bei der vorläufigen Planfeststellung im Enteignungsverfahren mitwirken, wie auch vor dem Termine zur Erörterung der Einwendungen gegen den Plan (§ 20 Enteig.-Ges.), wie auch von den zur Erörterung gelangenden Einwendungen benachrichtigt werden, um in geeigneten Fällen ihren Standpunkt darzulegen.

Erl. 21. November 1900 Zeitschr. 1900 S. 138. Verzeichnis Nr. 100.

Aber diese nur administrative, der gesetzlichen Grundlage (s. § 20 Abs. 2 Enteig.-Ges.) entbehrende Verfügung reicht in keiner Weise aus, den vorliegenden Mangel des Gesetzes zu beseitigen.

Noch ungünstiger und komplizierter gestaltet sich die Sache, wenn nur für einzelne Teile der Bahn ein Enteignungsverfahren erforderlich ist, für andere nicht. Welches Verfahren soll alsdann zur Anwendung kommen, das der §§ 18 bis 22 Enteig.-Ges. oder des § 17 Abs. 1 Kleinb.-Ges.? Oder sollen beide nebeneinander Anwendung finden und demgemäß bei der Feststellung des Planes der einzelnen Teile ein und desselben Unternehmens verschiedene Behörden mitwirken bezw. entscheiden? Ohne Zweifel sind diese wichtigen Fragen bei der Bestimmung des Abs. 2 § 17 nicht genügend erwogen worden. Und man kommt wohl kaum — wie Gleim (S. 128) — mit der Bemerkung darüber hinweg, daß „darin ein schwerwiegendes Bedenken nicht zu finden sei."

In der Tat wird die Feststellung des Bauplanes gemäß § 17 Abs. 1 durch die Planfeststellung im Enteignungsverfahren nicht ersetzt und müßte de lege ferenda in allen Fällen stattfinden, gleichviel ob ein Enteignungsverfahren folgt oder nicht. Nur hätte freilich mit Rücksicht auf das gesetzlich durch § 17 Abs. 1 geregelte Verfahren der Feststellung des Bauplanes die Planfeststellung im Enteignungsverfahren bei Kleinbahnen eine entsprechende Kürzung erfahren können.

68) Abs. 3 enthält, wie Abs. 2, eine Ausnahme von der obligatorisch durch Abs. 1 vorgeschriebenen Planfeststellung. Dem Minister der öffentlichen Arbeiten wird durch Abs. 3 die Befugnis verliehen, im Interesse der Erleichterung und Beschleunigung der Kleinbahnbauten den Beginn des Baues ohne vorgängige Planfestsetzung zu gestatten, jedoch nur unter den Voraussetzungen, daß aus der beabsichtigten Bahnanlage Nachteile oder erhebliche Belästigungen der benachbarten Grundbesitzer und des öffentlichen Verkehrs nicht zu erwarten sind. Die Befugnis ist durch das Gesetz ausschließlich dem Minister der öffentl. Arbeiten

verliehen, sie darf von diesem nachgeordneten Behörden, z. B. den Genehmigungsbehörden oder anderen Instanzen, nicht delegiert werden. Wo die Gefahr oder Wahrscheinlichkeit des Eintritts solcher Nachteile oder Belästigungen nicht vorliegt, wo sie nach dem Befinden des Ministers der öffentlichen Arbeiten nicht zu erwarten sind, da soll dieser die Befugnis haben, definitiv die Abstandnahme von dem Planfeststellungsverfahren zu verfügen, wenn die Voraussetzungen dafür vorliegen.

Da Abs. 8 eine Ausnahme von der Regel des Abs. 1 vorschreibt, so ist es Sache desjenigen Unternehmers, der von der Planfeststellung liberiert sein will, die bezügliche Erlaubnis der Ministerialinstanz nachzusuchen. Doch kann die Erlaubnis auch von der genehmigenden Behörde von Amtswegen bei der Ministerialinstanz angeregt und eingeholt werden. Nach der Ausf.-Anw. Abs. 2 zum § 17 (S. 217) sind Anträge auf Entbindung von der vorgängigen Planfestsetzung (gleichviel von wem sie ausgehen) jedenfalls dem Minister der öffentlichen Arbeiten so vorbereitet vorzulegen, daß alsbald Entscheidung getroffen werden kann.

Unter „Nachteilen" sind sowohl die vermögensrechtlichen Schäden, z. B. durch Wirtschaftserschwernisse, Umwege, Wasserschäden 2c., wie die Gefahren für Leben und Gesundheit durch Funkenwurf, Entziehung von Luft und Licht, Verunreinigung der Luft durch Staub, Ruß 2c., unter „Belästigungen" die nicht vermögensrechtlich abzuwägenden Beeinträchtigungen und Störungen durch Geräusch, Erschütterung, Rauch 2c. zu verstehen. Letztere kommen jedoch nur dann in Betracht, wenn sie erheblich sind. Beide Kategorien von Schäden dürfen weder für die benachbarten Grundbesitzer, noch für den öffentlichen Verkehr hervortreten. Nach beiden Richtungen hin hat sich die Prüfung der Ministerialinstanz zu erstrecken und bietet dadurch besondere Schwierigkeiten, daß es sich um die Beurteilung von nachteiligen und lästigen Einwirkungen einer erst beabsichtigten Bahnanlage handelt, deren Eintritt und Umfang sich häufig nicht übersehen läßt.

Die Befreiung von der vorgängigen Planfeststellung kann — wie Gleim S. 128, 129 zutreffend bemerkt — wenn die Bahn mehrere Gemeinde- bezw. Gutsbezirke berührt und nicht in allen öffentliche Wege benutzt werden, auch nur für diejenigen erfolgen, in welchen dies nicht der Fall ist. Eine Beschränkung der Befreiung auf einzelne Teile eines Gemeinde- oder Gutsbezirkes ist deshalb nicht zulässig, weil nach dem Gesetze die Offenlegung des Gesamtplanes oder eines Auszugs für den einzelnen Gemeinde- oder Gutsbezirk geboten ist, gegen den offengelegten Plan in seinem ganzen Umfange aber von jedem Beteiligten Einwendungen erhoben werden können.

Die weitgehende Befugnis, welche dem Minister der öffentlichen Arbeiten durch die vorerörterte Entscheidung über die ausnahmsweise Sistierung der Planfeststellung gegeben ist, ist jedoch in einem wichtigen Punkte beschränkt, d. h. die Regel des Abs. 1 wiederhergestellt worden. Sofern es sich um die Benutzung öffentlicher Wege handelt — gleichviel welcher Art der Weg ist und wem die die Unterhaltungspflicht 2c. obliegt — steht dem Minister die bezügliche Befugnis nicht zu, sondern muß ausnahmslos die im Abs. 1 angeordnete Planfeststellung stattfinden. Die in derartigen Fällen in Betracht kommenden Interessen wurden für so wichtig und einschneidend erachtet, daß man es nicht für angezeigt hielt, deren Beurteilung dem freien Ermessen der Ministerialinstanz zu überlassen.

Für den Begriff „öffentlicher Weg" wird auf die Erörterungen zu § 6 Abs. 1 Anm. 26 S. 108 Bezug genommen; ebenso in betreff des Begriffes der

Benutzung: Anm. 26 S. 109 ff. Dort ist insbesondere ausgeführt, daß mangels jeder Einschränkung alle Arten der Inanspruchnahme eines öffentlichen Weges für den Zweck der Anlage und des Betriebes der Bahn darunter zu verstehen sind, also nicht nur die Benutzung in der Längsrichtung, sondern auch in der Querrichtung (durch Kreuzung im Niveau, in Unter- oder Überführung, a. M. mit Unrecht und ohne genügende Begründung: Gleim S. 128), nicht nur die Benutzung des ganzen Wegekörpers, sondern auch nur einzelner Teile oder Abschnitte, nicht nur die Verwendung für Haupt-, sondern auch für Nebenanlagen rc. Zweifelhaft ist die Frage, ob wegen einer sich nur auf einen Teil der Bahn erstreckenden Benutzung eines öffentlichen Weges die Kompetenz des Ministers aus Abs. 3 für das ganze Unternehmen zessiert oder nur für denjenigen Teil, für welchen der öffentliche Weg benutzt wird. Im Abs. 1 des § 6 ist das ursprünglich vorgeschlagene Wort „sofern ein öffentlicher Weg benutzt werden soll" durch das Wort „soweit" ersetzt worden, um auf die lediglich räumliche Beschränkung hinzuweisen. Mit Rücksicht hierauf wird auch in betreff des § 17 Abs. 3 anzunehmen sein, daß die Kompetenz des Ministers nur für denjenigen Teil der Bahn zessiert, für welchen ein öffentlicher Weg benutzt wird.

Aber auch die Beschränkung der Ausnahme des Abs. 3 in betreff der Benutzung öffentlicher Wege ist nicht ohne Modifikation geblieben. Von der Erwägung aus, daß diese Beschränkung nur da Platz zu greifen habe, wo die Interessenten öffentlicher Wege keine andere Möglichkeit besitzen, ihre Interessen wahrzunehmen, als durch das Planfeststellungsverfahren, ist die qu. Beschränkung aufgehoben, also die Kompetenz des Ministers wiederhergestellt für diejenigen Fälle, wo es sich um die Benutzung städtischer Straßen handelt. Denn bei diesen müssen — wie zur Begründung angeführt wird — die Stadtgemeinden als Unterhaltungspflichtige schon nach § 6 ihre Zustimmung erteilen, haben also Gelegenheit, ihre Einwendungen geltend zu machen (Sten. Ber. Abg.-H. S. 2075). Indes erscheint dieser Grund nicht ausreichend, um die Modifikation zu rechtfertigen. Die Stadtgemeinden sind keineswegs die einzigen Interessenten. Es kommt der große Kreis der benachbarten Grundbesitzer in Betracht, deren Interessen durch den Bau und Betrieb der Bahn berührt werden. Ihre Interessen werden durch die Stadtgemeinde nicht vertreten, ja können mit den Interessen der Grundbesitzer sogar im Widerspruch stehen. Die in Rede stehende Modifikation ist somit nicht begründet und setzt die Interessen der städtischen Grundbesitzer hinter diejenigen der ländlichen zurück.

§ 18.[69])

Dem Unternehmer ist bei der Planfeststellung (§ 17) die Herstellung derjenigen Anlagen aufzuerlegen, welche die den Bauplan festsetzende Behörde zur Sicherung der benachbarten Grundstücke gegen Gefahren und Nachteile oder im öffentlichen Interesse für erforderlich erachtet, desgleichen die Unterhaltung dieser Anlagen, soweit dieselbe über den Umfang der bestehenden Verpflichtungen zur Unterhaltung vorhandener, demselben Zwecke dienender Anlagen hinausgeht.[70])

69) Prinzip und Entstehungsgeschichte des § 18.

I. Prinzip. § 18 bezweckt, den durch Kleinbahnen mit Maschinenbetrieb berührten öffentlichen und privaten Interessen, im Falle eine Planfeststellung gemäß

§ 17 stattfindet, in ähnlicher Weise Schutz zu verleihen, wie denselben gegenüber den Unternehmern der dem Eisenbahngesetz von 1888 unterworfenen Bahnen durch § 14 l. c. und gegenüber den Unternehmern aller mit dem Enteign.-Rechte ausgestatteten Bahnen durch § 14 des Enteig.-Ges. v. 11. Juni 1874 Schutz gewährt ist. Es ist hierbei vornehmlich von der Erwägung ausgegangen, daß die Herstellung und der Betrieb von Kleinbahnen mit Maschinenbetrieb durch die Art der Anlage, die größere Gefahr und die intensiveren Wirkungen des Betriebes sich mehr der Anlage und dem Betriebe der Haupt- und Nebenbahnen nähert. Freilich ist hierbei nicht außer Acht zu lassen, daß auch gegen Kleinbahnen ohne Maschinenbetrieb, falls ihnen das Enteignungsrecht verliehen ist, durch § 14 des Enteig.-Ges. ein im wesentlichen gleicher Schutz gegeben ist. Während — abgesehen hiervon — den Unternehmern der Kleinbahnen ohne Maschinenbetrieb nur diejenigen Schutzeinrichtungen auferlegt werden, welche sich aus der gemäß § 4 Nr. 2 anzustellenden polizeilichen Prüfung ergeben und bei der Genehmigung festgesetzt werden, ist dies für Unternehmer von Kleinbahnen mit Maschinenbetrieb als nicht ausreichend erachtet worden.

§ 18 des Kleinb.-Ges. ist dem § 14 des Eisenb.-Ges. v. 3. November 1838 nnd dem § 14 des Enteig.-Ges. v. 11. Juni 1874 nachgebildet, und hat mit beiden das Prinzip gemein, daß die dadurch dem Unternehmer auferlegten Verpflichtungen öffentlich rechtlicher Natur und auf privatrechtlichem Wege nicht verfolgbar sind. Sie bezwecken nicht eine Entschädigung im privatrechtlichem Sinne, sondern Schutzmaßnahmen im landespolizeilichen Interesse, wenngleich diese häufig in ihrer Wirkung zugleich auch die Befriedigung privater Entschädigungsansprüche herbeizuführen geeignet sind. Es erschien billig, dem Unternehmer über das allgemeine zivilrechtliche Maß hinaus die Pflicht zur Einrichtung und Unterhaltung von Anlagen aufzuerlegen, welche die benachbarten Grundbesitzer, wie auch die öffentlichen Interessen gegen die Einwirkungen des Eisenbahnunternehmens zu sichern vermögen. Mit Rücksicht darauf, daß es sich hierbei nicht um die zivilrechtliche Entschädigungsfrage, sondern um sicherheitspolizeiliche Anlagen handelt, welche mit dem technischen Bau und Betriebe der Eisenbahn in Verbindung und Einklang zu bringen sind und zur Planfeststellung gehören, mußte die Entscheidung über diese Verpflichtungen des Unternehmers der Planfeststellungsbehörde übertragen werden.

§ 18 schreibt vor, daß dem Unternehmer bei der Planfeststellung die Herstellung und verhältnismäßige Unterhaltung der vorerörterten Sicherungsanlagen, welche die Planfeststellungsbehörde für erforderlich erachtet, bei der Planfeststellung aufzuerlegen sind.

1. In Übereinstimmung mit § 14 des Enteig.-Ges. und abweichend von § 14 des Eisenb.-Ges. ist die Pflicht des Unternehmers nicht auf Anlagen für benachbarte Grundstücke beschränkt, sondern auch auf Anlagen ausgedehnt, welche im öffentlichen Interesse notwendig werden. Denn die Gründe, welche zur Verpflichtung des Unternehmers gegenüber den benachbarten Grundbesitzern geführt hatten, sprachen in gleichem Grade dafür, diese Verpflichtung dem Unternehmer zu Gunsten der Allgemeinheit überhaupt aufzulegen. Aber auch vom § 14 des Enteig.-Ges. weicht § 17 Kleinb.-Ges. insofern ab, als die Pflicht des Unternehmers zu Anlagen im öffentlichen Interesse hier nicht auf Sicherung gegen Gefahren und Nachteile beschränkt ist, sondern sich ausnahmslos auf alle im öffentlichen Interesse

für erforderlich erachteten Anlagen erstreckt. Die Pflicht des Unternehmers aus § 17 Kleinb.=Ges. ist somit wesentlich erweitert.

2. In Übereinstimmung ferner mit § 14 Enteig.=Ges. und abweichend vom § 14 Eisenb.=Ges. ist die Pflicht des Unternehmers zur Unterhaltung derartiger Anlagen auf dasjenige Maß beschränkt, welches über den Umfang der bestehenden Verpflichtungen zur Unterhaltung vorhandener, demselben Zwecke dienenden Anlagen hinausgeht.

3. Endlich ist, gleichfalls konform mit § 14 des Enteig.=Ges. und abweichend vom § 14 Eisenb.=Ges., die Regelung der in Rede stehenden Verpflichtungen des Unternehmers zeitlich auf die Planfeststellung beschränkt, sie hat bei der Planfeststellung stattzufinden; ebenso wie die Verpflichtungen des Unternehmers aus § 14 des Enteig.=Ges. nur im Enteignungsverfahren geregelt werden können und die Befugnis der Enteignungs=Behörden aus § 14 des Enteig.=Ges. mit der Beendigung des Planfeststellungsverfahrens erlischt (Eger, Enteig.=Ges. Bd. I S. 489 ff.). Von der Regelung der Pflicht des Unternehmers zur Einrichtung und Unterhaltung solcher Anlagen, welche erst nachträglich erforderlich werden, ist Abstand genommen worden, weil für die bezüglichen Verpflichtungen des Unternehmers die allgemeinen sicherheitspolizeilichen Befugnisse der zuständigen Behörden ausreichend erschienen.

II. Aus der Entstehungsgeschichte des § 18 ist zu bemerken, daß derselbe als § 14 wörtlich bereits in der Regier.=Vorl. enthalten und mit der Notwendigkeit begründet war, den beteiligten öffentlichen und Privatinteressen gegenüber den mit Maschinenkraft zu betreibenden Kleinbahnen denselben Schutz zu gewähren, welcher ihnen durch § 14 des Ges. v. 3. November 1838 und § 14 des Enteig.=Ges. v. 11. Juni 1874 bei den Eisenbahnen im engeren Sinne des Wortes gewährt ist (s. § 17 Anm. 62 S. 218 ff.). In Anerkennung dieses Grundes wurde § 14 der Regier.=Vorlage unbeanstandet und ohne Diskussion in beiden Häusern des Landtages angenommen und ging als § 18 in das Gesetz über.

70) § 18 enthält seiner Fassung nach eine Gebotsvorschrift für die genehmigende, den Bauplan gemäß § 17 feststellende Behörde. Abweichend von dem als Vorbild dienenden § 14 des Eisenb.=Ges. v. 1838 und des Enteig.=Ges., welche beide die Verpflichtung des Unternehmers zur Herstellung und Unterhaltung von Sicherungsanlagen nach dem Befinden der zuständigen Behörde ausdrücklich aussprechen („die Gesellschaft bezw. der Unternehmer . . . ist verpflichtet ꝛc.), schreibt § 18 der planfeststellenden Behörde vor, dem Unternehmer bei der Planfeststellung die Herstellung der von ihr für erforderlich erachteten Anlagen sowie deren verhältnismäßige Unterhaltung aufzuerlegen. Indes ist eine Änderung des Sinnes nicht beabsichtigt. Hier wie dort ist damit die gesetzliche Pflicht des Unternehmers zur Herstellung ꝛc. der von der Behörde für erforderlich erklärten Anlagen bestimmt.

I. Die Verpflichtungen des Eisenbahnunternehmers aus § 18 unterscheiden sich ihrem Rechtscharakter nach von den Entschädigungsverbindlichkeiten, welche dem Unternehmer aus Anlaß des Baues und Betriebes der Eisenbahn durch etwaige Eingriffe in die Rechte Dritter erwachsen, durch ihre öffentlich=rechtliche Natur. Sie bezwecken keine Entschädigung im privatrechtlichem Sinne, sondern Schutzmaßnahmen im landespolizeilichen Interesse, wenngleich diese häufig in ihrer Wirkung zugleich die Befriedigung privater Entschädigungsansprüche herbeiführen. Aus dieser öffentlich-rechtlichen Natur der Verpflichtungen des Unternehmers ergeben sich folgende Konsequenzen:

1. Für die Verpflichtungen des Unternehmers aus § 18 sind die allgemeinen zivilrechtlichen Entschädigungsnormen nicht maßgebend. Demgemäß kann die planfeststellende Behörde in ihren Auflagen an den Unternehmer sich innerhalb der Grenzen des Zivilrechts halten, aber auch darüber hinausgehen, soweit sie es nach den Voraussetzungen des § 18 für nötig findet. Es kommt nicht darauf an, ob die Herstellung solcher Anlagen von den Beteiligten in Antrag gebracht worden ist und ob denselben ein privatrechtlicher Anspruch darauf zusteht.

2. Die Verpflichtungen des Unternehmers aus § 18 können im Rechtswege nicht verfolgt werden. Über die Obliegenheiten des Unternehmers kann daher weder an Stelle der administrativen Entscheidung (§ 17 Nr. 4), noch neben derselben durch die Gerichte entschieden werden. Ebensowenig ist eine Anrufung der Gerichte gegen die administrative Entscheidung zulässig.

3. Die Kosten zur Herstellung und Unterhaltung der im § 18 bezeichneten und gemäß § 17 Nr. 4 festgestellten Anlagen dürfen im Rechtswege nicht eingeklagt werden, weil eine solche Klage mittelbar die Entscheidung in die Hand der Gerichte legen würde.

4. Ebensowenig darf auf Unterlassung von beschädigenden Betriebshandlungen im Rechtswege (durch Negatorienklage) geklagt werden, weil die Klage mittelbar die Unternehmer zur Anlage von Schutzvorrichtungen oder Einstellung des Betriebes zwingen, damit aber diese Frage in die Kognition der Gerichte stellen würde.

5. Endlich ist es nicht statthaft, ein auf Grund des § 17 Nr. 4, § 18 ergangenes Resolut im Rechtswege abzuändern, insbesondere nicht, die Wiederherstellung verwaltungsseitig aufgehobener oder kassierter Anlagen oder die Wiederbeseitigung angeordneter Anlagen im Rechtswege zu fordern.

6. Dagegen wird andererseits die privatrechtliche Entschädigungspflicht des Unternehmers nach Maßgabe der allgemeinen Rechtsnormen durch die öffentlich-rechtliche Pflicht desselben aus § 18 und durch die Entscheidung gemäß § 17 Nr. 4 weder ersetzt noch aufgehoben. Der Unternehmer kann sich mithin gegen privatrechtlich begründete Schadensansprüche nicht durch den Einwand befreien, daß er die ihm aus §§ 17 und 18 auferlegten Verpflichtungen erfüllt habe.

7. Nur soweit erleiden die auf den allgemeinen Rechtsnormen beruhenden zivilrechtlichen Entschädigungsansprüche durch die §§ 17 und 18 eine Modifikation, als derartige Ansprüche gegen den Unternehmer nur auf Geldentschädigung, nicht auf die Herstellung von Anlagen gerichtet sein dürfen.

Die nach allgemeinen zivilrechtlichen Normen geltend zu machenden Schadensansprüche gegen den Unternehmer teilen sich aber in zwei Kategorien. Der Geldentschädigungsanspruch kann sowohl für das Fehlen wie für die Mangelhaftigkeit notwendiger Anlagen und den daraus entstandenen Schaden erhoben werden.

Der Entschädigungsanspruch für den Schaden, welcher durch das Fehlen oder die Mangelhaftigkeit der verwaltungsseitigen Anordnungen oder deren Ausführung entsteht, ist jedoch beschränkt auf den Umfang der allgemeinen zivilrechtlichen Ersatzpflicht. Die Annahme, daß durch § 18 eine weitergehende

Schadensersatzpflicht des Unternehmers begründet sei, ist unzutreffend. Dagegen ist anzuerkennen, daß die außergewöhnliche Benachteiligung der Eigentums- ꝛc. Rechte Dritter durch die Anlage von Eisenbahnen, bezw. ihr weit über das gewöhnliche Maß hinausgehender Gebrauch des Eigentums sich als Eigentumsüberschreitung darstellt, welche auf der Basis des allgemeinen Zivilrechts ein außergewöhnliches Maß der Entschädigung erfordert. Hiernach ist nach Lage des konkreten Falles der Eisenbahn-Unternehmer zivilrechtlich schadensersatzpflichtig für Schäden aus jeder ungewöhnlichen Veränderung der Inundationsverhältnisse, Immission von Qualm, Kohlen, Funken, Asche, Rauch ꝛc., Erschütterung der Erde, Verursachung von Geräusch, Getöse und Lärmen, Entziehung von Luft und Wind.

II. Über die Verpflichtungen des Unternehmers aus § 18 hat die den Bauplan festsetzende Behörde zu entscheiden. Es ist damit nach § 17 Abs. 1 die genehmigende Behörde, d. h. diejenige gemeint, welche nach § 3 zur Erteilung der Genehmigung von Kleinbahnen, die für den Betrieb mit Maschinenkraft bestimmt sind, zuständig ist (Anm. 10 S. 60ff., Anm. 68 S. 221). Diese hat auch allein die Ausführung der bezüglichen Auflagen zu erzwingen, also z. B. die auferlegte erstmalige Herstellung eines Weges, nicht die Wegepolizeibehörde.

O.-V.-G. 15. Oktober 1900 Entsch. Bd. 38 S. 360, Eisenb. Entsch. XVIII S. 16.

Die Feststellung erfolgt nach Maßgabe der in dem vorläufig festgestellten Plane vorgesehenen Anlagen (§ 5 Anm. 22 S. 96ff.) und unter Berücksichtigung der hiergegen erhobenen Einwendungen und stattgehabten Erörterungen (§ 17). Sie muß tunlichst bestimmt dasjenige vorschreiben, was auszuführen ist, Art und Umfang der betreffenden Anlage und ihre Unterhaltung genau angeben, weil anderenfalls eine bestimmte, eventuell unmittelbar erzwingbare Verpflichtung mangeln würde. Auch ist, sofern sich dies nicht aus der Anordnung von selbst ergibt, die Angabe erforderlich, ob die Anlage im öffentlichen oder nur privaten Interesse herzustellen ist, da hiervon die Beurteilung abhängt, ob eine spätere Vereinbarung der Interessenten über Unterlassung oder veränderte Herstellung statthaft ist.

Die Kompetenz der planfeststellenden Behörde ist jedoch insofern beschränkt, als sie sich nur auf gegenwärtige Obliegenheiten des Unternehmers erstreckt, nicht auf solche, welche erst in Zukunft möglicherweise entstehen oder durch eine mögliche Veränderung oder Entwicklung des Unternehmens geboten sein werden. Nur die Obliegenheiten des Unternehmers in betreff der bei Errichtung und Inbetriebsetzung des Unternehmens selbst herzustellenden Anlagen und deren Unterhaltung unterliegen ihrer Zuständigkeit.

Im Übrigen ist die Entscheidung der Planfeststellungsbehörde gemäß § 18 eine ausschließliche; sie ist nach § 52 Satz 1 nur durch die Beschwerde an den Minister der öffentlichen Arbeiten, nicht im Rechtswege oder im verwaltungsgerichtlichen Streitverfahren angreifbar.

III. Die Kompetenz der Behörde und demgemäß die Verpflichtung des Unternehmers erstreckt sich 1. auf die Herstellung von Anlagen zur Sicherung der benachbarten Grundstücke gegen Gefahren und Nachteile oder im öffentlichen Interesse, 2. auf die Unterhaltung dieser Anlagen, soweit dieselbe über den Umfang der bestehenden Verpflichtungen zur Unterhaltung vorhandener, demselben Zwecke dienenden Anlagen hinausgeht.

1. Was zunächst die Herstellung von Anlagen betrifft, so besteht ein wesentlicher Unterschied von den zu Grunde liegenden Bestimmungen des § 14 des

Eisenb.-Ges. v. 1838 und des Enteig.-Ges. v. 11. Juni 1874. Während § 14 des Eisenb.-Ges. v. 1838 sich nur auf Anlagen zur Sicherung der benachbarten Grundbesitzer gegen Gefahren und Nachteile in Benutzung ihrer Grundstücke beschränkt, und § 14 Enteig.-Ges. sich auf Anlagen für die benachbarten Grundstücke oder im öffentlichen Interesse zur Sicherung gegen Gefahren und Nachteile erstreckt, dehnt sich § 18 des Kleinb.-Ges. auf Anlagen zur Sicherung der benachbarten Grundstücke gegen Gefahren und Nachteile oder im öffentlichen Interesse aus, d. h. die Pflicht des Unternehmers ist — abweichend vom § 14 Enteig.-Ges. — bei Anlagen im öffentlichen Interesse nicht auf die Sicherung gegen Gefahren und Nachteile beschränkt, sondern auf alle im öffentlichen Interesse erforderlichen Anlagen, gleichviel ob sie zur Sicherung gegen Gefahren und Nachteile oder zu anderen Zwecken dienen, erweitert. Dieser wesentliche Unterschied ergibt sich ganz evident aus der Wortfassung und aus der Gegenüberstellung derselben mit der Fassung des § 14 Enteig.-Ges. Ob derselbe beabsichtigt war, geht aus den Motiven und Verhandlungen nicht hervor, es müssen aber daraus bei dem klaren, keinen Zweifel zulassenden Wortlaute die entsprechenden Konsequenzen gezogen werden.

a) Die Pflicht des Unternehmers erstreckt sich zunächst auf die Herstellung von Anlagen zur Sicherung der benachbarten Grundstücke gegen Gefahren und Nachteile. Dieser Zweck ist der maßgebende. Sowohl das Eisenbahngesetz von 1838, wie das Enteig.-Ges. v. 1874 hat die wesentlichsten derjenigen Objekte, welche mit dem neuen Unternehmen der Regel nach in Berührung treten und die Errichtung von Anlagen erforderlich machen, aufgezählt, nämlich „Wege, Überfahrten, Triften, Einfriedigungen, Bewässerungs- und Vorflutsanstalten". Indes diese Aufzählung ist nicht erschöpfend erfolgt. Es ist daher ganz zweckmäßig, daß § 18 des Kleinb.-Ges. diese Aufzählung unterlassen hat. Die Pflicht des Unternehmers betrifft die Herstellung der im Folgenden näher bezeichneten Anlagen, d. h. die erstmalige, fertige Errichtung derselben. Weiter geht die vom Unternehmer allein zu tragende Pflicht nicht. Über die unter besonderen Voraussetzungen ihm obliegende Unterhaltungspflicht der eingerichteten Anlagen disponiert der Schlußteil des § 18.

Die „Herstellung" von Anlagen kann zugleich auch die Beseitigung bereits vorhandener, demselben oder ähnlichem Zwecke dienender Anlagen zur Folge haben, entweder weil letztere nunmehr durch die Herstellung der neuen Anlagen zwecklos sind oder aus technischen ꝛc. Gründen nicht nebenher noch bestehen bleiben können oder das Terrain ꝛc. der alten Anlagen für die neuen verwendet werden muß.

Unter „benachbarten Grundstücken" sind nicht bloß die unmittelbar an die Bahn angrenzenden zu verstehen. Immerhin weist aber das Wort „benachbart" auf die in naher Umgebung befindlichen Grundstücke hin. Es ist im konkreten Falle quaestio facti und von der zuständigen Behörde mitzuentscheiden, welche Grundstücke zu den „benachbarten" im Sinne des § 18 zu zählen sind.

Nur Anlagen „zur Sicherung gegen Gefahren und Nachteile", nicht zu beliebigen anderen Zwecken, dürfen vom Unternehmer erfordert werden. Die Worte „Gefahren und Nachteile" sind aus § 14 des Eisenb.-Ges. bezw. Enteig.-Ges. entnommen. Aus den Materialien dieser Gesetze ergibt sich, daß es sich hier nicht allein um Gefahren und Nachteile handelt, die ausschließlich dem sicherheits-polizeilichen und öffentlich-rechtlichen Gebiete angehören, sondern auch um solche, die in Verbindung damit doch auch teilweise in das privatrechtliche Gebiet hinübergreifen. Dies muß schon insofern angenommen werden, als die Feststellungsbehörden allein und ausschließlich befugt sind, dem Unternehmer Anlagen aufzuerlegen, gleichviel, ob dieselben nach Zivilrecht gefordert werden dürfen oder nicht. Im Rechtswege darf niemals eine Anlage, stets nur Schadenersatz verlangt werden, vorausgesetzt, daß sich dieser überhaupt nach Zivilrecht rechtfertigt. Jede Anlage, welche Gefahren und Nachteile beseitigen kann, darf — gleichviel ob der Anspruch darauf dem Beteiligten zivilrechtlich zusteht oder nicht, — nur durch die Feststellungsbehörde auf Grund des § 18 auferlegt werden. Nur soweit dies nicht geschieht, greifen die privatrechtlichen Entschädigungsansprüche Platz.

Was ferner den Unterschied zwischen „Gefahren" und „Nachteilen" anlangt, so sind dem Wortsinne nach unter „Gefahren" vornehmlich die den Beteiligten drohenden, für sie in Zukunft zu befürchtenden Körper- und Vermögensschäden zu verstehen, wie z. B. Gefahr des Brandes infolge der Immission von Funken rc. Dagegen sind unter „Nachteilen" wohl vorwiegend solche Vermögensschäden gemeint, welche tatsächlich bereits entstanden sind oder durch die Enteignung und das Unternehmen notwendig entstehen müssen, wie z. B. Zeitverluste und Wirtschaftserschwernisse durch Umwege, Trockenlegung und Wassermangel durch Besiegung der Wasserquellen rc. Den drohenden „Gefahren" läßt sich durch vorbeugende Schutzmaßregeln, wie z. B. Dämme, Gräben, feuersichere Eindachungen, Forstschutzstreifen (Erl. d. Min. d. öff. Arb. v. 13. Dezember 1893 Min.-Bl. d. i. V. Nr. 11 S. 268 u. 14. März 1894 Eisenb.-V.-Bl. Nr. 6 S. 51), Barrieren, Signale rc. abhelfen, den bereits entstandenen, bezw. unvermeidlichen Nachteilen dagegen nur durch ergänzende Anlagen, wie z. B. Überführungen, Errichtung von Parallelwegen zur Vermeidung von Umwegen, Zuführung anderer Gewässer an Stelle der versiegten rc.

Sodann weisen die Worte „Gefahren und Nachteile" darauf hin, daß nur gegen zu gewärtigende oder bereits entstandene Schäden der Unternehmer Anlagen zu errichten verpflichtet werden kann, nicht aber zum Zwecke der Erlangung von Vorteilen. Von diesem Gesichtspunkte aus liegt dem Unternehmer die Einrichtung aller derjenigen Anlagen nicht ob, welche den Beteiligten größere Vorteile gewähren würden, als sie vor der Anlage des Unternehmens besaßen, also z. B. neue, bequemere und kürzere Wegeverbindungen, als bisher. Freilich hat sich dadurch, daß die Verpflichtung zu Anlagen „im öffentlichen Interesse" nicht, wie bei § 14 Enteig.-Ges., an die Beschränkung der Sicherung gegen Gefahren und Nachteile geknüpft ist, die bezügliche Belastung des Unternehmers wesentlich vergrößert. So kann dem Kleinbahnunternehmer auf Grund des § 18 die Anlage von Bahnhofszufuhrwegen im öffentlichen Interesse aufgegeben werden, während diese Auflage als eine nicht zur Sicherung gegen Gefahren und Nachteilen dienende auf Grund des § 14 Enteig.-Ges. nach der herrschenden Annahme nicht gemacht werden kann. Daraus entsteht nun der mißliche Unterschied, daß diese Auflage für Kleinbahnunternehmungen, wenn eine Planfestsetzung zum Zwecke der Enteignung stattfindet, nicht statthaft ist (§ 17 Abs. 2), wohl aber, wenn eine Planfeststellung gemäß § 17 Abs. 1, § 18 Kleinb.-Ges. erfolgt.

b) Die Pflicht des Unternehmers erstreckt sich sodann auf die Herstellung von Anlagen im „öffentlichen Interesse". Hier fehlt die Beschränkung auf die Sicherung gegen Gefahren und Nachteile, so daß Anlagen aller Art dem Unternehmer auferlegt werden können, insoweit sie im öffentlichen Interesse erforderlich sind. Die Anlagen sind nicht auf die Wahrnehmung sicherheitspolizeilicher Interessen beschränkt, auch nicht bloß der Verkehrsinteressen, sondern können ausnahmslos alle öffentlichen Interessen betreffen, z. B. die sanitären, die Landesverteidigung, die Landes- und Forstkultur, die öffentlichen Wege, die Schiffahrt, die Meliorationen (Erl. v. 22. September 1896 Zeitschr. f. Kleinb. III S. 561), die Telegraphen- u. Fernsprechanlagen (Vgl. Erl. u. allgem. Vorschriften zum Schutze derselben v. 31. Dezember 1896 a. a. O. IV S. 143, 144 ff., Reichsger. 26. Januar 1899 Eisenb. Entsch. XV S. 350, 11. Februar 1901 XVIII S. 54, 9. Januar 1902 XIX S. 18) wie überhaupt die Interessen aller in den §§ 8 u. 9 bezeichneten Verwaltungen, auch der Auseinandersetzungsbehörden (Erl. v. 31. Mai 1897 Zeitschr. f. Kleinb. S. 400), Änderungen von Wegen, Unter- und Überführungen, Herstellung von Bahnhofzufuhrwegen, Vorflutsanlagen, Gräben, Übergängen. Der Unterschied von den vorerörterten Anlagen liegt also darin, daß mit den Worten „für die benachbarten Grundstücke" der Schutz einzelner, in der Nähe des Unternehmens gelegener Grundstücke und ihrer individuellen Interessen bezweckt ist und dieser Schutz nur zur Sicherung gegen Gefahren und Nachteile gewährt wird. Dagegen haben die Worte: „im öffentlichen Interesse" die Wahrnehmung allgemeiner Interessen — ohne Rücksicht auf die individuellen Beziehungen des Einzelnen oder die räumliche Nähe — im Auge, und nach allen Richtungen hin, ohne Beschränkung auf die Sicherung gegen Gefahren und Nachteile.

2. Was sodann die Unterhaltung der Anlagen anlangt, so liegt die Unterhaltungspflicht dieser sc. der vorerörterten Anlagen dem Unternehmer gleichfalls nach dem Befinden der feststellenden Behörde ob, aber nur insoweit dieselbe über den Umfang der bestehenden Verpflichtungen zur Unterhaltung vorhandener, demselben Zweck dienenden Anlagen hinausgeht. Sie darf auf Anlagen anderer Art oder auf Anlagen, deren erstmalige Einrichtung dem Unternehmer nicht aufgegeben ist, nicht ausgedehnt werden. Sie darf auch über den Umfang der von ihm erstmalig errichteten Anlagen nicht hinausgehen. Wird späterhin die Verlegung oder Verbreiterung eines von ihm angelegten Weges, Grabens 2c. erforderlich, so ist dies nicht Unterhaltung, sondern Neueinrichtung.

Im übrigen gilt in betreff der Unterhaltungspflicht alles, was im vorstehenden über die Herstellungspflicht, deren Rechtsnatur und Wirkungen, namentlich die Unzulässigkeit des Rechtsweges 2c. gesagt ist. Indes führt die Natur der Unterhaltungspflicht notwendig zu gewissen Verschiedenheiten von der Herstellungspflicht. Denn die Herstellungspflicht ist zeitlich begrenzt und in sich abgeschlossen, sie endet mit der einmaligen Fertigstellung der angeordneten Anlage. Die Unterhaltungspflicht dagegen ist eine dauernde, nicht absehbar begrenzte, sie setzt sich fort, solange die betreffende Anlage besteht und ihrem Zwecke dienen muß. Die Anordnung, welche die Behörde über die Unterhaltungspflicht trifft, wirkt daher unausgesetzt weiter, obwohl die Kompetenz der Behörde in gleicher Weise, wie in betreff der Herstellungspflicht, mit der Beendigung des Planfeststellungsverfahrens erlischt. Werden späterhin Modifikationen der Unterhaltungspflicht notwendig, so können sie nur durch die Aufsichtsbehörden, nicht aber auf Grund des § 18 des Kleinb.-Ges. angeordnet werden.

Die Unterhaltungspflicht soll dem Unternehmer nicht, wie die Herstellungspflicht, in allen Fällen unbedingt obliegen. Treten die neuen Anlagen ganz oder teilweise an die Stelle vorhandener, demselben Zwecke dienenden Anlagen und besteht in betreff der letzteren eine Unterhaltungspflicht anderer, so fällt insoweit die Unterhaltungslast des Unternehmers für die Neuanlagen fort und tritt die der bisher zur Unterhaltung der alten Anlagen Verpflichteten ein.

Die erste Voraussetzung ist: daß die Neuanlagen an die Stelle vorhandener, demselben Zwecke dienenden Anlagen treten. Sind dem Unternehmer Anlagen auferlegt, deren Zweck ein anderer ist als der der bereits vorhandenen Anlagen, so liegt die Unterhaltungspflicht dem Unternehmer ganz und allein ob. Sind aber die neuen Anlagen solche, welche demselben Zwecke, wie bereits vorhandene, dienen, so kann die Unterhaltungspflicht des Unternehmers sich je nach den Umständen verringern oder ganz fortfallen. Allerdings wird es häufig schwer sein, festzustellen, ob und inwieweit die neue Anlage „demselben Zwecke“ dient. Nicht auf die gleiche Art der Anlagen, sondern auf die Gleichheit ihres Zweckes soll es ankommen. Die neue Anlage braucht auch nicht in ihrem ganzen Umfange rc. demselben Zwecke, wie die alte zu dienen; es genügt, daß beide teilweise in ihrem Zwecke übereinstimmen oder die neue Anlage nur in einer Verbesserung oder Ergänzung des Zweckes des alten Anlage besteht, wie z. B. bei Wege- oder Gräben-Verbreiterungen rc.

Die zweite Voraussetzung ist: daß die bezüglichen, demselben Zwecke dienenden Anlagen vorhanden sein müssen. Auf Anlagen, die noch nicht vorhanden sind, bezieht sich also die in Rede stehende Bestimmung nicht. Dadurch werden aber Dritte wider die Absicht des Gesetzes auf Kosten des Unternehmers bereichert. Nicht auf das zufällige Vorhandensein der Anlagen, sondern darauf kommt es an, ob eine Verpflichtung Dritter zu ihrer Einrichtung und Unterhaltung schon vorher und ohne Zusammenhang mit dem neuen Unternehmen bereits bestanden hat. Hierin liegt eine Lücke des Gesetzes. Das Wort „vorhandener“ ist überflüssig und de lege ferenda zu beseitigen.

Die dritte Voraussetzung endlich ist das Bestehen von Verpflichtungen zur Unterhaltung derartiger, bereits vorhandener, demselben Zwecke dienenden Anlagen. Es genügt also nicht, daß faktisch Anlagen vorhanden sind, sondern es müssen rechtliche Verpflichtungen zu ihrer Unterhaltung bestehen. Und zwar sind damit der Natur der Sache nach Verpflichtungen Dritter (auch des Staates, der Gemeinden rc.) gemeint. Denn lag dem Unternehmer selbst die Verpflichtung zum Unterhalt der bisherigen Anlagen ob, so trifft ihn auch ungeteilt die Pflicht zur Unterhaltung der neuen Anlagen. Endlich unterliegt es keinem Zweifel, daß es sich nur um solche bestehende Verpflichtungen handelt, welche durch die Unterhaltungspflicht für die neuen Anlagen beseitigt werden bezw. in dieser aufgehen.

Sind diese Voraussetzungen vorhanden, dann liegt dem Unternehmer die Unterhaltungspflicht nur insoweit ob, als dieselbe über den Umfang der bestehenden Verpflichtungen hinausgeht. Indes so einfach hiernach die Feststellung und Verteilung der Unterhaltungspflicht erscheint, so bietet sie doch in concreto häufig erhebliche Schwierigkeiten. Zunächst ist es nicht selten sehr schwer, den Umfang und Wert der bisherigen Unterhaltungs-Leistungen abzuschätzen und demgemäß die Unterhaltungslast für die neue Anlage entsprechend zu teilen, insbesondere wenn es sich nicht um eine bloße Erweiterung und Verbesserung der bisherigen Anlagen oder um Anlagen gleicher Art handelt, sondern um neue Anlagen, welche von den bisherigen gänzlich verschieden sind, wenngleich sie demselben Zwecke dienen. Hierzu kommt, daß die Teilung der Unterhaltungslast in natura — zwischen Unternehmer und Dritten — der Natur der Sache nach häufig mit Unzuträglichkeiten verknüpft, ja sogar unmöglich ist. In allen solchen Fällen erübrigt nur, nach Feststellung und Schätzung des bisherigen und des künftigen Maßes der Unterhaltungsleistungen dem einen Teile die alleinige Unterhaltung der neuen Anlage in natura, dem anderen Teile einen der Billigkeit entsprechenden Geldzuschuß aufzuerlegen.

IV. Die Auflage der Herstellung und Unterhaltung der in Rede stehenden Anlagen durch die zuständige Behörde hat nur bei der Planfeststellung, d. h. in dem gemäß § 17 Abs. 1 Nr. 4 zu fassenden Beschlusse zu erfolgen, sie ist auf Grund des § 18 späterhin nicht zulässig, mit der Planfeststellung erlischt die bezügliche Kompetenz der Behörde. Sie kann nur in Verbindung mit der Planfeststellung ausgeübt werden.

§ 19.

Zur Eröffnung des Betriebes bedarf es der Erlaubniß der zur Erteilung der Genehmigung zuständigen Behörde. Die Erlaubnis ist zu versagen, sofern wesentliche in der Bau- und Betriebsgenehmigung gestellte Bedingungen nicht erfüllt sind.

1) Ausführungsanweisung vom 13. August 1898.

Zu § 19.

Die Erlaubniss zur Eröffnung des Betriebes erfolgt auf Grund einer örtlichen Prüfung der Bahn durch die zur Genehmigung zuständige Behörde, also bei Bahnen, welche mit Maschinenkraft betrieben werden sollen, durch den Regierungspräsidenten in Gemeinschaft mit der zuständigen Eisenbahnbehörde. — Über das Ergebniss der Prüfung ist ein Protokoll aufzunehmen.

71) Prinzip und Entstehungsgeschichte des § 19.

§ 19 Prinzip. I. Prinzip. Ist die frist- und projektmäßige Ausführung des Baues von Kleinbahnen besonderen, aus der Eigenartigkeit und Verkehrsbedeutung derselben folgenden Vorschriften und Bedingungen (§§ 2—18) unterworfen, so ergibt sich daraus, daß die Anlage nicht eher ihrer Bestimmung übergeben, dem Betriebe eröffnet werden kann, als bis nicht ordnungsmäßig festgestellt ist, daß die für die Genehmigung des Baues und Betriebes gestellten Bedingungen erfüllt sind. Demgemäß trifft § 19 folgerichtig entsprechende Bestimmungen über die Voraussetzungen der Betriebseröffnung, indem Satz 1 dieselbe von behördlicher Erlaubnis abhängig macht und Satz 2 als Grund für die Versagung der Erlaubnis die Nichterfüllung der wesentlichen, in der Bau- und Betriebsgenehmigung gestellten Bedingungen bezeichnet.

§ 19 entspricht seinem Inhalte nach dem § 22 des Eisenb.-Ges. v. 1838, wonach die Bahn dem Verkehr nicht eher eröffnet werden darf, als nach vorgängiger Revision der Anlage von der Regierung (jetzt dem Minister der öffentl. Arbeiten) die Genehmigung dazu erteilt worden ist. Nur in der Fassung weicht § 19 des Kleinb.-Ges. vom § 22 des Eisenb.-Ges. dadurch ab, daß letzteres nicht ausdrücklich als Grund für die Versagung der Erlaubnis die Nichterfüllung der

Genehmigungsbedingungen bezeichnet, dagegen eine vorgängige Revision der Anlage erfordert. Dieses Erfordernis führt aber zu demselben Ergebnisse. Daher hat auch übereinstimmend die Ausf.-Anw. zum § 19 Kleinb.-Ges. eine örtliche Prüfung der Bahn durch die zuständige Behörde und eine Protokollierung des Ergebnisses dieser Prüfung angeordnet. Um nicht durch ganz unerhebliche Bemängelungen die Betriebseröffnung zu verzögern, ist die Versagung der Erlaubnis nur von der Nichterfüllung wesentlicher Bedingungen abhängig gemacht. Das Korrelat zu der Befugnis der Behörde, im Falle der Nichterfüllung wesentlicher Genehmigungsbedingungen die Erlaubnis zur Betriebseröffnung zu versagen, ist andererseits die Pflicht, diese Erlaubnis zu erteilen, wenn die wesentlichen Bedingungen erfüllt sind. Der Unternehmer hat hierauf ein event. im Instanzenwege mit den Rechtsmitteln des § 52 verfolgbares Recht.

II. Diese Tendenz des § 19 ergibt sich auch aus der Entstehungsgeschichte desselben. § 19 Entstehung.

Die Regier.-Vorlage (§ 15) lautete, wie § 19 des Gesetzes, nur daß im Eingange „zum Beginn" statt „zur Eröffnung" gesagt war. (Herrenh.-Aktst. Nr. 34 S. 60.)

In den Motiven (Herrenh.-Aktst. Nr. 34 S. 66) wird ausgeführt: „Es ist eine natürliche Rechtsfolge des Erfordernisses vorgängiger Genehmigung, daß der Eröffnung des Betriebes eine Prüfung darauf vorangehen muß, ob die Ausführung den Bedingungen der Genehmigung durchweg entspricht. Die Fassung der Voraussetzungen, unter denen die Erlaubnis zur Eröffnung des Betriebes zu versagen ist, schließt sich an die bewährte Praxis der Eisenbahnverwaltung an."

In der II. Lesung des Abg.-Hauses (Sten. Ber. Abg.-H. 1898/9) wurde ein Antrag des Abg. Jansen, im Eingange dieses Paragraphen konform mit § 11 Abs. 2 und § 14 Abs. 3, statt „Zum Beginn des Betriebes" zu setzen „Zur Eröffnung des Betriebes" angenommen.

Von dem Abg. Brömel wurde unter Bezugnahme auf Satz 3 des vorliegenden Paragraphen die Frage aufgeworfen, ob demgegenüber nicht auch die Pflicht der zuständigen Behörde bestehe, die Genehmigung zur Betriebseröffnung zu erteilen, wenn die wesentlichen Bedingungen erfüllt seien. Diese Frage wurde regierungsseitig dahin beantwortet, daß es als selbstverständlich betrachtet werde, daß, wenn alle Bedingungen erfüllt sind, die betreffende Behörde die Genehmigung zu erteilen habe.

72) § 19 Satz 1 erfordert zur Eröffnung des Betriebes die Erlaubnis der zur Erteilung der Genehmigung zuständigen Behörde. Satz 2 schreibt dieser Behörde vor, daß die Erlaubnis zu versagen ist, sofern wesentliche in der Bau- und Betriebs-Genehmigung gestellte Bedingungen nicht erfüllt sind. Daraus folgt e contrario, daß die Erlaubnis zu erteilen ist, wenn die wesentlichen Bedingungen erfüllt sind. Und es ergibt sich ferner daraus, daß der Erteilung oder Versagung der Erlaubnis eine Prüfung vorausgehen muß, durch welche festzustellen ist, ob die wesentlichen Genehmigungsbedingungen erfüllt sind. Hiernach gelten für die Erteilung der Erlaubnis zur Betriebseröffnung folgende Normen: § 19 Einziger Absatz.

1. Da zur Betriebseröffnung die Erlaubnis der zuständigen Behörde erforderlich ist, so ist es Sache des Unternehmers, bei dieser fristzeitig einen Antrag auf Erteilung der Erlaubnis zu stellen. Stellt der Unternehmer diesen Antrag nicht

so zeitig, daß die Prüfung und Erlaubniserteilung in der in der Genehmigung bestimmten oder der verlängerten Frist erfolgen kann (§ 11 S. 175, 183ff.), so setzt er sich den im § 23 vorgesehenen Folgen aus.

2. Der Antrag ist bei der zur Erteilung der Genehmigung (§ 3) zuständigen Behörde zu stellen, welche nach Satz 1 des § 19 auch zur Erlaubnis der Betriebseröffnung kompetent erklärt ist.

3. Der Erteilung der Erlaubnis hat eine Prüfung (Revision) der Projektmäßigkeit der Bahn voranzugehen, durch welche festzustellen ist, ob die in der Bau- und Betriebsgenehmigung gestellten Bedingungen erfüllt sind. Nach der Ausf.-Anw. zum § 19 erfolgt die Erlaubnis zur Eröffnung des Betriebes auf Grund einer örtlichen Prüfnng der Bahn durch die zur Genehmigung zuständige Behörde, also bei Bahnen, welche mit Maschinenkraft betrieben werden sollen, durch den Regierungs-Präsidenten in Gemeinschaft mit der zuständigen Eisenbahnbehörde. Die zuständige Behörde setzt den Termin zur Revision und Begehung der Strecke fest und ladet den Unternehmer zur Teilnahme ein. Der Termin für diese Prüfung soll vom Regierungspräsidenten erst angesetzt werden, nachdem die Zustimmung der Eisenbahnbehörde dazu auf kürzestem Wege eingeholt worden ist.

Erl. d. Min. d. öffentl. Arb. v. 29. Oktober 1897, Zeitschr. f. Kleinb. IV 1897 S. 671. Verzeichnis Nr. 52.

Die baren Auslagen im Genehmigungsverfahren fallen dem Unternehmer zur Last, mithin auch die für die landespolizeiliche Prüfung und Abnahme entstehenden baren Auslagen; andere Kosten dagegen nicht. (Ausf.-Anw. Abs. 6 zum § 3 des Kleinb.-Ges.), daher auch nicht die durch Reisen von Regierungs-Kommissarien erwachsenden, sofern diese Kosten nicht etwa durch die Schuld des Unternehmers z. B. Vereitelung von Terminen ꝛc. verursacht sind.

Erl. d. Min. d. öffentl. Arb. v. 17. Mai 1894, Min.-Bl. d. i. V. S. 90. Verzeichnis Nr. 12.

Bei Dienstreisen zur landespolizeilichen Abnahme der Kleinbahnen sind die von diesen hierzu unentgeltlich zu stellenden Sonderzüge von der mit der Abnahme beauftragten Beamten zu benutzen, so daß auf diese Reisen die Bestimmung im Art. II des Ges. v. 21. Juni 1897 (G.-S. S. 193), betr. die Tagegelder und Reisekosten der Staatsbeamten, Anwendung findet.

Erl. d. Min. d. öffentl. Arb., d. Finanzen u. d. Innern v. 19. Oktober 1898. E.-V.-Bl. S. 306. Min.-Bl. d. i. V. S. 229. Zeitschr. f. Kleinb. V S. 547. Verzeichnis Nr. 65.

Im Übrigen sind für Dienstreisen nach näherer Bestimmung des Staatsministerialbeschlusses v. 25. Oktober 1898 und der bez. Ausführ.-Best. des Min. d. öffentl. Arb. v. 7. Februar 1899 (Zeitschr. f. Kleinb. 1899 S. 218) die Kleinbahnen zu benutzen. Über die Gewährung von Zu- und Abgangsentschädigungen bei Dienstreisen auf Kleinbahnen trifft der Erl. d. Min. d. öffentl. Arb. v. 3. Oktober 1901 (E.-V.-Bl. S. 319) und über die Gewährung freier Fahrt auf Klein- und Privateisenbahnen zur Abnahme von Privatanschlußbahnen der Erl. dess. v. 9. März 1902 Bestimmung. Innerhalb ihrer Amtsbezirke werden den Baubeamten der allgemeinen Verwaltung und den Landräten für Dienstreisen zum Zwecke der landespolizeilichen Prüfung der Projekte und fertiger Strecken Tagegelder und Reisekosten nicht gewährt.

Erl. d. Min. d. öffentl. Arb. v. 21. März 1900 (Zeitschr. f. Kleinb. 1900 S. 304.) Verzeichnis Nr. 86.

Die Revision hat sich nach Maßgabe und an der Hand des festgestellten

Bauplanes und der sonstigen Genehmigungsbedingungen auf die vollständige Durchführung derselben, auf die Erfüllung aller dem Unternehmer bezüglich des Bahn-Baues- und Betriebes obliegenden Verpflichtungen, insbesondere der plan- und anschlagsmäßigen Ausführung und Ausrüstung der Bahn, sowie auf die Beobachtung aller hierbei in Betracht kommenden gesetzlichen Vorschriften und administrativen Verordnungen zu erstrecken. Sie umfaßt daher nicht nur den Bahnbau selbst in allen seinen Teilen, sondern auch die Betriebsmittel (abgesehen von der durch § 20 bestimmten besonderen Prüfung der Betriebsmaschinen) und alle Schutz- und Sicherheitsvorkehrungen, — einschließlich der durch § 18 Kleinb.-Ges. bezw. § 14 Enteig.-Ges. erforderlichen, — welche dem Unternehmer projektmäßig obliegen, oder nach Maßgabe der bestehenden Vorschriften für die Vollständigkeit und Sicherheit des Betriebes geboten sind. Denn der Revision liegt als vornehmster Zweck zu Grunde, daß die revidierende Behörde die volle Überzeugung von der der Betriebssicherheit und dem Verkehrsbedürfnisse entsprechenden Konstruktion und Ausrüstung der Bahn gewinnt.

4. Über das Ergebnis der Prüfung ist ein Protokoll aufzunehmen (Ausf.-Anw. z. § 14). Dieses Protokoll hat — nach den analogen, für Eisenbahnen ergangenen Vorschriften — den tatsächlichen Verlauf der Revision zu registrieren, ferner den Revisionsbefund und die etwaigen Mängel, Projekt- und Bedingungs-Widrigkeiten. Ferner ist darin zu vermerken, ob und inwieweit die Bemängelungen von dem Unternehmer bezw. seinen Vertretern anerkannt sind und durch alsbaldige Anordnungen Abhilfe in die Wege geleitet ist. Auch ist das Protokoll von den Kommissarien der Prüfungsbehörde und dem Unternehmer bezw. seinen Vertretern zu vollziehen. Insbesondere sind die über das Ergebnis der Prüfung aufgenommenen Prüfungs- und Abnahme-Protokolle von der Eisenbahnbehörde mit zu unterzeichnen.

Erl. d. Min. d. öffentl. Arb. 23. August 1896. Zeitschr. f. Kleinb. III S. 518. Verzeichnis Nr. 30.

5. Nach dem Ergebnisse der Prüfung hat nunmehr gemäß Satz 2 des § 19 die zuständige Behörde entweder die Erlaubnis zu versagen, wenn wesentliche, in der Bau- und Betriebsgenehmigung gestellte Bedingungen nicht erfüllt sind (§ 19 Satz 2), oder sie hat — wie in den legislat. Verhandlungen ausdrücklich konstatiert wurde — die Erlaubnis zu erteilen, wenn diese Bedingungen erfüllt sind. Freilich ist diese Entscheidung von der weder in den Motiven noch in den Verhandlungen näher erörterten Frage abhängig gemacht, welche Bedingungen für wesentlich zu erachten sind. Man wird nach dem oben S. 246ff. bezeichneten Zwecke der Revision alle Bedingungen für wesentlich halten müssen, von deren Erfüllung die Betriebssicherheit und die Befriedigung des Verkehrsbedürfnisses abhängig sind und deren Nichterfüllung sowohl die öffentlichen, wie die in Betracht kommenden privaten Interessen (§ 18) in erheblicherer Weise berührt. Bei der Nichterfüllung wesentlicher Mängel muß die Erlaubnis versagt und darf nicht eher erteilt werden, als bis die Erfüllung geschehen und dies durch erneute Revision festgestellt ist (Scharmer, Zeitschr. f. Kleinb. 1896 S. 215). Die zuständige Behörde macht sich verantwortlich, wenn sie trotz der Nichterfüllung wesentlicher Bedingungen dennoch die Erlaubnis erteilt. Die Beobachtung, daß die Prüfung zu nachsichtig gehandhabt wird, und daß, damit die Betriebseröffnung nicht verzögert wird, auch erheblichere Mängel

unbeanstandet bleiben, hat zu der Weisung Anlaß gegeben, in Zukunft bei der Prüfung mit der größten Genauigkeit zu verfahren und die Inbetriebnahme von Kleinbahnstrecken, welche in wesentlichen Punkten noch unfertig sind, nicht mehr zuzulassen. Da, wo es sich um minder wichtige Mängel handelt, welche für die Betriebssicherheit ohne Bedeutung sind, ist dem Unternehmer zu ihrer Beseitigung eine angemessene Frist zu setzen, deren Innehaltung genau zu kontrollieren ist.

Erl. d. Min. d. öffentl. Arb. v. 31. Juli 1895, Zeitschr. f. Kleinb. S. 438. Verzeichnis Nr. 23.

Bei der Prüfung sind die Bestimmungen der der Ausf.-Anw. v. 13. August 1898 zu § 22 Abs. 4 als Anlage 8 beigegebenen Betriebsvorschriften für Kleinbahnen mit Maschinenbetrieb (E.-V.-Bl. 1898 S. 245. Zeitschr. f. Kleinb. S. 485), sowie der mit dem Erlasse v. 30. April 1902 veröffentlichten Betriebsvorschrift für Kleinbahnen und Privatanschlußbahnen (Zeitschr. f. Kleinb. 1902 S. 382, 384 ff.) zu beachten. (Vgl. § 22 Anm. 80 und § 47 Anm. 161). Den Unternehmer zur Erfüllung der ihm auferlegten Bedingungen anzuhalten, liegt der Genehmigungsbehörde ob. Diese und nicht die Wegepolizeibehörde hat daher z. B. denselben zur erstmaligen Herstellung eines ihm auferlegten Weges zu veranlassen.

O.-V.-G. v. 15. Oktober 1900, Entsch. Bd. 38 S. 360, Eisenb. Entsch. XVIII S. 16.

Für den Unternehmer hat die Versagung der Erlaubnis, abgesehen von den sonstigen Nachteilen der Verzögerung, das Mißliche, daß die Innehaltung der ihm in der Genehmigung gesetzten Frist zur Ausführung des Baues und der Betriebseröffnung dadurch gefährdet sein kann und er sich den im § 28 vorgesehenen Folgen aussetzt. Daher ist eine tunlichst frühzeitige Beantragung und Anberaumung des Abnahmetermins durchaus geboten. Bei unwesentlichen, kleineren Mängeln ist die Erlaubnis zwar zu erteilen, jedoch unter dem Vorbehalte alsbaldiger Beseitigung der Mängel, welche durch wiederholte Revision kontrolliert wird. Kommt der Unternehmer den bezüglichen Bedingungen nicht nach, so hat er die in den §§ 23 u. 24 bestimmten Folgen zu gewärtigen. Scharmer (Zeitschr. f. Kleinb. 1896 S. 215) empfiehlt, jedenfalls einen entsprechenden, reichlich bemessenen Teil der Baukaution — bis zur vollständigen Abstellung der qu. Mängel — zurückzuhalten. (So auch Gleim S. 131 Anm. 2.)

6. Die Erteilung der Erlaubnis ist an eine bestimmte Form nicht gebunden. Es ist aber, da der Unternehmer sich den einzelnen Lokalpolizeibehörden ꝛc. gegenüber als zur Eröffnung des Betriebs berechtigt ausweisen muß, notwendig, daß die Erlaubnis in schriftlicher Form dem Unternehmer seitens der zuständigen Behörde zugeht. Die Erlaubnis ist nicht als Betriebsgenehmigung (Stempelsteuergesetz v. 31. Juli 1895 Tarif Nr. 22 m Abs. 2) stempelpflichtig, da sie nur eine Ergänzung bezw. ein Ausfluß der gemäß § 2 Kleinb.-Ges. erteilten Genehmigung ist und andernfalls ein zweifacher Stempel erhoben werden würde.

7. Die Veröffentlichung der Betriebseröffnung ist unter genauer Angabe des Termins mindestens in einem öffentlichen Blatte sowie durch Aushang in den Bahnverkehrsräumen, wie dies in der Ausf.-Anw. zum § 21 für die Bekanntmachung des Fahrplanes und der Beförderungspreise vorgeschrieben ist, zu bewirken. Zweckmäßig werden beide Bekanntmachungen miteinander zu verbinden sein. Zwar ist die Bekanntmachung der Verkehrseröffnung weder durch das Gesetz, noch durch die Ausf.-Anw. oder sonstige Verordnungen vorgeschrieben (Erl.

10. März 1900, Zeitschr. f. Kleinb. S. 252), folgt aber indirekt aus der Vorschrift des § 1 Abs. 1 und § 21 Abs. 1 und ist durch die Natur der Sache geboten. Mit Rücksicht auf die erheblichen Rechtsfolgen, welche für die Eisenbahnen und Dritte mit dem Momente der Betriebseröffnung verknüpft sind, erscheint freilich de lege ferenda eine positive Vorschrift über die Pflicht der Kleinbahnen zur Veröffentlichung der Zeit der Verkehrseröffnung, den Inhalt der Publikation und das dabei zu beobachtende Verfahren erforderlich. Eine Anzeige der Eröffnung an die zuständige Behörde ist nicht vorgeschrieben. Ein bezüglicher Antrag im Abg.=H. wurde zurückgezogen, nachdem regierungsseitig die Anzeige als überflüssig bezeichnet worden war.

Vgl. Erl. d. Min. d. öffentl. Arb. v. 9. Juni 1894, Ziff. 7 (E.=V.=Bl. 1894 Nr. 17 S. 116) v. 4. Februar 1897 letzt. Abs. über die Eröffnung von Kleinbahnstationen (Zeitschr. f. Kleinb. 1897 S. 199). Verzeichnis Nr. 13 u. 41

Nach dem Erlasse vom 10. März 1900 (Zeitschr. f. Kleinb. 1900 S. 252.) dürfen Insertionskosten den Kleinbahn=Unternehmern schon deshalb nicht zur Last gelegt werden, weil die Veröffentlichung der Erlaubnis zur Betriebseröffnung — die an sich zweckmäßig sein mag — weder durch das Gesetz noch die Ausf.=Anw. vorgeschrieben ist. Verzeichnis Nr. 84.

8. Die Wirkung der Betriebseröffnung besteht darin, daß mit dem Zeitpunkte derselben alle den Betrieb und Transport von Kleinbahnen öffentlich= und privatrechtlich regelnden gesetzlichen und administrativen Bestimmungen auf die dem Verkehre eröffnete Kleinbahn bezw. ihren Unternehmer ebenso wie auf Dritte volle Anwendung finden. Dahin gehören z. B. die Bestimmungen des H.=G.=B. Buch III Abschn. 6 (Frachtgeschäft) und Abschn. 7 (Beförderung von Gütern und Personen auf den Eisenbahnen (nicht aber der Eisenbahn=Verkehrsordnung s. § 473 H.=G.=B.), des Haftpflichtgesetzes v. 7. Juni 1871, des § 6 der Gew.=Ord. Wird die Kleinbahn ohne die gesetzlich vorgeschriebene Erlaubnis zur Betriebseröffnung dem Betriebe übergeben und eröffnet, so finden die vorgedachten Bestimmungen keine Anwendung. Auch kann alsdann der Betrieb sofort polizeilich inhibiert werden. Der Unternehmer macht sich nicht nur strafrechtlich bezw. polizeilich verantwortlich, sondern wird auch zivilrechtlich allen hierdurch Beschädigten für den entstandenen Schaden ersatzpflichtig. Überdies können alsdann die Bestimmungen des § 24 zur Anwendung gebracht werden.

Bemerkenswert ist hier noch die Vorschrift, daß Anträge auf Erwirkung des Enteignungsrechts für Kleinbahnen frühestens unmittelbar nach Erteilung der Genehmigungsurkunde bezw. Gründung einer etwa in Frage kommenden Aktien= pp. Gesellschaft und spätestens vor Vollendung der Bauausführung, jedenfalls aber nicht nach der Betriebseröffnung vorgelegt werden sollen.

Erl. v. 24. August 1900, Zeitschr. f. Kleinb. S. 630. Verzeichnis Nr. 98.

§ 20.[73])

Die Betriebsmaschinen sind von ihrer Einstellung in den Betrieb und nach Vornahme erheblicher Änderungen, außerdem aber zeitweilig der Prüfung durch die zur eisenbahntechnischen Aufsicht über die Bahn zuständige Behörde (§ 22) zu unterwerfen.[74])

1) Ausführungsanweisung vom 13. August 1898.

Zu § 20.

Sowohl bei der ihrer Einstellung in den Betrieb vorhergehenden, wie auch bei den späteren periodischen Prüfungen der Betriebsmaschinen sind diejenigen Vorschriften gleichmässig zu beachten, welche jeweilig für die entsprechenden Prüfungen der auf Nebeneisenbahnen zur Verwendung kommenden Betriebsmaschinen gelten.

Die Bestimmungen der von dem Minister für Handel und Gewerbe am 15. März 1897 erlassenen Anweisung, betreffend die Genehmigung und Untersuchung der Dampfkessel, haben für das Verfahren bei Genehmigung und Beaufsichtigung der Dampfkessel in den Betriebsmaschinen der Kleinbahnen zufolge § 20 keine Gültigkeit.

73) Prinzip und Entstehungsgeschichte des § 20.

§ 20 Prinzip. I. Prinzip. § 20 enthält besondere Vorschriften für die Prüfung der Betriebsmaschinen, welche sowohl für die Prüfung vor Erteilung der Erlaubnis zur Betriebseröffnung (§ 19), wie auch nachher während der ganzen Dauer der Betriebszeit (§ 13) gelten. Diese besonderen Prüfungsvorschriften sind mit Rücksicht darauf für erforderlich erachtet worden, daß die Betriebsmaschinen die wichtigste und zugleich gefährlichste Art der Betriebsmittel bilden, sodann aber auch deshalb, weil die Unterstellung der Kleinbahnen unter die im § 6 der Gewerbeordnung bezeichneten Eisenbahnunternehmungen die bisherige Behandlung der Betriebsmaschinen der Kleinbahnen nach Maßgabe der Bestimmungen der §§ 16 ff., 24 der Gewerbe-Ordn. nicht mehr angängig erscheinen ließ. (S. § 28 der allgem. poliz. Best. über die Anlegung von Dampfkesseln vom 5. August 1890 R.-G.-Bl. S. 163 ff.). Die Ausf.-Anw. Abs. 2 zu § 20 weist daher ausdrücklich darauf hin, daß die Bestimmungen der von dem Minister für Handel rc. unterm 15. März 1897 (E.-V.-Bl. S. 93 ff.) erlassene Anweisung, betr. die Genehmigung und Untersuchung der Dampfkessel, für das Verfahren bei der Genehmigung und Untersuchung der Dampfkessel in den Betriebsmaschinen der Kleinbahnen infolge des § 20 keine Gültigkeit haben.

Der vorliegende § 20 unterwirft obligatorisch und ausnahmslos sämtliche Betriebsmaschinen der Kleinbahnen, gleichviel ob sie beweglich sich im Zuge befinden oder stationär die Zugkraft erzeugen, und gleichviel ob sie mit Dampf oder anderen mechanischen Kräften betrieben werden, der Prüfung durch die gemäß § 22 zur eisenbahntechnischen Aufsicht über die Bahn zuständigen Behörde. Die Prüfung soll nach Analogie der für die Prüfung der Lokomotiven der Nebeneisenbahnen bestehenden Vorschriften (§ 11 Bahnordn. f. d. Nebeneisenbahnen) in drei verschiedenen Stadien erfolgen, nämlich 1. vor der Einstellung der Maschinen in den Betrieb, 2. nach Vornahme erheblicher Änderungen, 3. in gewissen Zwischenräumen periodisch. (Vgl. §§ 11 u. 34 der Betriebsvorschriften für Kleinbahnen mit Maschinenbetrieb. Vom 13. August 1898). Es darf aus der Bezugnahme der Motive auf die §§ 16 ff. der Gew.-Ordn. über die Prüfung und Genehmigung beweglicher Dampfkessel nicht etwa gefolgert werden, daß § 20 nur über Betriebsmaschinen mit beweglichen Dampfkesseln Bestimmung treffe. Denn einerseits läßt der Wortlaut des § 20 mangels jeder Einschränkung keinen Zweifel darüber, daß ausnahmslos Betriebsmaschinen aller Art — bewegliche und unbewegliche — gemeint sind, und sodann weisen die Motive zur Begründung der Vorschrift über die periodische Prüfung ausdrücklich auch auf die Bestimmungen des Ges. v. 3. Mai 1872 über stationäre Kessel hin. Auch der Umstand, daß die Ausf.-Anw. zum § 20 auf die entsprechenden Prüfungen der auf Nebeneisenbahnen zur Verwendung kommenden Betriebsmaschinen Bezug nimmt, ändert hieran nichts, weil damit keineswegs ausgesprochen ist, daß der Prüfung der im § 20 bezeichneten Behörden nicht auch Betriebsmaschinen anderer Art unterstehen, und überdies die Bestimmungen der Ausf.-Anw. die gesetzlichen nicht abändern können. Auch § 84 der vorbezeichneten Betriebsvorschriften spricht ganz allgemein und umfassend von „anderen, als mit Dampfkraft betriebenen Maschinen".

II. Aus der Entstehungsgeschichte des § 20 ist folgendes bemerkenswert. § 20. Entstehung.

Die Regierungsvorlage (§ 16) enthielt wörtlich die später in das Gesetz übergegangene Vorschrift des § 20 (Herrenh.-Aktst. Nr. 84 S. 60) und war, wie folgt, begründet: „Die Unterstellung der Betriebsmaschinen unter die mit der eisenbahntechnischen Aufsicht betraute Behörde enthält eine Abweichung von dem zur Zeit geltenden Rechte insofern, als diese Maschinen bisher nach den Bestimmungen der §§ 16 ff. der Gewerbeordnung über die Prüfung und Genehmigung beweglicher Dampfkessel behandelt wurden. Die Änderung empfiehlt sich aber sowohl im Interesse der beteiligten öffentlichen Interessen, als der Unternehmungen selbst, weil dadurch die staatliche Einwirkung in die Hand einer Behörde gelegt wird, welcher die dazu notwendige Sachkunde und praktische Erfahrung beiwohnt. Die Anordnung zeitweiliger Nachprüfung der Betriebsmaschinen entspricht den anderweit bestehenden Vorschriften für Dampfkessel der Eisenbahnen, insbesondere also, was die stationären Kessel anlangt, dem § 3 des Gesetzes vom 3. Mai 1872 (G.-S. S. 515) und bezüglich der Lokomotiven dem § 9 des Bahnpolizeireglements vom 30. November 1885 und § 11 der Bahnordnung für Bahnen untergeordneter Bedeutung vom 12. Juni 1878." (Aktst. Herrenh. Nr. 84 S. 66/67).

In der Kommiss. des Herrenh. (Aktst. Nr. 69 S. 342) wurde regierungsseitig auf eine Anfrage erwidert, daß, soweit nicht besondere Vorschriften, wie z. B. bei der Prüfung und Revision der Dampfkessel, eine Ausnahme bedingen, die Kosten der Staatsaufsicht auch vom Staate getragen würden.

74) § 20 regelt das Verfahren und die Kompetenz bei Prüfung der Betriebsmaschinen der Kleinbahnen. Diese Regelung war notwendig, nachdem davon ausgegangen worden war, daß die Kleinbahnen als Eisenbahnunternehmungen unter § 6 der Gew.-Ord. fallen, mithin die Bestimmungen derselben, insbesondere auch, insoweit sie sich auf die Prüfung und Genehmigung beweglicher Dampfkessel beziehen (§§ 24 ff. l. c.), auf Kleinbahnen nicht Anwendung finden. Auch erschien es zweckmäßig, die Prüfung in die Hand besonders sachkundiger Behörden zu legen. § 20 Einziger Absatz.

1. Ihrer Geltung nach erstreckt sich die Vorschrift des § 20 auf alle Betriebsmaschinen der Kleinbahnen. Eine Beschränkung auf Maschinen mit beweglichen Dampfkesseln (Lokomotiven) entspricht weder dem Wortlaute, noch dem Sinne des § 20. Wenn in der Begründung des § 20 in betreff der Anordnung zeitweiliger Nachprüfung auf die enſprechenden Bestimmungen des früheren Bahnpolizeireglements (§ 9) und der früheren Bahnordnung für Bahnen untergeordneter Bedeutung (§ 11) Bezug genommen ist, so rechtfertigt dies keineswegs eine Beschränkung des § 20 auf Lokomotiven, zumal die Motive zugleich auch auf die Vorschriften des § 3 des Ges. v. 3. Mai 1872 über stationäre Kessel ver-

weisen. Die Annahme Gleims (§ 20 Anm. 1), daß § 20 nur Maschinen mit Dampfkesseln im Auge habe, und zwar nur solche, welche bisher als bewegliche Dampfkessel behandelt worden sind, und daß daher feststehende Dampfkessel nicht unter den Begriff der Betriebsmaschinen fallen, auch dann nicht, wenn damit die Betriebskraft z. B. bei elektrischen Bahnen erzeugt werden sollte, und ebensowenig andere in den Zügen befindliche, die Betriebskraft erzeugende und übertragende maschinelle Anlagen, ist unzutreffend und bereits oben (Anm. 78 S. 250) widerlegt worden.

Aus gleichem Grunde ist auch die Annahme der Ministerialinstanz unrichtig und mit dem Sinne und Wortlaute des Gesetzes nicht vereinbar, wonach unter Betriebsmaschinen nur die in den Zügen befindlichen, mit Dampfkesseln versehenen Maschinen zu verstehen sind, alle übrigen maschinellen Einrichtungen aber sowohl die feststehenden (z. B. die elektrischen Stromerzeugungsanlagen), als auch die beweglichen ohne Dampfkessel (z. B. an elektrischen Triebwagen) einer Prüfung und Beaufsichtigung seitens der nach dem Kleinbahngesetze berufenen Behörden nur insoweit unterstehen, als dieselbe in den §§ 4 und 22 dieses Gesetzes ihre Grundlage hat.

Erl. d. Min. d. öffentl. Arb. v. 23. Oktober 1897, Zeitschr. f. Kleinb. S. 671 Verzeichnis Nr. 51.

Die Absicht des Gesetzes geht nach den Motiven dahin, die Prüfung aller Betriebmaschinen in die Hand besonders sachkundiger, theoretisch und praktisch erfahrener Behörden, der eisenbahntechnischen Aufsichtsbehörden zu legen. Einen Unterschied zwischen Lokomotiven und anderen Betriebsmaschinen macht das Gesetz nicht, und es liegt kein Grund vor, einen solchen in die ganz klare Bestimmung hineinzutragen und andere, nicht eisenbahntechnische und nicht sachkundige Behörden rc. zu Eingriffen in den Betrieb der Kleinbahnen zu ermächtigen. Dem steht auch § 34 der Betriebsvorschriften entgegen, welcher ganz allgemein von „anderen, als mit Dampfkraft betriebenen Maschinen“ spricht. Würde die Absicht einer derartigen Beschränkung vorhanden gewesen sein, so hätte es nahe gelegen, den Ausdruck „Lokomotiven“ — wie im § 1 Abs. 2, — nicht den umfassenderen Ausdruck „Betriebsmaschinen“ (s. § 3 Abs. 1 Ziff. 1, §§ 17, 18, § 22 Satz 2 zu wählen. Es fallen daher unter § 20 ausnahmslos Betriebsmaschinen aller Art, gleichviel ob sie Dampfmaschinen, elektrische, pneumatische, hydraulische, atmosphärische rc. Maschinen sind, ob sie beweglich (im Zuge) oder stationär oder feststehende elektrische Stromerzeugungsanlagen sind, ob sie ein besonderes Fahrzeug des Zuges bilden oder sich in einem Wagen des Zuges befinden, ob die erzeugte Kraft unmittelbar als Betriebskraft dient oder zur Erzeugung einer anderen, zum Betriebe benutzten Kraft verwendet wird. Es ist doch auch wohl nicht anzunehmen, daß die ganz allgemein gehaltene Vorschrift des § 20 sich nur auf Lokomotiven beziehen solle, während § 1 Abs. 1 grade Bahnen mit Lokomotivbetrieb als in der Regel nicht zu den Kleinbahnen gehörig bezeichnet und der bei Klein- und Straßenbahnen vorherrschende elektrische Betrieb fast ausschließlich auf feststehenden elektrischen Stromerzeugungsanlagen beruht. Vielmehr sollte, wie die Kompetenz zur Genehmigung (§ 8 Abs. 1 Nr. 1), die Planfeststellung (§§ 17, 18) und Aufsichtsführung (§ 22 Satz 2), so auch die Prüfung der Maschinen der mit Maschinenkraft betriebenen Bahnen einer besonderen Vorschrift unterworfen werden. Diese

Vorschrift des § 20 ist für alle bei Kleinbahnen zur Verwendung kommenden Arten von Betriebsmaschinen in betreff der Prüfungszeiten und der Kompetenz der Prüfungsbehörde die allein maßgebende und grundlegende.

Im übrigen haben auf dieser Grundlage die Prüfungsbehörden wie die Unternehmer diejenigen speziellen Vorschriften zu beachten, welche etwa für die einzelnen Arten der Betriebsmaschinen — Lokomotiven, elektrische, hydraulische 2c. — in betreff ihrer Prüfung nach Konstruktion, Beschaffenheit 2c. vorgeschrieben sind. Demgemäß kommen — abgesehen von der Anwendung der Bestimmungen des § 20 über die Zeit der Prüfung und die Kompetenz — wenn Lokomotiven als Betriebsmaschinen bei Kleinbahnen verwendet werden, gemäß der Ausf.-Anw. Abs. 1 z. § 20, die Vorschriften des § 11 der Bahnordn. f. d. Nebenbahnen v. 5. Juli 1892 (R.-G.-Bl. S. 764) über die Abnahmeprüfung und wiederkehrenden Untersuchungen der Lokomotiven und Tender zur Anwendung. Diese Vorschriften sind in den § 11 der Betriebsvorschriften vom 13. August 1898 (Verzeichnis Nr. 62), welche auf nebenbahnähnliche Bahnen zur Anwendung kommen sollen, wörtlich aufgenommen — abgesehen von der Abweichung, daß derselbe den zweiten Satz der Nr. 3 des § 11 der Nebenbahnordnung nicht enthält, wonach es gestattet ist, daß ein geringerer Probedruck dann angewendet wird, wenn ein solcher bisher für zulässig erachtet worden ist; und ebenso in die Betriebsvorschrift für Privatanschlußbahnen (Erlaß vom 30. April 1902) § 13 (Zeitschr. f. Kleinb. 1902 S. 386, 387) mit wenigen, sich auf ältere Maschinen beziehenden Abweichungen.

Die Anweisung des Hand.-Min., betreffend die Genehmigung und Untersuchung der Dampfkessel vom 15. März 1897, (Min.-Bl. d. i. V. S. 55, E.-V.-Bl. S. 93) findet mithin auf die Lokomtiven der Kleinbahnen keine Anwendung. Durch § 20 Kleinb.-Ges. ist vielmehr die technische Überwachung der Lokomotivkessel der Kleinbahnen auf die Behörden der Staatseisenbahnverwaltung übertragen und damit der Zuständigkeit des Hand.-Minist. entzogen. In dem Kleinb.-Ges. ist entgegen der früheren Übung die Auffassung zur Herrschaft gelangt, daß die Kleinbahnen als Eisenbahnunternehmungen im Sinne des § 6 Gew.-Ord. von deren Bestimmungen ausgenommen seien und ihre Lokomotivkessel demzufolge einer gewerbepolizeilichen Genehmigung (§ 24 Gew.-Ordn.) nicht bedürfen. (Erl. d. Min. d. öff. Arb. v. 9. Juni 1893 und des Hand.-Minist. v. 6. Mai 1898 E.-V.-Bl. 1893 S. 205—208). Soweit es sich aber um die Verwendung anderer Dampfkessel (feststehender oder beweglicher) handelt, kommen auch für Kleinbahnen die §§ 24, 25 der Reichs-Gew.-Ord., § 8 des Ges. v. 3. Mai 1872, den Betrieb von Dampfkesseln betreffend (G.-S. S. 515), die Allgem. poliz. Bestimmungen über die Anlegung von Dampfkesseln v. 5. August 1890 (R.-G.-Bl. S. 163) nebst den Bestimmungen über die Genehmigung, Prüfung und Revision der Dampfkessel (E.-V.-Bl. S. 245) Erl. d. Min. f. Handel 2c. v. 15. August 1891, betr. Genehmigungs-Urkunden f. Dampfkessel (E.-V.-Bl. 1891 S. 139ff.), v. 15. Oktober 1891, betr. Verwendung einheitlicher Formulare für die Vornahme der Dampfkesselrevisionen (E.-V.-Bl. 1891 S. 198ff.) und 15. März 1897 u. 9. März 1900, betr. Anweisung für die Genehmigung u. Untersuchung der Dampfkessel (E.-V.-Bl. 1897 S. 93ff. Min.-Bl. d. i. V. 1900 S. 142) zur Anwendung; ebenso auch bei Verwendung elektrischer, hydraulischer, pneumatischer 2c. Maschinen die diese Kategorien betreffenden polizeilichen 2c. Prüfungsvorschriften.

Nur tritt überall die zur eisenbahntechnischen Aufsicht über die Kleinbahnen zuständige Behörde an die Stelle der sonstigen Genehmigungsbehörde.

In diesem Sinne muß die Ausf.-Anw. Abs. 2 zum § 20 verstanden werden. (Vgl. auch Zeitschr. f. Kleinb. 1898 S. 526).

Für die Überwachung derjenigen maschinellen Einrichtungen rc. in den Zügen rc., welche nach Vorstehendem (S. 253) nicht unter den Begriff der Betriebsmaschinen fallen, sowie der in den Zügen laufenden Wagen ist, soweit es sich um die Prüfung vor der Betriebseröffnung handelt, die bei der Genehmigung mitwirkende Eisenbahnbehörde, im übrigen aber die eisenbahntechnische Aufsichtsbehörde zuständig, weil die Aufsicht in erster Linie die betriebssichere Beschaffenheit der Bahn und der Betriebsmittel zum Gegenstande hat. Die Art ihrer Ausübung ist aber nicht vorgeschrieben und daher lediglich ihrem Ermessen anheimgegeben. Die Bestimmungen des § 20 sind nur für die Betriebsmaschinen gegeben, also hierauf nicht anwendbar. Eine Ausnahme bilden die nebenbahnähnlichen Kleinbahnen, für welche in dem § 17 der Betriebsvorschriften für Kleinbahnen mit Maschinenbetrieb vom 13. August 1898 in betreff der Untersuchung der Wagen Bestimmungen getroffen sind. Darnach dürfen nur Wagen in Gebrauch genommen werden, welche den nach § 4 Nr. 1 des Gesetzes genehmigten Entwürfen entsprechen. Ferner muß jeder Wagen spätestens 3 Jahre nach der ersten Ingebrauchnahme oder nach der letzten Untersuchung durch den Unternehmer einer gründlichen Untersuchung unterworfen werden, bei welcher die Achsen, Lager und Federn abzunehmen sind. Der eisenbahntechnischen Aufsichtsbehörde liegt es ob, die Beobachtung, dieser Vorschriften durch den Unternehmer zu kontrollieren (Gleim § 20 Anm. 1 S. 133.)

2. Für die Prüfung schreibt § 20 — nach Analogie des § 11 der Bahnordn. f. d. Nebenbahnen Deutschlands — drei verschiedene Zeiten vor. Die Prüfung der Maschinen soll erfolgen: a) vor ihrer Einstellung in den Betrieb, b) nach Vornahme erheblicher Änderungen, c) zeitweilig, d. h. in gewissen periodischen Zwischenräumen.

a) Die Prüfung muß hiernach — gleichviel ob es sich um neue oder bereits gebrauchte Betriebsmaschinen handelt — stets erfolgen, sobald die Einstellung in den Betrieb geschieht, nicht nur bei der ersten Einstellung zur Betriebseröffnung der Bahn, sondern auch bei jeder späteren Anschaffung und Betriebseinstellung einer Maschine. Der bloße Übergang einer bereits im Betriebsdienste befindlichen Maschine von einer Bahn auf die andere im Durchgangsverkehr gilt aber nicht als eine Einstellung in den Betrieb der letzteren.

b) Sodann ist die Prüfung nach jeder Vornahme erheblicher Änderungen vorgeschrieben. Was unter erheblichen Änderungen zu verstehen ist, sagt § 20 nicht und unterliegt, soweit nicht Spezialvorschriften bestehen, im Einzelfalle dem Befinden der zuständigen Behörde. § 11 Abs. 2 der Nebenbahnordnung sieht in jeder umfangreichen Ausbesserung des Kessels eine derartige Änderung, ebenso wird die Erneuerung oder Umgestaltung aller für den Gang der Maschine wichtigen und wesentlichen Teile hierher zu rechnen sein. (Vgl. § 12 der allgem. poliz. Bestimmungen vom 5. August 1890, § 20 der Anweis. betr. die Genehmigung und Untersuchung der Dampfkessel v. 16. März 1892).

c) Endlich soll — ganz abgesehen von der Inbetriebstellung und der Vornahme erheblicher Änderungen — überhaupt „zeitweilig“, d. i. in gewissen

Perioden die Prüfung stattfinden bezw. wiederholt werden. Die Dauer der Perioden ist im § 20 nicht bestimmt. Sie wird sich, falls nicht besondere Bestimmungen vorhanden sind, nach der Art der in Gebrauch befindlichen Maschinen verschieden gestalten und zweckmäßig durch allgemeine Anweisungen zu regeln sein. Für Lokomotiven sind die Perioden im § 11 Abs. 2 und 7 der Nebenbahn-Ordnung bestimmt. Vergl. im übrigen für andere Dampfkessel: §§ 29 ff. der Anweisung betr. die Genehmigung und Untersuchung der Dampfkessel v. 16. März 1892 (E.-V.-Bl. S. 89).

Für die Prüfung der Betriebsmaschinen der nebenbahnähnlichen Kleinbahnen gilt § 11 (u. § 34) der Betriebsvorschriften für Kleinbahnen mit Maschinenbetrieb vom 13. Aug. 1898, welcher mit den Bestimmungen des § 11 der Bahnordnung für Nebenbahnen wörtlich übereinstimmt — abgesehen von der Abweichung, daß § 11 der Betriebsvorschriften den zweiten Satz der Nr. 3 des § 11 der Nebenbahnordnung nicht enthält (s. S. 253) — für die Prüfung der Betriebsmaschinen der Privatanschlußbahnen § 13 der Betriebsvorschriften für Privatanschlußbahnen (s. §. 47 Anm. 161).

3. Zuständig für die im § 20 angeordnete Prüfung ist „die zur eisenbahntechnischen Aufsicht über die Bahn zuständige Behörde.“ Das Zitat des § 22 weist darauf hin, daß die dort im Satz 2 bezeichnete Behörde (s. § 22 Anm. 81 S. 280 ff.) gemeint ist (bei Privatanschlußbahnen die im § 50 bestimmte Behörde: § 47). Diese Behörde ist für die Prüfung aller Arten von Betriebsmaschinen allein kompetent, jede die Kompetenz in anderer Weise regelnde Bestimmung ist, soweit die Verwendung von Maschinen für den Kleinbahnbetrieb in Betracht kommt, durch § 20 aufgehoben.

4. Da die allgemeine Vorschrift des § 3 Ges. v. 3. Mai 1872, den Betrieb von Dampfkesseln betreffend (G.-S. S. 515), durch das Kleinb.-Ges. nicht aufgehoben ist, so sind von den Kleinbahnunternehmern die Kosten der Prüfung der Dampfkessel ihrer Betriebsmaschinen zu tragen. Die Kosten sind für die von Staatseisenbahnbeamten auszuführenden Kesseluntersuchungen für Privateisenbahnen, Kleinbahnen und Privatanschlußbahnen nach Maßgabe der dem Erlasse des Ministers der öffentl. Arbeiten v. 4. März 1901 (Zeitschr. f. Kleinb. 1901 S. 307) beigefügten Gebührenordnung zu erheben und den Betriebsfonds der Staatseisenbahnverwaltung (Tit. 6. pos. 6 der Einnahme) zuzuführen. Dagegen sind die von der eisenbahntechnischen Aufsichtsbehörde mit den Kesseluntersuchungen beauftragten Beamten berechtigt, für die Ausführung derselben Vergütungen zu beanspruchen, welche sich nach den Sätzen der Allerh. Verordn. v. 30. Oktober 1876 (G.-S. S. 751) bezw. 4. März 1895 (G.-S. S. 37) und des Erlasses v. 17. Dezbr. 1895 (E.-V.-Bl. S. 755, Verzeichnis Nr. 25) bemessen.

Erl. d. Min. d. öffentl. Arb. v. 8. Juli 1897 E.-V.-Bl. S. 213, Zeitschr. f. Kleinb. S. 449 Verzeichnis Nr. 50. Vgl. auch Erl. v. 4. Mai 1894 (Zeitschr. 1894 S. 422).

Die Prüfung der nach § 22 Abs. 2 zuständigen Behörde genügt auch, wenn die Maschine im Durchgangsverkehr die Strecken von Bahnen berührt, für welche andere Behörden zuständig sind. In dem Erlaß vom 5. November 1892 (E.-V.-Bl. S. 449) Verzeichnis Nr. 1 wird darauf hingewiesen, daß die §§ 20 bezw. 47 auch auf die schon vor Inkrafttreten des Kleinbahn-Ges. genehmigten Kleinbahnen bezw. Privatanschlußbahnen Anwendung finden (§ 53 Abs. 2), weshalb auch seitens des Ministers für Handel ꝛc. die

Einstellung der bisher durch die Gewerbe- bezw. Kreisinspektoren bewirkten Revisionen der Betriebsmaschinen der Kleinbahnen und Privatanschlußbahnen angeordnet worden ist.

5. Die Untersuchungen der Betriebsmaschinen der Kleinbahnen brauchen nicht durch die eigenen Organe der aufsichtsführenden Eisenbahndirektion bewirkt zu werden. Sie sind ermächtigt, in dieser Hinsicht nach den gleichen Grundsätzen zu verfahren, nach denen die Königl. Eisenbahndirektionen befugt sind, bei der Vornahme der Untersuchung der Lokomotiven bei Privateisenbahnen zu verfahren.

Erl. d. Min. d. öff. Arb. v. 28. Mai 1897 (E.-V.-Bl. 1897 S. 158, Zeitschr. f. Kleinb. IV S. 400.) Verzeichnis Nr. 45.

Darnach kann ein jeder, welcher die höhere Prüfung für das Maschinenfach abgelegt hat, zur Untersuchung der Kleinbahnbetriebsmaschinen bestellt werden, und somit auch ein Organ der Kleinbahn, sofern diese Voraussetzung für dasselbe zutrifft. Die den Dampfkesselvereinen und einzelnen Dampfkesselbesitzern früher erteilte Befugnis, die Kesselprüfung durch eigene Beamte auszuführen, ist nach dem Kleinbahngesetz für die Kessel der Lokomotiven von Kleinbahnen und Privatanschlußbahnen erloschen.

Erl. d. Min. d. öff. Arb. v. 15. November 1892 IV 5051/111 21334 u. Erl. d. Min. f. Hand. 2c. v. 19. November 1892 B. 10105.

6. Die Prüfungsvorschriften des § 20 sind obligatorisch, sowohl für die Unternehmer wie für die zuständigen Behörden. Die Prüfungen müssen zu den angegebenen Zeiten in vorschriftsmäßiger Weise seitens der zuständigen Behörde erfolgen. Daher macht sich einerseits der Unternehmer verantwortlich, wenn er die Prüfung nicht rechtzeitig oder überhaupt nicht bei der zuständigen Behörde beantragt, und diese, wenn sie die Prüfung nicht zu den bestimmten Zeiten vorschriftsmäßig bewirkt. Insbesondere darf auch die Erlaubnis zur Eröffnung des Betriebs von der hierzu zuständigen Behörde (§ 19) nicht erteilt werden, bis nicht die Prüfung der in den Betrieb einzustellenden Betriebsmaschinen gemäß § 20 nachweislich erfolgt ist. Die eisenbahntechnischen Aufsichtsbehörden sind zur zwangsweisen Durchführung der bei der eisenbahntechnischen Beaufsichtigung — also auch bei der Prüfung der Betriebsmaschinen — getroffenen Anordnungen berechtigt (Erl. v. 8. Aug. 1894, E.-V.-Bl. S. 205) Verzeichnis Nr. 15.

7. Die Genehmigung zur Inbetriebnahme der geprüften Maschinen ist nicht stempelpflichtig (Stempelsteuergesetz v. 31. Juli 1895 Tarif Nr. 22m Abs. 2), da es sich nur um eine Ergänzung bezw. einen Ausfluß der gemäß § 2 zu erteilenden Betriebsgenehmigung, nicht um eine selbständige Betriebsgenehmigung handelt (s. auch § 19 Anm. 72 S. 248).

§ 21.[75])

Der Fahrplan und die Beförderungspreise sowie die Änderungen derselben sind vor ihrer Einführung öffentlich bekannt zu machen.[76])

Die angesetzten Beförderungspreise haben gleichmäßig für alle Personen oder Güter Anwendung zu finden.[77])

Ermäßigungen der Beförderungspreise, welche nicht unter Erfüllung der gleichen Bedingungen Jedermann zu Gute kommen, sind unzulässig.[78])

1) Ausführungsanweisung vom 13. August 1898.

Zu § 21.

Der Fahrplan und die Beförderungspreise für Personen und für Güter sind mindestens in einem öffentlichen Blatte, welches in der Genehmigungsurkunde zu diesem Zweck zu bestimmen ist, zur Kenntnis des Publikums zu bringen. Ausserdem hat die Veröffentlichung durch Aushang in den dem Beförderungsverkehr gewidmeten Räumen, und zwar die Veröffentlichung des Fahrplans und der Personenbeförderungspreise in den Personenbahnhöfen, Wartehallen etc., der Güterbeförderungspreise in den für die Güterbeförderung bestimmten Gebäuden oder Räumen stattzufinden.

75) Prinzip und Entstehungsgeschichte des § 21. § 21

I. Prinzip. Durch § 21 werden zwei wichtige Vorschriften, welche Prinzip. für den Transportverkehr der Haupt- und Nebenbahnen gelten, auch für die Kleinbahnen eingeführt, nämlich die öffentliche Bekanntmachung der Fahrpläne und Beförderungspreise vor ihrer Einführung, sowie die gleichmäßige Anwendung derselben auf alle Personen und Güter. Diese Vorschriften haben ihren Grund in der durch die Konzessionen und Privilegien geförderten besonderen Machtstellung der Eisenbahnen. Das wesentliche Übergewicht, welches die Eisenbahnen durch ihr Transportmonopol in Betreff des Abschlusses und der Ausführung der Transportverträge ihren Mitkontrahenten gegenüber besitzen, hat die Gesetzgebung von Anfang an dahin geführt, den Eisenbahnen gewisse Beschränkungen ihrer Vertragsfreiheit aufzuerlegen. Dahin gehört die für Haupt- und Nebenbahnen auf Grund der §§ 26, 32 des Eisenb.-Ges. vom 3. November 1838 in Verbindung mit Art. 422 des alten und § 453 des neuen H.-G.-B. und §§ 6, 7, 10, 11 der Verkehrsordnung bestehende Verpflichtung, Transportverträge abzuschließen und keinen Absender in Hinsicht auf die Zeit der Beförderung und die Tarife zu bevorzugen, sowie — um dem Publikum hierüber eine Kontrolle zu gewähren — die Fahrpläne und die Tarife vor ihrer Einführung zu veröffentlichen. Aus gleichen Gründen war es erforderlich, entsprechende Beschränkungen auch den Kleinbahnen gesetzlich aufzuerlegen. Da für dieselben als dem Publikum zur Benutzung für den Gütertransport eröffnete, dem öffentlichen Verkehre dienende Bahnen (§ 1 Kleinb.-Ges.) wie vorher die Art. 422ff. des alten H.-G.-B., so jetzt (seit 1. Januar 1900) die §§ 453ff. des neuen H.-G.-B. Geltung haben, so liegt ihnen zwar die Pflicht zur Eingehung von Gütertransportverträgen unter den im § 453 bezeichneten Voraussetzungen (§ 14 Anm. 55 S. 205) und mit der im § 473 enthaltenen Einschränkung sowie zur gleichmäßigen Behandlung der Absender in Ansehung der Zeit der Beförderung auf Grund des H.-G.-B. gesetzlich ob, so daß es keiner Festsetzungen hierüber im Kleinbahngesetze bedurfte. Wohl aber waren — nach Analogie des § 32 des Eisenb.-Ges. v. 1838 — Vorschriften notwendig, welche den Kleinbahnen die Pflicht zur vorgängigen Veröffentlichung der Fahrpläne und Tarife, sowie zur gleichmäßigen Anwendung der letzteren für Personen- und Gütertransporte auferlegten. Dies ist — wenngleich mit nicht unwesentlichen Abweichungen von den Normen der §§ 26 und 32 des Eisenb.-Ges. und den oben erwähnten Bestimmungen der Verkehrsordnung — durch § 21 des Kleinb.-Ges. geschehen.

Hierin ist auch durch die §§ 453ff. des neuen H.=G.=B. (gültig vom 1. Jan. 1900) eine Änderung nicht eingetreten (s. unten § 29 Anm. 102).

Absatz 1 schreibt — in Übereinstimmung mit § 26 Ziff. 1, § 32 Abs. 2 Ziff. 1 des Eisenb.=Ges. von 1838 in Verbindung mit §§ 7, 10 u. 11 der Verk.=Ord. — die öffentliche Bekanntmachung der Transportpreise und Fahrpläne vor ihrer Einführung vor. Aber es fehlt die im § 26 Ziff 1, § 32 Abs. 2 Ziff. 1 des Eisenb.=Ges. in Verbindung mit § 7 Abs. 2 Verk.=Ord. enthaltene Vorschrift, daß Tariferhöhungen oder sonstige Erschwerungen der Beförderungsbedingungen 6 Wochen vor Inkrafttreten öffentlich bekannt zu machen sind, indem man ersichtlich von der Erwägung ausging, daß für die geringfügigeren Transporte der Kleinbahnen eine mit längerer Frist vorangehende Ankündigung der Erhöhungen nicht erforderlich sei.

Sodann bestimmt Absatz 2, — konform mit § 26 Ziff. 2, § 32 Abs. 2 Ziff. 2 des Eisenb.=Ges. von 1838 in Verbindung mit § 7 Verk.=Ord., — daß die veröffentlichten Beförderungspreise gleichmäßig für alle Personen und Güter Anwendung zu finden haben, d. h. in Bezug auf die Preisberechnung kein Absender, bezw. Reisender vor dem anderen bevorzugt werden soll. Aber es fehlt die im § 7 Abs. 1 der Verk.=Ord. enthaltene ausdrückliche Bestimmung, daß diese Beförderungspreise auch zu Recht bestehende, d. h. den Vorschriften des § 14 des Ges. entsprechende sein müssen, weil man dies wohl ohne Zweifel für selbstverständlich erachtete. Ferner beschränkt sich die Vorschrift des Abs. 2 auf die Beförderungspreise, während es geboten erscheint, die gleichmäßige Anwendung nicht bloß in Betreff der Beförderungspreise, sondern der Tarife überhaupt, d. h. der Gesamtheit derjenigen Bedingungen vorzuschreiben, unter welchen die Eisenbahn die Beförderung von Personen und Gütern im öffentlichen Verkehre dem Publikum gegenüber übernimmt und ankündigt. (R.=O.=H.=G. Entsch. Bd. 21 S. 108.)

Von diesem Gesichtspunkte aus erklärt Absatz 3, — um der Möglichkeit vorzubeugen, daß bei der Ermäßigung der Beförderungspreise die gleichmäßige Anwendung der ermäßigten Preise durch Auflage ungleicher Bedingungen den einzelnen Absendern gegenüber umgangen wird, — Ermäßigungen der Beförderungspreise, welche nicht unter Erfüllung der gleichen Bedingungen jedermann zu Gute kommen, für unzulässig. Diese Bestimmung wäre nicht erforderlich gewesen, wenn im Abs. 2 statt „Beförderungspreise" gesagt worden wäre „Tarife".

§ 21 Entstehung. II. Aus der Entstehungsgeschichte wird folgendes hervorgehoben: Die Regierungsvorlage (Herrenh.=Aktst. Nr. 84 S. 60) enthielt ohne weitere Motivierung des § 17 die Bestimmung: „Der Fahrplan und die Beförderungspreise sowie die Änderungen derselben sind öffentlich bekannt zu machen."

In der Kommission des Abg.=Hauses (Abg.=H. Aktst. Nr. 206 S. 2286) wurde der von einem Mitgliede gestellte Antrag, in der zweiten Zeile hinter dem Worte „sind" die Worte „vor ihrer Einführung" einzufügen, angenommen, um der Absicht über den Zweck der öffentlichen Bekanntmachung, das Publikum vor Einführung des Fahrplans und der Beförderungspreise zu orientieren, Ausdruck zu geben.

Auf die Frage eines Mitgliedes, ob es gestattet sein solle, für einzelne besonders große Transporte billigere als die angesetzten Beförderungspreise seitens der Bahnverwaltung in Ansatz zu bringeu, wurde von der großen Majorität der Kommission festgestellt, daß ein solches Verfahren nicht erlaubt sein solle; und auf Antrag eines Mitgliedes wurde zu dem § 17 der Zusatz gemacht: „Die angesetzten Be=

förderungspreise haben gleichmäßig für alle Personen oder Güter Anwendung zu finden." Es wurde dabei als selbstverständlich anerkannt, daß das Wort „gleichmäßig" nicht für alle Wagen- und Güterklassen Anwendung zu finden habe, sondern nur eine gleichmäßige Anwendung aller durch dieselbe Klasse der Beförderungspreise betroffenen Personen oder Güter aussprechen solle.

In der II. Lesung des Abg.-Hauses (Sten. Ber. S. 1999) erläuterte auf eine Anfrage des Abg. Rickert der Minister der öffentl. Arbeiten den hinzugefügten zweiten Absatz dahin: „Die Bestimmung bedeutet ihrem Sinne und ihrem Wortlaute nach: die Anwendung der Tarife für Personen und Güter hat für alle Interessenten gleichmäßig und ohne Ansehen der Person zu erfolgen. Es ist das derselbe Grundsatz, der auch in dem Gesetze vom 3. November 1838 Ausdruck gefunden hat. Ursprünglich ist dieser Grundsatz in die Regierungsvorlage darum nicht ausdrücklich aufgenommen worden, weil beabsichtigt war, dies in die betreffende Konzessionsurkunde hineinzuschreiben. Die Staatsregierung hat sich aber überzeugt, daß es zweckmäßiger ist, diesen Grundsatz auch in dem Gesetze zum Ausdruck zu bringen, und darum hat sie dem Vorschlage der Kommission zugestimmt; ich möchte daher auch empfehlen, die Bestimmung beizubehalten." (Sten. Ber. S. 1999, 2000).

Hierauf erfolgte die unveränderte Annahme des § 21 seitens beider Häuser des Landtages.

76) Absatz 1 enthält die obligatorische Vorschrift, daß der Fahrplan und die Beförderungspreise sowie die Änderungen derselben vor ihrer Einführung öffentlich bekannt zu machen sind. Diese Bestimmung ist sowohl öffentlich- wie privatrechtlicher Natur. Sie gilt nicht nur für die Aufsichtsbehörden, sondern auch für die Unternehmer und das Publikum bezw. Absender, Empfänger und Passagiere. Beide Teile machen sich durch die Unterlassung verantwortlich. Sodann ist die Bestimmung aber auch den Transportinteressenten (dem Absender, Empfänger, Reisenden) gegenüber obligatorisch, — indem diesen, falls die Beförderung nicht nach Maßgabe der vor der Einführung publizierten Fahrpreise und Fahrpläne erfolgt oder die Bekanntmachung ganz unterblieben ist, ein zivilrechtlicher Schadensersatzanspruch zusteht. § 21 Abs. 1.

Die Vorschriften des § 21 sind mithin nicht nur öffentlich-rechtliche Ordnungsvorschriften, sondern haben zugleich privatrechtlichen Charakter. Durch ihre Aufnahme in das Kleinbahngesetz, auf Grund dessen in Verbindung mit den §§ 453—473 H.-G.-B. die Frachtverträge der Kleinbahnen abgeschlossen werden und welches für die rechtlichen Beziehungen der Kontrahenten maßgebend ist, sind sie zugleich für jeden Frachtvertrag speziell vereinbart (lex contractus). Daraus folgt, daß die unter Verletzung dieser Vorschriften erstellten Tarife nicht nur in öffentlich rechtlicher Beziehung ordnungswidrig und ungültig sind, sondern auch privatrechtlich ihre Anwendung in jedem einzelnen Falle rechtsunwirksam ist. Dies führt in privatrechtlicher Beziehung zu folgenden Konsequenzen: 1. Die Preisabrede nach einem rechtsunwirksamen Tarif ist nichtig, gleichviel ob derselbe Erhöhungen oder Ermäßigungen enthält. 2. Es gilt nur die nach dem einschlägigen (bisherigen) zu Recht bestehenden und gehörig publizierten Tarif zu berechnende Fracht als vereinbart und dem Vertragswillen der Parteien entsprechend. 3. Das hiernach zu viel Gezahlte kann zurückgefordert, das zu wenig Gezahlte nachgefordert werden. 4. Die Eisenbahn ist für den aus der Anwendung eines rechtsunwirksamen Tarifs dem Mitkontrahenten entstehenden Schaden ersatzpflichtig — soweit ihr nicht Befreiungsgründe (entschuldbarer Irrtum, Mitwissenschaft des Mitkontrahenten ꝛc.) zur Seite stehen. 5. Mit derselben Maßgabe ist sie für Nachteile aus der ungleichmäßigen Anwendung eines an sich rechtswirksamen Tarifs dem nachweislich dadurch Geschädigten ersatzpflichtig. (Eger, deutsch. Frachtr., 2. Aufl., Bd. II, S. 395—398. Schott, in Endemanns Handb. 74, S. 375, 376. Entsch. d. R. O. H.-G. v. 9. Mai 1876. Entsch. Bd. 20, S. 373 u. d. Reichsger. v. 11. März 1882. Eisenb. Entsch. Bd. 2, S. 236 ff.)

1. Die öffentliche Bekanntmachung soll sich auf den Fahrplan und die Beförderungspreise erstrecken und zwar sowohl für Personen, wie für Güter. Geht man von der Absicht des Gesetzes aus, durch die öffentliche Bekanntmachung der Transportbedingungen dem Staate, wie dem Publikum die Kontrole über die gleichmäßige Anwendung der Transportbedingungen zu ermöglichen und zu sichern, so ist die Beschränkung der öffentlichen Bekanntmachung auf den Fahrplan und die Beförderungspreise eine zu enge. Es bedarf vielmehr der Veröffentlichung der Tarife im weiteren Sinne, d. h. der Gesamtheit der Bedingungen, unter welchen die Kleinbahnen die Beförderung von Personen und Gütern dem Publikum gegenüber übernehmen. Die Beschränkung auf Fahrplan und Beförderungspreise ist ein Fehler des Gesetzes; de lege ferenda muß die Vorschrift der öffentlichen Bekanntmachung auf die Tarife, d. h. die Gesamtheit der Transportbedingungen einschließlich der Preise ausgedehnt werden, falls nicht für die Transportverträge der Kleinbahnen — in analoger Weise wie für die Haupt- und Nebenbahnen die Verkehrs-Ordnung — ein einheitliches Transportreglement geschaffen wird, welches die Transportbedingungen allgemein veröffentlicht. Die Bemerkung Gleims (a. a. O. S. 186), daß, sofern neben den sich aus den Bestimmungen des H.-G.-B. ergebenden noch anderweite allgemeine Beförderungsbedingungen maßgebend sein sollen, dieselben ebenso wie Fahrplan und Beförderungspreise in gehöriger Weise veröffentlicht werden müssen, um privatrechtlich als Teil eines jeden Beförderungsvertrages zu gelten, und daß ihre Veröffentlichung daher für den Unternehmer eine Notwendigkeit vom Standpunkte des Privatrechts ist, jedoch nicht eine öffentlich-rechtliche Pflicht, wie sie für Fahrplan und Beförderungspreise besteht, bestätigt den beregten Übelstand. Denn die Beschränkung der öffentlich-rechtlichen Pflicht der Kleinbahnen zur Veröffentlichung der bloßen Beförderungspreise und des Fahrplans ermöglicht es den Kleinbahnen, in allen anderen Beziehungen durch nicht veröffentlichte Privatabreden Verschiedenheiten in der Behandlung der einzelnen Transportinteressenten beliebig eintreten zu lassen.

2. Zur Veröffentlichung ihrer Fahrpläne und Beförderungspreise sind alle Kleinbahnen gesetzlich verpflichtet. Diese Pflicht liegt den bestimmungsmäßig zuständigen Organen ob, also bei Staats-Kleinbahnen den betreffenden Behörden, bei Privat-Kleinbahnen den Vorständen, Betriebsleitern ꝛc.

3. Die Veröffentlichungspflicht erstreckt sich auf alle Fahrpläne und Beförderungspreise, nicht allein auf die erstmalige Einführung, sondern auch auf alle Änderungen derselben, ebenso auch auf die gänzliche oder teilweise Aufhebung; sie umfaßt auch jede in Form von Abonnements oder anderweit für bestimmte Personenkategorien oder Zwecke gewährte Fahrpreisermäßigung (Erl. d. Min. d. öff. Arb. v. 7. Dezember 1893, Zeitschr. f. Kleinb. I, 1894 S. 49). Auch sind die Kleinbahnunternehmer verpflichtet, bei jeder Ermäßigung der Tarife die

betr. Beförderungsbedingungen der Aufsichtsbehörde mitzuteilen (eod.). Dagegen bedarf die bloße Deklaration eines veröffentlichten Fahrplanes oder Preisverzeichnisses der Veröffentlichung nicht. Die Veröffentlichungspflicht umfaßt aber ausnahmslos alle Fahrpläne und Beförderungspreise und deren Änderungen. Sie umfaßt auch die Nebengebühren nebst den Bestimmungen über ihre Anwendung und Berechnung; dagegen nicht Anschluß-, Anrücke-, Überfuhr- ꝛc. Gebühren auf Anschluß- und Nebengleisen zur Verbindung der öffentlichen Verkehrsstrecken mit einzelnen industriellen Etablissements, Lagerplätzen, Magazinen ꝛc., Zechenfrachten bei der Verbindung mit Bergwerken, Hütten ꝛc., weil das Kriterium des öffentlichen Verkehrs fehlt.

4. Über die Art und Form der öffentlichen Bekanntmachung trifft die Ausf.-Anw. z. § 21 Bestimmung (S. 257). Sind die Preisverzeichnisse oder die Änderungen derselben von erheblichem Umfange, so reicht es aus, daß nur die Tatsache der Herausgabe, der Erhöhung oder Ermäßigung im allgemeinen öffentlich bekannt gemacht und zugleich diejenige Stelle bezeichnet wird, wo das neue bezw. abgeänderte Preisverzeichnis in extenso eingesehen bezw. erworben werden kann. Dagegen ist die Publikation des Fahrplanes oder der Beförderungspreise im Instruktionswege unzureichend und gesetzwidrig. Bei der Veröffentlichung neuer Fahrpläne oder Preise müssen nicht nur diejenigen alten, welche beseitigt werden, genau bezeichnet, sondern auch in denjenigen Fällen, in welchen die Aufhebung nur teilweise erfolgt, dies genau angegeben werden, um das Publikum über die geltenden Fahrpläne und Preise nicht im Zweifel zu lassen.

5. Was den Zeitpunkt der Veröffentlichung anlangt, so bestimmt Abs. 1 nur, daß die öffentliche Bekanntmachung „vor der Einführung" zu erfolgen hat also vor Inkrafttreten des Fahrplans, der Beförderungspreise oder der Änderungen derselben. Darin liegt implicite, daß die Bekanntmachung den Zeitpunkt bezeichnen muß, von welchen ab der Fahrplan und die Beförderungspreise oder Änderungen derselben Anwendung finden sollen. Dem Inkrafttreten muß die öffentliche Bekanntmachung unbedingt vorangehen, sonst ist sie ungesetzlich, der Unternehmer für die Unterlassung den Aufsichtsbehörden und dem Publikum verantwortlich und letzteres nicht daran gebunden bezw. für Nachteile ersatzberechtigt. Dagegen ist die Frist, um welche die Bekanntmachung der Einführung vorangehen muß, nicht bestimmt, weder für die erstmalige Einführung, noch für die späteren Änderungen — Erhöhungen oder Ermäßigungen der Preise ꝛc. —, also insbesondere auch nicht die für Haupt- und Nebenbahnen geltende sechswöchentliche Frist für Erhöhungen hier maßgebend. Entscheidend ist nur, daß es vor der Einführung geschieht. Solange die Veröffentlichung der neuen Fahrpläne oder Tarife nicht in gebührender Weise nach Maßgabe der Ausf.-Anw. erfolgt ist, sind aber die bisherigen Fahrpläne und die Tarife als die allein gültigen zu betrachten und treffen alle Folgen aus der Anwendung nicht gehörig veröffentlichter Fahrpläne und Tarife den Unternehmer. Gleim (a. a. O. S. 136) meint, daß auf Grund der ihr nach § 14 zustehenden Befugnisse die genehmigende Behörde in der Genehmigung die Zeiträume bestimmen könne, welche zwischen der Bekanntmachung und der Einführung verbleiben müssen, und daß für Fahrpläne, die erste Festsetzung und spätere Ermäßigungen der Beförderungspreise ein kurzer, etwa 3tägiger Zeitraum genüge, dagegen für Erhöhungen es wegen der Dispositionen der Frachtinteressenten eines längeren — auf mindestens 14 Tage festzusetzenden — Zeitraums bedürfe. Dem kann jedoch nicht beigepflichtet werden, da § 21 den Kleinbahnen eine derartige Verpflichtung nicht

auferlegt und die Vorschriften des § 14 sich auf die Veröffentlichungsfristen nicht beziehen (Anm. 55 u. 57b S. 202ff., S. 208).

§ 21 Abs. 2. 77) Absatz 2 schreibt obligatorisch vor, daß die angesetzten Beförderungspreise gleichmäßig für alle Personen und Güter Anwendung zu finden haben. Auch diese Bestimmung hat sowohl öffentlich- wie privatrechtlichen Charakter, sie gilt für die Aufsichtsbehörden, die Unternehmer und das Publikum. Die Frachtverträge werden auf Grund derselben abgeschlossen. Es wird daher auf das über die Vorschrift des Abs. 1 in Anm. 76 S. 259 Gesagte Bezug genommen.

1. Durch Abs. 2 ist den Kleinbahnen die Pflicht gleichmäßiger Behandlung aller Interessenten in Bezug auf die Beförderungspreise zur Pflicht gemacht. Durch diese Bestimmung ist nicht nur die Verweigerung des Transports verboten, sondern zugleich auch jede von der Willkür der Kleinbahn abhängige verschiedene Behandlung der Interessenten in Beziehung auf die Transportpreise grundsätzlich ausgeschlossen. Daß jedoch die Beschränkung auf die Beförderungspreise nicht genügt und, um die Absicht des Gesetzes zu erreichen, nicht bloß die gleichmäßige Anwendung der Beförderungspreise, sondern überhaupt der Tarife, d. h. der Gesamtheit der Transportbedingungen hätte vorgeschrieben sein müssen, ist bereits an früherer Stelle Anm. 76 S. 260 erörtert. Unter objektiv gleichen Voraussetzungen muß hiernach jeder Interessent in Bezug auf die Transportpreise gleich behandelt, es dürfen für den Transport des einen nicht höhere Preise gefordert werden, als für den Transport des anderen, es soll der eine nicht vor dem anderen bevorzugt und nach Gutdünken der Kleinbahn-Verwaltungen begünstigt werden. Die Individualisierung der Beförderungspreise ist damit nicht beschränkt. Aber sie muß ohne Unterschied der Person erfolgen. Der Grundsatz der gleichmäßigen Anwendung der Beförderungspreise für alle Personen und Güter bedingt, daß niemandem höhere, aber auch nicht geringere, als die allgemein bestimmten und veröffentlichten Sätze berechnet werden dürfen. Vgl. noch den Aufsatz v. K. Hilse über die Freifahrt der Postbeamten rc.

Daher ist jede Sonderbegünstigung, wie der Erlaß des Fahrgeldes, die Ermäßigung desselben für einzelne Personen oder Kategorien von Personen in Gestalt von Freikarten rc. nach § 21 unzulässig, sofern die Bedingungen, unter denen eine Ermäßigung eintreten soll, nicht von vornherein nach bestimmten objektiven Merkmalen allgemein festgestellt und öffentlich bekannt gemacht werden.

Erl. d. Min. d. öff. Arb. v. 7. Dezember 1893. Zeitschr. f. Kleinb. I (1894) S. 49. Verzeichnis Nr. 6.

Das Gleiche gilt auch für Begünstigungen bei Transporten für milde und öffentliche Zwecke sowie solche im dienstlichen Interesse der Eisenbahnen. Daher würde z. B. die Beschränkung der Freifahrtsberechtigung auf ein einzelnes Kloster unzulässig sein.

Erl. d. Min. d. öff. Arb. v. 28 Juli 1900. Zeitschr. f. Kleinb. VIII S. 461. Verzeichnis Nr. 96.

Dagegen hat das Reichsgericht angenommen, daß die in einem Straßenbenutzungsvertrage enthaltene Bestimmung, daß den Gemeindebeamten auf ihre Person lautende Freifahrtscheine für die Bahn zu erteilen sind, den § 21 l. c. dann nicht verletzt, wenn die Erteilung und die sonstigen Leistungen der Bahn als ein gleichwertiges Äquivalent für die Erlaubnis zur Straßenbenutzung zu erachten ist, weil das Gesetz nicht erfordere, daß das für die Beförderung zu leistende Äquivalent in Geld bestehe. Es könne durch Hingabe an Zahlungsstatt, Aufrechnung und sonst geleistet werden. Auch in der Erlaubnis zur Anlegung der Bahn kann das entsprechende Äquivalent gefunden werden, sofern nur hier wie sonst wirklich Leistung und Gegenleistung als gleichwertig gelten."

Reichsger. 4. Ziv.-Sen. v. 6. Februar 1902 Eisenb. Entsch. XIX S. 37.

Diese Annahme erscheint jedoch unbegründet und mit dem Gesetz nicht vereinbar, denn § 21 erfordert ausdrücklich, daß die Beförderungspreise vor ihrer Einführung öffentlich bekannt zu machen sind, und daß diese — d. h. die angesetzten und veröffentlichten Beförderungs-Preise — gleichmäßig für alle Personen oder Güter Anwendung finden. Darnach kann es keinem Zweifel unterliegen und ist bisher konstant und unstreitig angenommen worden, daß sowohl erhöhte wie ermäßigte Preise, die — ohne Publikation — auf Grund privater Verträge einzelnen Personen erstellt werden, gesetzlich unstatthaft sind.

Vgl. K. Hilse, Freifahrtscheine im Kleinbahnbetriebe. D. Strßb. u. Kleinb.-Z. XIII Nr. 41 S. 801.

2. Eine Verletzung dieses Grundsatzes liegt dann nicht vor, wenn die Voraussetzungen nicht gleiche sind. Es darf z. B. trotz gleicher Qualität des Guts ein verschiedener Preissatz aufgestellt werden, je nachdem das Gut in großen oder kleinen Mengen, verpackt oder unverpackt, in ungedeckten oder gedeckten Wagen, für das Inland oder zum Export nach dem Ausland bezw. als Durchgangs-(Transit-)Gut aufgegeben wird. Denn in allen diesen Fällen sind auch die Voraussetzungen objektiv verschiedene und wird jedem Absender, wenn er die nämlichen Voraussetzungen erfüllt, auch der gleiche Beförderungspreis gewährt.

3. Dagegen sind erhöhte oder ermäßigte Preise, die in den publizierten Preisverzeichnissen nur einzelnen Absendern oder Empfängern vorgeschrieben oder — ohne Publikation — auf Grund privater Abrede erstellt werden, gesetzlich unstatthaft. Insbesondere ist die Gewährung von Refaktien, d. h. Frachtermäßigungen, welche einzelnen Absendern oder Empfängern von Gütern auf Grund besonderer, mit den allgemeinen Preissätzen nicht übereinstimmenden Vereinbarungen zugebilligt werden, gleichviel in welcher Form und unter welchen Namen — sei es unmittelbar (durch Gewährung niedrigerer Sätze) oder mittelbar (durch Zubilligung sonstiger Vergünstigungen, welche zu diesem Ergebnisse führen, z. B. freier Fahrt, Provision, Mietsermäßigungen 2c.) — absolut verboten.

4. Grundsätzlich sind nicht allgemein publizierte Preisermäßigungen zu Gunsten einzelner Absender unzulässig. Dies gilt auch für Sendungen des Staates und des Reiches. Eine Ausnahme bilden nur die Transportpreisermäßigungen oder zu gleichem Ergebnisse führenden Vergünstigungen, welche der Postverwaltung und Militärverwaltung in Gemäßheit der §§ 9 und 42 des Kleinb.-Ges. eingeräumt werden. (Vgl. K. Hilse, Zeitschr. f. Lok.- u. Straßenb.-Wes. 1900 S. 131 und Eisenb. Entsch. u. Abh. XVII S. 370.) Dagegen haben die durch die Reichsverfassung oder in Ausführung derselben durch Reichsgesetze 2c. den Eisenbahnen auferlegten Preisermäßigungen zu Gunsten einzelner Zweige der Reichsverwaltung, z. B. der Zoll-, Telegraphen- 2c. Verwaltung auf die Kleinbahnen keinen Bezug.

Wie im Güter- so ist auch im Personenverkehr die Bevorzugung Einzelner nach Belieben der Verwaltung gesetzlich unzulässig und verboten. Die Bedingungen, unter denen eine Ermäßigung der Fahrpreise eintreten soll, müssen vielmehr von vornherein nach bestimmten objektiven Merkmalen allgemein festgestellt werden.

Erl. v. 7. Dezember 1893 Zeitschr. f. Kleinb. I S. 49, s. Verzeichnis Nr. 6 u. 28. Juli 1900 Zeitschr. S. 464, 7. März 1903 Zeitschr. S. 215. Verzeichnis Nr. 96 u. 185. U. M. Reichsger. v. 6. Februar 1902, s. oben S. 263.

Es dürfen also z. B. unbemittelte kranke oder gebrechliche Personen nicht etwa ohne weiteres ohne Zahlung des Fahrpreises oder zu ermäßigten Sätzen befördert werden, sondern nur dann, wenn, wie überhaupt bei Transportbegünstigungen für öffentliche oder milde Zwecke in dem veröffentlichten Tarife die Grundsätze nach objektiven Merkmalen enthalten sind, unter denen diese Vergünstigungen zu gewähren sind. (Gleim § 21 Anm. 2). Erl. v. 14. März 1901 Zeitschr. f. Kleinb. S. 309. Verzeichnis Nr. 108. Eine Ausnahme bildet die freie Fahrt der Aufsichtsbeamten (§ 22).

Erl. v. 23. Oktober 1893 E.-V.-Bl. 1893 S. 334 Verzeichnis Nr. 5.

Ebenso derjenigen Staatsbeamten, welche dem Aufsichtsrate einer Kleinbahngesellschaft als Vorsitzende oder Mitglieder angehören.

Erl. v. 9. Januar 1901 Zeitschr. f. Kleinb. S. 218. Verzeichnis Nr. 104.

§ 21 Abs. 3. [78]) Absatz 3 hebt im Anschluß an Absatz 2 nochmals ausdrücklich das Prinzip der Nichtbegünstigung eines Absenders oder Reisenden vor dem anderen in spezieller Anwendung auf Preisermäßigung hervor. Auch war für die erst vom Herrenhause beschlossene Hinzufügung des Abs. 3 — wie die Verhandlungen ergeben — die Befürchtung mitbestimmend, daß das Wort „gleichmäßig“ im Abs. 2 nicht ausreichend sei, und daß trotz der vorgeschriebenen gleichmäßigen Anwendung ermäßigter Preise die Absicht des Gesetzes durch die Anwendung sonstiger ungleicher Bedingungen vereitelt werden könne. Obschon aus Abs. 2 bereits deutlich hervorgeht, daß dadurch Preisermäßigungen nicht ausgeschlossen sein sollen, welche öffentlich bekannt gemacht und unter den gleichen Bedingungen jedem zugänglich sind (Abonnement-, Rückfahr-, Arbeiter- rc. Karten), hat das Herrenhaus es doch, um jedes Mißverständnis in dieser Hinsicht auszuschließen, für angezeigt erachtet, den dritten Absatz hinzuzufügen. Nicht etwa eine Modifikation, sondern eine Verdeutlichung des im Abs. 2 ausgesprochenen Prinzips wurde beabsichtigt.

Preisermäßigungen sollen — im Vergleich mit den normalen Sätzen — an sich hiernach nicht verboten sein, aber sie dürfen nicht auf Privatübereinkommen zu Gunsten einzelner Absender oder Reisenden beruhen, sondern müssen unter Erfüllung der gleichen Bedingungen in gleicher Weise jedermann zu Gute kommen.

Erl. v. 7. Dezember 1893 Zeitschr. f. Kleinb. I S. 49. — 28. Juli 1900 VIII S. 464. — 14. März 1901 IX S. 309. — 7. März 1903 XI S. 215. — U. M. Reichsger. 6. Februar 1902 (s. oben S. 130, 262, 263).

Es ist also an sich gestattet, daß für bestimmte größere Quantitäten aufgegebenen Gutes ein billigerer Frachtsatz festgesetzt wird, als für kleinere Quantitäten, daß für den Export gewisser Artikel in vorgeschriebener Qualität und Quantität Exportbonifikationen gewährt werden, daß für den Transport nach bestimmten Orten und Gegenden (Seehäfen, Festungen, Fabrikstädten, Vergnügungs- oder Kurorten rc.) besondere Fracht- oder Fahrpreisermäßigungen zugebilligt werden, aber stets nur unter zwei Voraussetzungen, nämlich daß die Ermäßigungen 1) nach Abs. 1 öffentlich bekannt gemacht werden und 2) nach Abs. 3 unter Erfüllung der gleichen Bedingungen jedermann zu Gute kommen. Eine Preisermäßigung, welche nur einzelnen Absendern oder Reisenden zu Gute kommt, ist verboten und nichtig. U. M. Reichsger. 6. Februar 1902 (s. oben S. 130, 262 ff.).

§ 22.[79])

Rücksichtlich der Erfüllung der Genehmigungsbedingungen und der Vorschriften dieses Gesetzes ist jede Kleinbahn der Aufsicht der für ihre Genehmigung jeweilig zuständigen Behörde unterworfen.[80]) Bei den für den Betrieb mit Maschinenkraft eingerichteten Bahnen steht die eisenbahntechnische Aufsicht der zur Mitwirkung bei der Genehmigung berufenen Eisenbahnbehörde zu, sofern nicht der Minister der öffentlichen Arbeiten die Aufsicht einer anderen Eisenbahnbehörde überträgt.[81])

1) Ausführungsanweisung vom 13. August 1898.

Zu § 22.

Die Aufsicht über die Kleinbahnen steht, soweit sie nicht eisenbahntechnischer Natur ist, mit Ausnahme des zu § 3 am Schlusse erwähnten Falles, immer derjenigen Behörde zu, welche zuletzt für eine der dem Unternehmen zugehörigen Bahnen eine Genehmigung nach Massgabe der §§ 2 und 8 erteilt hat. Ist eine Genehmigung zur wesentlichen Erweiterung oder Änderung des Unternehmens von einer anderen als derjenigen Behörde erteilt worden, durch welche die frühere Genehmigung erfolgt war, so beginnt die Zuständigkeit zur Beaufsichtigung des erweiterten oder veränderten Unternehmens mit der Rechtskraft der die Erweiterung oder Änderung genehmigenden Urkunde an den Unternehmer.

Die Aufsicht über die zum Betrieb mit Maschinenkraft eingerichteten Kleinbahnen, soweit sie nicht eisenbahntechnischer Natur ist, erfolgt ebenso wie die Genehmigung im Einvernehmen mit der vom Minister der öffentlichen Arbeiten zur Mitwirkung bei der Genehmigung berufenen Eisenbahnbehörde, sofern nicht eine andere Eisenbahnbehörde zur Aufsicht bestimmt wird. Bezügliche Anträge sind von der zur Mitwirkung bei der Genehmigung bezeichneten Eisenbahnbehörde an den Minister zu richten, falls sie die Übertragung der Aufsicht an eine andere Eisenbahnbehörde nach Lage der Verhältnisse für zweckmässig erachtet.

Die eisenbahntechnische Beaufsichtigung der Kleinbahnen mit Maschinenbetrieb wird von der Eisenbahnbehörde selbständig ohne Mitwirkung des Regierungs- (Polizei-) Präsidenten gehandhabt. Sie beschränkt sich auf die Überwachung des Betriebes im engeren Sinne, welcher die betriebssichere Unterhaltung der Bahnanlage und der Betriebsmittel und die sichere und ordnungsmässige Durchführung der Züge begreift. Bei Ausübung dieser Aufsicht muss sich die zuständige Behörde stets gegenwärtig halten, dass, worauf eingangs dieser Anweisung hingewiesen ist, Anforderungen an die Unternehmer, welche die Rücksicht auf die Betriebssicherheit nicht notwendig erheischt, unbedingt zu vermeiden sind.

Der Betrieb der ***nebenbahnähnlichen*** *Kleinbahnen (vergl. Einleitung und zu § 3) regelt sich nach den durch den Minister der öffentlichen Arbeiten erlassenen, als Anlage (Anl. 3) dieser Ausführungs-Anweisung beigefügten Betriebsvorschriften vom 13. August 1898, deren Innehaltung seitens der-*

Unternehmer und ihres Personals ausschliesslich durch die Aufsichtsbehörden mittels der diesen gegen die Unternehmer zustehenden Zwangsmittel zu sichern ist. Bei Strassenbahnen hat die Ordnung des Betriebes, soweit es dabei weiterer Bestimmungen bedarf, als in der Genehmigung gegeben sind, im Wege der Polizeiverordnung zu erfolgen, durch deren Strafsanktion auch das pflichtmässige Verhalten der Unternehmer und des Betriebspersonals sicher zu stellen ist.

Polizeiverordnungen und andere polizeiliche Bestimmungen über den Betrieb auf den zum Betriebe mit Maschinenkraft eingerichteten Kleinbahnen sind nicht ohne die Zustimmung der Eisenbahnbehörde zu erlassen. Im Falle der Versagung der Zustimmung ist die Entscheidung des Ministers der öffentlichen Arbeiten einzuholen. Sofern zum Erlasse derartiger Verordnungen eine dem Regierungspräsidenten untergeordnete Behörde zuständig sein sollte, ist diese anzuweisen, sich vor dem Erlasse derselben seines Einverständnisses zu versichern. Auch für dies Einverständnis bedarf es der Zustimmung der Eisenbahnbehörde.

In Bedürfnisfällen können die örtlichen Polizeibehörden innerhalb ihrer Zuständigkeit Angestellten des äusseren Betriebsdienstes der Kleinbahnen (§ 4 No. 3 des Gesetzes) nach Prüfung ihrer Befähigung und Zuverlässigkeit für die Dauer der betreffenden Beschäftigung durch Ausfertigung von jederzeit widerruflichen Bestallungs-Urkunden unter Abnahme des Staatsdienereides die Rechte und Pflichten von Polizei-Exekutivbeamten für den Bereich der bahnpolizeilichen Geschäfte übertragen. Hierbei sind selbstverständlich die für die Bestallung von Polizei-Exekutivbeamten massgebenden gesetzlichen Bestimmungen zu beachten. Auch finden, was die Vorbedingungen für die Bestallung, den Umfang der Befugnisse, sowie die Handhabung des Dienstes anlangt, die Vorschriften im § 47 Abs. 2 bis 5, § 49 Abs. 1 und 2, § 50 Abs. 1 und § 52 der Bahnordnung für die Nebeneisenbahnen Deutschlands vom 5. Juli 1892 (R.-G.-Bl. S. 764) analoge Anwendung.

§ 22 79) Prinzip und Entstehungsgeschichte des § 22.

Prinzip. I. Prinzip: § 22 regelt die Aufsichtsverhältnisse der Kleinbahnen sowohl in Bezug auf den Umfang der Aufsicht, wie auf die zuständigen Behörden.

Ihrem Umfange nach erstreckt sich nach Satz 1 die Aufsicht auf die Erfüllung der Genehmigungsbedingungen und der Vorschriften des Kleinbahngesetzes; hierzu tritt die Ausübung der allgemeinen Sicherheitspolizei, wie bereits Anm. 16 erörtert, und die Überwachung der Ausführung der von den zuständigen Behörden zur Regelung des Betriebs 2c. erlassenen Polizeiverordnungen.

Zuständig zur Aufsicht ist nach Satz 1 für jede Kleinbahn grundsätzlich die jeweilig für ihre Genehmigung zuständige Behörde, abgesehen von der durch Satz 2 für Bahnen mit Maschinenkraft bestimmten Ausnahme. (Ausf.-Anw. Abs. 1 Satz 1 zu § 22.) Um die Zuständigkeit zur Aufsicht festzustellen, bedarf es hiernach nur der Feststellung derjenigen Behörde, welche zur Zeit zur Genehmigung für die Bahn nach § 3 zuständig wäre, wenn es einer solchen Genehmigung bedürfen würde. Hat das Unternehmen seit seiner ursprünglichen Anlage noch keine wesentliche Änderung erfahren, so ist hiernach diejenige Behörde zur Aufsicht zuständig, welche die Bahn ursprünglich genehmigt hat. (§ 3 Abs. 1 und 2.) Ist das Unternehmen aber wesentlich erweitert oder verändert worden, so ist diejenige Behörde zur Aufsicht kompetent, welche das Unternehmen in seinem gegenwärtigen Bestande gemäß Abs. 3 Satz 1 genehmigt hat.

O.-V.-G. v. 14. Februar 1898, Eisenb. Entsch. XV S. 55.

Hat aber die Änderung des Betriebs einer mit Maschinenkraft betriebenen Bahn gemäß Abs. 3 Satz 2 stattgefunden, so ist die Behörde zur Aufsicht zuständig, welche die Genehmigung erteilt hätte, wenn das Unternehmen von Anfang an zum Betriebe ohne Maschinenkraft bestimmt gewesen wäre.

Nur in betreff der für den Betrieb mit Maschinenkraft eingerichteten Bahnen ist durch Satz 2 von vorstehendem Prinzip eine Ausnahme geschaffen. Handelt es sich um die rein eisenbahntechnische Aufsicht, so sollen nicht die zur Genehmigung gemäß § 3 Abs. 1 Nr. 1 bezw. Abs. 2 gemeinsam kompetenten Behörden, sondern nur die bei der Genehmigung mitwirkende Eisenbahnbehörde zur Aufsicht zuständig sein, während im übrigen die Aufsichtskompetenz beiden, bei der Genehmigung beteiligten Behörden zusammen zusteht.

Wenn sich bei wesentlichen Erweiterungen oder Änderungen des Unternehmens, der Anlage oder des Betriebs die Zuständigkeit zur Genehmigung ändert, so entsteht die Frage, welche Behörde während des Überganges bezw. der Erweiterung ꝛc. zur Aufsicht zuständig ist bezw. mit welchem Zeitpunkte die Zuständigkeit der für das erweiterte Unternehmen zuständigen Behörde zur Aufsicht beginnt. Das Gesetz entscheidet zwar diese Frage nicht. Nach der Tendenz desselben erscheint es jedoch richtig, die Aufsichtskompetenz schon während des Überganges bezw. vom Zeitpunkte der perfekt gewordenen Genehmigung der in Zukunft für die Genehmigung zuständigen Behörde zuzuweisen und in diesem Sinne wird die qu. Frage auch in der Ausf.-Anw. Abs. 1 Satz 2 zu § 22 geregelt.

Die Bestimmungen des § 22 über die Aufsichtskompetenz ändern nichts an den bestehenden gesetzlichen Bestimmungen über die Zuständigkeit zum Erlaß von Polizeiverordnungen und anderen polizeilichen Vorschriften. Hierzu bleiben nach wie vor die in den §§ 136 ff. Allg. Land.-Verw.-Ges. bestimmten Behörden kompetent. Doch weist die Ausf.-Anw. Abs. 5 zu § 22 dieselben an, sich für den Erlaß polizeilicher Bestimmungen über den Betrieb von Kleinbahnen mit Maschinenkraft des Einverständnisses der Eisenbahnbehörde vorher zu versichern.

II. Aus der Entstehungsgeschichte ist folgendes hervorzuheben: § 22 Entstehung.

Die Regierungsvorlage (§ 18) lautete (Aktst. Herrenh. Nr. 34 S. 60): „Für die Angelegenheiten einer für den Betrieb mit Maschinenkraft eingerichteten Bahn, insbesondere für die Aufsicht über die Erfüllung der Bedingungen der Genehmigung, ist diejenige Landespolizeibehörde zuständig, welche bei der Genehmigung mitgewirkt hat. Die eisenbahntechnische Aufsicht steht der zur Mitwirkung bei der Genehmigung berufenen Eisenbahnbehörde (§ 2) zu, sofern nicht der Minister der öffentlichen Arbeiten die Aufsicht einer anderen Eisenbahnbehörde überträgt" und war, wie folgt, begründet (Aktst. Herrenh. Nr. 34 S. 67): „Derjenigen Behörde, welche die Genehmigung zu erteilen hat, steht, abgesehen von den besonderen Bestimmungen über die eisenbahntechnische Aufsicht, die Überwachung der Innehaltung der Bedingungen der Genehmigung zu, und bedarf es hierzu im allgemeinen besonderer ausdrücklicher Bestimmungen nicht. Zur Vermeidung von Zweifeln in denjenigen Fällen, in denen die Genehmigung nicht in die Hand einer Behörde gelegt ist, sondern bei derselben zwei Behörden zusammenwirken, empfiehlt es sich, lediglich das Verhältnis dieser beiden Behörden zu einander in der Weise zu ordnen, daß die eisenbahntechnische Aufsicht der beteiligten Eisenbahnbehörde, die übrige Aufsicht der für die Genehmigung zuständigen Landespolizeibehörde zusteht. Da es unter Umständen zweckmäßig sein wird, die eisenbahntechnische Aufsicht einer anderen Behörde, als der zur Mitwirkung bei der Genehmigung berufenen Eisenbahnbehörde zu übertragen, so empfiehlt es sich, dem Minister der öffentlichen Arbeiten die Befugnis einzuräumen, nach dieser Richtung hin abweichende Bestimmungen zu treffen.

Der Kommission des Abg.-Hauses (Aktst. des Abg.-H. Nr. 206 S. 2286) erschien es redaktionell richtiger, die Kompetenz der betreffenden Behörde zur Aufsicht über die mit ihrer Genehmigung gebauten Lokalbahn voranzustellen. Der zweite Satz des Paragraphen wurde durch eine entsprechende redaktionelle Änderung dahin gefaßt, daß statt der Worte „die eisenbahntechnische Aufsicht steht" die Worte eingesetzt wurden „bei den für den Betrieb mit Maschinenkraft eingerichteten Bahnen steht die eisenbahntechnische Aufsicht rc.", um mit dieser Fassung sicherer auszudrücken, daß nur in diesem Falle überhaupt eine eisenbahntechnische Aufsicht stattzufinden habe. Auf Anfrage eines Mitgliedes erklärte hierbei der Regierungs-Vertreter, daß diese eisenbahntechnische Aufsicht sich auch auf die elektrischen Bahnen beziehen solle. Hierauf wurde der vorliegende Paragraph in der Fassung des § 22 des Ges. angenommen (Nr. 206 S. 2805).

In der II. Lesung des Abg.-Hauses stellte der Abg. v. Strombeck zwei Abänderungsanträge (Sten.-Ber. Abg.-H. S. 2000): Inhaltlich des einen sollte in Abänderung des ersten Satzes des § 22 die Aufsicht derjenigen Behörde zugewiesen werden, welche die Genehmiguug erteilt hat; nach dem anderen ein zweiter Absatz zur Festsetzung des Zeitpunktes eines infolge der Bestimmungen des § 3 Abs. 3 eintretenden Wechsels der Aufsichtsbehörde durch den Minister der öffentl. Arbeiten hinzugefügt werden.

Der Antragsteller motivierte den ersten Antrag damit, daß die Bezeichnung der „jeweilig zuständigen Behörde" nicht bestimmt genug sei, insbesondere während eines noch schwebenden Genehmigungsverfahrens, und den zweiten Antrag damit, daß es zur Vermeidung von Zweifeln wichtig sei, den Zeitpunkt der Genehmigung durch einen formellen Akt festzustellen und öffentlich bekannt zu machen.

Der Regierungskommissär bekämpfte beide Anträge: „Der erste Antrag lasse es vollkommen zweifelhaft, wer die Aufsicht führen soll über ein Unternehmen, für welches nicht eine, sondern mehrere Behörden im Verlaufe seines Bestehens die Genehmigung erteilt haben. Auch würde in dem Falle, welcher in dem letzten Absatz des § 3 behandelt ist, der Regierungspräsident für die weitere Aufsicht über diese Bahn zuständig sein, während die Absicht ist, nach der Erweiterung, sobald die Genehmigung erteilt ist, die Aufsicht übergehen zu lassen auf diejenige Behörde, welche zuständig war, wenn die Bahn von vornherein als Pferdebahn angelegt gewesen wäre. Was aber den Zeitpunkt des Überganges anbelangt, so sei es nicht notwendig, den Minister der öffentlichen Arbeiten allemal entscheiden zu lassen, wann der Übergang der Aufsicht von einer Behörde zur anderen stattfindet. Vielmehr sei eben die Rechtskraft der Genehmigung der Zeitpunkt, von dem die veränderte Aufsicht eintritt. Darüber könne kein Zweifel sein.

Dieser Auffassung schloß sich auch der Berichterstatter an, indem er konstatierte, daß in der Kommission als Zeitpunkt des Übergangs der Kompetenz von einer Behörde auf die andere der Zeitpunkt der Übergabe der Genehmigungsurkunde angesehen worden sei. Hierauf wurden die beiden Amendements abgelehnt und § 22 vom Abg.- und vom Herren-Hause in der Kommissionsfassung unverändert angenommen. (Sten. Ber. S. 2002.)

80) Satz 1 enthält die für den Umfang der Aufsichtsbefugnisse wie für die Zuständigkeit der Aufsichtsbehörden maßgebenden Grundsätze. § 22 Satz 1.

1. Was den Umfang der Aufsichtsbefugnisse anlangt, so soll jede Kleinbahn der Aufsicht der im § 22 bezeichneten Aufsichtsbehörden (S. 279 ff.) nach zwei Richtungen unterworfen sein: a) rücksichtlich der Erfüllung der Genehmigungsbedingungen und b) rücksichtlich der Erfüllung der Vorschriften dieses (sc. des Kleinbahn-)Gesetzes. Die Aufsichtsbehörden sind berechtigt und verpflichtet, die Beobachtung sowohl der speziellen Bedingungen und Vorbehalte der Genehmigung, wie auch der allgemeinen den Unternehmern nach dem Kleinb.-Ges. obliegenden Verpflichtungen zu überwachen und ihre Erfüllung mit den zu Gebote stehenden Zwangsmitteln zu verfolgen. Die Aufsicht erstreckt sich nicht nur auf den Betrieb, die Verwaltung, Unterhaltung 2c. der dem Betriebe gemäß § 19 eröffneten Bahn, sondern auch auf das vorangehende Genehmigungsverfahren (§§ 2—5) und auf den Bau der Bahn nach Maßgabe des festgestellten Planes (§§ 4, 5, 17, 18), wie aus den Bestimmungen der §§ 23 und 24 deutlich hervorgeht. Dagegen gehört die Prüfung der fertiggestellten Anlage und die Erteilung der Erlaubnis zur Betriebseröffnung nicht zu den Funktionen der Aufsichtsbehörde, sondern liegt nach § 19 der zur Genehmigung zuständigen Behörde ob.

Die Aufsicht hat die gesamte ordnungs- und bedingungsmäßige Herstellung, Betriebsführung, Unterhaltung und Verwaltung der Kleinbahn zum Gegenstande, insofern dabei ein allgemeines Interesse obwaltet. Die Aufsicht ist nicht eine rein polizeiliche, wie Hilse (Preuß. Verw.-Bl. 1896 Nr. 31 unter IV und V) annimmt. Denn weder die Genehmigung noch die Genehmigungsbedingungen sind ausschließlich polizeilicher Natur, sondern umfassen auch wirtschaftliche und andere Momente (§ 2 Anm. 5 S. 32 ff., so auch Gleim S. 145, freilich in auffallendem Widerspruch mit S. 54 ff.). Die Aufsichtsbehörde hat sich daher nicht lediglich auf eine regressive Tätigkeit zu beschränken, sondern ist befugt und gehalten, dem Unternehmer behufs Sicherung der Erfüllung der ihm nach dem Gesetz und der Genehmigung obliegenden Pflichten entsprechende Vorschriften zu erteilen. Selbst wenn aber die Aufsicht rein polizeilicher Natur wäre, würde die Aufsichtsbehörde mit Rücksicht auf die ihr nach § 10 II 17 A.L.R. obliegende Aufgabe, die nötigen Anstalten zur Abwendung der dem Publikum oder einzelnen Mitgliedern desselben bevorstehenden Gefahr zu treffen, zur Anordnung bezüglicher Vorbeugungsmaßregeln berechtigt erscheinen. Von dieser Auffassung gehen mit Recht eine Reihe von Bestimmungen der Ausführungsanweisung und der ergänzenden Ministerialerlasse aus und ebenso das O.-V.-G., indem es auf Grund des Gesetzes, insbesondere des § 22 die Aufsichtsbehörde zu folgenden Auflagen an den Unternehmer für zuständig erklärt: 1. von außergewöhnlichen, den Betrieb unmöglich machenden oder beschränkenden Zufällen der Aufsichtsbehörde schriftlich Anzeige zu machen und die von dieser zur Beseitigung der Hindernisse ergehenden Anordnungen ungesäumt auszuführen, 2. zur Sicherung des ordnungsmäßigen Betriebs bezw. des durch ihren eigenen Betrieb beeinträchtigten oder erschwerten allgemeinen Verkehrs an näher zu bestimmenden Punkten der Bahnlinie Posten oder Wärter aufzustellen und 3. den auf den Betrieb der Linie bezüglichen, in Gemäßheit der Gesetze, Polizeiverordnungen und Konzessionsbedingungen an sie ergehenden Verordnungen und Anweisungen der Aufsichtsbehörde bezw. der von ihr besonders beauftragten Organe unbedingt Folge zu leisten.

O.-V.-G. 4. Senat 12. Dezember 1896. Entsch. Bd. 31 S. 375. — Eisenb.-Entsch. XIV S. 222

Dahin gehört auch die allgemeine Anordnung der Viehwagendesinfektion bei nebenbahnähnlichen Kleinbahnen nach Maßgabe der reichsgesetzlichen Vorschriften, während bei Straßenbahnen, sofern auf ihnen ausnahmsweise Vieh befördert wird, die erforderlichen Anordnungen im Einzelfalle auf Grund der §§ 18 und 27 des Reichsviehseuchengesetzes zu treffen sind.

Erl. v. 29. Mai 1901 Zeitschr. f. Kleinb. S. 450 u. 21. Juni 1991 E.-V.-Bl. S. 206.

Es ist daher wohl zulässig, daß die Aufsicht bezw. die Genehmigungsbedingungen sich auch auf die finanzielle Gebahrung, die Verwaltung und Organisation des Unternehmens erstrecken, zumal von der ordnungsmäßigen, zuverlässigen Verwaltung der Kleinbahnunternehmungen ihr regelmäßiges, den öffentlichen Verkehrsinteressen entsprechendes Funktionieren abhängt. Festzuhalten aber ist, daß die Aufsicht und die Genehmigungsbedingungen in dem allgemeinen Interesse ihre Begründung und Grenze finden müssen und nicht rein private und interne Verhältnisse des Unternehmers zum Gegenstande haben dürfen. Ob und inwiefern dies zutrifft, läßt sich nur von Fall zu Fall nach Lage der konkreten Verhältnisse prüfen. Gegen Übergriffe im Einzelnen gewähren dem Unternehmer die Rechtsmittel des § 52 Schutz.

a) Die Erfüllung der Genehmigungsbedingungen unterliegt in ihrem ganzen Umfange der Aufsicht der zuständigen Behörde. Es gehören insbesondere dahin alle auf Grund der in den §§ 4 und 5 vorgesehenen Prüfung in die Genehmigung aufgenommenen Bedingungen und Vorbehalte, ebenso die auf Grund der §§ 17 und 18 bestimmten Bedingungen und Auflagen, z. B. die Auflage der Herstellung von Wegen (§ 18),

O.-V.-G. 15. Oktober 1900 Entsch. Bd. 38 S. 360. Eisenb.-Entsch. XVIII S. 16.

die in der Genehmigung gemäß §§ 9 und 42 im Interesse der Landesverteidigung und der Reichspostverwaltung bestimmten Verpflichtungen, sowie die etwa im Interesse der Wege-, Festungs- und Telegraphen-Anlagen oder Eisenbahn-Kreuzungen aufgenommenen Verbindlichkeiten (§ 8),

Vgl. hierzu Reichsger. v. 26. Januar 1899 Eisenb. Entsch. XV S. 350. — 11. Febr. 1901 XVIII S. 54. — 9. Januar 1902 XIX S. 18.

die Vorbehalte zur Gestaltung der Einführung von Anschlußgeleisen für den Privatverkehr (§ 10), die Obliegenheiten aus § 11 bezw. § 15 in Betreff der Sicherstellung für die fristzeitige Ausführung, Betriebseröffnung und Aufrechterhaltung des ordnungsmäßigen Betriebes, und ferner aus § 14 in Betreff der Feststellung der Fahrpläne und Beförderungspreise, aus § 32 in Betreff der Rechnungsführung ꝛc. Die unter Überwachung der Staatsbehörden gestellten Genehmigungsbedingungen (§ 32 Kleinb.-Ges.) begründen eine Zwangspflicht im Sinne des § 9 A.-L.-R. I 6. Die Vernachlässigung derselben kann somit die Grundlage eines Schadenersatzanspruches nach den Grundsätzen des Landr. I 6 bilden.

Reichsger. v. 26. Januar 1899 Entsch. Bd. 43 S. 256 Eisenb. Entsch. XV S. 250.

b) Ebenso unterliegt die Erfüllung der Vorschriften dieses Gesetzes, d. i. des Kleinb.-Ges., in allen Beziehungen der Überwachung der Aufsichtsbehörde, vornehmlich also der Vorschriften über die Genehmigung (§§ 2, 8, 39), Wege-Unterhaltungspflicht (§ 6), Planfeststellung (§§ 17, 18), Betriebseröffnung (§ 19), Prüfung der Betriebsmaschinen (§ 20), öffentliche Bekanntmachung des Fahrplanes und der Beförderungspreise sowie gleichmäßige Anwendung der letzteren (§ 21), Pflicht zur Gestattung des Anschlusses (§ 28), zur Überlassung des Eigentums an den Staat (§ 30ff.) 2c.

Übrigens erscheint die Beschränkung der Aufsicht auf die Erfüllung der Vorschriften dieses Gesetzes zu eng und mit dem Zweck und Charakter der Aufsichtsbehörde nicht vereinbar. Es liegt kein Grund vor, die Aufsicht — abgesehen vom allgemeinen bürgerlichen Rechte — nicht auf die Erfüllung der Vorschriften anderer — bestehender oder künftiger — Gesetze auszudehnen, die speziell für Eisenbahnen bezw. Kleinbahnen gegeben sind, z. B. über die Transportpflicht aus §§ 453, 478 Abs. 2 H.-G.-B., die Beschränkung der Vertragsfreiheit (§ 471 H.-G.-B.) bei Abschluß von Frachtverträgen 2c. Daher rechtfertigt sich die Annahme, daß die Aufsicht sich auf die ordnungsmäßige Erfüllung aller den Eisenbahn-Bau, -Betrieb und -Transport betreffenden Gesetze, Verordnungen 2c., welche auf Kleinbahnen Bezug haben, zu erstrecken hat.

c) Abgesehen von der durch Satz 1 den Aufsichtsbehörden speziell übertragenen Aufsicht rücksichlich der Erfüllung der Genehmigungsbedingungen und der Vorschriften des Kleinb.-Ges. (bezw. der besonderen Eisenb.-Ges. und Verordnungen), sind die Kleinbahnen mangels anderweiter Bestimmung auch der allgemeinen polizeilichen Aufsicht und Überwachung unterworfen. Eine besondere, den Eisenbahnunternehmern übertragene Eisenbahnpolizei, wie sie für die dem Eisenb.-Ges. vom 3. November unterworfenen Bahnen auf Grund des § 23 dieses Gesetzes und der Betriebs- und Nebenbahnordnung besteht, ist für die Kleinbahnen nicht geschaffen. Vielmehr sind die allgemeinen Polizeiverwaltungen und ihre Organe zuständig.

Kammerger. Berlin v. 9. Dezember 1901 Eisenb. Entsch. XVIII S. 345

Besondere Bahnpolizeibeamte besitzen daher die Kleinbahnen nicht. Zwar kann die Polizeiverwaltung aus Zweckmäßigkeitsgründen für Kleinbahnen besondere Polizeibeamte bestellen, insbesondere die Bediensteten der Kleinbahnen selbst dazu machen, aber es darf dies nicht generell durch eine Polizeiverordnung geschehen, sondern speziell von Fall zu Fall nach Prüfung der Qualifikation und der Bedürfnisfrage (Erl. d. Min. d. öff. Arb. v. 30. Mai 1894 III 11406/P IV 4389). Auf diese Maßnahme sind die örtlichen Polizeibehörden durch Abs. 6 der Ausführungsanweisung zu § 22 für Bedürfnisfälle allgemein verwiesen. Sie können nach Abs. 6 Satz 1 innerhalb ihrer Zuständigkeit, d. h. in den durch § 6 des Gesetzes vom 11. März 1850 vorgezeichneten Grenzen Angestellten des äußeren Betriebsdienstes der Kleinbahnen (§ 4 Nr. 3 des Kleinb.-Ges.) nach Prüfung ihrer Befähigung und Zuverlässigkeit für die Dauer der betreffenden Beschäftigung durch Ausfertigung von jeder Zeit widerruflichen Bestallungs-Urkunden unter Abnahme des Staatsdienereides die Rechte und Pflichten von Polizei-Exekutivbeamten für den Bereich der bahnpolizeilichen Geschäfte übertragen. Selbstverständlich ist es, (Satz 2) daß hierbei die für die Bestallung von Polizei-Exekutivbeamten maßgebenden gesetzlichen Bestimmungen zu beachten sind. Die Schlußbestimmung (Satz 3), daß auf die Vorbedingungen für die Bestellung, den Umfang der Befugnisse sowie die Handhabung des Dienstes, die Vorschriften der Nebenbahnordnung § 47

Abs. 2—5 (über Uniform, Dienstabzeichen und Befugnis zur vorläufigen Festnahme), § 49 Abs. 1 und 2 (über Alter, unbescholtenen Ruf, Kenntnis des Lesens und Schreibens, Besitz der Eigenschaften für ihren besonderen Dienst), § 50 Abs. 1 (Entfernung von der Wahrnehmung polizeilicher Verrichtungen bei mangelnder Qualifikation) und § 52 (Pflicht zur gegenseitigen Unterstützung) analoge Anwendung finden, ist eine den örtlichen Polizeibehörden erteilte Direktive, für welche die mit der Ausführung des Gesetzes betrauten Minister zuständig sind, zumal dieselbe den bestehenden gesetzlichen Bestimmungen für Ortspolizeiorgane entspricht.

Es liegt auf der Hand, daß die Bestellung von Eisenbahnbediensteten als Polizeiexekutivbeamte seitens der örtlichen Polizeibehörden nur im Einvernehmen mit den betreffenden Bahnverwaltungen erfolgen kann, da — abgesehen davon, daß letztere in erster Reihe im Stande sind, die hierfür erforderliche Qualifikation zu beurteilen, — sie auch nicht gezwungen werden können, zu gestatten, daß ihre Bediensteten über ihre vertraglichen Dienstobliegenheiten hinaus mit polizeilichen Dienstgeschäften belastet werden. Wenn die Bahnverwaltung die Bestellung wegen des vorliegenden Bedürfnisses erfordert, die Ortspolizeibehörde ein solches nicht anerkennt oder aus anderen Gründen die Bestellung verweigert, so werden hierüber die vorgesetzten Behörden sich zu benehmen und Entscheidung zu treffen haben. Komplizierter gestaltet sich die Frage, wenn die Bahn sich über mehrere Ortspolizeibezirke erstreckt. In diesem Falle soll, je nachdem die von der ganzen Bahnstrecke berührten Polizeibezirke innerhalb desselben Kreises, verschiedener Kreise desselben Regierungsbezirks rc. liegen, der Landrat, Regierungspräsident rc. diejenige Ortspolizeibehörde bezeichnen, welche für die ganze Bahnstrecke die Polizeibeamten zu bestellen und zu vereidigen hat. Die geschehene Bezeichnung der zuständigen Polizeibehörde ist durch das Amtsblatt der von der Bahn berührten Regierungs-Bezirke bekannt zu geben. Die Ernennung der Bahnpolizeibeamten bedarf vorgängiger Zustimmung der Bahnaufsichtsbehörde.

Erl. d. Min. d. öff. Arb. u. d. Innern v. 17. September 1902 Zeitschr. f. Kleinb. IX S. 756. Verzeichnis Nr. 129.

Durch Erlaß vom 27. Dezember 1900 (Zeitschr. f. Kleinb. S. 216ff.) ist den Aufsichtsbehörden der Entwurf von Vorbedingungen für die Übertragung der bahnpolizeilichen Geschäfte auf Kleinbahnbeamte sowie einer Dienstanweisung für Kleinbahnpolizeibeamte als Direktive für die Regelung der qu. Verhältnisse mit der Weisung mitgeteilt worden, daß die Übertragung auf die Fälle des nachweisbaren Bedürfnisses beschränkt bleiben muß. Verzeichnis Nr. 103.

Die Aufgabe der allgemeinen Polizei besteht auch in betreff der Kleinbahnen darin, die aus sicherheitspolizeilichen Rücksichten erforderliche Überwachung zu bewirken und diejenigen Anordnungen zu treffen, welche die öffentliche Ordnung, Ruhe und Sicherheit erfordern und Gefahren für Leben, Gesundheit und Eigentum, Störungen des Verkehrs rc. abzuwenden geeignet sind. Die Grenzen sind im § 10 II 17 Allg. L.-R. und § 6 des Ges. v. 11. März 1850 vorgezeichnet. Über die sicherheitspolizeilichen Zwecke darf auch die allgemeine Polizei nicht hinausgehen, insbesondere nicht Auflagen, welche nur die größere Bequemlichkeit oder Annehmlichkeit des Publikums betreffen, vorschreiben. Es liegt auf der Hand, daß die Aufgabe der allgemeinen Polizei zum Teil mit derjenigen der Bahnaufsicht zusammenfällt, nämlich insoweit es sich um die Obliegenheiten des Unternehmers im Sicherheitsinteresse handelt. Da in dieser Hinsicht eine spezielle, durch sachkundige

Aufsichtsbehörden zu bewirkende Aufsicht vom Kleinb.-Ges. (§ 22) eingeführt ist, erübrigt sich insoweit die Aufgabe der allgemeinen Polizei, oder beschränkt sich doch auf besonders dringliche Fälle, welche ein sofortiges Eingreifen ohne Vermittelung der Aufsichtsbehörde erfordern. Dagegen sind die Bahnaufsichtsbehörden nicht zuständig, in Beziehung auf dritte Personen, welche störend oder gefährdend in den Bahnbetrieb eingreifen (Adjazenten, Passagiere, Absender, Empfänger 2c.), die Sicherheitspolizei wahrzunehmen. Dies liegt vielmehr ausschließlich der allgemeinen Polizei ob. Sie wird dieser Aufgabe, soweit nicht bezügliche strafgesetzliche oder polizeiliche Strafbestimmungen für Bahnkontraventionen 2c. bestehen, in wirksamer Weise nur durch Polizeiverordnungen genügen können, welche für Störungen und Gefährdungen seitens des Publikums entsprechende Strafen vorsehen.

Kammerger. Berlin 9. Dezember 1901 Eisenb.-Entsch. XVIII S. 345, 346.

Dies gelte — wie Gleim S. 140 zutreffend bemerkt — namentlich auch von dem Verhalten der Reisenden während der Fahrten, für welche die Einführung einer gewissen, durch Strafandrohung zu führenden Ordnung zuweilen nicht zu entbehren sein werde. (Vgl. K. Hilse, der polizeiliche Sicherheitsschutz beim Kleinbahnbetriebe, d. Straßenb.- u. Kleinb.-Ztg. XIV Nr. 9—11.) Die Polizeiverordnungen seien übrigens nicht auf Vorschriften für Reisende und Personen, welche außer Beziehung zu den Kleinbahnen stehen, beschränkt. Auch die Konstruktion der Bahnanlage und die Betriebsführung könne in einzelnen Beziehungen durch Polizeiverordnung geregelt werden. Diese Regelung sei der Aufnahme bezüglicher Bestimmungen in die Genehmigung in Betreff derjenigen Verhältnisse vorzuziehen, welche zweckmäßiger Weise nach dem jeweiligen Stande der Technik und den fortlaufend gewonnenen Erfahrungen geordnet wurden, weil alsdann der Staatsbehörde die Möglichkeit der einseitigen Änderung der bezüglichen Vorschriften gegeben sei, während die Bestimmungen der Genehmigung nicht ohne Zustimmung des Unternehmers geändert werden könnten. (Vgl. auch Gleim, Zeitschr. f. Kleinb. 1894 S. 65.) Freilich muß sich aber diese Regelung im Wege der Polizeiverordnung durchaus im Rahmen des Gesetzes halten (s. unten S. 275 ff.).

Bemerkenswert ist hier die Entsch. des Reichsgerichts, daß die Wagen der Klein- und Straßenbahnen Gegenstände des öffentlichen Nutzens sind und daher ihre vorsätzliche und rechtswidrige Zerstörung gemäß § 304 Strf.-G.-B. strafbar

Reichsger. v. 12. November 1900 Eisenb.-Entsch. XVIII S. 20.

ist, dagegen sind dieselben keine Geschäftsräume im Sinne des § 123 Strf.-G.-B. und es ist daher der Passagier wegen der Weigerung, sich auf Aufforderung des Schaffners daraus zu entfernen, nicht wegen Hausfriedensbruch strafbar.

Reichsger. v. 16. April 1899 Eisenb.-Entsch. XVII S. 36.

Daß für einzelne Kategorien und Gruppen von Kleinbahnen die Gleichheit der Betriebsverhältnisse zu einer gemeinsamen Regelung in Gestalt von Betriebsordnungen — nach Art der Betriebsordnung und der Nebenbahnordnung für die Eisenbahnen Deutschlands — führen würde (vgl. Hilse a. a. O. Gleim, Eisenb.-Arch. 1892 S. 1130), war vorauszusehen. Dem zunächst für nebenbahnähnliche Kleinbahnen hervorgetretenen Bedürfnisse, durch gemeinsame und gleichartige Vorschriften eine strenge und eingehende Aufsicht, insbesondere in eisenbahntechnischer Beziehung zu sichern und durchzuführen, ist bereits in der Ausführungsanweisung vom 13. August 1898 mittelst der Vorschriften des Abs. 4 entsprochen worden. Darnach soll sich für nebenbahnähnliche Kleinbahnen der Betrieb nach den durch den Minister der öffentlichen Arbeiten erlassenen, als Anlage 8 dieser Ausführungsanweisung beigefügten Betriebsvorschriften vom 13. August 1898 regeln, deren Innehaltung seitens der Unternehmer und ihres Personals ausschließlich durch die Aufsichtsbehörden mittelst der diesen gegen die Unternehmer zustehenden Zwangsmittel zu sichern ist. Dagegen sind die Straßenbahnen diesen Betriebsvorschriften nicht unterworfen, vielmehr soll bei diesen die Ordnung des Betriebes, soweit es dabei über die Genehmigung hinausgehender Bestimmungen bedarf, im Wege der Polizeiverordnung mit entsprechenden Strafbestimmungen erfolgen.

Wohl aber soll nach einem Zirk.-Erl. d. Min. d. öffentl. Arb. v. 5. November 1898 (Gleim, 3. Aufl. S. 144, 145) auch für die auf Grund der früheren Ausführungsanweisung v. 22. August 1892 genehmigten Kleinbahnen die Regelung des Betriebs — nicht des Baus — nach Maßgabe der Betriebsvorschriften vom 13. August 1898 erfolgen.

1. Die Zuständigkeit des Ministers der öffentlichen Arbeiten zum Erlaß derartiger Betriebsvorschriften für nebenbahnähnliche Kleinbahnen, soweit sie sich im Rahmen des Kleinbahngesetzes halten, kann nicht in Zweifel gezogen werden. Sie können zwar nicht als polizeiliche Vorschriften im Sinne des § 136 des Allgem. Land.-Verw.-Ges. v. 30. Juli 1883 gelten, weil die gesetzlichen Erfordernisse hierzu fehlen, wohl aber als an die Aufsichtsbehörden gemäß § 55 des Kleinb.-Ges. gerichtete generelle Ausführungsvorschriften, welche diese bei Führung der Betriebsaufsicht (§ 22) zu beachten haben. Die Betriebsvorschriften sind also nicht, wie die Betriebsordnung und die Nebenbahnordnung, direkt an die Unternehmer gerichtet und bilden für diese weder gesetzliche, noch gesetzesgleiche Verordnungen, sondern sie sind an die Aufsichtsbehörden gerichtet. Und Sache dieser ist es, kraft ihrer im Aufsichtsrechte liegenden Befugnisse, sowohl generell wie speziell den Unternehmern bekannt zu geben, daß die Aufsicht nach diesen Vorschriften erfolgen werde, als auch in der Eigenschaft von Genehmigungsbehörden die Beobachtung dieser Vorschriften zum Gegenstande der Genehmigungsbedingungen zu machen. Freilich müssen sich aber die Vorschriften im Rahmen des Gesetzes halten. Und von diesem Gesichtspunkte aus werden z. B. durch die Betriebsvorschriften gebotene neue bauliche Anlagen oder Konstruktionen von Betriebsmitteln von den bereits bestehenden Bahnen nicht gefordert werden dürfen, und von den neu zu genehmigenden Bahnen nur soweit, als sie nach § 4 des Gesetzes im Interesse der Betriebssicherheit begründet sind. Wäre dies nicht der Fall, so würde dem Unternehmer gegen die bezüglichen Einzelverfügungen der Aufsichtsbehörden das Rechtsmittel der Beschwerde an den Minister der öffentlichen Arbeiten gemäß § 52 Satz 1 l. c. zustehen.

2. In Bezug auf die Form sind die Betriebsvorschriften der Bahnordnung für die Nebeneisenbahnen Deutschlands nachgebildet. Doch gibt die Überschrift „Betriebsvorschriften für Kleinbahnen mit Maschinenbetrieb" zu Bedenken Anlaß, weil sie dem Geltungsgebiet, auf welches sich die Betriebsvorschriften beschränken sollen, nicht ganz entspricht, sondern zu allgemein und umfassend gehalten ist nnd daher zu der nicht zutreffenden Annahme führen kann, daß diese Betriebsvorschriften für beide Klassen der Kleinbahnen mit Maschinenbetrieb — die nebenbahnähnlichen Kleinbahnen und die Straßenbahnen — gelten sollen. Sie sind aber nach Abs. 4 Satz 1 der Ausführungsanweisung zu § 22 nur für den Betrieb der einen Klasse, der nebenbahnähnlichen Kleinbahnen, gegeben,

während bei der anderen Klasse, den Straßenbahnen, nach Abs. 4 Satz 2 l. c. die Ordnung des Betriebs erforderlichenfalls durch Polizeiverordnungen zu erfolgen hat.

8. Auch der Inhalt der Betriebsvorschriften entspricht, wie die Form, im wesentlichen den Bestimmungen der Bahnordnung für die Nebeneisenbahnen Deutschlands bis auf die zugelassenen Erleichterungen in Bezug auf die Betriebs-Anlagen und Einrichtungen.

Der Inhalt der Betriebsvorschriften ist in sechs Abschnitte zusammengefaßt. I. Zustand der Bahn (§§ 1—8); II. Zustand, Unterhaltung und Untersuchung der Betriebsmittel (§§ 9—18); III. Einrichtungen und Maßregeln für die Handhabung des Betriebes (§§ 19—34); IV. Signalwesen (§§ 35—39); V. Betriebsführung (§§ 40—41); Schlußbestimmungen (§ 42).

Die Schlußbestimmungen bezeichnen unter Ziff. 1 diejenigen Organe, durch welche die Betriebsvorschriften veröffentlicht werden, und schreiben sodann in Ziff. 2 die Anwendung derselben auf bereits genehmigte Kleinbahnen unbeschadet ihrer konzessionsmäßigen Rechte mit der Maßgabe vor, daß im übrigen die Genehmigung zur Beibehaltung von Abweichungen der eisenbahntechnischen Aufsichtsbehörde überlassen bleibt; sowie in Ziff. 3, daß die Zulassung anderer Abweichungen, als die den Genehmigungsbehörden bereits in den Betriebsvorschriften eingeräumten durch den Minister der öffentlichen Arbeiten bei nachweisbarem Betriebsbedürfnis gestattet werden kann.

Über den Zeitpunkt des Inkrafttretens der Betriebsvorschriften und die Aufrechterhaltung der konzessionsmäßigen Rechte der Unternehmer sind bei § 55 die erforderlichen Erläuterungen gegeben.

Während für alle nebenbahnähnlichen Kleinbahnen die Betriebsvorschriften des Ministers der öffentlichen Arbeiten vom 13. August 1898 ausnahmslos und vollständig durch die Aufsichtsbehörden zur Anwendung zu bringen sind, ist bezüglich der Straßenbahnen und der ihnen gleichstehenden Bahnen durch Abs. 4 Satz 2 bestimmt, daß die Ordnung des Betriebs durch Polizeiverordnungen zu erfolgen hat, und zwar nur fakultativ, d. h. soweit es dabei weiterer Bestimmungen bedarf, als bereits in der Genehmigung gegeben sind.

d) 1. Was den Erlaß von Polizeiverordnungen für Kleinbahnen anlangt, so sind die Aufsichtsbehörden hierzu nicht befugt. Diese Kompetenz ist vielmehr nach wie vor den in den §§ 136ff. des Ges. über die allgemeine Landesverwaltung vom 30. Juli 1883 bestimmten Instanzen verblieben.

Kammerger. Berlin v. 9. Dezember 1901 Eisenb.-Entsch. XVIII S. 345.

Durch das Kleinb.-Ges. ist hierin keine Änderung eingetreten. Wohl aber hat die Ausf.-Anw. Abs. 5ff. zu § 22 denselben, insoweit es sich um den Erlaß polizeilicher Bestimmungen über den Betrieb auf Kleinbahnen mit Maschinenkraft handelt, die Zuziehung der betr. Eisenbahnbehörden zur Pflicht gemacht. Darnach sind Polizeiverordnungen und andere polizeiliche Bestimmungen über den Betrieb auf den zum Betriebe mit Maschinenkraft eingerichteten Kleinbahnen nicht ohne die Zustimmung der Eisenbahnbehörde zu erlassen. Im Falle der Versagung der Zustimmung ist die Entscheidung des Ministers der öffentlichen Arbeiten einzuholen. Sofern zum Erlasse derartiger Verordnungen eine dem Regierungs-Präsidenten untergeordnete Behörde zuständig sein sollte, ist diese anzuweisen, sich vor dem Erlasse derselben seines Einverständnisses zu versichern. Auch für diese Einverständnis bedarf es der Zustimmung der Eisenbahnbehörde. (Vgl. in Betreff der Privatanschlußbahnen § 48.)

Durch die Worte „Polizeiverordnungen und andere polizeiliche Bestimmungen" ist klargestellt, daß Polizeivorschriften aller Art, gleichviel ob in der Form von Polizeiverordnungen (§§ 136—141 Allg. Land.=Verw.=Ges.) oder kreis= oder orts=polizeilichen Vorschriften (§§ 142ff. l. c.), den Bestimmungen des Abs. 5 unterliegen. Es herrscht im übrigen Einverständnis darüber, daß unter Polizeiverordnung ihrem Begriff und Wesen nach nur eine allgemeine, ganze Kategorien oder Klassen von Straßenbahnen umfassende Regelung des Betriebs (Betriebs=ordnung) zu verstehen ist — unbeschadet der Befugnis der Aufsichtsbehörden, auch für die einzelnen Bahnen die im Interesse der Sicherheit des Betriebs erforderlichen Maßnahmen zu treffen und anzuordnen (vgl. auch Gleim a. a. O. S. 529).

Unter „Eisenbahnbehörde" im Sinne des Abs. 5 der Ausf.=Anw. z. § 22 ist diejenige Eisenbahnbehörde gemeint, welcher zur Zeit des Erlasses die eisenbahntechnische Aufsicht über die Bahn zusteht (§ 22 Satz 2). Betrifft die Polizeiverordnung einen mehrere Kleinbahnen umfassenden Bezirk, so ist die Zustimmung der eisenbahntechnischen Aufsichtsbehörden aller beteiligten Kleinbahnen erforderlich. Bei § 48 ist darauf hingewiesen, daß die Wichtigkeit dieser Vorschrift die Aufnahme derselben in das Gesetz selbst erfordert, wie dies für Privat=anschlußbahnen durch § 48 geschehen ist. Ein Grund für die Abweichung bei Klein=bahnen liegt nicht vor. Es handelt sich vielmehr um eine de lege ferenda zu beseitigende Omission.

2. Hinsichtlich des Inhalts der Polizeiverordnungen würde es ferner mit der Tendenz des Gesetzes nicht im Einklang stehen, über die rein sicherheits=polizeilichen Interessen hinauszugehen und den Unternehmer mit Auflagen zu be=lasten, welche ihm nach dem Gesetze überhaupt nicht oder nach erfolgter Genehmigung nicht mehr zugewiesen werden dürfen, und zwar um so weniger, als den Behörden im § 14 zur Pflicht gemacht ist, bei ihren Maßnahmen auf die finanzielle Lage des Unternehmens und auf eine angemessene Verzinsung und Tilgung des Anlage=kapitals Rücksicht zu nehmen. Dies würde z. B. der Fall sein bei Auflagen, welche in Betreff der Qualifikation des Personals oder des Fahrplanes, der Beförderungs=preise, der Konstruktion der Bahnanlage und Betriebsmittel, sowie der Betriebs=führung das Maß der gesetzlichen Anforderungen (§§ 4, 14, 21) überschreiten. Von diesem Standpunkte aus sind auch die vor Inkrafttreten des Kleinb.=Ges. erlassenen Polizeiverordnungen einer entsprechenden Prüfung zu unterziehen (Erl. d. Min. d. öff. Arb. v. 14. Oktober 1893 III 20591/IV 5925). Wenn aber auch eine derartige Prüfung nicht stattfindet, so bleibt doch die weitere Geltung der vor dem Kleinbahngesetz erlassenen Polizeiverordnungen und zwar auch dann, wenn ihnen in der Genehmigung ausdrücklich fortdauernde Wirksamkeit beigelegt sein sollte, auf diejenigen Bestimmungen, deren Rechtsbeständigkeit in dem Kleinbahngesetz begründet ist, beschränkt.

Entsch. d. 4. Sen. d. Ob.=Verw.=Ger. v. 12. Dezember 1896. Entsch. Bd. 31 S. 375. Zeitschr. f. Kleinb. 1898 S. 415 Eisenb.=Entsch. XIV S. 222.

Auch dürfen Verpflichtungen, welche — weil voraussehbar — dem Unter=nehmer bereits bei der Genehmigung auferlegt werden konnten, ihm nach er=teilter Genehmigung nicht mehr im Wege einer nachträglich erlassenen Polizeiver=ordnung auferlegt werden. Nur dann ist es zulässig, derartige Verpflichtungen dem

Unternehmer nach Eröffnung des Betriebes aufzuerlegen, wenn ihre Auferlegung erst nachher auf Grund der im Betriebe gemachten Erfahrungen erfolgen kann (s. § 4 Anm. 16 S. 81 und Abs. 4 der Ausf.=Anw. zu § 4, auch Gleim a. a. O. S. 141).

Kammerger. Berlin 20. Januar 1902 Eisenb.-Entsch. XVIII S. 357.

Ebenso sind polizeiliche Vorschriften unstatthaft, welche für die Anlage von Haltestellen innerhalb eines Ortes und zum Aufstellen von Zügen auf denselben die ortspolizeiliche Erlaubnis vorsehen (s. Hilse, d. Straßenb.= u. Kleinb.=Ztg. XIII S. 601).

3. Sodann kann der Geltungsbereich der Polizeiverordnung ein verschiedener sein, je nachdem sie sich auf eine oder mehrere bestimmte Bahnen oder auf einzelne Kategorien von Bahnen (Pferde=, elektrische, Dampf=Bahnen) oder auf sämtliche Kleinbahnen eines Verwaltungsbezirks erstreckt. Insoweit hierbei mehrere Polizeibezirke in Betracht kommen, ist die vorgängige Verständigung sämtlicher beteiligten Polizeibehörden zum Erlaß der Polizeiverordnung erforderlich.

4. In betreff endlich der Ausführung und Handhabung der Polizeiverordnungen stehen den Polizeibehörden die allgemeinen polizeilichen Zwangsmittel zur Verfügung (s. unten S. 278 lit. f.) Auf Beschwerden 2c. gegen die auf Grund der Polizeiverordnungen ergehenden Verfügungen finden nicht die Rechtsmittel des § 52 des Kleinb.=Ges., sondern die allgemeinen, gegen polizeiliche Verfügungen gegebenen Rechtsmittel Anwendung.

e) Es liegt im Zweck und Wesen der Aufsichtsbehörde, daß ihr auch die Befugnis zusteht, innerhalb ihrer Zuständigkeit über alle Einrichtungen und Maßregeln von den Kleinbahnverwaltungen, event. durch persönliche Kenntnisnahme, Auskunft zu fordern und sich zu unterrichten. Diese Informationsbefugnis ist das notwendige Korrelat zu den Aufsichtsbefugnissen. Die Aufsichtsbehörde kann diese Befugnis durch Einfordern der betreffenden Auskunft in jedem einzelnen Falle ausüben, aber auch die Erteilung derselben für wichtig erscheinende Gegenstände generell oder in regelmäßigen Perioden wiederkehrend anordnen. Dahin gehört z. B. die Mitteilung von Entwürfen und Änderungen der Fahrpläne, von Erhöhung der Fahrpreise, von Einführung, Aufhebung und Einschränkung direkter Abfertigung, von statistischem Material über Betriebsmittel, bauliche Anlagen, Verkehrsverhältnisse, Beamte und Arbeiter, Unfälle 2c. Den Kommissaren der Aufsichtsbehörde muß Gelegenheit gegeben werden, die Anlagen und Einrichtungen des Unternehmens unbehindert zu besichtigen und zu prüfen, und es liegt in der Natur der Sache, daß sie zum Zwecke ihrer Revisionen unbehindert die Bahnanlagen ohne besondere Erlaubnis betreten und sich der Betriebsmittel der betr. Bahn ohne Entgelt (Freifahrt) bedienen dürfen. (Vgl. über die Reisekosten 2c. der Aufsichtsorgane unten Anm. 81 S. 282.) Diese Befugnisse werden durch den Zirk.=Erl. d. Min. d. öffentl. Arb. v. 28. Oktober 1898 (E.=V.=Bl. S. 884) für die mit der Ausübung der eisenbahntechnischen Aufsicht beauftragten Staatsbeamten ausdrücklich in Anspruch genommen. Der Aufsichtsbehörde muß ferner das Recht zustehen, Untersuchungen durch Einsicht in die Bücher und Akten des Unternehmers, Vernehmung desselben sowie seines Personals zu führen, soweit dies die Aufsicht notwendig macht, ebenso schriftliche 2c. Anzeigen über wichtige Vorgänge, wie z. B. Unfälle 2c., zu erfordern und an den Sitzungen der Generalversammlung und des Aufsichtsrats sich durch einen Kommissar zu beteiligen (arg. § 46 Eisenb.=Ges. v.

3. November 1838) Erl. d. Min. d. öffentl. Arb. v. 13. August 1898 und 8. Mai 1899 E.-V.-Bl. S. 157. Verzeichnis Nr. 74. Der allgemeine Erlaß vom 11. März 1895 (E.-V.-Bl. S. 285) bezw. v. 20. September 1899 (l. c. S. 275) ist freilich auf die Meldung von Untersuchung von Unfällen auf Kleinbahnen nicht anwendbar. Einer Meldung an das Reichseisenbahnamt oder den Minister bedarf es nicht. Soweit nicht in der Genehmigungsurkunde Anordnungen getroffen sind, hat dies von Aufsichtswegen durch Polizeiverordnungen zu geschehen, insbesondere, welche Unfälle der Staatsanwaltschaft sowie den Behörden anzuzeigen sind rc.

Erl. v. 29. Januar 1897 Zeitschr. f. Kleinb. IV S. 197 Verzeichnis Nr. 39. Vgl. K. Hilse, d. Strßb.- u. Kleinb.-Ztg. XIII S. 41.

Wie und in welchem Umfange diese Befugnisse in Anwendung zu bringen, hängt von dem pflichtmäßigen Ermessen der Aufsichtsbehörde ab, welche hierbei — mangels besonderer Vorschriften — die Natur des Unternehmens und des Betriebes sowie die Qualifikation des Unternehmers und der Betriebsleiter in Berücksichtigung ziehen wird. Doch hat der Umstand, daß bei Kleinbahnen, welche von Kreisen in eigener Regie gebaut sind und auch für eigene Rechnung betrieben werden, ohne daß für die ständige Mitwirkung eines sachverständigen technischen Beirats gesorgt wäre, bei der Bauausführung und beim Betriebe Fehler vorgekommen sind, dem Minister der öffentl. Arbeiten Anlaß gegeben, den zuständigen Eisenbahnbehörden die intensivere eisenbahntechnische Aufsicht durch häufigere örtliche Besichtigung rc. zur Pflicht zu machen. Es darf sich aber dieser Zustand nicht zu einem dauernden gestalten, vielmehr ist nachdrücklich dahin zu wirken, daß die Kleinbahnverwaltungen durch eigene Maßregeln die Gewähr für eine sachgemäße Bauausführung und eine gewissenhafte Oberleitung des Betriebs selbst schaffen.

Erl. d. Min. d. öffentl. Arb. v. 31. Juli 1895. Zeitschr. f. Kleinb. 1895 S. 438. Verzeichnis Nr. 23.

Als Grundlage für die Statistik über die Entwicklung der Kleinbahnen dienen die durch die Erlasse v. 25. Juni 1897 III 6768 IV A 4416, 27. Mai 1900 (Zeitschr. f. Kleinb. S. 886) und 23. August 1900 (eod. S. 629) eingeführten Kleinbahnnachweisungen, in welche getrennt in 2 besonderen Abschnitten (I und II) für Straßenbahnen und nebenbahnähnliche Kleinbahnen in 20 Spalten die Eintragungen über die Bau-, Betriebs- und Finanzverhältnisse einer jeden Bahn zu bewirken sind (s. Formular Verzeichnis Nr. 97).

Im übrigen fallen — mangels besonderer Bestimmung — die Kosten der Beaufsichtigung, insbesondere die Reisekosten der mit der Aufsicht betrauten Beamten der Staatskasse zur Last. (In Betreff der eisenbahntechnischen Aufsicht gemäß § 22 Satz 2 sind in diesem Sinne die unten Anm. 81 S. 282 mitgeteilten Erlasse vom 5. November 1892, 23. Oktober 1893, 8. August 1894, 31. Juli und 17. Dezbr. 1895, s. Verzeichnis Nr. 1, 5, 15, 23 und 25, ergangen.)

f) Die Aufsichtsbehörden können behufs Durchführung der bei der Aufsicht getroffenen Anordnungen die in den §§ 132ff. des Allg. Land.-Verw.-Ges. vom 30. Juli 1883 vorgesehenen Zwangsmittel in Anwendung bringen, oder, falls die in den §§ 23 und 24 des Kleinb.-Ges. bezeichneten Voraussetzungen vorliegen, das Erlöschen bezw. die Rücknahme der Genehmigung herbeiführen. Daß letzteres nur in besonders schweren und wichtigen Fällen zu geschehen hat, liegt in der Natur der Sache. Gleim S. 146/147. (Motive der Regierungsvorlage zu § 24, s. Anm. 84 S. 290ff.) Auch den Eisenbahnbehörden steht die Berechtigung zur zwangsweisen Durchführung ihrer gemäß § 22 Satz 2 bei der eisenbahntechnischen Aufsicht getroffenen Anordnungen zu, wie in dem unten (Anm. 81 S. 282) mitgeteilten Erl. d. Min. d. öffentl. Arb. v. 8. August 1894. E.=V.=Bl. S. 205 Verzeichnis Nr. 15 ausgesprochen ist. Für die Vollstreckung ist die Verordnung, betr. Verwaltungszwangsverfahren wegen Beitreibung von Geldbeträgen, vom 15. Novbr. 1899 (G.=S. S. 545) maßgebend.

2. Zuständig zur Aufsicht über eine Kleinbahn ist — abgesehen von der im Satz 2 vorgesehenen Ausnahme — die für ihre Genehmigung jeweilig zuständige Behörde (O.=V.=G. 14. Febr. 1898 Eisenb.=Entsch. XV S. 54.) d. h. nicht überall unbedingt diejenige Behörde, welche für die Genehmigung der ursprünglichen Anlage der Bahn zuständig gewesen ist und diese erteilt hat, sondern diejenige Behörde, welche für die Genehmigung der Bahn in ihrem gegenwärtigen — jeweiligen — Bestande zuständig ist, d. h. die Genehmigung zu erteilen haben würde wenn sie für die Herstellung und den Betrieb der gegenwärtigen Anlage erforderlich wäre. Maßgebend sind hierfür die Bestimmungen des § 3. Darnach ergeben sich drei Fälle:

1. Ist die Bahn noch in ihrem ursprünglichen Zustande ohne wesentliche Erweiterung oder Änderung vorhanden, so ist diejenige Behörde zur Aufsicht zuständig, welche die Bahn ursprünglich genehmigt hat. Ist also z. B. eine für den Maschinenbetrieb bestimmte und genehmigte Bahn unverändert als solche geblieben, so ist die im § 3 Abs. 1 Nr. 1 bezw. Abs. 2 bezeichnete Behörde die zuständige Aufsichtsbehörde.

2. Ist die ursprüngliche Bahn wesentlichen Erweiterungen oder sonstigen wesentlichen Änderungen unterworfen worden, so ist diejenige Behörde zur Aufsicht zuständig, welche die Bahn in ihrem gegenwärtigen erweiterten oder veränderten Zustande zu genehmigen haben würde. Ist also z. B. eine für einen Polizeibezirk genehmigte Bahn später auf mehrere Polizeibezirke ausgedehnt worden, so ist nach § 3 Abs. 2 Nr. 2b der Landrat, nicht die Ortspolizeibehörde die zuständige Aufsichtsbehörde. Ist eine Pferdebahn ganz oder teilweise in eine Bahn mit Maschinenkraft umgewandelt worden, so sind nicht mehr die im § 3 Abs. 1 Nr. 2, sondern die im § 3 Abs. 1 Nr. 1 und Abs. 2 bezeichneten Behörden zuständig und zwar — bei auch nur teilweiser Umwandlung — für das ganze Unternehmen, da ein einheitliches Unternehmen einer einheitlichen Aufsicht unterliegen muß, es müßte denn sein, daß die neu mit Maschinenkraft angelegten Linien als selbständige Unternehmungen aus dem bisherigen ausscheiden, was aber bei einheitlicher Leitung, Linienführung und örtlicher Verbindung grundsätzlich nicht anzunehmen ist.

O.=V.=G. 14. Februar 1898 Eisenb.=Entsch. XV S. 54, 55.

3. Ist der Betrieb einer ursprünglich mit Maschinenkraft betriebenen Bahn geändert worden, so ist diejenige Behörde zur Aufsicht zuständig, welche zur Genehmigung zuständig sein würde, wenn die Bahn ursprünglich und von vornherein mit dem gegenwärtigen (veränderten) Betriebe hätte genehmigt werden sollen. Ist also eine für den Maschinenbetrieb bestimmte Bahn in eine Pferdebahn umgewandelt worden, so ist nicht die nach § 3 Abs. 1 Nr. 1, sondern die nach § 3 Abs. 1 Nr. 2 zur Genehmigung zuständige Behörde zur Aufsicht kompetent.

Die Ausf.=Anweisung Abs. 1 Satz 1 zum § 22 faßt diese Sätze zutreffend in die Erläuterung zusammen: „Die Aufsicht über die Kleinbahnen steht, soweit sie nicht eisenbahntechnischer Natur ist, mit Ausnahme des zu § 3 am

Schlusse erwähnten Falles, immer derjenigen Behörde zu, welche zuletzt für eine der dem Unternehmen zugehörigen Bahnen eine Genehmigung nach Maßgabe der §§ 2 und 3 erteilt hat."

Hierbei ist noch die Frage entstanden, wann bei einer Umgestaltung des Unternehmens, welche eine Änderung der Aufsichtskompetenz bedingt, diese beginnen soll, ob bereits mit dem Zeitpunkte der Genehmigung oder erst mit dem Zeitpunkte der Fertigstellung und Betriebseröffnung des erweiterten bezw. veränderten Unternehmens? Welche Behörde mithin während des Überganges zur Aufsicht zuständig sein soll? In der II. Lsg. des Abg.-Hauses wurde diese Frage vom Regierungsvertreter und Berichterstatter dahin beantwortet, daß ein solcher Übergang der Zuständigkeit sich an die Rechtskraft derjenigen Entscheidung knüpfe, von welcher der Übergang bedingt werde, also an die Rechtskraft der Genehmigung durch die zur Genehmigung zuständige Behörde. Diese Rechtskraft trete mit dem Zeitpunkte ein, in welchem dem Unternehmer die Genehmigung mitgeteilt werde. Diese Auffassung erscheint zutreffend. Demgemäß ist auch in der Ausf.-Anw. Abs. 1 Satz 2 zum § 22 Bestimmung getroffen (S. 265). Bei Genehmigungen, welche für eine Aktiengesellschaft, eine Kommanditgesellschaft auf Aktien oder eine Gesellschaft mit beschränkter Haftung behufs Eintragung in das Handelsregister ausgehändigt worden ist, beginnt daher die Zuständigkeit der neuen Behörde erst, wenn der Nachweis der Eintragung in das Handelsregister geführt ist (§ 16).

§ 22 Satz 2. [81]) Satz 2 enthält eine Ausnahme von dem nach Satz 1 für die Regelung der Zuständigkeit maßgebenden Grundsatze, daß die jeweilig zur Genehmigung zuständige Behörde auch die zur Aufsicht kompetente sein soll. Handelt es sich um eine für den Betrieb mit Maschinenkraft eingerichtete Bahn, so müßte nach diesem Grundsatz gemäß § 8 Abs. 1 Nr. 1 der Regierungspräsident (für Berlin der Polizeipräsident) im Einvernehmen mit der vom Minister der öffentlichen Arbeiten bezeichneten Eisenbahnbehörde, im Falle des § 8 Abs. 2 die dort bezeichnete Instanz, die zur Aufsicht zuständige Behörde sein. Dieses Zusammenwirken zweier Behörden erschien jedoch — insoweit die rein eisenbahntechnische Aufsicht in Betracht kommt — nicht zweckmäßig, und es ist daher im Satz 2 — abweichend von der Regel des Satzes 1 — bestimmt, daß bei den für den Betrieb mit Maschinenkraft eingerichteten Bahnen die eisenbahntechnische Aufsicht der zur Mitwirkung bei der Genehmigung berufenen Eisenbahnbehörde zusteht, d. h. allein zusteht. (Erlaß v. 5. November 1892 E.-V.-Bl. S. 449 Verzeichnis Nr. 1.) Daraus folgt:

1. In Betreff der eisenbahntechnischen Aufsicht ist die zur Mitwirkung bei der Genehmigung berufene Eisenbahnbehörde allein zur Aufsicht kompetent (§ 8 Abs. 1 Nr. 1 Abs. 2); dem Regierungspräsidenten 2c. steht in dieser Beziehung ein Aufsichtsrecht nicht zu, auch nicht eine Mitwirkung bei der Aufsicht der Eisenbahnbehörde.
2. In Betreff der nicht eisenbahntechnischen Aufsicht sind ebenso wie bei der Genehmigung beide Behörden zusammen kompetent, d. h. der Regierungspräsident im Einvernehmen mit der Eisenbahnbehörde.

Die Eisenbahnbehörde hat auch bei nicht eisenbahntechnischen Sachen das Mitaufsichtsrecht. Ihre Kompetenz ist also die umfassendere. Denn sie ist bei eisenbahntechnischen Sachen allein, bei nicht eisenbahntechnischen Sachen zusammen mit dem Regierungs-Präsidenten kompetent, während letzterer nur in nichteisenbahntechnischen Sachen mitzuwirken hat. Wo es sich um Akte der eisenbahntechnischen Aufsicht handelt, hat daher die Eisenbahnbehörde allein zu verfügen und ihren Verfügungen durch die zustehenden Zwangsmittel Geltung zu erschaffen; doch erscheint die Annahme gerechtfertigt, daß die Maßnahmen aus §§ 23 und 24 nur von beiden Behörden gemeinsam zu treffen sind. Auch macht § 41 Nr. 3 der Betriebsvorschriften vom 13. August 1898 der eisenbahntechnischen Aufsichtsbehörde zur Pflicht, zu Entscheidungen, welche die Entlassung von Bediensteten, oder grundliegende für den unveränderten Bestand des Unternehmens erhebliche Änderungen der bestehenden Anordnungen betreffen, sich des Einverständnisses des zuständigen Regierungs-(Polizei-)Präsidenten zu versichern und in dringenden Fällen diesen nachträglich zu verständigen. K. Hilse hält in allen Fällen ein Zusammenwirken beider Behörden für geboten, weil die Grenzlinie zwischen den Funktionen derselben eine flüssige sei und das einseitige Vorgehen einer Behörde ohne die andere das Unternehmen schädigen könne (D. Straßenb.- u. Kleinb.-Zeitung 1897 Nr. 51 S. 863).

Da Zweckmäßigkeitsgründe dafür sprechen können, die eisenbahntechnische Aufsicht einer anderen Eisenbahnbehörde, als grade der gemäß § 3 bei der Genehmigung mitwirkenden, zu übertragen, so ist durch Satz 2 dem Minister der öffentlichen Arbeiten die Befugnis eingeräumt, die Aufsicht einer anderen Eisenbahnbehörde zuzuweisen, welche dieselbe alsdann mit gleicher Kompetenz auszuüben hat.

Zur Regelung des bezüglichen Verfahrens und zur Beseitigung von Zweifeln über den Umfang der eisenbahntechnischen Aufsicht vgl. Ausf.-Anweis. Abs. 2 u. 3 z. § 22 (S. 265). Es handelt sich hier um Funktionen, welche dem Maschinenbetriebe eigentümlich sind und daher die Beaufsichtigung durch eine Eisenbahnfachbehörde erfordern. Soweit aber nicht solche besondere eisenbahntechnische Fragen in Betracht kommen, ist die Aufsicht Sache der allgemeinen Aufsichtsbehörde, d. h. des Regierungspräsidenten im Einvernehmen mit der zuständigen Eisenbahnbehörde. Daher gehören die Festsetzungen ꝛc. in Betreff des Fahrplanes, die Einforderung von Meldungen über Unfälle ꝛc. zu den der allgemeinen Aufsichtsbehörde zustehenden Befugnissen (Hilse, Preuß. Verw.-Bl. XVII. S. 421). Zu eng begrenzt aber Hilse a. a. O. die Befugnisse der eisenbahntechnischen Behörde, wenn er sie auf diejenigen beschränkt, welche bei mechanischen Betrieben über den Umfang der mit Tierkraft betriebenen zugestandenen hinausgehen. Denn auch beim Betriebe mit Pferden kommen speziell eisenbahntechnische Fragen (Anlage der Schienen, Weichen, Kurven ꝛc.) in Betracht, wenn auch in geringerem Maße, als beim Maschinenbetriebe (s. Gleim S. 144).

Vergl. noch den unter lit. e S. 278 mitget. Erl. v. 1. Juli 1895, Zeitschr. f. Kleinb. II. S. 438 Verzeichnis Nr. 23 betr. die intensivere Gestaltung der technischen Aufsicht.

Entstehen dennoch Zweifel über den Umfang der eisenbahntechnischen Aufsicht, so würden dieselben durch Benehmen der, beiden Behörden vorgesetzten Ministerialinstanzen beseitigt werden müssen. Die Kompetenz der Eisenbanbehörde erstreckt sich jedenfalls nicht allein auf Bahnen mit Lokomotivkraft, sondern auf alle Bahnen, welche mit irgend einer Maschinenkraft betrieben werden. In Betreff der elektrischen Bahnen wurde dies in der Kommission des Abg.-Hauses durch eine Erklärung des Regierungsvertreters ausdrücklich konstatiert.

Wie den Aufsichtsbehörden überhaupt, so steht insbesondere auch den mit der eisenbahntechnischen Beaufsichtigung betrauten Eisenbahnbehörden das Recht zu, sich über die bez. Verhältnisse des Unternehmens zu informieren (s. Anm. 80 S. 277 Erl. v. 23. Oktober 1893, E.=V.=Bl. S. 384 Verzeichnis Nr. 5). Für die damit beauftragten Staatseisenbahnbeamten ist daher das Recht der freien Fahrt auf den betr. Kleinbahnen in Anspruch zu nehmen (vgl. § 21 Anm. 77 S. 264). Dagegen fallen die sonstigen auf Grund der Bestimmungen des Kleinbahngesetzes entstehenden Reisekosten der Staatseisenbahnbeamten sämtlich der Staatskasse zur Last. In dem Erlasse vom 17. Dezember 1895 (E.=V.=Bl. S. 755 Verzeichnis Nr. 25) ist über die Tagegelder und Reisekosten, welche den mit der Beaufsichtigung der Kleinbahnen beauftragten Staatseisenbahnbeamten für die zu diesem Zwecke ausgeführten Dienstreisen zu gewähren sind, ausführlich Bestimmung getroffen. Darnach erhalten höhere Beamte der Kgl. Eisenbahndirektionen für Dienstreisen nach und auf den Kleinbahnen die gleichen Tagegelder und Reisekosten, welche sie für die sonstigen Dienstreisen innerhalb der Direktionsbezirke beziehen. Sofern ihnen feste Reisekostenvergütungen für ihre Dienstreisen gewährt werden, bilden diese zugleich die Entschädigung für Dienstreisen im Interesse der Beaufsichtigung der Kleinbahnen. Werden Vorstände der Inspektionen mit einzelnen bezüglichen Geschäften beauftragt, so gilt die betreffende Kleinbahn im Sinne des § 10 Abs. 2 der Verwalt.=Ordn. bezw. § 5 der Kgl. Verordn. v. 4. März 1895 als zum Amtsbezirk des beauftragten Vorstandes gehörig. Nachdem an Stelle des § 5 l. c. der § 3 der Kgl. Verordn. v. 12. Oktober 1897 (G.=S. S. 415 getreten ist, muß die betr. Kleinbahn auch als zum Amtsbezirke des Vorstandes im Sinne der letzteren Bestimmung gehörig erachtet werden. Auch die Reiseentschädigungen für Kesseluntersuchungen sind nach dem Erl. v. 17. Dezember 1895 zu bemessen. (Erl. v. 8. Juli 1897, Zeitschr. f. Kleinb. S. 449) Verzeichnis Nr. 50.

Im übrigen sind für Dienstreisen nach näherer Bestimmung des Staatsministerialausschusses v. 25. Oktober 1898 und der bez. Ausf.=Best. des Min. d. öff. Arb. v. 7. Februar 1899 (Zeischr. f. Kleinb. S. 218) die Kleinbahnen zu benutzen. Über die Gewährung von Zu= und Abgangsentschädigungen bei Dienstreisen auf Kleinbahnen trifft der Erl. v. 8. Oktober 1901 (E.=V.=Bl. S. 819) Bestimmung und ferner über die Tagegelder, Reisekosten und sonstigen Vergütigungen für die zur Wahrnehmung der finanziellen Interessen des Staates an den staatlich subventionierten Kleinbahnen als Mitglieder von Aufsichtsräten oder Vorständen der Kleinbahn=Gesellschaften bestellten Staatsbeamten der Erl. v. 10. April 1901 (Zeitschr. f. Kleinb. IX S. 378) u. 16. März 1903 (XI S. 256) s. Verzeichnis Nr. 66, 71, 110, 116, 136.

Die Eisenbahnbehörden sind befugt, die aus Anlaß der eisenbahntechnischen Aufsicht getroffenen Anordnungen in Vollzug zu setzen. In dem Erlasse vom 8. August 1894 (E.=V.=Bl. S. 205 Verzeichnis Nr. 15.) wird zur Beseitigung von Zweifeln ausgeführt, daß die Eisenbahnbehörden berechtigt sind, die bei der eisenbahntechnischen Beaufsichtigung von Klein= und Privatanschlußbahnen getroffenen Anweisungen zwangsweise durchzuführen nnd hierzu die den Verwaltungsbehörden gesetzlich zustehenden Zwangsmittel anzuwenden. (S. Anm. 80 S. 278, 279 lit. f.).

§ 23.[82])

Die Genehmigung kann durch Beschluß der Aufsichtsbehörde für erloschen erklärt werden, wenn die Ausführung der Bahn oder die

Eröffnung des Betriebes nicht innerhalb der in der Genehmigung bestimmten oder der verlängerten Frist erfolgt.[83])

1) Ausführungsanweisung vom 13. August 1898.

Zu §§ 23/24.

Das Erlöschen und die Zurücknahme einer Genehmigung ist von der aufsichtführenden Behörde in dem Regierungs-Amtsblatt bekannt zu machen.

82) Prinzip und Entstehungsgeschichte des § 23. § 23.

I. Prinzip. Die §§ 23 bis 27 des Gesetzes treffen Bestimmung über das Prinzip. Erlöschen und die Zurücknahme der erteilten Genehmigung (§ 2).

§ 23 handelt von der Zulässigkeit und den Voraussetzungen des Erlöschens, § 24 der Zurücknahme der Genehmigung. Der Unterschied für die Fälle des Erlöschens (§ 23) und der Zurücknahme (§ 24) besteht darin, daß in ersteren die Entscheidung im Administrativwege durch die Aufsichtsbehörde, in letzteren im Verwaltungsstreitverfahren durch das Oberverwaltungsgericht erfolgt.

Indeß ist eine derartige Unterscheidung nicht gerechtfertigt und es wäre de lege ferenda richtiger, einfacher und zweckmäßiger gewesen, in allen Fällen die Zurücknahme nach Entscheidung des Oberverwaltungsgerichtes zuzulassen, d. h. die Fälle des Erlöschens (§ 23) denen der Zurücknahme (§ 24) gleichzustellen, wie dies auch in der Abg.-H.-Kommission a. a. O., wenngleich ohne Erfolg, vorgeschlagen wurde. Denn die Fälle des Erlöschens beschränken sich auf die Überschreitung der konzessionsmäßig für die Ausführung der Bahn oder die Betriebseröffnung bestimmten Fristen. Hierin liegt nichts anderes als ein Verstoß gegen eine wesenliche Bedingung der Genehmigung. Solche Verstöße sind aber im § 24 generell mit der Zurücknahme der Genehmigung bedroht.

Es kann aber überhaupt de lege ferenda sehr zweifelhaft erscheinen, ob es angezeigt war, sowohl für die Fälle der Fristversäumnis (§ 23), wie der Verletzung der konzessionsmäßigen und gesetzlichen Pflichten (§ 24) die gänzliche Aufhebung der Genehmigung mit der Wirkung des vollständigen Zerfalls des Unternehmens eintreten zu lassen, und ob es im öffentlichen Interesse nicht richtiger und zweckmäßiger gewesen wäre, in den Fällen der §§ 23 und 24 der Behörde nach Analogie der §§ 21 und 47 des Eisenb.-Ges. von 1838 das Recht zu verleihen, vorerst die Zwangsversteigerung des Unternehmens im Ganzen für Rechnung des bisherigen Unternehmers mit dem Vorbehalte der Erteilung der Genehmigung an den Ersteher herbeizuführen (s. § 39 Bahneinheits-Ges. v. 11. Juni 1902). In der Kommission des Abg.-H. (Aktst. Nr. 206 S. 2287) waren entsprechende Anträge gestellt, jedoch nicht in Beratung gezogen worden, weil regierungsseitig eine gesetzliche Regelung der bezüglichen privatrechtlichen Verhältnisse der Eisenbahnen in Aussicht gestellt worden war (a. a. O. S. 2288). Indeß hat das Bahneinheits-Gesetz vom 19. August 1895 bezw. 11. Juni 1902 eine Regelung in der vorbezeichneten Weise nicht eintreten lassen.

Wird nach Maßgabe der §§ 23 bis 25 des Kleinbahn-Gesetzes das Erlöschen oder die Zurücknahme der Genehmigung ausgesprochen, so ist eine Zwangsverwaltung oder Zwangsversteigerung der Bahn als Ganzes an sich nicht mehr möglich (§ 20 Ges. v. 11. Juni 1902), so sehr die Erhaltung derselben auch im öffentlichen Interesse und im Interesse der beteiligten Gemeinden, Adjazenten, Anschlußinhaber 2c. liegen mag. Vielmehr kann nur eventuell noch eine Zwangsvollstreckung in die zur Bahneinheit gehörigen Gegenstände bezw. eine Zwangsliquidation zur abgesonderten Befriedigung der Bahnpfandgläubiger aus den einzelnen Bestandteilen der Bahneinheit eintreten (§ 37 Abs. 2 § 38 ff. l. c.). Zwar kann die Behörde nach Erlöschen oder Zurücknahme der Genehmigung nunmehr einem anderen Unternehmer die Genehmigung für ein gleiches Unternehmen erteilen. Aber dieser muß, wenn ihm der bisherige Unternehmer, die Wege-Unterhaltungspflichtigen (§§ 6, 26 Ges. v. 28. Juli 1892) oder die Bahnpfandgläubiger (§ 47 Bahneinh. Ges. v. 11. Juni 1902) die Bestandteile des alten Unternehmens nicht freiwillig überlassen, mit der Herstellung des Unternehmens zum Schaden der beteiligten öffentlichen und privaten Interessen von neuem beginnen, was der Natur der Sache nach mit erheblichen Unterbrechungen des Baues und Betriebes verknüpft ist.

Was nun zunächst § 28 anlangt, so regelt dieser Paragraph die Zulässigkeit und Voraussetzungen für die Erklärung des Erlöschens der Genehmigung und die Zuständigkeit der hierzu kompetenten Behörde. Im öffentlichen Interesse, wie im privaten Interesse der Anwohner 2c., pflegt in der Genehmigung und als Bedingung derselben gemäß § 11 Abs. 2 eine Frist für die Ausführung der Bahn und die Betriebseröffnung festgesetzt zu werden. Wo dies aber auch nicht geschieht, ist, wie dies in der Natur der Sache liegt und aus § 24 sich ergibt, die Ausführung der Bahn und die Betriebseröffnung in der erfahrungsmäßig dafür erforderlichen und angemessenen Zeit stillschweigende Bedingung der Genehmigung. Nur treten alsdann bei Verzug, d. h. bei grundloser Unterbrechung des Baues und Betriebes und damit auch der Fertigstellung und Betriebseröffnung nicht die Folgen des § 28, sondern die des § 24 ein. Sind Fristen in der Genehmigung festgesetzt, so wird in Verbindung damit gemäß § 11 Abs. 2 auch die Erlegung von Geldstrafen für die Nichtinnehaltung derselben nnd Sicherheitsstellung dafür bestimmt. Bei der Bedeutung der beteiligten Interessen erscheint aber die Auflage von Geldstrafen häufig nicht ausreichend, ist vielmehr in schwereren Fällen des Verzuges nach Lage der Sache eine empfindlichere Strafe geboten. Als solche bestimmt das Gesetz die Aufhebung der Genehmigung, welche zugleich die Möglichkeit schaffen soll, das Unternehmen einem anderen, leistungsfähigeren Unternehmer zu übertragen.

Voraussetzung ist hiernach, daß die Ausführung der Bahn oder die Eröffnung des Betriebes nicht innerhalb der in der Genehmigung bestimmten oder der — nachträglich — verlängerten Frist erfolgt. Liegt diese Voraussetzung vor, so kann die Aufsichtsbehörde durch Beschluß die Genehmigung für erloschen erklären. Es ist ganz in ihr Ermessen gestellt, freilich mit der Maßgabe, daß gegen den Beschluß dem Unternehmer die Rechtsmittel des § 52 zustehen.

§ 23 Entstehung. II. Durch die Entstehungsgeschichte wird die vorstehend erörterte Tendenz des § 28 bestätigt. Die Regierungsvorlage (§ 19) lautete (Herrenh.-Aktst. Nr. 34 S. 60): „Die Genehmigung erlischt, wenn die Ausführung der Bahn oder die Eröffnung des Betriebes nicht innerhalb der in der Genehmigung bestimmten oder nachträglich gestellten Frist erfolgt" und war, wie folgt, motiviert (a. a. O. S. 67): „Außer mit dem Ablauf der Genehmigungsfrist (§ 11) wird ein Erlöschen der Genehmigung auch dann vorzusehen sein, wenn die gestellten Fristen für die Eröffnung des Baues und des Betriebes nicht innegehalten werden, damit nicht das Entstehen anderer dem Verkehrsbedürfnis entsprechender Unternehmungen dieser Art verhindert wird."

In der I. Lesung des Abg.-Hauses (Sten. Ber. S. 1336) wurde darauf hingewiesen, daß in dem Erlöschen der Genehmigung ex lege — bei geringeren Verzögerungen oder unverschuldeten Zufällen — eine Härte liege und es sich empfehle, die Zurückweisung der Genehmigung in das Ermessen der Behörde zu stellen.

In der Kommission des Abg.-H. (Abg.-H. Aktst. Nr. 206 S. 2287) wurden die §§ 19 (23) und 20 (24) zusammen diskutiert. Es war dazu von einem Mitgliede der Antrag gestellt worden, die §§ 19 und 20 (23 u. 24) zusammenzuziehen und die Zurücknahme der Genehmigung nur in wesentlichen Fällen nach Entscheidung des Oberverwaltungsgerichts eintreten zu lassen.

Von einem anderen Mitgliede wurde der Antrag gestellt, den § 19 (23) wie folgt im Anfang zu fassen: „die Genehmigung kann durch Beschluß der die Genehmigung erteilenden Behörde für erloschen erklärt werden, wenn . . . ." und am Schlusse hinzuzusetzen: „Gegen diesen Beschluß steht das Recht der Beschwerde nach § 49 (52) zu."

Von dem Regierungsvertreter wurde zu dem ersten Antrag ausgeführt, daß der § 19 (23) sich von dem § 20 (24) insofern wesentlich unterscheide, als der § 19 (23) die Fälle in sich schließe, in welchen die Genehmigung bereits verwirkt sei. Hierüber könne eine bloß richterliche Entscheidung nicht zugelassen werden, vielmehr unterliege eine solche Beurteilung überwiegend nur dem administrativen Ermessen. Die Bestimmung des Verfalls der Genehmigung nach bestimmter Frist sei im Baurecht üblich, auch könne der Unternehmer wohl immer die Frist verlängern lassen. Indessen stehe dem nichts entgegen, daß die Behörde es fakultativ in der Hand behalten solle, zu erklären, ob die Genehmigung in der Tat erloschen sei oder nicht.

Nach diesen Erklärungen wurde von der Kommission die Streichung des § 19 (23) abgelehnt, ebenso die gestellten drei ersten Anträge, hingegen der erste Teil des letzterwähnten Antrags mit der Maßgabe, daß die Worte: „der die Genehmigung erteilenden Behörde" durch die Worte: „der Aufsichtsbehörde" ersetzt wurden, von der Kommission angenommen. Der zweite Teil des Antrags wurde als selbstverständlich abgelehnt. (Abg.-H. Aktst. Nr. 206 S. 2305).

In der II. Lesg. des Abg.-H. (Sten. Ber. S. 2002, 2003) stellte der Abg. Jerusalem den Antrag, statt der Worte: „nachträglich gestellten" die Worte „der verlängerten" zu setzen, indem er darauf hinwies, daß die Worte „nachträglich gestellten Frist" den Zweifel erregen könnten, als ob, wenn es ursprünglich unterlassen sei, eine Frist zu bestimmen, eine solche noch nachträglich gestellt werden könne.

Der Antrag wurde hierauf angenommen und § 19 ging in der abgeänderten Fassung als § 23 in das Gesetz über.

³³) § 23 legt der Aufsichtsbehörde die Befugnis bei, durch Beschluß die Genehmigung für erloschen zu erklären, wenn die für die Ausführung der Bahn oder die Betriebseröffnung in der Genehmigung bestimmte oder die verlängerte Frist nicht innegehalten wird. § 23. Einziger Absatz.

1. Voraussetzung dieser Befugnis der Aufsichtsbehörde ist die Verletzung einer Bedingung der Genehmigung. Ist die Genehmigung unter der Bedingung

erteilt worden, daß die Bahn in bestimmten Fristen ausgeführt und dem Betriebe eröffnet wird (§ 11 Abs. 2), so liegt ein Verstoß gegen diese Bedingung vor, wenn die Ausführung oder Eröffnung nicht in den bezeichneten Fristen erfolgt, und greift die Befugnis der Aufsichtsbehörde gemäß § 28 Platz. Sind in der Genehmigung derartige Fristen nicht ausdrücklich bestimmt, so ist damit nicht etwa der Willkür des Unternehmers in Betreff der Zeit der Ausführung und Eröffnung der Bahn freies Spiel gelassen, sondern er ist seiner Bau- und Betriebspflicht entsprechend verpflichtet, den Bau ordnungsmäßig in Angriff zu nehmen, in angemessener Zeit zu Ende zu führen und die Bahn dem Betriebe zu eröffnen. Tut er dies nicht, unterbricht er ohne genügenden Grund den Bau und bezw. Betrieb, so macht er sich der Verletzung der ihm gesetzlich obliegenden Pflichten schuldig und die zuständige Behörde ist befugt, gemäß § 24 gegen ihn zu verfahren. Voraussetzung der Befugnis der Aufsichtsbehörde ist die Überschreitung der Frist zur Ausführung der Bahn oder zur Eröffnung des Betriebes. Die Voraussetzung ist gegeben, gleichviel ob nur eine von beiden Fristen oder beide überschritten sind. Von welchem Zeitpunkte ab der Beginn der Fristen zu berechnen ist, ist bei § 11 Anm. 47 S. 183 ff. angegeben. (Erl. v. 29. Juni 1895, Min.-Bl. d. i. V. S. 176.) Verzeichnis Nr. 21. Es kommen jedoch nur die in der Genehmigung bestimmten Fristen oder die nachträglichen Verlängerungen der in der Genehmigung ursprünglich bestimmten Fristen in Betracht. Bei Überschreitung von Fristen, die nicht in der Genehmigung selbst bestimmt sind oder deren Verlängerung bilden, findet mithin § 28 keine Anwendung. Die hier bezeichneten, nachträglichen Verlängerungen der in der Genehmigung bestimmten Fristen sind stempelpflichtig (Stempelsteuergesetz vom 31. Juli 1895 Tarif Nr. 22 m Abs. 4).

§ 28 spricht zwar nur von der Ausführung der „Bahn". Nach der Absicht des Gesetzes ist damit aber wegen der gleichen Interessen nicht nur die ursprüngliche Bahn, sondern sind auch wesentliche Erweiterungen und Änderungen derselben gemeint.

Weiter aber ergibt sich hieraus die Frage, ob Fristüberschreitungen bei der Fertigstellung von Erweiterungen und Änderuugen der Aufsichtsbehörde die Befugnis geben, die Genehmigung nicht nur betreffs der Erweiterungen und Änderungen, sondern auch betreffs der ursprünglichen Bahn für erloschen zu erklären. Diese Frage ist — mangels ausdrücklicher Bestimmung hierüber in der Genehmigung — zu verneinen. Die Fristen sind an sich nur für die Ausführung der Erweiterungen ꝛc. gesetzt. Folglich kann die Fristüberschreitung auch nur das Erlöschen der Genehmigung für die Erweiterungen ꝛc. zur Folge haben.

Im übrigen genügt die bloße Tatsache der Fristüberschreitung. Auf den Grund der Überschreitung kommt es an sich nicht an (Verschulden des Unternehmers, Zufall, höhere Gewalt), wenngleich freilich der Grund der Fristüberschreitung auf die Entschließung der Behörde von wesentlichem Einflusse sein wird.

2. Liegt die vorerörterte Voraussetzung der Fristüberschreitung tatsächlich vor, so kann durch Beschluß der Aufsichtsbehörde die Genehmigung für erloschen erklärt werden (vgl. K. Hilse, D. Straßen- u. Kleinb.-Zeitung 1898 S. 75).

a) Zuständig zur Erlöschungserklärung ist die Aufsichtsbehörde, d. h. die im § 22 Satz 1 bezeichnete Behörde (Anm. 80 S. 279) und zwar auch bei den für den Betrieb mit Maschinenkraft eingerichteten Bahnen, da es sich hier um eine nicht eisenbahntechnische Frage handelt (S. 280), s. auch Zeitschr. f. Kleinb. X. 1908. S. 877.

b) Für die Erlöschungserklärung ist die Form des Beschlusses vorgeschrieben. Der Beschluß kann durch bezügliche Anträge der Interessenten (Adjazenten, Gemeinden ꝛc.) angeregt werden, aber auch von Amtswegen erfolgen.

c) Die Aufsichtsbehörde ist im Falle der Fristüberschreitung befugt, aber nicht verpflichtet, die Genehmigung für erloschen zu erklären. Der Beschluß ist, um nach der Begründung in geringfügigen Fällen Härten zu vermeiden, in ihr freies Ermessen gestellt. Aus dieser Begründung ergibt sich für die Beschlußbehörde die Direktive, nur in schweren Fällen der Überschreitung, wie bei grobem Verschulden des Unternehmers, wiederholter fruchtloser Ermahnung und Verlängerung der Frist, grundlosen Unterbrechungen des Baues, dringenden öffentlichen Interessen ꝛc. zu dem Beschlusse der Erlöschungserklärung zu schreiten. Es tritt hinzu, daß die Betriebseröffnung ein von der Erlaubnis der genehmigenden Behörde abhängiger Akt ist (§ 11 Anm. 47 S. 184), mithin die Überschreitung der Frist unter Umständen auf einem Verzuge der Behörde, nicht des Unternehmers beruhen kann. Für leichtere Fälle steht der Behörde die Auflage der in der Genehmigung gemäß § 11 Abs. 2 bestimmten Geldstrafen zu. Ferner ist sie befugt, die in den §§ 132ff. des Allgem. Land.-Verwalt.-Ges. vorgesehenen administrativen Zwangsmaßregeln in Anwendung zu bringen. Wird die Erlöschungserklärung beschlossen, so wird in Betreff der nach § 11 Abs. 2 u. 3 in der Genehmigung vorgesehenen Geldstrafen gemäß § 27 verfahren.

Jedenfalls ist aber daran festzuhalten, daß das Erlöschen der Genehmigung keine absolute Konsequenz der Fristüberschreitung ist, sondern von der freien Entschließung der Aufsichtsbehörde abhängt. Weil aber der Verlust der einmal erteilten Genehmigung nicht die unmittelbare und notwendige Rechtsfolge einer Versäumnis der Baufrist, der Betriebseinstellung ꝛc. ist, sondern in jedem Falle von einer Entschließung der Aufsichtsbehörde bezw. von dem Ausgange eines Verwaltungsstreitverfahrens abhängen soll, so ist es unzulässig, bei Erteilung der Genehmigung ihren Fortbestand an die Innehaltung der Baufristen ꝛc. als an eine Resolutivbedingung zu knüpfen. (Erl. d. Min. d. öff. Arb. v. 29. Juni 1898, III. 13268, IV. 3506.)

d) Gegen den Beschluß der Aufsichtsbehörde stehen dem Unternehmer die Rechtsmittel gemäß § 52 zu. Daher muß der Beschluß motiviert und dem Unternehmer zugestellt werden. Anderen Interessenten z. B. den Anwohnern, Gemeinden ꝛc. sind diese Rechtsmittel nicht gegeben. Die Annahme Gleims (Anm. 1 zum § 54), daß nur die Beschwerde an den Minister der öffentl. Arb. gemäß § 52 gegen den Beschluß zustehe, ist nicht zutreffend. Diese Beschwerde ist in denjenigen Fällen gegeben, wo bei dem Beschlusse eine Eisenbahnbehörde mitgewirkt hat (§ 52 Satz 1), im Übrigen finden die Rechtsmittel der §§ 127—130 des Ges. v. 30./7. 1883 Anwendung (§ 52 Satz 2).

e) Das Erlöschen der Genehmigung — d. h. der rechtskräftige Beschluß der Erlöschungserklärung — ist nach der Ausf.-Anw. zum § 23 von der aufsichtführenden Behörde im Regierungs-Amtsblatt bekannt zu machen. Berührt das Unternehmen mehrere Regierungsbezirke, so muß die Bekanntmachung in den Regierungs-Amtsblättern sämtlicher beteiligten Bezirke erfolgen.

f) Die Rechtswirkung des Erlöschens der Genehmigung besteht — abgesehen von den in den §§ 26 und 27 vorgesehenen Folgen — darin, daß die Genehmigung einem anderen Unternehmer für ein neues Unternehmen auf den Strecken des alten Unternehmens erteilt werden kann. Sind für das alte Unternehmen öffentliche Wege benutzt worden, so haben die Unterhaltungspflichtigen an diesem die im § 26 bezeichneten Rechte. Ein Recht auf Erwerb der Bahn im Ganzen im Falle eines gemäß § 6 Abs. 3 gemachten Vorbehalts hat aber der Unterhaltungspflichtige nicht, weil ein solcher Vorbehalt sich nur auf die fertiggestellte Bahn nach Ablauf einer bestimmten Betriebsfrist bezieht, hier aber das Unternehmen noch nicht ausgeführt und in Betrieb gesetzt ist. Mit dem Erlöschen der Genehmigung hört die Bahneinheit, welche die Bahn gemäß § 1 des Gesetzes über die Bahneinheiten vom 11. Juni 1902 G.-S. S. 215 Nr. 33 bildet, auf (§ 3 Abs. 1) und treten alle Folgen ein, welche das gen. Gesetz an das Aufhören der Bahneinheit knüpft (§§ 5, 19, § 37 Abs. 2, § 38). Ist jedoch die Bahn in das Grundbuch eingetragen — was auf Antrag des Eigentümers geschehen kann, sobald die Genehmigung für das Bahnunternehmen erteilt ist (§ 8 l. c.), — so hört die Bahneinheit nicht mit dem Erlöschen der Genehmigung auf, sondern bleibt bis zur Schließung des Grundbuchblattes fortbestehen (§ 3 Abs. 1 Satz 2 l. c.). Es bleiben also bis zu diesem Zeitpunkte noch alle die Rechtsverhältnisse, insbesondere in Bezug auf die Bahn-Pfandschulden, bestehen, welche mit dem Bestande der Bahneinheit verbunden sind. Doch hat, wenn auch die Bahneinheit wegen der eingetragenen Bahn-Pfandschulden nach Erlöschen der Genehmigung noch fortbesteht, das Erlöschen erhebliche rechtliche Wirkungen. (§ 4 Abs. 3, § 19, § 37 Abs. 2 §§ 38, 46.) Gleichviel aber ob nach Erlöschen der Genehmigung die Bahneinheit aufhört oder fortbesteht, die Rechte des Unterhaltungspflichtigen (§ 26 Kleinb.-Ges.) werden dadurch mit Rücksicht auf die Bestimmung des § 2 Abs. 2 des Gesetzes über die Bahneinheiten vom 11. Juni 1902 nicht berührt.

§ 24.[84])

Die Genehmigung kann zurückgenommen werden, wenn der Bau oder Betrieb ohne genügenden Grund unterbrochen oder wiederholt gegen die Bedingungen der Genehmigung oder die dem Unternehmer nach diesem Gesetze obliegenden Verpflichtungen in wesentlicher Beziehung verstoßen wird.[85])

Ausführungsanweisung vom 13. August 1898.

Zu §§ 23/24.

Das Erlöschen und die Zurücknahme einer Genehmigung ist von der aufsichtführenden Behörde in dem Regierungs-Amtsblatt bekannt zu machen.

§ 24. [84]) Prinzip und Entstehungsgeschichte des § 24.

Prinzip. I. Prinzip. § 24 regelt im Anschluß an § 23 die Zulässigkeit und die Voraussetzungen für die Zurücknahme der Genehmigung, während die Zuständigkeit der hierzu kompetenten Behörden im § 25 normiert ist.

Da nach § 1 Kleinbahnen begrifflich dem öffentlichen Verkehre dienende Bahnen sind, so legt der Natur der Sache nach die Genehmigung einer Kleinbahn (§ 2) in gleicher Weise, wie die Konzession einer Haupt- oder Nebenbahn (§ 1 Ges. vom 3. November 1838), dem Unternehmer im öffentlichen Interesse, wie im

Interesse der beteiligten Gemeinden, Anwohner ꝛc. die **Verpflichtung** zum Bau und Betriebe der genehmigten Bahn, ipsa lege auf (s. die ausführliche Begründung § 11 Anm. 44, 47 S. 179 ff., 183). Die Annahme, daß es hierzu einer besonderen Auflage in der Genehmigung bedürfe, findet nirgends im Gesetze einen Anhalt, und ist unbegründet. Die **Bau- und Betriebspflicht** ist ein notwendiges **Korrelat** der dem Unternehmer durch das Gesetz und die Genehmigung gewährten **Vorrechte**, wie der Benutzung öffentlicher Wege ꝛc. Man vergegenwärtige sich die Lage der Anwohner, der Gemeinden, der Postverwaltung ꝛc., wenn es mangels besonderer Auflage in der Genehmigung im **Belieben** des Unternehmers stehen sollte, den Betrieb ganz oder zeitweilig einzustellen, wieder aufzunehmen und zu unterbrechen! Wenn daher in einem späteren Gesetze über die Bahneinheiten (Pfandrecht an Privateisenbahnen und Kleinbahnen vom 19. August 1895 § 1) von Kleinbahnen gesprochen ist, deren Unternehmer **verpflichtet** sind, für die Dauer der Genehmigung das Unternehmen zu betreiben, so beruht dies auf einer unzutreffenden Auffassung der dem Unternehmer durch das Ges. v. 28. August 1892 zugewiesenen Rechtsstellung. Vielmehr sind **ausnahmslos alle** Unternehmer von Kleinbahnen auf Grund der ihnen erteilten Genehmigung **bau- und betriebspflichtig**.

Geht man davon aus, daß der Kleinbahnunternehmer auf Grund der erteilten Genehmigung zum Bau und Betriebe der Kleinbahn in allen Fällen und **auch ohne besondere Auflage**, Frist- und Strafbestimmungen in der Genehmigung **verpflichtet** ist, so folgt daraus, daß er öffentlichrechtlich verantwortlich ist, wenn er den Bau oder Betrieb ohne genügenden Grund unterbricht oder gegen die Bedingungen der Genehmigung oder die ihm nach dem Kleinb.-Ges. obliegenden Verpflichtungen verstößt. **Gleim** hat die in der 2. Aufl. seines Kommentars (§ 24 Anm. 1 S. 104) ausgesprochene Annnahme, daß sich § 24 nur auf solche Kleinbahnen beziehe, deren Bau und Betrieb dem Unternehmer ausdrücklich zur Pflicht gemacht sei, in der 3. Aufl. (§ 24 Anm 1 S. 148, 149) als irrig zurückgenommen und sich der bereits in der 1. Aufl. des vorliegenden Kommentars vertretenen Ansicht nunmehr angeschlossen, daß § 24 **ausnahmslos auf alle Kleinbahnen** Anwendung findet, **ohne Rücksicht darauf, ob ihnen die Bau- und Betriebspflicht** besonders **auferlegt ist**. Ist dies aber der Fall, und kann die Genehmigung allen Kleinbahnen, also auch denjenigen, welchen die Bau- und Betriebspflicht nicht ausdrücklich auferlegt ist, bei ohne genügenden Grund erfolgter **Unterbrechung** des Baues und Betriebes ꝛc. entzogen werden, so ergibt sich daraus folgerichtig, daß allen Kleinbahnen die Bau- und Betriebspsicht auf Grund der erteilten Genehmigung ex lege obliegt. Denn wäre ein Teil der Kleinbahnen zum Bau und Betriebe nicht verpflichtet, dann würde in der Unterbrechung keine Verletzung ihrer Bau- und Betriebspflicht liegen und daher auch die Strafe der Zurücknahme der Genehmigung über dieselben nicht verhängt werden dürfen. Es ist nicht verständlich, wie **Gleim** sich dieser Folgerung verschließen kann, und ebensowenig seine Bemerkung (S. 150), „Bau und Betrieb seien für diese Fälle (?) nicht in obligatione, sondern nur **in** conditione.“ Dem stehen die §§ 2 ff., 13 des Gesetzes durchaus entgegen. Die Aufsichtsbehörde ist hiernach befugt, alle Kleinbahnen ausnahmslos mit den ihr zur Verfügung stehenden administrativen Zwangsmitteln (§§ 132 ff. Land.-Verw. Ges. vom 30. Juli 1883) zur ununterbrochenen Ausführung des Baues und Führung des Betriebes, sowie zur Beobachtung der in der Genehmigung und im Gesetze ihnen auferlegten Verpflichtungen anzuhalten. Hierzu gehört auch im Falle der

Betriebseinstellung oder Betriebsunterbrechung die Bestellung eines Sequesters zur Fortführung des Betriebs, und zwar steht die Bestellung eines solchen und die Ausstattung desselben mit Direktiven für die Verwaltung auch dann der Aufsichtsbehörde zu, wenn die Zwangsverwaltung einer Bahn auf Grund privatrechtlicher Ansprüche vom Gerichte eingeleitet ist. (§ 40 des Ges. über das Pfandrecht an Privateisenbahnen ꝛc. v. 19. August 1895 G.-S. S. 499. Vergl. Gleim a. a. O. Anm. 2 S. 150.)

Es wurde jedoch erwogen, daß in besonders schweren Fällen, bei unbegründeten Unterbrechungen des Baues oder Betriebes oder wiederholten wesentlichen Verstößen gegen die Bedingungen der Genehmigung und Verpflichtungen des Gesetzes die gewöhnlichen administrativen Zwangsmittel oder die in der Genehmigung etwa vorgesehenen Geldstrafen nicht ausreichen, und daß in solchen Fällen im öffentlichen Interesse Raum geschaffen werden müsse für andere geeignetere und willigere Unternehmer. Es erschien daher angezeigt, in Fällen dieser Art die Zurücknahme der erteilten Genehmigung für gesetzlich zulässig zu erklären, diese Maßnahme aber mit Rücksicht auf die Schwere der für den Unternehmer dadurch entstehenden Folgen und die Bedeutung der in Mitleidenschaft gezogenen materiellen Interessen nicht in das bloße administrative Ermessen der Aufsichtsbehörde zu legen, sondern mit der Garantie des Verwaltungsstreitverfahrens und der Entscheidung des obersten Verwaltungsgerichtshofes zu umgeben.

§ 24 Entstehung. II. Die Entstehungsgeschichte des § 24 läßt erkennen, daß die vorerörterten Erwägungen die für die Aufnahme desselben in das Gesetz leitenden waren:

Die Regierungsvorlage, welcher die Worte in „wesentlicher Beziehung" fehlten (Herrenh. Akst. Nr. 84 S. 60) begründete (a. a. O. S. 67, 68) diese Bestimmung in folgender Weise: „Wenn den beteiligten staatlichen Behörden auch die Befugnis beiwohnt, die Innehaltung der vorgeschriebenen Bedingungen für den Bau und den Betrieb unter Anwendung der gesetzlichen Zwangsmittel zu erzwingen, so empfiehlt es sich doch im Interesse des öffentlichen Verkehrs und der Befriedigung der Bedürfnisse desselben, für besonders schwere Fälle der Verfehlung gegen die behördlichen Anordnungen oder bei behördlichen Anordnungen oder bei Unterbrechungen im Bau und Betrieb die Möglichkeit einer Entziehung der Genehmigung zu gewähren, um Raum für geeignetere Unternehmungen zu schaffen. Der Bedeutung der in diesem Falle in Mitleidenschaft gezogenen materiellen Interessen entspricht es, daß die Entscheidung in das mit allen Garantien sachlich zutreffender Rechtsprechung ausgerüstete Verwaltungsstreitverfahren gelegt und der oberste Verwaltungsgerichtshof zur Entscheidung berufen ist. Von dem Widerruf im Sinne des § 11 unterscheidet sich die Zurücknahme auf Grund des § 20 begrifflich darin, daß, während jene wesentliche Veränderungen in der Natur des Unternehmens im Vergleich zu den Grundlagen der Genehmigung voraussetzt, die Zurücknahme Verstöße gegen die Genehmigung oder die auf Grund derselben erteilten Anordnungen der Behörde zur Ursache hat."

In der I. Lesung und wiederholt in der II. Lesung des Abg.-H. (Abg.-H. Sten. Ber. S. 1336, 2008) wies der Abg. v. Strombeck darauf hin, daß in den Motiven ausgesprochen sei, daß nur in sehr wichtigen Fällen die Zurücknahme erfolgen solle. Was in den Motiven stehe, erlange aber nicht Gesetzeskraft und im Gesetze sei nicht gesagt, daß es sich jedenfalls um wesentliche Verstöße handeln müsse.

In der II. Lesung des Abg.-H. (Sten. Ber. Abg.-H. S. 2008) wurde hierauf der Antrag der Einschaltung der Worte „in wesentlicher Beziehung“ angenommen, und der so ergänzte § 20 ging als § 24 in das Gesetz über.

§ 24 Einziger Absatz.

85) § 24 erklärt die Zurücknahme der Genehmigung für zulässig, wenn der Bau oder Betrieb ohne genügenden Grund unterbrochen oder wiederholt gegen die Bedingungen der Genehmigung oder die dem Unternehmer nach diesem Gesetze obliegenden Verpflichtungen in wesentlicher Beziehung verstoßen wird. (Vgl. K. Hilse, d. Straßen- u. Kleinb.-Zeitg. 1898 S. 75 ff.) § 24 gibt nur dem Grundsatze Ausdruck, daß die Genehmigung zurückgenommen werden kann, und bestimmt die Voraussetzungen für die Zulässigkeit der Zurücknahme, während die Zuständigkeit der hierzu kompetenten Behörden im § 25 geregelt ist. Der wesentliche Unterschied der Fälle des § 23 und 24 liegt (Anm. 82 S. 318 ff.) in der Verschiedenheit der zur Entscheidung kompetenten Behörden: im § 23 die Aufsichtsbehörde mit den Rechtsmitteln des § 52 — im § 24 das Oberverwaltungsgericht auf Klage der Aufsichtsbehörde. Denn die Rechtsfolgen — § 23: Erlöschen, § 24: Zurücknahme der Genehmigung, — sind nur im Ausdrucke, nicht in der Sache verschieden.

1. Die Voraussetzungen für die Zulässigkeit der Zurücknahme der Genehmigung gemäß § 24 sind in zwei Kategorien geteilt, nämlich a) Unterbrechung des Baues oder Betriebes ohne genügenden Grund, b) wiederholter Verstoß gegen die Bedingungen der Genehmigung oder die dem Urternehmer nach dem Kleinbahngesetz obliegenden Verpflichtungen in wesentlicher Beziehung. Wie an früherer Stelle (§ 11 Anm. 44, 47 S. 179 ff., 183) bereits begründet, liegt dem Unternehmer ausnahmslos und in allen Fällen die Pflicht zum Bau und Betriebe auf Grund der erteilten Genehmigung gesetzlich ob, gleichviel ob diese Pflicht in der Genehmigung zum besonderen Ausdruck gebracht ist oder nicht. In der Unterbrechung des Baues oder Betriebes (a) liegt also ein Verstoß des Unternehmers gegen die ihm gesetzlich obliegende Bau- und Betriebspflicht, so daß an sich der Fall unter a bereits in der allgemeinen Bestimmung unter b inbegriffen ist. Wenn dennoch unter a der Fall der Unterbrechung des Baues oder Betriebes besonders hervorgehoben und von den übrigen Fällen der Verletzung der gesetzlichen Pflichten (b) getrennt ist, so liegt der Grund, wie der Wortlaut klar ergibt, darin, daß in diesem besonderen Fall der Pflichtverletzung die Zulässigkeit der Zurücknahme der Genehmigung an wesentlich andere Bedingungen geknüpft ist, wie in den übrigen Fällen. Während bei diesen erforderlich ist, daß der Verstoß gegen die gesetzlichen Verpflichtungen oder Genehmigungsbedingungen wiederholt und in wesentlicher Beziehung erfolgt ist, genügt im Falle der Verletzung der Bau- oder Betriebspflicht die einmalige Unterbrechung. Andererseits kann im letzteren Falle nur die Unterbrechung ohne genügenden Grund die in § 24 angedrohte Folge nach sich ziehen, während es in den ersteren Fällen auf den Grund des Verstoßes nicht ankommt.

a) Die eine Voraussetzung ist: „daß der Bau oder Betrieb ohne genügenden Grund unterbrochen wird.“ Aus den Verhandlungen geht hervor, daß nicht jede, wenn auch noch so geringfügige Unterbrechung, die schwere Folge der Zurücknahme der Genehmigung nach sich ziehen soll, sondern daß es sich nur um Unterbrechungen handeln kann, welche durch erhebliche Dauer und bedeutenderen Umfang die durch den Bau und Betrieb der Bahn bedingten öffentlichen und wirtschaftlichen Interessen wesentlich zu schädigen geeignet sind. Für geringere Unterbrechungen ist der Aufsichtsbehörde die Anwendnng der administrativen Zwangsmittel und der in der Genehmigung vorgesehenen Geldstrafen gegeben. Das Gesetz hat von der Angabe bestimmter Fristen Abstand genommen, lediglich die Umstände des einzelnen Falles sind entscheidend. Es genügt eine einmalige Unterbrechung. Doch muß sie „ohne genügenden Grund“ erfolgt, d. h. durch ein vom Unternehmer nicht verschuldetes Ereignis herbeigeführt und dieses geeignet sein, die Unterbrechung und ihre Dauer zu begründen. Andernfalls ist die Anwendung des § 24 gerechtfertigt.

b) Die andere Voraussetzung ist, daß „wiederholt gegen die Bedingungen der Genehmigung oder die dem Unternehmer nach diesem Gesetze obliegenden Verpflichtungen in wesentlicher Beziehung verstoßen wird.“ Hierher gehören ausnahmslos alle übrigen Verletzungen der Genehmigungsbedingungen oder Verpflichtungen aus dem Kleinbahngesetz. Aber abweichend von der bereits unter a erörterten Voraussetzung genügt nicht eine einmalige Verletzung, sondern ist ein wiederholter Verstoß gegen die Genehmigungsbedingungen oder gesetzlichen Verpflichtungen erforderlich, nm die Anwendung des § 24 zu begründen. Die Wiederholung braucht sich aber nicht auf die nämliche Bedingung oder Verpflichtung zu beziehen. Wo immer ein Unternehmer mehrfach einen Verstoß begangen hat, unterliegt er dem § 24. Es tritt aber ferner noch hinzu, daß es Verstöße „in wesentlicher Beziehung“ sein müssen. In den Motiven der Reg.=Vorl. ist hervorgehoben, daß nur „für besonders schwere Fälle der Verfehlung“ die Möglichkeit einer Entziehung der Genehmigung durch § 24 gewährt werden soll. Im Entwurfe selbst war dies nicht ausgesprochen. Vom Abg.=H. wurde jedoch der Zusatz „in wesentlicher Beziehung“ beschlossen. Diese Vorgänge lassen keinen Zweifel darüber, daß nach der Absicht des Gesetzes die Worte „in wesentlicher Beziehung“ auf besonders schwere, die mit dem Bau und Betriebe der Kleinbahn verknüpften Verkehrsinteressen in hohem Grade schädigende Verstöße hindeuten. Für geringe und mäßige Verstöße, auch wenn sie häufiger vorkommen, sollen die gewöhnlichen administrativen Zwangsmittel ausreichen. Dahin werden in erster Reihe Verstöße gegen die Sicherheitsvorschriften gehören, welche Transportgefährdungen zur Folge haben, ferner gegen die im Interesse der Landesverteidigung gegebenen Vorschriften, aber auch gegen wichtige Verkehrsvorschriften, z. B. Weigerung, Anschlüsse zu gewähren, Nichtveröffentlichung der Fahrpläne und Preise, Begünstigung einzelner Absender (Refaktien) u. s. w.

Privatrechtlich begründen die unter die Überwachung der Staatsbehörden gestellten Genehmigungsbedingungen (§ 22 Kleinb.=Ges.) eine Zwangspflicht im Sinne des § 9 A.=L.=R. I 6. Die Vernachlässigung derselben kann somit die Grundlage eines Schadensersatzanspruches nach den Grundsätzen des Landr. I 6 bilden.

Reichsger. 6. Ziv.=Sen. 26. Januar 1899. Entsch. i. Ziv. Bd. 43 S. 256 Eisenb.Entsch. XV S. 350.

Zur Substantiierung eines zivilrechtlichen Schadensersatzanspruches ist also weder ein wiederholter Verstoß, noch ein Verstoß in wesentlicher Beziehung erforderlich.

2. Liegt eine der Voraussetzungen des § 24 vor, so „kann die Genehmigung zurückgenommen werden.“ Auch hier ist, wie in § 23, nicht die Aufhebung der Genehmigung als unbedingte und notwendige Rechtsfolge ausgesprochen, sondern nur die Zulässigkeit der Zurücknahme, über deren Eintritt im

einzelnen Falle nach Lage der Sache zu entscheiden ist. Auch hier ist es daher unzulässig, bei Erteilung der Genehmigung ihren Fortbestand an die Erfüllung der Bau- nnd Betriebspflicht, der Genehmigungsbedingungen und gesetzlichen Verpflichtungen als an eine Resolutivbedingung zu knüpfen (Erl. v. 29. Juni 1893 III 13263, IV 8506). Selbst wenn eine der im § 24 angegebenen Voraussetzungen vorliegt, ist die entscheidende Instanz weder genötigt noch verpflichtet, die Zurücknahme der Genehmigung auszusprechen. Der von den Motiven angeführte Grund: „um Raum für geeignetere Unternehmungen zu schaffen", wird bei der Entschließung zwar wesentlich ins Gewicht fallen, aber allein kann er doch nicht maßgebend sein. Auch wenn sich andere Unternehmer nicht bieten, wird die Zurücknahme der Genehmigung erfolgen müssen, wenn die entscheidende Behörde aus den schweren Verstößen des Unternehmers die Überzeugung gewinnt, daß er zur Fortführung des Unternehmens ungeeignet sei und aus derselben Gefahr für die Sicherheit des Betriebes und die öffentlichen Interessen notwendig erwachsen müsse. Abweichend von § 23 entscheidet in den Fällen des § 24 nicht die Aufsichtsbehörde, sondern auf Klage der Aufsichtsbehörde das Oberverwaltungsgericht (§ 25).

3. Die Zurücknahme der Genehmiguug muß nach d. Ausf.-Anw. zu den §§ 23, 24 von der aufsichtführenden Behörde in dem Regierungs-Amtsblatt öffentlich bekannt gemacht werden. Berührt die Bahn mehrere Regierungsbezirke, so bedarf es der Bekanntmachung in den Regierungsamtsblättern sämtlicher beteiligten Bezirke.

4. Die Rechtswirkungen der Zurücknahme der Genehmigung aus § 24 sind dieselben, wie die des Erlöschens der Genehmigung aus § 23, namentlich auch in Bezug auf das Pfandrecht (Ges v. 19. August 1895). Es wird daher auf die bezüglichen Erörterungen in Anm. 83 S. 287 ff. verwiesen.

§ 25.[86])

Über die Zurücknahme entscheidet auf Klage der zur Erteilung der Genehmigung zuständigen Behörde das Oberverwaltungsgericht.[87])

[86]) Prinzip und Entstehungsgeschichte des § 25. § 25

I. Prinzip. Während in den Fällen des § 23 die Aufsichtsbehörde — vorbehaltlich der Rechtsmittel des § 52 — über das Erlöschen der Genehmigung zu entscheiden hat, ist für die Fälle des § 24 der Aufsichtsbehörde im § 25 nur die Befugnis gegeben, die Klage auf Zurücknahme der Genehmigung beim Oberverwaltungsgericht zu erheben und dieses als die allein entscheidende Instanz hingestellt. Zuständig zur Klageerhebung ist die zur Erteilung der Genehmigung zuständige Behörde d. i., wenngleich der Wortlaut nicht ganz klar ist, die Aufsichtsbehörde (§ 22) s. Anm. 87, S. 295; diese kann die Klage erheben, aber auch unterlassen. Geschieht letzteres, so ist das Oberverwaltungsgericht nicht kompetent, aus eigener Initiative die Entscheidung zu treffen; es kommt hierzu mangels einer Klage nicht in die Lage. Klagt dagegen die Aufsichtsbehörde auf Zurücknahme, so hat das Oberverwaltungsgericht das verwaltungsgerichtliche Streitverfahren einzuleiten und darnach zu entscheiden. Prinzip.

Es kann hierbei die Frage entstehen, wie der Bau bezw. Betrieb der Bahn während des Streitverfahrens und nach Beendigung desselben geregelt werden soll. Die Vorschläge, welche in dieser Hinsicht in den Beratungen der Abg.=H.=Komm. gemacht wurden, fanden sämtlich keine Billigung. Es sind folgende Fälle zu unterscheiden: 1) während des Streitverfahrens und bis zur rechtskräftigen Entscheidung hat der Unternehmer den Bau und Betrieb ordnungsmäßig fortzusetzen. Unterläßt er dies, so kann ihn die Aufsichtsbehörde durch die administrativen Zwangsmittel des Land.=Verw.=Ges. — Geldstrafen oder Fortführung durch einen Dritten (Sequester) auf Kosten des Unternehmers — zur Fortsetzung veranlassen und eventuell wegen der entstandenen Kosten die Zwangsvollstreckung herbeiführen. 2) Ist durch die Entscheidung die Klage auf Zurücknahme der Genehmigung zurückgewiesen, so findet das gleiche Verfahren statt. 3) Ist aber durch die Entscheidung die Zurücknahme der Genehmigung ausgesprochen, so treten die in dem Gesetze über die Bahneinheiten (Pfandrecht an Privateisenbahnen und Kleinbahnen vom 19. Aug. 1895) für diesen Fall vorgesehenen Folgen ein (s. Anm. 83 sub. f. S. 287.)

§ 25 Entstehung. Aus der Entstehungsgeschichte des § 25 ist für die Erklärung desselben folgendes zu entnehmen.

In den — mit § 20 verbundenen — Motiven (a. a. O. S. 67) der mit § 25 des Gesetzes gleichlautenden Regierungsvertrage (Aktst. d. Herrenh. Nr. 34 S. 60 wird darauf hingewiesen, daß es der Bedeutung der in diesem Falle (§ 24) in Mitleidenschaft gezogenen materiellen Interessen entspreche, daß die Entscheidung in das mit allen Garantien sachlich zutreffender Rechtsprechung ausgerüstete Verwaltungsstreitverfahren gelegt und der oberste Verwaltungsgerichtshofs zur Entscheidung berufen sei.

In der Kommission des Abg.=H. (Aktst. Nr. 206 S. 2287) führte ein Mitglied aus: In dem Gesetze sei nicht zum Ausdruck gebracht, wie die Verhältnisse sich regelten, wenn die Genehmigung des ursprünglichen Unternehmers für erloschen erklärt oder zurückgenommen worden sei und ein anderer Konzessionar das Unternehmen übernehmen wolle, und stellte den Antrag: „Zum § 21 (25) folgenden Absatz zuzusetzen: „Während des schwebenden Rechtsstreites kann durch einen Beschluß des Gerichts die Fortsetzung des Betriebes durch einen Sequester auf Antrag der Parteien angeordnet werden."

Der Regierungskommissar erwiederte hierauf, daß die mit der Staatsaufsicht über die hier in Rede stehenden Bahnen betrauten Behörden auch ohne Einsetzung eines Sequesters in der Lage wären, die Fortführung des Betriebes für die Dauer des Verfahrens vor dem Oberverwaltungsgericht zu sichern, denn diesen stehe neben der Befugnis, Geldstrafen zu verhängen, nach dem Landesverwaltungsgesetze auch das Recht zu, ihre Anordnungen bezüglich Fortführung des Betriebes durch einen Dritten auf Kosten des Unternehmers durchführen lassen. Sonach lasse sich das, was durch die Einsetzung eines Sequesters bezweckt werde, bereits auf Grund allgemeiner Gesetzesvorschriften erreichen, da hierzu das bestehende Recht ausreiche.

Die Kommission lehnte hierauf den Antrag ab. Von der Beratung weiterer bezüglicher Anträge wurde Abstand genommen, nachdem regierungsseitig erklärt worden war, daß die gesetzliche Regelung der privatrechtlichen Verhältnisse dieser Bahnen und anderer, schwieriger mit den Anträgen in Verbindung stehender Fragen bereits der Erwägung unterliege. (Abg.=H.=Aktst. Nr. 206 S. 2287, 2288. Hierauf wurde der Paragraph in der Form der Reg.=Vorl. — jedoch unter Fortfall der Parenthese (§ 2) — angenommen und ging so in das Gesetz als § 25 über.

87) Während in den Fällen des § 23 über das Erlöschen der Genehmigung die Aufsichtsbehörde beschließt, entscheidet in den Fällen des § 24 gemäß der Bestimmung des § 25 das Oberverwaltungsgericht, und zwar in allen im § 24 angeführten Fällen. § 25 Einziger Absatz.

Die Entscheidung des Oberverwaltungsgerichts über die Zurücknahme der Genehmigung erfolgt auf Klage der zur Erteilung der Genehmigung zuständigen Behörde. Die Behörde ist nicht bestimmt genug bezeichnet. Die Regierungsvorlage § 21 enthielt die Parenthese „(§ 2)", so daß ursprünglich jedenfalls die Absicht vorlag, die Genehmigungsbehörde für zuständig zur Klageerhebung zu erklären. Auch in den Beratungen der Abg.-H.-Kommission ist diese Parenthese nicht bemängelt und erst bei Redaktion der Kommissionsbeschlüsse ohne weitere Begründung in Fortfall gebracht worden. Aber dadurch ist die Behörde nicht korrekt bezeichnet. Lag es in der Absicht, an die Stelle der Genehmigungsbehörde (§ 8) die Aufsichtsbehörde (§ 22) zu setzen, so hätte man entweder, wie im § 23, ausdrücklich die „Aufsichtsbehörde" oder nach dem Wortlaute des § 22 „die für die Genehmigung jeweilig zuständige Behörde" sagen müssen. Gerade die Verschiedenheit der Bezeichnung in den §§ 23 und 25 legt die Annahme nahe, daß im § 25 eine andere Behörde gemeint sein könne, als im § 23 bezw. § 22. Aber trotz der zweifelhaften und inkorrekten Fassung erscheint nach der Tendenz des Gesetzes die Ansicht gerechtfertigt, daß auch hier, wie im § 23, die Aufsichtsbehörde d. i. die jeweilig zur Genehmigung zuständige Behörde gemäß § 22 kompetent ist; bei Bahnen mit Maschinenbetrieb die im § 8 Abs. 1 Nr. 1 und Abs. 2 bezeichneten Behörden, nicht die Eisenbahnbehörde allein, auch wenn es sich um Verstöße in rein eisenbahntechnischer Hinsicht handeln sollte, da die Klageerhebung kein Akt bloß eisenbahntechnischer Natur ist.

Der Aufsichtsbehörde steht nicht, wie in den Fällen des § 23, die Beschlußfassung über die Aufhebung der Genehmigung selbst zu, sondern sie ist lediglich zur Erhebung der Klage gegen den schuldigen Unternehmer beim Oberverwaltungsgericht zuständig. Sie ist aber hierzu formell ausschließlich zuständig (aktiv legitimiert). Die Klage darf von keiner anderen Behörde, noch von irgend einem Dritten erhoben werden, auch ist die Aufsichtsbehörde nicht befugt, das Klagerecht einer andern Behörde zu delegieren. Ebensowenig ist das Oberverwaltungsgericht zuständig, ohne vorgängige Klage der Aufsichtsbehörde, aus eigener Initiative, bezw. von Amtswegen über die Zurücknahme zu entscheiden.

Die Klage ist von der Aufsichtsbehörde gemäß § 63 des Land.-Verw.-Ges. vom 30. August 1883 beim Oberverwaltungsgericht anzubringen, welches zugleich erste und letzte Instanz ist, mithin alsbald entgültig darüber entscheidet. Das Streitverfahren regelt sich nach den §§ 63 ff. des Land.-Verw.-Ges. vom 30. Juli 1883.

Die Erhebung der Klage ist — abgesehen von der Weisung vorgesetzter Instanzen — ganz in das Ermessen der Aufsichtsbehörde gestellt. Dieselbe kann, wie die Fassung des § 24 zweifellos ergibt, von der Klageerhebung auch dann absehen, wenn die Voraussetzungen des § 24 vorliegen. Von dritten Interessenten (Gemeinden, Adjazenten 2c.) kann sie hierzu nicht gezwungen werden. Diesen steht nur die Möglichkeit offen, im Beschwerdewege bei der der Aufsichtsbehörde vorgesetzten Instanz zu beantragen, daß letztere die Aufsichtsbehörde zur Klageerhebung anweist. Ebensowenig ist das Oberverwaltungsgericht verpflichtet, der Klage stattzugeben, wenn die Voraussetzungen des § 24 vorliegen, bezw. seitens der klagenden Aufsichtsbehörde erwiesen sind. Die Aufsichtsbehörde muß sich alsdann auf die gewöhnlichen Zwangs- und Strafmittel beschränken. Auch darf bei Erhebung einer neuen Klage auf die früheren Fälle, welche den Gegenstand der abgewiesenen Klage bildeten, nicht mehr zurückgegriffen werden, denn bezüglich dieser liegt res judicata vor.

Verfehlt ist die Annahme Gleims (§ 28 Anm. 2 S. 151), daß das Oberverwaltungsgericht unter allen Umständen der Klage stattgeben müsse, wenn es die Voraussetzungen des § 24 für vorliegend erachtet. Diese Annahme widerspricht dem Prinzipe des freien richterlichen Ermessens und der Stellung des obersten Gerichtshofes. Nach Sinn und Wortlaut des § 26 ist vielmehr die Entscheidung über die Zurücknahme ganz in das Ermessen des Oberverwaltungsgerichts gestellt und demselben keinerlei Beschränkung auferlegt. Auch die Entstehung des § 25 gewährt dafür nicht den geringsten Anhalt.

Die rechtskräftige Zurücknahme der Genehmigung ist, wie bereits Anm. 85 S. 293 angegeben, gemäß der Ausf.-Anw. zu § 23/24 im Regierungsblatt bekannt zu machen. In Betreff der Rechtswirkungen, welche die Zurücknahme nach sich zieht, wird auf die Anm. 83 S. 287 und Anm. 85 S. 292, 293 Bezug genommen werden.

§ 26.[88])

Bei Erlöschen oder Zurücknahme der Genehmigung wird die für die Unterhaltung und Wiederherstellung öffentlicher Wege bestellte Sicherheit, soweit sie für den bezeichneten Zweck nicht in Anspruch zu nehmen ist, herausgegeben.[89]) Mangels anderweitiger Vereinbarung hat der Wegeunterhaltungspflichtige die Wahl, die Wiederherstellung des früheren Zustandes, nötigenfalls unter Beseitigung in den Weg eingebauter Teile der Bahnanlage, oder gegen angemessene Entschädigung den Übergang der letzteren in sein Eigentum zu verlangen.[90])

Macht der Unterhaltungspflichtige von dem ersteren Rechte Gebrauch, so geht das Eigentum der zurückgelassenen Teile der Bahnanlage auf den Unterhaltungspflichtigen unentgeltlich über.[91])

Im öffentlichen Interesse kann die Aufsichtsbehörde eine Frist festsetzen, vor deren Ablauf der Unterhaltungspflichtige nicht berechtigt ist, die Wiederherstellung des früheren Zustandes zu verlangen.[92])

1) Ausführungsanweisung vom 13. August 1898.

Zu § 26 letzter Absatz.

Bevor von der Aufsichtsbehörde über die Festsetzung der dort erwähnten Frist Beschluss gefasst wird, ist ausser dem Wegeunterhaltungspflichtigen auch die Wege-Polizeibehörde zu hören.

§ 26 Prinzip. 88) Prinzip und Entstehungsgeschichte des § 26.

§ 26 regelt für den Fall, daß zu dem Unternehmen öffentliche Wege benutzt worden sind, die Rechtsverhältnisse, welche infolge der Zurücknahme oder des Erlöschens der Genehmigung zwischen dem Unternehmer, dem Wegeunterhaltungspflichtigen und der Wegepolizeibehörde eintreten. Durch die Zurücknahme oder das Erlöschen der Genehmigung ist das Unternehmen als solches aufgelöst, denn es ist ihm damit die Grundlage seines Fortbestehens entzogen. Das Unternehmen zerfällt in seine einzelnen Bestandteile, es ist weder eine Zwangsverwaltung noch Zwangsversteigerung der Bahn als Ganzes gemäß §§ 82 ff. des Ges. v. 19. August 1895 zulässig, und nur die Zwangsliquidation ist nach §§ 49 ff. l. c. behufs abgesonderter Befriedigung der Bahnpfandgläubiger aus den einzelnen Bestandteilen der Bahneinheit auf Antrag gestattet. Diese Auflösung des Unternehmens hat zur Folge, daß die bisher in Anspruch genommene Benutzung öffentlicher Wege fortfällt. Es ist daher auch die vom Unternehmer gemäß § 6 Abs. 2, § 11 Abs. 1, § 15 für die Unterhaltung und Wiederherstellung der benutzten öffentlichen Wege bezw. Wegeteile der Wegepolizeibehörde bestellte Sicherheit (Anm. 27 S. 122, Anm. 46 S. 181 ff.) von dieser dem Unternehmer wieder herauszugeben, soweit die Sicherheit für den bezeichneten Zweck nicht in Anspruch zu nehmen ist. Dieser Verpflichtung der Wegepolizeibehörde, bezw. dieser Berechtigung des Unternehmers, gibt § 26 im ersten Satze des Absatz 1 entsprechenden Ausdruck.

Ferner sind aber auch die Anlagen, welche der Unternehmer an den benutzten Wegen errichtet hat, nicht mehr erforderlich. Das Gesetz (Abs. 1 Satz 2) überläßt es in erster Reihe den Beteiligten, d. h. dem Unternehmer und dem Wegeunterhaltungspflichtigen, eine Vereinbarung darüber zu treffen, was mit diesen Anlagen geschehen soll. Kommt eine Vereinbarung nicht zustande, so hat der Unterhaltungspflichtige in zweiter Reihe zwischen zwei Rechten die Wahl, er kann verlangen, entweder die Wiederherstellung des früheren Zustandes und zwar, soweit dies notwendig ist, unter Beseitigung in den Weg eingebauter Teile der Bahnanlage, oder den Übergang dieser eingebauten Teile in sein Eigentum gegen angemessene Entschädigung. Übt der Unterhaltungspflichtige das erste Recht aus, so hat der Unternehmer die Befugnis, alsbald bei der Wiederherstellung die eingebauten Teile der Bahnanlage fortzunehmen. Tut er dies nicht, so geht das Eigentum der zurückgelassenen Teile der Bahnanlage auf den Unterhaltungspflichtigen unentgeltlich über (Abs. 2). Das zweite Recht — die Übernahme der eingebauten Teile gegen angemessene Entschädigung — involviert nicht eine besondere Art der Enteignung, sondern den gesetzlichen Vorbehalt eines Kaufs im Falle der Zurücknahme oder des Erlöschens der Genehmigung.

Das im Abs. 1 Satz 2 dem Unterhaltungspflichtigen gewährte Recht, die Wiederherstellung des Weges vom Unternehmer zu verlangen, hat durch Abs. 3 eine Einschränkung insofern erfahren, als darnach die Aufsichtsbehörde im öffentlichen Interesse eine Frist festsetzen kann, vor deren Ablauf der Unterhaltungspflichtige nicht berechtigt ist, die Wiederherstellung des früheren Zustandes zu verlangen. Hierbei war die Erwägung leitend, daß, wenn der bisherige Unternehmer oder andere Unternehmer das eingegangene Unternehmen wieder erneuern wollen, diese Absicht wesentlich erschwert wird, falls auf Verlangen des Unterhaltungspflichtigen der Weg sofort unter Beseitigung der Bahnanlage wiederhergestellt werden muß. Wenn Gründe des öffentlichen Interesses die Erneuerung bezw. Rekonstruierung des Unternehmens wünschenswert machen, so würde durch die Fristbestimmung der Aufsichtsbehörde den Beteiligten gewissermaßen eine Frist gewährt zur Überlegung, ob und unter welchen Umständen sich die Rekonstruierung bewirken lasse.

Es ist bereits an früherer Stelle (Anm. 82 S. 288) darauf hingewiesen worden, daß es de lege ferenda für Fälle dieser Art angezeigt gewesen wäre, der Behörde nach Analogie der §§ 21 u. 47 des Eisenb.-Ges. v. 1838 die Befugnis zur Versteigerung des Unternehmens als Ganzes für Rechnung des bisherigen Unternehmers zu gewähren. Das Eisenbahnpfandrechts(Bahneinheits-)gesetz v. 19. August 1895 — auf welches verwiesen wurde — gewährt nach Zurücknahme oder Erlöschen der Genehmigung nicht die Möglichkeit, das Unternehmen durch Versteigerung als Ganzes aufrecht zu halten (die fakultative Bestimmung des § 55 (47) l. c. ist hierzu nicht geeignet). Abgesehen von der nicht begründeten Rechtsverschiedenheit, welche dadurch zwischen Privateisenbahnen (Ges. v. 1838) und Kleinbahnen (Ges. v. 1892) hervorgerufen ist (s. § 39 Bahneinheitsgesetz), ist auch das durch § 26 Abs. 3 des vorliegenden Gesetzes gegebene Auskunftsmittel ein unzureichendes. Es ist anerkannt, daß der bisherige Unternehmer nach Erlöschen oder Zurücknahme der Genehmigung nicht mehr berechtigt ist, die Bahn als ganzes einem Dritten zu übertragen. Andererseits ist der Unterhaltungspflichtige nicht verpflichtet, den bisherigen Unternehmer oder dem Käufer der bisherigen Bahnanlagen — ohne neue Konzession — die Benutzung des Weges zu gestatten. Da das alte Unternehmen als solches gänzlich aufgelöst ist, so bedarf es vorerst sowohl für den bisherigen, wie für jeden anderen Unternehmer einer neuen Genehmigung auf Grund des vom Gesetze vorgeschriebenen Genehmigungsverfahrens. Wenn nun auch die Aufsichtsbehörde eine Frist gemäß Abs. 3 festsetzt, um inzwischen die Beseitigung der bisherigen Bahnanlagen zu sistieren, so bleibt dem Unterhaltungspflichtigen doch das Recht, nach Ablauf dieser Frist, die Beseitigung zu verlangen. Ist er also aus irgend welchen Gründen Gegner der Fortführung oder Neuerrichtung des Unternehmens, so kann er dieselbe dadurch wesentlich erschweren oder vereiteln, daß er nach Ablauf der Frist die Beseitigung der Anlagen verlangt. Die Aufsichtsbehörde ist diesem Verlangen gegenüber machtlos. Es muß alsdann von neuem die Gestattung der Wegebenutzung event. im Ergänzungsverfahren erzwungen und es müssen neue Anlagen an Stelle der beseitigten hergestellt werden. Die Fristbestimmung ist daher für den angestrebten Zweck von ganz unwesentlicher Bedeutung.

§ 26 Entstehung.

II. Aus der **Entstehungsgeschichte** ist folgendes zu entnehmen:

Die **Reg.-Vorlage** schlug als § 22 vor (Herrenh. Aktst. Nr. 34 S. 60):

„Bei Erlöschen, Widerruf oder Zurücknahme der Genehmigung wird die für die Unterhaltung und Wiederherstellung öffentlicher Wege bestellte Sicherheit, soweit sie für den bezeichneten Zweck nicht in Anspruch zu nehmen ist, herausgegeben. Mangels anderweiter Vereinbarung hat der Wegeunterhaltungspflichtige die Wahl, die Wiederherstellung des früheren Zustandes, nötigenfalls unter Beseitigung der in den Weg eingebauten Teile der Bahnanlage oder den unentgeltlichen Übergang der letzteren, in sein Eigentum zu verlangen. Auch abgesehen von dem letzteren Falle gehen solche Teile der Bahnanlage, wenn sie in dem Wege verbleiben, unentgeltlich in das Eigentum des Wegeunterhaltungspflichtigen über.

In den **Motiven**, welche zugleich den folgenden § 23 (27) mitumfassen, wird ausgeführt (Herrenh. Aktst. Nr. 34 S. 67): „Je nach dem Zweck, dessen Sicherung sie dient, muß bei Widerruf, Erlöschen oder Zurücknahme der Genehmigung die gestellte Kaution verschieden behandelt werden. Von der zur Sicherung der Unterhaltung und Wiederherstellung der öffentlichen Wege bestellten Kaution ist derjenige Teil herauszugeben, welcher nicht für die bezeichneten Wegebauzwecke in Anspruch genommen ist. Dagegen werden Kautionen, welche für den fristzeitigen Beginn des Baues oder Betriebes oder die regelmäßige Fortführung des Baues oder Betriebes gestellt sind, einzubehalten sein, soweit nicht nach Lage des Einzelfalles aus Billigkeitsrücksichten davon abgesehen werden kann. Die in dem zweiten Satze des § 22 den Wegeunterhaltungspflichtigen vorbehaltene Wahl entspricht zugleich deren Interessen und den Interessen des öffentlichen Verkehrs."

In der Kommission des Herrenh. (Aktst. Nr. 69 S. 842) war durch eine Petition ein Bedenken dagegen kundgegeben worden, daß der Wegeunterhaltungspflichtige berechtigt sein solle, den unentgeltlichen Übergang der in den Weg eingebauten Teile der Bahnanlage in sein Eigentum zu verlangen. Die Motivierung, daß dieses nur gegen angemessene Entschädigung stattzufinden habe, sowie den Antrag selbst hatte sich ein Mitglied der Kommission angeeignet. Die Kommission in ihrer Mehrheit entschied sich dahin, daß der letzte Passus des § 22 die notwendigen Rechte des Wegeunterhaltungspflichtigen genügend schütze, in dem vorhergehenden Alinea aber das Recht auf Entschädigung grundsätzlich auszusprechen nötig sei. Der § 22 wurde hierauf mit der Einschaltung „gegen angemessene Entschädigung" vor „den Übergang" angenommen.

In der Kommission des Abg.=H. (Aktst. Abg.=H. Nr. 206 S. 2228) wurde zunächst auf Antrag eines Mitgliedes das Wort „Widerruf" in der ersten Zeile im Verfolg der zu § 11 und § 20 gefaßten Beschlüsse gestrichen. Zu diesem Paragraphen war außerdem von einem Mitgliede der Antrag gestellt worden, den zweiten Satz wie folgt zu fassen:

> „Wenn nicht innerhalb eines Jahres nach dem Erlöschen oder der Zurücknahme der Genehmigung einem anderen Unternehmer die Genehmigung erteilt ist, so hat mangels u. s. w."

Der Antrag wurde damit begründet, daß es sowohl im Interesse des Unternehmers wie im öffentlichen Interesse wünschenswert sei, daß eine Frist gestellt werde, innerhalb deren dem Unternehmen Zeit gelassen werde, sich anderweitig zu rekonstruieren. Der Antrag wurde in der ersten Lesung angenommen, in der zweiten aber an dieser Stelle wieder herausgenommen und in etwas anderer Form mit dem letzten Satz der Regierungsvorlage dem § 22 als besonderer Absatz angefügt.

Die Fassung dieses Antrages war aus der in der Kommission ausgesprochenen Ansicht hervorgegangen, daß sowohl der Unterhaltungspflichtige sich nicht auf Kosten des Unternehmers an den im Wege zurückgebliebenen Teilen der Bahnanlage bereichern dürfe, sowie auch sein Interesse, durch die Anlage seine Unterhaltungspflicht nicht vergrößert zu sehen, gewahrt werden müsse. Diesen Erwägungen entsprechend wurde es für richtig gefunden, die im allgemeinen kaum zutreffend zu bestimmende Zeitdauer, binnen welcher der Unternehmungspflichtige von seinem Rechte nicht Gebrauch machen dürfe, der Bestimmung der Aufsichtsbehörde zu überlassen, und wurde der Paragraph in der in das Gesetz übergegangenen Fassung angenommen.

In der II. Lesg. des Abg.=H. (Sten. Ber. S. 2005 ff. Drucks. Nr. 236 zu 2) beantragte der Abg. Jerusalem die Streichung des dritten Absatzes, weil er nach der Begründung des Kommissionsberichts zu Irrtümern Anlaß geben könne und im übrigen ohne Bedeutung sei. Er führte aus, daß es im Gesetze an einer Regelung fehle, wie der Übergang des Unternehmens als Ganzes auf einen neuen Unternehmer zu bewirken sei. Seine Anträge in der Kommission nach Analogie der §§ 21, 47 des Eisenb.-Ges. von 1838 seien mit Rücksicht auf eine zu gewärtigende besondere gesetzliche Regelung dieser Verhältnisse zurückgestellt worden. Der Abs. 3 biete dafür kein Äquivalent. Die Begründung im Kommissionsbericht, daß damit dem Unternehmer eine Frist gewährt werden solle, das ganze Unternehmen auf einen Anderen zu übertragen, sei unrichtig, denn, wenn dem Unternehmer die Konzession genommen sei, so habe er kein Recht mehr, das Unternehmen als Ganzes weiter zu veräußern. Es bleibe ihm nur ein Recht auf die einzelnen Bestandteile der Anlage; die Anlage als Ganzes bestehe für ihn nicht mehr. Hiervon ausgehend habe der dritte Absatz eigentlich gar keine andere Bedeutung mehr, als dem Unterhaltungspflichtigen noch eine weitere Deliberationsfrist zu geben, ob er nicht freiwillig sich damit einverstanden erklären wolle, daß die auf seiner Straße befindlichen Anlagen von einem neuen Unternehmer benutzt werden können. Darüber könne und werde er sich von vornherein schlüssig machen und bedürfe hierzu einer besonderen Deliberationsfrist nicht.

Dem widersprach jedoch der Abg. Hammacher (a. a. O. S. 2006). „Es ist — führte er aus — zwar kein Zweifel, daß nach der Zurücknahme oder dem Erlöschen einer Bahngenehmigung der Unternehmer hinfort kein Recht hat, über seine Unternehmung als solche zu verfügen; er besitzt lediglich den Eigentumsanspruch auf diejenigen Teile, aus denen das untergegangene Unternehmen bestand. Trotzdem ist die Aufrechterhaltung des letzten Absatzes zu empfehlen. Wenn eine gesetzliche Bestimmung es verhindert, daß der Wegebaupflichtige den sofortigen Abbruch der Schienen ꝛc. und die Wiederherstellung des früheren Zustandes verlangt, wenn vielmehr die Regierung die Befugnis besitzt, für einen gewissen Zeitraum die Ausübung dieses Rechtes zu untersagen, so wird damit die Möglichkeit geschaffen, daß die Beteiligten in ruhige Erwägung ziehen, ob sich nicht und unter welchen Umständen die Bahn doch aufrecht erhalten ließe. Die Frist des Abs. 3 habe um deswillen jedenfalls große tatsächliche Bedeutung, weil innerhalb derselben der neue Unternehmer sich die Genehmigung verschaffen und Grund dessen die Benutzung der öffentlichen Wege beanspruchen könne. Sei aber in diesem Falle der Bahnbau zerstört und der alte Zustand des Weges wiederhergestellt, so erscheine die Ausführung erschwert und man habe jedenfalls unnötigerweise nützliche Werte vernichtet."

Nachdem der Berichterstatter aus den vom Abg. Hammacher angeführten praktischen Erwägungen die Annahme des Abs. 3 empfohlen hatte, wurde dieser und damit der ganze § 22 angenommen und ging als § 26 in das Gesetz über.

§ 26 Abs. 1 Satz 1. **89)** Abs. 1 Satz 1 bestimmt, daß bei Erlöschen oder Zurücknahme der Genehmigung die für die Unterhaltung und Wiederherstellung öffentlicher Wege bestellte Sicherheit herauszugeben ist, soweit sie für den bezeichneten Zweck nicht in Anspruch zu nehmen ist. Unter Erlöschen ist hier nicht nur der Fall des § 28, sondern jede Art des Erlöschens, z. B. durch Fristablauf (§ 18), Fortfall des Unternehmers zu verstehen (K. Hilse, d. Straßen- und Kleinb.-Ztg. 1898 S. 75ff.). § 26 findet daher auch Anwendung, wenn in einer gerichtlichen Zwangsversteigerung ein wiederholter Versteigerungstermin nicht zur Erteilung des Zuschlags (auf ein Gebot für die Bahn im ganzen) geführt hat (§ 45 Satz 1 Ges. v. 19. August 1895) und von der Aufsichtsbehörde die Erklärung, daß die Einkünfte aus der Zwangsverwaltung den Kosten des Verfahrens mit Einschluß der Ausgaben und Ansprüche aus der Verwaltung voraussichtlich entsprechen werden (§ 38 l. c.) versagt wird (§ 3

Abs. 2 l. c.). Die Einleitung des Konkursverfahrens hat nicht ohne weiteres das Erlöschen der Genehmigung zur Folge; sie erlischt auch hier nur unter der Voraussetzung der vorbezeichneten Gesetzesbestimmung (Gleim § 26 Anm. 1 S. 152). Zur Bestellung der Sicherheit ist der Unternehmer gemäß § 6 Abs. 2, § 11 Abs. 1 und § 15 vor Aushändigung der Genehmigungsurkunde verpflichtet, und zwar der Wegepolizeibehörde, nicht dem Unterhaltungspflichtigen gegenüber (Anm. 27 S. 120, Anm. 46 S. 182, Gleim § 26 Anm. 2, A. M. Germershausen I S. 138). Doch wird diese den Unterhaltungspflichtigen vor der Herausgabe zuziehen, da sie ihm verantwortlich ist.

Satz 1 enthält eine obligatorische Vorschrift an die Wegepolizeibehörde. Sie ist zur Herausgabe verpflichtet und kann im Weigerungsfalle vom Unternehmer darauf verklagt werden. Denn mit dem Erlöschen oder der Zurücknahme der Genehmigung ist das Unternehmen als solches aufgehoben, die bisherige Benutzung der öffentlichen Wege fällt fort. Hat der Unternehmer der Unterhaltungs- und Wiederherstellungspflicht vollständig genügt, so liegt ein Grund für weitere Sicherheitsbestellung nicht mehr vor. Voraussetzung der Rückforderung ist also, daß die Sicherheitsbestellung für die den Unternehmer bisher obliegende Unterhaltung und für die Wiederherstellung des Weges nicht mehr in Anspruch zu nehmen ist. Dies hat der Unternehmer zur Substantiierung seiner Rückforderung nachzuweisen und die Wegepolizei hat, wenn sie die Herausgabe ganz oder teilweise verweigert, den Gegenbeweis zu führen. Hat gemäß Abs. 3 die Aufsichtsbehörde eine Frist gesetzt, vor deren Ablauf der Unterhaltungspflichtige nicht berechtigt ist, die Wiederherstellung zu verlangen, so kann die Herausgabe erst nach Ablauf dieser Frist gefordert werden. Verzichtet der Unternehmer gemäß Satz 2 auf die Wiederherstellung, und wählt derselbe den Übergang der eingebauten Teile in sein Eigentum, so kann aus Anlaß der Wiederherstellung die Sicherheitsbestellung nicht zurückbehalten werden.

Es entsteht noch die Frage, ob Satz 1 durch § 48 des Eisenb.-Pfandrechtsges. v. 19. August 1895 aufgehoben ist, wonach nach Erlöschen der Genehmigung zur abgesonderten Befriedigung der Bahnpfandgläubiger aus den einzelnen Bestandteilen der Bahneinheit auf Antrag die Zwangsliquidation zu eröffnen ist. Diese Frage ist jedoch zu verneinen. Denn die Forderung auf Herausgabe der Sicherheitsbestellung kann nicht zu den Bestandteilen der Bahneinheit im Sinne des § 4 Abs. 1 Nr. 2 des Ges. v. 19. August 1895 gerechnet werden, weil sie sich unter keine der dort angegebenen Kategorien von Vermögenswerten subsummieren läßt. Daher ist auch eine Entscheidung der Bahnaufsichtsbehörde hierüber gemäß § 4 Abs. 2 Satz 3 l. c. nicht statthaft.

90) Abs. 1 Satz 2 überläßt es mit Rücksicht darauf, daß infolge des Erlöschens oder der Zurücknahme der Genehmigung der Betrieb aufhört und mithin die hierzu errichteten Anlagen an öffentlichen Wegen nicht mehr erforderlich sind, in erster Reihe der Vereinbarung des Unternehmers, mit dem Unterhaltungspflichtigen, über diese Anlagen und die Auflösung des bisherigen, aus § 6 und 7 folgenden Rechtsverhältnisses Bestimmung zu treffen. Mangels einer Vereinbarung gibt Satz 2 dem Unterhaltungspflichtigen die Wahl zwischen zwei Rechten, nämlich: 1. dem Rechte, die Wiederherstellung des früheren Zustandes, nötigenfalls unter Beseitigung in den Weg eingebauter Teile der Bahnanlage, 2. dem Rechte, den Übergang dieser Teile in sein Eigentum gegen

§ 26 Abs. 1 Satz 2.

angemessene Entschädignng zu verlangen. Das Gesetz bestimmt nicht, in welcher Weise der Unterhaltungspflichtige seinem Wahlrechte Ausdruck zu geben hat. Er kann dies also in beliebiger Form schriftlich, mündlich, eventuell auch im Wege der Klage tun. Sobald er aber erweislich einmal die Wahl getroffen hat, kann er nicht wieder davon abgehen. Denn die Wahl ist ihm nur einmal gegeben.

1. Die Wiederherstellung des früheren Zustandes bedeutet streng genommen, daß der Weg genau und vollständig wieder in denjenigen Zustand versetzt wird, welchen er unmittelbar vor der Anlage der Bahn hatte. Indes wird sich dies dann nicht durchführen lassen und ist auch nicht beabsichtigt, wenn der Weg inzwischen wesentliche Änderungen erfahren, z. B. aus einem unchaussierten in einen chaussierten, aus einem ungepflasterten in einen gepflasterten u. s. w. verwandelt worden ist. Es ist selbstverständlich, daß in solchen Fällen die Wiederherstellung dem gegenwärtigen Zustande des Weges entsprechen muß, der Unterhaltungspflichtige aber die dadurch etwa entstehenden Mehrkosten zu tragen hat. Hierbei hat nötigenfalls die Beseitigung der in den Weg eingebauten Teile der Bahnanlage zu erfolgen, d. h. nicht unbedingt, sondern nur dann und insoweit dies zur Wiederherstellung des früheren Zustandes überhaupt notwendig ist. Ist das Vorhandensein dieser Teile hierauf ohne Einfluß, so kann deren Beseitigung nicht gefordert werden. Wird dem Verlangen auf Wiederherstellung nicht genügt oder entstehen sonst Streitigkeiten hierüber, so findet der Rechtsweg, nicht administrative Entscheidung statt.

Der Unterhaltungspflichtige hat das Recht, sofort nach Erlöschen bezw. Rücknahme der zur Herstellung des Weges erforderliche Beseitigung der eingebauten Teile in angemessener Frist zu verlangen, und, wenn gemäß Abs. 3 eine Frist für die Erhebung dieser Forderung von der Bahnaufsichtsbehörde gesetzt ist (Anm. 92 S. 303), nach Ablauf dieser Frist. Zwar bestimmt Abs. 2, daß, wenn der Unternehmer diesem Verlangen nicht entspricht und die eingebauten Teile nicht fortnimmt, diese alsdann in das Eigentum des Unterhaltungspflichtigen unentgeltlich übergehen. Indes ist dies nicht etwa dahin zu verstehen, daß sich der Unternehmer durch die Zurücklassung der eingebauten Teile in allen Fällen von seiner Beseitigungspflicht beliebig befreien kann. Dies würde häufig für den Unterhaltungspflichtigen, der die Beseitigung auf seine Kosten bewirken müßte, einen schweren Nachteil zur Folge haben. Die Bestimmung des Abs. 2 ist aber, wie aus den Materialien erhellt und in Anm. 91 S. 303 gezeigt werden wird, lediglich zu seinen Gunsten aufgenommen worden. Daraus folgt, daß der Unternehmer prinzipaliter zu der behufs Wiederherstellung des Wegs erforderlichen Beseitigung der Einbauten verpflichtet ist und sich ohne Einverständnis des Unterhaltungspflichtigen von dieser Pflicht nicht etwa durch die Dereliktion der Einbauten befreien kann. (Übereinstimmend Germershausen I S. 138).

2. Der Übergang der eingebauten Teile der Bahnanlage in das Eigentum des Unterhaltungspflichtigen kann von diesem nur gegen angemessene Entschädigung des Unternehmers verlangt werden. Es handelt sich hier nicht um einen Akt der Enteignung, für welche die gesetzlichen Voraussetzungen fehlen, sondern um den gesetzlichen Vorbehalt eines Kaufvertrages, dessen Abschluß der Unterhaltungspflichtige bei Eintritt des Erlöschens oder der Zurücknahme der Genehmigung unter Festsetzung eines angemessenen Kaufpreises vom Unternehmer verlangen kann. Es greifen daher die Normen des Kaufvertrages Platz. Ver-

weigert der Unternehmer die Übertragung des Eigentums, oder entsteht über die Angemessenheit des Preises oder sonstige auf die Übergangsforderung bezüglichen Punkte Streit, so ist dies im Rechtswege, nicht durch die Aufsichtsbehörde zum Austrage zu bringen. Die Pflicht zur angemessenen Entschädigung fällt auch da nicht fort, wo nach den geltenden privatrechtlichen Normen der Einbau in den Weg pars fundi und damit ohne weiteres Eigentum des Wegeeigentümers geworden sein würde. Denn die vorliegende spezialrechtliche Bestimmung des § 26 des Kleinb.-Ges. v. 28. Juli 1892 hebt in betreff der eingebauten Teile der Bahnanlagen die älteren Normen auf und außerdem gehören die Einbauten als auf dem Bahnkörper rc. errichtete Baulichkeiten gemäß § 4 Nr. 1 des Ges. über die Bahneinheiten zu Bestandteilen der Bahneinheit, aus welchen nach Erlöschen rc. der Genehmigung die abgesonderte Befriedigung der Bahnpfandgläubiger zu erfolgen hat (§ 40 l. c.). A. M. Gleim § 26 Anm. 3.

91) Absatz 2 enthält zu Gunsten des Unterhaltungspflichtigen eine die Bestimmungen des Abs. 1 Satz 2 ergänzende Vorschrift. Wenn der Unterhaltungspflichtige von dem ersteren der beiden ihm dort zur Wahl gestellten Rechte Gebrauch macht, d. h. die Wiederherstellung des früheren Zustandes des Weges vom Unternehmer verlangt, so muß dieser auch, soweit dies notwendig ist, die eingebauten Teile der Bahnanlage beseitigen. Sobald der Unterhaltungspflichtige das Verlangen auf Wiederherstellung an ihn richtet, hat er damit zu beginnen; nur wenn die Bahnaufsichtsbehörde gemäß Abs. 3 eine Frist gesetzt hat, erst mit Ablauf derselben. § 26 Abs. 2.

Diese Bestimmung erscheint jedoch einerseits überflüssig und ist andererseits geeignet, zu unrichtigen Folgerungen zu führen. Denn an sich ist es nicht zweifelhaft, daß der Unternehmer nicht berechtigt ist, die zur Wiederherstellung des Weges verwendeten und in diesem zurückgelassenen Teile der Bahnanlagen nachträglich herauszunehmen, weil sie mit der Übergabe der wiederhergestellten Teile des Weges ebenso wie alles andere zur Wiederherstellung verwendete und eingebaute Wegebaumaterial eo ipso Eigentum des Unterhaltungspflichtigen werden. Die Fassung der Bestimmung gibt aber leicht zu der unrichtigen Annahme Anlaß, daß der Unternehmer sich durch die Zurücklassung der eingebauten Teile auch ohne Einverständnis des Unterhaltungspflichtigen von der Beseitigungspflicht befreien könne. Dies ist aber, wie bereits Anm. 90 S. 302 angedeutet, nicht die Absicht der zu Gunsten des Unterhaltungspflichtigen ergangenen Bestimmung. Der Unternehmer hat grundsätzlich die Pflicht zur Beseitigung aller die Wiederherstellung des Weges beeinträchtigenden Anlagen.

92) Abs. 3 ist ebenso wie Abs. 2 dazu bestimmt, die Normen des Abs. 1 zu ergänzen. An sich ist der Unterhaltungspflichtige gemäß Abs. 1 Satz 2 berechtigt, nach dem Erlöschen bezw. der Rücknahme der Genehmigung die sofortige Wiederherstellung des Weges und Beseitigung der eingebauten Anlagen zu verlangen. Würde letzteres geschehen, so würde in denjenigen Fällen, in welchen eine Wiederaufnahme des eingegangenen Unternehmens, bezw. eine Wiederherstellung oder Neuerrichtung desselben, im öffentlichen Interesse entweder durch den alten Unternehmer oder einen neuen wünschenswert erscheint, wesentlich erschwert werden, weil ein Teil der für die Wiederherstellung erforderlichen Grundlagen — die eingebauten Bahnanlagen — beseitigt und zerstört wäre und wieder errichtet werden müßte. Um nun für die eventuelle Wiederaufrichtung des Unternehmens unter Benutzung der vorhandenen Anlagen Zeit zu gewinnen und den Beteiligten eine Frist zur § 26 Abs. 3.

ruhigen Erwägung zu gewähren, gibt Abs. 3 der Bahnaufsichtsbehörde die Befugnis, im öffentlichen Interesse das Recht des Unterhaltungspflichtigen auf sofortige Beseitigung der eingebauten Bahnanlagen durch die Festsetzung einer Frist zu beschränken, vor deren Ablauf der Unterhaltungspflichtige nicht berechtigt ist, die Wiederherstellung des früheren Zustandes und damit implicite die Beseitigung der qu. Anlagen zu verlangen.

Kompetent zur Festsetzung der Frist ist nur die Bahnaufsichtsbehörde (§ 22). Doch bleibt es auch Dritten, dem alten Unternehmer oder neuen Bewerbern oder anderen Interessenten unbenommen, eine bezügliche Frist mit dem Unterhaltungspflichtigen zu vereinbaren. Die Ausf.-Anw. z. § 26 bestimmt, daß, bevor von der Aufsichtsbehörde über die Festsetzung der Frist Beschluß gefaßt wird, außer dem Wegeunterhaltungspflichtigen auch die Wegepolizeibehörde zu hören ist. Die Aufsichtsbehörde kann hierauf die Frist nach freiem Ermessen bestimmen. Doch stehen dem Unterhaltungspflichtigen gegen die Fristfestsetzung die Rechtsmittel aus § 52 zu. Daher bedarf es der Zustellung und Begründung des betreffenden Beschlusses. Eine Verlängerung der Frist ist nicht zulässig.

Nur im öffentlichen Interesse kann die Festsetzung der Frist erfolgen, nicht im bloß privaten der Beteiligten, z. B. der unbefriedigten Gläubiger des Unternehmers, wohl aber zur Förderung des öffentlichen Verkehrs oder im Interesse der öffentlichen Verwaltungen. Die Frist kann von der Aufsichtsbehörde ex officio aber auch auf Antrag eines Beteiligten festgesetzt werden.

Nach Ablauf der Frist kann der Unterhaltungspflichtige unbedingt die Wiederherstellung des früheren Zustandes verlangen, gleichviel ob ein neues Unternehmen beabsichtigt bezw. im Werden begriffen ist oder nicht. Nur wenn dieses bereits genehmigt und dafür gemäß §§ 6 und 7 die Benutzung der nämlichen Wege und der Einbau gleicher Anlagen projektmäßig in Anspruch genommen ist, würde die Forderung auf Wiederherstellung des früheren Zustandes unbegründet und zwecklos sein.

Die Fristsetzung gemäß Abs. 3 kann seitens der Aufsichtsbehörde der Natur der Sache nach nur erfolgen, wenn der Unterhaltungspflichtige von dem Rechte, die Wiederherstellung des früheren Zustandes zu verlangen, überhaupt Gebrauch macht. Wählt er das Recht des Erwerbes der eingebauten Teile gegen angemessene Entschädigung, so findet Abs. 3 keine Anwendung. Hat er aber die Wiederherstellung gefordert, so kann er davon nicht beliebig wieder abgehen und etwa späterhin bezw. während oder nach Ablauf der festgesetzten Frist den Übergang in sein Eigentum verlangen.

Die Bestimmung des Abs. 3 ist bereits an früherer Stelle (Anm. 88 S. 298ff.) als ein unzureichendes Mittel zur Förderung und Erleichterung der Wiederaufnahme eingegangener Unternehmungen bezeichnet worden. Wollte man die Bahn als Ganzes aufrecht erhalten, so mußte man nach Analogie der §§ 21, 47 des Ges. v. 1838 der Aufsichtsbehörde die Befugnis geben, dieselbe für Rechnung des bisherigen Unternehmers zur Versteigerung zu bringen. Von bezüglichen Anträgen wurde jedoch mit Rücksicht auf eine beabsichtigte Regelung der privatrechtlichen Verhältnisse der Eisenbahnen Abstand genommen. Indes hat das unterm 19. August 1895 ergangene Eisenb.-Pfandrechtsgesetz (Gesetz über die Bahneinheiten vom 11. Juni 1902) entsprechende Bestimmungen nicht aufgenommen, insbesondere genügt die fakultative Bestimmung des § 55 (47) l. c. für den vorliegenden Zweck nicht. (Vgl. des Näheren oben S. 298.)

§ 27.[93])

Ob und inwieweit bei Erlöschen (§ 23) oder Zurücknahme der Genehmigung wegen Unterbrechung des Baues oder Betriebes (§ 24) die für die Ausführung der Bahn oder die fristgemäße Eröffnung oder die Aufrechterhaltung des Betriebes bestimmten Geldstrafen verfallen, entscheidet unter Ausschluß des Rechtsweges der Minister der öffentlichen Arbeiten.[94]) Dieser beschließt über die Verwendung solcher Geldstrafen.[95]) Letztere sind zu Gunsten des früheren Unternehmens, anderenfalls ähnlicher Unternehmungen in dem betreffenden Landesteile zu verwenden.[96])

1) Ausführungsanweisung vom 13. August 1898.

Zu § 27.

Liegt beim Erlöschen oder bei der Zurücknahme der Genehmigung wegen Unterbrechung des Baues und des Betriebes der Fall vor, dass über den Verfall und die Verwendung von Geldstrafen Entscheidung zu treffen ist, so ist von der Aufsichtsbehörde dem Minister der öffentlichen Arbeiten darüber Bericht zu erstatten, an welchen geeigneten Falles Vorschläge über die Verwendung verfallener Geldstrafen im Sinne dieses Gesetzes zu knüpfen sind. Bei Bahnen, welche mit Maschinenkraft betrieben werden, haben die Regierungspräsidenten ihren Bericht zunächst der eisenbahntechnischen Behörde mitzuteilen, damit diese in der Lage ist, sich auch ihrerseits zur Sache zu äussern.

93) Prinzip und Entstehungsgeschichte des § 27. § 27

I. Prinzip. Bei Erlöschen (§ 23) oder Zurücknahme der Genehmigung Prinzip wegen Unterbrechung des Baues oder Betriebes (§ 24) kommen auch die Geldstrafen in Betracht, welche für die Nichteinhaltung der Fristen zur Ausführung der Bahn und Eröffnung des Betriebes und für die Nichtaufrechterhaltung des ordnungsmäßigen Betriebs vorgesehen sind (§ 11 Abs. 2 u. 3). Die nämlichen Tatumstände, auf Grund deren gemäß §§ 23 u. 24 das Erlöschen oder die Zurücknahme der Genehmigung erfolgen kann, sind zugleich die Voraussetzungen für die Forderung der vorgesehenen Geldstrafen. Das Erlöschen der Genehmigung kann die Aufsichtsbehörde (§ 23), die Zurücknahme der Genehmigung das Oberverwaltungsgericht (§§ 24, 25) aussprechen. Es entstand die Frage, wer bei Erlöschen oder Zurücknahme der Genehmigung zur Entscheidung über die Geldstrafenforderung und über die Verwendung derselben zuständig sein sollte.

Hierbei konnte es zunächst nicht zweifelhaft sein, daß in der Erklärung des Erlöschens der Genehmigung oder der Rücknahme derselben und in der Forderung der vorgesehenen Geldstrafen nicht etwa gewissermaßen eine unzulässige zweifache Bestrafung des Unternehmers für dasselbe Vergehen im strafrechtlichen Sinne liegt. Denn beide haben nicht die Bedeutung krimineller Strafen und überdies verschiedene Zwecke. Das Gesetz hat im § 27 Satz 1 dem Minister der öffentlichen Arbeiten die Kompetenz zur Entscheidung über den Verfall der beregten Geldstrafen, und zwar unter Ausschluß des Rechtsweges zugewiesen. Dieser kann nach Lage der konkreten Verhältnisse auf die Strafe in voller Höhe des Maximalbetrages und dementsprechend auf den Verfall oder die Einbehaltung der ganzen Kaution erkennen, aber auch aus Billigkeitsrücksichten nur auf einen Teil oder gänzlichen Erlaß der Maximalstrafe und demgemäß auch nur auf eine teilweise Einbehaltung oder auf vollständige Herausgabe der Kaution. Damit ist den Entscheidungen der Aufsichtsbehörde bezw. des Oberverwaltungsgerichts wegen des Erlöschens (§ 28) bezw. der Zurücknahme (§§ 24, 25) der Genehmigung ebensowenig präjudiziert, wie die Entscheidung des Ministers in Betreff der Geldstrafen (§ 27) jenen Entscheidungen präjudiziert.

Nach Satz 2 des § 27 ist der Minister auch für die Beschlußfassung über die Verwendung der Geldstrafen bezw. der dafür verfallenen Kautionen zuständig erklärt. Um aber die angemessene Verwendung für die gedachten Zwecke zu sichern, wurde im Satz 3 obligatorisch bestimmt, daß die Geldstrafen zu Gunsten des früheren Unternehmens, anderenfalls ähnlicher Unternehmungen in dem betr. Landesteile zu verwenden sind. Durch diese gesetzliche Direktive ist das Ermessen des Ministers wesentlich beschränkt. Er hat zwar über die Höhe und Verwendung der Strafgelder zu entscheiden, aber er muß prinzipaliter die Verwendung zu Gunsten des früheren Unternehmens, eventualiter, d. h. falls dessen Wiederaufnahme nicht mehr möglich, zu Gunsten ähnlicher Unternehmungen in dem betr. Landesteile eintreten lassen. Eine andere Art der Verwendung darf nicht beschlossen werden.

§ 27 Entstehung. II. Aus der Entstehungsgeschichte des § 27 ist folgendes zu entnehmen: Die Regierungsvorlage (§ 23) lautete (Herrenh. Aktst. Nr. 84 S. 60): „Inwieweit bei Erlöschen (§ 19) oder Zurücknahme der Genehmigung wegen Unterbrechung des Baues oder Betriebes (§ 20) die für den fristzeitigen Beginn oder die regelmäßige Fortführung des Baues oder Betriebes bestimmten Geldstrafen dem Staate verfallen, entscheidet unter Ausschluß des Rechtsweges der Minister der öffentlichen Arbeiten.“ Die Motive sind bereits Anm. 88 S. 298, 299 mitgeteilt (Herrenh. Nr. 84 S. 67).

In der Herrenh.-Kommission (Aktst. Nr. 69 S. 842) wurde eine veränderte Fassung beschlossen, wonach die Geldstrafen den beteiligten Gemeinden zufallen sollen und diese Gemeinden sowie der Maßstab der Beteiligung mangels gütlicher Einigung der Bezirksausschuß beschließen soll; und damit begründet (a. a. O. S. 849), daß es an einem ersichtlichen Grunde fehle, weswegen gerade dem Staate die verfallene Geldstrafe gebühre; es würde vielmehr sinngemäßer sein, daß diejenigen, welche ein materielles Interesse an dem Zustandekommen und dem Betrieb der betreffenden Eisenbahnstrecke gehabt haben, nunmehr durch den Verfall derselben geschädigt seien und wahrscheinlich zu neuen Unternehmungen auf derselben Basis zu schreiten in die Lage kommen werden, auch die dem früheren Unternehmen zugebilligten Geldforderungen einzustreichen berechtigt sein sollen; das sind die beteiligten Gemeinden.

In der Kommission des Abg.-Hauses (Aktst. Nr. 206 S. 2288/9) wurden zunächst die von einem Mitgliede gestellten beiden redaktionellen Anträge, den Eingang des Paragraphen zu fassen: „Ob und inwieweit“, und statt des Wortes „fristzeitigen“ das Wort „fristgemäßen“ zu setzen, von der Kommission angenommen.

Ein Mitglied stellte den Antrag, die Regierungsvorlage wieder herzustellen. Der Regierungskommissar schloß sich diesem Antrag an und führte aus, es sei keineswegs die Absicht der Regierung, die Geldstrafen zur Staatskasse einzuziehen, vielmehr wolle sie dieselben zur Förderung gleicher Interessen, wie die des geplanten Unternehmens, verwenden. Von anderer Seite wurde dagegen hervorgehoben, daß diese wohlwollende Absicht der Regierung in der Vorlage keinen Ausdruck finde und es sich empfehle, dies in derselben ausdrücklich auszusprechen. Seitens der Königlichen Staatsregierung wurde erklärt, daß die Geldstrafen den Charakter von Konventionalstrafen zur Sicherung des öffentlichen Interesses hätten. Diesem Zweck entspreche die Verwendung der verfallenen Geldstrafen zu Gunsten der Wiederherstellung des früheren Unternehmens oder ähnlicher Unternehmen in den betreffenden Landesteilen. Die Kommission trat diesen Ausführungen bei. Hiernach nahm die Kommission die letzten beiden Sätze des Paragraphen materiell wesentlich in der Fassung an, in welcher sie in das Gesetz übergegangen sind. (Aktst. Abg.-H. Nr. 206 S. 2806.)

In der II. Lesung des Abg.-Hauses wurde der erste Satz auf Antrag des Abg. Jensen (Druckf. Abg.-H. Nr. 238 und Sten. Ber. S. 2007/9) behufs Übereinstimmung mit § 11 redaktionell dahin geändert, daß an Stelle der Worte: „die für den fristzeitigen Beginn oder die regelmäßige Fortführung des Baues oder Betriebes bestimmten Geldstrafen" gesetzt wurde: „die für die Ausführung der Bahn oder die fristgemäße Eröffnung oder die Aufrechterhaltung des Betriebes bestimmten Geldstrafen". Hierauf wurde § 23 in der in das Gesetz übergegangenen Fassung des § 27 angenommen.

94) Satz 1 des § 27 trifft Bestimmung über die in den Fällen des Erlöschens (§ 23) und der Zurücknahme (§§ 24, 25) der Genehmigung gemäß § 11 Abs. 2 u. 3 vorgesehenen Geldstrafen. Denn die nicht fristgemäße Ausführung der Bahn und Eröffnung des Betriebes kann ebenso wie die Unterbrechung derselben nicht nur das Erlöschen bezw. die Zurücknahme der Genehmigung zur Folge haben, sondern auch zugleich den Eintritt der gemäß § 11 in der Genehmigung bestimmten Geldstrafen bezw. die Einbehaltung der dafür erlegten Sicherheitsbestellung. Eine Verletzung des Grundsatzes ne bis in idem liegt darin nicht, da die Erklärung des Erlöschens und die Zurücknahme der Genehmigung nicht den Charakter der Strafe, sondern nach den Motiven den Zweck haben, die Konzessionierung anderer Unternehmer zu ermöglichen. § 27 Satz 1.

1. Was zunächst die Rechtsnatur dieser Geldstrafen anlangt, so sind es Ordnungsstrafen, deren Verhängung das Gesetz (§ 11) gestattet, wenn sie in der Genehmigung vorgesehen sind. (Anderenfalls sind nur die in den §§ 132 ff. des Allg. Land.-Verw.-Ges. v. 30. Juli 1883 vorgesehenen Geldstrafen unter den dort bestimmten Voraussetzungen und Formen zulässig.) Sie sind zwar in den legislativen Verhandlungen als Konventionalstrafen für die Nichterfüllung oder nicht rechtzeitige Erfüllung des Verkehrsinteresses bezeichnet worden. Konventionalstrafen sind es aber nicht, weil sie nicht auf einem privatrechtlichen Vertrage beruhen, sondern auf einem öffentlich rechtlichen Verhältnisse.

2. Die Zuständigkeit zur Entscheidung über den Verfall dieser Geldstrafen, d. h. über die Höhe derselben innerhalb der in der Genehmigung bestimmten Maximalgrenze und bezw. die Einbehaltung der dafür erlegten Kaution ist dem Minister der öffentlichen Arbeiten zugewiesen; während über das Erlöschen der Genehmigung die Aufsichtsbehörde (§ 23), über die Zurücknahme der Genehmigung das Oberverwaltungsgericht (§§ 24, 25) entscheidet. Diese Entscheidungen sind zwar an sich ganz unabhängig von einander. Aber zu beachten ist, daß dem

Minister nur bei Erlöschen (§ 28) oder Zurücknahme der Genehmigung wegen Unterbrechung des Baues oder Betriebes die Entscheidung über den Verfall der Geldstrafen zusteht. Wird das Erlöschen oder die Zurücknahme der Genehmigung nicht ausgesprochen, so findet § 27 keine Anwendung und ist der Minister zur Verhängung der qu. Geldstrafen nicht kompetent, sondern die Aufsichtsbehörden (§ 11 Abs. 2, 3, § 22 Kleinb.-Ges. — §§ 132 ff. Allg. Land.-Verw.-Ges. vom 30. Juli 1883). In diesem Falle greifen daher auch die Bestimmungen des zweiten und dritten Satzes des § 27 nicht Platz, sondern die allgemeinen Vorschriften über die Verwendung von Geldstrafen.

3. Die Entscheidung des Ministers umfaßt die für die Ausführung der Bahn oder die fristgemäße Eröffnung oder die Aufrechterhaltung des Betriebes bestimmten Geldstrafen. Es sind hier nur diejenigen Geldstrafen gemeint, welche gemäß § 11 Abs. 2 und 3 in der Genehmigung vorgesehen sind (Anm. 47, 48 S. 183 ff.), und auch diese — wie bereits bemerkt, — lediglich für den Fall, daß zugleich das Erlöschen oder die Zurücknahme der Genehmigung ausgesprochen ist. Gleim (§ 28 Anm. 1 S. 154) empfiehlt im Interesse eines gleichmäßigen Verfahrens, einen alle Fälle umfassenden bezüglichen Vorbehalt in die Genehmigung aufzunehmen. Geschieht dies nicht, so würde in den im § 27 nicht vorgesehenen Fällen die Aufsichtsbehörde über den Verfall der Geldstrafe zu befinden haben. Der Rechtsweg sei aber nur dann ausgeschlossen, wenn die Entscheidung des Ministers auf Grund des Gesetzes, nicht auch, wenn sie auf Grund eines bloßen Vorbehaltes der Genehmigung erfolge.

4. Der Minister entscheidet über den Verfall der Geldstrafen bezw. der dafür erlegten Kautionen ganz nach pflichtgemäßem Ermessen, unter Ausschluß des Rechtsweges. Er hat innerhalb des in der Genehmigung gemäß § 11 Abs. 2 und 3 bestimmten Maximalbetrages die Höhe der Geldstrafe zu bestimmen und damit implicite auch die Einbehaltung der dafür hinterlegten Kaution in entsprechendem Maße. Er kann also auch nur auf einen Teil der Geldstrafe bezw. Kautionseinbehaltung oder auf gänzliche Befreiung von der Strafe und demgemäß Herausgabe der vollen Kaution erkennen. Der Minister hat von Amts wegen zu entscheiden. Es bedarf keines Antrages. Damit er jedoch von jedem Falle Kenntnis erlange, bestimmt die Ausf.-Anw. zu § 27, daß von der Aufsichtsbehörde dem Minister der öffentlichen Arbeiten darüber Bericht zu erstatten ist, an welchen geeigneten Falles Vorschläge über die Verwendung verfallener Geldstrafen im Sinne dieses Gesetzes zu knüpfen sind. Bei Bahnen, welche mit Maschinenkraft betrieben werden, haben die Regierungspräsidenten ihren Bericht zunächst der eisenbahntechnischen Behörde mitzuteilen, damit diese in der Lage ist, sich auch ihrerseits zur Sache zu äußern.

§ 27 Satz 2. [95]) Satz 2 des § 27 weist im Anschluß an Satz 1 auch die Entscheidung über die Verwendung der einbehaltenen Strafbeträge der Kompetenz des Ministers der öffentlichen Arbeiten zu. Sie kann uno actu zugleich mit der Entscheidung über den Verfall der Geldstrafe selbst erfolgen, oder auch nach Befinden des Ministers späterhin je nach Bedarf und Gelegenheit. Sowohl über die Art, wie über den Umfang der Verwendung hat der Minister nach freiem Ermessen zu entscheiden, ob der ganze Betrag oder nur einzelne Teile zu verwenden sind, ob zur Anschaffung von Betriebsmitteln, Grunderwerb, Baumaterial ꝛc. Nur über den Zweck der Verwendung, d. h. die in Betracht kommenden Unternehmungen ist er der Bestimmung des Satzes 8 unterworfen. Die Entscheidung erfolgt in Form einer Eröffnung des Ministers an den betreffenden Unternehmer über die Bewilligung des ganzen oder teilweisen Strafbetrages. Ist dies geschehen, so erlangt der Unternehmer einen im Rechtswege verfolgbaren Anspruch gegen den Fiskus auf den zugewiesenen Betrag. Derselbe darf ihm durch nachträgliche Verfügungen weder gekürzt, noch entzogen werden.

96) Satz 8 des § 27 enthält für den Minister die obligatorische Weisung, bei der ihm nach Satz 2 zustehenden Beschlußfassung über die Verwendung der Geldstrafen dieselben prinzipaliter zu Gunsten des früheren Unternehmens, eventualiter ähnlicher Unternehmungen in dem betreffenden Landesteile zu verwenden. In Hinsicht auf die Unternehmungen, welchen die zu verwendenden Anträge zuzuweisen sind, ist das Ermessen des Ministers somit nicht frei, sondern an die Vorschrift des Satzes 8 gebunden. Es erscheint die Annahme begründet, daß der neue Unternehmer und event. die Unternehmer ähnlicher Bahnen in dem betr. Landesteile einen rechtlichen Anspruch auf die Zuweisung dieser Beträge haben. Der Ausdruck des Gesetzes ist übrigens nicht korrekt. Denn das frühere Unternehmen existiert nach Erlöschen oder Zurücknahme der Genehmigung nicht mehr (Anm. 83 S. 285 ff.). Zu Gunsten „des früheren Unternehmens" kann also eine Verwendung nicht stattfinden. Ohne Zweifel ist vielmehr dasjenige neue Unternehmen gemeint, welches entweder vom früheren Unternehmer oder einem Dritten an Stelle des eingegangenen und mit Zuhilfenahme der Bestandteile desselben errichtet wird. Ob das neue Unternehmen sich mit dem früheren ganz oder wenigstens teilweise deckt, ist quaestio facti. Dies wird nur dann der Fall sein, wenn wenigstens ein Teil der alten und der neuen Linie identisch ist.

§ 27 Satz 3.

Unbestimmt ist ferner der Ausdruck „in dem betreffenden Landesteile", weil darunter sowohl die Provinz, wie der Regierungsbezirk, Kreis oder auch eine nur historische Bezeichnung (Grafschaft, Mark, Herzogtum ꝛc.) verstanden werden kann. Die Absicht des Gesetzes, die Beträge einem dem Verkehrszwecke des früheren Unternehmers tunlichst entsprechenden und naheliegenden Unternehmen zuzuwenden, dürfte die Annahme begründet erscheinen lassen, daß in der Regel der Gemeindebezirk oder der Kreis, in welchem das alte Unternehmen belegen war, und nur eventuell der Regierungsbezirk bezw. die Provinz in Betracht zu ziehen ist. Der Annahme Gleims (§ 27 Anm. 2 S. 155), es sei damit überhaupt kein politischer Bezirk, sondern nur ein durch dieselben wirtschaftlichen Verkehrsinteressen gegebener Landesteil gemeint, kann nicht beigepflichtet werden, weil, wie aus der Entstehung des § 27 ersichtlich, die Absicht vorlag, dem Ermessen des Ministers in Betreff der Verwendung der Geldstrafen gewisse Grenzen zu ziehen, und dieser Absicht die gänzlich unbestimmte Gleimsche Definition nicht entsprechen würde. Eine Verwendung zu Gunsten der Gläubiger des Unternehmers ist ausgeschlossen.

§ 28.[97])

Unternehmer von Kleinbahnen sind verpflichtet, sich den Anschluß anderer Bahnen gefallen zu lassen, sofern die Behörde, welche die Genehmigung für die Bahn, an welche der Anschluß erfolgen soll, erteilt hat, mit Rücksicht auf die Konstruktion und den Betrieb der

Bahn den Anschluß für zulässig erachtet.[98]) Dieselbe Behörde entscheidet auch darüber, wo und in welcher Weise der Anschluß erfolgen soll, regelt in Ermangelung einer gütlichen Vereinbarung die Verhältnisse beider Unternehmer zu einander und setzt, vorbehaltlich des Rechtsweges, die dem erstgedachten Bahnunternehmer für die Benutzung oder Veränderung seiner Anlagen zu leistende Vergütung fest.[99])

§ 28 Prinzip. [97]) Prinzip und Entstehungsgeschichte des § 18.

I. Prinzip. Die §§ 28 und 29 regeln die Anschlußpflicht und das Anschlußrecht der Kleinbahnen in Bezug auf andere Bahnen.

§ 28 legt den Unternehmern von Kleinbahnen die Pflicht gesetzlich auf, sich unter den im Gesetze angegebenen Voraussetzungen den Anschluß anderer Bahnen gefallen zu lassen, während § 29 den Kleinbahnunternehmern das Recht gibt, den Anschluß an Haupt- und Nebenbahnen unter den gesetzlich vorgesehenen Modalitäten zu verlangen.

§ 28 verpflichtet im Satz 1 ausnahmslos alle Unternehmer von Kleinbahnen zur Gestattung des Anschlusses anderer Bahnen und gibt damit vice versa allen Bahnen, nicht nur den Kleinbahnen, das Recht, den Anschluß an Kleinbahnen zu verlangen. Doch ist dieses Recht und die korrelate Pflicht von der Voraussetzung abhängig, daß die für die Genehmigung der anschlußpflichtigen Bahn zuständige Behörde mit Rücksicht auf die Konstruktion und den Betrieb der Bahn den Anschluß für zulässig erachtet. Nur mit Rücksicht auf die bezeichneten beiden Richtungen hat aber die Behörde über die Zulässigkeit des Anschlusses zu entscheiden, so daß aus anderen, als den darin liegenden Gründen die Ablehnung des Anschlusses nicht erfolgen darf.

Satz 2 weist der genehmigenden Behörde zugleich die Kompetenz zur Entscheidung in Betreff des Ortes und der Art des Anschlusses zu, und ferner — in Ermangelung einer gütlichen Vereinbarung — sowohl über die Verhältnisse beider Unternehmer, wie über die dem anschlußpflichtigen Unternehmer für die Benutzung oder Veränderung seiner Anlagen zu leistende Vergütung. Die Entscheidung über die Vergütung ist aber nur eine provisorische und erfolgt vorbehaltlich des Rechtsweges.

§ 28 Entstehung. II. Aus der Entstehungsgeschichte des § 28 ist folgendes bemerkenswert:

Der Regierungsentwurf (Herrenh.-Aktst. Nr. 34 S. 60) schlug als § 24 — abgesehen von geringen redaktionellen Abweichungen — eine von dem Gesetzestext nur insofern abweichende Fassung vor, als die Anschlußpflicht nur auf Bahnen dieser Art beschränkt war, und enthielt folgende Motivierung (Herrenh.-Aktst. Nr. 34 S. 67): „Die Kleinbahnen sind ihrer Lage und ihrer Beschaffenheit nach zwar nicht geeignet, zu einem eigentlichen Netze zusammengeschlossen zu werden. Gleichwohl werden in vielen Fällen, insbesondere auf solchen Bahnen, auf welchen Güterverkehr stattfindet, gewichtige wirtschaftliche Interessen die Geleisverbindung mehrerer Bahnen erfordern. Es empfiehlt sich deshalb, die Pflicht zur Gestattung des Anschlusses, welche nach § 45 des Gesetzes über die Eisenbahnunternehmungen vom 3. November 1838 und nach Artikel 41 Abs. 2 der Reichsverfassung den Eisenbahnen im Sinne dieser Gesetze unter einander obliegt, auch auf die Bahnen, welche das gegenwärtige Gesetz im Auge hat, zu übertragen. Der Gefahr einer

Anwendung dieses Grundsatzes auf Fälle, in welchen durch den Anschluß ohne Not in die Verhältnisse der Bahn, in deren Geleise die Einmündung erfolgen soll, störend eingegriffen werden würde, wird dadurch vorgebeugt, daß von der Behörde, welche die Genehmigung erteilt hat, darüber zu befinden ist, ob und eventuell in welcher Weise die Konstruktions- oder Betriebsverhältnisse dieser Bahn den Anschluß gestatten."

In der Kommission des Abg.-H. (Abg.-H. Drucks. Nr. 206 S. 2289) wurden die Eingangsworte: „Jede Bahnunternehmung der im § 1 bezeichneten Art ist" in die Worte verändert: „Unternehmer von Lokalbahnen sind". Diese Veränderung wurde teils als redaktionell richtiger, teils als Konsequenz der im § 1 aufgenommenen anderen Bezeichnung dieser Bahnen für angemessener erachtet. Die Worte „dieser Art" in Zeile 3 wurden auf Antrag eines Mitgliedes gestrichen, indem sich die Kommission der Begründung des Antragstellers anschloß, daß auch möglicherweise Bahnen anderer Art den Anschluß an eine Lokalbahn suchen könnten. Der Antrag eines Mitgliedes auf Einfügung der Worte „in letzterer Beziehung" wurde damit motiviert, daß nur die Festsetzung der Vergütung dem Rechtsweg unterliegen solle. Die Kommission nahm indessen einen anderen, denselben Zweck verfolgenden Antrag an, die Worte „vorbehaltlich des Rechtsweges" gleich hinter dem Worte „setzt" in der viertletzten Zeile einzufügen, indem nach ihrer Ansicht der beabsichtigte Zweck durch diesen Antrag in besserer Form erreicht würde. Auf die Anfrage eines Mitgliedes, ob unter der Gestattung des Anschlusses die Benutzung des Geleises der Bahnen, welche sich den Anschluß gefallen lassen müssen, zu verstehen sei, erklärte der Minister, daß dies nicht der Fall sei, es sei vielmehr nur die Zulassung einer direkten Schienenverbindung gemeint, sodaß Personen oder Güter von dort aus auf der den Anschluß gestattenden Linie direkt weiter geführt werden können.

§ 24 wurde hierauf mit großer Majorität angenommen, und ging — bis auf die Ersetzung des Wortes Lokalbahnen durch Kleinbahnen — als § 28 unverändert in das Gesetz über.

98) Satz 1 legt den Unternehmern von Kleinbahnen die Pflicht auf, sich § 28
unter der dort vorgesehenen behördlichen Zustimmung den Anschluß anderer Satz 1.
Bahnen gefallen zu lassen.

1. Die Anschlußpflicht der Kleinbahnunternehmer hat öffentlich rechtlichen Charakter. Daraus folgt, daß sie den zuständigen Behörden gegenüber verpflichtet sind, anderen Bahnen den Anschluß zu gestatten. Jeder den Anschluß begehrenden Bahn steht gegenüber der anschlußpflichtigen, welche den Anschluß verweigert, das Recht der Beschwerde bei der zuständigen Behörde zu. Die Anschlußpflicht kann nur durch Anrufung der nach § 28 zuständigen Behörde und eventuell mit den im § 52 gegebenen Rechtsmitteln geltend gemacht werden. (S. Gleim S. 157, Eger, Mitt. der Ver. Deutsch. Straßenb. u. Kleinb. Verw. 1899 S. 42).

Dagegen kann im Rechtswege ein zivilrechtlicher Anspruch auf Gestattung des Anschlusses nicht erhoben werden. Auch die Voraussetzungen für das Ergänzungsverfahren liegen hier nicht vor, weder gegenüber der Gemeinde als Eigentümerin der Schienenwege, noch gegenüber fremden Eigentümern (A. M. Hilse, d. Straßenb.- u. Kleinb.-Zeitg. 1898 Nr. 25.) Wohl aber erscheint es zulässig, daß, wenn die Verpflichtung zur Gestattung des Anschlusses an sich und in Betreff der einzelnen Modalitäten im konkreten Falle von der zuständigen Behörde festgestellt und einer

Kleinbahn auferlegt ist, im Falle der Verweigerung derselben, die Ausführung zu gestatten, von dem anschlußbegehrenden Unternehmer die Anerkennung dieser Pflicht und die Gestattung, die erforderlichen Einrichtungen auszuführen, im Zivilprozesse verfolgt und überdies für den dadurch verursachten Verzugsschaden Entschädigung gefordert wird, abgesehen von den administrativen Zwangsmitteln (S. 278 ff.), welche von den Aufsichtsbehörden zur Anwendung gebracht und bei Privatbahnen bis zur Verwirkung der Konzession gesteigert werden können (§§ 24, 25). Auch sind, solange seitens der zuständigen Administrativbehörde Entscheidung über die Anschlußpflicht 2c. gemäß § 28 noch nicht getroffen ist, gegen eigenmächtige Eingriffe der anschlußbegehrenden Bahn auf Herbeiführung des Anschlusses die possessorischen Rechtsmittel (einstweilige Verfügung) im Rechtswege zulässig.

Reichsger. 5. Ziv. Sen. 21. Dezember 1901 Eisenb.=Entsch. XXIII S. 270.

Es muß angenommen werden, daß der Antrag des anschlußsuchenden Unternehmers, insbesondere einer Kleinbahn, auf Gestattung des Anschlusses schon mit dem Antrage auf Genehmigung seines Unternehmens (§§ 2—5) verbunden werden darf, weil häufig die Rentabilität des Unternehmens und seine finanziellen Aussichten von der Gestattung des Anschlusses abhängig sind.

2. Die Anschlußpflicht der Kleinbahnen ist passiver Natur. Sie sind lediglich verbunden, sich den Anschluß anderer Bahnen gefallen zu lassen, d. h. nicht zu verweigern, wenn diese ihn bewirken wollen. Dagegen sind die Kleinbahnen nicht verpflichtet, den Anschluß mit anderen Bahnen herzustellen, d. h. ihrerseits bezügliche Schritte zu tun. Auch ist es nicht zulässig, daß dem Kleinbahnunternehmer die Herstellung eines Anschlusses mit einer anderen Bahn in der Genehmigung auferlegt wird. (S. unten Ziff. 6 S. 318 u. Störk, Zeitschr. f. Kleinb. 1898 S. 307 ff. Eger a. a. O. S. 48).

3. Die Anschlußpflicht erstreckt sich ausnahmslos auf alle Kleinbahnen, gleichviel wer der Unternehmer ist und von welcher Betriebsart sie sind. Sowohl Pferde=, wie Dampf=, elektrische=, atmosphärische 2c. Bahnen sind anschlußpflichtig; ferner Kleinbahnen, welche im Eigentume oder Betriebe des Fiskus, der Provinz, des Kreises, einer Gemeinde, einer ausländischen Gesellschaft oder eines Privatunternehmers stehen.

4. Die Anschlußpflicht besteht ausnahmslos gegenüber allen anderen Bahnen, Staats= und Privatbahnen, Haupt=, Neben= und Kleinbahnen, ist also keineswegs auf Kleinbahnen beschränkt. Es kommt auch nicht darauf an, ob die anzuschließende Bahn eine neu angelegte ist oder nicht (wie bei Haupt= und Nebenbahnen s. § 45 Eisenb.=Ges., Art. 41 Abs. 2 Reichsverfass.). Doch beschränkt sich die Pflicht auf in Preußen belegene Bahnen, außerpreußischen Linien gegenüber sind die Kleinbahnen nicht anschlußpflichtig, selbst dann nicht, wenn jene Preußischen Unternehmern gehören. Ferner beschränkt sie sich auf die dem öffentlichen Verkehre dienenden, also dem Eisenb.=Ges. v. 1838 oder dem Kleinbahnges. v. 1892 unterworfenen Bahnen. Privatanschlußbahnen (§§ 43 ff.) gehören nicht hierher; für diese ist die Frage des Anschlusses von Kleinbahnen im § 10 des Kleinb.=Ges. geregelt.

5. Die Pflicht umfaßt jede Art der Verbindung mit der anschlußbegehrenden Bahn, gleichviel ob es sich um eine Fortsetzung an den Endpunkten der anschlußpflichtigen Bahn oder um eine Seitenverbindung (Flügelbahn), eine Kreuzung, eine parallele Linie 2c. handelt.

Vgl. über die Sicherung der Kreuzung von Kleinbahnen mit Eisenbahnen: Erl. v. 24. Oktober 1896 Zeitschr. S. 630, v. 29. Jan. 1897, S. 198 v. 18. März 1900 S. 253. Verzeichnis Nr. 34, 40, 85, und über das Verbot des Einschneiden der Schienen von Eisenbahnen: Erl. v. 16. November 1901 Zeitschr. f. Kleinb. S. 793. Verzeichnis Nr. 119.

Die Beschränkung auf Fortsetzungen und Seitenverbindungen, welche § 45 des preußischen Eisenbahngesetzes enthält, ist durch die allgemeine Fassung des § 28 beseitigt. (Eger, Mitt. 2c. 1899 S. 43). Auch die Kreuzung der elektrischen Drähte zweier oder mehrerer elektrischen Bahnen durch Einbau von Kreuzungsstücken in die Leitungsdrähte 2c. oder einer elektrischen Bahn mit einer Dampf- oder Pferde- 2c. Bahn u. s. w. ist als eine Form des Anschlusses im Sinne des § 28 zu betrachten und bedarf mangels gütlicher Vereinbarung der Entscheidung der zuständigen Genehmigungsbehörde.

Reichsger. 5. Civ. Sen. v. 21. Dezember 1901. Eisenb.-Entsch. XVIII S. 270.

6. Die Pflicht beschränkt sich aber auf das „Gefallenlassen", d. h. die Gestattung des Anschlusses, bezw. der für die Geleisverbindung beider Bahnen erforderlichen Arbeiten und Einrichtungen; die Zulassung dieser darf weder abgelehnt, noch erschwert werden. Sie schließt aber die Verbindlichkeit, die Mitbenutzung einzelner Geleise, Strecken, Bahnhöfe, Betriebsanlagen 2c. der neu angelegten Bahn zu gestatten, nicht in sich. Die Pflicht zur Gewährung des Mitbetriebes — wie nach § 45 des Eisenb.-Ges. v. 1838 — ist damit nicht verknüpft. Zur Gestattung der Einführung der Züge der anschließenden Bahn in die Bahnhöfe der anderen Bahn kann daher der Unternehmer der letzteren auf Grund des § 28 nicht gezwungen werden, weil er nur zur Gestattung des Anschlusses, nicht auch der Benutzung seiner Geleise verpflichtet ist (S. 810), die Einführung in seine Bahnhöfe aber immer mit einer Benutznng seiner Geleise verbunden ist. Die Regelung der Verhältnisse der Unternehmer zu einander ist daher in diesen Fällen lediglich ihrer Vereinbarung überlassen (Gleim S. 158). Unter „Anschluß" ist hiernach nur zu verstehen die Verbindung einer Bahn mit einer anderen durch eine Weiche (Einlegung von Weichen, Aneinanderschließen der Geleise, Anlegung einer Drehscheibe 2c.), welche die Möglichkeit gewährt, daß die Betriebsmittel der ersteren ohne weiteres auf die letztere übergehen und auf derselben weiter befördert werden können. Die Möglichkeit der direkten Weiterbeförderung ist daher ein wesentliches Erfordernis für den Begriff des Anschlusses. Daraus folgt, daß von einem „Anschlusse" in diesem Sinne nur die Rede sein kann, wo die betreffenden Bahnen gleiche Geleisspurweiten haben. Ein Anschluß liegt daher nicht vor, wenn Wagen einer Schmalspurbahn in den Bahnhof einer Normalspurbahn mittelst Einlegung einer dritten Schiene in das Geleis der letzteren eingeführt werden, und ebensowenig wenn Einrichtungen für die Überladung der Güter aus den Wagen einer Schmalspurbahn in die einer Normalspurbahn angebracht sind (s. § 29 Anm. 101 S. 822). Die Pflicht zur Gestattung des Anschlusses beschränkt sich vielmehr auf die Gestattung der Einlegung der Anschlußgeleise und der hierzu gehörigen Arbeiten und Vorrichtungen. Die Benutzung ihrer Geleise 2c. braucht sich die Bahn, an welche der Anschluß erfolgt, nicht gefallen zu lassen, sondern nur die Benutzung der Anschlußvorrichtungen, die Zulassung der direkten Schienenverbindung. Die §§ 6 u. 7 können nicht zur Anwendung kommen, da die Kleinbahn als ein öffentlicher Weg im Sinne derselben nicht zu erachten ist. Es erscheint auch nicht zulässig, den Kleinbahnunternehmern in der Genehmigung die Pflicht aufzuerlegen, anderen Bahnen die Mitbenutzung der Geleise bezw. den Mitbetrieb zu ge-

statten und damit die vom Gesetze nicht gewollte Ausdehnung der Anschlußpflicht auf dem Wege der Konzession einzuführen. Denn über das Maß der vom Gesetze selbst bestimmten oder zugelassenen Verpflichtungen soll in den Genehmigungsbedingungen nicht hinausgegangen werden, um nicht auf diese Weise die Bildung und Entwicklung der Kleinbahnen zu erschweren. (Vgl. § 10 Anm. 41 S. 172 ff. und Hilse im Preuß.-Verw.-Bl. 1896 Nr. 31.) Ebensowenig darf der Wegeunterhaltungspflichtige seine Zustimmung zur Wegebenutzung (§§ 6, 7) davon abhängig machen, noch ist die Beschlußbehörde berechtigt, dem Unternehmer die Pflicht zur Gestattung der Mitbenutzung im Ergänzungsbeschlusse aufzuerlegen (vgl. die zutreffenden Ausführungen von Störk, Zeitschr. f. Kleinb. 1898 S. 306—311). Vereinbaren die Beteiligten gütlich die Mitbenutzung der Geleise, so ist doch wegen der Fragen der Betriebssicherheit ꝛc. die Zustimmung der Genehmigungsbehörde erforderlich. (Vgl. Gleim, Recht der Eisenb. I, S. 419 und Komm. z. Kleinbahngeſ., § 28, Anm. 1, Eger, Mitt. ꝛc. 1899 S. 44). Auch das Ob.-Verw.-Ger. nimmt auf Grund des Wortlautes und der Entstehungsgeschichte des § 28 an, daß unter „Anschluß" bezw. „Benutzung seiner Anlagen" nicht die Mitbenutzung der Geleise der ganzen anschlußpflichtigen Bahn, sondern nur die Benutzung der Anschlußvorrichtungen zu verstehen sei und eine darüber hinausgehende Verpflichtung auch nicht durch einen Vorbehalt in der Genehmigung begründet werden könne.

O.-V.-G. 4. Senat. 12. Dezember 1896. Entsch. d. O.-V.-G. Bd. 31 S. 374 (378 bis 380.)

7. Noch weniger kann die anschlußpflichtige Bahn zu entsprechenden Handlungen, z. B. zur Errichtung von Baulichkeiten ꝛc., genötigt werden. Es ist lediglich Sache der anschlußsuchenden Bahn, den Anschluß auszuführen und alle dazu erforderlichen Baulichkeiten und Einrichtungen herzustellen. Dazu gehört z. B. auch die durch die Ausf.-Anw. v. 18. August 1898 zum § 9 unter A Ziff. 3 im Interesse der Landesverteidigung vorgeschriebene Herstellung zweckentsprechender Vorrichtungen zum Umladen, sofern ein Übergang der Wagen nicht angängig ist. Nur im Wege der Enteignung können Grundeigentum oder Rechte am Grundeigentum der anschlußpflichtigen Bahn von der anschlußsuchenden erworben werden. (Eger, Mitt. ꝛc. 1899 S. 44.)

8. Die Anschlußpflicht der Kleinbahnen ist von der Voraussetzung abhängig, daß die Behörde, welche die Genehmigung für die Bahn, an welche der Anschluß erfolgen soll, erteilt hat, mit Rücksicht auf die Konstruktion und den Betrieb der Bahn den Anschluß für zulässig erachtet; sie darf die Entscheidung keiner anderen Behörde übertragen. Der Ausdruck ist ohne Zweifel inkorrekt und entspricht nicht der Absicht des Gesetzes Denn der Wortlaut würde dahin führen, daß auch nach erfolgten wesentlichen Erweiterungen und Veränderungen des Unternehmens diejenige Behörde, welche zu dem ursprünglichen Unternehmen die Genehmigung erteilt hat, kompetent sein müßte, obwohl dieselbe zur Beurteilung der gegenwärtig in Betracht kommenden Konstruktions-, Betriebs- ꝛc. Verhältnisse nicht mehr qualifiziert ist. Mit Recht führt Gleim (§ 28 Anm. 8) die Inkorrektheit des Ausdruckes auf die Entstehung des Gesetzes zurück. Er will — vom strengen Wortlaute abgehend — hier diejenige Behörde verstanden wissen, welche zuletzt eine Genehmigung für die Bahn oder eine der dem Gesamtunternehmen angehörigen Bahnen erteilt hat, nicht diejenige, welche die Genehmigung für die betreffende Bahn zwar erteilt hat, aber wegen Erweiterungen

oder Veränderungen des Unternehmens zur Zeit nicht mehr als genehmigende Behörde in Betracht kommt. Indes, wenn man, wie ohne Zweifel notwendig, mit dem strengen Wortlaute überhaupt bricht, so erscheint es der Absicht des Gesetzes weit mehr entsprechend, die zur Genehmigung der anschlußpflichtigen Bahn jeweilig zuständige Behörde im Sinne des § 8 Abs. 3, § 22 Satz 1, § 25 als kompetent anzunehmen. Daß dafür sehr gewichtige sachliche Gründe sprechen, wird auch von Gleim (S. 158) anerkannt.

Aber auch dies ist für diejenigen Fälle nicht richtig und angemessen, in welchen die anschlußsuchende Bahn einer höheren Kategorie angehört und einer höheren Genehmigungs- und Aufsichtsbehörde untersteht, als die anschlußpflichtige. Ist z. B. die anschlußpflichtige Bahn eine der Ortspolizeibehörde unterstehende Kleinbahn (§ 3 Abs. 1 Nr. 2c), dagegen die anschlußsuchende Bahn eine mit Maschinenkraft betriebene, dem Regierungspräsidenten im Verein mit der eisenbahntechnischen Behörde unterstellte Kleinbahn (§ 3 Abs. 1 Nr. 1) oder eine dem Minister der öffentl. Arbeiten unterstellte Haupt- oder Nebenbahn (§ 4 Eisenb.-Ges. v. 3. November 1838), so hat nach § 28 Satz 1 die Ortspolizeibehörde über die Zulässigkeit des Anschlusses und nach Satz 2 über Ort und Art des Anschlusses, die Verhältnisse der Unternehmer zu einander und die Vergütung zu entscheiden. Daß dies nicht angängig ist und de lege ferenda in solchen Fällen die Entscheidung stets derjenigen Behörde zustehen muß, welche für die höhere Kategorie der beiden beteiligten Bahnen kompetent ist, bedarf keiner Begründung und ergibt sich auch aus den Motiven zum § 25. Anderenfalls wird häufig eine nicht qualifizierte Behörde über die Zulässigkeit und die in Betracht kommenden Verhältnisse des Anschlusses zu entscheiden haben. Denn bei dem Anschluß einer Hauptbahn an eine Kleinbahn ist die Einmündung nicht eine einseitige, sondern der Natur der Sache nach eine zweiseitige, es erfolgt ebensowohl die Einmündung der Hauptbahn in die Kleinbahn, wie die Einmündung der Kleinbahn in die Hauptbahn. In letzterer Hinsicht ist aber der Minister der öff. Arb. allein kompetent, welcher gemäß § 4 des Eisenb.-Ges. über die Konstruktionsverhältnisse der Hauptbahnen zu entscheiden hat (s. auch § 29 des Kleinb.-Ges.). Auch würde sonst die Kompetenz lediglich von dem Umstande abhängen, von welcher Bahn das Anschlußbegehren ausgeht. Dieser durch die Fassung des § 28 hervorgerufene Rechtszustand ist unhaltbar und bedarf notwendig der Abänderung. Der Minister der öff. Arb. hat auch keinen Zweifel darüber gelassen, daß durch § 28 Satz 1 seine Kompetenz aus § 4 des Eisenb.-Ges. v. 3. November 1838 in keiner Weise berührt wird und daher in allen Fällen der Berührung von Kleinbahnen mit Eisenbahnanlagen, gleichviel ob es sich um Anschluß mit gleicher Spurweite, Einführung in den Bahnhof einer Eisenbahn, Heranführung zur Benutzung von Überladevorrichtungen oder Einführung eines Rollbockbetriebes, Kreuzung oder Mitbenutzung unter Vorlage der Entwurfsstücke die ministerielle Entscheidung über die geplante Bauausführung 2c. vor Erteilung der Kleinbahngesetzlichen Genehmigung einzuholen ist. Es bedarf daher in diesen Fällen bei Privateisenbahnen der Zuziehung des mit der staatlichen Aufsicht betrauten Kgl. Eisenbahnkommissars und bei Staatseisenbahnen 2c. derjenigen Kgl. Eisenb.-Direktion, zu deren Verwaltungsbezirk die berührten Eisenbahnanlagen gehören.

Vgl. Erl. v. 1. März 1893, E.-V.-Bl. S. 147 — 16. Januar 1897 E.-V.-Bl. S. 23 — 7. Juni 1895, Zeitschr. f. Kleinb. S. 339 — 4. April 1901, eod. l. S. 344.

Die Anschlußpflicht des Kleinbahnunternehmers liegt vor, wenn die kompetente Behörde den Anschluß mit Rücksicht auf die Konstruktion und den Betrieb der Bahn für zulässig erachtet. Ist nach diesen beiden Richtungen die Zulässigkeit bejaht, so ist der Unternehmer zur Gewähr des Anschlusses verpflichtet und die Behörde gehalten, die Zulässigkeit auszusprechen. Konstruktion und Betrieb ist aber ganz allgemein gefaßt und begreift alle bezüglichen Verhältnisse, mögen sie die Verschiedenartigkeit des Baues der Schienengeleise, der Betriebsmittel ꝛc. oder der Zug- und Betriebseinrichtungen, Art der Güter, Abfertigung der Transporte (Güter-, Personen- und Tier-Transporte) ꝛc. zum Gegenstande haben. Denn es soll nach den Motiven durch diese Einschränkung der Gefahr einer Anwendung der Anschlußpflicht auf alle Fälle, in welchen durch den Anschluß ohne Not in die Verhältnisse der Bahn, in deren Geleise die Einmündung erfolgen soll, störend eingegriffen werden würde, vorgebeugt werden. Ist also z. B. die eine Bahn eine gewöhnliche Schienenbahn, die andere eine Zahnradbahn, oder die eine normal-, die andere schmalspurig, ist der Unter- und Oberbau der einen Bahn zu leicht für die Betriebsmittel der anderen, so liegen Verschiedenheiten der Konstruktions- oder Betriebsverhältnisse vor, welche die Unzulässigkeit des Anschlusses bedingen. Zustimmend bemerkt auch Gleim (§ 28 Anm. 4 S. 158), daß hierbei nicht nur die technische Seite des Betriebes, sondern auch der Betriebszweck in Betracht komme. Deshalb könne z. B. der Anschluß für unzulässig erachtet werden, wenn eine nur für den Güterverkehr bestimmte an eine nur dem Personenverkehr dienende Bahn oder eine Bahn der letzteren an eine Bahn der ersteren Art angeschlossen werden soll.

Zu weit aber geht Jerusalem (§ 28 Anm. 1) mit der Behauptung, daß nur, wenn die Konstruktion oder der Betrieb der Bahn, an welche der Anschluß erfolgen soll, den letzteren unmöglich macht, der Anschluß für unzulässig zu erklären ist. Dies entspricht weder dem Wortlaute, noch der Absicht des Gesetzes. Es ist vielmehr den Ermessen der Behörde überlassen, darüber zu befinden, ob die Konstruktions- und Betriebsverhältnisse der Bahn, an welche der Anschluß begehrt wird, denselben gestatten. Gegen Willkür der entscheidenden Behörde sind beide Teile durch die Rechtsmittel des § 52 gedeckt. Im Übrigen ist über das Verfahren nichts bestimmt. Es liegt aber im Wesen der Sache, daß die Behörde den Anschlußantrag der einen Bahn der anderen mitteilt, über die Einwendungen und Anforderungen derselben mit beiden verhandelt und darnach die beiden Teilen zuzustellende Entscheidung trifft. Die Ausführung der rechtskräftigen Entscheidung kann von der Behörde mit den administrativen Exekutivmitteln erzwungen werden. Auch ist die Bahn, welche den Anschluß verweigert, den Folgen des § 24 ausgesetzt. (Anm. 85 S. 291). Für die Ausführung und Inbetriebsetzung des Anschlusses können Fristen und Geldstrafen gesetzt sein, und es kommen alsdann die §§ 23—27 zur analogen Anwendung.

§ 28 Satz 2. 99) Satz 2 des § 28 regelt die Kompetenz zur Entscheidung über a) Ort und Art des Anschlusses, b) die Verhältnisse beider Unternehmer zu einander und c) die dem anschlußpflichtigen Unternehmer für die Benutzung oder Veränderung seiner Anlagen zu leistende Vergütung.

Dieselbe Behörde welche nach Satz 1 für die Gestattung des Anschlusses an sich zuständig ist, d. h. die jeweilig für die Genehmigung zuständige (Anm. 98 S. 314), ist auch in den vorbezeichneten Punkten zur Entscheidung kompetent, jedoch mit dem Unterschiede, daß in den Fällen unter b und c die Entscheidung eine nur subsidiäre, in Ermangelung einer gütlichen Vereinbarung stattfindende ist, und daß in den Fällen unter c überdies gegen die Entscheidung der Rechtsweg vorbehalten bleibt. Nur in betreff des Punktes c — Vergütung für Benutzung oder Änderung der Anlagen — ist der Rechtsweg zulässig.

a) Die Behörde entscheidet darüber, wo und in welcher Weise der Anschluß erfolgen soll, d. h. über Ort und Art des Anschlusses. Sie hat zu bestimmen sowohl an welcher Stelle der Anschluß zu geschehen hat, wie auch über alle zu diesem Behufe erforderlichen baulichen Einrichtungen, Bau und Konstruktion des Schienenanschlusses, der Übergangs-(Anschluß-)Weichen rc. Auch Kreuzungen sind Anschlüsse, deren Art und Ort die Behörde zu bestimmen hat. (S. Anm. 98 S. 312 und die dort angeführten Erlasse.) Sie hat aber hierbei stets im öffentlichen Verkehrsinteresse und in demjenigen der beteiligten Bahnen zu berücksichtigen, daß denselben der Anschluß nicht unnötig erschwert oder verteuert werden darf, also an der für die Anlage günstigsten Stelle und unter den tunlichst geringsten Herstellungskosten zu genehmigen ist. Auch darf die anschlußpflichtige Bahn zu Leistungen zum Zwecke des Anschlusses oder zur Kostentragung nicht herangezogen werden. In dem Erl. d. Min. d. öff. Arb. v. 9. Juni 1894 (E.-V.-Bl. S. 146 Verzeichnis Nr. 18 ist darauf hingewiesen, daß, wenn auch der Anschluß die Möglichkeit des unmittelbaren Übergangs der Betriebsmittel von der einen Bahn auf die andere zur Voraussetzung hat, doch die Herstellung von Einrichtungen zur Überladung von Gütern aus Wagen einer schmalspurigen Kleinbahn in Eisenbahnwagen oder umgekehrt ein Bedürfnis und überdies im Interesse der Landesverteidigung durch den Erlaß vom 19. November 1892 (E.-V.-Bl. 1893 S. 537 jetzt Ausf.-Anw. v. 13. Aug. 1898 z. § 9) ausdrücklich angeordnet ist; es empfehle sich daher, solche Einrichtungen tunlichst zu fördern, soweit nicht die Rücksicht auf die Sicherheit und Regelmäßigkeit des Eisenbahnbetriebes entgegensteht. Gegen die Entscheidung, welche beiden Teilen behändigt wird, sind nur die Rechtsmittel des § 52 zulässig. Sowohl der Rechtsweg, wie gütliche Vereinbarung sind ausgeschlossen. Es steht zwar an sich nichts entgegen, daß sich die beteiligten Bahnen vor der behördlichen Entscheidung verständigen und ihre Abmachungen der Behörde vorlegen. Aber dieser liegt in allen Fällen unbedingt die Entscheidung ob; sie hat die vorgelegten Abmachungen entweder zu bestätigen oder abzulehnen bezw. ihre eigenen Bestimmungen an deren Stelle zu setzen. Die Abmachungen dürfen aber niemals die behördliche Entscheidung ersetzen oder ihr präjudizieren, sie sind lediglich Material, welches, insoweit es brauchbar, die Behörde für ihre Entscheidung verwenden kann. Solange jedoch die Entscheidung der Administrativbehörde noch nicht getroffen ist, stehen der anschlußpflichtigen Bahn gegen etwaige Eingriffe der anschlußbegehrenden Bahn zur Herbeiführung des Anschlusses, (z. B. durch Einbauen von Kreuzungsstücken in die Leitungsdrähte der ersteren) die possessorischen Rechtsmittel im Rechtswege zu.

Reichsger. 5. Ziv.-Sen. 21. Dezember 1901 Eisenb. Entsch. XVIII S. 270.

b) Die Behörde entscheidet ferner über die Verhältnisse beider Unternehmer zu einander; sie hat über alle Verhältnisse beider Unternehmer, welche aus dem Anschlusse der Bahnen sich ergeben, Bestimmung zu treffen; dahin gehören vornehmlich die gesamten den Anschlußbetrieb und Transport betreffenden Verhältnisse, Ort, Zeit und sonstige Modalitäten des Übergangs, der Zuführung, der Übernahme und Übergabe der Wagen und Maschinen, Überführungs- (s. g. Anrücke-) Gebühren, Empfangsbescheinigung, Regelung des Fahrplans, des Durchgangs-Verkehrs, der Abfertigung, Haftpflicht, das Verhältnis zur Post rc., Überwachungspersonal rc. Es kommen hierbei die Erl. d. Min. d. öff. Arb. vom 9. Juni 1894 Ziff. 8—7 (E.-V.-Bl. S. 146. Verzeichnis Nr. 18) 22. April 1895 (eod. 1895 S. 869. Verzeichnis Nr. 18) 4. Februar 1897 (E.-V.-Bl. S. 36. Verzeichnis 41), 9. Mai 1898 (Zeitschr. f. Kleinb. S. 815. Verzeichnis Nr. 58), 13. September 1898 (E.-V.-Bl. S. 262. Verzeichnis Nr. 68), 26. Februar 1898 (E.-V.-Bl. S. 66. Verzeichnis Nr. 54) in Betracht. Die Entscheidung über die Verhältnisse der Unternehmer zu einander erfolgt aber nur „mangels gütlicher Vereinbarung". Verständigen sich die Unternehmer hierüber, so bedarf es einer behördlichen Entscheidung nicht; dieselbe hat also nur subsidiäre Natur. Vergl. noch § 29 Anm. 102 S. 828. Art und Form der Vereinbarung kann in beliebiger Weise erfolgen. Indes steht es, soweit das öffentliche Verkehrsinteresse oder sicherheitspolizeiliche Punkte (§ 4) oder die Erfüllung der Konzessionsbedingungen und gesetzlichen Verpflichtungen hierbei etwa in Frage kommen, der Aufsichtsbehörde zu, in die bezügliche Vereinbarung einzugreifen (§ 22). Der Rechtsweg ist aber in Betreff der Regelung der in Rede stehenden Verhältnisse ausgeschlossen. (Eger, Mitt. rc. 1899 S. 70).

c) Die Behörde setzt endlich die dem anschlußpflichtigen Bahnunternehmer für die Benutzung oder Veränderung seiner Anlagen zu leistende Vergütung fest. Diese Festsetzung ist jedoch keine endgültige, sie erfolgt „vorbehaltlich des Rechtsweges". Daß der den Anschluß begehrende Unternehmer die gesamten Kosten des Anschlusses zu tragen hat, bedurfte keiner besonderen Bestimmung im Gesetze, da dies selbstverständlich ist und sich mittelbar auch aus Satz 1 ergibt, welcher die anschlußpflichtige Bahn nur verpflichtet, sich den Anschluß gefallen zu lassen. Die in Ermangelung einer bezüglichen Vereinbarung der Unternehmer von der Behörde festzusetzende Vergütung muß so bemessen werden, daß der Unternehmer der Bahn, an welche der Anschluß erfolgt, in keiner Richtung einen Nachteil erleidet (Gleim S. 158). Der Anschlußsucher hat also die Kosten für die Schienenverbindung, die Verbindungsgeleise, Übergangsweichen, Signalvorrichtungen und alle sonstigen zum Anschluß nötigen baulichen Einrichtungen, Terrainerwerbungen rc. allein zu tragen. Ersterer ist daher nicht nur für die durch Veränderung seiner Anlagen ihm erwachsende Benachteiligung, insbesondere auch für die Vermehrung der Unterhaltungskosten, sondern auch dafür zu entschädigen, daß der Anschluß, wie dies regelmäßig der Fall sein wird, eine Mitbenutzung seines Grund und Bodens durch den Unternehmer der anschließenden Bahn bedingt. (Gleim S. 159.) Die Gewähr des Anschlusses schließt für die sich anschließende Bahn implicite und ex lege die Pflicht zur Tragung aller dieser Kosten in sich, und es bedarf daher einer besonderen Auferlegung oder Festsetzung derselben nicht. Würden der anschlußpflichtigen Bahn derartige Kosten auferlegt werden, so würde sie im Beschwerdewege gegen derartige Auflagen vorgehen können, auch jeden vom Anschlußsucher gegen sie im Rechtswege gerichteten Anspruch auf Erstattung oder Zahlung solcher Kosten als gesetzlich unbegründet zurückzuweisen berechtigt sein. (Eger, Mitt. 1899 S. 71.) Der Anschlußsucher hat aber auch ferner die anschlußpflichtige Bahn für die infolge des Anschlusses erforderliche Benutzung oder Veränderung ihrer Anlagen, d. h. für die zur Herstellung und zum Betriebe des Anschlusses erforderlichen Eingriffe in ihr Eigentum und in ihre Rechte zu entschädigen. Hierüber soll — wohl mit Rücksicht auf die dabei in Betracht kommenden technischen Fragen, sowie die Kostenersparnis — zunächst eine administrative Entscheidung durch die zuständige Behörde stattfinden, für welche bezüglich des Verfahrens das oben S. 816

Bemerkte gilt. Es ist in das freie Ermessen derselben gestellt, festzusetzen, ob überhaupt eine Benutzung oder Veränderung der Anlagen der anschlußpflichtigen Bahn stattfindet bezw. stattgefunden hat, und bejahendenfalls, in welcher Art und Höhe die Vergütung zu leisten ist, ob in einer einmaligen Kapitalszahlung oder in fortlaufenden Zahlungen (Gebühren 2c.) Gegen diese administrative Entscheidung ist beiden Teilen der Rechtsweg gegeben. Dieselbe ist also an sich keine endgültige. Erfolgt aber die Beschreitung des Rechtsweges nicht innerhalb der gegen die administrative Entscheidung gegebenen Rechtsmittelfrist (§ 52), so wird dieselbe rechtskräftig, und ist der Rechtsweg nicht mehr zulässig. Aus den Worten: „die dem erstgedachten Bahnunternehmer zu leistende Vergütung" ergibt sich, daß die bezüglichen Kosten in vollem Umfange allein von der anschlußsuchenden Bahn zu tragen sind und die Behörde nicht etwa eine hiervon abweichende Regelung der Kostenlast bezw. eine Teilung derselben vornehmen darf. Ihre Kompetenz erstreckt sich nur darauf, über die Art und Höhe 2c. der Vergütung, welche dem anschlußpflichtigen Unternehmer zu leisten ist, Entscheidung zu treffen.

d) Die Genehmigung der Behörde zur Gewährung des Anschlusses ist nicht stempelpflichtig (Stempelsteuergesetz vom 31. Juli 1895 Tarif Nr. 22 m), da darin eine Betriebsgenehmigung nicht liegt.

§ 29.[100])

Unternehmer von Kleinbahnen können die Gestattung des Anschlusses ihrer Bahnen an Eisenbahnen verlangen, welche dem Gesetze über die Eisenbahnunternehmungen vom 3. November 1838 unterliegen, sofern der Minister der öffentlichen Arbeiten mit Rücksicht auf die Konstruktion und den Betrieb der letzteren den Anschluß für zulässig erachtet.[101]) Darüber, wo und in welcher Weise der Anschluß herzustellen ist, und über die Verhältnisse beider Unternehmer zu einander, insbesondere über die dem Eisenbahnunternehmer für die Benutzung oder Veränderung seiner Anlagen zu leistende Vergütung entscheidet, in letzterer Beziehung unter Vorbehalt des Rechtsweges, der Minister der öffentlichen Arbeiten.[102])

100) Prinzip und Entstehungsgeschichte des § 29. § 29

I. Prinzip. Wie für andere Bahnen der Anschluß an Kleinbahnen, so kann Prinzip. auch für Kleinbahnen der Anschluß an andere Bahnen mit Rücksicht auf das öffentliche Verkehrsbedürfnis häufig geboten, sowie in Betreff der Entwickelung und Hebung des Verkehrs der eigenen Linien und deren Rentabilität erwünscht sein. Es erschien daher zweckmäßig und billig, mit der Anschlußpflicht der Unternehmer von Kleinbahnen auch zugleich das korrelate Anschlußrecht derselben an andere Bahnen zu verbinden. Das Recht der Kleinbahnen, sich an andere Kleinbahnen anzuschließen, folgt bereits aus § 28 und bedurfte daher keines weiteren Ausdrucks im Gesetze. Denn aus der Pflicht der Kleinbahnen, allen anderen Bahnen den Anschluß zu gestatten, ergibt sich e contr. das Recht der letzteren, also auch das der Kleinbahnen, den Anschluß an Kleinbahnen zu verlangen. Dagegen ist damit nicht das Recht der Kleinbahnen ausgesprochen, den Anschluß an die dem Gesetze vom 8. Novbr. 1838 unterworfenen Bahnen zu verlangen. Dies bedurfte daher einer besonderen gesetzlichen Bestimmung. § 29 verleiht demgemäß den Unternehmern dieses Anschlußrecht, und zwar im wesentlichen unter den gleichen Voraussetzungen, unter welchen anderen Bahnen das Anschlußrecht an Kleinbahnen gemäß § 28 zusteht, d. h. daß die zuständige Behörde mit Rücksicht auf die Konstruktion und den Betrieb der anschlußpflichtigen Bahn den Anschluß für zulässig erachtet. Nur ist die zuständige Behörde hier der Minister der öffentlichen Arbeiten, der gemäß § 4 des Eisenb.-Ges. ausschließlich befugt ist, über die Konstruktion der dem Ges. vom 3. November 1838 unterworfenen Bahnen, also auch über die Einmündung anderer Bahnen in dieselben, zu entscheiden. Folgerichtig ist ihm auch die Kompetenz zur Entscheidung über Ort und Art der Herstellung des Anschlusses, über die Verhältnisse beider Unternehmer zu einander, sowie über die dem anschlußpflichtigen Unternehmer für die Benutzung oder Veränderung seiner Anlagen zu leistende Vergütung — in letzterer Beziehung unter Vorbehalt des Rechtsweges — zugewiesen.

Vgl. Erl. v. 4. April 1901, Zeitschr. f. Kleinb. S. 344 f. oben § 28 Anm. 98 S. 315.

Es ist bereits an früherer Stelle (§ 28 S. 314 ff.) auf die Anomalie hingewiesen worden, daß, wenn umgekehrt der Anschluß einer dem Ges. v. 1838 unterliegenden Bahn an eine Kleinbahn verlangt wird, nach § 24 die für die Kleinbahn zuständige Behörde zur Entscheidung über den Anschluß kompetent ist, obwohl in gleicher Weise die Konstruktionsverhältnisse der ersteren Bahn in Betracht kommen, und daß de lege ferenda dieser Widerspruch zu beseitigen sein dürfte. Bezüglich der Bestimmungen über die Kompetenz unterscheidet sich § 29 noch dadurch von § 28, daß im § 29 die Entscheidung über die Verhältnisse der Unternehmer zu einander und über die Vergütung nicht erst in Ermangelung einer gütlichen Vereinbarung stattzufinden hat. Indes scheint die Fortlassung der Worte „in Ermangelung einer gütlichen Vereinbarung" im § 29 lediglich auf einer Omission zu beruhen. (S. Anm. 102 i. f. S. 328). Die Pflicht zum Mitbetriebe, welche beim Anschlusse von Bahnen des Ges. von 1838 untereinander mit der Anschlußpflicht verknüpft ist (§ 45 Ges. v. 1838), ist beim Anschluß der Kleinbahnen an dieselben mit der Anschlußpflicht aus § 29 nicht verbunden.

Übereinstimmend Gleim S. 160. Vgl. auch Erl. v. 16. Januar 1897 Zeitschr. f. Kleinb. S. 197. Verzeichnis Nr. 38.

§ 29 Entstehung. II. Der Entstehungsgeschichte des § 29 ist folgendes zu entnehmen:

Die Regierungsvorlage § 25 (Herrenh.-Drucks. Nr. 34 S. 60), welche im wesentlichen übereinstimmend mit § 29 des Gesetzes lautete, war, wie folgt, begründet (a. a. O. S. 67): „Die tunlichste Nutzbarmachung der Kleinbahnen für den öffentlichen Verkehr wird häufig auch ihren Anschluß an Eisenbahnen im Sinne des Gesetzes über die Eisenbahnunternehmungen vom 3. Novbr. 1838 erfordern. Der § 25 (29) begründet deshalb auch für die letzteren zu Gunsten der ersteren die Verpflichtung zur Gestattung des Anschlusses unter denselben Voraussetzungen und mit denselben näheren Bestimmungen, welche nach § 24 (28) für die betreffenden Verpflichtungen der Kleinbahnen untereinander maßgebend sind. Die dort der Behörde, welche die Genehmigung erteilt hat, zugewiesenen Funktionen mußten aber hier, wo es sich um Einführung in wirkliche Eisenbahnen handelt, dem Minister der öffentlichen Arbeiten vorbehalten werden, welchem nach § 4 des

Gesetzes über die Eisenbahnunternehmungen ausschließlich die Befugnis zusteht über die Konstruktionsverhältnisse derjenigen Bahnen, in welche die Einmündung erfolgen soll, Bestimmung zu treffen.

In der Kommission des Herrenhauses (Aktst. Nr. 69 S. 348) wurde die Regierungsvorlage einstimmig angenommen und in der Kommission des Abg.-Hauses (Abg.-H. Nr. 206 S. 2289) nur einige unwesentliche redaktionelle Änderungen vorgenommen.

101) Satz 1 gewährt den Unternehmern von Kleinbahnen das Recht, unter der dort vorgesehenen Zustimmung des Ministers der öffentlichen Arbeiten, die Gestattung des Anschlusses ihrer Bahnen an Eisenbahnen zu verlangen, welche dem Gesetze v. 8. November 1888 unterliegen. § 45 des Eisenb.-Ges. von 1888 gibt das Anschlußrecht nur diesen Bahnen untereinander, § 29 des Kleinb.-Ges. dehnt es auch auf die Kleinbahnen aus. § 29 Satz 1.

1. Das Anschluß-Recht der Kleinbahnunternehmer gegenüber den Eisenbahnen des Gesetzes vom 8. November 1888 ist wie die korrelate Anschlußpflicht derselben öffentlich-rechtlicher Natur. Das Recht kann nur im Administrativ, nicht im Rechtswege verfolgt werden (s. § 28 Anm. 98 S. 311, Gleim S. 157, Eger, Mitt. 2c. 1899 S. 86). Doch kann, wenn der Anschluß für zulässig erklärt ist und die Modalitäten festgestellt sind, die Kleinbahn im Weigerungsfalle auf Anerkennung der Pflicht und Gestattung der Ausführung im Zivilprozesse klagen und für Verzug Entschädigung fordern, oder bei der Ministerialinstanz im Beschwerdewege die Durchführung unter Anwendung des administrativen Zwangsverfahrens beantragen, welches sich bei Privatbahnen bis zur Verwirkung der Konzession steigern kann. (§ 47 Ges. v. 8. November 1888.) Auch sind, solange seitens des Ministers Entscheidung über das Anschlußrecht gemäß § 29 noch nicht getroffen ist, gegen eigenmächtige Eingriffe der anschlußbegehrenden Bahn auf Herbeiführung des Anschlusses die possessorischen Rechtsmittel — einstweilige Verfügung — im Rechtswege zulässig.

Reichsger. 5. Ziv.-Sen. v. 21. Dezember 1901 Eisenb. Entsch. XVIII S. 270.

2. Das Anschlußrecht steht an sich allen Unternehmern von Kleinbahnen zu, insoweit sie im preußischen Staatsgebiete belegen sind, gleichviel von welcher Art sie sind und in wessen Eigentum sie sich befinden und mit welcher Betriebskraft sie betrieben werden. Ebenso kann das Anschlußrecht allen Eisenbahnen gegenüber ausgeübt werden, welche dem Gesetze vom 8. November 1888 unterliegen, d. h. gegenüber allen Haupt- und Nebenbahnen, und zwar ohne Rücksicht darauf, ob die anschlußbegehrende Kleinbahn eine neu projektierte oder angelegte oder bereits bestehende ist. (Anders § 45 Ges. v. 8. November 1888.) Es kommt nicht darauf an, in wessen Eigentum die betreffende Haupt- und Nebenbahn steht, ob sie Staats- oder Privatbahn, Durchgangs- oder Lokalbahn, Güter- oder Personen-Transportbahn ist und mit welcher Betriebskraft sie betrieben wird. In der 2. Lesung des Abg.-Hauses wurde auf Anfrage eines Abgeordneten insbesondere regierungsseitig bestätigt, daß § 29 sich auch auf Staatsbahnen beziehe (s. Anm. 100 S. 320). Es muß angenommen werden, daß der Antrag auf Gestattung des Anschlusses alsbald mit dem Antrage auf Genehmigung des Unternehmens (§§ 2—5) verbunden werden darf, da häufig die Rentabilität des Unternehmens und seine finanzielle Konsolidierung von der Gestattung des Anschlusses abhängen wird.

3. Das Anschlußrecht der Kleinbahnunternehmer erstreckt sich auf jede Art

der **Verbindung** mit Haupt- und Nebenbahnen, also gleichviel ob es sich um eine Fortsetzung an den Endpunkten der anschlußpflichtigen Bahn oder um eine Seitenverbindung, Kreuzung, parallele Linie ꝛc. handelt; es beschränkt sich nicht auf Fortsetzungen und Seitenverbindungen. (Anders § 45 Ges. v. 3. November 1838.)

Vgl. über die Sicherung der Kreuzung von Kleinbahnen mit Eisenbahnen: Erl. v. 24. Oktober 1896 Zeitschr. f. Kleinb. S. 630. — 29. Januar 1897 eod. S. 198. — 18. März 1900 eod. S. 253, **Verzeichnis** Nr. 34, 40, 85 und über das Verbot des Einschneidens der Schienen von Eisenbahnen: Erl. v. 16. November 1901 Zeitschr. f. Kleinb. S. 793. **Verzeichnis** Nr. 119.

Aber die korrelate Anschlußpflicht der Haupt- und Nebenbahnen aus § 29 hat ebenso wie die der Kleinbahnen aus § 28 nur **passiven** Charakter, d. h. sie beschränkt sich darauf, daß die betr. Haupt- oder Nebenbahn den Anschluß der Kleinbahn sich **gefallen** läßt, dieser die zum Anschluß erforderlichen Einrichtungen und Arbeiten gestattet. Zu aktiven Handlungen behufs Herbeiführung des Anschlusses, z. B. zur Herstellung von Baulichkeiten, Legung von Geleisen ꝛc. ist die anschlußpflichtige Bahn nicht verbunden und kann hierzu nicht genötigt werden. (Übereinstimmend **Gleim** § 29 Anm. 8 S. 160, **Eger**, Mitt. 1899 S. 87.) Ebensowenig ist sie verpflichtet, dem Kleinbahnunternehmer die Mitbenutzung ihrer Betriebsanlagen, Geleise, Bahnhöfe oder den Mitbetrieb auf ihren Linien ꝛc. ꝛc. zu gestatten. (Anders § 45 Ges. v. 3. November 1838.) Auch im Wege der Genehmigungsbedingungen darf die Pflicht, die Mitbenutzung ihrer Geleise anderen Bahnen zu gestatten, dem Unternehmer nicht auferlegt werden, weil dies die ihm obliegenden gesetzlichen Verbindlichkeiten überschreiten würde. (§ 10 Anm. 41 S. 108 ff., § 28 Anm. 98 S. 313, 314 und **Hilse**, Preuß. Verw.-Bl. 1896 Nr. 31).

O.-V.-G. 4. Sen. 12. Dezember 1896 Entsch. d. O.-V.-G. Bd. 31 S. 374 (378—380).

Ebensowenig darf dies der Wegeunterhaltungspflichtige zur Bedingung seiner Zustimmung in Betracht der Wegebenutzung machen. (§§ 6, 7.) Einigen sich die Beteiligten gütlich über die Mitbenutzung, so bedarf es daher der Zustimmung der Genehmigungsbehörde ꝛc., weil hierbei Fragen der Betriebsanlage und Betriebssicherheit in Betracht kommen.

Für den Begriff des Anschlusses (s. § 28 Anm. 98 S. 313) ist an sich die Möglichkeit der **direkten Weiterbeförderung** wesentlich, daher gleiche Spurweite beider Bahnen Voraussetzung. Der Erlaß des Min. d. öff. Arb. v. 9. Juni 1894 (E.-V.-Bl. 1894 S. 146. **Verzeichnis** Nr. 18) weist darauf hin, daß, wenn auch das Recht der Kleinbahnen, auf Grund des § 29 den Anschluß an Eisenbahnen zu verlangen, die Möglichkeit des unmittelbaren Überganges der Betriebsmittel von der einen auf die andere Bahn zur Voraussetzung hat, doch die Herstellung von Einrichtungen zur Überladung von Gütern aus Wagen einer schmalspurigen Kleinbahn in Eisenbahnwagen oder umgekehrt ein Bedürfnis und überdies im Interesse der Landesverteidigung durch den Erlaß vom 19. November 1892 (E.-V.-Bl. S. 587, jetzt: 13. Aug. 1898 z. § 9) ausdrücklich angeordnet ist; es empfiehlt sich daher solche Einrichtungen tunlichst zu fördern, soweit nicht die Rücksicht auf die Sicherheit und Unregelmäßigkeit des Eisenbahnbetriebes entgegensteht.

4. Das Anschlußrecht ist — wie im § 28 — von der Voraussetzung abhängig, daß die **zuständige Behörde** mit Rücksicht auf die Konstruktion und den Betrieb der anschlußpflichtigen Bahn den **Anschluß für zulässig erachtet**. **Zuständig** zur Zulässigkeitserklärung ist der **Minister der öffentlichen Arbeiten**; und zwar **ausschließlich**, er darf seine Befugnis keiner andere

Behörde delegieren. Seine Entscheidung ist endgültig. Weder der Rechtsweg noch die Beschwerde bei irgend einer anderen Verwaltungsinstanz ist gegen die Entscheidung des Ministers gegeben. Denn es handelt sich um eine Änderung bezw. Erweiterung des ursprünglichen Bahnprojekts. Über die Konstruktionsverhältnisse der Haupt- und Nebenbahnen steht aber nach § 4 des Eisenb.-Ges. v. 1838 dem Minister der öffentl. Arb. die alleinige Entscheidung zu. Insbesondere weist ein Minist.-Erlaß darauf hin, daß der § 29 des Kleinb.-Ges. nur auf den unmittelbaren Geleisanschluß von Kleinbahnen an Eisenbahnen bei gleicher Spurweite der beiden Bahnen Anwendung findet. Die Einführung einer nicht gleichspurigen Kleinbahn in den Bahnhof einer Eisenbahn unterliegt der minister. Genehmigung auf Grund des § 4 Ges. v. 1838; ebenso die Einführung gleichspuriger Kleinbahnen, wenn ein unmittelbarer Geleisanschluß nicht beabsichtigt ist.

Erl. d. Min. d. öff. Arb. v. 16. Januar 1897 Zeitschr. f. Kleinb. IV (1897) S. 197. Verzeichnis Nr. 38.

Und ferner bestimmt der oben (§ 28 Anm. 98 S. 315) mitgeteilte Erlaß v. 4. April 1901, daß in allen Fällen der Berührung von Kleinbahnen mit Eisenbahnanlagen die ministerielle Entscheidung über die geplante Bauausführung einzuholen ist. Gleichviel also ob der Fall des § 28 oder des § 29 vorliegt, in beiden Fällen ist, wenn der Anschluß oder die Berührung einer Eisenbahn in Betracht kommt, gemäß § 4 Ges. v. 3. November 1838, §§ 8, 29 Kleinb.-Ges. die ministerielle Entscheidung erforderlich.

Die Entscheidung des Ministers beschränkt sich auf die Rücksichten der Konstruktion und des Betriebes der anschlußpflichtigen Bahn. (Eger, Mitt. 1899 S. 87.) Wird in diesen beiden Richtungen der Anschluß für zulässig erachtet, so ist der Kleinbahnunternehmer berechtigt, den Anschluß zu verlangen und der Minister gehalten, denselben zu gestatten. Aus anderen Rücksichten darf die Ablehnung des Anschlusses nicht erfolgen. Auch im übrigen gilt das über die analoge Bestimmung des § 28 in Anm. 98 S. 316ff. Gesagte.

102) Satz 2 des § 29 gibt im Anschluß an Satz 1 dem Minister der öffentlichen Arbeiten auch die Kompetenz zur Entscheidung über a) Ort und Art des Anschlusses, b) die Verhältnisse beider Unternehmer zu einander, c) die dem anschlußpflichtigen Unternehmer für die Benutzung oder Veränderung seiner Anlagen zu leistende Vergütung; in letzterer Beziehung unter Vorbehalt des Rechtsweges. Für die einzelnen Teile dieser Entscheidung wird auf das über die im wesentlichen gleichlautende Bestimmung des § 28 in Anm. 99 S. 316ff. Erörterte Bezug genommen. Auch hier ist mit Rücksicht auf den ganz allgemein und umfassend gehaltenen Wortlaut über alle Verhältnisse beider Unternehmer, welche aus dem Anschlusse der Bahnen sich ergeben, Bestimmung zu treffen. Dahin gehören — wie in den Fällen des § 28 — vornehmlich die gesamten den Anschlußbetrieb und Transport betreffenden Verhältnisse, Ort, Zeit und sonstigen Modalitäten des Übergangs, der Zuführung, der Übernahme und Übergabe der Wagen und Maschinen, Tarife u. s. w. Eine umfassende Feststellung allgemeiner Gesichtspunkte für die Verhandlungen über den Anschluß von Kleinbahnen an Eisenbahnen — vorbehaltlich der durch die künftigen Erfahrungen gebotenen Änderungen — ist zuerst durch den Erl. v. 9. Juni 1894 (E.-V.-Bl. 1898 S. 146. Verzeichnis Nr. 13) und sodann durch die in den Jahren 1894—1903 ergangenen ergänzenden Erlasse erfolgt. § 29 Satz 2.

Für den Erlaß vom 9. Juni 1894 war die Erwägung leitend, daß bei allen Verhandlungen mit Kleinbahnen die Eisenbahnbehörden im Auge behalten sollen, daß eine gedeihliche Entwickelung des Kleinbahnwesens nur bei den einfachsten Einrichtungen zu erwarten ist; bei den an Kleinbahnen zu stellenden Anforderungen ist daher stets dieser Maßstab und nicht der größere und vielgestaltigere Verkehr der Eisenbahnen zu grunde zu legen. Auch ist ferner von entscheidender Bedeutung, daß die Kleinbahnen weder im Sinne des Ges. v. 3. November 1838, noch im Sinne der Reichsverfassung Eisenbahnen sind und daß daher die Eisenbahn-Verkehrsordnung auf Kleinbahnen keine Anwendung findet (§ 473 H.-G.-B., vgl. Eger, Eisenb.-Verk.-Ordn. 2. Aufl. S. 6 ff.). Von diesen Gesichtspunkten ausgehend, trifft der Erlaß im wesentlichen folgende Bestimmungen, welche jedoch nicht ohne weiteres und unterschiedslos, sondern nach Lage des einzelnen Falles anzuwenden sind.

1. Wenn auch das Recht der Kleinbahnen, den Anschluß an Eisenbahnen zu verlangen, die Möglichkeit des unmittelbaren Übergangs der Betriebsmittel zur Voraussetzung hat, so ist doch die Herstellung von Einrichtungen zur Überladung von Gütern aus Wagen einer schmalspurigen Kleinbahn in Eisenbahnwagen oder umgekehrt tunlichst zu fördern, soweit nicht die Rücksicht auf die Sicherheit und Regelmäßigkeit des Eisenbahnbetriebes entgegensteht.

2. Es ist unbedenklich, durchgehende Frachtbriefe nach Kleinbahnstationen anzunehmen, und es empfiehlt sich im Verkehrsinteresse dies zu tun. In diesem Falle sind für die Beförderung über die letzte Eisenbahnstation hinaus die auf Grund des § 468 H.-G.-B. im § 68 Abs. 3—4, § 76 Abs. 1 und 2 und § 66 Abs. 3 der Eisenb.-Verk.-Ordn. enthaltenen Vorschriften maßgebend. Mit Rücksicht auf § 51c Eisenb.-Verk.-Ordn. sind die Abfertigungsstellen anzuweisen, daß im Güterverkehr mit Kleinbahnen der Frachtbrief stets die Angabe der Eisenbahnstation, an welche die Kleinbahnstrecke anschließt und auf welcher die Sendung dieser zu übergeben ist, enthalten muß, es sei denn, daß ausnahmsweise ein direkter Tarif für den Verkehr mit einer Kleinbahnstation eingerichtet ist.

Erl. d. Min. d. öff. Arb. v. 24. August 1896 E.-V.-Bl. S. 525 u. 4. Februar 1897 Zeitschr. f. Kleinb. S. 199. Verzeichnis Nr. 41. Vgl. noch über die Zulassung von Schienenverbindungen als Kleinbahnen. Erl. v. 25. Januar bezw. 3. Juni 1897 Zeitschr. f. Kleinb. S. 401 ff. Verzeichnis Nr. 47.

Im Verkehre von Kleinbahnen sind dagegen nur Frachtbriefe anzunehmen, welche in Gemäßheit des § 51 der Verkehrsordnung ausgestellt und nach § 54 Abs. 1 mit dem Stempel der Eisenbahn- (nicht Kleinbahn-) Versandstation zu versehen sind.

3. Für die Vorfrachten der Kleinbahnen sind Nachnahmeprovisionen nicht zu berechnen und im gegenseitigen Verkehre mit Staatsbahnen für Vorfrachten nicht zu erheben (s. § 28 der Allgem. Beding. v. 31. Januar 1900, (Zeitschr. f. Kleinb. S. 224. Verzeichnis Nr. 88). Hierzu sind jedoch die auf den Sendungen lastenden Versendernachnahmen nicht zu rechnen. Von doppelter Erhebung von Nachnahmeprovisionen im gegenseitigen Verkehr ist abzusehen.

Erl. v. 22. Mai 1901. Zeitschr. f. Kleinb. S. 412.

4. In den rechtlichen Beziehungen der Eisenbahn zum Versender und Empfänger tritt durch die Einrichtung direkter Tarife mit Kleinbahnen eine Änderung nicht ein; es empfiehlt sich schon aus Zweckmäßigkeitsgründen, von der Einrichtung

direkter Tarife bis auf weiteres abzusehen. Aus dem gleichen Grunde sind auch die Kleinbahnen nicht zu veranlassen, sich den Einrichtungen des Vereins Deutscher Eisenbahnverwaltungen anzuschließen. An diesen Grundsätzen ist auch weiterhin festgehalten worden, weil andernfalls eine Gleichstellung der Kleinbahnen mit den dem allgemeinen Verkehre dienenden Bahnen eintreten würde (Erl. v. 9. Mai 1898 Zeitschr. f. Kleinb. S. 321. Verzeichnis Nr. 58).

5. Was die Frage betrifft, ob für die auf Kleinbahnen übergehenden oder von denselben übergebenen Güter die vollen Frachtsätze der Eisenbahnanschlußstation zu berechnen oder ob dieselben um einen Teil der Abfertigungsgebühr zu kürzen sind, so sind bis auf weiteres die vollen Frachtsätze zu erheben.

6. Ein Abzug von der Abfertigungsgebühr würde nur insoweit in Frage kommen können, als etwa für einzelne Güter, insbesondere wichtigere Massenartikel, bezüglich deren eine billigere Beförderung durch ihre Aufnahme in die auf die preuß. Staatsbahnen geltenden allgemeinen Ausnahmetarife anerkannt ist (z. B. Düngemittel, Erden, Kartoffeln, Rüben, Brennstoffe, Holz), die Bewilligung ermäßigter Ausnahmetarife im öffentlichen Verkehrsinteresse erforderlich sein sollte. Soweit Privatbahnen statutarisch ꝛc. der staatlichen Genehmigung zu Tariffestsetzungen bedürfen, ist dieselbe auch zu Ermäßigungen der Abfertigungsgebühren im Übergangsverkehr nach und von Kleinbahnen einzuholen.

Erl. d. Min. d. öff. Arb. v. 18. September 1898 E.-V.-Bl. S. 262. Zeitschr. f. Kleinb. S. 545. Verzeichnis Nr. 63. Vgl. auch 9. Mai 1898 Ziff. III Zeitschr. f. Kleinb. S. 315 (321), 12. Oktober 1900 S. 560.

7. Für die Überführung von Stückgut im Verkehr mit Kleinbahnen darf eine Gebühr nur insoweit erhoben werden, als unter gleichen Voraussetzungen z. B. bei größerer Länge der Verbindungsbahn auch im Verkehr der Eisenbahnen untereinander eine Überführungs-Gebühr berechnet wird. Alsdann muß der Gebührenbetrag die ungefähren Selbstkosten decken.

Erl. d. Min. d. öff. Arb. v. 22. April 1895. E.-V.-Bl. S. 369. Verzeichnis Nr. 18.

8. Die Vorauszahlung (Frankierung) der Kleinbahnfrachten im Verkehr nach den in den Direktionsbezirken angeschlossenen Kleinbahnen, mit denen direkte Tarife nicht bestehen, soll, weil dies sich als nützlich erwiesen hat, allgemein zur Anwendung kommen.

Erl. d. Min. d. öff. Arb. v. 22. Februar 1899 Zeitschr. f. Kleinb. S. 256. Verzeichnis Nr. 72.

9. Für die Bereitstellung von Wagen auf den Übergabe- und Umladegeleisen der Kleinbahnen ist eine Gebühr nur unter denselben Voraussetzungen zu erheben, in welchen dies im Verkehr der Eisenbahnen untereinander geschieht; insoweit hiernach Gebühren zu erheben sind, empfiehlt es sich, dieselben nach Maßgabe der Anschlußfrachten zu berechnen.

10. Die Benutzung von Eisenbahngrundstücken für Zwecke der Kleinbahnen ist bei ertraglosen Grundstücken unentgeltlich gegen Anerkennungsgebühr, bei nutzbringenden Flächen (Dienstland u. s. w.) gegen die ortsübliche Pacht zu gestatten. Für Anlagen, welche zum Zwecke des Anschlusses der Kleinbahn von der Eisenbahn ausgeführt werden, sind die Selbstkosten zu berechnen.

11. Für die Mitbenutzung von Eisenbahnanlagen durch Kleinbahnen, sowie für Dienstleistungen der Eisenbahnen zu Gunsten der Kleinbahnen sind innerhalb der ersten 5 Jahre nach der Betriebseröffnung der Kleinbahn nur die entstehenden Mehrkosten zu vergüten. Nach Ablauf dieses Zeitraums ist ein dem

Maße der Inanspruchnahme durch die Kleinbahn entsprechender, unter billiger Berücksichtigung ihrer Leistungsfähigkeit festzusetzender Teil der Kosten zu berechnen. Für Abweichungen in besonderen Fällen ist ministerielle Genehmigung nachzusuchen.

12. Für die Einrichtung elektrischer Starkstromleitungen an Einmündungsstellen elektrischer Bahnen in die Anlagen der Staatseisenbahnen sind für die preußische Staatseisenbahnverwaltung besondere Vorschriften erlassen. (Zeitschr. f. Kleinb. 1896 S. 246. Verzeichnis Nr. 82.)

13. Die Frage, ob für Kleinbahnen mit eigenen normalspurigen Wagen die Anwendung der einschlägigen Bestimmungen des Wagenübereinkommens zu vereinbaren ist, muß im Einzelfalle je nach den Verhältnissen und der Zulänglichkeit des Wagenparks der Kleinbahnen entschieden werden. Bei Kleinbahnen ohne eigene normalspurige Wagen ist, falls beladene Wagen auf die Kleinbahn übergehen oder leere Wagen zur Beladung auf der Kleinbahn gestellt werden, verschieden zu verfahren, je nachdem die Kleinbahn bereit und im stande ist, die ihr übergebenen Wagen allgemein innerhalb der für die Anschlußstation geltenden Ladefristen zurückzugeben oder aber längere Benutzungsfristen beansprucht. Im ersteren Falle ist keine Wagenmiete zu erheben, dagegen bei Überschreitung der Ladefristen Standgeld zu berechnen. Im zweiten Falle ist eine Güterwagenmiete von 1 Mark für die ersten 24 Stunden und von 10 Pfg. für jede angefangene weitere Stunde ohne Erhebung von Verzögerungsgebühren zu vereinbaren.

14. Die für die unentgeltliche Beförderung der Dienstkorrespondenz mit anderen Eisenbahnen jeweilig geltenden Bestimmungen finden auch auf den Schriftwechsel zwischen Dienststellen der Kleinbahnen und der anschließenden, sowie anderer Eisenbahnen Anwendung. Die Anwendung ist jedoch ausgeschlossen bezüglich des Schriftwechsels der Kleinbahnen untereinander. Auch sollen Bestimmungen über die Beförderung des Dienstschriftwechsels in die mit den Kleinbahnen zu vereinbarenden Anschlußverträge aufgenommen werden, da dies mit Rücksicht auf § 1 des Reichspostges. v. 28. Oktober 1871 nicht unbedenklich ist.

Erl. d. Min. d. öff. Arb. v. 26. Februar 1898 E.-V.-Bl. S. 66. Zeitschr. f. Kleinb. S. 244. Verzeichnis Nr. 54.

Die in den Erlassen vom 9. Juni 1894 und 9. Mai 1898 nach Maßgabe der weiteren Erfahrungen noch vorbehaltene einheitliche Regelung der allgemeinen Vertragsbedingungen für die Einführung von Kleinbahnen in Staatsbahnstationen (Kleinbahnanschlüsse an Staatsbahnen) ist in dem Erlasse vom 31. Januar 1900 (Zeitschr. f. Kleinb. S. 218) getroffen worden. Der Erlaß bezieht sich auf alle Arten von Kleinbahnen (§ 1), aber nur auf den Anschluß an Staatsbahnen, soll aber ohne Zweifel auch auf Privatbahnen sinngemäße Anwendung finden. Die neuen Bestimmungen beziehen sich teilweise in Wiederholung, teilweise in Änderung und Ergänzung der Bestimmungen des Erl. v. 9. Juni 1894 und dessen Zusätzen 1. auf Herstellung der Einführungsanlagen, deren Entwurf (§ 2), Kostenpflicht (§ 3), Ausführung (§ 4), Berechnung der Anlagekosten (§ 5), Bauvorschüsse (§ 6), Benutzung von Grundstücken der Staatseisenbahnverwaltung (§ 7); 2. Änderung und Erweiterung der Einführungsanlagen, deren Anordnung, Kostenpflicht, Entwurf, Aufhebung rc. (§§ 8 u. 33); 3. Bewachung, Bedienung und Unterhaltung sowie Vergütung der Kosten (§§ 9—15); 4. Betriebsleitung (§ 16), Übernahme des Stations- und Abfertigungsdienstes auf der Anschlußstation durch die Staatseisenbahn (§ 17), Haftung aus dem Betriebe (§ 18), Wagenübergang (§ 19), Verpflichtung der Kleinbahn zur Übernahme von Sendungen (§ 20), Gepäck- und Viehverkehr (§§ 21, 22); 5. Güterverkehr. Frachtbriefe von und nach Kleinbahnstationen und sonstige Begleitpapiere (§ 23), Übergabe der Sendungen (§ 24), Verwiegung der Stückgüter (§ 25), Überweisungskarten (§ 26), Lagerfristen für Stückgut (§ 27), Nachnahmen und Nachnahmeprovisionen (§ 28), Abrechnung der Verkehrseinnahmen (§ 29), Ablieferungshindernisse (§ 30), Haftung für das Gut (§ 31); Vertragsmodalitäten, Aufhebung des Vertrages (§ 32), Zeit und Ort der Zahlungen (§ 34), Sicherheitsleistung (§ 35).

Die Bestimmungen über die Herstellung und Änderung der Einführungsanlagen (§ 3—8) sind noch ergänzt und erläutert worden durch den Erl. v. 18. Juli 1893, betr. Förderung des Kleinbahnwesens. (Zeitschr. f. Kleinb. S. 401. Verzeichnis Nr. 140).

Die Bestimmungen über den Wagenübergang (§ 19) finden ihre Ergänzung in den Erl. v. 7. Mai 1900 (Zeitschr. f. Kleinb. S. 345) und 11. Juni 1901 (eod. S. 196) betr. die allgemeinen Bedingungen über den Wagenübergang, sowie dem Erl. v. 10. Januar 1899, betr. die Spurweite geplanter Kleinbahnen (E.-V.-Bl. S. 11) und 27. Juli 1900, betr. Einstellung von Kleinbahnwagen in den Staatswagenpark (Zeitschr. f. Kleinb. S. 464). Verzeichnis Nr. 87, 114, 70, 95.

Die Bestimmungen über den Güterverkehr (§§ 23—31) haben ihre Grundlage in dem § 473 des neuen Handelsgesetzbuches v. 10. Mai 1897. Durch denselben ist eine wesentliche Änderung des bisherigen Rechtszustandes eingetreten. Die Kleinbahnen waren bisher lediglich den Bestimmungen des Handelsgesetzbuchs über das Fracht- und Eisenbahnfrachtgeschäft unterworfen gewesen, und ihre Beförderungsbedingungen mußten sich im Rahmen des Handelsgesetzbuchs bewegen. Die Verkehrsordnung erstreckt sich auf die Kleinbahnen nicht. Daher gelten für dieselben auch nicht die Hinweise des neuen Handelsgesetzbuchs auf die ergänzenden Vorschriften der Verkehrsordnung; vielmehr treten nach § 473 l. c., wo auf diese in den §§ 453, 459, 460, 462—466 verwiesen ist, an ihre Stelle die Beförderungsbedingungen der betr. Kleinbahn. Dadurch ist in den beregten Beziehungen den Kleinbahnverwaltungen bezw. ihren Aufsichtsbehörden die Befugnis zum Erlaß privatrechtlicher Normen mit Gesetzeskraft in derselben Weise beigelegt worden, wie dem Bundesrat in betreff des Erlasses der Verkehrsordnung (Eger, Eisenb.-Verk.-Ordn. 2. Aufl. Einl. S. XXXVI u. XXXVII).

Diese Regelung ist jedoch mit Recht beanstandet worden, weil sie Faktoren die Kompetenz zu Eingriffen in das Privatrecht gewährt, welche hierzu in keiner Hinsicht qualifiziert sind (Pappenheim, das Transportgeschäft ɩc. S. 22, Gierke, der Entw. eines neuen H.-G.-B. in der Zeitschr. f. d. ges. H.-R. Bd. 45 S. 539, 540 und Wanninger, die Abänderungen des Eisenb.-Frachtr. S. 81).

Ferner ist, während die Transportpflicht der Haupt- und Nebenbahnen auf die Übernahme der Güter zur Beförderung nach allen Stationen innerhalb des Deutschen Reiches ausgedehnt ist (H.-G.-B. § 453, Verk.-Ordn. § 49), die Verpflichtung der Kleinbahnen ihrer Natur und ihrem Verkehrszweck nach auf die Übernahme von Gütertransporten innerhalb der eigenen Bahnstrecke beschränkt geblieben. Sie können weitergehende Transporte über ihren eigenen Bezirk hinaus gemäß § 482 H.-G.-B. übernehmen, aber sie sind hierzu nicht — wie die Haupt- und Nebenbahnen nach § 453 H.-G.-B. — verpflichtet.

Die Entscheidungen des Ministers über a) Ort und Art des Anschlusses (s. Anm. 99 S. 317), sowie b) die Verhältnisse beider Unternehmer zu einander (s. Anm. 99 S. 317 ff.) sind endgültig und lassen kein Rechtsmittel, weder den Weg administrativer Beschwerde, noch die gerichtliche Klage zu. Nur über den Punkt c) (S. 318), d. h. die dem anschlußpflichtigen Unternehmer für die Benutzung oder Veränderung seiner Anlagen zu leistende Vergütung ist der Rechtsweg zulässig. Es fehlt jedoch eine Bestimmung über die Frist, innerhalb deren gegen die ministerielle Entscheidung der Rechtsweg beschritten werden muß. De lege ferenda ist die Bestimmung einer solchen Frist (etwa nach Analogie des § 30 Abs. 1 des Ent.-Ges.) angezeigt. Mangels einer Fristbestimmung bleibt nur die Annahme übrig, daß beiden Teilen der Rechtsweg bis zum Eintritt der zivilrechtlichen Verjährung offen steht. Nur über die Frage, ob eine Benutzung oder Veränderung der Anlagen der anschlußpflichtigen Bahn vorliegt und über die Art und Höhe der dafür zu leistenden Vergütung hat der Minister vorbehaltlich des Rechtsweges zu entscheiden. Eine Entscheidung über die Tragung der Kostenlast selbst steht ihm nicht zu, da diese — wie aus den Worten „die dem Eisenbahnunternehmer . . . . zu leistende Vergütung" sich klar und zweifellos ergibt — gesetzlich den Kleinbahnunternehmer trifft. (Eger, Mitt. 1899 S. 88.)

Die Bestimmungen des § 29 unterscheiden sich von denen des § 28 noch dadurch, daß ersterer in betreff der Punkte b (Verhältnisse beider Unternehmer zu einander) und c (Vergütung für Benutzung und Änderung der Anlagen) eine gütliche Vereinbarung nicht vorsieht. Man könnte daraus folgern, daß eine solche in den Fällen des § 29 nicht gestattet und daher auch nicht geeignet ist, die Entscheidung des Ministers über die beregten Punkte zu erhalten oder auszuschließen. Indes ist kein Grund für diese Unterscheidung der §§ 28 und 29 ersichtlich und daher anzunehmen, daß die Fortlassung der Worte „in Ermangelung einer gütlichen Vereinbarung" nur auf einer Omission beruht, bezw. die Zulässigkeit einer solchen Vereinbarung für selbstverständlich erachtet worden ist (so auch Gleim S. 160 u. Erl. v. 16. Januar 1897 Zeitschr. f. Kleinb. S 197. Verzeichnis Nr. 88). Es erscheint daher auch in den Fällen b und c des § 29 eine gütliche Vereinbarung statthaft.

Die Genehmigung zur Gewähr des Anschlusses in den Fällen des § 29 ist ebensowenig stempelpflichtig, wie die Anschlußgenehmigung in den Fällen des § 28 (Anm. 99 S. 319), da in dieser Genehmigung eine Betriebsgenehmigung im Sinne des Stempelgesetzes vom 31. Juli 1895 Tarif Nr. 22m nicht liegt.

§ 30.[103])

Haben Kleinbahnen nach Entscheidung des Staatsministeriums eine solche Bedeutung für den öffentlichen Verkehr gewonnen, daß sie als Teil des allgemeinen Eisenbahnnetzes zu behandeln sind, so kann der Staat den eigentümlichen Erwerb solcher Bahnen gegen Entschädigung des vollen Wertes nach einer mit einjähriger Frist vorangegangenen Ankündigung beanspruchen.[104])

Ausführungsanweisung vom 13. August 1898.

Zu § 30.

Von der Aufsichtsbehörde ist an den Minister der öffentlichen Arbeiten zu berichten, sobald ihres Erachtens die Voraussetzungen für die Anwendung des § 30 eingetreten sind. Ist die Bahn zum Betriebe mit Maschinenkraft eingerichtet, so bedarf es dieser Berichterstattung, wenn auch nur eine der beteiligten Behörden, der Regierungspräsident oder die Eisenbahnbehörde, den Fall des § 30 für gegeben erachtet. Der Bericht ist von der diese Voraussetzung bejahenden Behörde zu erstatten und mit der gutachtlichen Äusserung der dissentierenden Behörde einzureichen.

103) Prinzip und Entstehungsgeschichte des § 30. § 30

Die §§ 30 bis 38 betreffen das gesetzliche Recht des Staates auf den eigentümlichen Erwerb von Kleinbahnen unter den im Gesetze vorgesehenen Voraussetzungen und Modalitäten. Prinzip.

A. § 6 Abs. 3 hat dem Wegeunterhaltungspflichtigen als Korrelat für die Gestattung der Benutzung von öffentlichen Wegen das Recht gewährt, sich den Erwerb der Bahn im Ganzen nach Ablauf einer bestimmten Frist gegen angemessene Schadloshaltung des Unternehmers vorzubehalten. Zu diesem Rechte des Wegeunterhaltungspflichtigen aus § 6 tritt gemäß §§ 30ff. das Recht des Staates zum Erwerb der Bahn gegen Entschädigung des vollen Wertes. Das Erwerbsrecht des Staates bedarf eines vorgängigen Vorbehalts oder des Ablaufes einer bestimmten Frist nicht, es ist aber von der Voraussetzung abhängig, daß die betr. Kleinbahn nach Staatsministerialbeschluß den Charakter einer unter das allgemeine Eisenbahnnetz gehörigen Bahn erlangt hat, auch ist eine bestimmte Ankündigungsfrist und ein dem Enteignungsverfahren nachgebildetes Verfahren für die Bemessung der Entschädigung gesetzlich vorgesehen. Endlich geht es gemäß § 38 als das stärkere dem Erwerbsrechte des Unterhaltungspflichtigen vor. Demungeachtet erscheint aber die Annahme, daß das Erwerbsrecht des Staates die Natur eines Enteignungsrechts habe (Gleim, § 31 Anm. 2, K. Hilse, Eisenb. Entsch. XIV S. 366) rechtlich nicht zutreffend. Von letzterem unterscheidet es sich wesentlich dadurch, daß es einer besonderen Verleihung an den Staat sc. den Fiskus nicht bedarf, sondern ex lege ausgeübt werden kann, sobald die gesetzlich vorgesehene Voraussetzung — der Staatsministerialbeschluß über den veränderten Charakter der Bahn — eintritt, daß ferner nicht Gründe des öffentlichen Wohles für den Erwerb entscheidend zu sein brauchen (Art. 9 Verfass., § 1 Ges. vom 11. Juni 1874) und daß es sich nicht um einen hierauf gestützten gesetzlichen Zwangskauf handelt, sondern um einen, vom Gesetze dem Staate von vornherein bei der Genehmigung vorbehaltenen Erwerb. Das Erwerbsrecht des Staates gemäß §§ 30ff. ist hiernach **kein Enteignungsrecht**, wenngleich auf das Verfahren in betreff der Festsetzung und Ermittelung der Entschädigung nach dem Sachwerte, der Vollziehung des Eigentumsüberganges und der Wirkungen derselben die Normen des Enteignungsgesetzes vom 11. Juni 1874 sinngemäße Anwendung finden sollen und der § 37 von einer Vollziehung und von den Wirkungen der Enteignung spricht. (Im § 38 wird das qu. Recht „Erwerbungsrecht" des Staates genannt.) Im Rechtssinne handelt es sich lediglich um ein dem Unternehmer gegenüber gesetzlich vorbehaltenes **Kaufrecht**, um ein Heimfalls- oder Anfallsrecht nach Analogie des dem Staate nach § 42 des Ges. v. 3. Novbr. 1838 zustehenden Rechtes.

B. Durch § 30 ist dieses Erwerbsrecht des Staates gesetzlich konstituiert; es ist ihm das Recht gewährt, den eigentümlichen Erwerb einer jeden Kleinbahn zu beanspruchen, jedoch nur unter drei Voraussetzungen:

1. Der Ausübung des Rechts muß eine Ankündigung mit einjähriger Frist vorangehen.

2. Das Recht kann nur gegen Entschädigung des vollen Wertes ausgeübt werden. Die Bemessung desselben kann in zweifacher Weise erfolgen, entweder nach dem Ertragswerte oder nach dem Sachwerte. Für den Ertragswert ist als Maßstab der Durchschnitt des Reineinkommens während eines fünfjährigen Zeitraumes vorgeschrieben (§§ 81, 82 Abs. 1) und insoweit der volle Wert materiell begrenzt. Der Sachwert soll aus dem Werte der einzelnen Bestandteile der Bahn gebildet werden (§§ 84, 85), ohne daß materiellrechtliche Grundsätze für die Bemessung dieses Wertes des Näheren gegeben sind.

3. Das Erwerbsrecht kann nur ausgeübt werden, wenn eine Kleinbahn nach Entscheidung des Staatsministeriums eine solche Bedeutung für den öffentlichen Verkehr gewonnen hat, daß sie als Teil des allgemeinen Eisenbahnnetzes zu behandeln ist. Es ist hierbei von der Erwägung ausgegangen, daß in einem solchen Falle die bloße Unterstellung der betr. Bahn unter das Eisenbahngesetz vom 1838 nicht genügt, vielmehr mit Rücksicht auf das herrschende Staatsbahnsystem dem Staate das Recht vorbehalten sein muß, die Bahn zu erwerben. Die Rechte des Unternehmers seien im Hinblick darauf, daß nach Analogie des § 1 das Staatsministerium über diese Voraussetzung zu entscheiden hat und der volle Wert entschädigt wird, ausreichend gewahrt. Diese Bestimmung hat jedoch lebhaften Widerspruch erfahren, weil die Aussicht, jederzeit nach dem Ermessen einer Staatsbehörde dem Erwerbsrechte des Staates zu unterliegen, die Unternehmer bezw. das Privatkapital von der Anlage von Kleinbahnen zurückschrecken werde und die Bedeutung einer Bahn für das allgemeine Eisenbahnnetz zwar die Unterstellung derselben unter das Eisenbahngesetz von 1888, nicht aber das sofortige Erwerbsrecht des Staates rechtfertige.

§ 30 Entstehung. II. Aus der Entstehungsgeschichte des § 30 wird folgendes hervorgehoben:

Der Regierungsentwurf (Herrenh.-Aktst. Nr. 34 S. 60) enthielt als § 26 folgende Fassung:

> „Wenn eine Bahn unterster Ordnung nach Entscheidung des Staatsministeriums eine solche Bedeutung für den öffentlichen Verkehr gewinnt, daß sie als Teil des allgemeinen Eisenbahnnetzes zu behandeln ist, kann der Staat den eigentümlichen Erwerb derselben gegen Entschädigung des vollen Wertes beanspruchen."

und wurde, wie folgt, motiviert (Herrenh.-Aktenst. Nr. 84 S. 67): „Obwohl es bestehenden Rechtes ist, bei der Erteilung der Genehmigung zur Anlage von Straßen- und anderen Bahnen dieser Art, welche den Bereich eines Gemeindebezirks überschreiten oder mit Maschinenkraft betrieben werden, die nachträgliche Unterstellung unter die Bestimmungen des Gesetzes vom 8. November 1838 vorzubehalten, so ist im Interesse möglichster Sicherstellung der hier in Rede stehenden Unternehmungen gegen im voraus nicht zu übersehende Eingriffe des Staates und mit Rücksicht auf die erheblichen materiellen Folgen, welche eine nachträgliche Unterstellung unter die Bestimmungen des Gesetzes vom 8. November 1838 für das ganze Unternehmen nach sich ziehen kann, von der Aufnahme einer entsprechenden Bestimmung im Interesse tunlichster Förderung der Entwickelung der Kleinbahnen abgesehen worden. Es ist vielmehr die Möglichkeit, solche als Kleinbahnen genehmigte Bahnunternehmungen, welche vermöge ihrer Bedeutung für den öffentlichen Verkehr demnächst als Teile des allgemeinen Eisenbahnnetzes zu behandeln sind, dem Gesetz vom 3. November 1838 zu unterstellen, nur in der Form der Erwerbung durch den Staat gegen Entschädigung gegeben. Die Zuständigkeit für die Entscheidung der Frage, ob die Voraussetzungen für die Erwerbung durch den Staat vorliegen, ist in derselben Weise und aus denselben Gründen wie in dem analogen Fall des § 1 geregelt. Die Bestimmung, daß die Entschädigung des vollen Wertes erfolgen soll, schützt die Unternehmer vor materiellen Nachteilen infolge einer Maßregel, welche im öffentlichen Interesse erfolgt, und ist daher geeignet, eine schädliche Rückwirkung des dem Staate beigelegten Erwerbungsrechtes auf die Beteiligung des Privatkapitals an Kleinbahnunternehmungen zu verhüten."

In der Kommission des Herrenhauses (Aktst. Nr. 69 S. 343) wurden die §§ 26—33 (jetzt §§ 30—37) fast einstimmig angenommen.

In der II. Lesung des Herrenhauses (Sten. Ber. S. 195/6) verlangte der Abg. Fürst Putbus Kautelen dahin, daß das Erwerbsrecht des Staates bedeutende Einschränkungen erfahre. Es müsse vor allem genau präzisiert werden, daß der Staat nicht berechtigt sein soll, Einzelstrecken herauszugreifen, sondern nur die Bahn als unteilbares Ganzes zu erwerben, weil sonst das Privatkapital zurückgeschreckt werden würde. Der Minister der öffentlichen Arbeiten erklärte dieses Bedenken für unbegründet. Gegen frivolen Erwerb schütze die Übertragung der Entscheidung auf das Staats-Ministerium. Ein Herausgreifen einzelner Teile könne nicht stattfinden. Es sei mit § 26 (30) der Sinn und die Absicht verbunden, daß der Staat diejenigen Bahnen, die in einer Konzessionsurkunde konzessioniert worden sind, unter den gesetzlichen Voraussetzungen erwerben könne. Nicht die Rentabilität solle für den Erwerb entscheidend sein, sondern lediglich der Umstand, daß eine Bahn in ihrer ganzen Entwickelung und Bedeutung sich als notwendige Ergänzung des Staatsbahnnetzes im Laufe der Zeiten darstellen sollte.

Nachdem sich auch der Finanzminister (Sten. Ber. S. 198) in demselben Sinne geäußert hatte, nahm das Herrenhaus die §§ 26—33 (30—37) unverändert an.

In der Kommission des Abg.-Hauses (Abg.-H. Drucks. Aktst. Nr. 206 S. 2289) wurde von seiten der Regierung hervorgehoben: Das Erwerbsrecht des Staates sei schon deshalb notwendig, weil ihm in dem Gesetzentwurfe nicht das Recht vorbehalten sei, zu verlangen, daß das Unternehmen dem Gesetze vom 3. November 1838 unterworfen und Bau und Betrieb dementsprechend nötigenfalls umgeändert würden. Namentlich ließen sich Fälle denken, besonders wenn militärische Interessen mitsprächen, in welchen der Staat die Bahn entweder gleich erwerben oder anderenfalls eine Konkurrenzbahn bauen müsse. Ein Mitglied erwiderte darauf, daß man nach diesen Ausführungen das Recht des Staates nur dann platzgreifen lassen müsse, wenn der Unternehmer die Umwandlung seiner Bahn in eine solche, welche dem Gesetz von 1838 zu unterwerfen sei, nicht vornehmen wolle. Dieses Mitglied stellte hiernach den Antrag, in der 4. Zeile vor dem Worte „kann" dem Paragraphen die Fassung zu geben, wie sie hier in der Kommissionsvorlage vorliegt. Obwohl der Regierungsvertreter hierauf erwiderte, daß die Staatsregierung erhebliche Bedenken gegen eine solche Änderung des Paragraphen habe, wurde der gestellte Antrag mit 9 gegen 8 Stimmen angenommen.

Nach Einfügung zweier, aus dem Text der Kommissionsvorlage ersichtlichen redaktionellen Änderungen in der 1. und 3. Zeile derselben wurde so der § 26 (30) von der Kommission in folgender Fassung angenommen (Aktst. Nr. 206 S. 2306):

„Haben Lokalbahnen nach Entscheidung des Staatsministeriums eine solche Bedeutung für den öffentlichen Verkehr gewonnen, daß sie als Teil des allgemeinen Eisenbahnnetzes zu behandeln sind, und hat sich der Unternehmer dem Gesetze über die Eisenbahnunternehmungen vom 3. November 1838 und einer auf Grund desselben erteilten Konzession nicht unterworfen, so kann der Staat den eigentümlichen Erwerb solcher Bahnen gegen Entschädigung des vollen Wertes nach einer mit einjähriger Frist vorangegangenen Ankündigung beanspruchen."

In der II. Lesung des Abg.-Hauses (Abg.-H. Sten. Ber. S. 2009 ff.) beantragte der Abg. Frentz und Gen. die Wiederherstellung der Regierungsvorlage durch Streichung der Worte „und hat sich" . . . bis . . . „unterworfen", sowie „nach einer" . . . bis . . . „Ankündigung". Er halte es für notwendig, daß dem Staate das Recht gewahrt werde, solche Kleinbahnen, die eine große Bedeutung für das allgemeine Eisenbahnnetz haben, anzukaufen. Anderenfalls könnte das Staatsbahnnetz durchbrochen und gefährdet werden (Sten. Ber. S. 2009). Auch der Minister der öffentl. Arb. betonte mit Rücksicht auf das Staatsbahnsystem die Notwendigkeit des staatlichen Erwerbsrechts, welches durch die Kommissionsfassung erschwert und verzögert werde. Doch wurde nach eingehender Diskussion (Sten. Ber. S. 2010 ff., 2014 ff.) der Antrag Frentz und Gen. abgelehnt und § 30 in der Fassung des Kommissions-Beschlusses angenommen (Sten. Ber. S. 2017).

Die Kommission des Herrenhauses beschloß indeß die Wiederherstellung der Regierungs-Vorlage unter Beibehaltung der einjährigen Ankündigungsfrist (Aktst. Nr. 69 S. 348).

In der III. Lesung des Herrenhauses (Sten. Ber. S. 377/8) erklärte der Minister Thielen in der Generaldiskussion, daß die Regierung, trotz der entgegenstehenden Bedenken der Fassung des Abg.-Hauses zustimmen werde, wenn das Herrenhaus hierzu geneigt sei. Dieses hielt aber den Beschluß seiner Kommission aufrecht.

In der III. Lesung des Abg.-Hauses (Abg.-H. Sten. Ber. S. 2160) führte dieser Beschluß des Herrenh. zu sehr erregten Erörterungen, weil bei der vorgeschrittenen Session das Haus in die Zwangslage gebracht wurde, entweder denselben anzunehmen oder das Gesetz für diese Session überhaupt abzulehnen.

In der Diskussion gab der Minister der öffentl. Arb., einer Aufforderung des Abg. Dr. Hammacher entsprechend, folgende Erklärung ab (Sten. Ber. S. 2162): „Ich nehme keinen Anstand, meinerseits mich zunächst auf den Wortlaut des § 30 zu beziehen, welcher in dieser Beziehung nach meiner Auffassung keinen Zweifel darüber zuläßt, daß der Staat Kleinbahnen nur dann wird für das Eisenbahnnetz erwerben, wenn nach Entscheidung des Staatsministeriums die betreffende Bahn eine solche Bedeutung für den öffentlichen Verkehr gewonnen hat, daß sie als Teil des allgemeinen Eisenbahnnetzes zu betrachten ist. Sinn und Absicht dieser Worte kann doch wohl kein anderer sein, als daß der Staat nur aus den allgemeinen Verkehrsrücksichten, aus strategischen Rücksichten, überhaupt aus Rücksichten auf das allgemeine Wohl sich dazu entschließen wird, eine Bahn zu erwerben, die als Kleinbahn unter der Herrschaft des uns vorliegenden Gesetzes konzessioniert worden ist, daß aber nicht für ihn allein fiskalische Rücksichten maßgebend sein können, eine Bahn zu erwerben, die für das allgemeine Eisenbahnnetz, für die allgemeinen Verkehrsrücksichten oder für die strategischen Rücksichten keine Bedeutung hat."

Nachdem noch der Abg. v. Tiedemann darauf hingewiesen hatte, daß die entsprechende Anwendung des § 30 nicht allein von der Staatsregierung, sondern auch von den Häusern des Landtages abhänge, ohne deren Zustimmung keine Bahn staatsseitig erworben werden könne, wurde hierauf § 30 in der vom Herrenhause beschlossenen Fassung angenommen (Sten. Ber. S. 2166/7).

104) § 30 gewährt dem Staate das Recht, den Erwerb einer jeden Kleinbahn unter bestimmten Voraussetzungen zu beanspruchen. Diese Voraussetzungen sind, daß 1. die Kleinbahn eine solche Bedeutung für den öffentlichen Verkehr gewonnen hat, daß sie als Teil des allgemeinen Eisenbahnnetzes zu behandeln ist, 2. daß der Erwerb gegen Entschädigung des vollen Wertes erfolgt, 3. daß dem Erwerbe eine Ankündigung mit einjähriger Frist vorangeht. § 30 Einziger Absatz.

A. Seiner Rechtsnatur nach liegt ein gesetzlich dem Staate vorbehaltenes Recht auf Abschluß eines Kaufvertrages vor, welchen der Unternehmer bei der Konzession einzugehen sich verpflichtet, sobald der Staat in der vorgeschriebenen Weise sich zum Abschluß erbietet. Weder dieser Vorbehalt noch der späterhin auf Grund desselben erfolgende Kauf bezw. Erwerb haben den Rechtscharakter der Enteignung, sondern lediglich den eines Heimfalls- oder Anfallsrechts nach Analogie des im § 42 des Ges. v. 3. November 1838 konstituierten. (A. M. Gleim und K. Hilse s. oben Anm. 103 S. 329). Wenn auch für die Ermittlung und Festsetzung der Entschädigung — soweit es sich um die Entschädigung nach dem Sachwert (§ 38) handelt — vorgeschrieben ist, daß die Normen des Enteignungsgesetzes sinngemäße Anwendung zu finden haben, und ebenso auf die Vollziehung und Wirkungen dieses Eigentumserwerbs, wenn dieser auch an einer Stelle des Gesetzes (§ 37) als Enteignung bezeichnet wird, so besitzt er dennoch die Rechtsnatur der Enteignung nicht und ist daher, soweit das Gesetz dies nicht ausdrücklich vorschreibt, den Normen der Enteignung nicht unterworfen. Es handelt sich vielmehr lediglich um einen gesetzlich vorbehaltenen Kauf, dessen Abschluß und Rechtsbeziehungen nach den Regeln des Kaufgeschäftes zu beurteilen sind.

B. Die Voraussetzungen des Erwerbsrechts des Staates sind folgende:

I. Die erste Voraussetzung für die Ausübung dieses staatlichen Erwerbsrechtes ist, daß die zu erwerbende Kleinbahn nach Entscheidung des Staatsministeriums eine solche Bedeutung für den öffentlichen Verkehr gewonnen hat, daß sie als Teil des allgemeinen Eisenbahnnetzes zu behandeln ist.

1) Allein die Entscheidung des Staatsministeriums ist maßgebend. Ein Rechtsmittel gegen diese Entscheidung ist nicht gegeben. Aus den legisl. Verhandlungen und der Analogie des § 1 ergibt sich, daß die Bedeutung einer Bahn im Sinne des Eisenb.-Ges. v. 3. November 1838 bezw. Art. 42ff. der Reichsverfassung gemeint ist.

2) Das Staatsministerium hat zu prüfen und entscheiden, ob die betreffende Kleinbahn nach dem Umfange ihres Betriebes und ihrer Transporte, ihrer Wichtigkeit als Verbindungs- und Zwischenglied anderer Bahnen, für den gemeinsamen Verkehr oder für strategische Zwecke, sich nicht mehr als Kleinbahn, sondern als eine

dem Ges. v. 1838 und damit auch der Reichsgesetzgebung zu unterwerfende Bahn qualifiziert.

3) Das Erwerbsrecht des Staates ist hiernach gegenüber den Kleinbahnen ein wesentlich anderes, als gegenüber den nach dem Ges. v. 3. November 1838 konzessionierten. Gegenüber den Kleinbahnen, welche die Bedeutung einer dem Ges. von 1838 zu unterwerfenden Bahn nicht besitzen, hat der Staat überhaupt kein Erwerbsrecht. Erlangen sie diese Bedeutung, so hat der Staat nicht das Recht, sie nachträglich dem Ges. v. 3. November 1838 zu unterstellen, — wie in den Motiven ausdrücklich betont ist —, sondern nur das Erwerbsrecht, aber dieses jederzeit und sofort, bezw. mit einjähriger Ankündigung. Dagegen hat der Staat gegenüber allen nach dem Ges. v. 3. November 1838 konzessionierten Bahnen das Erwerbsrecht, aber erst nach Verlauf von 30 Jahren vom Tage der Transport-Eröffnung an.

4) Über das Verfahren, nach welchem die Entscheidung des Staatsministeriums zu extrahieren ist, enthält das Gesetz keine Bestimmung. Die Ausf.-Anw. bestimmt nur, daß von der Aufsichtsbehörde an den Minister der öffentlichen Arbeiten zu berichten ist, sobald ihres Erachtens die Voraussetzungen für die Anwendung des § 30 eingetreten sind. Ist die Bahn zum Betriebe mit Maschinenkraft eingerichtet, so bedarf es dieser Berichterstattung, wenn auch nur eine der beteiligten Behörden, der Regierungspräsident oder die Eisenbahnbehörde, den Fall des § 30 für gegeben erachtet. Der Bericht ist von der diese Voraussetzung bejahenden Behörde zu erstatten und mit der gutachtlichen Äußerung der dissentierenden Behörde einzureichen. In der Regel wird der Minister der öffentlichen Arbeiten, falls er sich über das Vorhandensein der qu. Voraussetzung und die Opportunität des Staatserwerbes schlüssig gemacht hat, den Antrag auf Entscheidung unter Vorlage der bezüglichen Berichte und Materialien an das Staatsministerium richten und dieses — event. nach Einholung weiterer Informationen — die Entscheidung treffen. Es ist aber nicht ausgeschlossen, daß die Initiative bezw. der Antrag auf Entscheidung von anderen Ministern oder auch vom Unternehmer, der seine Bahn dem Staate veräußern will, ausgeht. Das Recht jedoch, eine Entscheidung zu verlangen, hat der Unternehmer nicht; ebensowenig, zu den Verhandlungen zugezogen zu werden. Von der formell gültigen Entscheidung wird dem Unternehmer in geeigneter Weise (durch eine beglaubigte Ausfertigung des Staatsministerialbeschlusses ꝛc.) und rechtzeitig (bei der Ankündigung) Kenntnis zu geben sein, da er füglich in die Lage versetzt werden muß, die Grundlagen und Voraussetzungen des gegen ihn geltend gemachten Erwerbsrechtes formell und materiell zu prüfen.

II. Die zweite Voraussetzung für die Ausübung des Erwerbsrechtes ist die Entschädigung des vollen Wertes der Bahn. Indes erleidet diese Voraussetzung dadurch eine wesentliche Einschränkung, daß das Gesetz selbst den Maßstab für die Bemessung des vollen Wertes vorschreibt, mithin die Feststellungsbehörde bezw. das Gericht nicht nach eigenem freien Ermessen, sondern in den Grenzen der gesetzlichen Normen den Wert zu bestimmen hat. Dieser gesetzliche Maßstab ist — wie in den folgenden Paragraphen noch des Näheren erörtert werden wird, — ein zweifacher, der des Ertragswertes, welcher nach dem Durchschnittsreineinkommen während eines fünfjährigen Zeitraumes zu bemessen ist (§§ 31, 32) und der des Sachwertes, welcher sich aus dem Werte der einzelnen Bestandteile und Zubehörungen der Bahn zusammensetzt (§§ 33—35). Die Regel bildet die Vergütung des Ertragswertes; die Bemessung der Entschädigung nach dem Sachwerte kann nur unter bestimmten Voraussetzungen vom Staate (§ 32 Abs. 2) oder vom Unternehmer (§ 33) verlangt werden. Formell finden auf die Feststellung und Zahlung bezw. Hinterlegung der Entschädigung die Grundsätze des Enteign.=Ges. vom 11. Juni 1874 analoge Anwendung. Das Gesetz bestimmt, daß der volle Wert in dem nach § 31 aus dem Durchschnittseinkommen zu berechnenden Erwerbsrechte oder aus dem der Summe der Werte der einzelnen Bahnbestandteile entsprechenden Sachwerte bestehen soll. Das dies der volle Wert an sich nicht ist und nicht sein kann, geht schon daraus klar hervor, daß gerade das wichtigste und wertvollste Recht des Bahnunternehmers, das Betriebsrecht, hierbei ganz außer Berechnung gelassen ist. Wenn also infolge ungünstiger Verhältnisse die zu erwerbende Bahn in den zur Berechnung stehenden 5 Jahren einen Ertrag nicht gewährt hat, so geht sie nach § 31 unentgeltlich in die Hände des Staates über. Der nach dem Durchschnittseinkommen berechnete Ertragswert oder der nach den Einzelwerten berechnete Sachwert ist nicht gleich dem Werte des mit dem Betriebsrechte ausgestatteten, betriebsfähigen und im Betriebe befindlichen Unternehmens. Mit dem bloßen Ertrags- oder Sachwerte kann also der volle Wert der Bahn nicht erstattet werden, derselbe läßt sich ausschließlich durch die Schätzung des mit dem Betriebsrechte ausgestatteten Unternehmens nach freier Verkehrsanschauung feststellen.

III. Die dritte Voraussetzung für die Ausübung des Erwerbsrechts ist die mit einjähriger Frist vorangegangene Ankündigung. Diese Voraussetzung entspricht im wesentlichen der im § 42 Abs. 2 Nr. 3 des Ges. v. 3. November 1838 enthaltenen. Die Ankündigung muß — mangels einer anderweiten Bestimmung — von dem den Staatseisenbahnfiskus als ganzes vertretenden Organe des Staates, dem Minister der öffentlichen Arbeiten, sei es direkt oder durch Vermittlung einer ihm nachgeordneten Behörde in seinem Auftrage geschehen. Sie ist an den Unternehmer der Kleinbahn bezw. an das das Unternehmen legal vertretende Organ zu richten und zwar — mit Rücksicht auf die Fristbestimmung — schriftlich und mit gehöriger Insinuation. Aus der Ankündigung muß die Absicht des Staates zum Erwerbe der Bahn, das zu erwerbende Unternehmen und der Zeitpunkt der Übernahme genau ersichtlich sein. Nur eine Ankündigung mit einjähriger Frist ist gestattet; mithin eine Ankündigung mit kürzerer oder längerer Frist nicht gültig. Dem Kleinbahngesetze fehlt zwar eine dem § 42 Abs. 2 Nr. 2 entsprechende Bestimmung über den Zeitpunkt, von welchem ab der Erwerb gefordert werden kann. Aber die Bestimmungen der §§ 31, 32 über die Berechnung des Ertragswertes nach dem Durchschnittseinkommen und die Verpflichtung des Unternehmers zur Rechnungsführung behufs Feststellung der Dividende lassen es nicht zweifelhaft erscheinen, daß als Zeitpunkt der Beginn eines neuen Rechnungsjahres angenommen ist. (A. M. Gleim S. 166.) Eine Abweichung ist zwar nach dem Wortlaute des Gesetzes nicht ausgeschlossen, aber nicht beabsichtigt und auch mit den bestehenden Verkehrs- 2c. Verhältnissen schwer vereinbar.

C. Liegen diese Voraussetzungen vor, so kann der Staat den eigentümlichen Erwerb solcher Bahnen beanspruchen.

1) Der Staat kann den Erwerb beanspruchen, er ist dazu befugt, aber nicht verpflichtet. Auch steht nur ihm dieses Recht zu, nicht etwa auch vice versa dem Unternehmer das Recht, den Erwerb zu verlangen. Dem Reiche steht dieses Erwerbsrecht nicht zu. Auch kann es ihm vom Staate nicht übertragen werden (Hilse, Zeitschr. f. Kleinb. 1898, S. 498). Wohl aber steht nichts entgegen, daß der

Staat auf Grund des § 30 eine Kleinbahn erwirbt und sodann dieselbe an das Reich veräußert. Das Erwerbsrecht des Staates ist ein gesetzliches Recht, daher Eintragung in das Bahngrundbuch nicht erforderlich (Hilse, Eisenb. Entsch. XIV, S. 366 u. Zeitschr. f. Kleinb. 1898, S. 489). Das Erwerbsrecht des Staates geht etwaigen eingetragenen Belastungen und Schulden sowie den Erwerbsrechten der Wegeunterhaltungspflichtigen (§ 6 Abs. 3) und Dritter vor. Den Erwerbsberechtigten aus § 6 ist der volle Wert ihres Erwerbsrechtes aus dem Kaufpreise zu erstatten (§ 38 Anm. 181, Hilse, Zeitschr. f. Klb. 1898, S. 489). Mit der Ankündigung spricht der Staat seinen Erwerbswillen gegenüber dem Unternehmer aus, er offeriert diesem den Verkauf. Aber es fehlt noch die Bestimmung des Kaufpreises. Erst mit der durch den Entschädigungsfestsetzungsbeschluß (§ 36 Kleinb.-Ges., § 29 Enteig.-Ges.) erfolgten Bestimmung des Kaufpreises wird das Kaufgeschäft perfekt. Bis zu diesem Zeitpunkte kann daher auch der Staat von dem angekündigten Kaufgeschäft zurücktreten, muß aber den Unternehmer für die Nachteile, die ihm durch das Erwerbsverfahren erwachsen sind, entschädigen (§ 37 Abs. 1 Kleinb.-Ges. — § 42 Abs. 1 Enteig.-Ges.). Das zur Ausübung dieses Erwerbsrechts legitimierte Organ des Staates ist der Minister der öffentlichen Arbeiten. Da zum Erwerbe von Bahnen die Mittel des Staates in Anspruch genommen werden und hierzu die Genehmigung der gesetzgebenden Faktoren gehört, so liegt es dem Minister ob, sich vor Ausübung des Erwerbsrechtes der Zustimmung derselben zu versichern. Eine Ausübung vorbehaltlich späterer Zustimmung der gesetzgebenden Faktoren ist im Gesetze nicht vorgesehen und auch mit Rücksicht auf die im § 37 vorgeschriebene analoge Anwendung der Bestimmungen des Enteig.-Gesetzes in betreff der Entschädigungsfeststellung, Vollziehung und Wirkung des Eigentumsüberganges nicht angängig.

2) Der Staat kann nur innerhalb einer angemessenen Frist nach der Entscheidung des Staatsministeriums den Erwerbsanspruch erheben und ankündigen. Tut er dies nicht, oder gibt er dem Erwerbs-Verfahren keinen Fortgang, so erlischt das auf Grund der qu. Entscheidung erworbene Recht, und es treten die Folgen des § 42 Enteig.-Ges. ein. Will der Staat sein Erwerbsrecht von neuem ausüben, so muß er von neuem einen Staatsministerialbeschluß extrahieren, da sich inzwischen die Verhältnisse wesentlich geändert haben können.

3) Voraussetzung für die Geltendmachung des Erwerbsanspruchs ist, daß die Bahn mindestens 1 Jahr im Betriebe sich befindet. Anderenfalls würde sich ein Ertragswert im Sinne des § 31 Satz 1 oder ein Reingewinn im Sinne des § 31 Satz 3 überhaupt nicht berechnen lassen. Denn das Eisenbahnunternehmen ist ein kaufmännisches Unternehmen, der Eisenbahnunternehmer ist Kaufmann, mithin bezüglich der Gewinnberechnung den §§ 39ff., 120ff., 167ff., 260ff. H.-G.-B. unterworfen. Nach diesen Bestimmungen des H.-G.-B. kann aber die Feststellung des Reingewinns erst am Schlusse eines Geschäftsjahres stattfinden, und diese Bestimmungen dürfen durch ein Landesgesetz nicht abgeändert werden. Da mit dem in der Ankündigung vorgesehenen Zeitpunkt der eigentümliche Erwerb der Bahn bereits eintreten, nicht erst mit diesem Zeitpunkte das Verfahren über den Erwerb beginnen soll, so erhellt daraus, daß der Erwerb einer Kleinbahn vor 2 Jahren seit der Betriebseröffnung nicht eintreten kann. Unzutreffend ist die Annahme Gleims (§ 31 Anm. 2), es genüge, daß vor der Feststellung der Entschädigung mindestens ein Betriebsjahr beendet sein

müsse und unter dieser Voraussetzung eine schon vor diesem Zeitpunkte erfolgte Ankündigung des eigentümlichen Erwerbes der Bahn rechtswirksam sei. Gleim übersieht, daß nach § 31 der „Jahresdurchschnitt des bisher erzielten Reingewinnes" maßgebend sein soll und zur Feststellung eines Jahresdurchschnitts rechtlich und nach dem Sprachgebrauch doch mindestens zwei Betriebsjahre gehören. Von dem Jahresdurchschnitt eines Betriebsjahres kann füglich nicht die Rede sein. Ob nach Ablauf des Kündigungsjahres der Erwerb pünktlich stattfinden kann, hängt von dem Gange des Verfahrens ab. Ist bis zum Schlusse des Jahres die Entschädigung noch nicht festgestellt bezw. gezahlt oder hinterlegt und der Eigentumsübergang noch nicht durch die Vollziehungsbehörde ausgesprochen, so wird bis dahin der Erwerb hinausgeschoben.

4) Wird auf gütlichem Wege ein Erwerbsvertrag (Verstaatlichungsvertrag) zwischen dem Staate und dem Unternehmer abgeschlossen, so muß der Staat die Bahnpfandschulden als Selbstschuldner übernehmen. Ein besonderes Verfahren behufs Regelung der Rechte Dritter nach Maßgabe des § 16 Enteign.-Ges. ist im Kleinbahngesetze nicht vorgesehen. Kommt eine gütliche Vereinbarung nicht zustande, so hat der Minister der öffentlichen Arbeiten den Antrag auf Feststellung der Entschädigung bei dem für das Unternehmen zuständigen Regierungspräsidenten gemäß §§ 24ff. des Enteig.-Ges. zu stellen (§§ 36, 37 Kleinb.-Ges.). Zu diesem Behufe sind nicht nur die im § 24 Enteig.-Ges. bezeichneten Anlagen dem Antrage sinngemäß beizufügen, sondern es müssen auch die Beläge für die Erfüllung der im § 30 Kleinb.-Ges. bezeichneten Voraussetzungen über 1. den Staatsministerialbeschluß und 2. die einjährige Ankündigung beigebracht werden, da der Bezirksausschuß das Entschädigungsfeststellungsverfahren nur dann einzuleiten hat, wenn die gesetzlichen Voraussetzungen dafür nachweislich gegeben sind. Würde man dies nicht annehmen, so würde der Staat in der Lage sein, auch ohne daß die Voraussetzungen des § 30 vorliegen, den Erwerb einer Kleinbahn nach Maßgabe der §§ 36, 37 zu erzwingen.

§ 31.[105])

Der Erwerb (§ 30) erfolgt unter sinngemäßer Anwendung der Bestimmungen des § 42 Nr. 4a bis d des Gesetzes über die Eisenbahnunternehmungen vom 3. November 1838, mit der Maßgabe, daß der Berechnung des 25fachen Betrages nach § 42 Nr. 4a des vorerwähnten Gesetzes das steuerpflichtige Einkommen nach den Bestimmungen des Einkommensteuergesetzes vom 24. Juni 1891 (Ges.-Samml. S. 175) zu Grunde zu legen ist, jedoch bei den Aktiengesellschaften und Kommanditgesellschaften auf Aktien der Abzug von 3 1/2 Prozent des eingezahlten Aktienkapitals (§ 16 Einkommensteuergesetz) fortfällt.[106]) Erstreckt sich die Kleinbahn über das Gebiet des Preußischen Staates hinaus in andere Deutsche Bundesstaaten, so ist gleichwohl das Einkommen aus dem gesammten Betriebe der Berechnung der Entschädigung zu Grunde zu legen.[107]) War das zu erwerbende Unternehmen noch nicht fünf Jahre im Betriebe, so ist für die Berechnung der Entschädigung der Jahresdurchschnitt des bisher erzielten Reingewinnes maßgebend.[108]) — Ist eine Aktiengesellschaft Unternehmer der zu erwerbenden Bahn, so bedarf es nicht der Einlösung der Aktien von den einzelnen Aktionären, sondern nur der Zahlung der Gesammtentschädigung an die Gesellschaft.[109])

[105]) Prinzip und Entstehungsgeschichte des § 81.

§ 81 Prinzip I. Prinzip. In den §§ 81 bis 87 ist die Ausübung des Erwerbsrechts, welches unter den Voraussetzungen des § 30 dem Staate zusteht, des näheren formell und materiell geregelt. Für die Bemessung der Entschädigung nach dem vollen Werte sind in den §§ 81—85 materiell rechtliche Grundsätze aufgestellt. Darnach kann ein zweifacher Maßstab Anwendung finden, der des Ertragswerts, welcher nach dem durchschnittlichen Reineinkommen der letzten 5 Jahre zu bemessen ist, oder der des Sachwertes, welcher sich aus dem Werte der einzelnen Bestandteile der Bahn ergibt. In der Regel findet die Entschädigung nach dem Ertragswerte nur ausnahmsweise unter bestimmten Voraussetzungen nach dem Sachwerte statt. In formeller Beziehung sollen für die Ermittelung und Feststellung der Entschädigung ebenso wie für den Eigentumsübergang und die Wirkungen desselben die bezüglichen Bestimmungen des Enteignungsgesetzes gemäß §§ 86, 87 sinngemäße Anwendung finden.

§ 81 enthält die Normen, welche bei der Entschädigung des Unternehmers nach dem Ertragswerte Platz greifen. Grundsätzlich sollen hierbei die Bestimmungen des § 42 Nr. 4a bis d des Gesetzes über die Eisenbahnunternehmungen vom 3. Novbr. 1838 sinngemäße Anwendung finden. Diese Bestimmungen schreiben vor: a) Zahlung des 25fachen Betrages der im Durchschnitt der letzten 5 Jahre ausbezahlten Dividende an die Gesellschaft. b) Übergang der Forderungen und Schulden der Gesellschaft auf den Staat. c) Übergang des Eigentums der Bahn mit Inventar und Zubehör nebst Reservefonds auf den Staat gegen Erfüllung der Bedingungen sub a u. b. d) Verbleib der Gesellschaft im Besitz und in der Benutzung der Bahn bis zur Auseinandersetzung nach vorstehenden Grundsätzen, Einlösung der Aktien und Übernahme der Schulden.

§ 81 enthält zwei wichtige Modifikationen dieser Bestimmungen. Erstens soll nach Satz 1 der Berechnung des 25fachen Betrages des Ertrages nicht die im Durchschnitt der letzten 5 Jahre ausbezahlte Dividende, sondern das steuerpflichtige Einkommen nach den Bestimmungen des Einkommensteuergesetzes v. 24. Juni 1891 (G.-S. S. 175) zu Grunde gelegt werden, jedoch ohne Abzug von $3^1/_2$ % des Anlagekapitals für Aktiengesellschaften und Kommanditgesellschaften auf Aktien (§ 16 l. c.). Sodann soll es nach Satz 4, wenn eine Aktiengesellschaft Unternehmer ist, nicht der Einlösung der Aktien von den einzelnen Aktionären, sondern nur der Zahlung der Gesamtentschädigung an die Gesellschaft bedürfen.

Außerdem haben die Normen des § 42 noch nach zwei Richtungen hin Ergänzungen erfahren. Zunächst ist im Satz 2 vorgeschrieben, daß, wenn sich die zu erwerbende Kleinbahn in das Gebiet eines anderen Bundesstaates erstreckt, das Einkommen in gleicher Weise, d. h. nach Maßgabe des Satzes 1, und zwar aus dem gesamten Betriebe der Berechnung der Entschädigung zu grunde zu legen ist. Und ferner ist bestimmt, daß, wenn das zu erwerbende Unternehmen noch nicht 5 Jahre im Betriebe war, für die Berechnung der Entschädigung der Jahresdurchschnitt des bisher erzielten Reingewinnes maßgebend ist.

Die Anwendung der Bestimmungen des § 42 Nr. 4a—d des Gesetzes vom 3. November 1888 auf den Erwerb von Kleinbahnen ist nur sinngemäß, nicht absolut vorgeschrieben. Daß die Anwendung nur sinngemäß sein soll, ist einerseits dadurch bedingt, daß § 42 des Gesetzes von 1838 nur den Erwerb von im Besitz von Aktiengesellschaften befindlichen Bahnen im Auge hat, während es sich bei dem Erwerbe aus § 31 des Gesetzes vom 28. Juli 1892 um Besitzer aller Art, physische und juristische Personen, Gemeinden, Kreise, Provinzen 2c. handelt. Darnach können die nur auf Aktiengesellschaften bezüglichen Normen des § 42 lediglich eine der Person des Kleinbahn-Unternehmers entsprechende Anwendung finden. Aber abgesehen davon sollen nach den §§ 36, 37 auf die Festsetzung der Entschädigung, die Vollziehung und Wirkungen des Eigentums-Überganges die Normen der §§ 24—29, 32—46 des Enteignungs-Gesetzes vom 11. Juni 1874 sinngemäße Anwendung finden. Diese Bestimmung erzeugt in ihrer Allgemeinheit die erheblichsten Zweifel und Widersprüche, weil die Normen des § 42 Nr. 4a—d in mehrfachen Beziehungen im Gegensatze zu den allgemeinen Normen des Enteignungsgesetzes stehen. Ist es schon an sich mißlich, die sinngemäße Anwendung gesetzlicher Vorschriften auf Verhältnisse vorzuschreiben, welche verschiedenartig sind, so muß es zu unlösbaren Schwierigkeiten führen, wenn, wie hier, die sinngemäße Anwendung mehrerer Gesetze angeordnet wird, die wesentlich von einander abweichende Normen enthalten. De lege ferenda hätten genaue und positive Vorschriften getroffen werden müssen. Die Folge der Unterlassung ist, daß das Erwerbsrecht des Staates durch die unlösbaren Widersprüche des Gesetzes, welche sich der Ausübung des Rechtes in formeller und materieller Hinsicht entgegenstellen, geradezu illusorisch ist.

II. Aus der Entstehungsgeschichte des § 31 ist folgendes hervorzuheben. § 31 Entstehung.
Der entsprechende § 27 der Regierungsvorlage (Aktst.-H.-H. Nr. 34 S. 60) lautete im Wesentlichen übereinstimmend mit dem § 31 des Gesetzes. Nur fehlte die Gliederung in mehrere Sätze und der Inhalt des zweiten Satzes gänzlich.

Die Bestimmung war, wie folgt, begründet (Nr. 34 S. 67): „Für die Berechnung der Enschädigung wird nach dem Vorgange des Gesetzes über die Eisenbahnunternehmungen vom 3. Novbr. 1888 — § 42 — in der Regel der Ertragswert unter Berücksichtigung der entsprechenden Bestimmungen des Einkommensteuergesetzes vom 24. Juni 1891 (G.-S. S. 175) zu Grunde zu legen sein."

Diese Fassung fand in der Kommission des Herrenhauses (Nr. 69 S. 343) und in der I. u. II. Lesung dess. (Sten. Ber. S. 205/6) Billigung und unveränderte Annahme. In der Kommission des Abg.-Hauses wurde von einem Mitgliede das Bedenken angeregt, daß nach der Fassung der Vorlage der Berechnung der Entschädigung nur der Reingewinn nach den Bestimmungen des Einkommensteuergesetzes vom 24. Juni 1891 zu grunde zu legen sei. Hierdurch würde bei Berechnung der Entschädigung das Einkommen einer Bahn, welche zum Teil auf nichtpreußischem Gebiete läge, nur nach dem aus der Anlage auf preußischem Gebiete fließenden Einkommen berechnet werden können, da der § 6 ad 1 des Einkommensteuergesetzes das Einkommen aus den in anderen deutschen Bundesstaaten belegenen Grundstücken von der Besteuerung ausschließe. Es erschiene daher notwendig, eine dahingehende Bestimmung in diesem Paragraphen zu treffen, daß bei Berechnung der Entschädigung auch das Einkommen aus dem in einem andern deutschen Bundesstaate gelegenen Teile der Bahn mit herangezogen werde. In der Kommission wurde diese Notwendigkeit anerkannt. Auch von seiten der Königlichen Staatsregierung wurde gegen die Einfügung einer solchen Bestimmung kein Bedenken geltend gemacht, und erfolgte dieselbe durch Einfügung des jetzt in der Kommissionsvorlage befindlichen zweiten Satzes des Paragraphen.

Im Übrigen wurde der Paragraph aus redaktionellen Gründen in mehrere Sätze zerlegt und in dem ersten derselben ausdrücklich das Fortfallen des Abzuges von $3^1/_2$ Prozent des eingezahlten Aktienkapitals bei Berechnung des steuerpflichtigen Einkommens von Aktiengesellschaften oder Kommanditgesellschaften auf Aktien zum Ausdruck gebracht. (Aktst. Abg.-H. Nr. 206 S. 2307):

In der II. Lesg. des Abg.-H. (Sten. Ber. Abg.-H. S. 2017/19) beantragte der Abg. Langerhans die Streichung des dritten Satzes, weil er es für sehr hart erachtete, den Erwerbspreis nach dem in der Regel geringen Ertrag der ersten Betriebsjahre zu bemessen und dies das Kapital von der Anlage von Kleinbahnen abschrecken würde.

Darauf erwiderte der Regierungskommissar „Dieser Satz kann garnicht entbehrt werden; wenn überhaupt der § 26 (sc. § 30 des Ges.), nicht für viele Fälle illusorisch werden soll. Der Staat hat das Recht, unter Umständen eine Bahn zu erwerben, auch wenn die Bahn noch nicht 5 Jahre im Betrieb ist. Es soll für den Erwerb maßgebend sein der § 42 des Eisenbahngesetzes und in der Nummer 4 dieses Gesetzes heißt es: „Der Staat bezahlt an die Gesellschaften den 25fachen Betrag derjenigen jährlichen Dividende, welche an sämtliche Aktionäre im Durchschnitte der letzten fünf Jahre ausbezahlt worden ist.“ Wenn wir diese Bestimmung nicht aufrecht erhalten, so kann in dem Falle, wenn der Staat vor Ablauf der 5 Jahre eine Eisenbahn erwerben will, überhaupt von der Bestimmung des § 42 des Eisenbahngesetzes kein Gebrauch gemacht werden. Diese Bestimmung enthält aber auch auf der anderen Seite keineswegs eine Unbilligkeit; denn, wenn der Unternehmer nicht zufrieden ist mit der Abschätzung der Bahn nach dem Ertragswerte, so ist es ihm nach dem Gesetze unbenommen, die Abschätzung zum Sachwerte zu verlangen.“

Hierauf wurde der Antrag Langerhans abgelehnt und § 31 in der in das Gesetz übergegangenen Fassung angenommen.

§ 31 **106**) Satz 1 des § 31 schreibt für den Erwerb einer Kleinbahn nach dem
Satz 1. Ertragswert die sinngemäße Anwendung der Bestimmungen des § 42 Nr. 4a bis d des Gesetzes über die Eisenbahnunternehmungen vom 3. Novbr. 1838 vor. Bereits an früherer Stelle (Anm. 105 S. 339) ist darauf hingewiesen worden, daß die sinngemäße Anwendung dieser Bestimmungen in mehreren wesentlichen Beziehungen kollidiert mit der in den §§ 36, 37 vorgeschriebenen sinngemäßen Anwendung der Normen des Enteignungsgesetzes (§§ 24ff.), und daß dieser Widerspruch geeignet ist, das Erwerbsrecht des Staates mangels präziser Bestimmungen über die Ausübung desselben illusorisch zu machen. Es würde zu weit führen, auf die Verschiedenheiten der Normen, deren gleichzeitige sinngemäße Anwendung die §§ 31, 36 und 37 vorschreiben, des näheren einzugehen. Vielmehr muß es den zuständigen Behörden überlassen bleiben, soweit tunlich, die hierbei hervortretenden Schwierigkeiten im einzelnen zu überwinden. Hier können nur die hauptsächlichsten Widersprüche kurz angedeutet werden.

Ad a) Maßgebend ist nach § 42 Nr. 4a der fünfundzwanzigfache Betrag des Durchschnittsertrages der letzten sc. dem Kündigungsjahre vorausgehenden fünf Jahre. Aber an Stelle der jährlichen Dividende, welche an sämtliche Aktionäre im Durchschnitte der letzten fünf Jahre ausbezahlt worden ist, soll nach Satz 1 des § 31 das steuerpflichtige Einkommen nach den Bestimmungen des Einkommensteuergesetzes vom 24. Juni 1891 (G.=S. S. 175) der Berechnung zu grunde gelegt werden, d. h. es ist nicht der Durchschnitt der ausbezahlten Jahresdividende der letzten fünf Jahre, sondern der Durchschnitt der steuerpflichtigen Einkommenbeträge der letzten fünf Jahre nach Maßgabe des Ges. vom 24. Juni 1891 zu grunde zu legen, — jedoch mit einer Modifikation: Insoweit Aktiengesellschaften oder Kommanditgesellschaften auf Aktien die Unternehmer sind, soll der Abzug der im § 16 Abs. 1 des Ges. vom 24. Juni 1894 bezeichneten $3^1/_2$ Prozent des eingezahlten Aktenkapitals nicht stattfinden, mithin die Berechnung des Reineinkommens so erfolgen, als wenn es sich gemäß § 16 Abs. 3 um die Kommunalbesteuerung handelte.

Die weiteren Modifikationen, welche — abgesehen von dem Wegfall des $3^1/_2$ Prozent Abzuges bei Aktiengesellschaften und Kommanditgesellschaften auf Aktien — bei der Berechnung des Reineinkommens eintreten und die Fälle betreffen, wenn sich die Kleinbahn in das Gebiet anderer deutscher Bundesstaaten erstreckt oder noch nicht fünf Jahre im Betriebe befindet, sind in den Sätzen 2 und 3 bestimmt und in den Anm. 107 und 108 (S. 342 ff.) des Näheren erörtert. Daß der dergestalt berechnete Erwerbswert dem vollen Werte der Bahn nicht entspricht, ergibt sich — wie oben Anm. 104 S. 335 bereits bemerkt — daraus, daß, wenn wegen ungünstiger Verhältnisse in den letzten fünf Betriebsjahren ein steuerpflichtiges Einkommen nicht vorhanden war, der Staat die Bahn unentgeltlich erwerben würde.

Ad b) § 42 Nr. 4b ordnet die Übernahme sämtlicher Aktiva und Passiva der Gesellschaft auf den Staat ex lege an. Soweit es sich aber um Realrechte handelt, kann die Übernahme nicht ex lege erfolgen. Vielmehr bedarf es mangels gütlicher Einigung mit dem Realberechtigten nach § 37 Kleinb.=Ges. eines Vollziehungsbeschlusses des Bezirksausschusses, und mit der Zustellung desselben an die Beteiligten wird das Bahnunternehmen (die Bahneinheit) von allen darauf haftenden privatrechtlichen Verpflichtungen frei, und tritt die Entschädigung rücksichtlich derselben an die Stelle des Bahnunternehmens. (§§ 32, 44, 45 Enteig.=Ges. vom 11. Juni 1874.)

Ad c) § 42 Nr. 4c verfügt ferner — gegen Erfüllung der Bedingungen unter a und b — den Übergang des Eigentums der Bahn nebst Inventar, Zubehör und Resevefonds ex lege auf den Staat. Gemäß § 37 Kleinb.=Ges. kann aber diese Wirkung nicht ex lege eintreten, es bedarf vielmehr hierzu eines Beschlusses des Bezirksausschusses, und erst mit Zustellung dieses Beschlusses geht das Eigentum der Bahn 2c. auf den Staat über (§§ 32, 44 Enteig.=Ges. vom 11. Juni 1874). Auch kann dies in dringlichen Fällen noch vor Erledigung des Rechtsweges auf Grund der Zahlung oder Hinterlegung der im Verwaltungswege festgestellten Entschädigungs= oder Kautionssumme angeordnet werden. (§§ 34, 35 l. c.)

d) Auch die im § 42 Nr. 4d enthaltene Bestimmung, daß die Gesellschaft bis zur Regulierung der Auseinandersetzung und der staatsseitigen Übernahme ihrer Schulden im Besitze und in der Benutzung der Bahn verbleibt, erleidet durch die im § 87 Kleinb.=Ges. ausgesprochene Zulässigkeit des Dringlichkeitsverfahrens (§§ 34, 35 Enteig.=Ges.) eine wesentliche Modifikation.

Wie Gleim (§ 31 Anm. 1 S. 165) mit Recht hervorhebt, ist in allen Fällen die Entschädigung auf das 25fache des durchschnittlichen Steuereinkommens der letzten fünf Jahre zu bemessen, ohne Rücksicht darauf, ob die Genehmigung dem Unternehmer ohne zeitliche Begrenzung (dauernd) oder nur für bestimmte Zeit erteilt worden ist (§ 13). Für eine Unterscheidung gewährt das Gesetz weder einen Anhalt noch einen Maßstab. Und es spricht ferner dafür, daß der Staat das betriebsfähige Unternehmen dauernd erwirbt, mithin ohne Schädigung den Wert desselben in vollem Umfange ersetzen kann. Hierzu tritt, daß bei zeitlicher Begrenzung für den Unternehmer die Verlängerung oder Erneuerung sicher ist, falls der Staat nicht von seinem Erwerbsrecht Gebrauch macht, und daß nach § 38 dem Erwerbsberechtigten (§ 6) der volle Wert ihres Erwerbsrechts zu erstatten ist — obwohl er bei Anfall der Bahn einer neuen Genehmigung bedarf und ebenso, wenn die Genehmigung nicht auf die Rechtsnachfolger des Unternehmers lautet.

§ 31 Satz 2. 107) Satz 2 des § 31 enthält eine weitere Modifikation (s. Anm. 106 ad a S. 341) der Berechnung des steuerpflichtigen Einkommens nach Maßgabe des § 16 des Einkommensteuergesetzes v. 24. Juni 1891. Nach § 6 ad 1 dieses Gesetzes sind nämlich von der Besteuerung ausgeschlossen das Einkommen aus den in anderen deutschen Bundesstaaten belegenen Grundstücken, den daselbst betriebenen Gewerben ꝛc. Diese Bestimmung hat den Zweck, eine Doppelbesteuerung des Einkommens durch mehrere Bundesstaaten zu verhindern, ihre Anwendung würde aber da nicht zutreffend sein, wo es sich um die Feststellung des gesamten Einkommens eines Unternehmens nicht zu Steuerzwecken, sondern als Grundlage der Wertbemessung handelt. Daher war eine Bestimmung notwendig, welche für die Einkommensberechnung des § 31 Kleinb.=Ges. die Vorschrift des § 6 ad 1 des Einkommensteuerges. aufhob und die Heranziehung des Einkommens auch der in einem anderen deutschen Bundesstaate gelegenen Teile der Bahn anordnete. Dies ist durch Satz 2 des § 31 geschehen. Aus den Materialien ergibt sich, daß in derartigen Fällen die Berechnung des Einkommens aus den nicht auf preußischem Gebiete belegenen Teilen der Bahn ganz ebenso erfolgen soll, als wenn dasselbe nach den Grundsätzen des preuß. Einkommensteuerges. in Preußen unter spezieller Berücksichtigung des § 16 dieses Gesetzes zu berechnen gewesen wäre. Dies bedeutet das Wort „gleichwohl". Es ist, wie in den Verhandlungen hervorgehoben wurde, identisch mit „in gleicher Weise". Es wird also das Einkommen aus dem Gesamtbetriebe, sowohl des preußischen, wie außerpreußischen, gleichmäßig nach den Grundsätzen des § 16 Eink.=Steuerges. berechnet und der Wertberechnung (Satz 1) zu Grunde gelegt.

Im übrigen bezieht sich Satz 2 nur auf das Einkommen aus den in anderen deutschen Bundesstaaten gelegenen Teilen der Bahn, nicht auf das Einkommen aus den in außerdeutschen Gebieten belegenen Teilen, weil dieses letztere Einkommen nach § 16 Eink.=Steuerges. von der Besteuerung in Preußen nicht ausgeschlossen ist. Auch ist es selbstverständlich, daß die Hinzurechnung des Einkommens aus den außerpreußischen Teilen nur dann erfolgen darf, wenn diese dem Erwerbsrecht des preußischen Staates unterliegen. Sind diese nach den bestehenden Staatsverträgen und Gesetzen dem Anfallsrecht des außerpreußischen Staates unterworfen, so findet eine Hinzurechnung des auf die außerpreußischen Bahnteile entfallenden

Einkommens nicht statt, sondern wird nur das Einkommen der preußischen Teile berechnet, weil sonst der Erwerbspreis zu hoch, d. h. nach einem Ertragswerte berechnet werden würde, der auch die außerpreußischen, nicht in das Eigentum des preußischen Staates übergehenden Bahnteile mitumfaßt. Zustimmend bemerkt Gleim (S. 166), daß, wenn das Erwerbsrecht auf den in Preußen belegenen Teil der Bahn beschränkt sei, durch entsprechende Bestimmungen in der Genehmigung Vorsorge getroffen werden müsse, damit das Einkommen aus diesem Teile berechnet werden könne. Es könne dies in der Weise geschehen, daß entweder dem Unternehmer besondere Rechnungsführung für diesen Teil zur Pflicht gemacht oder ein Maßstab festgesetzt werde, nach welchem das Reineinkommen der ganzen Bahn auf die den verschiedenen Staatsgebieten zugehörigen Strecken zu verteilen ist.

108) Satz 3 des § 31 war notwendig, um die Wertberechnung für den Fall zu regeln, daß das zu erwerbende Unternehmen noch nicht fünf Jahre im Betriebe ist. In betreff der Kleinbahnen kann (abweichend von § 42 Eisenb.-Ges. vom 3. November 1838) das staatliche Erwerbsrecht unter den Voraussetzungen des § 30 jederzeit, also auch vor Ablauf der ersten 5 Betriebsjahre ausgeübt werden, so daß eine Wertberechnung unter sinngemäßer Anwendung des § 42 Nr. 4a. (Anm. 106 S. 341) in denjenigen Fällen nicht möglich ist, in welchen das Erwerbsrecht bereits während der 5 ersten Betriebsjahre geltend gemacht wird. Alsdann soll nach Satz 3 des § 31 an die Stelle des Durchschnitts des Einkommens der letzten 5 Jahre der Jahresdurchschnitt des bisher erzielten Reingewinns treten. Der Reingewinn ist nach den Bestimmungen der §§ 39 ff., 120 ff., 167 ff., 260 ff. H.-G.-B. der bilanzmäßige Gewinn eines Geschäftsjahres. Einen Reingewinn innerhalb eines Geschäftsjahres gibt es nicht; bezw. der Kaufmann — wozu auch der Eisenbahnunternehmer gehört — ist zur Aufstellung einer Bilanz und Feststellung des Reingewinns innerhalb eines Geschäftsjahres nach dem H.-G.-B. nicht verpflichtet (s. Anm. 104 Ziff. 3 S. 336). Es können also auch hier nur die Reingewinne ganzer Geschäftsjahre, nicht von Bruchteilen derselben in Berechnung gezogen werden. Das Ankündigungsjahr kann aus den bereits oben (Anm. 104 Ziff. 3 S. 336 ff.) angeführten Gründen nicht in Betracht kommen, also auch nicht der Reingewinn desselben. Die Betriebsjahre werden genau vom Tage der Betriebseröffnung an (§ 19) gerechnet, und zwar — wie im § 33 — des ganzen Unternehmens, nicht einzelner Teilstrecken. Nur insofern später neue Bahnen auf Grund besonderer Genehmigungen hinzugetreten sind, gelten diese als besondere Unternehmungen (§ 32), die Frist läuft ununterbrochen vom Tage der Betriebseröffnung an, auch wenn späterhin der Betrieb ganz oder zeitweilig aus irgend welchen Gründen eingestellt oder unterbrochen worden ist. Geschieht die Ankündigung des Erwerbs auch nur einen Tag nach Ablauf dieser 5 Jahre, so ist der Berechnung nicht der Jahresdurchschnitt des Reingewinns, sondern das steuerpflichtige Einkommen gemäß Satz 1 des § 31 zu grunde zu legen. § 31 Satz 3.

Da der Unternehmer das Recht hat, an Stelle der Berechnung nach dem Reingewinn die Entschädigung nach dem Sachwerte zu verlangen (§ 33), die Abschätzung des Sachwertes nach den Normen des Enteig.-Ges. aber mit so großen Schwierigkeiten und Zögerungen verknüpft ist, daß sie faktisch undurchführbar erscheint, so kann freilich der Unternehmer, indem er die Entschädigung nach dem Sachwerte verlangt, nicht nur während der ersten 5 Betriebsjahre, sondern während der ersten 15 Betriebsjahre das Erwerbsrecht des Staates illusorisch machen. Die

Vorschriften betreffs der Entschädigung nach dem Sachwerte werden daher in gleicher Weise, wie mehrere Bestimmungen des Eisenb.=Ges. v. 1888 (s. §§ 26, 82 ff., 42) wegen ihrer Undurchführbarkeit stets außer Anwendung bleiben müssen.

§ 31 Satz 4. **109**) Satz 4 des § 31 enthält in Betreff der Aktiengesellschaft als Unternehmer eine wesentliche Modifikation der Vorschrift des § 42 Nr. 4d des Eisenb.=Ges. von 1888. Nach § 42 ist das Verhältnis zwischen Staat und Gesellschaft so gedacht, daß der Staat durch den Erwerb der Bahn und Übernahme ihrer Aktiva und Passiva an die Stelle der Gesellschaft tritt, auch die Aktionäre sind den Gesellschaftsgläubigern gleichgestellt und werden vom Staate durch Einlösung ihrer Aktien befriedigt. § 81 des Kleinb.=Ges. führt dagegen den Grundsatz, daß der Staat vom Unternehmer die Bahn durch Kauf erwirbt, konsequent durch. Der Staat tritt nicht an die Stelle der Gesellschaft, sondern er zahlt ihr die Entschädigung als Kaufpreis; er befriedigt daher auch nicht die Aktionäre wie Gesellschaftsgläubiger durch Einlösung ihrer Aktien, sondern er zahlt die gesamte Entschädigung an die Gesellschaft und überläßt es dieser, im Wege der Auflösung des Unternehmens die Entschädigung an die Aktionäre nach Maßgabe ihrer Geschäftsanteile (Aktien) zu verteilen. Weshalb die Bestimmung auf Aktiengesellschaften als Unternehmer beschränkt ist, ist nicht ersichtlich. Sie muß aus gleichem Grunde auch auf andere Arten der Gesellschaft, insbesondere auf Kommanditgesellschaften auf Aktien, Genossenschaften ꝛc. analoge Anwendung finden. Die Annahme Gleims (§ 82 Anm. 8 S. 166), es sei nur die Hervorhebung des Grundsatzes für Aktiengesellschaften mit Rücksicht auf die abweichende Bestimmuug des § 42 Nr. 4d des Ges. v. 8. November 1838 erforderlich gewesen, für alle anderen Unternehmer bezw. Gesellschaften sei derselbe selbstverständlich, ist irrig, denn § 80 gibt das Erwerbsrecht dem Staate allen Kategorien von Unternehmern gegenüber, und § 31 erklärt für alle, daß der Erwerb unter sinngemäßer Anwendung der Bestimmungen des § 42 Nr. 4a—d des Ges. v. 1888 erfolgen soll. Auch auf Kommanditgesellschaften auf Aktien, Genossenschaften ꝛc. läßt sich § 42 Nr. 4d l. c. „sinngemäß anwenden". Indem der letzte Satz des § 81 Kleinb.=Ges. nur die Aktiengesellschaften als Unternehmer ausdrücklich hervorhebt, kann daraus e contr. gefolgert werden, daß diese Vorschrift auf andere Gesellschaften keine Anwendung finden solle, bei diesen es vielmehr der Einlösung der Aktien bezw. Gesellschafts- oder Genossenschaftsanteile von den einzelnen Aktionären bedürfe. Um diesen naheliegenden Schluß zu verhindern, wäre es de leg. fer. richtig gewesen, den letzten Satz des § 31 auf alle Gesellschaften auszudehnen. Die gleiche Omission liegt übrigens auch in der Vorschrift des § 82 Abs. 1 vor, wo gleichfalls nur von der Aktiengesellschaft, nicht auch von anderen Gesellschaften bezw. den Genossenschaften die Rede ist (s. Anm. 111 S. 848).

§ 32.[110])

Der Unternehmer kann verpflichtet werden, über jede Bahn, für welche ihm eine besondere Genehmigung erteilt worden ist, dergestalt Rechnung zu führen, daß der Reinertrag derselben, und wenn der Unternehmer eine Aktiengesellschaft ist, die von derselben gezahlte Dividende daraus mit Sicherheit entnommen werden kann.[111])

Die Vernachlässigung dieser Verpflichtung begründet für den Staat das Recht, die Berechnung der Entschädigung nach dem Sachwerte (§§ 33 bis 35) zu verlangen."[112])

Ausführungsanweisung vom 13. August 1898.

Zu § 32.

Von der Verpflichtung des Unternehmers zur Führung getrennter Betriebsrechnungen kann abgesehen werden, wenn die Gesamtunternehmung keine anderen Bahnen enthält, als städtische Bahnen für den Personenverkehr und Bahnen, welche, wie z. B. Drahtseilbahnen, zum Anschlusse an das Eisenbahnnetz sich nicht eignen.

Bei nebenbahnähnlichen Kleinbahnen (vgl. Einleitung und zu § 3) ist stets die Führung getrennter Betriebsrechnungen vorzuschreiben.

110) Prinzip und Entstehungsgeschichte des § 32. § 32

I. Prinzip. Der Staat kann unter den Voraussetzungen des § 30 jede von ihm genehmigte Kleinbahn erwerben. Sind in der Hand eines Unternehmers mehrere Kleinbahnen vereinigt, so ist der Staat hiernach berechtigt, eine oder einige derselben nach seinem Ermessen zu erwerben, die anderen dem Unternehmer zu belassen. Dieses Recht des Staates würde aber nicht ausgeübt werden können, wenn der Unternehmer die in seiner Hand vereinigten Kleinbahnen derartig gemeinsam betreibt und verwaltet, daß eine getrennte Rechnungsführung über jede einzelne Bahn in Einnahme und Ausgabe nicht stattfindet. Um die Grundlagen für die Ertragsberechnung jeder einzelnen Bahn auch dann zu sichern, wenn dieselbe mit anderen in der Hand eines Unternehmers zu gemeinsamen Betriebe vereinigt ist, ist es dem Staate durch § 32 Abs. 1 gestattet, den Unternehmer zu verpflichten, über jede Bahn, für welche ihm eine besondere Genehmigung erteilt worden ist, dergestalt Rechnung zu führen, daß der Reinertrag derselben, und, wenn der Unternehmer eine Aktiengesellschaft ist, die von derselben gezahlte Dividende daraus mit Sicherheit entnommen werden kann. Der Staat kann dem Unternehmer diese getrennte Rechnungsführung für jede Bahn auferlegen, der Unternehmer ist somit hierzu nicht verpflichtet, wenn diese Auflage nicht ausdrücklich geschieht. Ist aber die Pflicht getrennter Rechnungsführung dem Unternehmer auferlegt — und dies soll nach der Ausführ.-Anweisung v. 13. August 1898 Abs. 2 z. § 32 bei nebenbahnähnlichen Kleinbahnen stets geschehen —, so kann der Staat die Erfüllung derselben sowohl im Rechtswege, wie durch administrative Zwangsmaßregeln (s. §§ 132 ff. Allg.-Land.-Verw.-Ges. v. 31. Juli 1883, §§ 24, 25 Kleinb.-Ges.) verfolgen. Mit Rücksicht aber auf die damit verbundenen Schwierigkeiten, verleiht Abs. 2 des § 32 dem Staate noch überdies ein Recht, welches die Ausübung seines Erwerbsrechtes von der getrennten Rechnungsführung des Unternehmers unabhängig macht. Vernachlässigt nämlich dieser die in Rede stehende Verpflichtung, so ist der Staat berechtigt, die Berechnung der Entschädigung nach dem Sachwerte (§§ 33—35) zu verlangen, und dadurch der Feststellung des Ertragswertes nicht mehr benötigt.

II. Die Entstehungsgeschichte bestätigt die im vorstehenden erörterte Tendenz des § 32. § 32 Entstehung.

Der Regierungsentwurf (Herrenh. Aktst. Nr. 34 S. 60) § 28 unterschied sich von § 32 des Gesetzes dadurch, daß die Verpflichtung zur getrennten Rechnungsführung in allen Fällen vorgeschrieben war, und zwar mit folgender **Begründung** (Nr. 34 S. 68): „Zur Sicherung der Unterlagen für die auf dieser Grundlage (sc. dem Ertragswerte) aufzustellende Berechnung der Entschädigung wird es erforderlich, den Reinertrag für jede Bahn, für welche eine Genehmigung besonders erteilt ist, und welche demzufolge im Sinne dieses Gesetzes als besondere Bahnunternehmung anzusehen ist, auch dann besonders zu berechnen, wenn dieselbe einen Teil einer wirtschaftlichen Gesamtunternehmung bildet, und demzufolge dem Unternehmer die entsprechende Rechnungsführung zur Pflicht zu machen."

In der **Abg.-H.-Kommission** wurde von einem Mitgliede die Frage angeregt, ob es denn nötig erscheine, für alle Fälle eine getrennte Rechnungsführung zu verlangen, wenn ein Unternehmer mehrere zusammenhängende konzessionierte Unternehmungen leite. Der Regierungsvertreter erwiderte darauf, daß die Bestimmung des § 28 hauptsächlich deshalb getroffen sei, um dem Staate, falls er in den Fall komme, eine Bahn erwerben zu müssen, eine genaue Feststellung des Reinertrages der betreffenden Strecke zu ermöglichen. Die Beschränkung der Verpflichtung sei materiell bedenklich, doch sei zuzugeben, daß in einzelnen Fällen für die Staatsregierung kein Interesse vorliege, besonders auch bei Pferdebahnen, den Unternehmer zu einer besonderen Buchführung nach Maßgabe dieses Paragraphen zu nötigen, und daher gegen den Ersatz der Worte „ist verpflichtet" durch die Worte „kann verpflichtet werden" nichts einzuwenden.

Mit dieser Änderung wurde der § 28 von der Kommission angenommen, und ging als § 32 unverändert in das Gesetz über.

§ 32 Abs. 1 [111]) Nach Abs. 1 des § 32 kann der Unternehmer verpflichtet werden, über jede Bahn, für welche ihm eine besondere Genehmigung erteilt worden ist, eine getrennte Rechnungsführung zur Feststellung des Reinertrages aufzulegen.

1. **Zuständig** zur Auferlegung dieser Pflicht ist zunächst die Genehmigungsbehörde, welche bei oder in der Genehmigung dem Unternehmer die bezügliche Auflage machen kann. Zuständig ist aber auch, falls dies nicht in der Genehmigung geschehen, der Minister der öffentlichen Arbeiten, welcher als das zur Wahrnehmung des staatlichen Erwerbsrechtes berufene Organ, jederzeit durch besondere Verfügung, sei es direkt, sei es durch Vermittelung der Aufsichtsbehörde, dem Unternehmer die qu. Pflicht auferlegen kann. Da erst die **Entwickelung** der Bahn für die Ausübung des staatlichen Erwerbsrechtes entscheidend ist, so muß der Staat in der Lage sein, wenn ein entsprechendes Stadium der Entwickelung der Bahn eingetreten ist, dem Unternehmer die betr. den event. Erwerb vorbereitende Auflage zu machen. Auch spricht der Wortlaut für diese Annahme. Denn während in betreff anderer Verpflichtungen des Unternehmers das Gesetz die Aufnahme derselben in die Genehmigung ausdrücklich vorschreibt (§§ 8, 9, 10, 11, 13, 14), ist dies hier (wie in den §§ 28, 29) nicht der Fall. Daraus erhellt, daß die Auflage dieser Pflicht nicht nur in oder bei der Genehmigung, sondern **jederzeit** erfolgen kann. (A. M. **Gleim** S. 168 und anscheinend auch der Erl. v. 29. Dezember 1901 Zeitschr. f. Kleinb. 1902 S. 184 ohne weitere Begründung). Davon geht auch unverkennbar die Vorschrift des Abs. 2 der Ausf.-Anw. vom 18. August 1898 z. § 32 aus. Da häufig Straßen- und diesen ähnliche Kleinbahnen sich erst allmählich zu nebenbahnähnlichen Kleinbahnen entwickeln, so würde anderenfalls diese Vorschrift nicht durchführbar sein. Vorausgesetzt ist der Natur der Sache nach, daß die Auflage mit Beginn eines neuen Geschäftsjahres zu erfolgen hat, weil anderenfalls dem

Unternehmer außergewöhnliche, vom Gesetzgeber nicht beabsichtigte Schwierigkeiten entstehen würden.

2. Der Unternehmer kann verpflichtet werden, aber er braucht es nicht, und ist es auch nicht ex lege (s. die Verhandlungen der Abg.-H.-Kommission S. 346). Wird er nicht in gehöriger Weise und ordnungsmäßiger Form zur gesonderten Rechnungsführung verpflichtet, so ist er hierzu nicht verbunden und kann nicht ohne weiteres im Rechtswege oder durch administrative Zwangsmittel dazu angehalten werden. Auch findet alsdann das Präjudiz des Abs. 2 (s. Anm. 112 S. 349) auf ihn keine Anwendung.

Maßgebend war, daß die gesonderte Rechnungsführung mit erheblichen Schwierigkeiten und Kosten verknüpft ist und daher überall da zweckmäßig unterbleibt, wo eine Erwerbsabsicht des Staates nach dem Ermessen der zuständigen Behörden nicht vorliegt. Daher empfahl es sich, die Auflage der Pflicht zu gesonderter Rechnungsführung dem Befinden dieser Behörden zu überlassen. Insbesondere wird hiernach von der Auferlegung dieser Pflicht in der Regel abgesehen werden bei Pferdebahnen, Zahnrad-, Drahtseil-, Luftdruck- und hydrodynamischen 2c. Bahnen, weil diese nach der Art ihres Betriebes, des Baues, der Betriebsmittel und Betriebskraft zum Anschluß an das Staatsbahnnetz zumeist nicht geeignet erscheinen. In diesem Sinne bestimmt die Ausf.-Anw. v. 13. August 1898 Abs. 1 zum § 32, daß von der Verpflichtung des Unternehmers zur Führung getrennter Betriebsrechnungen abgesehen werden kann, wenn die Gesamtunternehmung keine anderen Bahnen enthält, als städtische Bahnen für den Personenverkehr und Bahnen, welche, wie z. B. Drahtseilbahnen, zum Anschlusse an das Eisenbahnnetz sich nicht eignen. Dagegen ist nach Abs. 2 l. c. bei nebenbahnähnlichen Kleinbahnen stets die Führung getrennter Betriebsrechnungen vorzuschreiben (Zeitschr. f. Kleinb. 1898 S. 527).

3. Die Verpflichtung zu getrennter Rechnungsführung kann dem Unternehmer über jede Bahn vorgeschrieben werden, für welche ihm eine besondere Genehmigung erteilt worden ist. Die Vorschrift kann ausnahmslos auf jede Bahn gerichtet sein, sei es, daß sie mit anderen Bahnen oder mit anderen Unternehmungen, Bergwerken, Fabriken 2c. in der Hand eines Unternehmers vereinigt ist. Jede Bahn, welche nach dem Ermessen der zuständigen Behörde sich in Zukunft zum Erwerbe durch den Staat nach Maßgabe des § 30 eignet, gehört hierher. Es bedarf hier selbstredend noch nicht des im § 30 vorgesehenen Staatsministerialbeschlusses über die Qualifikation der Bahn. Dieser ist erst notwendig, wenn das Erwerbsrecht ausgeübt werden soll. Voraussetzung ist aber, daß dem Unternehmer für die betr. Bahn eine besondere Genehmigung erteilt worden ist. Unter Genehmigung ist hier die im § 2 vorgesehene gemeint. Ist dies nicht der Fall, ist inhaltlich der Genehmigungsurkunde die betr. Bahnlinie nur als Teilstrecke eines größeren Unternehmens mit diesem implicite genehmigt, oder handelt es sich nur um Erweiterungen, Veränderungen, Geleisanlagen, Anschluß- und Ausweichegeleise 2c. derart, daß die dafür erteilten Genehmigungen nicht als besondere Genehmigungen einer Bahn, sondern nur als Genehmigung von Bestandteilen und Zubehör einer Bahn anzusehen sind, so liegt der Begriff einer Bahn, für welche eine besondere Genehmigung erteilt worden ist, nicht vor. Im Streitfalle sind hierüber, soweit nicht die Auflage vom Minister ausgeht, die Rechtsmittel des § 52 zulässig.

4. Die Pflicht erstreckt sich auf die Rechnungsführung für die betreffende

Bahn dergestalt, daß der Reinertrag derselben, und, wenn der Unternehmer eine Aktiengesellschaft ist, die von derselben gezahlte Dividende daraus mit Sicherheit entnommen werden kann. Eine vollständige Trennung der Rechnungsführung erfordert das Gesetz nicht. Die Rechnung soll nur so geführt sein, daß sich die für die Berechnung des Ertragswertes (§ 81) erforderlichen Erträge der Bahn gesondert von den Erträgen der anderen Unternehmungen sicher daraus entnehmen lassen. Dabei wird unterschieden zwischen Aktiengesellschaften als Unternehmer und anderen Unternehmern. Bei ersteren soll die gezahlte Dividende, bei letzteren der Reinertrag mit Sicherheit aus der Rechnung entnommen werden können. Die Bestimmung gilt analog auch für Kommanditgesellschaften auf Aktien und Genossenschaften. Durch die Entnahme der gezahlten Dividende bezw. des Reinertrags läßt sich der Ertragswert nach Maßgabe des § 81 berechnen.

Im übrigen enthält das Gesetz keinerlei Direktive darüber, wie die Rechnung aufgestellt werden soll, um das bezeichnete Ergebnis — Reinertrag bezw. Dividende — sicher erkennen zu lassen. Weder aus § 22, noch aus § 32 ergibt sich ein Recht zur Kontrolle und Prüfung von selbst. (A. M. Erl. v. 29. Dez. 1901 Zeitschr. f. Kleinb. 1902 S. 184.) Selbst wenn man aber dieses Recht aus § 82 Abs. 1 ohne weiteres folgern wollte, so würde es doch — mangels jeder positiven Vorschrift über die Art der Rechnungsführung — im Streitfalle schwierig sein, festzustellen, ob die Rechnung den Anforderungen des § 82 Abs. 1 gemäß geführt ist und bezw., ob eine Vernachlässigung der dem Unternehmer durch § 32 Abs. 1 auferlegten Pflicht vorliegt.

Gleim (S. 168) nimmt mit Unrecht an, daß diese Befugnisse ohne weiteres im Aufsichtsrechte begründet seien. Wäre dies so selbstverständlich, so hätte sich die gesetzliche Vorschrift des § 82 erübrigt und die getrennte Rechnungsführung im Aufsichtswege und unter Anwendung der administrativen Zwangsmittel angeordnet werden können. Der § 22 spricht nicht von finanziellen Aufsichtsbefugnissen, sondern nur von solchen, welche die Erfüllung der Genehmigungsbedingungen und der Vorschriften des Kleinbahngesetzes betreffen. Erst durch neuere Ministerialerlasse sind nunmehr bestimmtere Direktiven über die Art der nach § 82 erforderlichen Rechnungsführung gegeben worden. Zunächst ist angeordnet, daß das Verfahren der getrennten Rechnungsführung von den Aufsichtsbehörden zu überwachen ist. Die Grundlage sollen die jährlichen Rechnungsabschlüsse bilden, welche von Zeit zu Zeit von den Regierungspräsidenten einzufordern, den Eisenbahnbehörden zur Prüfung zu übersenden sind, wonach die Beseitigung etwaiger Anstände zu veranlassen ist.

Erl. d. Min. d. öffentl. Arb. v. 8. Mai 1899, Zeitschr. f. Kleinb. 1899 S. 338. Verzeichnis Nr. 74.

Die Einforderung und Prüfung der Rechnungsabschlüsse kann je nach der Sachlage und dem Ermessen der Aufsichtsbehörden in allgemeinen und regelmäßigen, aber auch in unregelmäßigen Fristen erfolgen.

Erl. d. Min. d. öffentl. Arb. v. 28. Januar 1900 Zeitschr. f. Kleinb. 1900 S. 217 Verzeichnis Nr. 82.

Auch ist zur Vereinfachung des Geschäftsganges empfohlen, die Einreichung der Rechnungsabschlüsse unmittelbar an die Eisenbahnbehörden zu bewirken, welche dieselben sodann nach stattgehabter Prüfung dem Regier.-Präsidenten zur weiteren Veranlassung zusenden.

Erl. v. 29. September 1901, Zeitschr. f. Kleinb. S. 728. Verzeichnis Nr. 115.

Sodann sind in den durch die Erlasse v. 25. Juni 1897 III 6768 IV A 4416 und v. 27. Mai 1900 (Zeitschr. f. Kleinb. 1900 S. 886) eingeführten Kleinbahnnachweisungen eine Reihe finanzieller Angaben, insbesondere über das Anlagekapital und die Verzinsung desselben (Spalte 17 u. 18) vorgesehen und durch den Erlaß v. 28. August 1900 (Zeitschr. f. Kleinb. 1900 S. 629) noch ergänzt. Insbesondere soll das prozentuale Verhältnis des im letzten Geschäftsjahre erzielten Reingewinns zum Anlagekapital ersichtlich gemacht werden, wobei unter letzterem der für die erstmalige Herstellung und Ausrüstung der Bahn sowie etwaige spätere Erweiterungen und Veränderungen insgesamt aufgewendete Kostenbetrag zu verstehen ist, gleichviel ob seine Deckung aus eigenen Mitteln des Unternehmers (Eigentümers) oder im Anleihewege erfolgt ist. Auch ist als Reingewinn der von den Betriebseinnahmen nach Abzug der Betriebsausgaben (einschließlich der Rücklagen in den etwaigen Erneuerungs- und Spezialreservefonds) verbleibende Betrag definiert. Hierbei sind Zinsen und Tilgungsbeträge für den im Anleihewege beschafften Teil des Anlagekapitals einer Bahn in die Betriebsausgaben ebensowenig einzurechnen, wie Abschreibungen, welche nicht zum Ausgleich eines Minderwerts der Bahnanlagen rc., sondern zur allmählichen Tilgung des Anlagekapitals des Unternehmens gemacht werden. Beachtenswert sind hier auch die Erl. v. 22. August 1899 und 2. Februar 1901 betr. die Zulässigkeit der Einrechnung der Grunderwerbskosten in das Anlagekapital bei staatsseitiger Beteiligung an einem Kleinbahnunternehmen behufs Feststellung des für die Erteilung des jährlichen Reinertrags maßgebenden Anlagekapitals (Zeitschr. f. Kleinb. 1902 S. 881). Verzeichnis Nr. 77 u. 105.

In dem Erl. v. 29. Dezember 1901 (Zeitschr. f. Kleinb. 1902 S. 184) ist im Anschluß an den oben S. 348 mitgeteilten Erl. v. 8. Mai 1899 darauf hingewiesen, daß den Unternehmern in der Regel die Verpflichtung zur Führung getrennter Betriebsrechnungen für jede besonders genehmigte Kleinbahn — mit den in der Ausf.-Anw. zu § 82 bestimmten Ausnahmen — konzessionsmäßig auferlegt werden und, wo dies unterbeibt und im Wege der Verhandlung die Zustimmung des Unternehmers zu einem entsprechenden Konzessionsnachtrage nicht freiwillig zu erreichen ist, bei Gelegenheit späterer Erweiterungen rc. veranlaßt werden soll. Daran soll auch bei Betriebsverpachtungen oder Gesellschaften gegenüber, von denen mehrere, nicht völlig selbständig finanzierte Kleinbahnen verwaltet werden, festgehalten werden. (Verzeichnis Nr. 120.)

112) Abs. 2 des § 32 verleiht dem Staate das Recht, wenn der Unternehmer die ihm gemäß Abs. 1 auferlegte Pflicht zur besonderen Rechnungsführung vernachlässigt, die Berechnung der Entschädigung nach dem Sachwerte (§§ 33—35) zu verlangen. § 32 Abs. 2.

1. Voraussetzung dieses Rechtes des Staates ist die Vernachlässigung der dem Unternehmer gemäß Abs. 1 auferlegten Verpflichtung zur besonderen Rechnungsführung. Daß es schwierig ist, diese Vernachlässigung zu konstatieren, wenn dem Staate nicht zugleich das Recht zugestanden bezw. aus Abs. 1 gefolgert wird, die Rechnungsführung des Unternehmers durch Einsichtnahme und Kontrolle der Bücher rc. zu überwachen, ist bereits in Anm. 111 S. 347 hervorgehoben worden.

2. Würde dem Staate das im Abs. 2 bezeichnete Recht nicht verliehen sein, so würde die Vorschrift des Abs. 1 den Charakter einer lex imperfecta haben. Zwar besitzt der Staat — abgesehen von dem ihm im Abs. 2 gegebenen Recht —

die Befugnis, den Unternehmer im Rechtswege oder durch administrative Zwangsmittel (§§ 132 ff. Land.-Verw.-Ges. vom 31. Juli 1883) oder durch Androhung der Rücknahme der Konzession (§§ 24, 25 Kleinb.-Ges.) zur Erfüllung der ihm gemäß Abs. 1 auferlegten Pflicht zur besonderen Rechnungsführung anzuhalten. Genügt aber der Unternehmer demungeachtet dieser Verpflichtung nicht, so fehlt dem Staate die Grundlage für die Berechnung des Ertragswertes der betr. Bahn und damit die Möglichkeit, sein Erwerbsrecht auszuüben. Damit ihm aus der Vernachlässigung des Unternehmers kein Nachteil erwächst und er demungeachtet in der Lage bleibt, die Bahn zu erwerben, ist ihm für den Fall dieser Pflichtvernachlässigung des Unternehmers das Recht gewährt, die Berechnung der Entschädigung nach dem Sachwerte (§§ 33—35) zu verlangen. Freilich ist damit dem Staate nicht viel geholfen. Denn das Verfahren behufs Ermittelung und Feststellung der Entschädigung einer Bahn nach dem Sachwerte ist — wie noch im folgenden des näheren erörtert werden wird, — praktisch undurchführbar, bezw. mit so außerordentlichen Schwierigkeiten und Verzögerungen verknüpft, daß seine Durchführung zwecklos erscheint. Es bleibt daher dem Staate im Falle der Pflichtvernachlässigung des Unternehmers nur übrig, im Rechtswege oder durch die administrativen Zwangsmittel die Erfüllung der qu. Pflicht zu verfolgen.

3. Der Staat kann, da hier nicht, wie im § 33, eine Fristbestimmung für die Geltendmachung der Entschädigungsforderung nach dem Sachwerte gegeben ist, jederzeit, also auch nach Ablauf von 15 Betriebsjahren, die Berechnung nach dem Sachwerte verlangen.

§ 33.[113])

Der Unternehmer kann Entschädigung nach dem Sachwerte verlangen, wenn das Unternehmen noch nicht länger als fünfzehn Jahre im Betriebe ist.[114]) Erfolgt die Erwerbung durch den Staat in den ersten fünf Jahren des Betriebes, so werden dem Sachwert 20 Prozent, erfolgt sie in den nachfolgenden zehn Jahren, so werden demselben 10 Prozent zugeschlagen.[115])

§ 33 Prinzip.

113) Prinzip und Entstehungsgeschichte des § 33.

Wie bereits an früherer Stelle erörtert, sind vom Gesetze für die Bemessung der vom Staate zu zahlenden Entschädigung des vollen Wertes positive Normen aufgestellt worden. Die Entschädigung wird ermittelt nach einem zweifachen Maßstabe, nach dem des Ertragswertes (§§ 31, 32), oder nach dem des Sachwertes (§§ 33—35). Die Vergütung des Ertragswertes soll die Regel, die des Sachwertes die Ausnahme bilden, die Berechnung der Entschädigung nach dem Sachwerte kann nur unter bestimmten Voraussetzungen verlangt werden, nämlich vom Staate, wenn der Unternehmer die ihm auferlegte Pflicht zur getrennten Rechnungsführung über eine Bahn, für die ihm eine besondere Genehmigung erteilt worden ist, vernachlässigt hat (§ 32 Abs. 2 Anm. 112 S. 412), oder vom Unternehmer, wenn das Unternehmen noch nicht länger als fünfzehn Jahre im Betriebe ist (§ 33).

§ 33 verleiht im ersten Satze dem Unternehmer das Recht, Entschädigung nach dem Sachwert zu verlangen, wenn das Unternehmen noch nicht länger als

15 Jahre im Betriebe ist. Für die Gewährung dieses Rechtes an den Unternehmer war die Erwägung leitend, daß die ausnahmslose Berechnung des Wertes nach dem Ertragswerte den Unternehmer in den ersten Betriebsjahren der Bahn und in den Anfängen ihrer Entwickelung mit Rücksicht auf die in der Regel noch geringfügigen und unvollkommenen Erträge schädigen würde. Es sei daher geboten, ihm nach seiner Wahl an Stelle des Ertragswertes während der Entwickelungszeit die Berechnung nach dem Sachwert zu gewähren. Aber auch die Berechnung nach dem Sachwerte erschien insofern noch nicht ausreichend, als häufig die eigentlichen Aufwendungen des Unternehmers den Sachwert weit übersteigen und die Verzinsung derselben in den ersten Jahren zumeist eine nur beschränkte ist. Aus diesen Gründen wurde zu Gunsten des Unternehmers noch ein Zuschlag zum Sachwerte zugefügt, der in den ersten 5 Jahren 20%, in den darauf folgenden 10 Jahren 10% des Sachwertes beträgt.

De lege ferenda muß dieses Recht des Unternehmers auf Entschädigung nach dem Sachwerte als ein illusorisches bezeichnet werden, weil einerseits der Begriff des Sachwertes nicht genügend begrenzt ist und die bezüglichen Bestimmungen mit anderen gesetzlichen Vorschriften im Widerspruch stehen, und weil andererseits die Abschätzung und Feststellung nach Analogie der Bestimmungen des Enteignungs-Gesetzes vom 11. Juni 1874 praktisch nicht durchführbar ist. Was zuerst den Begriff des Sachwertes anlangt, so wird darunter nicht der volle Wert aller Bestandteile des Unternehmens verstanden, sondern nach § 34 Satz 1 nur der Wert der dem Unternehmen unmittelbar oder mittelbar gewidmeten Sachen und Rechte des Unternehmers, dagegen die Forderungen und Schulden nur insoweit, als dieselben nach beiderseitigem Einverständnis auf den Staat übergehen sollen. Welche Sachen und Rechte des Unternehmers unmittelbar oder mittelbar dem Unternehmen gewidmet sind, ist im Kleinbahngesetze nicht näher bestimmt und wird aus den Normen des Gesetzes, betr. das Pfandrecht an Privateisenbahnen rc. (Bahneinheitsgesetz vom 11. Juni 1902) § 4 entnommen werden müssen. Nun haftet aber die Bahneinheit einschließlich jener Forderungen für die Bahnpfandschulden, die Forderungen können also beim Übergange des Unternehmens auf den Staat nicht von diesem getrennt und beim Unternehmer belassen werden. § 34 des Kleinbahn-Gesetzes vom 28. Juli 1892 steht also im Widerspruch mit den §§ 3, 4 16, 21, 40 des Gesetzes über die Bahneinheiten vom 11. Juni 1902. Daran vermag auch die Annahme Gleims (§ 34 Anm. 5 S. 171, 172) nichts zu ändern, daß die Schulden des Unternehmens gemäß § 37 Kleinb.-Ges. bezw. § 45 Enteig.-Ges. durch den staatlichen Erwerb erlöschen sollen. Denn — abgesehen von der sehr zweifelhaften Anwendbarkeit der § 45 Enteig.-Ges. auf das vorliegende Verhältnis — sind im § 45 l. c. nur die auf dem Grundstücke haftenden privatrechtlichen Verpflichtungen, d. h. die dinglichen Lasten gemeint (Eger, Kom. z. Enteig.-Ges. 2. Aufl. S. 487ff.), während es sich im § 34 Kleinb.-Ges. um alle dem Unternehmen unmittelbar oder mittelbar gewidmeten Sachen und Rechte, also auch um die obligatorischen Forderungen und Schulden handelt. Von einem Erlöschen dieser kann also auch bei sinngemäßer Anwendung des § 45 Enteig.-Ges. nicht die Rede sein. Dies wird auch vom Gesetze selbst nicht angenommen. Denn — würden in der Tat alle, auch die obligatorischen Forderungen rc., auf Grund des § 45 Enteig.-Ges. ex lege erlöschen — dann würde das Gesetz (§ 34) nicht von einem Übergange der Forderungen und

Schulden vom Unternehmer auf den Staat nach beiderseitigem Einverständnisse sprechen können.

Sodann ist die Anwendung der Bestimmungen des Enteignungs-Gesetzes vom 11. Juni 1874, betreffend das Entschädigungsfeststellungsverfahren bei Grundeigentum (§§ 24 ff.), auf die Feststellung der Entschädigung für die Bestandteile eines ganzen Eisenbahnunternehmens durchaus unanwendbar. Bieten schon für die Entschädigungsfeststellung von Grundeigentum die bez. Normen des Enteignungs-Gesetzes durch die Weitläufigkeit des Verfahrens außerordentliche Schwierigkeiten und Verzögerungen, so werden diese geradezu unabsehbar, wenn es sich um die Abschätzung und Schadensfeststellung eines so großen Komplexes der verschiedenartigsten Sachen und Rechte handelt, wie sie in einem Eisenbahnunternehmen vereinigt sind. Wird auf diese das Entschädigungsfeststellungsverfahren des Enteignungs-Gesetzes mit seinen Terminen, Fristen, Rechtsmitteln angewendet, so ist es klar, daß es der Unternehmer lediglich in seiner Hand hat, das Verfahren in das Unabsehbare hinzuziehen und damit das Erwerbsrecht des Staates illusorisch zu machen. Wenn Gleim (S. 172) meint, daß der zeitraubendste Teil, namentlich das Planfeststellungsverfahren fortfalle, so übersieht er, daß beiden Teilen gemäß § 86 auch der Rechtsweg innerhalb 6 Monaten nach Zustellung des Entschädigungsfeststellungsbeschlusses zusteht, und der Rechtsweg für sich allein erfahrungsgemäß einen vieljährigen Zeitraum — insbesondere bei der Wertbemessung so zahlreicher und verschiedenartiger Gegenstände — in Anspruch nehmen kann. Daß aber hierbei das Dringlichkeitsverfahren beschlossen werden würde, ist nicht anzunehmen, da es sich um bereits im Betriebe befindliche Bahnen handelt und die Frage des Überganges auf den Staat in der Regel ein ausnahmsweise beschleunigtes Verfahren nicht erfordern wird.

Endlich darf nicht außer acht gelassen werden, daß mit der Entschädigung nach dem Sachwert gemäß §§ 33—35 die nach § 30 zu gewährende Entschädigung des vollen Wertes nicht geleistet wird. Das wichtigste und wertvollste Recht, welches den Komplex von Sachen und Rechten, aus denen sich das Unternehmen zusammensetzt, erst zu einem betriebsfähigen Unternehmen macht, das Betriebsrecht, bleibt bei dieser Art der Entschädigung ganz außer Betracht. Damit ist aber das Prinzip der Entschädigung des vollen Wertes verletzt. Denn der größte Teil der Grundstücke und Sachen der Bahn erhält erst seinen eigentlichen Wert durch das Betriebsrecht und hat einen wesentlich geringeren Wert ohne dasselbe. Die Entschädigung nach dem Sachwerte ist also eine unbillige und harte Verletzung der Rechte des Unternehmers. Die Annahme Gleims (S. 172), es liege in der Hand des Unternehmers, die Bemessung nach den mit dem Betriebswerte übereinstimmenden Ertragswerte herbeizuführen, und die Bemessung nach dem Sachwerte sei vom Gesetze wesentlich in seinem eigenen Interesse (?) zugelassen, um ihn vor der Festsetzung eines sehr geringen Ertragswertes im Falle des staatsseitigen Erwerbs vor dem Ablaufe von 15 Betriebsjahren zu schützen, ist unbegründet. Gerade weil der Unternehmer namentlich in den Entwickelungsjahren des Unternehmens — wozu die ersten 15 Jahre in der Regel gehören, — auf den gesetzlich sehr gering bemessenen, dem Betriebswerte zumeist keineswegs entsprechenden Ertragswert angewiesen sein würde, ist ihm keine Wahl gelassen, sondern muß er den Sachwert acceptieren, wenn er nicht unter Umständen ganz leer ausgehen will; so z. B. wenn die ersten 5 Jahre eines an sich aussichtsvollen und entwicklungsfähigen Unternehmens durch zufällige ungünstige Umstände ertraglos gewesen sind.

Aus der Entstehungsgeschichte ist folgendes für die Erläuterung des § 33 zu entnehmen:

Die Regierungsvorlage (§ 29) lautete mit § 33 des Gesetzes übereinstimmend und war, wie folgt, begründet: „Da in den ersten Jahren eines Unternehmens der Reinertrag desselben hinter der bei voller Entwickelung zu erwartenden Höhe zurückzubleiben pflegt, würden die Unternehmer bei ausnahmsloser Anwendung der Berechnung nach dem Ertragswert öfter zu Schaden kommen. Es erscheint daher zweckmäßig, dem Unternehmer zu seiner Sicherung das Recht beizulegen, an Stelle der Berechnung der Entschädigung nach dem Reinertrag eine solche Berechnung nach dem Sachwerte zu verlangen. Die Definition dessen, was unter Sachwert zu verstehen ist, war dabei so zu fassen, daß dem Unternehmer alle Vorteile zu Teil werden, welche mit der praktischen Durchführung einer Einschätzung nach dem Sachwerte vereinbart sind. Nach den in Bezug auf Bahnen der vorliegenden Art gemachten Erfahrungen wird ein Zeitraum von 15 Jahren selbst in ungünstigen Fällen ausreichen, um die volle Entwickelung des Unternehmens herbeizuführen. Um einen Ausgleich dafür zu bieten, daß der Sachwert einesteils in der Regel nicht unerheblich hinter den von dem Unternehmer gemachten Aufwendungen zurückbleibt, daß andererseits letztere in den ersten Jahren häufig nur teilweise sich verzinsen, ist im Interesse der Unternehmer ein mit dem Zeitablauf abnehmender Zuschlag zu dem Sachwerte vorgesehen."

Dieser Paragraph wurde unverändert angenommen und ging als § 33 in das Gesetz über.

114) Satz 1 des § 33 verleiht dem Unternehmer die Befugnis, Entschädigung nach dem Sachwert zu verlangen. § 33 Satz 1

1. Der Unternehmer kann die Entschädigung nach diesem Maßstabe fordern, aber auch nach dem Ertragswerte (§ 31) verlangen, er hat zwischen beiden Werten die Wahl. Hat er aber die Wahl getroffen, so kann er nicht wieder davon abgehen, denn das Recht ist ihm nur einmal gegeben, und es würde zu unabsehbaren Verzögerungen führen, wenn er nach einmal getroffener Wahl beliebig und wiederholt davon abgehen könnte.

2. Sachwert im Sinne dieses Gesetzes ist (Anm. 118, 117, 119) noch der Wert der einzelnen Bestandteile des Unternehmens, ohne das Betriebsrecht, aber auch nicht aller dieser Bestandteile, sondern nur der dem Unternehmen unmittelbar oder mittelbar gewidmeten Sachen und Rechte des Unternehmers, dagegen der Forderungen und Schulden nur insoweit, als dieselben nach beiderseitigem Einverständnisse auf den Staat übergehen sollen (§ 34).

3. Voraussetzung des Rechtes des Unternehmers ist — was aus dem Wortlaute des § 33 nicht hervorgeht, aber aus dem Zusammenhange als selbstverständlich zu entnehmen ist — zunächst, daß der Staat sein Erwerbsrecht ausübt (§ 30). Nicht ohne weiteres etwa kann der Unternehmer die Entschädigung nach dem Sachwert verlangen, sondern nur als Aequivalent für die Forderung des Staates auf den Erwerb der Bahn. Sodann ist vorausgesetzt, daß das Unternehmen noch nicht länger als 15 Jahre im Betriebe ist. Der Grund für diese Voraussetzung ist, daß in den ersten Betriebsjahren die Bahn sich noch in den Anfängen ihrer Entwickelung mit entsprechend geringen Erträgnissen

befindet und daher die unbedingte Entschädigung nach dem Ertragswerte häufig zu Unbilligkeiten führen würde. Demgemäß ist dem Unternehmer auch die Wahl der Entschädigung nach dem Sachwerte gestattet worden, und zwar während der ersten 15 Betriebsjahre, indem dieser Zeitraum erfahrungsgemäß als eine angemessene Frist für die Entwickelung einer Kleinbahn erachtet wurde. Die Frist ist, mangels einer besonderen Bestimmung, ebenso wie im Satz 3 des § 81 von der Betriebseröffnung des ganzen, in der Genehmigungsurkunde genehmigten Unternehmens, nicht einzelner Teilstrecken desselben an, zu berechnen. Handelt es sich aber um den Hinzutritt einer neuen Bahn, welche nur in der Hand desselben Unternehmers mit der alten Bahn vereinigt ist und für welche eine besondere Genehmigung als selbständiges Unternehmen erteilt worden ist (§ 82 Abs. 1), so ist diese neue Bahn getrennt von der alten zu betrachten und hat eine besondere 15jährige Frist von ihrer Betriebseröffnung.

Ob das Unternehmen innerhalb der 15jährigen Frist in der Hand desselben Unternehmers geblieben ist oder den Unternehmer gewechselt hat, kommt für die Berechnung der Frist nicht in Betracht, sie läuft unbedingt und absolut von der ursprünglichen Betriebseröffnung, d. h. von dem Tage an, an welchem mit Erlaubnis der zuständigen Behörde gemäß § 19 der Betrieb eröffnet worden ist, gleichviel auch ob im Laufe der 15 Jahre der Betrieb gänzlich oder teilweise zeitweilig eingestellt oder unterbrochen worden ist.

4. Die Form, in welcher der Unternehmer seinem Verlangen auf Entschädigung nach dem Sachwert Ausdruck zu geben hat, ist ebensowenig bestimmt, wie die Zeit, wann dies geschehen muß. De lege ferenda erscheint es notwendig, hierüber Bestimmung zu treffen, der Mangel bezüglicher Bestimmungen ist eine Lücke des Gesetzes. Denn mittelbare Folgerungen aus anderen Bestimmungen des Gesetzes — wie dies Gleim S. 168 tut — erscheinen bei so wichtigen, genaue und positive Bestimmungen erfordernden Fragen nicht angängig. Nach Lage der Sache wird angenommen werden müssen, daß der Unternehmer, sobald ihm vom Staate der Erwerb angekündigt ist (§ 80), sich der ankündigenden Behörde gegenüber schriftlich oder zu Protokoll darüber zu erklären hat, ob er die Entschädigung nach dem Ertrags- oder Sachwert wählt. Unterläßt er diese Erklärung, so ist ihm von der Aufsichtsbehörde eine Frist hierzu zu bestimmen, da der Antrag des Staates auf Entschädigungsfeststellung (§ 24 Enteig.-Ges.) einer verschiedenen Substanziierung bedarf, je nachdem die Entschädigung nach dem Ertrags- oder Sachwert festzustellen ist. Läßt der Unternehmer diese Frist ohne Erklärung verstreichen, so ist anzunehmen, daß er die regelmäßige Entschädigung, d. h. die Entschädigung nach dem Ertragswert wünscht, denn der Sachwert bildet die Ausnahme (S. 334, 350). Erklärt er sich aber für letzteren, so hat er — eventuell gleichfalls in einer von der Aufsichtsbehörde zu bestimmenden Frist — der betreffenden Staatsbehörde das gemäß § 85 aufzustellende Inventar vorzulegen, welches diese zu dem Antrage auf Entschädigungsfeststellung (§ 24 Enteig.-Ges.) bedarf. Auch darüber, ob die Voraussetzung für die Wahl des Sachwerts — Geltendmachung innerhalb der 15jährigen Frist — vorliegt, hat die Aufsichtsbehörde zu entscheiden. Sowohl hiergegen, wie gegen die Fristbestimmungen und sonstigen vorbereitenden Verfügungen haben die Beteiligten — Staat und Unternehmer — die Rechtsmittel des § 52. Der Annahme, daß nicht die Aufsichtsbehörde, sondern der Bezirksausschuß eine Frist zur Aufstellung des Inventars zu bestimmen habe, kann nicht beigepflichtet werden.

(Gleim § 35 Anm. 1.) Denn der Bezirksausschuß ist nach §§ 36, 37 nur zuständig für die Ermittelung und Festsetzung der Entschädigung, sowie den Vollziehungsbeschluß. Dazu gehört zwar nach § 35 auch die Entscheidung über die Richtigkeit des Inventars, nicht aber über die Aufstellung desselben. Für die nicht in den Rahmen der §§ 24 ff. Enteig.-Ges. fallenden, das Entschädigungs- zc. Verfahren vorbereitenden Verfügungen zc. ist nicht der Bezirksausschuß, sondern die Aufsichtsbehörde kompetent.

Gleim (§ 33 Anm. 2 S. 168, 169) kommt zu dem Ergebnisse, daß mangels einer gesetzlich bestimmten Frist, der Unternehmer sich alsbald nach der Ankündigung des Staats über sein Verlangen der Entschädigung nach dem Sachwerte erklären müsse, jedenfalls aber so frühzeitig, daß das Enteignungsverfahren vor Eintritt des Zeitpunktes, für welchen der Erwerb angekündigt worden ist, noch zu Ende geführt werden könne (?). Der Bezirksausschuß werde daher auf Antrag des Staates die Entschädigung nach dem Ertragswerte festzusetzen und nur dann den Unternehmer noch zu einer Erklärung über die Entschädigung nach dem Sachwert aufzufordern haben, wenn die rechtzeitige Beendigung des Verfahrens dadurch nicht für gefährdet erachtet werde (?). Im Falle der Aufforderung müsse zugleich eine Frist mit dem Präjudize der event. Festsetzung nach dem Ertragswerte bestimmt werden. Diesen Ausführungen kann nicht beigepflichtet werden, sie sind unzutreffend und finden in den Bestimmungen des Gesetzes keinen Anhalt, zumal weder der Unternehmer, noch der Bezirksausschuß auch nur annähernd die Dauer eines Enteignungsverfahrens zu bestimmen vermag.

[115]) Satz 2 enthält Bestimmungen, welche zu Gunsten des Unternehmers, wenn er die Entschädigung nach dem Sachwerte wählt, prozentuale Erhöhungen dieses Wertes festsetzen. § 33 Satz 2.

1. Zweck dieser Erhöhungen ist eine angemessenere Bewertung des Unternehmens als die durch den bloßen faktischen Sachwert bedingte. Hierbei ist von der Erwägung ausgegangen, daß der bloße Sachwert erfahrungsmäßig gewöhnlich wesentlich hinter den vom Unternehmer gemachten Aufwendungen zurückbleibt. Daher soll im Interesse des Unternehmers zum Sachwert noch ein prozentualer Zuschlag hinzutreten, der sich nach Ablauf der ersten 5 Jahre um die Hälfte vermindert.

2. Diese Zuschläge sind obligatorisch; sie sind nicht etwa von dem Ermessen des Bezirksausschusses bezw. Gerichts (§ 36) abhängig, sondern müssen unbedingt dem Betrage des Sachwerts hinzugefügt werden. Es bedarf daher auch nicht eines besonderen Antrages des Unternehmers.

3. Satz 2 unterscheidet die Erwerbung in den ersten 5 Jahren des Betriebes und in den darauf folgenden 10 Jahren. Im ersteren Falle werden dem Sachwerte 20 Prozent, im letzteren 10 Prozent zugeschlagen. Die Frist beginnt von Tage der Betriebseröffnung des ganzen Unternehmens und läuft von diesem Zeitpunkte ab ununterbrochen.

4. Während der Erwerb gegen Entschädigung nach dem Ertragswert auf den Beginn des Geschäftsjahres beschränkt ist (Anm. 108 S. 348), ist bei der Entschädigung nach dem Sachwerte der Erwerb auf den Beginn des Geschäftsjahres nicht beschränkt. Die Ankündigung des Erwerbs, bezw. dieser selbst, kann daher bei der Entschädigung nach Sachwert jederzeit erfolgen.

§ 34.[116])

Im Falle der Entschädigung nach dem Sachwerte bilden den Gegenstand des Erwerbes alle dem Unternehmen unmittelbar oder mittelbar gewidmeten Sachen und Rechte des Unternehmers, die Forderungen und Schulden jedoch nur insoweit, als dieselben nach beiderseitigem Einverständnisse auf den Staat übergehen sollen.[117]) In die mit den Beamten und Arbeitern bestehenden Verträge tritt der Staat ein, ebenso in solche Verträge, welche zur Beschaffung des für das Unternehmen erforderlichen Materials abgeschlossen sind.[118])

Für alle Bestandteile ist der volle Wert zu vergüten.[119])

116) Prinzip und Entstehungsgeschichte des § 34.

§ 34 Prinzip. I. Prinzip. § 34 definiert diejenigen Bestandteile des Unternehmens, welche im Falle der Entschädigung nach dem Sachwerte den Gegenstand des Erwerbes bilden sollen. Abweichend von dem Falle der Entschädigung nach dem Ertragswerte (§ 31), bei welcher in sinngemäßer Anwendung des § 42 des Ges. v. 8. Novb. 1888 das ganze Unternehmen mit allen Sachen und Rechten, Forderungen und Schulden ex lege Gegenstand des Erwerbes ist, mithin eine Universalsuccession eintritt, beschränkt § 34 Abs. 1 Satz 1 für den Fall der Entschädigung nach dem Sachwert den Erwerb ex lege nur auf einen Teil des Unternehmens, nämlich die demselben unmittelbar oder mittelbar gewidmeten Sachen und Rechte des Unternehmers, während der Übergang der Forderungen und Schulden auf den Staat nur ein fakultativer ist, d. h. nur nach beiderseitigem Einverständnis zu erfolgen hat, also an sich eine Singularsuccession vorliegt. Welche Gründe für diesen wesentlichen Unterschied beider Arten des Erwerbs maßgebend waren, ist weder aus den Motiven des Reg.-Entw., noch aus den Landtagsverhandlungen ersichtlich.

De lege ferenda erscheint diese Unterscheidung nicht gerechtfertigt, sie ist weder sachgemäß noch notwendig. Zunächst entspricht die im § 34 für den Fall der Entschädigung nach dem Sachwerte bestimmte Singularsuccession nicht dem Begriffe des Erwerbsrechts des Staates (Heimfallsrechts), wie es demselben durch § 30 verliehen ist. Darnach hat der Staat das Recht des eigentümlichen Erwerbs der Bahn gegen Entschädigung des vollen Wertes. Unter Bahn ist aber hier unstreitig und zweifellos das ganze Bahnunternehmen zu verstehen. Zum Bahnunternehmen gehören aber als integrierende Bestandteile die Forderungen und Schulden, — Aktiva und Pasiva, — wie zu jedem anderen kaufmännischen Geschäfte oder Unternehmen. Dem Übergange derselben steht auch nicht entgegen, daß ihre Schätzung nicht möglich oder zu schwierig sei. Die Schätzung der Forderungen und Schulden eines Unternehmens ist ebenso gut möglich, wie die der anderen Bestandteile. Der Sachwert, welchen der Staat als Erwerber zu erlegen hat, besteht alsdann aus dem Werte der Sachen, Rechte und Forderungen, abzüglich der von ihm zu übernehmenden Schulden. Der Übergang der Forderungen und Schulden ex lege ist bei der Entschädigung nach dem Sachwerte ebenso zweckmäßig und notwendig, wie bei der nach dem Ertragswerte.

Dazu tritt, daß anderenfalls § 34 des Kleinb.-Ges. in striktem Widerspruch mit §§ 3, 4, 16, 20, 40 des Ges. über die Bahneinheiten vom 11. Juni 1902 treten würde. Denn nach diesem Gesetze haftet für die Bahnpfandschulden die ganze Bahneinheit. Zur Bahneinheit gehören aber auch die aus dem Betriebe des Unternehmens unmittelbar erwachsenen Forderungen (§ 4 Nr. 2 l. c.). Es können also beim Erwerbe der Bahn durch den Staat nicht durch freie Übereinkunft zwischen dem Staat und dem bisherigen Unternehmer diese Forderungen vom Übergange auf den Staat ausgeschossen werden, weil sie integrierende Bestandteile der Bahneinheit und damit Objekte der Sicherheit für die Bahnpfandschuldner bilden (s. oben Anm. 118 S. 351. A. M. Gleim § 34 Anm. 4 S. 171ff.). Und ebensowenig können im Wege freier Übereinkunft zwischen Staat und Unternehmer die Bahnpfandschulden vom Übergange auf den Staat ausgeschlossen werden.

Wenn § 34 im Abs. 1 Satz 2 des weiteren bestimmt, daß der Staat in die mit den Beamten und Arbeitern bestehenden Verträge eintritt und ebenso in solche Verträge, welche zur Beschaffung des für das Unternehmen erforderlichen Materials abgeschlossen sind, so würde sich diese Bestimmung erübrigen, wenn der Erwerb gegen Entschädigung nach dem Sachwerte als Universalsuccession hingestellt worden wäre. Da dies nicht der Fall, bedurfte es dieser Bestimmung als Ausnahme von der Vorschrift des Satzes 1. In betreff dieser Verträge ist also eine freie Übereinkunft über den Übergang zwischen Staat und Unternehmer nicht zulässig.

Abs. 2 des § 34 wiederholt speziell für die Wertbemessung der gemäß Abs. 1 den Gegenstand des Erwerbs bildenden Bestandteile des Unternehmens den bereits im § 30 generell ausgesprochenen Grundsatz der Entschädigung nach dem vollen Werte. Dieser ist nach einem den Bestimmungen des Enteignungsgesetzes (§§ 24ff.) folgenden Verfahren unter Zuziehung von Sachverständigen (§ 27 l. c.) durch den Bezirksausschuß festzustellen (§ 36). Damit steht nicht im Einklange, daß in den Verhandlungen der Abg.-H.-Kommission auf eine Anfrage regierungsseitig ohne Widerspruch erklärt wurde, es sei darunter der Anlagewert abzüglich der Abnutzung gemeint. Über den vollen Wert hat vielmehr der Bezirksausschuß bezw. das Gericht nach freiem Ermessen zu entscheiden und ist nicht an irgend welche in den Verhandlungen hierüber geäußerte Definitionen gebunden, zumal begrifflich der volle Wert in keiner Hinsicht mit dem Anlagewert identisch ist.

II. Aus der Entstehungsgeschichte des § 34 ist folgendes bemerkenswert. § 34 Entstehung.

Der Regierungsentwurf § 30 stimmte im ersten und dritten Satze mit dem § 34 des Gesetzes überein. Dagegen lautete der zweite Satz:

„In die zur Beschaffung des für das Unternehmen erforderlichen Personals und Materials geschlossenen Verträge tritt der Staat jedoch insoweit ein, als dieselben noch nicht erfüllt sind."

Die Motivierung, welche mit derjenigen des § 24 (33) vereinigt ist lautete nur allgemein dahin: „Die Definition dessen, was unter Sachwert zu verstehen ist, war so zu fassen, daß dem Unternehmer alle Vorteile zuteil werden, welche mit der praktischen Durchführung einer Einschätzung nach dem Sachwerte vereinbar sind."

In der Kommission des Abg.-H. wurde bei dem zweiten Satz des ersten Absatzes des Paragraphen von einem Mitgliede die Frage angeregt, ob nach dieser Bestimmung eintretenden Falls auch die Pensionsfonds auf den Staat übergehen würden. Der Regierungskommissar erwiderte hierauf, daß sich die Frage in diesem Gesetz generell nicht regeln lassen würde; sie sei vielmehr nach den speziell vorliegenden rechtlichen Erwägungen in jedem Falle zu bestimmen. Im allgemeinen würden Pensionsfonds, welche als Zubehör des Unternehmens zu gelten hätten, also solche, zu denen der Unternehmer einen vertragsmäßigen Zuschuß leiste, und auf welche die Beamten ein Recht hätten, bei einer Verstaatlichung des Unternehmens auf den Staat mit übergehen. Es sei dies jedenfalls der bei weitem häufigere Fall. Sollten indessen Pensionsfonds in Frage kommen, welche als eine Privateinrichtung der Beamten des Unternehmens anzusehen wären, so würden solche nicht mit übergehen. Dieser Ansicht wurde in der Kommission von mehreren Seiten zugestimmt. Im übrigen wurde der zweite Satz redaktionell geändert.

Auf die Anfrage eines Mitgliedes, wie das Wort „Bestandteile“ im letzten Absatz zu verstehen sei, wurde von seiten des Regierungkommissars erwidert, daß der Anlagewert abzüglich der Abnutzung damit gemeint sei, und fand diese Ausführung in der Kommission keinen Widerspruch.

Durch die Beschlüsse der Kommission erhielt § 30 die in das Gesetz als § 34 übergegangene Fassung und ging in dieser Gestalt unbeanstandet in das Gesetz als § 34 über.

§ 34 Abs. 1 Satz 1. [117]) Absatz 1 Satz 1 des § 34 bestimmt, daß im Falle der Entschädigung nach dem Sachwert nicht das ganze Eisenbahnunternehmen in gleicher Weise, wie im Falle der Entschädigung nach dem Ertragswert, ex lege auf den Staat übergeht, sondern nur alle dem Unternehmer unmittelbar oder mittelbar gewidmeten Sachen und Rechte des Unternehmers, hingegen die Forderungen und Schulden nur insoweit, als dies zwischen Staat und Unternehmer vereinbart ist.

I. Bereits an früherer Stelle ist erörtert worden (Anm. 116 S. 356), daß dieser wesentliche Unterschied von der Entschädigung nach dem Ertragswerte (§ 31) in der Natur des Erwerbsrechtes des Staates (§ 30), welches das ganze Unternehmen gegen Entschädigung des vollen Wertes umfaßt, nicht begründet, auch mit den Bestimmungen des späteren Gesetzes, betr. das Pfandrecht an Privateisenbahnen und Kleinbahnen, bezw. Bahneinheitsgesetzes (§§ 3, 4, 16, 20, 40), nicht vereinbar ist. Vielmehr entspricht es sowohl dem Wesen des staatlichen Erwerbsrechtes, wie den Bestimmungen des allegierten Gesetzes und dem Begriffe der Bahneinheit, daß auch im Falle der Entschädigung nach dem Sachwerte das ganze Unternehmen einschließlich der Forderungen und Schulden (Aktiva und Passiva) ex lege auf den Staat übergeht.

II. Die Vorschriften des § 34 greifen mangels einer Einschränkung in allen Fällen der Entschädigung nach dem Sachwerte Platz, also gleichviel ob der Staat (§ 32 Abs. 2) oder der Unternehmer (§ 33) dieselbe verlangt, und welcher Zeitraum seit der Betriebseröffnung (§ 38 Satz 2) verstrichen ist.

III. Der Gegenstand des Erwerbs ist in diesem Falle zum Teil durch das Gesetz bestimmt, zum Teil der Vereinbarung der Beteiligten — Staat und Unternehmer — überlassen.

a) Durch das Gesetz positiv bestimmt und somit der Vereinbarung der Beteiligten entzogen sind „alle dem Unternehmen unmittelbar oder mittelbar gewidmeten Sachen und Rechte des Unternehmers.“ Nicht alle Sachen und Rechte des Unternehmers überhaupt, sondern nur alle diejenigen Sachen und Rechte des Unternehmers, welche dem zu erwerbenden Unternehmen unmittelbar oder mittelbar gewidmet sind. Die Fassung ist so unbestimmt, daß sie für die Auslegung erhebliche Schwierigkeiten bietet und im konkreten Falle zu zahlreichen Streitfragen Anlaß geben muß. Es erscheint daher angezeigt, zur Ergänzung dasjenige analog heranzuziehen, was das Gesetz vom 11. Juni 1902 unter den einem Bahnunternehmen „gewidmeten" Vermögenswerten (§ 1) versteht und im § 4 des näheren deklariert, und zwar umsomehr, als im wesentlichen in diesem späteren Gesetze die gleichen Worte gebraucht sind. Fortfallen müssen jedoch hier die Forderungen bezw. Ansprüche (§ 4 Nr. 2), weil diese nach ausdrücklicher Vorschrift des § 34 nur auf Grund beiderseitigen Einverständnisses auf den Staat übergehen sollen. Abgesehen hiervon aber ist hier auf den Begriff und die Bestandteile der Bahneinheit zurückzugehen. Zwar zählt § 4 des Gesetzes vom 11. Juni 1902 zu den Bestandteilen der Bahneinheit nur die dem Bauunternehmen dauernd gewidmeten Grundstücke und Rechte am Grundeigentum, während § 34 Satz 1 des Gesetzes vom 29. Juli 1892 nur von der Widmung im allgemeinen und ohne Einschränkung spricht. Doch kann es nach der ratio legis nicht wohl zweifelhaft sein, daß auch im § 34 nur die dem Unternehmen dauernd gewidmeten Grundstücke zu verstehen sind. Nach Analogie des § 4 des Gesetzes vom 11. Juni 1902 sind alle diejenigen unbeweglichen und beweglichen Gegenstände und die Rechte als dem Bahnunternehmen gewidmet zu betrachten, welche zur Erreichung des Zweckes desselben erforderlich sind. Darnach würden also als „dem Bahnunternehmen unmittelbar oder mittelbar gewidmete Sachen und Rechte" zu bezeichnen sein (vgl. Eger, Kom. z. Eisenb.-Pfandr.-Gesetz v. 19. August 1895 bezw. Ges. über die Bahneinheiten vom 11. Juni 1902 § 4, Anm. 14):

1. Der Bahnkörper, d. i. die Gesamtheit derjenigen Grundstücke und Anlagen, welche den eigentlichen Fahr- oder Bahndamm projektmäßig bilden, mit allem Zubehör von Schutz-, Sicherungs- und Neben-Anlagen, Gräben, Wegen, Durchlässen 2c.

2. Die übrigen Grundstücke, welche dauernd unmittelbar oder mittelbar dem Bahnunternehmen, d. h. dem Zwecke des Eisenbahnbetriebes und Transports dienen.

3. Die auf dem Bahnkörper oder den Bahngrundstücken errichteten Baulichkeiten aller Art, d. h. alle Anlagen, welche aus Baumaterial hergestellt und errichtet und fest und dauernd mit dem Grund und Boden verbunden sind (Betriebs-, Dienst-, Wohn-, Abfertigungsgebäude 2c.).

4. Die für das Bahnunternehmen dauernd eingeräumten Rechte an fremden Grundstücken. (Servituten, Nutzungsrechte an fremdem Terrain, z. B. fremden Bahnhöfen, Brücken, Tunnels, Kiesgruben, Steinbrüchen.)

5. Die von dem Bahnunternehmer angelegten, zum Betriebe und zur Verwaltung der Bahn erforderlichen Fonds. (Eger, Komm. z. Eisenb.-Pfandr.-Ges. bezw. Bahneinheitsges. § 4 Anm. 14 a.) Daß dieselben im Eigentume des Unternehmers stehen, ist nicht erforderlich, auch Fonds z. B., welche aus gemeinsamen Mitteln des Unternehmers, der Beamten und Arbeiter gebildet sind und im gemeinsamen oder Miteigentume der Beitragleistenden stehen, gehören hierher. Entscheidend ist ihre Erforderlichkeit für Betrieb und Verwaltung des Unternehmens.

6. Die Kassenbestände der laufenden Verwaltung, d. h. die aus dieser hervorgegangenen, zur Deckung der laufenden Ausgaben bestimmten; nicht andere Bestände, z. B. Bankier-Guthaben, Frachtkredit-, Beamten-, Lieferungs-Kautionen 2c.

7. Die dem Bahnunternehmer gehörigen, beweglichen, körperlichen Sachen, welche zur Herstellung, Erhaltung oder Erneuerung der Bahn oder der

Bahngebäude oder zum Betriebe des Bahnunternehmens dienen. (Eger, Komm. z. Eisenb.-Pfandr.-Ges. bezw. Ges. über die Bahneinheiten § 4 Anm. 14b.)

b) Der Vereinbarung der Beteiligten überlassen ist dagegen — im Gegensatz zu den Sachen und Rechten — der Übergang der Forderungen und Schulden. Nur insoweit sollen diese auf den Staat übergehen, als beiderseitiges Einverständnis darüber besteht. Es findet nicht, wie bei der Entschädigung nach Ertragswert, eine Universalsuccession des Staates in das Unternehmen statt, sondern nur eine Singularsuccession in die Sachen und Rechte. Auch die Ausdrücke „Forderungen und Schulden" sind so allgemein und unbestimmt gehalten, daß ihre Auslegung eine sehr schwierige ist und zu Streitfragen führen muß. Mangels jeder Einschränkung müßte man darunter sämtliche Forderungen und Schulden des Unternehmers, welche mit dem Unternehmen im Zusammenhange stehen und aus dessen Bau, Betrieb und Verwaltung herrühren, ausnahmslos verstehen. Dagegen spricht aber, daß diejenigen Forderungen, die aus dem Betriebe des Bahnunternehmens unmittelbar erwachsen, insbesondere die aus dem Eisenbahntransport originierenden an Frachtgeldern, Fahrgeldern 2c., ebenso wie die Ansprüche des Bahnunternehmers aus Zusicherungen Dritter, welche die Leistung von Zuschüssen für das Bahnunternehmen zum Gegenstande haben (Subventionsansprüche auf Geldbeträge und Gewährung von Grund und Boden à fonds perdu, Zinsgarantien 2c.) gemäß § 4 Nr. 2 des Ges. über die Bahneinheiten vom 11. Juni 1902 zur Bahneinheit gehören (Eger, Kom. z. Eisenb.-Pfandr.- bezw. Bahneinheits-Ges. § 4 Anm. 14a lit. c.) und den Bahnpfandgläubigern (§§ 8, 4, 16, 19, 20, 40 l. c.) haften, mithin nicht durch Übereinkunft des Staates und Unternehmers beim staatsseitigen Erwerb des Unternehmens vom Übergange auf den Staat ausgeschlossen werden und beim Unternehmer verbleiben können. Ebensowenig können die Bahnpfandschulden, für welche die Bahneinheit als Ganzes und mit allen ihren Bestandteilen haftet (§§ 8, 4, 16, 19, 20, 40) beim Erwerb des Unternehmens durch den Staat mittelst Übereinkunft desselben mit dem Unternehmer bei diesem verbleiben, bezw. von ihm übernommen werden; sie müssen vielmehr mit dem Unternehmen (als Bahneinheit) vom Staate übernommen werden, bezw. auf ihn übergehen. Es bleiben hiernach der Vereinbarung der Parteien nur diejenigen Forderungen überlassen, welche nicht gemäß § 4 Nr. 2 des Ges. über die Bahneinheiten vom 11. Juni 1902 zur Bahneinheit gehören, d. h. nicht Betriebsforderungen im Sinne dieser Nr. 2 sind, und ferner diejenigen Schulden, welche nicht Bahnpfandschulden, sondern nur persönliche Schulden sind. Nur über den Übergang solcher Forderungen und Schulden können zwischen Staat und Unternehmer Vereinbarungen getroffen werden. Kommt eine Vereinbarung hierüber nicht zu stande, so gehen sie nicht auf den Staat über, sondern verbleiben bei dem Unternehmer, der nach wie vor in Betreff derselben berechtigt bezw. verpflichtet ist.

Anderer Ansicht ist Gleim (§ 34 Anm. 8 S. 170), welcher von seiner bereits oben (S. 357) als unrichtig bezeichneter Annahme ausgehend, annimmt, daß Forderungen und Schulden des Unternehmers prinzipiell nicht Gegenstand des Erwerbes bezw. der Übernahme seitens der Staates seien. Ohne beiderseitiges Einverständnis fände daher ein Übergang der aus Anlaß des Baues und Betriebes aufgenommenen und der vom Unternehmer gewährten Darlehen, der Bahnpfandschulden u. s. w., der Ansprüche anderer Bahnen und gegen andere Bahnen, welche aus dem Bahnverkehr entstanden seien, der Forderungen an andere Personen und dem Beförderungsverkehr und aller übrigen Forderungen und Schulden, welche nicht aus Verträgen herrührten, die mit Beamten und Arbeitern oder zur Beschaffung des für das Unternehmen erforderlichen Materials abgeschlossen sind, u. s. w., nicht statt.

Werden Forderungen nach Vereinbarung mit dem Unternehmer vom Staate übernommen, so ist dafür gemäß Abs. 2 der volle Wert zu vergüten. Denn Abs. 2 (s. Anm. 119 S. 362) umfaßt ausnahmslos alle Bestandteile des Bahnunternehmens. Dazu gehören aber auch nach Analogie des § 4 Nr. 2 Ges. über die Bahneinheiten v. 11. Juni 1902 die Forderungen — jedenfalls insoweit, als sie Betriebsforderungen oder Subventionsansprüche sind. A. M. ist Gleim § 34 Anm. 5, S. 171, welcher annimmt, daß das Gesetz Vorschriften über die für die Übernahme von Forderungen zu leistende Entschädigung nicht enthalte; mithin die Festsetzung der Bedingungen, unter welchen Forderungen und Schulden auf den Staat übergehen, nur im Wege der Vereinbarung unter den Beteiligten erfolgen könne.

118) Absatz 1 Satz 2 enthält die spezielle Vorschrift, daß der Staat auch bei der Entschädigung nach dem Sachwerte in die mit den Beamten und Arbeitern bestehenden Verträge eintritt und ebenso in solche Verträge, welche zur Beschaffung des für das Unternehmen erforderlichen Materials abgeschlossen sind. Diese Bestimmung ist obligatorisch. Der Staat muß in diese beiden Kategorien von Verträgen eintreten, er kann nicht durch Übereinkunft mit dem Unternehmer den Eintritt bezw. die Übernahme der betr. Pflichten und Rechte ausschließen. Würde er hierzu befugt sein, so würde der Unternehmer aus Verträgen zahlungspflichtig bleiben, deren Erfüllung für ihn zwecklos ist. Mangels einer Einschränkung ist der Eintritt des Staates in umfassenster Weise gedacht, also, wie Gleim S. 171 zutreffend hervorhebt, in Verträge über alle Bedürfnisse des Unternehmens, der Betriebs- und sonstigen Verwaltung der Büreaus, Gebäudeverwaltung, auch in die Pflicht zur Zahlung rückständiger Beträge für Leistungen und Lieferungen, welche vor dem Erwerbe der Bahn erfolgt sind. § 34 Abs. 1 Satz 2

Fände bei der Entschädigung nach dem Sachwerte in gleicher Weise wie bei der Entschädigung nach dem Ertragswerte eine Universalsuccession statt, so wäre die in Rede stehende Bestimmung nicht notwendig. Da der Staat aber nur die Sachen und Rechte ex lege übernimmt, im übrigen aber Forderungen und Schulden — mit den vorstehend bezeichneten Einschränkungen — nur auf Grund seines Einverständnisses mit dem Unternehmer, so gehen die Befugnisse und Pflichten aus Verträgen, also auch aus Dienst- und Lieferungsverträgen nicht ex lege auf ihn über, sondern bleiben mangels besonderer Vereinbarung, an sich bei dem Unternehmer. Satz 2 bildet insofern eine Ausnahme zum Satz 1, als in betreff der Forderungen und Verpflichtungen aus Dienst- und Lieferungsverträgen den Beteiligten das Recht der freien Vereinbarung über den Übergang entzogen ist, der Staat vielmehr ispo jure in diese Verträge eintreten muß. Andererseits sind aber auch die Beamten und Arbeiter, sowie die Lieferanten zur Anerkennung des Staates als nunmehrigen Gegenkontrahenten verpflichtet. Denn sie wissen bei Eingehung der bezüglichen Verträge, daß im Falle des Erwerbs des Unternehmens durch den Staat dieser in die betr. Verträge ex lege eintritt. Die Fassung: „der Staat tritt in die . . . Verträge ein" läßt zwar nicht klar erkennen, ob derselbe an Stelle des bisherigen Unternehmers eintritt oder letzterer noch weiter mitverhaftet 2c. bleiben soll. Indes muß nach der ratio legis angenommen werden, daß der Unternehmer von den Verträgen liberiert wird. und die dritten Kontrahenten sich wegen ihrer Ansprüche ausschließlich an den Staat halten können. (Gleim, S. 171.)

§ 34 Abs. 2. [119]) Absatz 2 enthält lediglich eine besondere Anwendung des bereits im § 30 allgemein ausgesprochenen Prinzips der Entschädigung des vollen Wertes in Bezug auf die Abschätzung des Sachwertes und erscheint somit strenggenommen überflüssig. Wenn die Entschädigung des Unternehmens nach dem vollen Werte erfolgen soll, so ergibt sich daraus folgerichtig, daß im Falle der Entschädigung nach dem Sachwerte für alle Bestandteile des Unternehmens der volle Wert zu vergüten ist. Unzutreffend ist eine Erläuterung, welche hierüber in der Kommission des Abg.-H. gegeben wurde. In den Komm.-Bericht wird nämlich bemerkt: „Auf die Anfrage eines Mitgliedes, wie das Wort „Bestandteile" im letzten Absatz zu verstehen sei, wurde von seiten des Regierungskommissars erwidert, daß der Anlagewert abzüglich der Abnutzung damit gemeint sei, und fand diese Ausführung in der Kommission keinen Widerspruch." Zunächst stimmt die Antwort des Kommissars nicht mit der Anfrage überein. Denn während letztere das Wort „Bestandteile" betraf, bezieht sich die Antwort auf den Wert der Bestandteile. Aber — abgesehen hiervon — kann der hierüber regierungsseitig erteilten Definition nicht beigepflichtet werden. Der volle Wert ist nicht der bloße Anlagewert abzüglich der Abnutzung. Diese Definition steht im strikten Widerspruch mit dem Prinzipe der Entschädigung des vollen Wertes und würde für den Unternehmer zu großen Härten führen. Vielmehr ist es Sache der Schätzungsbehörde bezw. des Gerichtes, den vollen reichlich bemessenen Verkehrs- oder Kaufwert der einzelnen Bestandteile des Unternehmens nach freiem Ermessen unter Zuziehung von Sachverständigen in Gemäßheit der bezüglichen Vorschriften des Enteig.-Ges., d. h. zur Zeit des Erwerbs durch den Staat, bezw. des Entschädigungsfeststellungsbeschlusses festzustellen. Auch Gleim gelangt in der 3. Aufl. seines Kommentars zu dem Ergebnisse, daß unter „Anlagewert" in der Erklärung des Regierungsvertreters nicht der ursprüngliche, sondern der zeitige, d. h. z. Z. des staatsseitigen Erwerbs bestehende Anlagewert zu verstehen sei. Es seien diejenigen Kosten zu ermitteln, welche die Herstellung der Anlage in ihrem Bestande z. Z. des Erwerbes erfordern würde, und von dieser sei der durch die Abnutzung bedingte Minderwert in Abzug zu bringen. Indes, wenn der „Anlagewert" so zu verstehen ist, dann erübrigt sich die zwiefache Wertbemessung einerseits des Anlagewerts und andererseits des Abnutzungswerts, vielmehr genügt es, den vollen zeitigen Verkehrswert der Anlage festzustellen. Daraus ergibt sich der Abzug der Benutzung ganz von selbst.

Abs. 2 umfaßt ausnahmslos alle Bestandteile des Unternehmens, soweit sie in Gemäßheit des Abs. 1 auf den Staat ex lege oder nach beiderseitigem Einverständnisse übergehen. Es sind darunter in dem oben Anm. 117 S. 359 ff. dargestellten Umfange sowohl die unbeweglichen Teile gemeint, — wie der Bahnkörper und die übrigen Bahngrundstücke, die darauf errichteten Baulichkeiten und die Rechte an fremden Grundstücken, — wie auch die Fonds, Kassenbestände, Forderungen und Subventionsansprüche und endlich die beweglichen körperlichen Sachen, Gerätschaften, Werkzeuge, Materialien, Betriebsmittel.

§ 35.[120])

Die Abschätzung und die Festsetzung der Entschädigung für die Bestandteile des Unternehmens (§ 34) erfolgt nach einem von dem

Unternehmer aufzustellenden Inventar,[121]) über dessen Richtigkeit und Vollständigkeit erforderlichenfalls zu verhandeln und von dem Bezirksausschusse zu entscheiden ist.[122])

120) Prinzip und Entstehungsgeschichte des § 35. § 35 Prinzip.

I. Prinzip. Auf die Abschätzung und die Festsetzung der Entschädigung sowohl nach dem Ertragswert (§ 31) wie nach dem Sachwert (§§ 33, 34) finden in Gemäßheit der §§ 36 und 37 die Vorschriften des Enteig.-Ges. vom 11. Juni 1874 §§ 24 ff. über das Entschädigungsfeststellungsverfahren sinngemäße Anwendung. Während die Ermittelung und Festsetzung nach dem Ertragswert im wesentlichen einfach ist, ist die Abschätzung und Festsetzung nach dem Sachwert mit Rücksicht auf die große Zahl verschiedenartiger, einzeln abzuschätzender Gegenstände der Natur der Sache nach mit sehr großen Schwierigkeiten verknüpft. Nach dem analog zur Anwendung zu bringenden § 24 des Enteign.-Gesetzes hat der Expropriant den Antrag auf Feststellung der Entschädigung schriftlich bei der zuständigen Behörde (Regierungspräsidenten) einzubringen und mit den erforderlichen Verzeichnissen über die zu enteignenden Grundstücke oder Rechte am Grundeigentum zu versehen. Für die hier in Betracht kommende Abschätzung der beweglichen und unbeweglichen Sachen und der Rechte, aus welchen sich das Eisenbahnunternehmen zusammensetzt, genügt die Vorlegung eines bloßen Verzeichnisses der Grundstücke und Rechte am Grundeigentum nicht, es bedarf auch eines Verzeichnisses der beweglichen Sachen und der Rechte, sowie der Forderungen und Schulden, insoweit letztere auf den Staat übergehen müssen bezw. sollen. Mangels einer besonderen Bestimmung liegen die Kosten der Aufstellung eines solchen Inventars dem Eisenbahnunternehmer ob.

Der Staat hat vom Unternehmer zu verlangen, daß dieser nach erfolgter Ankündigung ein Inventar aufstellt und ihm zugehen läßt, welches alsdann mit dem Entschädigungsfeststellungsantrage nach Analogie des § 24 Enteig.-Ges. der zuständigen Behörde (Regierungspräsidenten) vorgelegt wird und nach Satz 1 des § 35 die Grundlage für die Abschätzung und Festsetzung der Entschädigung für die Bestandteile des Unternehmens (§ 34) bildet. Der Staat kann verlangen, daß der Unternehmer ihm das Inventar innerhalb einer angemessenen Frist nach erfolgter Ankündigung des Erwerbs (§ 30) vorlegt, und es ist Sache der Aufsichtsbehörde (§ 22), den Unternehmer im Falle des Verzuges hierzu unter Bestimmung einer Frist und eventueller Verfügung von Strafen (§§ 24, 25) anzuhalten.

II. Aus der Entstehungsgeschichte ist nur kurz hervorzuheben, daß der Regierungs-Entwurf als § 31 bereits wörtlich den § 35 des Gesetzes enthielt und, wie folgt, motiviert war: „Wie für die Berechnung der Entschädigung nach dem Ertragswerte eine besondere Buchung zur Grundlage dienen soll, so ist als Unterlage für die Berechnung nach dem Sachwert ein von dem Unternehmer aufzustellendes und geordnet zu führendes, auf seine Richtigkeit zu prüfendes Inventarium vorzusehen." Der Regierungsentwurf § 31 ging ohne Diskussion als § 35 unverändert in das Gesetz über. § 35 Entstehung.

121) Satz 1 des § 35 bestimmt, daß die Abschätzung und Festsetzung der Entschädigung für die Bestandteile des Unternehmens, wie sie im § 34 bezeichnet sind, nach einem Inventar zu erfolgen hat und daß dieses Inventar vom Unternehmer aufzustellen ist. Zwar sollen für das Entschädigungsfeststellungsverfahren sinngemäß die §§ 24 ff. des Enteig.-Ges. zur Anwendung § 35 Satz 1.

kommen. Aber diese nur für Grundstücke und Rechte am Grundeigentum gegebenen Vorschriften bedurften hier, wo es sich um den Erwerb bezw. die Abschätzung nicht nur unbeweglicher, sondern auch beweglicher Gegenstände handelt, entsprechender Modifikationen.

1. Zunächst genügt nicht ein bloßes Verzeichnis der Grundstücke und Rechte an Grundstücken nebst Anlagen, wie es § 24 Enteig.-Ges. erfordert, sondern es ist ein vollständiges Inventarium aller unbeweglichen und beweglichen Bestandteile nach Maßgabe des § 34 — auf welchen § 85 ausdrücklich verweist — notwendig. Nähere Vorschriften über Form, Einteilung und Inhalt des Inventars sind weder im Gesetze, noch in der Ausf.-Anw. gegeben. Soweit es sich um die Bahngrundstücke und Rechte an fremdem Grundeigentum handelt, kommen die Abs. 2—4 des § 24 Enteig.-Ges. zur sinngemäßen Anwendung. Nach § 4 Ziff. 1 des Ges. v. 11. Juni 1902 gehören zur Bahneinheit der Bahnkörper und die übrigen Grundstücke, welche dauernd, unmittelbar oder mittelbar dem Bahnunternehmen gewidmet sind, mit den darauf errichteten Baulichkeiten, sowie die für das Bahnunternehmen dauernd eingeräumten Rechte an fremden Grundstücken. Der Bahnkörper selbst, d. h. die Gesamtheit derjenigen Grundstücke und Anlagen, welche den eigentlichen Fahr- oder Bahndamm projektmäßig darstellen, bildet ein Ganzes. Es genügte mithin, ihn im Inventar als Ganzes ohne Bezeichnung der einzelnen Grundstücke, aus welchen er besteht, aufzuführen. Dagegen bedürfen die übrigen, dem Bahnunternehmen dauernd unmittelbar oder mittelbar gewidmeten Grundstücke (Terrains der Bahnhöfe, Haltestellen, Werkstätten, Dispositionsländereien, Forstschutzstreifen ꝛc.) sowie die Baulichkeiten und die Rechte an fremden Grundstücken der gesonderten Aufführung; ebenso diejenigen Grundstücke, welche nicht mit dem Bahnkörper zusammenhängen und im Bahngrundbuche nicht als Teile der Bahneinheit eingetragen sind, sofern ihre Widmung für das Bahnunternehmen nicht äußerlich erkennbar ist (§ 4 Abs. 2 Ges. v. 11. Juni 1902). In betreff der beweglichen Sachen, sonstigen Rechte, Forderungen ꝛc. ist ebenso wie in bezug auf die Immobilien Richtigkeit und Vollständigkeit (arg. Satz 2) zur Pflicht gemacht. Bezüglich der Fonds bemerkt Gleim S. 173 mit Recht, daß die Angabe des Inventars nicht auf ihren buchmäßigen Wert beschränkt werden darf, wenn der Fonds ganz oder teilweise in Wertpapieren oder in sonstiger Weise angelegt ist, vielmehr alsdann auch die Bezeichnung der Wertpapiere enthalten muß. Es liegt auf der Hand, daß in Rücksicht auf die große Zahl verschiedenartiger Gegenstände, die Aufstellung eines richtigen und vollständigen Inventars außerordentlichen Schwierigkeiten begegnen wird. Diese Schwierigkeiten werden noch dadurch vergrößert, daß auch während der Zeit, welche zwischen der Feststellung der Entschädigung und der Vollziehung des Eigentumsübergangs liegt, die im Inventar verzeichneten Gegenstände sowohl in ihrem Bestande wie in ihrem Werte wesentlichen Veränderungen ausgesetzt sind. Zwar trägt § 87 Abs. 2 diesem Umstande durch die Vorschrift Rechnung, daß alsdann der Wert nicht mehr vorhandener Gegenstände vom Unternehmer zurückzuerstatten, mehr vorhandene nachträglich vom Staate zu vergüten sind. Indes ist bei der Zahl und Verschiedenheit der hierbei in Betracht kommenden Objekte ersichtlich, daß diese Vorschriften praktisch nicht durchführbar sind und zu unabsehbaren Weiterungen und Unzuträglichkeiten führen müssen.

2. Das Inventar ist vom Unternehmer, dem Veräußerer, aufzustellen —

abweichend vom § 24 des Enteig.=Ges., wonach der Expropriant, also der Erwerber, das Verzeichnis der zu enteignenden Objekte zu fertigen hat. Zur Aufstellung des Inventars ist der Unternehmer gesetzlich verpflichtet. Er kann hierzu von der Aufsichtsbehörde im Weigerungs= oder Verzugsfalle — eventuell unter Bestimmung einer Frist — angehalten werden, und zwar mit den Zwangsmitteln der §§ 182ff. des Land.=Verw.=Ges. v. 30. Juli 1883, sowie in Gemäßheit der §§ 24, 25 des Kleinb.=Ges. Der Annahme Gleims (§ 35 Anm. 1), daß ihn der Bezirksausschuß anzuhalten, die Frist zu bestimmen und eventuell zwangsweise gegen ihn vorzugehen habe, kann nicht beigetreten werden. Der Bezirksausschuß tritt nach den §§ 36, 37 nur an die Stelle der Enteignungsbeschlußbehörde, seine Zuständigkeit ist durch die §§ 36, 37 und den Schlußsatz des § 35 genau begrenzt. Daß er auch die das Verfahren vorbereitenden Schritte, insbesondere die Aufstellung des Inventars zu betreiben und anzuordnen habe, ist im Gesetze nicht vorgeschrieben. Der Bezirksausschuß ist hierzu nicht kompetent (§ 25). Der Staat hat bei der Ankündigung des Erwerbs (§ 30) die Aufstellung des Inventars vom Unternehmer zu verlangen, um auf Grund desselben den Entschädigungsfeststellungsantrag beim Regierungspräsidenten zu beantragen (§ 36). Die Aufstellung des Inventars geht also der Einleitung des Entschädigungsfeststellungsverfahrens voraus, ist mithin nicht — wie Gleim (S. 173) unzutreffend annimmt — ein Teil derselben und demgemäß für die Anordnung und Betreibung der Inventaraufstellung der Bezirksausschuß nicht zuständig. Kommt der Unternehmer dem Verlangen des Staates nicht nach, so hat auf Antrag desselben die Aufsichtsbehörde den Unternehmer unter Bestimmung einer Frist hierzu anzuhalten, und zwar im Weigerungs= oder Verzugsfalle mit den Zwangsmitteln der §§ 182ff. des Land.=Verw.=Ges. vom 30. Juli 1883, und gegebenenfalls die Zurücknahme der Genehmigung in die Wege zu leiten.

122) Satz 2 des § 35 bestimmt, daß über die Richtigkeit und Vollständigkeit des Inventars erforderlichenfalls zu verhandeln und vom Bezirksausschusse zu entscheiden ist. § 35 Satz 2. Ist das vom Unternehmer vorgelegte Inventar nicht richtig oder nicht vollständig, und ist im Wege des gütlichen Einvernehmens zwischen den Beteiligten eine Berichtigung oder Vervollständigung nicht zu erzielen so ist erforderlichenfalls vor dem Bezirksausschuß hierüber zu verhandeln und zu entscheiden. Das Gesetz bestimmt nicht, zu welcher Zeit und in welcher Form diese Verhandlung und Entscheidung zu erfolgen hat. Es ist aber mit Rücksicht auf das nach den bestehenden Normen des Enteig.=Ges. (§§ 24ff.) an sich schon äußerst langwierige Entschädigungsfeststellungsverfahren nicht anzunehmen, daß es in der Absicht des Gesetzgebers gelegen hat, dieses Verfahren durch ein besonderes Vorverfahren über die Festsetzung des Inventars noch weiter auszudehnen. Vielmehr ist die Annahme gerechtfertigt, daß das Verfahren über die Feststellung des Inventars mit dem Entschädigungsverfahren vereinigt werden und hier nur die Kompetenz des Bezirksausschusses zur Verhandlung und Entscheidung über das Inventar ausgesprochen werden sollte. (Vgl. auch Gleim § 35 Anm. 2 S. 174).

§ 36.[123])

Die Festsetzung der Entschädigung (§§ 31 und 33 bis 35) erfolgt, vorbehaltlich des beiden Teilen zustehenden, innerhalb sechs

Monaten nach Zustellung des Festsetzungsbeschlusses zu beschreitenden Rechtsweges, durch den Bezirksausschuß unter sinngemäßer Anwendung der §§ 24 bis 29 des Enteignungsgesetzes vom 11. Juni 1874.[124])

Der Bezirksausschuß ist auch für das Vollziehungsverfahren zuständig.[125])

§ 36 123) Prinzip und Entstehungsgeschichte des § 36.

Prinzip. I. Prinzip. Die §§ 36 und 37 schreiben im wesentlichen für das Entschädigungsfeststellungsverfahren sowohl nach dem Ertrags- wie nach dem Sachwerte (§§ 31, 33—35), die Vollziehung und Wirkungen des Eigentumsüberganges die sinngemäße Anwendung der entsprechenden Normen des Enteig.-Ges. vom 11. Juni 1874 (§§ 24—29, 32—37, 39—46) vor und erklären den Bezirksausschuß für zuständig sowohl zur Festsetzung der Entschädigung wie für das Vollziehungsverfahren. Bereits an früherer Stelle (Anm. 105 S. 338 ff.) ist hervorgehoben worden, daß es genügt hätte, im § 30 die Berechtigung des Staates zum Erwerb der Bahn gegen Entschädigung des vollen Wertes prinzipiell auszusprechen und dem Staate die Verfolgung dieses Rechtes formell und materiell nach den Normen der Zivilprozeßord. und des allgemeinen bürgerlichen Rechtes zu überlassen.

Abgesehen hiervon ist bereits an früherer Stelle hervorgehoben worden, daß die Anwendung der Bestimmungen des Enteig.-Ges., welche lediglich für die Entschädigung von Grundstücken und Rechten am Grundeigentum normiert sind und schon hierbei erfahrungsgemäß mit großen Verzögerungen verknüpft sind, mit Rücksicht auf die zahlreichen Kategorien von Sachen und Rechten eines ganzen Eisenbahnunternehmens ohne Zweifel zu unüberwindlichen Schwierigkeiten führen muß und praktisch nicht durchführbar erscheint. Daß im Falle der Bemessung nach dem Sachwert die Feststellung für jeden einzelnen Posten des Inventars stattfindet, hält auch Gleim S. 175 für geboten, um sowohl die Anfechtung derselben für einen jeden Posten im Rechtswege zu ermöglichen, als auch einen Maßstab dafür zu schaffen, nach welchem dritte Personen, welche Eigentums- oder andere dingliche Rechte an einzelnen Bestandteilen der Bahn mit Erfolg geltend machen sollten, Anteil an der Entschädigung haben.

Dazu tritt, daß es sich, auch insoweit Grundstücke in Betracht kommen, nicht, wie im Enteignungsverfahren, um einzelne Grundstücke handelt, die im Verkehre stehen und einen Verkehrswert haben, sondern zum größten Teil um den Bahnkörper, dessen fundus außer Verkehr steht, sich aus zahlreichen Parzellen zusammensetzt und in einer schmalen, langgezogenen Fläche andere Grundstücke durchschneidet. Auch ist die Vorschrift einer „sinngemäßen" Anwendung, welche der Willkür Tür und Tor öffnet, eine äußerst inopportune, weil bei der Bedeutung der in Rede stehenden materiellen Interessen die Frage, ob und inwieweit eine jede Bestimmung „sinngemäße" Anwendung zu finden hat, je nach dem Standpunkte des Beteiligten zum Gegenstande des Streites werden wird.

§ 36 Entstehung. II. Aus der Entstehungsgeschichte der §§ 36 und 37 ist zu bemerken, daß dieselben mit geringfügigen Änderungen den §§ 32 und 33 des Regierungsentwurfs entsprechen. Die Begründung der letzteren lautete: „Die Bestimmungen über die Festsetzung der Entschädigung, das Verfahren und die sonstigen Vorgänge bis zum Übergange des Bahnunternehmens in das Eigentum des Staates schließen sich den bewährten Vorschriften des Enteig.-Ges. vom 11. Juni 1874 an. Dabei waren aber besondere Bestimmungen für den Fall zu treffen, daß bei Berechnung der Entschädigung nach dem Sachwerte der inventarienmäßige Bestand mit dem bei Vollziehung des Erwerbes vorhandenen tatsächlichen Bestande des Unternehmens nicht mehr übereinstimmt."

124) § 36 trifft Bestimmung über die Festsetzung der Entschädigung sowie über die bei der Entschädigungsfestsetzung (Abs. 1) und beim Vollziehungsverfahren (Abs. 2) zuständigen Behörden. Nach den zur sinngemäßen Anwendung zu bringenden Bestimmungen des Enteig.-Ges. findet: § 36 Abs. 1.

I. Zunächst das Entschädigungsfeststellungsverfahren im Verwaltungswege statt. 1) Dieses wird durch einen bei dem Regierungspräsidenten zu stellenden Antrag auf Feststellung der Entschädigung eingeleitet (§ 24). 2) Es folgt sodann die Ermittlung der Entschädigung durch eine kommissarische Behandlung mit den Beteiligten (§ 25) — event. protokollarische Aufnahme einer Vereinbarung derselben (§ 26) — Zuziehung und Begutachtung von Sachverständigen, sowie Veranlassung einer Äußerung der Beteiligten hierüber (§§ 27 und 28); 3) daran schließt sich die Festsetzung der Entschädigung durch Entscheidung des Bezirksausschusses (§ 29).

II. Sind die Beteiligten mit dieser Entscheidung nicht zufrieden, so folgt das Entschädigungsfeststellungsverfahren im Rechtswege (§ 30).

III. Nach Beendigung des Rechtsweges und Zahlung bezw. Hinterlegung der hiernach festgestellten Entschädigungssumme findet die Vollziehung der Enteignung durch eine Erklärung des Bezirksausschusses statt, welche die Besitzeinweisung in sich schließt (§ 32, 33, 36, 37).

Im gewöhnlichen Verfahren muß der erste dieser Abschnitte beendet sein, bevor der zweite beginnen darf. Wird aber vom Bezirksausschuß die Dringlichkeit beschlossen (§§ 34, 35), so findet das Dringlichkeits-Verfahren statt. In diesem liegt gegenüber dem nicht dringlichen Verfahren insofern eine wesentliche Abkürzung, als nicht noch die Entschädigungsfeststellung im Rechtswege abgewartet zu werden braucht, bevor die Besitzeinweisung erfolgen darf. Mit Rücksicht auf die Bedeutung der bei dem staatsseitigen Erwerb eines Eisenbahnunternehmens in Betracht kommenden öffentlichen Interessen ist anzunehmen, daß das Dringlichkeitsverfahren die Regel bilden wird.

§ 36 weicht ohne ersichtlichen Grund von der vorstehend dargestellten, der Natur der Sache entsprechenden Legalordnung ab, indem er die Bestimmungen über die Festsetzung der Entschädigung enthält, während im § 37 diejenigen über die Ermittlung der Entschädigung folgen. Folgerichtig muß zuerst die Ermittlung stattfinden, bevor die Festsetzung geschehen kann. Sieht man von dieser Verschiebung der Legalfolge der Normen des Enteig.-Ges. ab, so sind im übrigen dieselben in gedrängter Aufzählung für das vorliegende Verfahren als maßgebend hingestellt.

Abs. 1 gibt zunächst in Übereinstimmung mit dem Enteig.-Ges. den Grundsätzen Ausdruck, daß das Entschädigungsfeststellungsverfahren ein zweifaches sein soll. In erster Reihe findet die Festsetzung im Verwaltungswege — durch den Bezirksausschuß — statt, und dieser folgt, falls sich die Beteiligten dabei nicht beruhigen, die Festsetzung im Rechtswege. Beides erübrigt sich nur, wenn die Beteiligten innerhalb des Ermittlungsverfahrens (Enteig.-Ges. §§ 24—28) eine Vereinbarung über die Entschädigung nach Analogie des § 26 l. c. getroffen haben. Denn eine derartige Vereinbarung tritt ex lege an die Stelle des Entschädigungsfestsetzungsbeschlusses (Enteig.=Ges. § 29, Kleinb.=Ges. § 36) bezw. der gerichtlichen Entscheidung und ist für die zuständige Behörde (Bezirksausschuß) unbedingt maßgebend. Über die Frage, ob sonst noch etwa an Stelle der nach Maßgabe der Normen des Enteig.=Ges. festgestellten Entschädigung eine solche auf Grund einer außerhalb dieses Verfahrens getroffenen Vereinbarung zu treten habe, kann beim Widerspruche eines Teils nur im Rechtswege entschieden werden.

a) § 36 betrifft — wie die Parenthese „(§§ 31 und 33 bis 35)" andeutet — die Festsetzung der Entschädigung sowohl nach dem Ertragswert, wie nach dem Sachwert.

b) Zuständig zur Entscheidung über die Festsetzung der Entschädigung ist der Bezirksausschuß. Dieser ist auch für den Entschädigungsfeststellungsbeschluß im Enteignungsverfahren (§ 29 Enteig.=Ges.) nach § 150 Abs. 1 des Zuständigkeits=Gesetzes vom 1. August 1883 (G.=S. S. 237) kompetent. Welcher Bezirksausschuß zuständig ist, ist im Gesetze nicht bestimmt. Es erscheint mit Rücksicht auf das Überwiegen der unbeweglichen Teile gerechtfertigt, denjenigen Bezirksausschuß, in dessen Bezirk das Unternehmen belegen ist, für den zuständigen zu erachten. Ist das Unternehmen in den Bezirken mehrerer Bezirksausschüsse belegen, oder ist es zweifelhaft, zu welchem Bezirke dasselbe gehört, so hat nach Maßgabe des § 58 Nr. 2 l. c. der Regierungspräsident, der Oberpräsident oder der Minister des Innern, je nachdem die betreffenden Bezirke demselben Regierungsbezirke, derselben Provinz, aber verschiedenen Regierungsbezirken oder verschiedenen Provinzen angehören, die zuständigen Behörden endgültig zu bestimmen. Der Bezirksausschuß ist auch für die Entscheidung über die Festsetzung zurückzuerstattender und nachträglich zu gewährender Entschädigungsbeträge im Sinne des § 37 Abs. 2 zuständig. Soweit nicht der Rechtsweg beschritten wird, erfolgt die Vollstreckung im Wege des Verwaltungszwangsverfahrens (§ 60 l. c.).

c) Die Festsetzung der Entschädigung soll „unter sinngemäßer Anwendung der §§ 24 bis 29 des Enteig.=Ges. vom 11. Juni 1874" erfolgen. Diese Bestimmung enthält infolge der inkorrekten Legalordnung zuviel bezw. Überflüssiges, da nur § 29 des Enteig.=Ges. sich auf die Entschädigungsfestsetzung, dagegen die §§ 24—28 auf die Entschädigungsermittlung beziehen.

1. Was nun die sinngemäße Anwendung des § 29 des Enteig.=Ges. anbelangt, so hat nach diesem in Verbindung mit § 150 Abs. 1 des Zuständ.=Ges. vom 1. August 1883 der Bezirksausschuß im Beschlußverfahren, in dem Stadtkreise Berlin die erste Abteilung des Polizeipräsidiums die Entschädigung festzustellen. Für das Beschlußverfahren ist der Titel III Abschnitt III (§§ 115—126) des Allgemeinen Landesverwaltungsgesetzes vom 30. Juli 1883 (G.=S. S. 195) maßgebend. Die Entscheidung des Bezirksausschusses über die Entschädigungsfestsetzung erfolgt, nachdem das Entschädigungsermittlungsverfahren nach Analogie der §§ 24—28 des Enteig.=Ges. (s. § 37 Abs. 1 Kleinb.=Ges.) beendet und abgeschlossen ist. Der das Ermittlungsverfahren leitende Kommissar (§ 25 Enteig.=Ges.), welchen der zuständige Regierungspräsident ernennt (§ 37 Anm. 127 S. 378), hat nach erfolgtem Abschluß die gesamten dasselbe betreffenden Verhandlungen und Anlagen dem Regierungspräsidenten und dieser dem Bezirksausschuß zur Beschlußfassung vorzulegen.

2. Nach Vorlegung der Verhandlungen ist es Sache des Bezirksausschusses,

vorerst die vorgeschriebenen Förmlichkeiten zu prüfen, d. h. die nach den §§ 24—28 Enteig.-Ges. zu beobachtenden. Dahin gehört insbesondere, ob der Entschädigungsfeststellungs-Antrag rite gestellt und mit den vorgeschriebenen Urkunden und Anlagen versehen worden (§ 24) s. § 37 Anm. 127 S. 378 — die Entschädigung nach dem Sachwert auch mit dem Inventar (Kleinb.-Ges. § 35) — ob die Ernennung des Kommissars vorschriftsmäßig erfolgt ist und dieser die ihm obliegenden Pflichten bei Führung der kommissarischen Verhandlungen in legaler Weise erfüllt hat (§§ 25 ff.) ꝛc.

3. Nach Prüfung der Förmlichkeiten haben die Verhandlungen nach Maßgabe der §§ 115 ff. des Allg. Land.-Verw.-Ges. vom 30. Juli 1883 stattzufinden. Diese Verhandlungen sind auch — wie bereits an früherer Stelle (§ 35 Anm. 122 S. 365) bemerkt — auf die Prüfung der Richtigkeit und Vollständigkeit des Inventars zu erstrecken, wenn es sich um die Entschädigung nach dem Sachwert handelt.

4. Die Entscheidung des Bezirksausschusses erfolgt „mittelst motivierten Beschlusses"; d. h. sie muß in allen ihren Teilen mit ausreichenden und angemessenen Gründen unterstützt sein. Die Entscheidung hat nicht nur die Ansprüche des Unternehmers und Nebenberechtigten (§ 29 Abs. 2 Enteig.-Ges.), sondern auch die Erklärungen und Einwendungen des Staates und der sonstigen Beteiligten zu berücksichtigen.

5. Der Bezirksausschuß hat nach seiner freien, aus dem ganzen Inbegriffe der Verhandlungen und Beweise geschöpften Überzeugung zu entscheiden (§ 40 Enteig.-Ges. §§ 79, 120 Allg. Land.-Verw.-Ges.), ohne an das Gutachten der Sachverständigen oder den Durchschnitt ihrer Taxen gebunden zu sein.

6. Den Inhalt des Beschlusses bildet die Festsetzung der Entschädigung d. h. der nach den Entschädigungsnormen der §§ 30—35 zu leistenden Beträge, welche der Staat für den Erwerb des Unternehmens an den Unternehmer zu zahlen hat. Zugleich ist, im Falle der Entschädigung nach dem Sachwerte, über die Vollständigkeit und Richtigkeit des Inventars Entscheidung zu treffen. (§ 35 Anm. 122 S. 365.) Die Entscheidung hat der Natur der Sache nach eine wesentlich verschiedene Gestalt, je nachdem die Entscheidung nach dem Ertragswert (§ 31) oder nach dem Sachwert (§§ 33—35) festzusetzen ist. Im ersteren Falle ist die Entschädigung in einer Summe — dem nach den Normen des § 31 berechneten Betrage — auszusprechen und braucht weder nach den einzelnen Objekten noch nach dem Anteilsverhältnis der Nebenberechtigten spezifiziert zu werden, da der Staat nach Analogie des § 42 Nr. 4 b in alle Verpflichtungen des Eisenbahnunternehmers ex lege eintritt; im letzteren Falle dagegen muß sie spezifiziert sein für die einzelnen Grundstücke, Rechte, beweglichen Sachen nach den Positionen des Inventars (§ 35). In sinngemäßer Anwendung des Abs. 2 des § 29 des Enteig.-Ges. muß ferner die Entschädigungssumme nicht nur für den Eisenbahnunternehmer, sondern auch für jeden der im § 11 des Enteig.-Ges. bezeichneten Nebenberechtigten, soweit ihnen eine nicht schon im Werte des in Anspruch genommenen Grundeigentums begriffene Entschädigung zuzusprechen ist, besonders festgestellt werden. Auch der Erwerbsberechtigte (§ 6 Abs. 3, § 38) gehört zu den Nebenberechtigten. Nach Analogie des Abs. 3 des § 29 Enteig.-Ges. ist endlich in dem Entschädigungsfeststellungsbeschlusse zugleich zu bestimmen, daß die Übereignung des Eisenbahnunternehmens an den

Staat nur nach erfolgter Zahlung oder Hinterlegung der Entschädigungssumme auszusprechen sei.

7. Der Entschädigungsfestsetzungsbeschluß des Bezirksausschusses ist den an der Entscheidung Beteiligten zuzustellen. Die Zustellung richtet sich nach § 17 des Regulativs für die Bezirksausschüsse vom 28. Februar 1884.

8. Die rechtliche Bedeutung des Entschädigungsfestsetzungsbeschlusses besteht nicht nur darin, daß derselbe — vorbehaltlich des Rechtsweges — die Verpflichtungen des Staates, insbesondere den Betrag des Erwerbspreises festsetzt, von deren vorgängiger Zahlung der Übereignungsausspruch und die Vollziehung des Eigentumsüberganges abhängig ist (Enteig.-Ges. § 29 Abs. 3, § 32 — Kleinb.-Ges. § 37), sondern auch darin, daß mit diesem Beschlusse die Perfektion des Kaufgeschäfts eintritt, derartig, daß die Kauf-Obligation zwischen Staat und Eisenbahnunternehmer existent und letzterer berechtigt wird, vom Staate gegen Überlassung des Unternehmens die Entschädigungssumme zu fordern. (Vgl. Eger, Kom. z. Enteig.-Ges. 2. Aufl. I S. 199ff. II S. 276ff., 352ff.)

d) Der Entschädigungsfestsetzungsbeschluß erfolgt „vorbehaltlich des beiden Teilen zustehenden, innerhalb sechs Monaten nach Zustellung des Festsetzungsbeschlusses zu beschreitenden Rechtsweges". § 36 gestattet hiernach beiden Teilen innerhalb sechs Monaten nach Zustellung des Beschlusses die Beschreitung des Rechtsweges. Eine sinngemäße Anwendung der Bestimmungen des § 30 Enteig.-Ges. ist nicht vorgeschrieben. Daher finden bezüglich des Rechtsweges lediglich die Vorschriften der Zivilprozeßordnung Anwendung.

1. Die Entscheidung des Bezirksausschusses erfolgt „vorbehaltlich des Rechtsweges ꝛc." Dieser Vorbehalt ist ein gesetzlicher, er bedarf keines besonderen Ausdrucks im Entschädigungsfestsetzungsbeschlusse.

2. Der Rechtsweg steht gegen den Entschädigungsfestsetzungsbeschluß des Bezirksausschusses offen. Derselbe ist nicht Rechtsmittel, sondern Klage, und zwar Anfechtungsklage gegen die administrative Feststellung. Die administrative Entschädigungsfeststellung muß also unbedingt vorangegangen sein, bevor der Rechtsweg beschritten werden darf. Daher kann jeder Teil die vorgängige Feststellung im Verwaltungswege verlangen und der Anstellung der Klage mit Erfolg die Einrede entgegensetzen, daß vorerst die administrative Feststellung stattfinden müsse. Ausgeschlossen ist der Rechtsweg, insoweit eine Vereinbarung unter den Beteiligten zu stande gekommen ist (§ 26 Enteig.-Ges.).

3. Der Rechtsweg steht „beiden Teilen" zu. Damit kann zwar dem Wortlaute nach nur einerseits der Staat, andererseits der Eisenbahnunternehmer gemeint sein. Indes würde die Beschränkung auf den Staat und den Unternehmer einen wesentlichen Eingriff in die Rechte der anderen Beteiligten, der dinglich und Nebenberechtigten, enthalten. Es ist mithin die Annahme gerechtfertigt, daß die Worte „beiden Teilen" im weiteren Sinne zu fassen und darunter auch „die übrigen Beteiligten" zu verstehen sind, mithin auch diesen die Beschreitung des Rechtsweges einzuräumen ist.

4. Gegenstand der Klage ist nur das, worüber der Bezirksausschuß gemäß §§ 31—35 zu entscheiden hat, d. h. die Entschädigungspflicht und der Umfang der Entschädigung. Andere Streitpunkte zwischen dem Staate und dem Unternehmer gehören nicht hierher. Zur Substantiierung der Klage genügt die Behauptung und der Nachweis eines höheren bezw. niedrigeren Wertes.

5. Der Rechtsweg ist ausschließlich zulässig. Weder der Rekurs noch die Beschwerde an die vorgesetzte Ministerialinstanz ist gestattet, noch die Berufung an das Oberverwaltungsgericht, auch nicht, wenn wesentliche formelle oder materielle Vorschriften des Gesetzes unbeachtet geblieben sind. Jede nachträgliche Erhöhung oder Herabsetzung der Entschädigung im Verwaltungswege ist unzulässig.

6. Die Beschreitung des Rechtsweges ist für beide Teile an eine Präklusivfrist von 6 Monaten, d. h. Kalendermonaten nach Zustellung des Beschlusses des Bezirksausschusses, gebunden. Diese Frist kann nur durch Anstellung der Klage gewahrt werden. Es ist eine Präklusiv- nicht eine Verjährungsfrist, mithin auch nicht die Unterbrechung der Frist nach den Grundsätzen der Verjährung möglich.

7. Im übrigen gelten für den Prozeß lediglich die Vorschriften der Zivilprozeßordnung. Insbesondere steht dem Kläger die sich aus § 268 Z.-P.-O. ergebende Befugnis zur Erweiterung oder Beschränkung des Klageantrages zu. Gegen den nicht klagenden (anfechtenden) Teil steht die administrative Entschädigung endgültig fest. (Reichsger. 22. Dezember 1882 Eisenb.-Entsch. Bd. 2 S. 421) Daher bildet auch nur die Differenz, um welche die im Klagewege beanspruchte Summe über die Festsetzung der Behörde hinausgeht, den Wert des Streitobjekts. (Beschl. d. Reichsger. v. 26. April 1881 Eisenb.-Entsch. Bd. 2 S. 19.) Aber nur der Gesamtbetrag steht fest; die einzelnen Ansätze können verändert werden, wenn nur der Gesamtbetrag nicht zum Vorteile der nicht klagenden Partei geändert wird. (Reichsger. 24. Juni 1885. Eisenb.-Entsch. Bd. 4 S. 199.) Das Gericht ist bei seiner Entscheidung in keiner Weise an die vorangehende Entscheidung des Bezirksausschusses gebunden; ebensowenig an das Gutachten der Sachverständigen. (§ 40 Enteig.-Ges., § 286 Z.-P.-O.)

125) Abs. 2 verleiht dem Bezirksausschusse (s. Anm. 124 lit. b S. 368) auch für das Vollziehungsverfahren die Zuständigkeit. Nach § 37 Abs. 1 finden die Bestimmungen des Enteig.-Ges. über die Vollziehung der Enteignung (§§ 32—37) auch auf das vorliegende Erwerbsverfahren sinngemäße Anwendung. Das Vollziehungsverfahren findet statt, wenn der vorbehaltene Rechtsweg dem Staate gegenüber durch Ablauf der sechsmonatlichen Frist, Verzicht oder rechtskräftiges Urteil erledigt und wenn nachgewiesen ist, daß die vereinbarte oder endgültig festgestellte Entschädigungssumme rechtsgültig gezahlt oder hinterlegt ist. Das Vollziehungsverfahren besteht alsdann in der Übertragung des Eigentums auf den Staat durch behördliche Erklärung, welche zugleich die Besitzeinweisung in sich schließt. Für diese Erklärung und die damit zusammenhängenden Verfügungen und Maßnahmen, sowie das bereits oben S. 367 erwähnte Dringlichkeitsverfahren nach Maßgabe der §§ 32—37 Enteig.-Ges. ist der Bezirksausschuß zuständig.

§ 37.[126])

Auf die Ermittelung der Entschädigung finden die §§ 24 bis 28, auf die Vollziehung der Enteignung die §§ 32 bis 37, auf das Verfahren vor dem Bezirksausschusse und auf die Wirkungen der Enteignung die §§ 39 bis 46 des Enteignungsgesetzes vom 11. Juni 1874 sinngemäße Anwendung.[127])

Die Entschädigung für Bestandteile des Unternehmens, welche im Inventar verzeichnet und bei Feststellung der Gesamtentschädigung berücksichtigt, bei der Vollziehung der Enteignung aber nicht mehr vorhanden sind, ist von dem Unternehmer zurückzuerstatten. Für Bestandteile, welche bei Vollziehung der Enteignung über das Inventar hinaus vorhanden sind, ist auf Antrag des Unternehmers von dem Bezirksausschusse nachträglich die vom Staat zu gewährende Entschädigung festzusetzen.[126])

§ 37 Prinzip. [126]) Prinzip und Entstehungsgeschichte des § 37.

I. Prinzip. § 37 schreibt im Abs. 1 für das vorliegende Verstaatlichungsverfahren im Wesentlichen die sinngemäße Anwendung der entsprechenden Bestimmungen des Enteig.-Ges. vom 11. Juni 1874 vor, und zwar in Betreff der Ermittelung der Entschädigung die §§ 24—28, der Vollziehung der Eigentumsübertragung die §§ 32—37, des Verfahrens vor dem Bezirksausschusse und der Wirkungen derselben die §§ 39—46. Ausgeschlossen ist nur § 30 (Zulässigkeit des Rechtsweges), dessen Inhalt bereits in den vorangehenden § 36 aufgenommen ist, ferner die §§ 31 und 38, welche sich auf Teilenteignungen beziehen. Abs. 1 spricht ohne weiteres von der „Vollziehung und von den Wirkungen der Enteignung". Diese Ausdrucksweise ist jedoch inkorrekt. Denn es handelt sich nicht um eine Enteignung, d. h. um eine Eigentumsentziehung im Sinne des Art. 9 der Verfassung, sondern um die Ausübung eines gesetzlich unter bestimmter Voraussetzung vorbehaltenen Kaufrechts (s. § 30 Anm. 104 S. 388 ff. Vgl. über die Undurchführbarkeit des Enteignungsverfahrens. Anm. 105 S. 389 und Anm. 123 S. 366).

Mangels einer Einschränkung findet Abs. 1 des § 37 sowohl auf die Entschädigung nach dem Ertragswert (§ 31), wie nach dem Sachwert (§§ 33—35) Anwendung, wenngleich beide Arten der Entschädigungsbemessung so wesentlich verschiedener Natur sind, daß die sinngemäße Anwendung der gleichen Bestimmungen auf dieselbe zu den größten Schwierigkeiten führt. Dazu tritt, daß das zu erwerbende Objekt im Gesetze nicht genügend bestimmt ist. Bei der Entschädigung nach dem Sachwerte sollen gemäß § 34 den Gegenstand des Erwerbes alle dem Unternehmen unmittelbar oder mittelbar gewidmeten Sachen und Rechte des Unternehmers bilden, die Forderungen und Schulden jedoch nur insoweit, als dieselben nach beiderseitigem Einverständnisse auf den Staat übergehen sollen. Bei der Entschädigung nach dem Ertragswerte bildet dagegen das „Eisenbahnunternehmen" als Ganzes den Gegenstand des Erwerbes. Mangels näherer Bestimmung erübrigt nur, auf diejenigen Definitionen zurückzugreifen, welche in dem später erlassenen Eisenbahn-Pfandrechtsgesetz vom 19. August 1895 § 4 für die Bahneinheit bezw. die Bestandteile derselben gegeben sind.

Bei der Entschädigung nach dem Sachwert erfolgt gemäß § 35 die Abschätzung und die Festsetzung der Entschädigung für die Bestandteile des Unternehmens (§ 34) nach einen vom Unternehmer aufzustellenden Inventar. Da die Feststellung der Entschädigung (Enteig.-Ges. § 29) und die Vollziehung der Eigentumsübertragung (Enteig.-Ges. § 32 nach Analogie der Bestimmungen des Enteig.-Ges. zeitlich auseinanderfallen, insbesondere wenn der Rechtsweg vor der Vollziehung erledigt wird, so war eine Regelung für den Fall einer inzwischen eingetretenen Veränderung der Bestandteile des Unternehmens erforderlich. Dies ist durch Abs. 2 des § 37 geschehen.

II. Die Entstehungsgeschichte des § 37 ist bereits in Anm. 123 i. f. S. 366 ff. mitgeteilt. § 37 Entstehung.

127) Anschließend an § 36, welcher für die Festsetzung der Entschädigung die sinngemäße Anwendung der entsprechenden Bestimmungen des Enteig.-Gesetzes vorschreibt, erklärt Abs. 1 des § 37 auch für die Ermittlung der Entschädigung die §§ 24—28, die Vollziehung der Eigentumsübertragung die §§ 32—37, das Verfahren vor dem Bezirksausschusse und die Wirkungen der Enteignung die §§ 39—46 des Enteig.-Ges. vom 11. Juni 1874 für sinngemäß anwendbar, d. h. mit geringfügigen Ausnahmen (§§ 31 und 38), welche sich auf Teilenteignungen beziehen, finden die gesamten Normen des Enteign.-Ges., insoweit sie sich auf die Ermittlung der Entschädigung, die Vollziehung und Wirkungen der Enteignung beziehen, hier sinngemäße Anwendung. Die Anwendung soll eine „sinngemäße" sein; nicht eine absolute und strikte. Letzteres verbietet sich mit Rücksicht auf die Verschiedenheit der in Betracht kommenden Gegenstände von selbst. Hiernach ist von Fall zu Fall zu beurteilen, ob und eventuell wie weit die qu. Bestimmung überhaupt auf den vorliegenden Tatbestand Anwendung finden kann. Ist dies aber möglich, so muß die sinngemäße Anwendung erfolgen. Die Bestimmungen des § 37 beziehen sich ebenso wie die des § 36 sowohl auf die Entschädigung nach dem Ertragswerte, wie nach dem Sachwerte. Es liegt aber im Wesen der Sache, daß die Verschiedenheit des Wertmaßstabes auch eine Verschiedenheit in der Anwendung der Vorschriften des Enteig.-Ges. bedingt. Denn nach dem Sachwerte sind die sämtlichen dem Unternehmen gewidmeten Sachen und Rechte einzeln nach einem aufzustellenden Inventare zum vollen Werte zu schätzen und dann zu übereignen, nach dem Ertragswerte das Unternehmen als Ganzes nach einer gesetzlich vorgeschriebenen Durchschnittsertragberechnung. Dies bedingt notwendig wesentliche Verschiedenheiten in den kommissarischen Verhandlungen, in der Zuziehung und Vernehmung von Sachverständigen, in der Vollziehung und in den Wirkungen der Eigentumsübertragung. § 37 Abs. 1.

I. Auf die Ermittelung der Entschädigung finden die §§ 24—28 des Enteignungsgesetzes sinngemäße Anwendung.

Das Verfahren zur Feststellung der Entschädigung im Verwaltungswege muß der Vollziehung stets vorangehen. Zu diesem Behufe ist vom Staate der Antrag auf Feststellung der Entschädigung schriftlich bei dem zuständigen Regierungspräsidenten anzubringen. Berührt die Bahn mehrere Regierungsbezirke derselben Provinz, so hat der Oberpräsident, wenn mehrere Provinzen, der Minister des Innern den zuständigen Regierungspäsidenten zu bestimmen (S. 368). Dem Antrage ist — bei Feststellung nach dem Sachwert — ein Inventar beizufügen (§§ 34, 35 Kleinb.-Ges.), auf welches, insoweit es Grundstücke ꝛc. betrifft, die Bestimmungen des § 24 Abs. 2—4 des Enteig.-Ges. Anwendung finden. Hierbei ist Gleim (§ 36 Anm. 1 S. 174) darin beizutreten, daß dem Antrage auf Entschädigungsfeststellung (§ 24 Abs. 1 Enteig.-Ges.) ein Auszug aus dem Bahngrundbuche über den Eigentumsbesitz und die bekannten Realrechte beizufügen ist, weil nur dieses, nicht aber das allgemein über das Grundeigentum geführte Grundbuch hierüber Auskunft gibt, und ferner, daß auch die Obliegenheiten der Grundbuchbehörde nach Abs. 4 des § 24 Enteig.-Ges. in betreff einer Vorbemerkung des eingeleiteten Enteignungsverfahrens im Grundbuche und der Benachrichtigung der Enteignungsbehörde von an der Bahn eintretenden Rechtsänderungen von der Bahngrundbuchbehörde wahrzunehmen sind. Dagegen ist die Annahme Gleims a. a. O. nicht zutreffend, daß, wenn für die Bahn ein Bahngrundbuch nicht angelegt ist, an Stelle der im § 24 Abs. 3 erforderten Bescheinigung des Ortsvorstandes eine Bescheinigung der Aufsichtsbehörde werde treten müssen, weil diese eher, als jede andere Behörde über die Eigentumsverhältnisse der Bahn unterrichtet sei. Eine so weitgehende und beliebige Abweichung von den Vorschriften des Enteig.=Ges. erscheint, Mangels einer positiven Gesetzesvorschrift, wohl nicht zulässig. Eine Bescheinigung über die Realrechte erübrigt sich bei der Entschädigung nach dem Ertragswerte, soweit dieselben vom Staate zu übernehmen sind, dagegen ist sie in Betreff etwaiger Erwerbsrechte erforderlich, weil die Erwerbsberechtigten an der Entschädigung partizipieren oder die Feststellung einer besonderen Entschädigung fordern können. (Gleim a. a. O.)

Der Entscheidung des Bezirksausschusses muß eine kommissarische Verhandlung mit den Beteiligten — bei Sachwert unter Vorlegung des Inventars — vorangehen, auf welche, insoweit es sich um Grundstücke handelt, § 25 Abs. 2—6 Enteig.=Ges. anzuwenden sind. Bei der Ermittelung nach dem Sachwert sind zu der kommissarischen Verhandlung ein bis drei Sachverständige nach Maßgabe der §§ 27 und 28 Enteig.=Ges. zuzuziehen.

Der Ermittelung nach dem Ertragswerte ist nach § 31 Kleinb.=Ges. das steuerpflichtige Einkommen nach den Bestimmungen des Einkommensteuergesetzes vom 24. Juni 1891 (G.=S. S. 175) zu grunde zu legen. Es bedarf daher in der Regel lediglich einer von den Organen der Feststellungsbehörde vorzunehmenden rechnerischen Manipulation. Entstehen aber über die Art und das Ergebnis der Berechnung Zweifel und Einwendungen, oder handelt es sich um ein sich über das Gebiet des Preuß. Staates hinaus erstreckendes Unternehmen, oder bedarf es bei einem noch nicht 5 Jahre im Betriebe befindlichen Unternehmen der Berechnung der Entschädigung nach dem Jahresdurchschnitt des bisher erzielten Reingewinns (§ 31 Satz 2, 3 Kleinb.=Ges.), so kann auch bei der Ermittlung nach dem Ertragswerte die Zuziehung Sachverständiger geboten sein. Ist dies der Fall, so finden auf dieselben die §§ 27, 28 Enteig.=Ges. gleichfalls Anwendung.

II. Auf die Vollziehung der Eigentumsübertragung finden die §§ 32—37 des Enteig.=Ges. sinngemäße Anwendung.

Die Eigentumsübertragung wird auf Antrag des Staates vom Bezirksausschuß ausgesprochen, wenn die Entschädigung endgültig festgestellt und bezahlt, d. h. der Rechtsweg dem Staate gegenüber durch Ablauf der sechsmonatlichen Frist, Verzicht oder rechtskräftiges Urteil erledigt und wenn nachgewiesen ist, daß die vereinbarte oder endgültig festgestellte Entschädigungssumme rechtsgültig gezahlt ist (Enteig.=Ges. § 32 Abs. 1). Beides muß erfüllt sein. Die Erklärung des Bezirksausschusses schließt, wenn sie innerhalb des Kündigungsjahres ausgesprochen wird, die Einweisung in dem Besitz mit Schluß desselben in sich. Wird sie erst nach Ablauf des Kündigungsjahres ausgesprochen, so tritt alsbaldige Besitzeinweisung ein. Gegen die Erklärung gibt es kein Rechtsmittel (Enteig.=Ges. § 32 Abs. 2). Einer Übergabe bezw. Auflassung bedarf es nicht. Hindert der Unternehmer die tatsächliche Besitznahme, so ist der Bezirksausschuß zur Zwangsvollstreckung berechtigt und verpflichtet.

Gleichzeitig mit der Enteignungserklärung hat der Bezirksausschuß da, wo nach den bestehenden Gesetzen von dem Eigentumsübergange Nachricht zu den Gerichtsakten zu nehmen ist, oder wo zur Eintragung des Eigentumsüberganges bestimmte öffentliche Bücher bestehen, der zuständigen Gerichts= oder sonstigen Behörde (Bahngrundbuchbehörde) hiervon Nachricht zu geben, bezw. dieselbe um Bewirkung der Eintragung zu ersuchen (Enteig.=Ges. § 88 Satz 1). Ebenso ist die Berichtigung des Grundbuchblattes des Bahngrundbuchs bei dem zuständigen Amtsgericht (Bahngrundbuchbehörde) zu veranlassen (§§ 8 ff. Ges. über die Bahneinheiten v. 11. Juni 1902). Der Beschluß des Bezirksausschusses steht hierbei dem Erkenntnisse eines Gerichts gleich (Enteig.=Ges. § 88 Satz 2), d. h. bietet für die Eintragung den gleich wirksamen Titel. Hierauf beschränkt sich jedoch die Rechtswirksamkeit des Beschlusses nicht, da seine Zustellung auch ohne Eintragungsantrag oder Auflassung den Eigentumsübergang selbst involviert.

Die Entschädigungssumme wird an den Unternehmer bezahlt (Enteig.=Ges. § 86 Abs. 1). Ist eine Aktiengesellschaft Unternehmer der Bahn, so bedarf es nicht der Einlösung der Aktien von den einzelnen Aktionären, sondern nur der Zahlung der Gesamtentschädigung an die Gesellschaft (Kleinb.=Ges. § 81 Satz 4 Anm. 109 S. 844).

Eine Verpflichtung des Staates zur Hinterlegung kann bei der Entschädigung nach dem Ertragswerte grundsätzlich nicht eintreten, da in diesem Falle der Staat gemäß § 81 Kleinb.=Ges., § 42 Eisenb.=Ges. v. 1838 in alle Passiva des Unternehmens als Selbstschuldner eintritt. Nur ausnahmsweise erscheint hier eine Hinterlegung geboten, wenn auf das Eigentumsrecht an der Bahn von anderen Personen Ansprüche erhoben werden, über deren Berechtigung noch Streit herrscht, oder, wenn Erwerbsberechtigte vorhanden sind, für welche eine Entschädignng nicht besonders festgestellt worden ist. (Vgl. Gleim § 87 Anm. 2 S. 176). Dagegen ist der Staat ganz nach den Normen des § 87 Enteig.=Ges. bei der Entschädigung nach dem Sachwerte verpflichtet, die Entschädigungssumme zu hinterlegen.

Auch das dringliche Verfahren, welches das Enteig.=Ges. §§ 34, 35 vorsieht, findet auf das Verstaatlichungsverfahren der Kleinbahnen sinngemäße Anwendung und wird mit Rücksicht auf die Bedeutung der in Frage stehenden öffentlichen Interessen die Regel bilden. In dringlichen Fällen kann die Spruchbehörde auf Antrag des Staates anordnen, daß noch vor Erledigung des Rechtsweges der Eigentumsübergang erfolgen solle, sobald die durch Beschluß festgestellte Entschädigungssumme gezahlt oder hinterlegt worden. (§ 34 Abs. 1 Enteig.=Ges.) Der Antrag des Staates ist erforderlich. Von Amtswegen kann die Dringlichkeitserklärung nicht ausgesprochen werden. Die Entscheidung erfolgt nur im Verwaltungswege durch den zuständigen Bezirksausschuß mit Rekurs an den Minister der öffentlichen Arbeiten. Die Dringlichkeitserklärung ist nicht von der vorgängigen Zahlung oder Hinterlegung der Entschädigungssumme abhängig. Aber, bis dies nicht rechtsgültig geschehen, kann die Vollziehung nicht ausgesprochen werden. Die Dringlichkeitserklärung ist daher streng zu unterscheiden von der Enteignungserklärung. Von der vorgängigen Leistung einer Kaution kann die Erklärung nicht abhängig gemacht werden (§ 34 Abs. 2 Enteig.=Ges.), weil der Fiskus von den im Enteig.=Ges. vorgesehenen Kautionsleistungen befreit ist (§ 41 l. c.). Für die Ermittelung der Entschädigung nach dem Sachwert kann es beim Dringlichkeitsverfahren notwendig werden, für den Fall der späteren Beschreitung des Rechtsweges (Enteig.=Ges. § 80.

Kleinb.-Ges. § 36) den Beweis für den Zustand der Gebäude und künstlichen Anlagen nach Maßgabe der Bestimmungen des § 35 Enteig.-Ges. zu sichern.

III. Auf das Verfahren vor dem Bezirksausschusse und auf die Wirkungen der Eigentumsübertragung finden die §§ 39 bis 46 des Enteig.-Ges. sinngemäße Anwendung.

a) Was das Verfahren vor dem Bezirksausschusse anlangt, so ist für dasselbe grundsätzlich der Titel III Abschnitt III (§§ 115—126) des Allgem. Land.-Verw.-Ges. vom 30. Juli 1883 (G.-S. S. 195) maßgebend. Dazu tritt noch die sinngemäße Anwendung der besonderen Vorschriften der §§ 39—43 des Enteig.-Ges. ergänzend hinzu. Diese Vorschriften beziehen sich auf die Form und Gültigkeit der Vorladungen und Zustellungen (§ 39), das Beweisverfahren (§ 40), die Kautionsleistung (§ 41), die Folgen der nicht rechtzeitigen Ausübung des Erwerbsrechts und des Rücktritts (§ 42), sowie die Tragung der Kosten des Verfahrens (§ 43). Wo die Anordnung einer Kaution vorgeschrieben oder zugelassen ist (z. B. bei der Dringlichkeitserklärung: § 34 Enteig.-Ges.), da ist gleichwohl der Staat von der Kautionsleistung frei (§ 41 Enteig.-Ges.). Wenn der Staat binnen einer angemessenen Frist nach der Entscheidung des Staatsministeriums von dem Erwerbsrechte nicht durch einjährige Ankündigung Gebrauch macht oder sei es ausdrücklich oder stillschweigend von dem angekündigten Erwerbsrechte zurücktritt (§ 30 f. Anm. 104 S. 386), bevor die Festsetzung der Entschädigung durch Beschluß des Bezirksausschusses erfolgt ist (§ 36), so erlischt dieses Erwerbsrecht (§ 42 Abs. 1 Satz 1 Enteig.-Ges.). Es bleibt zwar dem Staate die Befugnis, das Erwerbsrecht wieder von neuem geltend zu machen; aber er bedarf alsdann einer erneuten Entscheidung des Staatsministeriums gemäß § 30, da die Verhältnisse sich inzwischen wesentlich geändert haben können. Im Falle des Erlöschens oder Rücktritts haftet der Staat den Entschädigungsberechtigten im Rechtswege für die Nachteile, welche denselben durch das Verstaatlichungsverfahren erwachsen sind.

Die Kosten des administrativen Verfahrens trägt der Staat. (§ 43.)

b) Die Wirkungen der Vollziehung bestehen darin, daß mit Zustellung des Vollziehungsbeschlusses an den Staat und den Unternehmer das Eigentum des Unternehmens auf den Staat übergeht. Weder die Auflassung, noch ein anderer Formalakt ist für den Eigentumsübergang erforderlich. Mit der Zustellung wird das Unternehmen von allen darauf haftenden privatrechtlichen Verpflichtungen frei, soweit der Staat dieselben nicht vertragsmäßig oder — in sinngemäßer Erweiterung — nach gesetzlicher Vorschrift (Gleim S. 176) übernommen hat (Enteig.-Ges. § 45 Abs. 1). Ist aber die Entschädigung nach dem Ertragswerte erfolgt, so gehen in Gemäßheit des § 31 und des dort in Bezug genommenen § 42 Nr. 4b des Gesetzes vom 3. November 1838 alle Verpflichtungen des Unternehmers — ebenso wie dessen Forderungen — auf den Staat über und sind von demselben so zu berichtigen, wie dies dem Unternehmer obgelegen haben würde. Abgesehen hiervon tritt die Entschädigung rücksichtlich aller Eigentums-, Nutzungs- und sonstigen Realansprüche, insbesondere der Reallasten, Hypotheken und Grundschulden an die Stelle des enteigneten Gegenstandes (Enteig.-Ges. § 45 Abs. 2.). Ist die Abtretung des Grundstückes durch Vereinbarung zwischen Staat und Unternehmer erfolgt, und zwar in der kommissarischen Entschädigungsfeststellungs-Verhandlung zu Protokoll (Enteig.-Ges. § 26), so treten die rechtlichen Wirkungen der Lastenfreiheit auch in diesem Falle ein (Enteig.-Ges. § 46 Satz 1).

128) Abs. 2 des § 37 trifft für den Fall Bestimmung, daß bei der Entschädigung nach dem Sachwert in Betreff des zu Grunde liegenden Inventars Veränderungen in der Zeit von der Entschädigungsfeststellung bis zur Vollziehung eingetreten sind. Auf die Entschädigung nach dem Ertragswert bezieht sich Abs. 2 nicht. Das Gesetz unterscheidet zwei Fälle: „Entweder waren Bestandteile, welche im Inventar verzeichnet und bei der Entschädigungsfeststellung berücksichtigt worden sind, bei der Vollziehung nicht mehr vorhanden, oder es waren mehr Bestandteile vorhanden, als im Inventar angegeben sind.“ § 37 Abs. 2.

Im ersteren Falle — beim Fehlen der verzeichneten und eingeschätzten Bestandteile — ist die dafür gezahlte Entschädigung dem Staate vom Unternehmer zurückzuerstatten. Voraussetzung ist, 1) daß die betr. Bestandteile im Inventar (§ 35) verzeichnet, 2) bei Feststellung der Gesamtentschädigung berücksichtigt worden sind und 3) bei der Vollziehung der Eigentumsübertragung nicht mehr vorhanden waren. Die bloße Verzeichnung im Inventar genügt nicht, es bedarf auch der Berücksichtigung bei Feststellung der Gesamtentschädigung. Entsteht über den Rückerstattungsanspruch Streit, sei es, daß der Unternehmer das Vorhandensein der betr. Bestandteile behauptet oder über die Höhe der Forderung, so ist dies im Rechtswege zum Austrage zu bringen. Eine vorgängige Entscheidung des Bezirksausschusses ist im Gesetze nicht vorgesehen (A. M. Gleim S. 176) ebensowenig, daß die Vollziehung von der Rückerstattung abhängig gemacht werden soll.

Im letzteren Falle — beim Mehrvorhandensein von Bestandteilen über die im Inventar verzeichneten hinaus — ist die Entschädigung der Plusstücke auf Antrag des Unternehmers vom Bezirksausschusse nachträglich festzusetzen und vom Staate zu gewähren. Wie das Wort „nachträglich“ ergibt, ist auch hier die Vollziehung nicht von dieser Festsetzung und Zahlung abhängig zu machen, vielmehr hat beides nach erfolgter Vollziehung stattzufinden. Auch geschieht das Nachtragsverfahren nicht von Amtswegen, sondern nur auf Antrag des Unternehmers. Da es sich um ein neues Feststellungsverfahren handelt, so ist der Antrag wiederum an den zuständigen Regierungspräsidenten zu richten und das Ermittelungsverfahren nach Maßgabe der Normen der §§ 24—28 Enteig.=Ges., die Festsetzung durch Beschluß des Bezirksausschusses gemäß § 29 — und eventuell im Rechtswege — zu bewirken (§ 36 Abs. 1 § 37 Abs. 1 Kleinb.=Ges.).

Abs. 2 berücksichtigt nur die Fälle des Fehlens oder Mehrvorhandenseins von Bestandteilen im Vergleiche zu den im Inventar verzeichneten. Dagegen sind die Fälle unbeachtet gelassen, wenn die betreffenden Bestandteile in der Zwischenzeit zwischen Entschädigungsfestsetzung und Vollziehung eine Veränderung — Verbesserung oder Verschlechterung — erfahren haben. Nach Analogie der für das Enteignungsrecht geltenden Grundsätze ist daher anzunehmen, daß derartige Veränderungen unberücksichtigt bleiben, d. h. weder eine Verschlechterung dem Staate, noch eine Verbesserung dem Unternehmer einen nachträglichen Anspruch gewährt.

§ 38.[129]

Erwerbsberechtigten (§ 6) gegenüber greift das Erwerbungsrecht des Staates gleichfalls Platz.[130] Ihnen ist der volle Wert des Erwerbsrechtes zu erstatten.[131]

§ 38 Prinzip. 129) Prinzip und Entstehungsgeschichte des § 38.

I. Prinzip. Neben dem Rechte des Staates zum Erwerb der Bahn gegen Entschädigung des vollen Wertes nach einjähriger Kündigungsfrist unter den Voraussetzungen des § 30 kann noch ein Erwerbsrecht des Wegeunterhaltungspflichtigen bestehen, welcher dem Unternehmer gemäß § 6 Abs. 1 die Benutzung eines öffentlichen Weges gestattet hat, oder hierzu gemäß § 7 genötigt worden ist. (§ 6 Abs. 3.) Um einer Kollision beider Erwerbsrechte zu begegnen und in der Erwägung, daß das aus öffentlichrechtlichen Gründen geschaffene Erwerbsrecht des Staates den Vorzug erhalten muß, bestimmt § 38 im Satz 1, daß das Erwerbungsrecht des Staates auch den Erwerbsberechtigten aus § 6 gegenüber Platz greift, zugleich aber im Satz 2, daß denselben der volle Wert ihres Erwerbsrechts zu erstatten ist. (Vgl. K. Hilse, Eisenb. Entsch. XIV S. 366 u. Zeitschr. f. Kleinb. 1898 S. 489.)

Freilich entsteht hierbei weiter der Zweifel, ob ein derartiges Erwerbsrecht des Wegeunterhaltungspflichtigen gegenüber dem staatlichen Erwerbsrecht überhaupt irgend einen realen Wert hat? Denn es handelt sich, wie früher (§ 6 Anm. 28 S. 184ff.) bemerkt, nicht um ein definitives Erwerbsrecht, sondern nur um den Vorbehalt, seiner Zeit nach Lage der Verhältnisse ein Erwerbsrecht geltend zu machen. (So auch Hilse, Zeitschr. f. Kleinb. 1898 S. 268 — im Widerspruch mit S. 489, 490). Sodann darf dieses Recht erst nach Ablauf einer bestimmten Frist geltend gemacht werden (§ 6 Abs. 3), während das Erwerbsrecht des Staates jederzeit mit einjähriger Kündigung ausgeübt werden kann. Ist jene Frist noch nicht abgelaufen, so läßt sich, wenn der Staat sein Erwerbsrecht ausübt, nicht übersehen, ob der Unterhaltungspflichtige nach Ablauf der Frist von seinem Vorbehalte überhaupt Gebrauch gemacht hätte. Endlich darf der Unterhaltungspflichtige den Erwerb aus § 6 nur gegen angemessene Schadloshaltung des Unternehmers beanspruchen. Mit seinem Erwerbs-Rechte fällt auch die korrespondierende Entschädigungs-Pflicht fort. Sein Interesse würde also in der wohl kaum schätzbaren Wertdifferenz bestehen, welchen der Wert der Bahn alsdann noch im Vergleiche mit der „angemessenen Schadloshaltung" des Unternehmers besitzt. Das Gesetz hat es vermieden, Bestimmungen über die Ermittlung des Wertes aufzustellen. Es wird daher, wenn man annimmt, daß der Unterhaltungspflichtige in Rücksicht auf das Erwerbsrecht des Staates in die Rolle eines Nebenberechtigten (§ 11 Enteig.-Ges.) tritt, Sache der Sachverständigen bezw. des Bezirksausschusses und event. Gerichtes sein, unter Berücksichtigung der angegebenen Gesichtspunkte den Wert dieses Erwerbsrechts nach Analogie der für andere Erwerbsrechte (Wiederkauf, Vorkauf) bestehenden Normen zu bemessen. (Hilse, a. a. O. S. 489, 490.)

§ 38 Entstehung. II. Der Regierungsentwurf (§ 34) lautete (Herren-H. Aktst. Nr. 34 S. 61): „Heimfallsberechtigten gegenüber greift das Erwerbungsrecht des Staates gleichfalls Platz. Ihnen ist der volle Wert des Heimfallsrechts zu erstatten." Zur Begründung wird ausgeführt (Nr. 34 S. 68): „Da nach § 5 (6) die Wegeunterhaltungspflichtigen berechtigt sind, sich für die Überlassung der Straße zur Anlegung der Bahn den Heimfall der letzteren auszubedingen, war eine Bestimmung darüber zu treffen, wie es mit ihrem Heimfallrechte für den Fall der Erwerbung durch den Staat zu halten und welche Entschädigung ihnen für den Fortfall desselben zu gewähren sei. Die dieserhalb getroffene Bestimmung entspricht den allgemeinen Rechtsgrundsätzen und der Billigkeit."

In der Kommission des Herrenhauses (Herren=H. Aktst. Nr. 69 S. 348) wurde der Ausdruck „der volle Wert des Heimfallrechts" als eine schwer zu bildende Größe hingestellt. Ein Recht, welches der Wegebaupflichtige auf den Heimfall der auf seinem Eigentum angelegten Eisenbahn hat, scheine lediglich ein ideelles zu sein. Der Regierungskommissar führte aus: es sei anzuerkennen, daß die Festsetzung Schwierigkeiten bieten würde, indessen würden im geordneten Verfahren die Grundsätze festgestellt werden müssen.

In der Kommission des Abg.=H. wurde § 38 mit der in Konsequenz der gewählten Fassung des § 6 gemachten redaktionellen Abänderung, daß das Wort „Heimfallsberechtigte" in das Wort „Erwerbsberechtigte" (§ 6) und das Wort „Heimfallsrecht" in „Erwerbsrecht" umgeändert wurde, von der Kommission ohne Diskussion angenommen und ging so in das Gesetz über.

130) Satz 1 des § 38 bestimmt, daß das Erwerbungsrecht des Staates (§§ 30—37) den Erwerbsberechtigten (§ 6) gegenüber gleichfalls Platz greift, d. h. das Erwerbungsrecht des Staates aus den §§ 30—37 geht dem Erwerbsrecht des Wegeunterhaltungspflichtigen aus § 6 Abs. 3 vor, ebenso wie dem Eigentumsrecht des Unternehmers und sonstigen dinglichen Rechten an dem Bahnunternehmen. § 38 Satz 1.

1. Voraussetzung ist, daß das Erwerbungsrecht des Staates existent ist, d. h. die Voraussetzungen des § 30 dafür vorliegen. Solange dies nicht der Fall, greift das Erwerbsrecht des Unterhaltungspflichtigen gemäß § 6 Abs. 3 Platz, unbeschadet eines etwa später existent werdenden und auszuübenden Erwerbsrechts des Staates.

2. Unter „Erwerbsberechtigten" sind, wie der ausdrückliche Hinweis auf § 6 lehrt, diejenigen Wegeunterhaltungspflichtigen gemeint, welche sich als Entschädigung für die Gewähr der Benutzung öffentlicher Wege den Erwerb der Bahn im ganzen nach Ablauf einer bestimmten Frist gegen angemessene Schadloshaltung des Unternehmers vorbehalten haben. Ihr Recht bedarf nach § 16 des Ges. über die Bahneinheiten v. 11. Juni 1902 der Eintragung in Abt. II des Bahngrundbuches, um gegen Besitznachfolger und Gläubiger des Bahnunternehmers zu wirken (s. § 6 Anm. 28 S. 184, 185. K. Hilse, Eisenb. Entsch. XIV S. 367 — jedoch im Widerspruch mit Zeitschr. f. Kleinb. 1898 S. 490).

3. Die Erwerbsberechtigten haben den Rechtscharakter von Nebenberechtigten im Sinne des § 11 des Enteig.=Ges., welche wie andere Erwerbsberechtigte (Wiederkaufs=, Vorkaufs=Berechtigte) zum Entschädigungsfeststellungsverfahren (§§ 24—28 l. c. § 37 Abs. 1 Kleinb.=Ges.) zuzuziehen sind und ihre Ansprüche in diesem Verfahren geltend zu machen haben. Die etwaige Entschädigung wird vom Bezirksausschusse in Gemäßheit des § 37 Kleinb.=Ges., § 29 Enteig.=Ges. festgesetzt.

131) Satz 2 des § 38 bestimmt, daß den Erwerbsberechtigten der volle Wert des Erwerbsrechtes zu erstatten ist. § 38 Satz 2.

1. Es ist oben Anm. 129 S. 378 bereits darauf hingewiesen worden, daß es zweifelhaft sein konnte, ob das Erwerbsrecht des Unterhaltungspflichtigen, sobald der Staat unter den Voraussetzungen des § 30 sein Erwerbsrecht ausübt, überhaupt ein Wertobjekt darstellt. Denn die bisherige Kleinbahn erlangt damit einen anderen Charakter, sie wird zu einer dem allgemeinen Bahnnetz angehörigen

dem Ges. vom 8. November 1838 zu unterstellenden Bahn erklärt, während der Vorbehalt des Erwerbsberechtigten aus § 6 Abs. 8 auf den Erwerb der bisherigen Kleinbahn gerichtet ist, mithin eine wesentliche Voraussetzung für diesen Vorbehalt fortgefallen ist. Sodann bedarf der Erwerbsberechtigte der staatlichen Genehmigung zum Fortbetriebe, welche ihm der Natur der Sache nach nicht erteilt werden wird, wenn der Staat selbst sein Erwerbsrecht ausübt, d. h. die Bahn weiter betreiben will. Durch Satz 2 des § 38 sind aber diese Zweifel insofern beseitigt, als das Recht des Erwerbsberechtigten ausdrücklich als ein Wertobjekt hingestellt und die Erstattung des vollen Wertes desselben vorgeschrieben ist.

2. Satz 2 sagt nicht, von wem den Erwerbsberechtigten der volle Wert ihres Rechtes erstattet werden soll, ob vom Staate neben der dem Unternehmer zu gewährenden Entschädigung oder vom Unternehmer aus der ihm vom Staate gemäß § 31 bezw. §§ 33—35 gewährten Entschädigung. (§ 11 in Verbindung mit § 29 Abs. 2 Enteig.-Ges.) Die Entschädigung für das Erwerbsrecht des Wegeunterhaltungspflichtigen kann ebensowenig wie das rechtlich gleichartige eines Vorkaufsberechtigten in der nach § 31 bezw. §§ 33—35 festgesetzten Entschädigung für den Bahneigentümer mitenthalten sein. Denn letzterer hat nach § 6 Abs. 3 auch den Unterhaltungspflichtigen ganz ebenso wie dem Staate gegenüber das Recht auf angemessene Schadloshaltung. Der Bahneigentümer braucht also von der ihm gesetzlich zukommenden vollen Entschädigung zu Gunsten der Erwerbsberechtigten sich einen Abzug nicht gefallen zu lassen. Auch läßt sich das Erwerbsrecht nicht an der für das Unternehmen normierten Entschädigungssumme ausüben. Es muß mithin dem Berechtigten besonders ersetzt, bezw. die Entschädigung für die Aufgabe dieses Rechtes für ihn besonders neben der für den Bahneigentümer bestimmten Entschädigung festgestellt werden. (A. M. ohne ausreichende Begründung. Hilse, Zeitschr. f. Kleinb. 1898 S. 489, 490.)

3. Indes die Ermittlung und Bemessung des vollen Wertes dieses Erwerbsrechts bezw. Verlustes stößt auf große Schwierigkeiten, weil dieses Recht von dem stärkeren Rechte des Staates gewissermaßen schon an sich vollständig konsumiert und dadurch illusorisch wird. Regierungsseitig begnügte man sich mit der ungenügenden Erklärung, daß die Festsetzung sc. der Entschädigung Schwierigkeiten bieten würde, indes würden „im geordneten Verfahren die Grundsätze festgestellt werden müssen.“ Denn es fehlt jeder Hinweis, wie und durch wen diese Feststellung erfolgen soll.

An sich erscheint die Feststellung „besonderer Grundsätze im geordneten Verfahren“ nicht erforderlich, vielmehr die im Gesetze enthaltene Direktive, daß der volle Wert des Erwerbsrechts — nach freier richterlicher Überzeugung — zu erstatten sei, ausreichend. Es ist — nach Analogie der §§ 8ff. Enteig.-Ges. — Sache des Gerichts, bezw. der Sachverständigen, nach freiem Ermessen den objektiven Verkehrswert dieses Rechts, ohne an bestimmte Direktiven gebunden zu sein, festzustellen (§ 40 Enteig.-Ges. Eger, Komm. z. Enteig.-Ges. 2 Aufl. II. § 30 S. 283 ff., § 40 S. 440 ff.). Die Schwierigkeit, diesen Wert zu bemessen, besteht darin, daß bei Ausübung des staatlichen Erwerbsrechts ein Wert des Erwerbsrechts des Unterhaltspflichtigen sich in der Regel überhaupt nicht ergeben wird (s. des Näheren Anm. 129 S. 378).

Den bezüglichen Ausführungen und der höchst komplizierten Berechnungsweise Gleims (§ 38 Anm. 2 S. 177ff.), welcher den Umfang der Entschädigung des Erwerbsberechtigten davon abhängig machen will, ob die Entschädigung des Unternehmers durch den Staat nach dem Ertrags- oder Sachwerte erfolgt, kann nicht beigepflichtet werden. Für den Erwerbsberechtigten ist es an sich ganz gleichgültig, ob die Entschädigung des Staats an den Unternehmer nach dem Ertrags- oder Sachwert bemessen wird. Der Erwerbsberechtigte hat nach § 38 stets den vollen Wert seines Rechts zu fordern. Auch tritt hinzu, daß Gleim (S. 178) von der bereits oben (§ 6 Anm 28 S. 129) widerlegten irrigen Annahme ausgeht, daß bei zeitlicher Begrenzung des Wegebenutzungsrechts mit Ablauf desselben das Betriebsrecht ohne weiteres auf den Erwerbsberechtigten übergehe. Diese Annahme steht im vollen Widerspruche mit dem Gesetze (§§ 2, 8). Es muß vielmehr dem Erwerber der Bahnanlage das Betriebsrecht erst von neuem durch die Genehmigungsbehörde erteilt werden. Daher beruht auch die weitere Annahme Gleims (S. 178), daß der Ertragswert zwischen dem Unternehmer und dem Erwerbsberechtigten entsprechend zu teilen sei, auf unrichtiger Grundlage.

Aus allen diesen Umständen folgt, daß das Erwerbsrecht des Unterhaltungspflichtigen, falls der Staat unter den Voraussetzungen des § 30 sein Erwerbsrecht ausübt, einen Wert überhaupt nicht besitzt, vielmehr durch letzteres konsumiert wird, und jedenfalls, daß die Ermittelung, ob der Erwerb der Bahn mit Rücksicht darauf, daß auch der Unterhaltungspflichtige den vollen Wert erstatten müßte und daß er ferner der staatlichen Konzessionierung für den Fortbetrieb bedürfen würde, auf unüberwindliche Schwierigkeiten stößt und zu einem greifbaren Ergebnis nicht führen kann. De lege ferenda würde es hiernach gerechtfertigt sein, bei Übernahme der Bahn durch den Staat auf Grund der §§ 30—37 das Erwerbsrecht des Unterhaltungspflichtigen aus § 6 Abs. 3 für aufgehoben und nicht ersatzberechtigt zu erklären.

§ 39.[132])

Zur Anlegung von Bahnen in den Straßen Berlins und Potsdams bedarf es Königlicher Genehmigung.[133])

[132]) Prinzip und Entstehungsgeschichte des § 39. § 39 Prinzip.

I. Prinzip. § 39 enthält eine ergänzende Bestimmung zu der Vorschrift des § 2, wonach es sowohl zur Herstellung und zum Betriebe, wie auch zu wesentlichen Erweiterungen oder sonstigen wesentlichen Änderungen von Kleinbahnunternehmungen, ihrer Anlage oder ihres Betriebes der Genehmigung der zuständigen Behörde (§ 3) bedarf. Nach § 39 muß zu der behördlichen Genehmigung gemäß § 3 in Betreff der Anlegung von Bahnen in den Straßen Berlins und Potsdams noch die Königliche Genehmigung hinzutreten. Die behördliche Genehmigung (§ 3) genügt nicht, es ist überdies noch für die Anlegung von Bahnen in jenen beiden Städten Königliche Genehmigung erforderlich. Es wurde für angemessen erachtet, dem Landesherrn in seinen beiden Haupt-Residenzstädten einen entscheidenden Einfluß auf die Anlage öffentlicher Verkehrsanstalten einzuräumen.

Während für die dem Gesetze vom 3. November 1838 unterworfenen Bahnen die Genehmigung zu ihrer Anlage gesetzlich (§ 1) dem Landesherrn vorbehalten war bestand für andere Bahnen eine gleiche gesetzliche Befugnis desselben nicht. Aber durch die Verwaltungspraxis war es gewissermaßen zum Gewohnheitsrecht geworden, aus den oben angeführten Gründen für die Anlage aller solcher Bahnen ausnahmslos in den Stadtgebieten von Berlin und Potsdam die Königliche Genehmigung einzuholen. Mit Rücksicht auf die erhebliche Vermehrung der betr. Bahnen in allen Stadtteilen, auch in denjenigen, für welche in der fraglichen Richtung ein besonderes Interesse des Landesherrn nicht vorlag, wurde von den Ressortchefs zur Entlastungs desselben und zur Vereinfachung des Verfahrens eine Einschränkung des Erfordernisses der Königl. Genehmigung angeregt. Dieser Anregung wurde durch den Allerhöchsten Erlaß v. 9. Dezember 1874 Folge gegeben, Inhalts dessen die Einholung der königl. Genehmigung auf die Anlage von Pferdebahnen in den eleganteren Stadtteilen Berlins beschränkt, im übrigen aber die Genehmigung den zuständigen Behörden überlassen wurde. Der bestehende Rechtszustand war also der, daß dem Könige zwar das Recht grundsätzlich und usancemäßig vorbehalten war, die Anlage aller Bahnen in Berlin und Potsdam zu genehmigen, dieser aber die Genehmigungsbefugnis in Betreff der nicht zu den eleganteren Stadtteilen Berlins gehörigen Stadtteile auf die zuständigen Behörden delegiert hatte. Um diesen durch die Verwaltungspraxis geschaffenen Rechtszustand gesetzlich zu fixieren, schlug der Regierungsentwurf das Königliche Genehmigungsrecht für alle Bahnen in den Straßen Berlins und Potsdams vor. In der Abg.-H.-Kommission fand man jedoch in diesem Vorschlage die Delegation der Genehmigungsbefugnis in Betreff der minder eleganten Stadtteile an die zuständigen Behörden, wie sie durch den Erlaß vom 9. Dezember 1874 geschaffen war, nicht berücksichtigt und beschloß eine Abänderung des Regier.-Entwurfs dahin, daß an dem Erfordernis Königlicher Genehmigung für die Anlegung von Bahnen in Berlin und Potsdam durch das gegenwärtige Gesetz nichts geändert werden solle. Man glaubte, damit der bestehenden Delegation dieser Befugnis auf die Behörden Rechnung zu tragen. In der II. Lesung des Abg.-Hauses wurde aber der Regier.-Entwurf wiederhergestellt, nachdem noch regierungsseitig erklärt worden war, daß trotz dieser grundsätzlichen Feststellung des Königlichen Genehmigungsrechts in Betreff aller Straßen Berlins und Potsdams doch kein Anlaß zu der Annahme vorliege, es werde von dem Verfahren der Delegation der Königlichen Genehmigung an die zuständigen Behörden bezüglich der mehr untergeordneten Stadtteile in Zukunft abgewichen werden.

Durch die Fassung des § 39 ist jedoch analog den Bestimmungen des § 1 des Gesetzes vom 8. November 1888, § 1 des Gesetzes vom 1. Mai 1865, § 2 des Gesetzes vom 11. Juni 1874 ꝛc., ein Königliches Hoheitsrecht geschaffen worden, welches nach staatsrechtlichen Grundsätzen auf die nachgeordneten Behörden nicht delegiert werden kann. Anderenfalls hätte diese Deligationsbefugnis im Gesetze besonderen Ausdruck finden müssen. Nach dem Wortlaut des § 39 ist also die Königliche Genehmigung nunmehr unbedingtes Erfordernis für die Anlage aller Bahnen in den Straßen Berlins und Potsdams, die Anlage einer Bahn, gleichviel in welchen Stadtteile, ohne diese Genehmigung ist illegal. Daran wird auch durch die regierungsseitige Erklärung in den Abg.-Haus-Verhandlungen nichts geändert, daß „kein Anlaß zu der Annahme vorliege, es werde vom bisherigen Delegationsverfahren abgewichen werden." Der bestimmte und positive Wortlaut des § 39 zwingt zu dieser Abweichung. Es genügt in Zukunft nicht mehr die Genehmigung einer Behörde, auch wenn sie vom Könige hierzu bestimmt sein sollte.

§ 39 Entstehung. II. Aus der Entstehungsgeschichte des § 39 ist folgendes hervorzuheben: Der Regierungsentwurf (§ 35) lautete (Herren-Haus Aktst. Nr. 34 S. 61): „Zur Anlegung von Bahnen in den Straßen Berlins und Potsdams bedarf es Königlicher Genehmigung." und war, wie folgt, begründet: „Die Vorschrift schließt sich den Bestimmungen im § 10 des Gesetzes, betr. die Anlegung und Veränderung von Straßen und Plätzen in Städten nnd ländlichen Ortschaften, vom 2. Juli 1875 (G.-S. S. 561) an und entspricht, soweit es sich um die Anlegung von Straßenbahnen in den eleganteren Stadtteilen Berlins handelt, dem bestehenden Rechte."

In der Abg.-H.-Kommission (Abg.-H. Aktst. Nr. 206 S. 2291) wurde von einem Mitgliede angefragt, ob die Bestimmung des Paragraphen schon jetzt geltendes Recht sei. Der Regierungkommissar erwiderte darauf, daß die Einholung der Königlichen Genehmigung zur Anlage von Pferdebahnen in den eleganteren Teilen Berlins und Potsdams auch jetzt schon geltendes Recht sei. Früher sei die Einholung für alle Straßenbahnen erfolgt, aber durch einen Königlichen Erlaß vom 9. Dezember 1874 auf die eleganteren Stadtteile Berlins beschränkt worden.

Ein Mitglied führte aus, daß die Forderung dem bisher geübten Rechte gegenüber also doch insofern eine neue sei, als sie über die eleganteren Stadtteile von Berlin hinausgehe. Es könne demnach die Frage aufgeworfen werden, ob es nicht richtig sei, in Anbetracht der Entwickelung Berlins zur Weltstadt die königliche Genehmigung im Sinne der Motive zu beschränken; jedenfalls halte er die ausdrückliche Einfügung einer Bestimmung, wonach die Königliche Genehmigung in den Straßen Berlins stets erforderlich sein solle, in Anbetracht der Verhältnisse nicht für zweckmäßig.

Von einem anderen Mitgliede der Kommission wurde der Antrag eingebracht, dem § 35 folgende Fassung zu geben: „An dem Erfordernis der Königlichen Genehmigung für die Anlegung von Bahnen in den Straßen Berlins und Potsdams wird durch das gegenwärtige Gesetz nichts geändert."

Der Regierungskommissar erwiderte hierauf, daß es vor allem doch erwünscht sein müsse, daß vollkommene Rechtsklarheit geschaffen werde. Es sei bei der Beschlußfassung über das Gesetz, betr. die Feststellung der Baufluchtlinien in den Städten, gerade aus diesem Grunde unbedenklich eine ähnliche Bestimmung wie, hier, daß es für Berlin generell der Erteilung der Königlichen Genehmigung bedürfe getroffen worden. Einige Mitglieder traten diesen Ausführungen bei. In der schließlichen Abstimmung wurde indessen der oben erwähnte Antrag angenommen.

In der II. Lesg. des Abg.-H. (Sten. Ber. II S. 2019) wurde von mehreren Seiten die Ablehnung dieses Kommissionsvorschlages und die Annahme der Regierungsvorlage befürwortet. Die Beschränkung auf die eleganteren Stadtteile Berlins, wie sie durch die Kommissionsfassung gesetzlich festgelegt werden würde, schaffe bei dem unbestimmten Begriff „elegantere Stadtteile" einen unklaren Rechtszustand, sei auch nicht zweckmäßig, da die Bahnen in der Regel elegante und mehr untergeordnete Stadtteile zugleich durchschneiden. Dem Könige sei das Genehmigungsrecht unbeschränkt zuzuerkennen und demgemäß durch Annahme der Regierungsvorlage ein klarer Rechtszustand zu schaffen.

Diesen Ausführungen schloß sich der Minister der öffentl. Arbeiten an (Sten. Ber. S. 2020ff.), indem er zugleich hervorhob, es liege trotz der gesetzlichen Feststellung des unbeschränkten Königl. Genehmigungsrechtes kein Anlaß zu der Annahme vor, daß der König von dem bisherigen Delegationsverfahren abweichen werde.

Dagegen wurde von dem Abg. Krause geltend gemacht, daß die Motive der Regierungsvorlage nur das Genehmigungsrecht des Königs in Betreff der eleganteren

Stadtteile als dem bestehenden Rechtszustande entsprechend hingestellt haben, und daraus folge, daß, soweit es sich nicht um die eleganteren Stadtteile handle, in dem Regierungsentwurfe eine Erweiterung des bestehenden Rechtes vorliege, für welche keine Neigung vorhanden sei.

Hierauf wurde die Regierungsvorlage (§ 35) angenommen und ging als § 39 in das Gesetz über. (Abg.-H. Sten. Ber. S. 2024.)

§ 39 Einziger Absatz. **133)** 1. Die Bestimmung des § 39, daß es zur Anlegung von Bahnen in den Straßen Berlin und Potsdams Königlicher Genehmigung bedarf, ist mangels jeder Einschränkung absoluter Natur; sie konstituiert für den Landesherrn ein Hoheitsrecht, welches dem Königl. Genehmigungsrecht in Betreff der dem Eisenb.-Ges. v. 3. Novbr. 1838 (§ 1) und 1. Mai 1865 (§ 1) unterworfenen Bahnen adäquat ist. Daraus folgt nach allgemeinen staatsrechtlichen Grundsätzen, daß dieses Königl. Genehmigungsrecht auf andere Personen bezw. auf Behörden nicht übertragen werden darf. Zwar ist in den legislat. Verhandlungen hervorgehoben worden, daß eine Delegation dieses landesherrlichen Rechts auf Behörden — der bisherigen Gewohnheit entsprechend — auch weiterhin in Betreff der minder eleganten Stadtteile geübt werden werde. Indes diese Beschränkung hat im Gesetze selbst keinen Ausdruck gefunden. Daraus folgt, daß die Königl. Genehmigung ausnahmslos für die Anlegung aller Bahnen in den Stadtgebieten von Berlin und Potsdam erforderlich ist, daß eine Delegation derselben auf nachgeordnete Instanzen unzulässig und eine Genehmigung nur durch letztere illegal und rechtsungültig ist. Auch eine vorgängige allgemeine Genehmigung für alle Straßen in gewissen Stadtteilen erscheint hiernach gesetzlich nicht statthaft. (A. M. Gleim S. 180.)

2. Durch die im § 39 vorgeschriebene Königl. Genehmigung wird die in den §§ 2—5 bestimmte behördliche Genehmigung weder ersetzt noch erübrigt. Vielmehr sind beide Genehmigungen erforderlich; zu der behördlichen Genehmigung muß in den Fällen des § 39 noch die königliche hinzutreten.

3. Die Königliche Genehmigung ist nur zur „Anlegung von Bahnen" erforderlich. Aus der Wahl dieser Worte ergibt sich, daß es sich nicht um bloße Erweiterungen oder Änderungen der Anlage oder des Betriebes bestehender Bahnen handelt, sondern um die Anlage neuer Bahnen oder um die Anlage neuer Bahnlinien bestehender Bahnen. Der Regierungsvertreter hat in der Kommission des Abg.-Hauses ohne Widerspruch die Erklärung abgegeben, daß unter Anlegung von Bahnen keineswegs alle nach § 3 genehmigungspflichtigen Anlagen zu verstehen seien, sondern nur die Neuanlagen von Bahnen und die Erweiterung bestehender Bahnen durch neue Linien. Andere Änderungen bestehender Bahnen und Linien aber seien nicht unter der gedachten Bezeichnung inbegriffen und bedürfen daher auch bei der Annahme des § 39 der königlichen Genehmigung nicht.

4. Das Königliche Genehmigungsrecht erstreckt sich ferner nur auf Bahnen in den Straßen Berlins und Potsdams, nicht auch Charlottenburgs, auf welche sich die zu Grunde liegende Bestimmung des § 10 des Gesetzes, betr. die Anlegung und Veränderung von Straßen und Plätzen u. s. w., vom 2. Juli 1875 (G.-S. S. 561) mitbezieht. Andererseits umfaßt das Königl. Genehmigungsrecht ausnahmslos alle Straßen der beiden Städte Berlin und Potsdam einschließlich aller öffentlichen Plätze und Wege. Insoweit es sich aber um die Anlage von Bahnen auf privatem Grund und Boden ohne Benutzung öffentlicher Straßen, Plätze rc. handelt, bedarf es der Königlichen Genehmigung nicht.

5. Für das Verfahren behufs Einholung der Königlichen Genehmigung sind weder im Gesetze, noch in der Ausführ.-Anweisung Vorschriften gegeben. Im Wesentlichen werden die Bestimmungen, betr. die Herbeiführung der landesherrlichen Genehmigung zur Anlage und zum Betriebe der dem Eisenb.-Ges. vom 3. Novbr. 1888 unterworfenen Eisenbahnen, analoge Anwendung finden. Darnach ist der Genehmigungsantrag auch in den Fällen des § 39 an die gemäß § 3 zur Genehmigung legitimierte Behörde zu richten, welche das Prüfungs-Verfahren gemäß §§ 4 ff. bewirkt. Lehnt die Genehmigungsbehörde auf Grund desselben den Antrag ab, so bedarf es einer Weiterleitung desselben an den Landesherrn überhaupt nicht. Findet aber die Behörde den Antrag zur Genehmigung geeignet, so legt sie denselben dem Könige zur Genehmigung vor. Erklärt sich auch dieser mit der Genehmigung einverstanden, so wird dieselbe dem Bewerber erteilt. Wird die königliche Genehmigung von der Erfüllung noch weiterer Bedingungen oder von Modifikationen der behördlich aufgestellten Bedingungen abhängig gemacht, so darf die Genehmigung nur unter den landesherrlich und behördlich vorbehaltenen Bedingungen erteilt werden. Würden die landesherrlichen Vorbehalte und Auflagen mit den von der Behörde für notwendig erachteten nicht vereinbar sein, z. B. mit den im Interesse der Sicherheit des Betriebes vorgeschriebenen kollidieren, so würde die Ablehnung des Antrags erfolgen müssen. Dasselbe ist der Fall, wenn die Königliche Genehmigung unbedingt und ohne Angabe von Gründen versagt wird.

Die Annahme Gleims (S. 179), die Königliche Genehmigung habe lediglich die Bedeutung der Zustimmung zu der Anlage und zum Betriebe der Bahn in den betreffenden Straßen, der nähere Inhalt der von der zuständigen Behörde zu erteilenden Genehmigung, die Genehmigungsbedingungen bedürften der Königlichen Genehmigung nicht, ist unrichtig und entspricht nicht dem aus den Materialien sich klar ergebenden Zwecke der vorliegenden Bestimmung. Sollen die Interessen des Hofes in Bezug auf die Ruhe, Schönheit ꝛc. der Straßen genügend gewahrt sein, so genügt selbstverständlich nicht das Recht einer allgemein vorgängigen Genehmigung zur Anlage und zum Betriebe, sondern es bedarf auch der Zustimmung des Königs zu der Art der Anlage und des Betriebes sowie der Betriebsmittel, der Traktionskraft und zu den sonstigen Bedingungen. (Vgl. auch §§ 1, 8 des Eisenb.-Ges. vom 3. November 1888.)

§ 40.[134])

Die Kleinbahnen werden der Gewerbesteuer auf Grund des Gewerbesteuergesetzes vom 24. Juni 1891 (Gesetz-Samml. S. 205) unterworfen.[135])

Bezüglich der Kommunalbesteuerung sind Kleinbahnen als Privateisenbahnunternehmungen im Sinne des § 4 des Gesetzes vom 27. Juli 1885, betreffend Ergänzung und Abänderung einiger Bestimmungen über Erhebung der auf das Einkommen gelegten direkten Kommunalabgaben (Gesetz-Samml. S. 327), nicht zu erachten.[136])

134) Prinzip und Entstehungsgeschichte des § 40.

1. Prinzip. § 40 regelt die Besteuerungsverhältnisse der Kleinbahnen. Es ist hierbei von dem Grundsatze ausgegangen, daß die Kleinbahnen § 40 Prinzip.

nicht den Privateisenbahnen im Sinne des Eisenbahngesetzes vom 8. Novbr. 1838 gleichzustellen, sie vielmehr in Bezug auf die Besteuerung lediglich wie andere gewerbliche Unternehmungen zu behandeln sind. Daraus ergibt sich zunächst, daß die Kleinbahnen der allgemeinen Gewerbesteuer nach Maßgabe der bezüglichen Vorschriften der Kreisordnung bezw. des Gesetzes vom 24. Juni 1891 (G.=S. S. 205) unterliegen. Dies ist zur Begegnung von Zweifeln im Abs. 1 des § 40 ausdrücklich ausgesprochen. Ferner folgt daraus, daß in Betreff der Kommunalsteuer die Kleinbahnen nur den allgemeinen Bestimmungen der Kommunalsteuergesetzgebung über Gewerbe= und vornehmlich Eisenbahnbetriebe unterworfen sind, nicht den speziellen, nur für die unter das Gesetz v. 8. Novbr. 1888 fallenden Privat=Eisenbahnunternehmungen, Staats= oder für Rechnung des Staats verwalteten Eisenbahnen erlassenen Vorschriften. Um jeden Zweifel hierüber zu beseitigen, bestimmt Abs. 2 des § 40, daß Kleinbahnen als Privateisenbahnunternehmungen im Sinne des § 4 des Gesetzes vom 27. Juli 1885 (G.=S. 1885 Nr. 88 S. 327) bezw. seit 1. April 1895 des § 46 des Kommunalabgabengesetzes vom 14. Juli 1893 (G.=S. 1893 Nr. 21 S. 152) nicht zu erachten sind.

§ 40 Entstehung. II. Aus der Entstehungsgeschichte des § 40 ist folgendes hervorzuheben: Der Regierungsentwurf § 37 lautete (Herrenh.=Aktst. Nr. 34 S. 61): „Die Eisenbahnunternehmungen der im § 1 bezeichneten Art werden der Gewerbesteuer auf Grund des Gewerbesteuergesetzes v. 24. Juni 1891 (G.=S. S. 205) unterworfen. Auf sie finden die Bestimmungen des Gesetzes vom 27. Juli 1885, betreffend Ergänzung und Abänderung einiger Bestimmungen über Erhebung der auf das Einkommen gelegten direkten Kommunalabgaben (G.=S. S. 327), soweit angängig und mit der Maßgabe Anwendung, daß solche Eisenbahnunternehmungen für Privateisenbahnunternehmungen im Sinne des § 4 a. a. O. nicht zu erachten sind.

In Übereinstimmung mit den allgemeinen Motiven (Herrenh.=Aktst. Nr. 34 S. 68) ist diese Bestimmung, wie folgt, motiviert (Herrenh.=Aktst. Nr. 34 S. 68): „Da die Kleinbahnen im Sinne dieses Gesetzes derjenigen Begünstigungen nicht teilhaftig werden, um deren willen die dem Gesetze vom 8. November 1838 unterstellten Eisenbahnen einer besonderen Eisenbahnsteuer unterworfen werden, erscheint es nicht notwendig, die Kleinbahnen gleichfalls zu der Eisenbahnsteuer heranzuziehen. Es empfiehlt sich vielmehr mit Rücksicht auf die erhebliche Höhe der letzteren, statt derselben die hier in Rede stehenden Bahnunternehmungen im Interesse der kräftigen Entwickelung dieses Verkehrszweiges lediglich derjenigen Steuer zu unterwerfen, welche im übrigen von allen Unternehmungen erhoben wird, in welchen das Privatkapital seine Verzinsung durch gewerblichen Betrieb sucht, d. h. sie werden zur allgemeinen Gewerbesteuer nach dem Gesetze vom 24. Juni 1891 (G.=S. S. 205) heranzuziehen sein. Die Anwendbarkeit der Bestimmungen des Gesetzes, betreffend Ergänzung und Abänderung einiger Bestimmungen über Erhebung der auf das Einkommen gelegten direkten Kommunalabgaben, v. 27. Juli 1885 auf Kleinbahnen, ist selbstverständlich. Es bedarf aber in dieser Beziehung einer besonderen Bestimmung, um klarzustellen, daß die Kleinbahnen nicht von den Sonderbestimmungen jenes Gesetzes über die Privatbahnen betroffen werden."

In der Kommission des Abg.=Hauses (Aktst. Abg.=Haus Nr. 206 S. 2292) wurde beantragt, die Worte „so weit angängig" zu streichen, und dies damit begründet, daß es selbstverständlich sei, daß die Bahnen, wenn die Be=

stimmumgen des Kommunalnotsteuergesetzes nicht auf sie zuträfen, auch nicht zu den Kommunalabgaben herangezogen werden könnten. Nach der Erklärung des Regierumgskommissars, daß gegen die Streichung der Worte ein Bedenken nicht vorliege„ wurde diese beschlossen. Unter derselben Voraussetzung erklärte sich auch der Regierungskommissar mit der redaktionell geänderten Fassung des letzten Satzes des Paragraphen einverstanden, welcher hierauf von der Kommission angenommen wurde und in das Gesetz als § 40 überging (Sten. Ber. Abg.-H. S. 2025).

An die Stelle des Gesetzes vom 27. Juli 1885 ist sodann mit Gesetzeskraft vom 1. April 1895 das **Kommunalabgabengesetz** vom 14. Juli 1893 (G.=S. 1893 Nr. 21 S. 152) getreten, dessen § 46 Abs. 1 die Kleinbahnen von den Veranlagungsgrundsätzen für Privateisenbahnunternehmungen (§ 46 Abs. 1) ausdrücklich ausschließt.

135) Grundsätzlich nehmen — wie in der vorausgehenden Anmerkung erörtert — die Kleinbahnen in Betreff der Besteuerung nicht, wie die dem Eisenb.=Ges. vom 3. Novbr. 1838 unterworfenen Eisenbahnen, eine Sonderstellung ein, sondern sind den anderen gewerblichen Unternehmungen gleichgestellt. Die **Kleinbahnen** sind daher sowohl in Bezug auf ihr Gewerbe, wie auf die Kommunal= und Staatsbesteuerung der **allgemeinen Steuerpflicht** unterworfen. § 40 Abs. 1.

Absatz 1 gibt diesem Grundsatze zunächst in Betreff der **Gewerbesteuer** Ausdruck. Mangels jeder Einschränkung sind demnach die Kleinbahnen in Bezug auf die Gewerbesteuer allen anderen gewerblichen Unternehmungen gleich zu behandeln; es finden somit auf die Kleinbahnen auch alle zur Ausführung des Gewerbesteuergesetzes vom 24. Juni 1891 erlassenen Bestimmungen volle Anwendung. Dagegen sind sie von der Eisenbahnabgabe gemäß § 38 des Eisenb.=Ges. vom 8. Novbr. 1838 und den Gesetzen vom 30. Mai 1853 und 16. März 1867 frei. Da die Staatsgewerbesteuern durch § 1 des Gesetzes wegen Aufhebung direkter Staatssteuern v. 14. Juli 1893 (G.=S. S. 119) zu Gunsten der Gemeinden außer Hebung gesetzt worden sind, so besteht die Gewerbesteuerpflicht nur gegenüber den Kreisen und Gemeinden.

Vgl. über die Frage, ob und inwieweit die Rücklagen für die Bahnkörper=Tilgung und Erneuerung steuerfrei zu lassen, die Erk. des Ob.=Verw.=Ger. 6. Sen. v. 31. Januar 1895, 5. Sen. v. 5. Juni 1895 und 24. Januar 1896 (s. K. Hilse Stempelpflichtige Rechtsgeschäfte in Kleinbahnangelegenheiten, Zeitschr. f. Kleinb. III (1896) S. 303).

136) Absatz 2 gibt dem obigen Grundsatz auch in Betreff der **Kommunalbesteuerung** mittelbar durch die Bestimmung Ausdruck, daß Kleinbahnen bezüglich der Kommunalbesteuerung als Privatbahnunternehmungen im Sinne des § 4 des Gesetzes vom 27. Juli 1885, betreffend Ergänzung und Abänderung einiger Bestimmungen über Erhebung der auf das Einkommen gelegten direkten Kommunalabgaben (G.=S. S. 327) — bezw. des seit 1. April 1895 an dessen Stelle getretenen § 46 Abs. 1 des Kommunalabgabengesetzes vom 14. Juli 1893 G.=S. S. 327 — **nicht** zu erachten sind. Daß auf die Kleinbahnen die Bestimmungen des vorbezeichneten Gesetzes an sich Anwendung finden, kann keinem begründeten Zweifel unterliegen und wird (in Betreff des Ges. v. 27. Juli 1885) mit Recht in der Motiven zum § 40 als selbstverständlich bezeichnet. Soweit also die Unternehmer von Kleinbahnen, Aktiengesellschaften, Kommanditgesellschaften, eingetragene Genossenschaften, juristische Personen und Forensen sind, fallen die betreffenden § 40 Abs. 2.

Kleinbahnen unter das Gesetz vom 27. Juli 1885, bezw. jetzt des § 33 Ziff. 8, § 35 des Gesetzes v. 14. Juli 1893; soweit aber der Unternehmer eine physische Person ist und die von ihm betriebene Bahn nicht über den Bezirk der Gemeinde, zu welcher er gehört, hinausgeht, konnten die Bestimmungen des Gesetzes vom 27. Juli 1885, weil sie sich nur auf Aktiengesellschaften 2c. beziehen, auf ihn keine Anwendung finden, griffen vielmehr die allgemeinen Normen der Kommunalsteuergesetzgebung Platz, und gilt jetzt das Gesetz vom 14. Juli 1893. Um jedem Zweifel darüber zu begegnen, ob Kleinbahnen nach den für die Privatbahnen im § 4 des Ges. vom 27. Juli 1885 vorgesehenen Sonderbestimmungen oder nach den allgemeinen Veranlagungsnormen gemäß § 3 zu besteuern sind, ist im Abs. 2 ausdrücklich ausgesprochen, daß Kleinbahnen nicht als Privateisenbahnunternehmungen im Sinne des § 4 l. c. zu erachten sind. Ebenso ist in dem seit 1. April 1895 an die Stelle des Ges. v. 27. Juli 1885 getretenen Kommunalabgabengesetzes im § 46 Abs. 2 ausdrücklich bestimmt, daß die Veranlagungsnormen für Privateisenbahnunternehmungen (§ 46 Abs. 1) auf Kleinbahnen keine Anwendung finden. Damit soll — wie Gleim § 40 Anm. 2 zutreffend hervorhebt und auch aus der oben S. 386 ff. mitgeteilten Entstehungsgeschichte des § 40 sich klar ergibt — nicht etwa ausgesprochen sein, daß Kleinbahnen den Staatsbahnen gleich zu achten sind, wenn dieselben nicht vom Staate hergestellt sind und betrieben werden, sondern, daß sie den für Privateisenbahnen im § 4 (sc. § 46 Abs. 1) vorgesehenen Sonderbestimmungen nicht unterworfen sind, vielmehr nach Maßgabe der allgemeinen Veranlagungsgrundsätze des § 3 (sc. § 36) steuerpflichtig sind. Der im Zusammenhang damit von Gleim a. a. O. angeregte Zweifel, ob Kleinbahnen, welche der Staat etwa anlegen und betreiben sollte, nach § 3 (sc. § 36) oder nach § 5 (sc. § 45) zu veranlagen sein würden, erscheint nicht begründet. Absatz 2 erklärt seinem klaren Wortlaute nach nur den § 4 (sc. § 46 Abs. 1) auf Kleinbahnen für nicht anwendbar; § 5 (sc. § 45) ist von der Anwendung auf Kleinbahnen nicht ausgeschlossen und es muß daraus e contr. gefolgert werden, daß § 5 für die Besteuerung auch der staatlichen Kleinbahnen Platz greift, diese mithin in Bezug auf die Besteuerung den anderen Staatsbahnen gleich zu behandeln sind.

Zu Zweifeln hat ferner die Bestimmung des § 9 II 1 des Einkommensteuergesetzes v. 24. Juni 1901 Anlaß gegeben, wonach nicht abzugsfähig sind: „Verwendungen zur Verbesserung und Vermehrung des Vermögens, zu Geschäftserweiterungen, Kapitalanlagen oder Kapitalabtragungen, welche nicht lediglich als durch eine gute Wirtschaft gebotene und aus den Betriebseinnahmen zu deckende Ausgaben anzusehen sind". Alle hier genannten Verwendungszwecke sind also abgesehen von der sich aus den Schlußworten ergebenden Einschränkung, einflußlos auf das Steuerobjekt. Der Gesetzgeber läßt keinen Zweifel darüber, daß Verwendungen der hier gedachten Art das steuerlich zu erfassende Einkommen nicht schmälern sollen. Die Frage aber, ob eine Verwendung im Einzelfalle sich als eine Ausgabe darstellt, die zur Verbesserung oder Vermehrung des Vermögens, zu einer Geschäftserweiterung u. s. w. gemacht ist, läßt sich fast nur nach den besonderen tatsächlichen Umständen beurteilen.

Vgl. O.V.G. 2. Sen. v. 16. September 1896. Eisenb.-Entsch. XIII S. 313.

Mit Recht nimmt Gleim (S. 181) in Rücksicht auf die Schlußworte an, daß als derartige Geschäftserweiterungen nur solche Änderungen der Bahnanlage oder des Bahnunternehmens angesehen werden können, welche eine Ausdehnung des Unternehmens oder die Vermehrung seiner Leistungsfähigkeit bezwecken und daher Verwendungen für die Verlängerung der zu betreibenden Bahnstrecken, für die Beschaffung von Betriebsmitteln, welche durch die Verkehrsverhältnisse geboten sind, und für den Ersatz der bisherigen durch eine leistungsfähigere Betriebskraft als nicht abzugsfähige Geschäftserweiterungsausgaben angesehen werden müssen; dagegen Änderungen, welche in räumlicher und qualitativer Beziehung die Leistungsfähigkeit unberührt lassen, z. B. solche, welche in polizeilichen Sicherheitsrücksichten, sanitären Verhältnissen 2c. ihren Grund haben, sich nicht als Geschäftserweiterungen charakterisieren und die Aufwendungen dafür abzugsfähig sind.

Kuhrt (D. Strßb. u. Kleinb.-Zeitg. 1897 Nr. 26—29) kommt an der Hand von praktischen Beispielen zu dem Ergebnisse, daß mit Rücksicht auf die Stellungnahme des O.V.G. die Wohltat des Abs. 1 des § 40 für die Kleinbahnen durch Abs. 2 l. c. illusorisch gemacht werde und verlangt die Streichung des die Kleinbahnen sehr belastenden Abs. 2 (vgl. auch D. Straßb. u. Kleinb.-Zeitg. 1897 Nr. 85 S. 579).

§ 41.[137])

Die auf Grund des Allerhöchsten Erlasses vom 16. September 1867 (Gesetz-Samml. S. 1528), des Gesetzes vom 7. März 1868 (Gesetz-Samml. S. 223), des Gesetzes vom 11. März 1872 (Gesetz-Samml. S. 257) und der §§ 2 und 3 des Gesetzes vom 8. Juli 1875 (Gesetz-Samml. S. 497) den dort genannten Provinzial- und Kommunalverbänden überwiesenen Kapitalien und Summen können auch zur Förderung des Baues von Kleinbahnen verwendet werden.[138])

[137]) Prinzip und Entstehungsgeschichte des § 41. § 41 Prinzip.

I. Prinzip. § 41 gewährt den in den s. g. Dotationsgesetzen genannten Provinzial- und Kommunalverbänden die gesetzliche Ermächtigung, die ihnen durch diese Gesetze überwiesenen Kapitalien und Summen auch zur Förderung des Baues von Kleinbahnen zu verwenden. Die Aufnahme dieser Bestimmung ist aus der Erwägung hervorgegangen, daß häufig insbesondere bei Strecken, welche weniger Aussicht auf Rentabilität bieten, aber im öffentlichen Interesse zur Anschließung wirtschaftlich schwächerer Gegenden 2c. notwendig sind, das private Kapital nicht genügen, vielmehr die Verwendung öffentlicher Mittel geboten erscheinen wird. Hierbei kamen zwei Wege in Betracht, die Subvention derartiger Unternehmungen aus Mitteln des Staates oder aus den den Provinzial- und Kommunalverbänden durch die Dotationsgesetze überwiesenen Mitteln. Was den ersteren Weg anlangt, — die Subvention aus Staatsmitteln —, so war zwar in der Kommission des Abg.-Hauses eine bezügliche Resolution beschlossen worden. Aber sowohl diese Resolution, wie zwei gleichartige, von Mitgliedern des Abg.-Hauses vorgeschlagene, wurden im Plenum abgelehnt, weil es von der Mehrheit nicht für angezeigt erachtet wurde, den Staat, der an sich im Einzelfalle zu derartigen Subventionen schreiten könne, gewissermaßen generell hierzu zu verpflichten. Was dagegen den zweiten Weg betrifft, — die Verwendung der durch die Dotationsgesetze den Provinzial- und Kommunalverbänden überwiesenen Mittel —, so war man grundsätzlich darüber einig, daß es angemessen und erwünscht sei, diese Mittel auch dem Zwecke der Anlage von Kleinbahnen zugänglich zu machen.

In der II. Lesung des Abg.=Hauses wurde der Antrag gestellt, die in einer bezüglichen Resolution der Abg.=Haus=Kommission gegebene Anregung im Gesetze selbst alsbald zur Ausführung zu bringen und eine dem vorliegenden § 41 entsprechende Bestimmung in dasselbe aufzunehmen. Man nahm an, daß die Verwendung zu Kleinbahnbauten zwar nicht zu den im Dotationsgesetze aufgeführten Verwendungszwecken gehöre, aber als ein diesen Zwecken ähnlicher im Wege der Gesetzgebung gemäß § 4 Nr. 7 l. c. festgestellt werden könne, und ferner, daß hierzu nicht ein besonderes Gesetz erforderlich sei, sondern die Aufnahme einer bezüglichen Bestimmung in ein anderes Gesetz genüge. Dieser Annahme gemäß wurde, da man sich von der von der Kommission in Vorschlag gebrachten Resolution einen alsbald greifbaren Erfolg nicht versprach, die Einfügung des in Rede stehenden Paragraphen unter Zustimmung der Regierungsvertreter beschlossen. Demselben liegt lediglich die Absicht zu grunde, die Verwendungszwecke der den Provinzial- und Kommunalverbänden überwiesenen Dotationen auch auf die Förderung des Baues von Kleinbahnen auszudehnen.

Gemäß der in den legisl. Verhandlungen gegebenen Anregung ist abhängig von den Subventionen aus Provinzialfonds der Staatsregierung durch das Gesetz, betr. die Erweiterung und Vervollständigung des Staatseisenbahnnetzes und die Beteiligung des Staates an dem Bau von Kleinbahnen vom 8. April 1895 (G.=S. S. 91) ein Betrag von 5 Mill. Mark mit der Ermächtigung der Verwendung zur Förderung des Baues von Kleinbahnen zur Verfügung gestellt worden, über dessen Verwendung dem Landtage alljährlich Rechnung zu tragen ist. Die Gesichtspunkte, von welchen aus die Genehmigung dieser Staatsbeihilfen erfolgt, sind in dem Zirk.=Erl. d. Min. d. öff. Arb. vom 25. April 1895 (Min.=Bl. d. i. V. S. 128) u. 19. April 1902 (Zeitschr. f. Kleinb. S. 379) niedergelegt. s. Verzeichnis Nr. 19 u. 128; ferner auch in den Erl. des Min. d. öff. Arb. v. 28. Mai 1900, betr. die Mitwirkung der Eisenbahndirektionen und Beschleunigung in Kleinbahnangelegenheiten (eod. 1900 S. 891); v. 24. März 1902, betr. eisenbahnseitige Prüfung der Entwürfe von Kleinbahnen, für welche Staatsunterstützung beantragt ist (eod. 1902 S. 842); vom 22. August 1899 und 2. Februar 1901, betr. Einrechnung der Grunderwerbskosten in das Anlagekapital (eod. 1902 S. 381); und vom 14. Juli 1898 betr. Staatsbeihilfen für Kleinbahnen (eod. S. 407), (s. Verzeichnis Nr. 92, 122, 77, 105 u. 61).

§ 41 Entstehung. II. Aus der Entstehungsgeschichte des § 41 ist folgendes hervorzuheben. Der Regierungsentwurf enthielt eine bezügliche Bestimmung nicht.

In der I. Lesg. des Abg.=H. (Abg.=H. Sten. Ber. S. 1816) sprach sich zunächst der Abg. vom Heede dafür aus, daß eine Unterstützung der Kleinbahnen aus öffentlichen Mitteln erforderlich sei, daß diese Aufgabe in erster Linie aber den Kommunen und Provinzen obliege und die Staatshilfe nur ausnahmsweise einzutreten habe, wo besondere Verhältnisse dies bedingen. Hierauf regte der Abg. v. Tiedemann (Sten. Ber. Abg.=H. S. 1326) unter Hinweis auf die Staatssubventionen, welche Belgien mit gutem Erfolge den Kleinbahnen gewährt, die Verwendung der Dotationen durch die Provinzen für den Kleinbahnbau an, der in Zukunft in großem Umfange den Chausseebau ersetzen werde, und die Ermächtigung der Provinzen, die Dotationen hierfür zu benutzen.

In der Kommission des Abg.-H. (Abg.-H. Aktst. Nr. 206 S. 2297/8) wurden zwei Resolutionen beantragt, von denen die erste die Erweiterung der Verwendungszwecke im § 4 des Dotationsgesetzes vom 8. Juli 1875 auf den Bau von Lokalbahnen ꝛc., die zweite die Beteiligung des Staates an solchen Bahnen betraf.

Für beide Anträge war zur Begründung hervorgehoben worden, daß es wünschenswert sei, die Anwendung des vorliegenden Gesetzes durch Beteiligung, sei es des Staates, sei es der Kommunen, zu erleichtern.

In der II. Lesg. des Abg.-H. wurde die zweite dieser beiden, die Staatssubvention betreffende Resolution abgelehnt, nachdem regierungsseitig und von mehreren Mitgliedern des Hauses darauf hingewiesen war, daß es zwar dem Staate anheimgegeben bleibe, unter besonderen Umständen im Einzelfalle auch Kleinbahnen eine Subvention zu gewähren, daß es aber nicht angezeigt erscheine, mit Rücksicht auf den lokalen Charakter dieser Bahnen und der von ihnen geförderten Interessen, dem Staate die Subvention gewissermaßen generell zur Pflicht zu machen. Dagegen fand der der ersten Resolution zu Grunde liegende Gedanke der Erweiterung der in dem Dotationsgesetze bezeichneten Verwendungszwecke auf den Kleinbahnbau prinzipiell die Billigung des Hauses und der Regierung. Nur darin gingen die Ansichten auseinander, ob es zweckmäßig sei, die Regierung in Form der von der Kommission vorgeschlagenen Resolution zur Vorbereitung einer bezüglichen Änderung des Dotationsgesetzes aufzufordern oder alsbald in dem vorliegenden Gesetze der Ermächtigung der Provinzial- und Kommunalverbände zur Verwendung der Dotationsmittel auf die Förderung des Kleinbahnbaues Ausdruck zu geben. In letzterer Hinsicht schlug der Abg. v. Tiedemann (Abg.-H. Aktst. Nr. 284 S. 2848) die Aufnahme einer Bestimmung als § 87a (§ 41) in das Gesetz vor, welche ursprünglich lautete: „Die auf Grund der Nr. 1 des § 4 des Dotationsgesetzes vom 8. Juli 1875 (G.-S. S. 497) den Provinzen überwiesenen Dotationen können auch zur Förderung des Baues von Kleinbahnen verwendet werden“, und nach Aufnahme eines Amendements des Abg. Ludowieg (Nr. 289 S. 2844) und mehrerer Verbesserungsvorschläge des Abg. Rickert (Nr. 241 S. 2145) die im § 41 des Gesetzes enthaltene Fassung erhielt. § 41

[138]) 1. § 41 verfolgt, wie aus der vorstehenden Entstehungsgeschichte sich ergibt, den zweifachen Zweck, 1) die Provinzial- und Kommunalverbände darauf hinzuweisen, daß ihnen vornehmlich die Aufgabe zur Förderung des Kleinbahnbaues durch Subventionen obliege, und 2) sie zu diesem Behufe zur Verwendung der ihnen durch die Dotationsgesetze überwiesenen Kapitalien und Summen zu ermächtigen. Es kann zwar keinem Zweifel unterliegen, daß die Provinzialverwaltungen auf Grund der §§ 87ff. der Provinzialordnung an sich und ohne besondere gesetzliche Ermächtigung berechtigt sind, Bahnbauten im Interesse der Provinz aus deren Mitteln zu unterstützen, und zwar nicht nur Kleinbahnen sondern Bahnen aller Art, und zu diesem Zwecke Abgaben zu erheben, wie zu anderen der Provinz obliegenden Aufgaben. Aber es war zum mindesten in hohem Grade zweifelhaft, ob hierzu auch ohne besondere gesetzliche Ermächtigung die Dotationen verwendet werden durften, welche durch die Dotationsgesetze den Provinzial- ꝛc. Verbänden überwiesen und für bestimmte in diesen Gesetzen speziell bezeichnete Verwendungszwecke festgelegt sind. Von den gesetzgebenden Körperschaften wurde dies verneint und zwar mit Recht. Denn nach dem Wortlaute der Einziger Absatz.

Dotationsgesetze sind in denselben die zulässigen Zwecke für die Verwendung der Dotationen ausdrücklich aufgeführt, insbesondere ist dies in dem § 4 des Gesetzes vom 8. Juli 1875 der Fall.

Zu diesen Zwecken gehört die Förderung des Baues von Klein- bezw. Lokalbahnen nicht, und es würde die besondere Aufzählung der einzelnen Verwendungszwecke keinen Sinn haben und gegen die Absicht des Gesetzes verstoßen werden, wenn auf beliebige andere Zwecke die Verwendung jener Mittel für zulässig erklärt würde. Ebensowenig erscheint es statthaft, den Kleinbahnbau unter einem der im Gesetze bezeichneten Verwendungszwecke, z. B. zu Chausseebauten, Unterhaltung öffentlicher Straßen oder Landesmeliorationen zu subsummieren, weil die Begriffe „Chausseen und Landesmeliorationen" im allgemeinen feststehende und bekannte sind und nicht beliebig erweitert werden dürfen, — umsoweniger, als zur Zeit des Erlasses der Dotationsgesetze der Begriff der Kleinbahnen im Sinne des vorliegenden Gesetzes noch nicht gegeben war. Auch weist das Dotationsgesetz v. 8. Juli 1875 im § 4 Nr. 7 durch die Worte: für ähnliche im Wege der Gesetzgebung festzustellende Zwecke" ganz deutlich und ausdrücklich darauf hin, daß nicht ohne weiteres ähnliche Zwecke den im Gesetze angeführten beigefügt oder subsummiert werden dürfen, und gibt zugleich den Weg an, auf welchem dies geschehen darf, nämlich den Weg der Gesetzgebung.

Daß der Zweck der Förderung des Baues von Kleinbahnen ein den in den Dotationsgesetzen aufgeführten Verwendungszwecken, insbesondere zu Chausseebauten und Landesmeliorationen ähnlicher ist, liegt auf der Hand. Die im Dotationsgesetze vom 8. Juli 1875 § 4 Nr. 7 gebrauchten Worte „im Wege der Gesetzgebung" lassen in ihrer ganz allgemein gehaltenen Fassung die Feststellung eines ähnlichen Verwendungszweckes, sowohl in einem besonderen Gesetze, wie als Bestandteil eines jeden anderen Gesetzes zu. Hiernach erscheint die Aufnahme des § 41 in das Kleinbahngesetz, welcher den bisherigen Verwendungszwecken der Dotationsgesetze den Zweck der Förderung des Baues von Kleinbahnen neu hinzufügt und als gleichberechtigt anreiht, sowohl materiell wie formell gerechtfertigt.

2. Aus Sinn und Wortlaut des § 41 ergibt sich folgendes:

a) § 41 gewährt den Provinzial- und Kommunalverbänden nur die Ermächtigung, die in den genannten Gesetzen ihnen überwiesenen Kapitalien und Summen auch zur Förderung des Baues von Kleinbahnen zu verwenden. Sie können diese Beträge hierzu verwenden, aber es besteht kein Zwang, sondern lediglich die Vollmacht, die Möglichkeit einer bezüglichen Verwendung. Ob und inwieweit dies zu geschehen hat, liegt allein in dem Ermessen der genannten Verbände. Weder haben die Kleinbahnunternehmer irgend ein Recht, die Verwendung der Dotationsmittel für ihre Unternehmungen zu verlangen oder darauf zu klagen, — es müßte denn sein, daß dem Unternehmer die Verwendung vertragsmäßig und in legaler Weise von dem betreffenden Verbande zugesichert worden ist —, noch sind die vorgesetzten bezw. Aufsichtsinstanzen befugt, die Verwendung der in Rede stehenden Mittel zum Kleinbahnbau zu erzwingen.

b) Die Verwendung bedarf eines legalen Beschlusses des zuständigen Verbandes, bezw. seiner Vertretung in gleicher Weise, wie die Verwendung zu anderen in den Dotationsgesetzen angegebenen Zwecken. (§ 87 Provinzial-Ordnung.)

c) Nur die auf Grund des Erlasses vom 16. September 1867 (G.-S. S. 1528), des Gesetzes v. 7. März 1868 (G.-S. S. 223), des Gesetzes v. 11. März 1872 (G.-S. S. 257) und der §§ 2 und 3 des Gesetzes v. 8. Juli 1875 (G.-S. S. 497) den dort genannten Provinzial- und Kommunalverbänden überwiesenen Kapitalien und Summen können zur Förderung des Baues von Kleinbahnen verwendet werden. Für Beträge, welche auf Grund anderer Gesetze, als der im § 41 bezeichneten, überwiesen sind, ist diese Verwendung nicht gestattet; wenngleich sie den Charakter von Dotationsgesetzen haben. Nach dem Wortlaute bezw. der ausdrücklichen Ausführung dieser vier Gesetze ist eine Anwendung auf andere Gesetze nicht zulässig. Liegt dies in der Absicht des Gesetzgebers, so muß es in dem betreffenden Dotationsgesetze besonders ausgesprochen sein oder eine entsprechende Ergänzung des § 41 erfolgen.

d) Dagegen schließt die Bestimmung des § 41 nicht aus, daß die Provinzial- und Kommunalverbände durch andere zu ihrer Verfügung stehenden oder zu diesem Behufe aufzubringenden Mittel die Förderung des Baues von Bahnen — und zwar aller Art — in bestimmungsmäßig zulässiger Weise unterstützen. Diese Frage wird durch § 41 in keiner Weise berührt. Nur in Betreff der Dotationsmittel sind die Verbände auf Subventionierung von Kleinbahnen beschränkt. Die Provinzial- und Kommunal-Verbände haben demgemäß die Förderung des Baues von Kleinbahnen in den verschiedensten Formen und Richtungen in die Wege geleitet. Die Zeitschrift für Kleinbahnen hat sich der anerkennenswerten Aufgabe unterzogen, die bezüglichen Maßnahmen und Beschlüsse der Verbände periodisch zu veröffentlichen. Aus diesen Veröffentlichungen ergibt sich, daß trotz großer Verschiedenheit der Maßnahmen und Beschlüsse in Hinsicht auf die Art und den Umfang der Förderung sich doch in den wesentlichsten Punkten eine gewisse Übereinstimmung der Grundsätze herausgebildet hat. Diese besteht zunächst darin, daß teils überhaupt, teils in der Regel wenigstens die Provinzen und Kommunalverbände selbst nicht als Unternehmer von Kleinbahnen auftreten, sondern sich auf die Unterstützung des Baues solcher Bahnen seitens anderer öffentlicher Körperschaften (Kreise, Stadtgemeinden 2c.) oder Privatpersonen beschränken. In Bezug auf die Art der Unterstützung sind drei Hauptformen zu unterscheiden:

I. Die Bereitstellung technischer Kräfte zur Herstellung der Vorarbeiten und auch des Baus entweder unentgeltlich oder gegen teilweise Erstattung der Kosten. (Zeitschr. f. Kleinb. I. [1894] S. 561.)

II. Direkte finanzielle Förderung durch: 1. Beihilfen zu den Kosten der Vorarbeiten. 2. Finanzielle Unterstützung der Kleinbahnbauten, und zwar durch Gewährung von Darlehen, anteilige Übernahme der Zinsen des Baukapitals (Zinsgarantie), Gewährung eines verlorenen Kostenzuschusses (à fonds perdu) und finanzielle Beteiligung an dem Unternehmen, durch Kapitals-Aktienzeichnung gegen entsprechenden Gewinnanteil, in der Regel jedoch unter Ausschluß der Kosten des Grunderwerbes. Als Entgelt für diese finanzielle Beteiligung pflegen sich die Verbände eine Mitwirkung behufs Sicherstellung des Wertes des Unternehmens vorzubehalten, eine Einwirkung auf den Bau und Betrieb. Als Mittel zur Leistung der Beihilfe ist teils die Form der Anleihe oder Bereitstellung verfügbarer Kapitalbestände, oder Inanspruchnahme des Jahresetats gewählt, zumeist auch der Gewinn aus den vorhandenen Kleinbahnen für das Kleinbahnwesen nutzbar gemacht worden. (a. a. O. S. 561—564.)

III. Erleichterte Bedingungen für die Benutzung der Provinzial-Chausseen, bestehend teils in unentgeltlicher Gewährung derselben, teils unter Ermäßigung der gewöhnlichen Benutzungsgebühr. (S. 564.)

e) Die Subvention der Provinzial- und Kommunalverbände aus Dotationsmitteln kann sich auf Kleinbahnen aller Art erstrecken, gleichviel mit welcher Kraft dieselben betrieben werden oder welcher Betriebsart sie sind (Personen- oder Güter- oder gemischte Beförderung) und wer der Unternehmer ist. Es können also aus Dotationsmitteln, sowohl Privatunternehmer, wie auch der Staat, Gemeinden, Korporationen 2c. als Unternehmer unterstützt werden. Endlich ist nach dem Wortlaute des § 41 nicht erforderlich, daß die betr. Kleinbahn ganz oder teilweise sich im Bezirke des unterstützenden Provinzial- oder Kommunal-Verbandes befindet. Wird dies auch in der Regel zutreffen, so läßt sich doch auch der Fall denken, daß es im Interesse des Verbandes liegt, die Anlage einer für einen anderen (Nachbar-) Bezirk herzustellenden Kleinbahn zu fördern, z. B. als Verlängerungs-, Absatz-, Zuführungslinie der im eigenen Bezirk bestehenden Bahnen.

f) Endlich folgt aus § 41, daß die bezeichneten Dotationsfonds von den Kommunal- und Provinzialverbänden auch zum Bau eigener Kleinbahnen verwendet werden dürfen. Denn ohne Zweifel liegt auch darin eine Förderung des Baues von Kleinbahnen. Scharmer (Zeitschr. f. Kleinb. III, 1896 S. 205) stellt zwar in Zweifel, ob überhaupt die Provinzial- 2c. Verbände zum Bau eigener Kleinbahnen legitimiert seien, gerade weil ihnen durch § 41 nur die Ermächtigung zur Förderung des Baues von Kleinbahnen im Wege der Subvention aus Dotationsfonds erteilt sei und daraus e contrario der Ausschluß eigener Kleinbahnbauten folge. Aber eine so enge Auslegung des Wortes „Förderung" ist mit Absicht und Wortlaut des § 41 nicht verträglich.

8. Wenngleich § 41 den Zweck verfolgt, die Provinzial- und Kommunal-Verbände darauf hinzuweisen, daß ihnen vornehmlich die Aufgabe zur Förderung des Kleinbahnbaues durch Subventionen obliege, so sollte damit doch — wie aus den oben Anm. 187 S. 390 ff. mitgeteilten Verhandlungen ersichtlich — dadurch nicht ausgeschlossen werden, daß auch der Staat in besonders dazu geeigneten Fällen zur Förderung des Baues von Kleinbahnen finanzielle Beiträge leistet. Zu diesem Behufe ist durch das Gesetz, betr. die Erweiterung und Vervollständigung des Staatseisenbahnnetzes und die Beteiligung des Staates an dem Bau von Kleinbahnen, vom 8. April 1895 (G.-S. S. 91) der Staatsregierung ein Betrag von 5 Millionen Mark mit der Ermächtigung der Verwendung zur Förderung des Baues von Kleinbahnen zur Verfügung gestellt worden, über dessen Verwendung dem Landtage alljährlich Rechnung zu legen ist.

In den Motiven dieses Gesetzes (Abg.-H. Drucks. 1895 Nr. 78 S. 1597 ff.) wird darauf hingewiesen, daß in den Verhandlungen des Kleinb.-Ges. bereits das Bedürfnis der Beihilfe aus öffentl. Mitteln für Kleinbahnen anerkannt worden sei und dies sowie die Ansicht, daß hierzu die Provinzen in erster Linie berufen seien, im § 41 Kleinb.-Ges. Ausdruck gefunden habe. Die zweijährigen Erfahrungen ließen indes keinen Zweifel, daß die finanzielle Mitwirkung der Provinzen allein nicht ausreiche, namentlich in den vorzugsweise Landwirtschaft treibenden Landesteilen, vielmehr auch finanzielle Hilfe des Staates erforderlich sei.

Die von dem Minister der öffentl. Arb. in der I. Lesung des Abg.-H. ausgesprochene Hoffnung, daß sein Ressort sich mit den Ressorts der Finanzen rc. und für Landwirtschaft rc. über die näheren Grundsätze wohl bald einigen werde, hat sich erfüllt. In dem Zirkular-Erlaß des Ministers der öffentlichen Arbeiten v. 25. April 1895 (Min.-Bl. d. i. V. S. 129) sind dieselben bekannt gegeben (s. Verzeichnis Nr. 19.). Dieser Erlaß geht prinzipiell davon aus, daß der Fünfmillionenfonds ausschließlich zur Förderung von Kleinbahnunternehmungen bestimmt ist und der Frage der finanziellen Beteiligung des Staates an einem Kleinbahnunternehmen daher erst näher getreten werden kann, wenn dasselbe gemäß § 1 Ges. v. 28. Juli 1892 als Kleinbahn anerkannt und den Behörden die Genehmigung erteilt ist, es als solche zu genehmigen. Als Voraussetzungen für die staatliche Unterstützung sind hingestellt, daß die Bahn dem öffentlichen Interesse, insbesondere dem Verkehrsinteresse entspricht, die Wirtschaftlichkeit und Rentabilität des Unternehmens — abgesehen von besonders zu begründenden Ausnahmefällen — in Aussicht zu stellen ist, das Zustandekommen des Unternehmens von der staatlichen Beihilfe abhängt, Kreis und Provinz oder ausnahmsweise wenigstens einer von beiden zunächst beigesteuert haben, eine Vorleistung der zunächst Beteiligten und zwar in der Regel in unentgeltlicher Terrainhergabe nnd Tragung der Grunderwerbskosten à fonds perdu oder in einer entsprechenden Pauschsumme stattfindet. Die Höhe der Staatsbeihilfe soll nach der Unterstützungswürdigkeit und -Bedürftigkeit des Unternehmens im einzelnen Falle bemessen werden und in angemessenem Verhältnis zu den Leistungen der höheren Kommunalverbände stehen. Die Form der Zins- oder Ertragsgarantie ist prinzipiell ausgeschlossen; Darlehne oder Leistungen à fonds perdu sind nur in ganz besonderen Fällen gestattet. Die Regel soll Beteiligung in Aktien und Prioritätsaktien bilden, der Staat nicht schlechter gestellt werden, als die beteiligten höheren Kommunalverbände. Die Zahlung der staatlichen Beihilfe wird von dem Nachweise abhängig gemacht, daß die Beschaffung des im übrigen erforderlichen Anlagekapitals und des Grund und Bodens seitens leistungsfähiger Personen oder Korporationen in rechtsverbindlicher Weise sicher gestellt ist. (Vgl hierzu vornehmlich die Reden des Ministers der öffentl. Arb. Thielen bei der I. Lesung des Abg.-H. Sten. Ber. 1895 S. 1496, 1497, II. Lesung S. 1553 und des Finanzministers Dr. Miquel S. 1554). In einem in der Zeitschr. f. Kleinb. II (1895) S. 507 veröffentlichten Aufsatze sind die Bedingungen mitgeteilt, welche in drei Fällen staatlicher Beihilfe für Kleinbahnen aus dem Fünfmillionenfonds an die Gewährung dieser Beihilfen geknüpft worden sind.

In Ergänzung des Erlasses vom 25. April 1895 werden die zuständigen Behörden aufgefordert, bei der Berichterstattung über Anträge wegen staatsseitiger Unterstützung des Baues von Kleinbahnen fortan noch anzuzeigen, ob für diese Bahnen die Benutzung von ganz oder teilweise in fiskalischer Unterhaltung stehenden Wegen und Brücken in Frage kommt. Hierbei ist zu erörtern, ob und inwiefern die geplanten Bahnen den Verkehr auf denselben voraussichtlich beeinflussen werden, und ob es zweckmäßig ist, die fiskalische Unterhaltungspflicht den in Betracht kommenden Kommunalverbänden zu übertragen. Geeignetenfalls würden zugleich Berechnungen des Kapitalwerts der fiskalischen Baulast bezüglich dieser Wege und Brücken vorzulegen sein. (Erl. vom 24. März 1898 Zeitschr. f. Kleinb. S. 676. Verzeichnis Nr. 55.)

In weiterer Ausführung des Erlasses vom 24. Mai 1895 wird sodann durch den Erlaß vom 28. Mai 1900 (Zeitschr. f. Kleinb. S. 891) bestimmt, daß bei der Berichterstattung zu Anträgen auf Zulassung von Kleinbahnen sowie bei der Genehmigung und staatlichen Unterstützung von Kleinbahnen mit möglichster Beschleunigung zu verfahren ist. Zu diesem Behufe soll die Mitwirkung der Kgl. Eisenb.-Direktionen schon bei der Vorbereitung der Anträge seitens der Oberpräsidenten ohne einen besonderen ministeriellen Auftrag beginnen und sich auf die Prüfung der Entwürfe aus dem Gesichtspunkte nicht zu hoher und nicht unwirtschaftlicher Veranschlagung erstrecken. (Verzeichnis Nr. 92.)

Nach einem ergänzenden Erlaß vom 24. März 1902 (Zeitschr. f. Kleinb. S. 842) soll unter der Voraussetzung, daß das Unternehmen von den staatlichen Behörden und der Provinzialverwaltung wenigstens im allgemeinen für berücksichtigenswert gehalten wird, die eisenbahnseitige Prüfung auf bezügliche Requisition des Oberpräsidenten bereits bei der Behandlung der Unterstützungsanträge seitens der Provinzialverwaltung beginnen und mit dieser bezw. ihren Organen gemeinsam erfolgen. In dem Erlasse vom 14. Juli 1898 (Zeitschr. f. Kleinb. S. 407) wird über die Rückzahlungen von Fonds und Zinsen auf Staatsbeihilfen Bestimmung getroffen, und in den Erlassen vom 22. Aug. 1899 und 2. Febr. 1901 (Zeitschr. f. Kleinb. 1902 S. 881) die Zuständigkeit der Aufsichtsbehörden bei finanziellen Maßnahmen staatlich unterstützter Kleinbahnen geregelt. (Verzeichnis Nr. 77 u. 105.)

Durch den Erlaß vom 19. April 1902, betr. Anträge auf Gewährung von Staatsbeihilfen für Kleinbahnen (Zeitschr. f. Kleinb. 1902 S. 879), sind im Anschluß an den Erlaß vom 25. April 1895 weitere Direktiven in Betreff der Behandlung der qu. Unterstützungsangelegenheiten erteilt worden. Den zuständigen Behörden wird eine tunlichst eingehende Berichterstattung empfohlen, den Kreistagen untersagt, ihre bezüglichen Beschlüsse auf die Einzelheiten der Finanzierung zu richten, insbesondere daran Bedingungen über die Art und Höhe der Staatsbeihilfen zu knüpfen, ebenso den Provinzial- und Kommunalverbänden, ferner die übertriebene Beschleunigung im Zustandekommen von Kleinbahnunternehmungen, namentlich die Feststellung der Gesellschafts-, Bau- und Betriebsverträge sowie die Errichtung von Gesellschaften, wodurch die Staatsregierungen bezüglich ihrer Entschließungen in eine Zwangslage versetzt wird. Beihilfegesuche sollen nicht unmittelbar dem Minister, sondern im geordneten Instanzengange vorgelegt werden. Es sind ausführliche Vorarbeiten mindestens gemäß Ausf.-Anw. zu § 5 Kleinb.-Ges. beizubringen, um die genaue Feststellung der veranschlagten Mittel zu ermöglichen. Ist von vornherein Überschreitung des Kostenanschlages zu besorgen, so muß die Prüfung aus §§ 4 und 17 des Ges. vorangehen. Erst nach den sich hieraus ergebenden Änderungen und Ergänzungen des Bauplans und Anschlags kann die endgültige Prüfung derselben durch die Eisenbahndirektionen zum Zwecke der Bemessung der Staatsbeihilfe erfolgen. Die eisenbahnseitige Prüfung vom Gesichtspunkte der Wirtschaftlichkeit hat in einem möglichst frühen Stadium und auf Requisition der zuständigen Instanzen bereits bei der Behandlung der Unterstützungsfrage durch die Provinzialverwaltung unter gemeinsamer Beteiligung stattzufinden. Ist in den Urkunden über den Empfang der Staatsbeihilfe die Genehmigung des Staats zu Abweichungen von den geprüften Vorarbeiten vorgesehen, so hat die Genehmigungsbehörde nachdrücklich auf rechtzeitige Einholung der Genehmigung zu halten. Mangels eines Vorbehalts sind die Unternehmer darauf hinzuweisen, daß sie bei Überschreitung des Kostenanschlages auf eine Erhöhung der Beihilfe nur zu rechnen haben, wenn sie durch rechtzeitige Mitteilung an die zuständige Behörde die Möglichkeit zu einer Erwägung etwaiger Vorbeugungsmaßregeln gewähren. Insoweit sich der Staat bei subventionierten Kleinbahnen die Genehmigung der Herstellungsverträge vorbehalten hat, wird dieselbe solange nicht beansprucht, als nicht eine Überschreitung des betreffenden Teiles des Kostenanschlags stattfindet (Erl. v. 9. November 1901 Zeitschr. f. Kleinb. 1902 S. 184. **Verzeichnis** Nr. 118.)

An das Gesetz vom 8. April 1895 (G.=S. S. 91 Fünf=Millionenfonds) hat sich in den folgenden Jahren eine Reihe gleichartiger Gesetze vom 3. Juni 1896, 8. Juni 1897, 20. Mai 1898, 25. Mai 1900, 20. Mai 1902, betreffend die Erweiterung des Staatseisenbahnnetzes und die Beteiligung des Staates an dem Bau von Privateisenbahnen und Kleinbahnen (G.=S. 1896 S. 100, 1897 S. 171, 1898 S. 91, 1900 S. 129. 1902 S. 175) angeschlossen, und es steht zu erwarten, daß der Staat auch in den Folgejahren weitere Mittel für diesen wichtigen Zweck im Wege der Gesetzgebung bereit stellen wird.

Die Zirkularerlasse vom 25. April 1895 und 14. April 1902 stehen im übrigen nicht ganz im Einklang mit der Ausf.=Anw. v. 13. Aug. 1898 Abs. 1 zum § 1 und mit § 5 des Kleinb.=Ges. Nach § 5 l. c. müssen dem Genehmigungsantrage die zur Beurteilung des Unternehmens in finanzieller Hinsicht erforderlichen Unterlagen beigefügt sein. Dazu wird man ohne Zweifel vornehmlich auch den Nachweis staatlicher Beihilfe rechnen müssen. Nach Ziff. 1 des Zirkular=Erlasses vom 25. April 1895 soll aber der Frage der staatlichen Beihilfe erst näher getreten werden dürfen, wenn das Bahnunternehmen als Kleinbahn gemäß § 1 Kleinb.=Ges. anerkannt und den Behörden die Ermächtigung zur Genehmigung als solche erteilt ist. Nach der Ausf.=Anw. Abs. 1 zum § 1 findet nun die Prüfung der Frage in Betreff der Anerkennung des Unternehmens als Kleinbahn erst nach Stellung des Genehmigungsantrages statt. Folglich würde dieser als finanzielle Unterlage den Nachweis der Gewährung einer staatlichen Beihilfe noch nicht enthalten können, wenn die Beihilfe von der vorgängigen Anerkennung des Unternehmens als Kleinbahn abhängig gemacht wird. Es bleibt hiernach nur die Annahme übrig, daß die Zusage der staatlichen Beihilfe dem Unternehmer noch vor Einreichung des Genehmigungsantrages, jedoch nur bedingt, d. h. unter der Voraussetzung erteilt wird, daß die Qualifikation des Unternehmens als Kleinbahn im Genehmigungsverfahren anerkannt wird. Anderenfalls würde sich die Vorschrift des § 5 Kleinb.=Ges., wonach dem Genehmigungsantrage die finanzielen Unterlagen bereits beizufügen sind, hinsichtlich der staatlichen Beihilfe nicht erfüllen lassen.

§ 42.[139])

Die Kleinbahnen unterliegen nachfolgenden Verpflichtungen gegenüber der Postverwaltung:[140])

1) Die Unternehmer haben auf Verlangen der Postverwaltung mit jeder für den regelmäßigen Beförderungsdienst bestimmten Fahrt einen Post=Unterbeamten mit einem Briefsack und, soweit der Platz reicht, auch andere zur Mitfahrt erscheinende Unterbeamte im Dienst

gegen Zahlung der Abonnementsgebühr oder, falls solche nicht besteht, der Hälfte des tarifmäßigen Personengeldes zu befördern.[141])

2) Die Unternehmer solcher Bahnen, welche sich nicht ausschließlich mit Personenbeförderung befassen, sind außerdem verpflichtet, auf Verlangen der Postverwaltung mit jeder für den regelmäßigen Beförderungsdienst bestimmten Fahrt:

a) Postsendungen jeder Art durch Vermittlung des Zugpersonals zu befördern, und zwar Briefbeutel, Brief- und Zeitungspackete gegen eine Vergütung von 50 Pfennig für jede Fahrt, die anderen Sendungen gegen Zahlung des Stückguttarifsatzes der betreffenden Bahn oder, sofern dieser Betrag höher ist, gegen eine Vergütung von 2 Pfennig für je 50 Kilogramm und das Kilometer der Beförderungsstrecke nach dem monatlichen Gesamtgewicht der von Station zu Station beförderten Poststücke;

b) in Zügen, mit welchen in der Regel mehr als ein Wagen befördert wird, eine Abteilung eines Wagens für die Postsendungen, das Begleitpersonal und die erforderlichen Postdienstgeräte, gegen Zahlung der in den Artikeln 3 und 6 des Reichsgesetzes vom 20. Dezember 1875 (Reichs-Gesetzbl. S. 318) und den dazu gehörigen Vollzugsbestimmungen festgesetzten Vergütung, sowie gegen Entrichtung des halben Stückguttarifsatzes der betreffenden Bahn einzuräumen.

3) Die Postverwaltung ist berechtigt, auf ihre Kosten an den Bahnwagen einen Briefkasten anbringen und dessen Auswechselung oder Leerung an bestimmten Haltestellen bewirken zu lassen.

Über die Verpflichtungen der Kleinbahnen gegenüber der Telegraphenverwaltung s. § 8 Abs. 2 Anm. 86 S. 158.

§ 42 Prinzip.

139) Prinzip und Entstehungsgeschichte des § 42.

I. Prinzip. 1. Es ist bereits in den Erläuterungen zum § 9 erörtert worden, daß die Kleinbahnen, nicht den durch Abschn. VII der Reichsverfassung, bezw. des Eisenbahnpostgesetzes vom 20. Dezember 1875 (R.-G.-Bl. S. 878) und dessen Vollzugsbestimmungen, sowie § 36 des Eisenb.-Ges. vom 3. November 1838 den Eisenbahnen auferlegten Verpflichtungen gegenüber der Postverwaltung unterworfen sind. (§ 9 Anm. 88 S. 168.) Da aber die Bedeutung der Kleinbahnen für den öffentlichen Verkehr nach Lage des einzelnen Falles die Übernahme entsprechender Verpflichtungen gegenüber der Reichspostverwaltung erfordert oder doch erfordern kann, die Kleinbahnen daher den Zwecken dieser Verwaltung nutzbar gemacht werden müssen, so gewähren die §§ 9 und 42 des Kleinb.-Ges. hierzu die gesetzliche Handhabe, indem das Kleinb.-Ges. im § 9 bestimmt, daß in der Genehmigung diejenigen Verpflichtungen zu bestimmen sind, welchen der Unternehmer im Interesse der Reichspostverwaltung zu genügen hat, und § 42, — auf welchen § 9 ausdrücklich verweist, — die Art und den Umfang dieser Verpflichtungen regelt.

Durch die Bestimmungen der §§ 9 und 42 wird hiernach nicht etwa eine nach der Reichsverfassung bezw. Reichsgesetzgebung den Kleinbahnen obliegende Verpflichtung präzisiert, sondern es werden in Berücksichtigung der von der Reichspostverwaltung vertretenen öffentlichen Interessen dieser durch die Landesgesetzgebung Befugnisse den Kleinbahnunternehmen gegenüber eingeräumt, auf welche die Reichspostverwaltung nach der Reichsverfassung und -Gesetzgebung einen Anspruch nicht haben würde. Vielmehr müssen gemäß § 9 in jedem einzelnen Falle in der Genehmigung die Verpflichtungen des Kleinbahnunternehmers gegenüber der Postverwaltung bestimmt werden und § 42 setzt nur Art und Umfang dieser Verpflichtungen in ihrem Höchstbetrage fest, derartig, daß bei der konzessionsmäßigen Festsetzung nach § 9 nicht über das Maß der Verpflichtungen des § 42 hinausgegangen werden darf. Die Entscheidung hierüber steht aber — insoweit sie die Grenzen des § 42 enthält — der Postverwaltung zu. Die Genehmigungsbehörde hat nicht darüber zu befinden, wie weit die Bedürfnisse der Postverwaltung gehen, bezw. ob alle oder welche der Verpflichtungen des § 42 aufzunehmen sind. Vielmehr beschränkt sich ihre Kognition darauf, daß das Maß der im § 42 aufgeführten Verpflichtungen durch die Anforderungen der Post nicht überschritten wird.

Die §§ 9 und 42 des Kleinb.-Ges. bilden (§ 11 Anm. 44 S. 179) einen eklatanten Beweis dafür, daß allen Unternehmern von Kleinbahnen als dem öffentlichen Verkehre dienenden Eisenbahnen ausnahmslos die Herstellungs- und Betriebspflicht gesetzlich obliegt und diese gesetzlichen Pflichten nicht davon abhängen, ob sie dem Unternehmer in der Genehmigung besonders auferlegt werden oder nicht. Die gegenteilige Ansicht ist unzutreffend und findet im Gesetze keinen Anhalt.

2) Die Nutzbarmachung der Kleinbahnen für den Postverkehr soll, wie in den Motiven besonders hervorgehoben ist, derartig geschehen, daß sie durch die ihnen auferlegten Leistungen keine materielle Schädigung erfahren.

3) Die Bestimmungen des § 42 erstrecken sich auf alle Arten von Kleinbahnen, gleichviel wer Unternehmer ist (ob der Staat, Gemeinden oder Private), und mit welcher Betriebskraft dieselben betrieben werden. Nur in Betreff der Transportobjekte sind Unterschiede gemacht, je nachdem Bahnen mit Personenbeförderung oder solche, die sich nicht ausschließlich mit Personenbeförderung befassen, in Betracht kommen.

4) § 42 enthält nicht, wie Art. 1 Abs. 1 des Eisenbahnpostgesetzes vom 20. Dezember 1875, die ausdrückliche Bestimmung, daß der Eisenbahnbetrieb, soweit es die Natur und die Erfordernisse desselben gestatten, in die notwendige Übereinstimmung mit den Bedürfnissen des Postdienstes zu bringen ist. Auch ist nicht gemäß Art. 1 Abs. 3 cit. eine Instanz bestimmt, welcher bei Meinungsverschiedenheiten hierüber die Entscheidung zusteht. Doch sprechen die Motive zum § 42 aus, daß die Kleinbahnen für den Postverkehr, soweit dies mit ihren Betriebsverhältnissen vereinbar ist, nutzbar zu machen sind, und es läßt sich daraus die Absicht folgern, daß die Verpflichtungen der Kleinbahnen, ebenso wie die der Haupt- und Nebenbahnen, nicht weiter gehen sollen, als es die Betriebsverhältnisse ihrer Natur nach gestatten, und daß im Streitfalle hierüber die Genehmigungsbehörde, welche die bezüglichen Verpflichtungen der Unternehmer in der Konzession (§ 9), die Fahrpläne und Maximaltarifsätze (§ 14) 2c. festsetzt, zu entscheiden hat.

5) Endlich enthält § 42 nicht eine dem Art. 8 des Eisenbahnpostgesetzes entsprechende Bestimmung zum Schutze der Kleinbahnen gegen die Haftpflicht für Postbeamte.

§ 42 Entstehung. II. Aus der Entstehungsgeschichte des § 42 ist folgendes zu entnehmen: Der Regierungsentwurf (Herren-H. Aktst. Nr. 34 S. 61) (§ 38) lautete wörtlich wie die Eingangsworte und Nr. 1—3 des in das Gesetz übergegangenen § 42. Doch war als Nr. 4 noch ein Zusatz über die Verpflichtung der Unternehmer zur Herstellung von Anschlußgeleisen für Postzwecke beigefügt.

Die Motive zu § 42 lauten: „Bei Feststellung der den Kleinbahnen gegenüber der Postverwaltung aufzuerlegenden Verpflichtungen ist davon ausgegangen worden, daß die Bahnanlagen dieser Art zwar für den Postverkehr, soweit dies mit ihren Betriebsverhältnissen vereinbar ist, nutzbar zu machen sind, daß ihnen aber aus ihren Leistungen kein materieller Schaden erwachsen darf. Demzufolge sind einesteils die Anforderungen für Zwecke der Postverwaltung gegenüber den Bestimmungen des Reichskanzlers, betreffend die Verpflichtungen der Eisenbahnen untergeordneter Bedeutung zu Leistungen für Zwecke des Postdienstes, vom 28. Mai 1879 (Zentralblatt für das Deutsche Reich S. 380), insbesondere soweit es sich um die Gestellung besonderer Wagen und die Einräumung von besonderen Wagenabteilungen für Postdienstzwecke handelt, wesentlich ermäßigt. Andererseits ist an Stelle der dort vorgesehenen festen Vergütungssätze durchweg die Vergütung so geregelt, daß die Postverwaltung dasselbe zahlt, was andere ständige Benutzer der Bahn gleichfalls zu zahlen haben würden. Im Einzelnen ist zu bemerken, daß die Festsetzung eines festen Satzes in der doppelten Höhe des jetzt vertragsweise vielfach eingeführten, durch die vorgedachten Bestimmungen festgesetzten Vergütungssatzes (2 a) sich im beiderseitigen Betriebsinteresse empfiehlt, weil dadurch das zeitraubende Verwiegen der betreffenden Postsendungen entbehrlich wird. (Es folgt nun eine wörtliche Wiedergabe der Art. 3 und 6 des Eisenb.-Ges. vom 20. Dezbr. 1875 [R.-G.-Bl. S. 318] und Ziff. III der Vollzugsbestimmungen vom 9. Febr. 1876 [C.-Bl. f. d. D. R. S. 87].) Die Anlegung der Anschlußgeleise der Postverwaltung (Nr. 4) unterliegt derselben polizeilichen Aufsicht, wie bei der Anlegung anderer Anschlußgeleise in diesem Gesetze vorgesehen ist. Die angemessene Vergütung schließt auch einen dem Umfange der Benutzung entsprechenden billigen Beitrag zur Verzinsung und Tilgung der Kosten der Anlage ein. Die aushilfsweise Festsetzung der Vergütung durch die auch im Enteignungsverfahren und durch andere neue Gesetze zu Festsetzungen dieser Art berufene Instanz wird nicht immer erst nachträglich nach Durchführung der übrigens kaum anders als für Großstädte praktischen Einrichtung zu erfolgen haben, vielmehr die Anrufung der Behörde auch dann erfolgen können, wenn bei den Vorverhandlungen ein Einverständnis nicht erzielt wird, weil anderenfalls es für die Postverwaltung an einer sichern Unterlage dafür fehlen würde, ob die Einrichtung sich wirtschaftlich rechtfertigt oder nicht."

Die Kommission des Herren-H. (Abg.-H. Aktst. Nr. 69 S. 843) beschloß wegen der mit der Bestimmung unter Nr. 4 verbundenen, großen Plackereien, besonders aber weil der Bahnbetrieb fortwährend durch Wünsche und Verlangen der Postverwaltung ausgedehnt und verteuert werden könnte, die Streichung der Nr. 4 und nahm den so amendierten § 42 einstimmig an.

In der Kommission des Abg.-Hauses (Aktst. Nr. 206 S. 2298) äußerte sich ein Mitglied dahin, daß es gegen den Paragraphen nichts einzuwenden habe.

wenn festgestellt würde, daß die kleinen Bahnen nicht verpflichtet seien, der Post wegen besondere Einrichtungen zu treffen. Der Vertreter der Postverwaltung erklärte darauf, daß gemäß der in dem Gesetzentwurf angezogenen Bestimmungen des Artikel III des Reichsgesetzes vom 20. Dezbr. 1875 (Reichsgesetzblatt S. 318) die Herstellung und Wiederbeseitigung der für die Zwecke der Postverwaltung in Eisenbahnwagen erforderlichen Einrichtungen einer besonderen Postabteilung auf Kosten der Postkasse erfolge und daß diese Bestimmung auch hier Platz greifen würde.

Ein anderes Mitglied fragte ferner an, ob die Pferdebahnen auch zur Beförderung von Packeten benutzt werden sollten. Der Minister bejahte dies, doch würde den Pferdebahnen jedenfalls eine besondere Einrichtung zur Beförderung von Packeten nicht zugemutet werden. Dasselbe Mitglied wendete sich gegen Nummer 3 ebenfalls in ihrer Ausführung auf die Pferdebahnen und betonte, daß es denselben erhebliche Umstände bereiten könne, wenn sie gezwungen wären, der Leerung der Briefkasten wegen besonders halten zu lassen. Der Vertreter der Postverwaltung erwiderte, daß eine Belästigung der Pferdebahnen durch Anbringung der Briefkasten nicht beabsichtigt sei und die Pferdebahnen nicht genötigt werden sollten, öfter oder länger, als wie sie sonst tun würden, zu halten.

Nach diesen Erklärungen wurde der § 88 in der Kommission angenommen und ging unbeanstandet in das Gesetz als § 42 über.

140) Die Eingangsworte des § 42 geben dem Grundsatze Ausdruck, daß die Kleinbahnen bestimmten, in den folgenden Nummern 1—8 aufgeführten Verpflichtungen gegenüber der Postverwaltung unterliegen. § 42 Eingangsworte.

1. Diese Verpflichtungen sind nicht — wie in den legislativen Verhandlungen konstatiert wurde — gleichmäßig und in allen Fällen zu erfüllen, sondern sie bezeichnen nur den Höchstbetrag der Leistungen, welche die Postverwaltung von den Kleinbahnen zu beanspruchen hat. Über dieses Maß darf nicht hinausgegangen, wohl aber unter dasselbe heruntergegangen werden. Innerhalb dieser Maximalgrenze sind von der genehmigenden Behörde (§ 3) gemäß § 9 in der Konzession diejenigen Verpflichtungen genau und im einzelnen zu bestimmen, welchen der Unternehmer im Interesse der Postverwaltung zu genügen hat. Darauf deutet der Hinweis auf § 42 im § 9 ausdrücklich hin. Es liegt in der Natur der Sache, daß die Reichspostverwaltung zu diesem Behufe vor der Erteilung einer jeden Genehmigung in Betreff ihrer Anforderungen gehört werden muß. Nach Maßgabe dieser Anforderungen sind sodann in der Genehmigung von der genehmigenden Behörde die Verpflichtungen des Unternehmers zu bestimmen, wobei sie aber die konkreten Verhältnisse und die Natur des Betriebes in jedem Falle zu berücksichtigen hat. Der Postverwaltung sind gegen die Festsetzungen der Genehmigungsbehörde die Rechtsmittel des § 52 ebenso gegeben, wie dem Unternehmer. (Vgl. K. Hilse d. Straßenb. u. Kleinb.-Zeitg. 1898 Nr. 12 S. 208 u. Zeitschr. f. d. ges. Lok.- u. Straßenb.-Wes. 1900 Nr. 3 S. 181.)

2. Die den Kleinbahnen durch § 42 auferlegten Verpflichtungen sind gegen positive, in den Nr. 1 u. 2 von der Reichspostverwaltung zu leistende Vergütungen zu erfüllen. Es ist dabei von dem Grundsatze ausgegangen, daß die Kleinbahnen durch ihre Leistungen für den Postdienst keinen materiellen Schaden erleiden, d. h. diesen entsprechende Entschädigung erhalten sollen. Damit ist mittelbar ausgesprochen, daß sie einen Gewinn, wie Privaten gegenüber, aus den Leistungen für

die Post nicht ziehen sollen, sondern lediglich eine Deckung für ihre Aufwendungen. (Vgl. auch Lochte, S. 107.)

3. Den im § 42 bestimmten Verpflichtungen unterliegen ausnahmslos sämtliche Kleinbahnen. Es kommt weder die Betriebskraft in Betracht, mit welcher sie betrieben werden (Pferde-, Dampf-, elektrische rc. Bahnen), noch die Person des Unternehmers (Staat, Gemeinden, Gesellschaften, Korporationen, Einzelpersonen), noch die Ausdehnung. Nur in Hinsicht auf die Art der Beförderungsobjekte wird ein Unterschied gemacht: I. Die Verpflichtung aus Nr. 1 (Beförderung von Postunterbeamten mit einem Briefsack mit jeder regelmäßigen Fahrt und, soweit der Platz reicht, auch anderer Unterbeamten) erstreckt sich nur auf Bahnen mit Personenbeförderung, bezw. Personenzügen (s. Anm. 141 S. 403). II. Die Verpflichtungen aus Nr. 2a u. b (Beförderung von Postsendungen durch Vermittelung des Zugpersonals und die Einräumung einer Wagenabteilung in Zügen, mit welchen in der Regel mehr als ein Wagen befördert wird) treten — wie das Wort „außerdem" andeutet — zu der Verpflichtung aus Nr. 1 bei denjenigen Bahnen hinzu, welche sich nicht ausschließlich mit Personenbeförderung befassen, d. h. zu deren Geschäftskreise der Personen- und Güterverkehr, der sogenannte gemischte Verkehr gehört (s. Anm. 142 S. 404). In Betreff ihrer regelmäßigen Güterzüge haben diese Bahnen auch die Verpflichtungen aus Nr. 2a u. b zu erfüllen. Es ist eine Lücke des Gesetzes, daß über Kleinbahnen mit bloßem Güterverkehr nichts bestimmt ist. Doch kann es nicht zweifelhaft sein, daß die Güter-Kleinbahnen in Betreff ihrer regelmäßigen Güterzüge gleichfalls den Verpflichtungen aus Nr. 2a und b unterliegen. III. Den Verpflichtungen aus Nr. 3 (Gestattung der Anbringung eines Briefkastens an den Bahnwagen, der Auswechselung und Leerung desselben an bestimmten Haltestellen) sind ausnahmslos alle Kleinbahnen unterworfen.

4. Da die im § 42 aufgeführten Verpflichtungen der Kleinbahnen gegenüber der Postverwaltung den Höchstbetrag darstellen, so ist die Inanspruchnahme anderer, als dieser Verpflichtungen seitens der Postverwaltung unstatthaft und die genehmigende Behörde nicht befugt, in der Genehmigung gemäß § 9 darüber hinausgehende Leistungen den Kleinbahnunternehmern aufzuerlegen. Dies wurde in den Verhandlungen wiederholt konstatiert und geht auch aus der Ablehnung des Zusatzes, betreffend die Pflicht zur Gestattung von Anschlüssen für Postzwecke, „wegen der großen damit verbundenen Plackereien, besonders aber weil der Bahnbetrieb fortwährend durch Wünsche und Verlangen der Postverwaltung ausgedehnt und verteuert werden könnte", hervor. Was die Anschlußpflicht betrifft, so kann die genehmigende Behörde, da § 10 sich nur auf Anschlußgeleise für den Privatverkehr bezieht, einen Vorbehalt gemäß § 10 zu Gunsten der Postanstalten als Anstalten für den öffentlichen Verkehr, nicht in Anwendung bringen (§ 10 Anm. 41 S. 172). Da nun bei § 42 die regierungsseitig vorgeschlagene Aufnahme eines besonderen, die Anschlußpflicht gegenüber Postanstalten betreffenden Zusatzes abgelehnt worden ist, so besteht eine Berechtigung der Postverwaltung, für ihre Postanstalten Anschlußgeleise an Kleinbahnen zu fordern, überhaupt nicht und kann auch von der genehmigenden Behörde im Wege der Konzession nicht auferlegt werden. Ebensowenig darf den Kleinbahnen die Beförderung eines oder mehrerer Eisenbahnpostwagen oder mehrerer Wagenabteilungen für Postzwecke (Art. 2 u. 5 Eisenb.-Postges.), ferner die Beschaffung, Unterhaltung, Reinigung von

Eisenbahnpostwagen (Art. 6 l. c.) oder die Anlage und Unterhaltung von Postdiensträumen und Dienstwohnungen (Art. 7 l. c.) — wenngleich gegen entsprechende Vergütung — auferlegt werden.

141) Nr. 1 des § 42 legt zunächst allen Kleinbahnen, welche der Personenbeförderung dienen, d. h. sowohl den bloßen Personenbahnen, wie den Bahnen mit Personen- und Güter- (gemischtem) Verkehr in Betreff ihrer Personenzüge gegenüber der Postverwaltung bestimmten Verpflichtungen gegen bestimmte Vergütungen auf. § 42 Nr. 1.

a) Diese Verpflichtungen sind auf Kleinbahnen mit Personenbeförderung bezw. mit Personenzügen beschränkt, sei es, daß sie der Personenbeförderung ausschließlich oder in Verbindung mit Güterbeförderung dienen. Auf Güterzüge erstrecken sich die Verpflichtungen aus Nr. 1 nicht, wie sich sowohl aus der Art der dafür festgesetzten Vergütungen, wie aus der Gegenüberstellung der in Nr. 2 bezeichneten Bahnen ergibt. (A. M. Gleim S. 185).

b) Die Verpflichtungen der unter a bezeichneten Unternehmer bestehen darin, daß sie auf Verlangen der Postverwaltung mit jeder für den regelmäßigen Beförderungsdienst bestimmten Fahrt 1) einen Postunterbeamten mit einem Briefsack und 2) — soweit der Platz reicht — auch andere zur Mitfahrt erscheinende Unterbeamte im Dienst zu befördern haben. Die erstere dieser Verpflichtung ist eine absolute, die Beförderung eines Postunterbeamten mit einem Briefsack muß erfolgen, sie darf nicht wegen Platzmangels abgelehnt werden; es dürfen daher nur so viele Plätze besetzt werden, daß jedenfalls für einen Postunterbeamten nebst Briefsack Raum bleibt. Dagegen ist die Erfüllung der zweiten Verpflichtung von dem Vorhandensein ausreichenden Platzes abhängig, kann daher abgelehnt werden, wenn diese Voraussetzung nicht zutrifft. Hierüber entscheidet im Zweifel der diensttuende Stationsbeamte, event. der Zugführer oder Kondukteur. Die Verpflichtung besteht nur in Betreff solcher Unterbeamten, für welche die Beförderung im Dienste, d. h. in dienstlicher Verrichtung erforderlich ist, dazu gehören auch dienstliche Verrichtungen unterwegs, Rückkehr vom Dienst (arg. Eisenb.-Postges. Art. 2b) 2c. Hinsichtlich der Zahl ist eine Beschränkung nicht vorgeschrieben. Doch bedürfen die zur Mitfahrt erscheinenden Unterbeamten einer ausreichenden Legitimation (Karten, Bescheinigungen 2c.). Die Mitnahme von Briefsäcken oder Gerätschaften ist ihnen nicht gestattet. Die Verpflichtung erstreckt sich nicht auf die Beförderung höherer Postbeamten.

Die bezüglichen Leistungen liegen den Unternehmern nur „auf Verlangen der Postverwaltung“ ob. Dies bedeutet einerseits, daß die Postverwaltung der Konzessionsbehörde die Anforderung auszusprechen hat, daß die Verpflichtung des Unternehmens in der Genehmigung aufgenommen werde, und die Konzessionsbehörde hierüber gemäß § 9 in der Genehmigung Bestimmung trifft, andererseits, daß die zuständige Postbehörde auf Grund dieser Bestimmung vom Unternehmer gegebenenfalls die qu. Leistung beansprucht. Dies braucht nach der Natur der Sache nicht speziell in jedem einzelnen Falle zu geschehen, sondern kann von Zeit zu Zeit generell erfolgen. Sache der Postverwaltung ist es alsdann, diejenigen Züge zu bezeichnen, welche zur Beförderung benutzt werden sollen, damit ihren Beamten die erforderlichen Plätze gesichert werden. (Vollzugsbest. I, zu Art. 1 Eisenb.-Postgesetz.)

c) Die Verpflichtung zur Beförderung der unter b bezeichneten Postunterbeamten erstreckt sich auf jede für den regelmäßigen Beförderungsdienst bestimmte Fahrt, d. h. auf alle fahrplanmäßigen Personenzüge nach Maßgabe der festgestellten und öffentlich bekannt gemachten Fahrpläne (§§ 14, 21). Ein Ausschluß irgend welcher fahrplanmäßiger Züge, z. B. wegen besonders kurz bemessener Fahrzeit (Art. 2 Abs. 3 Eisenb.-Postges.), ist nicht gestattet. Dagegen bezieht sich die Verpflichtung auf Sonder- und Extrazüge ꝛc. wie überhaupt auf alle nicht fahrplanmäßigen Fahrten nicht. Noch weniger kann die Einlegung besonderer Züge für die Zwecke des Postdienstes von der Postverwaltung beansprucht werden. Bei Feststellung der Fahrpläne ist zwar weder der zuständigen Behörde (§ 14 Abs. 1), noch dem Unternehmer — soweit diesem die Feststellung überlassen ist (§ 14 Abs. 2) — die Pflicht auferlegt, sich vorher mit der Postverwaltung in Benehmen zu setzen, noch ist diese berechtigt, hierbei eine Mitwirkung oder Zustimmung zu beanspruchen (wie nach Ziff. I der Vollzugsbest. z. Eisenb.-Postgesetz).

Andererseits ist jedoch in den Motiven zum Ausdruck gebracht, daß die Kleinbahnen, soweit dies mit ihren Betriebsverhältnissen vereinbar ist, für den Postverkehr nutzbar zu machen sind, und dies kann erfolgreich nur geschehen, wenn in Betreff der Fahrpläne den vor Feststellung des Fahrplanes einzuholenden Wünschen der Postverwaltung tunlichst und ohne Nachteil für den Betrieb Rechnung getragen wird. — In der Zahl der täglichen Fahrten sind die Postunterbeamten nicht beschränkt; sie können, so oft es der Dienst erfordert, jeden regelmäßigen Zug täglich auch mehrere Male benutzen.

d) Der Beförderungspflicht des Unternehmers steht gegenüber die Verpflichtung der Postverwaltung zur Zahlung der Abonnementsgebühr oder, falls solche nicht besteht, der Hälfte des tarifmäßigen Personengeldes. Da die Abonnementsgebühr in der Regel $^2/_3$—$^1/_2$ des tarifmäßigen Personengeldes beträgt, so entsprechen diese Sätze den auch von den ständigen Benutzern der Bahn zu zahlenden. Zweifelhaft kann nur sein, ob die Abonnementsfahrkarte an die Person eines bestimmten Beamten geknüpft ist. Es läßt sich dies aber nicht annehmen, weil anderenfalls bei dem häufigen Wechsel der Beamten, die Benutzung und der Vorteil der Abonnementsfahrkarte illusorisch sein würde.

§ 42 Nr. 2 Eingangsworte. 142) Nach den Eingangsworten der Nr. 2 des § 42 treten für die Unternehmer derjenigen Kleinbahnen, welche sich nicht ausschließlich mit der Personenbeförderung befassen, zu den in Nr. 1 bezeichneten Verpflichtungen noch zwei weitere Verpflichtungen gegenüber der Postverwaltung hinzu, nämlich die unter Nr. 2a u. b bezeichneten: die Beförderung von Postsendungen jeder Art durch Vermittelung des Zugpersonals und der Einräumung einer Wagenabteilung in Zügen mit mehr als einem Wagen.

a) Die Bahnen, welche sich nicht ausschließlich mit der Personenbeförderung befassen, mithin nicht nur dem Personen-, sondern auch dem Güterverkehr, dem sogenannten gemischten Verkehr dienen (Anm. 140 Ziff. 8 S. 402ff.), haben hiernach — wie das Wort „außerdem“ klar erkennen läßt, — sowohl die in Nr. 1, wie in Nr. 2 aufgeführten Verpflichtungen, d. h. sie sind 1. in Betreff ihrer Personenzüge zu den Leistungen unter Nr. 1, 2. in Betreff ihrer Güter- oder gemischten Züge zu den Leistungen unter Nr. 2a u. b verpflichtet. Daß auch Pferdebahnen, insofern sie sich nicht ausschließlich mit der Personenbeförderung befassen, den Verpflichtungen der Nr. 2a u. b unterliegen, wurde in der Abg.-Haus-Kommission regierungsseitig bestätigt. Besondere Einrichtungen (Nr. 2b) dürfen jedoch den Pferdebahnen jedenfalls nicht zugemutet werden. Eine positive Bestimmung über die Verpflichtungen der lediglich der Güterbeförderung dienenden Bahnen fehlt, da Nr. 1 sich nur auf Bahnen mit Personen- und Güterbeförderung bezieht. Diese Omission beruht aber ohne Zweifel lediglich auf einem redaktionellen Versehen, da kein Grund vorliegt, die Güterbahnen von den Verpflichtungen unter Nr. 2a u. b des § 42 zu liberieren.

b) Die Verpflichtungen unter Nr. 2a und b sind „auf Verlangen der Postverwaltung" von den Unternehmern der vorbezeichneten Kleinbahnen zu erfüllen, und zwar „mit jeder für den regelmäßigen Beförderungsdienst bestimmten Fahrt" (sc. von Güterzügen oder gemischten Zügen). Es wird hierbei auf die betreffenden Erläuterungen zu Nr. 1 (Anm. 141 b S. 403 und c S. 403, 404 Bezug genommen. Der Ausschluß einzelner Züge von der Beförderung von Postsendungen (s. Art. 2 Abs. 3, Art. 5 Abs. 2 Eisenb.-Postges.) ist den Kleinbahnunternehmern nicht gestattet.

143) Nr. 2 legt unter lit. a den Unternehmern die Verpflichtung auf, „Postsendungen jeder Art" durch Vermittlung des Zugpersonals zu befördern. § 42 Nr. 2a.

I. „Postsendungen jeder Art" umfassen dem Wortlaute nach alle Postsendungen ausnahmslos. Nur in Betreff der Vergütung (Gegenleistung, Frachtgebühr) wird unterschieden zwischen Briefbeuteln, Brief- und Zeitungspacketen einerseits und anderen Postpacketen andererseits, indem für die ersteren ein fester Satz von 50 Pfennig für jede Fahrt (und jeden Beutel bezw. jedes Packet), für die letzteren der Stückguttarifsatz der betreffenden Bahn oder, sofern dieser Betrag höher ist, eine Vergütung von zwei Pfennig für je 50 Kilogramm und das Kilometer der Beförderungsstrecke nach dem monatlichen Gesamtgewicht der von Station zu Station beförderten Poststücke vergütet wird. Ohne Zweifel gehen jedoch die Worte „Postsendungen jeder Art" zu weit, weil sie mangels jeder Einschränkung auch Geld- und Wertsendungen (Geldbriefe, Wertpackete, Postanweisungen 2c.) in sich schließen und damit die Kleinbahnunternehmer mit einer zweifellos nicht beabsichtigten Verantwortlichkeit belasten würden. Es ist daher anzunehmen, daß hier eine Omission vorliegt und nach Analogie des Art. 5 Abs. 2, Eisenb.-Postges. Geld- und Wertsendungen ausgeschlossen sein sollen. (Zustimmend Gleim S. 185.)

II. Die Beförderung der Postsendungen soll „durch Vermittelung des Zugpersonals" erfolgen. Es muß zu diesem Behufe eine Überweisung der betreffenden Postsendungen seitens der Postverwaltung an die Kleinbahnverwaltung erfolgen (Art. 4 und 5, Abs. 2 Eisenb.-Postges.), welche damit die Pflichten eines Frachtführers der ersteren gegenüber übernimmt. Es empfiehlt sich mangels besonderer Vorschriften, das in den Vollzugsbestimmungen Nr. IV Ziff. 4 zum Art. 5 des Eisenb.-Postgesetzes bestimmte Verfahren analog zur Anwendung zu bringen.

III. Der Unternehmer ist nicht verpflichtet, für die Beförderung der dem Zugpersonale überwiesenen Postsendungen besondere Einrichtungen in den Eisenbahnwagen zu treffen (Wagenabteile, Verschläge, Schränke, Gitter 2c.) oder ein oder mehrere Wagen zu diesem Behufe anzuhängen. Vielmehr hat die Mitnahme der Postsendungen durch das Zugpersonal nur soweit zu erfolgen, als in dem fahrplanmäßig beförderten Eisenbahnwagen nach Aufnahme der rechtzeitig angemeldeten und zu befördernden Eisenbahnfrachtgüter noch der Platz für Postsendungen reicht. Die letzteren haben einen Vorrang vor der ersteren nicht zu beanspruchen. Noch weniger kann die Postverwaltung eine Vermehrung des Zugpersonals oder die Einstellung besonders für den Postdienst vorgebildeter Zugbediensteten fordern. Bedarf die Postverwaltung mit Rücksicht auf die Art und den Umfang der Postsendungen besonderer Einrichtungen bezw. Wagenabteilungen, so bleibt es ihr überlassen, von ihren Befugnissen aus Nr. 2b (Anm. 144) Gebrauch zu machen.

IV. In Betreff der Vergütung ist unterschieden zwischen Briefbeutel, Brief- und Zeitungspacketen und zwischen anderen Postsendungen.

1. Für Briefbeutel, Brief- und Zeitungspackete ist eine Vergütung von 50 Pfennig für jede Fahrt zu entrichten. Es ist nicht klar, ob dieser Betrag für jeden Briefbeutel ꝛc. oder für alle auf der betreffenden Fahrt zu befördernden Briefbeutel ꝛc. zusammen zu zahlen ist. Doch ergeben die Verhandlungen der Abg.-H.-Kommission, daß das letztere gemeint ist.

2. Für alle anderen Sendungen besteht die Vergütung in der Zahlung des Stückguttarifsatzes der betreffenden Bahn. Zu Gunsten der Post ist aber bestimmt, daß, wenn dieser Stückgutssatz höher ist, als der 2 Pfennig-Satz pro 50 Kilogr. und 1 Kilometer, sie nur den letzteren Satz zu zahlen hat. Für die Berechnung desselben werden die Vollzugsbestimmungen Nr. II Ziff. 4 zu Art. 2 des Eisenb.-Postgesetzes analog zur Anwendung zu bringen sein.

§ 42 Nr. 2b. **144**) Nr. 2 verpflichtet unter lit. b die Unternehmer, in Zügen, mit welchen in der Regel mehr als ein Wagen befördert wird, eine Abteilung eines Wagens für die Postsendungen, das Begleitpersonal und die erforderlichen Postdienstgeräte einzuräumen, und zwar gegen eine Vergütung, welche in den Art. 3 und 6 des Eisenb.-Postges. und seinen Vollzugsbestimmungen dafür festgesetzten Beträgen und und in dem halben Stückguttarifsatze der betr. Bahn besteht.

I. Die Verpflichtung des Unternehmers aus Nr. 2b besteht nur für Züge, mit welchen in der Regel mehr als ein Wagen befördert wird, d. h. für Züge mit in der Regel mehreren Wagen. Besteht der Zug in der Regel nur aus einem Wagen, so ist der Unternehmer zur Einräumung einer besonderen Wagenabteilung der Post nicht verpflichtet. Besteht aber der Zug in der Regel aus mehreren Wagen, so ist der Unternehmer zur Einräumung einer besonderen Wagenabteilung der Post auch dann verpflichtet, wenn ausnahmsweise (wegen geringen Verkehrs, Mangels an Wagen ꝛc.) der Zug nur mit einem Wagen geführt wird.

II. Die Verpflichtung des Unternehmers besteht in der Einräumung einer Wagenabteilung für die Postsendungen, das Begleitpersonal und die erforderlichen Postdienstgeräte.

1. Die Einräumung einer Wagenabteilung setzt voraus, daß einzelne Wagenabteilungen vorhanden sind. Sind solche nicht vorhanden, so legt strenggenommen das Gesetz dem Unternehmer die Verbindlichkeit nicht auf, eine Abteilung durch besondere Einrichtungen herzustellen. Denn dem Wortsinne nach liegt begrifflich in der „Einräumung“ an sich nur ein passives Geschehenlassen, nicht eine Herstellungspflicht. Indes geht aus den Verhandlungen der Abg.-H.-Kommission hervor, daß man event. auch die Herstellung und Wiederbeseitigung der für die Zwecke der Postverwaltung in Eisenbahnwagen erforderlichen Einrichtungen einer besonderen Postabteilung auf Kosten der Postkasse darunter verstanden wissen wollte. Nur in Betreff der Packetbeförderung durch Pferdebahnen erklärte der Minister der öffentl. Arbeiten, daß diesen jedenfalls eine besondere Einrichtung zur Beförderung von Packeten nicht zugemutet werden würde.

2. Die Verpflichtung bezieht sich nur auf die Beförderung der Postsendungen, des Begleitpersonals und der erforderlichen Postdienstgeräte;

nicht auf andere Kategorien. Was unter Postsendungen, Begleitpersonal und Postdienstgeräten zu verstehen, definiert das Gesetz nicht. Im Zweifel werden die Bestimmungen des Art. 2 lit. a—c Eisenb.-Postges. nebst den zugehörigen Vollzugsbestimmungen analog anzuwenden sein. Nach den Vollzugsbestimmungen Nr. II Ziff. 2 zum Art. 2 des Eisenb.-Postgesetzes wird die Zahl der Postbeamten, welche zur Begleitung der Postsendungen, sowie zur Verrichtung des Dienstes unterwegs bei jedem Zuge regelmäßig mitgehen sollen, von der Postverwaltung bestimmt und der Eisenbahnverwaltung mitgeteilt. Die Eisenbahnverwaltung ist befugt, darüber zu wachen, daß eine mißbräuchliche Personenbeförderung in den Wagenabteilungen nicht stattfinde, und kann zu diesem Behufe Auskunft mindestens über die Anzahl der berufenen Begleiter beanspruchen (Gleim S. 185).

III. Die Gegenleistung der Postverwaltung für die Einräumung einer besonderen Wagenabteilung und die Beförderung ihres Inhalts besteht 1. in der Zahlung der in den Art. 3 und 6 des Reichsges. v. 20. Dezember 1875 (Eisenb.-Postgesetz) und den dazu gehörigen Vollzugsbestimmungen festgesetzten Vergütung und 2. in der Entrichtung des halben Stückguttarifsatzes der betreffenden Bahn. Zu der nach dem Eisenb.-Postgesetz und den Vollzugsbestimmungen der Haupt- und Nebenbahnen zu leistenden Vergütung tritt also bei Kleinbahnen noch der halbe Stückguttarifsatz der betr. Bahn hinzu. Um diesen ist also die den Kleinbahnen zu gewährende Vergütung höher, als die den Haupt- und Nebenbahnen zustehende.

IV. Dem Kleinbahnunternehmer liegt in den Fällen der Nr. 2b des § 42 nicht die Haftpflicht des Frachtführers ob, da er die Beförderung der in der Post eingeräumten Wagenabteilung nicht auf Grund eines Frachtvertrages übernimmt, vielmehr liegt nur die Vermietung eines Wagenraumes und die Gewährung der Zugkraft für denselben vor, während die Post die den Frachtvertrag abschließende, das Gut annehmende und abliefernde Frachtführerin ist. Der Unternehmer haftet mithin lediglich nach den Normen des Miets- und Dienst-Vertrages (B.-G.-B. §§ 535 ff., 611 ff.). Vgl. v. Hahn, Komment. z. H.-G.-B. II S. 575. Endemann, Handelsr. S. 717 Anm. 4. Keyßner, H.-G.-B. S. 436, 437. Thöl, Handelsr. III S. 6. Schott in Endemanns Handb. des Handelsr. III S. 290. Eger, Deutsch. Frachtr. II Aufl. Bd. 1 S. 21. 80.

145) Nr. 3 gibt der Postverwaltung die Berechtigung, auf ihre Kosten an den Bahnwagen einen Briefkasten anbringen und dessen Auswechselung oder Leerung an bestimmten Haltestellen bewirken zu lassen. § 42 Nr. 3.

1. Die Unternehmer haben die entsprechende Verpflichtung, diese Maßnahmen der Postverwaltung zu dulden, insbesondere die Anbringung des Briefkastens an den Bahnwagen geschehen zu lassen und in Betreff der zur Auswechselung oder Leerung desselben bestimmten Haltestelle sei es bei Aufstellung der Fahrpläne oder anderer geeigneter Gelegenheit mit der zuständigen Postbehörde in Benehmen zu treten. Eine Beeinträchtigung des Eisenbahnbetriebes z. B. durch längeren, als für diesen notwendigen Aufenthalt auf den designierten Haltestellen zum Zwecke der Auswechselung oder Leerung der Briefkasten darf aber durch die Ausübung dieses Rechts nicht hervorgerufen werden. Beides muß in der für den Eisenbahnbetrieb erforderlichen Haltezeit geschehen, wie der Vertreter der Postverwaltung in der Kommission des Abg.-Hauses erklärte. (Kommissions-Ber. d. Abg.-Hauses S. 43/44.) Mit Recht weist Gleim § 42 Anm. 2 darauf hin, daß dies generell für alle

Kleinbahnen gelte. Wenn die Erklärung nur auf Pferdebahnen lautete, so erkläre sich dies daraus, daß die Frage speziell für Pferdebahnen gestellt war. Gründe, die Pferdebahnen in dieser Beziehung anders, wie die übrigen Kleinbahnen zu behandeln, seien nicht vorhanden. Aus gleichem Grunde darf die Post auch nicht eine Herausziehung von Eisenbahnwagen aus dem Verkehre auf längere Zeit beanspruchen, um die Briefkasten an denselben anbringen zu lassen und die bezüglichen Einrichtungen dafür zu treffen.

2. Die Berechtigung aus Nr. 3 steht der Postverwaltung gegenüber allen Kleinbahnunternehmern ausnahmslos zu (unter der Voraussetzung der Feststellung in den Konzessionsbedingungen gemäß § 9). Während die Berechtigung der Post aus Nr. 1 (bezw. die entsprechende Verpflichtung) nur in Betreff der Kleinbahnen mit Personenbeförderung (Anm. 141 S. 403), aus Nr. 2 nur in Betreff der Kleinbahnen mit Personen- und Güter- oder mit bloßer Güterbeförderung besteht (Anm. 142 S. 404ff.), umfaßt die Berechtigung aus Nr. 3 alle Kleinbahnen, gleichviel ob dieselbe dem Personen, dem gemischten (Personen- und Güter-) oder dem reinen Güter-Verkehr dienen — überall unter der Voraussetzung, daß keine Betriebsbeeinträchtigung für die Unternehmer damit verbunden ist.

3. Die Postverwaltung hat das in Rede stehende Recht ausschließlich auf ihre Kosten auszuüben. Sie hat nicht nur die Briefkasten für ihre Rechnung zu beschaffen, sondern auch die Kosten, welche durch die Anbringung derselben an den Bahnwagen entstehen, zu tragen. Daraus folgt, daß die Post, wenn sie einen mit dieser Einrichtung versehenen Wagen nicht mehr für den qu. Zweck benutzen will, die Wiederherstellung des Wagens in den früheren Zustand gleichfalls auf ihre Kosten zu bewirken hat. Ist es notwendig, die Wagen hierzu dem Verkehre zu entziehen, so ist die Post zur entsprechenden Entschädigung des Unternehmers verpflichtet. Desgleichen liegen ihr alle mit der Auswechselung und Leerung der Briefkasten verbundenen Kosten ob. Sie darf sich dazu nicht kostenlos der Vermittelung des Zug- oder Stationspersonals bedienen. Leistet dieses — mit Genehmigung der Eisenbahnverwaltung — hierbei Hülfe, so muß es auf Verlangen postseitig dafür angemessen entschädigt werden.

II. Privatanschlußbahnen.

Vorbemerkung zum Abschnitt II (§§ 43—51) betr. Privatanschlußbahnen.

Abschn. II Prinzip. **146**) A. Der II. Abschnitt des Gesetzes umfaßt die Regelung der Rechtsverhältnisse der Privatanschlußbahnen.

I. In gleicher Weise, wie die Rechtsverhältnisse der dem öffentlichen Verkehre dienenden Kleinbahnen, waren auch diejenigen der Privatgleise, und zwar sowohl der mit einer öffentlichen Eisenbahn durch Weichenanschluß verbundenen, wie der selbständig für sich bestehenden — abgesehen von den dem Allgemeinen Berggesetz vom 24. Juni 1865 unterworfenen Bergwerksbahnen (s. § 51 Kleinb.-Ges., §§ 135, 196 Berg.-Ges.) — bisher weder nach ihrer besonderen Natur, noch nach ihren Bedürfnissen einheitlich geregelt. Es sind hier nicht diejenigen Gleise gemeint, welche integrirende Teile oder Zubehör öffentlicher Bahnen bilden und von diesen auf Grund ihrer Konzessionen angelegt und betrieben werden. Denn diese sind, wenn auch zeitweise oder bis zum Hervortreten eines öffentlichen Bedürfnisses privaten Zwecken des Unternehmers oder Dritter dienend, den für die Hauptbahn geltenden Normen in allen Beziehungen unterworfen (Gleim, Eisenb.=Arch. 1887, S. 467/8, 472, Löwe, Über die privatrechtliche und wirtschaftliche Natur des Privatanschlußgleises eod. 1898 S. 1—82 und S. 244—267. Erl. v. 18. Mai 1897 E.=V.=Bl. S. 139, Zeitschr. f. Kleinb. S. 399.) Vielmehr kommen diejenigen Gleise in Betracht, welche lediglich den Privatzwecken ihrer Eigentümer dienen (Gleim, Eisenb.=Arch. 1887, S. 470 ff., 474 und 1892, S. 1127). Mit Rücksicht auf ihren rein privaten Zweck und Charakter unterlagen sie nur insoweit einer staatlichen Einwirkung, wie dies für die Herstellung und den Betrieb gleichartiger gewerblicher Anlagen in den allgemeinen Rechtsnormen bestimmt war. Da sie nicht dem öffentlichen Verkehre gewidmet waren, besaßen sie den rechtlichen Charakter von Eisenbahnen nicht. Dies galt auch für die mit öffentlichen Eisenbahnen verbundenen Privatgeleise, auch diese wurden nicht als Teile oder Zubehör der anschließenden Eisenbahnen betrachtet und deren Normen unterworfen, sondern unterlagen gleichfalls nur den allgemeinen Rechtsnormen baulicher Anlagen dieser Art.

Mit Rücksicht auf diesen wenig genügenden Rechtszustand (Gleim, Arch. 1887 S. 477 ff., 1892, S. 1127) und die große Verschiedenartigkeit der Anschluß=Verträge bezw. =Bedingungen und der dadurch herbeigeführten Einwirkung auf Anlage und Betrieb der Privatgeleise seitens der Eisenbahn=Verwaltungen und Aufsichtsbehörden, empfahl es sich daher, mit der Regelung der Rechtsverhältnisse der Kleinbahnen, wie sie im I. Abschnitte des vorliegenden Gesetzes erfolgt ist, eine solche für jene Privatanschlußgeleise zu verbinden und damit im Interesse der Verkehrsentwickelung gleichfalls den Grundsatz zur Geltung zu bringen, daß zwar den beteiligten Verkehrsinteressen in vollem Umfange Rechnung zu tragen, aber jede dadurch nicht notwendig bedingte Beschränkung und Belastung der bezeichneten Verkehrsunternehmen zu vermeiden sei. Der II. Abschnitt des vorliegenden Gesetzes erstreckt sich jedoch nicht auf die gesetzliche Regelung der Verhältnisse aller dieser Privat=Anschlußgleise, sondern umfaßt nur diejenigen, welche mit den dem öffentlichen Verkehre dienenden Eisenbahnen — den dem Eisenb.=Ges. vom 3. November 1838 und dem Kleinb.=Ges. vom 28. Juli 1892 Abschnitt I unterworfenen — derart in unmittelbare Gleisverbindung stehen, daß ein Übergang der Betriebsmittel stattfinden kann, und beschränkt sich auch bezüglich dieser Anschlußgleise lediglich auf solche, welche zum Betriebe mit Maschinen eingerichtet werden sollen. Diese Geleise begreift der Abschnitt II unter der Bezeichnung „Privatanschlußbahnen". Die Beschränkung gründet sich auf das Erfordernis höherer Betriebssicherheit hinsichlich der mit Maschinenkraft betriebenen und an öffentliche Bahnen unmittelbar angeschlossenen Gleise.

II. Wenngleich aber hierbei die Normen für die Privatanschlußbahnen denjenigen für die Kleinbahnen tunlichst nachgebildet sind, so sind doch wesentliche Abweichungen von den letzteren in der Verschiedenheit der Verkehrsbedeutung beider Kategorien begründet. Diesen Abweichungen liegt vornehmlich der Umstand zu Grunde, daß die im II. Abschnitt des Gesetzes behandelten Privatanschlußbahnen nicht Unternehmungen sind, welche dem öffentlichen Ver=

kehre dienen. Daraus folgt, daß alle diejenigen Bestimmungen hier nicht in Anwendung kommen können und in Fortfall kommen, welche mit der Bedeutung der Kleinbahnen für den öffentlichen Verkehr in Zusammenhang stehen, bezw. die Interessen des öffentlichen Verkehrs zu sichern bestimmt sind. Dahin gehören die Bestimmungen, betreffend die Verpflichtungen der Kleinbahnen im Interesse der Landesverteidigung und der Postverwaltung (§§ 9, 42), die Pflicht, anderen Bahnen den Anschluß zu gewähren, bezw. sich den Anschluß gefallen zu lassen, (§§ 10, 28), die Betriebspflicht, bezw. die Fristen für die Ausführung des Baues und die Betriebseröffnung sowie die Pflicht zur ordnungsmäßigen Aufrechthaltung des Betriebes (§ 11), die Feststellung und Veröffentlichung von Fahrplänen und Beförderungspreisen (§§ 14, 21)., rc. (s. § 4 Ziff. 4 § 5, § 23, 30—38, 40, 41. Andererseits fallen aber auch die Normen in Betreff derjenigen Vorteile und Vergünstigungen fort, welche den Kleinbahnunternehmern mit Rücksicht auf ihre Bedeutung für den öffentlichen Verkehr eingeräumt sind. Dahin gehört vornehmlich das Recht, die Benutzung öffentlicher Wege für den Bau und Betrieb durch Ergänzung der Zustimmung des Wegeunterhaltungspflichtigen im Wege behördlichen Beschlusses in Anspruch zu nehmen, (§ 7), sowie das Recht, den Anschluß an andere dem öffentlichen Verkehre dienende Bahnen zu verlangen (§§ 28, 29).

III. Sodann sind die Privatanschlußbahnen — abweichend von den dem öffentlichen Verkehre dienenden Kleinbahnen — als rein private Gewerbebetriebe nicht Eisenbahnunternehmungen im Sinne des § 6 der Reichs-Gewerbe-Ordnung und daher den Bestimmungen derselben unterworfen, wie in den Motiven der Regier.-Vorlage (Herrenh. Aktst. Nr. 84, S. 64) hervorgehoben ist. Die landesgesetzliche Regelung muß sich daher innerhalb der Grenzen der Reichsgewerbeordnung bewegen. Ob und inwieweit hiervon in den Vorschriften des Abschnittes II abgewichen ist, wird bei Erläuterung der einzelnen Paragraphen Gegenstand der Erörterung sein.

IV. Im Vergleich mit dem bisherigen Rechte der Privatanschlußbahnen bestehen die Änderungen, welche durch den II. Abschnitt des Kleinbahngesetzes bewirkt sind, vornehmlich darin, daß 1) für die Privatanschlußbahnen der Grundsatz der polizeilichen Genehmigung in Betreff der Herstellung und des Betriebes mit einem der Genehmigung vorangehenden Prüfungs- und Genehmigungs-Verfahren obligatorisch eingeführt ist, 2) daß die Genehmigung — abgesehen von den Fällen des § 49 R.-Gew.-Ord. — in der Regel an eine Frist nicht gebunden ist, 3) daß die Zurücknahme der Genehmigung wegen wiederholten Verstoßes gegen die Bedingungen derselben in wesentlicher Beziehung auf Klage der Genehmigungsbehörde durch Entscheidung des Oberverwaltungsgerichts erfolgen kann, und 4) die Privatanschlußbahnen einer besonderen behördlichen Aufsicht unterstellt sind.

Eine Ausnahme machen die s. g. Bergwerksbahnen, d. h. diejenigen Bahnen, welche Zubehör eines Bergwerks im Sinne des allgemeinen Berggesetzes vom 24. Juni 1865 (G.-S. S. 705) bilden. Auf diese finden die Grundsätze in Betreff der Privatanschlußbahnen im Wesentlichen keine Anwendung; sie sind vielmehr hinsichtlich der Genehmigung ihrer Anlage und ihres Betriebes, sowie der Beaufsichtigung der Kompetenz der Bergbehörden unterworfen. (§§ 67, 196 Bergges.) Hierin ist nichts geändert und das bisherige Recht beibehalten worden. Nur in Bezug auf die eisenbahntechnische Aufsicht sind sie durch das vorliegende Gesetz den anderen Privatanschlußbahnen gleichgestellt, d. h. die Aufsicht steht der Aufsichtsbehörde derjenigen Bahn zu, an welche sie angeschlossen sind (§ 51).

V. Aus dem grundsätzlichen Unterschiede in der Verkehrsbedeutung der Kleinbahnen und der Privatanschlußbahnen, daß erstere dem öffentlichen Verkehre, letztere privaten Zwecken dienen, folgt auch die wesentliche Verschiedenheit in dem Rechtscharakter der Genehmigung beider Kategorien von Bahnen. Während die Genehmigung der Kleinbahnen und die ihr vorangehende Prüfung nicht ausschließlich polizeilich sind, vielmehr dem öffentlichen Verkehrszwecke dieser Bahnen entsprechend auch die Interessen des öffentlichen Verkehrs (§ 4 Nr. 4), die finanziellen Unterlagen des Unternehmens (§ 5) ꝛc. zum Gegenstande haben, ist die Genehmigung und Prüfung der Privatanschlußbahnen ihren privaten Zwecken gemäß lediglich polizeilicher Natur und erstreckt sich daher nur auf die Wahrnehmung polizeilicher Interessen. Daraus folgt, daß die Genehmigung einer Kleinbahn den Charakter einer Eisenbahnkonzession hat, welche das öffentliche Bau- und Betriebsrecht mit der ihr inhärirenden Bau- und Betriebspflicht ipso jure in sich schließt. Dagegen hat die Genehmigung einer Privatanschlußbahn nur die Rechtsnatur einer polizeilichen Genehmigung, wie die gleichartiger Gewerbebetriebe (Hoch- und Tiefbauten ꝛc.), sie ist den Bestimmungen der Gew.-Ordnung unterworfen und nur wegen der Einwirkung dieser Bahnen auf diejenigen öffentlichen Bahnen, an welche sie sich anschließen sollen, zum Gegenstande besonderer einheitlicher und gesetzlicher Vorschriften in Betreff des Genehmigungsverfahrens und der Prüfung gemacht, schließt aber weder ein öffentliches Bau- und Betriebsrecht, noch eine damit zusammenhängende Bau- und Betriebspflicht in sich.

B. Aus der Entstehungsgeschichte des II. Abschnittes (§§ 48—51) ist folgendes im allgemeinen hervorzuheben: Abschn. II. Entstehung.

Der Regierungsentwurf (§§ 39—47) enthielt unter der Überschrift:

„II. Sonstige Eisenbahnen."

im Wesentlichen und mit zumeist nur unerheblichen redaktionellen Abweichungen die in das Gesetz als §§ 48—51 übergegangenen Bestimmungen.

Die Motive hierzu (Drucks. Herren-Haus Nr. 84 S. 69, 70) lauten in ihrem besonderen Teile: „Wenn von besonderen Bestimmungen für private Bahnanlagen aller Art aus dem Grunde abgesehen werden kann, weil in den den Polizeibehörden gesetzlich beigelegten Befugnissen eine ausreichende Sicherung gegen schädliche Wirkungen derselben zu erkennen ist, so empfiehlt es sich doch, diejenigen Bahnanlagen, welche einerseits vermöge ihrer Einrichtung für den Betrieb mit Maschinenkraft an Bedeutung und Gefährlichkeit voranstehen, andererseits mit den dem öffentlichen Verkehr dienenden Bahnen in so enger Verbindung stehen, daß sie eine Einwirkung auf die Betriebssicherheit der letzteren auszuüben geeignet sind, einer besonderen gesetzlichen Regelung nach dem Vorbilde der Bestimmungen im ersten Abschnitt zu unterwerfen. Die Abweichungen, welche von letzterem vorzusehen waren, beruhen zunächst darauf, daß es sich bei den im Abschnitt II behandelten Anschlußgeleisen nicht um Unternehmungen handelt, welche dem öffentlichen Verkehr dienen. Es fallen daher in diesem Abschnitte alle diejenigen Bestimmungen fort, welche die Interessen des öffentlichen Verkehrs zu sichern bestimmt sind, ebenso aber kommen diejenigen Vorteile in Wegfall, welche den Unternehmern der im ersten Abschnitte behandelten Bahnen mit Rücksicht darauf, daß diese dem öffentlichen

Verkehr dienen, insbesondere gegenüber den Straßen- und Wegeunterhaltungspflichtigen eingeräumt sind. Sodann war dem Umstande Rechnung zu tragen, daß Anschlußgeleise der hier in Rede stehenden Art in unmittelbarster Verbindung mit der Bahn stehen, an die sie anschließen, und daher auch tunlichst einheitlich mit derselben zu behandeln sind. Endlich fallen die Bestimmungen über die Besteuerung, das Verhältnis zur Postverwaltung und über die Anstellung von Militäranwärtern teils wegen der privaten Natur der hier in Rede stehenden Anlagen, teils aus dem Grunde fort, weil sie nicht für sich bestehende selbständige Unternehmungen bilden, sondern regelmäßig Teile eines anderen dem Erwerbe bestimmten Unternehmens bilden. Für die sogenannten Bergwerksbahnen bestehen bereits besondere Bestimmungen im Zusammenhange mit dem allgemeinen Berggesetze vom 24. Juni 1865. Es bedarf daher einer anderweiten Regelung für dieselben nicht, und war dies zur Vermeidung von Zweifeln hier ausdrücklich auszusprechen."

In der Kommission des Abg.-Hauses (Aktenst. d. Abg.-H. Nr. 206 S. 2293ff.) wurde zunächst die Überschrift des zweiten Teiles geändert. Es wurde der Antrag, das Wort „Privatanschlußbahnen" hier einzustellen, von der Kommission mit großer Majorität angenommen.

§ 43.[147])

Bahnen, welche dem öffentlichen Verkehr nicht dienen, aber mit Eisenbahnen, welche den Bestimmungen des Gesetzes über die Eisenbahnunternehmungen vom 3. November 1838 unterliegen, oder mit Kleinbahnen derart in unmittelbarer Geleisverbindung stehen, daß ein Übergang der Betriebsmittel stattfinden kann, bedürfen, wenn sie für den Betrieb mit Maschinen eingerichtet werden sollen, zur baulichen Herstellung und zum Betriebe polizeilicher Genehmigung.[148])

§ 43 Prinzip. [147]) Prinzip und Entstehungsgeschichte des § 43.

I. Prinzip. Im Anschluß an den Abschnitt I des vorliegenden Gesetzes, welcher die Rechtsverhältnisse der dem öffentlichen Verkehre dienenden, aber dem Eisenbahngesetze vom 3. November 1838 nicht unterworfenen Eisenbahnen ordnet, regelt Abschnitt II die Rechtsverhältnisse der Privatanschlußbahnen. Wie in der Vorbemerkung (Anm. 146 S. 409ff.) bereits erörtert, ist ein Bedürfnis, die Rechtsverhältnisse der privaten Bahnanlagen aller Art gesetzlich zu regeln, nicht anerkannt worden. Nur in Betreff einer Kategorie privater Bahnanlagen — welche das Gesetz im Abschnitt II unter der Bezeichnung der „Privatanschlußbahnen" begrifflich zusammenfaßt — ist eine besondere gesetzliche Regelung nach Analogie der Bestimmungen des Abschnittes I über die Kleinbahnen aus den oben (Anm. 146 S. 409ff.) mitgeteilten Gründen für notwendig erachtet worden. Es sind dies diejenigen privaten Bahnanlagen, welche 1. mit dem öffentlichen Verkehre dienenden Eisenbahnen — d. h. sowohl denjenigen, die den Bestimmungen des Gesetzes über die Eisenbahnunternehmungen vom 3. November 1838 unterliegen, wie den dem Abschnitt I des vorliegenden Gesetzes vom 28. Juli 1892 unterworfenen (Kleinbahnen) — derartig in unmittelbarer Gleisverbindung stehen, daß ein Übergang der Betriebsmittel stattfinden kann, und 2. für den Betrieb mit Maschinen eingerichtet werden sollen.

In Berücksichtigung der wesentlich verschiedenen Zwecke, welchen die Kleinbahnen und die Privatanschlußbahnen zu dienen bestimmt sind, mußten jedoch — trotz der Anlehnung an die für erstere im Abschnitt I gegebenen Bestimmungen — bei letzteren alle diejenigen Normen des Abschnittes I folgerichtig in Wegfall kommen, welche lediglich die Interessen des öffentlichen Verkehrs zu wahren bestimmt sind. Andererseits waren aber auch diejenigen Vorteile und Vorrechte in Fortfall zu bringen, welche den Unternehmern von Kleinbahnen mit Rücksicht darauf, daß diese dem öffentlichen Verkehre dienen, eingeräumt sind, wie vornehmlich das öffentliche Recht zum Bau und Betriebe, das Ergänzungsrecht gegenüber den Wegeunterhaltungspflichtigen, das Anschlußrecht in Betreff der dem öffentlichen Verkehre dienenden Eisenbahnen ꝛc. Aus diesen Erwägungen und Umständen ergibt sich der Inhalt des den Abschnitt II über die Privatanschlußbahnen einleitenden § 43. Derselbe bestimmt einerseits den Begriff der Privatanschlußbahnen dahin, daß darunter dem öffentlichen Verkehre nicht dienende (private) Bahnen zu verstehen sind, welche 1) mit Eisenbahnen, die den Bestimmungen des Eisenb.-Gesetzes vom 3. November 1838 unterworfen sind, oder mit Kleinbahnen derart in unmittelbarer Geleisverbindung stehen, daß ein Übergang der Betriebsmittel stattfinden kann, und 2) für den Betrieb mit Maschinen eingerichtet werden sollen, und schreibt ferner für die bauliche Herstellung und den Betrieb der Privatanschlußbahnen polizeiliche Genehmigung vor.

II. In Betreff der Entstehungsgeschichte wird auf die in der Vorbemerkung (Anm. 146 S. 408 ff.) enthaltene allgemeine Darstellung der Entstehung des Abschnittes II (§§ 43—51) Bezug genommen und speziell in Hinsicht auf § 43 noch folgendes bemerkt: § 43 Entstehung.

Nach dem Regierungsentwurf (Abg.-H. Drucks. Nr. 206 S. 2298) lautete der entsprechende § 39: „Eisenbahnen, welche dem öffentlichen Verkehre nicht dienen, aber mit Bahnen, welche den Bestimmungen der Verfassung des Deutschen Reiches oder des Gesetzes über die Eisenbahnunternehmungen vom 3. November 1838 unterliegen, oder nach § 1 dieses Gesetzes genehmigt sind, derart in unmittelbarer Geleisverbindung stehen, daß ein Übergang der Betriebsmittel stattfinden kann, bedürfen, wenn sie für den Betrieb mit Maschinen eingerichtet werden sollen, zur baulichen Herstellung und zum Betriebe polizeilicher Genehmigung.“

Nachdem in der Kommission des Abg.-Hauses den Beschlüssen zum § 1 Abs. 1 gemäß die Worte „der Verfassung des Deutschen Reiches oder“ gestrichen und im späteren Verlaufe der Verhandlungen die Worte „oder nach § 1 dieses Gesetzes genehmigt sind“ durch die Worte „oder mit Kleinbahnen“ ersetzt worden waren, ging der solchergestalt abgeänderte § 39 als § 43 in das Gesetz über.

148) § 43 definiert den Begriff der Privatanschlußbahnen und stellt für dieselben als grundsätzliches Erfordernis die polizeiliche Genehmigung zu ihrer baulichen Herstellung und zu ihrem Betriebe auf. § 43. Einziger Absatz.

I. Ihrem Begriffe nach sind Privatanschlußbahnen Bahnen, welche a) dem öffentlichen Verkehre nicht dienen, b) aber mit Eisenbahnen, die den Bestimmungen des Gesetzes vom 3. November 1838 unterliegen oder mit Kleinbahnen derart in unmittelbarer Gleisverbindung stehen, daß ein Übergang der Betriebsmittel stattfinden kann, und c) für den Betrieb mit Maschinen eingerichtet werden sollen.

Alle drei Voraussetzungen müssen zusammen zutreffen, um die betreffende Bahnanlage begrifflich als Privatanschlußbahn im Sinne des Gesetzes zu kennzeichnen. Fehlt auch nur eines dieser Kriterien, so hat die Bahnanlage den Rechtscharakter einer Privatanschlußbahn nicht. Die Privatanschlußgeleise (§ 10), auf welche die begrifflichen Voraussetzungen des § 43 Kleinb.-Ges. zutreffen, sind Privatanschlußbahnen und den Bestimmungen der §§ 43 ff. unterworfen (s. § 10 Anm. 41 Ziff. 8 S. 171). Über Privatanschlußverträge, die allgemeinen Anschlußbedingungen, die Stempelpflicht rc. s. § 10 Anm. 43 Ziff. 8 S. 175.

a) Erste Voraussetzung ist, daß die Bahnanlage dem öffentlichen Verkehre nicht dient, d. h. nicht für die öffentliche Benutzung des Publikums bestimmt und genehmigt ist derart, daß der Unternehmer mit jedermann Transportverträge einzugehen und zu erfüllen verpflichtet ist (H.-G.-B. § 453 Verk.-Ord. §§ 6 u. 49, Eger, Verk.-Ord. 2. Aufl. S. 20 ff., 209 ff., 212 ff.). Die Bahnanlage muß vielmehr ausschließlich dem privaten Beförderungszwecke einzelner dienen, und zwar in der Regel als Zubehör oder Accessorium einer oder mehrerer Etablissements (Fabriken, Hütten, Lagerplätze, Bergwerke), Landgüter, Forsten rc. ohne irgend eine öffentlichrechtliche Beförderungspflicht gegenüber dem Publikum. Es ist aber nicht ausgeschlossen, daß die Bahnanlage ein selbständiges Unternehmen bildet und insofern privaten Charakter hat, als sie z. B. nur zur Beförderung der Arbeiter einer oder mehrerer Etablissements von und zu der Arbeitsstelle oder für diese Etablissements bestimmten Gütertransporte dient. Darauf, ob der Unternehmer eine Privat- oder öffentliche Person ist oder ob mehrere Unternehmer sind, kommt es nicht an; ebensowenig, ob mittelbar ein öffentlicher Zweck durch die betr. Bahnanlage gefördert wird, z. B. der Transport zu militärischen, forstfiskalischen rc. Zwecken geschieht. Entscheidend ist allein, daß für den Unternehmer der Bahnanlage eine allgemeine öffentlichrechtliche Beförderungspflicht dem Publikum gegenüber nicht besteht. In diesem Falle ist daher auch der Fiskus, eine Gemeinde rc. Unternehmer einer Privatanschlußbahn. Zutreffend bemerkt Gleim (2. A. § 43, Anm. 1), daß hierzu vorzugsweise Bahnen gehören, welche von Privatpersonen angelegt werden, um Gegenstände des eigenen Absatzes nach der Eisenbahn zu schaffen und Gegenstände des eigenen Bedarfes daselbst abzuholen, anderen aber zur Benutzung garnicht, oder doch nur mit besonderer Gestattung des Eigentümers offen stehen. Es fallen aber ferner darunter Bahnen, welche von Eisenbahnen lediglich deshalb hergestellt sind, um Bedürfnisse des Betriebes billiger zu beschaffen. Anschlußgeleise zur billigeren Beschaffung von Kies sind daher auch Privatanschlußbahnen im Sinne des § 43. (Erl. des Min. d. öff. Arb. vom 13. Juli 1893 IV 3602/III 15244.) Auch Hafenbahnen, sofern sie sich nicht im Besitze und Betriebe einer Eisenbahn oder einer Kleinbahn befinden, in welchem Falle sie als Teile dieser Bahnen anzusehen und zu behandeln sind, solange sie nur dem Umschlagsverkehre im Hafen und nicht anderen Verkehrszwecken, insbesondere nicht dem öffentlichen Personenverkehr, dienen sollen, sind als Privatanschlußbahnen zu erachten.

Erl. des Min. der öff. Arb. v. 26. Juni 1894 Zeitschr. f. Kleinb. S. 427. Verzeichnis Nr. 14. (Vgl. noch über die Privatanschlußbahnen: Gleim, „Die rechtliche Natur und das Recht der Privatanschlußgeleise.“ Archiv f. Eisenb.-Wesen 1887 S. 457 ff. u. Löwe eod. 1898 S. 1 ff. 244 ff.)

b) Zweite Voraussetzung ist, daß die private Bahnanlage mit Eisenbahnen, die den Bestimmungen des Ges. v. 8. November 1888 unterworfen sind oder mit Kleinbahnen in unmittelbarer Gleisverbindung stehen, und zwar derart, daß ein Übergang der Betriebsmittel stattfinden kann. Vgl. hierzu Jacobi, Über den Anschluß von Privatanschlußbahnen an bestehende größere Bahnen. (Zeitschr. f. Kleinb. II, 1895, S. 220, 255).

1. Nach den Motiven hätte man erwarten sollen, daß die Gleisverbindung mit irgend einer dem öffentlichen Verkehre dienenden Eisenbahn Erfordernis ist. § 43 beschränkt sich aber auf Eisenbahnen, welche dem Eisenbahngesetze v. 1838 unterworfen sind, d. h. nach § 1 dieses Gesetzes landesherrlich konzessioniert sind, — Haupt- und Nebeneisenbahnen —, und auf Kleinbahnen, d. h. auf die nach dem Abschnitt I des Kleinbahngesetzes behördlich genehmigten, sowie gemäß § 53 Abs. 3 l. c. demselben unterworfenen Bahnen. Somit sind zunächst die Staatseisenbahnen ausgeschlossen, da sie den Bestimmungen des Eisenbahngesetzes v. 3. Novbr. 1838 nicht unterliegen (A. M. mit Unrecht Gleim, S. 177, 178). Unverkennbar ist aber diese Einschränkung nicht beabsichtigt, da hierzu kein Grund vorliegt. Es bedarf also de lege ferenda einer bezüglichen Änderung des Gesetzes. Sodann gehören diejenigen Kleinbahnen, welche bereits vor Inkrafttreten des Kleinb.-Ges. genehmigt worden sind und sich nicht gemäß § 53 Abs. 3 den sämtlichen Bestimmungen desselben unterworfen haben, nicht hierher. Denn auf diese Bahnen findet gemäß § 53 Abs. 2 der § 43 keine Anwendung. Privatanschlußbahnen, welche mit Kleinbahnen dieser Art verbunden werden sollen, würden hiernach dem Abschnitt II des Kleinb.-Ges., bezw. der in diesem angeordneten Genehmigung und Aufsicht nicht unterworfen sein. Es scheint hier aber gleichfalls eine Omission vorzuliegen. Denn da nach den Motiven die gesetzliche Regelung des Abschnitts II für Privatanschlußbahnen mit Rücksicht auf die Einwirkung getroffen ist, die sie auf die mit ihnen verbundenen, dem öffentlichen Verkehre dienenden Bahnen auszuüben vermögen, so ist kein Grund ersichtlich, weshalb die älteren, dem Kleinb.-Ges. nicht vollständig unterworfenen Kleinbahnen davon ausgeschlossen sein sollen. Nach dem Wortlaute des Abs. 2 § 53 ist dies aber der Fall, und es erscheint hier gleichfalls de lege ferenda eine Änderung notwendig. Die Gegenausführungen Gleim's (S. 188) sind unzutreffend und weder mit der Absicht, noch mit dem klaren Wortlaut des § 53 vereinbar. Es ist nicht richtig, daß § 53 Abs. 1 nur Bestimmungen über die Beaufsichtigung der vor dem Inkrafttreten des Kleinbahngesetzes genehmigten Klein- und Privatanschlußbahnen trifft. Vielmehr umfaßt § 53 Abs. 1 ganz allgemein die Zuständigkeit der Behörden über diese Bahnen, keineswegs allein bezüglich der Aufsicht. Ebensowenig ist es richtig, daß es sich im § 53 Abs. 2 nur noch darum handelte zu bestimmen, inwieweit die bauliche Erweiterungen und den Betrieb der Klein- und Privatanschlußbahnen regelnden Vorschriften des Gesetzes auf die früher genehmigten Bahnen Anwendung finden sollen, und dies sei durch § 53 Abs. 2 geschehen. Denn § 53 Abs. 2 betrifft keineswegs nur bauliche Erweiterungen und Betriebsvorschriften, sondern umfaßt nach Wortlaut und Sinn ganz allgemein und uneingeschränkt die Genehmigung (§ 2), Prüfung der Betriebsmaschinen (§ 20), Fahrpläne und Tarife (§ 21), Aufsicht (§ 22), Zurücknahme der Genehmigung (§§ 24, 25), Besteuerung (§ 40), Pflichten gegen die Post (§ 42) und Rechtsmittel gegen Beschlüsse und Verfügungen der Behörden (§ 52) — mithin eine erschöpfende Aufzählung aller auf die vor Inkrafttreten des Kleinb.-Gesetzes genehmigten Klein- und Privatanschlußbahnen in Anwendung zu bringenden Vor-

schriften. Wenn also unter diesen der § 48 nicht genannt ist, so unterliegt es keinem Zweifel, daß dieser Paragraph auf die im § 53 Abs. 1 bezeichneten Bahnen keine Anwendung finden darf. Auch handelt der im § 53 Abs. 2 als anwendbar bezeichnete § 2 sowohl von der Genehmigung zur erstmaligen Herstellung und zum Betriebe, wie zu späteren wesentlichen Erweiterungen und Änderungen. Dies erscheint mit der Bestimmung des § 48 nicht vereinbar und widerspricht der Deduktion Gleims. Denn bezöge sich § 48 auch auf ältere Bahnen, dann wäre die Erwähnung des § 2 im § 53 Abs. 2 gegenstandslos. (Vgl. im übrigen § 53 Abs. 2 Anm. 177). Richtig und zweckmäßig, sowie der ratio legis entsprechend wäre es gewesen, im § 48 ganz allgemein zu sagen: „mit Eisenbahnen, welche dem öffentlichen Verkehre dienen." Es wären damit ausnahmslos alle Haupt-, Neben- und Kleinbahnen umfaßt worden.

Geleise, die innerhalb eines Bahnhofes einer dem Gesetze vom 3. November 1838 unterworfenen Eisenbahn auf Antrag von Privaten — und eventuell auch für deren Rechnung — zur Verbindung von vermieteten Lager- und Ladeplätzen, Schuppen u. s. w. mit bestehenden Bahnhofsgeleisen hergestellt und von der betreffenden Eisenbahnverwaltung bedient werden, sind nicht als Privatanschlußbahnen im Sinne der §§ 43ff., sondern als Erweiterungen der bestehenden Eisenbahnanlagen anzusehen und zu behandeln, deren Genehmigung nach § 4 des Gesetzes vom 3. November 1838 dem Minister der öff. Arb. vorbehalten, bezw. von den seinerseits zur Vornahme unerheblicher Geleisänderungen allgemein ermächtigten Eisenbahnbehörden zu erteilen ist. Für eine landespolizeiliche Prüfung würde in diesen Fällen nur aus Gründen, die außerhalb der besonderen Bestimmungen des Kleinbahngesetzes liegen, Raum gegeben sein. Die Eisenbahnkommissare und Eisenbahndirektionen haben dafür Sorge zu tragen, daß derartige Geleise als Teile der Bahnhofsgeleise, wie diese selbst, von der Eisenbahnverwaltung als ihr Eigentum hergestellt und unterhalten werden, und das Rechtsverhältnis bei Abschluß der Verträge durch geeignete Bestimmungen über den Ersatz der Anlage- bezw. Unterhaltungskosten und die etwaige Aufhebung der Geleise klar gestellt wird.

Erl. d. Min. d. öff. Arb. v. 13. Mai 1897. E.-V.-Bl. S. 139. Zeitschr. f. Kleinb. S. 399. Verzeichnis Nr. 44.

2. Die Geleisverbindung muß eine unmittelbare sein, d. h. die Geleise der Privatanschlußbahn müssen direkt mit den Geleisen der betr. öffentlichen Eisenbahn verbunden sein. Es genügt nicht, daß die Geleise beider Bahnen an einem Orte münden und durch Vermittlung von Fuhrwerk, Omnibussen, Schiffen 2c. der Übergang der Güter oder Personen bewirkt wird; ebensowenig, daß die Geleise beider Bahnen so nahe nebeneinander liegen, daß die Umladung von den Wagen der einen auf die Wagen der anderen ohne weiteres durch Menschenkraft, Lastkrahne 2c. geschehen kann.

3. Die unmittelbare Geleisverbindung muß endlich derart sein, daß ein Übergang der Betriebsmittel stattfinden kann. Eine solche Verbindung besteht nur dann, wenn durch Weichenanschluß die Betriebsmittel der einen Bahn auf der anderen weiter laufen können. Dies ist auch dann der Fall, wenn eine Schmalspurbahn mit einer Normalspurbahn verbunden ist und durch entsprechende Stellung der Axen der Betriebsmittel der ersteren der Übergang auf die letztere bewirkt werden kann. Auch ist nicht unbedingtes Erfordernis, daß sämtliche Betriebsmittel übergehen können.

c) Dritte Voraussetzung ist, daß die private Bahnanlage für den Betrieb mit Maschinen eingerichtet werden soll. „Betrieb mit Maschinen" ist gleichbedeutend mit „Betrieb mit Maschinenkraft" im Sinne des § 3 Abs. 1 (s. Anm. 10 S. 64). Es sind mit Rücksicht auf die ganz allgemeine Fassung und mangels jeder Einschränkung alle Arten des Maschinenbetriebs darunter zu verstehen. Der Begriff ist nicht auf den Betrieb mit Lokomotiven beschränkt, sondern umfaßt den Betrieb mit Maschinen aller Art (elektrischen, pneumatischen hydrodynamischen, atmosphärischen rc.) und gleichviel, ob sie stabil oder sich im Zuge bewegend sind und ob sie im letzteren Falle ein selbständiges Fahrzeug bilden oder nach Art der Dampfwagen nur Teile eines solchen sind. Ferner kommt es nicht darauf an, ob die Maschinenkraft nur für die betreffende Privatbahnanlage ausschließlich wirkt oder auch zugleich für andere Unternehmungen.

Nach Analogie des § 3 Abs. 1 liegt Betrieb mit Maschinenkraft vor, gleichviel ob der Betrieb ganz oder nur teilweise mit Maschinen bewirkt wird; teilweiser Betrieb findet nicht nur dann statt, wenn auf einem oder einzelnen Geleisen der betr. privaten Bahnanlage Maschinenkraft, auf den übrigen eine andere Betriebskraft benutzt wird, sondern auch wenn auf denselben Geleisen alternierend Maschinen- und andere Betriebskräfte Verwendung finden oder wenn dies nur zeitweise (periodisch) bei starkem Betriebe des Etablissements, zu welchem die Bahnanlage gehört, bezw. welchem sie dient, z. B. zu Markt- und Meßzeiten, bei Saisonindustrien (Zuckerfabriken Brauereien rc.) zur Zeit der Fabrikation, bei Gütern, Forsten zur Zeit der Abfuhr der Produkte rc. oder für besondere Gattungen von Gütern (Kohlen, Steine, Getreide) geschieht. Der Betrieb mit Maschinenkraft muß aber jedenfalls definitiv projektiert und auf die Dauer berechnet sein. Die bloße versuchsweise Einführung des Maschinenbetriebs, um die Zweckmäßigkeit eines solchen zu prüfen, gehört nicht hierher. Ebensowenig liegt ein derartiger Betrieb vor, wenn mit dem Eisenbahnbetrieb andere Betriebe accessorisch verbunden sind, zu welchem Maschinenkraft verwendet wird, z. B. zu Beleuchtungszwecken, oder wenn der Hauptbetrieb, zu welchem die private Bahnanlage gehört, mit Maschinenkraft arbeitet. Nur wenn zum Bahnbetriebe selbst, d. h. zur Fortbewegung der Betriebsmittel der Bahnanlage Maschinenkraft als Motor verwendet wird, ist die Voraussetzung des § 43 erfüllt (Anm. 10 S. 64 ff.).

II. Die Privatanschlußbahnen, d. h. diejenigen Bahnanlagen, auf welche die (unter Ia, b und c) vorerörterten gesetzlichen Voraussetzungen sämtlich zutreffen, bedürfen zur baulichen Herstellung und zum Betriebe polizeilicher Genehmigung (s. jedoch Anm. 146 S. 408ff.).

A. Die Genehmigung ist erforderlich zur baulichen Herstellung und zum Betriebe. Der Genehmigung hat eine polizeiliche Prüfung nach Maßgabe des § 45 voranzugehen. Für diese sowie für die Erteilung der Genehmigung sind die im § 44 bezeichneten Behörden allein zuständig. Die Genehmiguug ist insofern nur eine provisorische und allgemeine, als vor Beginn des Baues noch eine spezielle Feststellung des Bauplanes (§ 47 bezw. § 17) stattfinden muß. Auch werden ebenso — wie bei der Genehmigung von Kleinbahnen — einzelne der in Betracht kommenden Verhältnisse (§ 45), wie z. B. die technische Befähigung und Zuverlässigkeit der im äußeren Betriebsdienste anzustellenden Bediensteten (§ 45 Nr. 2) füglich erst nach der Herstellung der Bahn und vor der Verkehrseröffnung vollständig geprüft werden können. Aber in Rücksicht auf die Einfachheit der Verhältnisse wurde hier in noch höherem Grade, wie bei den Kleinbahnen, eine Teilung der Genehmigung in eine allgemeine und in eine spezielle (nach Analogie der §§ 1 u. 4 des Eisenb.-Ges. v. 1888) nicht für angezeigt erachtet, vielmehr ist die vorgängige Prüfung aller in Betracht kommenden Verhältnisse, insbesondere der im § 45 bezeichneten Punkte, soweit irgend tunlich, grundsätzlich als eine obligatorische vorgeschrieben und nicht als eine bloß fakultative.

B. Für das der Genehmigung vorangehende Prüfungs- und Genehmigungs-Verfahren besteht zwar eine spezielle Instruktion nicht. Doch sind im Gesetze eine Reihe auf das Verfahren bezüglicher Vorschriften enthalten; auch sind die zu den entsprechenden Vorschriften des Abschn. I ergangenen Ausführungsbestimmungen analog zur Anwendung zu bringen. Zunächst ergibt das Erfordernis der Genehmigung, daß vom Unternehmer an zuständiger Stelle ein Genehmigungsantrag gestellt werden muß. Diesem sind die technischen Unterlagen, insbesondere ein Bauplan (Ausf.-Anw. z. § 45) und behufs Feststellung des Stempels auch ein Kostenanschlag beizufügen. Im § 44 sind die für die polizeiliche Prüfung und Genehmigung zuständigen Behörden bezeichnet, sodann im § 45 die Punkte, auf welche sich die polizeiliche Prüfung beschränkt; § 46 schreibt das Erfordernis der Zustimmung und folgeweise auch vorgängigen Zuziehung der Wegeunterhaltungspflichtigen und der Wegepolizeibehörde zur Benutzung öffentlicher Wege vor, § 47 die Zuziehung der interessierten Behörden (§ 8) und die spezielle Feststellung des Bauplanes (§§ 17, 18). Es fehlt jedoch hier eine vollständige Regelung des Prüfungs- und Genehmigungsverfahrens, — nach Analogie des in den §§ 17 ff. geordneten Genehmigungsverfahrens. Über die Kosten des Genehmigungsverfahrens s. § 2 Anm. 10 Ziff. XI und die dort angeführten Erlasse.

C. Die polizeiliche Genehmigung nach Maßgabe des Abschnitts II des Kleinb.-Gesetzes ist nur für Privatanschlußbahnen im Sinne des § 43 vorgeschrieben. Es muß also von der Genehmigungsbehörde (§ 44) bei jedem Antrage auf Genehmigung einer Privatanschlußbahn in erster Reihe geprüft werden, ob die begrifflichen Voraussetzungen einer solchen in Gemäßheit des § 43 (s. S. 413 ff.) vorliegen. Ist dies nicht der Fall, so muß der Antrag abgelehnt und, je nach dem es sich um eine Kleinbahn oder um eine dem Gesetze vom 3. November 1838 zu unterwerfende Haupt- und Nebenbahn handelt, auf den Weg des hiernach legalen Genehmigungsverfahren verwiesen werden. Auf diejenigen Privatanschlußbahnen, welche Zubehör eines Bergwerks im Sinne des allgemeinen Berggesetzes vom 24. Juni 1865 (G.-S. S. 705) bilden, findet § 43 keine Anwendung (s. § 51). Handelt es sich um die Genehmigung eines gewöhnlichen Anschlußgeleises für den Privatverkehr, nicht einer Privatanschlußbahn (§ 43) so hat die Verweisung des Antrages an die zuständige Polizeibehörde zu erfolgen. Bei einer neu anzulegenden Bahn wird die Genehmigung zum Betriebe mit der zum Bau verbunden. Handelt es sich dagegen um eine bereits vorhandene Bahn, z. B. ein von einer Eisenbahn oder Kleinbahn aufgegebenes als Privatanschlußbahn zu betreibendes Geleis, so ist nur die Betriebsgenehmigung erforderlich. Gleim (S. 19c) nimmt zutreffend an, daß auch nichts entgegenstehe, die Benutzung einer nur zeitweise für den öffentlichen Verkehr bestimmten Bahn (§ 1 Anm. 2 S. 15) als Privatanschlußbahn für diejenige Zeit zu genehmigen, in welcher öffentlicher Verkehr nicht stattfindet. Alsdann sind für diese Zeit die Polizeiverordnung und die Betriebsvorschriften für

Privatanschlußbahnen (s. S. 431) in Kraft zu setzen. Auch liegt es derjenigen Behörde, welcher die eisenbahntechnische Aufsicht über die Bahn als öffentliche zusteht, ob, sich vor Beginn des öffentlichen Betriebs von der bezüglichen Betriebssicherheit der Bahn und ihrer Betriebsmittel zu vergewissern und die betreffenden Vorschriften wieder in Geltung zu setzen.

D. Die polizeiliche Genehmigung ist auch dann erforderlich, wenn es sich um wesentliche Erweiterungen oder sonstige wesentliche Änderungen des Unternehmens, der Anlage oder des Betriebs einer Privatanschlußbahn handelt (s. § 52). § 43 spricht zwar nur von dem Erfordernis der polizeilichen Genehmigung von Privatanschlußbahnen; eine dem § 2 Satz 2 des Abschn. I entsprechende Vorschrift fehlt im Abschnitt II. Aber es kann keinem gegründeten Zweifel unterliegen, daß dies, wie auch bei mehreren anderen Stellen des Gesetzes, auf einer Omission beruht. Mit Recht bemerkt daher Gleim (§ 43 Anm. 3), daß die Absicht, in dieser Beziehung ein anderes Recht zu schaffen, als für die Kleinbahnen, hieraus nicht hergeleitet werden könne. Daß auch der Gesetzgeber von derselben Ansicht ausgehe, sei aus dem Abs. 2 des § 58 zu entnehmen, welcher unter den auch auf die bereits bestehenden Privatanschlußbahnen anwendbaren Bestimmungen des Gesetzes auch den § 2 aufführe. Gleim (§ 43 Anm. 6) will nur insofern in Betreff der Privatanschlußbahnen eine Modifikation der Bestimmung des § 2 Satz 2 eintreten lassen, als bei diesen von Erweiterungen und Änderungen des Unternehmens nicht die Rede sein kann, weil sie niemals als ein selbstständiges Unternehmen, sondern als Zubehör eines landwirtschaftlichen, gewerblichen oder sonstigen Betriebes einer oder mehrerer Privatpersonen ins Leben gerufen werden, Erweiterungen und Änderungen dieses Betriebes aber einer Genehmigung nach dem gegenwärtigen Gesetze nicht bedürfen.

Dieser Annahme kann jedoch nicht beigepflichtet werden. Es ist zwar richtig, daß die Privatanschlußbahnen in der Regel nicht als selbständige Unternehmungen, sondern als Zubehör gewerblicher, land- oder forstwirtschaftlicher rc. Betriebe errichtet werden. Indes ist — wie bereits an früherer Stelle (Anm. 148 S. 414) hervorgehoben — keineswegs ausgeschlossen, daß derartige Bahnanlagen selbständige Unternehmungen bilden.

Zuständig zur Genehmigung wesentlicher Erweiterungen oder sonstiger wesentlicher Änderungen sind die im § 44 bezeichneten Behörden (Anm. 150 u. 151). Bedingt jedoch die Erweiterung oder Abänderung die Unterordnung des Unternehmers unter Abschn. I, d. h. soll dadurch die Privatanschlußbahn in ein Kleinbahn verwandelt werden, so muß die Genehmigung versagt, bezw. der Antrag an die gemäß § 8 zuständigen Behörden verwiesen werden. Bedingt die Änderung eine Unterorduung unter das Gesetz vom 3. November 1888, so findet Satz 3 des § 2 analoge Anwendung.

E. Die Genehmigung ist eine polizeiliche. Darin liegt, wie bereits in der Vorbemerkung (Anm. 146 Ziff. V S. 411) des Näheren erörtert, der wesentliche Unterschied von der Genehmigung einer Kleinbahn, welche nicht ausschließlich polizeilichen Charakter hat. Dies folgt daraus, daß Kleinbahnen dem öffentlichen Verkehre, Privatanschlußbahnen lediglich privaten Zwecken dienen; demgemäß ist die Prüfung und Genehmigung der Privatanschlußbahnen wie bei anderen privatgewerblichen Unternehmungen lediglich durch die Wahrung der polizeilichen Interessen begrenzt, den Bestimmungen der Gewerbe-Ordnung unterworfen und nur insofern durch Abschnitt II des Kleinbahngesetzes einer eingehenderen gesetzlichen Regelung unterzogen, als bei unmittelbarer Geleisverbindung mit öffentlichen Bahnen und dem Übergange der Betriebsmittel die Gefahr einer ungünstigen Einwirkung auf diese eine intensivere und einheitlichere Behandlung erfordert. Daher sind zwar die technischen Unterlagen der Bahn zum Zwecke der Prüfung vorzulegen, nicht aber bedarf es — wie bei Kleinbahnen (§ 5) — der Beibringung der finanziellen Unterlagen (Ausf.-Anw. z. § 45). Immerhin ist aber eine spezifizierte Angabe der Kosten der Anlage wegen der Stempelpflichtigkeit der Genehmigung erforderlich (Stempelgesetz v. 31. Juli 1895 G.-S. S. 413 Tarif Nr. 22 l.). Aus der im übrigen rein polizeilichen Natur der Genehmigung von Privatanschlußbahnen ergeben sich folgende Konsequenzen:

1. Die Genehmigung einer Privatanschlußbahn hat nicht, wie die einer Kleinbahn oder einer dem Eisenb.-Ges. v. 3. November 1838 unterworfenen Eisenbahn den Charakter eines Privilegs, d. h. eines mit besonderen Vorrechten ausgestatteten, an die Person des Unternehmers geknüpften Bau- und Betriebsrechtes mit der diesem inhärirenden Bau- und Betriebspflicht. a) Die Genehmigung gewährt daher dem Unternehmer nur die Sicherheit, daß bei Erfüllung der Genehmigungsbedingungen vom polizeilichen Standpunkte aus gegen den Bau und Betrieb Einwendungen oder Bedenken nicht bestehen. b) Die Genehmigung kann von der zuständigen Behörde nicht verweigert werden, wenn die Erfüllung der polizeilichen Bedingungen und Auflagen vom Unternehmer übernommen wird — es müßte denn sein, daß die in Betracht kommenden Verhältnisse, z. B. die Lage der Eisenbahn, an welche der Anschluß erfolgen soll, aus Gründen der Betriebssicherheit rc. denselben überhaupt unmöglich machen oder in den Fällen des § 27 Gew.-Ordn. Es ist daher nicht Sache der Polizeibehörde, aus Gründen des öffentlichen Wohles oder wegen mangelnden Bedürfnisses, ungenügender finanzieller Grundlage, unzureichender Rentabilität rc. die Genehmigung zum Bau und Betriebe einer Privatanschlußbahn abzulehnen. c) Aus der Natur der polizeilichen Genehmigung folgt weiter, daß dieselbe nicht mit der Person des Unternehmers verbunden, mithin übertragbar ist, auf Erben und sonstige Rechtsnachfolger, sowie andere Unternehmer ohne weiteres übergehen, im Wege der Veräußerung, Verpachtung rc. von diesem ohne nochmalige behördliche Genehmigung betrieben werden kann (§ 25 Gew.-Ord.). d) Sodann liegt es in der polizeilichen Genehmigung und rein privaten Natur dieser Unternehmungen, daß eine Zeitdauer für dieselben in der Regel nicht zu bestimmen, die Genehmigung vielmehr ohne zeitliche Begrenzung zu erteilen ist (§ 25 Gew.-Ord.). § 18 des Kleinb.-Ges. findet hier keine Anwendung. e) Endlich kann bei nachteiligen Einwirkungen auf Nachbargrundstücke die Klage einer Privatanschlußbahn gegenüber niemals auf Einstellung des Bahnbetriebs, sondern nur auf Herstellung von Einrichtungen, welche die benachteiligende Einwirkung ausschließen, oder, wo solche Einrichtungen untunlich sind, auf Schadloshaltung gerichtet werden (§ 26 Gew.-Ord.).

2. Weil die polizeiliche Genehmigung ein vor anderen privaten Rechten bevorzugtes bezw. privilegiertes Bau- und Betriebsrecht nicht involviert, hat der Unternehmer nicht die besonderen Vorrechte, welche mit einer Eisenbahnkonzession verbunden sind. a) Zur Benutzung öffentlicher Wege bedarf es der Zustimmung des Wegeunterhaltungspflichtigen und der Genehmigung der Wegepolizeibehörde (§ 46). Das Recht, die behördliche Ergänzung dieser Zustimmung zu verlangen,

ist ihm nicht, wie dem Kleinbahnunternehmer (§ 7) gegeben. b) Grundsätzlich steht ihm das Enteignungsrecht nicht zu. Nur wenn ausnahmsweise mittelbar die Privatanschlußbahn dem öffentlichen Wohle dient (Ab- und Anfuhr land- und forstwirtschaftlicher Produkte), kann die Verleihung des Enteignungsrechtes gerechtfertigt erscheinen. c) Endlich hat der Unternehmer einer Privatanschlußbahn weder das Recht, an eine dem öffentlichen Verkehre dienende Bahn, noch an eine andere Privatanschlußbahn oder an sonstige Privatgeleise den Anschluß zu verlangen. Nur die Behörde ist berechtigt, einen derartigen Anschluß an eine dem Güterverkehr dienende Kleinbahn zu verlangen, wenn sie einen entsprechenden Vorbehalt gemäß § 10 gemacht hat, und an eine dem Eisenb.-Ges. vom 3. November 1838 unterworfene Eisenbahn bei einem bezüglichen Vorbehalt in den Konzessionsbedingungen.

3. Da die polizeiliche Genehmigung weder ein Betriebsrecht, noch auch eine diesem inhärierende Betriebspflicht im öffentlichen Interesse begründet, so hat der Unternehmer auch nicht, wie der Unternehmer einer dem öffentlichen Verkehre dienenden Eisenbahn, die dieser gesetzlich obliegenden, öffentlich-rechtlichen Verpflichtungen zu erfüllen. a) Für die Fertigstellung des Baues und die Eröffnung des Betriebes sind dem Unternehmer in der Regel — abgesehen von den Fällen des § 49 bezw. § 24 Gew.-Ord. — Fristen nicht zu bestimmen; demgemäß fallen auch die bezüglichen Bestimmungen der §§ 11, 23 fort. b) Es besteht für den Unternehmer ferner keine Pflicht zu Leistungen im Interesse öffentlicher Verwaltungen (§§ 9, 42). Zwar erklärt § 47 die Bestimmungen des § 8 auch auf die Privatanschlußbahnen für anwendbar. Doch ist damit nicht die Heranziehung der Unternehmer zu materiellen Leistungen im Interesse dieser Verwaltungen bestimmt, sondern lediglich die Wahrung der polizeilichen Interessen in Betreff der genannten Behörden beabsichtigt. Was die Steuerpflicht anlangt, so unterliegen Privatanschlußbahnen, sofern sie — wie in der Regel — Zubehör eines gewerblichen Unternehmens sind, einer Steuerpflicht nicht (s. Motive H.-H. Aktst. Nr. 84 S. 69). Sind sie aber selbständige Unternehmungen (s. Anm. 148 S. 414 und Anm. 148 S. 419), so sind sie nicht der Eisenbahnabgabe (Ges. v. 3. November 1838), sondern der Gewerbesteuer auf Grund des Gewerbesteuergesetzes vom 24. Juni 1891 (G.-S. S. 205) unterworfen und ferner der Kommunalbesteuerung nach Maßgabe des Gesetzes vom 27. Juli 1885 (G.-S. S. 327). Dagegen sind sie, ebensowenig wie die Kleinbahnen, als Privateisenbahnunternehmungen im Sinne des § 4 dieses Gesetzes bezw. § 46 des Kommunalabgabengesetzes vom 14. Juli 1893 erachtet. Es finden daher auf die Privatanschlußbahnen die allgemeinen Veranlagungsgrundsätze des § 1 des Ges. v. 27. Juli 1885 sc. § 36 des Ges. v. 14. Juli 1893, nicht die besonderen Bestimmungen der §§ 4 und 5 sc. § 46 l. c. Anwendung. c) Aus der rein privaten Natur der Privatanschlußbahnen folgt weiter, daß sie weder dem öffentlichen Verkehre dienenden Bahnen noch anderen Privatanschlußbahnen oder sonstigen Anschlußgeleisen für den Privatverkehr den Anschluß zu gestatten verpflichtet sind (arg. §§ 9, 45, 47). d) Aus gleichem Grunde ist die Genehmigungsbehörde nicht berechtigt, bei der Genehmigung Feststellungen in Betreff des Fahrplanes und — wenn etwa freiwillig Dritten die Mitbenutzung der Bahn gestattet wird — der Beförderungspreise zu machen (arg. §§ 14, 45, 47). Ebensowenig liegt dem Unternehmer die öffentliche Bekanntmachung von Fahrplänen und Beförderungspreisen, sowie die gleichmäßige Anwendung derselben auf Personen und Güter ob (§ 21). e) Endlich ist der Staat nicht erwerbsberechtigt (arg. §§ 30, 45, 47).

Dagegen steht nichts entgegen, daß der Wegeunterhaltungspflichtige seine Zustimmung zur Benutzung öffentlicher Wege (§ 46) mittelst privater Vereinbarung von dem Vorbehalte des künftigen Erwerbes der Bahn abhängig macht (§ 6 Abs. 3).

F. Die Form der Genehmigung ist — wie die der Kleinbahn — eine schriftliche, in Gestalt einer Genehmigungsverfügung bezw. Genehmigungsurkunde, welche von der zur Genehmigung zuständigen Behörde (§ 44) rite ausgestellt sein muß und dem Unternehmer ausgehändigt wird. Dagegen bedarf mangels eines öffentlichen Interesses weder die Erteilung der Genehmigung (§ 43) noch die Rücknahme derselben (§ 49) der Veröffentlichung, welche für Kleinbahnen durch die Ausf.-Anw. zu § 16, §§ 23, 24 ausdrücklich vorgeschrieben ist. Ebensowenig ist die Aushändigung der Genehmigungsurkunde von der vorgängigen Leistung irgendwelcher Sicherstellungen abhängig, da zu Sicherstellungen im Sinne des § 11 der Unternehmer einer Privatanschlußbahn gesetzlich nicht verpflichtet ist. In der Genehmigungsurkunde müssen — vorbehaltlich der sich aus der speziellen Feststellung des Bauplanes ergebenden Auflagen und Bedingungen (§ 47 resp. 17, 18) — alle diejenigen Bedingungen und Auflagen enthalten sein, welche auf Grund der polizeilichen Prüfung (§ 45) vom Unternehmer zu erfüllen sind. Von der Erfüllung dieser Bedingungen, soweit dieselben wesentlicher Natur sind, ist die gemäß § 47 resp. § 19 zu erteilende Erlaubnis zur Eröffnung des Betriebes abhängig. (Anm. 72 und Anm. 161.)

G. Die Genehmigungen zum Betriebe von Privatanschlußbahnen sind stempelpflichtig, und zwar ist nach dem Stempelsteuergesetz vom 31. Juli 1895 (G.-S. S. 413) Stempeltarif Nr. 22 I (s. Verzeichnis Nr. 22) der Steuersatz, wenn die Kosten der Anlage unter 1000 Mk. betragen 1 Mk., unter 5000 Mk. — 5 Mk., 10000 Mk. — 10 Mk., 20000 Mk. — 20 Mk., 50000 Mk. — 50 Mk., 75000 Mk. — 75 Mk., 100000 Mk. — 100 Mk., bei einem noch höheren Kostenbetrage für je 50000 Mk. mehr 50 Mk.; für Genehmigungen zu Veränderungen in dem Betriebe — worunter nur wesentliche im Sinne des § 2 Kleinb.-Ges. zu verstehen — beträgt der Steuersatz die Hälfte der vorstehenden Sätze. Fristverlängerungen sind mangels einer besonderen Vorschrift nicht stempelpflichtig (anders bei Kleinbahnen Anm. 6 Ziff. XII S. 49), ebensowenig die Genehmigung zu einzelnen Betriebshandlungen wie z. B. zur Einführung von Anschlüssen, Betriebseröffnung, Ingebrauchnahme von Betriebsmaschinen (§ 47). Stempelfrei ist ferner die Genehmigung zu unwesentlichen Ergänzungen oder Änderungen vorhandener Geleise, Verlegung von Geleisanlagen (Erl. d. Fin.-Min. v. 28. Mai 1901 III 4028) sowie die Ausstellung neuer Genehmigungsurkunden für ältere Privatanschlußbahnen, welche sich freiwillig dem Kleinbahngesetz unterwerfen (Erl. d. Min. d. öff. Arb. u. d. Fin.-Min. vom 21. Juli 1899 Zeitschr. f. Kleinb. 1899 S. 459).

H. Bezüglich der Kosten der Genehmigung sowie der Rechtsmittel gegen Versagung der Genehmigung und die Genehmigungsbedingungen wird auf die Ausführungen zu § 2 Anm. 6 Ziff. XI u. XIII S. 48, 49 Bezug genommen.

J. Zur Aufsicht über die Erfüllung der Genehmigungsbedingungen seitens der Privatanschlußbahnen ist die für ihre Genehmigung jeweilig zuständige Behörde kompetent (§ 22 Satz 1, § 43), soweit die Bedingungen eisenbahntechnischer Natur, durch diejenige Behörde, welcher diese Aufgaben bezüglich der dem öffentl. Verkehre dienenden Bahn, an welche sie anschließen, obliegen (§ 50).

K. Über die Zurücknahme der Genehmigung entscheidet auf Klage der Genehmigungsbehörde das Oberverwaltungsgericht (§ 49).

§ 44.[149])

Zur Erteilung der Genehmigung (§ 43) ist der Regierungspräsident, für den Stadtkreis Berlin der Polizeipräsident, im Einvernehmen mit der von dem Minister der öffentlichen Arbeiten bezeichneten Eisenbahnbehörde zuständig.[150])

Berührt die Bahn mehrere Landespolizeibezirke, so bestimmt, wenn sie derselben Provinz angehören, der Oberpräsident, falls sie verschiedenen Provinzen angehören oder Berlin dabei beteiligt ist, der Minister der öffentlichen Arbeiten im Einvernehmen mit dem Minister des Innern die zuständige Landespolizeibehörde.[151])

149) Prinzip und Entstehungsgeschichte des § 44. § 44

I. Prinzip. § 44 bestimmt diejenigen Behörden, welche für die Erteilung der Genehmigung von Privatanschlußbahnen zuständig sind. Prinzip. Übereinstimmend mit der entsprechenden Regelung für Kleinbahnen ist in Rücksicht auf den Umstand, daß es sich bei der Genehmigung von Privatanschlußbahnen ihrem Begriffe nach nur um für den Betrieb mit Maschinen eingerichtete Bahnanlagen handelt (§ 43 Anm. 148 S. 417), nach Maßgabe des § 8 Abs. 1 Nr. 1 durch Abs. 1 des § 44 nicht die Ortspolizeibehörde, sondern in allen Fällen die Landespolizeibehörde d. h. der Regierungspräsident, für den Stadtkreis Berlin der Polizeipräsident, im Einvernehmen mit der vom Minister der öff. Arb. bezeichneten Eisenbahnbehörde für zuständig erklärt worden.

Die im Abs. 1 enthaltene Regelung der Kompetenz genügte jedoch in denjenigen Fällen nicht, in welchen die Privatanschlußbahn mehrere Landespolizeibezirke berührt. Daher bestimmt Abs. 2 im Wesentlichen konform mit § 8 Abs. 2, um die Einheitlichkeit der Genehmigung zu sichern, daß in diesen Fällen, wenn die Landespolizeibezirke derselben Provinz angehören oder Berlin dabei beteiligt ist, der Minister der öffentlichen Arbeiten im Einvernehmen mit dem Minister des Innern die zuständige Landespolizeibehörde bezeichnet.

Wie im § 43 in Betreff des Erfordernisses der Genehmigung, so ist folgeweise auch im § 44 bezüglich der Zuständigkeit keine Bestimmung für den Fall getroffen, daß es sich um wesentliche Erweiterungen oder sonstige wesentliche Änderungen des Unternehmens, der Anlage oder des Betriebes handelt. Es kann aber nicht zweifelhaft sein, daß hier wie dort eine Omission vorliegt, welche aus den entsprechenden Vorschriften über Kleinbahnen zu ergänzen ist. Demgemäß rechtfertigt sich die Annahme, daß in derartigen Fällen sich die Zuständigkeit zur Genehmigung nach Analogie des § 8 Abs. 3 Satz 1 regelt. Daß ein Wechsel der genehmigenden Behörden in den in Rede stehenden Fällen nach der Absicht des Gesetzes nicht ausgeschlossen sein soll, folgert Gleim a. a. O. § 44 Anm. 1 mit Recht daraus, daß der § 47 dem § 22 Satz 1, welcher die Kleinbahnen der Aufsicht der für ihre Genehmigung jeweilig zuständigen Behörde unterwirft, auch für die Privatanschlußbahnen Geltung verleiht und damit die Möglichkeit eines Wechsels der genehmigenden Behörde anerkennt. Ein solcher würde aber für Privatanschlußbahnen gänzlich ausgeschlossen sein, wenn die Zuständigkeit zur Genehmigung späterer Erweiterungen oder Änderungen ohne Rücksicht auf die bereits bestehende Bahnanlage zu bestimmen wäre. Auf Privatanschlußbahnen, welche Zubehör eines Bergwerkes im Sinne des allgemeinen Berggesetzes vom 24. Juni 1865 (G.-S. S. 705) bilden, findet § 44 keine Anwendung (§ 51).

§ 44 Entstehung. II. In Betreff der Entstehungsgeschichte des § 44 wird auf die Darstellung der Entstehung der entsprechenden Absätze (Abs. 1 Nr. 1 und Absatz 2) des § 3 des Gesetzes verwiesen. Die Regierungsvorlage (§ 40), welche als § 44 in das Gesetz aufgenommen wurde, erlitt konform mit § 3 Abs. 1 Nr. 1 nur insofern in den Beratungen der Abg.-H.-Kommission eine Änderung, als die ursprünglich vorgeschlagenen Worte „in Verbindung mit der ... Eisenbahnbehörde“ in die Worte „im Einvernehmen mit der ... Eisenbahnbehörde“ abgeändert wurden.

§ 44 Abs. 1. **150**) Abs. 1 erklärt zur Erteilung der polizeilichen Genehmigung, welche nach § 43 für die bauliche Herstellung und den Betrieb von Privatanschlußbahnen erforderlich ist, zwei Behörden für zuständig, den Regierungspräsidenten bezw. für den Stadtkreis Berlin den Polizeipräsidenten, im Einvernehmen mit der vom Minister der öffentlichen Arbeiten bezeichneten Eisenbahnbehörde Zuständig ist derjenige Regierungspräsident, in dessen Bezirk die Bahn angelegt werden soll. Berührt sie mehrere Regierungsbezirke, so finden die Bestimmungen des Abs. 2 (Anm. 151) Anwendung; ebenso, wenn der Stadtkreis Berlin überschritten wird. (S. hierzu Anm. 10 S. 60 und den dort allg. Erl. des Min. d. öff. Arb. vom 28. April 1902 Zeitschr. f. Kleinb. 1902 S. 381 Verzeichnis Nr. 124.) Die Kompetenz zur Genehmigung steht jedoch dem Regierungspräsidenten nicht allein zu, sondern im Einvernehmen mit der vom Minister der öffentlichen Arbeiten bezeichneten Eisenbahnbehörde.

In Betreff der Bezeichnung der mitwirkenden Eisenbahnbehörde durch den Minister der öffentlichen Arbeiten wird auf die Ausführung zum § 3 Abs. 1 Nr. 1 (Anm. 10 S. 60 ff.) verwiesen. Auch für § 44 gilt analog die Vorschrift der Ausf.-Anw. Abs. 1 zu § 1. Der Minister kann zwar beliebig eine ihm geeignet erscheinende Eisenbahnbehörde bezeichnen, ist jedoch durch das Gesetz insofern gebunden, als er nur eine Eisenbahnbehörde, nicht eine andere Behörde bezeichnen darf. Für die Privatanschlußbahnen hat der Minister der öffentlichen Arbeiten in Ausführung des § 44 Abs. 1 angeordnet, daß zur Mitwirkung bei der Erteilung der Genehmigung allgemein diejenige Eisenbahnbehörde zuständig sein solle, welcher gemäß § 50 die eisenbahntechnische Aufsicht und Überwachung der betr. Privatanschlußbahn obliegt (Erl. vom 5. November 1892 Verzeichnis Nr. 1). Es hat daher, wenn Anschluß an eine Kleinbahn erfolgen soll, die für deren eisenbahntechnische Beaufsichtigung zuständige Eisenbahnbehörde, wenn er an eine Eisenbahn erfolgen soll, die Königliche Eisenbahndirektion, deren Bezirk die letztere zugehört, mitzuwirken (s. § 50 und Gleim § 44 Anm. 1). Mit Rücksicht auf diese allgemeine Bestimmung kann die Anzeige an den Minister der öffentl. Arbeiten unterbleiben, wenn nicht etwa mit Rücksicht auf die Stelle des projektierten Anschlusses die minist. Genehmigung erforderlich ist. (Gleim S. 191.)

Die Genehmigung erfolgt formell durch den Regierungspräsidenten (bezw. für Berlin durch den Polizeipräsidenten). Über die Mitwirkung der Eisenbahnbehörde Anm. 10 S. 60 ff. und Ausf.-Anw. Abs. 1 zum § 3 (S. 54). Wie sich das Genehmigungsverfahren und das Zusammenwirken beider Behörden bei Erteilung der Genehmigung gestaltet, ist in Anm. 10 gezeigt worden. (S. 60 ff. und die dort angeführten Minist. Erlasse).

Die solchergestalt geregelte Zuständigkeit bezieht sich ausnahmslos auf alle Privatanschlußbahnen im Sinne des § 43. Sie ist nicht auf Bahnen mit Lokomotivbetrieb beschränkt, sondern greift überall Platz, wo derartige Bahnen mit Maschinen betrieben werden sollen, gleichviel ob ganz oder teilweise, dauernd ununterbrochen oder nur periodisch (s. Anm. 10 S. 64).

151) Absatz 2 trifft über die Zuständigkeit zur Erteilung der Genehmigung für diejenigen Fälle Bestimmung, in welchen die Privatanschlußbahn mehrere Landespolizeibezirke 1. derselben Provinz oder 2. verschiedener Provinzen berührt oder Berlin dabei beteiligt ist. Im ersteren Falle bezeichnet der Oberpräsident der beteiligten Provinz die zuständige Landespolizeibehörde, im letzteren Falle wird sie vom Minister der öffentlichen Arbeiten im Einvernehmen mit dem Minister des Innern bezeichnet. Aus den Worten „im Einvernehmen mit dem Minister des Innern" geht hervor, daß die Bezeichnung der zuständigen Behörde im zweiten Falle formell durch den Minister der öffentlichen Arbeiten erfolgt, die Mitwirkung des Ministers des Innern mithin lediglich ein Internum der Verwaltung bildet (s. Anm. 12 S. 69). Durch die Vorschrift des Abs. 2 wird für die dort bezeichneten Fälle lediglich die Bestimmung der zuständigen Landespolizeibehörde geregelt. Bei der Genehmigung hat aber neben dieser noch die vom Minister der öffentlichen Arbeiten gemäß Abs. 1 zu bezeichnende Eisenbahnbehörde auch in den Fällen des Abs. 2 mitzuwirken. § 44 Abs. 2.

Daß für wesentliche Erweiterungen oder sonstige wesentliche Änderungen des Unternehmens, der Anlage oder des Betriebes von Privatanschlußbahnen die Bestimmungen des § 3 Abs. 3 analog zur Anwendung zu bringen sind, ist bereits an früherer Stelle (Anm. 149 S. 423) begründet worden.

Was die Änderung des Betriebes anlangt, so ist diese in zwiefacher Weise möglich. Entweder soll an die Stelle einer Maschinenkraft eine andere Maschinenkraft (z. B. an Stelle der Dampfkraft die elektrische Kraft) gesetzt werden. Alsdann findet der vorstehende Grundsatz (§ 3 Abs. 3 Satz 1) auch auf solche Veränderungen uneingeschränkt Anwendung. Oder es soll an die Stelle der Maschinenkraft eine andere Betriebskraft (z. B. Pferdekraft) gesetzt werden. In diesem Falle sind die im § 44 bezeichneten Behörden überhaupt an sich nicht zuständig, weil alsdann die Umänderung der Privatanschlußbahn, zu welcher begrifflich der Maschinenbetrieb gehört (§ 43) — in eine andere Kategorie von Privatgeleisen beabsichtigt ist. Es kann daher auch die Vorschrift des Satzes 2, Abs. 3, § 3 nicht analog angewendet werden. Vielmehr steht die Kompetenz zur Entscheidung hierüber denjenigen Behörden zu, welche über die Herstellung und den Betrieb von Privatanschlußgeleisen ohne Maschinenkraft zu befinden haben. Der Annahme, daß ein derartiger Wechsel einer Genehmigung überhaupt nicht bedürfe (Gleim S. 192), kann nicht beigepflichtet werden.

Ist die Betriebsänderung dahin geplant, daß die Privatanschlußbahn — sei es mit derselben Betriebskraft oder einer anderen — dem öffentlichen Verkehre zugänglich gemacht werden soll, so steht die Entscheidung hierüber — je nachdem es sich um die Umwandlung in eine Kleinbahn oder in eine dem Eisenb.-Ges. v.

3. November 1838 zu unterwerfende Bahn (Haupt- oder Neben-Bahn) handelt, — den im § 3 des Kleinb.-Ges. oder im § 1 des Eisenb.-Ges. bezeichneten Instanzen zu; wobei in Betreff des Anschlusses die Voraussetzungen der §§ 28, 29 des Kleinb.-Ges. bez. des § 45 des Eisenb.-Ges. zu erfüllen sind. — Soll umgekehrt durch die geplanten Änderungen eine dem öffentlichen Verkehre dienende Bahn (Klein-, Neben- oder Hauptbahn) in eine Privatanschlußbahn verwandelt werden, so sind hierzu die im § 44 bezeichneten Behörden nicht zuständig. Vielmehr muß zunächst nach den bestehenden gesetzlichen Bestimmungen die Konzession der betr. öffentlichen Eisenbahn von der hierzu kompetenten Instanz für erloschen erklärt, zurückgenommen oder vom Unternehmer rechtsgültig unter Zustimmung derselben darauf verzichtet sein. Alsdann erst sind die im § 44 bezeichneten Behörden zuständig, für die betreffende Bahnanlage die Genehmigung zur Herstellung und zum Betriebe als Privatanschlußbahn zu erteilen.

§ 45.[152])

Die polizeiliche Prüfung beschränkt sich[153])

1. auf die betriebssichere Beschaffenheit der Bahn und der Betriebsmittel,[154])

2. auf die technische Befähigung und Zuverlässigkeit der in dem äußeren Betriebsdienste anzustellenden Bediensteten,[155])

3. auf den Schutz gegen schädliche Einwirkungen der Anlage und des Betriebes.[156])

Soll eine Bahn, welche an eine dem Gesetze über die Eisenbahnunternehmungen vom 3. November 1838 unterliegende Eisenbahn Anschluß hat, von dem Unternehmer der letzteren angelegt und betrieben werden, so beschränkt sich die Prüfung auf den Schutz gegen schädliche Einwirkungen der Anlage und des Betriebes.[157])

1) Ausführungsanweisung vom 18. August 1898.

Zu § 45.

Die Prüfung der betriebssicheren Beschaffenheit der Bahn und der Betriebsmittel, welche der genehmigenden Behörde obliegt, bedingt auch für die Anträge auf Genehmigung der Privatanschlussbahnen die in technischer Hinsicht erforderlichen Unterlagen, wenn es auch an einer diesbezüglichen Vorschrift in dem Gesetze fehlt. Es ist daher auch für diese Bahnen die Anweisung zu § 5, soweit sie die technischen Unterlagen betrifft, gleichmässig zu beachten. Dagegen ist von dem Verlangen von Unterlagen in finanzieller Hinsicht abzusehen.

2) Vgl. die Ausführungsanweisung zu den §§ 4 und 5 und die dort mitgeteilten Erlasse (s. S. 71 u. S. 92).

3) Vgl. Erlaß des Ministers der öffentl. Arb. vom 30. April 1902 sowie Erlaß der Minister der öffentl. Arb. und des Innern vom gleichen Tage, betreffend Polizeiverordnung und Betriebsvorschrift für Privatanschlußbahnen. (Zeitschr. f. Kleinb. 1902. S. 382 ff.) Verzeichnis Nr. 125.

152) Prinzip und Entstehungsgeschichte des § 45. § 45

I. Prinzip. Mit § 45 beginnen die Vorschriften über die Voraussetzungen der Genehmigung. Die erste Voraussetzung ist die der Genehmigung vorangehende polizeiliche Prüfung. § 45 ordnet im Abs. 1 eine polizeiliche Prüfung an und bestimmt zugleich die Richtungen, auf welche sich diese Prüfung zu beschränken hat, nämlich: 1. auf die betriebssichere Beschaffenheit der Bahn und der Betriebsmittel, 2. auf die technische Befähigung und Zuverlässigkeit der in dem äußeren Betriebsdienste anzustellenden Bediensteten, 3. auf den Schutz gegen schädliche Einwirkungen der Anlage und des Betriebes. Im Abs. 2 ist für Privatanschlußbahnen, welche an eine dem Gesetze über die Eisenbahnunternehmungen vom 3. November 1838 unterliegende Eisenbahn Anschluß und denselben Unternehmer, wie letztere, haben, die Prüfung lediglich auf den dritten Punkt eingeschränkt worden, wohl von der Annahme aus, daß zur Prüfung der beiden ersten Punkte die Aufsichtsbehörde der Hauptbahn an sich verpflichtet ist, bevor sie die Betriebsführung auf der Anschlußbahn gestattet (s. jedoch Anm. 157 S. 432 ff.). Da der gleiche Grund auch für Kleinbahnen Platz greift, so ist nicht ersichtlich, weshalb die Vorschrift des Abs. 2 sich nur auf die dem Gesetz vom 3. November 1838 unterworfenen Eisenbahnen, nicht auch auf die Kleinbahnen erstreckt. Prinzip.

§ 45 ist dem § 4 tunlichst nachgebildet. Dennoch bestehen zwischen beiden Bestimmungen wesentliche Unterschiede. Während die für Kleinbahnen angeordnete Prüfung (Anm. 14 S. 73 ff.) keine ausschließlich polizeiliche ist, ist die im § 45 für Privatanschlußbahnen vorgeschriebene Prüfung lediglich polizeilicher Natur. Daraus ergibt sich, daß die Prüfung nach allen denjenigen, zum Teil im Vorstehenden angeführten Richtungen fortfällt, welche für Kleinbahnen behufs Wahrnehmung der öffentlichen Interessen im weiteren Sinne vorgeschrieben sind. Insbesondere ist von einer Prüfung in finanzieller Hinsicht abzusehen (Ausf.-Anw. letzt. Satz z. § 45).

Aber auch die rein polizeiliche Prüfung ist auf das tunlichst geringste und unbedingt notwendige Maß beschränkt worden. Man hat in dieser Hinsicht im wesentlichen die für die Prüfung von Kleinbahnen in polizeilicher Hinsicht im § 4 gegebenen Vorschriften zur Richtschnur genommen, indem die drei ersten Punkte des § 4 wörtlich im § 45 adoptiert worden sind und nur der vierte Punkt (die Wahrung der Interessen des öffentlichen Verkehres) der Natur der Sache nach in Wegfall gebracht ist. Daraus folgt 1.) daß bei der Genehmigung sich die polizeiliche Prüfung auf andere, als die in Nr. 1—3 angeführten Richtungen nicht erstrecken darf und daher sich auch die polizeilichen Auflagen und Bedingungen hierauf beschränken müssen, sowie 2.) daß auch späterhin neue und verschärfte Auflagen und Anforderungen in Betreff des Baues und Betriebes nicht ohne weiteres dem Unternehmer auferlegt werden dürfen, sondern nur insoweit, als sie sich von allgemeinen polizeilichen Gesichtspunkten aus jedermann gegenüber rechtfertigen würden. (Anm. 14 S. 74.)

Hiervon bestehen zwei Ausnahmen: die Genehmigungsbehörde ist einerseits berechtigt, bei wesentlichen Erweiterungen oder sonstigen wesentlichen Änderungen des Unternehmens, der Anlage oder des Betriebes neue Auflagen und Bedingungen im Sinne des § 45 zu stellen, und andererseits, gemäß § 47 sc. § 18 den Unternehmer noch bei der Planfeststellung (§ 17) zur Herstellung und Unterhaltung derjenigen Anlagen, welche zur Sicherung der benachbarten Grundstücke gegen Gefahren oder Nachteile oder im öffentlichen Interesse für erforderlich erachtet werden, zu verpflichten.

Die polizeiliche Prüfung (§ 45) in den angegebenen Richtungen muß der Genehmigung (§ 48) vorangehen. Die Genehmigung wird nur auf Grund der vorgängigen polizeilichen Prüfung erteilt. Zwar fehlt dieser den § 4 einleitende Satz dem § 45 (Anm. 15 S. 77), so daß e contr. gefolgert werden könnte, die im § 45 angeordnete Prüfung sei allgemeiner Natur und nicht auf die Genehmigung bezüglich. Indes unterliegt es keinem Zweifel, daß dies lediglich auf einer Omission beruht oder mit Rücksicht auf die Bestimmung des § 4 die analoge Anwendung des qu. Satzes auf § 45 für selbstverständlich gehalten und der Vereinfachung wegen hier weggelassen wurde. Auf Bergwerksbahnen findet § 45 keine Anwendung (s. § 51).

Um die polizeiliche Prüfung in den im § 4 angegebenen Richtungen zu ermöglichen, bedarf es einer entsprechenden Substantiierung des Genehmigungsantrages. Insbesondere müssen behufs Prüfung der in Nr. 1 und 3 bezeichneten Punkte dem Antrage die entsprechenden technischen Unterlagen beigefügt sein. Zwar fehlt eine dem § 5 des Abschnittes I entsprechende Vorschrift im Abschnitt II. Sie ist aber durch die Ausf.-Anw. zum § 45 nachgeholt worden, welche die Beibringung der erforderlichen technischen Unterlagen ausdrücklich erfordert, dagegen bestimmt, daß von dem Verlangen von Unterlagen in finanzieller Hinsicht abzusehen ist.

§ 45 Entstehung. II. In Betreff der Entstehungsgeschichte des § 45 wird vornehmlich auf die in der Anm. 146 (S. 408 ff.) dargestellte allgemeine Entstehungsgeschichte des Abschnittes II des Kleinb.-Ges., sowie des § 4 desselben (Anm. 14 S. 74—77) bezug genommen.

§ 45 Abs. 1. 153) Abs. 1 bestimmt, daß die polizeiliche Prüfung sich auf die drei im folgenden bezeichneten Richtungen beschränkt. Daß damit die von den zuständigen Behörden (§ 44) zum Zwecke der polizeilichen Genehmigung (§ 48) vorzunehmende, polizeiliche Prüfung gemeint ist, ist bereits Anm. 152 S. 427 erörtert. Diese Prüfung hat daher der polizeilichen Genehmigung voranzugehen. Auf Grund der polizeilichen Prüfung wird die Genehmigung erteilt (arg. § 4). Die genehmigende Behörde ist zu dieser polizeilichen Prüfung sowohl verpflichtet, wie berechtigt. Eine Genehmigung ohne vorgängige polizeiliche Prüfung im Sinne des § 45 würde mit dem Gesetze im Widerspruche stehen und die genehmigende Behörde verantwortlich machen, wenngleich sie dem Unternehmer gegenüber rechtsgültig ist. Andererseits ergibt sich hieraus, daß späterhin nach erteilter Genehmigung eine polizeiliche Prüfung im Sinne des § 45 nicht mehr stattzufinden hat, bezw. die genehmigende Behörde für die Gestattung der Herstellung und des Betriebes der Bahn neue bezügliche Auflagen und Anforderungen nicht mehr zu stellen hat. Dies schließt aber nicht aus, daß die Aufsichtsbehörde die allgemeinen polizeilichen Aufsichtsrechte, sowie die ihr durch das vorliegende Gesetz speziell übertragenen Aufsichtsrechte auch weiterhin auszuüben befugt und verpflichtet ist.

Die Worte „die polizeiliche Prüfung beschränkt sich“ weisen darauf hin, daß diese Prüfung irgend welche andere, als die im § 45 ausdrücklich bezeichneten Gegenstände nicht umfassen darf, aber auch andererseits, daß die Behörde die im § 45 angeführten Punkte pflichtmäßig in den Kreis ihrer Prüfung zu ziehen hat. Es sind also im § 45 sowohl die Rechte, wie die Pflichten der prüfenden Behörde zugleich genau normiert, bezw. ihre Befugnisse und Obliegenheiten gesetzlich fixiert. Damit ist freilich nicht bestimmt, daß nach allen im § 45 angegebenen Richtungen polizeiliche Auflagen und Bedingungen unter allen Umständen die Folge der Prüfung sein müssen. Vielmehr entscheidet hierüber lediglich das Bedürfnis des einzelnen Falles nach pflichtmäßigem Ermessen der prüfenden Behörde. Dies ist in der Ausf.=Anw. Abs. 1 zum § 4 ausdrücklich ausgesprochen (S. 71 und Anm. 16 S. 78). Erfordert das Bedürfnis polizeiliche Bedingungen und Auflagen, deren Umfang sich zur Zeit noch nicht ganz genau übersehen läßt, so genügen zwar entsprechende allgemeine Vorbehalte. Immerhin müssen aber doch daraus trotz der allgemeinen Fassung die dem Unternehmer obliegenden Verpflichtungen im wesentlichen mit Sicherheit sich ergeben und jedenfalls diese Vorbehalte — wie aus § 19 erhellt — noch vor Ausführung des Baues und Eröffnung des Betriebes in konkrete Bestimmungen umgewandelt werden. (Ausf.=Anw. Abs. 3 und 8 zum § 4 S. 72 und Anm. 16 S. 79).

Nr. 4 des § 4: „die Wahrung der Interessen des öffentlichen Verkehres" ist hier folgerichtig in Wegfall gebracht, da beim Bau und Betriebe von Privatanschlußbahnen nur private Interessen in Frage stehen. Aus dem Umstande, daß für Privatanschlußbahnen die Wahrung der Interessen des öffentlichen Verkehres entfällt, folgt, daß ihren Unternehmern in der Genehmigung die Verpflichtung zur Herstellung und zum Betriebe der Bahn nicht auferlegt werden kann. Dies bildet einen der wesentlichen Unterschiede von der Genehmigung der dem öffentlichen Verkehre dienenden Eisenbahnen (Haupt=, Neben= und Kleinbahnen) (s. § 11 Anm. 44 S. 179ff., Anm. 47 S. 188ff., Anm. 146 S. 411) Wenn aber aus Gründen des öffentlichen Wohles ausnahmsweise dem Unternehmer der Privatanschlußbahn das Enteignungsrecht gewährt worden ist, so kann ihm als Äquivalent für die ihm durch die Bewilligung des Enteignungsrechtes gewährte Vergünstigung die Pflicht zur Herstellung und zum Betriebe in der Genehmigung auferlegt werden, zumal anderenfalls der Unternehmer durch Einstellung oder beliebige Unterbrechung des Betriebes das öffentliche Interesse, welches für die Verleihung des Enteignungsrechtes bestimmend war, würde illusorisch machen können.

[154]) Nr. 1 des Abs. 1 stellt als den ersten Punkt der der Genehmigung vorangehenden polizeilichen Prüfung — wörtlich übereinstimmend mit Nr. 1 des § 4 — „die betriebssichere Beschaffenheit der Bahn und der Betriebsmittel' hin. Dieser Punkt bildet die wesentlichste Grundlage eines sicheren und ordnungsmäßigen Betriebes und Transportes. Unter „Bahn" sind die Privatanschlußbahnen im Sinne des § 43 zu verstehen mit der im Abs. 2 des § 45 vorgesehenen Ausnahme. Geleise, die innerhalb des Bahnhofes einer dem Ges. vom 3. November 1838 unterworfenen Eisenbahn auf Antrag von Privaten — und ev. auch für deren Rechnung zur Verbindung von vermieteten Lager= und Ladeplätzen, Schuppen u. s. w. mit bestehenden Bahnhofsgeleisen hergestellt und von der betreffenden Eisenbahnverwaltung bedient werden, sind nicht als Privatanschlußbahnen im Sinne der §§ 43 ff. anzusehen, sondern als Erweiterungen der bestehenden Eisenbahnanlagen und daher in Gemäßheit der Anlage solcher (§ 4 Ges. vom 3. November 1838) zu behandeln. § 45 Abs. 1 Nr. 1.

Erl. v. 13. Mai 1897. E.V.Bl. S. 139. Zeitschr. f. Kleinb. S. 399.

Zur Prüfung sind die bezüglichen technischen Unterlagen in Gestalt von Zeichnungen und Plänen aller wichtigeren Anlagen und der Konstruktionen ꝛc. der

Betriebsmittel (Maschinen, Tender, Wagen) unbedingt erforderlich (§ 17 Absatz 1, § 24 Abs. 1 Gew.-Ord.), um so mehr, als die Prüfung der baulichen Anlagen und Betriebsmittel selbst in diesem Stadium des Verfahrens der Natur der Sache nach noch nicht stattfinden kann. Während aber im Abschnitt I für Kleinbahnen durch § 5 die Beifügung dieser technischen Unterlagen gesetzlich ausdrücklich vorgeschrieben und nur durch die Ausf.-Anw. (Abs. 1—8) zum § 5 nach Art und Umfang des Näheren erörtert ist (S. 92 ff. u. Anm. 22, S. 96 ff.), fehlt dem Abschnitt II eine entsprechende Bestimmung gänzlich. Es kann aber nicht zweifelhaft sein, daß hier eine Omission vorliegt und die bezüglichen Bestimmungen des § 5 und der dazu ergangenen Ausf.-Anw. (s. Anm. 22 S. 92 ff.) analoge Anwendung finden müssen. Darauf wird auch in der Ausf.-Anw. zum § 45 ausdrücklich hingewiesen: „Die Prüfung der betriebssicheren Beschaffenheit der Bahn und der Betriebsmittel, welche der genehmigenden Behörde obliegt, bedingt auch für die Anträge auf Genehmigung die Privatanschlußbahnen die in technischer Hinsicht erforderlichen Unterlagen, wenn es auch an einer diesbezüglichen Vorschrift in dem Gesetze fehlt. Es ist daher auch für diese Bahnen die Anw. zu § 5, soweit sie die technischen Unterlagen betrifft, gleichmäßig zu beachten. Dagegen ist von dem Verlangen von Unterlagen in finanzieller Hinsicht abzusehen."

Sind zur Beschaffung der technischen Unterlagen Handlungen auf fremdem Grund und Boden erforderlich, so kann auch hier unter Umständen § 5 des Enteig.-Ges. v. 11. Juni 1874 zur Anwendung kommen (s. Anm. 22 S. 97 und Eger, Komment. z. Enteig.-Ges. Bd. I 2. Aufl. S. 81 ff.). Zwar handelt es sich hier nicht, wie bei Haupt-, Neben- und Kleinbahnen, um dem öffentlichen Verkehre dienende und daher die Enteignung grundsätzlich rechtfertigende Unternehmungen. Aber auch die Anlage von Privatanschlußbahnen kann ausnahmsweise — wie bereits an früherer Stelle (Anm. 153 S. 429) erörtert — die Enteignung rechtfertigen. Hierüber zu entscheiden, ist Sache der nach § 5 des Enteig.-Ges. zuständigen Behörde.

Zu den „Betriebsmitteln" sind nicht nur die Wagen, sondern auch die Motoren, welche die Betriebskraft erzeugen, zu rechnen, und zwar gleichviel, ob sie sich mit in Bewegung befinden, wie die Lokomotiven und Tender, elektrische Akkumulatoren, oder stationär sind, wie stabile Dampfmaschinen, elektrische Zentralanlagen ꝛc. Es gehören hierher aber auch der sonstige Betriebsapparat, die Signal- und Telegraphen-Einrichtungen, Heiz-, Koppel- und Brems-Vorrichtungen ꝛc. (Anm. 17 S. 82). Für die Betriebsmaschinen ist überdies noch eine besondere eisenbahntechnische Prüfung sowohl bei ihrer Einstellung in den Betrieb, wie auch nach Vornahme erheblicher Änderungen und späterhin periodisch vorgeschrieben (§§ 47, 20).

Für die polizeiliche Prüfung der technischen Anlagen der Privatanschlußbahnen bestehen zwar ebensowenig, wie für die der Kleinbahnen allgemeine Vorschriften nach Art der Betriebs- und Nebenbahnordnung und der Normativbestimmungen für die Konstruktion und Ausrüstung der Eisenbahnen Deutschlands. Es ist vielmehr den genehmigenden Behörden überlassen, in jedem Falle, eventuell unter Zuziehung geeigneter Sachverständiger die Prüfung vorzunehmen und die Sicherheitsmaßnahmen je nach der Art und Beschaffenheit des Unternehmens und der konkreten Sachlage zu bestimmen.

Eine Grundlage und Direktive für die Prüfung der betriebssicheren Beschaffenheit der Bahn und der Betriebsmittel, sowie der in dieser Hinsicht an die Anschlußsucher zu stellenden Bedingungen ist jedoch durch die mittelst Erlasses der Minister der öffentl. Arb. und des Innern v. 30. April 1902 (Zeitschr. f. Kleinb. 1902 S. 382 ff. Verzeichnis Nr. 125) aufgestellte, einheitliche Betriebsvorschrift für Privatanschlußbahnen geschaffen, welche im Interesse der Betriebssicherheit den Regierungspräsidenten und zuständigen Kgl. Eisenbahn-Direktionen zur Einführung bei den ihrer gemeinsamen Aufsicht unterstehenden Privatanschlußbahnen aufgegeben worden ist. Die in dieser Betriebsvorschrift enthaltenen Bestimmungen über die baulichen und Betriebseinrichtungen der Bahn, der Betriebsmittel, des Signalwesens ꝛc. hat die Genehmigungsbehörde bei der Prüfung der Baupläne, wie auch bei den späteren Ergänzungen derselben zu beachten. Freilich gilt diese Betriebsvorschrift nicht als polizeiliche Vorschrift im Sinne der §§ 136, 137 des Allg. Land.-Verw.-Ges. v. 30. Juli 1883, weil die gesetzlichen Erfordernisse hierzu fehlen (sie ist daher auch ohne Strafandrohung für Nichtbefolgung), wohl aber als eine an die Aufsichtsbehörden gemäß § 55 des Kleinb.-Ges. gerichtete, generelle Ausführungsvorschrift, welche von diesen bei Führung der Betriebsaufsicht (§ 47) zu berücksichtigen ist. Die Betriebsvorschrift ist also nicht, wie die Betriebsordnung und Nebenbahnordnung, direkt an die Unternehmer gerichtet und bildet für diese weder eine gesetzliche, noch gesetzesgleiche Verordnung, sondern sie ist an die Aufsichtsbehörden gerichtet, und diese sind verpflichtet, kraft ihrer im Aufsichtsrechte liegenden Befugnisse nach Weisung der vorgesetzten Ministerialinstanz sowohl generell wie speziell den Unternehmern bekannt zu geben, daß die Aufsicht nach diesen Vorschriften erfolgen werde, als auch in der Eigenschaft von Genehmigungsbehörden die Beobachtung dieser Vorschriften zum Gegenstande der Genehmigungsbedingungen zu machen.

Da die betriebssichere Beschaffenheit und Konstruktion der Bahnanlagen und der Betriebsmittel auf Grund der technischen Unterlagen (Pläne und Zeichnungen) geprüft wird, so sind freilich in der Regel bei der Genehmigung bezügliche Bedingungen und Vorbehalte nicht erforderlich. Genügen die Unterlagen zu dieser Prüfung nicht, so kann die Auflage von Bedingungen bis zur Ausführung des Baues und Betriebes vorbehalten werden (Ausf.-Anw. Abf. 3 zum § 4, s. S. 72). Auch der Vorbehalt der künftigen betriebssicheren Unterhaltung der Anlagen und Betriebsmittel gehört hierher (§§ 47, 18, 20, 22).

155) Nr. 2 des Abs. 1 führt als zweiten Punkt der der Genehmigung vorangehenden polizeilichen Prüfung — konform mit Nr. 3 des § 4 — „die technische Befähigung und Zuverlässigkeit der in dem äußeren Betriebsdienste anzustellenden Bediensteten“ auf. Zur Erläuterung dieses Punktes wird auf die Ausführungen zu der wörtlich gleichlautenden Nr. 3 des § 4, Anm. 19 S. 86—89, sowie auf die §§ 43 u. 44 der Betriebsvorschrift für Privatanschlußbahnen (Zeitschr. f. Kleinb. 1902 S. 384 ff.) Verzeichnis Nr. 125 Bezug genommen. § 45 Abs. 1 Nr. 2.

156) Nr. 3 des Abs. 1 bezeichnet endlich als letzten Punkt der der Genehmigung vorangehenden polizeilichen Prüfung — in wörtlicher Übereinstimmung mit Nr. 2 des § 4 — „den Schutz gegen schädliche Einwirkungen der Anlage und des Betriebes.“ Es genügt daher, auch hier auf die entsprechenden Erläuterungen zum § 4 (Anm. 18 S. 85, 86), sowie auf die Polizeiverordnung § 45 Abs. 1 Nr. 3.

für Privatanschlußbahnen (Zeitschr. f. Kleinb. 1902, S. 383, 384) Verzeichnis Nr. 125 zu verweisen.

§ 45 Abs. 2. [157]) Absatz 2 des § 45 beschränkt für den Fall, daß eine Privatanschlußbahn, welche an eine dem Gesetze über Eisenbahnunternehmungen vom 3. November 1838 unterliegende Eisenbahn Anschluß hat, von dem Unternehmer der letzteren angelegt und betrieben werden soll, die im § 45 Abs. 1 vorgeschriebene polizeiliche Prüfung lediglich auf den Punkt Nr. 3; „den Schutz gegen schädliche Einwirkungen der Anlage und des Betriebes". Zur Prüfung der beiden ersten Punkte (betriebssichere Beschaffenheit der Bahn und der Betriebsmittel sowie technische Befähigung und Zuverlässigkeit der in dem äußeren Betriebsdienste anzustellenden Bediensteten) ist also im Falle des Abs. 2 die genehmigende Behörde weder berechtigt noch verpflichtet.

Voraussetzungen für diese Ausnahmevorschrift von der Regel des Absatzes 1 sind 1. daß die Privatanschlußbahn an eine dem Eisenb.-Ges. vom 3. November 1838 unterliegende Eisenbahn — also Haupt- oder Nebenbahn — anschließen und 2. Anlage und Betrieb durch den Unternehmer der letzteren erfolgen, mithin der Unternehmer beider Bahnen identisch sein soll. Beide Voraussetzungen müssen zusammenzutreffen, um die Ausnahme des Abs. 2, d. h. die Beschränkung der polizeilichen Prüfung auf den dritten Punkt des Abs. 1 zu rechtfertigen. Handelt es sich um den Anschluß anderer Bahnen, als der im Abs. 2 bezeichneten, an einander oder ist der Unternehmer nicht derselbe, so findet die Bestimmung des Abs. 2 keine Anwendung. Dieselbe gibt jedoch zu wesentlichen Bedenken Anlaß.

In den Motiven ist (Anm. 146 S. 412) diese Ausnahmevorschrift nur durch die allgemeine Bemerkung gerechtfertigt, daß die in Rede stehende Bestimmung die tunlichst einheitliche Behandlung des Anschlußgeleises mit der anschließenden Hauptbahn sicherstellen solle. Und ergänzend führt Gleim a. a. O. (§ 45 Anm. 3) als Grund an, daß von der unter 1 u. 2 des Abs. 1, § 45 bezeichneten Prüfung seitens der genehmigenden Behörde das Gesetz habe absehen können, weil hierzu die Aufsichtsbehörde der betreffenden, dem Gesetze vom 3. November 1838 unterstehenden Eisenbahn verpflichtet sei, bevor sie die Betriebsführung auf der Anschlußbahn gestatte. Indeß, was den in den Motiven angeführten Grund anlangt, so ist nicht ersichtlich, weshalb durch den Fortfall der polizeilichen Prüfung der Punkte 1 und 2 die einheitliche Behandlung des Anschlußgeleises mit der anschließenden Hauptbahn sicherer gestellt werden solle, als bei Beibehaltung der Prüfung beider Punkte (§ 43 Anm. 148 S. 418 ff.), und, was den von Gleim geltend gemachten Grund betrifft, so ist eine bezügliche Verpflichtung der Aufsichtsbehörde weder im Gesetze, noch im Verordnungswege ausgesprochen. Auch ist nicht ersichtlich, weshalb sich die Ausnahmevorschrift des Abs. 2 § 45 nur auf den Anschluß an eine dem Eisenb.-Ges. v. 3. November 1838 unterliegende Eisenbahn (Haupt- oder Nebenbahn) beschränkt und nicht auch den Anschluß an eine dem Gesetz v. 28. Juli 1892 unterworfene Kleinbahn mitumfaßt, da doch der Aufsichtsbehörde der Kleinbahn in Betreff des Anschlusses von Privatbahnanlagen die gleiche Prüfungspflicht obliegt (arg. § 28 Kleinb.-Ges. v. 28. Juli 1892). Abs. 2 ist also, weil der Anschluß an Kleinbahnen nicht berücksichtigt ist, unvollständig. Zieht man diese Umstände in Erwägung, so wäre es richtiger gewesen, die Ausnahmebestimmung des Abs. 2 nicht in das Gesetz aufzunehmen, sondern es auch für die

Fälle des Abs. 2 bei der durch Abs. 1 vorgeschriebenen polizeilichen Prüfung in vollem Umfange bewenden zu lassen.

In Betreff solcher Geleise, die innerhalb des Bahnhofes einer dem Ges. v. 3. November 1838 unterworfenen Eisenbahn auf Antrag von Privaten zur Verbindung von vermieteten Lager- und Ladeplätzen rc. mit bestehenden Bahnhofsgeleisen hergestellt worden: Vergl. Erl. v. 12. Mai 1897 oben Anm. 154 S. 429.

§ 46.[158])

Zur Benutzung öffentlicher Wege bedarf es der Zustimmung der Unterhaltungspflichtigen und der Genehmigung der Wegepolizeibehörde.[159])

[158]) Prinzip und Entstehungsgeschichte des § 46. § 46 Prinzip

I. Prinzip. Als weitere Voraussetzung für die Genehmigung (§ 43) schreibt § 46 vor, daß es zur Benutzung öffentlicher Wege der Zustimmung der Unterhaltungspflichtigen und der Genehmigung der Wegepolizeibehörde bedarf. Diese Voraussetzung ist nur eine eventuale, sie ist erforderlich, wenn für die Herstellung der Bahn öffentliche Wege benutzt werden sollen. Ist dies nicht der Fall, wird der Bahnbau lediglich auf privatem Grund und Boden geplant, so entfällt die in Rede stehende Voraussetzung. § 46 stellt ein zweifaches Erfordernis auf: es bedarf zur Benutzung öffentlicher Wege einerseits der Zustimmung der Unterhaltungspflichtigen, andererseits der Genehmigung der Wegepolizeibehörde. Auch für Kleinbahnen erfordert § 6 die Zustimmung der Wegeunterhaltungspflichtigen und § 8 Abs. 1 die Anhörung der zuständigen Wegepolizeibehörde vor Erteilung der Genehmigung. Aber der Unterschied besteht darin: Bei Kleinbahnen kann gemäß § 7 die Zustimmung der Unterhaltungspflichtigen durch behördlichen Beschluß ergänzt und ferner die ablehnende Haltung der Wegepolizeibehörde nach erfolgter Anhörung durch den Genehmigungsbeschluß der Konzessionsbehörde (§ 8) beseitigt werden. Bei Privatanschlußbahnen ist beides unzulässig. Nur wenn ausnahmsweise für die Anlage einer Privatanschlußbahn das Enteignungsrecht verliehen wird (Anm. 153 S. 429), ist die zwangsweise Inanspruchnahme öffentlicher Wege auch gegen den Willen der Unterhaltungspflichtigen und der Wegepolizeibehörde möglich. Der Grund für diesen wesentlichen Unterschied zwischen Kleinbahnen und Privatanschlußbahnen liegt — wie bereits an früherer Stelle (Anm. 148 S. 581) hervorgehoben — darin, daß die ersteren dem öffentlichen Verkehre, die letzteren ausschließlich privaten Zwecken dienen.

Das Erfordernis des § 46 erstreckt sich auf die Zustimmung der Unterhaltungspflichtigen und die Genehmigung der Wegepolizeibehörde. Es ist zwar im § 46 nur kurzweg „der Unterhaltungspflichtigen" gesagt, indes bei dem Zusammenhang mit der analogen Bestimmung des § 6 nicht zweifelhaft, daß damit „die aus Gründen des öffentlichen Rechtes zur Unterhaltung des Weges Verpflichteten" gemeint sind. Auf Bergwerksbahnen findet § 46 keine Anwendung (§ 51).

II. In Betreff der Entstehungsgeschichte des § 46 wird auf die oben in der Vorbemerkung (Anm. 146 S. 408 ff.) enthaltene allgemeine Darstellung der Entstehung des Abschn. II Bezug genommen. § 46 Entstehung.

§ 46 Einziger Absatz. 159) § 46 erfordert zur Benutzung öffentlicher Wege sowohl die Zustimmung der Unterhaltungspflichtigen, wie die Genehmigung der Wegepolizeibehörde. Beide Willensakte sind notwendig, wenn für die Herstellung und den Betrieb der Privatanschlußbahn öffentliche Wege benutzt werden sollen, mithin eine Voraussetzung der Genehmigung. Eines allein genügt nicht. Auch ist eine behördliche Ergänzung beider Akte nicht zulässig. Nur im Wege der Enteignung kann die Benutzung erzwungen werden. Wird das Enteignungsrecht nicht verliehen, so kann die Benutzung öffentlicher Wege nicht stattfinden, und sind Bau und Betrieb auf privates Terrain beschränkt. (Gleim S. 194, Germershausen S. 188).

I. „Zur Benutzung öffentlicher Wege erfordert § 46 die Zustimmung der Unterhaltungspflichtigen und die Genehmigung der Wegepolizeibehörde. Zwar weicht die analoge Vorschrift des § 6 Abs. 1 in der Fassung ab, indem dort gesagt ist: „Soweit ein öffentlicher Weg benutzt werden soll". Aber die Abweichung ist eine lediglich redaktionelle, so daß auf die bezüglichen Ausführungen zum § 6 (Anm. 26 S. 107) verwiesen werden kann.

II. § 46 bestimmt nicht, von wem die Zustimmung bezw. Genehmigung beizubringen ist, sondern erklärt dieselben lediglich für erforderlich. Indes kann es nach Analogie des § 6 Abs. 1 keinem Zweifel unterliegen, daß zur Beibringung der Unternehmer verpflichtet ist. Unter Unternehmer ist derjenige gemeint, der sich um die Genehmigung der Privatanschlußbahn bei der zuständigen Behörde bewirbt (§§ 43, 44). Sind mehrere Bewerber vorhanden, so hat jeder derselben die Zustimmung ꝛc. beizubringen (S. 107).

III. Erstes Erfordernis ist die Zustimmung der Unterhaltungspflichtigen; d. h. — wie aus § 6 Abs. 1 zu ergänzen ist: der aus Gründen des öffentlichen Rechts zur Unterhaltung des Weges Verpflichteten. (Anm. 26 S. 128 ff.) Nur wenn für die Bahn nicht bloß die Benutzung des Weges, sondern die Substanz des Grundeigentums oder die Rechte daran in Anspruch genommen werden, genügt die Zustimmung des Unterhaltungspflichtigen nicht, bedarf es vielmehr auch der Zustimmung des Eigentümers oder der dinglich Berechtigten (Anm. 25 S. 102, 103).

Es ist — soweit nicht ausnahmsweise das Enteignungsrecht verliehen ist — lediglich Sache des Unternehmers, sich die Zustimmung des Unterhaltungspflichtigen im Wege gütlicher Vereinbarung zu verschaffen und demgemäß gänzlich ihrem freien Ermessen überlassen, die Bedingungen der Zustimmung zu verabreden. Festzuhalten ist jedoch, daß die öffentlich rechtliche Pflicht des Wegeunterhaltungspflichtigen durch diese Vereinbarungen mit dem Unternehmer der Privatanschlußbahn an sich nicht berührt wird. Denn über öffentlich rechtliche Pflichten kann — mangels einer dem Abs. 2 des § 6 entsprechenden gesetzlichen Bestimmung — durch Privatvertrag nicht stipuliert werden. Erfüllt der Unternehmer die mit ihm vertragsmäßig vereinbarten Pflichten zur Unterhaltung des Weges nicht, so muß der Wegepolizeibehörde gegenüber der Wegeunterhaltungspflichtige in vollem Umfange dafür einstehen; Sache des letzteren ist es alsdann, sich auf Grund der getroffenen Abrede an den Unternehmer zu halten.

IV. Zweites Erfordernis ist die Genehmigung der Wegepolizeibehörde. Diese Genehmigung muß zur Zustimmung der Unterhaltungspflichtigen hinzutreten. Es ist die Genehmigung derjenigen Wegepolizeibehörde erforderlich, welche im Betreff des in Anspruch zu nehmenden Weges zuständig ist. (In Betreff der Zuständigkeit: Anm. 88 S. 149). Diese Genehmigung ist streng zu unterscheiden von der „Anhörung“ der zuständigen Wegepolizeibehörde, welche § 8 Abs. 1 bezw. § 47 erfordert. Die „Genehmigung“ ist ein selbständiger und entscheidender Willensakt der Wegepolizeibehörde derartig, daß ohne denselben die Benutzung des Weges nicht stattfinden, bezw. von der Genehmigungsbehörde (§ 47) bei Feststellung des Bauplanes nicht erlaubt werden darf. Die Wegepolizeibehörde ist daher auch berechtigt, nach eigenem Ermessen die Bedingungen zu bestimmen, unter welchen sie die Genehmigung zur Wegebenutzung erteilen will, und die Genehmigungsbehörde ist an diese Bedingungen gebunden. Im übrigen wird durch die im § 46 erforderte Genehmigung der Wegepolizeibehörde zur Benutzung eines öffentlichen Weges nicht die Anhörung der zuständigen Wegepolizeibehörde, welche § 8 erfordert, erübrigt, — wie sich schon daraus ergibt, daß § 47 ungeachtet der Vorschrift des § 46 die Anwendung des § 8 auch für Privatanschlußbahnen vorschreibt. Dies hat darin seinen Grund, daß § 46 sich nur auf die konkrete Genehmigung zur Benutzung des planmäßig zu benutzenden Weges bezieht, während § 8 (Anm. 88 S. 149) die Anhörung der zuständigen Wegepolizeibehörde in Rücksicht auf die durch den projektierten Bahnbau berührten Wegeverhältnisse im Allgemeinen im Auge hat, auch wenn die Benutzung eines einzelnen Weges nicht in Frage steht

V. Sowohl die Zustimmung der Wegeunterhaltungspflichtigen, wie die Genehmigung der Wegepolizeibehörde müssen der Genehmigungsbehörde (§ 44) in rechtsgültiger und bindender Form vom Unternehmer beigebracht werden, wenn die Genehmigung unter Benutzung des betr. Weges erteilt werden soll. Beides ist absolutes Erfordernis. Würde ohne Beachtung der Vorschrift des § 46 die Genehmigungsbehörde den Bauplan mit Benutzung des öffentlichen Weges genehmigen, so würden sowohl den Unterhaltungspflichtigen, wie der Wegepolizeibehörde die Rechtsmittel des § 52 gegen den Genehmigungsbeschluß zustehen. Auch würden beide befugt sein, im Verwaltungsstreitverfahren, die Unterhaltungspflichtigen auch im ordentlichen Rechtswege ihre Rechte gegen den Unternehmer geltend zu machen.

VI. Die Zustimmung der Wegeunterhaltungspflichtigen ist in gleicher Weise stempelpflichtig, wie in den Fällen des § 6 (Anm. 26 S. 115). Dagegen ist die Genehmigung der Wegepolizeibehörde einer Stempelabgabe nicht unterworfen (Heinitz, Stempelsteuergesetz Tarif Nr. 221 Anm. 3).

§ 47.[160])

Die Bestimmungen der §§ 8, 17 bis 20 und 22 Satz 1 finden auf diese Bahnen gleichmäßige Anwendung.[161])

1) Ausführungsanweisung vom 13. August 1898.

Zu § 47.

Die Genehmigungsbehörden werden ermächtigt, den Beginn des Baues ohne vorgängige Planfeststellung für alle ausschliesslich auf dem Eigentum des Unternehmers und der Staatseisenbahn-Verwaltung auszuführenden Privatanschlussbahnen zu gestatten, wenn nach dem Ermessen jener Behörden die übrigen Voraussetzungen des § 17 (letzter Absatz) vorliegen.

§ 47 Prinzip.

160) Prinzip und Entstehungsgeschichte des § 47.

I. Prinzip. Zu den beiden in den §§ 45 und 46 vorgeschriebenen Voraussetzungen der Genehmigung (§ 48) — polizeiliche Prüfung (§ 45) und, bei Benutzung öffentlicher Wege, Zustimmung der Unterhaltungspflichtigen sowie Genehmigung der Wegepolizeibehörde (§ 46) — fügt § 47 noch die übrigen vom Gesetze erforderten Voraussetzungen hinzu und regelt zugleich die Frage der Aufsicht über die Privatanschlußbahnen, mit Ausnahme der eisenbahntechnischen Aufsicht und Überwachung, über welche im § 50 besondere Bestimmung getroffen ist. Leitend war hierbei die Erwägung, daß es sich nur um privaten Zwecken dienende Bahnanlagen handelt, mithin alle diejenigen Voraussetzungen des vorangehenden Abschn. II in Betreff der Genehmigung von Kleinbahnen in Fortfall kommen, welche lediglich die Interessen des öffentlichen Verkehrs zu sichern bestimmt sind. Demgemäß sollen in Betreff der Genehmigung nach § 47 die Bestimmungen der §§ 8, 17—20 des I. Abschnittes auch auf die Genehmigung der Privatanschlußbahnen gleichmäßige Anwendung finden.

Was die Frage der Zuständigkeit zur Aufsicht anlangt, so ist durch § 47 der Grundsatz des § 22 Satz 1, wonach rücksichtlich der Genehmigungsbedingungen und der Vorschriften des Kleinb.-Ges. jede Kleinbahn der Aufsicht der für ihre Genehmigung jeweilig zuständigen Behörde unterworfen ist, auf die Privatanschlußbahnen unverändert übertragen; nicht aber der 2. Satz des § 22 in Betreff der eisenbahntechnischen Aufsicht, vielmehr ist diese durch § 50 derjenigen Behörde zugewiesen, welcher diese Aufgabe bezüglich der dem öffentlichen Verkehre dienenden Bahn, an welche sie anschließen, obliegt (s. Anm. 146 S. 410).

§ 47 Entstehung.

II. In Betreff der Entstehungsgeschichte des § 47 wird zunächst auf die allgemeine Darstellung der Entstehung des Abschnitts II in der Anm. 146 S. 408 ff. verwiesen. In den Motiven wird im allgemeinen hervorgehoben, daß es sich empfehle, bei den Privatanschlußbahnen im Interesse der Verkehrsentwickelung gleichfalls den Grundsatz zur Geltung zu bringen, daß zwar den beteiligten Sicherheitsinteressen in vollem Umfange Rechnung zu tragen, aber jede dadurch nicht notwendig bedingte Beschränkung und Belastung der bezeichneten Verkehrsunternehmungen zu vermeiden sei. Es müsse sodann der Umstand in Berücksichtigung gezogen werden, daß Anschlußgeleise der hier in Rede stehenden Art in unmittelbarster Verbindung mit der Bahn stehen, an die sie sich anschließen und daher auch tunlichst einheitlich mit derselben zu behandeln seien. Endlich seien die Bestimmungen über die Besteuerung, das Verhältnis zur Postverwaltung ꝛc. teils wegen der privaten Natur der hier in Rede stehenden Anlagen, teils aus dem Grunde in Fortfall zu bringen, weil sie nicht für sich bestehende, selbständige Unternehmungen, sondern regelmäßig Teile eines anderen, dem Erwerbe bestimmten Unternehmens seien.

Ferner wird auf die eingehende Darstellung der Entstehung der §§ 8, 17—20 und 22 Satz 1 (Anm. 32 S. 148ff., Anm. 62 S. 217ff., Anm. 69 S. 235ff., Anm. 71 S. 245ff., Anm. 78 S. 251ff., Anm. 79 S. 267ff.) Bezug genommen.

In der Regierungsvorlage war nur die Anwendung der Bestimmungen der §§ 8, 17—20 in Vorschlag gebracht, nicht aber der die Aufsicht betreffenden des § 22 S. 1.

In der II. Lesung des Abg.-Hauses (Drucks. d. Abg.-Hauses Nr. 288, Sten.-Ber. Abg.-Haus S. 2040) stellte der Abg. v. Strombeck den Antrag, noch den § 22 Satz 1 einzufügen: „Im § 50 sei bezüglich der Privatanschlußbahnen in eisenbahntechnischer Beziehung das Aufsichtswesen geregelt; dagegen sei in diesem Abschnitt II im übrigen das Aufsichtswesen über die Privatanschlußbahnen nicht geregelt. Es werden aber auch Fälle vorkommen nicht eisenbahntechnischer Natur, wo die Regelung des Aufsichtsrechts wünschenswert ist. Es empfiehlt sich daher, daß wir den § 22, der das Aufsichtswesen für die Kleinbahnen regelt, in dem § 47 allegieren.“ Darauf wurde der Antrag v. Strombeck angenommen und mit diesem Zusatze ging § 47 in das Gesetz über.

161) § 47 ordnet in Bezug auf die Genehmigung die gleichmäßige Anwendung der §§ 8, 17—20, in Betreff der Aufsicht die des § 22 Satz 1 an. Es ist die gleichmäßige, nicht die bloß analoge, sinngemäße Anwendung vorgeschrieben. Die Bestimmungen der §§ 8, 17—20 und 22 Satz 1 sind daher auf Privatanschlußbahnen ganz ebenso, wie auf Kleinbahnen, strikte in vollem Umfange und ohne jede, etwa aus dem verschiedenen Charakter beider Kategorien von Bahnen herzuleitenden Modifikationen in Anwendung zu bringen. § 47 Einziger Absatz.

A. Was die Genehmigung der Privatanschlußbahnen anlangt, so ist durch § 47 die gleichmäßige Anwendung der §§ 8, 17—20 vorgeschrieben.

1. § 8 erfordert teils die Anhörung vor der Genehmigung, teils die Mitwirkung bei der Genehmigung seitens mehrerer vom Bahn-Bau und -Betrieb berührten Behörden.

a) Zunächst ist vor Erteilung der Genehmigung die zuständige Wegepolizeibehörde zu hören (Anm. 38 S. 149). Es ist bereits bei § 46 Anm. 159 S. 435 erörtert worden, daß die Genehmigung der Wegepolizeibehörde gemäß § 46 wesentlich verschieden ist von der Anhörung der zuständigen Wegepolizeibehörde gemäß § 47 bezw. § 8, mithin die eine nicht die andere erübrigt und keineswegs beide zusammenfallen.

b) Sodann ist, wenn die Eisenbahnanlage sich dem Bereiche einer Festung nähert, die zuständige Festungsbehörde zu hören. In diesem Falle darf die Genehmigung nur im Einverständnis mit der Festungsbehörde erteilt werden (Anm. 34 S. 150 und Anm. 35 S. 152).

c) Wenn die Bahn sich dem Bereiche einer Reichstelegraphenanlage nähert, so ist die zuständige Telegraphenbehörde vor der Genehmigung zu hören (Anm. 36 S. 153).

d) Die Vorschrift des Abs. 3 des § 8 — wonach, wenn das Geleis einer dem Gesetze über die Eisenbahnunternehmungen vom 3. November 1838 unterworfenen Eisenbahn gekreuzt werden soll, auch in den Fällen, in denen die Eisenbahnbehörde im übrigen nicht mitwirkt (§ 3), die Genehmigung nur im Einverständnis mit der letzteren erteilt werden darf (Anm. 37 S. 155) — kann auf Privatanschlußbahnen keine Anwendung finden, da zum Begriffe der Privatanschlußbahnen der Maschinenbetrieb gehört (§ 43), und daher in allen Fällen, und zwar gleichviel, ob das Geleis einer dem Gesetz vom 3. November 1838 unterworfenen Eisenbahn oder einer Kleinbahn (Ges. vom 28. Juli 1892) von einer Privatanschlußbahn gekreuzt werden soll, stets die Mitwirkung einer Eisenbahnbehörde bei der Genehmigung erforderlich ist (§ 44).

2. § 17 ordnet sodann an, daß mit dem Bau von Bahnen, welche für den Betrieb mit Maschinenkraft bestimmt sind — und zu diesen gehören begrifflich alle Privatanschlußbahnen (§ 43 Anm. 148 S. 418) — erst begonnen werden

darf, nachdem der Bauplan durch die genehmigende Behörde festgestellt worden ist.

S. über das Planfeststellungsverfahren und über die Mitwirkung der eisenbahntechnischen Behörde § 17 Anm. 63 ff. S. 220 ff. und die dort angef. Min.-Erl.

Die Ausf.-Anw. vom 13. August 1898 ermächtigt die Genehmigungsbehörden, den Beginn des Baues ohne vorgängige Planfeststellung für alle ausschließlich auf dem Eigentum des Unternehmers und der Staatseisenbahnverwaltung auszuführenden Privatanschlußbahnen zu gestatten, wenn nach dem Ermessen jener Behörden die übrigen Voraussetzungen des § 17 (letzter Absatz) vorliegen. (Zeitschr. f. Kleinb. 1898 S. 527.) Diese Ermächtigung ist jedoch gesetzlich nicht zulässig. Denn die in Rede stehende Befugnis ist dem Minister der öffentlichen Arbeiten durch § 17 Abs. 3 des Kleinb.-Ges. ausschließlich eingeräumt. Die Delegation gesetzlicher Befugnisse an nachgeordnete Behörden ist, falls dies nicht durch eine spezielle gesetzliche Anordnung vorbehalten ist, unstatthaft. (Laband, deutsch. Staatsr. 2. Aufl. I § 58 S. 604. Arndt, Verordn.-R. des deutsch. Reichs S. 109 ff. Zorn, deutsch. Staatsr. 2. A. § 6 S. 174 ff.). Eine solche spezielle Anordnung ist aber im Kleinb.-Ges. nicht enthalten. Folglich ist die von den Genehmigungsbehörden ausgehende Entbindung von der vorgängigen Planfeststellung nicht rechtsgültig, und es empfiehlt sich de lege ferenda die bezügliche Bestimmung der Ausf.-Anw. in das Gesetz selbst aufzunehmen.

3. § 18 bestimmt ferner, daß dem Unternehmer bei der Planfeststellung (§ 17 s. vorstehend S. 437 bis S. 438) die Herstellung derjenigen Anlagen aufzuerlegen ist, welche die den Bauplan festsetzende Behörde zur Sicherung der benachbarten Grundstücke gegen Gefahren und Nachteile oder im öffentlichen Interesse für erforderlich erachtet, desgleichen die Unterhaltung dieser Anlagen, soweit dieselbe über den Umfang der bestehenden Verpflichtungen zur Unterhaltung vorhandener, demselben Zwecke dienender Anlagen hinausgeht (Anm. 69 S. 235 ff. und Anm. 70 S. 237 ff.).

4. § 19 schreibt des weiteren vor, daß es zur Eröffnung des Betriebes der Erlaubnis der zur Erteilung der Genehmigung zuständigen Behörde (§ 44 Anm. 150, 151 S. 424, 425) bedarf. Die Erlaubnis ist zu versagen, sofern wesentliche in der Bau- und Betriebsgenehmigung gestellte Bedingungen (Anm. 148 S. 413 ff.) nicht erfüllt sind. Es wird hierbei auf die Erläuterungen in Anm. 71 S. 244 ff. und Anm. 72 S. 245 ff. Bezug genommen. Doch ist der Antrag des Unternehmers zur Erteilung der Erlaubnis (Anm. 72 S. 245, 246) an eine Frist nicht gebunden, da für Privatanschlußbahnen, mangels eines öffentlichen Interesses, in der Regel Fristen für die Ausführung des Baues und die Eröffnung des Betriebes (§ 11 Abs. 2) nicht festgesetzt werden (s. jedoch § 49 R.-Gew.-Ord.) und daher auch die Vorschrift des § 23, betreffend die Befugnis der Aufsichtsbehörde, die Genehmigung wegen Nichtinnehaltung dieser Fristen für erloschen zu erklären, auf Privatanschlußbahnen nicht Anwendung findet (arg. §§ 47, 49). Aus gleichem Grunde ist eine Veröffentlichung der Betriebseröffnung und eine Anzeige derselben an die zuständige Behörde weder vorgeschrieben noch erforderlich. Für die Veröffentlichung der Erlaubnis zur Betriebseröffnung dürfen Insertionskosten schon deshalb dem Unternehmer nicht zur Last gelegt werden, weil die Veröffentlichung — die an sich zweckmäßig sein mag — weder durch das Gesetz noch die Ausf.-Anw. vorgeschrieben ist. (Erl. v. 10. März 1900 Zeitschr. f. Kleinb. S. 252.)

Die Fortsetzung des Betriebes kann polizeilich verhindert werden, wenn derselbe ohne Genehmigung begonnen worden ist (§ 15 Abs. 2 R.-Gew.-Ord.).

Im übrigen gelten die Erläuterungen zum § 19 über den Antrag auf Erteilung der Erlaubnis zur Betriebseröffnung (Anm. 72 S. 245ff.), die vorherige Prüfung durch die Genehmigungsbehörde unter Zuziehung der Eisenbahnbehörde (S. 246ff.), die erforderlichen Dienstreisen behufs Abnahme fertiggestellter Privatanschlußbahnen (S. 246), die Aufnahme eines Protokolls über das Ergebnis der Prüfung (S. 247), die sorgfältige Vornahme der Revision (S. 247) und die in dieser Hinsicht ergangenen Erlasse auch für Privatanschlußbahnen. Insbesondere ist der Erl. v. 17. Mai 1894 (s. Anm. 72 S. 246 Zeitschr. f. Kleinb. 1894 S. 422) ausdrücklich auch auf Privatanschlußbahnen für anwendbar erklärt (Erl. v. 11. Dezember 1899 Zeitschr. f. Kleinb. 1900 S. 115).

Die Wirkung der Betriebseröffnung besteht darin, daß mit dem Zeitpunkte derselben alle den Betrieb der Privatanschlußbahn regelnden gesetzlichen und administrativen Bestimmungen, insbesondere die polizeilichen, gemäß § 48 erlassenen, auf die zur Betriebseröffnung verstattete Bahn bezw. ihren Unternehmer ebenso wie auf Dritte volle Anwendung finden. Da der Unternehmer einer Privatanschlußbahn nicht gewerbsmäßig Transportgeschäfte betreibt, so findet auf denselben weder der Abschnitt des H.-G.-B. über das Frachtgeschäft (§§ 425—452), noch der Abschnitt desselben über die Beförderung von Gütern und Personen auf Eisenbahnen (§§ 453—473) oder die auf Grund derselben ergangene Eisenbahn-Verkehrsordnung Anwendung; ebensowenig aber auch § 1 des Haftpflichtgesetzes, weil die Bahnanlage weder dem öffentlichen Verkehre dient, noch zugänglich ist. (Eger, Haftpflichtges. 5. Aufl. S. 44). Die Annahme des Reichsgerichtes, daß in jedem konkreten Falle der Richter untersuchen müsse, ob beim Betriebe derartiger Geleise die gleichartige Gefährlichkeit vorliege, wie beim Betriebe der für den allgemeinen Verkehr bestimmten und übergebenen Eisenbahnen (Reichsger. v. 21. Januar 1880, 16. Mai 1882, Eisenb.-Entsch. I S. 106 II S. 278, 11. Januar 1894, X S. 852, 27. April 1886, Brassert, Zeitschr. f. Bergrecht Bd. 27 S. 378) erscheint nicht zutreffend, denn nur wirkliche Eisenbahnen sind dem § 1 des Haftpflichtgesetzes unterworfen, nicht beliebig andere Unternehmungen, welche ihnen an Gefährlichkeit gleichen. Wohl aber kann eine Privatanschlußbahn als Zubehör eines Bergwerks, einer Hütte, Fabrik ꝛc. unter § 2 des Haftpflichtgesetzes fallen.

f. § 20 endlich trifft Bestimmung über die Prüfung der Betriebsmaschinen. Dieselben sind vor ihrer Einstellung in den Betrieb und nach Vornahme erheblicher Änderungen, außerdem aber auch zeitweilig der Prüfung durch die zur eisenbahntechnischen Aufsicht über die Bahn zuständige Behörde (§ 22 sc. § 50) zu unterwerfen (§ 24 Abs. 4 Gew.-Ord.). Vgl. hierzu die Anm. 74 S. 251ff. Die Privatanschlußbahnen sind zwar nicht Eisenbahnunternehmungen im Sinne des § 6 der R.-Gew.-Ord. und daher den Vorschriften derselben unterworfen, insbesondere auch den §§ 24, 25 über die Anlegung, Prüfung und Genehmigung von Dampfesseln den allgemeinen polizeilichen Bestimmungen des Reichs über die Anlegung von Dampfkesseln (Bek. d. Reichskanzlers v. 5. August 1890. R.-G.-Bl. S. 141) und den bezüglichen Ausführungs-Vorschriften über die Genehmigung, Revision ꝛc. von Dampfkesseln (s. diese Vorschriften Anm. 74 S. 253 bis S. 254). Indes alterieren die Bestimmungen des § 20 bezw. 47 des Kleinb.-Ges. in Bezug auf die Privatanschlußbahnen die Vorschriften der R.-Gew.-Ord. über die Genehmigung und Kontrolle der Dampfkessel und Dampfmaschinen nicht, bewegen sich vielmehr — wie die Motive (Aktst. Herren-H. Nr. 84 S. 64) zutreffend bemerken — innerhalb des der Landesgesetzgebung gelassenen Spielraumes. Denn die Bestimmung der zur Prüfung und Genehmigung zuständigen Behörde ist gemäß § 24 Abs. 1 R.-Gew.-Ord. der Landesgesetzgebung überlassen, so daß es gegen die R.-Gew.-Ord. nicht verstößt, wenn § 20 zur Prüfung der Betriebsmaschinen der Privatanschlußbahnen die eisenbahntechnische Aufsichtsbehörde für zuständig erklärt. Ebensowenig werden die Bestimmungen der R.-Gew.-Ord. über die Prüfung und Genehmigung von Dampfkesseln durch die Bestimmung der Zeiten berührt, in welchen gemäß § 20 die Prüfungen der Betriebsmaschinen vorzunehmen sind, vielmehr ist diese Bestimmung mit den bez. Normen der R.-Gew.-Ord. wohl vereinbar. Dagegen kann die Vorschrift der Ausf.-Anw. vom 18. August 1898 Abs. 2 zum § 20, wonach die Anweisung des Hand.-Minist. vom 15. März 1897, betr. die Genehmigung und Untersuchung der Dampfkessel (E.-V.-Bl. 1897 S. 98 ff.), für die Dampfkessel in den Betriebsmaschinen der Kleinbahnen ihre Geltung verloren hat, auf die Dampfkessel der Betriebsmaschinen der Privatanschlußbahnen keine Anwendung finden. Vielmehr bleibt für diese, da sie nicht zu den Eisenbahnunternehmungen im Sinne des § 6 der R.-Gew.-Ord. gehören und daher den §§ 24, 25 l. c. unterworfen sind, der II. Abschnitt der Anweisung des Hand.-Minist. vom 15. März 1897 (Anlegung der Dampfkessel) in Geltung (Erl. d. Min. d. öff. Arb. u. des Innern v. 22. April 1898 E.-V.-Bl. S. 188), während im übrigen gemäß dem Erlasse des Min. d. öff. Arb. und des Innern v. 80. April 1902 (Zeitschr. f. Kleinb. S. 882 ff.) die §§ 11—18 der hierdurch den Aufsichtsbehörden zur allgemeinen Einführung aufgegebenen Betriebsvorschriften für Privatanschlußbahnen gelten. Dies ist in der Anweisung d. Hand.-Min. v. 15. März 1897 (E.-V.-Bl. S. 98) § 1 Ziff. III ausdrücklich ausgesprochen. Das Verfahren in Betreff der Dampfkessel von Betriebsmaschinen der Privatanschlußbahnen gestaltet sich hiernach dahin, daß für die Anlegung der Dampfkessel die Bestimmungen der §§ 24, 25 R.-Gew.-Ord. bezw. des II. Abschnittes der Hand.-Min.-Anw. v. 15. März 1897 (E.-V.-Bl. 1897 98 ff.), dagegen für die Inbetriebsetzung, Abnahmeprüfung, Prüfung erheblicher Änderungen und periodische Prüfungen die Betriebsvorschriften für Privatanschlußbahnen §§ 10—18 (Zeitschr. f. Kleinb. S. 882 ff.) maßgebend sind.

Soweit es sich aber um die Verwendung anderer Dampfkessel (feststehender oder beweglicher) handelt, kommen für die Privatanschlußbahnen — ebenso wie für die Kleinbahnen (s. § 20 Anm. 74 S. 258) — die §§ 24, 25 der R.-Gew.-Ord. und ihrer Ausführungs- und Ergänzungs-Bestimmungen voll zur Anwendung; ebenso auch bei Verwendung elektrischer, hydraulischer, pneumatischer 2c. Maschinen die diese Kategorien betreffenden polizeilichen 2c. Prüfungsvorschriften. Nur tritt überall die zur eisenbahntechnischen Aufsicht über die Privatanschlußbahnen zuständige Behörde an die Stelle der sonstigen Genehmigungsbehörde.

Für die Genehmigung und Überwachung derjenigen maschinellen Einrichtungen, welche nicht unter den Begriff der Betriebsmaschinen fallen, sowie der in den Zügen laufenden Wagen gelten die vorbezeichneten Betriebsvorschriften (§§ 11, 19, 20 2c.).

Im übrigen wird in Betreff des Verfahrens und der Zeiten (Fristen), der Prüfung, der Kosten, Gebühren und Reiseentschädigungen, der zur

Prüfung zu verwendenden Organe, der Verantwortlichkeit der Unternehmer und Behörden für die Beobachtung der Prüfungsvorschriften sowie die Stempelpflicht auf die Erläuterungen zum § 20 Anm. 74 S. 255 bis S. 256 und die dort angeführten Erlasse Bezug genommen.

In dem Zirk.-Erlasse des Min. d. öff. Arb. v. 5. Novbr. 1892 (E.-V.-Bl. S. 449) Verzeichnis Nr. 1 wird darauf hingewiesen, daß die §§ 20 u. 47 des Gesetzes auch auf die vor Inkrafttreten des Gesetzes genehmigten Kleinbahnen und Privatanschlußbahnen Anwendung finden (s. § 20 Anm. 74 S. 255).

B. Bezüglich der Aufsicht über die Privatanschlußbahnen ist die gleichmäßige Anwendung des § 22 Satz 1 durch § 47 vorgeschrieben.

Wie bei den Kleinbahnen, so ist auch bei den Privatanschlußbahnen die allgemeine — landespolizeiliche — Aufsicht über die Erfüllung der Genehmigungsbedingungen und der gesetzlichen Vorschriften von der speziell eisenbahntechnischen Aufsicht getrennt. Die erstere ist bei beiden Kategorien von Bahnen der für die Genehmigung jeweilig zuständigen Behörde übertragen. Dagegen besteht in Betreff der eisenbahntechnischen Aufsicht ein Unterschied in der Bestimmung der kompetenten Behörden (§ 22 Satz 2 und § 50), welcher in den Erläuterungen des § 50 des näheren erörtert ist. Daraus erklärt sich, daß § 47 die Anwendbarkeit der Aufsichtsbestimmungen auf § 22 Satz 1 beschränkt.

Auf die allgemeine landespolizeiliche Aufsicht, d. h. die Aufsicht über die Erfüllung der Genehmigungsbedingungen und der gesetzlichen Vorschriften (s. Anm. 80 S. 271 bis S. 274) soll auch für Privatanschlußbahnen § 22 Satz 1 gleichmäßige Anwendung finden. Hiernach liegt die Aufsicht der für die Genehmigung jeweilig zuständigen Behörde ob. (Anm. 80 S. 279 bis S. 280, s. auch Ausf.-Anw. Abs. 1 Satz 1 zum § 22 S. 265). Vorausgesetzt ist in allen Fällen, daß der Betrieb mit Maschinenkraft unverändert geblieben ist. Denn, falls die Veränderung in dem Wegfall des Betriebes mit Maschinenkraft bestanden hat, ist überhaupt begrifflich eine Privatanschlußbahn nicht mehr vorhanden (§ 48 Anm. 148 S. 418), und finden daher auch die Bestimmungen über die Aufsicht über dieselbe keine Anwendung mehr. Bei einer Umgestaltung des Unternehmens, welche eine Änderung der Aufsichtskompetenz bedingt, beginnt die letztere bereits mit dem Zeitpunkte der Genehmigung, nicht erst mit dem Zeitpunkte der Fertigstellung und Betriebseröffnung des veränderten Unternehmens. Der Übergang der Zuständigkeit knüpft sich also an die Rechtskraft derjenigen Entscheidung, von welcher der Übergang bedingt wird, also an die Rechtskraft der Genehmigung durch die zur Genehmigung zuständige Behörde. (Vgl. Ausf.-Anw. Abs. 1 Satz 2 zum § 22.) Anm. 80 S. 279.

Über die Reisekosten rc. der Aufsichtsorgane s. § 22 Anm. 81 S. 282. Vgl. ferner noch den Erl. v. 8. August 1894 (E.-V.-Bl. S. 205) betreffend die Berechtigung der Eisenbahnbehörden zur zwangsweisen Durchführung der bei der eisenbahntechnischen Beaufsichtigung von Klein- und Privatanschlußbahnen getroffenen Anordnungen (s. § 22 Anm. 81 S. 282).

§ 48.[162])

Polizeiliche Bestimmungen über den Betrieb auf solchen Bahnen

können nur im Einverständnis mit der Eisenbahnbehörde (§ 44) erlassen werden.[163])

Erlaß der Minister der öffentl. Arb. und des Innern v. 30. April 1902, betr. die Polizeiverordnung und Betriebsvorschrift für Privatanschlußbahnen (Zeitschr. f. Kleinb. 1902 S. 882). Verzeichnis Nr. 125.

§ 48. Prinzip.

162) Prinzip und Entstehungsgeschichte des § 48.

I. Prinzip. Den im § 47 (sc. § 22 Satz 1) bezeichneten Aufsichtsbehörden über die Privatanschlußbahnen steht — abgesehen von der ihnen speziell übertragenen Aufsicht rücksichtlich der Erfüllung der Genehmigungsbedingungen und der Vorschriften des vorliegenden Gesetzes — nach den allgemeinen Grundsätzen der Landesverwaltung und Zuständigkeit die Befugnis zur Wahrnehmung der Sicherheitspolizei in Betreff der Privatanschlußbahnen zu. Sie sind befugt, die aus sicherheitspolizeilichen Rücksichten erforderlichen Anordnungen zu treffen. Dagegen sind sie in ihrer Eigenschaft als Aufsichtsbehörde nicht kompetent, den Betrieb der Privatanschlußbahnen durch Polizeiverordnungen zu regeln. Diese Kompetenz ist vielmehr nach wie vor den in den §§ 136 ff. des Gesetzes über die allgemeine Land.-Verw. vom 30. Juli 1883 bestimmten Instanzen verblieben. Doch ordnet § 48 insofern eine wesentliche Modifikation dieser Kompetenz an, als bestimmt ist, daß polizeiliche Bestimmungen über den Betrieb auf solchen Bahnen nur im Einverständnis mit der Eisenbahnbehörde erlassen werden können. Es ist also die Mitwirkung der Eisenbahnbehörde gesetzlich vorgeschrieben und zwar — wie der Hinweis auf § 44 andeutet — derselben Eisenbahnbehörde, welche bei der Genehmigung der Privatanschlußbahn mitzuwirken hat.

§ 48 Entstehung.

II. Was die Entstehungsgeschichte des § 48 anlangt, so war der entsprechende § 44 der Regierungsvorlage auf den Gesichtspunkt gestützt, eine tunlichst einheitliche Behandlung der Anschlußbahn mit der anschließenden Hauptbahn sicherzustellen. „Die Vorschrift beruht außerdem auf der Erfahrung, daß ohne die Mitwirkung einer Eisenbahnbehörde häufig in der Absicht, Nachteile und Beschädigungen des Publikums zu verhüten, für den Betrieb der hier in Rede stehenden Bahnen zu weit gehende und daher wirtschaftlich zu schwere Anforderungen gestellt sind."

§ 48 Einziger Absatz.

§ 48 wurde hierauf — abgesehen von der gebotenen Abänderung der Zahlen — unbeanstandet in der Fassung der Regier.-Vorlage angenommen.

163) § 48 macht den Erlaß polizeilicher Bestimmungen über den Betrieb auf Privatanschlußbahnen von dem Einverständnis der Eisenbahnbehörde abhängig und stellt eine sachgemäße und notwendige Ergänzung der vorangehenden Kompetenzbestimmungen dar. Würde die Vorschrift des § 48 fehlen, so würden die polizeilichen Bestimmungen über den Betrieb auf Privatanschlußbahnen allein und ausschließlich von den in den §§ 136 ff. des Gesetzes über die allgemeine Land.-Verw. v. 30. Juli 1883 bezeichneten Polizei-Instanzen zu treffen sein. Mit Recht hat aber hierbei die Erwägung Platz gegriffen, daß es zweckmäßig sei, diesen Polizei-Behörden für den Erlaß solcher polizeilichen Bestimmungen sachkundige Eisenbahnbehörden zur Seite zu stellen. Für Kleinbahnen ist diese Vorschrift nur in der Ausf.-Anw. (Abs. 4 zu § 22) getroffen, dagegen für Privatanschlußbahnen richtiger als § 48 in das Gesetz aufgenommen worden. Ein Grund für diese Inkongruenz liegt nicht vor.

§ 48 erfordert für den Erlaß polizeilicher Bestimmungen (Polizei-Verordnungen) der allgemeinen Polizeibehörden über den Betrieb von Privatanschlußbahnen das Einverständnis der zuständigen Eisenbahnbehörde. Unter „polizeilichen Bestimmungen“ sind hier Polizeiverordnungen über den Betrieb solcher Bahnen (Betriebsordnungen) im Sinne der §§ 136ff. des Allg. Land.-Verw.-Ges. v. 30. Juli 1883 gemeint, sei es, daß die Verordnung ausnahmslos alle Privatanschlußbahnen eines Postbezirks oder einzelne Kategorien oder Gruppen desselben ꝛc. betrifft. Hierher gehört auch die durch Erlaß der Minister d. öff. Arb. u. des Innern vom 30. April 1902 den Regierungspräsidenten unter Zustimmung des Bezirksausschusses und im Einvernehmen mit den zuständigen Königl. Eisenbahnbehörden zur allgemeinen Einführung für sämtliche nicht als Zubehör eines Bergwerks (§ 51) anzusehende Privatanschlußbahnen des Regierungsbezirks aufgegebenen Polizeiverordnung über die Beschädigung der Bahn und ihrer Anlagen ꝛc., sowie das Verhalten des Publikums bei Betreten und Berührung ꝛc. der Bahn, deren Bestimmungen (§§ 1—6) den §§ 53—62 der Betriebsordnung für die Haupteisenbahnen Deutschlands und den §§ 43—45 der Nebenbahnordnung nachgebildet sind.

Es ist das „Einverständnis“ der betr. Eisenbahnbehörde vorgeschrieben, nicht bloß ihre Anhörung, sondern ihre ausdrückliche Zustimmung derartig, daß ohne ihre formelle Genehmigung die polizeilichen Bestimmungen nicht zu Recht bestehen, nicht in Kraft treten und veröffentlicht werden, mithin die Polizeibehörde, welche dies ohne Einverständnis der Eisenbahnbehörde tut, sich verantwortlich macht. Nach Analogie der bezüglichen Bestimmungen der Ausf.-Anw. (Abs. 4 zu § 22) ist im Falle der Versagung der Zustimmung der Eisenbahnbehörde die Entscheidung des Ministers der öffentl. Arbeiten einzuholen. Sofern zum Erlaß derartiger Verordnungen eine dem Regierungs-Präsidenten untergeordnete Behörde zuständig sein sollte, ist diese anzuweisen, sich vor dem Erlasse der Verordnung seines Einverständnisses zu versichern. Auch für dieses Einverständnis bedarf es der Zustimmung der Eisenbahnbehörde (s. § 22 S. 276).

Durch den Hinweis des § 48 auf § 44 ist diejenige Eisenbahnbehörde für zuständig erklärt, welche nach letzterem Paragraphen zur Mitwirkung bei der Genehmigung zuständig ist (§ 44 Anm. 150 S. 224). Hierin liegt eine sachlich nicht gerechtfertigte Abweichung von der entsprechenden Vorschrift der Ausf.-Anw. (Abs. 4 zu § 22), nach welcher die Zuständigkeit der eisenbahntechnischen Aufsichtsbehörde (§ 22 Satz 2) übertragen ist, da für Anordnungen, die den Betrieb angehen, die eisenbahntechnische Aufsichtsbehörde als die fortdauernd mit den Bedürfnissen und Angelegenheiten des Betriebs betraute und in Berührung stehende, die berufenste und geeignetste Instanz ist.

Betrifft die Polizeiverordnung einen mehrere Kleinbahnen umfassenden Bezirk, so ist die Zustimmung der mitgenehmigenden Eisenbahnbehörde (§ 44) aller beteiligten Privatanschlußbahnen erforderlich.

§ 49.[164])

Die Genehmigung kann zurückgenommen werden, wenn wiederholt gegen die Bedingungen derselben in wesentlicher Beziehung verstoßen wird.[165])

Über die Zurücknahme der Kündigung entscheidet auf Klage der Behörde (§ 44) das Oberverwaltungsgericht.[166])

[164]) Prinzip und Entstehungsgeschichte des § 49.

§ 49 Prinzip. I. Prinzip: § 49 trifft in Anlehnung an die entsprechenden Normen für Kleinb. (§§ 24, 25) Bestimmung über die Zulässigkeit und die Voraussetzungen der Zurücknahme der Genehmigung von Privatanschlußbahnen (Abs. 1) und das dabei zu beobachtende Verfahren, sowie die Zuständigkeit der hierzu berufenen Behörden (Abs. 2). Der Unterschied zwischen den bezüglichen für Kleinbahnen (§§ 24, 25) und Privatanschlußbahnen (§ 49) erlassenen Bestimmungen gründet sich darauf, daß erstere dem öffentlichen Verkehre, letztere nur privaten Zwecken dienen. Da den Privatanschlußunternehmern eine Bau- und Betriebspflicht, sei es durch Vorschrift der Genehmigung oder ex lege — (abgesehen von den Fällen des § 49 R.-Gew.-Ord.) -- in der Regel nicht obliegt, so ist für Privatanschlußbahnen die Vorschrift des § 23 in Fortfall gebracht, und ferner aus § 24 die Vorschrift in Betreff der Zurücknahme der Genehmigung bei ungerechtfertigter Unterbrechung des Baues und Betriebes. Die Zulässigkeit der Zurücknahme der Genehmigung ist daher durch § 49 bei Privatanschlußbahnen auf diejenigen Fälle beschränkt, in welchen wiederholt gegen die Bedingungen der Genehmigung in wesentlicher Beziehung verstoßen wird.

§ 49 Entstehung. In Betreff der Entstehungsgeschichte wird auf die allgemeine Darstellung der Entstehung des Abschn. II in der Anm. 146 S. 408 ff., sowie der Entstehung der §§ 24 u. 25 (Anm. 84 S. 290 und Anm. 86 S. 294) Bezug genommen. Auch hier wurde ein Antrag (Abgeordn.-H. Aktst. Nr. 206 S. 2294/5), im ersten Absatze die Worte „in wesentlicher Beziehung" einzufügen, von der Kommission des Abg.-Hauses abgelehnt, aber in der II. Lesung konform mit § 24 angenommen (Sten.-Ber. S. 2040/41).

§ 49 Abs. 1. [165]) Abs. 1 des § 49 beschränkt die Zulässigkeit der Zurücknahme der Genehmigung auf diejenigen Fälle, in welchen wiederholt gegen die Bedingungen derselben in wesentlicher Beziehung verstoßen wird. Die Fälle der Unterbrechung des Baues oder Betriebes ohne genügenden Grund, welche für Kleinbahnen gemäß § 24 hinzutreten, pflegen für Privatanschlußbahnen nicht in Frage zu kommen, da ein öffentliches Interesse für die ununterbrochene Fortsetzung des Baues und Betriebes bei diesen Bahnen in der Regel nicht besteht.

Ferner sind im § 49 nicht, wie im § 24, wiederholte Verstöße gegen die dem Unternehmer nach diesem Gesetze obliegenden Verpflichtungen als Grund für die Zulässigkeit der Zurücknahme der Genehmigung aufgeführt. Dies beruht darauf, daß den Privatanschlußbahnen nicht, wie den dem öffentlichen Verkehre dienenden Kleinbahnen, neben besonderen Vorrechten und Vergünstigungen auch entsprechende besondere Verpflichtungen im öffentlichen Interesse (z. B. zu Leistungen gegenüber der Post- und Militär-Verwaltung 2c.) auferlegt sind. Die Privatanschlußbahnen sind vielmehr lediglich den allgemeinen polizeilichen Verpflichtungen und Obliegenheiten, welche das Gesetz für Bau und Betrieb vorschreibt, sowie der Kontrolle der zuständigen Aufsichtsbehörden unterworfen. Die Beobachtung dieser allgemeinen gesetzlichen Pflichten bildet aber eine stillschweigende und selbstverständliche Voraussetzung der Genehmigung, einen integrierenden Teil der Genehmigungsbedingungen, und die Verletzung dieser gesetzlichen Pflichten ist daher einem Verstoße gegen die besonders in die Genehmigung aufgenommenen Bedingungen rechtlich durchaus gleichzuachten und zieht dieselbe Rechtswirkung nach sich. Es erschien somit überflüssig, hierüber im § 49 eine besondere Bestimmung zu treffen.

Die einzige Voraussetzung für die Zulässigkeit der Zurücknahme der Genehmigung ist also für Privatanschlußbahnen, daß wiederholt gegen die Bedingungen der Genehmigung in wesentlicher Beziehung verstoßen wird. Darin sind implicite Verstöße gegen die im Gesetze enthaltenen Verpflichtungen, z. B. die Einholung der Erlaubnis zur Betriebseröffnung (§ 47 sc. 49), zur Veranlassung der Prüfung der Betriebsmaschinen (§ 47 sc. 20), zur Unterwerfung unter die Aufsicht bezw. Beobachtung und Erfüllung der im Aufsichtswege ergehenden Verfügungen der zuständigen Aufsichtsbehörden (§ 47 sc. § 22 Satz 1, § 50) inbegriffen. Es genügt nicht eine einmalige Verletzung der Genehmigungsbedingungen, sondern es ist ein wiederholter Verstoß gegen dieselben erforderlich, um die Zurücknahme der Genehmigung zu rechtfertigen (s. des näheren § 24 Anm. 85 S. 292).

Liegt die vorerörterte Voraussetzung — wiederholte Verstöße gegen die Genehmigungsbedingungen in wesentlicher Beziehung — vor, so kann die Genehmigung zurückgenommen werden. Die Zurücknahme ist nicht unbedingte und unabweisbare Folge der Verstöße, sondern in das Ermessen der entscheidenden Behörde gestellt. Diese ist befugt, die Zurücknahme eintreten zu lassen, aber auch nach Maßgabe der Umstände davon Abstand zu nehmen, auch wenn die Voraussetzung des § 49 tatsächlich gegeben ist (s. § 24 Anm. 85 S. 292, 293).

Nur bei der Verwendung von Dampfkesseln zum Maschinenbetrieb erlischt in den Fällen des § 49 der R.-Gew.-Ord. die Genehmigung ipsa lege, und bedarf es einer Zurücknahme der Genehmigung nicht. Da die R.-Gew.-Ord. als Reichsgesetz dem preuß. Landesgesetz vom 28. Juli 1892 vorgeht und durch dasselbe eine Abänderung nicht erfahren kann, so tritt in den Fällen des § 49 R.-Gew.-Ord. eo ipso das Erlöschen der Genehmigung ein, und bedarf es der Entscheidung über die Zurücknahme der Genehmigung gemäß § 49 des Kleinb.-Ges. nicht.

Die Rechtswirkungen der Zurücknahme der Genehmigung bestehen darin, daß weder der Bau, noch — wenn der Betrieb bereits eröffnet — der Betrieb der Bahn fortgesetzt werden darf und polizeilich verhindert werden muß. Wenn zur Herstellung der Anlage ausnahmsweise das Enteignungsrecht verliehen ist, so treten die im § 57 Abs. 2 des Enteign.-Ges. vom 11. Juni 1874 vorgesehenen Folgen ein.

166) Abs. 2 des § 49 entspricht der Bestimmung des § 25. Mit Rücksicht auf die Dehnbarkeit der Voraussetzung und die folgenschwere Maßregel soll die Zurücknahme der Genehmigung in den Fällen des Abs. 1 nicht durch bloße Verfügung der Verwaltungsbehörde erfolgen, sondern auf Antrag derselben vom Oberverwaltungsgerichte darüber entschieden werden. (Vgl. des näheren § 25 Anm. 87 S. 295.) Abs. 2 erklärt für kompetent zur Klage die Behörde mit Hinweis auf § 44, d. h. die genehmigende Behörde. Es muß aber darunter nach der Tendenz des Gesetzes nicht die ursprünglich, sondern die jeweilig zur Genehmigung zuständige Behörde, d. i. die Aufsichtsbehörde (§ 22 Satz 1, § 47) verstanden werden (Anm. 87 S. 295). § 49 Abs. 2.

Die für Kleinbahnen in der Ausf.-Anw. zum § 28 vorgeschriebene öffentliche

Bekanntmachung der Zurücknahme der Genehmigung ist für Privatanschlußbahnen mangels eines öffentlichen Interesses nicht erforderlich, wie ja auch eine Veröffentlichung der Erteilung der Genehmigung aus gleichem Grunde nicht stattfindet (s. Anm. 148 S. 422).

§ 50.[167])

Die eisenbahntechnische Aufsicht und Überwachung der Privatanschlußbahnen erfolgt durch diejenige Behörde, welcher diese Aufgaben bezüglich der dem öffentlichen Verkehre dienenden Bahn, an welche sie anschließen, obliegen.[168])

§ 50 Prinzip. **167**) Prinzip und Entstehungsgeschichte des § 50.

I. Prinzip. In Betreff der Aufsicht über die Privatanschlußbahnen unterscheidet der II. Abschnitt des vorliegenden Gesetzes die allgemeine, vornehmlich die Erfüllung der Genehmigungsbedingungen und die gesetzlichen Vorschriften umfassende Aufsicht und die spezielle eisenbahntechnische Aufsicht und Überwachung. Die allgemeine Aufsicht bezüglich der Genehmigungsbedingungen und gesetzlichen Vorschriften ist, wie bei den Kleinbahnen, so auch bei den Privatanschlußbahnen der jeweilig für die Genehmigung zuständigen Behörde übertragen, indem § 47 den Grundsatz des § 22 Satz 1 auch auf Privatanschlußbahnen für gleichmäßig anwendbar erklärt. Was dagegen die speziell eisenbahntechnische Aufsicht anlangt, so weicht die Regelung derselben von derjenigen über Kleinbahnen ab. Zwar war hier wie dort die Erwägung leitend, daß diese Aufsichtsfunktionen ausschließlich in die Hand einer besonders sachkundigen Behörde, einer Eisenbahnbehörde zu legen seien. Aber während der zweite Satz des § 22 bei Kleinbahnen mit Maschinenkraft die eisenbahntechnische Aufsicht der zur Mitwirkung bei der Genehmigung berufenen Eisenbahnbehörde zuweist, sofern der Minister der öffentl. Arbeiten hierzu nicht eine andere Eisenbahnbehörde bestimmt, ist bei Privatanschlußbahnen die eisenbahntechnische Aufsicht und Überwachung derjenigen Behörde übertragen, welcher diese Aufgaben bezüglich der dem öffentlichen Verkehre dienenden Bahn, an welche sie anschließen, obliegen. Für diese Abweichung war bestimmend, daß in Betreff der Aufsicht eine tunlichst einheitliche Behandlung der Privatanschlußbahnen mit der anschließenden öffentlichen Bahn im Interesse der Gleichmäßigkeit und Sicherheit des Betriebes geboten sei. Dieser Umstand kommt bei Kleinbahnen, da sie selbständige Unternehmungen bilden, nicht in Betracht. Insofern diese an andere Eisenbahnen anschließen, geben die Vorschriften der §§ 10, 28 u. 29 ausreichende Gewähr für die Einheitlichkeit des Betriebes, soweit dieselbe erforderlich erscheint.

§ 50 Entstehung. II. Betreffs der Entstehungsgeschichte des § 50 wird auf die allgemeine Darstellung der Entstehung des Abschn. II (Anm. 146 S. 408ff.) Bezug genommen.

§ 50 Einziger Absatz. **168**) Abweichend von der Regel des § 47 bezw. § 22 Satz 1, wonach zur allgemeinen Aufsicht über Privatanschlußbahnen die für ihre Genehmigung jeweilig zuständige Behörde (Anm. 80 S. 279) kompetent ist, bestimmt § 50, daß die eisenbahntechnische Aufsicht und Überwachung der Privatanschlußbahnen durch diejenige Behörde erfolgt, welcher diese Aufgaben bezüglich der dem öffentlichen Verkehre dienenden Bahn, an welche sie anschließen, obliegen.

A. Während die allgemeine Aufsicht gemäß § 44 zwei Behörden zusammen — der Landespolizeibehörde und der vom Minister der öffentlichen Arbeiten designierten Eisenbahnbehörde — obliegt, ist die speziell eisenbahntechnische Aufsicht und Überwachung aus Zweckmäßigkeitsgründen einer Eisenbahnbehörde ausschließlich übertragen worden. Auch bei Kleinbahnen mit Maschinenkraft ist dies gemäß § 22 Satz 2 der Fall. Aber darin besteht der Unterschied, daß bei diesen diejenige Eisenbahnbehörde zur Aufsicht kompetent ist, welche auch bei der Genehmigung mitzuwirken hat, falls nicht der Minister der öffentlichen Arbeiten die eisenbahntechnische Aufsicht einer anderen Eisenbahnbehörde überträgt; dagegen ist bei Privatanschlußbahnen in allen Fällen ausnahmslos die Aufsichtsbehörde der öffentlichen Bahn, an welche sie anschließen, für zur eisenbahntechnischen Aufsicht zuständig erklärt. Daraus folgt: 1. Für die allgemeine — sc. nicht eisenbahntechnische — Aufsicht sind, wie bei der Genehmigung, diejenige Landespolizeibehörde, welche nach der jeweiligen Ausdehnung des Unternehmens die Genehmigung zu ihrer Herstellung und zu ihrem Betriebe zu erteilen hätte, und die vom Minister der öffentl. Arbeiten bezeichnete Eisenbahnbehörde gemeinsam kompetent. 2. Für die besondere — sc. eisenbahntechnische — Aufsicht ist diejenige Behörde, welcher die Aufsicht bezüglich der anschließenden öffentlichen Bahn obliegt, allein kompetent.

In beiden Fällen hat eine Eisenbahnbehörde mitzuwirken. Aber im ersteren Falle zusammen mit der zuständigen Landespolizeibehörde, im letzteren Falle allein. Auch braucht die Eisenbahnbehörde, welche bei der Genehmigung mitzuwirken hat, nicht identisch zu sein mit derjenigen Eisenbahnbehörde, welche die Aufsicht führt. Denn die erstere wird in jedem einzelnen Falle vom Minister nach freiem Ermessen bestimmt, die letztere ist endgiltig und in allen Fällen nach gesetzlicher Vorschrift die Aufsichtsbehörde der anschließenden öffentlichen Bahn; dem Minister ist also ein Recht zur anderweiten Bestimmung dieser Behörde nicht eingeräumt. Doch ist durch den Erlaß v. 5. November 1892 (E.-V.-Bl. S. 449) generell angeordnet, daß zur Mitwirkung bei der Erteilung der Genehmigung allgemein diejenige Eisenbahnbehörde zuständig sein soll, welcher gemäß § 50 die eisenbahntechnische Aufsicht und Überwachung der betr. Privatanschlußbahn obliegt. Verw.-Ord. 15. Dezbr. 1894 u. 17. Mai 1902. Zweifel können nur dadurch entstehen, daß den Staatseisenbahnverwaltungsbehörden der Charakter von Staatsaufsichtsbehörden bezüglich der ihrem Bezirke angehörigen Bahnen strenggenommen überhaupt nicht zukommt, die Staatsaufsicht sich vielmehr ihrem Begriffe nach auf den Privatbetrieb beschränkt. Zur Beseitigung dieses Zweifels ist in dem Erlasse vom 1. März 1893 (E.-V.-Bl. S. 147, Verzeichnis Nr. 2) ausdrücklich bestimmt, daß die Königl. Eisenbahn-Betriebsämter bezw. — nach deren am 1. April 1895 erfolgten Auflösung — die Königl. Eisenbahndirektionen als diejenigen Behörden anzusehen sind, welche die in Bahnstrecken ihres Geschäftsbezirks einmündenden Privatanschlußbahnen in eisenbahntechnischer Beziehung zu beaufsichtigen und zu überwachen haben. Zur eisenbahntechnischen Beaufsichtigung derjenigen Privatanschlußbahnen, welche an Privateisenbahnen anschließen, ist die Aufsichtsbehörde der letzteren zuständig; diese ist — nach der am 1. April 1895 erfolgten Auflösung des Eisenbahn-Kommissariats — der als Eisenbahnkommissar mit der Aufsicht über die betreffende Privateisenbahn betraute Eisenbahn-Direktions-Präsident, bezw. dessen Vertreter. In Betreff der durch die Beaufsichtigung entstehenden Reisekosten für die Aufsichtsbeamten wird auf die Erlasse vom 28. Oktober 1898 (E.-V.-Bl. S. 334), 17. Dezember 1895 (E.-V.-Bl. S. 755) sowie 9. März 1902 (E.-V.-Bl. S. 104) Bezug genommen.

B. Was den Inhalt der eisenbahntechnischen Aufsicht anlangt, so ist die Ausf.-Anw. Abs. 3 zum § 22 auch hier maßgebend. Darnach wird die Aufsicht von der zuständigen Eisenbahnbehörde selbständig ohne jede Mitwirkung der Landespolizeibehörde geübt. Sie beschränkt sich aber auf die Überwachung des Betriebes im engeren Sinne, welcher die betriebssichere Unterhaltung der Bahnanlage und der Betriebsmittel und die sichere und ordnungsmäßige Durchführung der Transportmittel, des Übergangs auf die anschließende Bahn, die Weichen-Vorrichtungen ꝛc. begreift. (Vergl. Erl. v. 5. November 1892 Abs. 2 E.-V.-Bl. S. 449.) Anforderungen an den Unternehmer, welche die Rücksicht auf die Betriebssicherheit nicht notwendig erheischt, sind unbedingt zu vermeiden.

C. Ihrem Umfange nach umfaßt die eisenbahntechnische Aufsicht alle Privatanschlußbahnen, gleichviel ob sie mit Lokomotiven oder anderen Maschinenkräften (elektrischen, pneumatischen, hydraulischen) betrieben werden; ferner nicht allein die unmittelbar an die dem öffentlichen Verkehre dienende Bahn anschließenden Privatanschlußbahnen. Mit Recht bemerkt Gleim (Anm. z. § 50), daß es dem Zwecke der vorliegenden Gesetzesbestimmung entspricht, auch diejenigen als anschließend im Sinne derselben anzusehen, deren Verbindung mit der öffentlichen Bahn dadurch hergestellt ist, daß sie in eine andere, mit der öffentlichen Bahn durch Weichen verbundene Privatanschlußbahn einmünden und dadurch imstande sind, ihre Betriebsmittel auf die Geleise der Hauptbahn zu überführen. Wo aber eine derartige Überführung nicht möglich ist, bezw. nicht stattfindet, ist § 50 nicht anwendbar.

Wo es sich um Akte der eisenbahntechnischen Aufsicht handelt, hat hiernach die Eisenbahnbehörde allein zu verfügen und ihren Verfügungen durch die ihr zustehenden Zwangs- und Strafmittel Geltung zu verschaffen. (Vgl. § 22 Anm. 80 S. 280—282.) Vgl. hierzu den Erlaß vom 8. Aug. 1894, betreffend Berechtigung der Eisenbahnbehörden zur zwangsweisen Durchführung bei der eisenbahntechnischen Beaufsichtigung von Klein- und Privatanschlußbahnen getroffenen Anordnungen (E.-V.-Bl. S. 205), Verzeichnis Nr. 15, sowie den in seinem Inhalte in § 51 Anm. 171 S. 459ff. ausführlich dargestellten Erlaß v. 17. Oktober 1898, betreffend Zusammenwirken der Eisenbahn- und Bergbehörden bei der Beaufsichtigung der Grubenanschlußbahnen (Zeitschr. f. Kleinb. 1898 S. 545) Verzeichnis Nr. 64.

Wo aber Fragen allgemeinerer Natur in Betracht kommen, z. B. Benutzung von Wegen, Bauten und Schutzeinrichtungen (§§ 17, 18), Handhabung und Überwachung polizeilicher Bestimmungen (§ 48) ꝛc., haben beide Behörden zusammen Verfügung zu treffen, und ist die Verfügung der einen ohne die andere nicht rechtswirksam. Dahin gehört auch die Klage auf Zurücknahme der Genehmigung, selbst wenn die in casu verletzte Bedingung rein eisenbahntechnischen Charakter hat. Bei etwaigen Zweifeln über die Kompetenz wird die Entscheidung der vorgesetzten Ministerialinstanzen hierüber einzuholen sein. Auch wird in dem Ministerialerlasse vom 1. März 1898 (Eisenb.-Verordn.-Bl. S. 147) ausdrücklich hervorgehoben, daß die Aufsicht über die Privatanschlußbahnen, ebenso wie die über Kleinbahnen (also auch die eisenbahntechnische) sich selbstredend nicht auf diejenigen Beziehungen erstreckt, welche sich aus dem Anschlusse derselben an Eisenbahnen ergeben. Diese regeln sich nach den allgemeinen Bestimmungen über die Zuständigkeit der Eisenbahnbehörden und nach den etwa bestehenden Anschlußverträgen (Verzeichnis Nr. 2).

§ 51.[169])

Die Bestimmungen der §§ 43 bis 49 finden auf diejenigen Bahnen, welche Zubehör eines Bergwerks im Sinne des Allgemeinen Berggesetzes vom 24. Juni 1865 (Gesetz-Samml. S. 705) bilden, keine Anwendung.[170])

Durch die Bestimmung in § 50 wird das auf dem Allgemeinen Berggesetze vom 24. Juni 1865 (Gesetz-Samml. S. 705) beruhende Aufsichtsrecht der Bergbehörden gegenüber diesen Bahnen nicht berührt.[171])

169) Prinzip und Entstehungsgeschichte des § 51. § 51 Prinzip.

I. Prinzip. § 51 enthält nach seiner aus den Motiven und Beratungen sich ergebenden Tendenz eine Ausnahmevorschrift in Betreff derjenigen Privatanschlußbahnen, welche Zubehör eines Bergwerkes im Sinne des allgemeinen Berggesetzes vom 24. Juni 1865 (G.-S. S. 705) bilden. Auf diese Bahnen sollen die Bestimmungen der §§ 48 bis 49 keine Anwendung finden, sondern nur die Bestimmung des § 50 über die eisenbahntechnische Aufsicht und Überwachung, — aber auch diese Bestimmung nur so, daß dadurch das auf dem allgemeinen Berggesetze v. 24. Juni 1865 (G.-S. S. 705) beruhende Aufsichtsrecht der Bergbehörden gegenüber diesen Bahnen nicht berührt wird. Mit anderen Worten: Auf Privatbahnen, welche Zubehör eines Bergwerks im Sinne des allgemeinen Berggesetzes bilden, soll der ganze II. Abschnitt des vorliegenden Ges. keine Anwendung finden, sie sollen den bisher für ihre Genehmigung, Prüfung, Aufsicht rc. geltenden Bestimmungen unterworfen bleiben, mit Ausnahme der Bestimmung des § 50.

Man ging hierbei von der Erwägung aus, daß für die ein Zubehör der Bergwerke bildenden sogenannten Bergwerks- bezw. Grubenbahnen bereits besondere Bestimmungen in Betreff ihrer Genehmigung, Prüfung, Aufsicht rc. im Zusammenhange mit dem allgemeinen Berggesetze vom 24. Juni 1865 bestehen und im wesentlichen dem Bedürfnisse entsprechen, so daß kein Anlaß vorliegt, diese Bahnen dem Abschnitt II des vorliegenden Gesetzes zu unterwerfen. Nur für diejenige Kategorie der Bergwerksbahnen, welche mit Maschinenkraft betrieben werden und mit öffentlichen Bahnen derart in unmittelbarer Geleisverbindung stehen, daß ein Übergang der Betriebsmittel stattfinden kann, stellte sich das Bedürfnis heraus, neben die allgemeine Aufsicht der Bergbehörden noch eine besondere eisenbahntechnische Aufsicht und Überwachung durch die für die anschließende öffentliche Bahn kompetente Eisenbahnaufsichtsbehörde treten zu lassen.

Indeß entspricht der Wortlaut und die Fassung des § 51 dieser Tendenz nicht, wie auch aus den im folgenden mitgeteilten Gesetzesmaterialien (S. 450 ff.) sich ergibt. Denn unter „Bahnen, welche Zubehör eines Bergwerks im Sinne des allgemeinen Berggesetzes vom 24. Juni 1865 bilden", sind ausnahmslos alle Bahnen zu verstehen, welche der Bergbautreibende innerhalb oder außerhalb des

Grubenfeldes für die Zwecke seines Bergwerksbetriebes nach Maßgabe des § 185 des Berggesetzes herstellt und benutzt. Nur dann fehlt ihnen der Charakter der Bergwerks- (Zubehör-) Bahnen, wenn sie ausschließlich dazu dienen, die Fabrikate der zur weiteren Verarbeitung erforderlichen Sonderbetriebe (Hüttenwerke, Ziegeleien) von den betreffenden Fabrikationsstellen abzufahren. Mit Recht bemerkt Gleim (2. Aufl. S. 183, 184), daß Anschlußbahnen, welche nur im Interesse von Hüttenwerken angelegt werden, nicht als Zubehör eines Bergwerks anzusehen sind. (Vgl. auch Seydel, Zeitschr. f. Kleinb. III, S. 857.)

Wenn nun unter „Bahnen, welche Zubehör eines Bergwerks im Sinne des allgem. Berggesetzes v. 24. Juni 1865 sind", ausnahmslos alle Bahnen zu verstehen sind, welche der Abfuhr der Bergwerksprodukte vom Gewinnungsorte dienen, so ist die Bestimmung des § 51 inkorrekt und nicht der eigentlichen Absicht des Gesetzes entsprechend. Denn § 51 Abs. 1 schließt ausnahmslos für alle Bahnen, welche Zubehör eines Bergwerks bilden, die Anwendung der §§ 43 bis 49 des Kleinb.-Ges. aus, damit also auch für die Privatanschlußbahnen der Bergwerke, da der Begriff derselben im § 43 definiert ist; die Bestimmung des § 51 Abs. 2 würde somit gänzlich bedeutungslos sein. In der Absicht des Gesetzes liegt es aber nur, über die Privatanschlußbahnen der Bergwerke, d. h. über solche Bergwerksbahnen Bestimmung zu treffen, welche mit Maschinenkraft betrieben werden und an öffentliche Eisenbahnen mit unmittelbarem Übergang der Betriebsmittel anschließen. Für diese soll das Erfordernis der polizeilichen Genehmigung aus § 43 und die Anwendung der §§ 44 bis 49 fortfallen und nur § 50 unbeschadet des allgemeinen Aufsichtsrechts der Bergbehörden aufrecht erhalten bleiben. Auf die übrigen Bergwerksbahnen, welche nicht mit Maschinenkraft betrieben werden und nicht an öffentliche Bahnen anschließen, findet der II. Abschnitt des Kleinb.-Ges. (§§ 43 bis 51) überhaupt keine Anwendung.

§ 51. Entstehung. II. Aus der Entstehungsgeschichte des § 51 geht hervor, daß diese Bestimmung wörtlich der Regierungsvorlage (§ 47) entnommen (Drucks. d. Herren-H. Nr. 34 S. 62) und im allgemeinen damit motiviert ist, daß für die sogenannten Bergwerksbahnen bereits besondere Bestimmungen im Zusammenhange mit dem allgemeinen Berggesetze vom 24. Juni 1865 bestehen, es mithin einer anderweiten Regelung für dieselben nicht bedarf, und dies zur Vermeidung von Zweifeln hier ausdrücklich auszusprechen war. (Drucks. d. Herren-H. Nr. 34 S. 69/70.)

In der II. Lesg. des Abg.-Hauses (Drucks. Abg.-H. Nr. 287 Sten. Ber. Abg.-H. S. 2041/2) stellte der Abg. Engels folgenden Abänderungsantrag: „1. Im § 47 (51) Abs. 1 statt: „bis 45" (49) zu sagen: „bis 46" (50). 2. Den Abs. 2 des § 47 (51) wie folgt zu fassen: Unbeschadet des auf dem allgemeinen Berggesetze beruhenden Aufsichtsrechtes gegenüber diesen Bahnen erfolgt die eisenbahntechnische Aufsicht und Überwachung der eigentlichen Anschlußgeleise durch diejenige Behörde, welcher diese Aufgaben bezüglich der dem öffentlichen Verkehre dienenden Bahnen, an welche sie anschließen, obliegen." und begründete denselben, wie folgt: „Durch die Vertauschung, die das Wort „Anschlußgeleise" im § 46 (50) seitens der Kommission in „Privatanschlußbahnen" erfahren hat, hat die Stellung der Grubeneisenbahnen eine wesentliche Änderung erlitten. Ich weiß sehr wohl, daß Privatanschlußbahnen und Anschlußgeleise sich durchaus decken, daß beide denselben Begriff bezeichnen sollen. Bei Grubeneisenbahnen trifft das indessen nicht zu. Für die Grubeneisenbahnen bestimmt der einschlagende § 47 (51), daß der § 89 (48) nicht Anwendung finden soll, das heißt also gerade derjenige Paragraph, der den Begriff der Privatanschlußbahn bestimmt, oder wenigstens eine Beschreibung dieser Bezeichnung gibt, der also namentlich als Erfordernis für eine solche Bahn die unmittelbare Verbindung mit der Hauptbahn und ferner den Betrieb mit Maschinen aufstellt. Nach der Fassung, die die Bestimmung gegenwärtig gefunden hat, fallen nun alle Grubeneisenbahnen unter diese Vorschrift des § 46 (50), und für alle Grubeneisenbahnen ist, sofern sie überhaupt an die Hauptbahn anschließen, demgemäß die eisenbahntechnische Aufsicht der Eisenbahnbehörde vorgeschrieben. Ich glaube nicht, daß das gewollt sein will weder seitens der Regierung noch seitens der Kommission.

Es sollte vollkommen genügen, wenn die eisenbahntechnische Aufsicht sich nur soweit erstreckt, als die Lokomotiven der Hauptbahn laufen; darüber hinaus wird eine Mitwirkung der Eisenbahnbehörde nach meiner Auffassung nicht erforderlich sein; sie wird sogar schädlich sein. Mein Antrag geht nun dahin, außer Zweifel zu stellen, daß nur eine Anschlußbahn, nur das Anschlußgeleise in dem Sinne, wie es im Regierungsentwurfe stand, unter der eisenbahntechnischen Aufsicht der Eisenbahnbehörde steht.

Darauf erwiderte der Regierungskommissar: „Der Antrag ist zur Erreichung des beabsichtigten Zweckes überflüssig; denn auch nach den Bestimmungen der Vorlage und auch nach den Beschlüssen der Kommission wird nichts anderes beabsichtigt, als die Bergbahnen in demjenigen Umfange der eisenbahntechnischen Aufsicht zu unterstellen, wie eine solche eisenbahntechnische Aufsicht in Bezug auf andere Privatanschlußbahnen eingeführt wird. Wenn der Antragsteller das Gegenteil aus dem Umstande geschlossen hat, daß der § 89 (48) in dem § 47 (51) als anwendbar für Grubenbahnen nicht erklärt wird, so irrt er insofern, als mit dem Ausschluß des § 89 (48) lediglich hat gesagt werden sollen, daß das Erfordernis der Genehmigung, welches im § 89 (48) ausgesprochen ist und welches in der Tat den legislatorischen Gedanken des § 89 (48) bildet, auf Grubenbahnen nicht Anwendung finden soll. Dagegen hat nicht damit gesagt werden sollen, daß die Grubenbahnen im weiteren Umfange, als wovon das ganze Kapitel handelt, nämlich als Privatanschlußbahn in dem Sinne, in der Bedeutung, wie sie im § 89 (48) definiert sind, unter die eisenbahntechnische Aufsicht gestellt werden sollten.

Dem entgegnete der Abg. Engels: „Nachdem der Regierungskommissar die von mir dargelegte und gewünschte Auffassung über die Zukunft der Aufsicht über die Grubeneisenbahnen bestätigt und erklärt hat, daß in der jetzigen Fassung der Vorlage dieselbe Bestimmung enthalten sei, wie ich sie wünsche, und nachdem von dem Vorsitzenden der Kommission dies ebenfalls als zutreffend anerkannt ist, ziehe ich meinen Antrag zurück."

Hierauf wurde § 51 in der Fassung des Gesetzes angenommen. Es kann nach den obigen Ausführungen (S. 449, 450) kein Zweifel bestehen, daß die Bemängelung seitens des Abg. Engels eine durchaus begründete war.

170) Nach Abs. 1 des § 51 finden die Bestimmungen der §§ 48 bis 49 § 51
auf diejenigen Bahnen, welche Zubehör eines Bergwerkes im Sinne des Abs. 1.
allgemeinen Berggesetzes vom 24. Juni 1865 (G.-S. S. 705) bilden, keine An-

wendung. Bereits in der vorangehenden Anm. 169 (S. 450 ff.) ist des näheren erörtert worden, daß die Fassung des Abs. 1 nicht korrekt ist und der Absicht des Gesetzgebers nicht entspricht. Denn nach der Absicht des Gesetzes soll Abs. 1 nur dem Grundsatze Ausdruck geben, daß Privatanschlußbahnen im Sinne des § 43, welche Zubehör eines Bergwerkes bilden, der Bestimmung des § 48 in Betreff der polizeilichen Genehmigung und den Bestimmungen der §§ 45—49 nicht unterliegen, so daß sich die Anwendung des Abschn. II in Betreff dieser Bahnen auf die Bestimmung des § 50 (eisenbahntechnische Aufsicht und Überwachung) beschränkt und zwar unbeschadet der allgemeinen Aufsicht der Bergbehörden (§ 51 Abs. 2). Auf andere Bahnen, welche ein Zubehör des Bergwerkes bilden, aber ohne Maschinenbetrieb und Betriebsmittelübergang, findet der II. Abschnitt überhaupt keine Anwendung, weil diese nach der Begriffsbestimmung des § 43 keine Privatanschlußbahnen sind, und ebensowenig auf Bahnen, welche nicht dem Betriebszwecke des Bergwerkes dienen, sondern einem dritten Unternehmen (Hütten ꝛc. Bahnen); denn diese bilden überhaupt kein Zubehör eines Bergwerkes. Indem § 51 Abs. 1 über alle Bahnen, welche Zubehör eines Bergwerkes bilden, Bestimmung trifft, entspricht er nicht der Absicht des Gesetzes, welche nach den oben Anm. 169 S. 450 ff. mitgeteilten Materialien sich nur auf die Privatanschlußbahnen, die Zubehör eines Bergwerkes bilden, beschränken wollte, und muß dieser Absicht gemäß begrenzt werden.

Für das Verständnis und die Absicht des § 51 ist folgendes zu beachten: Um diejenigen Bahnen begrifflich festzustellen, welche Zubehör eines Bergwerks im Sinne des allgem. Berggeſ. bilden, ist es zweckmäßig, auf diejenigen Bestimmungen des qu. Gesetzes zurückzugehen, welche das Enteignungsrecht des Bergwerkseigentümers ordnen. Denn soweit ihm dieses für die Anlage von Eisenbahnen verliehen ist, ist die Bahn für die Zwecke des Bergbaues notwendig und als Zubehör des Bergwerks zu betrachten. Aus dem Zusammenhalt dieser Bestimmungen (§§ 54—64 l. c.) ergibt sich, daß als Zubehör eines Bergwerks alle diejenigen Anlagen anzusehen sind, welche unmittelbar oder mittelbar dem Berg- bau- und Betriebszwecke des Bergwerks dienen, d. h. notwendig sind, die verliehenen Mineralien zu gewinnen und ihre Abfuhr zu bewirken. Es gehören aber nicht hierher diejenigen Anlagen, welche zur weiteren Verarbeitung und Fabrikation dieser Mineralien dienen, wie Hüttenwerke, Hochöfen, Koaksanstalten ꝛc. Daraus ergibt sich, daß auch nur diejenigen Eisenbahnen — eigentliche Bergwerksbahnen — zum Zubehör des Bergwerks zu rechnen sind, welche Bergwerksprodukte roh oder aufbereitet von der Gewinnstelle an andere Stellen befördern, sei es innerhalb des Bergwerks (zu Lager-, Niederlage-Plätzen, Halden ꝛc.), sei es nach besonderen Betriebsstätten zur weiteren Verarbeitung (Hütten, Hochöfen, Koaksanstalten) oder nach öffentlichen Verkehrswegen (Kanälen, öffentlichen Wegen oder Eisenbahnen ꝛc.) zum Weitertransport. Entscheidend für den Begriff der Bergwerksbahn als Zubehör des Bergwerks ist also nur die Beförderung unmittelbar von der Gewinnstelle aus und zu bergbaulichen und Betriebszwecken. Dagegen ist es für diesen Begriff gleichgültig, ob die diesem Zwecke dienende Bahn sich nur innerhalb des Bergwerks bewegt oder nach anderen Bergwerken oder besonderen Betrieben, Fabriken oder Verarbeitungsstätten, oder nach öffentlichen oder privaten Wegen, Kanälen, Eisenbahnen, und ob sie mit letzteren unmittelbare Geleisverbindung und Übergang der Betriebsmittel hat oder nicht.

Nach Emanation des allgem. Berggesetzes wurde auf Grund des § 196 desselben grundsätzlich angenommen, daß die Bergwerksbahnen als Zubehör der Bergwerke ausschließlich der polizeilichen Aufsicht der Bergbehörden in Hinsicht auf Bau und Betrieb unterworfen seien. Späterhin machte jedoch die Berührung der orts- und landespolizeilichen Interessen mit dem Bau und Betriebe der Bergwerke Bestimmungen notwendig, Inhalts deren den Orts- und Landespolizeibehörden eine Mitwirkung bei der Prüfung und Feststellung der Bauprojekte und beim Erlaß der den Betrieb regelnden Polizeiverordnungen eingeräumt wurde, und zwar derartig, daß das Oberbergamt in allen Fällen und ohne Rücksicht auf den Umfang der Bahn mit dem zuständigen Regierungspräsidenten in Benehmen zu treten hatte, welchem seinerseits oblag, die Mitwirkung der einzelnen in Betracht kommenden Behörden der allgemeinen Polizei zu regeln. (Min.-Erl. v. 16. u. 27. Mai 1892 Zeitschr. f. Bergr. Bd. 33, S. 308, 426, vgl. auch Erl. v. 18. April 1888 eod. Bd. 30, S. 156.) In neuerer Zeit ist die Art des Zusammenwirkens beider Behörden dahin geändert worden, daß der Erlaß der Polizeiverordnungen für den Betrieb der Bergwerksbahnen lediglich den Oberbergämtern — jedoch nach vorheriger Einigung mit den Landespolizeibehörden — unterliegen soll (Min.-Erl. v. 18. April 1895 eod. Bd. 36 S. 300).

Diese Regelung der Zuständigkeitsverhältnisse gewährte für die Mitwirkung der Eisenbahnbehörden keinen Raum. Die außerordentliche Zunahme der öffentlichen Bahnen und der damit in Verbindung stehende häufige Anschluß der Bergwerksbahnen an dieselben mit Maschinenbetrieb unter unmittelbarer Geleisverbindung und direktem Übergang der beiderseitigen Betriebsmittel ließ aber eine gesetzliche Bestimmung notwendig erscheinen, welche den zuständigen Eisenbahnbehörden im Interesse der Sicherheit des Betriebes der anschließenden Bahnen eine Mitwirkung in Hinsicht auf Bau und Betrieb dieser Bergwerksanschlußbahnen verlieh. Eine derartige, nur auf die vorstehend charakterisierten Bergwerksanschlußbahnen bezügliche gesetzliche Bestimmuug sollte durch § 51 geschaffen werden, indem den zuständigen Eisenbahnbehörden die eisenbahntechnische Aufsicht und Überwachung derselben übertragen ist, unbeschadet des berggesetzlichen Aufsichtsrechtes, wie aller übrigen Befugnisse der Bergbehörden.

Mit dieser Absicht des Gesetzes steht aber der Wortlaut des § 51 nicht im Einklang. Denn indem über a l l e Bahnen, welche Zubehör eines Bergwerkes bilden, Bestimmung getroffen wird, werden damit auch d i e N i c h t a n s c h l u ß b a h n e n, auf welche sich Abschnitt II überhaupt nicht bezieht, getroffen. Und indem ferner nicht nur die Anwendung der §§ 44—49, sondern auch des § 43 gänzlich ausgeschlossen wird, werden auch die Bergwerksbahnen mit Maschinenbetrieb und unmittelbarem Anschluß an öffentliche Bahnen ausgeschlossen. Korrekt und der Absicht des Gesetzes entsprechend muß also § 51 Abs. 1 dahin lauten, daß die Bestimmungen des § 43 über die Genehmigung und der §§ 44 bis 49 auf diejenigen P r i v a t - a n s c h l u ß bahnen, welche Zubehör eines Bergwerkes im Sinne des allgem. Berggesetzes bilden, keine Anwendung finden. Daraus folgt:

1. Auf Bahnen, welche zwar Zubehör eines Bergwerkes sind (Bergwerksbahnen), aber nicht Privatanschlußbahnen im Sinne des § 43, findet Abschnitt II des vorliegenden Gesetzes keine Anwendung.

2. Auf Bahnen, welche nicht Zubehör eines Bergwerkes sind, aber Privatanschlußbahnen im Sinne des § 43, findet, wenn sie auch mittelbar mit einem

Bergwerk in Beziehung stehen, wie z. B. Bahnen, welche Fabrikate aus Hüttenwerken, Hochöfen, Koakesanstalten weiterbefördern, Abschn. II volle Anwendung.

8. Auf Bahnen, welche Zubehör eines Bergwerkes (Bergwerksbahnen) und zugleich Privatanschlußbahnen im Sinne des § 43 sind, finden zwar die Bestimmungen des § 43 über die Genehmigung und der §§ 44 bis 49 keine Anwendung, wohl aber diejenigen des § 50 über die eisenbahntechnische Aufsicht, unbeschadet des gesetzlichen Aufsichtsrechts der Bergbehörden (§ 51 Abs. 2).

Abs. 1 zählt diejenigen Bestimmungen des II. Abschnittes „Über Privatanschlußbahnen" auf, welche auf eigentliche Bergwerksbahnen, d. h. Zubehör eines Bergwerkes bildende Bahnen, die begrifflich gemäß § 43 Privatanschlußbahnen sind, keine Anwendung finden.

Vorausgesetzt ist erstens, daß es sich um Bahnen handelt, die Zubehör eines Bergwerkes im Sinne des allgemeinen Berggesetzes vom 24. Juni 1865 (G.-S. S. 705) sind. Welche Bahnen hierher zu rechnen, ist bereits oben S. 452 ausführlich erörtert worden. Bahnen, welche nur mittelbar mit dem Bergwerksbetriebe in Verbindung stehen, sind nicht Zubehör der Bergwerke bezw. Bergwerksbahnen, wie sie auch das Enteignungsrecht nicht genießen. Sie werden auch dadurch nicht Zubehör eines Bergwerks in diesem Sinne, daß sie aus Rücksichten des Bergwerksbetriebes einer Kontrole der Bergbehörden unterworfen werden. (Vgl. Seydel, Zeitschr. f. Kleinb. 1896 S. 857.)

Vorausgesetzt ist zweitens, daß es Privatanschlußbahnen im Sinne des § 43 des vorliegenden Gesetzes sind (s. § 43 Anm. 148 S. 418).

Beide Voraussetzungen zusammen müssen zutreffen, wenn § 51 Platz greifen soll. Die eine ohne die andere genügt nicht.

I. Fehlt die Voraussetzung der Zugehörigkeit zu einem Bergwerke, d. h. handelt es sich um eine Privatanschlußbahn im Sinne des § 43, welche nicht zugleich Zubehör eines Bergwerkes ist, so finden die Bestimmungen des Abschn. II (§§ 43—50) uneingeschränkte Anwendung.

II. Fehlt die Voraussetzung der Eigenschaft einer Privatanschlußbahn, d. h. handelt es sich um eine Bahn, welche zwar Zubehör eines Bergwerkes bezw. s. g. Bergwerksbahn ist, aber nicht Privatanschlußbahn im Sinne des § 43, so finden die Bestimmungen des Abschnittes II (§§ 43—50) keine Anwendung; ebensowenig aber die Bestimmungen des Abschnittes I (§§ 1—42), falls nicht etwa die Bahn zugleich dem öffentlichen Verkehre dient.

Daraus folgt für diese letzteren Bahnen:

a) Die Rechtsstellung beruht auf dem allgemeinen Berggesetze, insbesondere auf § 54 l. c., wonach der Bergwerkseigentümer alle zur Aufsuchung und Gewinnung des Minerals erforderlichen Vorrichtungen unter und über Tage treffen kann. Dazu gehören auch Eisenbahnen als Abfuhrwege von den Gewinnstellen. Nach § 64 und § 135 l. c. kann der Bergwerkseigentümer die Abtretung des hierzu erforderlichen Grund und Bodens verlangen. Die Bergwerksbahnen unterstehen nicht den für öffentliche Eisenbahnen geltenden Bestimmungen, also weder der Reichsverfassung Art. 41 ff. nebst den diese ausführenden Reichs- und Landesgesetzen ꝛc.

b) Für den Bau einer Bergwerksbahn bedarf es einer besonderen staatlichen Genehmigung oder Konzession nicht. (Erl. v. 18. September 1869, eod. Bd. 11 S. 359.) Für das Verfahren in Betreff der Bauerlaubnis greifen vielmehr die

Vorschriften des § 67 des allgem. Berggef. über den Betriebsplan Platz. Werden landespolizeiliche oder ortspolizeiliche Interessen berührt, so tritt bei der Prüfung und Festsetzung des Bauprojektes durch die Bergbehörde eine Mitwirkung der Landes- oder der Ortspolizeibehörde ein. Da die Entscheidung darüber, ob solche Interessen berührt werden und welche Behörde mitzuwirken hat, im Einzelfalle dem Regierungspräsidenten gebührt (Erl. d. Min. d. Innern v. 27. Mai 1892), so sind die Oberbergämter angewiesen (Erl. d. Handelsministers v. 16. Mai 1892), bezüglich der Prüfung der Projekte mit dem Regierungspräsidenten in Verbindung zu treten, der entweder selbst mitwirkt, oder diese Mitwirkung einer Behörde der allgemeinen Polizeiverwaltung überträgt. Die Prüfung der Polizei- und der Bergbehörde hat sich auf die Wahrung der öffentlichen Interessen und den Schutz des Publikums zu beschränken, als Wegeüberschreitungen, Einziehung und Verlegung von Wegen,

O.-V.-G. v. 9. März 1899, Eisenb. Entsch. XVII S. 101.

Einrichtung und Handhabung der Bahnschranken einer Grubenbahn an den Kreuzungspunkten mit öffentlichen Wegen,

O.-V.-G. v. 13. Juli 1899, Eisenb. Entsch. XVII S. 112.

Wasserläufen, Kurven, Gefälle, überhaupt Schutzanlagen zur Sicherung des Verkehrs auf der Bahn selbst. Nach dieser Prüfung werden etwaige Abänderungen des Bauplanes festgesetzt (§ 68 Abs. 3 Berggef.). Sobald alsdann der nötige Grund und Boden entweder auf gütlichem oder Enteignungs-Wege (§§ 135 ff. Berggef.) erworben ist, beaufsichtigt die Bergbehörde die Bauausführung in Gemäßheit der in den §§ 196 ff. Berggef. gegebenen Vorschriften, wobei indes eine Mitwirkung der allgemeinen Polizeibehörde keineswegs ausgeschlossen ist. Nach vollendetem Bau erfolgt die Abnahme der Bahnanlage durch die Bergbehörde, und, sofern öffentliche oder polizeiliche Interessen berührt werden, unter Mitwirkung der Polizeibehörde. Zur Errichtung von Gebäuden (Dienstgebäuden, Wärterhäusern ꝛc.) ist stets auch der ortspolizeiliche Baukonsens erforderlich, selbst wenn dieselben fiskalisch sind (Min.-Erl. v. 14. November 1878 eod. Bd. 21 S. 278).

c) Auch der Betrieb ist in vollem Umfange der Aufsicht der Bergbehörden nach Maßgabe des § 196 Allg. Berggef. unterstellt und ergreift die Bergwerksbahnen in ihrer ganzen Ausdehnung, einschließlich des Betriebspersonals, der Betriebsmittel und Betriebseinrichtungen, z. B. die Einrichtung und Handhabung der Bahnschranken einer Grubenbahn an den Kreuzungspunkten mit öffentlichen Wegen.

O.-V.-G. v. 13. Juli 1899, Eisenb. Entsch. XVII S. 112.

Maßgebend sind die Bestimmungen des IX. Titels des allgem. Berggef. Der Bergbehörde liegt auch die Prüfung, Revision und Genehmigung zur Inbetriebnahme von Lokomotiven ob, wenn diese sich ausschließlich auf den Geleisen der Bergwerksbahn bewegen; dagegen ist hierfür die Eisenbahnbehörde zuständig, wenn die Lokomotiven zugleich auf dem öffentlichen Verkehre dienende, anschließende Eisenbahnen übergehen sollen. (Min.-Erl. v. 30. April 1877 Bd. 18 S. 277.)

d) Allgemeine polizeiliche Bestimmungen über den Betrieb (Polizeiverordnungen) sind grundsätzlich von den Bergbehörden zu erlassen (§ 197 Allg. Berggef.). Durch Min.-Erl. v. 18. April 1895 (Zeitschr. f. Bergr. Bd. 86 S. 300) ist die Emanation von Polizeiverordnungen für den Betrieb von Bergwerksbahnen ausschließlich den Oberbergämtern — nach vorheriger Einigung mit den zuständigen Landespolizeibehörden — übertragen. Handelt es sich um den

Betrieb von Bergwerksbahnen, welche an öffentliche Bahnen anschließen, und wird der Betrieb von letzteren geführt, so sind die über den Betrieb zu erlassenden Bergpolizeiverordnungen auch der zuständigen Eisenbahnbehörde zur gutachtlichen Äußerung mitzuteilen (Erl. v. 11. Febr. 1891 eod. Bd. 32 S. 278).

III. Sind beide Voraussetzungen zugleich vorhanden, — Zubehör eines Bergwerks und Eigenschaft einer Privatanschlußbahn, — so finden nach § 51 Abs. 1 die §§ 43—49 keine Anwendung. Diese Vorschrift hat eine zweifache Bedeutung; sie schließt einerseits für die Bergwerks-Privatanschlußbahnen die Anwendung der §§ 43—49 aus und bestimmt andererseits, daß § 50 für diese Bahnen Geltung haben soll, d. h. die besondere eisenbahntechnische Aufsicht und Überwachung für dieselben eingeführt wird, jedoch mit der im Abs. 2 des § 51 enthaltenen Modifikation, daß dadurch das auf dem allgemeinen Berggesetze v. 24. Juni 1865 beruhende Aufsichtsrecht der Bergbehörden gegenüber diesen Bahnen nicht berührt wird.

a) Daß die Fassung, wonach die Bestimmungen der §§ 43—49 keine Anwendung finden sollen, nicht ganz korrekt ist, ist bereits an früherer Stelle (S. 451ff.) hervorgehoben worden. Es hätte zur Vermeidung von Zweifeln gedient, wenn der Absicht des Gesetzes gemäß im § 51 Abs. 1 klar zum Ausdruck gebracht worden wäre, daß nicht der ganze § 43, sondern nur die auf das Erfordernis der Genehmigung bezügliche Bestimmung desselben von der Anwendung auf Bergwerks-Privatanschlußbahnen ausgeschlossen sein solle.

b) Im übrigen gelten an Stelle der §§ 43—49 für Privatanschlußbahnen, welche Zubehör eines Bergwerks sind, die vorstehend unter Ziff II (S. 454—456) in Betreff der Rechtsstellung, der Aufsicht und Genehmigung über Bau und Betrieb, des Polizeiverordnungsrechtes u. s. w. für Bergwerksbahnen allgemein bestehenden Bestimmungen. Nur insoweit besteht ein Unterschied, als für Bergwerksbahnen, welche zugleich Privatanschlußbahnen sind, § 50 aufrecht erhalten ist, d. h. unbeschadet des allgemeinen Aufsichtsrechts der Bergbehörden noch eine besondere eisenbahntechnische Aufsicht eingeführt ist. Dies und die sich daraus ergebenden Modifikationen und Konsequenzen sind in der folgenden Anm. 171 S. 456—462 Gegenstand der Erörterung.

§ 51 Abs. 2. [171]) Abs. 2 des § 51 bestimmt, daß für Privatanschlußbahnen, welche zugleich Zubehör eines Bergwerks sind, durch § 50, wonach dieselben einer besonderen eisenbahntechnischen Aufsicht und Überwachung seitens der zuständigen Eisenbahnbehörde unterworfen werden, das auf dem allgem. Berggesetz vom 24. Juni 1865 beruhende Aufsichtsrecht der Bergbehörden nicht berührt wird. Es ist in der vorangehenden Anm. 170 gezeigt worden, daß für Privatanschlußbahnen, welche Zubehör eines Bergwerks sind (Bergwerksprivatanschlußbahnen), gemäß § 51 Abs. 1 die für alle anderen Kategorien von Privatanschlußbahnen im Abschn. II des vorliegenden Gesetzes gegebenen Vorschriften in ihrer überwiegenden Mehrzahl (§§ 43—49) nicht gelten und nur die eine besondere eisenbahntechnische Aufsicht anordnende Bestimmung des § 50 auch für die Bergwerksprivatanschlußbahnen eingeführt ist. Aber dieses auf § 50 beruhende besondere eisenbahntechnische Aufsichtsrecht der zuständigen Eisenbahnbehörde soll nach der Bestimmung des § 51 Abs. 2 das auf dem allgem. Berggesetze beruhende Aufsichtsrecht der Bergbehörden gegenüber diesen Bahnen nicht berühren, beide Aufsichtsrechte sollen zusammen und nebeneinander bestehen.

A. Geht man auf den Sinn dieser Bestimmung näher ein, so spricht § 51 Abs. 2 strenggenommen aus, daß das bisherige, auf dem allgem. Berggesetz vom 24. Juni 1865 beruhende Aufsichtsrecht der Bergbehörde unverändert und uneingeschränkt fortbestehen soll; denn es darf durch das neue eisenbahntechnische Aufsichtsrecht nicht berührt werden. Wollte man dies aber annehmen, so würde die Bestimmung des § 50 für Bergwerksprivatanschlußbahnen gänzlich illusorisch sein, zumal im § 50 der Inhalt des eisenbahntechnischen Aufsichtsrechts nicht näher bestimmt ist. Die Abgrenzung der beiden Aufsichtsrechte — des eisenbahntechnischen und des bergpolizeilichen — erscheint durch Abs. 2 des § 51 nicht klargestellt. (Klostermann-Fürst 5. Aufl. S. 585; Seydel, Zeitschr. f. Kleinb. III S. 358.) Soll § 50 für die qu. Bahnen nicht bedeutungslos sein, so bleibt hiernach nur die Annahme übrig, daß der Eisenbahnbehörde die aus dem Zweck und Inhalt der eisenbahntechnischen Aufsicht sich notwendig ergebenden Befugnisse zustehen und die Aufsichtsbefugnisse der Bergbehörde, insoweit sie damit nicht vereinbar, eine entsprechende Modifikation erfahren sollen.

B. Wird von diesem Standpunkte aus die Frage nach Umfang und Inhalt des eisenbahntechnischen Aufsichtsrechts in Betreff der Bergwerksprivatanschlußbahnen und seiner Abgrenzung gegenüber dem Aufsichtsrechte der Bergbehörde näher getreten, so bedarf es zunächst einer Feststellung der beiderseitigen Aufsichtsbefugnisse.

a) Das eisenbahntechnische Aufsichtsrecht ergibt sich vornehmlich aus den Prüfungsvorschriften des § 45. Darnach umfaßt die unter Mitwirkung der Eisenbahnbehörde vorzunehmende polizeiliche Prüfung die betriebssichere Beschaffenheit der Bahn und der Betriebsmittel, die technische Befähigung und Zuverlässigkeit der im äußeren Betriebsdienste anzustellenden Bediensteten, den Schutz gegen schädliche Einwirkungen der Anlage und des Betriebes. Daraus folgt im wesentlichen das Recht, wie auch die Pflicht der Eisenbahnbehörde in den im § 45 bezeichneten Richtungen entsprechende Maßnahmen und Anordnungeu zu treffen.

b) Für den Umfang des bergpolizeilichen Aufsichtsrechts ist dagegen hauptsächlich § 196 des allgem. Bergges. maßgebend. Diese Bestimmung ist durch § 51 des Kleinbahngesetzes aufrecht erhalten.

O.-V.-G. v. 9. März 1899, Eisenb. Entsch. XVII S. 101 und v. 13. Juli 1899 XVII S. 112.

Dazu tritt gemäß §§ 58, 59 dieselbe Aufsicht über die Aufbereitungsanstalten, Dampfkessel und Triebwerke. Die Bergbehörde ist ferner dazu verpflichtet, den Betriebsplan nach Maßgabe der im § 196 gegebenen polizeilichen Gesichtspunkte zu prüfen und zu genehmigen (§§ 67 ff.); es liegt ihr endlich die Fürsorge dafür ob, daß der Betrieb nur unter Leitung, Aufsicht und Verantwortlichkeit qualifizierter Personen geführt wird (§§ 73 ff.)

c) Ein Vergleich des Inhalts beider Aufsichtsrechte lehrt, daß die darin enthaltenen Befugnisse sich teilweise decken und ineinanderlaufen, so daß eine genaue und bestimmte Abgrenzung der Zuständigkeit beider Behörden fehlt. Um diese zu finden, ist es — wie Seydel a. a. O. 358 zutreffend ausführt — notwendig, auf den Zweck zurückzugehen, welchen die eisenbahntechnische Aufsicht bei den Bergwerksprivatanschlußbahnen verfolgt. Indes, wenngleich Seydel darin beigestimmt werden muß, daß die Gewähr eines betriebssicheren Übergangs der Betriebsmittel ein wesentlicher Zweck der Einführung einer besonderen eisenbahntechnischen Aufsicht gewesen ist, so war es doch nicht der alleinige. Vielmehr war für den Inhalt der eisenbahntechnischen Aufsicht zwar in erster Reihe die Gewähr für den betriebssicheren Übergang der Betriebsmittel, aber auch ferner für die betriebssichere Handhabung und Durchführung des Maschinenbetriebs bestimmend. Von diesem zweifachen Gesichtspunkte aus ergibt sich folgendes:

1. Was zunächst die Bahnanlage betrifft, so bedarf einerseits mit Rücksicht auf den Übergang der Betriebsmittel die Konstruktion des Oberbaues der Bahn, die Einrichtung der Anschluß- und Weichenanlagen, die Beobachtung der bahnpolizeilichen Vorschriften bei Innehaltung des lichten Raumes ꝛc. einer besonderen sachkundigen Prüfung, welche in den den Bergbehörden gesetzlich übertragenen Obliegenheiten nicht enthalten ist. Es folgt daraus notwendig, daß — wenn auch an sich die Prüfung und Festsetzung der Bauprojekte der Grubenbahnen den Bergbehörden zusteht, —

O.-V.-G. v. 9. März 1899, Eisenb. Entsch. XVII S. 101.

vor Erteilung der Genehmigung die zuständige Eisenbahnbehörde in die Lage versetzt werden muß, auf Grund der technischen Unterlagen, des Bauplanes und der Konstruktionszeichnungen der Betriebsmittel eine Prüfung eintreten zu lassen und die bezüglichen Konzessionsbedingungen zu stellen.

2. Die nämlichen Gesichtspunkte machen sich beim Betriebe geltend. Zwar liegt der Bergbehörde die Prüfung und Genehmigung des Betriebsplanes des Bergwerks und seiner Zubehörungen ob (§§ 67 ff.) und demgemäß nicht allein die Anordnung der zur Sicherstellung des Betriebes und des öffentlichen Verkehrs und der zum Schutze öffentlicher und privater Interessen erforderlichen Vorkehrungen und Einrichtungen, sowie auch deren weiterer Instandhaltung.

O.-V.-G. v. 13. Juli 1899, Eisenb. Entsch. XVII S. 112.

Aber der Übergang der Betriebsmittel erfordert in Hinsicht auf die Art und das Verfahren der Überführung, die Bedienung der Weichen, der Signalapparate ꝛc. die Prüfung und Überwachung durch eine mit den Bedürfnissen des Eisenbahnbetriebs und der Überleitung bei Anschlüssen besonders vertraute Behörde. Das Gleiche ist der Fall in Bezug auf den Betrieb mit Maschinenkraft, welcher je nach der Eigenartigkeit der zur Anwendung gelangenden Kraft, eine sachkundige Kontrolle sämtlicher Betriebsfunktionen bedingt. Diese Prüfungen fallen ihrer Natur nach in den Kreis der Obliegenheiten der kompetenten Eisenbahnbehörde und bilden in Bezug auf den Betrieb den Inhalt der dieser zustehenden Befugnisse.

3. Was das Personal anlangt, so tritt gleichfalls jener zwiefache Gesichtspunkt hervor. Der Übergang der Betriebsmittel verlangt, daß das hierbei beschäftigte Betriebs- und Unterhaltungspersonal die zur Überleitung erforderliche besondere Sachkenntnis und Qualifikation besitzt, und zwar gleichviel, ob das Personal auf die Anschlußbahn mitübergeht oder nicht (A. M. Seydel, S. 359, 360). Der Betrieb mit Maschinenkraft bedingt, daß das gesamte Personal den Anforderungen entspricht, welche die Eigenartigkeit des bezüglichen Maschinenbetriebes erfordert.

4. Die Rücksicht auf den Übergang der Betriebsmittel sowie den Betrieb mit Maschinenkraft erfordert ferner, daß auch die Betriebsmittel, Maschinen und

Wagen, und zwar sowohl vor ihrer Einstellung in den Betrieb, wie nach Vornahme erheblicher Änderungen und außerdem periodisch der Prüfung, Revision und Genehmigung der zuständigen Eisenbahnbehörde zu unterziehen sind und die bezüglichen Befugnisse zur eisenbahntechnischen Aufsicht gehören (arg. § 20 Kleinb.-Ges. und Minist.-Erlaß vom 30. April 1877, Zeitschr. f. Bergw. Bd. 18, S. 277). Der auf § 59 allg. Berggesetz gestützten — gegenteiligen Annahme Seydel's (S. 360) kann nicht beigepflichtet werden, da § 59 in Verbindung mit § 196 Abs. 3 l. c. sich nur auf diejenigen Dampfkessel und Triebwerke erstreckt, welche sich ausschließlich auf den Geleisen der Bergwerksbahnen bewegen, nicht aber auch auf diejenigen, welche auf dem öffentlichen Verkehre dienende, anschließende Bahnen übergehen sollen (Jerusalem S. 82, Klostermann-Fürst, Anm. 5, S. 586).

C. Zur Ausübung des eisenbahntechnischen Aufsichtsrechts ist auch bei Bergwerksprivatanschlußbahnen diejenige Behörde zuständig, welcher diese Aufgabe bezüglich der dem öffentlichen Verkehre dienenden Bahn, an welche sie anschließen, obliegt. (§ 50 Anm. 168 S. 446.)

D) Über die Art und Form der Ausübung des eisenbahntechnischen Aufsichtsrechts gegenüber den Bergwerksprivatanschlußbahnen sind im Kleinbahngesetze Bestimmungen nicht enthalten. § 51 schließt die Anwendung der §§ 48—49 ausdrücklich aus. Die Notwendigkeit des Zusammenwirkens der Bergwerks- und Eisenbahn-Aufsichtsbehörden, sowie mehrfache Zweifel über die Zuständigkeit einer jeden dieser Behörden in den einzelnen in Betracht kommenden Beziehungen haben daher die beteiligten Ressortchefs, — die Minister der öffentlichen Arbeiten und für Handel und Gewerbe, — veranlaßt durch den Erl. v. 17. Oktober 1898, betr. das Zusammenwirken der Eisenbahn- und Bergbehörden bei der Beaufsichtigung der Bergwerksanschlußbahnen (Zeitschr. f. Kleinb. 1898 S. 545) Verzeichnis Nr. 64. Grundzüge für die Ausübung der Aufsicht über die Bergwerksanschlußbahnen aufzustellen, welche bezwecken, das aus dem Kleinbahngesetz sich ergebende besondere Verhältnis dieser Bahnen durch Zusammenstellung der wesentlichen Regeln für die Zuständigkeit und das Zusammenwirken der beteiligten Behörden der Eisenbahnverwaltung und der Bergverwaltung klar zu stellen. Bei den dieserhalb gepflogenen Beratungen hat sich ergeben, daß eine erschöpfende Regelung des beiderseitigen Aufsichtsrechts untunlich sei und es nur darauf ankommen könne, die in Betracht kommenden Gesichtspunkte im allgemeinen und unter Vermeidung des Eingehens in Einzelheiten an die Hand zu geben. Den beteiligten Behörden ist daher zur Pflicht gemacht, in Wahrung der ihnen gemeinschaftlich anvertrauten öffentlichen Interessen stets darauf Bedacht zu nehmen, in allen wichtigeren, das beiderseitige Aufsichtsverhältnis berührenden Angelegenheiten erst nach vorherigem gegenseitigen Benehmen vorzugehen, in Eilfällen aber die getroffenen Anordnungen ohne Verzug zur Kenntnis der beteiligten Behörde der anderen Verwaltung zu bringen, unter Vorbehalt der Entscheidung der vorgesetzten Zentralstellen bei etwaigen Meinungsverschiedenheiten. (Vgl. Seydel, Zeitschr. f. Kleinb. 1898 S. 573, 574.)

Die Grundzüge für die Ausübung der Aufsicht über die Bergwerksanschlußbahnen erstrecken sich auf die Prüfung der Entwürfe (Ziff. I. u. II.), die Betriebseröffnung (III.), die örtliche Abgrenzung der Grubenanschlußbahn gegen die Anschlußstation und des gemeinschaftlichen Aufsichtsgebietes (IV.), das Polizeiverordnungsrecht (V.), das Betriebspersonal (VI.), die eisenbahntechnische Beaufsichtigung und Überwachung des Betriebes (VII.), der Betriebsmaschinen und Betriebsmittel (VIII.), sowie Feststellung der Unglücksfälle (IX.).

I. Vor der Prüfung des Entwurfs einer Anschlußbahn nach Maßgabe der Bestimmungen des § 67 des Allgemeinen Berggesetzes vom 24. Juni 1865 hat die Bergbehörde sich zu vergewissern, daß die Prüfung und Genehmigung des Entwurfs und des Anschlusses durch die zuständige Eisenbahnbehörde stattgefunden hat. Vgl. O.=V.=G. v. 9. März 1899 Entsch. Bd. 36 S. 281. Eisenb.=Entsch. XVII S. 101.

II. Ergibt sich bei Prüfung des Entwurfs durch die Bergbehörde, daß durch die Ausführung desselben auch landespolizeiliche Interessen berührt werden, so hat die Bergbehörde dieserhalb mit dem Regierungspräsidenten in Verbindung zu treten. Wird in einem solchen Falle eine Untersuchung der Verhältnisse an Ort und Stelle für erforderlich erachtet, so ist auch die Eisenbahnbehörde zu dem betreffenden Termin vorzuladen.

III. Die Eröffnung des Betriebes der Anschlußbahn darf erst stattfinden, nachdem die Abnahme derselben durch Kommissare der bei der Prüfung des Entwurfs beteiligten Behörden stattgefunden hat. Der Antrag auf Abnahme der Anschlußbahn ist an die Bergbehörde zu richten, die sich wegen der Anberaumung des Abnahmetermins mit den beteiligten Behörden zu benehmen hat. Vgl. O.=V.=G. v. 18. Juli 1899 Entsch. Bd. 36 S. 286. Eisenb.=Entsch. XVII S. 112.

IV. Die örtliche Abgrenzung der Grubenanschlußbahn gegen die Anschlußstation und des gemeinschaftlichen Aufsichtsgebietes erfolgt für jede einzelne Anschlußbahn gemeinschaftlich durch die Eisenbahn- und die Bergbehörde.

V. Das Polizeiverordnungsrecht bezüglich der Grubenanschlußbahnen steht ausschließlich der Bergbehörde nach Maßgabe des § 197 des Allgemeinen Berggesetzes zu. Vor dem Erlasse der Polizeiverordnung hat die Bergbehörde den Entwurf der Eisenbahnbehörde und dem Regierungspräsidenten zur Erklärung ihres Einverständnisses mitzuteilen. Dasselbe gilt für Abänderungen von Polizeiverordnungen. Vgl. O.=V.=G. v. 18. Juli 1899 Entsch. Bd. 36 S. 286. Eisenb.=Entsch. XVII S. 112.

VI. Wird der Betrieb der Grubenanschlußbahn durch Angestellte der Bergwerksbesitzer geführt, so haben diese den Nachweis ihrer Befähigung zu den ihnen übertragenen Obliegenheiten der Bergbehörde zu erbringen. Machen die örtlichen Verhältnisse des Anschlusses es erforderlich, daß die von dem Bergwerksbesitzer angestellten Bediensteten der Anschlußbahn bei der Beförderung der Züge in die Anlagen (Bahnhöfe 2c.), welche für den Betrieb der dem öffentlichen Verkehr dienenden Bahn bestimmt sind, hineinfahren müssen, so haben sie ihre Befähigung für diesen Teil des Dienstes zunächst der Eisenbahnbehörde zu erbringen. Wird der Betrieb der Anschlußbahn durch Bedienstete der Eisenbahnverwaltung geführt, so findet eine Mitwirkung der Bergbehörde bei der Prüfung ihrer Befähigung überhaupt nicht statt.

VII. Die eisenbahntechnische Beaufsichtigung und Überwachung des Betriebes der Grubenanschlußbahn, welche die betriebsfähige und betriebssichere Unterhaltung der Bahnanlage und der Betriebsmittel sowie die sichere und ordnungsmäßige Durchführung der Züge umfaßt, erfolgt, soweit nicht im Art. VIII Ausnahmen vorgesehen sind, in der ganzen Ausdehnung der Anschlußbahn selbständig und ausschließlich durch die Eisenbahnbehörde, welche die hierbei erforderlich werdenden

Anordnungen an den Bergwerksbesitzer oder dessen Angestellte unmittelbar erläßt. Anordnungen solcher Art von eingreifender Bedeutung, namentlich wenn sie eine Änderung der Bahnanlagen bedingen, hat die Eisenbahnbehörde alsbald zur Kenntnis der Bergbehörde zu bringen. Im Übrigen liegt die polizeiliche Beaufsichtigung und Überwachung der Anschlußbahn, namentlich insoweit es sich um die Ausführung und Befolgung der hierfür erlassenen Bergpolizeiverordnungen handelt, der Bergbehörde ob. Übertretungen dieser Verordnungen, welche von den Angestellten der Eisenbahnverwaltung bei Ausübung ihres Dienstes festgestellt werden, sind zur Kenntnis des zuständigen Bergrevierbeamten zur Veranlassung ihrer Verfolgung nach Maßgabe des § 209 des Allgemeinen Berggesetzes zu bringen. Von etwaigen Übertretungen der Bergpolizeiverordnungen durch Angestellte der Eisenbahnverwaltung hat der Bergrevierbeamte ihrer vorgesetzten Behörde Anzeige zu machen.

VIII. Die Beaufsichtigung derjenigen Betriebsmaschinen und Betriebsmittel, welche nur auf der Anschlußbahn verkehren, liegt, einschließlich der Dampfkesselpolizei, der Bergbehörde ausschließlich ob.

IX. Die Feststellung der bei dem Betriebe der Anschlußbahn vorkommenden Unglücksfälle, welche den Tod oder eine schwere oder voraussichtlich mit Erwerbsunfähigkeit von mehr als dreizehn Wochen verbundene Körperverletzung einer oder mehrerer Personen zur Folge gehabt haben, liegt dem Bergrevierbeamten ob. Von dem Termin zur Untersuchung des Unfalls hat der Revierbeamte der Eisenbahnbehörde Kenntnis mit dem Anheimstellen der Beteiligung zu geben. Ebenso hat der Revierbeamte der Eisenbahnbehörde Mitteilung zu machen, wenn nach seinem Dafürhalten bei einem Unglücksfalle die Schuld eines Angestellten der Eisenbahnverwaltung konkurriert. Wird der Betrieb der Grubenanschlußbahn durch Angestellte der Eisenbahnverwaltung geführt, so sind diese verpflichtet, dem Revierbeamten von Unglücksfällen der in Absatz 1 bezeichneten Art sofort Anzeige zu machen.

Vor der Anberaumung der Termine, welche für die oben Ziff. I. u. II. (S. 460) bezeichneten Prüfungen erforderlich sind, sollen die Bergbehörden gemäß einer Anweisung des Hand.-Min. das Einverständnis der zu beteiligenden Behörden auf dem kürzesten Wege einholen.

E. Zutreffend wird von Seydel a. a. O. S. 361 noch darauf hingewiesen, daß die Einführung einer Privatanschlußbahn in eine öffentliche Bahn zugleich auch entsprechende Abänderungen oder Ergänzungen der ursprünglichen, von der zuständigen Behörde genehmigten Anlage der dem öffentlichen Verkehre dienenden Bahn bedingt, welche als solche einer besonderen Genehmigung der zuständigen Aufsichtsbehörde bedürfen. Während nun in der Regel die Verschiedenartigkeit der Verhältnisse der Privatanschlußbahn und des eigentlichen Anschlusses praktisch nicht besonders hervortritt, weil beides der nämlichen Eisenbahnbehörde unterworfen ist, macht sich der Unterschied bei Bergwerksprivatanschlußbahnen dadurch geltend, daß diese sowohl vor wie nach der Inbetriebnahme auch der Aufsicht der Bergbehörde unterliegen. Diese findet erst ihre Grenze, wo der eigentliche Eisenbahnbetrieb beginnt. Da nun die Kenntnis dieser Grenze und bezw. der darnach kompetenten Aufsichtsbehörden für alle Beteiligten von großer Bedeutung ist, so empfiehlt es sich, im Wege der Vereinbarung die Grenze für jeden einzelnen Fall festzustellen und hiervon alle Beteiligten in Kenntnis zu setzen.

F. Was die Durchführung der eisenbahntechnischen Aufsichts-Maßregeln und Verfügungen gegenüber den Bergwerksprivatanschlußbahnen anlangt, so stehen der eisenbahntechnischen Aufsichtsbehörde die gleichen administrativen Zwangs- und Strafmittel zu Gebote, wie gegen andere Privatanschlußbahnen (s. § 50 Anm. 168 S. 448 und Erl. d. M. d. öffentl. Arbeiten v. 8. August 1894. E.-V.-Bl. S. 205. Verzeichnis Nr. 15 und 17. Oktober 1898 Zeitschr. f. Kleinb. S. 545. Verzeichnis Nr. 64. Handelt es sich um Aufsichts-Maßregeln und Verfügungen, welche nach Vorstehendem die Eisenbahnaufsichtsbehörde nicht allein, sondern unter Mitwirkung der zuständigen Bergbehörde zu treffen hat, so haben beide Behörden sich hierüber zu verständigen und die bezüglichen Verfügungen ꝛc. gemeinsam zu erlassen; und zwar bei etwaigen Meinungsverschiedenheiten nach vorgängigem Benehmen mit den vorgesetzten Zentral-Instanzen.

Gemeinsame und Übergangs-Bestimmungen.

§ 52.[172])

Gegen die Beschlüsse und Verfügungen, für welche die Landes-Polizeibehörden in Verbindung mit den Eisenbahnbehörden zuständig sind, und gegen die Beschlüsse und Verfügungen der eisenbahntechnischen Aufsichtsbehörden findet die Beschwerde an den Minister der öffentlichen Arbeiten statt.[173]) Im übrigen greifen die nach den Bestimmungen der §§ 127 bis 130 des Gesetzes über die allgemeine Landesverwaltung vom 30. Juli 1883 (Gesetz-Samml. S. 195) zulässigen Rechtsmittel Platz.[174])

§ 52 Prinzip. [172]) Prinzip und Entstehungsgeschichte des § 52.

I. Prinzip. Mit § 52 beginnen die den letzten Abschnitt (§§ 52—55) des Kleinb.-Ges. umfassenden „Gemeinsamen und Übergangsbestimmungen". Die Bezeichnung dieser Bestimmungen als „gemeinsamer" deutet darauf hin, daß sie sich sowohl auf Kleinbahnen (Abschn. I §§ 1—42), wie auch auf Privatanschlußbahnen (Abschn. II §§ 43—51) beziehen, ferner die Bezeichnung als „Übergangsbestimmungen" darauf, daß sie einerseits auch die Verhältnisse der vor Inkrafttreten des Kleinbahngesetzes genehmigten Kleinbahnen und Privatanschlußbahnen in Bezug auf das neue Gesetz regeln (§ 53), andererseits über den Zeitpunkt des Inkrafttretens des Gesetzes (§ 54) und die Ausführung desselben (§ 55) Anordnung treffen.

Was nun zunächst die erste dieser Bestimmungen — den § 52 — anlangt, so enthält derselbe Vorschriften über die Rechtsmittel gegen Beschlüsse und Verfügungen, welche nach Maßgabe der vorangehenden Bestimmungen des Gesetzes seitens der zuständigen Behörden ergehen. § 52 unterscheidet hierbei in seinen beiden Sätzen 1. Beschlüsse und Verfügungen, für welche die Landespolizeibehörden in Verbindung mit den Eisenbahnbehörden oder die eisenbahntechnischen Aufsichtsbehörden allein zuständig sind (Satz 1) und 2. sonstige Beschlüsse und Verfügungen (Satz 2). Im ersteren Falle findet die Beschwerde an den Minister der öffentlichen Arbeiten statt, im letzteren Falle greifen die nach den §§ 127—130 des Land.-Verw.-Ges. v. 30. Juli 1883 zulässigen Rechtsmittel Platz.

A. Die Tendenz des § 52 ist sowohl nach Inhalt und Fassung wie nach den Motiven unverkennbar nicht dahin gerichtet, den Instanzenzug bezw. die Rechtsmittel für alle in den beiden vorangehenden Abschnitten des Kleinb.=Ges. bezeichneten behördlichen Verfügungen und Beschlüsse erschöpfend zu regeln. Dagegen spricht, daß für eine Reihe dieser Verfügungen und Beschlüsse im Gesetze selbst andere Rechtsmittel ausdrücklich vorgesehen sind, z. B. gegen den Ergänzungsbeschluß des Provinzialrates: Beschwerde an den Minister der öffentlichen Arbeiten (§ 7), gegen den Festsetzungsbeschluß der Genehmigungsbehörde, betr. die Vergütung für Benutzung oder Veränderung der Anlagen bei Privatanschlußgeleisen: Rechtsweg (§ 10 Abs. 2), ebenso gegen die Auseinandersetzungs=Entscheidungen bei Anschlüssen an öffentliche Bahnen: Rechtsweg (§ 28 Satz 2 und § 29 Satz 2). Für eine weitere Reihe von Verfügungen und Beschlüssen verbietet der Zusammenhang und die Natur der Sache die Anwendung der im § 52 bezeichneten Rechtsmittel, entweder weil die betreffenden Verfügungen und Beschlüsse endgültig sind oder andere Rechtsmittel erfordern. Dahin gehört z. B. der Ergänzungsbeschluß des Kreis= und Bezirksausschusses (§ 7 Abs. 1), wie bereits Anm. 30 S. 189 ff. des näheren erörtert, die Genehmigung des Baubeginnes durch den Minister der öffentlichen Arbeiten (§ 17 letzter Abs.), die Entscheidung des Oberverwaltungsgerichtes, betr. die Rücknahme der Genehmigung (§§ 24, 25, 49) ꝛc.

B. § 52 beschränkt sich hiernach lediglich auf die Regelung des Instanzenzuges bezw. der Rechtsmittel gegen Verfügungen und Beschlüsse polizeilicher Natur (vgl. v. Zedlitz und Neukirch, Zeitschr. f. Kleinb. 1896 III Heft 3 S. 184). Dies ergibt sich nicht nur aus dem Inhalte des Satzes 1, welcher lediglich über die von den Landespolizeibehörden in Verbindung mit den Eisenbahnbehörden oder von den eisenbahntechnischen Aufsichtsbehörden ergehenden Verfügungen und Beschlüsse Bestimmungen trifft, sondern auch aus der Vorschrift des Satzes 2, welcher anknüpfend an Satz 1 „im übrigen" die nach den §§ 127—130 des Land.=Verw.=Ges. v. 30. Juli 1883 zulässigen Rechtsmittel („gegen polizeiliche Verfügungen") Platz greifen läßt und damit evident darauf hinweist, daß es sich in beiden Sätzen nur um polizeiliche Verfügungen bezw. Beschlüsse handelt. Zwar sollen nach den Motiven auch die Genehmigungsbeschlüsse den im vorliegenden Paragraphen bestimmten Rechtsmitteln unterworfen sein, obwohl der Genehmigung — wie an früherer Stelle erörtert (Anm. 5 S. 32 ff.) — ein rein polizeilicher Charakter nicht beigelegt werden kann.

O.=V.=G. 4. Sen. v. 14 Februar 1898 Entsch. Bd. 33 S. 432, Eisenb. Entsch. XV S. 53, 58, 59.

Indes wurde regierungsseitig die Genehmigung als eine ausschließlich polizeiliche angesehen und in den Verhandlungen des Landtages als eine vorwiegend polizeiliche betrachtet, so daß gerade der Umstand, daß die Genehmigung nach den Motiven (S. 465) aus diesem Grunde den Rechtsmitteln des § 52 unterworfen worden ist, die Annahme bestätigt, es liege in der Absicht des Gesetzes, den § 52 nur auf die Rechtsmittel gegen polizeiliche Verfügungen und Beschlüsse zu beschränken.

O.=V.=G. 4. Sen. v. 7. März 1896 Entsch. Bd. 29 S. 404, Eisenb. Entsch. XIII S. 213 — 12. Dezember 1896 Entsch. Bd. 31 S. 375, Eisenb. Entsch. XIV S. 222.

Die Annahme, daß gegen die Beschlüsse, betr. die Genehmigung von Kleinbahnen, die Rechtsmittel der §§ 109 ff. des Zuständigkeitsgesetzes v. 1. August 1883 anwendbar seien, ist unbegründet. (Hilse, Pr. Verw.-Bl. XVII S. 18 und Zeitschr. f. Transportw. und Straßenb. 1895 Nr. 28 S. 469.)

O.-V.-G. 4. Sen. v. 11. Juli 1896 Bd. 31 S. 371. Eisenb. Entsch. XIV S. 211.

Denn diese Normen haben lediglich auf die Genehmigung gewerblicher Anlagen Bezug, welche der R.-Gew.-Ord. unterworfen sind. Zu diesen gehören aber nach § 6 R.-Gew.-Ord. die Kleinbahnen nicht. Aber auch auf die Genehmigung der Privatanschlußbahnen können die §§ 109 l. c. keine Anwendung finden, weil die Instanz für deren Genehmigung im § 44 Kleinb.-Ges. abweichend geregelt ist. Wohl aber erscheint es nach Maßgabe der Motive gerechtfertigt, daß als Beschwerdeinstanz neben dem Minister der öffentlichen Arbeiten bei der Genehmigung von Privatanschlußbahnen der Minister für Handel und Gewerbe (Zuständ.-Ges. § 113) mitwirkt.

C. Wird davon ausgegangen, daß die Rechtsmittel des § 52 nur gegen polizeiliche Beschlüsse und Verfügungen gegeben sind, — wozu nach Vorstehendem auch die Beschlüsse und Verfügungen hinsichtlich der Genehmigung wegen ihrer überwiegend polizeilichen Natur zu rechnen, — so ist ersichtlich, weshalb § 52 in zwei Sätze zerfällt. Denn die Rechtsmittel der §§ 127—130 des Land.-Verw.-Ges. beschränken sich nach ihrem Inhalt und der konstanten Auslegung des Oberverwaltungsgerichtes nur auf den Kreis der dort bezeichneten Instanzen. Sollte also für einen Teil der nach dem Gesetze zulässigen Beschlüsse und Verfügungen, d. h. für diejenigen, an welchen Eisenbahnbehörden beteiligt sind, eine andere Instanz die entscheidende sein, so bedurfte es einer besonderen positiven Bestimmung des Gesetzes, wie sie im Satz 1 des § 52 gegeben ist.

Satz 1 gibt gegen die Beschlüsse und Verfügungen, für welche die Landespolizeibehörden in Verbindung mit den Eisenbahnbehörden (die Worte „in Verbindung" sind gleichbedeutend mit den Worten „im Einvernehmen" im § 3 Nr. 1. Vgl. O.-V.-G. v. 14. Februar 1898 Bd. 33 S. 442. Eisenb. Entsch. XV S. 98) zuständig sind, und gegen die Beschlüsse und Verfügungen der eisenbahntechnischen Aufsichtsbehörden ausschließlich die Beschwerde an den Minister der öffentlichen Arbeiten; und zwar, wie die Motive bemerken, unbeschadet der etwa erforderlichen ressortmäßigen Mitwirkung anderer Minister. Jedes andere Rechtsmittel ist ausgeschlossen; insbesondere die Anwendung der im Satz 2 bezeichneten Rechtsmittel sowie der für diese geltenden Vorschriften des Verfahrens, der Fristen rc. Die Beschwerde gemäß Satz 1 ist daher mangels jeder besonderen Bestimmung an keine Frist gebunden. Namentlich gilt dies auch für den Genehmigungsbeschluß (§§ 2 ff.) und den Planfeststellungsbeschluß (§ 17). Darin liegt eine empfindliche, der Abänderung dringend bedürftige Lücke des Gesetzes (s. Anm. 178 S. 468, § 17 Anm. 66 S. 282).

Satz 2 gewährt gegen alle sonstigen polizeilichen Beschlüsse und Verfügungen die Rechtsmittel der §§ 127—130 des A.-L.-V.-G. (s. Anm. 174 S. 471). Das Rechtsmittel des Satzes 1 (Beschwerde an die Ministerialinstanz) ist ausgeschlossen. Dagegen findet gegen gewisse Beschlüsse und Verfügungen der Orts- und Kreispolizeibehörden wahlweise entweder die Beschwerde mit nachfolgender Klage beim Oberverwaltungsgericht (§ 127) oder die Klage beim Kreis- bezw. Bezirksausschusse (§ 128) statt. Gegen Verfügungen und Beschlüsse des Regierungspräsidenten fällt diese Wahl fort, und ist nur die Beschwerde mit nachfolgender Klage gegeben (§ 130). (S. des näheren Anm. 174 S. 472.)

D. Aus Vorstehendem ergibt sich, daß gegen **Beschlüsse und Verfügungen in Kleinbahn- und Privatanschlußbahn-Angelegenheiten** je nach ihrer rechtlichen Natur folgende **Rechtsmittel** zustehen:

I. Gegen polizeiliche Beschlüsse und Verfügungen (einschließlich der Genehmigungen (§ 2, § 3 Abs. 1, Nr. 1 Abs. 3, 3 — § 43, § 44), für welche die Landespolizeibehörden in Verbindung mit den Eisenbahnbehörden zuständig sind, und gegen die Beschlüsse und Verfügungen der eisenbahntechnischen Aufsichtsbehörden (§ 10 Abs. 1, §§ 20—22 Satz 2, §§ 50, 51 Abs. 2): die **Beschwerde an den Minister der öffentlichen Arbeiten** (gegebenenfalls unter der ressortmäßigen Mitwirkung anderer Minister), § 52 Satz 1; und zwar auch dann, wenn sie formell nur von der Landespolizeibehörde ohne ersichtliche Mitwirkung der Eisenbahnbehörde ergangen sind, da es nur auf die Zuständigkeit, nicht auf die tatsächliche Mitwirkung ankommt. Zur Genehmigung gehören alle den Inhalt derselben bildenden oder zur Ergänzung und Ausführung nachträglich erlassenen Verfügungen: (§§ 8, 9, 10, 11, 13, 14, 17, 18, 19, 42, 47).

O.-V.-G. 4. Senat v. 14. Februar 1898 Entsch. Bd. 33 S. 432 ff., Eisenb. Entsch. XV S. 58 u. v. 25. Oktober 1900 XVII S. 334.

II. Gegen alle sonstigen polizeilichen Beschlüsse und Verfügungen (einschließlich der Genehmigungen § 2, § 3 Abs. 1, Nr. 2 Abs. 3): die nach den Bestimmungen der §§ 127—130 **des Gesetzes über die allgemeine Landesverwaltung vom 30. Juli 1883 zulässigen Rechtsmittel** (§ 52, Satz 2).

O.-V.-G. 4. Sen. v. 11. Juli 1896 Bd. 31 S. 370, Eisenb. Entsch. XIV S. 211 u. v. 12. Dezember 1896 Bd. 31 S. 375, Eisenb. Entsch. XIV S. 222.

III. Gegen Ergänzungsbeschlüsse (§ 7) des Provinzialrats: Beschwerde an den Minister der öffentlichen Arbeiten; — des Bezirks- und Kreisausschusses: die nach den §§ 121 ff. des Gesetzes über die allgemeine Landesverwaltung v. 30. Juli 1883 zulässigen Rechtsmittel, d. h. Beschwerde an den Provinzialrat bezw. an den Bezirksausschuß.

O.-V.-G. 4. Sen. v. 7. März 1896 Bd. 29 S. 404, Eisenb. Entsch. XIII S. 213.

IV. Gegen alle sonstigen, aus der Handhabung des Kleinbahn-Gesetzes sich ergebenden Beschlüsse und Verfügungen nichtpolizeilicher Natur — soweit solche nicht endgültig — die im Gesetze speziell angegebenen oder aus der Natur der Sache und dem Zusammenhange folgenden Rechtsmittel.

a) **Endgültige Beschlüsse (Entscheidungen) und Verfügungen sind**: 1. Die Genehmigung des Baubeginns durch den Minister der öffentlichen Arbeiten (§ 17 letzter Abs.). 2. Die Entscheidung des Oberverwaltungsgerichts betr. Rücknahme der Genehmigung (§§ 25, 49). 3. Die Genehmigung des Königs zur Anlegung von Bahnen in den Straßen Berlins und Potsdams (§ 39). 4. Die Beschlüsse des Staatsministeriums über die Voraussetzungen für die Anwendbarkeit des Ges. v. 8. November 1838 (§ 1) und Ausübung des staatlichen Erwerbsrechts (§ 30). 5. Die Beschlüsse des Ministers der öffentlichen Arbeiten über Verfall von Geldstrafen bei Erlöschen oder Zurücknahme der Genehmigung (§ 27). 6. Der Vollziehungsbeschluß des Bezirksausschusses bei Verstaatlichung einer Kleinbahn (§ 37 Abs. 1 Kleinb.-Ges. bezw. § 32 Enteig.-Ges.).

b) **Sonstige Beschlüsse (Entscheidungen) und Verfügungen sind**: 1. Festsetzungsbeschluß der Genehmigungsbehörde, betr. die Vergütung für Benutzung oder Veränderung der Anlagen bei Privatanschlußgeleisen: Rechtsweg (§ 10 Abs. 2). 2. Festsetzungsbeschluß der Anschlußbahnbehörde betr. die Vergütung für Benutzung oder Veränderung der Anlagen bei Anschlüssen an Kleinbahnen: Rechtsweg (§ 28 Satz 2). 3. Festsetzungsbeschluß des Ministers der öffentlichen Arbeiten betr. die Vergütung für Benutzung oder Veränderung der Anlagen bei Anschlüssen der Kleinbahnen an Bahnen des Ges. v. 3. November 1838: Rechtsweg (§ 29 Satz 2). 4. Entscheidung des Bezirksausschusses über die Richtigkeit und Vollständigkeit des Inventars (§ 35), sowie über die Festsetzung der Entschädigung (§§ 36, 37 Abs. 2) bei Verstaatlichung einer Kleinbahn: Rechtsweg innerhalb 6 Monaten nach Zustellung des Beschlusses. 5. Dringlichkeitsbeschluß des Bezirksausschusses (§ 37 Kleinb.-Ges. — § 34 Enteig.-Ges.) bei Verstaatlichung einer Kleinbahn: Minister der öffentlichen Arbeiten.

E. Handelt es sich um polizeiliche Beschlüsse und Verfügungen, die nur mittelbar mit dem Kleinbahnbau- und Betriebe zusammenhängen, mithin nicht in Ausübung des durch das Kleinbahngesetz geregelten Genehmigungs- und Aufsichtsrechts erlassen sind, so greifen die allgemeinen gegen polizeiliche Beschlüsse und Verfügungen gegebenen Rechtsmittel Platz. Dies gilt z. B. in Betreff solcher Anordnungen, die die Ordnung des Verkehrs auf der öffentlichen Straße während der Ausführung des Bahnbaues betreffen.

O.-V.-G. v. 25. Oktober 1900, Eisenb. Entsch. XVII S. 334.

§ 52 Entstehung. II. Aus der Entstehungsgeschichte des § 52 ist folgendes zu bemerken. Die Regierungsvorlage (§ 49) enthielt bereits wörtlich die als § 52 in das Gesetz aufgenommene Bestimmung.

In den Motiven wird in Betreff der Subsummierung der Genehmigung unter die polizeilichen Verfügungen bemerkt (Herrenh. Aktst. Nr. 84, S. 64): Der Natur der Genehmigung als polizeilicher Verfügung entsprechend, sind auch im § 49 (sc. § 52) für dieselbe im allgemeinen diejenigen Rechtsmittel gegeben, welche für polizeiliche Verfügungen im übrigen gelten. Nur in Bezug auf Bahnen mit Maschinenkraft ist nach dem Vorgange bei gewerbepolizeilichen Konzessionen auf Grund der §§ 16 ff. der Gewerbeordnung und aus ähnlichen Gründen lediglich die Beschwerde an die Ministerialinstanz vorgesehen. Wenn hier wie in anderen Fällen der Minister der öffentlichen Arbeiten als Beschwerdeinstanz bezeichnet ist, so geschieht dies unbeschadet der etwaigen ressortmäßigen Mitwirkung anderer Minister.

In der I. Lesung des Abg.-Hauses (Sten. Ber. S. 1331) wurde von dem Abg. Brömel eine Einschränkung der Stellung der polizeilichen und eisenbahntechnischen Aufsichtsbehörden zu Gunsten des verwaltungsgerichtlichen Verfahrens erfordert. Insbesondere wies er darauf hin, daß es geboten sei, wie bei anderen gewerblichen Unternehmungen, so auch vor allem bei den Eisenbahn-Konzessionen die Genehmigung in die Hand der Verwaltungsgerichte zu legen. Die Eisenbahnverwaltung sei hierzu mit Rücksicht auf ihr Konkurrenzinteresse nicht die geeignete Instanz.

Darauf bemerkte der Regier.-Vertreter: „Gegen die Verfügung der genehmigenden Behörde sind die Rechtsmittel des Landesverwaltungsgesetzes gegen polizeiliche Verfügungen gegeben, es ist also der Rechtsschutz des Verwaltungsgerichtsverfahrens in Bezug auf Verletzung des Rechts und in Bezug auf Verletzung der tatsächlichen Verhältnisse durchaus gewährt. In einem einzigen Falle macht der Gesetzentwurf eine Ausnahme, in dem Fall nämlich, in dem die Genehmigung zu erteilen ist von dem Regierungspräsidenten im Verein mit der zuständigen Eisenbahnbehörde. In diesem Falle ist allerdings nur die Beschwerde an den Minister gegeben, aber auch in diesem Falle schließt sich der Gesetzentwurf den Vorgängen der Gewerbeordnung, bezw. der darauf beruhenden Bestimmung des Zuständigkeitsgesetzes an; denn in dem Fall, der der hier zu erteilenden Genehmigung auf dem Gebiet der Gewerbepolizei am nächsten liegt: im Falle der Genehmigung einer gewerblichen Anlage auf Grund des § 16 der Gewerbeordnung geht die Beschwerde von dem zunächst entscheidenden Kreis- oder Bezirksausschuß an den Minister für Handel und Gewerbe; auch da entschließt sich die Ministerialinstanz endgültig und ohne irgend eine Einwirkung der Verwaltungsgerichtsbehörde."

Eine weitere Diskussion fand nicht statt. § 52 wurde unverändert angenommen. Doch ist durch ein redaktionelles Versehen in dem in die Gesetz-Sammlung (1892 S. 287) aufgenommenen Text des § 52 statt „des Gesetzes über die allgemeine Landesverwaltung vom 30. Juli 1883 (G.-S. S. 197)" gesagt: „28. Juli 1883".

173) Satz 1 des § 52 trifft Bestimmung über das Rechtsmittel gegen diejenigen polizeilichen Beschlüsse und Verfügungen, bei welchen eine Eisenbahnbehörde als zuständige Instanz mit in Betracht kommt. § 52 Satz 1.

I. Es werden zwei Kategorien unterschieden:

a) Beschlüsse und Verfügungen, für welche die Landespolizeibehörden in Verbindung mit den Eisenbahnbehörden zuständig sind.

Dahin gehören Beschlüsse und Verfügungen in Betreff folgender Gegenstände:

1. Genehmigung von Kleinbahnen mit Maschinenbetrieb und Privatanschlußbahnen, sowie wesentliche Erweiterungen oder sonstige wesentliche Änderungen des Unternehmens, der Anlage oder des Betriebes (§§ 2, 3 Abs. 1 Nr. 1 Abs. 2, 3. §§ 43, 44). Vgl. Störk, Zeitschr. f. Kleinb. 1898 S. 264, 265. Gesamtinhalt und Ergänzungen der Genehmigung (§§ 4—6, 8, 9, § 10 Abs. 1 Satz 1, Abs. 2 (mit Ausnahme der Festsetzung der Vergütung), §§ 11—18, §§ 42, 45—47), Beschlüsse und Verfügungen aller Art, welche sich auf die Genehmigung beziehen, sind mit den Rechtsmitteln des § 52 angreifbar, gleichviel also ob es sich um die Versagung der Genehmigung oder Erteilung derselben unter lästigen oder erschwerenden Bedingungen oder um einzelne polizeiliche ꝛc. Verfügungen aus der erteilten Genehmigung handelt (Jerusalem S. 86. Hilse, Zeitschr. für Transport- und Straßenb. 1895 Nr. 28 S. 469. (O.-V.-G. Entsch. XXXIII S. 482.)
2. Eröffnung des Betriebes (§ 19).
3. Bekanntmachung und Anwendung des Fahrplanes und der Beförderungspreise (§ 21).
4. Aufsicht rücksichtlich der Erfüllung der Genehmigungsbedingungen und der gesetzlichen Vorschriften (§ 22 Satz 1). (O.-V.-G. Entsch. XXXIII S. 482.)
5. Erlöschen der Genehmigung (§ 23).
6. Herausgabe der Sicherheitsbestellung bei Erlöschen oder Zurücknahme der Genehmigung, Wiederherstellung des früheren Zustandes ꝛc. (§ 26).
7. Anschluß anderer Bahnen an Kleinbahnen — abgesehen vom Rechtswege in Betreff der Vergütung für die Benutzung oder Veränderung der Anlagen (§ 28).
8. Rechnungsführung (§ 32).
9. Polizeiliche Bestimmungen für Privatanschlußbahnen (§ 48).

b) Beschlüsse und Verfügungen, welche seitens der eisenbahntechnischen Aufsichtsbehörden allein ergehen.

Dahin gehören Beschlüsse und Verfügungen in Betreff folgender Gegenstände.

1. Art und Ort der Einführung von Privatanschlußbahnen in Kleinbahnen § 10 Abs. 1 Satz 2).
2. Prüfung der Betriebsmaschinen (§ 20).
3. Eisenbahntechnische Aufsicht (§ 22 Satz 2, § 50, § 51 Abs. 2).

II. Das Rechtsmittel, welches gegen die beiden voraufgeführten Kategorien von Beschlüssen und Verfügungen gegeben ist, besteht in der Beschwerde an den Minister der öffentlichen Arbeiten.

1. In den Motiven (Anm. 172 S. 596) wird hervorgehoben, daß in Bezug auf Bahnen mit Maschinenkraft — also im Gegensatz zu den übrigen Bahnen, für welche gemäß § 52 Satz 2 die allgemeinen Rechtsmittel gegen polizeiliche Verfügungen gegeben sind — nach dem Vorgange bei gewerblichen Konzessionen auf Grund der §§ 16ff. der Gew.-Ord. und aus ähnlichen Gründen lediglich die Beschwerde an die Ministerialinstanz vorgesehen ist.

2. Die Beschwerde an den Minister der öffentlichen Arbeiten ist ausschließlich gegeben, wie auch die Worte der Motive „lediglich die Beschwerde . . .“ klar erkennen lassen. Es ist nicht allein der Natur der Sache nach der Rechtsweg gänzlich ausgeschlossen, sondern auch die Verwaltungsbeschwerde und die Verwaltungsklage. Letztere sind auch nicht wahlweise mit der Beschwerde an die Ministerialinstanz gestattet.

3. Geht man hiernach davon aus, daß die Beschwerde an den Minister der öffentlichen Arbeiten eine Verwaltungsbeschwerde im Sinne der §§ 127 ff. Land.-Verw.-Ges. nicht ist, so fehlt es für die vorliegende Beschwerde an Bestimmungen, welche das Beschwerdeverfahren regeln. Weder ist eine Frist für Einlegung der Beschwerde bestimmt (Jerusalem S. 84 Anm. 2, Hilse, Arch. f. öff. Recht XI S. 354, Preuß. Verw.-Bl. XVII Nr. 2 S. 18 und „Selbstverwaltung“ 1903 Nr. 10, S. 146), noch die Behörde, bei welcher die Einlegung und Rechtfertigung der Beschwerde zu erfolgen hat, noch eine Frist zur Beantwortung derselben durch die Gegenpartei, noch endlich die Rechtswirkung (ob mit oder ohne Suspensiveffekt 2c.). Dies, insbesondere der Mangel einer Fristbestimmung für die Einlegung und Rechtfertigung der Beschwerde ist eine empfindliche Lücke des Gesetzes. Denn — abgesehen von der Anomalie, daß gegen die Beschlüsse und Verfügungen gemäß Satz 2 des § 52 ein geordnetes Beschwerdeverfahren mit bestimmten Fristen 2c. gegeben ist, welches den Beschlüssen und Verfügungen aus Satz 1 fehlt, — entsteht auch die erhebliche Unzuträglichkeit, daß letztere mangels einer Beschwerdefrist Rechtskraft nicht erlangen können und daher jederzeit durch Beschwerde bei der Ministerialinstanz angreifbar bleiben. Dieser Übelstand ist bereits bei Erörterung des Rechtsmittels gegen den Planfeststellungsbeschluß (§ 17 Nr. 4 Anm. 66 S. 232) hervorgehoben worden. Die Lücke läßt sich — mit Rücksicht auf den zweifellosen Wortlaut — weder durch die Interpretation, es sei im Satz 1 des § 52 nur die Zuständigkeit für die Beschwerde abweichend geordnet, während im Übrigen auch bei ihr die Vorschriften der §§ 127—130 analog anzuwenden, mithin Beschwerden binnen einer präklusivischen Frist von zwei Wochen anzubringen seien, s. Gleim S. 203 u. Erl. d. Minist. d. öff. Arb. v. 1. Juni 1900 Zeitschr. f. Kleinb. S. 392 — 29. November 1900, III 19657I, IV 8976, 18. Februar 1901 III 2382, IV A 1161.

noch durch die Berufung auf eine inkorrekte Fassung im Administrativwege beseitigen, noch kann man sich — worauf a. a. O. hingedeutet — schwerlich damit helfen, daß man die Verfügungen und Beschlüsse, welche von den Regierungspräsidenten in Verbindung mit den Eisenbahnbehörden ergehen, als formell nur von ersteren ausgehend, dem § 180 Land.-Verw.-Ges. und der dort gegebenen zweiwöchentlichen Frist unterstellt. Denn selbst wenn man dies annehmen wollte (Entsch. d. O.-V.-G. Bd. 9 S. 393), — obwohl Satz 2 des § 52 nicht allgemein von Bestimmungen, sondern nur von Rechtsmitteln spricht — so würden doch die Verfügungen ꝛc. der eisenbahntechnischen Aufsichtsbehörden nicht unter § 130 l. c. gestellt werden können. Es würde also nur für einen Teil der Verfügungen und Beschlüsse aus Satz 1 eine Beschwerdefrist bestehen, für den anderen nicht. Eine derartige Verschiedenheit ist aber ohne Zweifel nicht beabsichtigt. Ist Beschwerde erhoben, so hat dieselbe jedenfalls Suspensiveffekt (arg. § 53 A.-L.-V.-G.).

4. Wo bestimmungsmäßig bei der Entscheidung auf die Beschwerde die Mitwirkung anderer Minister vorgeschrieben oder nach Lage der Sache geboten ist, muß diese eintreten, bezw. durch den Minister der öffentl. Arbeiten herbeigeführt werden. (Motive: unbeschadet der etwaigen ressortmäßigen Mitwirkung anderer Minister). Die Mitwirkung kann entweder darin bestehen, daß andere Minister an der Entscheidung teilzunehmen haben oder nur zu einer Äußerung zuzuziehen sind. Fälle dieser Art sind z. B. die Mitwirkung des Ministers für Handel und Gewerbe bei Beschwerden, betr. die Genehmigung ꝛc. von Privatanschlußbahnen (§ 118 Zuständ.-Ges. v. 1. August 1888), des Kriegsministers bei der Genehmigung von Kleinbahnen und Privatanschlußbahnen, welche sich dem Bereiche von Festungen nähern (Ausf.-Anw. v. 29. Novbr. 1900 Zeitschr. f. Kleinb. 1901 S. 189) des Ministers des Innern bei Verfügungen und Beschlüssen, welche gegen die Ausf.-Anw. verstoßen (§ 55 Kleinb.-Ges.) ꝛc.

174) Satz 2 des § 52 bestimmt die Rechtsmittel, welche — abgesehen von den durch Satz 1 des § 52 geordneten Fällen — gegen polizeiliche, auf Grund des Kleinbahn-Gesetzes ergangene Verfügungen und Beschlüsse zulässig sind. Daß es sich nur um Verfügungen und Beschlüsse polizeilicher Natur handelt, ist bereits an früherer Stelle (Anm. 172 S. 463) erörtert worden. Dies ergibt sich nicht nur aus der Anknüpfung an den Satz 1, der die Verfügungen und Beschlüsse der Landespolizeibehörden in Verbindung mit den Eisenbahnbehörden, bezw. der eisenbahntechnischen Aufsichtsbehörden allein betrifft, mittelst der Worte „im Übrigen“, sondern auch aus der Wahl der Rechtsmittel der §§ 127—130 Land.-Verw.-Ges., welche ausschließlich „gegen polizeiliche Verfügungen“ gegeben sind. § 52 Satz 2.

O.-V.-G. 4. Sen. v. 7. März 1896 Entsch. Bd. 29 S. 404 Eisenb. Entsch. XIII S. 213. — 12. Dezember 1896, Bd. 31, S. 375 Eisenb. Entsch. XIV S. 222.

Diese Annahme wird durch den Inhalt der Anm. 172 S. 465 mitgeteilten Motive bestätigt. Zu den polizeilichen Verfügungen und Beschlüssen sind auch hier — wie bei Satz 1 — die in Betreff der Genehmigung ergehenden zu rechnen, wegen des vorwiegend polizeilichen Charakters derselben (s. Motive). Die Annahme, daß gegen diese die Rechtsmittel der §§ 109 ff. des Zuständigkeits-Gesetzes anwendbar sind, ist bereits oben S. 463—464 widerlegt worden.

O.-V.-G. v. 4. Sen. 11. Juli 1896. Entsch. Bd. 31 S. 371. Eisenb. Entsch. XIV, S. 211.

Ausgeschlossen sind dagegen a) die Ergänzungsbeschlüsse gemäß § 7 aus den oben S. 468 ff. und S. 465 dargelegten Gründen, sowie b) alle sonstigen aus der Handhabung des Kleinb.-Ges. sich ergebenden Beschlüsse und Verfügungen nicht polizeilicher Natur, sei es, daß dieselben nach der Bestimmung des Gesetzes oder dem Wesen der Sache endgültige sind (S. 465), oder das Gesetz andere Rechtsmittel ausdrücklich vorsieht (S. 464, 465).

I. Hiernach fallen unter Satz 2 des § 52 Beschlüsse und Verfügungen in Betreff folgender Gegenstände:

1. Genehmigung von Kleinbahnen ohne Maschinenbetrieb, sowie wesentliche Erweiterungen oder sonstige wesentliche Änderungen des Unternehmens, der Anlage oder des Betriebs (§§ 2, 8, Abs. 1. Nr. 2, Abs. 8, Satz 1), Gesamtinhalt und Ergänzungen der Genehmigung (§§ 4—6, 8, 9, § 10 Abs. 1 und 2 [mit Ausnahme der Festsetzung der Vergütung], § 11—16).
2. Eröffnung des Betriebs (§ 19).
3. Bekanntmachung und Anwendung des Fahrplans und der Beförderungspreise (§ 21).
4. Aufsicht rücksichtlich der Erfüllung der Genehmigungsbedingungen und der gesetzlichen Vorschriften (§ 22 Satz 1).
5. Erlöschen der Genehmigung (§ 28).
6. Herausgabe der Sicherheitsbestellung bei Erlöschen oder Zurücknahme der Genehmigung, Wiederherstellung des früheren Zustandes (§ 27).
7. Anschluß anderer Bahnen an Kleinbahnen — abgesehen vom Rechtswege in Betreff der Vergütung für die Benutzung oder Veränderungen der Anlagen (§ 28).
8. Rechnungsführung (§ 32).

II. Als Rechtsmittel gegen die vorbezeichneten Beschlüsse und Verfügungen sind die nach den Bestimmungen der §§ 127—130 des Gesetzes über die allgemeine Landesverwaltung vom 30. Juli 1883 (G.-S. S. 195) zulässigen gegeben. (Das im Gesetzestext enthaltene Datum des Gesetzes vom 23. Juli 1883 beruht auf einem redaktionellen Versehen.)

A. Hiernach findet gegen polizeiliche Verfügungen der Ortspolizeibehörden entweder der Beschwerdeweg an die betreffenden vorgesetzten Einzelbeamten (Landrat, Regierungspräsident, Oberpräsident) mit nachfolgender Klage beim Oberverwaltungsgericht (§ 127) oder die Klage beim Kreisausschusse bezw. Bezirksausschusse (§ 128) statt. Gegen polizeiliche Verfügungen des Regierungspräsidenten findet — abgesehen von Hohenzollern — nur die Beschwerde an den Oberpräsidenten mit nachfolgender Klage bei dem Oberverwaltungsgerichte statt (§ 130). Es sind nur die Rechtsmittel der §§ 127—130, d. h. die Verwaltungsbeschwerde und die Verwaltungsklage, gestattet, nicht etwa auch konkurrierend damit die für die Fälle des Satzes 1 gegebene Beschwerde an den Minister der öffentlichen Arbeiten. Wohl aber stehen gegen polizeiliche Verfügungen ꝛc. der Ortspolizeibehörden und Kreispolizeibehörden die beiden Rechtsmittel des § 127 Abs. 1 und § 128 (Beschwerde und Klage) den Beteiligten wahlweise zu; sie können nach freiem Ermessen das eine oder das andere Rechtsmittel ergreifen, jedoch so, daß die Anbringung des einen das andere ausschließt. (§ 129 Abs. 4 A.-L.-V.-G.)

B. Das Verfahren in Betreff beider Rechtsmittel ist, wie folgt, geregelt:

1. Die Beschwerde ist durch § 127 A.-L.-V.-G. gegen polizeiliche Ver-

fügungen der Orts- und Kreispolizeibehörden zugelassen, soweit das Gesetz nicht ausdrücklich anderes bestimmt, und zwar a) gegen die Verfügungen der Ortspolizeibehörden auf dem Lande oder einer zu einem Landkreise gehörigen Stadt, deren Einwohnerzahl bis zu 10000 Einwohnern beträgt, an den Landrat und gegen dessen Bescheid an den Regierungspräsidenten; b) gegen die Verfügungen der Ortspolizeibehörden eines Stadtkreises, mit Ausnahme von Berlin, einer zu einem Landkreise gehörigen Stadt mit mehr als 10000 Einwohnern, oder des Landrates an den Regierungspräsidenten und gegen dessen Bescheid an den Oberpräsidenten; c) gegen ortspolizeiliche Verfügungen in Berlin an den Oberpräsidenten.

Ist in dieser Weise der Beschwerdeweg erschöpft, so findet gegen den in letzter Instanz ergangenen Bescheid des Regierungspräsidenten bezw. des Oberpräsidenten die Klage bei dem Oberverwaltungsgerichte statt. Während aber die Beschwerde in ihrer Begründung in keiner Weise beschränkt ist und sich auf alle möglichen, zu ihrer Unterstützung dienenden Gründe erstrecken kann, ist die Zulässigkeit der Klage insofern begrenzt, als sie nur darauf gestützt werden kann: 1. daß der angefochtene Bescheid durch Nichtanwendung oder unrichtige Anwendung des bestehenden Rechtes, insbesondere auch der von den Behörden innerhalb ihrer Zuständigkeit erlassenen Verordnungen den Kläger in seinen Rechten verletze; 2. daß die tatsächlichen Voraussetzungen nicht vorhanden seien, welche die Polizeibehörde zum Erlasse der Verfügung berechtigt haben würden.

Die Prüfung der Gesetzmäßigkeit der angefochtenen polizeilichen Verfügung erstreckt sich auch auf diejenigen Fälle, in welchen bisher nach § 2 des Gesetzes vom 11. Mai 1842 (G.-S. S. 192) der ordentliche Rechtsweg zulässig war, d. h. in welchen derjenige, welchem durch eine polizeiliche Verfügung eine Verpflichtung auferlegt wird, die Befreiung von derselben auf Grund einer besonderen gesetzlichen Vorschrift oder eines speziellen Rechtstitels behauptet. Die Entscheidung ist endgültig, unbeschadet aller privatrechtlichen Verhältnisse.

Unter den „Verordnungen“, auf deren Nichtanwendung oder unrichtige Anwendung die Verwaltungsklage gestützt werden kann, sind nur s. g. Rechtsverordnungen (alle Arten allgemein verbindlicher Verwaltungsnormen) zu verstehen, nicht etwa bloße Dienstinstruktionen rc., da letztere keine allgemein verpflichtende Kraft haben. Die Prüfung des Verwaltungsgerichtes darf sich diesen Verordnungen gegenüber nur darauf erstrecken, ob die Behörde zum Erlasse überhaupt zuständig war, ob sie formell gültig, d. h. in der vorgeschriebenen Form erlassen sind, und den Gesetzen nicht widersprechen; nicht aber, ob die Verordnungen notwendig, zweckmäßig oder angemessen sind (O.-V.-G. Entsch. II S. 292, III S. 291, 340, IV S. 374, V S. 407, VI S. 226, VII S. 306, 392, VIII S. 331, IX S. 403, XV S. 416).

Es kommt allein darauf an, ob der Inhalt der Anordnung objektiv dem bestehenden öffentlichen Rechte entspricht (O.-V.-G. Entsch. XXXVI S. 288, 407). Auch kann nur auf gänzliche oder teilweise Wiederaufhebung oder Aufrechthaltung der Verfügung erkannt werden. Zu einer bloßen Modifikation ist der Verwaltungsrichter nicht befugt. (Entsch. O.-V.-G. X S. 261, XVII S. 187, XXIII S. 399).

2. Die Klage ist durch die §§ 128, 129 wahlweise mit der Beschwerde (1) gestattet, und zwar findet die Klage an Stelle der Beschwerde in allen unter I (S. 470) angeführten Fällen statt: a) gegen die Verfügungen der Ortspolizei-

behörden auf dem Lande oder einer zu einem Landkreise gehörigen Stadt, deren Einwohnerzahl bis zu 10000 Einwohnern beträgt, bei dem Kreisausschusse; b) gegen die Verfügungen des Landrates oder der Ortspolizeibehörden eines Stadtkreises oder einer zu einem Landkreise gehörigen Stadt mit mehr als 10000 Einwohnern bei dem Bezirksausschusse. Die Klage kann nur auf die gleichen Behauptungen gestützt werden, wie die Klage bei dem Oberverwaltungsgerichte (§ 127 Abs. 3 und 4).

3. Die Beschwerde im Falle des § 127 Abs. 1 und die Klage im Falle des § 128 sind bei derjenigen Behörde anzubringen, gegen deren Verfügung sie gerichtet sind. Die Behörde, bei welcher die Beschwerde oder Klage angebracht ist, hat dieselbe an diejenige Behörde abzugeben, welche darüber zu beschließen oder zu entscheiden hat. Der Beschwerdeführer bezw. Kläger ist hiervon in Kenntnis zu setzen. Die Frist zur Einlegung der Beschwerde und zur Anbringung der Klage gegen die polizeiliche Verfügung, sowie gegen den auf Beschwerde ergangenen Bescheid beträgt zwei Wochen. Die Anbringung des einen Rechtsmittels schließt das andere aus. Hierbei ist unter Anbringung nur die Einreichung an der vom Gesetze bestimmten zuständigen Stelle, nicht die bei irgend welcher Behörde erfolgte zu verstehen. Ist die Schrift, mittelst deren das Rechtsmittel angebracht wird, nicht als Klage bezeichnet oder enthält dieselbe nicht ausdrücklich den Antrag auf Entscheidung im Verwaltungsstreitverfahren, so gilt dieselbe als Beschwerde. Bei gleichzeitiger Anbringung beider Rechtsmittel ist nur der Beschwerde Fortgang zu geben. Das hiernach unzulässigerweise angebrachte Rechtsmittel ist durch Verfügung der im Abs. 1 bezeichneten Behörde zurückzuweisen. Gegen die zurückweisende Verfügung findet innerhalb zwei Wochen die Beschwerde an die Entscheidung auf die Klage berufene Behörde statt. Wird die Beschwerde oder Klage der Vorschrift des ersten Absatzes zuwider innerhalb der gesetzlichen Frist bei derjenigen Behörde angebracht, welche zur Beschlußfassung oder Entscheidung darüber zuständig ist, so gilt die Frist als gewahrt. Die Beschwerde oder Klage ist in solchen Fällen von der angerufenen Behörde zur weiteren Veranlassung an diejenige Behörde abzugeben, gegen deren Beschluß sie gerichtet ist.

C. Während in Betreff der Verfügungen der Orts- und Kreispolizeibehörden die Rechtsmittel der Beschwerde und Klage wahlweise zugelassen sind, ist hinsichtlich der Verfügungen des Regierungspräsidenten diese Wahl nicht gegeben. Gegen diese Verfügungen findet vielmehr innerhalb zweier Wochen nur die Beschwerde an den Oberpräsidenten und gegen den vom Oberpräsidenten auf die Beschwerde erlassenen Bescheid innerhalb gleicher Frist die Klage bei dem Oberverwaltungsgerichte nach Maßgabe der Bestimmungen des § 127 Abs. 3, 4 A.-L.-V.-G. (s. S. 470) statt. Gegen polizeiliche Verfügungen des Regierungspräsidenten in Sigmaringen findet innerhalb zweier Wochen unmittelbar die Klage bei dem Oberverwaltungsgerichte statt. Wird gegen eine Verfügung des Regierungspräsidenten statt der Beschwerde an den Oberpräsidenten die Klage beim Bezirksausschuß erhoben, so muß dieselbe wegen Unzuständigkeit des Bezirksausschusses zurückgewiesen werden (O.-V.-G. Entsch. XXXI S. 372). Die Beschwerde gegen eine Verfügung des Regierungspräsidenten ist unmittelbar bei dem Oberpräsidenten, nicht beim Regierungspräsidenten anzubringen (O.-V.-G. Entsch. XXXI S. 238).

§ 53.[175])

Für die bereits vor Inkrafttreten dieses Gesetzes genehmigten Kleinbahnen und Privatanschlußbahnen ist diejenige Behörde zuständig, welcher die Genehmigung nach Inkrafttreten dieses Gesetzes gemäß §§ 3 und 44 obgelegen hätte.[176])

Auf diese Bahnen finden die §§ 2, 20 bis 22, 24, 25, 40, 42 und 52, beziehungsweise 48 bis 50 des gegenwärtigen Gesetzes, sowie die Bedingungen und Vorbehalte, welche bei ihrer Genehmigung vorgesehen sind, Anwendung.[177])

Die Unternehmer sind jedoch berechtigt, sich durch eine an die zuständige Aufsichtsbehörde zu richtende Erklärung den sämtlichen Bestimmungen dieses Gesetzes zu unterwerfen.[178])

Die Genehmigung von wesentlichen Erweiterungen oder wesentlichen Änderungen des Unternehmens, der Anlage oder des Betriebes kann von der Unterwerfung des Unternehmens unter sämtliche Bestimmungen dieses Gesetzes abhängig gemacht werden.[179])

Der Zeitpunkt der Unterstellung unter dieses Gesetz ist öffentlich bekannt zu machen.[180])

Wohlerworbene Rechte Dritter werden durch die Unterwerfung nicht berührt.[181])

1) Ausführungsanweisung vom 13. August 1898.

Zu § 53 Absatz 3.

In dem Falle vollständiger Unterwerfung eines Unternehmens unter die Bestimmungen des vorliegenden Gesetzes empfiehlt sich in der Regel die Ausstellung einer neuen Genehmigungs-Urkunde, damit die Rechte und Verpflichtungen des Unternehmens völlig zweifelsfrei gestellt werden.

Die in dem fünften Absatze vorgesehene Bekanntmachung der Unterstellung unter das Kleinbahngesetz hat durch das Amtsblatt der Regierung stattzufinden.

175) Prinzip und Entstehungsgeschichte des § 53. § 53 Prinzip.

I. Prinzip. § 53 regelt die Verhältnisse derjenigen Bahnen, welche bereits vor dem Inkrafttreten des Kleinbahngesetzes entstanden sind und ihrem Wesen und Begriffe nach denjenigen Bahnen gleichstehen, welche das Kleinbahngesetz als Kleinbahnen und Privatanschlußbahnen definiert. Wenn § 53 Abs. 1 von den bereits vor Inkrafttreten dieses Gesetzes genehmigten „Kleinbahnen und Privatanschlußbahnen" spricht, so ist dies unzutreffend denn die Begriffe „Kleinbahnen (§ 1) und Privatanschlußbahnen (§ 43)," sind erst durch das Kleinbahngesetz neu geschaffen worden. Vielmehr sind die diesen begrifflich gleichstehenden Bahnen gemeint. Für die solchergestalt bereits vor Inkrafttreten des Kleinbahngesetzes genehmigten Bahnen bedurfte es einer Regelung im Kleinbahngesetze, weil dies bezüglich dieser gleichgearteten Bahnen in Betreff der wesentlichsten Punkte, — Genehmigung, Aufsicht, Rücknahme der Genehmigung,

Besteuerung, Obliegenheiten gegenüber der Postverwaltung, — das Bedürfnis der Gleichheit und Einheitlichkeit des Rechts erforderte, und sodann bezüglich der Kleinbahnen, weil, nachdem die frühere Rechtsauffassung, daß sie in Gemäßheit des § 6 der Gewerbeordnung dieser unterstellt seien, aufgegeben worden, es andernfalls an einer rechtlichen Regelung ihrer Verhältnisse gänzlich gefehlt haben würde.

Die Tendenz des § 63 ist hiernach folgende: Auf die vor Inkrafttreten des Kleinbahn-Gesetzes genehmigten, den jetzigen Kleinbahnen und Privatanschlußbahnen begrifflich gleichstehenden und analogen Bahnen soll, soweit dies rechtlich und aus Billigkeitsrücksichten angängig, eine Reihe wesentlicher Bestimmungen des Kleinbahngesetzes ex lege Anwendung finden (§ 63 Abs. 1 u. 2), und zwar bei Kleinbahnen die Bestimmungen in Betreff der Genehmigung (§§ 2, 3, 44), der Prüfung der Betriebsmaschinen (§ 20), der Veröffentlichung des Fahrplanes und der Beförderungspreise, sowie der gleichmäßigen Anwendung der letzteren (§ 21) der Aufsicht (§ 22), Rücknahme der Genehmigung (§§ 24, 25), Besteuerung (§ 40) und des Verhältnisses zur Post (§ 42), — bei Privatanschlußbahnen in Betreff der Zuständigkeit zum Erlaß polizeilicher Bestimmungen (§ 48), der Rücknahme der Genehmigung (§ 49) und der eisenbahntechnischen Aufsicht (§ 50). Im Übrigen bleiben für diese Bahnen die Bedingungen und Vorbehalte, welche bei ihrer Genehmigung vorgesehen waren, aufrecht erhalten, freilich mit der Maßgabe, daß dieselben, wenn sie mit den vorbezeichneten, ex lege auferlegten Bestimmungen in Widerspruch treten, diesen nachstehen müßten. (Anm. 176 S. 477 und Anm. 177 S. 481.) Dagegen sind Bahnen, welche durch landesherrliche Konzession dem Eisenbahngesetze vom 3. November 1838 unterworfen worden sind, von den Bestimmungen des § 63 ausgeschlossen.

Für die vor Inkrafttreten des Kleinb.-Ges. genehmigten, den Kleinbahnen und Privatanschlußbahnen begrifflich entsprechenden Bahnen, welche nicht dem Eisenb.-Ges. v. 1838 unterworfen sind, bleiben zwar — abgesehen von den ex lege auf dieselben zur Anwendung kommenden, in den Abs. 1 u. 2 des § 63 aufgeführten Bestimmungen des Kleinb.-Ges. — die konzessionsmäßigen Rechte und Pflichten fortbestehen. Aber das Gesetz gestattet ihren Unternehmern, sich freiwillig durch eine an die zuständige Aufsichtsbehörde zu richtende Erklärung den sämtlichen Bestimmungen des Kleinbahn-Gesetzes zu unterwerfen (§ 63 Abs. 3). Alsdann kommen alle bisherigen Vorbehalte und Bedingungen der Genehmigung in Fortfall, soweit sie nicht mit dem Inhalte des Gesetzes vereinbar sind, der Unternehmer tritt in alle gesetzlichen Rechte und Pflichten ein. (Anm. 178 S. 483).

Das Gesetz gewährt aber ferner auch den zuständigen Behörden die Möglichkeit, auf die Unterwerfung der Unternehmer der älteren Bahnen unter sämtliche Bestimmungen des Gesetzes eine Einwirkung auszuüben. Und zwar kann dies geschehen, wenn von den Unternehmern dieser Bahnen wesentliche Erweiterungen oder wesentliche Änderungen des Unternehmens, der Anlage oder des Betriebes beantragt werden. In diesen Fällen kann gemäß § 63 Abs. 4 die Genehmigung des Antrages von der Unterwerfung des Unternehmens unter sämtliche Bestimmungen des Kleinb.-Ges. abhängig gemacht werden.

Gleichviel aber, ob die Unterwerfung gemäß Abs. 3 oder Abs. 4 geschieht, in beiden Fällen werden durch die Unterwerfung, wie § 63 Abs. 5 ausdrücklich bestimmt, wohlerworbene Rechte Dritter nicht berührt. (Anm. 181 S. 485).

Sind also solche Rechte Dritten rechtsgültig eingeräumt worden, so dürfen diese nicht durch die Unterwerfung unter das Gesetz beeinträchtigt werden, d. h. es dürfen nicht Bestimmungen des Gesetzes zur Anwendung gebracht werden, welche mit diesen wohlerworbenen Rechten Dritter nicht vereinbar sind. Freilich können aber damit nur private Rechte gemeint sein. Denn öffentliche Rechte und Befugnisse, d. h. solche, welche der Staat bezw. seine Behörden und Organe in Erfüllung ihrer Aufgaben im öffentlichen Interesse — also bezüglich der Verkehrsanstalten zur Aufrechthaltung der Sicherheit der Verkehrsanlagen und des Betriebs, zum Schutze der Personen und des Eigentums und zur Wahrung der Interessen des öffentlichen Verkehrs, zur Aufsicht über Bau und Betrieb — auszuüben befugt und verpflichtet sind, können nicht durch Dritte erworben werden und überhaupt nicht Gegenstand eines privaten Erwerbs oder Vorbehalts sein (Anm. 181 S. 485) s. auch Störck, Zeitschr. f. Kleinb., Jahrg. 5 S. 261.

II. Die vorstehend dargestellte Bedeutung der Bestimmungen des § 53 wird durch die Entstehungsgeschichte derselben bestätigt. § 53 Entstehung.

Der Regierungsentwurf, welcher in seinem § 50 Abs. 1 Bestimmung über den Zeitpunkt des Inkrafttretens des Gesetzes traf (jetzt § 54), enthielt im § 50 Abs. 2 folgende Vorschrift (Herrenh. Aktst. Nr. 34 S. 68): „Die Bestimmungen des § 11 Abs. 3, der §§ 16 bis 18, 20 bis 38 und 44 bis 46 finden auf diejenigen der unter I und II bezeichneten Bahnen Anwendung, welche bereits vor dem Inkrafttreten dieses Gesetzes bestanden," und war, wie folgt, begründet (a. a. O. S. 70): „Die Ordnung der Rechtsverhältnisse der Bahnen der hier in Rede stehenden Art würde nicht vollständig sein, und es würde zwischen den Unternehmen der gleichen Art eine Rechtsungleichheit bestehen, wenn nicht auch die bereits vor dem Inkrafttreten dieses Gesetzes errichteten, dem Gesetze über die Eisenbahnunternehmungen vom 3. November 1838 nicht unterstellten Bahnen den Bestimmungen dieses Gesetzes unterworfen werden, soweit dies bestehenden Unternehmungen gegenüber rechtlich und aus Billigkeitsgründen angängig ist. Unter dem letzteren Gesichtspunkte fallen alle diejenigen Bestimmungen fort, welche sich auf die Neuanlegung und Inbetriebsetzung von Bahnen der bezeichneten Art beziehen. Durch diese Bestimmungen wird insbesondere auch sichergestellt, daß die mit Maschinenkraft betriebenen älteren Bahnen der bezeichneten Art und insbesondere auch die auf ihnen verwendeten Maschinen einer dauernden eisenbahntechnischen Aufsicht unterworfen werden."

In der Kommission des Herrenh. (Aktst. Nr. 69 S. 343/4) wurde ein Antrag mit folgender Motivierung gestellt: „Nach § 50 Abs. 2 des Entwurfes sollen zahlreiche Paragraphen auch auf solche Bahnen unterster Ordnung Anwendung finden, welche bereits vor dem Inkrafttreten dieses Gesetzes bestanden. Durch diese Bestimmung kann möglicherweise tief in wohlerworbene Rechte eingegriffen werden. Es gehört beispielsweise zu denjenigen Paragraphen, welche rückwirkende Kraft haben sollen, der § 11 Abs. 3 (jetzt 2) (sc. § 14), welcher bestimmt, daß Fahrplan und Beförderungspreise in festzusetzenden Zeiträumen einer erneuten Prüfung durch die Behörde unterliegen sollen. Es ist aber sehr möglich, daß in den Konzessionen einzelner bereits bestehender Bahnen diesen Bahnen das alleinige und ausschließliche Recht der Festsetzung der Preise zugestanden ist; alsdann würde es ein unbedingter Eingriff in wohlerworbene Rechte sein, wenn die Behörde später diese Fahrpreise anderweitig selbständig regeln wollte. Es wird daher notwendig sein, im Gesetzes selbst auszusprechen, daß die Anwendung der betreffenden Paragraphen auf bereits bestehende Bahnen nur „vorbehaltlich wohlerworbener Rechte“ stattfinden darf. Regierungsseitig wurden Einwendungen hiergegen nicht erhoben und hierauf von der Kommission folgende Fassung angenommen: „Die Bestimmungen des § 11 Abs. 2, der §§ 16 bis 18, 20 bis 38 und 44 bis 46 finden, vorbehaltlich wohlerworbener Rechte, auf diejenigen der unter I und II bezeichneten Bahnen Anwendung, welche bereits vor dem Inkrafttreten dieses Gesetzes bestanden.“

In der II. Lesg. des Herrenh. wurde diese Fassung ohne Diskussion gebilligt (Sten. Ber. S. 206).

In der I. Lesg. des Abg.=H. (Sten. Ber. S. 1835, 1836) wies der Abg. v. Strombeck darauf hin, daß ein Verfahren fehle, welches eintreten soll, um ältere Bahnen gemäß § 50 (53) dem Kleinb.=Ges. zu unterstellen, und ebenso die Bezeichnung von Behörden, welchen die Entscheidung hierüber zustehe. Ferner machte der genannte Abg. darauf aufmerksam, daß ein Reihe der in der Fassung der Kommission des Herrenhauses bezeichneten Paragraphen zwar auf die im Abschn. I des Ges. behandelten Kleinbahnen, nicht aber auf die im Abschn. II behandelten Privatanschlußbahnen passe, z. B. § 11 Abs. 2 (§ 14), § 17 (§ 21), §§ 26 ff. (§§ 30 ff.), und daher die Fassung der Kommission der Abänderung bedürfe.

In der Kommission des Abg.=H. (Aktst. Nr. 206 S. 2295/6) wurde von einem Mitgliede mit Bezug hierauf beantragt, an Stelle des bisherigen § 50 zwei Paragraphen (§ 49a und 49b) zu setzen, von welchen der erstere (§ 49a) den Minister der öffentlichen Arbeiten ermächtigte, Bahnen, welche auf Grund des Eisenb.=Ges. von 1838 genehmigt, aber ihrem Charakter nach Kleinbahnen sind, im Einverständnis mit dem Unternehmer und unbeschadet der privatrechtlichen Ansprüche Dritter dem Kleinb.=Ges. zu unterstellen, der zweite (§ 49b) den Unternehmer solcher Bahnen, bei Erweiterungen der Art, daß die älteren und neuen Linien als einheitliches Bahnunternehmen betrieben werden sollen, von der Genehmigung an dem Kleinb.=Ges. unterwirft. Regierungsseitig wurde hierzu bemerkt: „Die Hereinziehung der Bahnen nach dem Gesetze vom 3. November 1838 widerrate sich entschieden, weil diese nur im Wege der Deklassierung mittelst Königlicher Ordre und unter Verzicht auf das Privileg dem vorliegenden Gesetze unterstellt werden könnten, hierzu aber das bestehende Recht ausreiche. Sachlich sei es geboten, sowohl die Zuständigkeitsbestimmungen, als auch die materiellen Bestimmungen der §§ 16—18, 20, 21, 37 und 38 neben den Bestimmungen der Konzession für alle Lokalbahnen Platz greifen zu lassen. Ebenso genüge auch § 49b aus dem Grunde nicht, weil er nur den Fall der Erweiterung der Anlage durch Neulinien, nicht aber die Fälle der Fusionierung und der Erweiterung des Betriebes treffe.“

Nach diesen Erklärungen des Regierungskommissars wurden anderweite Anträge gestellt, welche den in Rede stehenden Intentionen geeigneteren Ausdruck verliehen und nach mehrfachen redaktionellen Änderungen im Wesentlichen in der Fassung des § 53 angenommen und regierungsseitig gebilligt wurden. Es wurde dabei anerkannt, daß diese Fassung keinen Zweifel ließe, daß die nach dem Gesetz von 1838 genehmigten Bahnen aus dem Rahmen dieser Bestimmung gänzlich herausfielen. Ferner wurde konstatiert, daß diejenigen Paragraphen, ohne welche eine Unterstellung der betreffenden Bahnen, nachdem sie der Gewerbeordnung entzogen, unter dieses Gesetz nicht möglich sei, unter allen Umständen auf dieselben Anwendung finden müßten, daß außerdem aber die bei ihrer Genehmigung getroffenen besonderen Bedingungen und Vorbehalte in Kraft bleiben müßten, daß dieselben aber, wenn sie mit den ersterwähnten Paragraphen in Widerspruch treten, diesen nachstehen müßten. Hierbei war von einem Mitgliede beantragt worden, in die Zahl der Paragraphen, welchen die Lokalbahnen auch ohne ihre besondere Zustimmung nach Emanation dieses Gesetzes unterworfen werden sollten, auch den § 49 (jetzt § 52) aufzunehmen. Der Regierungskommissar erklärte hierauf gegen die Aufnahme des § 49 (jetzt § 52) sei kein Bedenken zu erheben, wenngleich dieselbe überflüssig erscheine. Der Antrag auf Einfügung des § 49 (52) an dieser Stelle wurde hierauf von der Kommission angenommen. Folgerichtig wurden an den Ausdruck dieses Gedankens die Fälle angereiht, in welchen die Unternehmer sowohl durch freiwillige Erklärung an die Aufsichtsbehörden sich den sämtlichen Bestimmungen dieses Gesetzes unterwürfen, als auch diejenigen Fälle, in welchen ihnen bei Gelegenheit der Genehmigung von wesentlichen Veränderungen des Unternehmens die Unterwerfung unter die Bestimmungen dieses Gesetzes von der Aufsichtsbehörde zur Bedingung gemacht wurde. Ebenso reihte sich an diese beiden Bestimmungen konsequenter Weise die Bestimmung über die öffentliche Bekanntmachung des Zeitpunktes der Unterstellung unter dieses Gesetz an. Endlich wurde als Schlußbestimmung aufgenommen, daß wohlerworbene Rechte Dritter durch diese Unterwerfung nicht berührt würden.

In der II. Lesg. des Abg.-Hauses konstatierte sowohl der Berichterstatter (Abg.-Haus Sten. Ber. S. 2042) wie auch der Abg. v. Strombeck (Sten. Ber. S. 2043), daß nach der Auffassung der Kommission, wenn die Konzessionsbedingungen mit den im Abs. 2 angezogenen Gesetzesparagraphen kollidieren, diese letzteren vorgehen sollen. Hierauf wurde § 53 in der Kommissions-Fassung angenommen und ging so in das Gesetz über. (Sten. Ber. S. 2044.)

176) Absatz 1 des § 53 regelt die Zuständigkeit für die bereits vor Inkrafttreten des Kleinbahngesetzes genehmigten Kleinbahnen und Privatanschlußbahnen. Man erachtete es im Interesse der Rechtsgleichheit für notwendig, diese älteren, den neuen unter das Kleinbahngesetz fallenden Klein- u. Privatanschlußbahnen begrifflich gleichstehenden Bahnen, soweit es rechtlich und aus Billigkeitsgründen angängig, den Bestimmungen des Kleinbahngesetzes zu unterwerfen. Ausgeschlossen sind jedoch, wie wiederholt in den Verhandlungen hervorgehoben wurde (s. S. 476—477), diejenigen Bahnen, welche nach dem Kleinbahngesetze zwar begrifflich unter die Kategorie der Kleinbahnen fallen würden, aber nach dem Eisenbahngesetze vom 3. November 1838 konzessioniert sind. § 53 Abs. 1.

Durch Abs. 1 ist zunächst für diese älteren Bahnen die Rechtsgleichheit mit den neueren in Betreff der Zuständigkeit der Behörden eingeführt. Schon oben (Anm. 175 S. 473) ist hervorgehoben worden, daß die Begriffe „Kleinbahnen und Privatanschlußbahnen" erst durch das Kleinbahngesetz geschaffen worden sind und vorher nicht existierten, mithin füglich von „bereits vor Inkrafttreten des Kleinbahn-Gesetzes genehmigten Kleinbahnen und Privatanschlußbahnen" nicht die Rede sein kann. Es sind vielmehr Bahnen gemeint, welche vor Inkrafttreten des Kleinb.-Ges. genehmigt worden sind und den nach Inkrafttreten desselben genehmigten Klein- und Privatanschlußbahnen begrifflich gleich stehen, ohne auf Grund des Eisenb.-Ges. v. 8. November 1838 landesherrlich konzessioniert zu sein. Doch sollen dieselben, dem Vorgange des Gesetzes gemäß und der Kürze wegen im folgenden gleichfalls als Kleinbahnen und Privatanschlußbahnen bezeichnet werden.

Für diese Bahnen soll nach Abs. 1 mit dem Zeitpunkt des Inkrafttretens des Kleinb.-Ges. (§ 54) diejenige Behörde zuständig sein, welcher die Genehmigung nach Inkrafttreten dieses Gesetzes gemäß §§ 3 und 44 obgelegen hätte; d. h. die Zuständigkeit geht mit diesem Zeitpunkte auf diejenige Behörde über, welche zur Genehmigung kompetent gewesen wäre, wenn die Bahn erst nach Inkrafttreten des Kleinb.-Ges. angelegt worden wäre. Der Übergang der Zuständigkeit erfolgt ex lege, kraft der Bestimmung des § 58 Abs. 1. Etwaige Bestimmungen in der Genehmigung älterer Bahnen, durch welche die Zuständigkeit anderweit geregelt bezw. einer anderen Behörde übertragen ist, treten außer Kraft und verlieren ihre Geltung.

Es ist ganz allgemein und ohne Einschränkung über die Zuständigkeit Bestimmung getroffen, also nicht nur über die Zuständigkeit zur Genehmigung (§§ 2, 43), sondern auch zur Aufsicht (§§ 22, 47), wenngleich § 47 im folgenden Absatz nicht ausdrücklich hervorgehoben ist. Der Umstand, daß Abs. 1 die Zuständigkeit derjenigen Behörde überträgt, welcher die Genehmigung . . . obgelegen hätte, soll nicht die Beschränkung auf die Genehmigung bedeuten, sondern hat darin seinen Grund, daß die zur Genehmigung zuständige Behörde (§§ 3, 43) auch grundsätzlich und implicite die zur Aufsicht zuständige (§ 22 Abs. 1, § 47) ist.

a) Was die Zuständigkeit zur Genehmigung anlangt, so richtet sich dieselbe gemäß Abs. 1 nach den Bestimmungen der §§ 3 u. 44. Es ist daher, soweit es sich um Bahnen handelt, welche ganz oder teilweise mit Maschinenkraft betrieben werden, die Bezeichnung einer mitwirkenden Eisenbahnbehörde durch den Minister der öffentlichen Arbeiten auch für diese älteren Bahnen erforderlich. Da im Übrigen für dieselben die Frage ihrer Genehmigung zur Herstellung und zum Betriebe (§ 3 Satz 1) füglich nicht mehr rückbezüglich zur Entscheidung kommen kann, so bezieht sich die durch Abs. 1 geregelte Zuständigkeit der in den §§ 3 u. 44 bezeichneten Behörden nur auf die Genehmigung von wesentlichen Erweiterungen oder sonstigen wesentlichen Änderungen des Unternehmens, der Anlage und des Betriebes (§ 3 Satz 2). (Vergl. Jerusalem S. 87.)

b) Die Zuständigkeit zur Aufsicht besitzen gemäß § 22 Satz 1 u. § 47 prinzipiell gleichfalls die Genehmigungsbehörden. Nur insofern tritt eine Modifikation ein, als die eisenbahntechnische Aufsicht, 1. bei Kleinbahnen, welche für den Betrieb mit Maschinenkraft eingerichtet sind, der zur Mitwirkung bei der Genehmigung berufenen Eisenbahnbehörde allein zusteht, (falls nicht der Minister der öffentlichen Arbeiten die Aufsicht einer anderen Eisenbahnbehörde überträgt) und 2. bei Privatanschlußbahnen derjenigen Behörde, welcher diese Aufgabe bezüglich der dem öffentlichen Verkehre dienenden Bahn, an welche sie anschließen, obliegt. Daß dies auch für die älteren, im Abs. 1 bezeichneten Bahnen gilt, wird durch die Bezugnahme des Abs. 2 auf die §§ 22 u. 50 noch ausdrücklich bestätigt. Durch diese Bestimmungen wird, wie die Motive ausführen, insbesondere auch sichergestellt, daß die mit Maschinenkraft betriebenen älteren Bahnen der bezeichneten Art und insbesondere auch die auf ihnen verwendeten Maschinen einer dauernden eisenbahntechnischen Aufsicht unterliegen.

177) Abs. 2 des § 53 erklärt auf die im Abs. 1 bezeichneten älteren, d. h. vor Inkrafttreten des Kleinb.-Ges. genehmigten Klein- und Privatanschlußbahnen für anwendbar: I. Die §§ 2, 20 bis 22, 24, 25, 40, 42 und 52, bezw. 48 bis 50 des Kleinb.-Ges., sowie II. Die Bedingungen und Vorbehalte, welche bei ihrer Genehmigung vorgesehen sind. § 53 Abs. 2.

I. Dieselbe Tendenz, welche gemäß Abs. 1 zu einer übereinstimmenden Regelung der Zuständigkeit der Behörden in Betreff der älteren und neueren Klein- und Privatanschlußbahnen geführt hat, ist auch für die Bestimmungen des Abs. 2 maßgebend gewesen. Um zwischen den vor und nach Inkrafttreten des Kleinb.-Ges. genehmigten Bahnen tunlichste Rechtsgleichheit zu schaffen, sollen auf erstere die Bestimmungen des Kleinb.-Ges. in Anwendung kommen, soweit dies bestehenden Unternehmungen gegenüber rechtlich und aus Billigkeitsgründen angängig ist (Motive). Von diesem Gesichtspunkte aus sind folgende Normen des Kleinb.-Ges. auch auf die älteren Bahnen und zwar, soweit dies angängig, mit rückbezüglicher Kraft für anwendbar erklärt:

a) auf die Kleinbahnen:

1. § 2: die Vorschrift betreffend das Erfordernis der Genehmigung der zuständigen Behörde zur Herstellung und zum Betriebe, sowie zu wesentlichen Erweiterungen oder sonstigen wesentlichen Änderungen des Unternehmens, der Anlage oder des Betriebes, ferner die Vorschrift, daß diese Genehmigung zu versagen ist, wenn die Erweiterung oder Änderung die Unterordnung des Unternehmens unter das Gesetz vom 8. November 1888 bedingt.

Da, wie § 2 Anm. 5 S. 85 des näheren ausgeführt nnd begründet ist, die staatliche Genehmigung der Kleinbahnen gemäß § 2 des Kleinb.-Ges. den Charakter eines Privilegs bezw. einer Eisenbahnkonzession besitzt, so muß vom Gesichtspunkte der Rechtsgleichheit aus auch denjenigen Genehmigungen, welche vor Inkrafttreten des Kleinb.-Ges. tatsächlich irrig auf Grund der Reichsgewerbeordnung als gewerbepolizeiliche erteilt worden sind, rückbezüglich der Charakter von Eisenbahnkonzessionen beigelegt werden. Denn wenn, wie es in den Verhandlungen über das Kleinb.-Ges. geschehen (s. oben § 2 Anm. 5 S. 84) die Staatsregierung im Einvernehmen mit dem Landtage ausdrücklich anerkannte, daß die Straßenbahnen wirkliche Eisenbahnunternehmungen seien (s. § 2 Anm. 5 S. 84), so mußten folgerichtig auch die ihnen erteilten Bau- und Betriebskonzessionen als wirkliche Eisenbahnkonzessionen anerkannt werden. Und um dem auch rückbezüglich für alle bereits vor Inkrafttreten des Kleinb.-Ges. — irrtümlich auf Grund des § 87 der Gewerbeordnung — erteilten Genehmigungen gesetzlich Ausdruck zu geben, ist durch § 53 Abs. 2 des Kleinb.-Ges. besonders bestimmt worden, daß die wesentlichsten Bestimmungen des Kleinb.-Ges., namentlich über die Genehmigung (§§ 2, 20—22, 24, 25), auch auf die älteren Kleinbahnen Anwendung finden. Hiernach haben auch diese älteren, vor Inkrafttreten des Kleinb.-Ges. erteilten Genehmigungen, auch wenn sie der früheren — irrigen — Anschauung gemäß auf Grund der Gewerbeordnung erteilt worden sind, nicht den Charakter bloßer gewerbepolizeilicher Gestattungen. Vielmehr ist den Genehmigungen der vor Inkrafttreten des Kleinb.-Ges. konzessionierten Kleinbahnen der gleiche Rechtscharakter beigelegt worden, wie den später erteilten, die Natur von wirklichen Eisenbahnkonzessionen. Daraus folgt, daß diese Konzessionen, wenn sie ohne Zeitbegrenzung verliehen sind — gleichviel ob vor oder nach Inkrafttreten des Kleinb.-Ges. erteilt — mit Ablauf der vertraglichen Straßenbenutzungsrechte nicht erlöschen, und daß für das Betriebsrecht der Unternehmer nur die Dauer ihrer Konzession, nicht die Dauer der Straßenbenutzungsrechte entscheidend ist.

O.-V.-G. v. 25. Oktober 1900, Eisenb. Entsch. XVII S. 334—336.

Auch bei dem Vorbehalte des Erwerbs der Bahn nach Ablauf einer bestimmten Frist im Straßenbenutzungsvertrage kann daher nur die Bahnanlage, nicht das Betriebsrecht erworben werden, weil die Konzession unveräußerlich ist und nicht Gegenstand privater Rechtsgeschäfte sein darf. „Wohlerworbene Rechte" Dritter (§ 58 Abs. 6) werden also hierdurch nicht verletzt. Denn das Gesetz erkennt lediglich in Berichtigung einer früheren irrtümlichen Rechtsanschauung alle Genehmigungen von Straßen- und Kleinbahnen rückbezüglich als wirkliche, öffentlich-rechtliche Eisenbahnkonzessionen an. Solchen gegenüber konnten aber private Rechte niemals „wohlerworben" werden. Daß sie in früheren Fällen tatsächlich, aber irrtümlich auf Grund der Gew.-Ord. als gewerbepolizeiliche Genehmigungen verliehen worden sind, kann ihren wahren Rechtscharakter nicht ändern, die Annahme, daß sich Abs. 2 — ebenso wie Abs. 1 — nur auf die Erteilung und Rücknahme einer für eine Unternehmungserweiterung neu erteilte Genehmigung beziehen kann, ist irrig und mit Wortlaut und Absicht des Abs. 2 nicht vereinbar; denn Abs. 2 erklärt die §§ 2, 24 u. 25 ganz allgemein und uneingeschränkt auf die älteren Bahnen für anwendbar und die Absicht des Gesetzes, diese mit den nach Inkrafttreten desselben konzessionierten in Hinsicht auf die Genehmigung d. h. die Erteilung und Zurücknahme gleichzustellen, würde nicht erreicht werden, wenn man den Rechtscharakter der Genehmigung der älteren und neueren Bahnen verschieden auffaßt. Auch würde bei Erweiterung älterer Bahnen eine unlösbare Verwirrung entstehen, wenn die ursprüngliche Genehmigung als gewerbepolizeiliche, die Genehmigung der Erweiterungen als konzessionsmäßige behandelt würde.

2. § 20: die Vorschriften über die Prüfung der Betriebsmaschinen vor ihrer Einstellung in den Betrieb und nach Vornahme erheblicher Änderungen, sowie zeitweilig durch die zur eisenbahntechnischen Aufsicht über die Bahn zuständige Behörde.

3. § 21: die Vorschriften über die Bekanntmachung des Fahrplanes und der Beförderungspreise, sowie der Änderungen derselben und über die gleichmäßige Anwendung der Beförderungspreise und ihrer Ermäßigungen.

4. § 22: die Vorschriften über die Aufsicht der Kleinbahnen im Allgemeinen und über die eisenbahntechnische Aufsicht der mit Maschinenkraft betriebenen Kleinbahnen im besonderen.

5. §§ 24 und 25: die Vorschriften über die Zurücknahme der Genehmigung.

6. § 40: die Vorschriften betr. die Besteuerung.

7. § 42: die Vorschriften über die den Kleinbahnen gegenüber der Postverwaltung obliegenden Verpflichtungen. Gleim (2. A. Anm. 8) hebt zwar zutreffend hervor, daß, wenn hierdurch die älteren Kleinbahnen auch dem § 42 unterworfen werden, dies nur die Bedeutung habe, daß ihnen die in § 42 bezeichneten Verpflichtungen gegenüber der Post auferlegt werden können, da der § 42 nur bezwecke, den Höchstbetrag der qu. Leistungen der Kleinbahnen, aber nicht den Umfang der Leistungen für alle Fälle festzusetzen. Indes darf nicht außer Acht

gelassen werden, daß die Post diesen Höchstbetrag ex lege zu verlangen berechtigt ist, mithin die Genehmigungsbehörde denselben der Bahn auferlegen muß, wenn die Postverwaltung die vollen Leistungen in Anspruch nimmt (s. § 42 Anm. 139 S. 399).

8. § 52 die Vorschrift über die Rechtsmittel gegen die auf Grund des Kleinb.-Ges. ergangenen Beschlüsse und Verfügungen der Behörden.

Alle anderen Vorschriften des Abschnittes I des Kleinb.-Ges. finden auf die älteren Kleinbahnen keine Anwendung.

b) auf die Privatanschlußbahnen:

1. § 48: die Vorschrift, betr. den Erlaß polizeilicher Bestimmungen über den Betrieb.

2. § 49: die Vorschriften über die Zurücknahme der Genehmigung.

3. § 50: die Vorschriften über die eisenbahntechnische Aufsicht und Überwachung.

Wie Gleim (§ 53 Anm. 3) zutreffend bemerkt, können die §§ 48—50 selbstverständlich nur in dem Sinne Anwendung finden, welchen sie nach dem Gesetze haben, d. h. mit denjenigen Beschränkungen, welche der § 51 anordnet. Darnach findet also in Gemäßheit des § 51 Abs. 1 auf ältere Bergwerks-Privatanschlußbahnen zwar § 50, nicht aber § 48 und § 49 Anwendung, und ferner wird durch § 50 das auf dem allgemeinen Berggesetze v. 24. Juli 1865 (G.-S. S. 705) beruhende Aufsichtsrecht der Bergbehörde gegenüber diesen Bahnen nicht berührt.

Da durch Abs. 2 auf ältere Privatanschlußbahnen ausdrücklich nur die §§ 48—50 für anwendbar erklärt sind, so finden auf dieselben keine Anwendung: § 43 betr. das Erfordernis der Genehmigung (auch für wesentliche Änderungen oder Erweiterungen s. § 43 S. 419), §§ 45—47. Dagegen ist die analoge Anwendung des § 22 Satz 1 durch die Bestimmung des § 58 Abs. 1 gegeben (Anm. 167 S. 446).

II. Auf die älteren — vor Inkrafttreten des Kleinb.-Ges. genehmigten — Klein- und Privatanschlußbahnen sollen nach Abs. 2 neben den vorerörterten §§ 2, 20—22, 24, 25, 40, 42, 52 bezw. 48—50 auch „die Bedingungen und Vorbehalte, welche bei ihrer Genehmigung vorgesehen sind" Anwendung finden. Abs. 2 macht seinem Wortlaute nach zwischen beiden, den gesetzlichen Bestimmungen und den Genehmigungsbedingungen und Vorbehalten, keinen Unterschied. Bei dieser Fassung ist jedoch nicht berücksichtigt, daß die im Abs. 2 des § 53 bezeichneten Gesetzesvorschriften mit jenen Bedingungen und Vorbehalten der Genehmigung ganz oder teilweise im Widerspruch stehen können, so daß eine gemeinschaftliche Anwendung nicht möglich ist und die Frage entsteht, welcher von beiden Bestimmungen im Kollisionsfalle der Vorzug zu geben ist. Diese Frage ist in den Verhandlungen dahin beantwortet worden, daß im Falle eines Widerspruches die gesetzlichen Bestimmungen vorgehen. Es wurde konstatiert, daß diejenigen Gesetzesparagraphen, ohne welche eine Unterstellung der betreffenden Bahnen, nachdem sie der Gewerbeordnung entzogen, unter dieses Gesetz nicht möglich sei, unter allen Umständen auf dieselben Anwendung finden, daß außerdem aber die bei ihrer Genehmigung getroffenen besonderen Bedingungen und Vorbehalte in Kraft bleiben, daß dieselben aber, wenn sie mit den ersterwähnten Paragraphen in Widerspruch treten, diesen nachstehen müßten (S. 474). Hiernach kann zwar die Absicht des Gesetzgebers, daß im Kollisionsfalle die Konzessionsbedingungen den in Abs. 2 des § 53 aufgeführten gesetzlichen Bestimmungen nachstehen sollen, nicht zweifelhaft sein. Freilich ist aber damit der in den Motiven ausgesprochene Grundsatz, daß die älteren Bahnen den qu. Paragraphen des Gesetzes nur so weit unterworfen sein sollen, als dies den bestehenden Unternehmungen gegenüber rechtlich und aus Billigkeitsgründen angängig ist, unberücksichtigt geblieben. Sind z. B. in den Konzessionen Verpflichtungen der Bahnen über Einholung der Genehmigung (§ 2), Prüfung der Betriebsmaschinen (§ 20), Bekanntmachung des Fahrplanes und der Beförderungspreise und gleichmäßiger Anwendung der letzteren (§ 21), Aufsicht (§ 22), Besteuerung (§ 40), über Leistungen gegenüber der Postverwaltung (§ 42) überhaupt nicht oder doch in leichterem Maße bestimmt, als in den betreffenden Paragraphen des Gesetzes, so sollen fortan die letzteren Anwendung finden, d. h. die durch die Genehmigung wohlerworbenen Rechte der Bahnen durch die qu. Gesetzesbestimmungen aufgehoben oder doch beeinträchtigt werden. Der Gesetzgeber nimmt eben ohne weiteres an, daß in der Unterwerfung unter die qu. Gesetzesbestimmungen eine Verletzung wohlerworbener Rechte des Unternehmers überhaupt nicht liege (Gleim § 53, Anm. 6). Ob diese Aufhebung wohlerworbener Rechte ohne Entschädigung mit Art. 9 der Verfassung bezw. § 75 Einleitung des A.-L.-R. vereinbar ist, erscheint sehr zweifelhaft.

§ 53 Abs. 3. 178) Abs. 3 des § 53 gewährt den Unternehmern der bereits vor Inkrafttreten des Kleinb.-Ges. genehmigten Kleinbahnen das gesetzliche Recht, sich durch eine an die zuständige Aufsichtsbehörde zu richtende Erklärung den sämtlichen Bestimmungen dieses Gesetzes zu unterwerfen. Während die älteren Unternehmer den im Abs. 2 aufgeführten Gesetzesbestimmungen ex lege zwangsweise mit dem Inkrafttreten des Gesetzes unterworfen sind, ist die Unterstellung unter alle übrigen Bestimmungen desselben (s. Anm. 177 S. 481) eine freiwillige, fakultative, welche durch eine bezügliche Erklärung an die Aufsichtsbehörde jederzeit bewirkt werden kann.

1. Voraussetzung ist, daß der Gegenstand der Unterwerfung eine bereits vor Inkrafttreten des Kleinb.-Ges. genehmigte Kleinbahn oder Privatanschlußbahn ist. Auf eine dem Eisenb.-Ges. vom 3. November 1838 zugehörige Bahn findet Abs. 3 keine Anwendung.

2. Die Form der Unterwerfung besteht in einer an die zuständige Aufsichtsbehörde zu richtenden Erklärung, durch welche sich der Unternehmer bedingungslos den sämtlichen Bestimmungen des Kleinb.-Ges. unterwirft. Eine bedingte oder teilweise Unterwerfung ist unzulässig (s. Ziff. 3). Die Erklärung muß in urkundlicher Form, schriftlich oder zu Protokoll abgegeben und an die zuständige Aufsichtsbehörde gerichtet werden. Die an eine andere Behörde abgegebene Erklärung hat die im Abs. 3 vorgesehene Rechtswirkung nicht.

3. Die Rechtswirkungen der in Gemäßheit des Abs. 3 gültig abgegebenen Erklärung sind folgende:

a) Die Erklärung unterwirft den Unternehmer den sämtlichen Bestimmungen des Kleinb.-Ges. Mit der Unterwerfung entstehen für den Unternehmer alle gesetzlichen Pflichten und Rechte. Eine teilweise Unterwerfung — unter einzelne Bestimmungen — ist nicht gestattet (Gleim § 53 Anm. 4) und kann daher nicht eintreten, ebensowenig die Unterwerfung mit Vorbehalten oder Bedingungen. Daher darf auch die zuständige Aufsichtsbehörde eine nur auf teilweise Unterwerfung gerichtete oder mit Vorbehalten und Bedingungen versehene Erklärung weder entgegennehmen, noch derselben Folge geben.

b) Die unbedingte und vorbehaltlose Unterwerfung unter sämtliche Bestimmungen des Gesetzes hat zur Folge, daß Bedingungen und Vorbehalte der ursprünglichen Genehmigung (Konzession) nur so weit fortbestehen bleiben, als sie mit den gesetzlichen Bestimmungen vereinbar sind. Die Entscheidung der Frage, ob und inwieweit dies der Fall, kann zu Bedenken und Zweifeln Anlaß bieten. Mit Recht empfiehlt daher die Ausf.-Anw. Abs. 1 zum § 53 Abs. 3 als Regel die Ausstellung einer neuen Genehmigungs-Urkunde, damit die Rechte und Verpflichtungen des Unternehmers völlig zweifelsfrei gestellt werden. Bedingungen der früheren Genehmigung, welche über das nach dem Kleinbahngesetz zulässige Maß hinausgehen, verlieren ihre Geltung (Gleim § 53 Anm. 4). Neue Bedingungen bezw. Verpflichtungen dürfen dagegen dem Unternehmer nur insoweit auferlegt werden, als sich dies aus dem Gesetze ergibt und aus der Unterwerfung unter die Bestimmungen desselben von selbst folgt. Freilich erscheint es erforderlich, daß Art und Umfang der hiernach dem Unternehmer aufzuerlegenden Bedingungen diesem vor der Unterwerfung mitgeteilt werden. Denn anderenfalls würde es für den Unternehmer nicht möglich sein, die Tragweite bezw. Nachteile und Vorteile der Unterwerfung zu ermessen, z. B. in betreff der Genehmigungsdauer: § 18; der Ausübung des Erwerbsrechts: §§ 30 ff.; der Beförderungspreise: § 14; der Verpflichtungen gegen die Post: § 42. Auch dürfen wohlerworbene Rechte Dritter, welche diesen in der bisherigen Genehmigung zugesichert sind, z. B. Adjazenten oder Wegeeigentümern inbetreff der Fahrpläne und Beförderungspreise des Erwerbs der Bahnanlage, der Gewährung von Lagerplätzen 2c. als Äquivalent für die Benutzung öffentlicher Wege, für Subventionen zum Bahnbau 2c. nicht beeinträchtigt werden. Die Aufhebung solcher Rechte ist nur im Wege gütlicher Einigung oder durch Beendigung der bez. Verträge angängig. Indes kann es sich hierbei immer nur um private Rechte handeln. Öffentliche Rechte, z. B. betreffend die behördliche Aufsicht über Bau und Betrieb, die Gestaltung der Fahrpläne, Beförderungspreise im Interesse des öffentl. Verkehrs, der Gleichstellung aller Interessenten in Bezug auf die Beförderungspreise 2c., können nicht Gegenstand des privaten Erwerbs und daher nicht wohlerworbene sein (s. Anm. 175 S. 475 und Anm. 181 S. 485. Unrichtig Gleim S. 206).

c) Die einmal gültig abgegebene Unterwerfungserklärung ist unwiderruflich, sie kann weder ganz noch teilweise zurückgenommen werden, noch darf die Aufsichtsbehörde in eine gänzliche oder teilweise Zurücknahme willigen.

d) Die Aufsichtsbehörde ist zur Entgegennahme der Unterwerfungserklärung verpflichtet; sie darf nicht dieselbe zurückweisen oder ihr nicht Folge geben, wenn sie formell und materiell den gesetzlichen Erfordernissen entspricht. Geschieht dies dennoch, so hat der Unternehmer das Recht, von den Rechtsmitteln des § 52 Gebrauch zu machen.

e) Über den Zeitpunkt, mit welchem die Rechtswirkungen der Erklärung eintreten, ist im Gesetze nichts gesagt. Daß die Rechtswirkungen nicht rückwirkend und auch nicht mit dem Momente der Abgabe der Erklärung eintreten können, liegt auf der Hand. Es bedarf einer entsprechenden Vorbereitung, Änderung der Genehmigungsbedingungen, Bekanntmachung (Abs. 5). Der betreffende Zeitpunkt muß daher im Einverständnis mit dem Unternehmer von der Aufsichtsbehörde besonders festgestellt werden und wird in der Regel mit Rücksicht auf § 32 u. § 40 zweckmäßig mit dem Beginne eines neuen Rechnungsjahres zusammenfallen.

§ 53 Abs. 4. 179) Nach Absatz 4 des § 53 kann die Genehmigung von wesentlichen Erweiterungen oder wesentlichen Änderungen des Unternehmens, der Anlage oder des Betriebes von der Unterwerfung des Unternehmens unter sämtliche Bestimmungen des Kleinb.-Ges. abhängig gemacht werden. Diese Bestimmung hat gleichfalls den Zweck, die Rechtsgleichheit unter den älteren und neuen Bahnen tunlichst zu fördern. Die Genehmigung kann von der Unterwerfung abhängig gemacht werden, aber sie braucht es nicht. Es ist dem fakultativen Ermessen der zuständigen Behörde überlassen, zu entscheiden, ob die Unterwerfung nach Lage des Falles zur Bedingung gemacht werden soll. Würde hiernach die Bedingung eine zu harte und unbillige sein oder eine wichtige — hiermit nicht im Verhältnis stehende — Verkehrsverbesserung anderenfalls nicht zu Stande kommen, so bleibt es der zuständigen Behörde überlassen, von dieser Bedingung abzusehen. Gleim (§ 53 Anm. 5) meint, die zuständige Behörde werde diese Bedingung jedenfalls dann stellen müssen, wenn die dem Unternehmer nach seiner früheren Genehmigung zustehenden Befugnisse mit dem zeitigen öffentlichen Interesse derart in Widerspruch stehen, daß mit allen zulässigen Mitteln auf ihre Beseitigung hingewirkt werden muß. Der Unternehmer hat gegen die ihm die qu. Bedingung auferlegende Verfügung der Behörde die Rechtsmittel des § 52.

In Betreff der Begriffe: „wesentliche Erweiterungen oder wesentliche Änderungen des Unternehmens, der Anlage oder des Betriebes“ wird auf § 2 Anm. 7 S. 50 Bezug genommen.

Hat die zuständige Behörde dem Unternehmer auf seinen Erweiterungs- oder Änderungsantrag erklärt, daß die Genehmigung von der Unterwerfung unter sämtliche Bestimmungen des Gesetzes abhängig gemacht werde, so bleibt es nunmehr diesem überlassen, entweder den Antrag auf Genehmigung zurückzuziehen und von der Unterwerfungserklärung Abstand zu nehmen oder diese Erklärung gegen Genehmigung des Antrags abzugeben. Für den letzteren Fall wird in Betreff der Voraussetzungen, Form und Rechtswirkungen der Erklärung auf die Erläuterungen zum Abs. 3 (Anm. 178 S. 482 ff.) Bezug genommen.

§ 53 Abs. 5. 180) Absatz 5 des § 53 enthält die obligatorische Vorschrift, daß der Zeitpunkt der Unterstellung unter dieses Gesetz öffentlich bekannt zu machen ist. Die Vorschrift richtet sich an die Behörde, nicht an die Unternehmer. Erstere ist verpflichtet, die Bekanntmachung zu bewirken. Es handelt sich um den Zeitpunkt der Unterstellung (s. Anm. 178 S. 483) in den Fällen der Abs. 3 und 4. Denn die Unterstellung unter die im Abs. 2 bezeichneten Gesetzesbestimmungen ist ex lege mit dem Inkrafttreten des Kleinbahngesetzes (§ 54) erfolgt, bedarf daher einer Bekanntmachung nicht. Nach der Ausf.-Anw. Abs. 2 zum § 53 Abs. 5 hat die Bekanntmachung durch das Amtsblatt der Regierung, in deren Bezirk die Bahn fällt, stattzufinden; mithin, wenn mehrere Regierungsbezirke beteiligt sind, in den Amtsblättern sämtlicher beteiligten Regierungen. Die Kosten der Bekanntmachung sind gemäß der in der Ausf.-Anw. 2b und c, Abs. 2 zu § 3 des Kleinb.-Ges. getroffenen Bestimmung dem Unternehmer zur Last zu legen (vgl. Erl. d. Min. d. öff. Arb. v. 30. Septbr. 1893 Min.-Bl. d. i. V. 1893, Nr. 10 S. 254). Die Bekanntmachung hat vor Eintritt des Zeitpunktes der Unterstellung zu erfolgen.

Die Folge der öffentlichen Bekanntmachung des Zeitpunktes ist, daß mit demselben alle Bestimmungen des Kleinb.-Ges., sowie die auf Grund desselben ergangenen Ausf.-Anweisungen rc. auf die betreffende Bahn volle Anwendung finden, ebenso die Bestimmungen der neuen Genehmigungsurkunde, falls eine solche gemäß der Ausf.-Anw. Abs. 1 zum § 53 Abs. 3 ausgestellt worden ist.

181) Absatz 6 des § 53 gibt dem an sich selbstverständlichen Grundsatz besonderen Ausdruck, daß wohlerworbene Rechte Dritter durch die Unterwerfung sc. des Unternehmers unter die Bestimmungen des Gesetzes nicht berührt werden. Denn es entspricht allgemeinen Rechtsregeln, daß ein jeder nur über eigene, nicht über Rechte Dritter verfügen, bezw. darauf verzichten kann. Hervorzuheben ist, daß Abs. 6 nur über wohlerworbene Rechte Dritter Bestimmung trifft. § 53 Abs. 6.

Was die wohlerworbenen Rechte des Unternehmers anlangt, so ist zu unterscheiden zwischen der ex lege erfolgenden Unterwerfung unter die im Abs. 2 bezeichneten Gesetzesbestimmungen und der in Folge seiner Willenserklärung gemäß Absatz 3 u. 4 stattfindenden Unterwerfung unter sämtliche Bestimmungen des Gesetzes. Im ersteren Falle (Abs. 2) geht die Annahme des Gesetzgebers dahin, daß die Unterwerfung unter diese Gesetzesbestimmungen wohlerworbene Rechte des Unternehmers nicht verletze. Ob und inwieweit diese Annahme für gerechtfertigt zu erachten ist, ist oben Anm. 177 S. 482 des näheren erörtert. In den Fällen des Abs. 3 u. 4 ist die Annahme begründet, daß der Unternehmer, indem er sich durch seine Willenserklärung sämtlichen Bestimmungen des Gesetzes unterwirft, auf die damit nicht vereinbaren Rechte verzichtet.

Hinsichtlich der wohlerworbenen Rechte Dritter besteht dagegen eine Unterscheidung zwischen den Fällen des Abs. 2 und der Abs. 3 u. 4 nicht. Gleichviel ob es sich um die Unterwerfung unter einzelne Gesetzesbestimmungen ex lege gemäß Abs. 2 oder um die Unterwerfung unter sämtliche Gesetzesbestimmungen kraft eigener Willenserklärung des Unternehmers gemäß Abs. 3 u. 4 handelt, in allen Fällen dürfen die wohlerworbenen Rechte Dritter durch die Unterwerfung nicht berührt werden. Aber es können damit nur private Rechte gemeint sein (s. oben Anm. 175 S. 475). Sind also Dritten — physischen oder juristischen Personen, Adjazenten, Gemeinden, Gesellschaften rc. — durch besondere Verträge und Zusicherungen oder durch die Genehmigung derartiger Rechte irgend welcher Art z. B. in Betreff des Erwerbes der Bahn, der Gewährung von Lagerplätzen, Abgaben an die Gemeinde, Geld- und Naturalleistungen rc. eingeräumt, so bleiben diese Rechte trotz der Unterwerfung des Unternehmers unter die Bestimmungen des Gesetzes unverändert fortbestehen und dürfen nicht beeinträchtigt werden. Insofern diese Rechte mit der Durchführung der gesetzlichen Bestimmungen nicht vereinbar sind oder kollidieren, müssen hiernach die letzteren zurücktreten und so lange außer Anwendung bleiben, bis die betr. Rechte im Wege gütlicher Vereinbarung oder durch Zeitablauf ihre Endschaft erreichen, oder in einer mit den gesetzlichen Bestimmungen vereinbaren Weise modifiziert oder, insoweit dies im Interesse des öffentlichen Wohles erforderlich, im Wege der Enteignung beseitigt sind (vgl. K. Hilse, Deutsch. Straßenb.- u. Kleinb.-Ztg. 1897 Nr. 16). Voraussetzung ist aber in allen Fällen, daß es wohlerworbene Rechte Dritter sind. Sind es nur precario oder tatsächlich eingeräumte Vergünstigungen rc. ohne rechtliche Grundlage oder öffentliche Rechte z. B. Aufsichts- und Genehmigungsrechte, betr. den Bau, Betrieb und die Verwaltung der Bahn, deren Ausübung in die durch das Kleinbahngesetz geordnete Zuständigkeit der Behörden eingreifen, bezw. mit dieser nicht vereinbar sein würde, so findet die Vorschrift des Abs. 6 keine Anwendung.

§ 54.[182])

Dieses Gesetz tritt bezüglich des § 40 am 1. April 1893, bezüglich aller anderen Bestimmungen am 1. Oktober 1892 in Kraft.[183])

§ 54 Prinzip u. Entstehung. **182**) Prinzip und Entstehungsgeschichte des § 54.

§ 54 bestimmt den Zeitpunkt des Inkrafttretens des Gesetzes. Hierbei ist aus den in Anm. 188 angeführten Gründen eine Unterscheidung getroffen zwischen denjenigen Bestimmungen, welche die Besteuerung der Kleinbahnen regeln (§ 40), und den anderen Bestimmungen des Gesetzes.

§ 54 Einziger Absatz. **183**) § 54 trennt in Betreff des Zeitpunktes des Inkrafttretens des Kleinbahn-Gesetzes die Bestimmungen über die Besteuerung der Kleinbahnen von den anderen Bestimmungen des Gesetzes. Bezüglich des § 40 ist bestimmt, daß das Gesetz am 1. April 1898 in Kraft tritt, bezüglich aller anderen Bestimmungen am 1. Oktober 1892. Die Verschiedenheit beruht darauf, daß auf die Besteuerung der Kleinbahn nach § 40 das Gewerbesteuergesetz vom 24. Juni 1891 Anwendung finden sollte, dessen Inkrafttreten auf den 1. April 1898 festgesetzt war, während für die anderen Bestimmungen das Inkrafttreten zu einem früheren Zeitpunkt mit Rücksicht auf die zu gewärtigenden Vorteile des Gesetzes für wünschenswert erachtet und deshalb als solcher der 1. Oktober 1892 gewählt wurde.

§ 55.[184])

Mit der Ausführung dieses Gesetzes werden der Minister der öffentlichen Arbeiten und der Minister des Innern betraut.[185])

Urkundlich unter Unserer Höchsteigenhändigen Unterschrift und beigedrucktem Königlichen Insiegel.

Gegeben Marmor-Palais, den 28. Juli 1892.

(L. S.) Wilhelm R.

Graf zu Eulenburg. von Boetticher. Herrfurth. von Schelling. Freiherr von Berlepsch. Miquel. von Kaltenborn. von Heyden. Thielen. Bosse.

1) Ausführungsanweisung vom 13. August 1898.[186])

Zu § 55.

Diese Anweisung nebst den zugehörigen Betriebsvorschriften (Anlage 3) tritt unter Aufhebung der Anweisungen vom 22. August 1892 und 19. November 1892 (zu § 8 Abs. 1 und § 9 des Gesetzes) für die Erteilung neuer Genehmigungen (auch bei wesentlichen Änderungen im Sinne des § 2 des Gesetzes) sofort in Kraft. Auf schon genehmigte Kleinbahnen findet sie unbeschadet der konzessionsmässigen Rechte der Unternehmer vom 1. Januar 1899 ab Anwendung.

§ 55 Prinzip. **184**) Prinzip und Entstehungsgeschichte des § 55.

I. Prinzip. Das Gesetz hat sich seiner Tendenz nach bei der Regelung der Rechtsverhältnisse der Kleinbahnen und Privatanschlußbahnen im wesentlichen auf die Aufstellung allgemeiner Grundsätze beschränkt und die Ausgestaltung im Einzelnen der administrativen Regelung und der Praxis überlassen. Mit der hiernach erforderlichen Ausführung des Gesetzes, d. h. mit den Maßnahmen, welche zur Handhabung und Anwendung desselben in Gestalt von Verfügungen, Anweisungen, Einrichtungen notwendig und angemessen erscheinen, sind durch § 55 die Minister der öffentlichen Arbeiten und des Innern betraut worden.

II. Entstehung. § 55 hat in seiner gegenwärtigen Fassung bereits in dem Regierungs-Entwurf (§ 52) Aufnahme gefunden und ist in den Beratungen beider Häuser unverändert beibehalten worden. § 55 Entstehung.

185) Durch § 55 werden der Minister der öffentlichen Arbeiten und der Minister des Innern mit der Ausführung dieses Gesetzes betraut. Es wird hierdurch beiden Ministern durch das Gesetz die Ermächtigung erteilt, alle Maßnahmen und Verfügungen zu treffen, welche zur Handhabung und Anwendung des Gesetzes erforderlich erscheinen. Dahin gehörte vornehmlich die Regelung des Verfahrens der zuständigen Behörden bei der Prüfung, Genehmigung und Beaufsichtigung der Klein- und Privatanschlußbahnen, bei dem Benehmen mit anderen beteiligten Behörden, die Feststellung der Grundsätze bei der Wahrnehmung der dem Staate zustehenden Rechte und der Erfüllung der ihm obliegenden Verpflichtungen, die Ergänzung des Gesetzes in denjenigen Beziehungen, in welchem dasselbe offensichtlich Raum für die administrative Regelung auf Grund der gesetzlichen Bestimmungen gelassen hat. Es kommen hierbei aber folgende Gesichtspunkte in Betracht: § 55 Einziger Absatz.

1. Alle zur Ausführung des Gesetzes ergehenden Verfügungen, Anweisungen und Erläuterungen der genannten Minister müssen sich grundsätzlich im Rahmen des Gesetzes und auf der Grundlage des Gesetzes bewegen, derartig, daß sie nur einen das Gesetz ausführenden, d. h. ergänzenden und deklaratorischen Charakter tragen dürfen und daher ungültig sind, insoweit sie das Gesetz abändern, demselben widersprechen oder mit den Bestimmungen desselben nicht vereinbar sind. Dies würde insbesondere auch dann der Fall sein, wenn im Wege der Ausführungsanweisung dem Unternehmer schwerere, lästigere oder andere Verpflichtungen auferlegt würden, als die im Gesetze bestimmten, und zwar selbst, wenn dies gegen entsprechende anderweite Erleichterungen geschehen sollte.

2. Sodann liegt es nach der Fassung des § 55 unverkennbar in der Absicht des Gesetzes, daß die Ausführung desselben mit Rücksicht auf das enge Ineinandergreifen und den Zusammenhang der Interessen der hauptsächlich beteiligten Ressorts der öffentl. Arbeiten und des Innern von beiden Ministern zusammen ausgehen. Indes ist doch nicht ausgeschlossen, daß auch Ausführungsverfügungen von einem der genannten Minister allein erlassen werden, insbesondere in Fällen, in welchen nur das eigene Ressort in Frage kommt und es sich um ein Internum desselben handelt. Andererseits steht aber auch die Vorschrift des § 55 der Mitwirkung und Zuziehung anderer Ressorts bei der Ausführung des Gesetzes, z. B. der Militär-, Post-, Telegraphen-Verwaltung nicht entgegen.

3. Von diesen Gesichtspunkten aus sind von den Ministern der öffentlichen Arbeiten und des Innern gemeinsam auf Grund des § 55 die Ausführungsanweisungen vom 22. August 1892, 19. November 1892, 22. April 1898, 18. August 1898, 29. November 1900 erlassen worden. Es sind aber auch von jedem der beiden Minister allein Ausführungs- und deklaratorische Verfügungen zu den einzelnen Bestimmungen des Gesetzes ergangen. Auf diese Ausführungs-

Anweisungen und Verfügungen ist bei den bezüglichen Paragraphen des Gesetzes und den Erläuterungen derselben entsprechend Bezug genommen.

186) Die Ausf.-Anw. zu § 55 trifft Bestimmung über 1. das Inkrafttreten der neuen Ausführungsanweisung vom 13. August 1898 und 2. die Anwendung derselben auf schon genehmigte Kleinbahnen.

1. Nach Satz 1 tritt die Anweisung vom 13. August 1898 nebst den zugehörigen Betriebsvorschriften für die Erteilung neuer Genehmigungen sowie auch bei wesentlichen Änderungen (§ 2) sofort in Kraft, d. h. mit dem Tage der Veröffentlichung. Die älteren Anweisungen vom 22. August 1892 und 19. November 1892 sind von diesem Zeitpunkte ab aufgehoben. Genehmigungen, welche nach diesem Zeitpunkte erteilt, bezw. Genehmigungsurkunden, welche nach diesem Zeitpunkte ausgehändigt werden (§ 15), müssen allen Bedingungen und Vorbehalten entsprechen, welche die neue Ausführungsanweisung vorschreibt, also für nebenbahnähnliche Kleinbahnen insbesondere auch den Vorschriften über die Bildung von Erneuerungs- und Spezialreservefonds (zu § 11) und den Betriebsvorschriften (zu § 22 Abs. 4 und Anlage 3), für alle für den Betrieb mit mechanischen Motoren eingerichteten Kleinbahnen den Vorschriften über Leistungen für die Militärverwaltung (zu § 9). Ebenso müssen von da ab die Genehmigungsanträge den Vorschriften über technische Unterlagen (zu § 5) genügen, die schwebenden Anträge auf Erfordern demgemäß ergänzt werden und bei Bahnen in der Nähe von Festungen den Bestimmungen des § 8 entsprechen. Alles dies gilt nicht nur für neue Genehmigungen, sondern auch für die Genehmigung wesentlicher Aenderungen bestehender Genehmigungen im Sinne des § 2. Dies durfte gemäß § 58 Abs. 4 angeordnet werden.

2. Nach Satz 2 findet die Anweisung vom 13. August 1898 auf schon genehmigte, d. h. am 13. August 1898 mit Genehmigungsurkunde versehene Kleinbahnen vom 1. Januar 1899 ab Anwendung, jedoch unbeschadet der konzessionsmäßigen Rechte. Darnach treten für diese Bahnen die neuen Betriebsvorschriften (bei nebenbahnähnlichen Kleinbahnen) erst am 1. Januar 1899 in Kraft, und auch dann nur insoweit, als nicht neue bauliche, über den festgestellten Bauplan hinausgehende Anlagen und Betriebsmittel dadurch erfordert werden. Ebenso kann die Errichtung von Erneuerungs- und Spezialreservefonds nicht gefordert werden, wie dies übrigens schon aus der Bestimmung zu § 11 Abs. 3: „ist durch die Genehmigungsurkunde aufzugeben" hervorgeht; ferner nicht die Erfüllung der zu §§ 8 und 9 vorgeschriebenen Leistungen im Interesse der Landesverteidigung, soweit sie das in den Konzessionen vorbehaltene Maß überschreiten. Unterwerfen sich aber bereits genehmigte Kleinbahnen den sämtlichen Bestimmungen des Kleinbahngesetzes freiwillig (§ 58 Abs. 3) oder in Gemäßheit des § 58 Abs. 4, so müssen sie sich auch den bezüglichen Bestimmungen der Ausführungsanweisung fügen. Bei Aktiengesellschaften und Kommanditgesellschaften auf Aktien, welche Unternehmer nebenbahnähnlicher Kleinbahnen sind, ist zu beachten, daß die Unterwerfung möglicherweise die Bedingung der Bildung eines Erneuerungsfonds und eines Spezialreservefonds zur Folge haben kann, diese aber nur durch Statutänderung, also auf Beschluß der Generalversammlung eingeführt werden können. (§ 11 S. 188, 189.)

Anhang.

I.

Betriebsvorschriften für Kleinbahnen mit Maschinenbetrieb

(zu § 22 Abs. 4 der Ausf.=Anw. vom 13. August 1898 zu dem Gesetze über Kleinbahnen und Privatanschlußbahnen vom 28. Juli 1892).

[Hierzu eine Tafel.]

I. Zustand der Bahn.

§ 1. Geleise.

1. Für Vollspurbahnen soll die Spurweite, im Lichten zwischen den Schienenköpfen gemessen, in geraden Geleisen 1,435 m betragen, für Schmalspurbahnen 1,000 m oder 750 mm oder 600 mm.

2. Ausnahmen regeln sich nach der Ausf.=Anw. zu § 9 unter A (Ziffer 5).

§ 2. Längsneigung.

Die Längsneigung der Bahn soll bei Reibungsbahnen das Verhältnis von 40‰ (1 : 25) in der Regel nicht überschreiten. Bei vollspurigen Zahnradbahnen, auf welche Betriebsmittel von Haupt= und Nebeneisenbahnen übergehen, soll die Längsneigung nicht über 100‰ (1 : 10), bei allen anderen Zahnradbahnen nicht über 250‰ (1 : 4) betragen. Stärkere Neigungen sind zulässig. Es sind jedoch in solchen Fällen ergänzende, von den Ergebnissen eines Probebetriebes abhängig zu machende Sicherheitsvorschriften, deren Festsetzung durch die eisenbahntechnische Aufsichtsbehörde zu erfolgen hat, vorzubehalten.

§ 3. Krümmungen.

1. Der Halbmesser der Krümmungen auf freier Strecke soll in der Regel bei Vollspurbahnen nicht kleiner als 100 m sein, bei Schmalspurbahnen mit

1 m	Spurweite	nicht	kleiner	als	50 m,
750 mm	„	„	„	„	40 m,
600 mm	„	„	„	„	30 m.

2. Kleinere Halbmesser sind zulässig, sofern Maschinen und Wagen derartig gebaut sind, daß sie Krümmungen mit den zugelassenen Halbmessern anstandslos durchfahren können.

§ 4. Spurerweiterungen.

1. In Krümmungen darf die Spurerweiterung bei Vollspurbahnen das Maß von 35 mm nicht überschreiten.

2. Die Spurerweiterung darf bei Schmalspurbahnen mit
1 m Spurweite das Maß von 25 mm,
750 mm „ „ „ „ 20 mm,
600 mm „ „ „ „ 18 mm.
nicht überschreiten, sofern die Betriebsmittel nicht besonders für größere Spurerweiterungen eingerichtet sind.

§ 5. Fahrbarer Zustand der Bahn.

1. Die Bahn ist fortwährend in einem solchen baulichen Zustande zu halten, daß jede Strecke, soweit sie sich nicht in Ausbesserung befindet, ohne Gefahr mit der für sie festgesetzten größten Geschwindigkeit (§ 24) befahren werden kann.

2. Bahnstrecken, auf welchen zeitweise die für sie zulässige Fahrgeschwindigkeit ermäßigt werden muß, sind durch Signale zu kennzeichnen und unfahrbare Strecken, auch wenn kein Zug erwartet wird, durch Signale abzuschließen.

§ 6. Umgrenzung des lichten Raumes und der Betriebsmittel.

1. Für Vollspurbahnen ist die Umgrenzung des lichten Raumes in Übereinstimmung mit den Vorschriften der Bahnordnung für die Nebeneisenbahnen Deutschlands nach den auf der Anlage A (Tafel I) dargestellten Umrißlinien einzuhalten. Die gleichen Vorschriften gelten für die Umgrenzung der Betriebsmittel.

2. Für solche Schmalspurbahnen, auf welchen Güterwagen der Vollspurbahnen mittels besonderer Fahrzeuge (Rollschemel) befördert werden sollen, ist die durch Absatz 1 vorgeschriebene Umgrenzung des lichten Raumes in den Höhen- und Breitenabmessungen von der Unterkante der Radlaufkreise des auf dem Rollschemel stehenden Vollspurbahnwagens ab einzuhalten. Hierbei ist, je nach der Höhe und Breite der zu befördernden Wagen und der Art ihrer Beladung, eine Einschränkung der gesamten Höhe und Breite des lichten Raumes zulässig.

3. Für Schmalspurbahnen, auf welche Fahrzeuge der Vollspurbahnen nicht übergeführt werden sollen, ist die Umgrenzung des lichten Raumes von Fall zu Fall nach den zu verwendenden Betriebsmitteln zu bemessen. Die auf Anlage B (Tafel I) dargestellten Abmessungen gelten als Mindestmaß. Bei ihrer Anwendung dürfen die festen Teile der Betriebsmittel nur soweit an die Umgrenzung heranreichen, daß in einer Höhe von 100 mm bis 1 m über Schienenoberkante ein Abstand von 30 mm, in weiterer Höhe überall ein Abstand von 100 mm verbleibt.

4. Für Vollspurbahnen mit Zahnradbetrieb darf eine Erhöhung der Zahnstange über die Schienenoberkante bis zu 100 mm in einer größten Breite von 250 mm beiderseits der Geleismitte stattfinden, ist aber auf Strecken ohne Zahnstange wegzulassen.

5. Für schmalspurige Zahnradbahnen ist die wegen der Anordnung der Zahnstange erforderliche Einschränkung des lichten Raumes für jedes Unternehmen besonders zu bestimmen.

6. Bei Anordnung der Umgrenzungen ist in Krümmungen auf die Spurerweiterung der Geleise sowie auf die Überhöhung der äußeren Schiene Rücksicht zu nehmen.

7. Bei Bahnen, welche nur dem Güterverkehr dienen sollen, sowie an Ladegeleisen der Stationen kann eine Einschränkung des lichten Raumes zugelassen werden. Seine Umgrenzung ist in solchen Fällen nach den Abmessungen der zur Verwendung kommenden Betriebsmittel besonders zu bestimmen.

8. Bei vollspurigen Geleisen müssen die bis zu 50 mm über Schienenoberkante hervortretenden, unbeweglichen Gegenstände außerhalb des Geleises mindestens 150 mm von der Innenkante des Schienenkopfes entfernt bleiben; bei unveränderlichem Abstande derselben von der Fahrschiene darf dies Maß auf 135 mm eingeschränkt werden. Innerhalb des Geleises muß ihr Abstand von der Innenkante des Schienenkopfes mindestens 67 mm betragen, jedoch kann dieser Abstand bei Zwangsschienen nach dem mittleren Teile hin allmählich bis auf 41 mm eingeschränkt werden. In gekrümmten Strecken mit Spurerweiterung muß der Abstand der innerhalb des Geleises hervortretenden, unbeweglichen Gegenstände von der Innenkante des Schienenkopfes um den Betrag der Spurerweiterung größer sein als die vorgenannten Maße.

§ 7. Einfriedigungen der Bahn.

Einfriedigungen der Bahn sowie Sicherheitsvorrichtungen an Wegeübergängen und Wegen sind nur ausnahmsweise herzustellen, wenn und wo dies durch besondere örtliche Verhältnisse bedingt erscheint.

§ 8. Abteilungszeichen, Neigungszeiger, Merkzeichen.

1. Die Bahn muß mit Abteilungszeichen versehen sein, welche Entfernungen von ganzen Kilometern angeben.

2. Bei mehr als 500 m langen Neigungen von mehr als 10⁰/₀₀ (1 : 100) sind an den Gefällwechseln Neigungsanzeiger anzubringen.

3. Krümmungen mit einem kleineren Halbmesser als:

bei	1,435 m	Spurweite	150 m,
„	1 m	„	100 m,
„	750 mm	„	80 m,
„	600 mm	„	60 m

sind auf denjenigen Strecken zu bezeichnen, welche mit einer Geschwindigkeit von mehr als 20 km in der Stunde befahren werden.

4. Ob und wo vor den in Schienenhöhe liegenden, unbewachten Wegeübergängen ein Kennzeichen anzubringen ist, welches dem Maschinenführer eines die Strecke befahrenden Zuges die Annäherung an einen derartigen Übergang anzeigt, ist für jeden Übergang besonders zu bestimmen.

5. Zwischen zusammenlaufenden Schienensträngen muß ein Merkzeichen angebracht sein, welches die Stelle angibt, über die hinaus auf dem einen Geleise Fahrzeuge mit keinem ihrer Teile vorgeschoben werden dürfen, ohne daß der Durchgang von Fahrzeugen auf dem anderen Geleise gehindert wird.

6. Die Sicherungseinrichtungen und Maßregeln bei Kreuzungen in Schienenhöhe der Kleinbahnen untereinander sind für jede Kreuzung besonders vorzuschreiben. Der eisenbahntechnischen Aufsichtsbehörde ist hierbei die Befugnis zu Abänderungen, welche etwa nach den Ergebnissen des Betriebes sich als notwendig erweisen sollten, vorzubehalten.

II. Zustand, Unterhaltung und Untersuchung der Betriebsmittel.

§ 9. Zustand der Betriebsmittel.

Die Betriebsmittel müssen fortwährend in einem solchen Zustande gehalten werden, daß die Fahrten mit der größten zulässigen Geschwindigkeit (§ 24) ohne Gefahr stattfinden können.

§ 10. Einrichtung der Maschinen.

1. Für jede Maschine ist nach Maßgabe ihrer Bauart eine Fahrgeschwindigkeit vorzuschreiben, welche in Rücksicht auf die Sicherheit niemals überschritten werden darf. Diese Geschwindigkeit muß an der Maschine angezeichnet sein.

2. An jedem Dampfkessel muß sich eine Einrichtung znm Anschlusse eines Prüfungsmanometers befinden, durch welches die Belastung der Sicherheitsventile und die Richtigkeit der Federwagen und Manometer geprüft werden kann.

3. Jede Lokomotive muß versehen sein:

a) Mit mindestens zwei zuverlässigen Vorrichtungen zur Speisung des Kessels, welche unabhängig voneinander in Betrieb gesetzt werden können, und von denen jede für sich während der Fahrt imstande sein muß, das zur Speisung erforderliche Wasser zuzuführen. Eine dieser Vorrichtungen muß geeignet sein, auch beim Stillstande der Lokomotive dem Kessel Wasser zuzuführen.

b) Mit mindestens zwei von einander unabhängigen Vorrichtungen zur zuverlässigen Erkennung der Wasserstandshöhe im Innern des Kessels. Bei einer dieser Vorrichtungen muß die Höhe des Wasserstandes vom Stande des Führers ohne besondere Proben fortwährend erkennbar und eine in die Augen fallende Marke des niedrigsten zulässigen Wasserstandes angebracht sein.

c) Mit wenigstens zwei Sicherhettsventilen, von welchen das eine so eingerichtet sein soll, daß die Belastung desselben nicht über das bestimmte Maß gesteigert werden kann. Die Sicherheitsventile sind so einzurichten, daß sie vom gespannten Dampfe nicht weggeschleudert werden können, wenn eine unbeabsichtigte Entlastung derselben eintritt. Die Einrichtung der Sicherheitsventile muß denselben eine senkrechte Bewegung von 3 mm gestatten.

d) Mit einer Vorrichtung (Manometer), welche den Druck des Dampfes zuverlässig und ohne Anstellung besonderer Proben fortwährend erkennen läßt. Auf den Zifferblättern der Manometer muß der höchste zuverlässige Dampfüberdruck durch eine in die Augen fallende Marke bezeichnet sein.

e) Mit einer Dampfpfeife und mit einer Läutevorrichtung.

§ 11. Abnahmeprüfung und wiederkehrende Untersuchungen der Dampf-Lokomotiven.

1. Neue oder mit neuen Kesseln versehene Lokomotiven dürfen erst in Betrieb gesetzt werden, nachdem sie der vorgeschriebenen Prüfung unterworfen und als sicher befunden sind. Der hierbei als zulässig erkannte höchste Dampfüberdruck, sowie der Name des Fabrikanten der Lokomotive und des Kessels, die laufende Fabriknummer und das Jahr der Anfertigung müssen in leicht erkennbarer und dauerhafter Weise an der Lokomotive bezeichnet sein.

2. Nach jeder umfangreicheren Ausbesserung des Kessels, im übrigen in Zeitabschnitten von höchstens drei Jahren, sind die Lokomotiven in allen Teilen einer gründlichen Untersuchung zu unterwerfen, mit welcher eine Kesseldruckprobe zu verbinden ist. Diese Zeitabschnitte sind vom Tage der Inbetriebsetzung nach beendeter Untersuchung bis zum Tage der Außerbetriebsetzung zum Zweck der nächsten Untersuchung zu bemessen.

3. Bei den Druckproben ist der Kessel vom Mantel zu entblößen, mit Wasser zu füllen und mittels einer Druckpumpe zu prüfen. Der Probedruck soll den höchsten zulässigen Dampfüberdruck um fünf Atmosphären übersteigen.

4. Kessel, welche bei dieser Probe ihre Form bleibend ändern, dürfen in diesem Zustande nicht wieder in Dienst genommen werden.

5. Bei jeder Kesselprobe ist gleichzeitig die Richtigkeit der Manometer und Ventilbelastungen der Lokomotiven zu prüfen.

6. Der angewendete Probedruck ist mittels eines Prüfungsmanometers zu messen, welches in angemessenen Zeitabschnitten auf seine Richtigkeit untersucht werden muß.

7. Längstens acht Jahre nach Inbetriebsetzung eines Lokomotivkessels muß eine innere Untersuchung desselben vorgenommen werden, bei welcher die Siederohre zu entfernen sind. Nach spätestens je 6 Jahren ist diese Untersuchung zu wiederholen.

8. Über die Ergebnisse der Kesseldruckproben und der sonstigen mit den Lokomotiven vorgenommenen Untersuchungen ist Buch zu führen.

§ 12. Bahnräumer, Aschkasten, Funkenfänger.

1. An der Stirnseite der Maschinen sowohl wie an der Rückseite müssen Bahnräumer angebracht sein. Zahnradmaschinen sollen außerdem mit Bahnräumern vor den Zahnrädern versehen sein. In geeigneten Fällen sind Schutzkasten als Bahnräumer anzubringen.

2. Dampflokomotiven müssen mit einem verschließbaren Aschkasten und mit Vorrichtungen versehen sein, welche den Auswurf glühender Kohlen aus dem Aschkasten und dem Schornstein zu verhüten bestimmt sind.

§ 13. Bremsen der Maschine.

Die Maschinen müssen ohne Rücksicht auf etwa vorhandene, anderweite Bremsvorrichtungen mit einer Handbremse versehen sein, die jederzeit leicht und schnell in Tätigkeit gesetzt werden kann.

§ 14. Federn, Zug- und Stoßvorrichtungen.

Sämtliche Wagen, mit Ausnahme der nur in Arbeitszügen sowie der im reinen Güterverkehr mit nicht mehr als 20 km Fahrgeschwindigkeit laufenden, müssen mit Tragfedern sowie an beiden Stirnseiten mit federnden Zug- und Stoßvorrichtungen versehen sein.

§ 15. Spurkränze.

Sämtliche Räder müssen Spurkränze haben, mit Ausnahme der Räder an den Mittelachsen der dreiachsigen Maschinen und Wagen.

§ 16. Stärke der Radreifen.

1. Auf Vollspurbahnen muß bei den Maschinen die Stärke der Radreifen mindestens 20 mm betragen, bei Wagen können die Radreifen bis auf 16 mm abgenutzt werden. Die Stärke der Reifen ist in der senkrechten Ebene des Laufkreises zu messen, welche 750 mm von der Mitte der Achse entfernt anzunehmen ist. Bei Rädern, deren Reifen durch eine Befestigungsnut unter der der Abnutzung

unterworfenen Fläche geschwächt sind, müssen noch an der schwächsten Stelle die bezeichneten Maße innegehalten werden.

2. Auf Schmalspurbahnen muß die Stärke der Radreifen der Maschinen mindestens 12 mm, die der Wagen mindestens 10 mm betragen.

§ 17. Untersuchung der Wagen.

1. Es dürfen nur solche Wagen in Gebrauch genommen werden, welche den nach § 4,1 des Gesetzes genehmigten Entwürfen entsprechen.

2. Jeder Wagen ist von Zeit zu Zeit durch den Unternehmer einer gründlichen Untersuchung zu unterwerfen, bei welcher die Achsen, Lager und Federn abgenommen werden müssen. Diese Untersuchung hat spätestens drei Jahre nach der ersten Ingebrauchnahme oder nach der letzten Untersuchung zu erfolgen.

§ 18. Bezeichnung der Wagen.

Jeder Wagen muß Bezeichnungen haben, aus welchen zu ersehen ist:

a) die Kleinbahn, zu welcher er gehört;
b) das eigene Gewicht einschließlich der Achsen und Räder und ausschließlich der losen Ausrüstungsgegenstände;
c) bei Güter- und Gepäckwagen das Ladegewicht und die Tragfähigkeit;
d) der Zeitpunkt der letzten Untersuchung.

III. Einrichtungen und Maßregeln für die Handhabung des Betriebes.

§ 19. Bewachung der Bahn.

1. Die Bahnstrecke muß mindestens einmal an jedem Tage auf ihren ordnungsmäßigen Zustand untersucht werden, sofern die zulässige Fahrgeschwindigkeit der Züge mehr als 20 km in der Stunde beträgt, bei geringeren Fahrgeschwindigkeiten ist die Untersuchung mindestens jeden dritten Tag vorzunehmen. Für Zahnstangenstrecken bestimmt die vorzunehmenden Untersuchungen die eisenbahntechnische Aufsichtsbehörde.

2. Bei Annäherung eines Zuges oder einer einzeln fahrenden Maschine an einen in Schienenhöhe liegenden, unbewachten Wegeübergang hat der Maschinenführer von der etwa gekennzeichneten Stelle an oder, sofern Kennzeichen nicht angebracht sind, in angemessener Entfernung bis nach Erreichung des Überganges die Läutevorrichtung in Tätigkeit zu halten oder ein anderes Warnungszeichen zu geben. Gleiches gilt, wenn Menschen oder Fuhrwerke auf der Bahn oder in gefahrdrohender Nähe derselben bemerkt werden. Ob und wo vor dem Überfahren derartiger Übergänge verlangsamtes Fahren oder vorheriges Halten der Züge erfolgen soll, bestimmt die eisenbahntechnische Aufsichtsbehörde im Einvernehmen mit der Genehmigungsbehörde.

3. Von der Bedienung und Beleuchtung von Weichen kann in der Regel abgesehen werden, wenn sie unter Verschluß gehalten werden.

§ 20. Stärke der Züge.

1. Auf vollspurigen Bahnen sollen nicht mehr als 80 Wagenachsen, auf Schmalspurbahnen vom 1 m Spurweite höchstens 60, von 750 mm und 600 mm Spurweite höchstens 50 Wagenachsen in einem Zuge laufen.

2. Auf Zahnradbahnen darf zur Beförderung eines Zuges nur eine Maschine verwendet werden, auf Reibungsbahnen dagegen außer der Maschine an der Spitze

des Zuges und einer etwaigen Vorspannmaschine noch eine an seinem Schluß, jedoch nur bei Güterzügen, sowie zum Ingangsetzen von Personenzügen in den Stationen.

§ 21. Zahl der Bremsen eines Zuges.

1. In jedem Zuge müssen außer den Bremsen an der Maschine so viele Bremsen bedient oder auf andere Weise wirksam zu machen sein, daß mindestens der aus nachstehendem Verzeichnisse zu berechnende Teil der im Zuge befindlichen Wagenachsen gebremst werden kann.

Auf Neigungen		Bei einer Fahrgeschwindigkeit von		
		15	20	30
von ‰	vom Verhältnis	Kilometern in der Stunde müssen von je 100 Wagenachsen zu bremsen sein:		
0	1 : ∞	6	6	6
2,5	1 : 400	6	6	9
5,0	1 : 200	6	7	12
7,5	1 : 133	8	10	15
10	1 : 100	10	13	18
12,5	1 : 80	13	15	21
15	1 : 66	15	18	24
17,5	1 : 57	18	21	27
20	1 : 50	20	23	31
22,5	1 : 44	22	26	34
25	1 : 40	25	29	37
30	1 : 33	30	34	43
35	1 : 28	34	39	49
40	1 : 25	39	45	56

2. Bei der hiernach auszuführenden Berechnung der Zahl der zu bremsenden Wagenachsen ist folgendes zu beachten:

a) für Fahrgeschwindigkeiten und Neigungen, welche zwischen den in dem Verzeichnisse aufgeführten liegen, gilt jedesmal die größte der dabei in Frage kommenden Bremszahlen;

b) die Anzahl der zu bremsenden Wagenachsen ist für die stärkste, auf der fraglichen Strecke vorkommende Bahnneigung (Steigung oder Gefälle), welche sich ununterbrochen auf eine Länge von 1000 m oder darüber erstreckt, zu bestimmen. Erreicht die stärkste vorkommende Neigung an keiner Stelle die Länge von 1000 m, so ist die gerade Verbindungslinie zwischen denjenigen zwei Punkten des Längenschnitts, welche bei 1000 m Entfernung den größten Höhenunterschied zeigen, als stärkstgeneigte Strecke anzusehen;

c) als maßgebende Fahrgeschwindigkeit ist diejenige anzunehmen, welche der Zug auf der die Höchststeigung enthaltenden Strecke erreichen darf;

d) sowohl bei Zählung der vorhandenen Wagenachsen, als auch bei Feststellung der erforderlichen Bremsachsen ist eine unbeladene Güterwagenachse als halbe Achse zu rechnen. Die Achsen von Personen-, Post- und Gepäckwagen sind stets voll in Ansatz zu bringen;

e) der bei Berechnung der Anzahl der zu bremsenden Wagenachsen sich etwa ergebende, überschießende Bruchteil ist, wenn er größer ist als ein Halb, stets als ein Ganzes zu rechnen, anderenfalls zu vernachlässigen.

3. Für Bahnstrecken, welche stärkere Neigungen als 40‰ (1 : 25) haben, sind für das Bremsen der Züge von der eisenbahntechnischen Aufsichtsbehörde besondere Vorschriften zu erlassen. Gleiches gilt für Züge und Wagen, welche auf längeren Strecken ausschließlich durch die Schwerkraft oder mit Hilfe stehender Maschinen bewegt werden, sowie für Zahnrad- und andere Bahnen von außergewöhnlicher Bauart.

4. Den Stationsbediensteten sowie den Zugbediensteten ist schriftlich bekannt zu geben, der wievielte Teil der Wagenachsen auf jeder Strecke bei der zugelassenen höchsten Fahrgeschwindigkeit zu bremsen ist.

§ 22. Bildung der Züge.

Bei Bildung der Züge ist darauf zu achten, daß die Wagen gehörig zusammengekuppelt sind, die Belastung in den einzelnen Wagen tunlichst gleichmäßig verteilt ist, die nötigen Signalvorrichtungen angebracht, die erforderlichen Bremsen bedienbar, bedient und tunlichst gleichmäßig im Zuge verteilt sind.

§ 23. Erleuchtung der Wagen.

Das Innere der zur Beförderung von Personen benutzten Wagen ist während der Fahrt bei Dunkelheit angemessen zu erleuchten.

§ 24. Größte zulässige Fahrgeschwindigkeit.

1. Die größte zulässige Fahrgeschwindigkeit für Züge und einzelne Maschinen darf in der Regel bei Bahnen mit

1,435 m	Spurweite	30 km,
1 m	"	30 "
750 mm	"	25 "
600 mm	"	20 "
bei Zahnradbahnen		15 "

in der Stunde nicht übersteigen.

2. Größere Fahrgeschwindigkeiten können mit Genehmigung des Ministers der öffentlichen Arbeiten zugelassen werden, sofern ein Verkehrsbedürfnis dafür nachweisbar ist. Über die in solchen Fällen vorzuschlagende Ergänzung der Sicherheitsvorschriften bleibt die Entscheidung dem Minister der öffentlichen Arbeiten vorbehalten.

§ 25. Langsamfahren.

1. Wenn ein Zeichen zum Langsamfahren gegeben ist oder ein Hindernis auf der Bahn bemerkt wird, muß die Fahrgeschwindigkeit in einer den Umständen angemessenen Weise ermäßigt werden.

2. Auf Strecken, in welchen eine Drehbrücke liegt oder welche wegen scharfer Krümmungen, starker Neigungen oder aus sonstigem Grunde stets mit besonderer Vorsicht befahren werden müssen, ist die größte zulässige Geschwindigkeit für die einzelnen Zuggattungen von der eisenbahntechnischen Aufsichtsbehörde festzusetzen.

§ 26. Abfahrt der Züge.

1. Kein Zug darf eine Station verlassen, bevor die Abfahrt von dem zuständigen Bediensteten gestattet ist.

2. Bei einer Fahrgeschwindigkeit von mehr als 15 km in der Stunde darf ein fahrplanmäßiger Zug einem anderen in derselben Richtung abgelassenen Zuge in der Regel nur in Stationsabstand — nach Ablauf der planmäßigen Fahrzeit des voraufgegangenen Zuges — und zwar nur mit einer um 5 km in der Stunde verringerten Fahrgeschwindigkeit folgen. Für unübersichtliche oder mit starken Neigungen behaftete Strecken, sowie für ungünstige Witterungsverhältnisse kann die eisenbahntechnische Aufsichtsbehörde weitere Einschränkungen vorschreiben.

§ 27. Sonderzüge.

Sonderzüge und einzelne Maschinen, welche den beteiligten Stationen sowie dem etwa vorhandenen Bahnbewachungspersonal nicht vorher angekündigt sind, dürfen mit keiner größeren Geschwindigkeit als 10 km in der Stunde fahren.

§ 28. Schieben der Züge.

Das Schieben von Zügen auf freier Strecke, an deren Spitze sich eine führende Maschine nicht befindet, ist auf Reibungsbahnen nur dann zulässig, wenn ihre Stärke nicht mehr als 40 Wagenachsen beträgt und ihre Geschwindigkeit 15 km in der Stunde nicht übersteigt. Der vorderste Wagen muß alsdann mit einem wachthabenden Bediensteten besetzt sein, welcher vor unbewachten Übergängen oder, wo sonst das Bedürfnis eintritt, ein weithin hörbares Warnungszeichen mittels Glocke, Horn oder dergleichen abzugeben hat. Für Zahnradbahnen werden die betreffenden Vorschriften von der eisenbahntechnischen Aufsichtsbehörde erlassen.

§ 29. Begleitpersonal.

Das Begleitpersonal darf während der Fahrt nur einem Bediensteten untergeordnet sein.

§ 30. Stillstehende Maschinen und Wagen.

1. Stillstehende, fahrfertige Maschinen müssen stets unter Aufsicht stehen.

2. Die ohne ausreichende Aufsicht, sowie die über Nacht auf den Geleisen verbleibenden Wagen sind durch geeignete Vorrichtungen festzustellen.

§ 31. Mitfahren auf der Maschine.

Ohne Erlaubnis der zuständigen Bediensteten darf außer den durch ihren Dienst dazu berechtigten Personen niemand auf der Maschine mitfahren.

§ 32. Gebrauch der Signalpfeife rc.

1. Der Gebrauch der Dampfpfeife oder der Preßluftpfeife ist auf die im § 38 vorgeschriebenen Signale sowie außergewöhnliche Fälle zu beschränken.

2. In der Nähe einer dem öffentlichen Verkehr dienenden Straße soll vorzugsweise die Läutevorrichtung der Maschine oder ein anderes Warnungszeichen zur Anwendung kommen. Das Öffnen der Zylinderhähne der Dampflokomotiven ist an solchen Stellen zu vermeiden.

§ 33. Führung der Maschine.

1. Die Führung der Maschine darf nur solchen Personen übertragen werden, welche eine förmliche Prüfung abgelegt haben und sich durch ein Zeugnis darüber ausweisen können, daß sie die erforderliche technische Befähigung und Zuverlässigkeit besitzen.

2. Die Bedienung der Maschine kann mit Zustimmung der eisenbahntechnischen Aufsichtsbehörde dem Führer allein übertragen werden, wenn die Betriebsmittel einen Übergang zwischen der Maschine und den Wagen gestatten und außer dem Führer ein Zugbediensteter sich auf dem Zuge befindet, der es versteht, den Zug zum Stillstand zu bringen.

§ 34. Außergewöhnliche Maschinen.

Sofern andere, als mit Dampfkraft betriebene Maschinen Verwendung finden, sind die für ihren Zustand, Unterhaltung, Untersuchung und Handhabung zu beachtenden Sicherheitsvorschriften bis auf weiteres von der eisenbahntechnischen Aufsichtsbehörde für jedes Unternehmen besonders festzusetzen, im übrigen aber diejenigen der vorstehenden und der noch folgenden Vorschriften, deren Anwendung Bedenken nicht entgegenstehen, unverändert einzuführen oder, soweit notwendig, zu ändern und zu ergänzen.

IV. Signalwesen.

§ 35. Verständigung zwischen den Stationen.

Einrichtungen, welche die Verständigung zwischen den Stationen ermöglichen, können zur Sicherheit des Betriebes von der eisenbahntechnischen Aufsichtsbehörde gefordert werden, sofern im regelmäßigen Betriebe sich gleichzeitig zwei oder mehrere Züge in entgegengesetzter Fahrtrichtung bewegen oder sonstige Rücksichten solche erfordern.

§ 36. Streckensignale.

Auf der Bahn müssen die Signale gegeben werden können:

der Zug soll langsam fahren und
der Zug soll halten.

§ 37. Zugsignale.

Jeder geschlossen fahrende Zug muß mit Signalen versehen sein, welche bei Tage den Schluß, bei Dunkelheit die Spitze und den Schluß erkennen lassen; gleiches gilt für einzeln fahrende Maschinen.

§ 38. Signale des Maschinenführers.

Der Maschinenführer muß die Signale geben können:

Achtung,
Bremsen anziehen und
Bremsen loslassen,

oder er muß

die Bremsen selbst wirksam machen und lösen können.

§ 39. Signalordnung.

Soweit Farben-Signale zur Anwendung kommen, dürfen nur die Farben weiß, grün und rot verwendet werden, und zwar soll die rote Farbe als Halt-Signal dienen.

V. Betriebsführung.

§ 40. Betriebsleitung.

Die mit der Leitung der Bahnunterhaltung und des Betriebes betrauten Personen sind sowohl der eisenbahntechnischen Aufsichtsbehörde, als dem zuständigen Regierungs-(Polizei-)Präsidenten namhaft zu machen, auch sind diesen Behörden alle hierbei eintretenden Änderungen anzuzeigen.

§ 41. Dienstanweisungen und Dienstaufsicht.

1. Den im äußeren Betriebsdienst angestellten Bediensteten sind über ihre Dienstverrichtungen und ihr gegenseitiges Dienstverhältnis schriftliche oder gedruckte Anweisungen zu geben. Die eisenbahntechnische Aufsichtsbehörde, welcher diese Anweisungen vorgelegt werden müssen, kann sie beanstanden, wenn sie die Betriebssicherheit der Kleinbahn dadurch nicht für gewahrt erachtet. Auch ist diese Behörde befugt, eine Prüfung der Bediensteten des äußeren Betriebsdienstes zu fordern, sowie die Entlassung derjenigen, welche nach ihrem Ermessen nicht als technisch fähig und zuverlässig anzusehen sind.

2. Die Befugnisse der eisenbahntechnischen Aufsichtsbehörde sind in den Dienstverträgen vorzusehen.

3. Bei Ausübung ihrer Aufsicht wird sich die eisenbahntechnische Aufsichtsbehörde zu Entscheidungen, welche die Entlassung von Bediensteten oder grundlegende, für den unveränderten Bestand des Unternehmers erhebliche Änderungen der bestehenden Anordnungen betreffen, des Einverständnisses des zuständigen Regierungs-(Polizei-)Präsidenten versichern oder — in dringenden Fällen — diesen nachträglich verständigen.

VI. Schlußbestimmungen.

§ 42.

1. Diese Betriebsvorschriften werden durch den Reichs- und Staatsanzeiger, das Ministerialblatt für die innere Verwaltung, das Eisenbahnverordnungsblatt, das Zentralblatt der Bauverwaltung, die Zeitschrift für Kleinbahnen und die Amtsblätter der Königl. Regierungen veröffentlicht.

2. Auf bereits genehmigte Kleinbahnen finden diese Betriebsvorschriften unbeschadet der konzessionsmäßigen Rechte der Unternehmer Anwendung. Im übrigen bleibt bei diesen Bahnen die Genehmigung zur Beibehaltung von Abweichungen der eisenbahntechnischen Aufsichtsbehörde überlassen.

3. Weitere Abweichungen, als solche in diesen Vorschriften selbst bereits als zulässig bezeichnet und von der Genehmigungsbehörde beziehungsweise der eisenbahntechnischen Aufsichtsbehörde festzusetzen sind, können bei Kleinbahnen, welche auf Grund dieser Vorschriften betrieben werden, von dem Minister der öffentlichen Arbeiten zugelassen werden, sofern ein Betriebsbedürfnis dafür nachweisbar ist.

II.

Betriebsvorschrift für Privatanschlußbahnen vom 30. April 1902.

I. Geltungsbereich der Betriebsvorschrift.

Auf Grund des Gesetzes über Kleinbahnen und Privatanschlußbahnen vom 28. Juli 1892 und der Ausführungsanweisung dazu vom 13. August 1898 wird für die unter der gemeinsamen Aufsicht des Regierungspräsidenten zu . . . . und der zuständigen königl. Eisenbahnbehörden . . . . stehenden Privatanschlußbahnen, im Sinne des § 48 des genannten Gesetzes nachstehende Betriebsvorschrift erlassen.

§ 1.

Grenze der Privatanschlußbahn.

Derjenige Punkt der Anschlußbahn, von welchem ab sie unter der gemeinsamen Aufsicht des Regierungspräsidenten und der zuständigen königl. Eisenbahnbehörde steht, muß durch eine Tafel mit der Aufschrift: „Grenze der Privatanschlußbahn" bezeichnet werden.

§ 2.

Änderung der Bahnanlagen.

Die Anschlußbahn darf in keiner Weise ohne Genehmigung der Aufsichtsbehörden erweitert oder abgeändert werden.

II. Zustand der Bahn.

§ 3.

Spurweite.

Für Vollspurbahnen soll die Spurweite, im Lichten zwischen den Schienenköpfen gemessen, in geraden Geleisen 1,485 m, für Schmalspurbahnen 1,000 m, 750 oder 600 mm betragen.

Ausnahmen können von den Aufsichtsbehörden zugelassen werden.

§ 4.

Längsneigung.

Die Längsneigung der Bahn soll auf freier Strecke das Verhältnis von 40‰ (1:25) in der Regel nicht überschreiten. Falls stärkere Neigungen durch die eisenbahntechnische Aufsichtsbehörde zugelassen werden, bestimmt letztere die für diese Neigungen etwa notwendigen Änderungen und Ergänzungen der Betriebsvorschrift.

§ 5.

Krümmungen.

Der Halbmesser der Krümmungen auf freier Strecke soll in der Regel bei Vollspurbahnen nicht kleiner als 100 m, bei Schmalspurbahnen

mit 1 m Spurweite nicht kleiner als 50 m,
mit 750 mm Spurweite nicht kleiner als 40 m,
mit 600 mm Spurweite nicht kleiner als 25 m

sein.

Kleinere Halbmesser sind zulässig, sofern Maschinen und Wagen derartig gebaut sind, daß sie solche Krümmungen anstandslos durchfahren können.

§ 6.

Spurerweiterungen.

In Krümmungen darf die Spurerweiterung

bei Vollspurbahnen das Maß von 35 mm,
bei Schmalspurbahnen mit 1 m Spurweite das Maß von 25 mm,
bei Schmalspurbahnen mit 750 mm Spurweite das Maß von 20 mm,
bei Schmalspurbahnen mit 600 mm Spurweite das Maß von 18 mm,

nicht überschreiten, sofern die Betriebsmittel nicht besonders für größere Spurerweiterungen eingerichtet sind.

§ 7.

Fahrbarer Zustand der Bahn.

1. Die Bahn ist fortwährend in einem solchen baulichen Zustande zu halten, daß jede Strecke, soweit sie sich nicht in Ausbesserung befindet, ohne Gefahr mit der für sie festgesetzten größten Geschwindigkeit (§ 27) befahren werden kann.

2. Bahnstrecken, auf welchen zeitweise die für sie zulässige Fahrgeschwindigkeit ermäßigt werden muß, sind durch Signale als solche zu kennzeichnen und unfahrbare Strecken, auch wenn kein Zug erwartet wird, durch Signale abzuschließen.

§ 8.

Umgrenzung des lichten Raumes.

1. Für Vollspurbahnen ist die Umgrenzung des lichten Raumes in Übereinstimmung mit den Vorschriften der Bahnordnung für die Nebeneisenbahnen Deutschlands nach den auf der Anlage dargestellten Umrißlinien einzuhalten.

Dabei ist in Krümmungen auf die Spurerweiterung und die Überhöhung der äußeren Schiene Rücksicht zu nehmen.

2. Abweichungen von dieser Umgrenzung, welche bereits vor Bekanntmachung dieser Betriebsvorschrift bestanden haben, können mit Genehmigung der Aufsichtsbehörden auch ferner beibehalten werden.

3. Inwieweit bei Ladegeleisen der Vollspurbahnen Einschränkungen dieser Umgrenzung zulässig sind, bestimmen in jedem Einzelfalle die Aufsichtsbehörden.

4. Bei vollspurigen Geleisen müssen die bis zu 50 mm über Schienenoberkante hervortretenden, unbeweglichen Gegenstände außerhalb des Geleises im allgemeinen mindestens 150 mm von der Innenkante des Schienenkopfes entfernt bleiben; bei unveränderlichem Abstande derselben von der Fahrschiene darf dies Maß auf 135 mm eingeschränkt werden. Innerhalb des Geleises muß ihr Abstand von der Innenkante des Schienenkopfes mindestens 67 mm betragen, jedoch kann dieser Abstand bei Zwangsschienen nach dem mittleren Teile hin allmählich bis 41 mm eingeschränkt werden.

5. In gekrümmten Strecken mit Spurerweiterung muß der Abstand der innerhalb des Geleises hervortretenden, unbeweglichen Gegenstände von der Innenkante des Schienenkopfes um den Betrag der Spurerweiterung größer sein, als die vorgenannten Maße.

6. Für Schmalspurbahnen bleibt die Festsetzung der Umgrenzung des lichten Raumes den Aufsichtsbehörden vorbehalten.

§ 9.

Einfriedigungen der Bahn.

Ob und an welchen Stellen ausnahmsweise Schutzwehren oder andere Sicherheitsvorrichtungen an Wegen erforderlich sind, bestimmen die Aufsichtsbehörden.

§ 10.

Abteilungszeichen, Neigungszeiger, Merkzeichen.

1. Die Bahn muß mit Abteilungszeichen versehen sein, welche Entfernungen von ganzen Kilometern angeben. Ausnahmen sind mit Genehmigung der Aufsichts-

behörden zulässig, wenn es sich um kurze Bahnen nach einem in unmittelbarer Nähe des Anschlußbahnhofs gelegenen Werk u. s. w. handelt.

2. Bei mehr als 500 m langen Neigungen von mehr als $10^0/_{00}$ (1:100) sind an den Gefällwechseln Neigungszeiger anzubringen. Wegen Gestattung von Ausnahmen gilt das im Absatz (1) Gesagte.

3. Ob und wo vor den in Schienenhöhe liegenden, unbewachten Wegeübergängen ein Kennzeichen anzubringen ist, welches dem Lokomotivführer eines die Strecke befahrenden Zuges die Annäherung an einen derartigen Übergang anzeigt, ist für jeden Übergang von den Aufsichtsbehörden besonders zu bestimmen.

4. Zwischen zusammenlaufenden Schienensträngen muß ein Merkzeichen angebracht sein, welches die Stelle angibt, über die hinaus auf dem einen Geleise Fahrzeuge mit keinem ihrer Teile vorgeschoben werden dürfen, ohne daß der Durchgang von Fahrzeugen auf dem anderen Geleise gehindert wird.

III. Zustand, Unterhaltung und Untersuchung der Betriebsmittel.

§ 11.

Zustand der Betriebsmittel.

Die Betriebsmittel müssen fortwährend in einem solchen Zustande gehalten werden, daß die Fahrten mit der größten zulässigen Geschwindigkeit (§ 27) ohne Gefahr stattfinden können.

§ 12.

Einrichtung der Lokomotiven.

1. Für jede Lokomotive ist nach Maßgabe ihrer Bauart eine Fahrgeschwindigkeit vorzuschreiben, welche in Rücksicht auf die Sicherheit niemals überschritten werden darf. Diese Geschwindigkeit muß an der Lokomotive angezeichnet sein.

2. An jedem Lokomotivkessel muß sich eine Einrichtung zum Anschlusse eines Prüfungsmanometers befinden, durch welches die Belastung der Sicherheitsventile und die Richtigkeit der Federwagen und Manometer geprüft werden kann.

3. Jede Lokomotive muß versehen sein:

a) Mit mindestens zwei zuverlässigen Vorrichtungen zur Speisung des Kessels, welche unabhängig von einander in Betrieb gesetzt werden können, und von denen jede für sich während der Fahrt imstande sein muß, das zur Speisung erforderliche Wasser zuzuführen. Eine dieser Vorrichtungen muß geeignet sein, beim Stillstande der Lokomotive dem Kessel Wasser zuzuführen.

b) Mit mindestens zwei von einander unabhängigen Vorrichtungen zur zuverlässigen Erkennung der Wasserstandshöhe im Innern des Kessels. Bei einer dieser Vorrichtungen muß die Höhe des Wasserstandes vom Stande des Führers ohne besondere Proben fortwährend erkennbar und eine in die Augen fallende Marke des niedrigsten zulässigen Wasserstandes angebracht sein.

c) Mit wenigstens zwei Sicherheitsventilen, von welchen das eine so eingerichtet sein soll, daß die Belastung desselben nicht über das bestimmte Maß gesteigert werden kann. Die Sicherheitsventile sind so einzurichten, daß sie vom gespannten Dampfe nicht weggeschlendert werden können, wenn eine unbeabsichtigte Entlastung derselben eintritt. Die Einrichtung der Sicherheitsventile muß denselben eine senkrechte Bewegung von 3 mm gestatten.

d) Mit einer Vorrichtung (Manometer) welche den Druck des Dampfes zuverlässig und ohne Anstellung besonderer Proben fortwährend erkennen läßt. Auf den Zifferblättern der Manometer muß der höchste zulässige Dampfüberdruck durch eine in die Augen fallende Marke bezeichnet sein.

e) Mit einer Dampfpfeife und mit einer Läutevorrichtung.

§ 13.

Abnahmeprüfung und wiederkehrende Untersuchungen der Lokomotiven und Tender.

1. Neue oder mit neuen Kesseln versehene Lokomotiven dürfen erst in Betrieb gesetzt werden, nachdem sie einer technisch-polizeilichen Abnahmeprüfung unterworfen und als sicher befunden sind. Der hierbei als zulässig erkannte höchste Dampfüberdruck, sowie der Name des Fabrikanten der Lokomotive und des Kessels, die laufende Fabriknummer und das Jahr der Anfertigung müssen in leicht erkennbarer und dauerhafter Weise an der Lokomotive bezeichnet sein. [Bei Verwendung älterer Lokomotiven und Kessel kann von der Bezeichnung des Fabrikanten, der laufenden Fabriknummer und des Jahres der Anfertigung mit Genehmigung der Aufsichtsbehörden abgesehen werden.]

2. Nach jeder umfangreicheren Ausbesserung des Kessels, im übrigen in Zeitabschnitten von höchstens drei Jahren, sind die Lokomotiven [nebst den zugehörigen Tendern] in allen Teilen einer gründlichen Untersuchung zu unterwerfen, mit welcher eine Kesseldruckprobe zu verbinden ist. Diese Zeitabschnitte sind vom Tage der Inbetriebsetzung nach beendeter Untersuchung bis zum Tage der Außerbetriebsetzung zum Zwecke der nächsten Untersuchung zu bemessen.

3. Bei den Druckproben ist der Kessel vom Mantel zu entblößen, mit Wasser zu füllen und mittelst einer Druckpumpe zu prüfen. Der Probedruck soll den höchsten zulässigen Dampfüberdruck um 5 Atmosphären übersteigen. [Bei Lokomotiven, für welche ein geringerer Probedruck bis zum Inkrafttreten dieser Verordnung als zulässig erachtet worden ist, kann es mit Genehmigung der Aufsichtsbehörden hierbei verbleiben.

4. Kessel, welche bei dieser Probe ihre Form bleibend ändern, dürfen in diesem Zustande nicht wieder in Dienst genommen werden.

5. Bei jeder Kesselprobe ist gleichzeitig die Richtigkeit der Manometer und Ventilbelastungen der Lokomotiven zu prüfen.

6. Der angewendete Probedruck ist mittelst eines Prüfungsmanometers zu messen, welches in angemessenen Zeitabschnitten auf seine Richtigkeit untersucht werden muß.

7. Längstens acht Jahre nach Inbetriebsetzung eines Lokomotivkessels muß eine innere Untersuchung desselben vorgenommen werden, bei welcher die Siederohre zu entfernen sind. Nach spätestens je sechs Jahren ist diese Untersuchung zu wiederholen.

8. Über die Ergebnisse der Kesseldruckproben und der sonstigen mit den Lokomotiven und Tendern vorgenommenen Untersuchungen ist Buch zu führen.

§ 14.

Bahnräumer, Aschkasten, Funkenfänger.

1. An der Stirn der Lokomotiven und an der Rückseite der Tender und Tenderlokomotiven müssen Bahnräumer angebracht sein.

2. Jede Lokomotive muß mit einem verschließbaren Aschkasten und mit Vorrichtungen versehen sein, welche den Auswurf glühender Kohlen aus dem Aschkasten und dem Schornstein zu verhüten bestimmt sind. Bei Privatanschlußbahnen, die vom Anschlußbahnhof unmittelbar in das angeschlossene Werk u. s. w. hineinführen, kann mit Genehmigung der Aufsichtsbehörden von Aschkästen und Funkenfängern abgesehen werden.

§ 15.
Bremsen der Lokomotiven und Tender.

Tenderlokomotiven und Tender müssen ohne Rücksicht auf etwa vorhandene anderweitige Bremsvorrichtungen mit einer Handbremse versehen sein, die jederzeit leicht und schnell in Tätigkeit gesetzt werden kann.

§ 16.
Federn, Zug- und Stoßvorrichtungen.

Sämtliche Wagen, mit Ausnahme der nur in Güter- oder Arbeitszügen laufenden, müssen mit Tragfedern, sowie an beiden Stirnseiten mit federnden Zug- und Stoßvorrichtungen versehen sein. Beim Übergang auf Haupt- oder Nebeneisenbahnen bezw. Kleinbahnen sind die Bestimmungen des § 21 maßgebend.

§ 17.
Spurkränze.

Sämtliche Räder müssen Spurkränze haben.

§ 18.
Stärke der Radreifen.

1. Auf Vollspurbahnen muß bei Lokomotiven und Tendern die Stärke der Radreifen mindestens 20 mm betragen; bei Wagen können die Radreifen bis auf 16 mm abgenutzt werden. Die Stärke der Reifen ist in der senkrechten Ebene des Laufkreises zu messen, welche 750 mm von der Mitte der Achse entfernt anzunehmen ist. Bei Rädern, deren Reifen durch eine Befestigungsnut unter der der Abnutzung unterworfenen Fläche geschwächt sind, müssen noch an der schwächsten Stelle die bezeichneten Maße innegehalten werden.

2. Auf Schmalspurbahnen muß die Stärke der Radreifen der Lokomotiven und Tender mindestens 12 mm, die der Wagen mindestens 10 mm betragen.

§ 19.
Untersuchung der Wagen.

1. Es dürfen nur solche Wagen in Gebrauch genommen werden, die den von den Aufsichtsbehörden genehmigten Entwürfen entsprechen.

2. Jeder Wagen ist von Zeit zu Zeit durch den Unternehmer einer gründlichen Untersuchung zu unterwerfen, bei welcher die Achsen, Lager und Federn abgenommen werden müssen. Diese Untersuchung hat spätestens drei Jahre nach der ersten Ingebrauchnahme oder nach der letzten Untersuchung zu erfolgen.

§ 20.
Bezeichnung der Wagen.

1. Jeder Wagen muß Bezeichnungen haben, aus welchen zu ersehen ist:

a) der Eigentümer;

b) die Ordnungsnummer, unter welcher er in der Wagenliste vom Eigentümer geführt wird;
c) das eigene Gewicht einschließlich der Achsen und Räder und ausschließlich der losen Ausrüstungsgegenstände;
d) bei Güter- und Gepäckwagen das Ladegewicht und die Tragfähigkeit;
e) der Zeitpunkt der letzten Untersuchung;
f) der Radstand;
g) das etwaige Vorhandensein von Lenkachsen und die Verschiebbarkeit der Mittelachse;
h) bei Wagen, deren Achslager für periodische Schmierung eingerichtet sind, der Zeitpunkt der letzten Schmierung.

Wenn die Wagen lediglich auf Privatanschlußbahnen verkehren und nicht auf die anschließende Eisenbahn oder Kleinbahn übergehen, kann mit Genehmigung der Aufsichtsbehörden von allen diesen Bezeichnungen oder einzelnen abgesehen werden.

2. Die Bezeichnungen unter f, g und h können bei Schmalspurbahnen fortfallen.

§ 21.

Übergang der Betriebsmittel auf Haupt- und Nebeneisenbahnen oder Kleinbahnen.

Betriebsmittel, welche auf Bahnen übergehen, für welche die Betriebsordnung für die Haupteisenbahnen Deutschlands beziehungsweise die Bahnordnung für die Nebeneisenbahnen Deutschlands und die Signalordnung für die Eisenbahnen Deutschlands Geltung haben, müssen den für diese Bahnen erlassenen Vorschriften entsprechen, sofern dieselben in Züge der Haupt- oder Nebenbahnen eingestellt, beziehungsweise zur Beförderung solcher Züge benutzt werden. Beim Übergang auf Züge von Kleinbahnen greifen die für diese Bahnen erlassenen Bestimmungen Platz.

IV. Einrichtungen und Maßregeln für die Handhabung des Betriebes.

§ 22.

Bewachung der Bahn.

Die Bahnstrecke muß mindestens jeden dritten Tag auf ihren ordnungsmäßigen Zustand untersucht werden. Länger Untersuchungsfristen können in geeigneten Fällen, insbesondere auf kurzen Privatanschlußbahnen mit höchstens täglich zweimaliger Zustellung, durch die Aufsichtsbehörden gestattet werden.

2. Bei Annäherung eines Zuges oder einer einzeln fahrenden Lokomotive an einen in Schienenhöhe liegenden unbewachten Wegeübergang hat der Lokomotivführer von der nach § 10³ etwa gekennzeichneten Stelle an oder, sofern Kennzeichen nicht angebracht sind, in angemessener Entfernung bis nach Erreichung des Überganges die Läutevorrichtung in Tätigkeit zu halten. Gleiches gilt, wenn Menschen oder Fuhrwerke auf der Bahn oder in gefahrdrohender Nähe derselben bemerkt werden.

3. Beim Schieben der Züge (§ 30) liegt die Verpflichtung zum Läuten in den vorbezeichneten Fällen dem wachthabenden Bediensteten auf dem vordersten Wagen des Zuges ob.

§ 23.

Stärke der Züge.

Auf vollspurigen Bahnen sollen nicht mehr als 120 Wagenachsen, auf Schmalspurbahnen von 1 m Spurweite höchstens 80, von 750 und 600 mm höchstens 60 Wagenachsen in einem Zuge laufen.

§ 24.

Zahl der Bremsen eines Zuges.

1. In jedem Zuge müssen außer den Bremsen am Tender und an der Lokomotive soviel Bremsen bedient sein, daß durch die letzteren mindestens der aus nachstehendem Verzeichnisse zu berechnende Teil der im Zuge befindlichen Wagenachsen gebremst werden kann.

Auf Neigungen von ‰	Auf Neigungen vom Verhältnis:	Bei einer Fahrgeschwindigkeit von 15 Kilometer in der Stunde müssen von je 100 Wagenachsen zu bremsen sein:
0	1 : ∞	6
2,5	1 : 400	6
5,0	1 : 200	6
7,5	1 : 133	8
10,0	1 : 100	10
12,5	1 : 80	13
15,0	1 : 66	15
17,5	1 : 57	18
20,0	1 : 50	20
22,5	1 : 44	22
25,0	1 : 40	25
30,0	1 : 33	30
35,0	1 : 28	34
40,0	1 : 25	39

2. Bei der hiernach auszuführenden Berechnung der Zahl der zu bremsenden Wagenachsen ist folgendes zu beachten:

a) Für Neigungen, welche zwischen den im Verzeichnisse aufgeführten liegen, gilt jedesmal die größte der dabei in Frage kommenden Bremszahlen.

b) Die Anzahl der zu bremsenden Wagenachsen ist für die stärkste auf der fraglichen Strecke vorkommende Bahnneigung (Steigung oder Gefälle), welche sich ununterbrochen auf eine Länge von 1000 m oder darüber erstreckt, zu bestimmen. Erreicht die stärkste vorkommende Neigung an keiner Stelle die Länge von 1000 m, so ist die gerade Verbindungslinie zwischen denjenigen zwei Punkten des Längenschnitts, welche bei 1000 m Entfernung den größten Höhenunterschied zeigen, als stärkstgeeignete Strecke anzusehen.

c) Sowohl bei Zählung der vorhandenen Wagenachsen, als auch bei Feststellung der erforderlichen Bremsachsen ist eine unbeladene Güterwagenachse als halbe Achse zu rechnen. Die Achsen von Personen- und Gepäckwagen sind stets voll in Ansatz zu bringen.

d) Der bei der Berechnung der erforderlichen Anzahl der zu bremsenden Wagenachsen sich etwa ergebende überschießende Bruchteil ist, wenn er größer ist als ein Halb, stets als ein Ganzes zu rechnen.

3. Für Züge und Wagen, welche auf längeren Strecken ausschließlich durch die Schwerkraft oder mit Hilfe stehender Maschinen sich bewegen, werden die erforderlichen Sicherheitsvorschriften von der eisenbahntechnischen Aufsichtsbehörde erlassen. Das Gleiche gilt auch für Bahnen von außergewöhnlicher Bauart.

4. Den Aufsehern, Lokomotiv- und Zugführern ist bekannt zu geben, der wievielte Teil der Wagenachsen auf jeder Strecke muß gebremst werden können.

§ 25.

Bildung der Züge.

Bei Bildung der Züge ist darauf zu achten, daß die Wagen gehörig zusammengekuppelt sind, die Belastung in den einzelnen Wagen tunlichst gleichmäßig verteilt ist, die nötigen Signalvorrichtungen angebracht und die erforderlichen Bremsen bedient und tunlichst gleichmäßig im Zuge verteilt sind.

§ 26.

Erleuchtung der Wagen.

Das Innere der zur Beförderung von Personen benutzten Wagen ist während der Fahrt bei Dunkelheit angemessen zu erleuchten.

§ 27.

Größte zulässige Fahrgeschwindigkeit.

Die größte zulässige Fahrgeschwindigkeit wird im allgemeinen auf 15 km in der Stunde festgesetzt. Eine größere Fahrgeschwindigkeit kann bei vorliegendem Bedürfnisse unter angemessener Ergänzung dieser Betriebsvorschrift von den Aufsichtsbehörden zugelassen werden.

§ 28.

Langsamfahren.

1. Wenn ein Signal zum Langsamfahren gegeben ist, oder ein Hindernis auf der Bahn bemerkt wird, muß die Fahrgeschwindigkeit in einer den Umständen angemessenen Weise ermäßigt werden.

2. Auf Strecken, in welchen eine Drehbrücke liegt oder welche aus einem sonstigen Grunde stets mit besonderer Vorsicht befahren werden müssen, ist die größte zulässige Geschwindigkeit von den Aufsichtsbehörden besonders festzusetzen.

§ 29.

Abfahrt der Züge.

Kein Zug darf eine Station verlassen, bevor die Abfahrt von dem zuständigen Angestellten gestattet ist.

§ 30.

Schieben der Züge.

Das Schieben von Zügen auf freier Strecke, an deren Spitze sich eine führende Lokomotive nicht befindet, ist nur dann zulässig, wenn ihre Stärke nicht mehr als 50 Wagenachsen beträgt. Der vorderste Wagen muß alsdann mit einem wachthabenden Bediensteten besetzt sein, welcher eine weithin tönende Glocke und bei Dunkelheit eine Laterne zum Geben von Signalen bei sich zu führen hat (§ 22).

§ 81.

Zugpersonal.

Das Begleitpersonal darf während der Fahrt nur einem Angestellten (Zugführer) untergeordnet sein.

§ 82.

Stillstehende Lokomotiven und Wagen.

1. Bei angeheizten Lokomotiven muß, so lange sie still stehen, der Regulator geschlossen, die Steuerung in Ruhe gesetzt und die Bremse angezogen sein. Die Lokomotive muß dabei stets unter Aufsicht stehen.

2. Die ohne ausreichende Aufsicht, wie die über Nacht auf den Geleisen verbleibenden Wagen sind durch geeignete Vorrichtungen festzustellen.

§ 83.

Mitfahren auf der Lokomotive.

Ohne Erlaubnis eines zuständigen Bediensteten darf außer den durch ihren Dienst dazu berechtigten Personen niemand auf der Lokomotive mitfahren.

§ 84.

Gebrauch der Dampfpfeife.

1. Der Gebrauch der Dampfpfeife sowie das Öffnen der Zylinderhähne ist auf die notwendigsten Fälle zu beschränken.

2. In der Nähe einer dem öffentlichen Verkehr dienenden Straße soll unter möglichster Vermeidung des Gebrauchs der Dampfpfeife vorzugsweise die Läutevorrichtung zur Anwendung kommen (§ 22).

§ 85.

Führung der Lokomotive.

1. Jede Lokomotive muß mit einem Führer und einem Heizer besetzt sein, wenn nicht die Aufsichtsbehörden mit Rücksicht auf die Einfachheit der Verhältnisse des Anschlusses die Besetzung nur mit einem Führer gestatten.

2. Die Heizer müssen mit der Handhabung der Lokomotive soweit vertraut sein, um sie erforderlichenfalls zum Stillstand bringen zu können. Dem Lokomotivpersonal dürfen Obliegenheiten nicht übertragen werden, welche es in der Wahrnehmung des Lokomotivdienstes hindern.

§ 86.

Außergewöhnliche Maschinen.

Sofern andere als mit Dampfkraft betriebene Maschinen Verwendung finden, sind die für ihren Zustand, ihre Unterhaltung, Untersuchung und Handhabung zu beachtenden Sicherheitsvorschriften bis auf weiteres von der eisenbahntechnischen Aufsichtsbehörde für jedes Unternehmen besonders festzusetzen, im übrigen aber diejenigen der vorstehenden und der noch folgenden Vorschriften, deren Anwendung Bedenken nicht entgegenstehen, unverändert einzuführen oder, soweit notwendig, zu ändern und zu ergänzen.

V. Signalwesen.

§ 87.

Streckensignale.

1. Auf der Bahn müssen die Signale gegeben werden können:

der Zug soll langsam fahren und

der Zug soll halten.

Bei übersichtlichen Privatanschlußbahnen nach Werken u. s. w., die in unmittelbarer Nähe des Anschlußbahnhofs liegen, kann mit Genehmigung der Aufsichtsbehörden von diesen Signalen abgesehen werden.

2. Bewegliche Brücken mit Ausschluß derjenigen, welche nur ausnahmsweise bei vorübergehender Außerbetriebsetzung der betreffenden Geleise geöffnet werden, sind nach beiden Richtungen durch Signale abzuschließen, welche mit der Verriegelungsvorrichtung der Brücke dergestalt in gegenseitiger Abhängigkeit stehen, daß das Fahrsignal nur bei genauer und völlig sicherer Feststellung der Brücke erscheinen kann.

§ 38.

Weichensignale.

Die jedesmalige Stellung der Einfahrtsweichen muß dem Lokomotivführer durch Signale kenntlich sein, wenn nicht die Weichen durch einen sicheren Verschluß unverrückbar festgestellt sind. Wegen Gestattung von Ausnahmen gilt das zu § 87[1] Gesagte.

§ 39.

Zugsignale.

Jeder geschlossen fahrende Zug muß mit Signalen versehen sein, welche bei Tage den Schluß, bei Dunkelheit aber die Spitze und den Schluß erkennen lassen. Gleiches gilt für einzeln fahrende Lokomotiven. Wegen Gestattung von Ausnahmen gilt das zu § 87[1] Gesagte.

§ 40.

Signale des Lokomotivpersonals.

Das Lokomotivpersonal muß die Signale geben können:

Achtung,

Bremsen anziehen und

Bremsen loslassen.

§ 41.

Verständigung zwischen den Stationen.

Anschlußbahnen, deren ganze Ausdehnung vom Ausgangs- und Endpunkte nicht übersehen werden kann, müssen auf Verlangen der eisenbahntechnischen Aufsichtsbehörde mit elektrischen Schreibtelegraphen oder Fernsprechern zur Regelung des Zugverkehrs versehen sein.

§ 42.

Signalordnung.

1. Im übrigen bleibt die Einrichtung des Signalwesens von der Eigenart des Betriebes auf der betreffenden Bahn abhängig.

2. Soweit Signale in Anwendung kommen, wird ihre Einrichtung und Handhabung von den Aufsichtsbehörden bestimmt.

VI. Betriebsführung.

§ 43.

Betriebsleitung und Befähigung der Bediensteten.

1. Auf jeder Anschlußbahn muß einem dazu befähigten Angestellten die durch besondere Dienstanweisung zu regelnde, verantwortliche Leitung des Betriebes über-

tragen werden (Betriebsleiter). Ausnahmen sind mit Genehmigung der Aufsichtsbehörden auf kürzeren Privatanschlußbahnen mit einfachsten Betriebsverhältnissen, oder wenn der gesamte Betrieb durch die Verwaltung der anschließenden Eisenbahn geführt wird, zulässig. Die im Betriebsdienste der Anschlußbahn beschäftigten Angestellten (Aufseher, Lokomotivführer, Heizer, Zugführer, Bremser, Rangierer, Weichensteller, Bahnwärter) und die mit dem Telegraphendienste betrauten Angestellten müssen lesen und schreiben können und die sonst zu ihrem Dienste erforderlichen Eigenschaften besitzen. Die Aufseher, Zugführer und Lokomotivführer müssen außerdem mindestens 21 Jahre alt und bei Ausübung des Dienstes mit einem Dienstabzeichen versehen sein.

2. Die Lokomotivführer müssen ferner im Schlosserhandwerk ausgebildet sein, wenigstens $1/2$ Jahr in einer Maschinenfabrik gearbeitet und $1/2$ Jahr als Heizer gefahren haben. Ausnahmen sind bei einfachen und kleineren Privatanschlußbetrieben mit Genehmigung der Aufsichtsbehörden zulässig.

3. Diese Personen sind den Aufsichtsbehörden seitens des Anschlußinhabers namhaft zu machen.

4. Der Anschlußinhaber ist gehalten, im äußeren Betriebsdienste nur nach vorstehendem befähigte Personen zu beschäftigen und auf Verlangen der eisenbahntechnischen Aufsichtsbehörde deren Befähigung nachzuweisen.

5. Auch ist diese Behörde befugt, eine Prüfung der Bediensteten des äußeren Betriebsdienstes zu fordern sowie die Entlassung derjenigen, welche nach ihrem Ermessen nicht als technisch fähig und zuverlässig anzusehen sind.

6. Bedienstete der Anschlußbahn, die mit Zustimmung der eisenbahntechnischen Aufsichtsbehörde gleichzeitig auf einer dem Gesetze über die Eisenbahnunternehmungen vom 8. November 1888 unterliegenden Bahnstrecke selbständig Dienstverrichtungen wahrnehmen sollen, müssen den hierfür maßgebenden Bestimmungen über die Befähigung von Eisenbahn-Betriebsbeamten vom 5. Juli 1892 (R.-G.-Bl. S. 728 ff.) genügen und sich über diese Befähigung ausweisen.

§ 44.

Dienstanweisungen.

1. Den im Betriebsdienste der Anschlußbahn Angestellten (§ 43) sind von deren Inhaber schriftliche oder gedruckte Dienstanweisungen über ihre Dienstverrichtungen und ihr gegenseitiges Dienstverhältnis zu erteilen. Die eisenbahntechnischen Aufsichtsbehörden, welchen diese Dienstanweisungen vorgelegt werden müssen, können sie beanstanden, wenn sie die Betriebssicherheit der Anschlußbahn nicht für gewahrt erachten. Mit Genehmigung dieser Behörden kann von der Verteilung schriftlicher oder gedruckter Dienstanweisungen ganz abgesehen werden, wenn es sich um Privatanschlußbahnen von geringer Länge und mit einfachsten Betriebsverhältnissen handelt.

2. Wird der Betrieb auf der Anschlußbahn teilweise oder ausschließlich durch Beamte der anschließenden Eisenbahn oder Kleinbahn ausgeführt, so gelten für alle Angestellte, welche bei der Beaufsichtigung und bei dem Betriebe dieser Anschlußbahn beschäftigt sind, ausschließlich die für die Beamten gleicher Dienststellung der betreffenden Eisenbahn oder Kleinbahn ergangenen oder noch ergehenden Dienstanweisungen und Vorschriften, welche der Anschlußinhaber seinen Angestellten zugänglich zu machen hat.

§ 45.

Unfall-Meldungen.

1. Alle beim Betriebe auf der Anschlußbahn vorkommenden Unfälle sind von dem Anschlußinhaber oder dessen Vertreter sofort — wenn angängig telegraphisch oder telephonisch — der Anschlußstation anzuzeigen.

2. Der Staatsanwaltschaft und der Ortspolizeibehörde ist von denjenigen im Betriebe der Anschlußbahn sich ereignenden Unfällen Anzeige zu machen, bei welchen,

a) entweder Menschen getötet oder lebensgefährlich verletzt worden, oder

b) der Verdacht vorliegt, daß sie — sei es von Eisenbahnbediensteten, sei es von anderen Personen — vorsätzlich herbeigeführt sind (§ 315 Reichsstrafgesetzbuchs).

In allen wichtigeren Fällen dieser Art ist auch der zuständigen Kreispolizeibehörde (Landrat u. s. w.) Anzeige zu erstatten.

3. Der Ortspolizeibehörde ist auch dann Mitteilung zu machen, wenn ihr Einschreiten zur Aufrechterhaltung der öffentlichen Ordnung, zur Fürsorge für verletzte Personen oder aus anderen Gründen erforderlich erscheint.

VII. Allgemeines.

§ 46.

Zuständigkeit der Aufsichtsbehörden.

Soweit die Zuständigkeit der Aufsichtsbehörden hinsichtlich dieser Bestimmungen nicht schon in einzelnen Paragraphen zum Ausdruck gebracht ist, regelt sie sich wie folgt:

Die Bestimmungen der §§ 1 bis 3, 8 Abs. 1, 2, 3 und 6, der §§ 9, 10 Abs. 1 und 3, 22, Abs. 2 und 3, 26 bis 28, 34 und 45 Abs. 2 und 3 berühren die gemeinschaftliche Aufsicht des königl. Regierungspräsidenten und der eisenbahntechnischen Aufsichtsbehörde, die übrigen Bestimmungen dagegen die ausschließliche eisenbahntechnische Aufsicht der letzteren.

§ 47.

Schlußbestimmungen.

1. Vorstehende Betriebsvorschrift tritt einen Monat nach dem Tage ihrer Veröffentlichung im Amtsblatte der königl. Regierung zu . . . . in Kraft.

2. Auf schon bestehenden Privatanschlußbahnen können weitere, in den einzelnen Paragraphen nicht schon besonders zugelassene Abweichungen von dieser Betriebsvorschrift mit Genehmigung der zuständigen Aufsichtsbehörden beibehalten werden.

III.

Allgemeine Vorschriften

zum Schutze der Reichstelegraphen- und Fernsprechanlagen, welche beim Bau und Betrieb elektrischer „mit Gleichstrom betriebener" Straßen- und Kleinbahnen zu beachten sind. Vom 31. Dezember 1896.

1. Für den Betrieb der Straßenbahnen sind nur solche Dynamomaschinen zur Kraftlieferung zu verwenden, deren Strompulsationen sehr geringfügig sind,

damit Induktionsgeräusche in den nahe der Bahn verlaufenden oberirdischen Fernsprechleitungen vermieden werden.

2. Falls, wie dies beabsichtigt wird, eine oberirdische blanke Leitung zur Zuführung der Betriebskraft an die Motorwagen benutzt wird, und die Geleisschienen zur Rückleitung der elektrischen Ströme dienen sollen, muß die metallische Rückleitung durch die Schienen eine möglichst vollkommene sein. Außerdem sollen an denjenigen Stellen, an welchen die vorhandenen Telegraphen- und Fernsprechleitungen die blanke Arbeitsleitung der Bahn oberirdisch kreuzen, über die letzteren auf Kosten der Verwaltung der elektrischen Straßenbahn stromlose Schutzdrähte, in geeigneten Fällen Drahtnetze gezogen oder sonstige stromfreie Schutzvorrichtungen angebracht werden, durch welche eine Berührung der beiderseitigen stromführenden Drähte vermieden wird. An Stelle der stromfreien Schutzvorrichtungen oder neben denselben kann, beziehungsweise muß der Schutz der Telegraphen- und Fernsprechleitungen auch durch andere Einrichtungen gemäß besonderer, nach Anhörung der Reichstelegraphenverwaltung durch die Aufsichtsbehörde zu treffender Anordnung hergestellt werden.

3. An den Kreuzungsstellen muß der Abstand der untersten Telegraphen- oder Fernsprechleitung von den Schutzdrähten und Tragelitzen mindestens 1 Meter betragen. Wo zur Erreichung dieses Abstandes die Telegraphen- und Fernsprechleitungen höher gelegt werden müssen, hat dieses durch die Reichstelegraphenverwaltung auf Kosten der Straßenbahnverwaltung zu erfolgen. Imgleichen müssen die in der Nähe von Telegraphen- und Fernsprechleitungen aufzustellenden Pfosten, welche zur Unterstützung der Tragelitzen dienen, mindestens 1,25 Meter von der zunächst befindlichen Telegraphen- oder Fernsprechleitung entfernt bleiben. Sofern trotzdem zu befürchten ist, daß z. B. beim Abtrieb der Leitungen durch Wind oder aus sonstigen Ursachen Berührungen der Telegraphen- oder Fernsprechleituugen mit blanken Teilen der Speiseleitung, der Arbeitsleitung oder sonstigen stromführenden Teilen der Bahnanlagen an einzelnen Stellen eintreten können, sind auf Antrag der Reichstelegraphenverwaltung nach Anordnung der Aufsichtsbehörde geeignete Schutzvorrichtungen anzubringen, die eine Berührung der Schwachstromleitungen mit der Starkstromleitung verhindern.

4. Die Aufsichtsbehörde wird an denjenigen Stellen, wo die elektrische Bahn neben den Schwachstromleitungen verläuft und der gegenseitige Abstand weniger als 10 Meter beträgt, auf Ersuchen der Reichstelegraphenverwaltung besondere Schutzvorrichtungen an den Starkstromleitungen zur Verhinderung der Berührung derselben mit den Schwachstromleitungen anordnen, sofern nicht die örtlichen Verhältnisse eine Berührung der Starkstrom- und Schwachstromleitungen auch beim Umbruch von Stangen oder beim Zerreißen von Drähten ausschließen.

4 a. Außerdem sind:

α) Schutzleisten auf der Starkstromleitung und Längsdrähte neben derselben an allen Kreuzungsstellen anzubringen, wo Verlegungen der Telegraphen- und Fernsprechleitungen nicht vorgesehen oder zwar vorgesehen, aber bis jetzt noch nicht ausgeführt sind;

β) in den wenigen Fällen, wo senkrechte Kreuzungen einzelner Fernsprechdrähte, deren Verlegung in Aussicht genommen, aber noch nicht ausgeführt ist, mit der Starkstromleitung vorkommen, nur Holzschutzleisten anzubringen.

5. Die unterirdischen Zuleitungen von der Kraftstation zu den Geleisen (Speiseleitungskabel) müssen tunlichst entfernt von den Reichstelegraphenkabeln, wo es angängig ist, auf der anderen Straßenseite verlegt werden. Kreuzungen der unterirdischen Kabel für Starkströme mit solchen für Schwachströme müssen derartig erfolgen, daß der Abstand der Kabel von einander mindestens 40 Centimeter beträgt. Werden Reichstelegraphenkabel von unterirdischen Kabeln für elektrische Starkströme gekreuzt, oder verlaufen die Kabel in einem seitlichen Abstande von weniger als 50 Centimeter von einander, so müssen die Reichstelegraphenkabel — sofern diese oder die Starkstromkabel nicht in gemauerten Kanälen liegen — auf Kosten des Unternehmers mit eisernen Röhren, die über die Kreuzungstelle nach jeder Seite hin etwa 1,50 Meter und über die Endpunkte der Näherungsstrecke 2—3 Meter hinausragen, umgeben, und die eisernen Schutzrohre auf der den Starkstromkabeln zugewendeten Seite mit genügend starken Halbmuffen aus Cement oder Beton bedeckt werden. Diese Muffen, deren Bestimmung es ist, flüssiges Metall von den Schutzrohren abzuhalten, bezw. zu starke Erwärmung der eingelegten Kabel zu verhüten, müssen 50 Centimeter zu beiden Seiten der kreuzenden Starkstromkabel bezw. bei seitlichen Annäherungen ebensoweit über den Anfangs= und Endpunkt der gefährdeten Strecke hinausragen. Wenn die Starkstromkabel in Verteilungskästen eingeführt werden, und in einem Abstande von weniger als 50 Centimeter von einem Kasten sich Telegraphen= oder Fernsprechkabel befinden, so sind letztere ebenso wie bei einer Näherung der Starkstromkabel zu schützen. Von dieser Maßregel kann abgesehen werden, wenn der Verteilungskasten (mit Ausnahme des Deckels) von Mauerwerk oder von einer Cement= oder Betonschicht umgeben ist.

6. Sind infolge des parallelen Verlaufs der beiderseitigen Anlagen oder aus anderen Ursachen Störungen der Telegraphen= oder Fernsprechleitungen zu befürchten, oder treten solche Störungen auf, so hat der Unternehmer geeignete Maßnahmen zur Beseitigung der störenden Einflüsse zu treffen.

Sofern sich zur Vermeidung von Störungen des Telegraphen= oder Fernsprechverkehrs eine Verlegung von Telegraphen= oder Fernsprechlinien als zweckmäßig erweist, hat der Unternehmer für die rechtlichen und bautechnischen Vorbedingungen der Verlegung zu sorgen und die durch die Verlegung erwachsenden Kosten zu tragen.

7. Die Aufsichtsbehörde wird auf Ersuchen der Oberpostdirektion Bestimmung darüber treffen, ob und wann zum weiteren Schutze der Reichstelegraphen= und Fernsprechleitungen, insbesondere zur tunlichsten Verhütung von Brandschäden für den Fall des Übertritts stärkerer Ströme aus den Starkstromleitungen in die Schwachstromleitungen in letztere von der Reichstelegraphenverwaltung auf Kosten der Straßenbahnverwaltung Schmelzsicherungen einzuschalten sind.

Diese Anordnung bleibt ausgesetzt, bis sich die Oberpostdirektion schlüssig gemacht hat.

8. Falls die vorgesehenen Schutzmaßregeln nicht ausreichen, um Unzuträglichkeiten oder Störungen für den Telegraphen= oder Fernsprechbetrieb fernzuhalten, hat der Unternehmer der Starkstromanlage im Einvernehmen mit der zuständigen Oberpostdirektion ohne Verzug weitere Maßnahmen zu treffen, bis die Beseitigung der Unzuträglichkeiten oder der störenden Einflüsse erfolgt ist.

Bei mangelndem Einverständnis zwischen der Reichspostbehörde und der

Straßenbahnverwaltung bestimmt die Aufsichtsbehörde, ob und in welcher Art weitere Sicherungsmaßnahmen seitens des Unternehmers zu treffen sind.

9. Bei den aus Anlaß der Umwandlung des Pferdebetriebes in elektrischen Betrieb etwa notwendigen Umlegungen bestehender oder bei der Herstellung neuer Geleise dürfen letztere, außer bei Kreuzungen, nicht über dem Kabellager der unterirdischen Reichstelegraphenlinien hergestellt werden. Läßt sich die Linienführung der Geleise nicht anders anordnen, so ist die unterirdische Telegraphenlinie durch die Reichstelegraphenverwaltung auf Kosten der Verwaltung der elektrischen Bahn umzulegen. Die Entscheidung darüber, ob die Geleise verlegt werden können oder nicht, steht der Aufsichtsbehörde zu.

10. Durch die elektrischen Bahnanlagen darf die Reichstelegraphenverwaltung in der Befugnis nicht gehindert werden, mit Ausbesserungen und Verlegungen der vorhandenen, unterirdischen Telegraphenanlagen jederzeit vorzugehen, selbst wenn dadurch der Betrieb der elektrischen Bahn längere Zeit gestört werden sollte. Derartige Arbeiten sind jedoch tunlichst zu solchen Zeiten vorzunehmen, in welchen der elektrische Betrieb ruht. Beabsichtigt die Straßenbahnverwaltung, Aufgrabungen in Straßen vorzunehmen, welche zur Zeit der Vornahme dieser Arbeiten mit unterirdischen Telegraphen= oder Fernsprechkabeln versehen sind, so ist hiervon der zuständigen Oberpostdirektion oder den zuständigen Telegraphenämtern rechtzeitig vor dem Beginn der Arbeiten schriftlich Nachricht zu geben. Falls durch solche Arbeiten der Telegraphen= oder Fernsprechbetrieb gestört werden sollte, sind die Arbeiten auf Antrag der Telegraphenverwaltung zu einer Zeit auszuführen, in welcher der Telegraphen= oder Fernsprechbetrieb ruht.

11. Falls Fehler in der Starkstromanlage zu Störungen des Telegraphen= oder Fernsprechbetriebes Anlaß geben sollten, so muß der elektrische Betrieb der Bahn auf Anzeige des zuständigen Telegraphenamts an die Betriebsverwaltung der Straßenbahn oder auf Verlangen der Oberpostdirektion in solchem Umfange und so lange eingestellt werden, wie dies zur Beseitigung der Fehler erforderlich ist.

Darüber, ob und inwieweit eine Betriebseinstellung erforderlich ist, hat bei etwaigem Mangel des Einverständnisses der Straßenbahnverwaltung mit den vorbezeichneten Behörden der Reichstelegraphenverwaltung die eisenbahntechnische Aufsichtsbehörde zu entscheiden.

Anlage A.

Umgrenzung des licht

Freie St

Maſsstab 1:50.

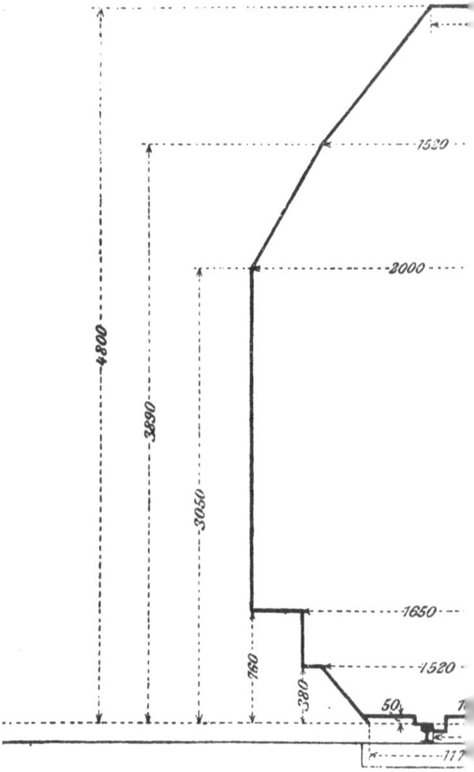

Unterer Teil der Umgrenzung de

Fig. 2.

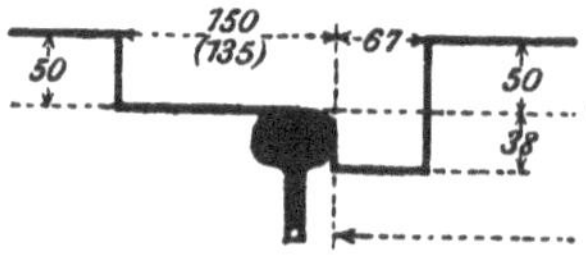

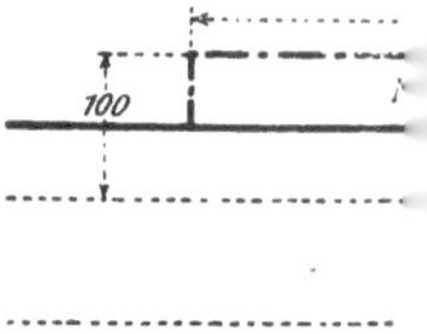

M

—·—·— Nur für Zahnradstrecken zulässig bis zu
grösster Breite. (Siehe Figur 4.)

Anmerkung: Bei Gleisanlagen in Strassen können die
35 mm Tiefe herabgemindert werden. D
Schienenoberkante auſserhalb des Gleises
135 mm eingeschränkt werden, wenn de
Figur 2 und 3.)

es für Vollspurbahnen

tationen.

Mafse Millimeter.

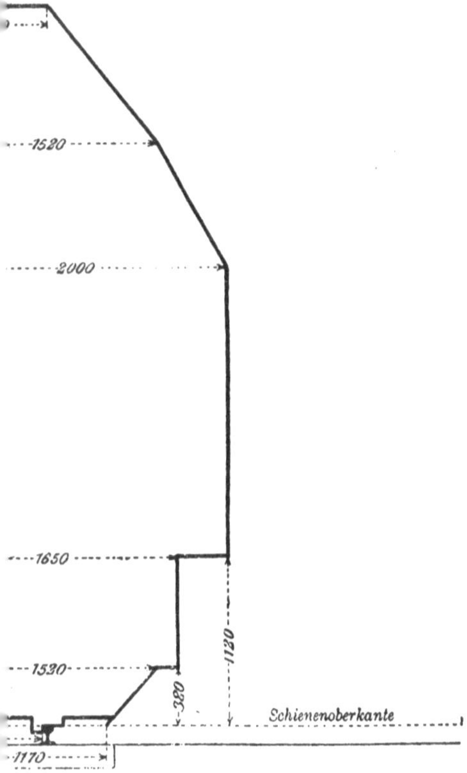

aumes.

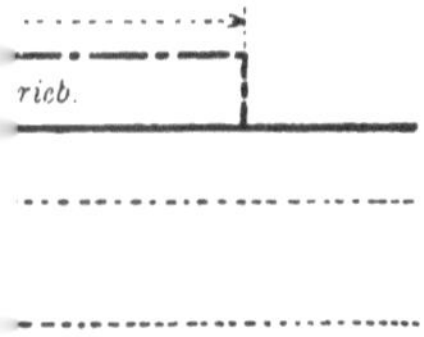

Fig. 8.

Zwangsschienen der Weichen.

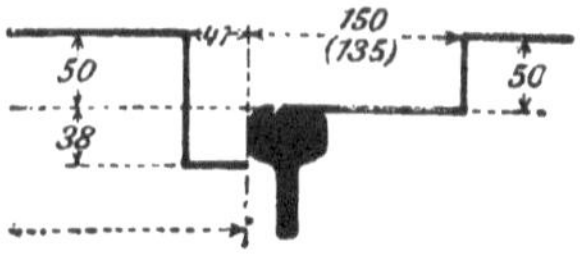

).

ıstmass über Schienenoberkante und bis zu 500 mm

purrinne äussersten Falles auf 45 mm Breite und
ım vorgeschriebene Mindestentfernung fester, über
öchstmafse von 50 mm erhöhter Teile, kann auf
l mit der Fahrschiene fest verbunden ist. (Siehe

Anlage B.

Umgrenzung des lichte

Fig. 1

von 1 m Spurweite.

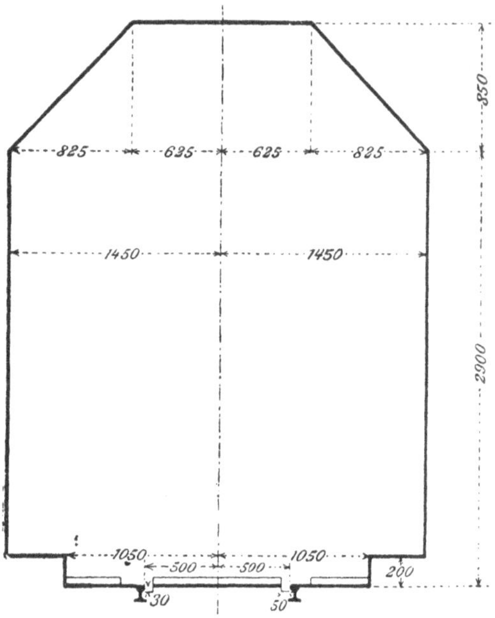

Darstellu

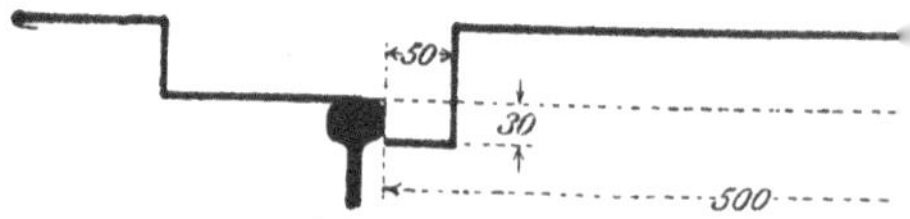

M

Die Zeichnungen sind dem im Verlage von Julius

s für Schmalspurbahnen.

limeter.

1:50

Fig. 2

von 750 u. 600 mm Spurweite.

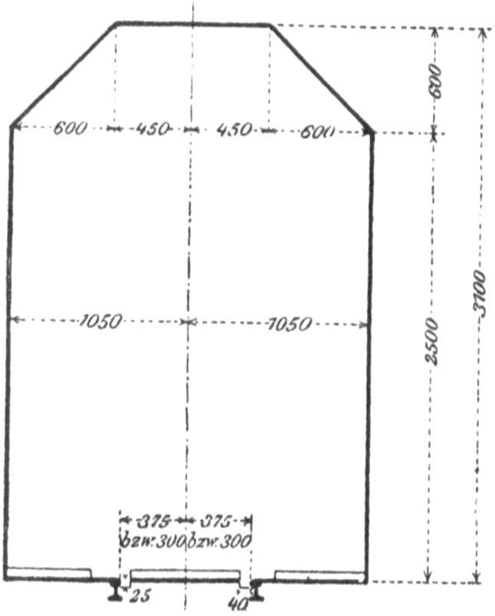

urrinnen.

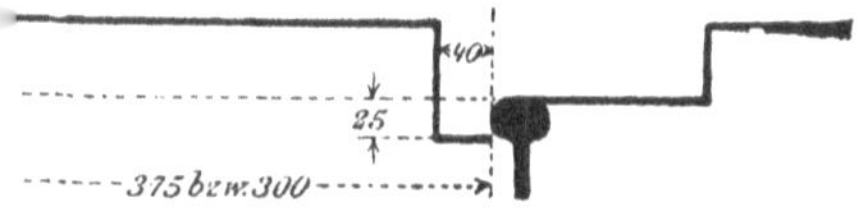

).

ienenen Werke: **Wächter, Kleinbahnen** entnommen.

Sachregister.

Die Zahlen bedeuten die Seiten.

(Kleinb. = Kleinbahnen, Pr.-A.-B. = Privatanschlußbahnen, A.-A. = Ausführungs-Anweisung.)

A.

B.

G.

H.

L.

M.

N.

Q.

R.

T.

U.

V.

W.

Druck von A. W. Hayn's Erben Berlin und Potsdam.

FSC
www.fsc.org
MIX
Papier | Fördert
gute Waldnutzung
FSC® C083411

Kolibri 360 GmbH
Ferdinand-Jühlke-Straße 7
99095 Erfurt, Deutschland
produktsicherheit@kolibri360.de